HELENO TAVEIRA TÔRRES
(Coordenador)

TEORIA GERAL DA OBRIGAÇÃO TRIBUTÁRIA

Estudos em homenagem ao Professor
JOSÉ SOUTO MAIOR BORGES

MALHEIROS EDITORES

TEORIA GERAL DA OBRIGAÇÃO TRIBUTÁRIA
Estudos em homenagem ao Professor
José Souto Maior Borges

ISBN 85-7420-679-2

Direitos reservados desta edição por
MALHEIROS EDITORES LTDA.
Rua Paes de Araújo, 29, conjunto 171
CEP 04531-940 — São Paulo — SP
Tel.: (0xx11) 3078-7205 Fax: (0xx11) 3168-5495
HOME: www.malheiroseditores.com.br
e-mail: malheiroseditores@terra.com.br

Composição
PC Editorial Ltda.

Capa
Criação: Vânia Lúcia Amato
Arte: PC Editorial Ltda.

Impresso no Brasil
Printed in Brazil
08.2005

SUMÁRIO

III – SISTEMA CONSTITUCIONAL E SEGURANÇA JURÍDICA NA CONSTITUIÇÃO DAS OBRIGAÇÕES TRIBUTÁRIAS

COLABORADORES

Aires F. Barreto
Professor nos Cursos de Especialização em Direito Tributário da Pontifícia Universidade Católica de São Paulo, do Centro de Extensão Universitária, do Instituto Brasileiro de Estudos Tributários e da GV Law, da Fundação Getúlio Vargas.

Alberto Xavier
Doutor em Direito pela Universidade de Lisboa. Professor de Direito Fiscal da Faculdade de Direito da Universidade de Lisboa e da Pontifícia Universidade Católica de São Paulo (Doutorado e curso de Especialização).

Ângela da Motta Pacheco
Mestre e Doutoranda pela Pontifícia Universidade Católica de São Paulo.

Arnaldo Borges
Professor da Faculdade de Administração da Universidade de Pernambuco.

Betina Treiger Grupenmacher
Advogada. Doutora pela Faculdade de Direito da Universidade Federal do Paraná, onde é professora adjunta de Direito Tributário.

Celso Antônio Bandeira de Mello
Professor Titular da Faculdade de Direito da Pontifícia Universidade Católica de São Paulo.

Dejalma de Campos
Mestre em Direito Tributário pela Pontifícia Universidade Católica de São Paulo. Professor de Direito Tributário nos cursos de graduação e Pós-graduação da Faculdade de Direito da Universidade Presbiteriana Mackenzie de São Paulo e Pós-graduação da Faculdade de Direito da Universidade Federal do Amazonas.

Eduardo Domingos Bottallo
Professor das Faculdades de Direito da Universidade de São Paulo e de São Bernardo do Campo.

Eduardo Marcial Ferreira Jardim
Mestre e Doutor em Direito do Estado pela Pontifícia Universidade Católica de São Paulo e Professor Titular de Direito Tributário na Faculdade de Direito da Universidade Presbiteriana Mackenzie.

Eusebio González García
Catedrático de Derecho Tributario, Universidad de Salamanca.

Fernando Facury Scaff
Doutor em Direito pela Universidade de São Paulo. Professor da Universidade Federal do Pará.

Francis Querol
Maître de conférences de droit public IREDE FRE-2750 Université des Sciences Sociales de Toulouse.

Franco Gallo
Professore Ordinario di Diritto Tributario nell'Università LUISS – Guido Carli di Roma.

Heleno Taveira Tôrres
Professor Associado de Direito Tributário do Departamento de Direito Econômico e Financeiro da Faculdade de Direito da Universidade de São Paulo (Graduação e Pós-Graduação). Professor do Programa de Pós-Graduação – Mestrado e Doutorado da Pontifícia Universidade Católica de São Paulo. Livre-Docente pela Universidade de São Paulo. Doutor pela Pontifícia Universidade Católica de São Paulo. Especializado em Direito Tributário Internacional, pela I Universidade de Roma "*La Sapienza*". Advogado.

Hugo de Brito Machado
Juiz aposentado do TRF da 5ª Região. Professor Titular de Direito Tributário da Universidade Federal do Ceará. Presidente do Instituto Cearense de Estudos Tributários. Membro da Academia Brasileira de Direito Tributário, da Associação Brasileira de Direito Financeiro, da Academia Internacional de Direito e Economia, do Instituto Ibero-Americano de Direito Público e da *International Fiscal Association*.

Humberto Ávila
Doutor em Direito e Especialista em Metodologia da Ciência do Direito pela Universidade de Munique. Mestre em Direito pela Faculdade de Direito e Especialista em Finanças pela Faculdade de Ciências Econômicas da Universidade Federal do Rio Grande do Sul. Professor Adjunto de Direito Tributário, Financeiro e Econômico da Faculdade de Direito da Universidade Federal do Rio Grande do Sul, onde é Professor dos Cursos de Mestrado e Doutorado. Professor Visitante dos Cursos de Mestrado e Doutorado da Universidade Estadual do Rio de Janeiro. Presidente do Instituto Internacional de Estudos de Direito do Estado.

Humberto Medrano Cornejo
Profesor Principal del Departamento Académico de Derecho Pontificia Universidad Católica del Perú.

Ives Gandra da Silva Martins
Professor Emérito da Universidade Mackenzie, em cuja Faculdade de Direito foi Titular de Direito Econômico e de Direito Constitucional e Presidente do Centro de Extensão Universitária.

Jorge Bravo Cucci
Professor de Direito Tributário da Pontifícia Universidade Católica do Peru.

José Augusto Delgado
Ministro do STJ. Professor de Direito Público. Professor-Convidado do Curso de Especialização em Processo Civil no CEUB, Brasília. Doutor *Honoris Causa* da Universidade Estadual do Rio Grande do Norte. Professor da Universidade Estadual do Rio Grande do Norte (aposentado). Conselheiro Consultivo do Conselho Nacional das Instituições de Mediação e Arbitragem. Integrante do Grupo Brasileiro da Sociedade Internacional do Direito Penal Militar e Direito Humanitário. Conselheiro do Instituto de Procedimento e Processo Tributário do Brasil.

José Carlos Moreira Alves
Ministro aposentado do Supremo Tribunal Federal e Professor Catedrático aposentado, de Direito Civil na Faculdade de Direito da Universidade de São Paulo. Professor na Universidade de Brasília.

José Eduardo Soares de Melo
Doutor e Livre Docente em Direito. Professor Associado da Pontifícia Universidade Católica de São Paulo. *Visiting Scholar* da Universidade da Califórnia (Berkeley). Consultor Tributário

José Pedro Montero Traibel
Profesor Asistente de Derecho Financiero de la Universidad de la República del Uruguay

José Roberto Vieira
Professor de Direito Tributário da Universidade Federal do Paraná e da Faculdade de Direito das Faculdades Integradas Curitiba (graduação, especialização, mestrado e doutorado). Mestre e Doutor em Direito do Estado – Direito Tributário (Pontifícia Universidade Católica de São Paulo). Estudos pós-graduados no Instituto de Estudios Fiscales (Madri, Espanha).

Luciano Amaro
Professor de Direito Tributário da Faculdade de Direito Mackenzie.

Mary Elbe Queiroz
Doutora (Pontifícia Universidade Católica de São Paulo) e Mestre (UFPE) em Direito Tributário. Pós-graduação na Espanha e Argentina. Presidente do Instituto Pernambucano de Estudos Tributários – IPET. Vice-presidente do Instituto de Procedimento e Processo Tributário do Brasil – IPPT-Brasil.

Professora do Mestrado da Universidade Católica de Brasília. Professora dos cursos de Pós-graduação da UFPE, UNIFACS-BA, Faculdades Curitiba-PR, IBEJ-PR, Fundação Getúlio Vargas-Brasília, IBET-SP, ESAF. Coordenadora do curso de Pós-graduação para o Conselho de Contribuintes do Ministério da Fazenda – ESAF/UFPE. Ex- Membro do Conselho de Contribuintes do Ministério da Fazenda.

Paulo Souto Borges
Mestrando em Direito Tributário na Pontifícia Universidade Católica de São Paulo e Advogado

Pedro M. Herrera
Professor Titular de Direito Financeiro e Tributário da UCM. Vocal Assessor do Instituto de Estudos Fiscais (Ministério de Economia e Fazenda de Espanha).

Regis Fernandes de Oliveira
Professor Titular da Universidade de São Paulo.

Ricardo Lobo Torres
Professor Titular de Direito Financeiro na Faculdade de Direito do Estado do Rio de Janeiro e dos Cursos de Pós-graduação em Direito da Universidade Gama Filho.

Ricardo Souto Borges
Mestre em Direito pela Universidade de Lisboa e Professor da Faculdade Universo-PE.

Roberto Rosas
Professor Titular da Universidade de Brasília e da Academia Brasileira de Letras Jurídicas.

Roque Antonio Carrazza
Professor Titular da Cadeira de Direito Tributário da Faculdade de Direito da Pontifícia Universidade Católica de São Paulo.

Sacha Calmon
Professor Titular de Direito Tributário e Financeiro da Faculdade de Direito da Universidade Federal de Minas Gerais.

Tércio Sampaio Ferraz Júnior
Professor titular da Faculdade de Direito da Universidade de São Paulo.

Wagner Balera
Mestre, Doutor e Livre-Docente, é Professor Titular na Faculdade de Direito da Pontifícia Universidade Católica de São Paulo.

PREFÁCIO

Como reconhecimento dos mais merecidos, temos a imensa satisfação de apresentar a obra coletiva intitulada: *Teoria Geral da Obrigação Tributária – Estudos em Homenagem ao Professor José Souto Maior Borges*, Titular aposentado da UFPE e Professor Honorário da PUC/SP, na comemoração da passagem dos seus setenta anos, como é usual nos mais diversos países de sólida tradição universitária.

A importância do pensamento do Professor José Souto Maior Borges nos estudos do Direito Tributário e da Filosofia do Direito, e agora, inclusive, com marcante incursão no Direito Comunitário, dispensa qualquer esforço de apresentação ou mesmo de justificativa quanto à pertinência da devida e justa homenagem que a comunidade científica nacional, com regozijo e gratidão, cumpre a ele atribuir. Não temos dúvida que no coração de todos os que o conheceram ou tiveram o privilégio de gozar da amizade ou convívio do ilustre Professor, mesmo que na demora das leituras proveitosas dos seus escritos, produzidos ao longo dos anos de dedicação à vida intelectual, acadêmica e profissional, haverá sempre um espaço reservado para auspiciosos momentos de celebração e agradecimento, por tudo o quanto representa para a formação da solidez científica que atingimos em matéria tributária.

Nascido em 1932, na Cidade do Recife, filho do Desembargador Dirceu Ferreira Borges e Dª. Paula Souto Maior Borges, nosso homenageado forjou sua personalidade a partir de rica formação familiar e de notável comunhão de diálogos com os mais expressivos intelectuais da elite dos pensadores pernambucanos da sua época. Em 1951, ingressou na Faculdade de Direito da Universidade Federal de Pernambuco-UFPE, onde concluiu o curso de graduação em 1956. Em seguida, cursou o seu doutorado na mesma Instituição (1957-1958) e bacharelou-se em Filosofia pela Faculdade de Filosofia da UFPE (1960). E foi ao lado da sua esposa, a Professora Terezinha Borges, que formou uma família das mais sólidas que conhecemos e admiramos, com seus filhos Ricardo José, Maria Teresa, Paulo Fernando e Maria Isabel.

Sua vida dedicada ao Direito foi sempre desdobrada entre ciência e aplicação, teoria e prática, com rica experiência acumulada tanto na docência quanto em funções públicas sobremodo representativas. Talvez por isso seus estudos sempre foram considerados como profundos e, ao mesmo tempo, claros e oportunos. Porém, a exemplo de Heidegger, sua experiência humana foi sempre superior aos limites que uma especialidade do saber poderia ofertar. Seu amor pela natureza, conhecido como exímio colecionador de samambaias e de cães, especialmente os da raça "fila brasileiro", com textos publicados sobre ambos, bem o atestam.

Na trajetória da sua atuação profissional, foi Procurador (obteve o 1º lugar em concurso público de provas, realizado em 1957) e Diretor do Departamento de Assuntos Fiscais da Prefeitura do Recife. Exerceu ainda as funções de Superintendente da Fiscalização de Rendas do Estado de Pernambuco (1964). Foi Auditor Fiscal do Estado de Pernambuco (1969-1971) e Diretor de Departamento da Procuradoria-Geral da Prefeitura Municipal do Recife (1964-1966). Ocupou ainda as funções de Secretário de Estado da Administração, bem como diversas funções em comissões de estudos legislativos e da própria Constituinte, de 1986 a 1988.

Decorreu dessas circunstâncias pessoais seu envolvimento com o municipalismo, ao abraçar a causa da defesa da autonomia dos Municípios, não obstante os anos difíceis de ditadura terem imposto excessivo e injustificado fortalecimento da União na composição de forças do nosso federalismo, o que não era novidade, pelas razões já tão bem expostas por Victor Nunes Leal, no seu clássico *Coronelismo, enxada e voto*. Todavia, não temos dúvida em afirmar que muito do quanto foi conquistado por essas entidades federais na Constituição de 1988 tem, no labor de Souto Borges, fonte inesgotável de justificação, pelos sucessivos estudos jurídicos que formulou em defesa das suas competências e modelos adequados do respectivo financiamento.

No exercício da docência, foi Professor Titular de Direito Tributário, na Faculdade de Direito, e de Finanças Públicas, na Faculdade de Ciências Econômicas, ambas da UFPE; Professor convidado dos Cursos de Pós-Graduação (Mestrado e Especialização) da Faculdade de Direito da Pontifícia Universidade Católica de São Paulo-PUC/SP; Professor de Direito Tributário nos Cursos de Mestrado em Política Fiscal e Administração Fazendária da Escola de Administração Fazendária-ESAF, em Brasília. Foi Diretor da Faculdade de Direito da UFPE, após sua gestão nas funções de Coordenador do Curso de Mestrado da mesma Instituição. Além disso, integrou numerosas bancas examinadoras de dissertações e teses em diversas instituições do País, bem como concursos de exames de professor titular e outros.

Sua produção intelectual, forjada a partir de erudita formação filosófica, sempre foi acompanhada de indiscutível influência sobre a doutrina nacional, em inconteste confirmação por parte dos mais altos tribunais do nosso País. A contundência argumentativa no enfrentamento das questões, aliada a um estilo sóbrio e bem marcado, prestavam-se para o fortalecimento das suas convicções. Foi assim com os seus: *Iniciação ao Direito Financeiro*, Imprensa Universitária, Recife, 1966; *Isenções Tributárias*, Sugestões Literárias, São Paulo, 1969; *Lei Complementar Tributária*, Ed. RT, São Paulo, 1975; "Lançamento Tributário", vol. IV, do *Tratado de Direito Tributário Brasileiro* (coordenado por Aliomar Baleeiro), Forense, Rio de Janeiro, 1981; *Obrigação Tributária: uma introdução metodológica*, Saraiva, São Paulo, 1984; *Ciência Feliz: sobre o mundo jurídico e outros mundos*, Recife, Fundação Cultura, Recife, 1994; *O Contraditório no Processo Judicial (uma visão dialética)*, Malheiros Editores, São Paulo, 1996. Em 1999, esses estudos estavam esgotados e por reconhecermos a imprescindibilidade de todos eles no cenário acadêmico de nosso País, insistimos por diversas vezes com o ilustre Professor para operarmos a reedição da maioria delas, até que um dia, ao chegar no Aeroporto de Guarulhos, após o exame de Livre-Docência do Professor Edvaldo Brito, na Faculdade de Direito da USP, resolveu iniciar tal empreitada, com nossa desinteressada ajuda no acompanhamento dos trabalhos de edição. Pôs-se então a trabalhar de modo intenso sobre cada um deles, com ânimo de quem os escrevesse pela primeira vez. E assim foram editados pela Max Limonad: *Iniciação ao direito financeiro*, em 1999, e *Ciência Feliz*, em 2000; e pela Malheiros Editores: *Obrigação tributária: uma introdução metodológica* e *Lançamento tributário*, em 1999; e seu *Teoria Geral da Isenção Tributária*, em 2001, sendo que este consideravelmente renovado, na sua 3ª edição. Mais recentemente, seu espírito criativo e laborioso, na insuperável satisfação de enfrentar os temas mais complexos, brindou-nos com mais um clássico das letras jurídicas, obra de píncaros da sua experiência de jurista e de filósofo maior. Falo do seu *Curso de Direito Comunitário*, Saraiva, São Paulo, 2005. Na pretensão de formular uma síntese a respeito do traço comum que se encontra em todos esses estudos, podemos dizer que toda sua obra está marcada pela inovação e por um progredir de grande densidade, com sucessivas quebras de paradigmas no estudo dos distintos institutos e categorias do Direito Tributário, cuja leitura deve ser sempre acompanhada de uma hermenêutica histórica, como assim nos recomenda o próprio Autor, compreensiva do momento de inserção de cada uma delas no contexto da produção doutrinária da época, para que se possa ter a adequada noção da importância de suas formulações.

Seu percurso de zelo pela preservação dos fundamentos da cientificidade aplicada ao Direito, aliada a uma seriedade inflexível e rigoroso trato das categorias mais relevantes da dogmática tributária, têm marcado, de modo indelével, sua presença na cultura jurídica do nosso País, tudo sob a égide de uma proposta conciliadora entre Ciência e humanismo, a justificar uma pedagogia de amor ao que faz, sem concessões ao que ele chama de "educação para o brilho", por cultivar valores ainda maiores. Os sentimentos de Souto Borges estiveram sempre dissociados de vaidades vãs e, ao fazer a opção pelas excelsas latitudes do espírito, fez-se ainda maior, a lembrar aqui poema de Joaquim Cardozo, "e para além da verdade e grandezas da vida" (*Poemas Selecionados*). Os avanços por ele perpetrados no estudo das isenções tributárias, do lançamento tributário e das categorias fundamentais da obrigação tributária, e da própria natureza da dialética do processo, além das inúmeras questões constitucionais, do Imposto sobre Serviços ou mesmo do seu atual campo de predileção, os tratados internacionais e o direito comunitário, foram, todos, frutos de demora meditativa da vasta cultura acumulada por este grande Mestre do nosso Direito.

Na sua construção teórica, encontramos sempre presente uma preocupação com a epistemologia jurídica, enquanto instrumento indispensável para controlar a validade lógica e metodológica das proposições doutrinárias que descrevem o sistema normativo, como sempre faz questão de assinalar nos seus escritos. E assim, sem prejuízo de outros modos de refletir sobre o jurídico, preferiu operar com o positivismo jurídico-epistemológico, ao tomar como objeto de conhecimento o ordenamento jurídico. Essa tendência está bem definida em pelo menos dois dos seus profundos trabalhos científicos. Digo sobre o livro *Obrigação tributária: uma introdução metodológica* e do artigo: "O problema fundamental da base empírica para a ciência do Direito e seus reflexos em questões indecidíveis pela doutrina do Direito Tributário", publicado na *Revista de Direito Tributário* 31. Firmara, com estes, metodologia segura que lhe permitiria uma análise ainda mais robusta das questões dogmáticas, sem perder de vista os estudos sistemáticos da filosofia, a partir de densas incursões às obras de Pontes de Miranda, Heidegger, Husserl, Kelsen, Popper, Lourival Vilanova e outros.

Não se demorou apenas nesses domínios do saber. Foi além. Seu amor pelos clássicos, a lembrar a vigília solitária das horas de estudos, como diria Gaston Bachelard, na sua rica metáfora: "livro e vela, dupla ilha de luz contra as duplas trevas do espírito e da noite" (*A chama de uma vela*), o fez prosseguir em meditações sobre a origem do Direito, pois, como sempre afirma em conversas ou palestras, "a origem guarda o que há de mais grandioso". E assim, investigou demoradamente o problema da justiça, cujas reflexões coincidem no conteúdo do seu insuperável: *O contraditório no processo judicial*, com amplas considerações quanto às relações entre a Justiça (*Dikaiosúne*) e o Direito (*Dikaion*), a partir das leituras adensadas da obra de Michel Villey, Aristóteles e outros. A prosseguir nesses propósitos, mais recentemente, vimos, não sem uma induvidosa satisfação de nossa parte, projetar seu interesse para as obras de um dos maiores filósofos de todos os tempos, G. W. F. Hegel e daquele que, para nós, no Brasil, merece similar encômio, o Padre Henrique Cláudio de Lima Vaz, ambos da nossa maior admiração e preferência teórica na fundamentação de idéias, sob o pálio de confirmação da autoridade do Padre Paulo Meneses, seu mais recente interlocutor em questões filosóficas.

Do jurista ao homem, sua presença no cenário nacional foi sempre acompanhada de demonstrações reveladoras da sua personalidade, rica em afetividade, e do seu gosto em preservar suas verdadeiras amizades, privilégio para poucos. Foi assim com seus amigos Geraldo Ataliba, por quem foi introduzido no corpo docente da PUC/SP, com Alfredo Augusto Becker, em sucessivas correspondências epistolares e na brevidade dos encontros que tanto se demoraram no seu espírito, com Carlos Mário da Silva Velloso, Lourival Vilanova, Paulo de Barros Carvalho e com todos os autores amigos que para a composição dessa obra ofertaram suas generosas colaborações, com farta demonstração de admiração e apreço pessoal, no compartilhamento do valoroso convívio desse período tão profícuo. Vulgar não saber distinguir o bajulador do amigo, como diria Plutarco (*De adulatore et amico*). Souto, diversamente, nunca se deixou levar pelo cortejo dos interesses da vaidade, preservando o espaço para os verdadeiros amigos, reconhecidos pela presença em todas as horas, especialmente nas incertas (*amicus certus in re incerta cernitur*, como assinalara Cícero, no seu *Amicitia*).

A este Mestre, consciente do seu papel de formador de pessoas, no processo de transformação social e de crítica do Direito, sempre lhe repugnou a chamada pedagogia da dependência, da satelitização da inteligência, tão bem descritas por ele em seu *Ciência Feliz*. Antes, foi um pregador fervoroso da liberdade intelectual, para superar "essa educação que freqüentemente faz de jovens ardentes, cheios de espírito, ávidos de saber – cópias de seus mestres!", no dizer de Nietzsche (*Humano, demasiado humano*). Em agir assim, foi sempre educador na melhor expressão do termo, propiciando uma orientação libertadora e de induvidoso proveito prático. Bem o sabem todos aqueles (poucos) privilegiados que, como eu, tiveram a honra de compartilhar da sua orientação.

Por todas essas razões, cumpre-se aqui, em favor das gerações futuras, dever maior de demonstração da gratidão e louvor ao Professor Souto Borges, para que não se perca, no distar dos tempos, as razões que justificam sua imensa importância para o desenvolvimento do Direito Tributário, bem como para a formação universitária, pela influência do brilhantismo da sua inteligência, no merecido reconhecimento de representativo extrato da comunidade acadêmica nacional.

À guisa de concluir, com a alegria de vir alcançado propósito de tal magnitude, imperioso registrar nossos mais eloqüentes agradecimentos aos ilustres autores que colaboraram, com tanto entusiasmo, para a formação desse fundamental *Liber Amicorum*, no partilhar de momento de gáudio das letras jurídicas nacionais, em homenagem ao Professor José Souto Maior Borges, Mestre de todos nós, hoje e sempre.

HELENO TAVEIRA TÔRRES
Professor e Livre-Docente de Direito Tributário
da Faculdade de Direito da USP
(Graduação e Pós-Graduação)
e do Programa de Pós-Graduação (Mestrado e Doutorado)
da PUC/SP.

I – TEORIA
DAS NORMAS TRIBUTÁRIAS
E DAS FONTES DO DIREITO TRIBUTÁRIO

SOUTO: DE KELSEN A VILLEY (OU A FILOSOFIA NA CONSTRUÇÃO DA OBRA DO JURISTA)

ARNALDO BORGES

1. A fase inicial da construção dogmática. A tradição do método jurídico. 2. Kelsen domina a cena. 3. Popper e o método de pesquisa científico aplicado ao direito. 4. Voltando para casa com Villey.

Caro Professor Souto

Por ocasião da publicação deste volume em comemoração aos seus setenta anos, escolhi, para homenageá-lo, um tema que permeia toda a sua obra de jurista e que revela o seu particular interesse pela filosofia, especialmente pela filosofia do direito.[1] Creio que, dentre os juristas brasileiros, ninguém melhor do que o Senhor soube dela se valer, e, de modo tão explícito, na elaboração de conceitos e na exposição das questões próprias do direito.[2] A relação entre filosofia e a atividade criadora do jurista sempre existiu. Os juristas romanos elevaram a sua atividade à categoria de arte, como se costumava chamar antigamente, exatamente em função do conhecimento que dela possuíram.[3]

1. Ver o livro que o Prof. Souto publicou pela Fundação de Cultura Cidade do Recife, em 1994, intitulado *Ciência Feliz (sobre o mundo jurídico e outros mundos)*. Neste volume, o Professor trata desde temas ligados à ciência biológica, como à filosofia de Heidegger, à lógica e poesia e ao poder, entre outros.

2. Não estou aludindo ao fato de que inúmeros juristas brasileiros produziram obra de jurista e de filósofo. Saliento que em nenhum deles é tão patente, como em Souto Borges, o uso da filosofia na construção da obra de jurista. Mais concretamente: nele se vê, claramente, a concepção filosófica por trás da exposição das questões jurídicas.

3. Não se confundem a arte jurídica com a filosofia. O que ressalto é que a criação da ciência jurídica, como se diz desde a modernidade, pelos romanos, é fruto do conhecimento que eles tinham e faziam da filosofia do seu tempo. Sobre isto veja-se o que diz Fritz Schulz: "What we have to establish, in its totality and complexity, is the attitude of Roman jurisprudence towards Hellenism. In this matter what Roman jurisprudence took over from Hellenism was quite as important as what it rejected or modified. The Hellenistic wave arrived in Rome at a happy moment. On the one hand, Roman legal

Especificamente, é entre os tributaristas que conceitos de filosofia do direito, ou, como é moda corrente, de teoria geral do direito, encontram uso abundante para justificar um argumento, ou mesmo para repisar noções básicas como relação, norma, sistema ou interpretação.

Alfredo Augusto Becker foi quem primeiro se valeu fartamente de conceitos derivados da teoria do normativismo de Kelsen, tomados dos livros de Norberto Bobbio.[4] Porém, antes dele, já Amílcar Falcão fazia citação do vienense, embora de segunda mão e sem qualquer pretensão metodológica.[5]

Entretanto, esse modo de proceder no estudo dos tributos não compromete, necessariamente, o trabalho do jurista, nem mesmo no caso de Becker. Sua teoria do direito tributário prescinde da gama de conceitos que ele discute como se fossem as premissas de seu trabalho jurídico. Discutir o que é norma jurídica, o que é relação jurídica, o que é direito, o que é fato jurídico, incidência ou sistema não é garantia de que o resultado decorra disso. Comumente não é assim.

Se pudesse mencionar um trabalho em que a utilização de uma noção de filosofia jurídica tenha germinado é *Hipótese de Incidência Tributária*,[6] de Geraldo Ataliba, em que, partindo da análise da norma jurídica, dotou o conceito de hipótese de incidência com os seus âmbitos material, espacial, pessoal e temporal de validade.[7]

science was sufficiently developed not to be overwhelmed by Greek influences; on the other hand, it was still young and far from being petrified, capable of being and prepared to be stimulated and molded by Greek thought. Roman legal science contained in itself great potentialities (διναμεισ), but to release them and bring them into activity (ενεργεια) there was needed the solvent energy of Greek forms. The immensely important result was nothing less than that Roman legal science developed into a professional science of the Hellenistic type, within the framework of Hellenistic science"(*History of Roman Legal Science*, Oxford University Press, 1967, pp. 38-39).

4. Veja-se seu livro *Teoria Geral do Direito Tributário*, São Paulo, Saraiva, 1964. A glória deste livro deve-se muito mais ao uso desses conceitos, que vinham chancelados pelo nome de Norberto Bobbio, como uma espécie de nova metodologia no estudo do direito tributário, do que aos conceitos de direito tributário que seu autor, porventura, tenha elaborado.

5. Ver o *Fato Gerador da Obrigação Tributária*, Rio de Janeiro, Edições Financeiras, 1964, p. 111.

6. O livro foi publicado pela Ed. Revista dos Tribunais, em São Paulo, em 1973 (atualmente encontra-se na 6ª tiragem da 6ª ed., publicado pela Malheiros Editores, em 2005).

7. É verdade que o conceito de hipótese de incidência não é criação do Prof. Ataliba, pois, como ele mesmo reconhece (ob. cit., 6ª ed., 6ª tir., p. 46), já Becker e Souto haviam dado ao tema as suas contribuições. O vocábulo já circulava nas obras de A. D. Giannini. Após a publicação desta obra, surgiram dois trabalhos que são efetivamente decorrência da análise da norma jurídica: *Teoria da Norma Tributária*, de Paulo de Barros Carvalho

Lembro estes fatos porque o Senhor ocupa um lugar especialíssimo na doutrina do direito tributário brasileiro, que deve ser destacado, e isto é possível pela demonstração de que sua obra é o resultado imediato das suas opções filosóficas, que se acentuam ou mudam, de tempos em tempos, no processo natural de seu amadurecimento intelectual.

Aceite, caro Professor Souto, estas breves notas como minha contribuição ao volume com que seus amigos e discípulos o homenageiam nesta passagem tão significativa de sua vida de jurista e de filósofo do direito.

1. A fase inicial da construção dogmática. A tradição do método jurídico

Se tomarmos os quatro primeiros livros do Professor Souto, vamos constatar que foram concebidos e escritos dentro de uma tradição jurídica que é por definição desvinculada de qualquer teoria filosófica vigente no século transcorrido. Não vamos encontrar premissas cuidadosamente expressas e demonstradas, nem a exposição de qualquer filosofia particular a este ou àquele filósofo. Eles se parecem a todos os livros de direito a que estamos acostumados a ler, quer dos nossos melhores quer dos estrangeiros. Isto não significa juízo de valor sobre os livros do Prof. Souto em comparação aos demais, quer de direito tributário, quer de outros ramos. O que verificamos é a semelhança da forma de exposição, a necessidade de encontrar o objeto, de dar-lhe o conceito, de propor classificações, de analisar argumentos, de confrontar as opiniões de outros juristas. O uso que se faz do direito positivo nestes livros é tópico, é para interpretá-lo ou para definir uma questão.

Vamos começar a análise pela *Iniciação ao Direito Financeiro*, livro de estréia do Prof. Souto enquanto lecionava esta cadeira na Universidade Federal de Pernambuco.[8] Possui ele cinco capítulos que se intitulam respectivamente: a) Conceito de atividade financeira; b) Fins da atividade financeira; c) A extensão do poder financeiro; d) A estrutura do fenômeno financeiro; e) O conceito de Direito Financeiro. Vemos que estes títulos procuram delimitar a atividade financeira, situando-a no contexto de outras atividades estatais, definindo-a inclusive pela busca dos seus fins para, então, estudar em que consiste o poder financeiro, destacando-

(São Paulo, Edições Lael, 1974) e *Norma Jurídica Tributária*, de Marco Aurélio Greco (São Paulo, Saraiva, 1974).

8. O livro foi publicado pela Imprensa Universitária, no Recife, em 1967.

lhe o aspecto jurídico e, finalmente, definindo o direito financeiro. O que se procura de antemão é descobrir qual a realidade que o chamado direito financeiro tem por objeto. Que aspecto da vida de relação é tomado pelo direito financeiro? O Prof. Souto não vacila em identificar a atividade financeira do Estado como o objeto do direito financeiro[9] e o faz com o auxílio de classificações, definições da doutrina, confronto de opiniões, tudo para tornar a coisa perfeitamente individualizada dentro das demais atividades do Estado. Em certa passagem do livro ele diz:

> "13 – A atividade administrativa é espécie, e a financeira, que se desenvolve, basicamente, no campo da receita e despesa, ou seja, de gestão do patrimônio estatal, é considerada por alguns – particularmente os administrativistas – mera subespécie de atividade do Estado. Setor destacado da atividade administrativa, atribui-se hoje, por exigências científicas, práticas ou meramente didáticas, uma certa autonomia ao estudo da atividade financeira. Esta distingue-se, segundo alguns autores, das outras manifestações da atividade administrativa carentes de conteúdo econômico para constituir a chamada *administração financeira*. Pode-se dizer, entretanto, com maior rigor científico, que a atividade financeira é *predominantemente* administrativa: o Estado-legislador decreta; o Estado-administrador arrecada os tributos. 14 – Essa distinção conceitual do Estado como autor do mandato e o Estado como titular de um dos interesses em conflito e, pois, como destinatário daquele mesmo mandato, é aceita pela doutrina moderna mais autorizada e tem plena aplicação no regime constitucional vigorante em nosso país" (itálico no original).[10]

Nesta passagem, vemos como entra em cena a definição da atividade financeira tomando-se como critério o seu conteúdo específico dentro da atividade mais ampla que é a atividade administrativa. Esta é espécie da qual a primeira é subespécie. Vemos igualmente a preocupação em argumentar com base na opinião dos doutrinadores mais abalizados. A leitura de todos esses capítulos nos revela que o modo de construção dos conceitos e a sua exposição parte sempre da identificação da realidade que o direito ordena, ou, quando se queira, tem por objeto; em seguida, são passadas em revista as opiniões dos autores mais categorizados, sendo umas confrontadas com as outras, até que os argumentos que parecem mais sólidos são apontados como concludentes na definição ou na classificação dos conceitos em gênero e espécie.

Em nenhum momento existe a preocupação com uma metodologia, em dizer que a exposição decorre de premissas pertinentes à teoria tal ou qual, ou que se prende ao pensamento deste ou daquele filósofo específi-

9. Diz o Prof. Souto: "No presente trabalho, selecionaremos, dentro desse complexo e multiforme universo das atividades estatais, um tipo específico: as *atividades financeiras*, objeto de regulação jurídica autônoma – o Direito Financeiro" (itálico no original; cf. ob. cit., p. 14).

10. Ver ob. cit., pp. 17-18.

co. Mas, este modo de proceder do jurista está desamparado de uma base filosófica? A questão encontrará resposta mais tarde.

A segunda obra do Prof. Souto intitula-se *A Reforma do Sistema Tributário Nacional (Emenda Constitucional n. 18)*[11] e tem por finalidade comentar a modificação introduzida pela EC n. 18/65 à Constituição de 1946, que estruturou o moderno sistema tributário brasileiro. No Capítulo I, o Prof. Souto faz uma detalhada exposição da evolução histórica da tributação em nosso país, destacando as preocupações dos elaboradores da reforma e os critérios nela utilizados. O Capítulo II contém, propriamente, os seus comentários ao texto da Emenda Constitucional.

O que aqui salientamos é o aspecto semelhante de suas glosas com aquelas até então publicadas nesta matéria ou em outros ramos do direito. O Prof. Souto toma cada artigo e o confronta com disposições anteriores, se existentes, ou lhe ressalta a novidade; procura interpretá-lo, esclarecendo os conceitos nele utilizados com o auxílio da doutrina, pondera as opiniões dos juristas, aprecia as qualidades que possa ter, assim como a sua utilidade do ponto de vista da arrecadação e fiscalização dos tributos. Vejamos, como exemplo disso, o seguinte trecho:

> "46. A Emenda Constitucional n. 18 introduz importante inovação no direito brasileiro ao avocar a disciplina do empréstimo compulsório, nos seguintes termos: 'Art. 3º. Somente a União, em casos excepcionais definidos em lei complementar, poderá instituir empréstimos compulsórios'. A Constituição de 1946 omitiu qualquer referência à figura jurídica do empréstimo compulsório, apesar de acentuadamente pormenorizada na discriminação das fontes de receita pública originárias e derivadas. Desta sorte, a falta de uma disciplina constitucional possibilitou larga discussão em torno da natureza jurídica do empréstimo compulsório na doutrina e jurisprudência brasileiras. 47. Alfredo Augusto Becker, na sua *Teoria Geral*, fornece uma excelente definição do empréstimo compulsório que pode ser adotada como ponto de partida para o estudo desse instituto jurídico-fiscal: 'O empréstimo compulsório é o dever de prestação pecuniária, não voluntariamente desejada, que o Estado impõe, mediante regra jurídica, a determinadas pessoas que realizam determinados fatos (ex.: pagamento do imposto de renda), ou se encontram em determinados estados de fato (ex.: solteiros, ou casais sem filhos), correlacionando a efetivação daquela prestação pecuniária com a sua posterior devolução por parte do Estado à mesma pessoa.' Essa definição permite destacar as características específicas que individualizam o instituto do empréstimo compulsório e que são: a) o fato de consistir numa prestação pecuniária; b) a sua coercibilidade; c) a legalidade da sua instituição; d) as hipóteses de incidência (fatos geradores) e sujeitos passivos; e) a posterior devolução da respectiva importância. A doutrina brasileira mais expressiva sempre considerou o empréstimo compulsório uma espécie do gênero tributo, rejeitando as concepções daqueles que os reputam enquadrados nas categorias de empréstimos públicos, ou nas requisições temporárias de capital ou, ainda, numa categoria mista de empréstimo e imposto.

11. O livro foi publicado pela Imprensa Universitária, no Recife, em 1967.

Assim é que Amílcar de Araújo Falcão considera o empréstimo compulsório como um imposto restituível. Aliomar Baleeiro tem o empréstimo compulsório como revestido geralmente do caráter de tributo com promessa de devolução. Por sua vez, Alcides Jorge Costa, em estudo muito justamente elogiado, ensina que a figura do empréstimo compulsório se confunde com a do tributo, sempre que se origina de fato cuja ocorrência faça nascer a obrigação da prestação, nos termos da lei".[12]

Mais adiante, o Prof. Souto conclui, assim, sua exposição:

"48. Conseqüência imediata dessa conceituação dos mal denominados empréstimos compulsórios como tributos é a sua sujeição aos princípios constitucionais sob cuja regência está a rígida discriminação de rendas da federação brasileira, ou seja, até o advento da reforma tributária nacional, às exigências do art. 141, § 34 da Carta de 1946 e, com a vigência da Emenda Constitucional n. 18, aos princípios estabelecidos no art. 2º, incs. I e II (legalidade e anualidade da tributação). Não obstante pronunciamentos tão categorizados, a jurisprudência do Supremo Tribunal Federal se orientou de modo diverso, culminando essa divergência do Pretório Excelso com a inserção na Súmula do entendimento que o empréstimo compulsório não é tributo e independe, assim, de prévia autorização orçamentária".[13]

Essa longa citação tem o propósito de evidenciar todos os aspectos salientados no modo de proceder do Prof. Souto, como jurista, ao fazer o comentário ao texto escrito. Situá-lo na história, realçar-lhe o defeito ou a qualidade, esclarecer o conceito pelo confronto das opiniões dos outros juristas, acentuando aquelas dos mais abalizados ou categorizados, e fazendo a crítica necessária a orientações discrepantes do Supremo Tribunal Federal, no caso.

Nessa obra tudo parece familiar ao leitor: a exposição, o modo de definir, de classificar, de argumentar. Nela também não se encontram discussões sobre metodologia, ou conceitos de teoria geral do direito, ou, mais propriamente, de filosofia. Tudo soa natural. Inexiste uma concepção filosófica por trás deste proceder de jurista?

A terceira obra do Prof. Souto, *Isenções Tributárias*,[14] é sua despedida do modo de proceder que vinha caracterizando seu trabalho de jurista e é, também, a obra-prima do direito tributário brasileiro nos últimos trinta e cinco anos.

O livro contém seis capítulos: Capítulo I – Introdução – Aspectos Constitucionais da Tributação; Capítulo II – Vinculação das Isenções a Princípios Constitucionais; Capítulo III – Interpretação das Leis de Isenção Tributária; Capítulo IV – Regime Jurídico-Material das Isen-

12. Ver ob. cit., pp. 61-62.
13. Idem, ibidem, pp. 63-64.
14. O livro foi publicado em São Paulo, pela Sugestões Literárias, em 1969.

ções; Capítulo V – Classificação das Isenções; e Capítulo VI – Regime Jurídico-Formal das Isenções.

Neste ensaio, o Prof. Souto conseguiu atingir o ponto máximo possível da técnica do jurista que se move dentro de uma tradição comum aos juristas pátrios e estrangeiros. Aqui se trata de estudar um conceito jurídico: o de isenção tributária. O capítulo inicial cuida de assentar que o poder de tributar, que é exercido pela lei, contém o poder de eximir. O que parece, às vezes, ser tão óbvio, somente o é em face do olhar desatento. Este é o ponto de partida: "O poder de isentar é o próprio poder de tributar visto ao inverso".[15] Essa a realidade: trata-se de estudar o que se passa juridicamente sempre que o poder de tributar é exercido pelo modo inverso, isto é, pela positiva exclusão da regra de tributação de certas pessoas ou fatos. Que significa isenção tributária? Conseqüentemente, a isenção estará sujeita aos mesmos princípios constitucionais estabelecidos para a criação do tributo. Vemos, então, que o Prof. Souto, ao estabelecer que a isenção situa-se no quadro do exercício da competência tributária, vai estudá-la submetendo-a aos princípios de legalidade, igualdade e segurança insculpidos na Carta de 1967. É neste ponto que são analisados todas as concepções de isenção propostas pela doutrina para justificar a sua existência em face da regra de isonomia, tais como a isenção como mínimo vital, como favor fiscal, como privilégio legal. Conclui o capítulo a distinção entre a imunidade e a isenção.

O Capítulo III discorre sobre a interpretação das leis tributárias e, em particular, daquelas que estabelecem as isenções, e finda com a crítica ao CTN ao prescrever critérios restritivos à interpretação destas leis.

São, todavia, os Capítulos IV e V que concentram propriamente a magistral exposição da técnica do Prof. Souto na delimitação do conceito jurídico de isenção e na proposição de uma classificação deste instituto. Definir e classificar. Este é o cerne desta técnica.

Tomemos do § 1º, do Capítulo IV, o seguinte trecho:

> "O modo normal e típico de extinção da obrigação tributária é o cumprimento espontâneo ou forçado da respectiva prestação. A obrigação tributária, ordinariamente uma obrigação de conteúdo pecuniário, extingue-se pelo seu pagamento satisfazendo a prestação do tributo, o crédito do ente tributante. Pode acontecer, entretanto, que o crédito tributário seja excluído mediante o procedimento técnico-jurídico da isenção, ou da anistia fiscal (Código Tributário Nacional, art. 175, itens I e II). A isenção, enquanto instrumento de exoneração do pagamento de tributos, pode-se referir a pessoas, coisas e atos. Motivos os mais variados e circunstâncias de índole diversa (econômicas, sociais etc.) determinam a utilização do instrumental jurídico

15. Ver ob. cit., p. 29.

da isenção, que pode inclusive ser usado como técnica para impedir a sobreposição de incidências ou *overlap* tributário. Certo é que a pessoa ou objeto isento poderia ser alcançada pela tributação e a ela estaria realmente submetida se excepcionalmente a lei tributária não o tivesse colocado fora do seu campo de incidência. Ao estabelecer os casos de incidência tributária, a lei pode simultaneamente prever hipóteses em que o vínculo obrigacional não surge. São essas precisamente as hipóteses de isenção. O princípio da isenção, consoante se verá oportunamente, é estudado neste trabalho como um aspecto particular de princípio mais amplo: o da não-incidência. A não-incidência pode ser: I – pura e simples, a que se refere a fatos inteiramente estranhos à regra jurídica de tributação, a circunstâncias que se colocam fora da competência do ente tributante; II – qualificada, dividida em duas subespécies: a) não-incidência por determinação constitucional ou imunidade tributária; b) não-incidência decorrente de lei ordinária – a regra jurídica de isenção (total)".[16]

Vemos aqui o método de buscar o conceito de isenção. Ora, sabemos, sem que o texto precisasse informar, que diante disto que se chama isenção não há o dever de pagar o tributo. Conseqüentemente, somente diante da obrigação tributária é que podemos perguntar, do ponto de vista jurídico, por que não se paga. Que ocorre na isenção tributária? O texto nos diz que, se não fora a lei de isenção, as pessoas, coisas ou atos isentos estariam submetidos à tributação. Conseqüentemente, o vínculo não surge, ou porque lhe falta o fato ou porque lhe falta o devedor. Dessa forma, a isenção é estudada como espécie do fenômeno mais amplo da não-incidência das leis em geral. Somente a partir deste ponto é que o Prof. Souto vai em busca da definição de isenção.

Ora, é pela análise e crítica do conceito vigente, com o auxílio de opiniões diferentes, que a definição de isenção começa a ser moldada. É o conflito de opiniões. É a crítica do argumento. São as comparações de doutrinas diversas. Tudo para sobrelevar o ponto de vista que melhor explica o seguinte fato: por que razão pela qual não se está obrigado a pagar em face disto que se chama isenção? Entram em jogo as distinções entre conceitos parecidos, como o de remissão da dívida ou do crédito tributário e, ainda, de conceitos afins como o de imunidade. A teoria da isenção como dispensa legal do pagamento do tributo devido é, então, analisada à luz da própria fenomenologia da obrigação tributária, nestes termos:

"A isenção é, via de regra, caracterizada em doutrina nacional como a dispensa legal do pagamento do tributo devido. Pretende-se que a isenção, como se fosse um *a posteriori* lógico e cronológico, pressuporia a incidência do tributo sobre o fato gerador que é precisamente a situação definida em lei como necessária e suficiente à ocorrência da obrigação tributária principal (Código Tributário Nacional, art. 114). Como se sabe, uma vez ocorrido concretamente o fato gerador, seus efeitos

16. Idem, ibidem, pp. 153-154.

se irradiam infalivelmente, constituindo-se, deste modo, a obrigação tributária principal. Ora, a doutrina entende que, nas hipóteses de isenção, ocorre o fato gerador do tributo e, portanto, existe a obrigação tributária principal, embora excluído o crédito dela decorrente. Tem-se como assentado, pois, que a lei de isenção apenas delibera dispensar o pagamento de tributo devido; que ela exclui o crédito fiscal, não obstando, entretanto, o surgimento da respectiva obrigação. Causa espécie constatar que a melhor doutrina brasileira não se advertiu, ordinariamente, da petição de princípio em que incorreu ao dar como assentado exatamente aquilo que era necessário demonstrar e não o fora: a ocorrência do fato gerador da obrigação tributária principal na hipótese de isenção tributária. Essa doutrina, respeitável posto equivocada, incorre, *data venia*, no erro de transplantar, na análise do sistema tributário nacional, ensinamentos de jurisconsultos estrangeiros, sem maior esforço de análise crítica. O *iter* jurídico, a que recorre o raciocínio dos que entendem consistir a isenção na dispensa legal do pagamento de tributo devido, é o seguinte: 1º momento. A lei tributária incide concretamente sobre o fato gerador hipoteticamente nela previsto. 2º momento. Como decorrência da incidência da lei sobre o fato gerador, surge a obrigação tributária. 3º momento. A lei dispensa o pagamento do tributo, limitando-se, pois, a excluir a exigibilidade do crédito tributário; vale dizer que, por uma metamorfose jurídica, a lei tributária transforma o *fato gerador* em *fato isento*. Sucede, entretanto, que, em decorrência do princípio da reserva de lei, da natureza legal da obrigação tributária, não se pode converter o fato gerador, por uma espécie de transubstanciação legal, em fato isento. Se fosse possível tal fenomenologia, a norma que estabelecesse a isenção estaria, a rigor, em contradição com a norma que definisse o fato gerador da obrigação tributária, e duas proposições normativas contraditórias não poderiam ser ambas válidas (*princípio jurídico de contradição*). O preceito isentivo é apenas uma regra de direito excepcional e, exatamente porque excetua, não está abrangido pela norma genérica da tributação. Ou o fato, pela efetiva incidência da norma, é tributado, ou não o é. Se é tributado, assim o é por determinação legal. A obrigação tributária decorre da legislação tributária. O fato gerador é uma entidade jurídica. Sua estruturação (núcleo e elementos adjetivos) está contida em texto de lei. A realização concreta, no mundo fático, do fato gerador (hipótese de incidência) previsto na lei tributária configura apenas um requisito para a infalível incidência da norma jurídica de tributação. Em face de diversidade do tratamento jurídico nas hipóteses de obrigação tributária e de isenção, é irrelevante a possível identidade, decerto não absoluta, do que sucede no mundo dos fatos. Esta relativa identidade fática resolve-se numa diversidade no mundo jurídico, que é o mundo das normas. Ontologicamente, a estrutura dos fatos pode até ser a mesma, pouco importa. O que tem relevo juridicamente é a diversificação no tratamento normativo desses fatos. É a lei tributária que os recepciona no mundo jurídico; que lhes dá a tônica particular; enfim, o colorido juridicizante. Constitui uma contradição insanável ter como *ex lege* a obrigação tributária (o que não se discute) e, ao mesmo tempo, admitir que esta possa surgir, embora dispensado o pagamento do tributo, até mesmo nas hipóteses em que a própria lei, ao delimitar o campo de incidência da tributação, coloca o fato isento fora dele. Nada mais equívoco do que admitir, na hipótese, a existência de obrigação tributária insusceptível de produzir efeito jurídico. O fato gerador define-se em função da incidência. Assim como a eleição dos fatos geradores, a seleção dos fatos isentos é feita pela própria lei tributária. Não é possível, deste modo, admitir-se a persistência da obrigação tributária, excluída apenas a exigibilidade do respectivo crédito, nas hipóteses de outorga de isenções. Na relação jurídica tributária existe a respectiva obrigação do sujeito passivo; na relação jurídica de isenção, ao contrário, não existe obrigação tributária principal. Pode-se, então, concluir que a isenção configura hipótese de desobrigação tributária".[17]

A longa citação permite acompanhar como se desenvolve toda a formulação da definição de isenção tributária, a partir da análise crítica do conceito corrente ao tempo em que fora escrito o livro. A argumentação visa demonstrar quão contraditória é a própria definição da isenção como dispensa legal do pagamento do tributo devido, se formos estabelecer os pressupostos da tese. O Prof. Souto mostra que a definição requer a ocorrência do fato gerador, a instauração do vínculo obrigacional e a dita dispensa legal do pagamento do tributo. Conseqüentemente, "por uma metamorfose jurídica, a lei tributária transforma o *fato gerador* em *fato isento*". Eis a contradição: se é fato gerador, existe obrigação; se é fato isento, obrigação não existe. Por outro lado, diz ele ser inadmissível "a existência de obrigação tributária insusceptível de produzir efeito jurídico". Notemos que, para chegar à definição de isenção, o trabalho do jurista foi analisar a definição corrente frente à própria definição de obrigação tributária, evidenciando sua contradição interna e sua inadequação ao objeto que pretende definir. Em seguida, mostra que a isenção outra coisa não é que uma regra exceptiva à norma de tributação, que define a estrutura da obrigação tributária. A isenção é forma de desobrigação tributária. Se há isenção, inexiste obrigação, ou por faltar-lhe o fato ou por faltar-lhe o devedor. Confronto de opiniões. Uso do argumento dos melhores juristas. Análise de definições. A busca pela melhor definição: aquela que mais completa e harmoniosamente diz a coisa. A utilização do direito positivo é, como sempre, tópica: ou será para uma rápida interpretação do texto ou para definir uma questão ou ponto de vista. Por outro lado, proliferam as citações dos juristas, a análise de suas definições, de seus argumentos, levando em consideração sempre a autoridade dos melhores, inclusive, para criticá-los. Observemos que a análise de definições e de argumentos se faz com o auxílio da lógica comum, aquela proveniente de Aristóteles. O princípio de contradição, o do terceiro excluído e assim por diante. Lógica de domínio comum, universal, que preside, como se dizia antigamente, o bom raciocínio.

O Capítulo V se inicia com o § 1º que se intitula "Premissas de uma Classificação Jurídica" e revela mais uma vez como se exerce a arte do jurista. Leiamos o seguinte trecho:

"Como reflexo da sua complexidade estrutural e da variedade de formas por que se manifestam, as isenções podem ser agrupadas em classes numerosas e diversi-

17. Idem, ibidem, pp. 161-165.

ficadas segundo os critérios de classificação eleitos pelos estudiosos. Em decorrência disso, torna-se impossível estabelecer exaustivamente uma classificação por tipos de isenção tributária. Consiste a classificação em selecionar e reunir alguns tipos de isenções, dadas as notas, características ou aspectos comuns que os especificam em face de outros. Todavia, sob diferente ângulos de análise, uma isenção determinada pode ser objeto de classificações diversas. A análise jurídica das isenções atua precisamente como um critério seletivo particular em face da objetividade normativa a que se dirige. Na estrutura complexa do objeto isenção, dá-se um corte lógico necessário para delimitar o âmbito de investigação científica. A preocupação do jurista é a utilização de critérios válidos para uma classificação jurídica das isenções; critérios válidos, portanto, no seu campo de estudo. A classificação é medida indispensável para a análise jurídica das isenções".[18]

Esta é uma página antológica de como procede um jurista na construção de sua obra. O dado a ser investigado, analisado, conceituado, requer, muita vez, pela complexidade estrutural que apresenta, uma classificação em gênero e espécies. Que é classificar a isenção? Nada mais do que "selecionar e reunir alguns tipos de isenções, dadas as notas, características ou aspectos comuns que os especificam em face de outros". Definir o objeto e depois, se possível, classificá-lo pelas notas comuns que apresentam em face de outros.

Dessa forma, as isenções podem ser, a título de exemplo, classificadas em objetivas, se a lei toma o fato gerador ou a coisa que o integra como excluído do universo de fatos geradores e em subjetivas, se a referência é à pessoa que fica excluída do universo de contribuintes. A isenção é absoluta se o devedor nem tem obrigação principal nem acessória. Entretanto, ela é relativa se concedida mediante o cumprimento de certas exigências a cargo do devedor. A classificação prossegue.

O Capítulo VI trata das obrigações acessórias vinculadas à fruição da isenção por parte dos isentos.

O último livro que integra esta etapa da atividade de jurista do Prof. Souto é *Lei Complementar Tributária*[19] e, curiosamente, nele, a tradição na qual se moveu seu autor já está bem mitigada. Os sinais de mudança de rumo na perspectiva filosófica do autor são visíveis. A análise recai mais fortemente sobre o texto de direito positivo, no caso, da Constituição Federal. Não se trata de interpretar o texto, mas de descrevê-lo. Não se encontram mais as polêmicas entre as opiniões dos juristas, a análise direta de suas definições e classificações. Não enxergamos, de plano, a busca pelo conceito a partir da crítica de outras definições. Embora tudo isto esteja ainda presente na exposição do Prof. Souto, uma outra ma-

18. Idem, ibidem, p. 225.

19. O livro foi publicado em São Paulo, pela Ed. Revista dos Tribunais, em 1975.

neira de exercer a arte do jurista começa a se fazer presente. O texto da exposição já não guarda a forma de conflito de opiniões, mas assume a forma do discurso linear que retrata ou descreve o texto constitucional. A ênfase é a busca pela harmonia das normas constitucionais, e o conceito de lei complementar e a sua classificação tomam como ponto de partida o direito positivo. A tarefa do jurista é, agora, mais claramente, analisar textos, dissecando-os, harmonizando-os e deduzindo corolários das regras escritas. O uso do texto positivo não é mais, preponderantemente, tópico, mas, constitui o objeto da função descritiva do jurista. O método antigo ainda domina, porém, já não tem a força de antes. As referências às opiniões de filósofos modernos, especialmente de Kelsen, são bem mais freqüentes, na medida em que rareia o conflito de opiniões dos juristas.[20] É que o Prof. Souto vai acentuando a tendência de tomar como ponto de partida sempre o direito positivo, na perspectiva do normativismo: é o direito positivo o objeto da arte jurídica, que se exerce, então, pela descrição do chamado sistema de direito positivo.

Consideremos os capítulos da obra: Capítulo I – Antecedentes; Capítulo II – Princípio Constitucional de Isonomia das Pessoas Constitucionais; Capítulo III – Avaliação dos Critérios geralmente utilizados para Identificação da Eficácia e Posição Hierárquica da Lei Complementar no Direito Brasileiro; Capítulo IV – Conceito e Espécies de Lei Complementar; Capítulo V – Plano da Existência da Lei Complementar; Capítulo VI – Plano da Eficácia da Lei Complementar; Capítulo VII – A Reserva de Lei Complementar para as Normas Gerais de Direito Tributário; Capítulo VIII – A Lei Complementar definidora dos Casos Excepcionais de Cabimento do Empréstimo Compulsório; Capítulo IX – Isenção de Impostos Estaduais e Municipais por Leis Complementares; Capítulo X – A Lei Complementar Reguladora da Não-Cumulatividade do ICM; Capítulo XI – A Instituição em Lei Complementar de outras Categorias

20. Ressalto, entretanto, o que diz o Prof. Souto no "Esclarecimento Preliminar" ao seu trabalho: "A lei complementar, tal como foi posta no ordenamento jurídico pela Constituição em vigor, é uma categoria legislativa nova. Por isso mesmo, é escassa a bibliografia disponível sobre o tema. Afora os trabalhos de José Afonso da Silva e Geraldo Ataliba, largamente utilizados na elaboração desta monografia, praticamente nada existe a respeito do assunto. Não há, na doutrina brasileira, nenhum estudo versando a lei complementar *tributária*". O que quero acentuar é a tendência já presente de tomar o direito positivo como o dado a ser descrito, de onde deverão ser extraídas as definições e classificações. O jurista agora se move, cada vez mais, não para a coisa a ser definida e classificada, mas para o sistema normativo que constitui o objeto de sua tarefa e que consiste em descrevê-lo. Por isso, havendo ou não farta bibliografia, a nova perspectiva tende a dela prescindir, salvo se ela, também, for fruto da descrição do sistema normativo, porque, em última análise, o que prevalece é o que pode ser deduzido desse sistema.

de Contribuintes do ICM; Capítulo XII – Os Convênios sobre Isenções do ICM e sua Vinculação à Lei Complementar; Capítulo XIII – A Não-Incidência do ICM sobre operações que destinem ao exterior produtos industrializados e outros indicados em Lei; Capítulo XIV – A Definição em Lei Complementar dos Serviços Tributáveis pelos Municípios; Capítulo XV – A Fixação em Lei Complementar da Alíquota-Teto do Imposto Sobre Serviços.

Se verificarmos o sumário da obra, vamos ver que o único capítulo que realiza a tarefa do jurista, tal qual exercida na construção de *Isenções Tributárias* é, tão-somente, um apêndice no rol de suas preocupações que, agora, são a existência de leis, sua validade, sua eficácia, a harmonização lógica de suas proposições. Definir e classificar não mais são as tarefas do jurista. Ele agora tem outra missão. Talvez, mais importante aos olhos da modernidade científica. Ele, ainda, se vale de definições e classificações, mas, obtidas ou extraídas do sistema jurídico, entendido ao modo do normativismo kelseniano. E mais: ele está conformado ao que estabelece, ou, ainda, diz, o tal do sistema de direito positivo que submete a sua missão intelectual. Missão pobre, convenhamos. O jurista submetido ao dizer simples do legislador.

A questão pode ser mostrada no seguinte texto:

"§ 1º. O conceito de lei materialmente complementar à Constituição. A doutrina estabelece um discrime entre o que convencionou denominar conceito de lei complementar em sentido amplo (*lato sensu*) e em sentido estrito ou formal (*stricto sensu*). Assim, o Prof. Pinto Ferreira ensina que, na acepção ampliativa, a lei complementar é toda aquela que completa uma norma constitucional não auto-aplicável. As leis complementares – preleciona o mestre recifense – são todas as leis que completam as disposições da Constituição, para torná-las eficazes e desenvolver os seus princípios e conteúdo. Nesse sentido 'amplo', também chamado 'ontológico' ou 'doutrinário', lei complementar é toda aquela que 'complementa' a Constituição, independentemente de qualquer consideração formal ou de caráter procedimental, como é a do *quorum* especial ou qualificado para aprovação da lei complementar, no regime da Emenda Constitucional n. 1, de 1969. Salienta José Afonso da Silva que todas as leis integrativas da Constituição completam a eficácia das normas constitucionais. São instrumentos de ampliação eficiente das normas constitucionais de eficácia limitada. Em sentido amplo, todas as leis são complementares da Constituição. Nessa acepção lata, leis complementares da Constituição são todas as leis que a completam, tornando eficazes os seus dispositivos ou desenvolvendo os seus princípios. E acrescenta, com seu rigor habitual, o ilustre mestre, que a doutrina vacila na conceituação e distinção das leis complementares, chamando-as, no mais das vezes, leis orgânicas. Mas, observa ainda José Afonso da Silva, as leis orgânicas são apenas as que dão forma e regulamentação aos órgãos do Estado e aos entes menores, instituições e serviços estatais. Preconiza Geraldo Ataliba a necessidade metodológica de colocar em confronto os conceitos por ele denominados 'doutrinário' e 'jurídico-positivo' de lei complementar. O conceito doutrinário liga-se à distinção entre disposições constitucionais auto-executáveis e não auto-executáveis. É lei complementar aquela que completa dispositivo constitucional não auto-executável. O conceito jurídico-positivo depende do sistema tal como erigido e disposto pelo legislador constituinte. No direito brasileiro, lei complementar é, então, a votada e aprovada com observância dos requisitos formais estabelecidos no art. 50 da Constituição Federal. Diante do nosso sistema constitucional, pode-se sustentar que há duas espécies de leis complementares: aquelas que substancialmente o são e aquelas assim qualificadas pela Constituição Federal. Na doutrina brasileira, o ponto de partida para a formulação do conceito 'ontológico' ou 'doutrinário' – ou *material* de lei complementar, como preferimos denominá-lo –, é um estudo clássico de Victor Nunes Leal no qual ele sustenta que, em princípio, todas as leis são complementares, porque se destinam a completar princípios básicos enunciados na Constituição. Adverte, entretanto, Nunes Leal que geralmente se reserva esta denominação para aquelas leis sem as quais determinados dispositivos constitucionais não podem ser aplicados. Nesse ponto de nossa exposição, coloca-se o problema de eficácia jurídica e posição hierárquica de leis apenas materialmente complementares de normas constitucionais. O critério material para identificação da lei complementar, sob o prisma ora analisado, nada adianta quanto à sua hierarquização e eficácia. A sua insuficiência revela-se ao primeiro exame, porque não é a diversidade da matéria regulada que aparta os atos legislativos em diferentes graus de hierarquia normativa, mas sim a técnica, a unidade que possui um conjunto de normas quanto às características nelas transfundidas pelo legislador constituinte. A procedência dessas observações se revela tanto mais evidente quanto se tenha patente que, na vigência da Constituição de 1946, e mesmo antes dela, nenhum problema de hierarquia se punha em função da qualificação de determinadas leis, editadas pela União, como leis materialmente complementares à Constituição, em confronto com outras leis federais, que assim não podiam ser identificadas. É essa, em outras palavras, a posição sustentada por Nunes Leal no seu fecundo estudo, onde deixou expresso o seu convencimento no sentido de que a designação de lei complementar não envolvia 'nenhuma hierarquia do ponto-de-vista da eficácia', em relação às outras leis declaradas não-complementares. Com razão, sustenta Victor Nunes Leal que todas as leis complementares, ou não, tinham a mesma eficácia jurídica. Essa conclusão é, portanto, absolutamente correta e coerente com a sistemática da Constituição de 1946 e põe a manifesto que o critério material é imprestável para fornecer a explicação da eficácia e posição hierárquica da lei complementar no quadro constitucional brasileiro, sob essa perspectiva em que foi doutrinariamente colocado".[21]

Prossegue o texto:

"§ 2º O conceito de lei formalmente complementar à Constituição. O conceito formal de lei complementar deflui do regime peculiar a que está subordinada essa figura legislativa pela Emenda Constitucional n. 1/69. Trata-se portanto de um conceito jurídico-positivo. De regra, as leis complementares, materialmente consideradas, têm a função de integrar a eficácia das normas constitucionais referentes à estrutura do Estado, à formação e relações entre poderes. Não se caracterizam como normas constitucionais em sentido formal. A Constituição de 1967, com a redação que lhe deu a Emenda n. 1/69, dispõe, no seu art. 50: 'As leis complementares somente serão aprovadas se obtiverem maioria absoluta dos votos dos membros das duas Casas do

21. Ver ob. cit., pp. 30-33.

Congresso Nacional, observados os demais termos de votação das leis ordinárias.' A lei complementar é, no direito brasileiro, lei da União; conseqüentemente, lei da ordem central. Acentuou-se expressivamente que toda lei da ordem central (identificada com a ordem federal), funda sua validade na Constituição por uma dupla via: 1ª) formalmente, enquanto deve ser editada por autoridades criadas pela Constituição e dentro da esfera de competência a elas atribuídas; 2ª) materialmente, enquanto o conteúdo dessas normas deve ajustar-se à Constituição. O regime jurídico a que é subordinada a edição de leis complementares somente estará caracterizado então se estivermos em presença não só da matéria que, por força da Constituição, deva ser objeto de tal disciplina, mas também de ato legislativo aprovado pela maioria absoluta dos membros das duas Casas do Congresso Nacional. Diversamente do primeiro, que é um requisito de fundo ou de ordem material, o segundo é um requisito de forma ou procedimental. Requisito de ordem formal porque só diz respeito ao procedimento de votação da lei complementar, nada adiantando quanto ao seu conteúdo e eficácia. Quanto ao critério material, já vimos que está submetido às limitações postas pela Constituição à competência da União para expedir leis complementares que versem apenas sobre certas e determinadas matérias. É o chamado limite de fundo, que já foi examinado (*supra*, § 1º deste capítulo). Interessa portanto ao objeto do nosso estudo, no presente momento, extrair o desdobramento das conseqüências da adoção, pela Constituição Federal, de um critério formal que individualiza a lei complementar em contraste e confronto com os demais atos legislativos. No sentido formal, ou jurídico-positivo, define Paulo Sarasate a lei complementar como sendo a lei aprovada no mínimo pela maioria absoluta das duas Casas do Congresso Nacional, observados na sua elaboração, os demais termos de votação das leis ordinárias, tendo por objeto regular preceitos constitucionais cuja aplicação deles dependa expressamente. Por seu turno, Geraldo Ataliba nos dá uma definição de lei complementar – de acordo com o conceito jurídico-positivo – como sendo aquela expressamente prevista pelo texto constitucional e para cuja elaboração se previu processo especial – porque exclusivo e próprio da espécie – e qualificado – porque revestido de exigências que o tornam qualitativamente superior ao próprio da legislação ordinária. Essas definições todavia ressentem-se da generalidade não excetuada com que formulam a regra da *expressa* previsão constitucional como uma exigência indeclinável para a identificação das hipóteses de cabimento da lei complementar. Isso entretanto nem sempre sucede, porque eventualmente considerações de ordem sistemática conduzirão inevitavelmente à conclusão de que, posto não expressamente prevista, só a lei complementar pode disciplinar determinadas matérias, tais como a do art. 23, § 7º, *in fine*, da Emenda Constitucional n. 1/69".[22]

No texto citado, o Prof. Souto passa em revista cinco definições de juristas os mais autorizados sobre esta matéria e o faz para afastar exatamente aquela a que chama de "doutrinária" ou "ontológica" ou, também, "material" (Pinto Ferreira e Victor Leal), para dar ênfase àquela chamada de "jurídico-positiva", extraída do texto constitucional (Geraldo Ataliba e Paulo Sarasate). Fundamenta-se no fato de que não é a matéria a ser regulada pela lei que as distingue (leis ordinárias e leis complementa-

22. Idem, ibidem, pp. 33-35.

res), uma vez que, de uma maneira ou de outra, toda lei complementa a Constituição. Como ele diz, coloca-se o problema de eficácia jurídica e hierárquica de leis apenas materialmente complementares de normas constitucionais. Somente o conceito de lei formalmente complementar à Constituição pode lhe dar a definição. Assim, é lei complementar aquela que tiver matéria específica e for aprovada pela forma determinada pela Constituição. A partir daí, o Prof. Souto traz as definições de Sarasate e de Ataliba, ressaltando que são de ordem jurídico-positiva. O que importa salientar é que o direito positivo é o alfa e o ômega do trabalho jurídico precisamente porque lhe domina toda a criação, uma vez que o jurista só tem uma missão: descrevê-lo. Quem assim procede, limita-se a reproduzir em proposições descritivas, como nos ensinam, o sistema normativo, e o jurista exerce sua função tanto melhor quanto mais fiel for a este sistema, expurgando-lhe as antinomias e fazendo do seu sistema descritivo um corpo de exposição isento de contradições. Seja como for, lei é aquilo que a Constituição diz que é. Sua classificação é aquela que possa dela ser extraída. O critério de classificação é aquele que nela possa ser encontrado.

Com *Lei Complementar Tributária* encerra-se o ciclo dos quatro livros do Prof. Souto em que ele pensa e raciocina dentro da tradição jurídica. Este modo de exercer a arte jurídica, que não requer demonstrações de princípios, de premissas, e não deriva sua validade da vinculação a este ou àquele filósofo em particular, não está, todavia, desprovido de um embasamento filosófico; ao contrário, ele se alicerça na dialética grega, especialmente, a praticada por Aristóteles, que deu à jurisprudência romana o seu caráter de arte, entendida à moda antiga. A tradição jurídica mostra uma arte comum a todos que a praticam desde a Roma antiga até o século XIX, ponto inicial de uma ruptura amparada pela filosofia dos modernos. Por isso, esses primeiros livros em nada se diferenciam de todos os outros livros de direito, nacionais ou estrangeiros. É sempre a busca do conceito, a tentativa de classificação, a discussão das opiniões dos outros juristas, o uso tópico da lei, independentemente da descrição do ordenamento jurídico. Isto se faz pela análise do fato submetido à apreciação do jurista, quer como caso, quer como realidade a ser juridicamente conceituada, definida. Sua linguagem diz sobre coisas, pessoas e relações. Fala da realidade que se chama mundo jurídico, mundo sobre o qual o jurista cria seus conceitos e classificações. Não mundo de normas, de sistema, que deve ser descrito.[23]

23. Michel Villey, tão caro ao Prof. Souto, faz este comentário: "La jurisprudence est d'abord *description* du monde existant. Bien que l'influence du stoïcisme (dont ce

2. *Kelsen domina a cena*

O conhecimento que da obra de Kelsen tem o Prof. Souto é anterior ao seu primeiro livro, publicado em 1966. Em *Iniciação ao Direito Financeiro*, já encontramos na bibliografia a indicação de seus textos, inclusive os livros do Prof. Lourival Vilanova, o maior conhecedor brasileiro do vienense. À medida que o tempo passa, Souto se torna mais e mais kelseniano, o que já podemos constatar na *Lei Complementar Tributária*, de 1975. É, porém, com a publicação do *Lançamento Tributário*, de 1981, que não só o Professor, de modo expresso, se propõe a escrever uma obra com base na teoria pura, como, também, ao menos entre os tributaristas brasileiros, encontrou Kelsen, definitivamente, a aplicação mais acabada e conseqüente de seus ensinamentos. Citar Kelsen, expor seu entendimento sobre norma jurídica e outros conceitos é uma coisa; outra, bem diferente, é tê-lo compreendido e estudado um ponto do direito positivo, utilizando seu arcabouço teórico. Até a publicação de *Lançamento Tributário*, ninguém no Brasil, nem fora dele, ao menos que seja do meu conhecimento, o fizera. Tendo examinado esta obra em longa resenha, publicada há mais de 20 anos, e, pelo pavor à repetição, permito-me dela fazer uso para ressaltar os seguintes aspectos daquele livro:[24]

dernier texte d'Ulpien semble être aussi un témoignage) ait insufflé dans l'esprit de certains juristes quelque tendance au rationalisme – le droit romain est le contraire d'un droit logiquement construit sur des principes *a priori*. En dernière instance il s'appuie sur une série *d'observations*, observations en sens divers de la vie réelle, source d'opinions discordantes, à confronter *dialectiquement*. L'oeuvre des juristes romains est essentiellement réaliste. Si Pomponius, dans un texte cité plus haut, a pu écrire que le droit civil au sens propre est l'oeuvre des seuls jurisprudents, qui ne l'ont point tiré des lois (*sine scriptio in sole interpretatione prudentium consist*, D, 1.2.2), ils l'ont tiré de l'observation de la natures: de la constitution naturelle des groupements sociaux, des types de rapport d'affaire, de parenté, de voisinage, ou des procédures spontanément venus à l'être, des coutumes, des bonnes moeurs existant dans le peuple romain (*mores populi romani*). La jurisprudence repose en dernière instance et surtout sur la connaissance des choses (*notitia rerum*, *Ins*., 1.1.1. – D, 1.1.10 tiré d'un manuel didactique d'Ulpien)" (itálico no original), in *Le Droit Romain*, France, PUF, 1972, pp. 43-44. E prossegue o filósofo: "A partir de l'époque moderne, la 'dogmatique juridique' aura perdu cette souplesse. Les traités théoriques de droit tendront à revêtir la forme de systèmes déductifs de normes, systèmes achevés, clos sur eux-mêmes, ne laissant plus qu'une place restreinte à l'initiative du juriste. Tandis que à Rome toujours resté un *art*, la poursuite incessante du juste approprié aux circonstances" (itálico no original). Ver. ob. cit., p. 45.

24. O estudo foi publicado na *Revista de Direito Tributário* 25/26, São Paulo, Ed. RT, 1983, e, posteriormente, republicado como "Apresentação" da 2ª ed. do *Lançamento Tributário*, Malheiros Editores, São Paulo, 1999, por iniciativa do Prof. Souto, a quem o autor, comovido com a honraria sem par, agradece.

"Em primeiro lugar, o objetivo da obra. Ela procura estudar toda a problemática do lançamento tributário no Direito Positivo brasileiro, vale dizer, tal qual posto no Código Tributário Nacional. É, pois, um livro comprometido com o nosso Direito, que, por isso mesmo, valoriza o Código Tributário Nacional, procurando explicar cada ponto obscuro, cada expressão mal-redigida, sanando-lhe as aparentes antinomias, reduzindo-o a um complexo normativo coerente e significativo. Com essa preocupação o Autor discorre sobre todas as disposições legais pertinentes ao lançamento, relacionando-o, como nunca se fizera antes, não só à problemática da obrigação tributária, ao conceito de tributo, como à própria Constituição Federal, tecendo um magnífico sistema expositivo. Não há aspecto do lançamento tributário ou a ele conectado – e, neste caso, só a análise em profundidade do sistema como um todo poderia revelar as interdependências de conceitos – que não esteja devidamente tratado. Mas a análise empreendida pelo Autor não se detém apenas nos aspectos principais do lançamento tributário como pretende ter revelado toda a doutrina tradicional. Ela vai mais além. Revela aspectos inusitados, ainda não explorados pela doutrina, e lhes dá tratamento adequado. Por exemplo: a relação entre a restituição de tributo e o lançamento. Nada é desprezado pelo professor Souto Maior Borges. Às vezes, uma expressão ou cláusula normativa sobre a qual todos correram os olhos, sem se deter, para o Autor é importante o suficiente para lhe dedicar várias páginas, surpreendendo o leitor, que, perplexo, não se havia dado conta de sua importância. Exemplo: a cláusula do art. 139 do CTN segundo o qual o crédito tributário 'decorre da obrigação principal e tem a mesma natureza desta'. Que significa ter a mesma natureza da obrigação principal? Para responder a esta questão, aparentemente tão singela, o professor Souto Maior Borges discorre longamente sobre o conceito de obrigação tributária, sua natureza, o conceito de crédito, para, então, dar a sua resposta. E assim o faz ao longo de todas as páginas que dedicou ao tema.

"Em segundo lugar, o método aplicado ao estudo. É sabido por quantos conhecem o Autor deste livro, ou lêem suas obras e pareceres, que já vai distante o tempo em que ele se dedica ao estudo sério e proveitoso da Teoria Pura do Direito. Isto fica evidente com a publicação da *Lei Complementar Tributária*. Pois é o método revelado pela Teoria Pura de conhecimento do Direito que o Autor escolheu para escrever sua obra sobre lançamento tributário, aplicando-a integral e coerentemente a todos os problemas por ele enfrentados. Assim é que ele praticamente reelabora os conceitos de obrigação tributária, crédito tributário, direito subjetivo, sujeito de direito, o problema da chamada lei inconstitucional, a aplicação e criação do Direito e tantos quantos sejam os temas que se lhe põem em toda a obra. Todavia, não é o simplesmente ter-se utilizado de Kelsen que lhe dignifica a obra. Em certa medida, dá-se, aqui, o contrário. É a aplicação que o professor José Souto Maior Borges faz da teoria kelseniana que revela suas virtudes e possibilidades. É que o professor Souto Borges não a utiliza movido pelo vento da moda. Ao revés, ele a aplica porque conhece muito bem a utilidade e os frutos científicos que ela pode dar. Ele a aplica não para engrossar a fileira dos ditos kelsenianos, mas por sua convicção filosófica, adquirida através de longos e meditados anos de estudo. Por isso é que suas extensas citações de Kelsen, Merkl, Ebenstein e Kunz, antes de parecerem afrescos literários e revelarem uma leitura deficiente da obra de Kelsen, adquirem um novo sabor, revelam-se luminosas, sérias e, sobretudo, úteis. Não seria tão temerário se afirmar que a leitura da obra do professor Souto Maior Borges pode aproximar muitos adversos de Kelsen à sua obra, como irremediavelmente dela fará se afastar numerosos 'kelsenianos'. Definitivamente, não é dado a todos ser discípulo de Kelsen. Por outro lado, não é por aplicar a Teoria Pura que as soluções aos problemas jurídicos apresentados pelo Autor estarão sempre corretas, ou mais adequadas ao nosso Direito. Isto o Autor faz questão de afirmar em seu 'Preâmbulo'. Trata-se, apenas, de uma, dentre as inúmeras possibilidades de se abordar o jurídico. O Autor reserva-se tão-somente o direito de tê-la aplicado coerentemente, enfrentando todos os problemas relativos ao lançamento e apresentando as soluções condizentes com suas premissas.

"Em terceiro lugar, o sistema da obra. O Autor dividiu o livro em quatro títulos, a saber: 1º) 'Crédito Tributário', que compreende três capítulos; 2º) 'Constituição do Crédito Tributário', que compreende seis capítulos; 3º) 'Modalidades de Lançamento', que compreende três capítulos; e 4º) 'Eficácia Jurídica do Lançamento', que compreende dois capítulos. Por imposição da metodologia adotada, os vários capítulos em que se desdobram os títulos versam numerosos problemas que extrapolam o próprio tema – o lançamento –, para discutir questões de Teoria Geral do Direito, especificamente sob a ótica kelseniana. Assim, por exemplo, o Capítulo I do Título I é dedicado integralmente às relações entre obrigação tributária e crédito tributário, discutindo-se ambos os conceitos largamente, como no Capítulo I do Título II o Autor discute o que sejam conceitos lógico-jurídicos e jurídico-positivos, as definições descritivas e as definições prescritivas. Por outro lado, ao abordar certos problemas de ordem específica, o Autor faz longos parênteses, para expor problemas como a aplicação e criação do Direito, o problema das normas gerais e abstratas em contraposição às normas individuais e concretas. Isto é absolutamente necessário para que se possa compreender a solução por ele dada às diversas questões pertinentes aos problemas especificamente jurídicos."[25]

Eis a obra. Diferente em toda a sua concepção das anteriores. Diferente de quanto se escreveu em direito tributário no Brasil e no exterior. Nela, nada mais é natural. Nada é simples. Obra de leitura difícil por exigir um olhar ao qual o jurista não está habituado. A linguagem para descrever o ordenamento jurídico é, ela mesma, uma malha de conceitos que precisam ser explicados a todo o momento. Metalinguagem, como dizem os filósofos normativistas. Um discurso que não fala da realidade, mas, de normas, de conceitos que, então, falam do mundo real. Um discurso que fala do discurso normativo. Tudo muito longe do antigo proceder do jurista. Uma atitude intelectualmente artificial por oposição àquela da tradição jurídica, que não pertence a nenhum filósofo moderno, de uso comum pelos juristas, que não precisa de premissas explícitas, e que, à maneira do jurista romano, usa "d'une méthode tâtonnante et controversiale" e que "questionne, discute, pratique moins la déduction que la discussion dialectique".[26]

25. Ver ob. cit., pp. 14-16.
26. Michel Villley, ob. cit., p. 37.

3. *Popper e o método de pesquisa científico aplicado ao direito*

A curiosidade filosófica e o inconformismo com a mesmice que domina a produção jurídico-tributária em nosso país fizeram com que o Professor fosse encontrar em Karl Popper uma possibilidade para romper com este estado de coisas. Em *Obrigação Tributária (uma introdução metodológica)*,[27] são asssentadas as premissas da moderna pesquisa científica, desenvolvida por aquele filósofo, sobre que será estudada a obrigação tributária. Aqui, a ousadia intelectual do Professor Souto é desconcertante. Uma coisa é mover-se alguém enquanto jurista ao vento de uma filosofia jurídica, outra é um jurista utilizar o método próprio das ciências naturais em seu ofício. Não pensemos em ingenuidade filosófica do Professor. Muito ao contrário; ele sabe muito bem do que fala e do risco que corre. Após fazer uma longa crítica à infecundidade dos trabalhos jurídicos em direito tributário, principalmente por acreditar que a razão é a pobreza do método, o Professor faz o seguinte comentário:

"Os estudos jurídicos sobre o tributo não conseguem atingir o grau de profundidade alcançado noutras províncias do conhecimento científico, como as ciências naturais, ou, até mesmo, noutras disciplinas jurídicas particulares. Este trabalho é, na ordem da intenção, ambicioso, posto nada pretensioso: a audácia teórica, quando ponderada, é uma virtude intelectual. Assim sendo, ele aspira romper com essa tradição imobilista. E procura conciliar a clareza e simplicidade da exposição com toda a profundidade de tratamento teórico que fora possível ao autor. Seu objetivo fundamental consiste em demonstrar a fertilidade dos critérios lógicos e metodológicos nele adotados para a análise crítica das doutrinas atuais sobre a obrigação tributária. A abordagem específica dessa categoria dogmática é, tão-só, um pretexto para a aplicação, no âmbito do tributo, desses critérios hoje consagrados, da pesquisa científica. Contudo, poderiam tais critérios ser transpostos para qualquer outra província do conhecimento jurídico, sem contra-indicações. Como opção metodológica básica, parte-se de reconhecimento da unidade entre os métodos das ciências da natureza e os métodos das ciências do normativo, como a ciência do Direito. Sem esse reconhecimento, as categorias metodológicas tomadas por empréstimo às ciências naturais não poderiam ter sido transpostas para o campo jurídico. E essa transposição corrobora a tese da unidade metodológica de todas as ciências. Porque elas partem de certas proposições explicativas do seu objeto de conhecimento, que não passam de meras hipóteses, conjecturas doutrinárias, asserções prévias ao dado da experiência. E devem ser testadas, tanto e tão rigorosamente quanto possível, pela sua aplicação ao objeto do conhecimento de que se trate. Essa testabilidade opera uma espécie de seleção darwiniana das teorias jurídicas. Persistem e sobrevivem apenas as que se mostrem mais resistentes à agressão de experimentos cruciais, nada mais que tentativas, malogradas ou não, de serem substituídas por outras de melhor e mais abrangente conteúdo de explicação. No plano da ciência jurídica, as propostas metodológicas deste trabalho são heterodoxas. Desconhece o autor algum trabalho que

27. O livro foi publicado pela Saraiva, em São Paulo, em 1984.

as tenha utilizado. Mas o estar defasada a abordagem teórica é um motivo adicional para considerar-se superlativamente oportuna a tentativa de transposição crítica, para o campo do Direito, dos critérios lógicos e metológicos utilizados pelas ciências da natureza. Se estão atrasados esses estudos, é muito mais necessário e, pois, de certa forma, mais oportuno do que nunca tentar-se a superação dos fatores de atraso. Por isso mesmo que não respondem aos apelos do preestabelecido, é possível que as propostas metodológicas deste trabalho não venham a ser, de imediato, quando menos consideradas ou quando mais criticadas. Contudo, impõe-se a reversão metodológica ora intentada. Se a teoria aqui exposta tem algum conteúdo de verdade, que o seja de verdades relevantes. Não se propugna, então, uma exposição repetitiva de doutrinas assentadas num dogmatismo intransigente. Uma técnica, um modo, entre tantos outros, de pensar os problemas jurídicos é a contribuição mais significativa que o presente estudo poderá acaso ofertar aos estudiosos do Direito Tributário. Mesmo quando se considere que o emprego da metodologia adotada não fora de modo conseqüente e se identifiquem eventuais incorreções no tratamento dado ao tema. Que se há de fazer? Só quem não pensa está imune à contradição e ao erro. Eventuais descaminhos, equívocos de suposição na análise científica, foram muito mais férteis para o progresso da ciência do que certas verdades, irrelevantes pela sua superficialidade. Não passa de preconceito estabelecer uma separação absoluta entre verdade e erro das teorias, inclusive das teorias jurídicas. É até preferível um erro que decorra de uma tentativa ousada e comprometida com uma construção teórica grandiosa a uma verdade elementar e superficial. Contribuir para disseminar na doutrina jurídica idéias que, sobretudo no campo das ciências naturais, vêm tendo enorme e fecunda aplicação é o objetivo fundamental deste estudo. Sem a larga utilização dessas idéias, o presente trabalho não poderia, evidentemente, chegar a bom termo".[28]

Página reveladora do que é o pleno conhecimento de um jurista da produção literária do seu tempo, daquilo que entende deva ser mudado e da consciência que tem da escolha de um novo caminho para estudar o direito e das conseqüências que podem dele advir. Nenhuma ingenuidade filosófica. Mas, legítima e corajosa aventura intelectual. Neste livro, o Prof. Souto trabalha com o direito como se fosse um dado da natureza (não entendida à moda de Aristóteles, mas, à maneira moderna nascida com astrônomos e matemáticos renascentistas) a ser submetido a testes e experimentos para comprovar as proposições descritivas do moderno jurista. Trata-se da demonstração da validade de uma proposição jurídico-descritiva pela possibilidade de sua confirmação empírica ou de sua falseabilidade. E mais, submetem-se essas proposições que, por sua vez, descrevem um sistema normativo aos testes de verificabilidade dos experimentos próprios das ciências da natureza. De tudo isto, que parece assombroso, o Prof. Souto tem plena consciência, conforme sua página citada. Vejamos como funciona o método:

"*II – O atributo da patrimonialidade e o seu caráter de enunciado universal estrito.* A afirmação de que toda obrigação tem conteúdo patrimonial é, então, aqui

28. Idem, ibidem, pp. 15-16.

encarada como um enunciado estritamente universal. Porque essa asserção pretende significar que o atributo da patrimonialidade estará presente em toda e qualquer categoria obrigacional. Assim, obrigação e patrimonialidade seriam termos coextensivos e reciprocamente implicados. Noutras palavras: a universalidade de enunciado decorre de que não haveria obrigação sem patrimonialidade. A veracidade de um enunciado desse tipo não pode ser comprovada, e, muito menos, pela via da indução. A rigor, essa assertiva não passa de uma conjectura, uma proposta doutrinária, a demandar testes 'negativos', porque orientados para a sua refutação, pois só então seria possível confirmá-la provisoriamente. É impossível, ao menos no estágio atual do conhecimento científico, comprovar definitivamente e conclusivamente qualquer proposta de explicação teórico-universal. Em Direito, como em toda ciência, só o provisório é definitivo. A universalidade da afirmação da patrimonialidade das obrigações evidencia-se precisamente porque ela não comporta exceção. Não será contudo possível, demonstrar, aprioristicamente, a veracidade dessa assertiva. Nem, menos ainda, pela via da investigação de todas as normas particulares que disciplinam as obrigações, sacando-se, *a posteriori*, a conclusão geral: 'Todas as obrigações são patrimoniais' (conclusão indutiva). Com efeito, não é metodologicamente viável examinar indutivamente toda a ordenação normativa vigente nos diversos sistemas jurídicos ou já revogados, ou porvindouros, para extrair essa conclusão. Logo, não há como comprovar, por essa via, a asserção da necessária patrimonialidade de todas as normas obrigacionais singulares, a fim de que se demonstrasse a corroboração irrestrita dela pela ordem jurídica. Impossível, contudo, pesquisar todas essas normas para confirmar a veracidade do enunciado. Mesmo quando se lhes introduza, convencionalmente, uma certa limitação no âmbito de abrangência, como sucede ao confinarem-se os enunciados, *e.g.*, ao direito positivo, ou a uma providência sua, como as obrigações civis ou tributárias, ou ao direito histórico etc. (universalidade apenas numérica, não estrita, portanto). A resposta à questão de saber se uma proposição de ciência do Direito deve ser encarada como estrita ou numericamente universal dependerá, contudo, de uma decisão puramente metodológica. Será a resultante de um uso convencional ou estipulativo do termo. Sem embargo, é teoricamente fecundo e doutrinariamente útil estudar esse enunciado, o de que toda obrigação é patrimonial, como estritamente universal. Não será por outro motivo que ele não é verificável (...). Como verficá-lo conclusivamente?"[29]

Mais adiante lemos:

"*V – Enunciados de normas obrigacionais não-patrimoniais válidas*. Uma afirmativa estritamente universal, como a de que toda obrigação é patrimonial, implica sempre a negação de quaisquer enunciados sobre a existência de normas em sentido contrário ou diverso, tais como 'nenhuma obrigação é patrimonial'. Noutros termos: afirmar que toda obrigação é patrimonial implica negar existência (validade) a normas obrigacionais não-patrimoniais. Mas a afirmação de que nem toda obrigação é patrimonial equivale até certo ponto a estoutra: 'Existe pelo menos uma classe de obrigação não-patrimonial' (CTN, art. 113, § 2º). E vice-versa: a negação de um enunciado sobre a existência de normas, p. ex., 'inexiste obrigação não-patrimonial', equivale à afirmação de um enunciado universal estrito: 'Toda obrigação é patrimonial'. Por esse e não por outro motivo, a formulação de um enunciado normativo estritamente universal do tipo 'toda obrigação é patrimonial' equivale a uma 'proi-

29. Idem, ibidem, pp. 46-47.

bição' ou 'vedação', no sentido de que não afirmam a existência de normas, mas, ao contrário, a sua negação. A afirmação de que toda obrigação é patrimonial leva implícita a 'vedação' ou 'proibição' ou 'proscrição' de obrigações não-patrimoniais. As proposições descritivas do tipo estritamente universal, expressam-se, a rigor, com a negação de enunciados estritamente existenciais. É dizer: como enunciados de não-existência de normas em sentido contrário (enunciados-não há). Assim, a afirmação 'toda obrigação é patrimonial' implica a negação da existência de qualquer obrigação não-patrimonial. Não por outro motivo são, tais formulações, universalmente estritas, refutáveis. Se admitirmos uma norma válida, p. ex. a do art. 113, § 2º do CTN, prescrevendo obrigação não-patrimonial, a afirmação da patrimonialidade genérica estará refutada. Todavia, esse enunciado da existência de uma norma válida, que contradiz aquela asserção, não pode, em si mesmo, ser falseado, porque nenhum outro enunciado singular sobre a existência de normas em sentido contrário teria o condão de infirmá-lo. Assim, a afirmação de que há obrigações não-patrimoniais não pode ser contraditada pela de que há também obrigações patrimoniais. Somente um enunciado estritamente universal, 'toda obrigação é patrimonial', poderia logicamente infirmar a existência dessa norma válida. Nesse sentido, não é viável infirmar empiricamente um enunciado puramente existencial sobre certas normas, por mais numerosos que sejam os exemplos de normativo singular em sentido diverso ou contrário. O enunciado normativo estritamente existencial não é falseável por nenhum outro enunciado normativo singular em sentido diverso ou contrário. E não o é porque é inviável investigar esgotantemente todo o universo normativo para sacar a inferência: não existe (no direito positivo), não existiriam (no direito historicamente dado) e não existirão (no direito futuro) normas com tal ou qual conteúdo. Assim sendo, a afirmação de que há certas obrigações não-patrimoniais (enunciado normativo de existência) não pode ser contraditada por nenhum outro enunciado originário da observação de normas obrigacionais patrimoniais. Só um enunciado estritamente universal – toda obrigação é patrimonial – poderia infirmá-la. Por seu turno, os enunciados sobre a existência de normas singulares, ou seja, sobre apenas algumas normas, não sofrem limitações de ordem espaço-temporal. Porque não se referem a um domínio de validade normativa delimitado no tempo e no espaço, p. ex. o direito positivo brasileiro em vigor. Quando se afirma que há obrigações não-patrimoniais, essa asserção pode ter referibilidade tanto ao direito brasileiro, *e.g.*, nas obrigações tributárias acessórias (CTN, art. 113, *caput*, e § 2º), quanto ao direito estrangeiro; tanto ao direito em vigor, quanto ao direito já revogado, ou mesmo ao direito a ser posto. E, porque não se deu ainda a positivação do direito futuro, o seu conteúdo não pode ser adredemente conhecido".[30]

Nestas passagens, o Prof. Souto mostra claramente como é assumir uma postura filosófica na elaboração da obra jurídica. Vemos o completo abandono da linguagem comum, própria da dogmática, feita de conceitos e palavras necessários ao diálogo de opiniões, e em seu lugar aparece uma linguagem que fala e diz como se testam proposições descritivas, como se dá a falseabilidade dessas proposições, como se dá a sua verificabilidade para que possam, então, ter validade enquanto proposições

30. Ver ob. cit., pp. 49-51.

jurídicas referidas a certo ordenamento jurídico. Não diz essa linguagem da realidade do mundo jurídico, nem mesmo da realidade contida nas normas, nem ainda de relações entre normas no sistema; ela fala de como é possível obter proposições da chamada ciência do direito com base nos testes de verificabilidade e falseabilidade. Estranha ciência esta. Vemos, também, como o Prof. Souto, ao tratar da patrimonialidade da obrigação – coisa tipicamente do direito – prescinde, inteiramente, da opinião dos juristas, de sua arte de conceituar a realidade para fins do direito, de sua dialética. Nada disso lhe interessa. Mas isto não é por desprezo aos juristas, nem mesmo às suas opiniões, nem muitíssimo menos por desconhecê-las. Tudo isso é desnecessário em face do método. Nada mais. Isto é aplicar uma filosofia no estudo de um ponto do direito, e, não, dela fazer uso como adorno ou penduricalho de obra jurídica que, por irrelevante e superficial, como gosta de dizer o Prof. Souto, necessita, então, de enfeites filosóficos, e, para isto, qualquer filosofia vale, qualquer autor serve.

Temos que insistir neste ponto. O trabalho de jurista do Professor é, neste livro, a aplicação da teoria da pesquisa científica, nos moldes popperianos, ao estudo da obrigação tributária e, em assim fazendo, ele assume não só a linguagem necessária para dizer como se procede nos testes de verificabilidade e falseabilidade, mas também como se reconhecem enunciados normativos estritamente universais ou parciais e como se conclui pela validade desses enunciados. Rompimento total com todos os métodos de que ele se valeu até então. Abandono completo da linguagem jurídica, até mesmo do normativismo kelseniano, e da discussão da própria realidade submetida ao direito. O direito, seja ele entendido de que maneira for, entra neste estudo do Prof. Souto como qualquer outro dado da natureza, nos moldes da moderna teoria científica, que se presta a experimentos (que se não confundem com a experiência jurídica) e a testes de verificação.

4. Voltando para casa com Villey

Em 1996 foi publicado um pequeno volume intitulado *O Contraditório no Processo Judicial (uma visão dialética)*[31] e não trata de nenhum tema de dogmática. A rigor, não é obra de jurista, mas, de filósofo do direito. Nela, o Prof. Souto rompe mais uma vez com sua opção filosófica e dá uma reviravolta espetacular em sua vida de pensador. As leituras

31. O livro foi publicado em 1996, pela Malheiros Editores, em São Paulo.

que vinha fazendo das obras de Michel Villey, o mais consistente e profundo crítico da filosofia moderna do direito, o levaram para o direito romano, para a jurisprudência romana, para a arte dos juristas romanos. Encontro, sob todos os pontos de vista, maravilhoso porque o jurista, já experimentado na prática, na dogmática, tendo sido atraído por pensadores modernos tão díspares (Kelsen e Popper), reúne mais uma vez o interesse filosófico e a coragem intelectual para romper com a modernidade e voltar para as origens da filosofia do direito e da arte jurídica. Retorno à Grécia e à Roma. Retorno à filosofia que deu à jurisprudência a dignidade de arte, à moda antiga. Mais do que isso, esse encontro do Prof. Souto com a filosofia grega, especialmente a de Aristóteles, e com a jurisprudência romana, possibilitado por Villey, é o retorno à sua própria origem, é o encontro consigo enquanto jurista, é a volta para casa, para pisar a terra natal, volta à lógica aristotélica, à busca das definições e classificações, que é o método de operar do jurista romano ao analisar o mundo dos casos sobre que deve opinar. É livro que repensa a sua própria trajetória intelectual, que submete à crítica suas opções, e mostra a sua eterna vocação para melhor servir à arte do direito. Não se trata de arrependimento, nem de refutação do caminho pregresso. O que este livro mostra é um recomeço, uma renovação, que só o espírito maduro pode apreciar. Voltar com olhos do viajante, que, solitário, percorreu os caminhos que lhe foram possíveis.

No livro o Prof. Souto trata da moderna lógica jurídica e a antiga arte da discussão, ou, a dialética, entendida à maneira grega, o pensamento sistemático e o pensamento tópico, a justiça e o direito na filosofia grega e a relação entre a lei e a sentença. Estas reflexões estão todas fundamentadas na *filosophia perennis*. São reflexões sobre um modo de filosofar os temas do direito bem diverso daquele da modernidade. Não é, entretanto, uma volta ao passado e por ele ser governado. Não. Trata-se, como diria Ortega, de injetar sangue quente em suas veias para que, vivo, possa então conosco dialogar. Notemos o que diz o Prof. Souto neste trecho:

> "*V – Atualidade do direito romano*. Procura-se, então, resgatar, no pouco que é possível ao nosso imenso esforço, o pensamento de Aristóteles, Santo Tomás, o Direito Romano, tão decantado quanto descaracterizado por certos romanistas modernos. A saga dramática do direito romano (quase diríamos a sua infelicidade) constituem-na a maioria dos seus professores atuais. Do modo pervertido de ensiná-lo decorre a frustração de autênticas vocações romanísticas. Assim pervertido o seu ensino, Roma em nada nos concerne. O seu direito será uma velharia, a mais inútil das inutilidades para o pragmatismo profissionalizante que governa as nossas instituições universitárias.

"Estudar o direito romano, com ouvido exclusivo para os romanistas modernos e certos professores de nossas faculdades de Direito, como se ele fora um entulho curricular incômodo, é erro metodológico semelhante a estudar Filosofia ignorando os pré-socráticos, Platão, Aristóteles e o seu dizer originário. Um *sistema* do direito romano só existe na pobre imaginação de alguns autores modernos. Este livro procura, com seriedade, demonstrá-lo.

"O direito romano não é, contudo, mera 'curiosidade arqueológica'; não é um direito 'fossilizado'. Dele poder-se-ia afirmar: como o latim não é uma língua morta, mas imortal, o direito romano não é um direito morto, mas um direito imortal. Nada mais injusto do que a visão mesquinha atual do direito romano e do papel que ele exerce na história das idéias jurídicas".[32]

O arcabouço filosófico está, mais uma vez, pronto para uso.

32. Idem, ibidem, pp. 15-16.

LEIS ORIGINARIAMENTE INCONSTITUCIONAIS COMPATÍVEIS COM EMENDA CONSTITUCIONAL SUPERVENIENTE

CELSO ANTÔNIO BANDEIRA DE MELLO

1. A questão que nos propomos a abordar refere-se ao seguinte interessante tema de alta indagação teórica: disposição legal que viola materialmente as normas de uma Constituição será ou não "recepcionada", "convalidada" ou meramente validada por *Emenda Constitucional*, caso seu regramento seja compatível com as disposições novas estabelecidas pela Emenda?

De passagem, anote-se que não se está a pôr em pauta o tópico, muito amplamente versado na doutrina, relativo à compatibilidade de norma originariamente inconstitucional com *nova Constituição*. O que se quer examinar é o mesmo problema em face de *Emenda Constitucional*, assunto, este, bem menos discutido que o anterior.

2. Registre-se, de saída, que ambas *são questões visceralmente distintas*, pois nova Constituição significa ruptura com a Constituição precedente, já que a nova não encontra seu fundamento de validade na anterior, não se reporta, de direito, a ela, *prescinde radicalmente daquela que a precedeu* e a *submerge por inteiro*.

Diversamente, uma Emenda Constitucional modifica, mas não rompe com a Constituição anterior, não perime a Lei Magna antecedente. Precisamente o inverso: continua com a anterior Constituição, *encontra nela seu fundamento de validade, a ela se reporta e nela se integra, não afetando a persistência da ordem jurídica de que faz parte*. Dessarte, reponta um laço incindível entre a Emenda e a Constituição emendada, do que resulta uma solidariedade jurídica entre os termos antigos e os novos *de um só e mesmo* Documento Fundamental.

Tratando-se, pois, como visto, de questões distintas para o desenvolvimento do assunto que nos propomos a versar, é desnecessário determo-nos sobre aquele que não está sob o presente foco de atenção. Isto, contudo, não nos pode liberar de tecer algumas considerações genéricas relativas à sobrevinda de Constituições novas e seus efeitos, para fins de realçar a diferença que apresentam no que concerne a Emendas.

3. Uma vez que uma Constituição é a inauguração de um sistema sem conexões *jurídicas* com aquele que o antecedeu, perempto o sistema anterior, tudo que a este pertencia, que nele se estribava e dele derivava, em princípio, teria que desaparecer. Donde, todas as normas infraconstitucionais precedentes, em tese, deveriam desaparecer, porque sua relação de pertinência, sua referibilidade – em uma palavra: o suporte que lhes infundia e proporcionava existência jurídica – deixou de existir com a sobrevinda de *nova Constituição.*

Sem embargo, sabe-se que, mesmo perante a sobrevinda de uma *nova Constituição*, as normas infra-constitucionais preexistentes nem por isto perimem. E considera-se que não perimem mesmo quando a Constituição posterior se omite em ressalvá-las, isto é, mesmo quando deixa de oferecer-lhes explicitamente seu suporte de validade, declarando-as acolhidas.

A razão deste entendimento é puramente prática. É o imperativo de mantê-las vivas para superar a dificuldade gigantesca de ter que começar a legislar da estaca zero. Daí a interpretação corrente, absolutamente generalizada, segundo a qual a Constituição nova, implicitamente, "recepciona" regras anteriores a ela e com ela compatíveis, as quais passam a se fundamentar no sistema novo, sendo certo que as incompatíveis perimem *ipso jure*. Registre-se, de passo, que não se está aqui a cogitar da questão paralela de saber-se qual o destino das leis que nasceram defeituosamente *em face da Constituição anterior*, isto é, que padeciam de invalidade (ou seja, eram inconstitucionais), mas que são compatíveis com a *nova Constituição* (pois este não é o objeto ora *sub examine*).

Do que foi dito já se verifica que a persistência de normas infra-constitucionais anteriores à nova Constituição *não é uma implicação lógica, ou seja, não é derivada da aplicação de um raciocínio abstrato que reclamasse tal conclusão. Pelo contrário, o raciocínio abstrato conduziria a conclusão oposta.* É a necessidade concreta – e o Direito é concebido em função de necessidades práticas e operativas – que leva ao expediente de haver como "recepcionadas" normas pré-existentes.

4. Já na hipótese de Emenda Constitucional, o fenômeno é outro, pois o sistema não está rompido, a Constituição continua em vigor e, portanto, persiste sendo a fonte de validade de quaisquer normas. Assim, *em face de Emendas não há sequer porque propor o tema da continuidade das normas anteriores, isto é, o tema da "recepção"*, visto que não comparecem as razões que infirmariam as leis precedentes. Em suma: elas não teriam por que ser "recepcionadas", pois no sistema estavam e nele continuam.

Frisa-se tal ponto para exibir que a questão que nos propomos a defrontar concerne a um tópico desligado do tema da pertinência de uma norma a um dado sistema e sua "recepção" em outro. O que entra em pauta não é, pois, a questão da prorrogação da "existência" de uma norma (por via de "recepção"), *mas exclusivamente o tema da validade dela*, já que, embora incompatível com *dicções constitucionais precedentes*, apresenta-se, entretanto, como compatível com as dicções novas introduzidas pela Emenda.

Assim, o assunto cogitável é outro, completamente distinto daquele até o presente referido. É o de saber-se se, em tal caso, as disposições da Emenda trazem consigo (ou não) o efeito de *vir a ofertar um "suporte de validade" a posteriori*, para leis originariamente inconstitucionais, vale dizer, para leis que surgiram em descompasso com o texto anterior, o alterado.

O fenômeno, como se vê, também não é (ou, ao menos, não necessariamente o seria) o da "convalidação", pois esta tem sempre efeitos retroativos.

5. Dessarte, enquanto não completada a discussão sobre a superveniência de fundamento de validade para regra que dela presumidamente dantes carecia, e firmada uma conclusão sobre seus efeitos, mantém-se irresoluto um problema que, em tese, comportaria as seguintes quatro alternativas de resposta:

a) uma regra que não foi, no passado, oficialmente reconhecida – e pelos meios próprios – como inconstitucional, *é existente e válida desde o início, pois sua invalidade* dependeria de haver sido *constituída* no pretérito; logo, se antes os termos da Emenda nada se lhe pode censurar, seria um sem-sentido pretender recusar-lhe, no presente, uma validade que nunca deixou de ter;

b) a regra acoimada de originariamente inconstitucional, *ainda que efetivamente o fosse*, se compatível com a Emenda, fica *retroativamente validada*, porque passou a estar de acordo com a Constituição e não se pode considerar inconstitucional aquilo que, no presente, se encontra afinado com ela;

c) a regra originariamente inconstitucional, se compatível com a Emenda, dela receberá um fundamento de *validade a posteriori*, entretanto, *só oferecerá esteio para seus efeitos a partir da própria Emenda*, seja pelo simples princípio da irretroatividade, seja porque, a ser de outro modo, franquear-se-ia a *burla ao próprio sistema*, efetuável mediante produção de leis inconstitucionais em antecipação a Emendas futuras ou, dito pelo inverso, bloquear-se-ia o reconhecimento de inconstitucionalidades graças ao expediente de produzir emenda sucessiva, o que representaria uma fragilização do sistema;

d) a regra originariamente inconstitucional *continua a padecer de inconstitucionalidade*, pois a lisura de um ato – *pertencente a um mesmo sistema constitucional* –, pelo necessário respeito à sua integridade absoluta, deve ser sempre apreciada ao lume das normas do tempo em que foram produzidas. Se assim não fosse, tal como observado no item anterior, estar-se-ia reconhecendo que o sistema assume, admite e conforta, de antemão, a validação de burlas a si próprio, o que seria ilógico e inadmissível; donde, reconhecer validação *a posteriori* – mesmo que não retroativa – seria contemporizar com tal desrespeito.

6. A primeira das alternativas é a que demanda, para sua análise, maiores detenças, pois sua sustentação depende de conceitos objeto de funda controvérsia doutrinária. Envolve a definição de posições sobre os temas da "existência" e da "validade" de uma norma e traz consigo a concepção de que ambas se reduzem a uma coisa só, motivo pelo qual à invalidação se atribui natureza "constitutiva" – e não declaratória.

Ou seja: entende que, enquanto uma norma não for expulsa do sistema pelos meios previstos, ela é, só por isto, *válida*. Logo, descaberia considerar inconstitucional determinada regra que esteja dentro do sistema, ficando, pois, liminarmente excluída a hipótese de pretender negar-lhe a admissibilidade.

Verifica-se, então, que seu exame obriga a tecer considerações quer sobre o tema da "existência" (ou "*pertinência*" de uma norma a dado sistema), quer sobre o da "validade". Implica tomar posição quanto a serem ou não coisas distintas, sendo este o ponto de partida para sopesar a procedência ou improcedência desta alternativa exegética ante o problema das possíveis conseqüências de compatibilidade de uma dada norma com Emenda Constitucional superveniente.

7. O entendimento segundo o qual um ato é "válido", enquanto não for expelido do sistema, pois validade e existência são uma coisa só, atrela-se ao pensamento de Kelsen, segundo o qual: "Com a palavra 'validade (*Geltung*)' designamos o modo de existência específico das normas".[1]

1. Hans Kelsen, *Théorie Pure du Droit*, trad. francesa da 2ª ed. da *Reine Rechtslehre*, por Charles Einsenmann, Paris, Dalloz, 1962, p. 13.

Ou ainda: "Esta validade de uma norma é a sua específica existência ideal. O fato de que uma norma 'seja válida' significa que existe. Uma norma que não 'seja válida' não é uma norma, por não ser uma norma que existe".[2]

Daí sua conclusão de que falar-se em lei inconstitucional – antes que órgão autorizado para expelir a lei assim o decida – é um sem-sentido, pois a declaração de inconstitucionalidade é sempre *constitutiva.*

Esta intelecção, que no passado pareceu-nos verdadeira, ainda que jamais a houvéssemos sufragado por escrito, conquanto a tenhamos expendido verbalmente muitas vezes – e que, em rigor, se encontrava em aberta contradição com outros tópicos de nosso pensamento expressado em diversas obras[3] (não há senão confessá-lo) – é incorreta e inaceitável.

Com efeito, *para que se possa predicar validade ou invalidade de uma norma encartada em dado direito positivo, cumpre antes, lógica e juridicamente, que tal norma* ***exista*** *naquele sistema.*

8. Os dois tópicos não podem ser confundidos porque o tema da existência de um ato, de uma norma, diz com sua referibilidade a um dado sistema normativo, concerne à sua "pertinência" ao sistema no qual se encarta ou se propõe a encartar-se. Uma lei pertence ao direito positivo brasileiro (ou inglês, ou francês ou espanhol), porque "promana" daquele sistema jurídico. Ou seja: é lei brasileira (e não inglesa, francesa ou espanhola) porque se "radica" no sistema jurídico positivo brasileiro.

Este "promanar", este "radicar-se", significa que a lei foi produzida *com fundamento naquele sistema,* o que equivale a dizer, com fundamento (bom ou mau, procedentemente sustentável ou não) na Constituição do País, por ser ela que unifica e dá *identidade* ao sistema. Ela é que serve de escoro, fonte de pertinência da norma ao sistema em questão. É sua referibilidade *original* àquele sistema o que faz uma lei (e assim

2. Hans Kelsen, *Teoria Generale delle Norme*, trad. italiana da edição póstuma do *Allgemeine Theorie der Normen*, por Mirella Torre, sob os cuidados de Mario Losano, Turim, Giulio Einaudi Ed., 1985, p. 54.

3. Assim, de há muito, distinguimos explicitamente existência de validade. Cf. notadamente, *Curso de Direito Administrativo*, 4ª ed. (São Paulo, Malheiros Editores, 1993), p. 177: "Sem os elementos não há ato jurídico algum (administrativo ou não). Sem os pressupostos não há ato administrativo formado de maneira válida." Mais tarde, em edições posteriores procuramos aperfeiçoar o tratamento do tema dos elementos e pressupostos do ato, distinguindo a partir da 8ª ed. (São Paulo, Malheiros Editores, 1996), os pressupostos de existência do ato de seus pressupostos de validade, às pp. 220 e ss. (vide a 18ª ed., São Paulo, Malheiros Editores, 2005, pp. 364 e ss.).

também qualquer outro ato), ser ou não uma lei brasileira (ou inglesa, francesa ou espanhola).

É certo que, enquanto não for expelida do sistema pelos meios previstos como idôneos para tanto, a norma nele permanecerá e produzirá seus efeitos, *o que, todavia, não significa que possua atributos de validade*. Pode ter nascido em descompasso com norma superior, contradizendo formal ou materialmente preceitos que teria de respeitar. Estará vigorante, será eficaz – se não pender de algum termo inicial – mas nem por isto ter-se-á de concluir que é válida.

Em suma: a existência de uma norma, sua pertinência a um sistema jurídico, nada predica quanto à sua validade ou invalidade.

9. Tratando do ato administrativo – mas o conceito expendido vale para qualquer ato jurídico, geral e abstrato, como as leis soem ser, ou concreto e específico como em sua maioria o são os administrativos –, depois de separar a "existência" do ato, isto é, sua "perfeição" da validade, expendemos nosso entendimento ao respeito da validade, nos seguintes termos: "O ato administrativo é *válido* quando foi expedido em absoluta conformidade com as exigências do sistema normativo. Vale dizer, quando se encontra adequado aos requisitos estabelecidos pela ordem jurídica. *Validade, por isto, é a adequação do ato às exigências normativas*".[4]

Invalidade, pois, é a antítese da validade. Ato inválido é o que foi expedido em descompasso com as exigências do sistema normativo. É o que contraria os requisitos por ele estabelecidos. É o inadequado às exigências a que teria de se submeter, quer formal, quer materialmente. Quando o ato é inválido, em face da lei, diz-se que é ilegal; quando inválido, em face da Constituição, diz-se que é inconstitucional. Assim, lei produzida em desacordo com os ditames da Constituição é norma inconstitucional, ou seja, norma que nela não encontra bom fundamento para suster-se.

10. Em todos os sistemas jurídicos existem normas que regulam a admissão e normas que regulam a expulsão de normas. Uma norma referida a dado sistema, isto é, que haja sido por ele produzida, que com ele guarde a "relação genética de pertinência", é uma norma *existente* e nele permanecerá enquanto não for expulsa pelas formas de expulsão ali contempladas. A invalidação, ora chamada de anulação ora de nulidade, tanto como a revogação, são formas previstas de expulsão. A invalidação

4. *Curso*, 18ª ed., cit., p. 358, n. 20 – os destaques são atuais

– e assim, pois, *a invalidação por inconstitucionalidade* – é, portanto, uma forma de expelir norma descompassada com a Constituição.

Verifica-se, então, que validade é coisa diversa de existência ou pertinência atual de uma norma a um certo sistema. Com efeito, um ato inválido, só por sê-lo, não é um ato inexistente. Portanto, uma lei inconstitucional, só por sê-lo, não é uma lei inexistente. Enquanto não for expulsa do sistema, nele persistirá. De outro lado, um ato existente, só por sê-lo, não é um ato válido. Do mesmo modo, uma lei que viola a Constituição, não será válida, não será constitucional, pelo só fato de existir, isto é, pelo fato de não haver sido expulsa do sistema.

11. O ato de invalidar (o ato de declarar diretamente ou de reconhecer, *incidenter tantum*, a inconstitucionalidade de uma lei) pressupõe, de logo, que se esteja perante uma norma integrante do sistema e pressupõe, outrossim, não apenas logicamente (como dantes, aliás, equivocadamente supúnhamos), mas também juridicamente, que o ato dessarte atacado seja *inválido*.

Ou seja, tal exigência é inafastável do ponto de vista lógico – já que invalidar depende de um juízo recognitivo da invalidade, logo, de um *status* lógico que preexistia à invalidação – e é igualmente inafastável *do ponto de vista jurídico*, porque o órgão que procederá à invalidação *não teria outro título jurídico para fazê-lo senão o de que se trata de um ato inválido*.

Quer-se dizer: o juiz – tomemo-lo como paradigma – não está, de direito, qualificado para invalidar senão quando o ato careça de validade. Nada importa que tal juízo tenha de ser feito por ele mesmo, pois, de qualquer modo, sua pronúncia neste sentido está, *pelo próprio Direito, previamente atrelada à* **condição jurídica da invalidade do ato** (lei ou qualquer outro). Deveras, a questão relativa a quem procede ao ato de reconhecimento da invalidade é questão distinta da *exigência jurídica de prévia invalidade*, para que possa ser pronunciada.

12. A nosso ver, a demonstração mais cabal e irretorquível de que existência, pertinência de uma norma a dado sistema e validade são noções absolutamente inconfundíveis *tem-se no fato de que, no exame da inconstitucionalidade "incidenter tantum", o juiz não aplica uma norma jurídica por considerá-la inconstitucional, ou seja, "carente de validade", "inválida", mas nem por isto a expulsa do sistema (falece-lhe atribuição para fazê-lo)*, o que só ocorre na ação direta de inconstitucionalidade.

A norma em questão *continuará a existir* dentro do sistema, mas sua validade terá sido questionada como algo autônomo em relação à existência e proclamada como suficiente para impedir sua aplicação ao caso concreto.

Vale dizer: o juiz assume que a invalidade de uma norma é coisa diversa de sua existência ou pertinência ao sistema. Para, *incidenter tantum*, desaplicar uma regra que houve por inconstitucional, o pronunciamento judicial *restringe-se ao tema da validade da lei perante a Constituição*. É o quanto bastaria para ter-se que rejeitar a tese kelseniana de que "validade é a forma específica de existência de uma norma jurídica". Não é. Deveras, como visto, *nega-se validade a ela, por ser este o único fundamento para desaplicá-la no caso concreto*, mas não se nega, nem se interfere com sua existência.

13. Quem explica com percuciência e clareza o equívoco de Kelsen é o ilustre jurista pernambucano Marcelo Neves. Vale, portanto, transcrever, trechos de suas lições a este propósito:

"A teoria pura do Direito, definindo a validade como a existência específica de uma norma jurídica, confundiu os conceitos de pertinência e validade, enquanto conformidade à 'norma fundamental' do sistema jurídico. Também Hart, considerando o Direito do ponto de vista interno, confundiu expressamente estes dois conceitos, no sentido de que só pertenceriam ao sistema (seriam válidas) as normas ('regras') que satisfizessem a todos os requisitos estabelecidos na regra de reconhecimento.

"Contudo, o ordenamento jurídico, por constituir espécie de sistema normativo dinâmico, tolera a incorporação de normas jurídicas, que permanecerão no sistema enquanto não houver produção de ato jurídico ou norma jurídica destinada a expulsá-las, isto é, até que se manifeste o órgão competente desconstituindo-as. Portanto, *ao passo que nos sistemas normativos estáticos, onde as normas são explicitadas mediante processos de derivação lógico-dedutiva desenvolvidos a partir de uma norma básica, a pertinência da norma implica sua validade e vice-versa, os sistemas jurídicos construídos e desenvolvidos através dos processos políticos e técnicos de produção-aplicação normativa, caracterizam-se por uma nítida distinção entre pertinência e validade das normas*.

"Aqui, há analogia com a distinção de Pontes de Miranda entre existência e validade dos atos jurídicos, também aplicadas às normas jurídicas. A 'existência' de um ato ou norma jurídica, segundo Pontes de Miranda, constitui-se por sua entrada no 'mundo jurídico'. Quando o ato jurídico entra defeituosamente no 'mundo jurídico', há 'existência' sem validade. Portanto, distinguem-se os planos da existência e da validade. Os atos e normas jurídicas são válidos quando produzidos regularmente pelos agentes do sistema (órgãos em sentido estrito ou particulares). A invalidade resulta da integração ao 'mundo jurídico' de atos e normas produzidos defeituosamente pelos agentes do sistema" (os destaques são nossos).[5]

E poucas páginas além: "O fato de pertencerem ao sistema jurídico normas inválidas confirma o que sustentamos anteriormente: no ordenamento jurídico, ao contrário do que ocorre nos sistemas nomológicos e nos sistemas normativos estáticos, a hierarquia das proposições não é absoluta, perfeita. (...) A explicação semiótica desta situação – pertinência ao ordenamento jurídico de normas inválidas – encontra-se nas características semânticas e pragmáticas do discurso jurídico. A plurivocidade significativa da linguagem jurídica (problema semântico), utilizada pelos diversos órgãos que exercem o poder e também pelos destinatários do poder (problema pragmático), implica a exigência prática de que a norma permaneça no sistema enquanto não seja desconstituída por órgão competente, caracterizando-se a presunção *juris tantum* de validade das normas emanadas de órgãos do sistema (...)".[6]

Cabe, aqui, apenas, a seguinte anotação: a norma permanecerá no sistema enquanto não *desconstituída* ***sua existência***, isto é, sua pertinência ao sistema – o que é absolutamente verdadeiro – mas poderá, sobre o fundamento de que é inválida, ser desaplicada pelo juiz no exame de constitucionalidade *incidenter tantum*, como já se disse, *nisto se confirmando e comprovando inadversavelmente a distinção jurídica entre existência e validade.*

14. Verificada, então, a improcedência dos fundamentos teóricos que alicerçariam a primeira alternativa exegética dantes mencionada, demonstrada está a improcedência da tese segundo a qual uma regra que não foi, no passado, oficialmente reconhecida – e pelos meios próprios – como inconstitucional é existente e *válida desde o início.*

15. Isto posto, passemos ao exame da segunda alternativa, segundo a qual lei originariamente inconstitucional, pelo simples fato da superveniência de Emenda Constitucional com a qual seja compatível, adquire suporte de validade retroativo, pois inconstitucionalidade se examina ante as normas presentes.

Esta posição, ao contrário da anterior, carece de estribo em bases teóricas elaboradas.

5. Marcelo Neves, *Teoria da Inconstitucionalidade das Leis*, Saraiva, 1988, pp. 40-41.

6. Idem, ibidem, pp. 45-46.

Com efeito, nada justificaria a retroatividade do suporte de validade sobrevindo, tanto mais porque, em nosso sistema, vigora explicitamente o princípio da irretroatividade das leis, *cujo fundamento lógico e jurídico (o da segurança jurídica)* tanto comparece no caso de leis quanto, por identidade de razão, no caso de Emendas Constitucionais, porque nenhum motivo haveria para que em face delas deixasse de vigorar.

Deveras, se se estivesse perante hipótese de *Constituição nova*, poder-se-ia entender que, pela falta de relação entre ela e a precedente, a posterior não teria razão para zelar pela lisura das regras infraconstitucionais que a precederam, assim como não teria (ou pelo menos não o teria obrigatoriamente) que evitar a retroação de seus dispositivos, *conquanto seja certo que, mesmo em tais casos, em favor da segurança jurídica, as Constituições* – salvo no que elas mesmas hajam disposto em contrário – *sempre têm sido entendidas como não retroativas*, até porque, a ser de outro modo, instaurar-se-ia o caos social.[7]

Assim, a regra, ineludivelmente, é a da não-retroação, motivo pelo qual os termos de Emenda não têm por que retroagir para conferir validade inicial a uma lei que originalmente dela carecia.

16. Quando se está perante Emenda, está-se – consoante já foi reiteradamente dito – sempre perante a mesma Constituição. Donde, já não se poderá dizer que a ela é indiferente ou irrelevante a lisura da obediência aos seus termos anteriores, dadas as repercussões futuras disto, como adiante se demonstra. Muito menos poder-se-á dizer que lhe é irrelevante o tema da retroação, pela instabilização que provocaria naquele mesmo sistema que persiste em vigor, pois as normas da Emenda são intrasistemáticas, e as infraconstitucionais obviamente também o são, quer sejam anteriores, quer sejam posteriores à Emenda. Segue-se que sua lisura, sua validade original, não é estranha àquela mesma Constituição, conquanto emendada. Logo, o exame de sua validade há de ser feito normalmente, isto é, confrontando-a com as normas superiores vigentes ao tempo em que foi editada.

De outra parte, se, como assinalado, o princípio, a regra, é a irretroação, mesmo no caso de Constituição nova, *maiormente o será no caso de simples Emenda*, motivo pelo qual, a admitir-se que sua superveniência ofereceria suporte de validade para lei originariamente inconstitucional,

7. Registre-se que a referência feita é à "irretroatividade" e não ao "direito adquirido", o qual propõe problema diverso: o da ultratividade da norma antiga. Pela teoria do direito adquirido, o que se protege são certos direitos nascidos no passado que transitam no presente e se projetam para o futuro, pretendendo-se involucrá-los com o manto protetor da norma antiga; ou seja, quer-se que continuem regidos pelos termos dela.

por certo tal suporte *não poderia senão conferir-lhe efeitos a partir da Emenda* (tal como admitido naquela que seria, consoante indicado, uma terceira alternativa exegética).

17. Assim, por estas razões, de fora parte as que serão apresentadas em seguida, deve ser rejeitada radicalmente a interpretação segundo a qual, com a sobrevinda de Emenda Constitucional, adquire retroativa validade a lei anterior que com ela se compadece, mas que brigava com o texto precedente.

18. Conforme a terceira alternativa exegética, o entendimento correto é a outorga de validade à lei originariamente inconstitucional consonante com a Emenda sucessiva, porém tais efeitos só se poderiam contar dali por diante. Ou seja: não se lhes poderia reconhecer validade desde o passado, tanto porque isto implicaria atribuir força retroativa à Emenda, quanto porque, se isto fosse tolerável, franquear-se-ia a *burla ao próprio sistema, efetuável mediante produção de leis inconstitucionais em antecipação a Emendas futuras ou, dito pelo inverso, bloquear-se-ia o reconhecimento de inconstitucionalidades, graças ao expediente de produzir emenda sucessiva, o que representaria uma fragilização do sistema.*

Trata-se de argumento fortíssimo e que demonstra a repercussão negativa (não apenas no presente, mas também para o futuro do próprio sistema), implicada na tese da validação retroativa de norma inconstitucional.

De fato, é impossível acolher-se um critério exegético por força do qual irroga-se ao ordenamento jurídico a assunção da idéia de que *compactua com burlas que lhe hajam sido feitas* ***e de que compactuará com as que lhe venham a ser feitas*** e que *validará comportamentos produzidos em desacordo com seus ditames*. Ou seja, isto corresponderia a atribuir ao ordenamento a proclamação de que, desde que sejam praticadas tais burlas, outorgar-lhes-á seu aval (e, ademais, irrestrito, segundo aqueles que lhe atribuem validação retroativa).

19. Em relação a um contra-senso desta ordem, assim se pronunciaram dois exímios constitucionalistas de máxima suposição, Canotilho e Vital Moreira:

"Pode suceder, como se viu, que uma norma vigente tenha sido inconstitucional no passado, tendo deixado de o ser a partir de certo momento, por efeito da revisão constitucional (...).

"Esta inconstitucionalidade pretérita não perde relevância em relação ao período em que se verificou, sendo-lhe aplicáveis os mecanismos do sistema de fiscalização da constitucionalidade, incluindo a declaração de inconstitucionalidade com força obrigatória geral com referência ao período em causa.

"Diferente é o caso das normas que tenham sido inconstitucionais à face de normas constitucionais anteriores à CRP (abreviatura, esclareça-se, de Constituição da República Portuguesa) e tenham deixado de o ser à face desta. Por princípio, o sistema de fiscalização da constitucionalidade não pode servir para fiscalizar senão o cumprimento da Constituição vigente, *ainda que em versão anterior*" (este destaque é nosso).[8]

Mais além, no capítulo VII, item 4.2, referido na citação acima, os autores fazem o seguinte importantíssimo comentário: "Também no que respeita ao direito ordinário anterior inconstitucional à face da Constituição antes da revisão, não deverá considerar-se como retroactivamente convalidado, só por deixar de ser contrário à Constituição após a revisão. Desde logo, por uma razão prática: a admitir-se essa solução, estaria aberta a porta para 'revisões' antecipadas por via de lei ordinária, feitas 'à conta' de futura revisão constitucional; por outro lado, a razão invocada para convalidar o direito ordinário anterior à Constituição – designadamente a de que os órgãos de fiscalização da constitucionalidade não podem ser guardiões de uma ordem constitucional perimida – não colhe aqui, pois a ordem constitucional continua a ser a mesma, embora parcialmente alterada. Portanto, a 'convalidação' não poderá retroagir ao tempo anterior ao da lei de revisão e só tem sentido em relação à inconstitucionalidade material, não em relação à inconstitucionalidade formal ou orgânica, pois estes tipos dizem respeito à formação do acto normativo, não podendo ser sanados *a posteriori*".[9]

20. Agregue-se a isto, desde logo, a observação de que a razão impediente do efeito retroativo *não é apenas prática*, como apontaram os autores. *É também teórica*, conforme dantes procuramos demonstrar. Acolhê-la implicaria – repise-se – atribuir ao ordenamento a contradição essencial de justificar e, por antecipação, burlar a si próprio, isto é, *fraudar a Constituição*, dando-lhe previamente seu apoio.

Por isto mesmo, dita razão, em seu aspecto prático, mas muito mais em seu *aspecto teórico*, inibe não apenas a retroação, *mas, também, a própria validação da norma originariamente inconstitucional* que seja consonante com o teor da Emenda superveniente.

8. J. J. Gomes Canotilho e Vital Moreira, *Fundamentos da Constituição*, Coimbra Editora, 1991, p. 269.

9. Idem, ibidem, p. 297.

21. Eis porque, não é de acolher esta que indicamos como terceira alternativa exegética. Incorre no ilogismo (ademais de incorrer na inconveniência) de pressupor que o ordenamento constitucional compactua com sua própria violação, postergando a evidência de que o primeiro objetivo, a própria razão de existir de um ordenamento jurídico, é ser respeitado. Não o de ser fraudado e, ademais, com a garantia prévia de que avalisará a burla que lhe seja feita. Dessarte, não pode ser aceito o entendimento de que Emenda Constitucional confere validade, mesmo que não retroativamente, a inconstitucionalidades originárias.

22. Deveras, se ante os termos de uma dada Constituição, certa norma não pode ser produzida, porque confrontaria com a Lei Magna, é direito, é garantia dos administrados serem liberados dos gravames que tal norma lhes causaria, mediante exibição, na esfera própria, de sua inconstitucionalidade. Mas, se for reconhecido ao próprio autor da inconstitucionalidade, ao próprio violador do Direito, ou seja, aquele mesmo que arremeteu contra tais garantias, o poder de eficazmente fraudar, *com o aval do ordenamento jurídico*, a proteção que derivava do sobredito ordenamento, ter-se-á proclamado com isto a inanidade de tal proteção, a imoralidade como regra de conduta do Poder Público, a astúcia cavilosa como padrão do Direito e a vileza perante a Sociedade como princípio ético do Estado.

Cumpre não esquecer que as Constituições, que o próprio Estado de Direito, se constituem em um projeto de contenção do exercício do poder, em prol das liberdades e garantias do cidadão. É, pois, cabal contra-senso interpretar problemas jurídicos surdidos na intimidade deste entorno dando-lhes solução que avalize conceitos inversos aos que inspiram o Estado de Direito e a segurança que veio prover.

23. É induvidoso que *Emendas Constitucionais*, editadas nos limites que lhes são cabíveis, aportam modificações ao quadro constitucional anterior. É óbvio, de conseguinte, que servirão, dali por diante, como bom fundamento de validade para as normas produzidas em sua consonância. Nada mais natural, então, que, por isto mesmo, sejam, *em sucessão a ela*, *editadas leis* conformes a estes novos termos, por muito gravosas que possam ser aos administrados, se comparadas com os termos dantes possíveis. Isto, todavia, não postula, nem lógica, nem jurídica, nem eticamente – e muito menos concorre para sustentação e prestígio do ordenamento – que deva recolher o que *dantes era inconstitucional* para abrigá-lo com um manto de resguardo, *ainda que para infundir-lhe tal atributo tão-só para o futuro*.

Propender para exegese deste feitio implicaria incorrer no contra-senso de reputar lógico que o ordenamento milite em desfavor da própria higidez e, demais disso, em considerar que o Direito prestigia ou é indiferente à fraude, à burla e não apenas a si próprio como aos integrantes da Sociedade. Não é de bom feitio hermenêutico enveredar por interpretações que sufraguem, em maior ou menor grau, a indulgência com elas, ou que lhes propicie a prática, o que ocorrerá, entretanto, se a incursão em tais condutas for inconseqüente e se o beneficiário delas puder absorver os frutos de expedientes desta ordem.

24. O que se vem de anotar é sobreposse evidente nos casos em que a Emenda Constitucional é editada pouco depois da lei inconstitucional, evidenciando que busca remendar o vício que maculava dita lei.

Ressaltará, na hipótese, o objetivo de fraude, a conduta desleal, de má-fé, sendo certo, entretanto, que o primeiro obrigado a um comportamento liso, lhano, leal, é aquele que encarna a ordem jurídica, ou seja: o próprio Estado, tanto mais porque dispõe, em face da Sociedade, de todos os Poderes, com ressalva dos limites que a Constituição lhe impõe.

Já os mais vetustos textos de direito ressaltavam a exigência da honestidade como inerência do jurídico. Disse Modestino: *Semper in conjuntionis non solum quid liceat considerandum est sed et quid honestum sit*, vale dizer: "Sempre nas vinculações, não só o que é lícito deve ser ponderado, senão também o que é honesto".[10]

Se fosse reconhecível ao Estado o direito de proceder de molde a absorver vantagens por meio de expedientes astuciosos por via dos quais frustrasse aos administrados colher os resultados da segurança que o próprio ordenamento lhes propiciava, estar-se-ia não apenas deprimindo garantias constitucionais, mas também premiando a má-fé, o que seria inaceitável, maiormente perante a Constituição Brasileira que, expressamente, no art. 37, consagra o princípio da moralidade administrativa, o qual, *a fortiori*, terá de vigorar perante o próprio Estado brasileiro no exercício de função ainda mais elevada, como o é a legislativa, maiormente a de Emendas Constitucionais.

25. Ora, o Direito abomina a má-fé. Acresce que, mais que qualquer outro sujeito de direitos, está o Poder Público assujeitado ao princípio da boa-fé, cuja importância apresenta, então, particular relevo na esfera das relações de direito público.

10. Cf. Rubens Limongi França, *Brocardos Jurídicos*, 3ª ed., Ed. RT, 1977, pp. 89-90 e 134-135.

O alumiado publicista espanhol, Jesus Gonzales Perez, em monografia preciosa sobre o princípio da boa-fé em direito administrativo, tece ao respeito considerações que, por sua justeza, merecem transcrição literal:

"El de buena fe aparece como uno de los principios generales que sirven de fundamento al Ordenamiento, informan la labor interpretativa y constituyen decisivo instrumento de integración."[11]

"(...) Como dice Guasp 'todos los campos del derecho estatal son clima propicio, como cualquier otro, al desarrollo de esta verdadera patología de lo jurídico. Y es más, ella se da en el seno de los principales elementos que conjuga la relación jurídica estatal: la Autoridad y el súbdito'.

"Porque, en efecto, la presencia de los valores de lealtad, honestidad y moralidad que su aplicación comporta es especialmente necesaria en el mundo de las relaciones de la Administración con los administrados."[12]

Adverte que tal princípio: "es exigible en los actos jurídicos, en el ejercicio de los derechos y en el cumplimiento de las obligaciones".[13]

Note-se que sendo a boa-fé um princípio geral de direito, a adoção de interpretações que o prestigiem não significa uma liberalidade por parte do intérprete, seja ele juiz ou outro aplicador do Direito, mas representa atendimento obrigatório ao próprio sistema jurídico, pois como disse Eduardo Garcia de Enterría, figura pinacular do direito público contemporâneo:

"Conviene recordar a este propósito que los principios generales del Derecho son una condensación de los grandes valores jurídicos materiales que constituyen el *substractum* del Ordenamiento y de la experiencia reiterada de la vida jurídica. No consisten, pues, en una abstracta e indeterminada invocación de la justicia o de la consciencia moral o de la discreción del juez, sino, más bien, en la expresión de una justicia material especificada técnicamente en función de los problemas jurídicos concretos *y objetivada en la lógica misma de las instituciones*" (grifos nossos).[14]

11. *El Principio General de la Buena Fe en el Derecho Administrativo*, Madri, 1983, p. 15.

12. Ob. cit., p. 31.

13. Idem, ibidem.

14. *Curso de Derecho Administrativo*, obra conjunta com Tomás Ramón Fernández, vol. I., reimpressão da 3ª ed., Madri, Ed. Civitas, 1981, p. 400.

26. Assim, na conformidade das considerações feitas, não há senão concluir que, dentre as alternativas exegéticas, em tese, suscitáveis perante o tema de leis originariamente desconformes com a Constituição, mas comportadas por Emenda Constitucional superveniente, a única merecedora de endosso é a que apresentamos como a quarta delas, ou seja: aquela segundo a qual a sobrevinda de Emenda *não constitucionaliza a norma inicialmente inválida*. Dessarte, seus efeitos poderão ser impugnados e desaplicada tal regra. Para que venham a irromper validamente no universo jurídico efeitos correspondentes aos supostos na lei originariamente inválida será necessário que, *após a Emenda, seja editada nova lei, se o legislador entender de fazê-lo e de atribuir-lhe teor igual*, pois, só então, será compatível com o enquadramento constitucional vigente.

Tal conclusão, ainda que, *argumentandum tantum*, não fosse induvidosamente a solução adequada para a generalidade das hipóteses – como entendemos que é – sê-lo-ia, ao menos, perante Emendas Constitucionais produzidas logo em seguida a lei inconstitucional. Deveras, se acolhida "constitucionalização" em tais condições, a exegese que a acolhesse estaria a prestar-se para acobertar propósito fraudulento, imoral, em descompasso com o art. 37 da Constituição e com princípios gerais de Direito.

27. Em síntese conclusiva, pois, não há senão dizer que Emenda Constitucional – diferentemente de uma nova Constituição – não é ruptura com o ordenamento jurídico anterior, mas, pelo contrário, funda-se nele, nele se integra e representa sua continuidade, donde seria inadmissível entender que tem o efeito de "constitucionalizar", ainda que daí para o futuro, leis originariamente inconstitucionais. Deveras, tal intelecção, propiciaria fraude ao próprio ordenamento, pois ensejaria e confortaria sua burla, efetuável mediante produção de leis inconstitucionais em antecipação a Emendas futuras ou, dito pelo inverso, ensejaria o bloqueio do reconhecimento de inconstitucionalidades, graças ao expediente de produzir emenda sucessiva. Inclinar-se por exegese conducente a tais resultados implicaria abraçar o contra-senso de reputar lógico que o ordenamento milite em seu próprio desfavor, isto é, o de que previamente assume que, se for burlado, tal burla será aprovada, validada e confortada por seu aval protetor. Nisto estaria, então, implicado que o Direito prestigia ou é indiferente à fraude, à burla, não apenas a si próprio como aos membros da Sociedade, inobstante o Estado de Direito seja concebido como instrumento de proteção aos cidadãos contra o exercício desatado do Poder. Dessarte, ficaria afiançada a inanidade de tal proteção.

Logo, não é de admitir que Emenda Constitucional superveniente a lei inconstitucional, mas com ela compatível, receba validação dali para o futuro. Antes, ter-se-á de entender que se o legislador *desejar produzir nova lei e com o mesmo teor, que o faça, então, editando-a novamente*, já agora – e só agora – dentro de possibilidades efetivamente comportadas pelo sistema normativo. Tal solução, única tolerável, é, quando menos, irretorquível nos casos em que a Emenda sucede a breve prazo a lei inconstitucional, patenteando o intuito de coonestar-lhe o vício. Em situações desta compostura, admitir a validação sucessiva da lei seria, em guisa de interpretar, promover consagração da imoralidade como regra de conduta do Poder Público, a astúcia cavilosa como padrão do Direito e a vileza perante a Sociedade como princípio ético do Estado. Nisto haveria ofensa frontal não apenas ao princípio da moralidade administrativa, previsto no art. 37 da Constituição (e maiormente vigorante para o Poder Público quando exerça a altaneira função de elaborar Emendas Constitucionais), mas também ao princípio geral de direito que reclama obediência aos cânones da lealdade e da boa-fé e proscreve a má-fé como pauta de conduta.

ETICA E GIUSTIZIA NELLA NUOVA RIFORMA TRIBUTARIA ITALIANA

FRANCO GALLO

Premessa. I. La discutibile visione etica neoliberista della "nuova" riforma fiscale. 1. Quale rapporto tra i diritti proprietari, la persona (che ne è titolare) e lo Stato impositore? 2. Fisco e liberismo; 3. Dalla non identità proprietà-persona consegue che la ricchezza patrimoniale pretasse non ha una sua distinta legittimazione morale e che il principio di capacità contributiva astrae dalla necessaria esistenza di una ricchezza del contribuente di natura patrimoniale; 4. Le interrelazioni tra proprietà, diritti sociali e Fisco nella Costituzione italiana. II. Su alcuni aspetti critici della "nuova" riforma fiscale. 5. Il criterio del beneficio e la crisi del principio di progressività: una falsa alternativa; 6. Riforma fiscale e sviluppo economico; 7. La nuova imposizione sul reddito delle società; 8. Il problema della riduzione della pressione fiscale e di quando e se ridurla in funzione del welfare dello "sviluppo umano"; 9. Sul rapporto tra giustizia sociale e giustizia fiscale e sulla necessità di fissare nella futura Costituzione Europea alcuni fondamentali principi fiscali di garanzia; 10. Riforma fiscale e federalismo; III. Giustizia sociale e giustizia fiscale tra decentramento e globalizzazione. 11. Lo Stato (impositore) nella morsa della globalizzazione e del decentramento: quali spazi di sovranità?

La pubblicazione sulla G.U. n. 91 del 18 aprile 2003 della legge delega n. 80 del 7 aprile dello stesso anno[1] sulla "nuova" riforma fiscale italiana ha riacceso l'attenzione non solo degli esperti, ma anche dei comuni cittadini sulle politiche fiscali da realizzare nei prossimi anni secondo i criteri indicati nella delega. Personalmente non ho resistito alla tentazione di rileggere con più attenzione la parte generale ed ideologica della dotta relazione governativa che l'ha accompagnata. A ciò mosso dalla curiosità di approfondire i fondamenti etici e filosofici della riforma, quali indicati dallo stesso Governo proponente, e di capire meglio come e in quale contesto socio-economico esso intenda realizzare sul fronte delle entrate l'ideologia politica liberista che da sempre propugna. Ne ho tratto alcune generali riflessioni critiche sul rapporto tra Stato impositore e "persona"-contribuente e tra giustizia sociale e

1. Il testo della legge delega è consultabile all'indirizzo www.parlamento.it/parlam/leggi/03080l.htm.

giustizia fiscale, delle quali mi è parso utile dare conto nella prima parte di questo saggio. Nella seconda e terza parte mi sono limitato invece a fare alcune, peraltro non esaustive, osservazioni consequenziali sugli effetti concreti della riforma soprattutto sotto il profilo della giustizia (re)distributiva e della neutralità, avendo riguardo in particolare al futuro assetto dell'imposta personale sui redditi, alla riforma della tassazione societaria, alla tempistica della promessa riduzione della pressione fiscale e alla funzionalità delle riforme tributarie alle politiche welfaristiche. Da ultimo, ho riservato alcune considerazioni finali alle connessioni tra la legge delega e il federalismo fiscale e agli effetti della globalizzazione e del decentramento sulla funzione tributaria.

I. La discutibile visione etica neoliberista della "nuova" riforma fiscale

1. Dalla lettura del solo articolato della richiamata legge delega non è possibile desumere con chiarezza un ben definito e predominante progetto politico e di politica economica che non sia, nella sostanza, quello di una forte riduzione della pressione fiscale da realizzare, a tempo debito, a sostegno dello sviluppo.[2] Se si fa eccezione per la parte della legge delega relativa al favorevole regime IVA accordato alle donazioni etiche (la c.d. *de-tax*, almeno nella versione interpretativa più ragionevole che implica una vera e propria detassazione), alla creazione di un sistema di disposizioni generali comuni ad ogni tributo, alle modifiche del regime sanzionatorio, al cambiamento di regime nella tassazione dei redditi finanziari e dei fondi pensione (per alcuni aspetti non condivisibile, ma comunque chiaro nella sua articolazione) e alla tassazione delle società e dei gruppi di impresa (che, come si vedrà più avanti, è ampia e manifesta un disegno discutibile, ma comunque sufficientemente articolato), il resto degli articoli, compresi quelli aventi per oggetto la riforma dell'IRPEF, appare per lo più abbastanza generico, vago e di valore meramente ordinamentale per stessa ammissione del Governo. Tanto che ha fatto pensare più ad una legge di principio e di annuncio che ad una vera e propria legge delega fornita di copertura finanziaria *ex ante*:[3] una riforma fiscale

2. L'obiettivo del Governo è la riduzione di 2,5 punti di Pil tra il 2002 e il 2006 (20 miliardi di euro in meno rispetto al dato tendenziale del 2006).

3. Sul punto mi permetto di rinviare alle più dettagliate considerazioni svolte nelle mie audizioni alla Commissione Finanze della Camera sul d.d.l. delega sulla riforma fiscale e sullo schema di d. lgs. attuativo dell'art. 4 di detta delega (relativo all'IRES), rispettivamente, in *Il Fisco*, documentazione, 10/2002, fasc. 2, p. 1.290 ss e in *Rass. Trib.*, 2003, n. 5.

in progress, dunque, più che un progetto definito la cui attuazione deve esaurirsi in un (pre)determinato spazio temporale.

È la relazione che l'accompagna che – come ho detto – offre, al contrario, molti interessanti spunti per decrittare la riforma e per capire quale ne sia la sua base ideologica ed etica. Sotto questo profilo, essa appare addirittura fin troppo ricca e piena di riferimenti culturali e filosofici, inusuali in un atto di Governo e a volte non del tutto rispondenti al contenuto effettivo dell'articolato. I passi più rivelatori della "filosofia" del Governo al riguardo mi paiono i seguenti:

Per alcuni non c'è un *limite* all'imposizione, se non quello 'democraticamente' stabilito dallo Stato. *Alias*, stabilito da quella degenerazione prima dogmatica e metafisica, poi politica e burocratica, che viene legittimata con la finzione organicistica: 'lo Stato siamo noi'. Ma la persona, nella sua dignità universale e nella sua naturale capacità di rapporto sociale, sta *sopra* lo Stato, che non è un fine, ma un mezzo. In questa visione, se *politicamente* prima dello Stato vengono le persone, economicamente prima dello Stato vengono il *lavoro* e la *proprietà*. È per questo che nella nostra visione, il *limite naturale*, fondamentale e costituzionale dell'imposizione fiscale è rappresentato dal *lavoro* e dalla *proprietà privata*, basi fondamentali della *libertà* della persona e della *ricchezza* della nazione. Il diritto ai *frutti* del lavoro e della proprietà è dunque un diritto *originale e primario*... Se il presupposto del prelievo non è quanto *serve* allo Stato, ma quanto può *dare* il privato; se non si ha una visione autoritaria dello Stato, che *può* imporre quanto *vuole*; se insomma si accetta il principio del *limite* dell'imposizione, costituito dal rispetto del *lavoro*, della *proprietà*, e dei *frutti* che ne derivano, è evidente che la misura della giusta imposta dipende unicamente dal *consenso* dei cittadini. Da quanto i cittadini sentono giusto di dover pagare allo Stato a titolo di imposta sui *frutti* del loro lavoro e della loro proprietà.

Da tali passi risulta, innanzitutto, una quasi ovvietà e, comunque, un dato pacifico: che la misura della giusta imposta dipende unicamente dal consenso dei cittadini, che è come dire che l'imposta ideale è l'imposta democratica riconosciuta come legittima all'interno di una data società. Nessuno può negare infatti che la tassazione, per essere legittima ed accettata, deve avere il suo fondamento nel consenso, e cioè nella legge votata in Parlamento dai rappresentanti dei cittadini. Dire, quindi, che devono essere questi a stabilire la misura (e perché non anche le modalità?) del prelievo è un'enunciazione di un principio base della democrazia politica su cui tutti concordiamo; e cioè del principio secondo cui, prima, i cittadini "informati" votano per questo o per quello a seconda dei programmi che vengono loro presentati e, poi, gli eletti (e cioè, come si diceva nell'800, i mandatari) stabiliscono in concreto gli elementi essenziali della tassazione e l'ammontare delle spese pubbliche che essa consente di sostenere. Ciò rilevato, bisogna pure dire, però, che di fronte al pressante richiamo che si fa in tali passi al consenso dei cittadini "inclusi", proprietari e redditieri, è difficile sfuggire alla tentazione di leggervi la comparsa di un nuovo classismo attestato, appunto, sul ruolo dominante degli abbienti. Su ciò, peraltro, mi soffermerò nel dettaglio più avanti.

Gli altri assunti sulla degenerazione dello Stato, sullo stare esso "sotto" la persona e sull'essere la proprietà un diritto originale della persona medesima, invalicabile dallo Stato, richiedono invece un più attento esame, perché da essi risulta in modo abbastanza evidente che l'obiettivo politico principale della riforma è quello, ambizioso, di costruire gradualmente un sistema tributario funzionale ad un astratto programma prettamente neoliberista, da realizzare a tappe: da una parte, si dovrebbe liberare la "persona" dall'oppressione fiscale del *big government*, dall'altra e coerentemente, si dovrebbe ridurre fortemente la funzione redistributiva ed intrusiva dello Stato.[4]

Per chi è di sincera fede liberale e riformista queste pur brillanti prese di posizione circa la funzione minima dello Stato e il ruolo pregnante della "persona" e del mercato potrebbero sembrare superate da tempo e, comunque, riassorbite nel pensiero economico liberale moderno che, come è a tutti noto, pur respingendo le tramontate teorie collettiviste d'ispirazione marxiana, assegna in ultima analisi ad uno Stato efficiente una non irrilevante funzione redistributrice e regolatrice e, comunque, di garante ultimo dei diritti di libertà e di *welfare*.[5] Il pensiero emergente

4. Questo pensiero balena anche dallo stesso approccio che – almeno in un primo momento – il Trattato di Roma ha avuto verso la funzione fiscale nell'ambito, prima, della CEE e, ora, della UE: l'essere essa rilevante solo ai fini della creazione del mercato comune (e da qui, quindi, la necessità di armonizzare solo le accise e l'IVA); l'essere, invece, del tutto irrilevante quanto alle imposte sui redditi o, meglio, rilevante solo nell'ipotesi in cui l'applicazione di tali imposte comporta distorsione della concorrenza e disturba, perciò, il funzionamento del mercato. Questa posizione iniziale dei sottoscrittori del Trattato è, però, comprensibile – e per certi versi giustificata – nell'ottica (allora) ristretta dell'erezione di un solo mercato unico europeo e, perciò, solo di una zona di libero scambio. Ora, non ha in verità più molto senso per l'UE economicamente (e politicamente) più coesa alle soglie di una Costituzione europea che dovrebbe sancire il passaggio dall' Europa dei mercati a quella dei diritti. Ma di ciò tratterò ampiamente più avanti *sub* par. 9 e 11.

5. E ciò, sia che si perseveri negli – almeno a mio avviso – superati schemi interpretativi basati sulla contrapposizione (tensione) tra libertà e uguaglianza e sulla distinzione tra libertà positive e libertà negative, sia che si prenda più correttamente atto

dalla relazione alla delega sembra porsi, invece, su un solco direi più estremista e manifesta una posizione molto radicale, riconducibile a quelle teorie contrattualistiche e dei diritti "primordiali" che puntano sulla autoreferenzialità del mercato, sulla neutralità degli strumenti di politica economica rispetto alle scelte degli operatori e attribuiscono ai diritti proprietari la funzione di limite naturale alla tassazione.

Lo scopo ultimo, in definitiva, sembra essere lo smantellamento dello Stato sociale, l'indebolimento delle idee egualitariste, il rinvigorimento di quelle filantropiche e caritatevoli e, soprattutto, l'asfissia finanziaria dello Stato impositore e redistributore cui si assegna il compito esclusivo di promotore del mercato o, meglio, di mero garante del suo funzionamento.

Non mi sbarazzerei con sufficienza – come molti hanno fatto – di questa problematica. La linea di politica economica e sociale espressa dalla relazione non è, infatti, frutto di assiomi culturali. Indipendentemente dalla effettiva volontà e dalla concreta possibilità di realizzarla, essa presuppone esplicitamente la reviviscenza di una ben precisa visione dogmatica della funzione fiscale in termini etici negativi ed espropriativi dei diritti proprietari, che va a mio avviso combattuta e, in ogni caso, affrontata e discussa. Secondo questa visione in termini di giustizia commutativa il tributo non è (più) considerato uno strumento solidaristico di soddisfacimento di un interesse pubblico (o, se si preferisce, collettivo), ma semplicemente – e un po' demagogicamente – come un fattore di alterazione dei diritti di proprietà, considerati a loro volta base ed espressione della libertà individuale. E questa filosofia – specie nei paesi, come il nostro, in cui il potere pubblico spende ancora male e in modo inefficiente – crea un certo *appeal* ed ha una notevole resa politica, perché si pone anche in sintonia con il comune malcontento verso la (spesso) maldestra gestione della leva tributaria e della spesa pubblica. Molti, infatti, pensano istintivamente che il reddito *pretasse* – e cioè considerato prima di essere falcidiato dalle tasse – sia *naturalmente* loro finché il governo non glielo porta via con atto di autorità; e la stessa cosa pensano del reddito degli altri. Questo stato d'animo è ben espresso dalle retoriche provocazioni del pensiero liberista tipo "tu sai cosa fare col tuo denaro più di quanto lo sappia fare il governo" o "il *surplus* non appartiene al governo ma alla gente" o "la migliore strada per creare domanda

dell'inevitabile intreccio tra i diversi tipi di diritti e si neghi, perciò, l'esistenza di una differenza ontologica tra diritti di libertà e "diritti sociali" (su ciò vedi Amartya Sen, *La libertà individuale come impegno sociale*, Bari, 1998, pp. 10 e 11 e, recentemente, con riferimento all'ordinamento italiano, Alessandro Pace, "Eguaglianza e libertà", in *Politica del Diritto*, 2, 2001, p. 155.

e posti di lavoro è lasciare i soldi in tasca ai cittadini" o, peggio ancora, "noi non mettiamo le mani nelle tasche dei cittadini".[6]

In questo contesto ciò che, con una certa ammiccante complicità verso i contribuenti "tartassati", la relazione richiede al sistema fiscale è solo di essere neutrale nei confronti del mercato, lasciando alle forze economiche che in esso operano di assicurare il massimo della concorrenza e della libertà. Il riparto tra i cittadini del carico fiscale a fini anche redistributivi non è, perciò, considerato una funzione del sistema tributario, ma l'effetto del libero operare delle forze economiche. Il risultato di siffatta costruzione ideologica applicata alla funzione tributaria è ben espresso nella sostanza dalle parole – usate in un altro passo della relazione al d.d.l. delega – "giustizia grossa" (in contrapposizione a "giustizia fine"). E l'effetto – devastante per le politiche sociali redistributive e allocative – di questa costruzione può essere ben manifestato dalla seguente equazione: meno pressione fiscale = meno risorse fiscali e, quindi = meno Stato e meno spesa sociale.

2. L'indicato orientamento non è condivisibile perché, attribuendo paradossalmente un effetto benefico alla crisi fiscale dello Stato, rinnega nella sostanza le politiche riformiste e solidaristiche di difesa dei gruppi sociali e dell'individuo che hanno finora caratterizzato le società moderne. E perché, negando per tale via allo Stato medesimo la funzione di redistributore dei carichi e di mediatore del consenso popolare, se attuato, produrrebbe in definitiva disuguaglianza e ci riporterebbe soprattutto ad una vecchia idea totalizzante della proprietà privata quale base esclusiva del principio di libertà individuale, che la stessa nostra Costituzione ripudia.

2.1 Il richiamato passo della relazione riecheggia in verità sul piano della *tax policy* quelle teorie deontologiche neoliberiste piuttosto note, ma in gran parte estranee alla nostra tradizione giuridica e sociale, le quali, sopravalutando l'importanza nell'economia moderna dei diritti proprietari, affermano il diritto originario e naturale dell'individuo all'intangibilità della sua proprietà e alla conservazione della maggior parte dei frutti del suo lavoro, "concedendo" all'ente pubblico solo quanto è strettamente necessario per finanziare l'offerta dei beni pubblici classici (servizi giudiziari, polizia, difesa). Fonte di tali teorie è il contrattualismo del fondatore del pensiero liberale, John Locke,[7] secon-

6. Per un approfondimento di questa tematica rinvio a Gilbert Orsoni, "Peut-on supprimer l'impôt sur le revenu", in *R.F.F.P.*, n. 29, 1990.

7. V. John Locke, *The second treatise of civil Government*, 1690, cap. 5, trad. it. *Due trattati sul Governo*, Utet, Torino, 1960, la cui difesa dei diritti individuali di proprietà

do cui lo Stato deve essere circoscritto al massimo per non assumere la forma e la funzione del Leviatano[8] e deve limitarsi a proteggere gli individui contro la violazione dei loro primordiali diritti proprietari. Ma gli ascendenti più prossimi sono, a mio parere, l'ordoliberalismo tedesco e il più radicale costituzionalismo liberale hayekiano, che vede il mercato come un "ordine spontaneo" precedente alla decisione di sistema istituzionalizzata nel diritto dell'economia e, di conseguenza, considera i diritti economici come libertà naturali e pre-politiche in un certo qual modo indipendenti dal loro riconoscimento costituzionale.[9] Soprattutto, i ricordati assunti neoliberisti e per certi versi libertaristi[10] della relazione alla delega fiscale e sulla originalità e naturalità del diritto proprietario sembrano ricollegarsi alla teoria del c.d. "titolo valido" di Robert Nozick,[11] per il quale ad ogni individuo verrebbero attribuiti al momento della nascita i diritti fondamentali e intangibili di proprietà e quelli, altrettanto intangibili, alla disponibilità quasi esclusiva dei frutti del suo lavoro. In particolare, secondo la teoria deontologica di Nozick, nessuna redistribuzione di ricchezza è ammissibile da parte dello Stato, neanche – si badi bene – col consenso unanime dei cittadini, perché essa interferirebbe con la dinamica del mercato e quindi, nella sostanza, con il principio di libertà. Anche per Nozick sostanzialmente i diritti proprietari (*entitlements*) sono un elemento strutturale del diritto di libertà individuale,[12] sono limitativi in quanto tali del potere (anche impositivo)

aveva però allora, come apprezzabile obiettivo, la liberazione dell'individuo dal "potere feudale e da quello arbitrario" del sovrano. È nota al riguardo la sua asserzione: "every person has a property in her own person and her labour".

8. Secondo la configurazione "assolutista" di Thomas Hobbes, *Leviathan*, 1651.

9. La conseguenza nell'epoca moderna di questa impostazione è naturalmente l'addomesticamento del Leviatano, e cioè la riduzione rilevantissima della sovranità e, quanto al fisco, della potestà impositiva statale. Per un quadro di sintesi di queste teorie (viste, peraltro, nell'ottica del federalismo competitivo europeo) rinvio ad A. M. Petroni, "L'analisi economica del federalismo e la sua applicazione alla struttura costituzionale dell'UE", in *A. M Petroni (a cura di), Modelli giuridici ed economici per la costituzione europea*, Bologna, 2001, pp. 193 ss.

10. Mi riferisco naturalmente al libertarismo della *de-regulation*, della lotta all'imposizione fiscale, dell'antiegualitarismo, del diritto di eredità senza tassazione così ben descritto da P. Vaniglione, nel suo *Il libertarismo. La teoria, gli autori, le politiche*, Rubettino-Soveria-Mannelli, 2003.

11. Almeno del primo Nozick di *Anarchy, State, and Utopia*, New York, Basic Books, 1974, *passim*, trad. It. *Anarchia, Stato e utopia. I fondamenti filosofici dello "Stato minimo"*, Le Monier, Firenze, 1981.

12. Che in questa ottica può definirsi "negativa" secondo la nota ricostruzione di Isaiah Berlin, e cioè libertà come assenza di impedimento alle azioni e al possesso di un individuo da parte di altri individui e dello Stato.

dello Stato e non hanno perciò alcuna necessità di una giustificazione in termini sociali e istituzionali.

Il pensiero minianarchico di Nozick e dei suoi epigoni volontari e involontari si riporta, in definitiva, alla teoria dei diritti, ma solo a quei rami minoritari di questa teoria che hanno una visione fortemente minimalista dell'intervento pubblico redistributivo e puntano tutto sul binomio secco libertà-proprietà. Questo pensiero diverge perciò da quelle teorie, aventi il loro referente storico nella opposta tesi conseguenzialista di Hume,[13] le quali, pur non disconoscendo l'importanza dei (fondamentali) diritti proprietari, li considerano tuttavia una mera conseguenza di leggi, regolamenti e norme, anche informali, che hanno come fine la tutela di altri rilevanti valori sociali ed economici, espressione del "nuovo *welfare state*" (ma a volte e sempre più, con l'avvento della globalizzazione, espressione anche degli interessi dello stesso mercato, delle grandi imprese multinazionali e delle loro tecnostrutture).

Ma anche nell'ambito della stessa teoria deontologica dei diritti il pensiero di Nozick si distacca nettamente dal robusto filone riconducibile a quel ramo della scuola liberale moderna che, a partire dal *New Deal,* si poggia anch'essa sul principio di libertà, ma solo su quella libertà fruibile da ciascun individuo nell'uguaglianza e che trova il suo limite nella libertà degli altri.[14] Senza essere necessariamente conseguenzialisti nel senso appena detto, pensatori come Rawls[15] – che, come è ben noto,

13. Cfr. David Hume, *A treatise of Human Nature*, 1739, Book III, part. II, pp. 470-471, trad. it. *Trattato della natura umana*, in *Opere filosofiche*, vol. I, Bari, 1992.

14. Sulle teorie egualitariste mi limito a rinviare alla efficace sintesi fatta da Eugenio Somaini, *Uguaglianza-teoria, politiche, problemi*, Donzelli, 2002, *passim*, e sul punto specifico del rapporto tra libertà, proprietà e uguaglianza, a Danilo Zolo, "Libertà proprietà e uguaglianza nella teoria dei diritti fondamentali", in *Diritti fondamentali* (a cura di C. Ferrajoli), Bari, 2001, pp. 60-73.

15. Cfr. John Rawls, *A theory of justice*, Cambridge, Mass., Harvard University Press, 1999, pp. 19-26, trad. it., *Una teoria della giustizia*, Milano, 1998, 1993. L'origine sicuramente kantiana e, quindi, astrattamente deontologica del pensiero di Rawls non esclude, infatti, che questo filosofo critichi dell'idealismo trascendentale kantiano proprio l'aspetto metafisico relativo alla neutralità e all'indipendenza del soggetto deontologico. E lo critichi con argomenti che, pur non coincidendo del tutto con l'obiezione sociologica conseguenziale di Hume e con l'idea di uomo sociale e "condizionato" che questi sostiene, fanno derivare i "principi primi" e i "diritti fondamentali" da un'ipotetica situazione di scelta (la c.d. "posizione originaria") caratterizzata da condizioni destinate a produrre un risultato determinato, "adatto a esseri umani, reali e sociali" (e non al soggetto astratto e incorporeo di Locke e, soprattutto, di Kant). Come dice bene M. S. Sandel (*Il liberalismo e i limiti della giustizia*, Milano, 1994, 1, pp. 23 e 24), nel pensiero di Rawls hanno prevalenza "non il regno dei fini, ma le comuni condizioni di giustizia (...) non un futuro morale sempre sfuggente, ma un presente saldamente impiantato nella condizione

è uno dei maggiori teorici del principio di giustizia e delle pari opportunità sociali – ed egualitaristi come Dworkin[16] e Sen[17] si guardano infatti bene, anche se con gradi diversi di consapevolezza, dall'indulgere in visioni minimaliste della redistribuzione pubblica della ricchezza, assertive dello Stato minimo e della primazia dei diritti proprietari. Se così facessero, infatti, contraddirebbero le premesse del loro pensiero e si porrebbero in rotta di collisione con l'idea di libertà nell'uguaglianza[18] e, soprattutto, di giustizia (distributiva) come equità. Idea che, almeno secondo la teoria di Rawls del "disinteresse reciproco",[19] in sintonia con le teorie conseguenzialiste richiede invece necessariamente, per essere attuata, la divaricazione tra ciò che alla persona appartiene – ed è quindi "suo" senza essere, però, interno ad essa – e ciò che invece la persona medesima è, quale individuo sociale titolare di altri diritti e altri doveri (e non quale soggetto astratto e distaccato). Sia beninteso, questi autori – in specie Sen – non credono in una netta contrapposizione tra rigidi schemi utilitaristici e altrettanto rigidi schemi equitativi, parteggiando fideisticamente per i secondi. Ma alla base del loro pensiero egualitario c'è pur sempre l'idea che è dello Stato e delle sue leggi la responsabilità ultima sia nella individuazione e rimozione delle cause di ingiustizia distributiva socialmente inaccettabile, sia nella distribuzione dei beni primari, sia nel reperimento a carico delle "persone" delle entrate (soprattutto tributarie) necessarie a garantire una soglia minimale di benessere nella dignità e a ridurre le disuguaglianze. Il quale Stato, nel perseguire un ragionevole equilibrio tra libertà, uguaglianza sostanziale e solidarietà, deve altresì preoccuparsi che l'utilizzazione dei suddetti beni e la fruizione di tali benefici siano consentite e garantite a chiunque non in modo uniforme,

umana" che "offre così alla giustizia la sua occasione". Caratteristiche, queste, che hanno portato Mark Hurbert a ritenere che il pensiero di Rawls non è nella sostanza strettamente deontologico e, se lo è, "è una deontologia con il volto di Hume". Da qui l'idea della "persona" o dell'"io" di Rawls, come soggetto nel quale confluiscono interessi che sono "di un io", ma non sono "interni all'io", secondo la formula rawlsiana (molto vicina al pensiero conseguenzialista) del "disinteresse reciproco" e della "distinzione tra ciò che sono io e ciò che è mio". Come dire che la cosa di cui il soggetto è proprietario appartiene a lui, è "sua", ma non è "connaturata a lui", non è "lui".

16. Cfr. Ronald Dworkin, "Equality of welfare and equality of resources", in *Sovereign virtue*, Cambridge, Mass., Harvard University Press, 2000, p. 512.

17. Cfr. Amartya Sen, *On economic inequality*, Enlarged edition, con James E. Foster, Oxford, Clarendon Press, 1997 e *La libertà individuale come impegno sociale*, Roma-Bari, 1997, pp. 25 e 76.

18. Che è come dire con l'idea di libertà individuale compatibile con la "uguale" libertà degli altri.

19. Di cui si dà conto nella nota 13.

conforme ed eterodiretto, bensì adeguandole alla capacità differenziata di ciascuno e al progetto di vita che l'individuo vuole seguire (*human functioning*):[20] in questo contesto, paradossalmente l'imposta limita la libertà (e in ciò sta il sacrificio) per aumentare la libertà (e in ciò sta la funzione del tributo).

2.2 Il liberismo fiscale rivisitato, cui si ispira la relazione nell'indicare una sua via "originale" alla riforma del sistema fiscale italiano, misconosce dunque tanto le suddette teorie conseguenzialiste, quanto questi importanti ed articolati rami del pensiero liberale moderno attivo e solidale (cui si richiamano ora anche quelli che Anthony Giddens chiama i regimi "socialdemocratici modernizzati"). E non sembra in sintonia – come si vedrà meglio più avanti – con i principi fondamentali e costituzionali dell'ordinamento italiano specie in tema di garanzie dei diritti civili e sociali. Esso taccia l'intervento pubblico di paternalismo e, nel privilegiare eccessivamente in nome della libertà *tout court* i diritti proprietari e un certo fondamentalismo del mercato,[21] svaluta inevitabilmente i valori della giustizia sociale e, quindi, dell'uguaglianza e della solidarietà.

Anche senza invocare i recenti contributi di Stiglitz[22] sulle intollerabili asimmetrie informative indotte dal libero mercato e, soprattutto, di Thurow[23] e di Nagel e Murphy[24] sul (decadente) mito della proprietà e volendo rimanere nel solco delle teorie dei diritti e delle scelte sociali,[25] viene innanzitutto spontaneo rilevare, in contrario e in via generale, che l'intervento pubblico sarà a volte paternalistico, ma è pur sempre frutto del consenso popolare incarnato nella legge (questa sì ineliminabile strumento di democrazia liberale). Ed è indispensabile tanto per superare

20. È questa la visione tendenzialmente ugualitaria del *welfare state* che viene definita dello "sviluppo umano".

21. Il mercato, cioè, considerato libero solo in quanto privo di vincoli giuridici (contro questa tesi, direi eccessivamente ed ingenuamente liberista, vedi le belle pagine di N. Irti, *L'ordine giuridico del mercato*, Roma-Bari, 1998).

22. Cfr. Joseph Stiglitz, *Economics of the public sector*, New York, W.W Norton, 2000.

23. Questo autore descrive magistralmente lo "svuotamento" della nozione di proprietà come conseguenza dell'espandersi (non solo del *welfare state*, ma anche) del mercato, in *Il futuro del capitalismo*, Milano, 1997, p. 305.

24. Thomas Nagel e Liam Murphy, *The Myth of ownership, Taxes and Justice*, Oxford, Oxford University Press, 2002, ripresi in Italia da Laura Pennacchi, "Tasse, Governo e demagogia", in *L'Unità* 9.7.2002.

25. Sulla teoria delle decisioni o scelte collettive si veda A. Sen, *Choice, Welfare and Measurement*, Blackwell-Mit Press, Oxford Cambridge, MA, 1982 (trad. it., *Scelta, benessere e equità*, Il Mulino, Bologna 1984).

gli egoismi del mercato e le disuguaglianze che ne conseguono, quanto per adottare politiche concrete a fini di promozione dello sviluppo e di garanzia (oltre che dei diritti di libertà, anche) del benessere sociale: gli "Stati minimi" sono forse possibili in mondi ideali nell'ambito di una visione etica generale dove si concepiscono parità assoluta di trattamento e redditi individuali elevati ed equamente redistribuiti (e dove il *welfare* sarebbe addirittura distorsivo); sono invece sicuramente controproducenti nelle società in cui non c'è *welfare*.[26]

Da tempo l'esperienza storica e l'evidenza empirica ci ammoniscono al riguardo che una società fondata sul mito della (intangibilità della) proprietà assoluta e priva degli interventi di un deciso Stato impositore e redistributore e senza una robusta finanza pubblica sarebbe una società regredita alla fase precedente alla rivoluzione francese, una società senza dignità umana, senza coesione sociale, senza considerazione dei rapporti interpersonali e con scarsa formazione di capitale umano.[27] Cosa sarebbe questa società nei paesi industrializzati se si ragionasse ancora in termini di "Stato minimo" e di rispetto assoluto dei diritti proprietari e se non si fossero superati il fallimento e le imperfezioni del mercato attraverso l'espansione dell'intervento pubblico sul fronte delle entrate e delle spese?[28] E soprattutto quale situazione sociale avremmo oggi e di quale libertà godremmo se attraverso tale intervento non si fosse promossa l'equità di quello che gli economisti chiamano lo scambio fiscale e non si fossero garantiti, insieme ai diritti proprietari, anche i c.d. diritti "presi sul serio",[29] e cioè i diritti di libertà dai bisogni essenziali?

In questo contesto non ha più senso, in una democrazia come quella italiana e degli altri paesi europei, parlare ancora di diritti naturali alla distribuzione delle risorse in nome solo della sacralità dei diritti proprietari e respingendo – come fa la relazione alla delega fiscale parlando di "degenerazione dogmatica e metafisica, poi politica e burocratica",

26. Così uno degli economisti pubblici italiani che ha dimostrato più sensibilità per queste tematiche, Luigi Bernardi, "Imposte giuste, giuste giustizie e riforme impossibili", in *Politica Economica*, 3/2002, pp. 585 ss.

27. Così ancora Luigi Bernardi, op. ult. cit., p. 587.

28. È appena il caso di ricordare che l'intervento dell'operatore pubblico nel mercato si rende necessario proprio per i fallimenti del mercato stesso laddove questo non produce beni e servizi pubblici che i cittadini pure richiedono, laddove esso opera per accelerazioni e frenate improvvise, laddove dà luogo ad una distribuzione del reddito che i cittadini non ritengono accettabile, laddove produce uno sviluppo squilibrato nelle diverse parti del Paese.

29. La definizione è di R. Dworkin, *Taking, Rights Seriously*, London, 1977; trad. it. *I diritti presi sul serio*, Bologna 1982.

dello Stato – l'intervento mediatore dello Stato medesimo quale ente esponenziale della collettività nel suo complesso.[30] Più in particolare, nel ricostruire il significato della relazione tra "persona" e Stato e (per ciò che a noi qui interessa) tra "persona" – contribuente e ente impositore, si dovrebbe prendere atto definitivamente del fatto che, da una parte, sono da tempo tramontate – quanto meno in termini filosofici e sociologici, molto meno purtroppo in termini psicologici e del "sentire comune" – le ricordate teorie che considerano i diritti di proprietà invalicabili perché "interni" alla persona ed antecedenti alla struttura fiscale[31] e, dall'altra, sono invece prevalse quelle teorie, di cui pure si è detto, che considerano tali diritti appartenenti sì alla persona, ma non connaturati ad essa e comunque frutto di una mera "convenzione legale", definita anche dallo stesso sistema fiscale, e non di una "legge di natura". In questa ottica conseguenzialista e teleologica (ma anche sostanzialmente egualitaria) i diritti proprietari vanno, perciò, sganciati dalla persona e vanno bilanciati ed intrecciati con regole, leggi e convenzioni disegnate dallo Stato[32] per promuovere, attraverso la redistribuzione, altri diritti ed altri valori espressi dalla società, come il benessere generale e la sicurezza delle aspettative.[33] Con le conseguenze di cui si dirà qui appresso in ordine sia alla nozione di tributo quale strumento di giustizia distributiva, sia alla individuazione dei presupposti di tassazione espressivi di capacità contributiva.

3. Proprio la negazione dell'identità strutturale tra la persona e i diritti di proprietà dovrebbe portarci a ritenere, in una prospettiva di rifor-

30. Sabino Cassese, "L'arena pubblica. Nuovi paradigmi per lo Stato", in *Riv. Trim. Dir. Pubb.*, 3, 2001, p. 601.

31. Senza, tra l'altro, così risolvere la contraddizione derivante dal fatto che i diritti (fondamentali) di proprietà possono essere ceduti attraverso atti di autonomia negoziale e, perciò, non hanno quel carattere di assolutezza e personalità proprio degli altri fondamentali diritti effettivamente connaturati alla persona in quanto tale (ad es., diritto alla salute e ad una adeguata alimentazione).

32. Dice al riguardo Jeremy Bentham (*The theory of legislation*, Oxford, Oxford University Press, 1931, p. 113) che "la proprietà privata e il diritto nascono insieme e muoiono insieme. Prima che la legge la riconoscesse, la proprietà non esisteva; togli le leggi e ogni tipo di proprietà cessa di esistere".

33. Di "libera iniziativa e di mercato immessi in un quadro di *regole, compresi i tributi e i trasferimenti redistributivi*", parla – ispirandosi soprattutto ad Adair Turner (*Just capital. The liberal economy*, London, 2001, trad. it. *Just capital. Critica del capitalismo globale*, Bari, 2002) – R. Dahrendolf (in *Libertà attiva*, Bari 2003, pp. 3-20), il quale aggiunge che "grazie alle quali (regole) l'economia può essere portata a servire fini e scopi di più ampio respiro", dando così luogo ad una sorta di "liberalismo di mercato della redistribuzione" o "con dotazione di base".

ma fiscale, che i tributi nell'era moderna non possono essere più valutati, costituzionalmente ed eticamente, avendo solo riguardo al loro impatto sulla proprietà privata concepita come la concepisce la relazione alla delega fiscale, e cioè come qualcosa che ha una validità e un'esistenza indipendente e originaria. Come ho appena detto, i tributi devono invece considerarsi parte inestricabile di un moderno sistema complessivo di diritti proprietari (*rule of law*), che le stesse norme tributarie concorrono a creare, limitare o, a seconda dei casi, ad espandere, tutelare e proteggere: giustizia o ingiustizia nella tassazione dovrebbe, dunque, solo significare giustizia o ingiustizia in quel sistema dei diritti proprietari che risulta (anche e non soltanto) dal regime di tassazione.

Seguendo questo approccio, la tassazione va perciò depurata da quei significati negativi, fatti propri dai richiamati passi della relazione alla legge delega, che portano a interpretare la capacità contributiva personale – cui l'art. 53 della nostra Costituzione correla il dovere di ciascuno a concorrere alle pubbliche spese – come garanzia assoluta della proprietà o, meglio, della "mia proprietà". In una diversa ottica cooperativa e autenticamente solidaristica, propria dei sistemi democratici occidentali, il prelievo tributario non si pone, perciò, come repressivo ed espropriativo della "persona" e dei suoi diritti libertari proprio perché questa non si identifica più solo con i diritti proprietari – ed, in genere, con ogni titolo legittimo di possesso – ma deve considerarsi nella sua complessità di essere politico e sociale inserito come individuo in un contesto istituzionale. La tassazione tende, anzi, ad "arricchire" indirettamente le persone che compongono la società in quanto è l'unico strumento che ha l'operatore pubblico non solo per garantire e difendere i loro stessi diritti proprietari[34] – che è la funzione più percepibile in un'ottica egoistica di tutela dei diritti individuali e di espansione de lla libertà anch'essa individuale (ma che in un'ottica egualitaria non può giustificare da sola la tassazione) – ma anche per perseguire politiche sociali redistributive e allocative e per promuovere la crescita culturale e lo sviluppo economico nella stabilità. Non è quindi solo un *premium libertatis* o l'altra faccia ne-

34. L'ordinamento giuridico non solo garantisce la proprietà nel senso, di cui finora si è detto, di "crearla" e di darne una definizione. Va anche oltre perché lo Stato sopporta dei costi per tutelarla e difenderla, costi che sono posti a carico del sistema fiscale. L'affidabilità di compravendite e transizioni dipende, infatti, anche da quanto lo Stato può prelevare dai propri cittadini per consentire loro il miglior godimento dei diritti proprietari. E ciò può arrivare fino al punto di fargli sostenere costi tali "da mettere in diretta concorrenza la tutela delle proprietà con i programmi di assistenza sociale e il relativo onere" (così Stephen Holmes e Cass R. Sunstein, *Il costo dei diritti, perché la libertà dipende dalle tasse*, ed. it., Bologna, Il Mulino, 2000, pp. 37, 53, 65, 66 e 119).

gativa del costo dei diritti, ma, in un mondo disuguale quale il nostro, è soprattutto lo strumento di giustizia distributiva necessario a travalicare, in nome dell'interesse pubblico, le opportunità del mercato e a correggerne le distonie e le imperfezioni a favore delle libertà individuali.[35] In questa ottica, pertanto, la struttura fiscale dovrebbe essere valutata in termini etici esclusivamente in funzione della sua efficacia nel promuovere scopi sociali legittimi, primo fra tutti, appunto, quello appena richiamato della giustizia (re)distributiva, che è come dire della realizzazione di un ordine proprietario e socio-economico "giusto".

3.1 Questa conclusione non muterebbe neanche se, ammettendo un qualche elemento di convenzionalità, si giustificasse il diritto proprietario non in termini morali e prepolitici, bensì in termini solo di responsabilità individuale e di "merito". Come dire che il sistema legale dei diritti proprietari dovrebbe reggersi solo sull'ideale della fiducia in se stessi, piuttosto che su quello della solidarietà sociale, della promozione del benessere e dell'uguaglianza di opportunità. Ad esempio, così ragionando il reddito che si dovesse percepire in relazione allo svolgimento di un'attività di lavoro troverebbe la sua giustificazione non nell'intreccio delle leggi, anche fiscali, che regolano la materia e nei valori che ad essi sottostanno, ma nel solo fatto che chi svolge tale attività "merita" – in quanto la svolge e per di più con impegno – di percepire detto reddito e di tenerlo tutto per sé. Con la conseguenza che lo Stato impositore, che ne prende una parte, si porrebbe con le sue leggi in posizione antagonista e di interferenza di fronte ad una situazione proprietaria che, nella limitata ottica del rispetto della responsabilità individuale, avrebbe il crisma naturale della moralità. La tassazione, per essere eticamente accettabile, dovrebbe avere in questa ricostruzione una giustificazione che non sarebbe quella, soprattutto distributiva, di ridurre le disuguaglianze e aiutare gli svantaggiati, ma si riconnetterebbe necessariamente alla morale della fiducia in sé stessi, del merito personale e della responsabilità individuale.

Neanche questa "difesa" dal Fisco dei diritti proprietari mi pare peraltro convincente, per la semplice ragione che non riesco a considerare la responsabilità individuale, il merito e, in definitiva, la ricompensa dell'iniziativa e dell'impegno quali fattori morali su cui basare interamente il complesso sistema di diritti proprietari e di obbligazioni interessato dalla funzione fiscale. Un siffatto sistema richiederebbe, in particolare, una costante interferenza fiscale sulla proprietà e sulla auto-

35. Cfr. Thomas Nagel e Liam Murphy, *The myth of ownership*, cit., pp. 40-78.

nomia privata dettata non da esigenze di giustizia distributiva, ma solo dal merito e dalla responsabilità individuale e calibrata solo su tali valori. E troverebbe in ultima analisi la sua giustificazione nell'esclusivo scopo – inaccettabile e sicuramente riduttivo della funzione tributaria in società disuguali come le nostre – di punire i neghittosi e i non responsabili e di premiare i diligenti e i meritevoli. Il tutto, a prescindere dal fatto che, come ho appena detto, il merito non sempre si accorda con la moralità e, anzi, può in concreto rapportarsi anche a comportamenti illeciti di soggetti che, pure, appaiono distinguersi per iniziativa, impegno e responsabilità.

3.2 Dalle analisi svolte si possono trarre due ulteriori importanti conseguenze, in parte già anticipate e che qui rendo esplicite: l'una, generale e metagiuridica, sulla inidoneità *de iure condendo* dei soli diritti proprietari a misurare l'eticità della tassazione; l'altra, *de iure condito* e d'ordine più prettamente giuridico-costituzionale, sulla nozione di capacità contributiva personale.

La prima conseguenza è che la non identità tra diritti proprietari e persona comporta che il patrimonio o il reddito *pretasse* non hanno una loro distinta legittimazione morale in senso lockeano – e cioè nel senso della tutela (della libertà) dell'individuo dall'oppressione dello Stato Leviatano – e non definiscono qualcosa su cui il contribuente può vantare un diritto prepolitico e naturale, qualcosa che lo Stato "esproprierebbe" poi assoggettandola a tassazione. Il che non significa certo che gli individui non abbiano un diritto tutelabile al loro reddito (derivante dalle più diverse attività e situazioni quali il lavoro, gli investimenti e ogni tipo di contratto) o al loro patrimonio; significa semplicemente – in un'ottica direi giusnaturalistica – che, come dice bene Rawls,[36] la forza morale di questo diritto proprietario non trova il suo fondamento esclusivamente nella persona che ne è il titolare e solo per il fatto che la persona esiste, ma dipende dalla rete esogena delle regole, delle procedure e delle istituzioni grazie alle quali tale diritto è stato acquisito.[37] E queste regole

36. V. par. 1.2. e, in particolare, nota 12.

37. Sono queste normalmente delle regole formali, erette a sistema e prodotte democraticamente dalle istituzioni giuridiche, statali e sopranazionali. Ma – come ho già detto nel testo (par. 1.2.) – non è escluso che dette regole possano essere anche informali, e cioè corrispondere a quelle nuove forme di "decentramento giuridico" di carattere appunto informale, adattivo e teleologico (le c.d. *soft laws*) indotte dalla globalizzazione ed espressive, a volte, più del mercato autoreferente – e, quindi, di valori diversi da quelli sociali (ad esempio la c.d. *lex mercatoria*) – che della volontà parlamentare trasfusa nella legge (sul punto rinvio alle interessanti considerazioni di M. R. Ferrarese, *Le istituzioni della globalizzazione*, Bologna, 2000, pp. 90, 91 e 92). Sulla inconciliabilità sotto questo

sono "giuste" solo se includono prestazioni patrimoniali (il tributo) quali strumenti a disposizione dello Stato (e degli altri livelli di Governo) per sostenere, ad esempio, politiche egualitarie e di pari opportunità, per produrre e/o fornire beni pubblici, per acquisire beni comuni, per attuare la giustizia distributiva, e così via. E se, dunque, il reddito posseduto e ogni altro presupposto di imposta hanno il requisito della "moralità" solo se è "giusto" il sistema delle regole, anche fiscali, nel cui contesto sono realizzati, va da sé che il diritto al reddito, ogni altro diritto proprietario e, in ultima analisi, ogni titolo legittimo di possesso non possono essere considerati, di per sé e da soli, misuratori estrinseci dell'eticità della tassazione e, perciò – come le ricordate teorie neoliberiste vorrebbero – nemmeno gli unici presupposti di equità di un sistema fiscale.

3.3 Anche la seconda conseguenza deriva dalla non identità tra persona e diritti proprietari e aiuta a definire in via interpretativa una nozione di capacità contributiva come mero criterio di riparto, in quanto tale soggettivamente sganciata dal riferimento alla necessaria esistenza di una ricchezza (personale) del contribuente di contenuto patrimoniale. Come ho chiarito in altra sede,[38] è anche il fatto che la persona non si identifica con i diritti proprietari, ma è inserita in un contesto istituzionale e insiste nella società, che dovrebbe indurre a ritenere che essa può ben essere assunta dallo Stato impositore a soggetto passivo di imposta in relazione anche a posizioni, valori, capacitazioni solo socialmente (e non anche patrimonialmente) rilevanti, purché economicamente misurabili e rispondenti al principio di uguaglianza tributaria.

Voglio dire con ciò che non è necessario che il soggetto passivo del tributo sia scelto dallo Stato sempre in un'ottica proprietaria di "appartenenza" con riferimento a presupposti – espressivi di capacità contributiva – a contenuto esclusivamente patrimoniale e perciò scambiabili sul mercato; come sarebbe inevitabile se la persona coincidesse sempre con i suoi diritti proprietari e questi si ponessero, quindi, come insuperabile limite (non solo) morale alla tassazione e, nello stesso tempo, come unica legittimazione della stessa. Se, infatti, la persona è non solo e sempre un *homo economicus* "ridotto a proprietà", ma anche un soggetto immerso nelle relazioni sociali, è perfettamente lecito che essa sia tassata tanto con riferimento ad un presupposto contenente elementi patrimoniali ad

profilo degli schemi individualistici della proprietà intesa come diritto naturale si veda, oltre agli autori citati alle note 14 e 21, M. J. Horwitz, *The transformation of the American law*, 1870-1960, Oxford, Oxford University Press, 1992, pp. 156-157.

38. V. il mio "IRAP e principio di capacità contributiva", in *Giur. Comm.* 2/02, I, p. 131.

essa stessa imputabili – come tali, apprezzabili sul mercato e, quindi, dal mercato stesso selezionati e offerti alla scelta impositiva dello Stato – quanto in relazione a capacità economicamente valutabili sprigionate dal suo solo insistere nella società e perciò, a causa della loro non patrimonialità, estranee al meccanismo del mercato ed individuabili senza limiti dallo Stato in applicazione del solo principio di ragionevolezza.

Mi spiego meglio. Se, seguendo le teorie strettamente deontologiche, si dovesse viceversa intendere la capacità contributiva come attitudine di un soggetto a concorrere alle pubbliche spese solo in funzione di un presupposto-forza economica che contiene necessariamente in sé elementi di patrimonialità, si avrebbe la conseguenza – abbastanza discutibile anche in termini di giudizio di valore – che la scelta del presupposto sarebbe fatta dal legislatore non nella pienezza dei suoi poteri distributivi, ma nel più ristretto ambito degli indici patrimoniali proprietari valutabili nel mercato e, perciò, soggetti alle regole del medesimo. Il legislatore, in altri termini, sarebbe costretto a perseguire le sue politiche fiscali in modo limitato nel solo rispetto del principio di appartenenza, essendogli vietato di allargare la sua scelta alle altre numerose circostanze che, pur non avendo questo requisito, sono per altre (ma equivalenti) ragioni ugualmente meritevoli di essere assunte a parametro di concorso alle pubbliche spese. Il che non sembra né ragionevole, né – con riguardo alla Costituzione Italiana – coerente alla "aperta" formula dell'art. 53 Cost. (che, a proiezione dell'art. 3 Cost., si limita a collegare il tributo alla manifestazione, da parte del contribuente, di una specifica capacità contributiva economicamente rilevante, senza però richiedere esplicitamente attributi patrimoniali). Basti pensare al fatto che il mercato (necessariamente) imperfetto proprio delle società liberali "mature" non dà e non può dare da solo una rappresentazione esclusiva ed assoluta della gamma dei rapporti e delle situazioni assumibili a indici di capacità contributiva. Lasciare che siano solo le imprescrittibili regole del mercato a stabilire i limiti e i criteri nella scelta della ricchezza da tassare (e non invece il principio di coerenza e ragionevolezza) può divenire addirittura fonte di disuguaglianza, proprio perché riduce la funzione dello Stato e delle sue leggi a quella di semplici esecutori di tali regole, escludendone l'originale intervento "politico" di equo distributore del carico contributivo e di garante delle libertà individuali e collettive.

È evidente che, se la capacità contributiva è intesa, come io la intendo, come mero criterio di riparto retto dal principio di ragionevolezza, si evita la conseguenza – che, *de iure condito*, per la maggior parte della dottrina tributaristica italiana sarebbe inevitabile se si imperniasse invece detto principio sulla stretta compenetrazione tra "persona" e "diritti proprietari" (e, quindi, sulla necessaria esistenza di un patrimonio imputabile al soggetto passivo dell'obbligazione tributaria) – di considerare incostituzionali tutti quei tributi, come ad esempio l'IRAP, legittimati solo da fatti economici non patrimonialmente rilevanti e, perciò, non retti dal principio di appartenenza al soggetto passivo del patrimonio tassato.[39]

Concludendo sul punto, va insomma riconosciuto che, se si ritenesse che la proprietà deve "identificarsi" sempre con la persona-contribuente, si avrebbe indubbiamente la conseguenza che l'esistenza di un patrimonio appartenente al contribuente si pone come legittimazione alla tassazione, nel senso che, se non c'è un patrimonio o un reddito da sottoporre a prelievo, non c'è nemmeno legittimazione alla tassazione. E nello stesso tempo, si pone anche come limite personale e originale alla tassazione, nel senso che la legge fiscale può erodere il patrimonio, ma non può né "espropriarlo" né andare oltre tassando il soggetto con riferimento a circostanze prive di patrimonialità; e, se lo fa, è incostituzionale (e ingiusta). Ma se, come credo di aver fatto, si dimostra che non c'è identità strutturale tra persona e proprietà – e, quindi, che la tassazione può riguardare la persona anche per le sue capacitazioni, indipendentemente dalla esistenza di un patrimonio attribuito in proprietà – dovrebbe essere allora abbastanza scontato che viene meno anche l'impalcatura su cui si è costruita la suddetta conseguenza e, quindi, viene anche meno ogni conclusione in termini di illegittimità, "impersonalità" (e amoralità) della tassazione scevra dal riferimento al principio di appartenenza. Sono, del resto, queste le reali ragioni per cui tributi, come quelli ambientali in senso stretto, sui consumi e sulla produzione, pur non colpendo una "maggiore" ricchezza economica o un accrescimento o un patrimonio, vanno (e sono) considerati da tutti – giudici e dottrina (e senso comune) – costituzionali, sempre che beninteso le loro modalità di attuazione rispondano al principio di uguaglianza.

39. Questa dottrina, pur ritenendo costituzionalmente legittima la tassazione solo se ha per oggetto fatti economici patrimonialmente rilevanti, non sembra tuttavia – almeno consapevolmente – ragionare a tal fine in termini di necessaria identità tra persona e diritti proprietari. Tra i tanti autori che si sono espressi nel senso della incostituzionalità dei tributi non retti dal principio di appartenenza mi limito a richiamare qui Francesco Moschetti, Relazione al Convegno su "Irap, imprese e lavoro autonomo", svoltosi a Pisa il 12 maggio 1999, atti allegati a *Il Fisco*, 1999, n. 29, p. 10.009 e Gaspare Falsitta, "Aspetti e problemi dell'IRAP", in *Riv. Dir. Trib.*, 1997, I, p. 500 ss., che hanno prospettato l'incostituzionalità del prelievo con riferimento appunto ad una imposta, quale l'IRAP, che ha per oggetto l'organizzazione produttiva e cioè un entità che, seppur economicamente valutabile, non esprime un valore patrimoniale al netto (imputabile al soggetto passivo) corrispondente al valore della produzione.

4. Questa non identità tra proprietà e persona e, soprattutto, questo aggrovigliarsi indissolubile del regime delle tasse con quello di un *welfare* ragionevole e con quello della proprietà per definire gli ambiti dello Stato impositore, redistributore e investitore, non sono, nelle democrazie del benessere, concetti nuovi da scoprire o da imporre ora ritraendoli, ad esempio, da programmi politici progressisti o dal ricordato pensiero dei liberali anglo-americani come Rawls,[40] Stiglitz,[41] Arneson,[42] Nagel[43] e Krugman.[44] Sono valori già presenti da tempo nella nostra cultura, nella nostra organizzazione sociale e nell'ordinamento nostro e dei singoli Stati nazionali partecipanti all'UE[45]e che vanno difesi e preservati per le ragioni di cui finora ho detto. I Padri Costituenti hanno, infatti, già operato nel' 48 la scelta, etica e politica, di riconoscere e garantire solennemente, con l'art. 42 della nostra Costituzione, i diritti proprietari nei limiti, però, delle leggi e perciò nella logica, diciamo così, conseguenzialista, convenzionale ed egualitaria appena esposta. Non dico cosa nuova se constato che, ai sensi del secondo comma di detto art. 42, questi diritti non sono essi stessi un limite alla legge, bensì è questa che, riconoscendoli, li costituisce e ne determina i contenuti e la portata. In altre parole, essi sono inseriti in un contesto istituzionale nel quale non prevalgono in termini assoluti sugli altri diritti fondamentali, ma sono il frutto di un sistema, appunto, convenzionale determinato dalla Costituzione e dalle leggi – e, perciò, dalla stessa legge fiscale – e da ogni altra regola generale del vivere comune atta a garantire libertà e a sancire responsabilità individuali e collettive (come il benessere generale e le pari opportunità).

È in tale contesto che i Costituenti hanno selezionato i diritti civili e sociali, anch'essi fondamentali, da garantire a tutti i cittadini insieme ai diritti proprietari e da finanziare attraverso lo strumento tributario ai sensi degli artt. 23 e 53 Cost.. Tali diritti aterritoriali compongono ciò

40. Cfr. John Rawls, op. cit., *passim*.

41. Cfr. Joseph Stiglitz, *Economics of the public sector*, cit., *passim*.

42. Cfr. Richard J. Arneson, "Eguaglianza ed eguali opportunità di benessere", in *L'idea di eguaglianza*, Milano, Feltrinelli, 2001, p. 164.

43. Cfr. Thomas Nagel, *Equality and priority*, New York, Oxford University Press, 1991, Chapter 10.

44. Cfr. Paul Krugman, *Meno tasse per tutti?*, ed. it., Milano, Garzanti, 2001, pp. 25, 106, 119.

45. Sono invece meno presenti o nient'affatto presenti nel Trattato dell'UE per la sua origine diciamo così mercatistica, ma che – ora – dovendo munirci di una Costituzione europea, avente valore giuridico vincolante, dovremmo forse fare nostri e trasferire dai singoli Stati all'Unione Europea.

che viene chiamata l'"organizzazione sociale e solidaristica dello Stato", hanno il loro fondamento nei principi di uguaglianza (art. 3) e solidarietà (art. 2) e costituiscono l'essenza sociale delle pubbliche spese alle quali, secondo il precetto funzionale dell'art. 53, ciascuno deve concorrere pagando le imposte in ragione della propria capacità contributiva (intesa nel senso di cui si è detto *sub* par. 2.4.). Essi si risolvono principalmente nel diritto alla salute e nel diritto degli indigenti alle cure gratuite (art. 32 Cost.), nel diritto di ogni cittadino ad un livello minimo di reddito e a fruire dei mezzi adeguati alle sue esigenze di vita in caso di infortunio, malattia, invalidità e vecchiaia e disoccupazione involontaria (art. 38) e, infine, nel diritto di tutti all'istruzione, con il conseguente impegno dello Stato di garantire ai capaci e ai meritevoli, anche se privi di mezzi, il diritto di raggiungere i gradi più alti degli studi (art. 34).[46]

Il nuovo Titolo V della Costituzione, nel suo disegno federalista, chiude il cerchio collegando ancora più chiaramente la funzione tributaria alle politiche egualitarie distributive, confermando cioè l'esigenza di tutelare questa ampia gamma di diritti di *welfare* e di finanziarli con lo strumento tributario generale statale. Da un lato, infatti, con l'art. 117, 2º comma, lett. m) si fa rientrare nella legislazione esclusiva dello Stato la "determinazione dei livelli essenziali delle prestazioni concernenti (appunto) i diritti civili e sociali che devono essere garantiti su tutto il territorio nazionale". E, dall'altro, nello stesso art. 117, 2º comma, lett. e)[47] e nell'art. 119, 3º, 4º e 5º comma[48] si pone coerentemente a carico dello stesso Stato perequatore – e, quindi, a carico del sistema fiscale statale – il conseguente onere finanziario e l'erogazione di risorse aggiuntive.

46. In questa ottica hanno perciò ragione coloro che ritengono che la nostra Costituzione è una delle carte fondamentali dei Paesi occidentali più avanzate e che più si prestano a raggiungere gli obiettivi di ridurre – attraverso l'intervento dello Stato – le quote di reddito individuale e degli stessi beni posseduti da cittadini "in cambio" di una maggiore disponibilità non solo di risorse sociali, ambientali e di tempo libero (secondo lo schema puro dello Stato redistributore), ma anche di autodeterminazione personale (secondo lo schema egualitario indicato da A. Sen).

47. "Lo Stato ha legislazione esclusiva nelle seguenti materie: (...) lett. e) (...) sistema tributario e contabile dello Stato; perequazione delle risorse finanziarie".

48. Comma 3: "La legge dello Stato istituisce un fondo perequativo, senza vincoli di destinazione, per i territori con minore capacità fiscale per abitante"; comma 4: "Le risorse derivanti dalle fonti di cui ai commi precedenti (tributi propri, compartecipazioni a tributi erariali e fondo perequativo *ndr.*) consentono ai Comuni, alle Province, alle Città metropolitane e alle Regioni di finanziare integralmente le funzioni pubbliche loro attribuite"; comma 5: "Per promuovere lo sviluppo economico, la coesione e la solidarietà sociale, per rimuovere gli squilibri economici e sociali, per favorire l'effettivo esercizio dei diritti della persona (...) lo Stato destina risorse aggiuntive ed effettua interventi speciali in favore di determinati Comuni, Province, Città metropolitane, Regioni".

Nel sistema vigente non sono, quindi, solo i beni pubblici classici, come la difesa e la sicurezza, a dover essere finanziati dallo Stato (e, in una certa misura, dagli altri livelli di Governo) attraverso il prelievo tributario, ma anche quelli rappresentati dai ricordati diritti fondamentali e ogni prestazione connessa alle politiche welfaristiche legislativamente definite dalle maggioranze parlamentari.[49] Il tutto coerentemente ad una impostazione che – come si è tentato finora di dimostrare – considera i diritti proprietari non un presupposto di tali altri diritti (sociali e civili) e della stessa potestà di imposizione, ma essi stessi il prodotto delle leggi (fiscali e sociali) che tale potestà prevedono e questi stessi diritti garantiscono.

Una volta sgombrato il campo da visioni deontologiche della proprietà e una volta sottolineata la funzionalità del prelievo tributario alle politiche redistributive, non è dunque difficile:

– da una parte, trovare conferma delle conclusioni cui sono giunto *sub* par. 3.3., e cioè che nel sistema costituzionale italiano il principio di appartenenza non si pone come uno stringente limite d'ordine soggettivo alla tassazione e, coerentemente, che la capacità contributiva costituisce un mero criterio di riparto richiedente, per essere costituzionalmente legittimo, solo la misurabilità economica del presupposto d'imposta prescelto dal legislatore e la rispondenza di tale scelta a criteri di ragionevolezza;

– dall'altro, trarre la conseguenza, in termini di giustizia distributiva e redistributiva, che la correlazione tra prelievo tributario e spese sociali istituita dall'art. 53 si tramuta – come si dirà meglio più avanti (par. 8) – in una vera e propria dipendenza della giustizia fiscale da quella giustizia sociale delineata per le grandi linee dagli artt. 32, 34 e 38 e perseguibile in concreto secondo gli orientamenti politici via via prevalenti.

Dalla costituzionalizzazione di tale sistema di valori e di diritti consegue che le disquisizioni di stampo neoliberista della relazione alla legge delega sulla riforma fiscale a favore dello "Stato minimo", della naturalità dei diritti proprietari e contro lo Stato redistributore e responsabile del *welfare*, se prese alla lettera, si pongono addirittura potenzialmente in contrasto non solo con i principi del liberalismo moderno, ma anche con le ricordate norme della Costituzione che un siffatto sistema garantisce. E ciò non è molto confortante, visto che a farlo è lo stesso Governo che,

49. Sul punto rinvio alle considerazioni di Maria Luisa Torchia, *Politiche redistributive, processi di privatizzazione e diritti sociali nella riforma del "welfare"*, Relazione al Convegno *Verso nuove forme di "welfare"*, svoltosi a Stresa il 26, 27 aprile 2002.

senza farsi imbrigliare dalla ricerca del facile consenso in tema di tasse, dovrebbe forse essere garante della Costituzione. Se, invece – come credo – queste disquisizioni devono innestarsi nel contesto dei principi costituzionali e fondamentali del nostro ordinamento, esse rimangono allora solo un *flatus vocis* o, meglio, una manifestazione di intenzioni e di propositi politici. Altrettanto preoccupanti perché, pur non incidendo nell'immediato sulle politiche fiscali tradizionali, ne rendono però incerti i contorni etici e l'accettazione, essendo sintomatici di un'altra cultura e di un altro modo di intendere il sistema proprietario e la funzione e l'organizzazione sociale dello Stato. Preludono, comunque, al sostegno di tesi che, con la scusa della impossibilità di perseguire la "giustizia millimetrica" e ispirandosi ad una sorta di conservatorismo compassionevole, limitano sempre di più l'area già disastrata dell'intervento pubblico in settori che invece lo richiederebbero (quanto meno) più efficiente, comé l'educazione, la salute, il trasporto pubblico e le arti.

II. Su alcuni aspetti critici della "nuova" riforma fiscale

5. Nella relazione al disegno di legge delega per la riforma fiscale si può forse intravedere anche una più ragionevole ispirazione di politica economica non tanto (e soltanto) legata alle teorie dello "Stato minimo", quanto più concretamente alla coesistenza dialettica tra Stato e mercato e a criteri di giustizia tributaria meno "impegnativi", più inclini al "beneficio" e alla proporzionalità che alla capacità contributiva (come proiezione del principio di uguaglianza) e alla progressività. Questa impostazione trapela in concreto dagli articoli della legge delega relativi alla riforma dell'IRPEF e dell'IRPEG e sembra in effetti riecheggiata dal seguente passo della relazione:

– La sfiducia in una progressività formale molto articolata sulle classi medie è in specie condivisa da tutta la grande tradizione italiana di scienza delle finanze (Antonio De Viti De Marco, Luigi Einaudi, Ezio Vanoni, Sergio Steve), che contempera il principio della capacità contributiva con il principio del beneficio. In specie, con il principio secondo cui l'imposizione deve rendere al massimo l'idea della "cosa amministrata" che va a finanziare. Risultato che si ottiene solo se la capacità contributiva e la progressività dell'imposizione mirano alla giustizia grossa (Einaudi), e non alla redistribuzione millimetrica dei redditi, seguendo la via della matematica finanziaria alla giustizia.

Il rinvio a Steve e a Einaudi è forse non del tutto fondante. È vero che essi tendono a contemperare il criterio della capacità contributiva con quello del beneficio. Ma non mi risulta né che Steve (a parte una certa sua insofferenza per le imposte personali) sia fautore di una "giusta imposta" fondata sull'equazione meno tasse = più libertà e sia contrario, perciò, a politiche redistributive del reddito (che è poi, in ultima analisi, il *leit motiv* negativo della riforma fiscale). Né tanto meno mi risulta che Einaudi, a parte la sua predilezione per i metodi forfettari, si sia mai occupato approfonditamente e in termini critici di redistribuzione e di progressività nell'ottica dello Stato minimo sopra detta. Così come non capisco il richiamo a Vanoni e al suo scetticismo sul principio di progressività, dovendosi in gran parte a lui la scrittura dell'art. 53 Cost., primo e secondo comma.

Ma a parte il richiamo, più o meno fondato, ai suddetti autori, devo dire che non riesco – almeno allo stato attuale della nostra legislazione – ad annettere al principio del beneficio tutta quella importanza che la relazione sembra accordargli in alternativa al principio di progressività e come canone di "giustizia fiscale grossa". Il rinvio a tale principio è utile e direi anche necessario quale criterio ispiratore di un ordinato sistema di federalismo fiscale attuativo del principio generale di autonomia tributaria. È bene infatti che i tributi regionali e, soprattutto, quelli locali siano retti anche da tale principio. È bene cioè che siano caratterizzati più come tributi-controprestazione o commutativi versati all'ente impositore in corrispettivo dei servizi erogati dallo stesso Ente, che come tributi generali. Ho qualche difficoltà invece a pensare, almeno come giurista, ad un sistema tributario statale retto anch'esso dal principio sinallagmatico del beneficio. I tributi statali hanno infatti generalmente la funzione di finanziare la produzione dei beni pubblici indivisibili e, in genere – come ho appena detto – i livelli essenziali dei diritti civili e sociali da garantire con carattere di universalità ad ogni cittadino. E, quindi, non possono che essere retti dal principio di capacità contributiva, inteso ovviamente come proiezione di quello di uguaglianza e di razionalità e coerenza nell'imposizione.[50] Solo un sistema fondato su tributi statali aventi que-

50. Ciò, almeno, da un punto di vista prettamente giuridico-costituzionale (sul punto rinvio alle considerazioni da me svolte in *L'autonomia tributaria degli enti locali*, Bologna, 1979, 107 e 114-118). Non ignoro, invece, che per gli scienziati delle finanze il principio di capacità contributiva e il criterio del beneficio convivono anche negli assetti centralizzati e sono teorizzati come presupposti fondamentali dell'imposizione. Il problema, per quel che mi è sembrato di capire, è quello del loro bilanciamento. Se si assume la versione "beneficio globale" di De Viti De Marco ne consegue addirittura che il beneficio coincide con la capacità contributiva e, di conseguenza, in questa accezione la maggior parte delle entrate dei sistemi tributari medesimi finiscono per essere fondate sui criteri del beneficio.

ste caratteristiche consente, d'altro canto, di evitare la frammentazione degli istituti unitari del *welfare* e soprattutto di assicurare, in tutto il territorio nazionale e per tutti i cittadini, il rispetto pieno del principio di uguaglianza di trattamento.

Non credo del resto che la crisi, peraltro ormai da tempo in atto, della progressività debba farci rinunciare ad una più ragionevole redistribuzione del carico – ad esempio, dell'IRPEF sul lavoro – costringendoci a puntare esclusivamente sui criteri proporzionali propri del principio del beneficio.[51] Senza cadere nell'errore di eccesso di giuridicismo e di perfezionismo, tale obiettivo si può realizzare ugualmente anche con criteri diversi dalla progressività in senso stretto (ma non per questo rigidamente proporzionali), disegnando le aliquote, gli scaglioni e le deduzioni in modo tale che a regime (e non solo nella presente fase di passaggio congiunturale) le classi meno abbienti – al contrario di quanto, vedremo, è previsto nella legge delega del Governo – risultino più avvantaggiate rispetto a quelle più ricche e che i livelli più bassi dei contribuenti, per i quali il sistema delle deduzioni si rivela incapiente, siano compensati da una sorta di imposta negativa. In questa ottica di giustizia distributiva è, comunque, perfettamente lecito puntare su interventi legislativi che producano, se non coerenza di tassazione, quanto meno attenuazioni e riduzioni per le classi di contribuenti più deboli: non si tratta di progressività in senso tecnico-giuridico, ma sicuramente si tratta pur sempre di redistribuzione e solidarietà a favore di certe fasce di reddito e, comunque, di correzione delle differenze.[52]

In questi termini anche le motivazioni a favore della "giustizia grossa", fondate sui principi della tassazione proporzionale e del beneficio, oltre che sulla sfiducia circa il ruolo dello Stato e le sue possibilità redistributive, non sembrano quindi conferenti: se applicate alla lettera,

51. È cio, ad esempio, che, in una situazione ben diversa da quella italiana, sta facendo – con eccesso forse di pragmatismo – la Russia. Con riferimento al Codice fiscale Russo, promulgato nell'agosto 2000 ed entrato in vigore il 1º gennaio 2001 – che ha sostituito il precedente sistema di imposizione progressiva del reddito con un'aliquota unica del 13% per i contribuenti che dichiarano più i 50.000 rubli, Vladimir Putin ha candidamente affermato: "una aliquota unica del 13% non può considerarsi giusta dal punto di vista sociale, ma noi non siamo qui guidati da considerazioni sociali, ma da una logica economica: bisogna accrescere la fiducia nello Stato e far uscire dall'ombra una parte considerevole dell'economia del nostro Paese" (tratto da *Le Monde*, 7-8 gennaio 2001, p. 2).

52. Considerazioni in parte analoghe nella sostanza svolgono P. Russo e Philip Laroma Jezzi, "La riforma dell'imposta sul reddito: profili generali", in *Rass. Trib.* 2002, 5, pp. 1.650 e 1.651.

esse produrrebbero semmai non tanto "giustizia grossa" quanto "ingiustizia certa".[53]

6. Ragionamenti di impronta così smaccatamente neoliberista come quelli posti a base della nuova riforma fiscale mi sembra vadano controcorrente rispetto agli orientamenti in tema di *tax policy* seguiti dalla maggior parte dei paesi occidentali e rischiano di spacciare per novità riformatrici concetti ed opinioni, di eccessiva carica antistatale e abbastanza datati, che alcuni anni fa (almeno) la mia generazione considerava – o, forse, sarebbe meglio dire liquidava come – reazionari. Non riesco in particolare a capire come, ragionando più semplicemente in termini di *tax policy*, generici discorsi di ispirazione neoliberista sulla difficile catalogazione della "giusta imposta", sullo "Stato minimo" e sulla priorità dei diritti proprietari e proposte come quelle relative alla introduzione della *de-tax* (di cui dirò più avanti) possano produrre politiche fiscali qualitativamente migliori o diverse da quelle classiche, d'ispirazione musgraviana, praticate dagli Stati liberali moderni allo scopo di promuovere lo sviluppo dell'economia nell'equità.[54]

6.1 Se, data la bassa congiuntura, anche in Italia le politiche economiche, tra i diversi obiettivi, devono porsi anche quello di essere funzionali alla crescita – e mi sembra che, in ultima analisi, questo sia anche la finalità dell'attuale Governo e, quindi, della sua riforma fiscale – non resterebbe che prendere atto che già esistono una cornice costituzionale e un sistema normativo che consentono manovre fiscali di ampio respiro atte allo scopo. E ciò, senza abbandonare i tradizionali canoni di giustizia distributiva e senza recare sconvolgimenti al vigente ordinamento tributario. Non è necessario, insomma, affidarsi alle derive neo-liberiste e indulgere in suggestivi contorcimenti etico-filosofici sul ruolo dello Stato, sulla proprietà individuale e sullo scopo dei tributi per convincersi dell'opportunità di creare sviluppo.

53. Non mi sfugge che, in teoria, un sistema proporzionale di prelievo può tradursi in un sistema generale progressivo attraverso l'adozione di opportuni criteri progressivi di distribuzione della spesa pubblica, ma non mi sembra che nella attuale realtà italiana un tale progetto appartenga ad un Governo che ha tra i suoi obiettivi proprio quello di ridimensionare lo Stato sociale.

54. Senza essere keynesiani esasperati, la novità semmai potrebbe essere quella di considerare l'opportunità a livello comunitario di derogare temporaneamente al patto di stabilità abbandonando, per un tempo adeguato, l'obiettivo europeo del pareggio di bilancio con riguardo quanto meno alle spese dirette a promuovere lo sviluppo e agli investimenti in infrastrutture; così da produrre un impulso di domanda che attualmente è poco probabile che si realizzi spontaneamente. Come giustamente è stato fatto rilevare (tra gli altri, *Fitoussi* su *Il Sole 24 Ore*, 13 agosto 2002), il pareggio è indubbiamente recessivo e i vincoli di bilancio sono fatali a quel poco di crescita che c'è in Europa.

A tal fine potrebbe essere sufficiente attuare più saggiamente i tradizionali canoni redistributivi e allocativi offertici dai cultori di scienza delle finanze e fondati in gran parte sulla riduzione della tassazione sui redditi dei fattori produttivi, in particolare, lavoro e impresa. E si dovrebbe, nel contempo e simmetricamente, puntare sull'oculato aumento del carico fiscale sulle rendite e, a tempo debito e sussistendone le condizioni, sui consumi e – perché no? – anche sui trasferimenti generazionali (accogliendo anche le recenti sollecitazioni in tal senso dei grandi "ricchi" liberali americani). Basterebbe cioè rinunciare all'obiettivo, non percorribile, di rifondare in senso neoliberista e antistatale il sistema fiscale e realizzare invece, senza discontinuità legislative, modelli tipo quello tracciato da REF[55] che propongono politiche dirette:

– *da una parte*, a procacciare maggiori risorse attraverso l'aumento dei tributi, che potremmo definire genericamente ambientali (con riferimento soprattutto ai trasporti, alle materie e ai fattori inquinanti, ai rifiuti solidi, alle carenze idriche) e di quelli sulle rendite finanziarie percepite dai residenti, da portare questi ultimi ad un livello più elevato – ad esempio il 19-20% – di quello, invero basso, del 12,50 proposto dal Governo nella delega fiscale. Sotto questo profilo basta rilevare, in primo luogo, che il regime di tassazione sostitutiva sui redditi finanziari risultante dalle legislazioni dell'Austria, Finlandia, Francia, Paesi Bassi, Portogallo e Svezia prevede aliquote che vanno dal 20 al 30% e, in secondo luogo, che il rischio che una più alta aliquota incentivi la fuga di capitali (che è poi uno degli argomenti che il Governo adduce per tener ferma l'aliquota più bassa del 12,50%) dovrebbe essere ormai fugato dal varo definitivo della direttiva comunitaria sul risparmio che prevede l'adozione, all'interno dell'UE, di un regime di tassazione dei redditi finanziari secondo il principio di residenza e, quindi, indipendentemente dal luogo ove l'investimento è effettuato;[56]

– *dall'altra parte*, a ridurre gradualmente la pressione fiscale come conseguenza della attenuazione delle imposte gravanti sulle famiglie e sulle imprese, in un'ottica di continuità legislativa rispetto al vigente sistema.

Si potrebbe poi pensare sia all'istituzione, sulla falsariga delle proposte dell'OCSE[57] e della Commissione Europea,[58] di forme di imposi-

55. Si veda, per un maggior dettaglio, *Congiuntura IRS*, 2002, Anno IX, n. 3, 30 giugno.

56. Su questi aspetti rinvio al mio "Mercato unico e fiscalità: aspetti giuridici del coordinamento fiscale", in *Rass. Trib.*, 3, 2000, pp. 144-148.

57. V. Comunicato OCSE del 22.12.2000.

58. V. Documento CE n. 500PC0349 del 14.7.2000.

zione – da realizzare adattando l'IVA e l'imposta societaria – collegate allo sviluppo delle operazioni poste in essere attraverso *Internet,* sia, come ho detto, alla reintroduzione di un tributo sui trasferimenti a causa di morte (attualmente inesistente per essere stato, almeno a mio avviso, avventatamente soppresso dai c.d. provvedimenti dei cento giorni del Governo Berlusconi).

Gli obiettivi di crescita, di rafforzamento del sistema produttivo e di riduzione del costo del lavoro che riforme di questo tipo perseguono sono in gran parte gli stessi che l'attuale Governo si prefigge. Sono gli strumenti per realizzarli ad essere diversi. Quelli indicati dalla delega non sempre sono chiari nella loro articolazione e sembrano dettati da un ingiustificato furore distruttivo della (pre)vigente legislazione. Soprattutto non appaiono sufficientemente calibrati ai fini da raggiungere e rispettosi del principio di giustizia distributiva e redistributiva.

Per dare conto di ciò mi limito ad esaminare alcuni aspetti più caratterizzanti della legge delega nonché quelle poche disposizioni che la stanno attuando emanate nello scorcio del 2003.

6.2 Sul punto della riduzione della pressione fiscale, che è il maggior *target* apparente della riforma tributaria, non credo, solo per fare un esempio, che la parziale anticipazione della riforma dell'IRPEF – realizzata col c.d. "patto per l'Italia" stipulato dal Governo con alcune(non tutte le) parti sociali nel 2002 – abbia dato i rilevanti risultati ripromessi in termini di detassazione delle famiglie di reddito medio-basso (e, comunque, risultati migliori di quelli che il precedente Governo aveva in programma di conseguire con la riduzione graduale e mirata delle aliquote). Il patto ha lasciato, seppur temporaneamente, in vita cinque aliquote e corrispondenti scaglioni, con diverse deduzioni decrescenti e differenziate per lavoratori dipendenti, lavoratori autonomi e altri redditieri. Gli effetti distributivi di tali sgravi non mi sembrano esaltanti né sul piano dell'equità e della ragionevolezza, né su quello del "beneficio", né tanto meno su quello gradito alle teorie utilitariste. Essi si possono così riassumere: il maggior risparmio di imposta ce l'hanno coloro che si collocano tra i 20 mila e i 35 mila euro di reddito imponibile l'anno (anche se non si può escludere che ci guadagnino anche soggetti nei piani alti della distribuzione). Poco favorite sono, dunque, le famiglie più povere e quelle più ricche.[59]

59. *Perché i poverissimi non traggono grande vantaggio da questa manovra?* Perché, come rilevano Paolo Bosi e Massimo Baldini ("La riforma dell'imposta sul reddito: aspetti di equità e di efficienza", in *Politica Economica* n. 3/2002, pp. 303 ss., con aggiornamento su pagina web presso il sito www.lavoce.info/news, del 30.9.2002, *Chi beneficia*

Indipendentemente da ciò, va comunque rimarcato che quei pochi risultati che la manovra fiscale per il 2003 ha dato (lo sgravio fiscale è stato di 3,5 miliardi di euro rispetto ai 5,5 annunciati all'atto della presentazione della Finanziaria) sono stati finanziati in larga parte dall'aumento della pressione fiscale sulle imprese. Tanto è vero che ci si è domandati quale senso abbia potuto avere il patto per l'Italia, considerato che esso ha generato tante tensioni e spaccature tra le parti sociali per conquistare una riduzione non esaltante della pressione fiscale, che si è poi risolta, in termini redistributivi, in un innaturale finanziamento alle famiglie da parte delle imprese italiane. Tutto è rinviato, dunque, all'attuazione – di là da venire – della riforma a regime dell'IRPEF, contenuta nella legge delega relativa alla riforma fiscale.

7. E non sembra che la futura IRE delineata dall'art. 2 della legge delega – ossia un tributo sul reddito a due sole aliquote con un primo scaglione troppo ampio e un'aliquota marginale troppo bassa – possa considerarsi coerente con ragionevoli obiettivi di giustizia distributiva e, in particolare, di redistribuzione a favore delle classi a reddito medio-basso. Il nuovo modello dell'imposta personale, infatti, quando andrà a regime dovrebbe modificare fortemente l'attuale assetto nel senso di privilegiare le fasce di contribuenti a reddito più alto.

Un'attenta, convincente analisi – condotta sempre da Bosi e Baldini[60] e confermata da altri istituti di ricerca[61] – ha rilevato al riguardo che, se si simula il caso di tassazione individuale con deduzione familiare costante fino ad un reddito pari alla soglia della povertà (12 milioni di lire per un *single*), e poi decrescente fino ad annullarsi in corrispondenza a valori di reddito equivalente a 60 milioni di lire per un *single*, non solo si produce una riduzione del gettito rispetto all'IRPEF del 2002

della riforma dell'IRPEF per il 2003?), è aumentata l'aliquota iniziale dal 18 al 23% e perché per questi individui – i c.d. non capienti – non esiste un meccanismo di rimborso del credito d'imposta, anche se le deduzioni sono alte.

Perché continuano a guadagnare anche soggetti collocati nei piani alti della distribuzione? Perché, come ancora sottolineano Bosi e Baldini (op. cit., p. 303 e *Chi beneficia*, cit.), in una famiglia ricca possono esserci anche contribuenti relativamente poveri (pensionati, dipendenti pubblici) e perché gli individui con redditi medi possono raggiungere un reddito equivalente disponibile relativamente elevato. *Sta di fatto che le famiglie con reddito da circa 25.000 euro in poi si appropriano del 64% dello sgravio complessivo.* Trattandosi comunque di una manovra che fa aumentare in media solo dell'1% i redditi delle famiglie, si può sostenere che nella sostanza essa è neutrale negli effetti redistributivi.

60. *La riforma*, cit., pp. 308 e 317.

61. XXIII *Rapporto CER s.p.i.*, Roma, Eds., 2003.

dell'ordine di circa 40 mila miliardi di lire, ma gli effetti distributivi a livello familiare sono peggiorativi rispetto a quelli prodotti dalla normativa previgente al patto per l'Italia e, a maggior ragione, a quella attualmente vigente. Sono favoriti, in particolare, in misura nettamente superiore alla media i contribuenti che dispongono del 10% del reddito disponibile più elevato ed i vantaggi minori vanno ai soggetti con reddito disponibile più basso. Sono relativamente sfavorite le famiglie con capofamiglia pensionato e operaio rispetto a dirigenti e lavoratori autonomi, le famiglie degli anziani rispetto ai giovani, le famiglie dei *single* rispetto alle famiglie numerose. Nella maggior parte delle famiglie, inoltre, l'aliquota marginale non si riduce in modo significativo a seguito della riforma. Il calo dell'aliquota marginale effettiva è rilevante solo per le famiglie più ricche.[62] Resterebbe comunque irrisolto il problema del sostegno da dare ai soggetti "incapienti" con reddito disponibile più basso e, quindi, il problema di riformare l'insieme dei programmi di spesa (reddito minimo di inserimento, assegno nucleo familiare, assegni sociali, integrazioni al minimo ecc.) in modo coerente con obiettivi di contrasto delle povertà e di sostegno delle responsabilità familiari.[63]

In conclusione, l'applicazione del nuovo modello di imposta personale sul reddito verrebbe a ledere il principio di equità nel senso che i contribuenti più ricchi attraverso la riforma avrebbero rilevanti vantaggi, mentre il beneficio che ottengono coloro che si collocano in una fascia di reddito più basso sarebbe di limitata entità. È questo un caso in qualche modo riconducibile al principio del "miglioramento" (piuttosto che a

62. A conclusioni opposte pervengono su questo punto P. Russo e Laroma Jezzi (op. cit., p. 1.657), ragionando in termini sostanzialistici sul presupposto – a mio avviso non convincente se l'analisi è limitata alla struttura dell'IRE – che la maggiore tassazione dei "più ricchi" sarebbe solo apparente. Secondo tali autori "l'effetto di una riduzione del prelievo proporzionalmente superiore per i redditi più alti rispetto a quelli più poveri dipenderebbe dalla circostanza che sino ad oggi questi sono tassati in una misura proporzionalmente più alta. Parlare dunque di riforma per i 'ricchi'" – sostengono questi autori – è fuorviante per due motivi:

– i "ricchi" sono altrove, nei verdi pascoli delle imposte sostitutive o dell'evasione bella e buona;

– l'IRE interessa invece i lavoratori dipendenti, i pensionati, i piccoli imprenditori ed il popolo delle "seconde case": difficile definirli ricchi nell'accezione poc'anzi immaginata (e cioè di soggetti che "dispongono di una capacità reddituale qualitativamente superiore a quella dei 'non ricchi'").

63. Sul punto specifico e su altri aspetti tecnico-economici, relativi sia alla definizione della nuova base imponibile dell'IRE sia al passaggio dalle detrazioni alle deduzioni sia agli effetti della nuova scala delle aliquote sulla progressività, rinvio alle osservazioni critiche di Vincenzo Russo, "La legge delega per la riforma fiscale", in *Il Fisco*, n. 37, 2002, p. 5.850 ss.

quello dell'"ottimo") paretiano, in cui l'ingiustizia – intesa alla stregua del principio rawlsiano di differenza e di "massimizzazione" del minimo (*maximin*) – consegue al fatto che la riforma fiscale funzionerebbe in modo da aumentare e non da ridurre il divario sociale tra le persone, che è come dire in modo da accentuare ingiustificatamente le disuguaglianze socio-economiche di classe. Obiettivo delle riforme fiscali che interessano i redditi familiari dovrebbe essere invece quello, diametralmente opposto, di dare priorità e maggiore peso ai miglioramenti delle condizioni dei più svantaggiati rispetto a quelle dei più ricchi.

8. Né mi sembra che possa aumentare la caratura etica della riforma – già fortemente abbassata dai provvedimenti di condono che ne stanno precedendo l'attuazione – la pur apprezzabile proposta di introduzione della *de-tax* o *a-tax*. In verità, l'art. 5, comma 2, della legge delega non è affatto chiaro circa la portata di questo intervento, limitandosi a dichiarare che "ogni anno la legge finanziaria determina, nel quadro dei vincoli comunitari, l'ammontare del volume d'affari che può essere escluso dall'imponibile, in quanto destinato dai privati a finalità etiche". Dalla relazione (e dalle dichiarazioni esplicative dei rappresentanti del Ministero dell'Economia) sembrerebbe che il Governo abbia in mente un provvedimento di detassazione delle "spese private" in favore del sottosviluppo e delle iniziative umanitarie consistenti nel seguente schema a tre soggetti:

– il primo soggetto, il venditore, offre al cliente/consumatore finale una "riduzione" del corrispettivo, alla condizione che la somma scontata sia destinata ad una delle iniziative etiche promosse e sostenute dall'impresa;

– il secondo soggetto, il consumatore, aderisce a questa proposta, preferendo rifornirsi dal venditore "etico" al quale indicherebbe lo specifico beneficiario dell'intervento filantropico;

– il terzo soggetto, lo Stato, "rinuncia" ad applicare l'IVA sulla riduzione di prezzo svolgendo una funzione di controllo antifrode, a garanzia della regolarità del meccanismo detassatorio.

Molto sinteticamente, se questo è lo schema, non credo che esso possa funzionare in un'ottica agevolativa, perché nella realtà nessuna detassazione avrebbe causa in una "rinuncia" dello Stato alla percezione dell'IVA sull'operazione di cessione. Infatti, la somma destinata dall'imprenditore a finalità etica su indicazione del consumatore – in quanto concretantesi in un vero e proprio "sconto" concesso dal primo al secondo sul prezzo della merce – non concorrerebbe di per sé, già in forza della legislazione vigente, a formare la base imponibile IVA. Per cui l'iniziativa etica verrebbe, di fatto e di diritto, ad essere finanziata esclusivamente dall'imprenditore privato per un importo pari allo sconto concesso (e non anche dallo Stato attraverso la rinuncia alla tassazione IVA). A ben guardare la *de-tax* così costruita si ridurrebbe, insomma, ad una proposizione politica priva di reale contenuto detassatorio e, comunque, senza effetti sulla disciplina fiscale applicabile all'operazione.[64]

Se invece si considerasse il termine "sconto" usato in senso "atecnico" ed improprio e si ritenesse che l'attuazione dell'art. 5 implica un qualche incentivo fiscale – sotto forma, ad esempio, di un *bonus* connesso alla destinazione di somme a finalità filantropiche o, come sembra più plausibile (considerata anche la lettera dell'art. 5 medesimo), di deduzione dalla base imponibile IVA (del venditore) dell'importo corrispondente alla elargizione liberale[65] – il giudizio sulla *de-tax* potrebbe cambiare e divenire positivo. Pur non potendosi assimilare alla *Tobin-tax*, la *de-tax*, infatti, avrebbe in tale caso un apprezzabile, seppur limitato, effetto di sostegno finanziario attivo, da parte dello Stato, alle iniziative filantropiche dei privati a favore dei paesi in via di sviluppo.[66]

Ciononostante, non credo che l'evidente sottolineata carenza della riforma dell'imposta personale in termini di equità possa in qualche modo essere compensata in termini etici dal recepimento della c.d. *de-tax*. A parte la limitatezza dell'intervento, saremmo comunque sempre in presenza di una agevolazione che probabilmente è già consentita fisiologicamente dall'ordinamento vigente e che, comunque, andrebbe inscritta tutt'al più nel novero di quelle misure filantropiche – rimesse (in questo caso) alla volontà delle imprese e solo subordinatamente a quelle dei consumatori – che non caratterizzano un sistema fiscale, ma esprimono solo ciò che ho chiamato una sorta di "conservatorismo compassionevole".

64. Così anche R. Rizzardi, "La de-tax promossa a norma, un percorso riservato a pochi", in *Il Sole 24 Ore* del 10 maggio 2002.

65. Ma non sembra questa la via percorsa in via sperimentale dal Governo con il d.l. n. 269 del 2003, il quale – probabilmente conscio della concreta inattuabilità della norma di delega – si è limitato per il momento a prevedere la devoluzione dell'1% dell'IVA (e cioè 20 centesimi ogni 100 euro) relativa agli acquisti di importo superiore a 50 euro a soggetti scelti dal consumatore nella rosa di enti ed organismi che dovranno essere identificati da un apposito decreto ministeriale.

66. In buona sostanza si introdurrebbe, in sede di imposizione indiretta, un meccanismo di deduzioni analogo a quelli già esistenti nell'ambito delle imposte dirette; nella speranza, credo, di coinvolgere un maggior numero di persone. Considerata la natura di imposta europea di tale tributo, resta però da verificare la compatibilità della *de-tax* così concepita con la normativa comunitaria in materia di IVA.

9. Venendo ad un altro dei caposaldi della riforma fiscale *in fieri*, e cioè alla promessa detassazione del reddito di impresa, non credo ci siano divergenze di opinione sul fatto che essa si renda a maggior ragione necessaria in momenti, come questi, di rallentamento della crescita economica e, addirittura, di deterioramento strutturale del sistema. Il problema è semmai solo come e quando raggiungere questo obiettivo.

Il Governo intende perseguirlo ponendo mano ad una radicale revisione del sistema vigente, riducendo nel contempo l'aliquota dell'IRPEG (trasformata dal 1º gennaio 2004 in IRES) e abolendo l'IRAP. Poiché per ora non può realizzare quest'ultimo obiettivo per le ben note difficoltà di copertura del minor gettito che ne deriverebbe, si è dedicato esclusivamente alla "europeizzazione" (ma sarebbe forse meglio dire "germanizzazione", visto che le misure proposte riecheggiano soprattutto la legislazione tedesca), varando a fine anno 2003 un ampio decreto legislativo di attuazione dell'art. 4 della legge delega sulla riforma fiscale. Con ciò ha però rinunciato per il momento a raggiungere il primo obiettivo di *tax policy* posto a se stesso, e cioè a ridurre la pressione fiscale nel comparto produttivo. Probabilmente, essendo venuta meno la *dual income tax* e altre disposizioni che prevedevano, in certi casi, l'aliquota ridotta del 19%, il varo del decreto legislativo sull'IRES potrebbe determinare per la maggior parte delle imprese medio-grandi addirittura un aggravio.

Non è comunque facile valutare sinteticamente in questa sede il nuovo sistema fiscale delle imprese quale delineato dalle norme richiamate. Si alternano, infatti, aspetti positivi e negativi; alcuni principi di politica fiscale in sé e in astratto condivisibili e altri meno; norme che li attuano di felice invenzione e altre discutibili. Il giudizio si fa ancora più difficile e richiederebbe un più ampio spazio di approfondimento se si considera il sistema sotto il profilo – che qui più interessa – della neutralità e della parità di trattamento all'interno del comparto produttivo e della sua coerenza agli obiettivi di crescita.

Con la nuova disciplina si aboliscono il credito di imposta sui dividendi, la svalutazione delle partecipazioni, la ricordata *dual income tax* (DIT) e il regime agevolato per le ristrutturazioni (recato dal d. lgs. n. 358 del 1997). In sostituzione, si introducono l'"esenzione" dei dividendi (al 95% per quelli percepiti dalle società e al 60% per quelli percepiti dalle persone fisiche) e delle plusvalenze (si badi bene, l'esenzione riguarda solo quelle realizzate attraverso la cessione di partecipazioni immobilizzate), il consolidato di gruppo e alcuni articolati, complessi limiti alla deducibilità degli interessi passivi.

9.1 Dico subito che l'abolizione dal 2004 della DIT – che è il punto di arrivo di un processo di eliminazione iniziato nel 2001 con i provvedimenti dei c.d "cento giorni" e proseguito con il d.l. n. 209 del 2002 – non convince perché segna un forte elemento di discontinuità con la riforma attuata dal precedente governo, discontinuità che ha dei costi non indifferenti per il sistema e per le stesse imprese e perché inevitabilmente riproporrà il problema, che tale forma di agevolazione aveva in gran parte risolto, di perseguire una maggiore neutralità del Fisco rispetto alle scelte finanziarie delle imprese. Soprattutto, tassando finora la DIT con l'aliquota ridotta del 19% i rendimenti futuri di investimenti finanziati su capitale proprio, la sua abolizione penalizzerà notevolmente quelle imprese che avevano capitalizzato confidando proprio su tale forma di agevolazione.

La ragione addotta a sostegno della soppressione della DIT è che essa sarebbe una forma di agevolazione che premia ingiustamente solo pochi contribuenti di grandi dimensioni. Ma non è così. È stato messo, infatti, in evidenza nella stessa sede parlamentare durante la discussione del citato d.l. n. 209 del 2002 che nel 2000 le società di capitali interessate all'applicazione della DIT sono state 126.626, con una base imponibile agevolata di 7,1 miliardi di Euro, e che nel 2001 la metà delle società in utile l'ha utilizzata. È vero che le grandi imprese (per intenderci, quelle con più di 5.000.000 di euro di fatturato) hanno assorbito nello stesso anno l'80,2% del beneficio DIT, ma è anche vero che esse hanno pesato per il 75,2% sull'imponibile complessivo delle società.[67]

Il fatto è che la DIT non è un'agevolazione ingiusta. Al contrario, essa è uno strumento prezioso per le imprese, come quelle italiane, che soffrono di una scarsa patrimonializzazione, essendo essa diretta a riequilibrare il costo fiscale del ricorso al capitale proprio rispetto al costo del debito. Per queste ragioni essa è stata adottata anche da altri paesi europei (Austria) ed è stata già positivamente sperimentata nell'area dei paesi del nord Europa.

9.2 Quanto all'abolizione del credito di imposta, accompagnata dall'esenzione parziale dei dividendi, non avrei dubbi che essa comporta una minore neutralità dell'imposizione societaria, nel senso che l'effetto congiunto dei due interventi non elimina pienamente – come accadeva invece con il credito di imposta – la doppia imposizione (sugli utili a

67. E le imprese di piccole dimensioni (meno di 250.000 euro di fatturato), a loro volta, hanno beneficiato della DIT per il 6,4%, e cioè per una quota superiore al loro peso sull'importo complessivo, che è del 4,1%.

carico della società e sui dividendi a carico del socio percipiente). Essa comporterà, infatti, per un'ampia categoria di contribuenti una maggiore tassazione sugli utili distribuiti da società residenti in Italia, perchè ne risulteranno penalizzati sia i soci-società di persone commerciali (ancorché quest'ultime abbiano come soci società di capitali), sia i soci-persone fisiche, sia gli ènti non commerciali equiparati alle persone fisiche, per i quali tutti – come si è detto – l'esenzione è limitata al 60% dei dividendi percepiti.[68] In particolare, quanto ai soci-persone fisiche, il risparmiatore che detiene partecipazioni non qualificate subirà sempre la ritenuta obbligatoria del 12,5% e non avrà più l'alternativa della tassazione con il credito d'imposta, più favorevole soprattutto con aliquote IRPEF basse. Chi detiene invece partecipazioni qualificate subirà la doppia imposizione sul 40% dei dividendi (è questo il caso degli imprenditori che esercitano la loro attività tramite una società di capitali).

La giustificazione dell'abolizione del credito d'imposta sta principalmente nel fatto che il vecchio sistema sarebbe in contrasto con il Trattato UE, discriminando esso tra società residenti in Italia e società non residenti nel senso che solo gli utili distribuiti dalle prime godono del credito. Non sono, però, ben spiegati i motivi di politica economica che hanno indotto ad ovviare a questo inconveniente preferendo *tout court* la radicale soluzione alternativa dell'abolizione del credito d'imposta. Ricordo che, a livello comunitario e con riferimento ai gruppi di società europei, è già applicabile la direttiva madre-figlia, che prevede l'esenzione al 95% degli utili ricevuti da una controllata residente in un altro Stato membro, e che in ogni caso vigono numerosi trattati bilaterali contro le doppie imposizioni che concedono reciprocamente il credito d'imposta sui dividendi provenienti dall'altro Stato contraente.

Ciò non vuol dire, ovviamente, che non siano opportune delle iniziative comunitarie e nazionali che eliminino in modo generalizzato le indicate possibilità di discriminazione tra residenti e non residenti. Ai fini di mantenere una piena neutralità, le soluzioni potevano essere anche altre, meno traumatiche: si poteva pensare, ad esempio, all'estensione su base unilaterale del credito agli utili provenienti da società residenti in altri Stati membri (in verità, abbastanza onerosa) o all'adozione di meccanismi che, pur non abbandonando il sistema del credito d'imposta, ponesse-

68. In un primo momento la limitazione dell'esenzione al 60% aveva riguardato anche gli enti non commerciali (equiparati alle persone fisiche). Il testo definitivo del citato d.lgs. relativo all'IRES (12 dicembre 2003, n. 344) ha, però, portato riguardo a tali enti la percentuale al 95%, omogeneizzando così il loro trattamento a quello delle società.

ro rimedio alla discriminazione.[69] In questa ottica anche l'abolizione del credito d'imposta e l'esenzione dei dividendi potrebbero naturalmente rappresentare valide soluzioni, a condizione, però, che siano costruite in modo tale da evitare la denunciata discriminazione tra soggetti residenti. A tal fine bisognerebbe quanto meno applicare il regime di totale esenzione anche a tutti quei soggetti più sopra indicati, non aventi la veste di società di capitali, che detengono partecipazioni rilevanti, e cioè che esercitano la loro attività tramite società strumentali. Insomma, bisognerebbe evitare che per porre rimedio ad una discriminazione con i non residenti si produca una discriminazione tra gli stessi residenti.

9.3 Quanto alla detassazione delle plusvalenze (e alla corrispondente indeducibilità delle minusvalenze), indubbiamente essa è la necessaria conseguenza dell'esenzione dei dividendi e, ancora più a monte, dell'abolizione del credito d'imposta. Il maggior valore espresso dalle plusvalenze è dovuto, infatti, in larga misura (ma non sempre) all'accumulazione di utili a riserva, e cioè di utili che, come dividendi, non sono più soggetti a tassazione e, quindi, non devono essere tassati neanche se assumono la forma di plusvalenze.[70]

Il disegno è perciò abbastanza coerente in via di principio. Anche qui, però, non sembra che in termini concreti la neutralità venga pienamente rispettata, perché la detassazione è limitata a quelle plusvalenze derivanti dalle cessioni di partecipazioni immobilizzate, con la conseguenza di attuare un'ingiustificata discriminazione tra il regime di tali plusvalenze e quello delle plusvalenze derivanti dalle cessioni di parteci-

69. Penso alla concessione dell'esenzione agli utili provenienti da altri stati membri (fermo restando il credito d'imposta nazionale) o ad un sistema in cui – fermo restando anche qui l'istituto del credito d'imposta (e, naturalmente, l'opzione tra "cedolare secca" e cumulo in dichiarazione da parte del residente socio qualificato) – la discriminazione tra residente e non residente può essere evitata fissando una ritenuta del 12,50% a carico del percettore di utili, sia esso residente socio non qualificato sia non residente (quest'ultimo sia socio qualificato che socio non qualificato) e attribuendo al non residente il diritto al rimborso della maggiore imposta pagata se l'utile da lui percepito dovesse risultare, in regime di cumulo, assoggettato ad un prelievo inferiore a quello derivante dall'applicazione della "cedolare secca".

70. È stato fatto rilevare però, nel parere reso sul d.lgs. dalla minoranza in sede di esame da parte della Commissione Finanze della Camera, che "in realtà nel prezzo di cessione di una partecipazione possono entrare in gioco anche valutazioni prospettiche sulla capacità della partecipata di generare utili futuri, nonché valutazioni di mercato sul valore dei cespiti detenuti dalla partecipata medesima difformi da quelle iscritte a bilancio". E – aggiungo io – anche volendo riconoscere che tra gli utili e le plusvalenze da cessione di partecipazioni vi sia una perfetta coincidenza, rimarrebbe in ogni caso oscuro perché le plusvalenze debbano essere completamente detassate, mentre i dividendi – come si è visto – debbano esserlo solo parzialmente.

pazioni non immobilizzate e di aziende o rami d'azienda. Queste ultime, infatti, nel nuovo sistema verranno pienamente tassate, mentre attualmente scontano solo un'aliquota ridotta del 19%. La risposta a questa osservazione è stata che, se si vuole fruire del nuovo regime di esenzione delle plusvalenze è sufficiente cedere le partecipazioni e non l'azienda e, comunque, porre in essere operazioni volte a trasferire in una società gli *assets* per poi cedere le partecipazioni. Ma si tratta di una replica non soddisfacente, da *tax planner*. Il legislatore non può incentivare il conferimento di *assets* in società solo per consentire agli operatori di avere i vantaggi fiscali della riforma. La norma, infatti, deve prevedere un sistema che sia non discriminante e distorsivo "a bocce ferme".

È vero che a fronte della tassazione delle plusvalenze da cessione d'azienda a carico del cedente è riconosciuto al cessionario il diritto di dedurre il maggior costo fiscale attraverso l'ammortamento, ma è anche vero che questo effetto non comporta una compensazione del carico fiscale, essendo i due soggetti distinti: il cessionario ha il diritto di detrarre, il cedente ha lo svantaggio di pagare le imposte. Per ovviare a tale inconveniente si è opposto anche qui un argomento di tipo economico-strategico. Si è detto che, quando si fissa il prezzo di vendita dell'azienda, si sconta tra le parti che il cessionario avrà il vantaggio dell'ammortamento e il cedente lo svantaggio dell'imposta. Ma anche questo argomento non è convincente, perché non si può scrivere una norma presupponendo un patteggiamento tra le parti relativamente al carico fiscale.

La discriminazione si aggrava e diviene vera e propria irrazionalità ed incoerenza laddove si costruisce il sistema di esclusione d'imposta negando integralmente la deducibilità delle svalutazioni delle partecipazioni sia nel caso di partecipazioni immobilizzate sia in quello di partecipazioni "a magazzino". Mentre, infatti, corrisponde ad un principio di ragionevole simmetria precludere la deducibilità delle svalutazioni di un cespite – quello appunto immobilizzato – il cui aumento di valore, grazie alla norma di esonero, è fiscalmente irrilevante; non è invece in alcun modo comprensibile – ed è sintomatico di una irragionevole distribuzione del carico fiscale – rendere irrilevante la svalutazione (e la rivalutazione) delle partecipazioni non immobilizzate, visto che queste nel nuovo sistema restano soggette a tassazione ordinaria. Si determina al riguardo una asimmetria di trattamento tra partecipazioni immobilizzate e quelle "a magazzino", la cui motivazione non è per nulla chiara, contraddice il principio di parità di trattamento e potrebbe comportare per alcuni soggetti un aggravio di carico strutturale. Il riferimento è, evidentemente e soprattutto, alla banche e alle imprese di assicurazione, le quali detengono notevoli quote di azioni non immobilizzate destinate appunto al *trading,* sono soggette a discipline settoriali sui bilanci e, rispetto a società operanti in altri settori di attività, non godono della stessa facilità di scelta tra immobilizzare e non immobilizzare le partecipazioni. E ciò a non voler tener conto che l'asimmetria di trattamento tra partecipazioni immobilizzate e quelle "a magazzino" crea, comunque, anche una difformità di regime con i titoli obbligazionari, le cui plusvalenze invece (da immobilizzazioni o da magazzino) sono sempre soggette a tassazione ordinaria.

Queste considerazioni possono essere generalizzate nel senso che il sistema della *partecipation exemption* comporta un aggravio della tassazione per tutte le plusvalenze relative a cespiti materiali (macchinari, impianti, immobili, brevetti, ecc.) e ad operazioni di ristrutturazione societaria (fusioni, scorpori, cessioni di aziende e rami di azienda), che si contrappone all'alleggerimento della tassazione delle plusvalenze da partecipazioni immobilizzate.[71]

9.4 Anche il regime del consolidato nazionale di gruppo si pone in un rapporto di consequenzialità necessaria rispetto all'abolizione del credito d'imposta e, soprattutto, rispetto alla prevista indeducibilità delle svalutazioni. La compensazione delle perdite e degli utili infragruppo che la tassazione consolidata comporta è infatti, né più né meno, sostitutiva della soppressa deducibilità delle svalutazioni. Ciononostante, il regime del consolidato, così come delineato nel decreto legislativo, non convince appieno quanto alla sua compatibilità comunitaria, perché consente la compensazione degli utili e delle perdite solo tra società residenti in Italia (e cioè nello Stato membro che ha adottato il consolidato), senza estendersi alle società del gruppo aventi sede in altro Stato membro.

Se si vuole evitare che il consolidato divenga un fattore di discriminazione rispetto alle imprese del gruppo non residenti e si ponga perciò come ostacolo al funzionamento del "mercato interno", si dovrebbe invece prevedere la puntuale applicazione delle stesse regole di consolidamento nazionale a tutte le società partecipate aventi sede in altri Stati membri.

71. Per le imprese che non sono integrate in un gruppo o che comunque non possono fruire del regime della tassazione consolidata, tale aggravio va ad aggiungersi a quello derivante dalla impossibilità di compensare gli utili e le perdite e di fruire sia dell'integrale detassazione dei dividendi sia del vantaggio della deducibilità degli interessi passivi sostenuti per i finanziamenti dell'acquisto di partecipazioni immobilizzate (il c.d. pro-rata patrimoniale).

9.5 Poiché è difficile pensare che effetti così discriminatori non siano frutto di scelte meditate e consapevoli, l'unica motivazione che può darsi di un siffatto regime è quella, squisitamente politica, di voler privilegiare le società finanziarie aventi la veste di *holding* rispetto a quelle produttive, industriali, bancarie e assicurative. Se è così, devo però confessare che non mi è per niente chiaro quale sia il "modello di crescita" cui si è ispirata la riforma della tassazione societaria e come tale riforma possa operare per raggiungere organicamente gli obiettivi – da tutti condivisi e dallo stesso Governo conclamati – di incentivare gli investimenti e di rafforzare la struttura produttiva.

Non dico con ciò che non si debbano o non si possano fare interventi fiscali sul sistema delle imprese ai fini di detassazione utilizzando anche il modulo teorico della *participation exemption* e suoi corollari. Intendo solo sottolineare che nel sistema adottato dalla nuova normativa tutti questi interventi sembrano più che altro costruiti intorno alla scelta originaria di sopprimere il credito d'imposta e solo per rispondere al *diktat* comunitario di evitare la discriminazione con i non residenti. Dietro a tale scelta non sembrano emergere con limpidezza né un progetto economico, che non sia quello prevalente della "via finanziaria" allo sviluppo né, comunque, una linea di politica fiscale più rispettosa dei principi di uguaglianza e di neutralità e più mirata a sostenere, senza eccezioni, le attività produttive nazionali anziché quelle finanziarie, le singole imprese operative anziché le *holding*. E se una redistribuzione deve avvenire ai fini fiscali all'interno del comparto produttivo, essa dovrebbe semmai tenere in maggior conto la realtà positiva delle piccole e medie imprese introducendo, a protezione delle stesse (ma anche ai fini della loro emersione), in via permanente e fisiologica un'aliquota di tassazione ridotta, sganciata da improbabili, contingenti meccanismi premiali e di patteggiamento; quali sono quelli, ad esempio, riconducibili al concordato preventivo biennale varato con l'art. 33 del d.l. 30 settembre 2003, n. 269 collegato alla Legge Finanziaria per il 2004.

10. È evidente che anche l'insieme degli interventi di politica fiscale da me proposti e sinteticamente illustrati *sub* par. 6 comporterebbe una riduzione della pressione fiscale, se non pari, molto vicina in termini quantitativi a quella che conseguirebbe se fosse pienamente attuata la riforma fiscale che qui si discute. È da escludere, infatti, che la maggiore tassazione sulle rendite finanziarie e sui fattori inquinanti e (se del caso e quando la congiuntura lo permetterà) sul consumo possa compensare il minor gettito conseguente alla detassazione delle famiglie e delle imprese.

Ho già detto al riguardo che ritengo non solo giusto, ma anche necessario che si realizzi una siffatta detassazione, insieme naturalmente ad una forte semplificazione degli attuali onerosi adempimenti tributari. Tengo però a sottolineare che, pur considerando una maggiore crescita l'unica strada virtuosa per ridurre il rapporto debito-pil, tuttavia non credo che la riduzione possa essere decisa da un giorno all'altro a discapito della giustizia sociale. In momenti, come questi, di bassa congiuntura essa può essere solo inserita tra gli obiettivi prioritari e non può comunque essere decisa a svantaggio di necessarie politiche di protezione sociale e rinunciando a realizzare sinergie tra sviluppo economico e sviluppo sociale. Coerentemente a quanto argomentato in via teorica nei paragrafi 1 e 2 sul rapporto tra tassazione e diritti proprietari, il tema dei "tempi" della riduzione della pressione fiscale – e, quindi, di attuazione della riforma del sistema tributario – dovrebbe essere posto concretamente in questi termini espliciti e correlati alle politiche della spesa: prima si stabilisca, nelle opportune sedi politiche e ai diversi livelli decisionali, quale ragionevole ed efficiente *welfare* dello "sviluppo umano"[72] e quali tipi e livelli di servizi pubblici[73] vogliamo e poi, in relazione alla spesa che ne consegue, si determini l'entità del finanziamento a mezzo tributi e, perciò, i limiti della tassazione nonché l'entità e i tempi della sua riduzione. Questa conclusione può considerarsi, forse, per certi versi ovvia se non banale, ma non è così; perché esiste una forte corrente di pensiero – non solo di stampo neoliberista – che considera istintivamente il fattore fiscale e, in particolare, l'esigenza di ridurre la pressione fiscale

72. Un nuovo *welfare state* dello "sviluppo umano", ad esempio, potrebbe essere quello in cui la riduzione della spesa pensionistica sarebbe compensata da una maggiore spesa per ammortizzatori sociali e per assistenza, senza passare necessariamente – come avviene ora – attraverso lo scambio iniquo tra salario e copertura previdenziale, che è l'effetto nefasto dell'ampia diffusione del lavoro autonomo "flessibile" (il c.d. "cococo", i lavori occasionali e le associazioni in partecipazione elusive). Sul punto rinvio comunque all'analisi di Paolo Bosi, *Politica dei redditi e riforme del welfare*, CAPP, Centro di Analisi delle Politiche Pubbliche, www.capp.unimo.it.

73. È questa scelta il compito più difficile per una classe politica che ancora crede nel "pubblico", trattandosi di reinventare il settore pubblico e non di abbandonarlo, di passare definitivamente dallo "Stato soggetto" totalizzante allo "Stato funzione" decentrato: anche qui il neoliberismo avrebbe buon gioco a smantellare e a sostituire il settore pubblico con l'opulenza privata se, nonostante gli sforzi finora fatti, esso restasse lassista, inefficiente, autoreferente e corporativo. La situazione cambierebbe, invece, del tutto se esso fosse realmente rinnovato in termini di maggiore territorializzazione, di crescita delle autonomie funzionali, di moralità, di qualità dei servizi amministrativi, sanitari e televisivi da rendere a tutti i cittadini e se attraverso questa via esso tornasse ad essere quello che in ogni paese occidentale il "pubblico" è, e cioè il vero indicatore del grado di civiltà di una nazione.

un valore in sé, che giustifica da solo politiche alternative di riduzione "forzata" della spesa pubblica.

Dovrebbe essere invece rimesso all'abilità, al fiuto e (diciamo così) alla sensibilità sociale della classe politica al Governo cogliere il momento migliore per realizzare gradualmente le necessarie politiche di detassazione funzionali allo sviluppo economico. Nell'attesa, sta ad essa di operare selettivamente concependo, in alternativa, politiche redistributive – fiscali e non – ad invarianza di gettito complessivo e, soprattutto, assumendo forti iniziative di recupero dell'ingente evasione. Cosa che finora non si è fatto con grande convinzione. Da una parte, infatti, si è correttamente abbandonato il proposito di realizzare improbabili politiche di *supply side economics* per raggiungere l'obiettivo di rilanciare la stagnante economia attraverso la riduzione della pressione fiscale.[74] D'altra parte, però, si è seguita in gran parte la via opposta della politica disorganica dei condoni e dei concordati preventivi triennali, che presuppone una (quasi) "comprensione" per il fenomeno evasivo e, comunque, per la "normalizzazione" delle basi imponibili.

III. Giustizia sociale e giustizia fiscale fra decentramento e globalizzazione

11. Riprendendo il discorso sull'etica della tassazione svolto nei paragrafi iniziali, il principale messaggio che, attraverso queste riflessioni sui contenuti della riforma fiscale, mi sento di dare non collima con quello, antistatale e anti-*welfare* e *workfare state,* trasmesso con la relazione alla legge delega. È, succintamente e in termini molto astratti, il seguente.

11.1 Da un lato e nello spirito della nostra Costituzione, dovrebbe essere la giustizia sociale – e, perciò, le dimensioni ragionevoli di un *welfare mix* non produttivistico (quali definite dai processi democratici decisionali) – piuttosto che la giustizia fiscale e la tutela dei diritti proprietari in sé, il valore che guida la politica fiscale. La società italiana, come quella di qualunque altro paese europeo, ha infatti ancora bisogno di un sistema di *welfare,* sia pure aggiornato e fortemente modernizzato,

74. È in questo senso (di rinuncia ad una immediata riduzione della pressione fiscale) che va letta la legge delega sulla riforma tributaria in quelle parti in cui si evidenziano i suoi connotati di vero e proprio provvedimento ordinamentale e di principi: grazie a tale natura, infatti, l'attuazione della delega e i relativi effetti (in termini di minori entrate) sul bilancio dello Stato sono espressamente diluiti nel tempo e rinviati al momento del varo dei diversi "moduli" di cui si compone la riforma stessa.

che garantisca sicurezza collettiva e individuale (nello sviluppo economico). Ed è proprio la natura solidaristica e tendenzialmente universalistica di tale sistema che impone di far dipendere i contenuti e l'entità della riforma tributaria in gran parte dal grado di giustizia sociale che si intende perseguire. In questa ottica i "mezzi", e cioè i tributi, seinseriti in un sistema coerente e ragionevole, sono neutrali o addirittura ambivalenti; sono invece i "fini" da perseguire a fare la differenza, a soddisfare l'esigenza etica.

Dall'altro lato, i diritti proprietari sono rilevantissimi, ma sono pur sempre solo un dato convenzionale, essendo essi in larga misura il prodotto anche di politiche fiscali da valutare secondo lo standard costituzionale dell'uguaglianza, della coerenza e, come si è appena detto, della giustizia sociale distributiva.[75] Non possono, cioè, essere assunti come *baseline* esclusiva per determinare quali tasse siano giuste e, perciò, per definire i limiti di finanziamento delle spese. Se, quindi, con riguardo alla Costituzione italiana la capacità contributiva di cui all'art. 53 si risolve – come ho tentato di dimostrare *sub* par. 3 – in un mero criterio di riparto tra i consociati che, nella individuazione delle posizioni differenziate dei singoli contribuenti, ubbidisce solo alle regole dell'equità e della ragionevolezza (in ciò consiste la *giustizia distributiva*), da ciò non può non conseguire l'altro corollario nella compressione della componente solidaristica quale elemento strutturale della capacità contributiva stessa. Ciò, beninteso, non nel senso che la solidarietà non sia affatto rilevante nell'interpretazione dell'art. 53, 1º comma, ma nel senso che la capacità contributiva non può definirsi come capacità economica solidaristica. La solidarietà, in altri termini, pur essendo fuori dalla nozione di capacità contributiva, rileva comunque ai fini della *giustizia redistributiva* e della progressività (di cui al 2º comma dell'art. 53), e cioè ai fini della funzionalizzazione del prelievo tributario al concorso alle pubbliche spese e, perciò, della giustificazione funzionale del dovere contributivo.

Il che è come dire che la giustizia del "mezzo"-tributo è data in sé esclusivamente dalla coerenza e dalla razionalità delle scelte legislative *ex* art. 3 Cost. e che è, invece, la giustizia del "fine" perseguita con tale "mezzo" che si arricchisce dell'elemento solidaristico ed è tanto più ampia quanto più soddisfa le primarie esigenze sociali di redistribuzione solidaristica.

75. Sottolinea la centralità della questione redistributiva, pur riconoscendo la "rinnovata" funzione della proprietà come misura dei rapporti economici, sociali e giuridici, Stefano Rodotà, *Repertorio di fine secolo*, Bari, 1999, pp. 142 e 143.

È su questa base teorica e con questo vincolo logico – ma ovviamente anche senza trascurare i delicati problemi contingenti di finanza pubblica nazionale e internazionale legati alla globalizzazione e all'incipiente federalismo – che gli organi rappresentativi dovrebbero costruire i sistemi fiscali da applicare *day to day* nel "mondo reale". Con la speranza che, rinunciando ad acquisire un facile consenso e prendendo l'esempio dai nostri Padri Costituenti, essi spostino il dibattito politico da problemi tipo "quanto di ciò che è mio lo Stato può prelevare sotto forma di tributo" a problemi tipo "come e attraverso quale via le leggi dello Stato, incluse quelle fiscali, possono ragionevolmente determinare ciò su cui debbo contare come mio".

11.2 È anche per le ragioni finora esposte che la Costituzione Europea firmata a Roma il 29 ottobre 2004 non avrebbe dovuto ignorare – come invece ha fatto – la materia tributaria. Se non altro perché, se la garanzia dei tradizionali diritti civili e sociali (i c.d. diritti di cittadinanza) ha trovato giustamente posto nella Costituzione – che dedica oltre cinquanta articoli di una intera Parte, definita "Carta", ai diritti fondamentali dell'Unione – avrebbero dovuto trovarvi posto anche i correlati principi riguardanti le entrate proprie dell'Unione (penso, ad es., ad un'imposta europea di tipo federale espressione di uno spazio fiscale europeo), che di tali diritti fondamentali costituiscono il necessario risvolto realizzativo sul piano finanziario.

Se così è, credo che avrebbe dovuto essere incluso nella Convenzione almeno il principio che definirei del consenso, da intendere nel senso più pieno che i prelievi tributari devono essere, da una parte, necessariamente e democraticamente deliberati dagli organi rappresentativi delle comunità destinatarie dei prelievi stessi e, dall'altra, attribuiti a titolo di concorso solidaristico e cooperativo dei cittadini dei singoli paesi alle spese comunitarie. Dove, a) il riferimento al *consenso* sta ovviamente a significare che il prelievo, indipendentemente dallo strumento formale adottato, deve avere la sua legittimazione nella volontà del popolo e, comunque, di soggetti abilitati a imporre prestazioni patrimoniali; b) il riferimento al *concorso alle spese* serve a connettere la giustizia fiscale (e, cioè, la giusta "compressione" della libertà individuale) a quella sociale, nel senso funzionale e unidirezionale di cui ho finora detto. Teoricamente non dovrebbe essere difficile ottenere ciò, essendo l'Europa orgogliosa delle sue tradizioni di solidarietà sociale, che hanno trovato rispondenza nello Stato sociale che tutti i paesi – quale che fosse il loro orientamento politico – hanno assunto come impegno ideale e programmatico: copertura sanitaria totale, istruzioni gratuite dall'asilo fino all'università, assistenza per i meno fortunati, sostegno ai disoccupati e altro hanno rappresentato un segno distintivo di questo impegno, fino a divenire fonte di identità e di orgoglio, specie se messa a confronto con l'esperienza degli U.S.A.

Per ciò che a noi qui interessa, il problema è però vedere come in termini concreti questa "retorica" sociale potrà tradursi in garanzie costituzionali forti sul piano soprattutto del finanziamento della spesa sociale europea, che è come dire sul piano della "capacità (re)distributiva". Voglio dire che, se la tutela dei diritti fondamentali rimane un assunto solo teorico e non si istituisce nell'ambito costituzionale una forte correlazione tra prelievo tributario e giustizia sociale, il rischio – o, forse, per alcuni il vantaggio – è che gli elementi caratteristici dello Stato sociale continueranno a rimanere per la maggior parte nel quadro delle competenze e delle responsabilità degli Stati membri (anche se poi sarebbe l'UE a mettere in grado gli stessi Stati di distribuire le risorse nazionali all'interno dello schema del *welfare*). Se si volesse invece consentire all'UE di permettere e garantire *essa stessa* nella Costituzione Europea una equa distribuzione, bisognerebbe allora porla in modo formale nella condizione di farlo autonomamente (e direttamente) esercitando poteri normativi propri secondo schemi tendenzialmente federalisti.

Costituzionalizzare con queste garanzie effettive il tradizionale impegno europeo verso lo Stato sociale avrebbe avuto – almeno per me – il benefico effetto di sottrarre le problematiche sociali alla politica, collocandole sopra e al di là della normale dialettica parlamentare e delle manovre elettorali. Si sarebbe, insomma, progredito con decisione ben oltre lo schema della zona di libero scambio e attuata una sorta di dirottamento costituzionale che, tuttavia, i redattori della Costituzione Europea non hanno ritenuto di raccogliere in questo momento storico e nell'attuale contesto sociale.[76]

76. Come ho già detto nel testo, la Costituzione Europea non si è invece mossa in questo senso, evidenziando una netta dicotomia tra obiettivi di politica sociale da raggiungere a livello comunitario (enunciati, sotto forma di principi fondamentali, negli articoli 61, 62, 74, 80, 81, 84, 85, 86, 87,88, 89, 90, 91, 92, 94 e 95) e strumenti di finanziamento di tali politiche (che rimangono attribuiti alla sovranità fiscale dei singoli Stati). Del resto, sintomatici di tale orientamento restrittivo e decisamente "antifederalista" erano già i punti II 1.1 e II 1.2 della *Relazione del Parlamento Europeo* del 2 aprile 2002 *sulla delimitazione delle competenze tra UE e gli Stati membri*, dove espressamente si afferma che "il modello politico dell'Unione deve conservare la sua originalità storica su due punti fondamentali. L'Unione non dispone di servizi di gestione. La gestione delle politiche e degli stanziamenti comunitari è effettuata dalle amministrazioni degli Stati membri o da agenzie specializzate. *Parimenti, il potere finanziario essenziale (in termini di bilancio fiscale) resta a livello degli Stati membri* (corsivo mio). Questi due punti sono talmente

12. Nella legge delega sulla riforma fiscale il Governo ha promesso agli imprenditori e ai professionisti e, in genere, a tutta la classe produttiva l'abrogazione dell'IRAP, e cioè di un'imposta sulla produzione che fornisce circa 30 miliardi di euro. In un primo momento sembrava avesse avuto l'idea di sostituirla con un inasprimento dell'IRPEF, ma questa idea – invero balzana – è subito rientrata per il semplice motivo che sarebbe stato quanto meno sconvolgente e, comunque, inaccettabile sul piano sociale e della più elementare equità porre questo ulteriore onere a carico di soggetti IRPEF, già così fortemente incisi.

12.1 Sembra ora che il Governo stia ripiegando, come obiettivo di medio e lungo termine, su una sostituzione dell'IRAP da perseguire attraverso la regionalizzazione dell'IRPEG. L'art. 3 della legge finanziaria per il 2003 parrebbe muoversi in questo senso, laddove attribuisce il gettito dell'IRPEG alle singole Regioni in funzione della collocazione in esse degli stabilimenti e degli impianti produttivi. L'IRPEG dovrebbe, cioè, essere uno dei tributi erariali compartecipati dalle Regioni da ridistribuire tra le Regioni stesse secondo i criteri attualmente previsti per l'IRAP. Sembrerebbe dunque – ma non è certo – che l'IRPEG debba assorbire l'IRAP. Se ciò avverrà, si aprirà però un buco nelle casse dello Stato derivante dal mancato afflusso del gettito IRPEG e si fa in ogni caso un passo indietro in termini di federalismo fiscale: la sostituzione di un tributo proprio, dalla rilevanza dell'IRAP, con una semplice compartecipazione al gettito dell'IRPEG costituisce, infatti, un limite non indifferente dell'autonomia finanziaria delle Regioni.

Va in ogni caso rilevato che, indipendentemente dalla soppressione dell'IRAP, difficilmente l'IRPEG potrà essere trasformata in un imposta

connaturati alla Cee che tendono ad essere dimenticati nel dibattito politico. Ciò nondimeno, costituiscono una differenza fondamentale rispetto alla filosofia dei principali regimi federali esistenti, nei quali l'esercizio di competenze giuridiche è generalmente accompagnato dalle relative competenze finanziarie". La Relazione aggiunge poi che, al contrario delle esperienze federali, "l'Unione europea deve accontentarsi essenzialmente del solo potere normativo, quello di stabilire regole, fare leggi e, secondariamente, coordinare l'azione degli Stati membri. Ma questi ultimi conservano il monopolio della gestione concreta delle politiche pubbliche, della redistribuzione finanziaria a favore dei meno abbienti e, infine, del contatto diretto con i cittadini, nonché un *quasi monopolio (?) delle innumerevoli politiche di incentivazione finanziaria, di bilancio o fiscale* (corsivo mio)". Il pensiero del Parlamento europeo è chiaro: il Parlamento è contrario all'Unione fiscale europea, al federalismo fiscale europeo, all'accentramento delle politiche fiscali e sociali. Questo insistere sulla funzione (esclusiva) dell'UE di fare leggi e di stabilire regole sembra però apparentemente contraddire tale pensiero, perché l'esercizio del potere normativo è un veicolo necessario di tutte le politiche, e quindi anche di quelle economiche e fiscali che il Parlamento intende invece conservare agli Stati membri in un'ottica di integrazione fiscale non federalista.

regionale quanto al gettito. E ciò per la semplice ragione che – anche senza tener conto della sua indubbia natura di classico strumento della finanza centrale – la distribuzione regionale del suo gettito *procapite* risulterebbe molto più polarizzata tra le Regioni settentrionali e meridionali di quanto lo sia l'IRAP.[77]

Non credo al riguardo che il c.d. emendamento Pagliarini[78] – secondo cui l'IRPEG andrebbe alla Regione dove l'impresa produce il suo reddito analogamente a quanto si fa ora con le basi imponibili dell'IRAP – possa superare questo non lieve inconveniente distributivo. Esso mi pare errato in quanto non tiene conto, da un lato, della differente base imponibile delle due imposte (profitti per l'IRPEG, somma di profitti, interessi e costi del lavoro per l'IRAP) e, dall'altro, della diversa intensità dell'utilizzo dei vari fattori produttivi nelle produzioni realizzate nelle singole Regioni. Per aversi identità di base imponibile e, soprattutto, identità di utilizzo dei fattori produttivi, bisognerebbe infatti che le tecniche produttive (ovvero la composizione o la proporzione tra salari o profitti) siano identiche tra le diverse Regioni. Solo in tal caso il criterio di riparto dell'IRPEG secondo l'allocazione dell'attività produttiva potrebbe riprodurre correttamente la attuale distribuzione tra Regioni del gettito IRAP. Ma questa eventualità è *per tabulas* di difficile, se non impossibile verificazione.

12.2 L'impressione che si ha dalla lettura non solo di tale art. 3, ma anche dall'insieme delle proposte legislative avanzate finora dal Governo in tema di riforma fiscale e di attuazione del nuovo Titolo V Cost., è che esso per ora sembra muoversi un po' a tentoni. Soprattutto sembra permanere una forte dissociazione tra il contenuto della riforma fiscale e quello del federalismo fiscale, indotta, da una parte, dalla scelta politica di limitare per ora l'intervento riformatore al solo sistema tributario statale e, dall'altra, da una certa incompatibilità tra le due riforme: l'una, piena espressione della ideologia politica neoliberista della Casa delle Libertà, l'altra, ultimo "prodotto" parlamentare dell'incerto solidarismo liberale dei governi di centro sinistra.

La riprova di tale difficoltà di adeguamento sta nel fatto che – a parte i quasi necessitati interventi autoritativi, assunti dal Governo, di limitazione dell'autonomia tributaria regionale e locale, che hanno "bloc-

77. V. sul punto, gli interventi critici di Alberto Zanardi, sul *Sole 24 Ore* dell'8 dicembre 2002 e di Franco Osculati, "Ortodossia finanziaria, autonomia tributaria: regionalizzazione dell'IRPEG o dell'IRAP?", in *Rass. Trib.* 3/2003.

78. Che, tra l'altro, non credo avrà un seguito parlamentare.

cato" per un anno il potere di imposizione delle regioni e degli enti locali quanto alle addizionali IRPEF e IRAP – non è stato finora né previsto in via legislativa, né organizzato in via amministrativa un sistema centrale di monitoraggio e di controllo dell'andamento delle politiche fiscali, regionali e locali, tale da consentire un utile raccordo, in via di coordinamento per principi fondamentali (ex art. 117, 3º comma, e 119, 2º comma), tra tali politiche e tra esse e quelle statali; e soprattutto tale da evitare, in ultima analisi, il pericolo che la rafforzata autonomia impositiva dell'ente regionale o locale si risolva in un aggravamento incontrollabile della pressione fiscale complessiva.

Lo Stato certamente non deve intromettersi nelle scelte che le Regioni e gli Enti locali, nell'ambito della loro competenza, faranno ai sensi dell'art. 119 Cost. quanto ai tributi regionali e locali da stabilire e applicare. Ma, in mancanza di un senato federale, non potrà non fissare al più presto le linee generali del nuovo sistema di finanziamento all'insegna dei principi fondamentali cui fa rinvio il richiamato art. 117, 3º comma Cost.: primi fra tutti, quelli della unitarietà delle politiche macroeconomiche nazionali e della finanza pubblica nel suo complesso e quelli della non discriminazione e della razionalità e coerenza del sistema. Non può, in conclusione, operare come sembra stia operando ora, facendo cioè balenare la speranza di una riduzione della pressione fiscale, ma limitando tale speranza al livello statale (con conseguente riduzione del gettito a disposizione per le politiche sociali spettante allo Stato) e senza far nulla ancora per fissare principi che, nel garantire l'autonomia tributaria, evitino anche che la pressione cresca a causa di incontrollate politiche fiscali locali (inevitabilmente innescate anche dalla comprensibile avarizia del potere centrale in tema di trasferimenti e di compartecipazioni). La recente introduzione da parte della Regione Sicilia, senza contestazione costituzionale da parte dello Stato, di un tributo ambientale regionale sui metanodotti – il c.d. "tubatico" – *docet*.

13. Rileva, nell'idea di federalismo fiscale di cui è permeato il nuovo Titolo V della Costituzione Italiana – e di cui ho dato fuggevolmente conto nel paragrafo che precede[79] – la preziosa funzione statale di coordinamento per principi fondamentali del sistema tributario nel suo complesso e, quindi, delle potestà normative regionali e locali. Si è visto

79. La materia è stata da me sviluppata in alcuni recenti scritti in materia di federalismo fiscale, cui rinvio ("Prime osservazioni sul nuovo art. 119 della Costituzione", in *Rass. Trib.*, n. 2/2002, p. 585 ss.; "Federalismo Fiscale e ripartizione delle basi imponibili tra Stato, Regioni ed Enti locali", ibidem, n. 6/2002, pp. 2007 ss.; "Quando l'attuazione del federalismo fiscale?", in *Riv. dir. trib.*, 5/2003, pp. 387 ss).

che tale funzione è prevista espressamente dai richiamati artt. 117, 3º comma e 119, 2º comma Cost. e, nel disegno costituzionale da me accolto, si aggiunge a quella, altrettanto preziosa, di redistribuzione del carico fiscale da effettuare nel rispetto dei vincoli derivanti dall'ordinamento comunitario e dagli obblighi internazionali (art. 117, 1º comma Cost.).

Qui voglio solo sottolineare in via conclusiva che queste due funzioni (di coordinamento e di redistribuzione) assumono grande importanza in un'ottica di ripensamento del ruolo dello Stato nazionale e di conseguente reazione agli eccessi neoliberisti di privatizzazione e smobilizzo dell'apparato pubblico. Esse sono, infatti, le uniche funzioni – insieme a quella di coordinamento comunitario – di cui uno Stato territoriale moderno difficilmente potrà privarsi in futuro anche nell'ipotesi in cui dovesse aggravarsi la sua crisi fiscale e dovesse ridursi vieppiù il suo ruolo per la concomitanza dei processi di globalizzazione e di decentramento. La deterritorializzazione della ricchezza e la progressiva perdita da parte dello Stato del controllo dell'economia, da una parte, e il federalismo con profili di devoluzione di stampo leghista (addirittura privato, secondo una recente proposta governativa, della potestà normativa concorrente ora prevista dall'art. 117, 3º comma Cost.), dall'altra, potranno pure rivelarsi in un futuro non molto lontano potenti fattori di riduzione della sovranità statale;[80] ma non potranno certo annullare quelli che sono, comunque, i capisaldi di uno Stato nazionale ancorché federale, e cioè la possibilità di svolgere politiche centrali sociali e di coordinamento.

Per cui l'unica via per allentare la morsa in cui la globalizzazione (dall'alto) ed il decentramento (dal basso) potrebbero serrare lo Stato – e per contrastare, di conseguenza, l'avvento di un'epoca dominata solo da rapporti di contratto-scambio (secondo una variante economicistica) e dal diritto delle organizzazioni internazionali (secondo una non so quanto più confortante variante cosmopolitica) – non può che essere quella di difendere strenuamente e potenziare il ruolo dello Stato di coordinatore, razionalizzatore e, insieme, redistributore dei carichi pubblici. Un acceso liberista – come sicuramente è l'ispiratore della relazione governativa alla legge delega fiscale di cui si è qui discusso e come lo sono stati a suo tempo molti dei redattori delle fondamentali tavole comunitarie – può forse contrastare, nella sua ottica, la funzione dello Stato di regolatore

80. L'intangibilità territoriale potrebbe essere in particolare posta in discussione, per un verso, dall'espandersi dei poteri sovranazionali (sia quelli *soft*, che quelli formali, sia quelli "buoni" che quelli "cattivi") e, per l'altro, da forme spinte di decentramento competitivo che potrebbero preludere a fenomeni secessionistici.

del mercato; ma deve pur sempre prendere atto che in uno Stato moderno le funzioni di coordinamento e redistributive non cessano in ogni caso di avere una loro ragione d'essere – ed anzi si rafforzano – se le si connettono, come si deve, con l'obiettivo primario di garantire ai cittadini la giustizia sociale (e, in funzione di essa, quella fiscale) e, quindi, di fare della protezione dei c.d. "diritti di cittadinanza" e del loro finanziamento l'ultimo non rinunciabile baluardo della sovranità statale. Queste funzioni vengono esaltate e riqualificate in positivo dall'esigenza di promuovere ed attuare il processo federalista in un'ottica non competitiva, ma solidale e correlata con le politiche sociali macroeconomiche.

Insomma, il trasferimento di poteri e funzioni sia agli enti sovranazionali che ai livelli decentrati e la volatilità delle basi imponibili non significano necessariamente perdita di sovranità. Possono significare semplicemente – sul piano dei rapporti con l'UE – la necessità di ripensare uno Stato inserito in strutture comunitarie ed internazionali la cui volontà, però, esso non subisce, ma concorre a determinare (e ad attuare nel proprio territorio) partecipando, ad esempio, sul piano fiscale al coordinamento delle basi imponibili ed alla istituzione di un tributo europeo. E soprattutto possono significare anche – sul piano della politica interna e dei rapporti con gli enti locali e le regioni – l'esigenza di avere uno Stato organizzato al suo interno in modo da garantire al meglio le necessarie protezioni sociali e delimitare l'area delle autonomie. Uno Stato, quindi, che per avere questi connotati non potrà che essere titolare dei pregnanti poteri di raccordo, di redistribuzione e di coordinamento su cui tanto ho insistito in queste pagine.

Dal punto di vista fiscale, può dunque identificarsi ancora un'apprezzabile sovranità dello Stato – latamente intesa come potestà normativa di prevedere, definire, istituire e applicare tributi – da esercitarsi sia direttamente funzionalizzando il sistema tributario nel suo complesso alle esigenze di finanziamento del *welfare state*, sia attraverso la partecipazione al coordinamento fiscale comunitario, sia attraverso il coordinamento per principi dei sistemi tributari regionali e locali. In estrema sintesi – e nella prospettiva di un federalismo europeo e nazionale compiuto e maturo – l'idea che queste riflessioni suggeriscono è che, quantomeno riguardo alla funzione fiscale, lo Stato nazionale debba essere, *mutatis mutandis* e nel rispetto del principio di sussidiarietà:

– nei confronti dell'U.E., ciò che le nostre Regioni un giorno dovrebbero essere, *ex* nuovo titolo V Cost., rispetto allo Stato che esse compongono,

– nei confronti delle Regioni, ciò che l'U.E. dovrebbe essere rispetto allo Stato che vi partecipa.

Evidentemente questo è solo un astratto, schematico ordito istituzionale: spetterà nei prossimi anni ai singoli Stati e agli organi comunitari confermarlo e riempirlo di contenuto. Ma di questa problematica, dei principi che dovrebbero essere fissati e gradualmente attuati per affrontarla e, in ogni caso, per cominciare a dipanare il groviglio in cui lo Stato impositore è rimasto impaniato non si rinviene alcuna traccia nel progetto governativo di riforma fiscale in fase di attuazione "modulare".

CONFLITOS DE FONTES E DE NORMAS NO DIREITO TRIBUTÁRIO – O PRINCÍPIO DE SEGURANÇA JURÍDICA NA FORMAÇÃO DA OBRIGAÇÃO TRIBUTÁRIA

HELENO TAVEIRA TÔRRES

1. O dever de segurança jurídica do sistema tributário

A *obrigação tributária* não é um conceito que se possa descrever isoladamente, sem ponderação rigorosa das variáveis que se prestam à construção dos fundamentos da tributação nos distintos sistemas jurídicos. Como conceito de direito positivo, requer cotejo rigoroso com os principais valores e institutos que ordenam a função constitucional de cobrar tributos, a partir de atos de aplicação das leis vigentes, a começar pela definição de *tributo* admitido e seus limites de possibilidades (i), passando pelo papel e posição que os princípios constitucionais de *legalidade* (ii) e *capacidade contributiva* (iii) ocupam nesse sistema e, bem assim, pelo relacionamento entre as regras e conceitos do *direito privado*, ou dos que definem a noção de *serviços públicos*, e os institutos do direito tributário (iv), além dos critérios que devem nortear a *interpretação das normas tributárias* (v) no dado ordenamento. Em qualquer ato de aplicação de tributos, enquanto obrigações tributárias, coincide todo o sistema jurídico, acompanhado da força axiológica dos princípios que garantem os direitos envolvidos e os deveres aplicáveis à Administração e ao contribuinte, com variações segundo as diversidades de modelos normativos ou hermenêuticos relativos a cada um dos termos acima apontados.

Tal como ficou assentado desde a formulação dos arquétipos do liberalismo, na formação do próprio conceito de Estado de indivíduos, a *obrigação tributária* decorre sempre de vontade constitucional, expressa por leis emanadas dos respectivos órgãos legislativos. Por isso, a abstração que caracteriza a legalidade, para os fins de tipificação dessa conduta, exige objetividade e determinação conceitual, como garantia a um direito seguro, na proteção da propriedade privada, haja vista todo o plexo de princípios que a informa.

Na regulação normativa da ação-tipo,[1] contudo, não basta uma "certeza" do direito sobre qual seja a "fonte" (o pressuposto de fato)[2] da constituição de qualquer obrigação tributária. Isto seria de todo insuficiente, como bem observou Jarach.[3] É fundamental que se tenha bem

1. Assinala César García Novoa: "A la pretensión de definitividad de la norma hay que unir la pretensión de estabilidad de la misma, expresión formal de la confianza del ciudadano en el Derecho, lo que debe servir para reprobar los cambios normativos excesivos e injustificados. Y finalmente, la plenitud de la norma. La regulación normativa ha de expresarse de tal manera que la definición de los supuestos de hecho comprenda un ámbito de la realidad normada lo más amplio posible, de forma que se aminoren las lagunas" (*El principio de seguridad jurídica en materia tributaria*, Madri, Marcial Pons, 2000, p. 77).

2. Para uma discussão completa das teorias que envolvem o conceito de fato jurídico tributário, com uma leitura cuidadosa da sua evolução, ver: Fernando Sainz de Bujanda, *Hacienda y Derecho*, Madri, Instituto de Estudios Políticos, t. IV, 1963, todo dedicado ao estudo do tema.

3. "Na relação impositiva do critério justificativo, a razão última pela qual a lei toma um fato da vida como pressuposto de uma obrigação tributária é a capacidade contributiva. Esta, com efeito, é a única razão que explica a existência como pressuposto de obrigação tributária de fatos aparentemente diferentes, mas todos com a mesma natureza econômica; é a única razão que explica a graduação do imposto segundo a magnitude econômica do pressuposto de fato; é o único conceito que representa uma ponte entre a lei e o fato imponível. Por isto, parece-nos que se pode identificar o conceito de capacidade contributiva com o de causa jurídica do imposto" (cf. Dino Jarach, *O fato imponível – teoria geral do Direito Tributário substantivo*, São Paulo, Ed. RT, 1989, p. 108). Assim também: R. Calvo Ortega, *Derecho Tributário*, 5ª ed., Madri, Civitas, 2001, p. 158. Eusebio Gozález García, ao tratar desse princípio, menciona como manifestação típica:

gizada a relação entre esta e o conceito de tributo, o campo de alcance do princípio de capacidade contributiva, o regime de interpretação que se deve aplicar às leis e a relação entre as normas de direito tributário e os princípios e institutos do direito privado (impostos e contribuições) ou que regulam a noção de serviço público (taxas).

Demonstra-se, assim, que estudos parciais de uma ou outra dessas categorias, isoladamente, sem apelo a tal interação, com indicativos rigorosos do quanto entende sobre cada um destes, quedam-se sempre insuficientes. O mesmo constata-se quanto à importação acrítica de doutrinas estrangeiras, formuladas sob cânones hermenêuticos e culturalísticos diversos, posto não coincidirem em nenhum país, o conceito de *tributo*, os princípios de *legalidade* (o que é o mesmo que se falar em "competências tributárias") e de *capacidade contributiva* ou mesmo a *interpretação* de normas e relação entre normas de direito privado e regras de direito privado, com o que se verifica em outras plagas, por não serem estes conceitos universais, mas típicos conceitos de direito positivo. Entender e assumir como metodologia do direito tributário a importância dessa confluência necessária de valores e matérias faz-se imprescindível a qualquer estudo sério e que se proponha como uma dogmática responsável e consciente das suas possibilidades. E esse já é um caminhar em direção ao construir do princípio de segurança jurídica que cada ordenamento proclama.

Costuma-se falar em *segurança jurídica* como um princípio típico de "direito fundamental", na acepção reconhecida tradicionalmente a este como sendo proteção do particular contra o Estado. Ocorre que o próprio Estado também reclama "segurança", visando a "garantir" o próprio direito ao crédito tributário, na aplicação das leis e cobrança das somas correspondentes, para satisfazer suas obrigações assumidas e designadas na lei de orçamento. Seja como for, em qualquer acepção que se atribua à segurança jurídica, esta coincidirá sempre na *função certeza* do ordenamento, de acertamento das situações previstas em lei quando do seu cumprimento. Neste caso, a antinomia na regulação de condutas, de se ver, dentre todos os vícios, certamente será da espécie dos mais graves que podem afetar o princípio de segurança jurídica em matéria tributária num dado sistema normativo. Como anotara Fernando

"en primer lugar, la estabilidad del Derecho, en segundo término, el suficiente desarrollo normativo dentro de la jerarquía de las fuentes, finalmente, la certidumbre sobre los remedios jurídicos a disposición del contribuyente, caso de incumplirse las previsiones del ordenamiento" (cf. "Relaciones entre los principios de seguridad jurídica y legalidad", in IBET, *Justiça Tributária*, São Paulo, Max Limonad, 1998, p. 151).

Sainz de Bujanda, "la seguridad, en su doble manifestación – certidumbre del Derecho y eliminación de la arbitrariedad – ha de considerarse ineludiblemente en función de la legalidad y de la justicia. Esta última y la seguridad son valores que se fundamentan mutuamente y que, a su vez, necesitan de la legalidad para articularse de modo eficaz".[4] E justamente para tratar da relação entre obrigação tributária e o princípio da legalidade, quanto à determinação e solução dos conflitos de leis, é que se propõe o presente estudo.

2. *Fontes do direito positivo e validade das normas – Premissas a considerar*

O estudo das *fontes do direito* cumpre necessariamente um papel preordenado axiologicamente pelas expectativas de certeza jurídica sobre a determinação constitucional dos *órgãos* e suas *competências* na criação e aplicação do direito positivo, sobre o *procedimento* de criação de regras jurídicas (abstratas ou concretas), que tais órgãos devem atender, ou ainda sobre as próprias espécies dos chamados "veículos introdutores de normas" (Paulo de Barros Carvalho), que são obtidos ao final de tal procedimento, envolvendo-se, destarte, com o próprio estudo dos pressupostos de *validade* normativa da norma posta no ordenamento.

Como dito acima, provém da Constituição a indicação técnica dos órgãos de produção de normas jurídicas e respectivas competências materiais, como ponto de partida para a construção do ordenamento (nos países de tradição romanística), de tal modo que qualquer regra jurídica produzida mantenha sempre compatibilidade formal e material com aquelas que determinem seu conteúdo ou os regimes formais de sua produção, como procedimentos e outros. Esse foi o modo encontrado pelo liberalismo para distribuir o poder decisório e vinculante, por desconcentração, entre distintas unidades do próprio Estado, como condição para a racionalidade do direito e eliminação do exercício de qualquer domínio,

4. Fernando Sainz de Bujanda, "Reflexiones sobre un sistema de derecho tributario español – en torno a la revisión de un programa", in *Hacienda y Derecho*, t. III, Madri, Instituto de Estudios Políticos, 1963, p. 147. Sobre a certeza do direito nos atos de aplicação, vide: Giulio Tremonti, *Imposizione e definitività nel diritto tributário*, Milão, Giuffrè, 1977. Para um estudo profundo do princípio da legalidade, especialmente do seu ponto de vista histórico, ver a importante obra: José Osvaldo Casás, *Derechos y garantías constitucionales del contribuyente – a partir del principio de reserva de ley tributaria*, Buenos Aires, Ad-Hoc, 2002; também Andrea Fedele, "Art. 23 (principio di legalità)", in G. Branca, *Commentario della Costituzione*, Bologna, Zanichelli, 1978, pp. 21-163. Vide, também, Franco Gaffuri, *L'attitudine alla contribuzione*, Milão, Giuffrè, 1969; Áster Rotondi, *Appunti sull'obbligazione tributaria*, Pádua, CEDAM, 1950, pp. 1-71.

mediante concentração em um único indivíduo de poder de controle e de decisão. E a deliberação sobre instituição de obrigações patrimoniais tributárias quedou-se reservada exclusivamente à lei, como ato de vontade dos representantes do povo, para garantia da liberdade e dos direitos de propriedade e de autonomia privada.

Na forma de sistema de *direito positivo*, define-se usualmente o Direito como um conjunto de normas válidas, em vigor numa dada sociedade e num certo período histórico; normas estas que são prescrições para a conduta humana, a serem observadas na respectiva comunidade, cuja inobservância poderá ser sancionada, na medida em que o sistema constitui-se com uma organização para o emprego da coação, como aduz Norberto Bobbio.

Nesse sistema, as *normas jurídicas* são unidades sintaticamente inter-relacionadas mediante vínculos horizontais (relações de coordenação) e verticais (relações de subordinação – hierarquia), cuja inserção ocorre a partir de um determinado ato de decisão, cuja atividade deve sempre atender aos critérios de validade formal (*processo* adequado para a formação e a *autoridade competente* para criar a norma) e *material* (princípio da *compatibilidade vertical com o conteúdo das normas de fundamentação – competências – e nos limites de sua demarcação*). Essa é uma questão de base, qual seja, o estudo da relação entre a noção de "fontes do direito positivo" e "validade das normas".[5] Assim, a

5. A "problematica delle fonti ha riguardo alle 'fonti di produzioni': fatti (ed atti), cioè abilitati dall'ordinamento a creare diritto oggettivo, e perciò 'normativi', nel senso più ristretto e storicamente relativo – che solo interessa in sede dogmatica – avente riferimento alla produzione e modificazione di norme costitutive del diritto positivo. L'idea di fonte non può, infatti, essere disgiunta dall'idea di norma (del diritto oggettivo). Tra l'una e l'altra sussiste correlazione logica necessária, poiché chi parla delle fonti, con ciò stesso evoca immancabilmente l'idea di diritto o di norme di diritto, così come chi parla del diritto (in senso oggettivo) o del ordinamento normativo, parla anche – almeno di solito – delle sue fonti", cf. Vezio Crisafulli, *Lezioni di diritto costituzionale*, t. II, Pádua, CEDAM, 1993, p. 4. "O Direito retira sua própria validade dessa auto-referência pura, pela qual qualquer operação jurídica reenvia para o resultado de operações jurídicas. Significa isto que a validade do direito não pode ser importada do exterior do sistema jurídico, mas apenas obtida a partir do seu interior", cf. Gunther Teubner, *O direito como sistema autopoiético*, Lisboa, Gulbenkian, 1989, p. 2. Para outras considerações sobre a teoria das fontes do direito, veja-se especialmente: Hans Kelsen, *Teoria pura do direito*, 6ª ed., Coimbra, Armênio Amado, 1984; Alf Ross, *El concepto de validez y otros ensayos*, Buenos Aires, Centro Editor de America Latina, 1969; Norberto Bobbio, *Dalla strutura alla funzione – nuove studi de teoria del diritto*, Verona, Edizioni di Comunità, 1976; e, do mesmo autor, *Teoria della norma giuridica*, Turim, Giappichelli, 1960; Robert Alexy, *El concepto y la validez del derecho*, Barcelona, Gedisa, 1984, p. 37; Eugenio Bulygin, "Tiempo y validez", in Carlos E. Alchourron, Eugenio Bulygin, *Analisis logico y derecho*, Madri, CEC, 191, p. 196; Tércio Sampaio Ferraz Jr., *Introdução ao Estudo do direito*, 2ª

juridicidade atribuída às normas que participam do ordenamento deflui dos respectivos critérios de validade eleitos pelo sistema, para que se possa argumentar, então, da existência destas, na medida em que tenham atendido aos rigores formais e materiais de validação. A *validade* se confunde com a *existência*. Dizer que uma norma existe implica o reconhecimento da sua validade, em face de um dado sistema. "Ou a norma existe, está no sistema e é, portanto, válida, ou não existe como norma jurídica", como afirma Lourival Vilanova.[6]

Partindo da idéia segundo a qual a teoria das fontes do direito impõe-se como um estudo da validade do processo, mediante o qual as regras do direito são postas, diz Miguel Reale: "a fonte do direito implica o conjunto de pressupostos de validade que devem ser obedecidos para que a produção de prescrições normativas possa ser considerada obrigatória, projetando-se na vida de relação e regendo momentos diversos das atividades da sociedade civil e do Estado".[7] Ainda este mesmo Autor: "Destarte, uma lei somente pode ser considerada como tal se ela obedece ao devido processo de sua elaboração, exigindo-se, por exemplo, que ela seja emanada pelo poder competente e sancionada e promulgada de acordo com os imperativos constitucionais" (1994, p. 13). E que, mais adiante, complementa: "o que sobreleva notar é que para cada forma de processo legislativo são indicados os seus pressupostos de validade, atendendo-se a razões de certeza e segurança" (1994, p. 19).

A validade participa do sistema como critério de relacionamento de normas e condição de segurança jurídica do ordenamento, de tal modo que garantir atendimento de validade de normas, sem contradições ou conflitos, também esta, é garantia de segurança jurídica manifesta. Não quer dizer, contudo, que não possa ocorrer contradição ou conflito de normas válidas ou que tal presença de antinomias seja sinônimo de ausência de segurança jurídica. O controle sobre a coerência do sistema,

ed., São Paulo, Atlas, 1994, p. 129; Aulis Aarnio, *La racional como razonable*, Madri, CEC, 1991, pp. 51-52; Riccardo Guastini, *Dalle fonti alle norme*, Turim, Giappichelli, 1992, pp. 205-277; Giacomo Fragapane, *Il sistema gradualistico delle fonti normative*, Milão, Giuffrè, 1944; Ferruccio Pergolesi, *Sistema delle fonti normative*, 3ª ed., Bologna, Cesare Zuffi, 1949; Josep Aguiló Regla, *Teoria general de las fuentes del Derecho*, Barcelona, Ariel, 2000.

6. Lourival Vilanova, *As estruturas lógicas e o sistema do direito positivo*, São Paulo, Max Limonad, 1997, p. 104. No mesmo sentido, Paulo de Barros Carvalho, *Direito tributário: fundamentos jurídicos da incidência*, São Paulo, Saraiva, 1998, pp. 49-52; José Souto Maior Borges, *Obrigação tributária (uma introdução metodológica)*, 2ª ed., São Paulo, Malheiros Editores, 1999, p. 62.

7. Miguel Reale, *Fontes e modelos do direito: para um novo paradigma hermenêutico*, São Paulo, Saraiva, 1994, p. 14.

pela busca de solução dos conflitos de normas válidas e vigentes, é um valor que acompanha o próprio conceito de sistema jurídico, em favor do princípio de certeza do direito.

O problema do conflito de normas, portanto, não decorre ou incorre necessariamente em qualquer afetação aos critérios de validade das regras antinômicas. Podem ocorrer casos de incompatibilidade material com regras superiores de competência ou de limitações, o que aparentemente seria sanado pelo princípio da hierarquia, mas aqui já temos vício de produção de norma que impede sua permanência no próprio ordenamento. Por isso, na maioria das vezes, reservamos a noção de antinomia para as hipóteses nas quais se pressupõe que tais normas conflitantes sejam válidas e vigentes, porquanto só é possível falarmos em conflito admitindo que ambas as leis pertençam a um mesmo ordenamento.

Todavia, mesmo que a antinomia não se volte contra a validade das normas vigentes de um dado sistema jurídico, não se pode deixar de considerar os problemas decorrentes, especialmente sobre a determinação do direito aplicável e previsibilidade de condutas, bases do princípio de certeza do direito. E só isso já é motivo para empreender análise detida dos diversos aspectos que envolvem essa temática, pois não são poucas as oportunidades de conflitos normativos em matéria tributária, como é o caso dos que decorrem da relação entre Constituição e leis, de leis complementares ou tratados internacionais em vista das leis ordinárias, das leis em face dos regulamentos e atos administrativos normativos em geral, do regime geral em relação àqueles especiais dos tributos, das regras que isentam sobre as que autorizam a tributação, da revogação de leis, dentre outros.

3. Revogação, antinomia e contradição de normas – Critérios de segurança jurídica

Sempre foi uma ambição do pensamento positivista o primado da coerência do ordenamento, ao lado daqueles de hierarquia de normas e completude, o que foi ainda mais estimulado no século XVIII, especialmente pelas virtudes racionalistas herdadas do direito natural. Como assinala Giacomo Gavazzi, não é correto dizer que o ordenamento não tolera antinomias, pois exercer o ofício de *conciliatium legum* sempre foi um valor metodológico forte na vida da ciência jurídica e dos aplicadores do direito,[8] porquanto na construção do sistema, pelos sucessivos

8. Giacomo Gavazzi, *Delle antinomie*, Turim, Giappichelli, 1959, p. 5. Como bem observa: "la rigorosa coerenza dell'ordenamento non è requisito essenziale del diritto

atos de aplicação, exige-se sempre a resolução de antinomias (*ubi vera antinomia, neutra lex obligat, sed utraque omni valore destituitur*).

Todo sistema jurídico é formado por normas que contêm enunciados deônticos, numa das suas modalidades: permitido, obrigatório ou proibido. Existe *antinomia* quando duas normas válidas de um mesmo sistema, no que concerne a certos critérios (material, pessoal, espacial ou temporal), conflitam entre si, quanto aos modais deônticos, ou seja: uma obriga e a outra proíbe, ou uma permite e a outra obriga, ou uma proíbe e a outra permite o mesmo comportamento. Por isso, na sua complexa interação, é possível ao sistema conviver com normas em conflito de modais deônticos.

Na linguagem jurídica pode-se falar de antinomia ou incompatibilidade num sentido lógico ou num sentido empírico, excluindo-se aqui sua terceira possibilidade, que é o sentido valorativo, por simples razões práticas. Em termos *lógicos*, dois enunciados são incompatíveis (ou antinômicos) quando um ordena uma ação e o outro a permite (normas contrárias), e quando um proíbe uma ação e o outro a permite (normas contraditórias). São as antinomias próprias,[9] conforme define a doutrina mais especializada. E existe incompatibilidade em termos empíricos quando, ainda que não sejam incompatíveis, os dois enunciados não se podem cumprir ou ser aplicados simultaneamente. Quer dizer, nesses casos, há uma incongruência tal entre os enunciados que certamente a aplicação de um leva ao descumprimento do outro que prescreve a mesma ordem, proibição ou permissão. Por isso, a inexistência de contradições intra-sistêmicas não é condição *sine qua non* para a *estrutura sistêmica* do jurídico, mas a coerência (inexistência de antinomias) é imprescindível para o *ato de aplicação* do direito.

Consciente das dificuldades impostas ao intérprete, o sistema jurídico convive com diversas regras expressamente voltadas para a solução de antinomias, desde a *revogação* (total ou parcial; expressa ou tácita), passando por normas típicas de solução de conflitos e usando até mesmo de cláusulas gerais para orientar a decisão, tudo com a finalidade de prover o sistema de coerência e de certeza jurídica na definição das condutas juridicamente qualificadas.

e che la incompatibilità delle norme non si riflette necessariamente sulla loro validità" (p. 10).

9. Victoria Iturralde Sesma, *Lenguaje legal y sistema jurídico: cuestiones relativas a la aplicación de la ley*, Madri, Tecnos, 1989, *passim*.

3.1 O papel da revogação de leis no ordenamento

É princípio reconhecido do ordenamento que só lei pode revogar lei. Somente a fonte que emite o ato pode retirá-lo do sistema, *a posteriori* da sua edição. Por isso, exclusivamente quando não houver ato legislativo que determine a revogação de texto normativo, essa tarefa poderá ser transferida aos órgãos de aplicação do direito, mediante o recurso às normas vigentes sobre revogação tácita, logo, e também nessa hipótese, mediante autorização legislativa. Ao fim e ao cabo, portanto, o que se tem é lei revogando lei, mesmo quando isso dependa de algum órgão de aplicação, no caso da *revogação tácita.*

A revogação de uma norma jurídica pode ser *expressa* (i), seguida por uma disposição abrogadora *nominada*, quando o texto identifica exatamente o que está sendo afastado do ordenamento (i.1) ou *inominada*, quando o texto limita-se a uma referência indeterminada, do tipo: *revogam-se as disposições em contrário* (i.2); mas também pode ser *tácita* (ii), quando se verificar por *incompatibilidade* com as disposições vigentes (ii.1) ou em virtude da entrada em vigor de uma *nova disciplina* para a matéria versada (ii.2) no âmbito da norma revogada. A diferença entre ambas as modalidades,[10] *expressa* e *tácita*, evidencia-se pela ausência de referência do ordenamento, no segundo caso, sobre a impossibilidade de se manter no sistema o texto revogado. Para diferençá-las entre si, Riccardo Guastini chama as revogações expressas de "revogações legislativas" e as tácitas de "revogações judiciais". Preferimos, contudo, usar a terminologia consagrada na tradição do direito.

O que faz o órgão competente, nessa hipótese, aplicando a norma sobre revogação, é eleger uma das normas em conflito, segundo os critérios admitidos, para reger o fato jurídico, sem prejuízo de a outra (preterida) manter-se válida e vigente no ordenamento. Assim, quando a uma dada norma *N* corresponde outra contraditória, *não-N*, sendo ambas válidas, uma pelo menos será aplicada pelo sistema,[11] porque é também pertinente a este um mecanismo decisional que possibilita a aplicação de uma ou de outra norma a um dado caso concreto (mas nunca a ambas),

10. Cf. Riccardo Guastini, *Dalle fonti alle norme*, Turim, Giappichelli, 1992, pp. 247 e ss.

11. Lourival Vilanova, *Estruturas lógicas e o sistema de direito positivo*, São Paulo, EDUC, 1977, p. 174. De mesmo sentir, Eduardo García Máynez, *Lógica del raciocínio jurídico*, México, Fondo de Cultura Económica, 1964, p. 102: "*dos normas de derecho contradictorias entre si no pueden ambas ser válidas*. Este enunciado, al que damos el nombre de *principio lógico-jurídico de contradicción*".

sem alterar em nada a validade da proposição normativa contraditória que não for aplicada.

No Brasil, atendendo à exigência constitucional para regulamentar os critérios de produção de leis no ordenamento (art. 59, parágrafo único, da CF), foi editada a Lei Complementar n. 95, de 26.2.1998, de tal modo que os atos de elaboração, a redação, a alteração e a consolidação das leis (art. 1º) devem acompanhar todos os seus ditames e, quanto aos efeitos e à vigência, tanto o seu texto quanto a LICC – Lei de Introdução ao Código Civil.[12] Esta lei complementar, no seu art. 3º, prescreve que a lei será *estruturada* em três partes, dentre as quais destaca-se a chamada *parte final*, compreendendo as disposições pertinentes às medidas necessárias à implementação das normas de conteúdo substantivo, às disposições transitórias, se for o caso, à cláusula de vigência e à *cláusula de revogação*, quando couber.

Quer dizer, a *cláusula de revogação* é parte integrante obrigatória e deve sempre vir especificada na Lei, quando houver predisposição legislativa para afastar os regimes com ela incompatíveis, de modo a garantir clareza, certeza e segurança jurídica aos jurisdicionados que sejam seus destinatários. De fato, a lei não veda a revogação tácita, mas praticamente inibe o recurso à *revogação expressa inominada*, ao não estimular o uso da expressão tão comum: "revogam-se as disposições em contrário". E, por isso mesmo, o art. 9º não poderia ser mais claro: "Quando necessária a cláusula de revogação, esta deverá indicar expressamente as leis ou disposições legais revogadas".

Veja-se que o art. 9º não deixa à discricionariedade do legislador a escolha sobre indicar ou não, na cláusula de revogação, as leis ou disposições legais revogadas. Determina que seja sempre *expressa* tal revogação, apenas afastada sua referência quando "não for necessária". E somente não será necessária quando não preexistir textos legislativos a revogar, quando a matéria inove o sistema jurídico, como medida para permitir segura inteligibilidade da lei, quanto à sua extensão semântica relativa ao tratamento conferido ao direito preexistente.[13]

12. Concordamos, assim, com as reflexões de Pontes de Miranda quando, atiladamente, recorda: "É material das Constituições ou das leis regulamentares de ordem geral. Seria altamente recomendável que os corpos técnicos, mais familiares aos problemas científicos das fontes e da interpretação das leis, redigissem, com certa prudência e segurança próprias dos sábios, as leis relativas a isto" (*Fontes e evolução do Direito Civil brasileiro*, Rio de Janeiro, Forense, 1981, p. 99).

13. Essa é uma exigência universal, mas que, em matéria tributária, toma proporções sobremodo relevantes. Cf. Maurice-Christian Bergerés, "Un principe à valeur constitutionnelle paradoxalement ignoré du droit fiscal: L'intelligibilité de la loi", *Revue*

No Código Tributário Nacional, o art. 101 deixa claro que *a vigência, no espaço e no tempo, da legislação tributária rege-se pelas disposições legais aplicáveis às normas jurídicas em geral*, apenas ressalvando as previsões contidas nos arts. 102 e 103 do próprio Código. Com essa norma geral permissiva, foram respeitados, em matéria de relação de normas tributárias, os mesmos critérios de solução de conflitos aplicáveis a todas as demais regras do ordenamento. Por mais inusitado que possa parecer, nossa doutrina alheou-se dos esforços de conhecer os limites do emprego de tais critérios em matéria tributária, apesar da inconteste importância que ocupam e as tantas dificuldades sobre a respectiva aplicabilidade de tais figuras.

3.2 Critérios sistêmicos, meios empregados e efeitos da solução de conflitos de normas

É da lógica operacional do sistema que somente no ato de aplicação pode-se definir a norma válida aplicável ao caso concreto, mediante decisão entre eventuais contradições normativas, mesmo quando estas são aparentes, nas formas de *revogação tácita* ou mesmo no caso de *revogação expressa inominada*, cujo efeito é idêntico ao que se produz naquel'outra. Assim, pelos princípios de hierarquia, entre regras de diversos níveis (i), e da especialidade e temporalidade,[14] entre normas de mesma estatura (ii), as contradições entre normas são eliminadas, nas espécies de *revogação tácita*, com os aforismos: critério hierárquico (*lex superior derogat inferiori*) – norma de nível mais elevado prevalece sobre norma de nível inferior; critério temporal (*lex posterior derogat priori*) – norma de mesmo nível revoga norma anteriormente em vigência; e o critério da especialidade (*lex specialis derogat generali*) – norma de mesmo nível especial prevalece sobre norma geral.

de droit fiscal, n. 24, Paris, Dalloz, 2003, p. 794; assunto que também é discutido em: Maurizio Logozzo, *L'ignoranza della legge tributaria*, Milão, Giuffrè, 2002.

14. A respeito dessa matéria, veja-se o clássico estudo, nos seus dois volumes: Paul Roubier, *Les conflits de lois dans le temps (théorie dite de la non-rétroactivité des lois)*, Paris, Sirey, 1929. Também: Gaetano Pace, *Il diritto transitório*, Milão, CEA, s/d; Marco Ruotolo, *La dimensione temporale dell'invalidità delle legge*, Pádua, CEDAM, 2000. Para um estudo dessas categorias no direito brasileiro, veja-se: Wilson de Souza Campos Batalha, *Direito intertemporal*, Rio de Janeiro, Forense, 1980; R. Limongi França, *Direito intertemporal brasileiro – doutrina da irretroatividade das leis e do direito adquirido*, 2ª ed., São Paulo, Ed. RT, 1968; Carlos Maximiliano, *Direito intertemporal ou teoria da irretroatividade das leis*, São Paulo, Freitas Bastos, 1946; Maria Helena Diniz, *Conflito de normas*, São Paulo, Saraiva, 2003.

Estes são os *critérios* eleitos pela tradição jurídica para solução de conflitos normativos, sendo que enquanto os dois primeiros prescindem da matéria regulada para o seu emprego, porque se baseiam sobre fato natural (o tempo) ou o fato jurídico da hierarquia das fontes de produção do direito, o critério da especialidade reporta-se unicamente à matéria regulada.

Quanto aos *efeitos* que se operam sobre a norma preterida no ato de aplicação, o que se vê não é uma retirada de vigência da lei anterior, como pensam muitos, tampouco afetação à sua validade (Kelsen). Um e outro só seriam possíveis por atos exclusivos do Poder Legislativo. A revogação tácita impõe que se aplique, no caso concreto, uma das leis vigentes e válidas, mas contraditórias entre si. Cuida-se de caso sobre conflito no plano da eficácia, apenas. E como se opera no plano da *eficácia*, faz-se mister que o intérprete dedique-se a uma hermenêutica sobre os textos constantes da norma posterior (i), da norma anterior (ii) e das regras sobre revogação tácita (iii) existentes, sempre que a lei posterior não trouxer *regra revogadora expressa*.

Os *meios* empregados para o fim da não-aplicação de uma norma, sob a justificativa de conflito com outra de mesma hierarquia, depende da construção do sistema normativo, não sendo de universal consenso, portanto. Excluída, aqui, a hipótese de *revogação expressa*, laboramos exclusivamente no campo da *revogação tácita*, cumpre lembrar. E assim, deve-se verificar quais são as normas sobre revogação tácita reservadas pelo sistema. Vejamos no caso brasileiro.

A LICC, veiculada pelo Decreto-lei n. 4.657, de 4.9.1942, por que dispõe apenas sobre relações de coordenação entre atos normativos de mesmo nível hierárquico (lei – lei), no seu art. 2º, veicula *norma de revogação tácita* típica, sob a forma de *critério temporário*, a saber: "Não se destinando à vigência temporária, a lei terá vigor até que outra a modifique ou revogue", esclarecendo ainda, no § 1º, que "A lei posterior revoga a anterior quando expressamente o declare, quando seja com ela incompatível ou quando regule inteiramente a matéria de que tratava a lei anterior". Trata-se, essa regra, de um ato de revogação *per se*, porquanto qualquer modalidade de conflito de normas deve ser interpretada, inclusive, à luz da interpretação dessa norma de revogação, em detrimento da vigência da norma anterior.

O critério de *lex posterior derogat priori*, sabemos todos, por tais motivos e, em parte, já antecipado acima, nem sempre é suficiente para eliminar a eventual dúvida sobre existir *antinomia*, porquanto se pergunte a respeito da própria revogação com fundamento na prevalência de um regime sobre o todo ou apenas sobre parcela das situações regradas pelo veículo introdutor de normas (a lei); daí a importância do critério de *lex specialis derogat generali*, ou vice-versa, de *lex generalis derogat specialis*. Já se vê o quanto é falível o recurso ao critério *lex posterior derogat priori*, que é conceito de direito positivo, e não conceito lógico, como bem advertiu Kelsen, na medida em que não é a simples ponência de nova regra jurídica no ordenamento suficiente para promover a solução ao conflito.[15] Pode ocorrer muitas vezes o oposto, quando a lei anterior deve prevalecer sobre a posterior com ela incompatível (*lex prior derogat posteriori*).[16]

Quanto ao *critério da especialidade*, no respectivo § 2º, limita-se a dizer que: "A lei nova, que estabeleça disposições gerais ou especiais a par das já existentes, não revoga nem modifica a lei anterior". De imediato, veja-se a dificuldade inerente à interpretação dessa regra de direito sobre direito, de norma sobre norma, que é a LICC. Não há, como se dessome de sua simples leitura, nenhuma imposição de tratamento obrigatório sobre a prevalência de um tipo de regra sobre outro. Como disse Vicente Ráo, "A disposição especial não revoga a geral, nem a geral revoga a especial, senão quando a ela, ou ao seu assunto, se referir, alterando-a, explícita ou implicitamente".[17]

E isso pode ser ainda mais agravado quando a contradição verificada ocorre no interior de uma mesma lei ou qualquer outro ato normativo, a cobrar tanto mais esforço reflexivo por parte do intérprete,[18] visto que

15. Hans Kelsen, *Teoria geral das normas*, Porto Alegre, Sérgio Fabris, 1986, p. 162.

16. Para Franco Modugno há um modo de salvação possível para o critério atacado: "Nello stesso modo in cui il criterio logico-teoretico di specialità prevale sul criterio cronologico, ripresentandone una deroga: *lex generalis posterior non derogat priori speciali*, anche i criteri positivi di gerarchia e di competenza limitano l'applicabilità del criterio cronologico alla risoluzione delle antinomie tra norme poste da una stessa fonte o rientrati in uno stesso tipo o classe di fonti. Così la norma antinomica posteriore incompetente per materia (o per territorio) è da considerarsi illegittima (o rispettivamente, inefficace) con conseguente disapplicazione o annullamento, secondo i casi; così la norma posteriore antinomica, di grado inferiore è parimente da ritenersi illegittima e quindi disapplicabile o annullabile" ("Norma (teoria generale)", *Enciclopedia del Diritto*, Milão, Giuffrè, 1967, p. 379).

17. Vicente Ráo, *O direito e a vida dos direitos*, 4ª ed., São Paulo, Ed. RT, 1997, vol. 1, p. 338.

18. Nesse diapasão, veja-se a seguinte decisão do STF: "*Habeas corpus*. Crime de quadrilha ou bando. Interpretação dos artigos 8º e 10 da Lei n. 8.072, de 25 de julho de 1990 – Quando há *choque entre dois dispositivos de uma mesma lei, a antinomia não pode ser resolvida pelos critérios da hierarquia ou da sucessividade no tempo, porque esses critérios pressupõem a existência de duas leis diversas*, uma hierarquicamente supe-

nem o critério cronológico, nem o da hierarquia permitem adequada solução para o deslinde do problema.

4. *Algumas questões polêmicas de conflitos de normas no sistema tributário*

Em vista das diferentes formulações que tais métodos podem empreender, passamos a demonstrar a solução para algumas hipóteses de conflitos de normas no ordenamento brasileiro, com aplicação das regras de antinomia e de revogação acima assinaladas.

Cabe antecipar que estão postos em debate apenas os temas assinalados como conflitos de fontes e normas, sem que isso implique avançar para os temas próprios de seguimentos contíguos, como o estudo do chamado "direito intertemporal", mais voltado para análise da aplicação das leis. A esse respeito, por exemplo, o CTN, no art. 144, dispõe sobre as regras a serem aplicadas no caso de lançamento tributário, prescrevendo que "o lançamento reporta-se à data da ocorrência do fato gerador da obrigação e rege-se pela lei então vigente, ainda que posteriormente modificada ou revogada"; quanto às leis materiais definidoras da regra-matriz de incidência do tributo aplicado, *i.e.*, do respectivo conteúdo do ato administrativo e, no seu parágrafo primeiro, no que concerne às chamadas disposições formais, sobre os critérios normativos que devem

rior à outra, ou esta posterior à primeira. Nesse caso, que é o de mais difícil solução, o que é preciso verificar é se a antinomia entre os dois textos da mesma hierarquia e vigentes ao mesmo tempo é uma antinomia aparente, e, portanto, solúvel, ou se é um antinomia real, e, conseqüentemente, insolúvel. *A antinomia aparente é aquela que permite a conciliação entre os dispositivos antinômicos, ainda que pelo que se denomina 'interpretação corretiva', ao passo que a antinomia real é aquela que, de forma alguma, permite essa conciliação, daí decorrendo a necessidade de se adotar a chamada 'interpretação ab-rogante', pela qual ou o intérprete elimina uma das normas contraditórias (ab-rogação simples) ou elimina as duas normas contrárias (ab-rogação dupla)*. Dessas três soluções, a que deve ser *preferida* – só sendo afastável quando de forma alguma possa ser utilizada – é a *interpretação corretiva*, que *conserva ambas as normas incompatíveis por meio de interpretação que se ajuste ao espírito da lei e que corrija a incompatibilidade, eliminando-a pela introdução de leve ou de parcial modificação no texto da lei*. No caso, a interpretação corretiva é perfeitamente aplicável. Com efeito, atendendo-se a que o artigo 8º da Lei n. 8.072/90 se dirige à pena e a que o artigo 10 dessa mesma Lei tem inequivocamente como em vigor o tipo delituoso previsto no artigo 14 da Lei n. 6.368/76, a forma de afastar-se a interpretação ab-rogante – que só deve ser utilizada no caso extremo de inconciliabilidade absoluta – será a da conciliação sistemática, mediante a interpretação restritiva de ambos os dispositivos, deixando ao primeiro a fixação da pena inclusive para a quadrilha que se forma para a prática de crime de tráfico ilícito de entorpecentes e drogas afins, e ao segundo a especialização do tipo do crime de quadrilha com essa finalidade. *Habeas corpus* indeferido" (HC 68.793-RJ, STF, 1ª T., rel. Min. Sepúlveda Pertence, j. 10.3.1992).

regular o procedimento e a forma do lançamento, há previsão segundo a qual "aplica-se ao lançamento a legislação que, posteriormente à ocorrência do fato gerador da obrigação, tenha instituído novos critérios de apuração ou processos de fiscalização, ampliado os poderes de investigação das autoridades administrativas, ou outorgado ao crédito maiores garantias ou privilégios, exceto, neste último caso, para o efeito de atribuir responsabilidade tributária a terceiros".

4.1 Relação entre generalidade e especialidade dos regimes tributários – Cabimento da prevalência do regime especial quando o geral, mesmo que posterior, não o revoga

Na doutrina, a revogação de normas jurídicas sempre mereceu atenção especial, com maior empenho em afirmar a prevalência do regime especial que inove sobre regimes gerais (*lex posterior speciali derogat priori generalis*), é verdade, mas também garantindo a prevalência de regimes especiais apesar da entrada em vigor de normas que veiculem regimes gerais (*lex posterior generalis derogat priori speciali*). E assim enfrentamos um verdadeiro conflito de critérios para solução de antinomias, a promover imprescindível inclusão de critério adicional que justifique uma medida segura para solução dos problemas decorrentes.

Desde logo, cumpre assinalar que a máxima latina, segundo a qual o gênero sempre é derrogado pela espécie, considerando a importância preponderante que desta consta, fortalece a convicção de que seja esta a única medida cabível: *In toto jure generi per speciem derogatur et illud potissimum habetur quod ad speciem directum est* (Papiniano, *Digesto*, L. 41 e 50, t. XLVII, fr. 19; e t. XVII, fr. 80). Ou, como sintetiza Carlos Maximiliano, citando Campbell Black (*Handbook on the Construction and Interpretation of the Laws*): "Se existe antinomia entre a regra geral e a peculiar, específica, esta, no caso particular, tem a supremacia. Preferem-se as disposições que se relacionam mais direta e especialmente com o assunto de que se trata".[19]

A definição dos limites lógicos entre "gênero" e "espécie", como bem observa Gavazzi, não pode partir do conceito de "gênero". Melhor seguir o conceito do que é limite daquele. E assim, "norma especial" é sempre aquela que confere melhor determinação e particulariza o âmbito material, pessoal, temporal ou espacial de norma jurídica que dantes

19. Carlos Maximiliano, *Hermenêutica e aplicação do Direito*, 16ª ed., Rio de Janeiro, Forense, 1996, p. 135.

dispunha sobre a totalidade de uma dada matéria, a qual se denomina de "geral". Essa relação acompanha, em muito, o método adotado nas classificações, para identificação da relação existente entre o gênero e a espécie. Para distinguir entre ambos, em termos metodológicos, a primeira etapa da identificação consistirá na *observação* dos elementos sistêmicos (as normas) e a segunda, na *comparação* (observação comparada). Da *comparação* é que se verificará se entre os elementos postos em *observação* existe ou não qualquer semelhança (qualitativa ou quantitativa),[20] em função do critério eleito. E servem à comparação não apenas os objetos, como também o "resultado da classificação": a classe que se alcança ao final do procedimento. A esfera do *especial* é sempre uma redução do campo semântico da norma geral. Sem comparação,[21] nunca será possível identificar o que é geral e o que é especial, por serem conceitos usados, ambos, para qualificar "normas abstratas". Ambos devem ser postos em relação, para que se possa identificar o que é especial e o que é geral, até porque o geral de ontem pode tornar-se especial no futuro, e vice-versa. É o caso do regime cumulativo do PIS e da COFINS, por exemplo. O que antes era regra geral passa a ser exceção, pela entrada em vigor da Lei n. 10.833/2004.

A *especialidade* à qual fazemos menção diz respeito ao princípio da especificação, que, segundo Norberto Bobbio, corresponde a uma exigência fundamental de justiça.[22] Mas isso precisa ser ponderado, pois a especificidade em matéria tributária pode levar às mais vitandas injustiças. Contudo, em matéria de contribuições, foi aclamado como critério para calibrar a carga tributária, como se vê na Emenda à Constituição n. 20/1998, art. 195, § 9º, segundo o qual "as contribuições sociais previstas no inciso I deste artigo poderão ter alíquotas ou bases de cálculo diferenciadas, em razão da atividade econômica ou da utilização intensiva de mão-de-obra".

A precisão de Bobbio não se furtou a uma análise mais atilada do problema: "A passagem da regra geral à regra especial corresponde a

20. Michel Troper, "Les classifications en droit constitutionnel", *Revue du Droit Public*, Paris, LGDJ, jul.-out. 1989, pp. 945-956.

21. "La especialidad es una cualidad relativa que deriva de un juicio de comparación de los contenidos de dos enunciados. Aisladamente considerado, ningún enunciado puede decirse especial" (cf. Victoria Iturralde Sesma, *Lenguage legal y sistema jurídico: cuestiones relativas a la aplicación de la ley*, Madri, Tecnos, 1989, p. 127. Vide, também, Riccardo Guastini, *Le fonti del diritto e l'interpretazione*, Milão, Giuffrè, 1993, pp. 414 e ss.).

22. Norberto Bobbio, *Teoria do ordenamento jurídico*, 5ª ed., Brasília, UnB, 1994, p. 96.

um processo natural de diferenciação das categorias, e a uma descoberta gradual, por parte do legislador, dessa diferenciação. Verificada ou descoberta a diferenciação, a persistência na regra geral importaria no tratamento igual de pessoas que pertencem a categorias diferentes, e, portanto, numa injustiça. Nesse processo de gradual especialização, operado através de leis especiais, encontramos uma das regras fundamentais da justiça, que é a do *suum cuique tribuere* (dar a cada um o que é seu). Entende-se, portanto, por que a lei especial deve prevalecer sobre a geral: ela representa um momento ineliminável do desenvolvimento de um ordenamento. Bloquear a lei especial frente à geral significaria paralisar esse desenvolvimento".

Dizer sobre se houve ou não revogação por lei nova é tarefa muito difícil no direito, e ainda mais quando se trata de identificar a prevalência de "generalidade" e de "especialidade" das disposições normativas. Na solução desse problema, temos que procurar, de início, verificar se a revogação deu-se de modo expresso ou tácito.

Assim, quando se tem a edição de certa norma que veicula um dado regime "geral",[23] para tratar de matéria já disciplinada previamente, somente pode-se falar de uma tal espécie de revogação, de norma "geral" sobre os regimes "especiais", quando estes forem abrangidos em todas as possibilidades submetidas à hipótese de incidência da norma jurídica introduzida, inclusive suas exceções, transferindo-as para nova disciplina ou regime jurídico.[24] Neste caso, geralmente, a revogação dá-se de modo expresso, mas nada impede que o legislador o faça utilizando a expressão "revogam-se as disposições em contrário". Daí, de revogação tácita, mesmo assim poderíamos identificar a superação do regime anterior, especial ou geral, porquanto todos se encontrem afastados pela nova disciplina aplicada à matéria.

23. Vicente Ráo, *O direito e a vida dos direitos*, vol. 1, 4ª ed., São Paulo, Ed. RT, 1997, pp. 336 e ss.

24. "I – Se a Lei nova cria, sobre o mesmo assunto da anterior, um sistema inteiro, completo, diferente, é claro que todo o outro sistema foi eliminado. Por outras palavras: dá-se ab-rogação, quando a norma posterior se cobre com o conteúdo todo da antiga. (...) II – Quando o princípio fundamental da velha e o da nova regra legal se contradizem absolutamente, considera-se ab-rogada a primeira. (...) IV – 'A disposição geral não revoga a especial'. Pode a regra geral ser concebida de modo que exclua qualquer exceção; ou enumerar as únicas exceções que admite; ou, finalmente, criar um sistema completo e diferente do que decorre das normas positivas anteriores: nesses casos o poder eliminatório do preceito geral recente abrange também as disposições especiais antigas. (...) Na verdade, em princípio, não se presume que a lei geral revogue a especial; é mister que esse intuito decorra claramente do contexto. Incumbe, entretanto ao intérprete verificar se a norma recente eliminou só a antiga regra geral, ou também as exceções respectivas" (Carlos Maximiliano, *Hermenêutica e aplicação do Direito*, cit., p. 358).

No que concerne à *revogação tácita*, poderemos ter, ademais, a entrada em vigor de regime especial, sem prejuízo das suas exceções, salvo aquelas que expressamente as revogue, em virtude do critério da especialidade que as anima. Essa é a regra. E aqui invocamos novamente Vicente Ráo, para bem esclarecer que: "Se as disposições nova e antiga (gerais ou especiais) não forem incompatíveis, podendo prevalecer umas e outras, umas *a par* de outras, não ocorrerá revogação alguma. (...) De todos os preceitos expostos, resulta que se uma lei nova reproduz a norma geral constante de lei anterior, sem se referir às exceções por esta consagradas, não se poderá sustentar, em caso de dúvida, que a confirmação da velha regra contenha a abolição das velhas exceções".[25]

Apenas para exemplificar, a revogação de um regime "geral" (como era a cumulatividade do regime anterior do PIS e da COFINS) não importa, por conseguinte, revogação das suas exceções e regimes típicos distintos e particulares em relação àquele, salvo quando a lei o faça de modo expresso, e de tal modo que sua abrangência seja suficiente para abarcar as exceções com o novo regime ou quando este seja de todo incompatível com o que preexistia. Afora tais hipóteses extremas, as exceções são preservadas e se mantêm eficazes no ordenamento, sem que qualquer espécie de revogação tácita possa ser alegada.

Quando lei anterior especial é sucedida por lei que introduz regime jurídico geral sobre a matéria, a solução não pode ser aduzida com preponderância de um sobre o outro, mesmo que Bobbio destaque a prevalência da especialidade como sendo o mais compatível com a idéia de justiça que todo ordenamento deve preservar, sob o aforismo: *lex posterior generalis non derogat priori speciali*.[26] Nas suas palavras: "Com

25. Vicente Ráo, *O direito e a vida dos direitos*, cit., vol. 1, p. 349. Do mesmo modo, ver: Hans Kelsen, *Teoria geral das normas*, cit., pp. 141-145 e 157-163; Josep Aguiló Regla, *Teoría general de las fuentes del Derecho (y del orden jurídico)*, Barcelona, Ariel, 2000, pp. 78 e ss.; Roberto J. Vernengo, *La interpretación literal de la ley*, 2ª ed., Buenos Aires, Abeledo-Perrot, 1994, pp. 113 e ss.; Carlos E. Alchourrón, Eugenio Bulygin, *Análisis lógico y derecho*, cit., pp. 337 e ss.; François Geny, *Méthode d'interprétation et sources en droit privé positif*, t. 1, Paris, LGDJ, 1919; Vezio Crisafulli, "Fonti del diritto (diritto costituzionale)", *Enciclopedia del diritto*, vol. XVII/925-966, Milão, Giuffrè, s/d.

26. Em primorosa redação e síntese, vale transcrever Acórdão da Corte de Cassação italiana, citado por Giacomo Gavazzi: "Devesi riconoscere che la massima *lex posterior generalis non derogat priori speciali* non ha valore assoluto. Poiché se la nuova norma sai concepita in termini tali da escludere qualsiasi eccezioni; o indichi in maniera tassativa le eccezioni possibili, senza enumerare tra esse quella prevista da precedente norma speciale, si verifica l'incompatibilità fra le due leggi, e di conseguenza la legge generale posteriore induce l'abrogazione della precedente legge speciale" (Cassação, 14.5.1947), cf. Giacomo Gavazzi, *Delle antinomie*, Turim, Giappichelli, 1959, p. 85).

base nessa regra, o conflito entre critério de especialidade e critério cronológico deve ser resolvido em favor do primeiro: a lei geral sucessiva não tira do caminho a lei especial precedente".[27]

Pode-se até mesmo falar sobre o *silêncio* do legislador,[28] como omissão no dispor a respeito, distinguindo-o entre silêncio *positivo*, quando permite, ou silêncio *negativo*, quando proíbe, o recurso de manutenção da lei especial anterior que não tenha sido expressamente revogada, mas não parece que seja suficiente para dar uma solução adequada à questão que se vê aberta ao intérprete das leis debatidas e postas em conflito.

4.1.1 Jurisprudência. Lei posterior geral não derroga lei anterior especial, sem expressa disposição que o faça – Análise de um caso

Insistimos acima, à exaustão, que as modalidades de regimes especiais não podem ser revogadas por introdução de regime geral desprovido de mandamento que, expressamente, revogue tais disposições especiais. A inteligência do art. 2º, § 2º, da LICC, veda que a lei geral possa revogar a lei especial. E se todos os expedientes de argumentação usados acima não bastaram ao convencimento, na Jurisprudência podem ser encontradas diversas decisões que preservam o regime especial, sobrepujando ao geral que eventualmente seja inserido no ordenamento sem que lhe retire a vigência por disposição expressa.

Em julgamento recente, a Primeira Turma do Superior Tribunal de Justiça, julgando questão de cunho tributário, relativa à revogação de norma especial por norma geral, proferiu acórdão vazado nos seguintes termos:

"Tributário. Imposto de renda pessoa jurídica. Tratamento diferenciado a empresas agrícolas. DL n. 1.382/1974. Norma geral posterior (Lei n. 7.689/1988), estabelecedora de tributação genérica. Ausência de revogação expressa.

"1. Deveras consabido que norma geral posterior não pode revogar lei especial anterior (art. 2º, § 2º, da LICC – Decreto-Lei n. 4.657/1942).

"2. Tendo o Decreto-Lei n. 1.382/1974 concedido tratamento diferenciado às empresas agrícolas no que se refere ao imposto de renda,

27. Norberto Bobbio, *Teoria do ordenamento jurídico*, cit., p. 108.

28. Cf. César García Novoa, *El silencio Administrativo en Derecho Tributario*, Madri, Aranzadi, 2001, *passim*.

não pode a Lei n. 7.689/1988, a qual estabeleceu tributação genérica do aludido tributo, revogar aquele diploma legal, de caráter especial, revogação essa que só veio acontecer com a edição da Lei n. 8.023/90, o qual revogou expressamente o citado DL.

"3. Recurso especial não provido."[29]

Discutia-se na espécie a alíquota especial do Imposto sobre a Renda, prevista no art. 1º, do Decreto-lei n. 1.382/1974, aplicável aos rendimentos da exploração agrícola ou pastoril, como previsto pelo Decreto-lei n. 902/1969, com diversas vantagens e deduções previstas. A Receita Federal entendia que se aplicaria o art. 10 da Lei n. 7.689/1988, por ter revogado tacitamente o disposto no Decreto-lei n. 1.382/1974, ao prever a alíquota geral do Imposto sobre a Renda. Assim, a Lei n. 7.689/1988, que instituiu a contribuição social sobre o lucro das pessoas jurídicas, no que dispôs sobre outras matérias, prescrevia: "Art. 10. A partir do exercício financeiro de 1989, as pessoas jurídicas pagarão o imposto de renda à alíquota de trinta por cento sobre o lucro real ou arbitrado, apurado em conformidade com a legislação tributária, sem prejuízo do adicional de que trata os arts. 1º e 2º do Decreto-lei n. 2.462, de 30 de agosto de 1988".[30]

Prevaleceu, todavia, o entendimento segundo o qual a norma geral (alíquota de 30% do IR, aplicável à generalidade das pessoas jurídicas) não revoga lei especial (alíquota de 6% do IR, devida nos casos de exploração agrícola ou pastoril). Regra de alcance geral, portanto, não derrogaria norma especial. O Ministro José Delgado, com ênfase, bem demonstrou o alcance que se deve empreender sobre o regime especial criado por lei. Nas suas palavras: "É sabido e consabido que norma geral posterior não pode revogar lei especial anterior (art. 2º, § 2º, da LICC – Decreto-lei n. 4.657/1942). Destarte, tendo o Decreto-lei n. 1.382/1974 concedido tratamento diferenciado às empresas agrícolas no que se refere ao imposto de renda, não pode a Lei n. 7.689/1988, a qual estabeleceu

29. STJ, REsp 584.286-DF, 1ª T., rel. Min. José Delgado, j. 20.11.2003.

30. Sobre os demais instrumentos normativos, veja-se:

Decreto 1.382/1974: "Art. 1º. As empresas de que trata o artigo 7º do Decreto-lei n. 902, de 30 de setembro de 1969, pagarão imposto de renda à razão de 6% (seis por cento) sobre os lucros apurados com observância do parágrafo único do mesmo artigo 7º, sendo vedada qualquer redução do imposto a título de incentivo fiscal."

Decreto-lei 902/1969: "Art. 7º. As empresas constituídas nos próximos dez anos para a exploração das atividades referidas no artigo 1º deste Decreto-lei, excetuadas as de transformação de seus produtos e subprodutos, gozarão, a contar de sua constituição, dos seguintes incentivos, respeitadas as condições e os limites máximos abaixo indicados: (...)."

tributação genérica do aludido tributo, revogar aquele diploma legal, de caráter especial, revogação essa que só veio a acontecer com a edição da Lei n. 8.023/90, o qual revogou expressamente o citado DL".

A clareza da decisão prescinde de maiores explicações, além das que já foram expostas acima, demonstrando cabalmente aquela necessária prevalência do regime especial sobre o geral.

4.2 Contradição entre Lei e Constituição, quando Emenda à Constituição posterior a confirma materialmente – Inexistência de repristinação ou de saneamento de vícios

Porque o sistema jurídico admite contradições sistêmicas, salvo nas hipóteses de aplicação do direito, quando se deve empregar as regras típicas contra antinomias ou os instrumentos próprios para afastar atos inconstitucionais ou ilegais; porque a ordem de recepção não necessita vir expressa a cada ato do ordenamento; e porque a interpretação mais atual do direito deve levar em conta não apenas o vínculo sintático-semântico dos enunciados, mas ocupar-se de adensar, o quanto mais, o vínculo semântico-pragmático, mormente quando se trata de normas constitucionais,[31] em vista de todos esses pressupostos, é perfeitamente possível verificarmos dificuldades para determinar a contradição de normas veiculadas por leis e aquelas postas por Emendas à Constituição posteriores e que afirmam a vontade legislativa contida na Lei anterior.

Ora, se a *validade formal* exige um processo específico e uma autoridade competente para inserção da norma como pertinente ao sistema jurídico; a *validade material* exige a plena adequação com o conteúdo da norma hierarquicamente superior, como seu fundamento, sob pena de invalidação. Temos, então, que, em não havendo obediência do legislador aos motivos (materiais) estabelecidos constitucionalmente, irrompe no sistema um problema de contradição sistêmica (incompatibilidade vertical), que implica vício de excesso de poder, uma inconstitucionalidade. Qualquer desconformidade entre o "fato-norma" – lei[32] – introdutor da

31. Para outras considerações, ver: Marcelo Neves, "A interpretação jurídica no Estado Democrático de Direito", in Eros Roberto Grau e Willis Santiago Guerra Filho, *Direito Constitucional – estudos em homenagem a Paulo Bonavides*, 1ª ed., 2ª tir., São Paulo, Malheiros Editores, 2003, pp. 356-376; com uma análise exclusiva sobre as questões tributárias, o clássico estudo, já de agora: Giuseppe Melis, *L'interpretazione nel Diritto Tributário*, Pádua, CEDAM.

32. Entenda-se "lei", para efeito deste estudo, como um fato jurídico, resultante da incidência de normas constitucionais. Lei como "fato-norma". Como fato, então, não pode prescindir de seus pressupostos, particularmente os normativos, sem os quais sua

norma instituidora de tributos e o texto constitucional (que lhe serve de pressuposto normativo – motivo), impõe-se o controle de constitucionalidade, que se estende ao exame dos motivos (matéria), para declarar a invalidade da lei viciada. Em conseqüência, todo ato que exceda os limites formais ou materiais por ela estabelecidos é inválido e, por conseguinte, inconstitucional.[33]

Diversamente do "vício formal" (relativo ao processo ou à autoridade competente), o "vício material" do ato normativo, que diz respeito à *incompatibilidade entre o conteúdo da lei* e a *correspondente demarcação constitucional da matéria*, envolve um necessário excesso de poder do legislador. E bem se sabe que este vício de inconstitucionalidade constitui-se num dos mais sérios problemas que o direito tem para enfrentar.

Destarte, a discricionariedade do legislador é plenamente limitada, pela vinculação do ato legislativo às normas e fins (materiais) da Constituição, para efeito da compatibilidade e congruência vertical do sistema de normas jurídicas em nosso sistema. É a aplicabilidade do princípio da *proporcionalidade*, ou da *vedação do excesso de poder*.

Disse Lourival Vilanova, com arguta sensibilidade, que para a conformação lógica do sistema jurídico temos que admitir a persistência de contradições: "é possível um sistema de normas jurídicas abrigar contradições. Não podemos, aprioristicamente, dizer que seja impossível. É um fato que há conflitos contraditórios". E mais adiante complementa: "Se as há, as contradições normativas, *então a ciência jurídica, não as admitindo, está-se colocando em função diversa da cognoscente ou descritiva*. Toma a posição de emitente de proposições prescritivas: não pode admitir, não tolera, não suporta (*duldet*). Por isso, desfaz o contraditório, ou refaz o sistema. (...) *eliminar uma das duas conflitantes só é possível através de normas. Normas são eliminadas por normas, proposições prescritivas por proposições prescritivas*". Assim, seguindo a mesma linha, conclui: "Por isso, mesmo *o que é logicamente impossível, a validade conjunta de normas contraditórias, é empiricamente existente*".[34]

legitimidade e validade ficariam comprometidas. Ausentes tais pressupostos, restaria a finalidade desvirtuada e não se teria por preenchida a relação de adequação entre o "fato-norma" (lei) e a regra constitucional, configurando-se uma espécie de "incompetência material" do legislador.

33. "Define-se inconstitucional uma lei cujo conteúdo ou cuja forma contrapõe-se, expressa ou implicitamente, ao conteúdo de dispositivos da Constituição" (Marcelo Neves, *Teoria da inconstitucionalidade das leis*, São Paulo, Saraiva, 1988, p. 73).

34. Lourival Vilanova, *Estruturas lógicas e o sistema de direito positivo*, São Paulo, EDUC, 1977, pp. 144-146.

A título de exemplo, quando editada a Lei n. 9.718/1998, pela incoerência material firmada entre ela e o texto constitucional, no que alargava a competência sobre a materialidade da hipótese de incidência da COFINS, sem dúvidas, quedava-se em campo de contradição, somente superada com o advento da EC n. 20/1998, dezoito dias depois. E digo superada porque, como não houve norma jurídica que a retirasse do sistema, por revogação, suspensão de eficácia ou por declaração de inconstitucionalidade, sua permanência sob presunção de constitucionalidade a garantia na existência, para os fins de produzir seus efeitos.

Admitir a existência de inconstitucionalidade na espécie equivale a concluir que as normas jurídicas são dados que a experiência colhe previamente a qualquer ato de interpretação, que é o mesmo que dizer de aplicação do direito, numa postura de mera literalidade e apego ao pragmatismo. Mas a lógica do sistema jurídico refuta esse tipo de raciocínio *a priori*, motivo por que admite existir normas contraditórias.

Assim, a partir da entrada em vigor da EC n. 20/1998, com abrigo da nova configuração dada à competência firmada no art. 195, I, da CF, não haveria que se falar propriamente em saneamento de vícios, mas sim de recepção, esse efeito que só as normas constitucionais possuem para emprestar validade às normas já existentes, mas que não sejam com elas incompatíveis. É a vontade constitucional sobrepujando aos interesses da vontade legislativa, com indiscutível mácula aos direitos fundamentais, por não se admitir, a partir de decisão discutível do STF, que a alteração do quadro de competências não implica afetação à cláusula pétrea do art. 60, § 4º, "d", da CF. Mas só por isso. Após admitida ao sistema, pela recepção da competência modificada, já não cabe discutir sua inconstitucionalidade à luz do regime anterior.

Conclui-se, pois, que uma lei pode ser declarada inconstitucional apenas quando sua incompatibilidade for averiguada no momento do julgamento,[35] preservando a constitucionalidade das leis no momento que entraram em vigor, em face da Constituição vigente, mesmo que naquela oportunidade fossem inconstitucionais.[36] E a razão é totalmente

35. Reconhecendo as mazelas do controle de constitucionalidade vigente no País, observa Manuel Gonçalves Ferreira Filho, *Aspectos do Direito Constitucional Contemporâneo*, São Paulo, Saraiva, 2003, p. 231: "(...) o ato inconstitucional não é mais, como ensinavam doutrina e jurisprudência, nulo e írrito". Vide os arts. 27 e 28 da Lei n. 9.868, de 10.11.1999.

36. No Brasil, cumprindo a exigência constitucional para regulamentar os critérios de produção de leis no ordenamento (art. 59, parágrafo único, da CF), foi editada a Lei

lastreada pelas teorias do direito que só admitem retirada de instrumento normativo do sistema por ato jurídico previamente destinado a tal finalidade, para os fins de revogação, suspensão de eficácia ou declaração de nulidade (por ilegalidade ou inconstitucionalidade).

Tampouco vale a assertiva, comum na doutrina, segundo a qual dar-se-ia, na espécie, uma modalidade de repristinação, *de todo proibida pelo sistema*. Esse conceito não tem qualquer sentido quando empregado na relação com normas constitucionais, até porque a regra que a prevê é ato infraconstitucional e, tampouco, pode-se afirmar como uma categoria *a priori* e absoluta. Falo da Lei de Introdução ao Código Civil, veiculada pelo Decreto-lei n. 4.657/1942, cujo art. 2º, § 3º assim dispõe: "Salvo disposição em contrário, a lei revogada não se restaura por ter a lei revogadora perdido a vigência".

Lendo o dispositivo acima com vagar, vê-se aflorar mui claramente o erro contumaz da doutrina, ao dizer-se acriticamente que nosso direito admite, sem restrições, a vedação à repristinação de leis revogadas. A redação do dispositivo não poderia ser mais clara: "Salvo disposição em contrário (...)". Ou seja, tão-somente se não houver expressa disposição a respeito,[37] determinando a restauração dos efeitos da lei revogada, pode-se afirmar a impossibilidade de se restaurar os efeitos de lei revogada. Outrossim, o Decreto-lei fala em "lei revogadora" que tenha "perdido a vigência" em relação à "lei revogada", que não pode ser restaurada, salvo expressa disposição que o autorize. "Lei" com "Lei" é de que trata a LICC, no plano das relações de coordenação, entre atos de mesma hierarquia; não de "Lei" com "Constituição", fundadas em relações de subordinação e validação. Nessa segunda relação vale a teoria da recepção, de tal sorte que sob a vigência das normas constitucionais, só terão espaço para surtir seus efeitos atos com ela compatíveis, mesmo que fossem incompatíveis com o texto constitucional anterior à sua vigência, e isso vale inclusive para as normas editadas por meio de Emendas à Constituição.

Complementar n. 95, de 26.2.1998. Nesta, fica muito evidente o espírito de prevalência das leis com presunção de constitucionalidade, mesmo que o vício seja de ordem formal. É o que se dessome do art. 18, *in verbis*: "Eventual inexatidão formal de norma elaborada mediante processo legislativo regular não constitui escusa válida para o seu descumprimento".

37. Nesse sentido, também Vicente Ráo, para quem: "A lei revogada só pode renascer se uma nova disposição legal expressamente o determinar. Em princípio e sem essa disposição nova, a revogação é sempre definitiva, ainda quando nenhum outro preceito se substitua ao que se continha na lei suprimida" (*O direito e a vida dos direitos*, cit., vol. 1, p. 343).

4.3 Conflitos de qualificações operadas pelas normas de direito tributário sobre conceitos, institutos e formas de outros ramos do direito, em especial do direito privado – Os arts. 109 e 110, do CTN

Como dissemos antes, é mister de qualquer doutrina em matéria tributária que se elabore neste País a atribuição de separar, com demiúrgico corte, a experiência jurídica que se desenvolve no Brasil de quaisquer outras existentes no mundo, em vista do particularismo da nossa Constituição, por tratar amiúde do Sistema Tributário Nacional, analiticamente. E nesse contexto, as construções reinantes em outros continentes a respeito da autonomia do direito tributário ou da relação entre direito civil e direito tributário perdem em conteúdo, tendo em vista o *primado da Constituição*, que há de prevalecer sobre qualquer outro dogma ou pressuposto.

Enno Becker, um dos pais da teoria autonômica, entendia que ao direito tributário deveria ser reservada a possibilidade de criar ou de alterar institutos, conceitos e formas de direito privado, porquanto raramente o direito tributário reportar-se-ia a estes tal como foram formulados no direito privado. Na sua opinião, porque o direito tributário colhe situações da vida econômica, como "rendimento", "patrimônio", "serviço", as quais normalmente já foram objeto de tratamento jurídico por outros ramos do direito, particularmente o direito privado, nada impediria que o direito tributário pudesse delimitar, com contornos distintos, os mesmos conceitos, formas e institutos. Segundo sua orientação, os conceitos de direito privado somente prevaleceriam quando o direito tributário não lhes houvesse disposto algo de modo diverso, caso em que o conceito de ordem tributária adquiriria autonomia em relação ao que se desenvolve no âmbito do direito privado.[38] Assim, sob a égide da noção de

38. Dino Jarach, com algumas nuanças distintas, segue idêntico raciocínio, ao considerar o direito tributário como ramo dogmaticamente autônomo em face do direito privado: "La ley tributaria material contiene las valoraciones que el Estado hace de los acontecimientos de la vida económica, de conformidad con sus fines, para establecer los casos en que las economías privadas deben contribuir a las finanzas publicas. Estas valoraciones representan el contenido sustancial de las normas fiscales y constituyen los conceptos del derecho tributario que son propios del mismo y no dependen de los conceptos del derecho privado, manifestación de valoraciones distintas para otros fines. En la ley tributaria material se definen los hechos imponibles de conformidad con los criterios con que el Estado aprecia los acontecimientos de la vida económica, tomados como índice de capacidad contributiva. Ésta é la razón de la autonomía dogmática del derecho tributario con respecto al derecho privado" (*Estudios de Derecho Tributario*, Buenos Aires, CIMA, 1999, p. 26).

autonomia do direito tributário, erguia-se a corrente da *liberdade de qualificação*, tanto para as atribuições legislativas (i), reconhecendo ao legislador liberdade para modificar os institutos, conceitos e formas de direito privado, ampliando ou restringindo suas propriedades; quanto para as funções administrativas, nos atos de aplicação do direito (ii), como modo de afirmação do método antielusivo de *interpretação econômica do direito tributário*.[39]

Diversamente, a corrente filiada ao primado do direito civil fundamentava-se em orientações opostas. Para esta corrente, sequer no plano da legalidade o legislador tributário poderia modificar institutos, conceitos e formas de direito privado; e quanto à aplicação do direito tributário, como premissa de interpretação, entendiam que quando a hipótese de uma norma tributária se reportasse a um fato já disciplinado em algum ramo do direito privado, o intérprete haveria de manter-se nos limites deste, nos termos estritos do direito privado. Por ser assim, em ausência de uma clara e expressa definição do conceito, instituto ou forma, o intérprete teria que recorrer aos princípios do direito privado e não àqueles do direito tributário.

Deixando de lado opções ideológicas e considerando a metodologia sistêmica, este é um problema de mera aparência, outrora muito discutido, mas hoje dado por superado, porquanto o direito tributário não se constitui em espécie distinta dos outros ramos, em vista do princípio de unidade do conceito de ordenamento jurídico. Deveras, os conteúdos dos enunciados não serão preenchidos segundo uma tomada de posição arbitrária por parte do intérprete. Todos os significados atribuídos hão de guardar compatibilidade com as regras do sistema que o orientam na construção dos valores que a sociedade quer ver realizados, seja pelos princípios constitucionais, pelos limites atribuídos ou pelas regras procedimentais de estrutura. Não é outra a diretriz de Paulo de Barros Carvalho: "Justamente para atender a estipulações dessa índole é que o

39. Cf. Enrico De Mita, "Diritto tributario e diritto civile: profili costituzionali", *Riv. dir. trib.*, vol. I, Milão, Giuffrè, feb. 1995, a. 5, pp. 145-164; Alberto Xavier, "Liberdade fiscal, simulação e fraude no direito tributário brasileiro", *Direito tributário e empresarial – Pareceres*, Rio de Janeiro, Forense, 1982, pp. 3-49; Pasquale Pistone, *Abuso del diritto ed elusione fiscale*, Pádua, CEDAM, 1995; Ricardo Lobo Torres, *Normas de Interpretação e Integração do Direito Tributário*, Rio de Janeiro, Renovar, 2000; e, do mesmo autor, "A integração entre a lei e a jurisprudência em matéria tributária", *Cadernos de Direito Tributário e Finanças Públicas*, n. 3, São Paulo, Ed. RT, abr.-jun. 1993, pp. 7-20; Paolo M. Tabellini, *L'elusione fiscale*, Milão, Giuffrè, 1988; Tulio Rosembuj, *El fraude de ley, la simulación y el abuso de las formas en el derecho tributario*, Madri, Marcial Pons, 1999.

esforço de pesquisa de enunciados fica tolhido, uma vez que o exegeta não poderá recolhê-los à sua vontade, em qualquer região do direito posto, devendo circunscrever a escolha dentro de certos segmentos da ordem legislada, que o texto constitucional expressamente indica".[40] Em resumo, não se pode deixar de reconhecer ao legislador tributário autonomia de qualificação, nos limites do quanto o ordenamento lhe autorize.[41]

Seguindo esse raciocínio, as normas tributárias usam de hipóteses de incidência seletivas de propriedades,[42] reguladas tanto pelo *direito administrativo*, como é o caso das taxas e contribuições de melhoria, que têm como pressuposto a prestação de serviços públicos, exercício de poder de polícia ou construção de obras públicas que geram valorizações imobiliárias, respectivamente; como pelo *direito privado*, no caso dos impostos e contribuições, quanto aos contratos de serviços, de venda e compra, de seguros etc. É dizer, espécies contratuais de negócios jurídicos, emanados a partir do exercício de autonomia privada, vão, assim, sendo selecionadas pelas hipóteses normativas de leis tributárias para justificar a formação de obrigações tributárias típicas de impostos ou contribuições (renda, patrimônio, consumo, faturamento, receita etc.).

Que os conceitos jurídicos não sejam conceitos econômicos, em vista da porção factual e propriedades selecionados, isto é indiscutível. Resta saber, contudo, se conceitos já regulados pelo direito em outras

40. Paulo de Barros Carvalho, *Direito tributário: fundamentos jurídicos da incidência*, 2ª ed., São Paulo, Saraiva, 1999, p. 73.

41. Quanto à capacidade qualificadora do legislador, não resta dúvidas que seja possível atribuir qualificações distintas, guardadas as formalidades que o sistema exige. As propriedades de um mesmo fato da vida podem ser colhidas segundo os diversos interesses. A esse respeito, diz Berliri: "In realtà i termini giuridici hanno, in campo tributario, lo stesso valore che hanno negli altri settori del diritto" (*Corso istituzionale di Diritto Tributario*, vol. I, Milão, Giuffrè, 1985, p. 22). E não é distinta a opinião de Albert Hensel: "Mediante l'interpretazione si deve chiarire in quale dei due casi vengano applicati concetti estranei. A tale scopo occorre tuttavia osservare quanto segue: ogni concetto interpretato in un determinato ramo del diritto deve in primo luogo adempire a certe *funzione* nel proprio ramo. Appare sempre più erratorio tenere che la maggior parte dei concetti del diritto abbia *un solo significato* per tutti i rami della vita giuridica" (*Diritto tributario*, Milão, Giuffrè, 1956, p. 65). Deveras, nada impede que a lei, mas nunca o intérprete em atos de aplicação, possa dar qualificações mais amplas ou mais restritas a conceitos, institutos e formas já regulados em outros ramos do direito.

42. Nas palavras de Ezio Vanoni: "A lei faz depender o nascimento da obrigação tributária da verificação de determinadas circunstâncias da vida social, que por sua vez podem ser representadas por relações reguladas por outros ramos do direito, ou por fatos que já constituam objeto de outras normas jurídicas" (*Natureza e interpretação das leis tributárias*, trad. de Rubens Gomes de Sousa, Rio de Janeiro, Edições Financeiras, s/d, p. 158).

searas podem ser modificados pelo legislador, na construção das normas tributárias.

É lugar-comum dizer-se que o direito tributário é um direito de "segundo grau",[43] ou de superposição, em vista de outros setores do direito, como o direito privado, por exemplo. Fosse assim, todo o direito teria essa qualidade, pois o reenvio a outras matérias é inerente às normas de vários ramos, como Direito Internacional Privado, Direito Penal, Direito Administrativo, Direito Processual Civil etc. Tal contingência não colabora em nada para a diferenciação sistêmica do direito tributário, e muito menos para sua aplicação. O fato é que o legislador volta-se sempre para conceitos já elaborados no direito civil, no direito comercial ou no direito administrativo, ao delimitar os critérios das regras-matrizes de incidência dos tributos.

Nesses domínios, as figuras são colhidas no seu modo estático, segundo uma configuração formal, e não no modo dinâmico que lhe seja próprio no campo de origem, quer no âmbito da autonomia negocial, no direito de propriedade ou no direito administrativo.[44] Ou seja, para o direito tributário, os "atos de direito privado" ou os "atos administrativos" não transportam seus efeitos e contingências que ali operam ou possuem; valem como "fatos juridicamente qualificados", por serem objeto da materialidade descrita na hipótese normativa de uma norma tributária. Por isso, quando a lei tributária não dispuser de modo diverso, os institutos, conceitos e formas de outros ramos do direito serão preservados nas suas características originais. Isso, contudo, não impede que o legislador promova alguma mutação no conceito, na forma ou no instituto, mediante indicação de outras propriedades,[45] selecionadas criteriosamente a partir do fato social complexo, e guardados os limites constitucionais.

Blumenstein, apreciando as formas de relacionamento que se poderiam formar entre o direito tributário e as normas de direito privado,

43. Cf. Franco Paparella, *Possesso di redditi ed interposizione fittizia*, Milão, Giuffrè, 2000, p. 245.

44. Cf. Massimo Severo Giannini, *L'interpretazione dell'atto amministrativo e la teoria giuridica generale dell'interpretazione*, Milão, Giuffrè, 1939; cf., também, José Manuel Sérvulo Correia, *Legalidade e autonomia contratual nos contratos administrativos*, Coimbra, Almedina, 1987, pp. 128 e ss.

45. Sobre este tema: Carlos E. Alchourrón, Eugenio Bulygin, *Definiciones y normas*; Eugenio Bulygin, Heinrich Rickert, *Teoría de la definición*, México, UAM, 1960; Martin D. Farrel, Eduardo A. Rabossi (Coord.), *El lenguaje del derecho: homenaje a Genaro Carrió*, Buenos Aires, Abeledo-Perrot, s/d., pp. 11-42; Andrea Belvedere, *Il problema delle definizioni nel codice civile*, Milão, Giuffrè, 1977; Uberto Scarpelli, "La definizione nel diritto", in *Diritto e analisi del linguaggio*, Milão, Edizioni di Comunità, 1976; Paolo Semana, *Linguaggio e potere*, Milão, Giuffrè, 1974.

isolou três possibilidades, a saber: i) como *objeto de tributação*, ii) por *aplicação analógica* e iii) mediante *transformação* de instituições de direito privado em instituições de direito tributário. No *primeiro* caso, a situação de direito civil, já qualificada e ocorrida no mundo fenomênico, seria considerada como "causa" da obrigação tributária, numa coincidência dos conceitos adotados, na medida em que o direito tributário preservaria o conceito usado no direito privado tal como elaborado nesta seara. No *segundo*, pela aproximação e necessidade de qualificação, certos conceitos poderiam ser usados pelas normas de direito tributário, para os fins de lhes serem atribuídos efeitos próprios (domicílio, personalidade, prescrição etc.). E, no *terceiro* caso, com a finalidade de atender às necessidades das normas tributárias, modificando conceitos de direito civil para adaptá-los às suas necessidades (solidariedade, regresso, sucessão etc.).

Alcides Jorge Costa, em percuciente trabalho sobre a matéria, retoma a classificação de Blumenstein, repartindo o modo de relacionamento entre direito tributário e direito privado nas seguintes hipóteses: i) recepção expressa, quando a lei tributária acomoda conceitos, institutos e formas de direito privado tal como estão dispostas nesse ramo; ii) recepção implícita, quando a lei menciona conceitos e institutos de direito privado; iii) alteração explícita, nas hipóteses em que o legislador modifica os conceitos, institutos e formas, dando-lhes nova roupagem; e, finalmente, iv) uma aplicação analógica das normas de direito privado,[46] quando exista uma lacuna no sistema de direito tributário, tratando-se de um problema de interpretação, a ser resolvido caso a caso.

Guardadas as devidas proporções, acompanhando Blumenstein, Ezio Vanoni e Alcides Jorge Costa, identificamos esse efeito de fluxo semântico de conceitos, institutos e formas do direito privado, na composição de leis tributárias, mediante incorporação, transformação ou recepção, como passamos a descrever.

O legislador pode reelaborar conceitos já definidos em enunciados de direito privado, tendo por objeto o mesmo fato material, caso em que seria mais exato falar de elaboração de conceitos de direito tributário, facilitada pela prévia juridicização promovida pelo direito privado. É que mediante tal *transformação*, o instituto perde suas feições originais,

46. Cf. Alcides Jorge Costa, "Direito tributário e direito privado", in Brandão Machado (Coord.), *Direito Tributário – estudos em homenagem ao prof. Ruy Barbosa Nogueira*, São Paulo, Saraiva, 1984, pp. 222 e ss.; cf., também, Andrea Fedele, "Art. 23 (principio di legalità)", in G. Branca, *Commentario della Costituzione*, Bologna, Zanichelli, 1978, pp. 138-163.

de natureza de direito privado, para adquirir funcionalidade no direito tributário. Desse modo, já não se prestaria a tutelar as situações jurídicas entre particulares, mas passaria a servir como "causa" para a constituição de situações tributárias ou se prestaria como elemento de definição dos respectivos efeitos ou qualificações dos elementos da obrigação tributária. É como se o direito tributário criasse um conceito *ex novo*. O legislador pode ainda, por *incorporação*, conservar os valores e as propriedades originárias do conceito, tal como formulado no âmbito privado. Neste caso, o direito tributário "usaria" o instituto, sem que lhe conferisse novo conteúdo ou efeito. Limitar-se-ia, destarte, a tomar em consideração, entre os elementos da relação, aqueles que demonstrassem relevância para efeitos tributários. Como diz Diogo Leite de Campos: "Não há uma definição fiscal. Está errado, em princípio, afirmar que o Direito Fiscal é um direito que pode ter a sua própria definição das instituições civis e comerciais".[47] Por isso é que, praticado um dado negócio jurídico tipificado em lei tributária, mesmo que mais tarde se venha a alegar sua invalidade ou ineficácia, isso não será suficiente *a priori* para afastar a incidência tributária, na forma como o negócio foi constituído. E, como não poderia deixar de ser, *recepcionar* todos os conceitos, institutos ou formas de direito privado aos quais não lhes tenha feito referência, de forma expressa ou tácita, tendo em vista sua funcionalidade no sistema, pois qualquer enunciado vale para todo o sistema,[48] salvo derrogação legal. É assim quanto à contagem de prazos, conceitos como personalidade, capacidade dos sujeitos, dentre outros. Por fim, pode o legislativo criar uma categoria jurídica própria, distinta de tudo quanto esteja previsto no direito privado,[49] para informar o conteúdo das normas de direito tributário.

47. Diogo Leite de Campos, "Interpretação das normas fiscais", in *Problemas fundamentais do direito tributário*, Lisboa, 1999, p. 29; cf., ainda, Rafael Navas Vázquez, "Interpretación y calificación en derecho tributario", in *Boletín del Ilustre Colegio de Abogados de Madrid – los negocios anómalos ante el derecho tributario español*, n. 16, Madri, Colegio de Abogados de Madrid, set. 2000, pp. 9-24.

48. Alfredo Augusto Becker fez observação precisa a respeito: "Uma definição, qualquer que seja a lei que a tenha enunciado, deve valer para todo o direito; salvo se o legislador expressamente limitou, estendeu ou alterou aquela definição ou excluiu sua aplicação num determinado setor do direito; mas para que tal alteração ou limitação ou exclusão aconteça é indispensável a existência de regra jurídica que tenha disciplinado tal limitação, extensão, alteração ou exclusão" (*Teoria geral do Direito Tributário*, 3ª ed., São Paulo, Lejus, 1998, p. 123).

49. Cf. Furio Bosello, "La formulazione della norma tributaria e le categorie giuridiche civilistiche", *Diritto e pratica tributaria*, vol. LII, P. I, Pádua, CEDAM, 1981, pp. 507-536; Alcides Jorge Costa, "Direito tributário e direito privado", cit., pp. 219-237.

Eventuais limitações à relação entre direito tributário e direito privado, no Brasil, devem ser buscadas na Constituição. Contudo, o Código Tributário Nacional contempla duas regras exclusivamente voltadas para dirigir a interpretação das normas tributárias nessa matéria, que são os art. 109 e o art. 110.

O art. 109, do CTN, segundo o qual, "os princípios gerais de direito privado utilizam-se para pesquisa da definição, do conteúdo e do alcance de seus institutos, conceitos e formas, mas não para definição dos respectivos efeitos tributários", historicamente, foi um modo de afastar qualquer submissão do direito tributário ao primado do direito civil, da sujeição das normas tributárias aos princípios gerais de direito privado, para garantir a autonomia do direito tributário, com prevalência dos conceitos, formas e institutos que o legislador tributário queira eleger, não devendo obediência ao quanto disponha o direito privado.

Descrevendo o art. 109, do CTN, Aliomar Baleeiro atesta a pretensão do legislador em garantir o "primado do direito privado", mas limitadamente ao universo das relações entre particulares, naquilo que o direito tributário não dispuser de modo diverso. Ou seja, quando o direito tributário regular uma determinada seara que tenha implicações com institutos, conceitos ou formas do direito privado, prevaleceriam suas características naquilo que a lei tributária não a houvesse excetuado.[50] Nas suas palavras: "o Direito Tributário, reconhecendo tais conceitos e formas, pode atribuir-lhes expressamente efeitos diversos do ponto de vista tributário. (...) O conteúdo genérico do art. 109 está desdobrado no art. 110".[51] Estas opiniões são corroboradas por vários autores, com

50. Este art. 109 encontra sua origem no art. 76 do Anteprojeto, de autoria de Rubens Gomes de Sousa, que serviu de base aos trabalhos da Comissão Especial do Código Tributário Nacional. E a respeito desse dispositivo, tece os seguintes comentários: "O art. 76 (...) visa afastar o recurso aos princípios gerais de direito privado como método supletório na interpretação da lei fiscal. (...) Admite o art. 76 o emprego dos princípios gerais de direito privado apenas em sua esfera própria, que é a interpretação dos institutos, conceitos e formas daquele direito, a que faça referência a legislação tributária. Mas ressalva, no parágrafo único, a possibilidade da lei tributária atribuir, àqueles institutos, conceitos e formas, uma definição própria aos efeitos fiscais. Trata-se de uma conseqüência da autonomia do direito tributário em relação ao direito privado, fundada na diversidade dos objetos visados por um e por outro: o direito privado regula a validade jurídica dos atos, o direito tributário investiga o seu conteúdo econômico. A norma encontra acolhida na jurisprudência (*RF* 145/313, *RT* 195/290, *Revista de Direito Administrativo* 23/70), mas tem o seu limite natural na referência ao direito privado na Constituição para definir a competência tributária, como ponderaram as sugestões 147 e 912" (Ministério da Fazenda, *Trabalhos da Comissão Especial do Código Tributário Nacional*, Rio de Janeiro, Imprensa Oficial, 1954, p. 183).

51. Aliomar Baleeiro, *Direito Tributário brasileiro* (anotado por Misabel de Abreu Machado Derzi), 11ª ed., Rio de Janeiro, Forense, 1999, p. 685. Assim também Paulo de

aceitação de uma livre escolha que o ordenamento atribuiria ao legislador tributário para modificar formas, conceitos e institutos de direito privado, segundo seus interesses.

Relacionando o uso dos "princípios gerais de direito privado" com os "efeitos tributários", temos que a tipificação da hipótese normativa poderá colher a *definição do conteúdo e do alcance dos institutos, conceitos e formas* do direito privado, sem que isso implique qualquer submissão do direito tributário ao quanto o direito privado tenha disposto, podendo o legislador alterar os *institutos, conceitos e formas*, para os fins de atender aos efeitos tributários, *i.e.*, às modalidades, vinculadas à eficácia tributária, como "obrigação acessória", "pagamento", "domicílio", "repetição de indébito", "sociedades de pessoas", "solidariedade". Tem, o legislador, assim, à sua disposição, liberdade qualificadora para identificar, nos limites constitucionais, os conceitos, formas e institutos que julgue oportunos para alcançar o cumprimento constitucional da competência material que lhe fora atribuída constitucionalmente.

O Supremo Tribunal Federal, em julgamento anterior à edição da Constituição Federal de 1988, cuidou do assunto da relação entre normas de direito privado e normas de direito tributário.[52] No RE-79460-CE, lê-se no voto do relator Min. Antonio Neder, o que segue: "Não nego que o direito tributário possa, para os fins e efeitos nele regulados, alterar o direito privado em geral e o comercial e o civil em particular. Assim, uma lei fiscal ordinária pode, por ser da mesma hierarquia, alterar, *para efeitos fiscais*, o Código Comercial ou o Código Civil. (...) Isto, porém, enquanto outra lei de hierarquia superior, no caso como vimos o CTN, não viesse dispor de maneira diversa".

Somente a "lei tributária" (e não a autoridade administrativa) poderá alterar *a definição, o conteúdo e o alcance de institutos, conceitos e formas de direito privado* quando estes não forem tipos constitucio-

Barros Carvalho, quando afirma: "(...) não havendo tratamento jurídico explicitamente previsto, é evidente que prevalecerão os institutos, categorias e formas do direito privado" (*Curso de direito tributário*, 13ª ed., São Paulo, Saraiva, 2000, p. 103). Cf., também, Amílcar Falcão, *Fato gerador da obrigação tributária*, 6ª ed., Rio de Janeiro, Forense, 1997, p. 32; Ezio Vanoni, *Natura ed interpretazione delle legge tributarie*, Pádua, CEDAM, 1932, pp. 145-179.

52. RE 79.460-CE, rel. Min. Antonio Neder, j. 2.12.1975, 1ª T., *DJ* 28.5.1976, *RTJ* 79-01, p. 193: "Imposto de renda – Sociedade em liquidação – Promessa de venda de imóvel, integrante do acervo da sociedade, feita individualmente pelos sócios. Validade da promessa de venda de bem pertencente a terceiro – Inexistência de venda feita pela sociedade – Tributo e multa não exigíveis à sociedade – Recurso extraordinário conhecido e provido."

nalmente considerados como critérios para repartição de competências em matéria tributária. E isso nada tem que ver com alguma espécie de autorização ao método da interpretação econômica em matéria tributária,[53] posto que se trata de autorização e reconhecimento de qualificação legislativa e não administrativa, em fase de aplicação de tributos.

Corolário do quanto se afirmou acima,[54] o CTN reservou dispositivo exclusivo para esse fim. Trata-se do art. 110, pelo qual: "A lei tributária não pode alterar a definição, o conteúdo e o alcance de institutos, conceitos e formas de direito privado, utilizados, expressa ou implicitamente, pela Constituição Federal, pelas Constituições dos Estados, ou pelas Leis Orgânicas do Distrito Federal ou dos Municípios, para definir ou limitar competências tributárias". Contudo, no mais profundo equívoco, muitos autores imaginaram que este artigo serviria a uma interferência na interpretação e aplicação das leis tributárias. Inversamente, presta-se, sim, aos limites da intervenção legislativa no exercício de competências tributárias.

Comparando o teor desse art. 110 com o art. 109, do CTN, temos que "A lei tributária" (não a autoridade administrativa, mediante ato de lançamento) somente poderá alterar *a definição, o conteúdo e o alcance de institutos, conceitos e formas de direito privado* quando estes não forem tipos constitucionalmente previstos para repartição de competências. O art. 146, I, da CF, impõe na atualidade esta coerência. Pudessem a União, Distrito Federal, Estados ou municípios manipular os conceitos que servem à repartição de competências, mediante leis suas, modificando os tipos prescritos, restaria prejudicada a hierarquia normativa (da Constituição em face das leis) e os princípios garantísticos de certeza e segurança jurídica. Trata-se de reforço ao quanto já se dessome da própria Constituição, mas que é sempre importante. É a mais lídima afirmação das funções de norma geral em matéria de legislação tributá-

53. Como afirma Brandão Machado, no seu prefácio à tradução da obra de Wilhelm Hartz: "(...) a doutrina brasileira se tem referido aos dois critérios de interpretação como se tratasse de critérios aplicáveis a todo sistema jurídico, com as mesmas conseqüências que produzem no direito alemão. Na verdade, fala-se abertamente, entre nós, em abuso de forma, como se o direito positivo brasileiro houvesse criado, como fez o direito alemão, a figura da fraude ao imposto, calcada no conceito de *fraude à lei*. Mas ocorre que o direito brasileiro não criou a figura e por isso admite como válidos e insuscetíveis de qualquer censura os negócios jurídicos indiretos" (*Interpretação da lei tributária: conteúdo e limites do critério econômico*, São Paulo, Resenha Tributária, 1993, pp. 24-25).

54. Gaston Jèze, "O fato gerador do imposto (contribuição à teoria do crédito de imposto)", *Revista de direito administrativo*, vol. II, fasc. 1, Rio de Janeiro, FGV, jul. 1945, pp. 50-63; e "Natureza e regime jurídico do crédito fiscal", *Revista de direito administrativo*, vol. III, fasc. 1, Rio de Janeiro, FGV, jan. 1946, pp. 59-68.

ria, prescrita pelo art. 146, I, da CF, em favor da eliminação de eventuais conflitos de competência, em matéria tributária.

Apesar do esforço legislativo, fica em aberto, contudo, a discussão sobre a possibilidade do legislador modificar conceitos, institutos ou formas que se possam subsumir ao tipo constitucional, como no caso da "renda". Para essa materialidade, temos espécies de rendimentos sob diversos modos de conceituação: "ganho de capital", "juro", "dividendo", "*royalty*", "direito autoral". E assim, não implicando possibilidade de mutação de competência, como é o caso da "doação", que poderia ser qualificada como "rendimento", mas como é também matéria de competência dos estados, ficaria a dúvida: poderia a União, tipificá-las de modo distinto do que se encontra no direito privado ou mesmo por equiparação? Para a saturação dos significados das hipóteses de incidência, temos aqui uma aplicação não propriamente do "primado do direito privado", mas sim da norma geral do art. 146, III, "a", da Constituição, porquanto isso somente poderá ser feito nos limites do quanto seja autorizado pela *norma geral em matéria de legislação tributária*, havendo-se de respeitar, em outros casos, a tipificação do direito privado. Como é sabido, poderá a União instituir normas gerais para evitar eventuais *conflitos de competência* entre as pessoas tributantes. Mas nesse caso, jamais poderá agredir a repartição constitucional de competências, pertinente ao federalismo e à autonomia dos municípios.

O art. 146, III, "a", ao prever a criação de normas gerais para dispor sobre *fatos geradores, bases de cálculo e contribuintes* dos *impostos* já identificados na Constituição, estabelece que estas somente serão constitucionais se comparecerem no sistema para especificar os limites do inciso I, *i.e.*, para prevenir *conflitos de competência* entre as pessoas políticas.[55] E vice-versa, pois, a título de evitar conflitos de competência, não poderá a União dispor sobre outros aspectos além daqueles antevis-

55. Adotamos na concepção de base de nossas investigações a corrente denominada dicotômica, cuja definição das *normas gerais de direito tributário*, na visão de Paulo de Barros Carvalho, à luz da Constituição Federal de 1988, continuaria sendo a seguinte: "(...) são aquelas que dispõem sobre conflitos de competência entre as entidades tributantes e também que regulam as limitações constitucionais ao poder de tributar. Pronto: o conteúdo está firmado. Quanto mais não seja, indica, denotativamente, o campo material, fixando-lhe limites. E como fica a dicção constitucional, que desprendeu tanto verbo para dizer algo bem mais amplo? Perde-se no âmago de rotunda formulação pleonástica, que nada acrescenta". Pois bem, não negamos que assim seja, nos fundamentos, mas preferimos explicitar suas possibilidades, caso a caso, à luz das teorias da codificação, no que tange às funções representadas em cada uma das hipóteses do art. 146, da Constituição. Por tudo, cf. Paulo de Barros Carvalho, *Curso de direito tributário*, 13ª ed., São Paulo, Saraiva, 2000, p. 208.

tos constitucionalmente. Esse é o caso dos arts. 146, I e III, "a"; 156, III; 155, § 2º, XII, todos da CF. É evidente que a limitação de que se fala aqui não aparece apenas nas relações entre pessoas políticas distintas, podendo ocorrer entre Estados (ICMS: 155, § 2.º, XII; ITCMD: 155, III) ou entre municípios (ISS: 156, III), daí a exigência de lei complementar para esses casos, insulando-se àqueles expressos na Constituição; ou, quando não, expressos nos dispositivos próprios, no art. 146, III, "a", para dispor sobre *fatos geradores, bases de cálculo e contribuintes*. Que esse papel cumpra-se mediante a norma geral,[56] portanto. Impedi-lo, seria consagrar a prevalência do direito privado sobre o tributário, resgatando tudo o que de negativo traz a noção de "autonomia" do direito tributário.[57]

Quando o legislador exercita competências de direito tributário, construindo tipos e conceitos com outros já qualificados pelo uso das competências de direito civil ou comercial, submete-se a um regime constitucional de limitações, garantidores do patrimônio e da liberdade dos contribuintes. Vedação ao confisco, capacidade contributiva, mínimo existencial, não-cumulatividade, garantia da liberdade de tráfego, irretroatividade, dentre outros, são exemplos bem evidentes do que estamos querendo expressar. Assim, a interferência sobre conceitos de direito privado deve vir acompanhada de uma clara justificativa constitucional, porque, se há algum primado a ser respeitado, este há de ser, sempre, o do direito constitucional.

Desta forma, o legislador pode operar qualquer cálculo de relações com os conceitos institutos e formas de direito privado, ressalvados os

56. Como faz o CTN, art. 32, ao prescrever que o IPTU tem, como "fato gerador", a *propriedade*, (conceito constitucional) o "domínio útil" ou a "posse de bem imóvel por natureza ou por acessão física" (equiparação possível). Veja-se ainda a Lei Complementar n. 87/1996, cujo art. 2º, I, prescreve: I – operações relativas à circulação de mercadorias, inclusive o *fornecimento de alimentação e bebidas em bares, restaurantes e estabelecimentos similares*.

57. A esse respeito, diz G. A. Michelli: "Ora non è detto che il *nomen iuris*, usato dal legislatore tributario, implichi che una data nozione giuridica sia accolta tale e quale nella norma tributaria, dato che quest'ultima è dettata per disciplinare una specifica attività (strumentale) di imposizione, tratte da altri campi del diritto, debbano avere sempre il medesimo significato, quando esse sono richiamate nelle norme tributarie" (*Corso di diritto tributario*, 8ª ed., Turim, UTET, 1989, p. 75); Também A. D. Giannini: "nell'accertare se il legislatore, definendo un dato oggetto d'imposta, abbia voluto designare la sua sostanza economica o la sua configurazione giuridica. Ed è un problema che non può essere risolto con un criterio unico, dovendosi di volta in volta penetrare, con i sussidi dell'interpretazione giuridica, il contenuto delle varie norme tributarie" ("Intorno alla c.d. autonomia del diritto tributario", in *Riv. it. dir. fin.*, 1940, pp. 64-65). Cf. também Augusto Fantozzi, *Diritto Tributario*, vol. 1, Turim, UTET, 1992, p. 176.

limites constitucionais, operando: i) mediante transferência de conceitos; ii) por aplicação análoga das disposições de direito privado ao tributário; ou iii) mediante criação autônoma ou mutação de conceitos de direito privado.[58] E quando em presença de um conflito de qualificações,[59] relativas aos elementos da hipótese de incidência, por ausência de regra para resolver tal tipo de antinomia, entre normas de direito privado e normas tributárias, visto que não se aplica a regra da especialidade, há de prevalecer sempre, quando norma geral não disponha de modo diverso, o quanto preveja o direito privado.

Como se depreende, a ausência dos arts. 109 e 110, do CTN, não mudaria em absolutamente nada a forma de interpretação, que decorre da própria Constituição, quanto à própria idéia de repartição constitucional de competências. O que temos a reafirmar é a prevalência dos princípios constitucionais, sejam aqueles que garantem os direitos fundamentais que influem sobre a liberdade negocial, a propriedade, a livre iniciativa e a dignidade da pessoa humana, no campo do direito privado; sejam os que concorrem para a definição das competências tributárias, numa harmonia que contribua para o fortalecimento dos princípios que se prestam a evitar qualquer interferência sobre a vida patrimonial dos cidadãos sem causa legítima ou mediante arbítrio, inclusive aqueles promovidos pelo legislador.

4.4 O papel da Lei Complementar no Sistema Constitucional Tributário

Uma das mais importantes contribuições ofertadas pelo eminente Professor José Souto Maior Borges, foi o estudo meditado e profundo sobre o papel da Lei Complementar no direito brasileiro. Sua obra foi longa-

58. Como salienta Lerke Osterloh: "La formazione autonoma delle fattispecie tributarie non significa perciò la negazione dell'istituto di diritto privato e specificamente neanche il disconoscimento dei rapporti giuridici qualificati sulla base dell'autonomia giuridica privata in virtù di una interpretazione economica 'liberamente dinamica'. La distinzione è fondamentale: il potere di qualificazione di diritto privato si limita agli effetti giuridici privatistici e non si estende perciò anche agli effetti tributari. È opportuno distinguere accuratamente a qualificazione dell'atto giuridico, secondo il diritto privato da un lato, e la sua successiva ricezione quale fattispecie tributaria, dall'altro. Dal punto di vista di tali fattispecie la qualificazione giuridica privatistica è relativa ai fatti" ("Il diritto tributario ed il diritto privato", Andrea Amatucci (Coord.), *Trattato di Diritto Tributario*, vol. I, t. 1, P. I, Pádua, CEDAM, 1994, cap. III, pp. 125-126; cf. Marcel Wurlod, *Forme juridique et réalité économique dans l'aplication des lois fiscales*. Lausanne, Librairie F. Rouge, 1947).

59. A respeito do conceito de qualificação e seus conflitos: Mario Trimeloni, *L'interpretazione nel diritto tributario*, Pádua, CEDAM, 1979, pp. 220 e ss.

mente debatida no País e, mais recentemente, reabriu reflexões a respeito das relações entre esta e a legislação, entendendo que a lei complementar de caráter nacional tem como função unicamente regular a legalidade tributária, nos limites da extensão que se preste a vincular as quatro pessoas que compõem o federalismo nacional.[60] Contudo, fica a dúvida quanto ao limite de tais disposições sobre a "legalidade tributária".

Para responder essa indagação com a profundidade necessária, em vista da seriedade reclamada para o caso e o respeito que merecem as opiniões assentadas pelo ilustre homenageado, precisamos abrir um título específico para dizer como entendemos a posição das leis complementares no sistema constitucional brasileiro.[61]

Sabemos que todos os Estados, o Distrito Federal e os Municípios possuem suas constituições e leis orgânicas, cada qual regendo os respectivos sistemas de normas próprios, sob a égide dos princípios do federalismo e autonomia dos municípios. Contudo, para a União, a mesma Constituição que rege a República Federativa do Brasil (art. 1º, CF), regula também suas atividades, exercidas na qualidade de pessoa jurídica de direito público interno (art. 18, CF). Percebendo essa sobreposição, já Oswaldo Aranha Bandeira de Mello, em 1937, na sua obra: "natureza jurídica do Estado Federal", fizera a necessária separação entre aquelas normas que, por se aplicarem à República Federativa do Brasil, concentram em si eficácia vinculante para todas as pessoas políticas, corporificando a *Constituição Nacional*; e aquelas normas que se aplicam exclusivamente à União, pessoa autônoma do federalismo, compondo a chamada *Constituição Federal*.

Como é de sua natureza, a Constituição institui órgãos aos quais confia, segundo seu caráter objetivo, âmbitos de tarefas da atuação estatal distintos, setores de competência material, portanto; além disso, define as atribuições de poder necessárias para a adequada consecução de tais tarefas. *A Constituição*, além de impor limitações (i) ao exercício do poder, *funda competências* (ii), criando, no âmbito dos respectivos cometimentos, poder estatal (conforme o direito), para que os órgãos legislativos tipifiquem as materialidades correlatas.

60. José Souto Maior Borges, *Lei complementar tributária*, São Paulo, Ed. RT, 1975, pp. 80-81; e "Normas gerais do Direito Tributário, inovações do seu regime na Constituição de 1988", *Revista de Direito Tributário* 87/68-71, São Paulo, Malheiros Editores, 2003.

61. Para mais informações, veja-se o nosso: "Funções das leis complementares no sistema tributário nacional – hierarquia de normas – papel do CTN no ordenamento", *Revista de Direito Tributário* 84/50-69, São Paulo, Malheiros Editores, 2002.

Por determinação constitucional, no Brasil, o Congresso Nacional exerce três funções legislativas distintas: é i) *constituinte derivado*, ao discutir e votar Emendas à Constituição, e é o legislador ordinário da União, sob duas modalidades: ii) *legislador federal*, ao exercer as competências típicas da União, na qualidade de pessoa de direito público interno, plenamente autônoma; e iii) *legislador nacional*, ao dispor sobre normas gerais aplicáveis às quatro pessoas políticas, nas matérias previstas no art. 24, da CF, e em outras previstas no corpo da Constituição.

Percebe-se, assim, que a Constituição atribuiu funções distintas a um mesmo órgão legislativo, sob a forma de competências típicas: ao exercer o *poder de reforma*, com poderes para alterar a fisionomia constitucional, criando ou modificando inclusive suas próprias competências e das demais pessoas políticas, desde que não afete as chamadas cláusulas pétreas do art. 60, IV, CF; e como legislador ordinário, a partir das atribuições materiais de competência, estabelecendo as tipificações das condutas, por lei específica, bipartindo-se em *legislador federal* e *legislador nacional*.[62]

Como dito, o Congresso Nacional é órgão que concentra tríplice função, e os processos exigidos para o exercício de cada uma delas são distintos, não apenas por uma questão de necessidade de maior dificuldade, definidora da rigidez constitucional, para o exercício das mutações constitucionais, operados pelo Constituinte derivado, mas como razão do exercício de cada uma dessas funções. Ao tríplice exercício de funções do órgão, um triplo processo, como critério de legitimação dos atos emanados por cada um deles.

As leis complementares são figuras do ordenamento que se diferenciam dos demais atos legislativos tanto pela matéria (competência), quanto pelo processo de formação (quorum qualificado de maioria absoluta,[63] art. 69, da CF). Diferenciação ontológico-formal, no dizer de José Souto Maior Borges. É dizer, as leis complementares encontram no sistema constitucional o respectivo campo material predefinido (competência), sob a forma de matérias sujeitas ao *princípio de reserva de lei complementar* (pressuposto material) e são aprovadas por maioria

62. "O processo crescente de complexidade da evolução social impõe a divisão do trabalho, a especialização de funções. Já as funções F', F", F'", não são comportáveis num único órgão O. Fragmenta-se o exclusivo órgão, destacando-se outros, cada um com função específica" (Lourival Vilanova, *Causalidade e relação no direito*, Recife, OAB, 1985, p. 192).

63. José Souto Maior Borges, *Lei complementar tributária*, cit., pp. 80-81; Paulo de Barros Carvalho, *Curso de direito tributário*, 15ª ed., São Paulo, Saraiva, 2003, p. 206.

absoluta (pressuposto formal, art. 69, CF). Eis o quanto as diferem das leis ordinárias.

A Constituição, desse modo, como corolário do federalismo (arts. 1º e 18, CF) e da autonomia dos municípios (arts. 18 e 29, CF), fixou todas as *competências*, inclusive as que versam sobre matéria tributária, autorizando aos legisladores das pessoas de direito público interno a criarem, por meio de leis próprias, os tributos que lhes foram reservados, privativamente, de forma a concretizar o federalismo fiscal.

Retomando a idéia anterior sobre as funções do legislador ordinário, temos que a lei complementar tanto é exigida pela Constituição para servir ao legislador federal (efetivando competências da União), quanto ao legislador nacional, na função de criar as chamadas "normas gerais". É dizer, faz parte da demarcação de competências, também, a definição daquelas que só poderão ser exercidas exclusivamente pelo *legislador federal* (União) mediante lei complementar, assim como a competência do *legislador nacional*, também mediante lei complementar, para criar as chamadas *normas gerais em matéria de legislação tributária*.

Desse modo, apreciando as hipóteses de cabimento de lei complementar em matéria tributária, temos que, no ordenamento constitucional vigente, são matérias de *reserva de lei complementar*, em duas das funções legislativas do Congresso Nacional:

1. O *exercício de competência da União* (lei complementar federal), a qual se subdivide em:

i) exercício de competências privativas específicas: arts. 148; 153, VII, CF; e

ii) exercício de competência residual: arts. 154, I; 195, § 6º, CF.

2. A criação das *normas gerais em matéria de legislação tributária* (lei complementar nacional: arts. 24, I e 146, CF), as quais se encontram expressas nas seguintes possibilidades:

i) *regular as limitações constitucionais ao poder de tributar*, restritamente àquelas que exigem lei específica para surtir efeitos (ex. arts. 146, II; 150, VI, "c"; 195, § 7º; 156, § 3º CF);

ii) evitar eventuais *conflitos de competência* entre as pessoas tributantes, quando deverá dispor sobre *fatos geradores, bases de cálculo e contribuintes* dos "impostos" já identificados na Constituição (ex. arts. 146, I e III, "a"; 156, III; 155, § 2º, XII, CF), e só dos impostos, por serem estes os únicos tributos passíveis de conflitos de competências; e nos limites do quanto seja suficiente para eliminar tais possibilidades de conflitos;

iii) definir os *tributos e suas espécies* (art. 146, III, "a", CF);

iv) harmonizar os procedimentos de cobrança e fiscalização dos tributos, tratando de *obrigação, lançamento e crédito* (redução de divergências) – (arts. 146, III, "b"; 155, § 2º, XII, CF);

v) uniformizar os prazos de *decadência* e *prescrição* (art. 146, III, "b", CF), bem como o tratamento jurídico que se deve oferecer às micro e pequenas empresas (EC 42/2003, art. 146, III, "d"); podendo estipular suas exceções;

vi) conferir o adequado tratamento tributário ao ato cooperativo praticado pelas sociedades cooperativas, na regulação do quanto possa ser necessário para uniformização, em termos de exceções ou de estímulo, aplicável às quatro unidades do federalismo;

vii) empregar tratamento diferenciado e favorecido para as microempresas e para as empresas de pequeno porte, inclusive regimes especiais ou simplificados no caso do ICMS, das contribuições previdenciárias do empregador, inclusive do PIS, podendo criar regime único de arrecadação dos impostos e contribuições da União, dos Estados, do Distrito Federal e dos Municípios.

viii) e, ainda, estabelecer critérios especiais de tributação, com o objetivo de prevenir desequilíbrios da concorrência, sem prejuízo da competência de a União, por lei, estabelecer normas de igual objetivo (art. 146-A).

A primeira função desempenhada pelas leis complementares no sistema tributário é de ordem federal e corresponde ao exercício de competência da União para a criação de seus tributos originariamente atribuídos. Como se sabe, a competência legislativa tributária equivale à parcela do poder de tributar, previamente limitada, predisposta às pessoas políticas para criarem, por meio de lei, normas jurídicas sobre tributos, quanto à instituição, arrecadação e fiscalização destes. Pois bem. A União recebeu competências materiais que somente podem ser exercidas mediante o uso de leis complementares, como é o caso do empréstimo compulsório (art. 148, CF) e do imposto sobre grandes fortunas (art. 153, VII, CF).

Além dessa hipótese, a União recebeu, por disposição constitucional expressa, a chamada competência residual (arts. 154, I; e 195, § 6º, CF), para criar novos *impostos*, desde que sejam não cumulativos e não tenham fato gerador ou base de cálculo próprios dos já existentes, ou novas *contribuições*, ao prever que a União poderá instituir outras fontes destinadas a garantir a manutenção ou expansão da seguridade social, obedecido o disposto no art. 154, I.

Em ambos os casos, o exercício da competência somente será legítimo se acompanhado de lei complementar, por ser matéria reservada tipicamente para essa espécie de lei. Da mesma sorte da anterior, exercida a competência, quer dizer, instituído o tributo, sua função cessa, ingressando no sistema jurídico nacional no mesmo plano das leis ordinárias e mantendo-se, assim, em relação de coordenação com estas. Nesse caso, não há que se falar em qualquer *hierarquia* entre a lei complementar e os demais atos legislativos, porquanto sua função exaure-se com a instituição do tributo, cessando com o próprio exercício de competência. Por conseguinte, nada impede que lei ordinária modifique ou mesmo ab-rogue lei complementar com tais funções.

Adotamos na concepção de base de nossas investigações a corrente denominada dicotômica, cuja definição das *normas gerais de direito tributário*, na visão do eminente Prof. Paulo de Barros Carvalho, Titular da PUC e da USP, à luz da Constituição Federal de 1988, continuaria sendo a seguinte: "(...) são aquelas que dispõem sobre conflitos de competência entre as entidades tributantes e também que regulam as limitações constitucionais ao poder de tributar. Pronto: o conteúdo está firmado. Quanto mais não seja, indica, denotativamente, o campo material, fixando-lhe limites. E como fica a dicção constitucional, que desprendeu tanto verbo para dizer algo bem mais amplo? Perde-se no âmago de rotunda formulação pleonástica, que nada acrescenta".[64] Pois bem, não negamos que assim seja, nos fundamentos, mas preferimos explicitar suas possibilidades, caso a caso, à luz das teorias da codificação, no que tange às funções representadas nas hipóteses do art. 146, da CF.

Corolário dessa conclusão, somente lei complementar, na função de "norma geral", poderá revogar uma outra "norma geral". Não basta ser lei complementar, portanto. É preciso que esteja dirigida para o fim de modificar a norma com essa função no ordenamento. Como exemplo, mesmo que o imposto sobre grandes fortunas seja instituído, pela reserva de lei complementar, caso esta traga prazos próprios de decadência e prescrição, diversos, portanto, do quanto se encontra no CTN, será inconstitucional nesse particular, por não se verificar o atendimento à função constitucional prefixada.

Mencionadas as funções que a lei complementar poderá desempenhar para os fins de introduzir normas gerais no sistema tributário vigente, passamos a cuidar da posição hierárquica que essas normas devem ocupar na escala normativa. A relação hierárquica que eventualmente possa existir entre lei complementar e as leis ordinárias, ou mesmo outras leis complementares, dependerá, tão-só, da função que ela exerça no

64. Paulo de Barros Carvalho, *Curso de direito tributário*, cit., p. 208.

sistema. E assim, caso a função seja constitutiva de algum fundamento de validade, formal ou material, a lei complementar sempre terá prevalência sobre qualquer outra lei.

Como dito acima, às normas gerais aplica-se também o primado da *reserva de lei complementar*, e pelas funções pertinentes à "Constituição Nacional", impõe-se a necessária preeminência dessas leis complementares em relação às demais leis, mesmo que complementares, quando tenham por objeto o exercício de competência para instituição de tributos. Por conseguinte, prevalecerão, sempre, sobre a legislação federal, estadual distrital ou municipal, na medida em que estas legislações passam a ter que admiti-las (as leis complementares que veiculam normas gerais) como fundamento de validade material.

Evidente, pois, que não estando a razão de hierarquia na vigência ou na eficácia da norma, a única posição questionável será aquela do plano da validade. Por isso mesmo, tomando em conta a natural submissão do Código aos preceitos constitucionais, independentemente de se tratar de uma lei ordinária,[65] a Lei n. 5.172/1966, enquanto "lei nacional" que é, naquilo que for fundamento de validade material para a construção da legislação do "sistema tributário nacional", terá preeminência sobre todas as demais leis, ordinárias ou complementares, não importa, elaboradas por qualquer uma das pessoas políticas.

Em resumo, a lei complementar deverá ser adotada pela União como instrumento inafastável para exercer suas respectivas competências na criação de "normas gerais". Numa leitura sistemática do art. 146, que é regra típica de *Constituição Nacional*, "normas gerais" somente serão aquelas que venham a ser criadas seguindo tal espírito; quando o legislativo da União, revestindo-se das magnas funções de *legislador nacional*, as introduzir no ordenamento para: i) *regular limitações constitucionais ao poder de tributar*, detidamente àquelas que exigem lei específica para surtir seus efeitos; ii) evitar *conflitos de competência* entre as pessoas tributantes, ao dispor sobre *fatos geradores, bases de cálculo e contribuintes* dos impostos já identificados na Constituição; iii) definir os *tributos e suas espécies*; iv) harmonizar os procedimentos de cobrança e fiscalização dos tributos, tratando de *obrigação, lançamento e crédito*; e v) uniformizar prazos de *decadência* e *prescrição*; vi) conferir adequado tratamento tributário ao ato cooperativo praticado pelas sociedades cooperativas; vii) empregar tratamento diferenciado e favorecido para as microempresas e para as empresas de pequeno porte;

65. José Souto Maior Borges, *Lei complementar tributária*, cit., pp. 54 e ss.

e viii) estabelecer critérios especiais de tributação, com o objetivo de prevenir desequilíbrios da concorrência.

Exemplo marcante de conflito no nosso ordenamento, na relação entre o CTN e a legislação vigente, vê-se nas disposições relativas à prescrição, confrontando-se as disposições do art. 174, I, do CTN, com aquela do art. 8º, § 2º, da Lei n. 6.830/1980, quanto ao momento de contagem da interrupção da prescrição,[66] ou seja: i) da *citação pessoal feita ao devedor* ou ii) do *despacho do Juiz que ordenar a citação*. Como solução para esse conflito, apresentaram-se propostas de toda ordem (cf. STJ, REsp. 178.500-SP; EREsp. 37087-SP), mas nenhuma que reconhecesse a medida mais adequada e evidente, separando do teor da Lei n. 6.830/1980 o que ela possui de lei processual daquilo que é tipicamente matéria de norma geral, quando versa sobre crédito tributário, sujeição passiva e prescrição tributários. Não tenho dúvidas em afirmar que o conteúdo, digamos, material, da Lei n. 6.830/1980, se houve por recepcionado pela Constituição de 1988, naquilo que contempla vínculo com o disposto no art. 146, III, como espécie de típica norma geral. Sendo assim, superado o conflito baseado na hierarquia, resta aplicável unicamente o critério temporal, em prejuízo do art. 174, I, do CTN, preservando-se, destarte, a interrupção da contagem do prazo de prescrição a partir do *despacho do Juiz que ordenar a citação* do devedor.

4.5 Contradição de normas decorrentes da determinação constitucional de competências formais e veiculação de regulamentos por meio de instruções normativas

Quando a Constituição atribui competência normativa ao Poder Executivo, limita-se à indicação de poucos instrumentos de introdução de

66. Veja-se, por exemplo: "Processo Civil. Execução fiscal. Prescrição. CPC, art. 219, § 4º, CTN, 174. Lei 6.830/80 (arts. 8º, § 2º e 40). '1. A Lei 6.830/80 (arts. 8º, § 2º e 40), expressamente concede privilégio, estabelecendo a interrupção do prazo prescricional na data do despacho judicial, por si, criando causa interruptiva eficiente. 2. Não há conflito entre o art. 174 do CTN e o art. 40 da Lei de Execuções Fiscais: enquanto este trata de suspensão, aquele dispõe sobre as causas que interrompem a prescrição' (REsp 26.164-4-SP, rel. Min. Humberto Gomes de Barros). 3. Embargos acolhidos" (EREsp 37.087-SP, 1ª Seção). "Tributário e Processo Civil – Execução fiscal – Prescrição. '1. A regra para cômputo do prazo prescricional em matéria fiscal apresenta divergência nos textos normativos. 2. A LEF (Lei 6.830/80) determina a suspensão do prazo prescricional pela inscrição do débito na dívida ativa (art. 2º, § 3º). O CTN, diferentemente, indica como termo *a quo* da prescrição a data da constituição do crédito (art. 174), o qual só se interrompe pelos fatos listados no parágrafo único do mesmo artigo, no qual não se inclui a inscrição do crédito tributário. 3. Prevalência do CTN, por ser norma de superior hierarquia. 4. Recurso especial improvido'" (REsp 178.500-SP, 1ª T.).

regras, afora aqueles que compõem o processo legislativo (medida provisória e leis delegadas – vide art. 59, CF), a saber: i) no art. 84, IV, competência para expedir decretos e regulamentos para a fiel execução das leis, referendados, sempre, pelos ministros competentes para a respectiva área de atuação (art. 87, parágrafo único, I, da CF); e nos limites da legalidade, sob pena de serem sustados pelo Congresso Nacional (art. 49, V), quando exorbitem tal poder regulamentar. E, ademais, ii) quando prescreve que compete aos Ministros de Estado "expedir instruções para a execução das leis, decretos e regulamentos" (art. 84, parágrafo único, II, da CF).

Os "Decretos", expedidos pelo Presidente da República, para a fiel execução das leis, e sempre acompanhados do referendo dos Ministros de Estado competentes, sujeitos ao controle posterior do Congresso Nacional; e as "Instruções" (ministeriais) para a execução das leis, decretos e regulamentos, formam o grupo dos únicos instrumentos normativos previstos pela Constituição em favor da competência normativa do Poder Executivo, afora as Medidas Provisórias e Leis Delegadas.

Desse modo, à guisa de exemplo, considerando o teor do art. 153, § 1º, ao se referir, em sentido lato, ao *Poder Executivo*, numa leitura apressada, poder-se-ia pensar que a Constituição admitiria que Decretos ou Instruções (ministeriais) pudessem dispor a respeito das *alíquotas*; ainda mais pela outorga de poderes conferida pelo inciso IV, do parágrafo único, do art. 87, da CF, para "praticar os atos pertinentes às atribuições que lhe forem outorgadas ou delegadas pelo Presidente da República". Presente o ato de outorga de poderes, então, não haveria razão para justificar a impossibilidade de que tais alíquotas não pudessem ser veiculadas por instruções ministeriais.

Entretanto, assim não pensamos. Postulamos o entendimento segundo o qual sempre que a Constituição se reporta ao Poder Executivo, em sentido amplo, está a exigir a edição de "Decretos", porquanto devam ser editados pelo Presidente, sempre passíveis de referendo pelo Ministro da respectiva pasta competente; a Instrução (ministerial), apesar de depender de ato de outorga de poderes, não se vê subjugada a um controle prévio para sua edição. Suplantaria a colaboração exigida para o Decreto, contra a vontade constitucional, portanto, Instrução ministerial que dispusesse sobre aumento de alíquotas dos impostos relacionados pelo art. 153, § 1º, da CF.

Grave, portanto, é a utilização de "Instrução Normativa", editada pelo Secretário da Receita Federal, no papel de veículo regulamentar[67]

67. Para Oswaldo Aranha Bandeira de Mello, *Princípios gerais de direito administrativo*, 1ª ed., Rio de Janeiro, Forense, 1969, p. 303: "Os regulamentos são regras

executivo de lei ou tratado internacional, a pretexto de autorização expressa do inciso II, do parágrafo único, do art. 87, da CF, *in verbis*: "Expedir instruções para a execução das leis, decretos e regulamentos", por outorga de poderes do Ministro da Fazenda, o que se evidencia como uma corruptela do anseio constitucional. Ou seja, não poderia suplantar a mútua colaboração entre Presidente da República e Ministros, sob amparo de mera atribuição genérica de poderes (inciso IV, do parágrafo único, do art. 87, da CF) por um dos Ministros de Estado. E isso é mais evidente em se tratando de Convenção internacional, cujas disposições geralmente dependem de uma série de medidas para sua execução no âmbito interno, passível de regulamentação.

O veículo normativo Instrução Normativa (IN) não participa dos instrumentos habilitados pela Constituição para regulamentar "leis" ou "tratados internacionais"; ausente de prévio Decreto ou Instrução (ministerial) que regulamente a lei ou tratado, a Instrução Normativa é ato normativo plenamente ilegítimo para determinar a aplicabilidade, no âmbito interno, dos atos internacionais, a exemplo do Acordo de Valoração Aduaneira, bem como dos atos normativos dos órgãos responsáveis pela sua aplicação e emprego.

Que sejam as "INs" aplicáveis na hipótese de edição do competente Decreto Presidencial, disso não se cogita; mas que possam estas pretender substituir a posição e função constitucional dos decretos, isso decerto não encontra nenhum amparo constitucional. O direito brasileiro não admite efeito direto de ato normativo de caráter internacional; por esse motivo, o art. 84, VIII, da CF, prescreve ser de competência do Presidente da República celebrar tratados, convenções e atos internacionais, ficando todos os que impliquem compromissos gravosos para a União sujeitos ao referendo do Congresso Nacional (art. 49, I, CF). Em resumo, nenhum ato internacional pode ter aplicabilidade interna antes de ser devidamente recepcionado na ordem interna, do tratado aos atos de aplicação do Acordo.

jurídicas gerais, abstratas, impessoais, em desenvolvimento da lei, referentes à organização e ação do Estado, enquanto poder público. Eles são emanados pelo Poder Executivo, mediante decreto". Nas abalizadas palavras de Roque Carrazza: "Como se sabe, uma das funções mais importantes do Direito é conferir certeza à incerteza das relações sociais, subtraindo do campo de atuação do Estado e dos particulares, qualquer resquício de arbítrio. O regulamento também contribui para que se alcance esta meta, na medida em que, por meio dele, o Executivo reduz, discricionariamente, o campo de ação que a lei lhe traça, dando a todos um maior grau de certeza, quanto às providências que adotará, em cada caso concreto" (*O Regulamento no Direito Tributário Brasileiro*, São Paulo, Ed. RT, 1981, p. 137). Veja-se ainda o artigo "Lei e Regulamento", no clássico: Victor Nunes Leal, *Problemas de direito público e outros problemas*, Brasília, Imprensa Nacional, 1999, pp. 56-91.

Além disso, tais regulamentos somente podem existir nos limites da legalidade, sem abertura para suprir espaços lacunosos mediante sua expedição; o que se agrava ainda mais na hipótese das INs, porquanto devam atender inclusive ao que se encontra nos domínios dos Decretos e Regulamentos, em atendimento ao princípio da hierarquia.

Sob a égide de tudo quanto acima foi afirmado, é absolutamente incabível a adoção de Instruções Normativas para adimplir compromissos constitucionais reservados ao Presidente da República ou ao Poder Executivo, em sentido amplo, cabendo sempre observar o mecanismo requerido pela Constituição. No que exorbitam suas competências, tais Instruções Normativas não podem ser aplicadas no âmbito do direito brasileiro, enquanto não vierem sob a forma constitucionalmente adequada para tanto.

4.6 Conflitos decorrentes das chamadas normas complementares da legislação tributária

Por fim, o CTN, refere-se às chamadas "normas complementares", no art. 100, qualificando, como tais, todos os atos administrativos de complementação, no âmbito de execução, das leis, dos tratados e das convenções internacionais e dos decretos, a saber: "I – os atos normativos expedidos pelas autoridades administrativas; II – as decisões dos órgãos singulares ou coletivos de jurisdição administrativa, a que a lei atribua eficácia normativa; III – as práticas reiteradamente observadas pelas autoridades administrativas; IV – os convênios que entre si celebrem a União, os Estados, o Distrito Federal e os Municípios. Parágrafo único. A observância das normas referidas neste artigo exclui a imposição de penalidades, a cobrança de juros de mora e a atualização do valor monetário da base de cálculo do tributo".

Esses instrumentos normativos, denominados por Paulo de Barros Carvalho de *instrumentos secundários de introdução de normas*, por não terem caráter inovador do ordenamento, operam exclusivamente em nível de execução de leis, tratados e decretos (mesmo que este carregue também essa função executiva). Contudo, não se pode desconhecer o amplo espaço de deliberação no campo interpretativo que, em muitas ocasiões, promove diversos casos de conflituosidades na aplicação da lei tributária.

Dentre as modalidades acima elencadas, a de maior dificuldade de entendimento repousa sobre as chamadas *práticas reiteradamente observadas pelas autoridades administrativas*. A jurisprudência do

STJ e o STF, ao apreciar tal matéria, demonstra firme convicção que o recolhimento de tributos baseado no entendimento fazendário assim concebido, não implica o pagamento de multa ou juros, nas hipóteses de eventual mudança de entendimento ou mesmo de alteração do ato normativo publicado, porquanto agira, o contribuinte, em coerência quanto ao entendimento reconhecido pela própria Fazenda Pública.[68]

Sabemos que a proibição de *venire contra factum proprium* foi sempre utilizada no direito privado como medida de apreciação moral e de boa-fé, para impedir que uma parte exerça pretensos direitos contra outra em contradição com condutas ou opiniões assumidas anteriormente. Firmada uma expectativa de *confiança legítima*, em virtude de comportamentos indicativos de certa orientação, não pode um sujeito,

68. "Tributário. Práticas administrativas. 'Se o contribuinte recolheu o tributo à base de prática administrativa adotada pelo Fisco, eventuais diferenças devidas só podem ser exigidas sem juros de mora e sem atualização do valor monetário da respectiva base de cálculo (CTN, art. 100, III c/c par. único). Recurso Especial conhecido e provido, em parte'" (REsp 98.703-SP, STJ, 2ª T., Min. Ari Pargendler, j. 18.6.1998). "Tributário. Imposto de renda. Não incidência sobre verbas recebidas a título de ajuda de custo. Cobrança apenas do imposto, em situações idênticas. Prática reiteradamente adotada pela autoridade fazendária (art. 100, inc. III, do Código Tributário Nacional). Legitimidade da pretensão do impetrante. Negativa de vigência a lei não demonstrada. Recurso Especial não conhecido. 'Se, em várias situações idênticas, a autoridade fazendária afastou os acréscimos legais do tributo, cobrando apenas o imposto de renda devido, o procedimento se caracteriza como prática reiterada na aplicação da legislação tributária, tornando legítima a pretensão do contribuinte. Embora afirme o recorrente a existência de lei expressa, que teria sido desrespeitada, em momento algum declinou qual seria a legislação pertinente, levando também à conclusão pelo não conhecimento do recurso especial'" (REsp 142.280-SC, 2ª T., Helio Mosmann, j. 23.3.1999). "Constitucional. Tributário. IPI. Insumos. Isenção. Creditamento. Princípio da não cumulatividade. Lei n. 9.779/99. '1. Até que seja totalmente implementada a Reforma Tributária e criado o IVA – Imposto sobre o Valor Agregado (o que ocorrerá somente em 2007), valerá a regra da não-cumulatividade, que encontra assento constitucional. 2. A Lei n. 9.779/99, por força do assento constitucional do princípio da não-cumulatividade, tem caráter meramente elucidativo e explicitador. Apresenta nítida feição interpretativa, podendo operar efeitos retroativos para atingir a operações anteriores ao seu advento, em conformidade com o que preceitua o artigo 106, inciso I, do Código Tributário Nacional, segundo o qual 'a lei se aplica a ato ou fato pretérito' sempre que apresentar conteúdo interpretativo. 3. Se a Lei n. 9.779/99 apenas explicita uma norma constitucional que é auto-aplicável (princípio da não-cumulatividade) não há razão lógica, nem jurídica, que justifique tratamento diferenciado entre situações fáticas absolutamente idênticas, só porque concretizada uma antes e outra depois da lei. 4. Recurso especial improvido'" (REsp 435.783-AL, STJ, 2ª T., Castro Meira, j. 19.2.2004). "Tributário. Prática reiterada de atos pela administração. Penalidade inaplicável. Inteligência do art. 100, inc. III, par. único, do CTN. '1. Restando configurada a prática constante de atos pela administração, há de se aplicar o preceito insculpido no art. 100, III, par. único, do CTN, que exclui o contribuinte da imposição de penalidades, da cobrança de juros de mora e a atualização do valor monetário da base de cálculo do tributo'" (REsp 162.616-CE., 1ª T., José Delgado, j. 2.4.1998).

com surpresa, alterar seus propósitos para obter uma vantagem sobre a conduta esperada.

Tal reclamo de coerência, tanto mais, exige-se da Administração Pública, que não pode aceitar o teor de um ato normativo em diversas situações e a outras impor restrições sem que incorra em contrariedade ao princípio da *moralidade* administrativa, presente no art. 37, da nossa Constituição, como fundamento para qualquer espécie do agir administrativo, que não se basta com o formalismo da legalidade, mas que cobra eticidade e proteção à confiança legítima projetada nos cidadãos.

O móvel dos valores que orientam o princípio da *confiança legítima* visa a resguardar os cidadãos contra incertezas jurídicas, inopinadas mudanças de entendimentos ou de interpretações administrativas. E não é recente no Brasil a aplicação da teoria da confiança legítima ou da proteção contra o *venire contra factum proprium*[69] *(nulli conceditur)* em matéria tributária, mesmo que não se tenha quedado expresso o seu emprego. Vê-se, por exemplo, no RE n. 62.252-SP, de 10.3.1969, quando o STF repeliu a legalidade em favor da moralidade, não admitindo alteração do critério de lançamento, no mesmo exercício, sobre tributo já notificado e pago pelo contribuinte.

Outra questão delicada, ainda nesses domínios, diz respeito aos chamados "atos interpretativos", que a título de "esclarecer", criam verdadeiras hipóteses de incidências, inovando o sistema; ou mesmo o conflito entre atos de distintas autoridades, como os que ocorrem entre decisões de órgãos colegiais seguidos de atos declaratórios, de nível normativo, com entendimento contrário ao que fora reconhecido pelos julgadores, em sentido favorável ao contribuinte. Pensamos que, em favor da garantia do *princípio de confiança legítima*, também aqui, não há como prosperar mudanças de entendimento com pretensões retroativas, mesmo que esta seja situação perfeitamente distinta, porquanto se tenha

69. O Superior Tribunal de Justiça, em voto do Ministro Ruy Rosado de Aguiar (REsp 95.539-SP), também já se pronunciou a esse respeito, como se pode apreciar: "Havendo real contradição entre dois comportamentos, significando o segundo quebra injustificada da confiança gerada pela prática do primeiro, em prejuízo da contraparte, não é admissível dar eficácia à conduta posterior (...)." E complementa, assinalando que o sistema jurídico nacional, "(...) deve ser interpretado e aplicado de tal forma que através dele possa ser preservado o princípio da boa-fé, para permitir o reconhecimento da eficácia e validade de relações obrigacionais assumidas e lisamente cumpridas, não podendo ser a parte surpreendida com alegações formalmente corretas, mas que se chocam com os princípios éticos, inspiradores do sistema". E inclusive com aplicação às relações com a Administração Pública (REsp 47.015–SP, Min. Adhemar Maciel). Para um estudo do princípio da confiança legítima, veja-se: Sylvia Calmes, *Du principe de protection de la confiance légitime en droits allemand, communautaire et français*, Paris, Dalloz, 2001.

típico caso de conflito entre ato normativo e decisão administrativa em caso concreto, que não gera efeito vinculante para a Administração,[70] a título de norma complementar, em virtude da ausência de caráter normativo.

E não se diga que, para o deslinde desse problema, aplicam-se as disposições do art. 106, do CTN, segundo o qual "a lei aplica-se a ato ou fato pretérito: I – em qualquer caso, quando seja expressamente interpretativa, excluída a aplicação de penalidade à infração dos dispositivos interpretados (...)". É que aqui somente na hipótese de "lei" mais benigna ou de "lei" expressamente interpretativa, pode-se falar em *retroatividade das leis tributárias*, haja vista a ausência de inovação ao catálogo das situações tributáveis ou de obrigação mais gravosa para os sujeitos destinatários. Esse dispositivo aplica-se unicamente à "lei", e não à "legislação tributária". E assim, atos administrativos normativos, a título de serem "interpretativos" (atos declaratórios e congêneres), não podem retroagir, modificando tratamentos que tenham sido determinados em decisões de órgãos colegiados de jurisdição administrativa, a que a lei atribua eficácia normativa, nos casos de práticas reiteradas da administração ou quando a matéria tenha sido objeto de convênios. Valerão, como tais, para o futuro (*ex nunc*), nunca para alcançar o passado (*ex tunc*).

5. *Considerações finais*

Como se pôde demonstrar, a lógica do sistema jurídico admite contradições internas, mas que podem ser sanadas por critérios típicos, mormente aquele afeito ao campo material, de preferencial prevalência dos regimes especiais sobre os gerais, mesmo que estes sejam editados *a posteriori*, quando não tragam expressa revogação do texto anterior ou mesmo quando o contexto assim não a denuncie, mas isso sob rigorosa avaliação de carência de pertinência lógica sobre o mútuo convívio das prescrições normativas.

A solução de conflitos de normas não afeta a validade das normas jurídicas envolvidas, salvo os casos de ilegalidade ou de inconstitucionalidades, que decorrem da incompatibilidade formal ou material do

70. Com opinião contrária ao caso em apreço, veja-se Bernardo Ribeiro de Moraes: "O mesmo não se pode dizer das decisões do Conselho de Contribuintes da Administração Federal que não constituem normas complementares da legislação tributária porquanto não existe lei que lhes consagre efeito normativo" (*Compêndio de Direito Tributário*, 3ª ed., Rio de Janeiro, Forense, 1995, vol. 2, p. 60).

ato normativo com regras superiores que ditam seus pressupostos de validade. Na maior parte dos casos, tais soluções são tomadas no âmbito de aplicação do direito, com preferência sobre aquela norma que melhor atenda aos valores do ordenamento jurídico.

Diversos outros temas ainda teríamos a apontar, como o problema das contradições entre tratados internacionais e o direito interno, em relação à lei ou à própria Constituição,[71] os conflitos de decisões administrativas, no tempo, a retroatividade de atos interpretativos, em relação às normas então vigentes que conflitem com o seu conteúdo, e tantos outros, o que deixamos à reflexão do ilustre leitor, para seguir nos infinitos caminhos da ciência, sempre em construção, e sem medo do erro, como nos ensinou Souto Borges,[72] na candura do seu pensar firme e erudito.

71. A título de confirmar o interesse do debate, veja-se a seguinte decisão: "II. A Constituição do Brasil e as convenções internacionais de proteção aos direitos humanos: prevalência da Constituição que afasta a aplicabilidade das cláusulas convencionais antinômicas. 1. Quando a questão – no estágio ainda primitivo de centralização e efetividade da ordem jurídica internacional – é de ser resolvida sob a perspectiva do juiz nacional – que, órgão do Estado, deriva da Constituição sua própria autoridade jurisdicional – *não pode ele buscar, senão nessa Constituição mesma, o critério da solução de eventuais antinomias entre normas internas e normas internacionais; o que é bastante a firmar a supremacia sobre as últimas da Constituição, ainda quando esta eventualmente atribua aos tratados a prevalência no conflito: mesmo nessa hipótese, a primazia derivará da Constituição e não de uma apriorística força intrínseca da convenção internacional.* 2. Assim como não o afirma em relação às leis, a Constituição não precisou dizer-se sobreposta aos tratados: a hierarquia está ínsita em preceitos inequívocos seus, como os que submetem a aprovação e a promulgação das convenções ao processo legislativo ditado pela Constituição e menos exigente que o das emendas a ela e aquele que, em conseqüência, explicitamente admite o controle da constitucionalidade dos tratados (CF, art. 102, III, 'b'). 3. Alinhar-se ao consenso em torno da estatura infraconstitucional, na ordem positiva brasileira, dos tratados a ela incorporados, não implica assumir compromisso de logo com o entendimento – majoritário em recente decisão do STF (ADIMC 1.480) – que, mesmo em relação às convenções internacionais de proteção de direitos fundamentais, preserva a jurisprudência que a todos equipara hierarquicamente às leis ordinárias. (...)" (RHC 79.785-RJ, STF, Tribunal Pleno, Min. Sepúlveda Pertence, j. 29.3.2000).

72. "A arte de evitar os erros – averba-o esplendidamente Popper – deve ser substituída pela arte, muito mais elevada, que consiste em assumir-lhes a responsabilidade, aprender com eles e tentar evitá-los no futuro. (...). O pensamento teórico aberto está a dever ao erro a sua reabilitação gnosiológica. Que chega a confundir-se com a sua apologia. Mas isso somente será possível se o cientista ouvir, dócil ao seu apelo originário, o 'sermão de humildade' que essa apologia do erro postula" (*Ciência feliz*, 2ª ed., São Paulo, Max Limonad, 2000, p. 13).

OS EFEITOS DO ART. 3º DA LEI COMPLEMENTAR N. 118/2005 NA INTERPRETAÇÃO DO INCISO I DO ART. 168 DO CTN. LEI INTERPRETATIVA[1]

José Augusto Delgado

1. A Lei Complementar n. 118, de 9.2.2005. Uma síntese das alterações introduzidas no CTN. 2. O art. 3º da Lei Complementar n. 118/2005. Norma legislativa interpretativa? 2.1 Síntese das modificações introduzidas no CTN pelo art. 3º da Lei Complementar n. 118/2005; 2.2 Conceito de lei interpretativa. A sua existência, validade e eficácia no ordenamento jurídico brasileiro. 3. O art. 3º da Lei Complementar n. 118/2005, é, realmente, lei interpretativa ou inova o ordenamento jurídico tributário? Há efeitos do art. 3º na jurisprudência do Superior Tribunal de Justiça sobre o prazo prescricional que entende ser aplicável para a repetição de indébito tributário?

1. A Lei Complementar n. 118, de 9 de fevereiro de 2005. Uma síntese das alterações introduzidas no CTN

Ao ordenamento jurídico brasileiro foram introduzidas, pela Lei Complementar n. 118, de 9.2.2005, mais de uma dezena de alterações no Código Tributário Nacional.

Uma síntese das referidas modificações nos apresenta o seguinte quadro:

a) No âmbito da obrigação tributária regulada pelo Título II do CTN, estão acrescentados ao art. 133 que, em sede de responsabilidade tributária cuida da responsabilidade dos sucessores, três parágrafos.

1. José Souto Maior Borges, renomado tributarista nacional, recebe, sob a coordenação de Heleno Taveira Tôrres, merecida homenagem com a publicação desta obra coletiva. Associo-me ao grupo de doutrinadores que lhe rendem esse tributo, reconhecendo a profunda contribuição produzida pela sua obra para o aprimoramento científico do Direito Tributário. Declaro-me constante e renovado leitor de todas as suas publicações. Não fui seu aluno em sala de aula. Sou, contudo, seu aluno direto pela aprendizagem que usufruo com a leitura de seus livros, artigos e pareceres. Deus guarde a saúde, a paz e a inteligência do homenageado.

O primeiro parágrafo determina que a responsabilidade sucessória na alienação das empresas (art. 133, *caput*) não se aplica na hipótese de alienação judicial em processo de falência e de filial ou unidade produtiva isolada, em processo de recuperação judicial. O segundo parágrafo afasta a aplicação dessa última regra quando o adquirente for sócio da sociedade falida ou em recuperação judicial, ou sociedade controlada pelo devedor falido ou em recuperação judicial, bem como, for parente, em linha reta ou colateral até o 4º (quarto) grau, consangüíneo ou afim, do devedor falido ou em recuperação judicial ou de qualquer de seus sócios; ou identificado como agente do falido ou do devedor em recuperação judicial com o objetivo de fraudar a sucessão tributária. O terceiro parágrafo impõe, por fim, que, "em processo de falência, o produto da alienação judicial da empresa, filial ou unidade produtiva isolada permanecerá em conta de depósito à disposição do juízo de falência pelo prazo de 1 (um) ano, contado da data da alienação, somente podendo ser utilizado para o pagamento de créditos extraconcursais ou de créditos que preferem ao tributário".[2]

b) No círculo do crédito tributário (Título III, do CTN), a Lei Complementar n. 118/2005, ao acrescentar os parágrafos 3º e 4º, ao art. 155-A, do CTN, que regula a forma da sua suspensão (Capítulo III, do Título III, CTN) pela moratória (Seção II, do Capítulo III, do Título III, CTN) concedida em forma de parcelamento, dirige-se aos créditos tributários do devedor em recuperação judicial, estabelecendo que, inexistindo lei específica para o parcelamento referido, devem ser aplicadas as "leis gerais de parcelamento do ente da Federação do devedor em recuperação judicial, não podendo, neste caso, ser o prazo de parcelamento inferior ao concedido pela lei federal".[3]

c) No referente às demais modalidades de extinção do crédito tributário (Título III – Crédito Tributário; Capítulo IV – Extinção do Crédito Tributário; Demais Modalidades de Extinção – Seção IV) o inc. I, do parágrafo único, do art. 174, com nova redação, estabelece que a prescrição para a cobrança do crédito tributário se interrompe com o despacho do juiz que ordenar a citação em execução fiscal. O mencionado dispositivo, em sua redação anterior, só admitia a interrupção da prescrição com a citação pessoal feita ao devedor.

d) No campo das garantias e privilégios do crédito tributário, a inovação está presente na nova redação dada ao art. 185 e seu parágrafo

2. Redação do § 3º, acrescido ao art. 133 do CTN.

3. Redação do § 4º, acrescido ao art. 155-A do CTN.

único, integrantes das Disposições Gerais (Seção I), aplicadas às Garantias e aos Privilégios do Crédito Tributário (Capítulo VI do Título III – Crédito Tributário), quando se considera como fraudulenta a alienação ou oneração de bens ou rendas, ou seu começo, por sujeito passivo em débito para com a Fazenda Pública por crédito tributário regularmente inscrito como dívida ativa, bem como se afasta essa caracterização de fraude quando o devedor tem bens suficientes reservados para o total pagamento da dívida inscrita. Anteriormente, essa fraude só se caracterizava quando um dos fatos acima apontados ocorria no momento em que a dívida ativa estivesse em fase de execução.

e) Tratando, ainda, de garantias e privilégios do crédito tributário, a Lei Complementar n. 118/2005 introduz substanciais modificações no art. 186. Este dispositivo, antes da vigência da mencionada Lei Complementar, dispunha: "Art. 186. O crédito tributário prefere a qualquer outro, seja qual for a sua natureza ou o tempo da constituição deste, ressalvados os créditos decorrentes da legislação do trabalho". Com a redação atual, o crédito tributário passa a ter preferência a qualquer outro, seja qual for a natureza ou o tempo da constituição deste, ressalvados os créditos decorrentes da legislação do trabalho ou do acidente de trabalho. O parágrafo único acrescido ao art. 186 dispõe, ainda, que, em caso de falência, o "crédito tributário não prefere aos créditos extraconcursais ou às importâncias passíveis de restituição, nos termos da lei falimentar, nem aos créditos com garantia real, no limite do valor do bem gravado" (inciso I); que a lei poderá estabelecer limites e condições para a preferência dos créditos decorrentes da legislação do trabalho" (inciso II); e que "a multa tributária prefere apenas aos créditos subordinados".

f) O *caput* do art. 187, regra referente às garantias e privilégios do crédito tributário, foi modificado, apenas, para incluir a cobrança judicial do crédito tributário como não sujeita à recuperação judicial. Na redação anterior, constava, apenas, o concurso de credores, a habilitação em falência, a concordata, o inventário ou arrolamento. Essa modificação decorre da vigência da Lei n. 11.101, de 9.2.2005, que regula a recuperação judicial, a extrajudicial e a falência do empresário e da sociedade empresária. Com a nova redação dada ao art. 187, a cobrança judicial do crédito tributário não é sujeita a concurso de credores ou habilitação em falência, recuperação judicial, concordata, inventário ou arrolamento, continuando as regras ditadas pelos incisos I, II e III do mesmo artigo e antes previstas.

g) O art. 191 do CTN, ainda no trato das garantias e privilégios do crédito tributário, foi modificado pela Lei Complementar n. 118/2005, para afirmar, apenas, que "a extinção das obrigações do falido requer prova de quitação de todos os tributos". Antes, o mesmo dispositivo estabelecia a impossibilidade de ser concedida concordata, nem declaração de extinção das obrigações do falido, sem que o requerente fizesse prova da quitação de todos os tributos relativos à sua atividade mercantil. Com a extinção da entidade concordata pela Lei n. 11.101, de 9.2.2005, o legislador, apenas, atualizou o art. 191.

h) A Lei Complementar n. 118, de 9.2.2005, acrescentou dois artigos ao CTN: o art. 185-A e o art. 191-A.

O art. 185-A dispõe que: "Art. 185-A. Na hipótese de o devedor tributário, devidamente citado, não pagar nem apresentar bens à penhora no prazo legal e não forem encontrados bens penhoráveis, o juiz determinará a indisponibilidade de seus bens e direitos, comunicando a decisão, preferencialmente por meio eletrônico, aos órgãos e entidades que promovem registros de transferência de bens, especialmente ao registro público de imóveis e às autoridades supervisoras do mercado bancário e do mercado de capitais, a fim de que, no âmbito de suas atribuições, façam cumprir a ordem judicial".

O referido dispositivo contém dois parágrafos:

O § 1º estabelece: "A indisponibilidade de que trata o *caput* deste artigo limitar-se-á ao valor total exigível, devendo o juiz determinar o imediato levantamento da indisponibilidade dos bens ou valores que excederem esse limite".

O § 2º impõe: "Os órgãos e entidades aos quais se fizer a comunicação de que trata o *caput* deste artigo enviarão imediatamente ao juízo a relação discriminada dos bens e direitos cuja indisponibilidade houverem promovido".

A Lei Complementar n. 118/2005 obriga, conseqüentemente, a efetivação da indisponibilidade dos bens e direito do devedor que, sendo executado, não pagar, não apresentar bens à penhora no prazo legal, e se estes não forem encontrados. Essa indisponibilidade será decretada de ofício pelo juiz e será submetida ao regime descrito pelas regras do art. 185-A e seus parágrafos.

O art. 191-A está assim redigido: "A concessão de recuperação judicial depende da apresentação da prova de quitação de todos os tributos, observado o disposto nos arts. 151, 205 e 206 desta Lei".

O dispositivo, embora imponha a apresentação da prova de quitação de todos os tributos para fins de concessão de recuperação judicial, cede, primeiramente, para as situações em que a exigibilidade do crédito encontre-se suspensa (art. 151, CTN). Exige, a seguir, que a prova da quitação de todos os tributos seja feita por certidões negativas, conforme determinado pelo art. 205 do CTN, ou por certidões de que conste a existência de créditos não vencidos, em curso de cobrança executiva em que tenha sido efetivada a penhora, ou cuja exigibilidade esteja suspensa (art. 206 do CTN).

i) O art. 3º, da Lei Complementar n. 118/2005, estabelece regramento com pretensão de natureza interpretativa, ao determinar: "Art. 3º. Para efeito de interpretação do inciso I do art. 168 da Lei n. 5.172, de 25 de outubro de 1966 – Código Tributário Nacional, a extinção do crédito tributário ocorre, no caso de tributo sujeito a lançamento por homologação, no momento do pagamento antecipado de que trata o § 1º do art. 150 da referida Lei".

j) Por fim, a última alteração está presente no art. 4º da Lei Complementar n. 118/2005, ao determinar que, quanto ao art. 3º, o que fixa pretensão de interpretar o inciso I do art. 168 do CTN, deve ser observado, no referente ao problema de vigência, o disposto no art. 106, inciso I, também, do CTN. Estes dispositivos impõem que a lei aplica-se a ato ou fato pretérito em qualquer caso, quando seja expressamente interpretativa, excluída a aplicação de penalidade à infração dos dispositivos interpretados.

k) A Lei Complementar n. 118/2005 foi publicada em edição extra do *Diário Oficial da União* de 9.2.2005, só entrando em vigor 120 dias depois, isto é, em 9 de junho de 2005.

2. *O art. 3º da Lei Complementar n. 118/2005. Norma legislativa interpretativa?*

2.1 *Síntese das modificações introduzidas no CTN pelo art. 3º da Lei Complementar n. 118/2005*

O objetivo central deste trabalho é examinar, exclusivamente, o art. 3º da Lei Complementar n. 118/2005, com redação assim posta: "Art. 3º. Para efeito de interpretação do inciso I do art. 168 da Lei n. 5.172, de 25 de outubro de 1966 – Código Tributário Nacional, a extinção do crédito tributário ocorre, no caso de tributo sujeito a lançamento por homologação, no momento do pagamento antecipado de que trata o § 1º do art. 150 da referida Lei".

A seguir, no art. 4º, da mesma Lei Complementar n. 118, está determinado: "Art. 4º. Esta Lei entra em vigor 120 (cento e vinte) dias após sua publicação, observado, quanto ao art. 3º, o disposto no art. 106, inciso I, da Lei n. 5.172, de 25 de outubro de 1966 – Código Tributário Nacional".

Temos, então, em face das disposições legislativas acima anunciadas, o quadro seguinte:

a) O art. 3º acima referido contém disposição que parece ser de natureza interpretativa, caracterizando o tipo de interpretação autêntica.

b) Em se tratando de tributo sujeito a lançamento por homologação, a extinção do crédito tributário passa a ser considerada no momento do pagamento antecipado pelo contribuinte, em se tratando de situação descrita no art. 150 do CTN: "O lançamento por homologação, que ocorre quanto aos tributos cuja legislação atribua ao sujeito passivo o dever de antecipar o pagamento sem prévio exame da autoridade administrativa, opera-se pelo ato em que a referida autoridade, tomando conhecimento da atividade assim exercida pelo obrigado, expressamente a homologa". Este pagamento é feito sob condição resolutória da ulterior homologação ao lançamento, conforme a regra final do § 1º, do art. 150, do CTN.

c) O disposto no art. 3º, isto é, a determinação de que a extinção do crédito tributário, para efeito de interpretação do inc. I, do art. 168, do CTN, no caso de tributo sujeito a lançamento por homologação, ocorre no momento do pagamento antecipado previsto pelo § 1º do art. 150, do CTN, em face do art. 4º, da Lei Complementar n. 118/2005, após a vigência da Lei, aplica-se a ato ou fato pretérito, excluindo-se, apenas, a aplicação de penalidade à infração dos dispositivos interpretados.

O demonstrado revela, inquestionavelmente, que o art. 3º da Lei Complementar n. 118/2005 é norma legislativa de natureza interpretativa, impondo, em conseqüência, uma interpretação autêntica ao inc. I, do art. 168, do Código Tributário Nacional.

A lei interpretativa tem merecido cuidadoso estudo doutrinário. Passemos a, superficialmente, analisar alguns pronunciamentos a respeito.

2.2 Conceito de lei interpretativa. A sua existência, validade e eficácia no ordenamento jurídico brasileiro

Relembrando a doutrina, sabemos do seu posicionamento no sentido de que a interpretação do direito quanto à fonte classifica-se em três espécies: a) a autêntica; b) a doutrinária; e c) a jurisprudencial.

A interpretação autêntica, tipo que destacamos para discutir, é a efetuada pelo legislador. Por essa razão é denominada, também, de interpretação legislativa. Ela decorre do próprio órgão que emitiu o ato normativo.

A interpretação autêntica ou legislativa só será considerada como existente, válida e eficaz, se o órgão que a emitiu estampar primeiramente competência constitucional para editar o regramento interpretado, e, em segundo lugar, revestir-se os seus objetivos de razoabilidade e conformidade com a pretensão exposta.

Identificamos, na atual estrutura do nosso ordenamento jurídico, que há algumas restrições à aplicação da interpretação legislativa.

Em sede de Direito Constitucional, Alexandre de Moraes, em sua obra *Constituição Interpretada e Legislação Constitucional*,[4] defende que "a interpretação é autêntica quando realizada pelo próprio legislador e ocorrerá na hipótese de lacuna ou obscuridade do texto legal publicado. Assim, o legislador editará nova lei que concederá o sentido exato ou preencherá alguma lacuna à norma constitucional anteriormente promulgada e será denominada de norma interpretativa".

Lembra o ilustre doutrinador, em seguida, que:

> "Observe que, para a interpretação jurídica geral, a edição de norma interpretativa caracteriza-se pela imperatividade, ou seja, vincula os aplicadores do Direito, pois o legislador, por meio de ato normativo, esclareceu o novo sentido do texto constitucional.
>
> "Diversa, porém, é a hipótese de interpretação constitucional, pois sempre restará ao Poder Judiciário ou aos Tribunais Constitucionais a análise do significado do texto constitucional, podendo, eventualmente, declarar a inconstitucionalidade da norma interpretativa editada pelo Parlamento."

O citado autor, ao não conceber a força absoluta da norma constitucional interpretativa, invoca lição de Luís Roberto Barroso, ao advertir que, "a rigor, a interpretação constitucional, para ser verdadeiramente autêntica, na conformidade da definição, teria de emanar da mesma fonte instituidora: o poder constituinte originário. Isso, normalmente, não será possível, pois, uma vez concluída a sua obra, o poder constituinte originário se exaure, ou, melhor dizendo, volta ao seu estado latente e difuso. De modo que não se pode falar em interpretação constitucional verdadeiramente autêntica".[5]

Como mostrado, na doutrinação exposta por Alexandre de Moraes, a lei interpretativa de natureza constitucional só é admitida quando o seu

4. Ed. Atlas, p. 107.

5. *Interpretação e aplicação da Constituição*, 3ª ed., São Paulo, Saraiva, 1999, p. 119.

objetivo for o de preencher lacuna existente na lei interpretada ou afastar alguma obscuridade do seu texto.

Carlos Mário da Silva Velloso, Ministro do Supremo Tribunal Federal, em trabalho intitulado "O Princípio da irretroatividade da lei tributária", publicado via internet,[6] defende a impossibilidade de, na ordem jurídica brasileira, ser tida como válida e eficaz uma lei interpretativa com efeito retroativo.

O pensamento do renomado autor está desenvolvido no corpo do trabalho acima referido e tem como ponto de partida o exame do art. 106, I, do CTN. Citamos o trecho que merece destaque: "O Código Tributário Nacional, art. 106, I, estabelece que a lei expressamente interpretativa se aplica a ato ou fato pretérito, excluída a aplicação de penalidade à infração dos dispositivos interpretados. Esta é uma matéria que necessita de uma palavra a respeito, ainda que de modo rápido. A primeira questão que ponho à reflexão dos senhores é esta: seria possível uma lei interpretativa na ordem jurídica brasileira, em que o instituto da irretroatividade da lei tem *status* constitucional? Ou, noutras palavras, em que o princípio se dirige não apenas ao juiz, mas também ao legislador? Alguns, acostumados a ler nos livros dos civilistas franceses, costumam responder afirmativamente, vale dizer, que é possível a lei interpretativa com efeito retroativo. A resposta, entretanto, há de ser negativa. Na ordem jurídica brasileira não seria possível uma tal lei, porque quem interpreta a lei, em caráter definitivo, é o Poder Judiciário. O legislador não interpreta a lei definitivamente, mesmo porque, promulgada a lei, o que vale é a *mens legis*. A *mens legislatoris* é de pouca valia. É de Pontes de Miranda a lição: '15. Leis interpretativas. Em sistemas jurídicos, que têm o princípio da legalidade, da irretroatividade das leis e da origem democrática da regra jurídica, não se pode penar em regra jurídica interpretativa, que, a pretexto de autenticidade da interpretação retroaja'(ob. e loc. cits., p. 103)".[7]

Carlos Mário Velloso conclui o que defende sobre o tema, afirmando: "A questão deve ser posta assim: se a lei se diz interpretativa e nada acrescenta, nada inova, ela não vale nada. *Se* inova, ela vale como lei nova, sujeita ao princípio da irretroatividade. *Se* diz ela que retroage, incorre em inconstitucionalidade e, por isso, nada vale. Desta forma, não há falar, na ordem jurídica brasileira, em lei interpretativa com efeito retroativo".

6. No site: www.acta-diruna.com.br.

7. A obra de Pontes de Miranda citada é: *Comentários à Constituição de 1967 com a EC n. 1/69*, vol. 5, 2ª ed., Ed. RT, 1971, p. 99.

A questão da lei interpretativa no campo do Direito Tributário foi analisada, também, entre outros autores, por Hugo de Brito Machado, em trabalho intitulado "Interpretação e o Direito Tributário Brasileiro".[8]

Cedemos espaço para registrar os comentários do mencionado autor:

"Existem leis interpretativas e leis sobre interpretação. Aliás, conforme já neste estudo afirmamos, as leis ditas interpretativas são leis novas. Mas o Código Tributário Nacional estabeleceu norma a respeito de interpretação que se refere, especificamente, às leis interpretativas. É o que se vê em seu art. 106, cuja interpretação exige que se determine o que se há de entender por lei interpretativa.

"Diz-se que uma lei é interpretativa quando o seu objeto seja simplesmente esclarecer o significado da lei anterior.

"Há quem sustente que não existe lei propriamente interpretativa. Ou a lei diz exatamente o que está dito na lei anterior, e neste caso é inútil, ou diz coisa diferente, e neste caso inova.

"Seja como for, o Código Tributário Nacional, tendo admitido a existência de leis interpretativas e determinado que estas se aplicam retroativamente, tem-se de equacionar o problema. Ou se admite a existência de leis interpretativas ou se há de considerar que o disposto em seu art. 106, I, é inconstitucional, por contrariar o princípio da irretroatividade das leis.

"Parece-nos que o Código Tributário Nacional adotou uma posição conciliatória entre aqueles que admitem, e aqueles que negam a existência de leis interpretativas, pois vedou a aplicação de penalidades relativas à infração dos dispositivos interpretados. Mas isto não basta. Resta a questão de saber se em virtude da lei interpretativa é possível a exigência de tributo que, em face da lei interpretada, era duvidosa. Para Baleeiro, 'lei que interpreta outra há de ser retroativa por definição, no sentido de que lhe espanca das obscuridades e ambigüidades. Entretanto, não é interpretativa a lei que introduz gravame'.

"Parece-nos que, não obstante a expressão em qualquer caso, constante do art. 106, I, do CTN, não se pode admitir a aplicação retroativa da lei a pretexto de ser ela meramente interpretativa. Assim, portanto, o mencionado dispositivo legal há de ser entendido em consonância com o princípio da irretroatividade das leis."

Os anais do pensamento jurídico brasileiro registram que Rui Barbosa, em trabalho jurídico apresentado ao Poder Judiciário, manifestou,[9] na época, o seu entendimento sobre leis interpretativas, assinalando:

"Mas a Ré não admite ao legislador, entre nós, o direito de interpretar a lei. Sob o pretexto de declarar, argumenta o nobre patrono *ex adverso*, a lei interpretativa pode criar direito novo, e destarte, pela sua propriedade especial de atuar, retrospectivamente, da data da lei interpretada, exerce verdadeira ação retroativa. Logo, conclui, tendo vedado as leis retroativas, a constituição republicana vedou as leis interpretativas.

8. Disponível no site: www.hugomachado.adv.br.

9. Conforme está em *Obras Seletas de Rui Barbosa*, vol. XI, Trabalhos Jurídicos, publicação da Casa de Rui Barbosa, 1962, pp. 315-316.

"O argumento é errôneo, redondamente errôneo. Nada prova, porque prova demais. Não é só interpretante que o legislador pode incorrer no excesso da retroatividade. É um abuso, que se corre o risco de perpetrar, toda vez que se legisla, abuso, portanto, de que toda a lei, seja qual for a sua espécie, é sempre suscetível. Qualquer lei, interpretativa, ou não, pode receber do seu autor o cunho da retroatividade. Logo, se do risco possível da retroatividade se infere a proibição de interpretar, desse mesmo risco, inerente sempre à obra legislativa, resultaria indistintamente a proibição de legislar. A consideração, pela qual a ré quer acabar com a interpretação legislativa, aboliria o próprio legislador. A conseqüência não pode ser mais absurda; porque maior absurdo não há que o da sua premissa, a doutrina estabelecida na defesa.

"Onde houver o poder de legislar, existirá o de interpretar a lei. *Ejus est interpretare legem cujus est condere* (*L. ult. C. de legibus*). Em toda função se contém a faculdade necessária de remover as ambigüidades, as obscuridades, as incongruências opostas à inteligência dos seus atos. Ainda à sentença final as regras do processo admitem os embargos de declaração, meio proporcionado ao julgador para interpretar o seu próprio julgado. A opinião de Duranton, Marcadé e Foucart não fez escola em França. O próprio Demolombe, de onde a reproduz o nosso ilustrado colega (fl. 47), não a aceita.

"Referindo-se à interpretação das leis por via legislativa, diz ele: 'Ce mode d'interprétation est fondé sur une nécessité publique politique; il a été de tous temps' (Demolombe *Cors*, I, p. 137). 'Negare la possibilita di leggi interpretative', escreve Landucci, 'cisembra um assurdo' (em Aubry e Rau, pp. 672-3)."

Concluiu, na época em que escreveu, Rui Barbosa:

"Não há incompatibilidade alguma entre a condenação da retroatividade das leis e a admissão das leis interpretativas.

"Para desfazer à Ré esse engano, bastará indicar-lhe o exemplo da legislação italiana. Ali o art. 2º do Cód. Civil prescreve: 'La legge non dispone che per l'aavenire: essa non ha effetto retroattivo'. Eis proibida a irretroatividade. E, contudo, o art. 72 da constituição assegura ao legislador o direito de interpretar: 'L'interpretazione della legge in modo per tutti obbligatorio spetta esclusivamente al potere legislativo'.

"Se a constituição imperial incluiu expressamente entre as funções do poder legislativo (art. 15, § 8º) a de 'fazer leis, interpretá-las, suspendê-las, e revogá-las', não tem, todavia, o douto conselheiro da ré o direito de coligir do silencio da constituição atual neste ponto que ela retirou ao legislador a prerrogativa de interpretar leis. Também a constituição em vigor não reconhece explicitamente ao poder legislativo competência para suspender as lei, ou revogá-las. Ninguém, daí, contudo, inferirá que as leis, entre nós, presentemente, sejam insuspensíveis, ou irrevogáveis. Por quê? Porque na autoridade de criar a lei se compreende implicitamente a de suspendê-la, ou revogá-la. Por nessa autoridade igualmente se abrange a de interpretar a lei, que se faz, se suspende, e se revoga. Entre os poderes do legislador a constituição republicana inscreveu o de 'decretar as leis necessárias ao exercício dos poderes que pertencem à União' (art. 34, n. 33). Ora, ao exercício desses poderes uma lei interpretativa, em certos e determinados casos, será não menos necessária do que noutros uma lei nova, uma lei revogatória, ou uma lei suspensiva."

Não é demais relembrar que é "interpretação autêntica a que provém do mesmo autor do preceito, ou da declaração que se trata de entender, seja pelo órgão competente para regular a matéria do preceito, seja pela parte legítima para regular a relação à qual a declaração deu vida (quando se trata de entender um preceito da esfera da autonomia privada ou pública, negócio, tratado ou ato administrativo)", conforme assinalado por Christina Miranda Ribas.[10]

A autora, examinando questões que decorrem da interpretação autêntica, lembra sua definição formulada por Juan Zornoza Pérez e Ramón Falcón y Tella.[11] Afirmam esses autores que pode-se definir a interpretação autêntica "como la llevada a cabo por el propio legislador para dirimir los contrastes surgidos, o que pueden surgir, en la interpretación de una ley anterior, imponiendo como exacta solo una entre las interpretaciones divergentes sostenidas con anteriodad o entre las posibles interpretaciones. Una ley de tales características es interpretativa no porque interpreta, sino porque impone una interpretación, y en este sentido poco importa que ésta sea científicamente correcta o no, ya que lo que interesa al legislador es imponer la interpretación que le parece más oportuna".

Correta, portanto, a observação que Christina Miranda Ribas faz sobre esse pensamento dos autores acima referidos, de que, para eles, "não é correto perguntar-se quando uma lei de interpretação é verdadeiramente de interpretação ou quando é inovadora, já que a partir dela só uma interpretação será admissível. Eles prosseguem afirmando que se o juiz pudesse controlar a exatidão ou não da interpretação imposta pelo legislador, careceria de sentido a interpretação autêntica, o que permite afirmar que esta encerra sempre um mandato, ou, dito de outra maneira, que sempre inova o ordenamento jurídico".

Conclui Christina Miranda Ribas, no trabalho citado:

> "A questão da interpretação, no Direito, é uma das mais discutidas, e não se logrou chegar, sobre ela, a nenhuma conclusão mais ou menos aceita pela maioria dos juristas, até hoje.
>
> "Então, as leis interpretativas – consideradas por alguns como pertencentes à categoria da chamada 'interpretação autêntica', têm toda uma problemática peculiar, que se define com maior clareza quando encaradas sob o problema do Direito Intertemporal.
>
> "A linguagem jurídica pertence, como se viu, à categoria das linguagens naturais, embora com mais vigor que estas mas, ainda assim, participando com elas das características de ambigüidade e vagueza.

10. Em trabalho intitulado "A Lei Interpretativa sob o Prisma do Direito Intertemporal", publicado na *Revista de Direito Civil, Imobiliário, Agrário e Empresarial*, IAE, n. 47, 1989, p. 41, com base em ensinamentos de Emílio Betti.

11. In "La retroactividad de las normas tributarias – Normas interpretativas", *Revista de Direito Tributário* 37/14-15, ano 10, 1986.

> "Não é de todo correto falar em lei interpretativa. A lei, mesmo quando assim se intitula, sempre modifica algo com relação à lei interpretada. Por esta razão, a lei interpretativa tem que se submeter a todos os princípios, constitucionais ou ordinários, relativos ao respeito ao direito adquirido, sob pena de estes mesmos princípios resultarem gravemente ameaçados e até, no limite, inoperantes, com graves prejuízos para a ordem jurídica e os direitos individuais."

Observamos que, na atual estrutura do nosso ordenamento jurídico, há a possibilidade da interpretação autêntica ou legislativa ser aplicada tanto pelo Poder Executivo, como pelo Poder Legislativo.

O Poder Executivo, de acordo com o art. 62 da Constituição Federal, por via do Presidente da República, poderá adotar, em caso de relevância e urgência, medidas provisórias, com força de lei, devendo submetê-las de imediato ao Congresso Nacional (EC n. 32/2001).

Essas medidas provisórias só são vedadas em casos de:

a) nacionalidade, cidadania, direitos políticos, partidos políticos e direito eleitoral;

b) direito penal, processual penal e processual civil;

c) organização do Poder Judiciário e do Ministério Público, a carreira e a garantia dos seus membros;

d) planos plurianuais, diretrizes orçamentárias, orçamento e créditos adicionais e suplementares, ressalvado o previsto no art. 167, § 3º, da CF;

e) em que vise à detenção ou ao seqüestro de bens, de poupança popular ou qualquer outro ativo financeiro;

f) matéria reservada a lei complementar;

g) matéria já disciplinada em projeto de lei aprovado pelo Congresso Nacional e pendente de sanção ou veto do Presidente da República.

A se aceitar a existência, a validade e a eficácia das leis interpretativas em nosso ordenamento jurídico, não há impedimento de ser expedida Medida Provisória interpretando Medida Provisória anterior de modo total ou, apenas, um dos seus dispositivos.

Nas atribuições asseguradas ao Presidente da República, como chefe do Poder Executivo, pela Constituição Federal, em seu art. 84, está assegurada, entre tantas outras, a competência privativa de expedir decretos e regulamentos para fiel execução das leis.

Nesse patamar, o Presidente da República, após expedir um decreto ou um regulamento pode, em seqüência, fazer publicar outro interpretando qualquer dispositivo do anterior.

Os atos mencionados expedidos pelo Presidente da República são substancialmente normativos.

O Legislativo, sem que se tenha como cometido extrapolação de Poder, pode aprovar lei visando interpretar lei anterior, total ou parcial. Esta nova lei submete-se ao mesmo processo legislativo adotado para a lei interpretada e sujeita-se, também, à sanção ou veto do Executivo. Ocorrendo o veto, ela enfrenta o reexame do Legislativo que poderá manter o veto ou promulgá-la.

A norma interpretativa oriunda do Poder Legislativo deve seguir o mesmo processo que foi adotado para a criação da lei interpretada. Em conseqüência, se a interpretação for de uma Lei Complementar, a lei interpretativa deverá seguir o processo legislativo da Lei Complementar; se de uma lei ordinária, seguir-se-á o mesmo processo de aprovação da lei ordinária; se de uma lei delegada, o processo legislativo será o que foi adotado para a lei delegada interpretada; se a interpretação for de um decreto legislativo ou de uma resolução, o processo será o mesmo que foi adotado para surgir o decreto legislativo e a resolução interpretados.

Resta indagar se, na ordem jurídica brasileira contemporânea, é possível Emenda Constitucional interpretando dispositivo da Constituição Federal.

Em princípio, não visualizamos qualquer proibição. Ressaltamos, apenas, que não se apresenta como compatível com a natureza da norma constitucional o surgimento de sua interpretação por Emenda Constitucional quando a regra cuidada apresenta-se fortalecida por ter tido origem em Constituinte originária.

Temos como certo que só Emenda Constitucional aprovada pelo Poder Constituinte derivado pode ser interpretada por outra Emenda Constitucional. A regra não se aplica quando a norma é oriunda do Poder Constituinte originário.

Afirma determinada corrente doutrinária que a lei interpretativa tem, se não dispuser em sentido contrário, efeito retroativo. Aplica-se, conseqüentemente, aos negócios jurídicos públicos e privados em execução, desde o início da sua celebração, o texto na forma interpretada pela lei nova. São respeitados, apenas, os direitos adquiridos, isto é, os consolidados.

A lei interpretativa, contudo, perde essa característica, afirmam doutrinadores, se proceder qualquer inovação no texto interpretado. Isso ocorrendo, ela não poderá ser aplicada retroativamente, salvo se for para beneficiar.

Lembramos, a respeito, precedente do Supremo Tribunal Federal:[12] "É plausível, em face do ordenamento constitucional brasileiro, o reconhecimento da admissibilidade das leis interpretativas, que configuram instrumento juridicamente idôneo de veiculação da denominada interpretação autêntica. As leis interpretativas – desde que reconhecida a sua existência em nosso sistema do direito positivo – não traduzem usurpação das atribuições institucionais do Judiciário e, em conseqüência, não ofendem o postulado fundamental da divisão funcional do poder. Mesmo as leis interpretativas expõem-se ao exame e à interpretação dos Juízes e Tribunais. Não revelam, assim, espécies normativas imunes ao controle jurisdicional".

Ao julgar Medida Cautelar na ADI 605, Distrito Federal, o Supremo Tribunal Federal, por votação unânime, pelo seu Pleno, em data de 23.10.1991, acolheu voto do Ministro Celso de Mello, relator, onde o tema da lei interpretativa foi exaustivamente abordado.

A profundidade com o que o assunto foi tratado exige que o referido pronunciamento seja citado na íntegra. Eis o seu teor:

"A primeira questão a apreciar envolve a análise do tema concernente à admissibilidade, em nosso sistema jurídico, dos atos estatais interpretativos, enquanto instrumentos de veiculação da denominada interpretação autêntica.

"Partilho da compreensão de que não constitui função institucional do Poder Legislativo a prerrogativa de interpretar as leis. Não questiono tratar-se de atividade anômala e virtualmente estranha à tipicidade das atribuições político-jurídicas dos órgãos incumbidos de legislar.

"Tenho presente, até, a posição daqueles que sustentam, no rigor dos princípios, a inexistência da figura das denominadas leis interpretativas. Para os que assim analisam o fenômeno e a dinâmica das relações institucionais entre os Poderes do Estado, 'A uma lei não é dado interpretar uma outra lei' (Roque Antonio Carrazza, *Curso de Direito Constitucional Tributário*, p. 176, 3a ed., 1991, Ed. RT), pois 'A lei é o direito objetivo e inova inauguralmente a ordem jurídica'.

"A função de interpretar as leis, nessa perspectiva, corresponde aos que as aplicam, notadamente ao Poder Judiciário, e não aos que as criam e produzem.

"Não obstante as razões desse entendimento, não vejo como desacolher, em princípio, a possibilidade jurídico-constitucional de o Estado, mediante atos normativos próprios, veicular o sentido interpretativo das leis que ele mesmo editou.

"As leis interpretativas constituem, na realidade, espécies jurídicas a que a doutrina e o nosso próprio direito positivo aludem e não permanecem indiferentes. Disso é exemplo o que dispõe o art. 106, n. 1, do Código Tributário Nacional, que a elas se refere, expressamente.

"A norma jurídica – todos o sabemos – nada mais é, na expressão do seu sentido e conteúdo, do que a sua própria interpretação. Daí, a observação lapidar do eminente Prof. Miguel Reale, para quem a lei é a sua interpretação.

12. Conforme publicação da *Revista Trimestral de Jurisprudência* 45/463.

"O magistério doutrinário, ao analisar as diversas modalidades do processo interpretativo, nelas identifica a interpretação autêntica, definida, em função da fonte de que emana, como aquela 'fornecida pelo mesmo poder que elaborou a lei' e que 'Quase sempre se exerce através de lei interpretativa, por via da qual se determina o verdadeiro sentido, o exato significado do texto controvertido' (Washington de Barros Monteiro, *Curso de Direito Civil – Parte Geral*, vol. 1/35, 28ª ed., 1989, Saraiva).

"Outro não é o entendimento de Caio Mario da Silva Pereira (*Instituições de Direito Civil*, vol. I/178, item n. 38, 5ª ed., 1976, Forense), para quem: 'A interpretação autêntica, também chamada pública (Cunha Gonçalves), realiza-se por via de um provimento legislativo. Reconhecendo a ambigüidade ou inobviosidade da norma, o legislador vota uma nova lei, destinada a esclarecer a sua vontade, e, neste caso, a lei interpretativa é considerada como a própria lei interpretada. Não há, aqui, um verdadeiro processo interpretativo, pois que se não trata de dar entendimento à lei para uma aplicação, senão de fixar o legislador a sua própria vontade, mal concretizada ou imperfeitamente manifestada nos termos em que se vazou, ou de se alterar o rumo de aplicação da lei interpretada, acaso em desconformidade com as conveniências sociais ou com os propósitos a que se visava ao tempo de sua promulgação. Sendo a lei interpretativa uma norma de direito objetivo, um comando estatal da mesma natureza da interpretada, requer à sua vez entendimento e está sujeita ao processo interpretativo. Por outro lado, o escalonamento hierárquico deve ser observado por tal jeito, que uma lei constitucional somente pode receber interpretação autêntica por via de uma outra lei constitucional. O legislador ordinário pode votar lei interpretativa de outra lei ordinária etc. Mas, o Executivo não pode baixar um decreto interpretativo de uma lei, nem é possível à União votar lei interpretativa de lei estadual ou municipal ou vice-versa'.

"As leis interpretativas – não obstante o caráter extraordinário que ostentam – constituem, naquilo que concerne à fixação do sentido das normas editadas pelo Poder Legislativo, o instrumento juridicamente idôneo à concretização da interpretação autêntica.

"Não se desconhece a posição doutrinária daqueles que, embora não vislumbrando obstáculo constitucional à sua realização, censuram, por imprópria, desnecessária e cientificamente inconveniente, a atividade legislativa destinada a formalizar a exegese de leis anteriormente promulgadas, visto que tal comportamento estatal traduziria, mais do que simples interpretação autêntica de textos normativos, verdadeira inovação da ordem jurídica.

"É por isso – salientam Eduardo Espinola e Eduardo Espinola Filho (*Tratado de Direito Civil Brasileiro*, vol. III/188, 1939, Freitas Bastos) – que, 'Na lição dos autores que têm versado o assunto no Brasil', tais como Carvalho de Mendonça, Carlos Maximiliano, Hermes Lima e Bento de Faria, prevalece (...) a concepção de que se trata, no caso, de formação de direito novo'.

"Giovamni Galloni (*La Interpretazione della legge*, pp. 201-202, item n. 62, Milano, Giuffré, 1955) corrobora esse entendimento, ao acentuar que a interpretação autêntica, enquanto manifestação emanada do próprio órgão investido de poder normativo que editou a primitiva declaração, não constitui uma verdadeira atividade interpretativa, mas, sim, um processo de integração normativa em que 'La norma interpretativa si pone cosi come norma complementare rispetto alla norma interpretata con il risultato di chiarirne la astratta precettività'.

"Mesmo que se negue à interpretação autêntica o caráter de verdadeira interpretação normativa, não se pode desconhecer que essa atuação do Poder Legislativo não constitui mera possibilidade doutrinária. Insere-se, na realidade, ainda que em situação de absoluta excepcionalidade, na competência institucional dos órgãos investidos da função legislativa.

"É importante assinalar, neste ponto – até mesmo para efeito de registro histórico –, que, ao fenômeno jurídico das leis interpretativas, não permaneceu indiferente, no plano de sua evolução política, o nosso constitucionalismo.

"A Carta Política do Império do Brasil, outorgada em 1824, por D. Pedro I, consagrou, de modo expresso, em favor da Assembléia Geral, em regra de exclusiva competência, o poder de fazer as leis *e de interpretá-las* (art. 15, n. VIII).

"Essa norma, positivada pelo constitucionalismo monárquico, guardava estrita fidelidade com os postulados rousseaunianos de democracia, que atribuíam ao Legislativo – enquanto fonte única de emanação das regras legais no âmbito do Estado – a autoridade, a prerrogativa e a legitimidade para a interpretação das leis.

"Daí, a observação de José Antônio Pimenta Bueno, Marquês de São Vicente (*Direito Público Brasileiro e Análise da Constituição do Império*, pp. 68-69, itens 83-85, 1958, Ministério da Justiça, Imprensa Nacional), *verbis*:

"O assunto da interpretação das leis há muito valioso, é a questão fundamental que joga com importantes matérias do Direito Público, com a divisão e independência dos poderes, e que por isso mesmo demanda idéias bem assentadas e exatas. Julgamos pois conveniente examinar o que seja a interpretação em geral, a quem competia interpretar a lei por via de autoridade, e quais sejam os efeitos dessa interpretação: o que seja a interpretação por via de doutrina, a quem ela pertença, e finalmente quais os abusos que se pretendem introduzir em nosso país sobre tão grave matéria.

"A interpretação considerada em geral é a declaração, a explicação do sentido da lei, ou seja, por via de autoridade, ou de doutrina judicial, ou doutrina comum, isto é, opinião dos sábios ou jurisconsultos.

"Há pois duas, e só duas, espécies de interpretação, por via de autoridade ou por via de doutrina, e elas são tão distintas em sua importância, força e efeitos, que não podem jamais ser confundidas.

"Interpretar a lei por via de autoridade ou via legislativa, por medida geral, abstrata ou autêntica, termos que são equivalentes, é determinar legítima e competentemente qual o verdadeiro sentido ou disposição que a lei encerra, e que deve ser observado sem mais dúvida ou hesitação, é em suma estabelecer o direito.

"Esta interpretação pertence essencial e exclusivamente ao poder legislativo, não só pela determinação expressa e categórica do artigo constitucional que desenvolvemos e do Ato Ad., art. 25, como pela natureza de nosso governo, divisão e limites dos poderes políticos. Sem dúvida que quando isso não fosse mais que expresso, ainda assim mesmo resultaria dos princípios constitucionais como uma conseqüência ou necessidade indeclinável.

"Só o poder que faz a lei é o único competente para declarar por via de autoridade ou por disposição geral obrigatória o pensamento, o preceito dela. Só ele e exclusivamente ele é quem tem o direito de interpretar o seu próprio ato, suas próprias vistas, sua vontade e seus fins. Nenhum outro poder tem o direito de interpretar por igual modo, já porque nenhuma lei lhe deu essa faculdade, já porque seria absurda a que lhe desse.

"Primeiramente é visível que nenhum outro poder é o depositário real da vontade e inteligência do legislador. Pela necessidade de aplicar a lei deve o executor ou juiz, e por estudo pode o jurisconsulto formar sua opinião a respeito da inteligência dela mas querer que essa opinião seja infalível e obrigatória, que seja regra geral, seria dizer que possuía a faculdade de adivinhar qual a vontade e o pensamento do legislador que não podia errar, que era possuidor dessa mesma inteligência e vontade; e isso seria certamente irrisório.

"Depois disso é também óbvio que o poder a quem fosse dada ou usurpasse uma tal faculdade predominaria desde logo sobre o legislador, inutilizaria ou alteraria como quisesse as atribuições deste ou disposições da lei, e seria o verdadeiro legislador. Basta refletir por um pouco para reconhecer esta verdade, e ver que interpretar a lei por disposição obrigatória, ou por via de autoridade, é não só fazer a lei, mas é ainda mais que isso, porque é predominar sobre ela.

"É por essa razão que Gilmar Ferreira Mendes (*Controle de Constitucionalidade – Aspectos Jurídicos e Políticos*, pp. 169-170, 1990, Saraiva), ao enfatizar essa especial competência do Poder Legislativo *imperial*, instituída sob forte influência do modelo revolucionário francês, acentuou que essa prerrogativa 'Era a consagração do dogma da soberania do Parlamento'.

"Com a evolução do nosso constitucionalismo – e já sob a égide das instituições republicanas –, reconheceu-se também ao Poder Judiciário a magna potestade de interpretar a Constituição e as leis.

"Disso constitui exemplo expressivo o modelo consagrado pela Carta republicana de 1891, que, sensível à experiência jurídica norte-americana e atenta à própria jurisprudência firmada pela Suprema Corte, daquele país (caso Karbury vs. Madison, 1803), deferiu ao Judiciário competência para declarar, até mesmo, a própria inconstitucionalidade das leis e atos do Poder Público (v. art. 59, §§ 1º e 2º).

"Ruy Barbosa (*Comentários à Constituição Federal Brasileira*, coligidos e ordenados por Homero Pires, vol. IV/144-146, 1933, Saraiva), ao acentuar o notável avanço jurídico-institucional que representou essa ampliação da competência jurisdicional do Poder Judiciário, assinalou, com fundamento no magistério de Story, em face da própria natureza do regime republicano então instaurado, que 'o poder de interpretar as leis envolve necessariamente a função de verificar se elas se conformam à Constituição, declarando-as vão e insubsistentes se a ofendem'.

"No plano da divisão funcional do poder – e do sistema de '*checks ad balances*' consagrado pelo ordenamento constitucional brasileiro – incumbe ao Poder Judiciário a típica e preponderante função de, ao resolver as controvérsias, aplicar as leis, *interpretando-as*.

"Isso não significa, porém, que a interpretação das leis constitua atribuição exclusiva dos juízes e tribunais, que não detêm, no âmbito da comunidade estatal, o monopólio da definição do sentido e da extensão das normas legais, muito embora só a seus atos decisórios se reconheça – como atributo essencial da jurisdição que é – o caráter de definitividade, qualificador, na concreta resolução do litígio, do '*final enforcing power*' que assumem as manifestações do Poder Judiciário.

"Na realidade, o desempenho da função interpretativa pelos Poderes Executivo e Legislativo, muito embora em caráter atípico, não se revela incompatível com o postulado da divisão funcional do poder, cuja compreensão supõe o reconhecimento, no plano da organização estatal, da inexistência de atividades político-jurídicas monopolizadas por qualquer dos órgãos da soberania nacional.

"O fenômeno jurídico das leis interpretativas, não obstante traduza uma anômala manifestação do órgão legislativo, não as torna imunes – e daí a sua perfeita adequação ao princípio da separação de poderes, que supõe controles interorgânicos recíprocos – à apreciação de sua própria inteligibilidade e significado técnico-racional pelo Poder Judiciário.

"Com isso, as leis veiculadoras de interpretação autêntica não se excluem da possibilidade de análise em sede jurisdicional, pois, constituindo normas jurídicas, expõem-se, como tais, ao domínio da atividade preponderantemente reservada aos órgãos do Poder Judiciário.

"Reconhecida, desse modo, a admissibilidade, em nosso sistema de direito positivo, das denominadas leis interpretativas, cabe indagar se se revela possível à medida provisória veicular interpretação autêntica de ato legislativo anteriormente editado.

"Justifica-se a indagação em face do magistério doutrinário que exige, em se tratando de interpretação autêntica, que esta provenha da mesma fonte de produção normativa de que se originou o ato estatal a ser interpretado.

"No caso, a Lei n. 8.031, de 12.4.90, que instituiu o Programa Nacional de Desestatização, resultou de conversão legislativa da Medida Provisória n. 155, de 15.3.90, editada pelo Presidente da República.

"O ato estatal ora impugnado – a Medida Provisória n. 299, de 1.10.1991 – emanou do Chefe do Poder Executivo da União com a explícita destinação, *referida em sua própria ementa*, de interpretar o art. 16 da Lei n. 8.031/90.

"A configuração da interpretação autêntica impõe que o ato interpretativo emane da mesma fonte de produção normativa e ostente o mesmo grau de validade e de eficácia jurídica da regra de direito positivo interpretada.

"A medida Provisória, embora caracterize uma declaração unilateral de vontade do Presidente da República, fundada na extraordinária competência normativa que lhe outorgou a Carta da República, constitui ato vocacionado a transformar-se em lei a denominada lei de conversão.

"Essa destinação constitucional da medida provisória é que lhe confere, desde o momento de sua edição, a mesma autoridade hierárquica que se reconhece à lei em sentido formal.

"As medidas provisórias configuram, no direito constitucional positivo brasileiro, uma categoria especial de atos normativos primários, emanados do Poder Executivo, que se revestem de força, eficácia e valor de lei. Espécies normativas primárias, não se confundem, no entanto, com a lei, embora, transitoriamente, se achem investidas de igual autoridade no plano jurídico. A cláusula 'com força de lei', inscrita no art. 62 da Carta Política, empresta às medidas provisórias o sentido de equivalência constitucional com as leis formais.

"Disso decorre, a meu ver, que parece inexistir – ao menos nesta fase de mera delibação – obstáculo de índole jurídico-constitucional a que o Presidente da República elabore, presentes os pressupostos que lhe justificam a edição, medida provisória destinada a interpretar lei de conversão, sem que disso resulte ofensa qualquer ao princípio da separação de poderes, na medida em que também os atos interpretativos constituem declarações estatais integralmente sujeitas à exegese, ulterior, definitiva e insuprimível, dos órgãos do Poder Judiciário.

"Traduz consenso doutrinário a exigência de que o ato interpretativo deve resultar da mesma fonte de produção normativa de que proveio a espécie jurídica interpretada. Por isso, a advertência de Carlos Maximiliano (*Hermenêutica e Aplicação do Direito*, pp. 87-88, itens n. 90-91, 9ª ed., Forense, 1979), no sentido de que só é '(...) autêntica a interpretação quando emana do próprio poder que fez o ato cujo sentido e alcance ela declara. Portanto, só uma Assembléia Constituinte fornece a exegese obrigatória do estatuto supremo; as Câmaras, a da lei em geral, e o Executivo, dos regulamentos, avisos, instruções e portarias (...). O ato interpretativo segue o mesmo rito processual exigido para o interpretado (...)'.

"A dualidade das fontes de produção normativa de que resultam as medidas provisórias, emanadas do Presidente da República, e as leis de conversão, promulgadas pelo Congresso Nacional, não desveste aqueles atos presidenciais, constitucionalmente providos de eficácia legal, de sua condição de hábeis instrumentos veiculadores de uma declaração interpretativa.

"Isso, porque traduzem medidas provisórias e leis de conversão, espécies jurídicas causalmente vinculadas entre si, atuando aquelas como elemento necessário de instauração do procedimento de formação destas. As medidas provisórias situam-se, desse modo, na gênese do processo de formação das leis de conversão.

"Essa íntima associação entre as espécies normativas em causa permite afirmar que, dos efeitos gerados pela edição da medida provisória, um há que se prende a conseqüências de ordem ritual, eis que a publicação da medida provisória atua como verdadeira *provocatio ad agendum*, estimulando o Congresso Nacional a instaurar o adequado procedimento de conversão legislativa, que tem, no projeto de lei de conversão, o seu *instrumento jurídico* de concretização. A lei de conversão pressupõe a existência da própria medida provisória, dado que existe, entre elas, um ineliminável nexo causal.

"Por força da cláusula de apresentação, que deriva de norma constitucional explícita (art. 62), as medidas provisórias – como já referido – deverão ser submetidas à apreciação e exame integrais do Poder Legislativo.

"Nesse procedimento, as medidas provisórias, ou são aprovadas e, neste caso, convertem-se em leis (as denominadas leis de conversão) ou, então, deixam de ser convertidas em lei, quer por decurso do prazo *constitucional de* 30 dias (hipótese de decadência), quer por expressa deliberação parlamentar (hipótese de rejeição)."

O Ministro Sepúlveda Pertence, ao acompanhar o Ministro Celso de Mello, no julgamento acima registrado, afirmou:

"Senhor Presidente, das duas linhas de fundamentação do pedido, concordo em todos seus pontos substanciais com o magnífico voto do eminente Relator, em que a primeira delas, embora posta com habilidade, é de patente improcedência.

"Não há invasão da área constitucional do Poder Judiciário, com a edição de lei que se pretenda interpretativa.

"Para mim, no sistema brasileiro, lei interpretativa ou é inócua ou é lei nova.

"Se é mera interpretação de lei preexistente e veicula – se isso é possível – a única interpretação admissível dessa lei preexistente, a lei interpretativa vale exatamente o que valer a interpretação que traduz, isto é, nada vale, porque evidentemente, se é a única interpretação, ou não, a afirmação, no caso concreto, continuará entregue ao Poder Judiciário.

"Se, no entanto, a título de lei interpretativa, a segunda lei extrapola da interpretação, é lei nova, que altera a lei antiga, modificando-a ou adicionando-lhe normas inexistentes. E assim há de ser examinada."

Diante de tudo quanto foi exposto, entendemos que a denominada interpretação autêntica ou legislativa, que origina a lei interpretativa, não constitui um verdadeiro processo interpretativo da lei quando aplicada a um fato concreto.

Na verdade, a lei interpretativa busca a manifestação expressa da vontade do legislador, isto é, do próprio criador da lei interpretada. O que pretende a lei interpretativa é fazer prevalecer, de modo imperativo, a vontade de quem emitiu o comando normativo, passando a ditar como a norma deve ser aplicada, sem abrir espaço para, em tese, o Poder Judiciário visualizá-lo, em face de cada caso concreto, de modo diferente.

Não é verdade, porém, que a lei interpretativa impeça de o Poder Judiciário fazer prevalecer o seu entendimento. Além da lei que se pretende interpretar por outra norma continuar merecedora de análise pelo Poder Judiciário, a própria lei interpretativa sujeita-se, também, a ser interpretada.

O certo é que, em face da realidade presente, o Poder Judiciário, em "termos hábeis e inteligentes" deve emprestar a lei interpretada por uma outra lei e a esta própria uma "interpretação sistemática e fundada na lógica do razoável", evitando, quando for necessário, "o absurdo jurídico".[13]

É necessário se atentar que a lei interpretativa pode, em determinadas circunstâncias, revelar, em sua essência, uma atitude provocadora do Poder Legislativo que, pretendendo impor as suas conveniências políticas ou sociais, afasta-se da valorização dos postulados democráticos, especialmente, do que estimula a separação dos Poderes.

13. Sálvio de Figueiredo Teixeira, ao relatar o REsp 13.416-0-RJ, em *RSTJ*, n. 37, set. 1992, p. 428.

A lei interpretativa em Direito Tributário pode ser palco receptáculo de inconformismo do Poder Executivo com entendimento manifestado pelo Poder Judiciário sobre determinada relação jurídica. Suficiente que o Poder Executivo, por laços políticos, por ter apoio majoritário na Casa Legislativa, consiga aprovação de Projeto de Lei visando modificar quadro jurisprudencial instaurado contra os seus objetivos.

3. O art. 3º da Lei Complementar n. 118/2005, é, realmente, lei interpretativa ou inova o ordenamento jurídico tributário? Há efeitos do art. 3º na jurisprudência do Superior Tribunal de Justiça sobre o prazo prescricional que entende ser aplicável para a repetição de indébito tributário?

A nossa manifestação, na quadra presente, busca definir se o art. 3º, da Lei Complementar n. 118/2005, tem natureza de lei interpretativa ou se ela inova o ordenamento jurídico tributário.

Começamos com o exame do seu inteiro teor: "Art. 3º. Para efeito de interpretação do inciso I do art. 168 da Lei n. 5.172, de 25 de outubro de 1966 – Código Tributário Nacional, a extinção do crédito tributário ocorre, no caso de tributo sujeito a lançamento por homologação, no momento do pagamento antecipado de que trata o § 1º do art. 150 da referida Lei".

A análise primeira consiste em se examinar a mensagem contida no art. 168, I, do CTN.

O referido dispositivo impõe a seguinte conduta:

"Art. 168. O direito de pleitear a restituição extingue-se com o decurso do prazo de 5 (cinco) anos, contados:

"I – nas hipóteses dos incisos I e II do art. 165, da data da extinção do crédito tributário; (...)"

As hipóteses previstas nos incisos I e II do art. 165 são:

"Art. 165. O sujeito passivo tem direito, independentemente de prévio protesto, à restituição total ou parcial do tributo, seja qual for a modalidade do seu pagamento, ressalvado o disposto no § 4º do art. 162, nos seguintes casos:

"I – cobrança ou pagamento espontâneo de tributo indevido ou maior que o devido em face da legislação tributária aplicável, ou da natureza ou circunstâncias materiais do fato gerador efetivamente ocorrido;

"II – erro na identificação do sujeito passivo, na determinação da alíquota aplicável, no cálculo do montante do débito ou na elaboração ou conferência de qualquer documento relativo ao pagamento:

"III – (...)."

Como registrado, os dispositivos mencionados tratam do pagamento indevido e do prazo para reivindicá-lo administrativamente ou em juízo.

O direito de pleitear a restituição de pagamento feito indevidamente a título de tributo, de conformidade com o que expressa claramente o art. 168, I, do CTN, prescreve no prazo de 5 (cinco) anos contados da extinção do crédito tributário.

A questão que se apresentou para solução no campo jurisprudencial era a concernente ao termo inicial do prazo de cinco anos previsto no art. 168, do CTN, ou, em outras palavras, quando devia ser considerado extinto o crédito tributário.

Após muitos debates, o Superior Tribunal de Justiça assentou sobre a matéria que, em se tratando de tributo sujeito a lançamento por homologação e esta não tendo ocorrido de modo expresso, "(...) o direito de pleitear a restituição só ocorrerá após o transcurso do prazo de cinco anos, contados da ocorrência do fato gerador, acrescido de mais cinco anos, contados daquela data em que se deu a homologação tácita (...)".[14]

Esse entendimento está suportado nas razões desenvolvidas pelo Min. Antônio de Pádua Ribeiro, relator, no voto que foi acolhido, de modo unânime, pela Turma Julgadora. Ressalte-se que, após algumas decisões em sentido contrário, o Superior Tribunal de Justiça, na atualidade, pela sua 1ª Seção, de modo unânime, segue essa orientação.

O voto do eminente relator, REsp 44.221, afirma:

> "Não se acha, também, caracterizada, na espécie, ofensa ao art. 168 do Código Tributário Nacional, não se aflorando, seja decadência, seja prescrição. Diz o citado preceito:
>
> 'Art. 168. O direito de pleitear a restituição extingue-se com o decurso do prazo de 5 (cinco) anos, contados:
>
> 'I – nas hipóteses dos incisos I e II do art. 165, da data da extinção do crédito tributário;
>
> 'II – Na hipótese do inciso III do art 165, data em que se tornar definitiva a decisão administrativa ou passar em julgado a decisão judicial tenha reformado, anulado, revogado ou rescindindo decisão administrativa'."

À vista do transcrito dispositivo, sustenta a União Federal que o termo inicial do prazo decadencial é a data da extinção do crédito tributário e não o momento previsto para sua devolução.

14. REsp 44.221-PR, rel. Min. Antônio de Pádua Ribeiro, 2ª T, Decisão: 4.5.1994, *RSTJ* 59/405, *DJ* de 23.5.1994, p. 12.595.

Nem lhe assiste razão, contudo. De fato, admitida a natureza de imposto da exação declarada inconstitucional, que se denominou empréstimo compulsório, resulta em consubstanciar-se tributo sujeito a lançamento por homologação, pois a norma legal que o instituiu atribui "ao sujeito passivo o dever de antecipar o pagamento sem prévio exame da autoridade administrativa" (CTN, art. 150).

O crédito tributário se constitui pelo lançamento (CTN, art. 142), e se extingue pelo pagamento (CTN, art. 155). Todavia, em se tratando de lançamento por homologação, o pagamento antecipado pelo obrigado extingue o crédito sob condição resolutória da ulterior homologação do lançamento (CTN, art. 150, § 1º). Portanto, antes da homologação do lançamento, não se pode falar em crédito tributário no pagamento que o extingue, pois não se pode extinguir o que até então não existia.

Em casos tais, a homologação pode ser expressa, se a autoridade pratica ato nesse sentido, ou tácita, se expirado o prazo de cinco anos, contado da ocorrência do fato gerador, sem que o Fisco se tenha pronunciado (CTN, art. 150, § 4º).

Na espécie, não houve qualquer ato da autoridade fiscal homologatória do lançamento, razão por que a decadência do direito de pleitear a restituição só ocorrerá após o decurso do prazo de cinco anos, a partir da ocorrência do fato gerador, acrescido de mais cinco anos, contados da homologação do lançamento, ou seja, em 1996, com relação aos fatos geradores mais remotos.

Ressalte-se, de modo todo especial, o posicionamento assumido pela egrégia 1ª Seção, em repetidos julgados, de que em se tratando de lançamento por homologação, à falta deste, o prazo decadencial só começará a fluir após o decurso de cinco anos da ocorrência do fato gerador, somados mais cinco anos, contados antes da homologação tácita do lançamento.

Os fundamentos das referidas decisões estão inseridas nos Embargos de Divergência em Recurso Especial n. 43.502-0-RS, em que foi relator o eminente Ministro Cesar Asfor Rocha.

Alberto Xavier, na sua obra *Do Lançamento – Teoria Geral do Procedimento e do Processo Tributário*,[15] não aceita a posição supra referida. Os argumentos que apresenta, contrariando essa posição jurisprudencial, são os que vão abaixo citados, na íntegra:

"a) Prazo de decadência do direito ao Lançamento nos tributos de lançamento por homologação – O Superior Tribunal de Justiça adotou o entendimento segundo

15. Ed. Forense, 1997.

o qual, nos impostos submetidos ao regime de lançamento por homologação, 'a decadência relativa ao direito de constituir crédito tributário somente ocorre depois de cinco anos, contados do exercício àquele em que se extinguiu o direito potestativo de o Estado rever e homologar o lançamento'. Por outras palavras: 'o prazo decadencial de 5 (cinco) anos tem início a partir do primeiro dia útil do exercício seguinte àquele em que a homologação poderia efetivar-se, ou seja, o exercício seguinte ao término dos 5 (cinco) anos, contados a partir fato gerador' (AC 1ª T., STJ, REsp. 58.918-5-RJ, rel. Min. Humberto Gomes de Barros, *DJU* de 19.6.95, p. 18.646; AC 1ª T., STJ, REsp. 63.529, rel. Min. Humberto Gomes de Barros, *DJU* 7.8.95, p. 23.023; AC 1ª T., STJ, REsp. 69.308-SP, rel. Min. Humberto Gomes de Barros, *DJU* de 4.3.96, p. 5.363-4). E no mesmo sentido se pronunciou a Segunda Turma do Tribunal Regional Federal da Terceira Região (132 AC 1ª T., TRF 3ª R., n. 94.03.059807-7-SP, *DJU* de 30.1.96, p. 3.328-9.

"Em face destes textos, assim raciocinou o Tribunal' (AC 1ª T., STJ, REsp 58.918-5-RJ, cit.):

'Examinado isoladamente (o art. 173 do CTN) o texto legal deixa duas interpretações.

'Com efeito, a utilização do verbo poder; em seu modo condicional, autoriza o entendimento de que o prazo começa a partir da data em que seria licito à Administração fazer o lançamento.

'Por igual, o termo 'poderia' permite dizer que o prazo somente começa depois que já não mais é licita a prática do lançamento. A dificuldade desaparece, quando se examina o art. 173, em conjunto com o preceito contido no art. 150, § 4º, do CTN, que trata do lançamento por homologação.

'Seu parágrafo 4º estabelece o prazo para a prática deste ato. Tal prazo é de cinco anos, a contar da ocorrência do fato gerador. O parágrafo 4º adverte para a circunstância de que, expirado este prazo sem que a Fazenda Pública se tenha pronunciado, considera-se definitivo o lançamento.

'Vale dizer que o lançamento apenas se pode considerar definitivo em duas situações:

'a) depois de expressamente homologado;

'b) cinco anos depois de ocorrido o fato gerador; sem homologação expressa.

'Na hipótese de que agora cuidamos, o lançamento poderia ter sido efetuado durante cinco anos, a contar do vencimento de cada uma das contribuições. Se não houve homologação expressa, a faculdade de rever o lançamento correspondente à mais antiga das contribuições (outubro/74) estaria extinta em outubro de 1979.

'Já a decadência ocorreria cinco anos depois 'do primeiro dia do exercício seguinte à extinção do direito potestativo de homologar (1º de janeiro de 1980)'. Ou seja: em primeiro de janeiro de 1985.

'Ora, a inscrição da dívida verificou-se em maio de 1983 (cf. fl. 47).

'Não houve decadência'.

"Enferma este Acórdão de diversos equívocos conceituais e imprecisões terminológicas. Em primeiro lugar refere as condições em que 'o lançamento se pode tornar definitivo', quando o artigo 150, § 4º, Código Tributário Nacional, se refere à definitividade da 'extinção do crédito' e não à definitividade do lançamento. Em segundo lugar afirma que o lançamento se considera definitivo 'depois de expressamente homologado', sem ressalvar que se trata de manifesto erro técnico da lei, que refere a homologação ao 'pagamento' e não ao 'lançamento', que é privativo da autoridade administrativa (art. 142 do Código Tributário Nacional). Em terceiro lugar alude-se à 'faculdade de rever o lançamento' quando não está em causa qualquer revisão, pela razão singela de que não foi praticado anteriormente nenhum ato administrativo de lançamento suscetível de revisão.

"Destas diversas imprecisões resultou, como conclusão, a aplicação concorrente dos artigos 150, § 4º e 173, o que conduz a adicionar o prazo do artigo 173 – cinco anos a contar do exercício seguinte àquele em que o lançamento 'poderia ter sido praticado' – com o prazo do artigo 150, § 4º que define o prazo em que o lançamento 'poderia ter sido praticado' como de cinco anos contados da data da ocorrência do fato gerador. Desta adição resulta que o *dies a quo* do prazo do artigo 173 é, nesta interpretação, o primeiro dia do exercício seguinte ao do *dies ad quem* do prazo do artigo 150, § 4º.

"A solução é deplorável do ponto de vista dos direitos do cidadão porque mais que duplica o prazo decadencial de cinco anos, arraigado na tradição jurídica brasileira como o limite tolerável da insegurança jurídica (vejam as reações contra esta jurisprudência em João Luiz Coelho Rocha, 'A decadência do direito de constituir o crédito tributário – perigoso precedente jurisprudencial', *RDDT* 11 (1996), 80 ss.; Fátima Fernandes Rodrigues de Sousa, "A decadência e lançamento por homologação", *RT* (CDTFP) 5 (1996), 46 ss.).

"Ela é também juridicamente insustentável, pois as normas dos artigos 150, § 4º e 173 não são de aplicação cumulativa ou concorrente, antes são reciprocamente excludentes, tendo em vista a diversidade dos pressupostos da respectiva aplicação: o artigo 150 § 4º aplica-se exclusivamente aos tributos 'cuja legislação atribua ao sujeito passivo o dever de antecipar o pagamento sem prévio exame de autoridade administrativa'; o artigo 173, ao revés, aplica-se aos tributos em que o lançamento, em princípio, antecede o pagamento. O artigo 150, § 4º pressupõe um pagamento prévio – e daí que ele estabeleça um prazo mais curto, tendo como *dies a quo* a data do pagamento, dado que este fornece, por si só, ao Fisco uma informação suficiente para que permita exercer o controle. O artigo 173, ao contrário, pressupõe não ter havido pagamento prévio – e daí que alongue o prazo para o exercício do poder de controle, tendo como *dies a quo* não a data da ocorrência do fato gerador, mas o exercício seguinte àquele em que o lançamento poderia ser efetuado (veja-se neste sentido o AC un. 4ª C., 1º TACSP – AC 421.928-5, de 23.10.90. No mesmo sentido, cfr. Aurélio Pitanga Seixas Filho, "A contagem dos prazos para a constituição do crédito tributário para a sua cobrança", in Valdir de Oliveira Rocha (org), *Problemas de Processo Judicial Tributário*, São Paulo, 1996, 73 ss.; Luciano Amaro, *Direito Tributário brasileiro*, cit., 382; Carlos Mário Velloso, "Decadência e prescrição do crédito tributário – as contribuições previdenciárias", *RDT* 9/10 (1979), 184-5.)

"Precisamente porque o prazo mais longo do artigo 173 se baseia na inexistência de uma informação prévia, em que o pagamento consiste, o parágrafo único desse mesmo artigo reduz esse prazo tão logo se verifique a possibilidade de controle, contando o *dies a quo* não do exercício seguinte àquele em que o lançamento poderia ter sido efetuado, mas 'da data em que tenha sido iniciada a constituição do crédito tributário pela notificação ao sujeito passivo, de qualquer medida preparatória indispensável ao lançamento' (Cf. Bernardo Ribeiro de Moraes, *Compêndio de Direito Tributário*, cit., 572).

"E é também por razões ligadas à inexistência de informações prévias que a lei deixa de submeter ao prazo mais curto do artigo 150, § 4º os casos de 'dolo, fraude ou simulação', para implicitamente os sujeitar ao prazo mais longo do artigo 173 (cf. Misabel Derzi, in C. Valdemar do Nascimento (org), *Comentários ao Código Tributário Nacional*, Rio de Janeiro, 1997, 404-405; Luciano Amaro, *Direito Tributário brasileiro*, cit., 383; Paulo Barros de Carvalho, *Curso de Direito Tributário*, São Paulo 1993, 287).

"Também só razões ligadas ao maior grau de informação que existe nos casos de pagamento prévio do tributo é que explicam que o artigo 150, § 4º do Código Tributário Nacional preveja a possibilidade de o prazo de homologação ser 'fixado em lei' em termos diversos dos previstos naquele artigo, enquanto o artigo 173 fixa imperativamente o prazo de 5 (cinco) anos, sem admitir que prazo diferente seja fixado em lei.

"A lei a que se refere o artigo 150, § 4º só pode ter o alcance de reduzir o prazo de 5 (cinco) anos, baseado no reconhecimento da suficiência de menor período para o exercício do poder de controle, mas nunca o de excedê-lo, funcionando assim os cinco anos como limite máximo do prazo decadencial. A proibição de dilatação do prazo, a livre alvedrio do legislador ordinário, decorre logicamente da função garantística que a lei complementar desempenha em matéria de prescrição e decadência, cuja limitação no tempo é corolário do princípio da segurança jurídica, que é um limite constitucional implícito ao poder de tributar (consideramos, por isso, ilegais, por violação de lei complementar, o artigo 3º do Decreto-Lei n. 2.049, de 1.8.1983 e o artigo 3º do Decreto-Lei n. 2.052, de 3.8.1983 que, respectivamente, em matéria de FINSOCIAL e de PIS/PASEP, impõem a conservação de documentos pelo prazo de 10 (dez) anos, a partir da data fixada para o recolhimento, sujeitando o contribuinte a arbitramento, em caso de não cumprimento dessa obrigação (cf. sobre o tema – embora com posição divergente – Valdir de Oliveira Rocha, "Normas gerais em matéria de legislação tributária: prescrição e decadência", in *Repertório IOB de Jurisprudência* (novembro de 1994), caderno 1, 449 ss.).

"Tem toda a razão Luciano Amaro quando põe às claras o vício lógico das premissas da tese em causa ao salientar a evidência de que 'o exercício em que o lançamento poderia ser efetuado é o ano em que se instaura a possibilidade de o Fisco lançar e não o ano em que termina essa possibilidade' (cfr. *Direito Tributário*, cit., 385).

"A ilogicidade da tese jurisprudencial no sentido da aplicação concorrente dos artigos 150, § 4º e 173 resulta ainda evidente da circunstância de o § 4º do artigo 150 determinar que considera-se definitivamente extinto o crédito no término do prazo de cinco anos contados da ocorrência do fato gerador. Qual seria pois o sentido de acrescer a este prazo um novo prazo de decadência do direito de lançar quando o lançamento já não poderá ser efetuado em razão de já se encontrar definitivamente extinto o crédito? Verificada a morte do crédito no final do primeiro qüinqüênio, só por milagre poderia ocorrer a sua ressurreição no segundo.

"Bem melhor interpreta a lei o Tribunal Federal de Recursos, na sua Súmula 219, ao subordinar ao pressuposto de 'não haver antecipações do pagamento' a aplicação do prazo de cinco anos em função do primeiro dia do exercício seguinte àquele em que ocorreu o fato gerador previsto no artigo 173 do Código Tributário Nacional."

Não obstante a contundente crítica da doutrina acima citada, o Superior Tribunal de Justiça, após algumas divergências, estabilizou a sua jurisprudência como mostrado nos acórdãos acima referidos.

Resta investigar os efeitos produzidos nessa jurisprudência assentada pelo Superior Tribunal de Justiça, há mais de dez anos, pelo art. 3º da Lei Complementar n. 118/2005.

É interpretativa a norma do art. 3º da Lei Complementar n. 118/2005?

Se a sua natureza for de lei interpretativa, evidentemente, aplica-se o disposto no art. 106, I, do CTN:

"Art. 106. A lei aplica-se a ato ou fato pretérito:

"I – em qualquer caso, quando seja expressamente interpretativa, excluída a aplicação de penalidade à infração dos dispositivos interpretados;

"II – (...)."

Se ela tiver inovado o ordenamento jurídico tributário será considerada como lei nova, portanto, sem possibilidade de ser aplicada retroativamente aos atos ou fatos pretéritos.

Dispõe o art. 3º da Lei Complementar n. 118/2005 que, para efeito de interpretação do inciso I do art. 168 do CTN, a extinção do crédito tributário ocorre, no caso de tributo sujeito a lançamento por homologação, no momento do pagamento antecipado de que dispõe o § 1º do art. 150 do próprio CTN.

O § 1º do art. 150 do CTN determina:

"Art. 150. O lançamento por homologação, que ocorre quanto aos tributos cuja legislação atribua ao sujeito passivo o dever de antecipar o pagamento sem prévio exame da autoridade administrativa, opera-se pelo ato em que a referida autoridade, tomando conhecimento da atividade assim exercida pelo obrigado, expressamente a homologa.

"§ 1º O pagamento antecipado pelo obrigado nos termos deste artigo extingue o crédito, sob condição resolutória da ulterior homologação do lançamento."

O inciso I, do art. 168, do CTN, de forma explícita, fixa que o direito de pleitear a restituição extingue-se com o decurso do prazo de 5 (cinco) anos, contados, nas hipóteses dos incisos I e II do art. 165, da data da extinção do crédito tributário.

As hipóteses dos incisos I e II do art. 165 do CTN são:

"Art. 165. O sujeito passivo tem direito, independentemente de prévio protesto, à restituição total ou parcial do tributo, seja qual for a modalidade do seu pagamento, ressalvado o disposto no § 4º do art. 162, nos seguintes casos:

"I – cobrança ou pagamento espontâneo de tributo indevido ou maior que o devido em face da legislação tributária aplicável, ou da natureza ou circunstâncias materiais do fato gerador efetivamente ocorrido;

"II – erro da identificação do sujeito passivo, na determinação da alíquota aplicável, no cálculo do montante do débito ou na elaboração ou conferência de qualquer documento relativo ao pagamento; (...)."

Evidenciado o quadro acima, temos que a extinção do crédito tributário, conforme disciplina o art. 156, I, do CTN, ocorre com o seu pagamento.

O art. 3º da Lei Complementar n. 118/2005, na pretensão de interpretar o inciso I do art. 168 do CTN, afirma que "a extinção do crédito tributário ocorre, no caso de tributo sujeito a lançamento por homologação, no momento do pagamento antecipado de que trata o § 1º do artigo 150" do CTN.

Ora, como examinado, a regra existente é a de que, em se tratando de lançamento por homologação, o pagamento antecipado pelo obrigado extingue o crédito, sob condição resolutória da ulterior homologação do lançamento (art. 150, I, CTN).

As modalidades de extinção do crédito tributário são as previstas no art. 156 do CTN (pagamento, compensação, transação, remissão, prescrição e decadência, conversão de depósito em renda, pagamento antecipado e homologação do lançamento nos termos do disposto no art. 150 e seus parágrafos 1º e 4º; consignação em pagamento, nos termos do disposto no § 2º do art. 164; decisão administrativa irreformável, assim entendida a definitiva na órbita administrativa, que não mais possa ser objeto de ação anulatória; decisão judicial passada em julgado; dação em pagamento em bens imóveis, na forma e condições estabelecidas em lei; confusão; impossibilidade do cumprimento da prestação e antecipação do pagamento sem a ocorrência do fato gerador).

Em face do art. 3º da Lei Complementar n. 118/2005, tem-se que o legislador, implicitamente, determina, em caso de pagamento antecipado no caso de tributo sujeito a lançamento por homologação, que a extinção do crédito tributário é definitiva, isto é, não está mais sujeita a condição resolutória da ulterior homologação do lançamento, conforme dispõe o art. 150, I, do CTN.

Não obstante possa parecer extravagante essa conclusão, é o que, em exame não aprofundado e sem qualquer compromisso com a tese em julgamentos que sejam submetidos ao Superior Tribunal de Justiça, nos parece refletir a dicção do mencionado art. 3º da Lei Complementar n. 118/2005.

Se assim entender a jurisprudência, temos lei nova, sem qualquer intenção interpretativa, portanto, sem qualquer condição de ser aplicada de modo retroativo aos atos e fatos pretéritos.

Na verdade, o que busca o art. 3º da Lei Complementar n. 118/2005 é modificar a jurisprudência do Superior Tribunal de Justiça sobre o tema.

Em uma reflexão condicionada aos princípios éticos e de segurança jurídica que devem informar o relacionamento do Fisco com o contribuinte, não nos parece tenha o referido dispositivo homenageado esses valores.

Em um regime democrático, em se tratando, especialmente, da relação entre Fisco e contribuinte, não é salutar tentar mudar o entendimento jurisprudencial de uma Corte Superior sobre determinado vínculo tributário, unicamente, porque as normas tributárias estão sendo, quando aplicadas, interpretadas em desfavor da pretensão do Fisco. No mínimo, essa pretensão de alterar a interpretação da Corte Superior deve ser submetida a amplo debate dos vários estamentos sociais, econômicos, financeiros e jurídicos para que a Nação opine sobre a conveniência ou não da mudança. Aproveitar-se o Executivo de uma maioria Legislativa no Congresso e, sem a transparência necessária, pretender modificar o entendimento jurisprudencial assentado há mais de dez anos, acarreta, ao nosso pensar, uma falta de consideração ao contribuinte.

OS TRATADOS INTERNACIONAIS E SEUS REFLEXOS NO DIREITO BRASILEIRO

Regis Fernandes de Oliveira

1. Introdução

A matéria não é nova e tem sido tratada com percuciência por inúmeros juristas. Não custa, no entanto, arriscar não só uma repetição dos argumentos pró e contra à inserção dos tratados no direito brasileiro – o que seria despiciendo e ocioso –, mas também alinhavar alguns pensamentos que, quem sabe, possam lançar alguma dúvida (é esse o objetivo) sobre as conclusões até agora mostradas. O propósito, pois, não é esclarecer, mas confundir.

Os homens, uma vez organizados em sociedade (Estado), com regras próprias que disciplinam o comportamento da coletividade, têm aspirações de novas conquistas ou de novos relacionamentos. Uma vez pacificada determinada sociedade, dentro de certos limites que identificam a vigência espacial de seu ordenamento jurídico, não podem conviver ensimesmados ou como concha. É imperioso que contatem terceiros, subordinados a outros Estados, para a prática de todos os atos humanos (uniões entre homem e mulher, venda e compra de produtos, troca de experiências etc.). É da natureza que assim seja e os documentos mais antigos dão mostra disso. Nenhum povo viveu sozinho. Suas necessidades extrapolam suas fronteiras. Logo, passam a se relacionar, em todas as dimensões do pensamento e das necessidades humanas.

A Bíblia contém inúmeras passagens em que povos ou tribos diversos se relacionaram mediante acordos bilaterais. Por exemplo, no Gênesis, Isaac firma tratado com Abimeleque, por causa de um poço, ficando acertado que não haveria ataque de lado a lado. Assim, "se levantaram, fizeram juramento solene de parte a parte. Com isso ficou selado o tratado de paz ente eles" (*Gênesis*, 26:29). No mesmo texto, Labão e Jacó firmaram tratado de não agressão, erguendo-se pilha de pedras como prova (31:47-48 e 31:51-52).

Dentre as nações, guerras se sucederam ao longo da história e, a cada final, tratados foram firmados, ratificados ou descumpridos posteriormente. É do passar dos tempos, pois, que acordos sejam acertados entre Estados.

Modernamente, pode-se dizer que dois documentos importantes dispõem sobre os tratados, quais sejam, as Convenções de Viena de 23 de maio de 1969 e de 21 de março de 1986.

Em questão de terminologia, falaremos em tratados, para significar qualquer acordo que seja celebrado, por escrito, no âmbito internacional, entre Estados. Irrelevante o rótulo. Em se cuidando de uma convenção sobre qualquer assunto, e que a ele acorram diversos Estados ou, ao menos, dois, há um tratado. É o que estabelece o art. 1º da Convenção de Viena sobre direito dos tratados, ainda não incorporada pelo Brasil.

2. *Soberania*

Estabelecida a existência quase natural dos contratos que servem de traço-de-união entre as nações, surge a indagação sobre a soberania. Se esta significa a autonomia na tomada de decisões, independentemente de qualquer outra força e, internamente, o não reconhecimento de qualquer força idêntica, imperioso reconhecer que, tornando-se firmatário de um tratado, o Estado aceita a vigência, em seu território, de outro ordenamento jurídico. Se, como ensina Carré de Malberg, "soberania é o caráter supremo de um poder; supremo, no sentido de que dito poder não admite nenhum outro nem por cima dele, nem em concorrência com ele",[1] como resolver a pendência?

1. Tradução livre de *Teoria General del Estado*, México, Fondo de Cultura Econômica, 1948 (versão espanhola de José Lion Depetre), p. 81.

O tratado, longe de ser quebra de soberania, é sua autêntica afirmação. Apenas podem firmar tratados Estados soberanos. Não têm qualquer caráter negativo. Ao contrário, é a afirmação de que o Estado não reconhece qualquer poder igual ao seu, no interior de seu território, nem aceita qualquer subordinação à outra ordem jurídica, no âmbito internacional. A idéia que transmite é de afirmação, de ação, de reiteração de competência, de ser supremo. Ninguém acima no exterior e ninguém igual internamente. Demais disso, "o princípio de toda soberania reside essencialmente na nação" (art. 3º, da Declaração dos Direitos do Homem e do Cidadão).

Nos Estados federais, a soberania reside no Estado e não na União, que é dele parcela (art. 18 da Constituição). Os denominados Estados-membros são autônomos, enquanto que soberano é apenas o Estado Federal. Aqueles constituem ordens jurídicas menores, subalternas e horizontalmente vinculadas à ordem central do Estado, que é sua constituição.

Ao lado do atributo de não conhecer qualquer força igual ou superior à sua, seja externa ou interna, a soberania tem a característica inata de permitir que o Estado se obrigue juridicamente. Pode eleger, livremente, as obrigações que irá assumir e abrir mão de determinados direitos. Ao contrário de significar limitação ao poder soberano, constitui-se em manifestação explícita do exercício da competência. A diferença entre o Estado soberano e o não soberano é que este tem que buscar validade de suas decisões em outro Estado (outra ordem jurídica), enquanto que aquele é livre (não encontra limites) para decidir o que quiser. Daí, a liberdade de firmar tratados ser manifestação da soberania e não sua limitação.

Decorre, do quanto se disse, que a soberania se assenta no povo, que a garante e legitima, ainda que, no início, estivesse associada à idéia de poder absoluto.[2]

Não se pode aceitar, pois, que uma norma provinda de um Estado vigore em outro, sem sua concordância. Os pactos são consensuais e não impostos. Para que uma norma vigore em país soberano, imprescindível é que ele adira a um tratado, submetendo sua adesão ao Poder Legislativo, único que pode convalidar a entrada de norma estrangeira no direito interno.

2. Jean Bodin, *Los seis libros de la Republica*, Madri, Aguilar, 1973, p. 46, Livro I, Capítulo VIII.

O Brasil consagra como um de seus fundamentos a soberania (inciso I, do art. 1º, da CF), isto é, não aceita interferências externas e, internamente, não reconhece qualquer força que se lhe possa equiparar. Uma coisa é o jogo dos interesses subterrâneos a movimentar os centros de aprovação das soluções; outra é a decisão suprema. Não se pode confundir a massa de interesses corporativos, militares, judiciais, sindicais, empresariais ou de trabalhadores, com o núcleo de decisão. A soberania é atributo do Estado Federal brasileiro.

2.1 Soberania e globalização

Hoje, a globalização, como em épocas passadas, obriga os Estados ao relacionamento plúrimo e recíproco. Nenhum Estado sobrevive isolado dos outros, nem pode ser auto-suficiente em todas as necessidades da população. Logo, vê-se obrigado a se vincular. Historicamente, a globalização expandiu suas asas, de início, nos avanços gregos e romanos; depois, com o Império Macedônico, de Alexandre Magno. Posteriormente, com a invasão tártara e islâmica, com as guerras de expulsão, com o ciclo das Grandes Navegações, com o descobrimento da América, com Napoleão, com as guerras de conquista e, finalmente, com as duas Grandes Guerras. Não cessa o mundo de relacionar-se em todas suas frações. As descobertas científicas aproximam, cada vez mais, os povos, no buscar o relacionamento com língua comum, com Internet, com satélites etc.

3. Requisitos para ingresso da norma internacional no direito brasileiro

A partir daqui, podemos analisar como se manifesta a vontade do Estado para que possa fazer vigorar norma externa em seu interior. O Supremo Tribunal Federal decidiu que, em relação à incorporação do tratado, é imprescindível a conjugação de duas vontades, uma transmitida pelo decreto legislativo, que contém a manifestação do Congresso e o decreto do Presidente da República, "de cuja edição derivam três efeitos básicos que lhe são inerentes: a) a promulgação do tratado internacional; b) a publicação oficial de seu texto; e c) executoriedade do ato internacional, que passa, então, e somente então, a vincular e a obrigar no plano do direito positivo interno".[3]

3. ADI 1.480, rel. Min. Celso Mello.

3.1 Celebração do tratado

Compete, privativamente, ao Presidente da República manter relações com Estados estrangeiros (inciso VII, do art. 84, da CF) e "celebrar tratados, convenções e atos internacionais, sujeitos a referendo do Congresso Nacional" (inciso VIII, do mesmo artigo). Reunindo nosso governo, numa só pessoa, o Chefe do poder e o Chefe de Estado, cabe ao Presidente manter o relacionamento externo com os demais Estados. Como é firmado o tratado previamente para, depois, ser submetido ao Congresso Nacional, fala-se em referendo, que é a concordância, a aprovação do que foi firmado provisoriamente.

3.2 Aprovação pelo Congresso Nacional. Análise da inconstitucionalidade

Celebrado o tratado, é ele encaminhado ao Congresso Nacional a quem compete "resolver definitivamente sobre tratados, acordos ou atos internacionais que acarretem encargos ou compromissos gravosos ao patrimônio nacional" (inciso I, do art. 49, da CF).

Pode-se afirmar que todos os tratados, pactos, acordos ou atos internacionais devam ser submetidos ao Congresso Nacional? Manoel Gonçalves Ferreira Filho assim entende ao afirmar que "a redação inadequada deste inciso não importa em excluir, como parece, a necessidade de aprovação por parte do Congresso Nacional de atos internacionais celebrados pelo Presidente da República, como tratados e convenções, que não pesem diretamente sobre o patrimônio nacional. Cumpre lembrar que o artigo 84, VIII, prevê tal aprovação, mediante 'referendo', como diz".[4]

Interpretação que é razoável pode afirmar que todos os tratados, pactos e atos internacionais (pouco importando a terminologia, uma vez que todos contêm vinculações a que se subordinará o Estado brasileiro, não sendo importante delimitar o conteúdo de cada ato) *devem ser, obrigatoriamente, submetidos ao Congresso Nacional para aprovação, salvo os ampliadores de direitos humanos*. O Congresso Nacional pode aprová-lo ou não. Se o tratado contiver cláusula inconstitucional, evidente que deverá haver a rejeição de tal cláusula. Caso o inteiro teor do tratado esteja viciado, deverá haver a repulsa integral. No caso de aprovação, expede-se o *decreto legislativo*, através do qual o Poder Le-

4. *Comentários à Constituição brasileira de 1988*, vol. 1, 3ª ed., São Paulo, Saraiva, 2000, p. 307.

gislativo referenda o tratado. No caso de rejeição, basta o envio de ofício ao Presidente da República, comunicando a não adesão ao pacto.

Como será analisado em item específico, os tratados que garantem ou explicitam direitos humanos independem de atos integrativos.

Impõe-se o exame da constitucionalidade de todos os dispositivos, uma vez que, não o fazendo e aprovando tratado inconstitucional em qualquer de suas cláusulas, caberá, posteriormente, ao Supremo Tribunal Federal, em recurso extraordinário reconhecer a "inconstitucionalidade de tratado (...)" (inciso III, letra "b", do art. 102, da CF). Cabendo recurso extraordinário, evidente está que o juiz de primeiro grau ou Tribunal reconheceu a inconstitucionalidade de tratado. Logo, o texto do pacto há de atender e submeter-se à hierarquia jurídica da Constituição da República.

Outra não é a posição de Francisco Rezek ao afirmar que, "embora sem emprego de linguagem direta, a Constituição brasileira deixa claro que os tratados se encontram aqui sujeitos ao controle de constitucionalidade, a exemplo dos demais componentes infraconstitucionais do ordenamento jurídico".[5] Do mesmo sentir Pontes de Miranda.[6]

3.3 O poder de emenda parlamentar

De outro lado, legítimo se afigura a apresentação de emenda parlamentar que modifique cláusula convencional. Aurelino Leal afirma que a formulação de emenda não é novidade, uma vez que, nos Estados Unidos "é reconhecido o direito do Senado emendar os pactos internacionais celebrados pelo Presidente da República".[7]

Conforme assinalei em texto escrito, "não há na Constituição, no Regimento da Câmara ou do Senado qualquer dispositivo restringindo o direito de emenda parlamentar em matéria dessa natureza".[8] Concluímos que "não se pode negar ao Legislativo a oportunidade de propor emendas aos textos normativos oriundos de tratados internacionais".[9]

Logo, cabe ao Congresso Nacional expungir o texto de eventuais vícios que contenha.

5. *Direito dos Tratados*, Forense, 1984, pp. 452-463, item 388.

6. *Comentários à Constituição de 1967, com a Emenda n. 1, de 1969*, t. IV/146, item 35, 2ª ed., Ed. RT, 1974.

7. *Teoria e prática da Constituição federal brasileira*, Rio de Janeiro, F. Briguiet, 1925, p. 623.

8. Regis Fernandes de Oliveira e José Rodrigues Ferreira, *Processo legislativo – uma contribuição ao debate*, Brasília, ed. Centro de Documentação e Informação, Câmara dos Deputados, 1996, p. 89.

9. Idem, ibidem

3.4 Rejeição por conveniência

Poderia haver a rejeição por não conveniência? Entendemos que sim. Ao Congresso não cabe apenas o exame da juridicidade do pacto. Cabe-lhe examinar a conveniência do texto para o direito interno, a reciprocidade exigida dos países signatários e da preservação dos direitos insculpidos na Constituição, bem como dos interesses do povo brasileiro. Logo, cabe o exame completo do texto, seja em seu aspecto técnico-constitucional, seja em seu aspecto de mérito. Daí a competência inserida no inciso I, do art. 49, da Constituição da República. É ampla; sem limites.

3.5 Há pactos que prescindem da apreciação do Congresso Nacional?

Aspecto que não pode escapar da análise diz respeito aos tratados que não acarretem encargos ou compromissos gravosos ao patrimônio nacional, na dicção do inciso I, do art. 49, da Constituição. Se não houve qualquer encargo ou compromisso gravoso ao patrimônio nacional, é dispensável a apreciação pelo Congresso Nacional? Evidente que a resposta só pode ser negativa. Cabe ao Congresso o exame de todos os tratados e demais atos internacionais. A diferença é que, em se cuidando de pacto de que resulte qualquer encargo ou compromisso gravoso ao patrimônio nacional, a resolução é *definitiva*, descabendo qualquer outro comportamento ao Chefe do Executivo. Nos demais casos, se houve a aprovação, pode o Presidente deixar de firmar o pacto.

O procedimento de incorporação do direito estrangeiro ainda não está completo com a edição do decreto legislativo que simplesmente aprova a inserção do pacto no direito brasileiro. Resta o ato final que deve ser praticado pelo Presidente da República que é o de promulgar e publicar o tratado.

3.6 O decreto presidencial. Competência vinculada ou discricionária?

Em sendo assim, se o tratado ou qualquer outro ato internacional tiver sido aprovado pelo Congresso Nacional, tem o Presidente da República a faculdade de ratificá-lo com os atos de promulgação e publicação. No entanto, quando se cuida de ato que implique em gravame ao patrimônio público, a decisão do Congresso Nacional é definitiva, isto é, descabe apreciação posterior do Presidente. Este é o significado da expressão de que cabe ao Congresso Nacional *resolver definitivamente sobre tratados, acordos ou atos internacionais que acarretem encargos ou compromissos gravosos ao patrimônio nacional*, nos exatos termos do inciso I, do art. 49, da Constituição.

Nos demais casos, o Presidente não está obrigado a editar o decreto de ratificação. Na hipótese de obrigação gravosa ao patrimônio nacional, nada lhe resta a fazer senão editar o decreto. Cuida-se de *ato vinculado*. Nos demais casos, estamos diante da *competência discricionária*.

Dificuldade maior acresce quando se ingressa na análise da força jurídica que o tratado adquire no direito brasileiro. Tem ele força constitucional? Está acima das leis complementares e ordinárias e das medidas provisórias? Ingressa como lei ordinária e, pois, sujeita-se a alterações posteriores, com a mudança de lei interna?

4. O tratado deve ser constitucional?

Basicamente, pode-se dizer que o tratado ingressa no direito brasileiro em posição subalterna à Constituição Federal. Não pode confrontá-la. Ser-lhe contrária importa retirada posterior por inconstitucionalidade. Deve-lhe, pois, fiel observância.

O Supremo Tribunal Federal já reconhecera a superioridade do tratado em face da lei brasileira. Através, no entanto, do Recurso Extraordinário 80.004, o relator Min. Xavier de Albuquerque alterou o rumo de sua orientação, firmando entendimento de que a norma internacional não ingressa, automaticamente, no direito brasileiro. Ao contrário, deve obediência à legislação interna. Amílcar de Castro ensinava que "o tratado normativo é fonte de direito internacional, só obriga o governo no meio internacional (para fora), mas não é fonte de direito nacional, nem obriga os particulares individualmente considerados (para dentro)".[10] Afirma, ainda que "tratado não é lei; é ato internacional que obriga o governo na ordem externa, e não o povo na ordem interna".[11]

No referido julgamento, cuidava-se da incorporação da Convenção de Genebra sobre letras de câmbio e notas promissórias. O Supremo Tribunal Federal entendeu que não se incorporava o tratado automaticamente ao direito brasileiro, sendo imprescindível ato que assim determinasse.

Aliás, é o que consta da Constituição da República. De outro lado, a norma internacional há que ser compatível com a Lei Maior. Somente assim pode ingressar no direito interno. Primeiramente, passa pela apreciação do Congresso Nacional, por suas duas Casas, que faz, na Comis-

10. *Direito Internacional Privado*, vol. I, p. 126, n. 55.

11. Idem, ibidem.

são de Constituição, Justiça, Cidadania e Redação, a análise de seu teor e examina a compatibilidade vertical com a Constituição. Posteriormente, se a norma for incompatível, pode ser retirada do mundo jurídico pelo Poder Judiciário, seja pelo controle difuso, seja pelo controle concentrado.

Consoante afirmamos anteriormente, "nosso ordenamento jurídico repele também normas oriundas de tratados internacionais contrária ao Texto Magno. E aqui cabe a colocação que considero relevante: o primeiro momento em que se examina a questão da constitucionalidade ocorre quando o projeto é submetido à Comissão de Justiça".[12]

Salienta Alexandre de Moraes que "a consagração da *supremacia das normas constitucionais em relação aos atos e tratados internacionais* devidamente incorporados no ordenamento jurídico nacional permanece como regra no direito comparado, mesmo em algumas constitucionais que adotaram novas regras objetivando a maior efetividade dos direitos fundamentais".[13]

Em suma, firma-se a posição de que é imprescindível a sujeição à Constituição da República, para que haja a incorporação ao direito interno, de qualquer norma internacional.

O Supremo Tribunal Federal decidiu que "no sistema jurídico brasileiro, os tratados ou convenções internacionais estão hierarquicamente subordinados à autoridade normativa da Constituição da República. Em conseqüência, nenhum valor jurídico terão os tratados internacionais que, incorporados ao sistema de direito positivo interno, transgredirem, formal ou materialmente, o texto da Carta Política. O exercício do *treaty-making power*, pelo Estado brasileiro – não obstante o polêmico art. 46 da Convenção de Viena sobre o Direito dos Tratados (ainda em curso de tramitação perante o Congresso Nacional) – está sujeito à necessária observância das limitações jurídicas impostos pelo texto constitucional".[14]

5. *Qual a força jurídica do ato internacional, após incorporado ao direito brasileiro?*

Firmada a superioridade constitucional do direito interno sobre o internacional, impende analisar em que posição ingressa o texto internacional no direito brasileiro, após o ato de incorporação.

12. Regis Fernandes de Oliveira e José Rodrigues Ferreira, *Processo legislativo – Uma contribuição ao debate*, cit., p. 88.

13. *Constituição do Brasil Interpretada*, Atlas, 2002, p. 451.

14. ADI 1.480 MC-DF, rel. Min. Celso de Mello, em 4.9.1997. No mesmo sentido *Rev. Trim. de Jur.*, vols. 84/724, rel. Min. Djaci Falcão; 121/272, rel. Min. Carlos Madeira; 121/276, rel. Min. Célio Borja.

O tratado, uma vez firmado pelos Estados signatários, é *válido*. Ainda não é *eficaz*, porque o ordenamento jurídico interno estabelece requisitos para sua incorporação ao direito brasileiro.

5.1 O tratado é paritário à lei ordinária?

O Supremo Tribunal Federal, após divergências, acabou assentando a tese de que os "tratados e convenções internacionais, uma vez regularmente incorporados ao direito interno, situam-se, no sistema jurídico brasileiro, nos mesmos planos de validade, de eficácia e de autoridade em que se posicionam as leis ordinárias, havendo, em conseqüência, entre estas e os atos de direito internacional público, mera relação de paridade normativa".[15] Acrescenta que a "eventual precedência dos tratados ou convenções internacionais sobre as regras infraconstitucionais de direito interno somente se justificará quando a situação de antinomia com o ordenamento doméstico impuser, para a solução do conflito, a aplicação alternativa do critério cronológico (*lex posterior derogat priori*) ou quando cabível, do critério da especialidade".[16]

O Supremo Tribunal Federal colocou, pois, o tratado na mesma hierarquia normativa das leis ordinárias, posição que já defendemos.[17] Afirmáramos, na oportunidade, que "estando as regras resultantes de tratados no mesmo plano das leis federais, eventual conflito entre elas será resolvido pelo princípio segundo o qual *lex posterior derogat legi priori*".

Temos meditado sobre o assunto e tentaremos expor orientação ligeiramente diversa, o que faremos ao final.

5.2 Tratado e lei complementar

No acórdão já mencionado, de que foi relator o Min. Celso Mello,[18] ficou assentado que "os tratados internacionais celebrados pelo Brasil – ou aos quais o Brasil venha a aderir – não podem, em conseqüência, versar matéria posta sob reserva constitucional de lei complementar. É que, tema ao exclusivo domínio normativo da lei complementar, que não pode ser substituída por qualquer outra espécie normativa infraconstitucional, inclusive pelos atos internacionais já incorporados ao direito positivo interno".

15. ADI citada, rel. Min. Celso Mello.
16. Idem, ibidem.
17. Regis Fernandes de Oliveira e José Rodrigues Ferreira, *Processo legislativo – uma contribuição ao debate*, cit., p. 91.
18. ADI 1.480.

Interessante a possibilidade de inadmitir a possibilidade de o Estado brasileiro ver-se impedido de estabelecer qualquer contrato cuja matéria esteja reservada à lei complementar. Não nos parece ter razão a decisão da Colenda Corte. É que o fato de a Constituição reservar matéria exclusiva à edição de lei complementar, não inibe o Presidente da República a firmar tratados cuja matéria seja reservada a tal tipo legislativo. Imaginemos o disposto na letra "d", do inciso III, do art. 145, da Constituição. Em havendo necessidade de libertar as micro e pequenas empresas das formalidades afetas às demais entidades empresariais, instaura-se convenção que busca caminhos para a plena integração de tais entidades no mercado globalizado. Busca-se desburocratizar as normas e procedimentos para importação e exportação de empresas de pequeno porte. Será que o Brasil fica limitado e impedido de discutir um tratado internacional sobre tal assunto? Assim não nos parece. É que o fato de o texto constitucional estabelecer determinadas matérias, que apenas podem vir ao mundo jurídico através de norma cuja aprovação exige *quorum* qualificado, não pode ser obstáculo para plena manifestação da soberania nacional.

A matéria que é reservada à lei complementar é eleita, discricionariamente, pelo constituinte, que, nem de longe imaginou restrições ou limitações à possibilidade do exercício ou de manifestação de poderes atinentes à soberania. Demais, não há qualquer limitação à apreciação de matéria reservada à lei complementar. As vedações devem ser interpretadas com rigor. O normal das manifestações afetas à pessoa jurídica, em especial à pessoa jurídica de direito internacional, é a liberdade, típica exteriorização da soberania. Logo, não se pode, por via oblíqua, impedir o que a Constituição não veda. Dentre os modais deônticos, o permitir é amplo, enquanto que o proibir e o obrigar devem ser explícitos.

Interpretação mais consentânea parece ser a de se exigir, para a aprovação do tratado que disponha sobre matéria reservada à lei complementar, a aprovação por maioria absoluta, nos exatos termos do art. 69, da Constituição. Parece ser interpretação que atende, de um lado, à inexistência de limites ao exercício da soberania e, de outro, à sujeição de *quorum* para incorporação da norma internacional qualificada pela reserva brasileira.

6. *Pode o tratado firmado pelo Brasil conceder isenções de tributos dos Estados-membros e Municípios?*

O Brasil apresenta-se, em suas relações internacionais, como Estado integrante do concerto entre as nações. Como tal, firma intenções que, depois de incorporadas ao direito interno, valerão como norma internacional. Logo, não há limites para a possibilidade de um Estado soberano vincular-se, salvo norma constitucional expressa que assim proíba. A norma geral exclusiva é que fecha o sistema, contendo permissivos e não vedações ou proibições.

Estabelece o inciso III, do art. 151, da Constituição, ser vedado à União "instituir isenções de tributos da competência dos Estados, do Distrito Federal e dos Municípios". De tal dispositivo extrai-se a conclusão de que, através de um tratado, não pode o Estado brasileiro estipular isenções?

Importante para o raciocínio jurídico é precisar alguns conceitos, para que não haja confusão. Estado significa uma ordem jurídica vigente sobre um território, com a finalidade da busca do bem comum de um povo. Tem personalidade jurídica, tal como bem descrito por Dalmo Dallari.[19] Dentre os tipos de Estado (unitário, confederado e federado), há o federal, que é o nosso, que significa uma aliança, um pacto. A origem pode repousar sobre um pacto entre Estados soberanos ou, simplesmente, um pacto que institua o Estado Federal. Os Estados Unidos da América do Norte nasceram de um pacto de Estados confederados (firmaram as antigas treze colônias os Artigos de Confederação, em 1781 e, posteriormente, em 1787, na Convenção de Filadélfia, converteram a confederação em federação), que passaram a ser federados. Nossa origem decorreu da primeira Constituição republicana de 1891. Com a queda do Império, instalou-se a República, como sistema de governo, e o Estado federal, como forma de Estado.

Tais premissas são importantes para as conclusões a que se vai chegar. O Estado é formado pela integração da União, dos Estados-membros e dos Municípios. A primeira titulariza os interesses federais, os Estados, das unidades autônomas e os Municípios, das células menores. Não há hierarquia, porque a cada esfera de poder corresponde um plexo de atribuições (eleição própria, arrecadação de recursos, interesses específicos, objetivos definidos).

Como ensina José Afonso da Silva: "A União surge, no Direito Constitucional, ao lado dos Estados federados, como entidade essencialmente federativa".[20] Não pode haver confusão entre Estado federal e

19. *Elementos de teoria geral do Estado*, 4ª ed., Saraiva, pp. 105-109.

20. *Curso de Direito Constitucional positivo*, 24ª ed., revista e ampliada nos termos da Reforma Constitucional (até a Emenda Constitucional n. 45, de 8.12.2004, publicada em 31.12.2004), São Paulo, Malheiros Editores, 2005, p. 492.

União. Forma-se a União pela congregação das unidades autônomas. No exato dizer de José Afonso da Silva: "A *União* é a entidade federal formada pela reunião das partes componentes, constituindo pessoa jurídica de Direito Público interno, autônoma em relação às unidades federadas (ela é unidade federativa, mas não é a unidade federada) e a que cabe exercer as prerrogativas da soberania do Estado brasileiro". Na seqüência, afirma que: "*Estado federal*, com o nome de *República Federativa do Brasil*, é o todo, ou seja, o complexo constituído da União, Estados, Distrito Federal e Municípios, dotado de personalidade jurídica de Direito Público Internacional".[21]

Daí resulta que a União é pessoa jurídica de direito público interno; o Estado é pessoa jurídica de direito público internacional. Apenas o Estado é soberano; a União é autônoma. As coisas não se confundem, como não pode ser confundido o Congresso Nacional como federal, porque, é titular da competência federal (da União) e nacional (do Estado). Geraldo Ataliba bem ensina que "distintas a lei nacional e a lei federal, estando seu único ponto de contato na origem comum: o legislador comum".[22] A União é ordem jurídica parcial dentro do Estado. A união dos Estados-membros identifica o Estado federal.

Na ordem internacional, a pessoa jurídica é apenas o Estado. Por vezes, o texto constitucional pode falar em União, sem que se possa confundir o todo com a parte.

Indiscutível, como dogma, que o poder de tributar envolve o de isentar. Quem é titular da competência tributária é titular da conveniência de efetuar qualquer isenção ou outro tipo de condescendência tributária.

O Título III da Constituição brasileira, que cuida da Organização do Estado, é bastante preciso ao afirmar que a organização político-administrativa da República Federativa do Brasil compreende "a União, os Estados, o Distrito Federal e os Municípios, todos autônomos". Ao traçar a competência de cada qual, não pode falar em competência do Estado, mas em competência da União, naquilo que compete ao Estado, isto é, o que é formado pela reunião das partes componentes.

Em sendo assim, quando o inciso III, do art. 151, da Constituição da República, veda à União instituir isenções de tributos da competência dos Estados, do Distrito Federal e dos Municípios, refere-se *à lei federal* e não ao Estado federal, através de tratados. Impede que o ente

21. Idem, ibidem, p. 493.
22. *RDP* 10/49.

federativo que titulariza interesses apenas federais possa estar criando óbices para o pleno desenvolvimento e funcionamento dos demais entes federais. O artigo tem o objetivo específico de impedir confrontos de interesses e de competências. Aliás, todo o dispositivo cuida de tal assunto, isto é, impedir superioridade normativa de um ente federal sobre outro e de evitar conflitos de atribuições.

Através de um tratado firmado pela República Federativa do Brasil, como pessoa jurídica de direito público internacional, cuidando dos interesses brasileiros no concerto geral das nações, pode ser concedida isenção de tributos federais, estaduais e municipais, o que não hostiliza a regra inserta no inciso III, do art. 151, uma vez que, como se vê, há de se distinguir Estado federal da União. São titulares de interesses distintos. Como diz José Souto Maior Borges, "é a República Federativa do Brasil (CF, arts. 1º e 18) que celebra o tratado e é por ele vinculada, e, portanto, também os Estados-membros e Municípios e não apenas a União. A esse ato interestatal o Presidente da República comparece não como Chefe do Governo Federal, mas como Chefe de Estado".[23] Remata, o ilustre professor, afirmando que "há de ser o tratado observado pela legislação federal, estadual ou municipal superveniente. Que confiabilidade mútua (assente necessariamente na boa-fé das partes contratantes) poderia ter um tratado em que uma das partes (ou, pior: uma entidade federada interna), sequer pessoa de direito internacional, pudesse desfazer a seu talante o vínculo convencional?"[24]

Do mesmo teor a lição de Luciano Amaro, ao deixar claro que o "fundamento da prevalência da norma do tratado sobre a lei interna, *não é o primado dos tratados* sobre a lei interna, mas a eficácia natural dos tratados, enquanto único modelo legislativo idôneo para firmar normas de conduta (e, portanto, também para revogá-las), entre o Estado brasileiro e outros estados soberanos".[25]

De igual teor a afirmação de Sacha Calmon, ao dizer que os Tribunais Superiores "estão afirmando a tese de que o regime fiscal acordado em tratado atinge os tributos estaduais e municipais, especialmente e principalmente em matéria de isenções, soterrando a doutrina minoritária que predicava o contrário".[26]

23. "Isenções em tratados internacionais de impostos dos Estados-membros e Municípios", in Celso Antônio Bandeira de Mello (Org.), *Direito Tributário. Estudos em homenagem a Geraldo Ataliba*, São Paulo, Malheiros Editores, 1997, p. 177.

24. Ob. cit., p. 175.

25. *Direito tributário brasileiro*, São Paulo, Saraiva, 1997, p. 176.

26. *Curso de Direito Tributário brasileiro*, 3ª ed., Forense, 1999, p. 558. A propósito: *Lex* 59/142, rel. Min. Milton Luiz Pereira, *RT* 692/181 e 721/101.

Pode-se afirmar, também, que, quando o Brasil assume encargos ou onera seu patrimônio, o ônus recai sobre todas as entidades federadas e não apenas sobre a União.

Em suma, não se pode confundir as pessoas jurídicas.

7. *O tratado que cuida de direitos humanos tem incorporação automática ou depende de ato de direito interno?*

Impende analisar o disposto no § 1º, do art. 5º, da Constituição da República. Dispõe que: "As normas definidoras dos direitos e garantias fundamentais têm aplicação imediata". Com base em tal dispositivo, tem-se sustentado a prevalência imediata de tratados que cuidem dos denominados direitos humanos. Dois ilustres juristas já afirmaram a incorporação automática em tais casos.[27]

Lembre-se o art. 16 da Declaração dos Direitos do Homem e do Cidadão de 1789: "Toute société dans laquelle la garantie des droits n'est pas assurée, ni la séparation des pouvoirs déterminée, n'a point de constitution" (traduzindo: Toda sociedade em que a garantia dos direitos não está assegurada, nem a separação dos poderes determinada, não tem constituição).

Argumento que impõe seja analisado diz respeito à natureza jurídica dos direitos. Com certeza, são direitos das gentes, ou seja, constituem-se sobre-direitos, ou seja, estão acima dos demais e têm que ter garantia global. É verdade que o Supremo Tribunal Federal já decidiu que deve haver subordinação à Constituição e que todos os tratados somente ingressam no direito brasileiro após os decretos do Congresso e do Presidente da República.[28]

Flávia Piovesan afirma que o texto constitucional "acolhe a sistemática da incorporação automática dos tratados, o que reflete a adoção da concepção monista".[29] Ademais, afirma, a Constituição "confere aos tratados de direitos humanos o status de norma constitucional, por força do art. 5º, parágrafo 2º".[30] No mesmo sentido, Fernando Luiz Ximenes Rocha.[31]

27. Flávia Piovesan, *Direitos humanos e o direito constitucional internacional*, São Paulo, Max Limonad, 1996, pp. 82 e ss., e Antonio Augusto Cançado Trindade, *A proteção internacional dos direitos humanos – fundamentos jurídicos e instrumentos básicos*, São Paulo, Saraiva, 1991, p. 631.

28. ADI 1.480-3-DF, Celso Mello.

29. Ob. cit., p. 111.

30. Idem, ibidem.

31. "A incorporação dos tratados e convenções internacionais de direitos humanos no direito brasileiro", *Revista de Informação Legislativa*, n. 130, Brasília, Senado Federal, 1996, p. 81.

Em verdade, o disposto no § 2º, do art. 5º, da Constituição da República, ao dispor que os direitos e garantias expressos na Constituição "não excluem" outros direitos decorrentes do regime e dos princípios por ela adotados "ou dos tratados internacionais" de que o Brasil seja parte, garante imediata incorporação de *outros direitos*. Poder-se-á indagar: quais direitos? Aqueles estabelecidos no § 1º, do mesmo art. 5º, isto é, "direitos e garantias fundamentais" aos quais é assegurada "aplicação imediata".

Sendo o Brasil um dos países integrantes da Organização das Nações Unidas, e na medida em que tal instituição encampa direitos que são aqueles garantidos no art. 5º, da Constituição da República, restando explicitá-los em longo rol, inarredável se afigura que passam eles a incorporar o direito interno, independente de qualquer ato integrativo. Como tais normas são compatíveis e complementares aos princípios e direitos já encampados pela Constituição do Brasil, não há necessidade de atos integradores. Na medida em que o país subscreve o tratado, já é ele lei interna. É verdade que o Supremo Tribunal Federal tem resistido a aceitar tal posição. No entanto, é questão de tempo ou de mudança de seus integrantes, para que se possa evoluir para tanto.

Dentro de interpretação restritiva e absolutamente formal, seria imperiosa a prática de atos integrativos para a composição do direito interno. No entanto, temos que efetuar uma divisão no raciocínio para que este possa ser completo. Vinculações restritivas, que acarretem encargos ou compromissos gravosos ao patrimônio nacional (inciso I, do art. 49) necessitam da concordância expressa do Congresso Nacional e posterior expedição de ato integrativo (decreto presidencial), para que se tornem obrigatórios no direito interno. O mesmo já não ocorre com os direitos que aumentam ou especificam direitos humanos. É que, em primeiro lugar, a restrição alcança apenas atos que acarretem encargos ou compromissos gravosos ao patrimônio nacional, como já se viu. Em segundo lugar, o Presidente da República, se o Brasil é integrante da ONU, não pode deixar de atender os ditames a que já se obrigara, em relação aos direitos humanos. Demais disso, o § 2º, do art. 5º, reconhece outros princípios decorrentes de tratados internacionais de que o Brasil seja parte e o § 1º, do mesmo art. 5º, assegura a imediata vigência das normas definidoras de direitos e garantias fundamentais.

É verdade que toda inovação impõe uma resistência e os bloqueios mentais de raciocínio ficam imunizados contra qualquer alteração, por mais garantidora de direitos que seja. O novo assusta. Qualquer gesto ou ato diferente da rotina ou do padrão causa perplexidade e requer tempo para apreensão e absorção no pensamento. Toda novidade científica (clonagem, por exemplo) causa perplexidade. Toda invenção demora em ser absorvida (máquina de escrever, que, segundo raciocínio da época, tirava a autenticidade do documento; as audiências por vídeo-conferência; o próprio computador, as viagens a outros satélites e planetas). Toda alteração de costumes é lenta e gradual, porque o homem não aceita mutações abruptas. O mesmo ocorre na quebra do direito interno, na aceitação imediata de norma internacional, com argumento fraco na flexibilidade da soberania do Estado. Como afirmado acima, a soberania outra coisa não significa senão uma flexão do direito de se vincular a tratados. Demais disso, se as normas são ampliativas de direitos e o Brasil tem propensão para "prevalência dos direitos humanos" (inciso II, do art. 4º), busca como princípios "a dignidade da pessoa humana" (inciso III, do art. 1º) e tem como objetivo "erradicar a pobreza e a marginalização e reduzir as desigualdades sociais e regionais" (inciso III, do art. 3º), como se exigir ato integrativo para a incorporação dos direitos humanos ao direito interno? Mera formalidade? Preservação da rançosa interpretação de soberania? Recusa à evolução?

Por tais motivos é que a Convenção Americana sobre Direitos Humanos (Pacto da Costa Rica) ainda não está incorporada ao direito brasileiro, como se entendeu no caso de HC 73.044-2-SP.[32]

Respeitando profundamente todos os argumentos em contrário e a decisão do Supremo Tribunal Federal, dada por um de seus mais insignes ministros, entendo que a declaração de direitos humanos, provinda de documento de que o Brasil seja parte, se incorpora imediatamente ao direito brasileiro.

8. Os tratados sobre matéria tributária (uma análise do art. 98 do Código Tributário Nacional). Denúncia

Pela leitura do item anterior, já se vê que não somos partidários de uma decisão inflexível sobre a integração dos tratados no direito brasileiro. Dispõe o art. 98 do Código Tributário Nacional: "Os tratados e convenções internacionais revogam ou modificam a legislação tributária interna e serão observados pela que lhes sobrevenha". Com tal dispositivo, tem sido sustentado que os tratados, em direito tributário, têm superioridade legislativa às leis complementar e ordinária.

32. *DJ* de 20.9.1996.

Diga-se, de início, que os tratados que cuidem de matéria tributária não prescindem de norma incorporadora. Não basta sejam firmados pelo Brasil para que se integrem, desde logo. Não dispensam norma formal de integração.

Alguns entendem inconstitucional a norma do Código Tributário Nacional. Assim não nos parece. Em primeiro plano, com razão Heleno Tôrres, ao ensinar que "aplicar o direito interno, unilateralmente, sem troca de informações ou procedimento amigável, para negar aplicação a disposições do acordo internacional, constitui uma violação ao direito das gentes de todo inaceitável, porquanto se perfaz em desrespeito ao sujeito contribuinte e ao outro".[33] Resta afirmado, pois, que, vigente um tratado, não pode o brasileiro negar-se a cumpri-lo ou rescindi-lo unilateralmente, nem negar sua vigência. Da mesma forma, não pode o Congresso Nacional, a pretexto de exercitar atividade soberana, dispor contra o tratado.

Denúncia. Legítima a *denúncia* do tratado, que é ato unilateral, mas que deve ser comunicado ao co-contratantes ou a todos eles. Francisco Rezek afirma que não há necessidade do desfazimento formal do tratado. Basta a vontade unilateral do país, para desfazimento do acordado. "Não há falar, assim, à luz impertinente do princípio do ato contrário, que se duas vontades tiverem de somar-se para a conclusão do pacto, é preciso vê-las de novo somadas para seu desfazimento. Antes, cumpre entender que as vontades reunidas do governo e do parlamento presumem-se firmes e inalteradas, desde o instante da celebração do tratado, e ao longo de sua vigência pelo tempo afora, como dois pilares de sustentação da vontade nacional. Isso levará à conclusão de que nenhum tratado – dentre os que se mostrem rejeitáveis por meio de denúncia – deve continuar vigendo contra a vontade quer do governo, quer do Congresso. O ânimo negativo e um dos dois poderes políticos em relação ao tratado há de determinar sua denúncia, visto que significa o desaparecimento de uma das bases em que se apoiava o consentimento do Estado."[34]

Vê-se, pois, que é possível a denúncia, uma vez que não se obriga definitiva ou perpetuamente. Faltando conveniência ou oportunidade para subsistência do pacto, cabe denunciá-lo, levando a vontade à outra parte ou demais signatários.

O art. 98 do CTN. Verifica-se, pois, que o dispositivo em questão não é inconstitucional, mas merece análise mais detida.

33. *Direito tributário internacional*, Ed. RT, 2001, p. 359.

34. *Direito Internacional Público. Curso elementar*, 2ª ed., Saraiva, 1991, p. 115.

Sobrepõe o texto dos tratados ao direito interno e não admite que seja seu texto alterado por norma posterior. Ora, o Supremo Tribunal Federal entendeu que o tratado ingressa no direito brasileiro como lei ordinária.[35] Se assim é, o texto de um tratado ou de um dispositivo que nele se encontre pode ser superado por norma interna. Indaga-se: e a seriedade que deve imperar no relacionamento internacional, que deve ser analisada, ao lado da segurança das relações jurídicas, especialmente as de caráter internacional?

Excelente a análise de Alberto Pinheiro Xavier,[36] ao afirmar que, como o direito brasileiro não contém norma explícita a respeito dos tratados internacionais, devem ser analisados inúmeros dispositivos que sobre eles versam. Afirma, na seqüência, que "se o Estado brasileiro assegura, ao nível constitucional, a vigência de direitos e garantias decorrentes dos tratados internacionais em que seja parte (§ 2º, do art. 5º, da CF), isso significa que ele próprio tem o dever de *conformar a sua ordem interna com o direito internacional convencional*, não podendo, assim, emitir leis infraconstitucionais contrárias às normas daquele". Dito de outro modo: "o Estado brasileiro não quis deixar na disponibilidade do *legislador ordinário* a vigências das normas de origem não unilateral". Daí concluir o tratadista que o direito internacional é colocado na ordem jurídica interna num grau hierárquico superior ao da lei e que, no conflito, prevalece a norma internacional.

Por esse motivo, a constitucionalidade do disposto no art. 98 do Código Tributário Nacional ter, no dizer exato do mesmo autor, apenas "como efeito exclusivo proibir a sua revogação por leis internas subseqüentes". Evidente está a razão da assertiva. Nenhum sentido teria que o Brasil fosse signatário de um tratado qualquer, sobre qualquer assunto (aqui não falamos apenas daquele cujo conteúdo é tributário), fizesse-o ingressar no direito brasileiro e, posteriormente, sem qualquer denúncia formal, ou qualquer aviso aos co-contratantes, editasse norma interna incompatível com o conteúdo do tratado, revogando seus termos. Seria comportamento risível no mundo globalizado, trazendo insegurança jurídica a todos os demais Estados firmatários do tratado e colocaria o país no âmbito de falta de seriedade.

Demais disso, o tratado é revogado através de denúncia de um dos países integrantes. Quando entende não mais ser o caso de se vincular

35. ADI 1.480, rel. Min. Celso Mello.

36. *Direito Tributário Internacional do Brasil*, 2ª ed., Rio de Janeiro, Forense, 1993, pp. 95 e ss.

aos termos contratuais avençados com outros Estados, apresenta denúncia de que não mais se obriga a seus termos. Isto é, comunica à parte contratante, seja bilateral ou multilateral, o tratado, ficando desobrigado do cumprimento de seus termos. Ora, lei interna somente é revogável por outra lei interna e não por mera denúncia do Executivo.[37]

Em sendo assim, o direito internacional ingressa em nível infraconstitucional. Não pode ser incompatível com a Constituição. No entanto, tem a força jurídica de não admitir revogação por lei interna. O que se pactuou internacionalmente, apenas desobriga em caso de denúncia. Não pode ser revogado por lei ordinária. Logo, se não pode ser revogado por lei ordinária, não tem a força de tal lei. Está acima dela. Não está acima da Constituição nem ao lado dela. Tem que ser subserviência do texto da Constituição. Mas, igualmente, não está ao nível da lei ordinária. Está entre elas. É inferior à primeira, mas superior à segunda.

Kiyoshi Harada afirma que "tratado não é lei. Por tal razão não se aplicam as regras de revogação de leis, previstas no direito intertemporal brasileiro. Os tratados e convenções devem vigorar até que sejam revogados com observância das regras que regem o direito das gentes".[38]

Em suma, o tratado deve sujeição à Constituição da República, mas adquire *status* de superioridade em face da norma legal. Não pode ser revogado, seja expressamente, seja por incompatibilidade vertical. Subsiste no direito brasileiro, até que outra norma de igual força o retire do mundo jurídico interno.

Sacha Calmon Navarro Coêlho participa de semelhante opinião. Afirma que os tratados não são transformados em legislação interna (teoria dualista). São internalizados (teoria monista).[39]

Bem acertada a afirmação de Luciano Amaro ao dizer que se "a lei interna tributa certa situação, e o tratado não permite a tributação daquela mesma situação quando ela envolva um residente do outro Estado contratante, o aparente conflito normativo se resolve pela aplicação do preceito do tratado, que, no caso, está para a lei interna assim como a *norma especial* está para a *norma geral*".[40] Prossegue, afirmando que, em relação aos países não signatários do tratado, continua a viger a lei interna.[41] Conflui para a afirmação de que "a eficácia dos tratados e sua

37. Celso de Albuquerque Mello, *Curso de Direito Internacional Público*, vol. I, 10ª ed., Rio de Janeiro, Renovar, pp. 103, 107-109.

38. *Direito Financeiro e Tributário*, 12ª ed., Atlas, 2004, p. 308.

39. Ob. cit., p. 556.

40. Ob. cit., p. 169.

41. Idem, ibidem.

inserção no ordenamento jurídico nacional é *questão de natureza constitucional*".[42]

9. *O conglomerado latino-americano*

O parágrafo único do art. 4º, de nossa Constituição, dispõe: "A República Federativa do Brasil buscará a integração econômica, política, social e cultural dos povos da América Latina, visando à formulação de uma comunidade latino-americana de nações". Como o ordenamento jurídico não contém normas de mera recomendação, possuindo, todas, eficácia própria, imediata ou dependente de texto complementar, pode-se dizer, sem medo de errar, que o dispositivo obriga o Brasil a buscar referida integração, antes e preferencialmente, com qualquer outro conglomerado de países.

De outro lado, não se faz integração sem a delegação de parte das competências estatais. Da mesma sorte, enquanto não se efetuam alterações constitucionais compatíveis com nova ordem globalizada (pensar-se-á no direito comunitário), a hermenêutica constitucional ajuda à solução dos problemas que surgem. Neste sentido, os princípios constitucionais funcionam como limite à produção legislativa interna. Por ora, os problemas resolvem-se pela exegese do texto constitucional em relação aos tratados internacionais. Ingressando-se em outro nível de vigência e eficácia, imprescindíveis serão alterações constitucionais, para se permitir que o direito comunitário ingresse diretamente em nosso ordenamento normativo, independentemente de norma integrativa, à imagem e semelhança do que se passa na Comunidade Européia.

Para exercer sua soberania, repita-se, é que o Estado ingressa em relações internacionais e pode firmar tratados. A urgência da efetividade dos acordos e decisões comerciais entre os membros do Mercosul deve-se à revolução técnica que permitiu zerar a distância entre os Estados. A propósito, Pedro Dallari afirma que o enfoque "da matéria de recepção – e, no caso, integração – das normas de Direito Internacional Público ao direito interno dos Estados do Mercosul – Brasil, Argentina, Uruguai e Paraguai – pode dar-se a partir de dois prismas distintos: a) a recepção do tratado internacional; e b) recepção do direito comunitário do Mercosul, resultante das decisões tomadas pelas instâncias deliberativas da organização. Mas é certo que o equacionamento da segunda questão é reflexo daquela que se promove para a primeira, na medida em que a

42. Ob. cit., p. 172.

assimilação ao sistema jurídico nacional de cada Estado (...) das decisões do Mercosul".[43]

Pode-se afirmar, pois, que todo e qualquer tratado, para viger no Brasil, ainda que subscrito apenas pelos países do Mercosul, necessita de norma integrativa, uma vez que não há, por ora, o direito comunitário, ficando as normas disciplinadas pelo direito internacional.

É verdade que, no âmbito do Mercosul, o parágrafo único do art. 4º é de atendimento compulsório, isto é, o Brasil deve firmar acordos que desenvolvam a América Latina como um todo, tendo prioridade (eficácia vinculativa prioritária a qualquer outro pacto negocial ou humano de que o Brasil possa ser signatário) sobre outros tratados que possam vir a ser firmados.

Em tal compasso, os tratados relativos a tributos necessitam da edição de norma integrativa à imagem de qualquer outra.

10. Conclusões

Como disse, anteriormente, o tratado é fruto de um relacionamento de direito internacional, de que a República Federativa do Brasil é a pessoa jurídica soberana. Mais do que nunca, em um mundo globalizado, é imperioso que o Brasil participe, em todos os sentidos, seja firmando pactos bilaterais ou multilaterais, como integrando organismos internacionais (ONU, MERCOSUL, Tribunal de Haia etc.), o que o posiciona no grande concerto das nações. Nele ingressa, firmando posições, discutindo situações comerciais junto à Organização Mundial do Comércio, ao Mercosul, à Alca, à União Européia, lutando por seus interesses de toda ordem, especialmente os relativos os agrícolas. Explicita, pois, sua soberania e exercita-a em todos seus sentidos, isto é, cada ato de vínculo a uma obrigação internacional significa que manifesta seu atributo maior inserto no inciso I, do art. 1º, da Constituição.

Em conseqüência de sua personalidade jurídica de direito público internacional, firma todo tipo de tratados, especialmente daqueles assuntos em que tenha especial interesse, tais como combate ao narcotráfico, eliminação da lavagem de dinheiro, busca de corruptos que desviam dinheiros dos cofres públicos.

Inadmissível se afigura que, após pactuar texto que interessa ao país, através de ato que envolva a pessoa jurídica de direito público interna-

43. *Constituição e tratados internacionais*, Saraiva, p. 34.

cional, outra pessoa jurídica de direito público interno possa desconsiderar tal tratado e revogá-lo em todos seus termos ou parte dele. Não pode, porque o *ente federativo interno é uma parcela do todo*. Por decorrência de raciocínio estritamente lógico, inadmissível que a parcela revogue o que o todo firmou. Juridicamente, um ato apenas deixa o mundo jurídico por outro ato da mesma força e eficácia. Como pode um ato interno, subordinado a regras diversas, tornar sem efeito outro ato, internacional, sujeito a disciplinas diferentes, *anular* o ato anteriormente firmado? Pelo paralelismo das formas, inadmissível se afigura que possa ser retirado do mundo jurídico um ato que outra força, maior, fez ingressar.

Aceita-se como plenamente válido o raciocínio de que o tratado internacional ingresse no direito brasileiro com respeito à Constituição da República. Todos os atos internacionais ou internos estão sujeitos à Constituição. Esta é o ato primário de instituição da ordem jurídica e, pois, nada pode estar acima dela, salvo outra ordem jurídica que venha a ser instalada. Aí, origina-se ruptura com o ordenamento anterior, instaurando-se outro ordenamento, movido por força social prévia, transcendente, originária e incondicionada. Criado o Estado, por ato solene, todas as normas jurídicas que venham a viger sob tal ordenamento, devem-lhe subalternidade.

Em sendo assim, temos: a) todas as normas vigentes sob o ordenamento jurídico brasileiro devem ser constitucionais; b) podem as normas constitucionais ser alteradas, por emenda constitucional, respeitadas as cláusulas pétreas; c) há matéria própria que apenas ingressa por *quorum* certo para aprovação (art. 69, da CF); d) há leis ordinárias que cuidam de matéria que apenas exige maioria simples; e) o Congresso Nacional tem competência plena em todas as questões, salvo no tocante aos tratados firmados pelo Brasil, nos quais, não é legislador originário. Limita-se a referendar atos já firmados pelo Executivo. Pode rejeitá-los, ou modificá-los, parcialmente, obrigando o Brasil a novas negociações.

Assim, forma-se o todo do ordenamento jurídico. No entanto, é bom que fique claro. Para algumas normas, há a competência originária do Congresso Nacional, seja por geração espontânea de seus membros, seja mediante provocação (do Judiciário ou do Executivo). São as normas internas. Para as internacionais, o Congresso funciona apenas através do ato de aprovação ou rejeição do que foi firmado pelo país.

O ato de referendo faz com que o ato internacional ingresse no direito brasileiro. Ingressa subordinado à Constituição. Ingressa em nível superior ao das leis ordinárias, diferentemente do que afirma o Supremo Tribunal Federal, ao alterar seu posicionamento anterior. Suas normas não podem ser alteradas por lei ordinária posterior. Apenas cabe a denúncia do acordo internacional, sujeitando-se o país a sofrer possíveis conseqüências internacionais (provavelmente, sanções).

Os tratados entram em nível subconstitucional, mas supralegal. Como regra de interpretação, aceita-se que se cuide de norma especial e, pois, prefere à norma geral. Prevalece contra a lei interna, revogando-a, em relação aos países signatários. No tocante aos demais, vale a lei interna. Assim, convivem, sem qualquer antinomia, dois textos sobre o mesmo assunto, um alcançando, internamente, alguns Estados e, outros, sujeitando-se a regras diversas. O direito absorve tais antinomias e com elas convive. É próprio do sistema jurídico admitir tais contradições, que são apenas lógicas, mas não jurídicas.

De outro lado, o que a República Federativa do Brasil firmou como entidade soberana, nenhum ente federativo pode alterar ou recusar seu cumprimento, inclusive no tocante às isenções tributárias, sendo de se ler o disposto no inciso III, do art. 151, da Constituição da República, como artigo inserto num todo e não como texto isolado. O ordenamento jurídico é um complexo de princípios e normas consistente e completo. Admite contradições internas, mas tem mecanismos de eliminação de antinomias e lacunas.

QUANDO AS MEDIDAS PROVISÓRIAS SE TRANSFORMARAM EM DECRETOS-LEI OU NOTAS SOBRE A RESERVA LEGAL TRIBUTÁRIA NO BRASIL

FERNANDO FACURY SCAFF

Quando na mesma pessoa, ou no mesmo corpo de magistratura, o poder legislativo está reunido no poder executivo, não existe liberdade, pois pode-se temer que o mesmo monarca ou o mesmo senado apenas estabeleçam leis tirânicas para executá-las tiranicamente.[1]

1. Posição da questão

1. Este trabalho tem a pretensão de demonstrar historicamente quando e porque, no atual regime democrático brasileiro, o sistema autoritário dos Decretos-lei, que foram expurgados do sistema constitucional de direito positivo em razão da Constituição de 1988 não os ter contemplado, foram reintroduzidos no sistema, de forma sub-reptícia, através de uma interpretação caduca e míope da realidade brasileira.

As conseqüências deste entendimento em muito prejudicaram a redemocratização econômica do Brasil nos últimos anos, até que a sociedade se reorganizasse e tivesse força para reafirmar o que estava escrito no Texto de 1988, através da Emenda Constitucional 32, de 11 de setembro de 2001, fazendo retornar, de certa forma, toda a luta pela preservação do Princípio da Reserva Legal ao seu início.

O leitor desatento pensará se tratar de um trabalho datado, pois se refere a um momento histórico ultrapassado, mas o leitor arguto obser-

1. Montesquieu, *O Espírito das Leis*, trad. de Fernando Henrique Cardoso, Brasília, Ed. da Universidade de Brasília, 1982, p. 187.

vará que não é esta a intenção, pois o que se pretende demonstrar são as vicissitudes que uma Corte Constitucional com membros vitalícios pode acarretar para o desenvolvimento de um país, a partir de uma análise histórica. O que pode parecer datado será, na verdade, apenas a explanação de um caso que se repete quotidianamente em outros tantos assuntos jurídico-políticos submetidos à nossa mais alta Corte de Justiça.

2. *A Legalidade como interdição*

2. Culturalmente falando, a Legalidade é um preceito de interdição, de proibição à realização de desejos de uma dada pessoa ou conjunto de pessoas. Pode-se dizer que se trata de uma interdição coletiva imposta pela sociedade a si própria, que busca na autolimitação dos desejos sua sobrevivência.

Só se proíbe aquilo que se deseja realizar. Trata-se de um freio às aspirações irracionais e inconscientes do ser humano. Não se proíbe aquilo que é irrelevante, mas apenas o que é desejado. "Não vemos, com efeito, que necessidade haveria de proibir aquilo que ninguém deseja realizar; aquilo que se torna severamente proibido tem que ser objeto de um desejo."[2]

Partindo desse pressuposto – pois é realmente algo que se deve tomar como tal (pré+suposto) –, verificar-se-á sua plena adequação a um sistema jurídico. Tomemos como exemplo o Princípio da Legalidade em nosso sistema econômico, que é marcado pela necessidade de respeito à livre concorrência (a fim de que *uns* não possam mais do que *outros*). Pressupõe-se em uma sociedade capitalista um desejo de cada agente econômico no sentido de açambarcar o mercado, tomando uma posição monopolista em face dos demais, que deveriam desaparecer. Contudo, este desejo capitalista deve ser limitado pela Lei, a fim de que a sociedade não venha a sofrer com situações de monopólio ou de monopsônio. Assim, a Lei, no caso, o Princípio da Legalidade, tem por finalidade refrear o desejo capitalista ínsito a cada qual dos agentes econômicos de se tornar todo-poderoso no mercado. A Lei visa refrear este desejo.

3. No âmbito tributário, poder-se-ia utilizar a Legalidade como uma delimitação do que é *seu* em face do que é *meu*. O surgimento de um Estado Fiscal, em contraposição ao conceito de Estado Patrimonial,[3]

2. Sigmund Freud, *Totem e Tabu*, in *Obras Completas*, vol. II, Madri, Ed. Biblioteca Nueva, 1996, p. 1.791.

3. Sobre estes conceitos ver Ricardo Lobo Torres, *Tratado de Direito Constitucional, Financeiro e Tributário*, vol. III – *Direitos Humanos e Tributação*, Rio de Janeiro, Renovar, 1999, especialmente em sua Introdução.

estabelece o quanto cada qual tem de contribuir para que o Estado desenvolva ações em benefício da sociedade como um todo.

O desejo ínsito aos agentes econômicos em um sistema capitalista é o de que o resultado advindo de sua exploração da atividade econômica seja integralmente haurido por si próprio, egoisticamente, sem nada contribuir para a coletividade, seja diretamente, seja através do Estado. Daí decorrem aquelas explicações sobre o fato de ser a norma tributária "de rejeição social". Realmente, rejeita-se esta norma, pois ela irá impor uma limitação a um desejo de repartição do produto de sua atividade com o Estado, em prol de toda a sociedade.

A Legalidade Tributária, portanto, impõe uma limitação ao desejo dos agentes econômicos de nada-pagar-de-tributos, estabelecendo quem, e com quanto, deve contribuir para as finalidades sociais.

Assim, o Princípio da Legalidade não é apenas uma "limitação ao poder de tributar", frase que denota um sentido de cerceamento da atividade do Estado, mas é também uma determinação imposta à sociedade, pela sociedade, através do Estado, de seu dever de contribuir para auxiliar nos gastos públicos.[4] Isto se torna ainda mais candente nas sociedades periféricas, onde se constata a imensidão das necessidades coletivas, em face de ilhas de prosperidade individual.

Não se deve perder de vista que esta Legalidade Tributária possui uma dupla face, pois, de um lado, limita o desejo de nada-pagar-de-tributos dos agentes econômicos impondo-lhes uma contribuição específica e determinada para a manutenção e expansão dos serviços públicos; e, de outro lado, estabelece um limite para a extração desta contribuição, limitando-a àquilo que tiver sido aprovado pelo Poder Legislativo. Assim, convergem ao Legislativo as pressões para a delimitação entre o desejo de nada-pagar-de-tributos e a obrigação de contribuir para as necessidades públicas, impondo também limites à extração desta arrecadação decorrente das atividades privadas.

4. O modelo utilizado por cada sociedade para extração destes tributos (quem paga, e com quanto deve contribuir), é o grande nó a ser desvendado para averiguação de seu grau de democratização econômica. Se poucos pagam para sustentar a muitos, teremos certamente uma sociedade formada em bases oligárquicas. Esta situação se tornará ainda

4. Este mesmo tema, exposto sob outra ótica, pode ser encontrado na obra de Casalta Nabais, *O Dever Fundamental de Pagar Impostos*, Coimbra, Almedina, 1998; e em Cristina Pauner Chulvi, *El Deber Constitucional de contribuir al sostenimiento de los gastos públicos*, Madri, Centro de Estúdios Políticos e Constitucionales, 2001.

mais iníqua se dentre estes poucos que contribuem estiverem aqueles que menos recursos financeiros possuem nessa sociedade, tal como acontece no caso brasileiro.

O ideal seria que todos contribuíssem com recursos suficientes para fazer frente às necessidades públicas, na medida de suas disponibilidades de patrimônio, renda e consumo, de modo a fazer implementar a verdadeira função social da propriedade, casando-a com a efetivação do princípio da isonomia, fertilizando o princípio da capacidade contributiva. Teríamos então uma verdadeira democracia econômica, que, infelizmente, é um eterno devir.

Assim, o Princípio da Legalidade Tributária deve ser utilizado, e entendido, como uma interdição de desejos de posse e de propriedade ilimitadas que cada agente econômico possui em um sistema de mercado, e que, em sua outra face, também limita o poder de tributar, tensão mediada pelo Poder Legislativo.

5. Quem possui a *chave* desta Legalidade?

O Princípio da Legalidade é decorrente do Princípio da Soberania Popular acrescido do Princípio da Representação Popular. Assim, como cada pessoa é possuidora de uma parcela da soberania do Estado (Princípio da Soberania Popular), ela deve ser ouvida em todas as decisões que o Estado tome, uma vez que este age em nome e por conta de cada qual do povo. Contudo, ante a impossibilidade fática de cada indivíduo estar presente no momento da discussão das decisões a serem tomadas pelo Estado, surgiu a idéia de que todo o povo poderia ser representado por apenas um pequeno número de pessoas, para as quais seria outorgado um mandato eletivo. Tudo elaborado de tal forma que, ao fim, todo o povo de um Estado pudesse estar representado na tomada, e para a tomada, de decisões (Princípio da Representação Popular).

Em sociedades democráticas a chave desta representação concentra-se no povo, que a utiliza através de seus representantes reunidos no Poder Legislativo.

Em sociedades autoritárias, é o governante de plantão, ou seu grupo, que implementa as normas que pretende ver aplicadas, sem nada informar à sociedade.

Esse é o cerne da diferença: nas sociedades democráticas, as iniqüidades existem, mas podem ser revistas periodicamente, através de um processo político; nas sociedades autoritárias, esta revisão usualmente se dá através de um processo de força ou de conluio com os grupos no poder.

3. Distinção entre Princípio da Legalidade e Princípio da Reserva Legal

6. O Princípio da Legalidade decorre da necessária autorização da sociedade para a adoção de certas regras de conduta. Pode-se remontar este tipo de necessidade, adotada ainda que de maneira não-formal, à civilização grega, uma vez que vários assuntos de interesse da cidade eram decididos em assembléias periódicas (ordinárias), ou convocadas especialmente pelo governo de então (extraordinárias).

Contudo, o marco de sua formalização decorre da Magna Carta, em 1215, na Inglaterra, quando os nobres se reuniram estabelecendo exigências a serem cumpridas pelo Rei – que passou a não ter tanto poder quanto antes –, dentre elas, a de que não haveria cobrança de tributos sem a permissão daqueles. Daí surgiu a expressão *no taxation without representation*, que gerou o moderno conceito de Legalidade. Ainda aqui se tem uma noção muito remota de povo, de representação, uma vez que se dirigia à autorização da *aristocracia* dominante, mas a cobrança de tributos alcançava o povo em geral. Tais aristocratas não representavam necessariamente o povo.

7. Até o período do Estado Liberal, este conceito de Legalidade era absoluto, vigente para todas as relações em que o Estado fizesse parte. E, como a política econômica de então era de viés absenteísta, tais relações eram muito restritas. As pessoas só poderiam fazer, ou deixar de fazer alguma coisa, em virtude de Lei formal, ou seja, votada e aprovada nos órgãos do Poder Legislativo, de conformidade com os trâmites do processo constitucional legislativo de cada país.

No Estado Liberal, as Leis passaram a ter a característica de serem gerais, abstratas e vinculativas. Gerais para abranger toda a coletividade; abstratas a fim de que tratem de casos em tese, e não de problemas concretos e específicos; e vinculativas para obrigar todos ao cumprimento daquele determinado comportamento descrito.

Tais características visavam a não-criação de privilégio por parte da Lei, ou melhor, por parte daqueles que faziam a Lei, uma vez que foi em razão de privilégios que o Estado Absoluto havia sido extinto. Sendo todos os homens livres e iguais, conforme pregava a doutrina liberal, a Lei não poderia criar privilégios entre eles.

Para o desenvolvimento deste mecanismo jurídico foi também necessário criar a Separação de Poderes, a fim de que ninguém pudesse dispor sozinho de todo o poder do Estado.

Foi constatado que as principais funções do Estado eram as de legislar, administrar e julgar; para exercer essas funções foram criados órgãos distintos, harmônicos entre si. Surgiu daí o Poder Legislativo, o Poder Executivo e o Poder Judiciário. Ao *Poder Legislativo* coube a função de legislar; ao *Executivo*, a de administrar; e, ao *Judiciário*, a de julgar as infrações cometidas. Desse modo, ninguém poderia ter em suas mãos todo o poder do Estado; foi, então, criado um sistema de freios e contrapesos que possibilitaria o equilíbrio entre esses órgãos. É patente a preocupação dos liberais de não permitir a reimplantação do Absolutismo.

Todo este sistema encontra-se casado com a racionalidade do sistema eleitoral da época. Era usual ser estabelecido, nas Constituições, um *critério de renda* para que fosse possível a participação no processo eletivo. Somente aqueles que fossem burgueses (termo utilizado para designar aquelas pessoas possuidoras de capital), ou que tivessem um grau superior de instrução poderiam votar ou ser votados para ocupar cargos no Estado, o que mantinha fora do sistema a imensa maioria do povo.[5]

O Poder Legislativo era então o representante direto de todos os detentores de capital, que, dessa forma, transformou seus próprios ideais em aspirações de toda a sociedade. Como no Poder Legislativo só podiam participar pessoas proprietárias de renda ou de conhecimento, não é mera figura de retórica dizer que a burguesia controlava o poder do Estado durante o Estado Liberal. E, conseqüentemente, as ações e inações estatais desse período somente ocorreram porque assim convinham a essa classe.

Dentro desta ideologia, ao Estado era lícito atuar sob três aspectos: para manutenção da ordem, da segurança e da paz; ou seja, da *paz,* em nível de política externa, para que internamente fosse possível ocupar todo o tempo e todo o pessoal disponível com atividades propriamente econômicas; da *ordem* em nível de política interna, evitando a transgressão às Leis estabelecidas pela burguesia através do Parlamento; e da *segurança* nas relações econômicas, fazendo com que a propriedade privada e os contratos fossem respeitados tal qual prescritos, e, em caso de seu descumprimento, responsabilizando o infrator.

O Estado absenteísta nas relações econômicas permitia que a burguesia mantivesse e reproduzisse as condições objetivas de produção.

5. Ver Ferdinand Lassale, *Que é uma Constituição?*, pp. 37-39; Charles Beard, *Una interpretación económica de la Constitución de los Estados Unidos*, pp. 160-165; Massimo Severo Giannini, *Diritto pubblico dell'economia*, pp. 26-27; e também Friedrich Müller, *Quem é o povo? A Questão Fundamental da Democracia.*

8. Com o advento do Estado Intervencionista verificou-se que esta formulação, tal como era implementada, não mais era suficiente para o desenvolvimento da sociedade, e o Princípio da Legalidade passou a ter um correlato mais restritivo, que é o Princípio da Estrita Legalidade, ou da Reserva Legal.

O Princípio da Legalidade passou a admitir a delegação de competência normativa para outros órgãos inferiores ao Poder Legislativo. Por outras palavras: a Lei (ato do Poder Legislativo) estabelece as grandes linhas de organização e conduta da sociedade, mas admite que outras normas, infralegais, disponham sobre aquela matéria, minudenciando-a. Como exemplo de matéria vinculada ao Princípio da Legalidade temos a legislação de trânsito. Não existe norma legal estabelecendo que os veículos nas ruas devam transitar da direita para a esquerda, ou vice-versa. O que existe é uma singela norma infralegal estabelecendo disposição neste sentido, calcada – isto sim – em norma legal que lhe atribui competência para isso. A norma legal atribui competência normativa para outros órgãos, a fim de que estes melhor implementem ou delimitem as suas disposições, através de instrumentos infralegais, tais como decretos, portarias, instruções normativas etc.

9. O Princípio da Reserva Legal, ou Princípio da Legalidade Estrita, reservou certas matérias para serem veiculadas apenas por Lei, no sentido de ato formal do Poder Legislativo, não permitindo que normas infralegais disponham sobre o assunto. O exemplo mais patente desta disposição é o que diz respeito à matéria penal. Somente Lei no sentido formal – ato do Poder Legislativo – pode estabelecer quais são as condutas criminosas e quais as penas que lhe podem ser imputadas, o que corresponde ao conhecido adágio do "*nulo crime, nula pena*", sem prévia lei.[6]

A diferença entre ambas as situações é flagrante. Fiquemos no campo do direito tributário brasileiro. O art. 150, I, da atual Carta, estabelece que: "é vedado (...) exigir ou aumentar tributo sem lei que o estabeleça".

Isto quer dizer que, *no âmbito constitucional*, existem apenas duas áreas do direito tributário brasileiro que estão vinculadas ao Princípio da Reserva Legal, e que *vedam comportamentos*, quais sejam: para *criar* tributos e para *aumentar* tributos. Só para estas duas específicas e restritas matérias é necessária Lei em sentido formal. Para todas as demais basta norma infralegal. Assim, se o órgão fiscal quiser mudar

6. Que em nosso Direito foi positivado na Constituição, no art. 5º, XXXIX.

o formulário de arrecadação através de singela *portaria*, ou *instrução normativa*, ou qualquer outra norma infralegal, não haverá óbice, desde que não haja *exigência (criação)* ou *aumento* de tributos, uma vez que apenas estas duas áreas é que estão sujeitas às restrições constitucionais da Reserva Legal.[7]

É, contudo, permitido que a Lei atribua reserva legal a outras condutas, tal como para a imposição de penalidades em razão de infrações tributárias, conforme o art. 97, V, do Código Tributário Nacional. O notável mestre pernambucano Souto Maior Borges explicita que o poder de isentar é corolário do poder de tributar, fazendo com que a Reserva Legal seja estendida também à desoneração dos tributos.[8]

10. Deve-se observar que a Reserva Legal tem outro aspecto a ser considerado. Não se trata apenas da exigência de Lei em sentido formal, como ato do Poder Legislativo, mas também de grau de exigência de *quorum* e de votantes para aprovação de níveis distintos de Leis para cada qual das matérias. Por outras palavras, é exigido para alguns assuntos que maior número de parlamentares esteja presente na sessão de votação e que um número superior destes parlamentares presentes vote no sentido de aprovar aquela proposta, a fim de que ela possa valer.

Vamos ao direito brasileiro positivo. A norma do art. 69 da CF/1988 estabelece que as Leis Complementares serão aprovadas por maioria absoluta; o que as diferencia das Leis Ordinárias, para as quais basta maioria simples. Esta distinção denota uma diferença entre estes dois tipos de Leis, implicando na exigência de maior "convergência de vontades" para a aprovação das Leis Complementares do que para as Ordinárias. Souto Maior Borges doutrina no sentido de que "sem que sejam conjugados dois requisitos constitucionais – *quorum* especial e qualificado – *mais* o âmbito material de competência legislativa próprio – não há lei complementar no direito constitucional brasileiro".[9]

Logo, no direito brasileiro, existem matérias que só podem ser consideradas válidas, vigentes, se aprovadas por Leis Complementares, que requerem maior convergência de interesses do que pelas Ordinárias. Trata-se de uma outra vertente do Princípio da Reserva Legal.

Um exemplo desta situação pode ser verificado pela exigência contida no art. 146 da Carta de 1988, através do qual são discriminadas

7. Mais uma vez fazendo um paralelo com o direito penal, poder-se-ia dizer que a reserva legal penal é apenas para a tipificação do crime e para o estabelecimento da pena. Norma infralegal poderia estabelecer o horário dos detentos tomarem sol.

8. *Isenções Tributárias*, 2ª ed., São Paulo, Sugestões Literárias, 1980, p. 32.

9. *Lei Complementar Tributária*, São Paulo, Ed. RT, 1975, p. 72.

algumas matérias que somente podem ser veiculadas por Lei Complementar, dentre elas a de estabelecer normas gerais de legislação tributária, notadamente sobre prescrição, decadência, obrigação, lançamento e crédito.[10] Tais matérias somente terão validade se aprovadas através de Lei Complementar, não tendo a Lei Ordinária poder para dispor sobre elas.

Outro exemplo, que certamente é importante para a análise que está sendo aqui desenvolvida, diz respeito à competência para a criação de outros tributos que não sejam os discriminados na Carta de 1988, chamada de *competência residual*, e instalada no art. 154, I, ao estabelecer que somente por Lei Complementar a União poderá usar esta atribuição, e desde que não tenham fato gerador ou base de cálculo próprios dos já discriminados na Carta.

Desta maneira, a distinção entre o Princípio da Reserva Legal e o da Legalidade é destacada, e deve ser observada por qualquer operador do Direito. Heleno Tôrres indica que a Constituição brasileira atribui ao Princípio da Legalidade três importantes papéis: a) como "princípio de lei formal"; b) como "princípio de tipicidade"; e c) como princípio da vinculatividade ou da preeminência, através do qual coloca o ato legislativo acima dos atos administrativos.[11]

4. *Princípio da Legalidade e Reserva Legal Tributária nas Constituições brasileiras*

11. Esta especificidade de ser exigida Reserva Legal para a criação ou o aumento de tributos consta em todas as nossas Constituições, com maior ou menor ênfase, e, em alguns casos, como será visto, com subterfúgios em sua exigência.

12. Na Constituição do Império, de 1824, a regra geral da Legalidade constava do art. 179, assim grafado:

> "Art. 179. A inviolabilidade dos Direitos Civis, e Politicos dos Cidadãos Brazileiros, que tem por base a liberdade, a segurança individual, e a propriedade, é garantida pela Constituição do Imperio, pela maneira seguinte.
>
> "I. Nenhum Cidadão póde ser obrigado a fazer, ou deixar de fazer alguma cousa, senão em virtude da Lei."

No art. 171, a Reserva Legal estava presente, sob a forma de uma norma estabelecida anualmente:

10. Art. 146, III, "b", da CF/88.

11. *Direito Tributário e Direito Privado*, São Paulo, Ed. RT, 2003, pp. 70-71.

"Art. 171. Todas as contribuições directas, á excepção daquellas, que estiverem applicadas aos juros, e amortisação da Divida Publica, serão annualmente estabelecidas pela Assembléa Geral, mas continuarão, até que se publique a sua derogação, ou sejam substituidas por outras."

13. Na Constituição de 1891, nossa primeira da República, o bordão da Legalidade constava do art. 72, *verbis*:

"Art. 72. A Constituição assegura a brasileiros e a estrangeiros residentes no País a inviolabilidade dos direitos concernentes à liberdade, à segurança individual e à propriedade, nos termos seguintes:

"§1º. Ninguém pode ser obrigado a fazer ou deixar de fazer alguma coisa senão em virtude de lei."

Apenas no § 30 surgia a Reserva Legal Tributária:

"§ 30. Nenhum imposto de qualquer natureza poderá ser cobrado senão em virtude de uma lei que o autorize."

14. Na Constituição de 1934, a "breve", que vigorou no país até o golpe de Getúlio Vargas, em 1937, constam também os dois preceitos, inclusive com a menção à necessidade de uma "lei especial" que autorize a Reserva Legal Tributária:

"Art. 113. A Constituição assegura a brasileiros e a estrangeiros residentes no País a inviolabilidade dos direitos concernentes à liberdade, à subsistência, à segurança individual e à propriedade, nos termos seguintes:

"2) Ninguém será obrigado a fazer, ou deixar de fazer alguma coisa, senão em virtude de lei."

"Art. 17. É vedado à União, aos Estados, ao Distrito Federal e aos Municípios:

"VII – cobrar quaisquer tributos sem lei especial que os autorize, ou fazê-lo incidir sobre efeitos já produzidos por atos jurídicos perfeitos; (...)."

15. Com o golpe varguista a trajetória mudou para uma situação mais complexa. Inicialmente surgia a possibilidade do Presidente da República expedir Decretos-lei sobre as matérias de competência legislativa da União, exceto sobre impostos, da forma assim grafada:

"Art. 13. O Presidente da República, nos períodos de recesso do Parlamento ou de dissolução da Câmara dos Deputados, poderá, se o exigirem as necessidades do Estado, expedir decretos-leis sobre as matérias de competência legislativa da União, excetuadas as seguintes:

"d) impostos; (...)."

Em seguida, nas "disposições transitórias e finais", era delegado ao Presidente da República expedir Decretos-lei sobre todas as matérias de competência legislativa da União, *verbis*:

"Art. 180. Enquanto não se reunir o Parlamento nacional, o Presidente da República terá o poder de expedir decretos-leis sobre todas as matérias da competência legislativa da União."

Tal competência privativa, por certo, incluía a de "decretar impostos" (art. 20, I), o que acabava por colocar nas mãos do Presidente da República o direito de, "enquanto não se reunir o Parlamento nacional", legislar através de Decretos-lei sobre todos os assuntos, inclusive sobre matéria tributária.

Como o Parlamento jamais se reuniu sob a ditadura de Vargas, ele ajuntou em suas mãos todo o Poder da República, inclusive no que tange ao poder de "decretar impostos". E, deve-se observar, tudo de conformidade com a Constituição então vigente, só que lida pela "excepcionalidade duradoura". Tratava-se inegavelmente de uma ditadura.

16. Com a redemocratização em 1946, e o surgimento de uma nova Constituição naquele ano, retornou a anterior distinção entre Legalidade e Reserva Legal Tributária, no mesmo artigo da Carta, em parágrafos diversos:

> "Art. 141. A Constituição assegura aos brasileiros e aos estrangeiros residentes no País a inviolabilidade dos direitos concernentes à vida, à liberdade, à segurança individual e à propriedade, nos termos seguintes:
>
> "§2º. Ninguém pode ser obrigado a fazer ou deixar de fazer alguma coisa senão em virtude de lei.
>
> "§ 34. Nenhum tributo será exigido ou aumentado sem que a lei o estabeleça; nenhum será cobrado em cada exercício sem prévia autorização orçamentária, ressalvada, porém, a tarifa aduaneira e o imposto lançado por motivo de guerra."

17. A fase seguinte, decorrente de novo golpe de Estado ocorrido em 1964, surgiu em face da Constituição de 1967, quando os Decretos-lei retornaram à história do Brasil.

A Constituição assegurava a Legalidade no art. 150, § 2º:

> "Art. 150. A Constituição assegura aos brasileiros e aos estrangeiros residentes no País a inviolabilidade dos direitos concernentes à vida, à liberdade, à segurança e à propriedade, nos termos seguintes:
>
> "§ 2º. Ninguém será obrigado a fazer ou deixar de fazer alguma coisa senão em virtude de lei."

E assegurava a Reserva Legal Tributária em dois distintos momentos. Uma vez no art. 20, I:

> "Art. 20. É vedado à União, aos Estados, ao Distrito Federal e aos Municípios:
>
> "I – instituir ou aumentar tributo sem que a lei o estabeleça, ressalvados os casos previstos nesta Constituição; (...)."

E reafirmava esta Reserva Legal no § 29 do art. 150 (*caput* acima transcrito):

"§ 29. Nenhum tributo será exigido ou aumentado sem que a lei o estabeleça; nenhum será cobrado em cada exercício sem prévia autorização orçamentária, ressalvados a tarifa aduaneira e o imposto lançado por motivo de guerra."

A despeito de reafirmação da Reserva Legal em dois distintos momentos da Carta, os Decretos-lei ressurgiram:

"Art. 58. O Presidente da República, em casos de urgência ou de interesse público relevante, e desde que não resulte aumento de despesa, poderá expedir decretos com força de lei sobre as seguintes matérias:

"I – segurança nacional;

"II – finanças públicas.

"Parágrafo único. Publicado, o texto, que terá vigência imediata, o Congresso Nacional o aprovará ou rejeitará, dentro de sessenta dias, não podendo emendá-lo; se, nesse prazo, não houver deliberação o texto será tido como aprovado."

Havia forte dúvida sobre a expressão "finanças públicas", constante do art. 58, como limitador das matérias sobre as quais deveriam ser expedidos Decretos-lei. Seria possível alcançar matéria tributária ou não?

A dúvida não chegou sequer a ser analisada pelo STF, uma vez que, em seguida, decorrente do endurecimento do regime militar, foi novamente alterada a Carta, através da Emenda n. 1, de 1969, que reformou por completo a Carta de 1967, reeditando-a com as alterações efetuadas, o que acarretou uma discussão doutrinária sem fim sobre sua conceituação, se uma emenda constitucional ou uma verdadeira constituição outorgada pelo regime militar.

Foram alterados os seguintes preceitos, fruto da modificação substancial que sofreu o texto originário, porém mantendo-se a Legalidade, no art. 153, § 2º:

"Art. 153. A Constituição assegura aos brasileiros e aos estrangeiros residentes no País a inviolabilidade dos direitos concernentes à vida, à liberdade, à segurança e à propriedade, nos termos seguintes:

"§ 2º. Ninguém será obrigado a fazer ou deixar de fazer alguma coisa senão em virtude de lei."

A Reserva Legal Tributária também foi alterada:

"§ 29. Nenhum tributo será exigido ou aumentado sem que a lei o estabeleça, nem cobrado, em cada exercício, sem que a lei o houver instituído ou aumentado esteja em vigor antes do início do exercício financeiro, ressalvados a tarifa alfandegária e a de transporte, o imposto sobre produtos industrializados e o imposto lançado por motivo de guerra e demais casos previstos nesta Constituição."

A alteração substancial aconteceu com os Decretos-lei, que passaram a expressamente alcançar as normas tributárias:

"Art. 55. O Presidente da República, em casos de urgência ou de interesse público relevante, e desde que não haja aumento de despesa, poderá expedir decretos-lei sobre as seguintes matérias:

"I – segurança nacional;

"II – finanças públicas, inclusive normas tributárias; e

"III – criação de cargos públicos e fixação de vencimentos.

"§ 1º. Publicado o texto, que terá vigência imediata, o Congresso Nacional o aprovará ou rejeitará, dentro de sessenta dias, não podendo emendá-lo; se, nesse prazo, não houver deliberação, o texto será tido por aprovado.

"§ 2º. A rejeição do decreto-lei não implicará a nulidade dos atos praticados durante a sua vigência."

E o uso dos Decretos-lei naquele período foi intenso, inclusive em matéria tributária, o que ocasionou uma espécie de "reserva de mercado" do Poder Executivo, pois não eram enviados Projetos de lei para debate no Congresso, mas apenas Decretos-lei, cujo processo legislativo inibia a discussão, o que é próprio dos regimes de força, como será exposto mais adiante.

18. Em 1985, o mais recente período autoritário da história brasileira, iniciado em 1964, não possuía mais a base econômica e política que lhe havia dado sustentação. O argumento da "ameaça comunista" não mais metia medo na sociedade e havia a busca pelo *novo*, visando oxigenar as estruturas de poder então existentes. Todo o cansaço do golpe militar de 1964 desembocou na campanha em favor de eleições presidenciais "Diretas Já", um marco político no Brasil contemporâneo.[12]

Ocorre que o projeto de Emenda Constitucional não passou no Congresso Nacional, tendo sido mantidas as eleições indiretas, através de um Colégio Eleitoral, tendo sido eleito Tancredo Neves, como Presidente da República, e o ex-presidente do partido que deu sustentação ao regime militar, Partido Democrático Social-PDS, e que havia com ele dissentido poucos meses antes, Senador José Sarney, Vice-Presidente da República.

Acontece que entre a eleição e a posse ocorreu um infortúnio. Morreu o Presidente eleito, Tancredo Neves, vítima de uma doença que procurou esconder da Nação até o último minuto, quando teve que ser operado às pressas e não conseguiu se recuperar na fase pós-operatória. Após certo impasse, José Sarney assume a Presidência da República no início de seu processo recente de redemocratização.

Convocada uma Constituinte Congressual, surgiu a Constituição de 1988, que enterrou a figura dos Decretos-lei, por serem considerados antidemocráticos, e fez surgir, em seu lugar, as Medidas Provisórias.

12. Para maiores informações sobre esse processo de transição constitucional, ver Fernando Facury Scaff, *A Constituição Econômica Brasileira em seus 15* anos, Rio de Janeiro, Renovar, 2003.

Quanto à Legalidade, a Carta de 1988 manteve a tradição:

"Art. 5º. Todos são iguais perante a lei, sem distinção de qualquer natureza, garantindo-se aos brasileiros e aos estrangeiros residentes no País a inviolabilidade do direito à vida, à liberdade, à igualdade, à segurança e à propriedade, nos termos seguintes:

"II – ninguém será obrigado a fazer ou deixar de fazer alguma coisa senão em virtude de lei; (...)."

A Reserva Legal Tributária também foi contemplada:

"Art. 150. Sem prejuízo de outras garantias asseguradas ao contribuinte, é vedado à União, aos Estados, ao Distrito Federal e aos Municípios:

"I – exigir ou aumentar tributo sem lei que o estabeleça; (...)."

A novidade era o instituto das Medidas Provisórias que, diferentemente dos Decretos-lei, vinham marcadas pelo signo da provisoriedade:

"Art. 62. Em caso de relevância e urgência, o Presidente da República poderá adotar medidas provisórias, com força de lei, devendo submetê-las de imediato ao Congresso Nacional, que, estando em recesso, será convocado extraordinariamente para se reunir no prazo de cinco dias.

"Parágrafo único. As medidas provisórias perderão eficácia, desde a edição, se não forem convertidas em lei no prazo de trinta dias, a partir de sua publicação, devendo o Congresso Nacional disciplinar as relações jurídicas delas decorrentes."

Acontece que este instrumento ágil e célere, que deveria ser controlado pelo Legislativo, acabou por aprisioná-lo, como será visto adiante.

5. *Distinguindo Decretos-lei de Medidas Provisórias*

19. Feitas estas considerações históricas, e a despeito desses conceitos possuírem elevado grau de imprecisão, pode-se classificar estes períodos, ao longo da história republicana do país, da seguinte forma: períodos autoritários ou com "democracias de fachada" por falta de eleições livres: 1891-1934; 1937-1946 e 1964-1985. Por conseguinte, a democracia, também em variados graus, foi vivenciada pela sociedade brasileira nos seguintes períodos: 1934-1937; 1946-1964 e de 1985 até os dias atuais.

Os ícones do período autoritário foram as Constituições de 1937, outorgada por Getúlio Vargas, e a de 1967, incluindo a grande Emenda n. 1, de 1969, outorgada pelo regime militar instaurado após 1964.

E o cerne do sistema legislativo desses períodos autoritários encontrava-se na figura dos Decretos-lei. Concentremo-nos no sistema criado pela Constituição de 1967/1969, cuja regulamentação encontrava-se no art. 55, da Carta de 1967/1969, acima transcrito.

20. Inicialmente existiam dois conceitos jurídicos indeterminados a regular sua edição: urgência e interesse público relevante. Havia também limitações: não acarretar aumento de despesa e estar circunscrito às seguintes matérias: segurança nacional (outro conceito jurídico indeterminado), finanças públicas, inclusive normas tributárias e a criação de cargos públicos e fixação de vencimentos.

O trâmite legislativo determinado pela Carta previa sua imediata vigência tão logo publicado o texto, sendo vedado ao Congresso Nacional emendá-lo: este deveria aprová-lo ou rejeitá-lo tal qual fora proposto. Havia também uma espécie de "decurso de prazo", pois, se ao cabo de 60 dias o Congresso não tivesse deliberado, o texto seria considerado aprovado. E em caso de sua rejeição pelo Congresso Nacional, os atos praticados não seriam considerados nulos.

Ou seja, aquilo que o Presidente da República editasse teria força de Lei desde sua publicação, cabendo ao Congresso Nacional aprová-lo ou rejeitá-lo em sua íntegra, sendo-lhe vedado emendá-lo. E se não houvesse deliberação em 60 dias, tornar-se-ia perene.

21. Com a Constituição de 1988 foi mantida a idéia de haver um instrumento ágil nas mãos do Poder Executivo para fazer frente a situações emergenciais, o que ocasionou o surgimento das Medidas Provisórias no art. 62 da Carta.

O conceito indeterminado de "segurança nacional" desapareceu e foi incluído o de "relevância", ao lado da "urgência", que foi mantida.

A força de Lei desde sua edição também foi mantida nas Medidas Provisórias, tal qual existia nos Decretos-lei, com a sensível diferença de que havia a obrigação de imediata remessa ao Congresso Nacional, e da cessação de sua eficácia, caso não fossem aprovadas em 30 dias, ao contrário do sistema anterior, que previa sua permanência.

Além disso, as relações decorrentes de sua rejeição seriam reguladas pelo Congresso Nacional, e não como nos Decretos-lei, quando já eram, de antemão, consideradas inalcançáveis pela sua rejeição.

Enfim, as Medidas Provisórias deveriam ser um instrumento mais democrático que os Decretos-lei, pois o Congresso Nacional poderia introduzir modificações em seu texto, o que no instituto anterior era vedado.

Várias outras questões assomaram acerca do novel preceito, dentre elas, se seria possível reeditar Medidas Provisórias, caso não tivessem sido analisadas pelo Congresso Nacional no prazo de 30 dias. Nesta hipótese, não teriam sido convertidas em Lei, mas, também, sequer teriam sido rejeitadas.

Outra questão dizia respeito ao âmbito das matérias que poderiam ser tratadas através desse instrumento jurídico. Questões econômicas, tributárias, orçamentárias poderiam ser reguladas através de medidas provisórias?

Por fim, o que se poderia caracterizar como "urgência e relevância" para os efeitos de editar este tipo de norma, que teria "força de Lei" desde sua edição? Quem seria competente para analisar a pertinência da urgência e da relevância no caso concreto?

Não foi estabelecida nenhuma norma regulamentando o processo de edição de Medidas Provisórias no Brasil. O Congresso Nacional passou a aceitá-las sobre qualquer matéria e o conceito de "urgência e relevância" tornou-se prerrogativa do Poder Executivo que, ao longo do tempo, deixou sequer de justificar este requisito, tomando-o por pressuposto. E, para tornar este instituto ainda mais perverso, a possibilidade de reedição de Medidas Provisórias foi tornada ampla, permitindo sua reapresentação, com o mesmo ou outro texto, indefinidamente.

Pode-se imaginar como este tipo de interpretação causou uma hipertrofia no Poder Executivo brasileiro, e uma submissão dócil no Poder Legislativo.

O Poder Judiciário, que teria o dever de pôr cobro a estas divergências, demonstrando a diferença vital entre os dois institutos, o que fez?

6. O julgamento do STF no RE 146.733-9-SP

22. O Supremo Tribunal Federal brasileiro não tratou da matéria diretamente, mas apenas de forma incidental no âmbito do controle difuso de constitucionalidade, no RE 146.733-9-SP.[13]

O tema central em debate dizia respeito à constitucionalidade da Contribuição Social sobre o Lucro Líquido instituída pela Lei n. 7.689/1988. Vários eram os temas em debate:

a) Argüia-se a violação do Princípio da Irretroatividade da Lei Tributária, pois a Lei n. 7.689/1988, datada de 15.12.1988, fruto da conversão da Medida Provisória 22/1988, estabelecia sua incidência sobre o lucro auferido naquele mesmo ano de 1988. Logo, diziam os

13. *RTJ* 143-2/684.

contribuintes que sua incidência sobre o lucro auferido naquele mesmo ano seria retroativa.

b) Outro aspecto dizia respeito à infração do Princípio da Anterioridade, pois se deveria contar o prazo de 90 dias da Anterioridade Contributiva da data da edição da Medida Provisória, ou de sua conversão em Lei? Defendiam os contribuintes o cômputo a partir da conversão sob o argumento de que se tratava apenas de etapas de um processo legislativo, cuja culminância ocorreria na promulgação da Lei.

c) Tudo isto tinha por substrato a questão da utilização de Medidas Provisórias em matéria tributária, pois, a despeito dessa matéria ser sempre relevante, jamais teria o caráter de urgente.

d) Alegava-se ainda que seria necessária uma Lei Complementar para a instituição de contribuições sociais, o que se revestia de um outro aspecto do argumento da Reserva Legal.

e) Por fim, havia o argumento de que as contribuições sociais deveriam ser arrecadadas através de um órgão distinto da Receita Federal, em virtude de sua parafiscalidade, pois deveriam estar afetadas à finalidade social que justificou sua criação. Não fazê-lo as transformariam em um imposto, e deveriam estar vinculadas ao regime jurídico próprio desta espécie tributária.

O processo tinha recebido sentença favorável em primeira instância e o TRF da 3ª Região havia confirmado a sentença através de acórdão, cuja relatora foi a Juíza Lúcia Valle Figueiredo, consagrando os itens “a”, “b”, “d” e “e” acima referidos, mas acatando o uso de Medidas Provisórias em matéria tributária (item “c”).

O relator do processo foi o Ministro Moreira Alves que se debruçou sobre cada qual dos argumentos, afastando-os, um a um, sob o seguinte ponto de vista:

a) A arrecadação das contribuições sociais pela Receita Federal não a transforma em imposto, pois permanece o vínculo com as finalidades sociais que justificaram sua criação, sendo uma espécie do gênero “tributo”.

b) A Lei Complementar só seria necessária para a instituição de outras “fontes” de seguridade social (art. 195, § 4º, da CF), sendo que já havia a previsão de ser o “lucro” uma das fontes da seguridade social (art. 195, I, da CF).

c) Quanto ao argumento central, de utilização das Medidas Provisórias em matéria tributária, com seus dois desdobramentos referentes à Anterioridade e à Irretroatividade, assim votou o Ministro, inquirindo:

"Poder-se-á instituir tributo por medida provisória?"[14] A resposta, proferida na seqüência de seu voto, foi a seguinte:

"Não há razão para que, em face da medida provisória, que nada mais é do que modalidade de Decreto-lei, sem as restrições, quanto ao seu objeto, constantes da Emenda Constitucional n. 1/69, que se passe a entender que a mesma vedação ('exigir ou aumentar tributo sem lei que o estabeleça'), agora constante do art. 150, I (também integrante da disciplina do sistema tributário nacional), mudou de sentido, para passar a exigir, nesses casos, lei em sentido formal e não, apenas, em sentido material. Aliás, se se entender que a palavra *lei*, nos textos que conferem garantia constitucional, é sempre tomada na acepção de lei em sentido formal, ter-se-á que dar a mesma interpretação à reserva legal total inserida, na Constituição, como direito fundamental: 'ninguém será obrigado a fazer ou deixar de fazer alguma coisa senão em virtude de lei' (art. 5º, II). E, então, o Decreto-lei, na modalidade de medida provisória, passa a ser uma inutilidade, e a expressão 'com força de lei' deixará de significar o que ela, obviamente, significa."[15]

d) A partir desse entendimento, foi fulminada a pretensão de inconstitucionalidade em razão da Anterioridade, mas acatada a argumentação da violação à Irretroatividade, apenas no ano de 1988, pois a Medida Provisória havia sido instituída no meio do exercício fiscal, o que a levaria a alcançar eventuais lucros auferidos no período anterior à sua vigência.

Esta decisão foi proferida pelo Plenário do STF em 29 de junho de 1992, em votação unânime, tendo se manifestado pelo contribuinte Ives Gandra Martins e pela União Tércio Sampaio Ferraz Júnior. A Procuradoria da República estava representada por Aristides Junqueira.

7. Repercussões econômicas na República

23. O que se deve destacar desta decisão é o fato de que o STF, confrontado com a matéria, leu o novo instituto jurídico com os olhos voltados para o velho texto: entendeu que se tratava apenas de um "novo nome para o decreto-lei", e, portanto, aproveitou toda a jurisprudência já consolidada referente àquele instituto, sem se dar conta do novo *texto*, diferente do anterior, e do *contexto*, pois eram tempos democráticos em que então se vivia.

14. *RTJ* 143-2/695.
15. *RTJ* 143-2/695-696.

O Supremo Tribunal Federal leu o *novo* com a lente do *velho* e, portanto, viu de forma distorcida a realidade que se lhe era apresentada, e nada disse, mantendo uma interpretação antiga para novos institutos.

24. A conseqüência desta decisão foi enorme para o país, seja no âmbito do exercício democrático, seja pelo sensível fortalecimento do Poder Executivo, que viu referendado nesta decisão uma carta branca para manter o uso indiscriminado dos "decretos-leis", agora travestidos de Medidas Provisórias,.

Grande parte da legislação econômica, financeira e tributária que se seguiu à Constituição de 1988 foi veiculada através de Medidas Provisórias, editadas e reeditadas uma infinidade de vezes. Todos os planos econômicos para debelar a inflação, e vários outros que sequer merecem registro, foram veiculados através de uma enxurrada de Medidas Provisórias. A matéria tributária e grande parte da matéria financeira do período também tiveram nas Medidas Provisórias o *locus* ideal no figurino do Poder Executivo.

Apenas para se ter uma vaga idéia do tamanho do problema, no quadro abaixo é demonstrada a quantidade de Medidas Provisórias editadas e reeditadas por cada Presidente da República:[16]

Medidas Provisórias Editadas:

	José Sarney out/88-mar/90	Fernando Collor mar/90-out/92	Itamar Franco out/92-dez/94	Fernando H. Cardoso 1º Governo jan/95-dez/98	Fernando H. Cardoso 2º Governo jan/99-set/01	TOTAL
Quantidade total por governo	125	89	142	160	103	619
Média mensal por governo	5,21	2,92	5,26	3,33	3,12	

Medidas Provisórias Reeditadas:

	José Sarney out/88-mar/90	Fernando Collor mar/90-out/92	Itamar Franco out/92-dez/94	Fernando H. Cardoso 1º Governo jan/95-dez/98	Fernando H. Cardoso 2º Governo jan/99-set/01	TOTAL
Quantidade total por governo	22	70	363	2.449	2.587	5.491
Média mensal por governo	0,92	2,30	13,44	35,44	78,39	

16. Dados da Subchefia de Assuntos Jurídicos da Presidência da República, www.planalto.gov.br.

Esta situação caótica, na qual o poder de legislar foi, na realidade, transferido para o Presidente da República, foi transformada em setembro de 2001 através da aprovação da Emenda Constitucional n. 32, que deu nova redação ao art. 62, reduzindo o poder do Presidente da República em editar Medidas Provisórias.[17] Mas, até aí, já haviam passado

17. Nova redação do art. 62, após a Emenda Constitucional n. 32, de 11.11.2001:

"Art. 62. Em caso de relevância e urgência, o Presidente da República poderá adotar medidas provisórias, com força de lei, devendo submetê-las de imediato ao Congresso Nacional.

"§ 1º. É vedada a edição de medidas provisórias sobre matéria:

"I – relativa a:

"a) nacionalidade, cidadania, direitos políticos, partidos políticos e direito eleitoral;

"b) direito penal, processual penal e processual civil;

"c) organização do Poder Judiciário e do Ministério Público, a carreira e a garantia de seus membros;

"d) planos plurianuais, diretrizes orçamentárias, orçamento e créditos adicionais e suplementares, ressalvado o previsto no art. 167, § 3º;

"II – que vise a detenção ou seqüestro de bens, de poupança popular ou qualquer outro ativo financeiro;

"III – reservada a lei complementar;

"IV – já disciplinada em projeto de lei aprovado pelo Congresso Nacional e pendente de sanção ou veto do Presidente da República.

"§ 2º. Medida provisória que implique instituição ou majoração de impostos, exceto os previstos nos arts. 153, I, II, IV, V, e 154, II, só produzirá efeitos no exercício financeiro seguinte se houver sido convertida em lei até o último dia daquele em que foi editada.

"§ 3º. As medidas provisórias, ressalvado o disposto nos §§ 11 e 12 perderão eficácia, desde a edição, se não forem convertidas em lei no prazo de sessenta dias, prorrogável, nos termos do § 7º, uma vez por igual período, devendo o Congresso Nacional disciplinar, por decreto legislativo, as relações jurídicas delas decorrentes.

"§ 4º. O prazo a que se refere o § 3º contar-se-á da publicação da medida provisória, suspendendo-se durante os períodos de recesso do Congresso Nacional.

"§ 5º. A deliberação de cada uma das Casas do Congresso Nacional sobre o mérito das medidas provisórias dependerá de juízo prévio sobre o atendimento de seus pressupostos constitucionais.

"§ 6º. Se a medida provisória não for apreciada em até quarenta e cinco dias contados de sua publicação, entrará em regime de urgência, subseqüentemente, em cada uma das Casas do Congresso Nacional, ficando sobrestadas, até que se ultime a votação, todas as demais deliberações legislativas da Casa em que estiver tramitando.

"§ 7º. Prorrogar-se-á uma única vez por igual período a vigência de medida provisória que, no prazo de sessenta dias, contado de sua publicação, não tiver a sua votação encerrada nas duas Casas do Congresso Nacional.

"§ 8º. As medidas provisórias terão sua votação iniciada na Câmara dos Deputados.

"§ 9º. Caberá à comissão mista de Deputados e Senadores examinar as medidas provisórias e sobre elas emitir parecer, antes de serem apreciadas, em sessão separada, pelo plenário de cada uma das Casas do Congresso Nacional.

"§ 10. É vedada a reedição, na mesma sessão legislativa, de medida provisória que tenha sido rejeitada ou que tenha perdido sua eficácia por decurso de prazo.

quase 13 anos. E mesmo assim, computadas as edições e reedições de Medidas Provisórias após a Emenda Constitucional n. 32, o quadro não é nada animador para a democracia brasileira, pois o Presidente Fernando Henrique Cardoso, nos meses de governo que lhe restaram sob esta nova regra, editou 101 medidas provisórias (média de 6,73 *por mês*) e o Presidente Luiz Inácio Lula da Silva, em apenas cinco meses, editou 17 (média de 3,4 *por mês*).[18]

25. Embora não se tenha dados precisos para fazer uma vinculação direta entre esta equivalência das Medidas Provisórias com os Decretos-lei, que o STF fez a partir dessa decisão, vale a pena olhar o que aconteceu com a arrecadação tributária brasileira nos últimos anos.

ARRECADAÇÃO TRIBUTÁRIA GLOBAL[19]							
TRIBUTOS	**1995**	**1997**	**1998**	**1999**	**2000**	**2001**	**2002**
FEDERAIS							
IR	28.969	36.524	45.818	51.516	56.397	64.908	85.802
IPI	13.635	16.833	16.306	16.503	18.839	19.456	19.798
COFINS	***15.226***	***19.118***	***18.745***	***32.184***	***39.903***	***46.364***	***52.266***
INSS	***40.690***	***45.890***	***46.740***	***52.424***	***55.715***	***62.492***	***76.082***
PIS/PASEP	***6.122***	***7.590***	***7.547***	***9.835***	***10.043***	***11.396***	***12.870***
CSSL	***5.852***	***7.698***	***7.704***	***7.303***	***9.278***	***9.366***	***13.363***
IPMF/CPMF	***162***	***6.909***	***8.118***	***7.956***	***14.545***	***17.197***	***20.368***
IOF	3.223	3.785	3.541	4.877	3.127	3.585	4.023
IMP. IMPORTAÇÃO	4.911	5.138	6.544	7.916	8.510	9.087	7.970
OUTROS	5.905	9.081	20.765	20.176	33.945	34.748	48.465
TOTAL 1	**124.695**	**158.566**	**181.828**	**210.691**	**250.302**	**278.599**	**341.007**
ESTADUAIS							
ICMS	49.052	62.150	60.503	67.038	82.275	94.267	105.649
OUTROS	4.087	7.170	11.567	12.116	13.108	13.995	10.161
TOTAL 2	**53.139**	**69.320**	**72.070**	**79.154**	**95.383**	**108.262**	**115.810**
MUNICIPAIS	9.024	11.305	14.219	15.096	16.011	16.884	19.754
TOTAL 3	**9.024**	**11.305**	**14.219**	**15.096**	**16.011**	**16.884**	**19.754**
TOTAL GERAL	**186.858**	**239.191**	**268.117**	**304.941**	**361.696**	**403.745**	**476.571**

"§ 11. Não editado o decreto legislativo a que se refere o § 3º até sessenta dias após a rejeição ou perda de eficácia de medida provisória, as relações jurídicas constituídas e decorrentes de atos praticados durante sua vigência conservar-se-ão por ela regidas.

"§ 12. Aprovado projeto de lei de conversão alterando o texto original da medida provisória, esta manter-se-á integralmente em vigor até que seja sancionado ou vetado o projeto."

18. Dados da Subchefia de Assuntos Jurídicos da Presidência da República, www.planalto.gov.br.

19. Estudo desenvolvido pelo Instituto Brasileiro de Planejamento Tributário – IBPT, de responsabilidade de Gilberto Luiz do Amaral e João Eloi Olenike.

Informa o estudo do IBPT que a escalada na relação tributos/PIB começou em 1996. Naquele ano, o índice era de 27,29%. Desde 1999, a carga tributária ultrapassou os 30% do PIB e não recuou mais. O estudo do IBPT leva em conta a arrecadação tributária a partir de 1986. Desde então, a carga tributária brasileira cresceu 530%, enquanto que o PIB aumentou 287% no mesmo período.[20]

Em 2001, os tributos representaram 35,48% do PIB, enquanto que, em 2002, a proporção subiu para 36,45%. No total, a arrecadação de impostos somou R$ 476,57 bilhões em 2002, um aumento de R$ 72,82 bilhões sobre o volume arrecadado no ano anterior.

TRIBUTOS EM RELAÇÃO AO PIB - EM R$ BILHÕES				
TRIBUTOS	**2001**	**% S/PIB**	**2002**	**% S/PIB**
IR	64,91	5,70%	85,80	6,56%
IPI	19,46	1,71%	19,80	1,51%
COFINS	*46,36*	*4,07%*	*52,27*	*4,00%*
PIS/PASEP	*11,40*	*1,00%*	*12,87*	*0,98%*
CONTR. SOCIAL	*9,37*	*0,82%*	*13,36*	*1,02%*
CPMF	*17,20*	*1,51%*	*20,37*	*1,56%*
IOF	3,59	0,31%	4,02	0,31%
IMP. IMPORTAÇÃO	9,09	0,80%	7,97	0,61%
OUTROS TRIB. FED.	15,60	1,37%	26,55	2,03%
INSS	*62,49*	*5,49%*	*76,08*	*5,82%*
FGTS	19,15	1,68%	21,92	1,68%
ICMS	94,27	8,28%	105,65	8,08%
OUTROS TRIB. EST.	14,00	1,23%	10,16	0,78%
TRIB. MUNICIPAIS	16,88	1,48%	19,75	1,51%
% S/PIB		35,48%		36,45%
TOTAIS TRIB/PIB	403,74	1.138,10	476,57	1.307,40

Ainda segundo o IBPT, os brasileiros pagaram, individualmente, R$ 2.723,26 de impostos federais, estaduais e municipais em 2002. De acordo com o levantamento, a renda per capita anual da população brasileira é calculada em R$ 7.470,86. Isso significa que cada cidadão teria de trabalhar quatro meses e 13 dias para pagar impostos. Entre 1994 e 2002, o IBPT verificou um aumento de 213% na carga tributária, tendo chegado, em 2002, a 36,45% do PIB.

20. Para estas informações, ver a íntegra do estudo relatado em www.ibpt.com.br.

8. *Conclusões*

26. Vale repetir aqui o ensinamento de Montesquieu, para quem: "Quando na mesma pessoa, ou no mesmo corpo de magistratura, o poder legislativo está reunido no poder executivo, não existe liberdade, pois pode-se temer que o mesmo monarca ou o mesmo senado apenas estabeleçam leis tirânicas para executá-las tiranicamente".[21]

A posição do STF, ao fazer equivaler as Medidas Provisórias aos Decretos-lei, apenas ocasionou a manutenção de perversa concentração de poder no Executivo, tal qual aconteceu nos governos autoritários brasileiros, e foi um evidente desserviço à causa democrática em nosso país. De uma norma de interdição estrita à Reserva Legal, passou a ser uma norma de permissão.

É imperioso que se aprenda com este erro, parcialmente minorado em face da Emenda Constitucional n. 32, que reduziu o poder do Presidente da República na edição de Medidas Provisórias, mas que manteve a possibilidade de serem editadas em matéria tributária. Esta é sempre relevante, porém jamais urgente. Nos casos em que a urgência pode ocorrer nos tributos predominantemente extrafiscais (IPI, Impostos sobre o comércio exterior, IOF), já existem os mecanismos de flexibilização previstos na própria Carta.

É necessário oxigenar a interpretação constitucional, mas é muito difícil fazê-lo em uma Corte com membros vitalícios, em uma sociedade com as peculiaridades e características da sociedade brasileira.

21. Montesquieu, *O Espírito das Leis*, cit., p. 187.

II – TEORIA GERAL DA OBRIGAÇÃO TRIBUTÁRIA

TEORIA GERAL DA OBRIGAÇÃO TRIBUTÁRIA

Sacha Calmon

Exórdio

Souto Maior Borges, nele não sei o que mais admiro, se a integridade de uma pessoa humana honrada e tersa, ou se a inquietação teórica diante dos dogmas e das teses preconcebidas.

Souto é filósofo, literato, poeta, musicista e sociólogo e, sobretudo, o jurista inquieto a visitar e a revisitar as esquinas e ruas, às vezes escuras, às vezes falsamente iluminadas do Direito. Para ele, como para o meu padrinho de casamento, o Ministro da Suprema Corte Brasileira, Carlos Fulgêncio da Cunha Peixoto, o Direito é como se fora oceano de margens longínquas. Quanto mais se nada, mais elas se afastam do corajoso navegante.

No entanto, se viver não é preciso, navegar é preciso. Outra coisa não fez Souto Maior em longas jornadas durante décadas. Seus relatos inteligentes nos fascinam, epígonos de um grande prógono.

O fato de ter sido chamado a participar deste *liber amicorum* encheu-me de honra e de grande satisfação. As minhas observações, embora pobres, perseguem o mesmo desiderato do homenageado: levantar dúvidas, sempre, senão a Ciência do Direito regride, se calcifica em formas esculturais às vezes belas, porém estáticas, como se o mundo tivesse parado de girar em torno do sol.

1. O Direito como objeto

1.1 As normas jurídicas e a teoria de Kelsen. Juízos ônticos e deônticos. Normas primárias e secundárias

Hans Kelsen formula uma concepção parecida com a de Austin, mas contendo importantes inovações e, pois, diferenças. No plano do sujeito cognoscente, Kelsen distingue dois tipos de juízos lógicos: juízos ônticos, que são enunciados descritivos do ser, suscetíveis de verdade e falsidade; e juízos deônticos (de dever-ser), que são descrições acerca de prescrições normativas e a respeito dos quais não tem sentido predicar verdade ou falsidade. Os juízos de dever-ser serviriam, pois, para interpretar os atos cuja intenção fosse a de dirigir a ação de outra pessoa. Conseqüentemente, serviriam para *descrever o Direito* enquanto sistema de normas vocacionado para a disciplinação da conduta humana. A função do jurista consistiria em descrever o seu objeto, a norma jurídica, através de juízos de dever-ser.

Ao descrever o Direito, todavia, Kelsen nega-se a ver, nas prescrições normativas a que chama de normas, a expressão de *uma vontade real e presente* em sentido psicológico. Argumenta com os costumes, onde não é possível ver-se, sustentando-os, uma vontade personalizada, e com as leis, que subsistem depois de mortos os seus autores. Diz, então, que *a norma* é uma *ordem*, mas uma "*ordem despsicologizada*". As normas expressariam, é certo, um ato-de-vontade, porém em *sentido objetivo*, enquanto a *ordem* seria mera expressão subjetiva de quem a tivesse formulado; para ser *válida*, a norma precisaria ter sido formulada *por quem estivesse autorizado a fazê-lo*.

Assim sendo, por suposto, toda norma extrairia a sua validade de outra norma que conteria o seu *fundamento* de validez, até se chegar a uma hipotética norma primeira, pressuposta, incriada, fundante de toda *ordem jurídica*, que por isso mesmo seria uma "estrutura escalonada de normas". Diferente, assim, da ordem do salteador que nos ameaça com um mal para obter-nos a bolsa, a *norma jurídica* decorreria de uma *autoridade* que nos ameaçaria com danos preestabelecidos caso não nos comportássemos, nós, os membros da comunidade, da maneira prescrita pelos interesses da *ordem social*. Kelsen dizia, nesta linha, que a Moral, também voltada para a obtenção de comportamentos humanos desejáveis, fundava-se numa "técnica de motivação direta". As normas morais indicariam diretamente o comportamento desejável: "deves obedecer a pai e mãe; não deves mentir". O Direito, ao contrário, empregaria uma "técnica indireta de motivação", porque a norma jurídica utilizar-se-ia de castigos para punir a *conduta inversa da desejável*: *"matar alguém: pena de X"*.

Em verdade Kelsen minimizou, no particular, as chamadas normas técnicas que geram, desobedecidas, as nulidades, e o papel dos prêmios com que não raras normas jurídicas acenam para obter comportamentos, tendo sido obrigado, mais tarde, a ampliar de modo inaceitável o conceito de sanção para nele incluir o prêmio[1] e a nulidade. Em decorrência dessa "técnica indireta de motivação", que desempenha papel fundamental na construção kelseniana, as normas jurídicas seriam de dois tipos: primárias e secundárias. Seriam primárias no sentido de fundamentais, mais importantes, aquelas que prescrevem penas pelo emprego da força. Seriam ditas normas as genuinamente jurídicas, integrantes reais de ordem jurídica. As secundárias seriam meras derivações lógicas das normas primárias, e *sua enunciação só teria sentido para uma melhor explicação do Direito*.

Kelsen utilizou-se de um operador lógico para extrair da norma que chamou de primária uma regra secundária. De uma norma primária com o seguinte enunciado: "*matar: pena X*", entendia possível extrair por derivação o enunciado da norma secundária, que seria: "É proibido matar" ou "É obrigatório não matar". Esse posicionamento kelseniano implica que somente de normas primárias estruturadas hipoteticamente é possível derivar normas secundárias, como veremos à frente.

Além de primárias e secundárias, as normas, segundo Kelsen, seriam categóricas ou hipotéticas (sempre o dualismo), dependendo de o *ato previsto* no mandamento estar ou não condicionado a um evento preestabelecido. Dentro dessa ótica seriam categóricas as sentenças judiciais (normas particularizadas), e hipotéticas as leis (normas genéricas). Em função dessa engenhosa construção, o mestre de Viena achava que o endereçamento das normas jurídicas primárias, por isso que continham a previsão de *atos coercitivos*, era para juízes e funcionários estatais, órgãos incumbidos de sua aplicação, delas. Sem embargo de se destinar aos

1. No campo do Direito Tributário e em épocas de forte intervenção ou dirigismo estatal, o espaço reservado às "premiais" cresce consideravelmente e cada vez mais. Todo esforço para atrair investimentos ou incentivar exportações é feito com *base em normas premiais*.

órgãos do Estado, esse titular do monopólio da força, *a norma, por estar promulgada* e, pois, por ser conhecida, funcionaria como instrumento diretivo do comportamento humano. Do que acabamos de ver, segue-se que uma norma cujo conteúdo não fosse uma sanção só seria possível se derivasse de uma *norma primária*, esta portadora da sanção.

O fundamento normativo do sistema residiria nas normas sancionantes, instituidoras de penas e privações, impostas pelas autoridades estatais aos agentes dos ilícitos (cuja definição mais coerente reside em ser o descumprimento de um dever legal). É que a norma primária funcionaria dentro de um tal sistema ou teoria como *premissa necessária*. Nesse sentido, as normas primárias kelsenianas seriam as "*fontes*", "*os alicerces*" da ordem jurídica inteira. Ademais, as normas primárias teriam que possuir estrutura necessariamente hipotética, de modo a permitir o exercício de derivação. A assertiva radica na própria índole da concepção dualista do mestre de Viena.

O caráter de uma norma secundária, destarte, seria um caráter de *dever-ser*, e seu conteúdo seria o de uma *conduta oposta* à que figurasse como *condição* de aplicação da *norma primária*. Para Kelsen, de uma conduta primária prevendo que "se alguém mata a outrem deve ser punido com prisão" sobressairia a norma secundária que proclamava proibido o ato de matar ou declarava devida a conduta de não matar, com o sentido de que *não se deveria matar*.

Sem embargo, se observarmos qualquer sistema jurídico, encontraremos leis e costumes de onde é possível extrair enunciados normativos cujo conteúdo não traduz atos de coerção, nem tampouco derivam de entes normativos que prescrevem sanções, como quer Kelsen. A maior parte dos dispositivos constitucionais, com efeito, não estabelecem sanções senão que instituem poderes, competências, princípios, garantias e procedimentos diversos. Em nível infraconstitucional, é possível encontrar disposições de igual jaez. Nos códigos civis, *v.g.*, deparamo-nos com regras sobre como contrair matrimônio, celebrar contratos ou fazer um testamento válido. Os digestos processuais estão repletos de regras técnicas de procedimento para juízes, partes, advogados e terceiros (as chamadas normas *in procedendo*). De notar, ainda, as enunciações que cunham conceitos, definições e atribuem qualidades às pessoas e instituições: quem é ou não capaz, o que é ser comerciante, noção de estabelecimento comercial, conceito de tributo etc.

A resposta de Kelsen às objeções desse tipo consistiu em dizer que tais "normas" não seriam "normas genuínas", mas enunciações do legislador e "partes" das normas genuínas. E, assim, pela técnica ou argumento da *subsunção*, a maioria das regras que comumente encontramos formando o sistema jurídico constituiriam "fragmentos" de normas autênticas, instituidoras de sanções. As normas teriam uma estrutura dual, logicamente falando: *antecedente* e *conseqüente* ou, noutra terminologia, *hipótese* e *conseqüência*. Para Kelsen, estas regras, a que acabamos de nos referir, ou melhor, os enunciados que delas fosse possível extrair, seriam "partes" ou "componentes" dos antecedentes das normas verdadeiramente jurídicas, as primárias, em cujo conseqüente deveria *figurar* sempre *uma sanção*.

1.2 Normas jurídicas e proposições sobre normas jurídicas. Prescrições jurídicas. O papel dos intérpretes

Frise-se agora que Kelsen, embora no começo de suas elucubrações tenha entendido a norma como "juízo hipotético", isso renegou expressamente na maturidade. Para ele a norma é *prescrição* (que depende, em certas circunstâncias, de uma condição para que incida). A norma pode, assim, ser hipotética, mas não será jamais um *juízo hipotético* como muitos pensam que é, referindo-se a Kelsen.[2] O "juízo" é ato de sujeito ao conhecer o seu objeto. Se a norma jurídica é o objeto do conhecimento jurídico na gnosiologia[3] kelseniana, o "juízo hipotético" que o cientista do Direito constrói ao descrevê-la só poderá ser uma "*proposição*" a respeito da norma, nunca a "*norma-em-si*". Há uma passagem nas *Contribuições à Teoria Pura do Direito* em que Kelsen[4] mostra-se extremamente enfático a esse respeito, ao rejeitar com incontida amargura ao Prof. Stone. Sobre o papel da Ciência do Direito disse: "Assim como o caos das sensações só através do conhecimento ordenador da ciência se transforma em cosmos, isto é, em natureza como um sistema unitário, assim também a pluralidade das normas jurídicas gerais e individuais postas pelos órgãos jurídicos, isto é, o material dado à ciência do Direi-

2. Paulo de Barros Carvalho, *Teoria da Norma Tributária*, São Paulo, Lael, 1974, p. 31.b: "De outro modo, entendemos que conquanto se deva verdadeiramente distinguir o enunciado legal, da sua descrição, empreendida pela ciência do Direito, o ato de vontade que Kelsen designa de 'norma jurídica' é veiculado também por meio de juízos hipotéticos sendo lícito chamá-lo de proposição já que esta palavra significa a expressão verbal de um juízo".

3. Gnosiologia (com i) = teoria do conhecimento, e não gnoseologia = teoria do conhecimento da divindade (vide *Novo Dicionário Aurélio* e o *Novíssimo* de Laudelino Freire)

4. Hans Kelsen, *Contribuciones a la Teoría Pura del Derecho*, pp. 58-59.

to, só através do conhecimento da ciência jurídica se transforma num sistema unitário isento de contradições, ou seja, numa ordem jurídica. Esta 'produção', porém, tem um puro caráter teorético ou gnosiológico. Ela é algo completamente diferente da produção de objetos pelo trabalho humano ou da produção do Direito pela autoridade jurídica" (grifos nossos).[5]

A norma, pois, *não é a mesma coisa que a lei*, entendida esta como a fórmula verbal de um legislador anônimo (costume) ou como fórmula escrita de um legislador institucional (lei, estrito senso). A norma é a expressão objetiva de uma prescrição formulada pelo legislador que não se confunde com aquilo a que comumente chamamos de *lei*. Isto quer dizer que a norma, posto já se *contenha* nas leis, delas é *extraída* pela dedução lógica, função do conhecimento. Kelsen reconheceu isto ao referir-se à necessidade de "conhecer" antes a norma para poder "aplicá-la". A norma estaria "dentro" do sistema jurídico de envolta com as formulações escritas ou costumeiras do legislador, por isso que seria a expressão objetiva de um ato de vontade. Careceria, todavia, de ser apreendida (porque a norma é, antes de tudo, *sentido*; pode até ter diferentes sentidos, diversas possibilidades de aplicação, nisto residindo o intenso e apaixonante dinamismo do Direito como fenômeno de adaptação social).

1.3 Tipologia jurídica. Normas de organização, de competência, técnicas, de conduta ou comportamentais e sancionantes

Uma classificação funcional das normas jurídicas, com a ressalva de que toda classificação é precária, começaria por conferir-lhes, a todas, caráter prescritivo. Em seguida as dividiria em cinco grandes grupos, sendo que os dois últimos seriam interligados funcionalmente:

Normas organizatórias;

Normas de competência;

Normas técnicas;

Normas de conduta;

Normas sancionantes.

A tipologia aventada persegue o desejo de ser funcional, adequada à prática do Direito. Busca escora teleológica. Efetivamente o que procuramos, ao ler as leis e demais entes legislativos, é algo extremamente prático. Em real verdade, estamos procurando saber se *alguém*, pessoa

5. Idem, *Teoria Pura do Direito*, pp. 111-113.

ou órgão, é *competente* para isso ou aquilo, ou como é ou deve ser a *organização* das instituições, órgãos e pessoas. Quando não é assim, estamos procurando saber como se deve *proceder* em certas circunstâncias para realizar a ordem jurídica, ou perquirindo se existe algum *dever* a ser imputado a alguém, ou se deve ser aplicada a alguém determinada sanção. Vale dizer, o Direito existe para *instituir* e *organizar* (normas organizatórias), *atribuir competências* (normas de potestade), *criar deveres* (normas de conduta ou de dever), *punir as transgressões à ordem jurídica* (normas sancionantes) e *prescrever técnicas de realização da ordem jurídica* (normas técnicas ou processuais).

As palavras das leis, prescritivas, atuam objetivando tais miras. É possível e razoável, portanto, operar a concreção do orbe positivo em normas de potestade, sancionatórias, de dever, técnicas e organizatórias.

Normas Organizatórias – Instituindo os órgãos do Estado, as instituições e as pessoas. Desse tipo são as normas que prescrevem como *deve ser* o Estado Federal ou as que declinam os requisitos que deve possuir o ato jurídico ou uma sociedade por cotas de responsabilidade limitada para serem válidos, ou ainda as que definem quais são os pressupostos para um cidadão ser elegível ou comerciante, ou, ainda, ser maior, senador, presidente da República ou prefeito municipal. Neste âmbito se encontram as normas ditas atributivas de qualidades e as de "*reconhecimento*", permitindo identificar se as outras normas pertencem ao "*sistema*".

Normas de Competência – Conferindo "potestades" aos sujeitos públicos e privados para produzir normas de comportamento, interpretá-las e aplicá-las voluntariamente, *ex officio* ou contenciosamente. Estabeleceriam como *deveriam* ser exercidas tais potestades, sua extensão e limites. Deste tipo são as normas que outorgam competência aos órgãos dos Poderes Legislativo, Executivo e Judiciário para a produção de atos funcionais legislativos, administrativos e jurisdicionais. De igual tipo as normas que investem os particulares de capacidade para praticar e para celebrar atos jurídicos constitutivos (testar, votar, contratar etc.).

Normas Técnicas – Prescrevendo como devem ser produzidos os atos adjetivos necessários à vida do Direito: como se deve votar, sentenciar, interpor um recurso extraordinário, fazer um testamento válido, celebrar contratos, contrair matrimônio, discutir e votar uma lei complementar da Constituição. (Todas as normas processuais são técnicas).

Normas de Conduta – São as normas que obrigam comportamentos, campo de eleição da lógica jurídica. Destinam-se às autoridades e aos particulares. Desse tipo são as normas que estatuem comportamentos positivos e negativos, desde que ocorrentes certos pressupostos. São nucleares, no sentido de posicionar à sua volta o sistema jurídico. Se o Direito teleologicamente busca o controle do meio social, é claro que indica quais são os comportamentos desejáveis. Indica-os, tornando-os obrigatórios, como no caso do dever tributário. As leis prevêem a obrigatoriedade do seu cumprimento. Todavia, dita obrigatoriedade comportamental pode não ser expressa na lei. No caso do tributo, é. No caso do homicídio, não. A lei expressa apenas uma punição, ou melhor, a previsão de uma pena para o comportamento homicida. A *norma* que impõe o *dever de não matar* é implícita no sistema e portanto inexpressa na lei (mais uma vez a *diferença* entre *norma* e *lei*). As normas de conduta ora impõem comportamentos positivos (é obrigatório pagar imposto à União), ora estatuem condutas negativas (é obrigatório não matar). Fácil deduzir que o caráter proibitivo é epifenômeno; se é obrigatório não matar, matar é proibido. Se é obrigatório pagar tributos, não pagá-los é proibido. O proibido e o obrigatório são indefiníveis e podem ser deduzidos de um outro tipo de norma que a seguir veremos, a punitiva. Isto induzirá interessantes e esclarecedoras conclusões a respeito das normas de conduta, mas nunca ao ponto de vê-las supérfluas, despiciendas ou desnecessárias.

Normas Sancionantes ou Punitivas – São as normas que *estatuem sanções* para certas condutas. Toda ação não punível é livre. Vale dizer, o que não é punível pode ser praticado facultativamente. Tanto faz de um ponto de vista sancionante praticar ou não a ação impunível. Ela não é obrigatória nem proibida. Se fosse proibida, sua prática acarretaria uma punição. E, se fosse obrigatória, a omissão em praticá-la acarretaria, igualmente, uma punição. Conseqüentemente, se uma ação, ou melhor, um comportamento humano, é punível, é porque a sua prática é vedada; é porque não praticá-lo é obrigatório. Não praticar um comportamento tem dois sinais: positivo e negativo. Quando um comportamento é punível, é porque o seu contrário é obrigatório. Se se age quando o dever é uma omissão (por exemplo: não matar), a ação de matar é que é a hipótese de punição. Se não se age quando o dever é agir (por exemplo: pagar tributo), o comportamento consistente em não pagar – comportamento omissivo – é que é a hipótese de punição.

Tanto as normas sancionantes quanto as de conduta exibem uma estrutura hipotética. Isto é, possuem uma *hipótese* e uma *conseqüência*. Para atuar a conseqüência, é mister que ocorra o *fato jurígeno* delineado na hipótese da norma. Uma conseqüência jurídica "*deve ser*" toda vez que ocorra a sua hipótese.

1.4 Tipos de normas encontradiças no Direito Tributário

No Direito Tributário encontramos normas *organizatórias*, construindo o *Estado Federal*, os *órgãos da administração fiscal*, as *prerrogativas* e *privilégios do crédito fiscal*, a *participação de umas pessoas políticas no produto da arrecadação de outras* etc. Encontramos normas de competência para instituir os tributos ou proibir o seu exercício, realizar a função fiscal, produzir atos administrativos, *v.g.* Encontramos, ainda, normas técnicas nos instruindo sobre como recolher tributos, como oferecer garantias, como apresentar defesas e embargos às pretensões fiscais e assim por diante. Deparamo-nos, no mais, com as *normas de conduta* que expressam as obrigações tributárias. O dever de pagar tributos decorre de leis que prescrevem dito dever desde que ocorrente o seu *fato jurígeno* no mundo fenomênico (a realização do fato gerador antes abstratamente previsto na norma hipotética). Finalmente, são encontradiças as normas sancionantes que punem o descumprimento das obrigações tributárias, e cuja hipótese de incidência é, precisamente, o descumprimento da obrigação.

1.5 Distinção entre normas, leis e proposições jurídicas

É possível distinguir a *norma* das leis ou dos costumes. O Direito Positivo é posto e vige a partir de fórmulas lingüísticas escritas e orais. O objetivo dos "ordenamentos jurídicos" é, sempre foi, o de controlar o meio social. Enquanto tal, possui uma linguagem especial, encontradiça ao nível dos seus entes normativos: leis, costumes, sentenças, contratos etc. Esta linguagem, quando é posta sob análise pelo cientista do Direito, recebe a denominação de "*linguagem-do-objeto*", porque o objeto da Ciência do Direito é o Direito Positivo, com sua expressiva linguagem. Pois bem, ao estudar o Direito Positivo, é possível ao cientista concluir que, surgindo das inúmeras formulações verbais que expressam o Direito, projetam-se *normas*, facultando, obrigando e proibindo ações e omissões, assim como prescrições prevendo sanções para o não cumprimento de seus preceitos. Verificará, ainda, que há preceituações instituindo poderes, competências, processos e procedimentos, além de definições e conceitos legais. Ademais, perceberá que tudo isto forma uma *ordem jurídica*, garantida pelo *Estado*.

Perante o cientista do Direito, a normatividade (dever-ser) contida nos sistemas positivos se colocará numa relação de objeto-sujeito, sendo por este último descrita através de "proposições jurídicas", que são justamente os *instrumentos reveladores das normas*. Marco Aurélio Greco, em página de grande acuidade, teve a percepção exata da questão:

"Para a descrição de uma norma jurídica (que em si é um comando, uma permissão ou atribuição de poder) socorre-se o cientista de uma formulação a que se denomina 'proposição jurídica'. Esta, pois, situa-se no plano da Ciência do Direito, sendo uma categoria da razão (e não da vontade, como é a norma) estruturando-se na forma de um juízo hipotético condicional. Observe-se, inicialmente, que a proposição jurídica não *prescreve* nenhuma conduta, mas *descreve* uma determinada norma jurídica que prevê essa conduta. Ela serve, assim, para proceder ao conhecimento do objeto da ciência jurídica mas não possui força imperativa. Quer dizer, a proposição não é um comando mas descreve um comando.

"(...).

"Outra observação que cumpre fazer é que importa distinguir três qualidades:

"a) a norma jurídica em si que consiste num comando, ou imperativo, ou autorização;

"b) a formulação que à norma é dada pelo cientista que é proposição jurídica; e,

"c) a expressão lingüística utilizada pelo legislador.

"As letras 'b' e 'c' são ambas formulações lingüísticas, esta proveniente dos órgãos legislativos e aquela, do cientista, porém somente a do cientista *expressa integralmente a norma*, uma vez que muitos comandos só podem ser identificados e expressos numa *proposição jurídica*, mediante a congregação de vários dispositivos contidos em *múltiplos textos legais*" (grifos nossos).[6]

Frise-se o seguinte: a distinção entre norma e lei ou costume é importante para a análise jurídica. Carlos Santiago Nino, com sua autoridade de lente graduado da Universidade de Buenos Aires, diz que a *norma* é diversa da *formulação legislativa*, *escrita* ou *oral*.

"*Es muy posible que la expresión 'norma jurídica' sea un término teórico. Obviamente ella no denota un conjunto de oraciones escritas en un papel, puesto que una misma norma jurídica puede estar formulada por oraciones diferentes, ni tampoco denota un conjunto de conductas humanas, puesto que las normas jurídicas son usadas para evaluar conductas*" (grifos nossos).[7]

6. Marco Aurélio Greco, *Norma Jurídica Tributária*, EDUC/Saraiva, 1974, pp. 20-21.

7. Carlos Santiago Nino, *La Definición de Derecho y de Norma Jurídica, Notas de Introducción al Derecho*, Astrea de Rodolfo Depalma y Hnos., Buenos Aires, 1973, p. 85.

A incompreensão da radical diferença entre *norma* e *legislação* tem gerado não pequenos equívocos e distorções na percepção do fenômeno jurídico. O assunto, sabe-se, tem levado juristas a momentos de extrema irritação ante a lógica deôntica e suas tentativas de formalização (lógica jurídica). Exemplo disso oferta-nos Michel Villey que, em artigo posto contra Gardies, promove irada agressão aos lógicos, *verbis*:

"Mas, onde encontrar em tudo isso os imperativos, as ordens, as normas de conduta? Sei que a maior parte dos nossos lógicos têm o hábito de transpor este indicativo, em proposições normativas ou imperativas. Fariam melhor respeitando a letra dos textos.

"(...).

"Resta perguntar por que nossos lógicos *sofrem toda essa comichão de converter as proposições jurídicas em proposições diretivas das condutas humanas*. Acuso-os de saltar indevidamente do Direito (terreno que mal conhecem) a um outro tipo de discurso, que sua experiência de moralistas lhes tornou mais familiar" (grifos nossos).[8]

É conveniente, pois, para obstar equívocos dessa ordem, vincar um pouco mais a distinção. Lourival Vilanova, com propriedade, distingue: "A norma jurídica, *reduzida à proposição* em sentido lógico, tem uma forma. Gramaticalmente, a linguagem do direito positivo *exprime a norma em multiforme variedade*. E, nem sempre está a proposição normativa *em toda a sua integridade num só artigo de lei ou decreto*; nem sempre *toda uma norma* se encontra presente *num dispositivo da Constituição* ou de um *estatuto* de ente público ou privado".[9]

Temos então, de um lado, o Direito Positivo com seus entes legais, leis e costumes, ordenando ações e omissões, facultando outras tantas, proibindo comportamentos, atribuindo qualidades às pessoas e às coisas, outorgando poderes e competências, prevendo atos procedimentais, cunhando conceitos e definições. Tudo isso dito na linguagem comum do povo (linguagem do objeto).

De outro lado, temos a Ciência do Direito, cujo objeto é justamente o Direito Positivo, seus entes.[10] A função da Ciência do Direito é descre-

8. Michel Villey, *Sur les Essais d'Application de la Logique Deontique au Droit. Archives de Philosophie du Droit*, t. XVII, n. 17, Paris, Sirey, 1972, pp. 407 e ss.

9. Lourival Vilanova, *Lógica Jurídica*, São Paulo, José Bushatsky, 1976, p. 113.

10. Juan Manuel Teran, in *Filosofía del Derecho*, México, Porrúa, 1971, p. 174, diz com claridade: "De onde se concluye que desde el punto de vista del Derecho como *forma normativa* toda actividad posible se encuentra jurídicamente regulada". Aproveitamos a cita para realçar que o *facultativo* pode ser deduzido de duas formas: a) por ser *ato livre* (não é obrigatório nem proibido); b) por estar *prescrito*. Assim, toda norma pura de potestade ou competência é facultativa ao agente (competência para instituir tributo, *v.g.*). Com o poder-dever já não ocorre a facultatividade.

ver o seu objeto. Nesse momento aparece a *proposição jurídica*, sob a forma de juízo, mercê da qual é possível apreender a *normatividade* contida nos sistemas positivos. A proposição descreve a norma. É descritiva. A norma, porém, não se confunde com a sua descrição. É prescritiva. Isto se torna claro quando o juiz aplica a norma, após intuí-la do sistema jurídico.

As normas em si mesmas são "entes teóricos" derivados do sistema jurídico como um todo. Uma norma jurídica, diga-se por oportuno, resulta da conjunção de significados normativos defluentes de diversas leis ou artigos de leis, editados em épocas diferentes por corpos legislativos. Conseqüentemente, o problema da *existência* e *validade* da norma só indiretamente lhe diz respeito, porquanto a questão de se saber se uma *norma* foi criada e posta a viger de acordo com os ditames específicos da ordem jurídica reguladores de sua produção se reporta ao *processo de criação das leis e do reconhecimento dos costumes*. Se uma lei, por exemplo, prevê que o fato de alguém ser proprietário é jurígeno do dever de pagar imposto sobre o patrimônio imobiliário, e uma outra isenta os proprietários de um único imóvel de valor não superior a R$ 10.000,00 de fazê-lo, ter-se-ia uma norma *prescritiva de dever* com o seguinte enunciado, descrito mediante uma proposição do *intérprete*:

Hipótese: alguém ser proprietário de imóveis, salvo se de um só de valor não superior a R$ 10.000,00.

Conseqüência: pagar imposto imobiliário ao Estado anualmente.

A questão de se saber se predita norma é *válida* se desloca para a análise do "processo de reconhecimento" das leis que a engendraram, isto é, da lei que previu a tributação e da lei que previu a isenção. Somente quanto a elas será possível indagar se foram postas pelo legislador da forma prescrita, ou se entraram em vigor antes do início do exercício financeiro (princípio da anterioridade da lei tributária inserto na Constituição brasileira).

Frise-se que a *norma* – produto do universo legislado – não se confunde com os seus veículos, os entes positivos (leis, decretos-lei etc.).

Tampouco se confunde com as *proposições jurídicas* que a Ciência do Direito produz ao descrever a norma, sob a forma, quase sempre, de *juízos hipotéticos*.

A norma, ainda que condicional, é sempre *prescritiva* (porque o Direito é, basicamente, prático, finalístico, teleológico).

As leis são *enunciados literais* buscando um *fim*.

As proposições normativas são *descrições* das *normas jurídicas*, que defluem do universo legislado, produzidas por um *sujeito* (jurista ou juiz).

Por isso mesmo, ou seja, por serem juízos, são descrições de um ser, a norma! (Sem embargo de a norma constituir um dever ser, por isso que prescritiva).

Conseqüentemente, as *proposições jurídicas* são *proféticas*, por isso que exprimem *o que deve ser*, do ponto de vista subjetivo de quem as produz (os sujeitos que analisam a norma, posta como *objeto do conhecimento*). Estão, dessarte, sujeitas a um teste de verdade legal. E aqui se desvela a problemática da *interpretação*, seja com efeito meramente opinativo (o que fazem os cientistas de Direito, advogados, jurisconsultos e até mesmo os aplicadores *ex officio* das normas: os funcionários do Executivo), seja com efeito judicante, por parte dos juízes que dizem o *direito com definitividade*, ainda que sob o guante da revisão *ad quem*.

Com efeito, as *proposições normativas* são "profecias" a respeito do que deve ser (o "ser" da norma).

Mas somente a proposição normativa, proferida pelos órgãos supremos da jurisdição, tem o condão de *acertar* a norma, dizendo o que ela significa com obrigatoriedade indiscutível (norma individual, cf. Kelsen).

Nesse ponto fecha-se o ciclo. A *norma* é o que os juízes da irrecorrível instância fixam como o seu real significado, objetivamente, enquanto *prescrição*.

A conclusão ora lançada tem o abono de Kelsen. Dele a transcrição: "O Direito prescreve, permite, confere poder ou competência, não ensina nada. Na medida, porém, em que as normas jurídicas são expressas em linguagem, isto é, em palavras e proposições, podem elas aparecer sob a forma de enunciados do mesmo tipo daqueles através dos quais se constatam fatos".[11]

Claro que nem todas as normas passam por um teste de verdade legal. Muitas se aplicam sem contestação. Basta, porém, que durante dado processo aplicativo ao Direito surja uma controvérsia para apropositar-se a intervenção do Judiciário, com o fito de fixar a inteligência da norma em questão. Por outro lado, é comum, em épocas diversas, uma mesma norma possuir significados diferentes. Que as leis em cujo interior se abrigam as *normas* necessitem análise, para a extração do conteúdo

11. Hans Kelsen, *Teoria Pura do Direito*, pp. 111-113.

prescritivo nelas represado, não causa espécie. É fenômeno corriqueiro. As ações declaratórias, especialmente, colimam sempre este desiderato. A seu turno, as partes no processo outra coisa não fazem do que formular "proposições jurídicas" a respeito da norma em torno da qual controvertem. O fenômeno torna-se bem mais transparente nas lides travadas a partir de questões puramente "de direito" (*quaestio juris*).

Sem esta visão não seria possível entender a assertiva de Kelsen de que a *norma é um sentido* que pode comportar diferentes alternativas de aplicação. Vale dizer, os juízos que descrevem normas são juízos de dever-ser. A estrutura da norma não é puramente esquemática. A sua descrição não pode ficar apenas em *dizer* que é formada de hipótese e conseqüência, ou *suposto* e *comando*, ou ainda *prótase* e *apódose*. Um juízo sobre o *dever-ser* da norma é inevitável, pois, como já asseverado por Vilanova, se é dever-ser, é *dever-ser* de algo.

1.6 Existência, validade e vigência das leis. Aplicabilidade, incidência e eficácia das normas jurídicas

Chegado é o momento de encerrar a visualização panorâmica do tema normativo, aqui versado com intuito declaradamente propedêutico. Motivos de caráter metodológico exigiram esse tratamento. Em primeiro lugar, o *tributo* é norma. O dever de pagar tributo decorre de uma norma de comportamento. Em segundo lugar, a capacidade ativa para pôr e tirar dito dever decorre de normas de competência. Fez-se necessário, assim, este *bosquejo* sobre "normas", sua natureza e seus tipos. De tudo quanto vimos, sobraram-nos algumas verdades: as normas não são de um só tipo, e o esboço de uma tipologia servirá para situar a *norma tributária*. Além disso, as *normas jurídicas* não se confundem com as leis e os costumes que compõem o universo legislativo.

Agora o exato momento de repensar uma lição de José Souto Maior Borges,[12] aceita de pronto pela doutrina brasileira, sem contestação. Trata-se, segundo as próprias palavras do notável professor recifense, do tema da Teoria Geral do Direito que estuda os *planos de consideração da lei*. Souto Maior Borges distingue os planos de *existência*, *validade*, *vigência*, *incidência*, *aplicação* e *eficácia* da lei no seu livro *Lei Complementar Tributária*.

O autor desenvolve sobre o tema interessantes observações, especialmente a partir da página 36, sendo conveniente repassá-las.

12. José Souto Maior Borges, *Lei Complementar Tributária*, São Paulo, Ed. RT, 1975.

Assim, o primeiro conceito a ser considerado seria o da existência da lei. Citando Pontes de Miranda,[13] Souto Maior Borges afiança-nos que os planos da *existência*, *validade* e *eficácia da lei* são inconfundíveis, porque "a lei pode ser, valer e não ter eficácia", sendo ademais contraditório "falar-se em validade ou eficácia do que juridicamente *não é*".

A lei, dessarte, pressupõe a sua própria existência até mesmo para que se possa submeter a um *teste de validade*. O conceito de validade apareceria num momento lógico posterior: "somente depois de existente a lei, pode ela revestir-se de validade ou invalidade, atributos que lhe são conferidos em função de sua *compatibilidade ou não* com o *ordenamento constitucional do País*". A validade de uma lei estaria relacionada com a competência do órgão incumbido de sua criação e com as regras procedimentais ligadas a sua criação. Obedecidos os requisitos da *competência* e da *processualística legislativa*, tais como talhadas na Constituição, a "norma" teria condições de ingressar "no Direito positivo, sendo assim válida".[14] Supondo-se *válida* determinada lei, o conceito de vigência surgiria em seguida: "lei existente pode ainda não incidir, como sucede no período da *vacatio legis*, intertempo entre 'A' a existência e 'B' a entrada em vigor (vigência) da lei".

E prossegue: "Existindo com validade e em vigor, está pronta a lei para *incidir*. A aplicação da lei deve coincidir com a sua incidência. Pode, contudo, a lei *incidir* sem que seja aplicada. A incidência é um *prius* com relação à eficácia do ato legislativo e um *posterius* com relação à sua existência" (*passim*).

A incidência da lei dar-se-ia em última análise com a ocorrência do seu suposto. "Dá-se a incidência da lei quando o suporte fático (hipótese de incidência) nela previsto abstratamente (hipoteticamente) ocorre concretamente no mundo dos fatos."

Mais: "A incidência da regra jurídica sempre que ocorre o suporte fático concreto é fenomenologicamente infalível e automática. *O que pode falhar é o atendimento à incidência (aplicação da lei), a sua respeitabilidade*" (grifos nossos).

Não nos parece correta, metodologicamente falando, a colocação do eminente professor pernambucano. Para nós, com supedâneo na teoria da norma jurídica, é absolutamente necessário distinguir, isto sim, *o plano da lei do plano da norma*.

13. Pontes de Miranda, "Incidência e Aplicação da Lei", in *Revista da OAB*, ano I, n. 1, Pernambuco, p. 52.

14. Ob. cit., *passim*.

A lei é um ente positivo. A norma é um ser lógico. Pode até haver coincidência entre lei e norma, caso raro. Normalmente *a norma decorre de um conjunto de leis*.

Feito esse corte metodológico, é possível verificar que os problemas concernentes à *existência*, *validade* e *vigência*, de fato dizem respeito à lei como ente positivo, como ato legislativo. Através das "normas de reconhecimento" referidas por Hart, são "testadas" as leis (ou os costumes nos países de Direito Consuetudinário). No plano da lei, basicamente, importa saber se ela *existe*, se *existe* com *validade* e se, existindo com *validade*, está em vigor e, pois, apta a *formar normas jurídicas* ou cooperar para a formação delas.

As questões de *aplicabilidade*, *incidência* e *eficácia* já se inserem noutra dimensão muito diversa. Inserem-se no plano da norma. Aplicável é a norma e não a lei. O que incide não é a lei. É o preceito da norma, se e quando ocorrente sua hipótese de incidência no mundo fático. Do mesmo modo há que se considerar a eficácia como tema normativo e não como questão legal. Para nós a eficácia é a qualidade intrínseca da norma que lhe permite produzir os efeitos jurídicos que lhe são próprios. Está dentro da norma e não fora dela, como parece querer Souto Maior e, em certa medida, Hans Kelsen. À página 42 do livro de Souto Maior já referido linhas atrás, lemos: "Para Kelsen, a eficácia do direito quer dizer que os homens se comportam na forma em que, de acordo com as normas jurídicas, devem comportar-se, ou seja, que as normas são realmente aplicadas e obedecidas. Enquanto a validade é uma qualidade do direito, a eficácia é uma qualidade da *conduta real dos homens* e não como parece sugerir o uso lingüístico, uma qualidade do próprio direito".

Preferimos ficar com a tese da *eficácia como qualidade da norma* (da norma, nunca da lei), em companhia de Geraldo Ataliba, *verbis*: "Tem sido conceituada a eficácia dos atos jurídicos como a força ou poder que têm – e que lhes é atribuída pela ordem jurídica – para produzir os efeitos desejados pela própria ordem jurídica e que lhe são próprios; ou como aptidão para produzirem efeitos jurídicos".[15]

Tanto é a eficácia um atributo da *norma* que existem leis *insuficientes* para gerar uma norma. Precisam de outras leis, ou de outros artigos de lei que lhes complementem a *normatividade*. Somente então ter-se-á *uma norma com eficácia cheia*, isto é, *apta a produzir todos os efeitos* que lhe são próprios (a norma de imunidade das Instituições de Educa-

15. Geraldo Ataliba, *O Decreto-Lei na Constituição de 1967*, São Paulo, Ed. RT, 1967, p. 21.

ção e Assistência Social, *v.g.*). Se a sociedade não respeita uma norma, ela cai em desuso. A norma em si é sempre eficaz. Existe para ser observada necessariamente, provindo daí a sua *eficácia*. O desuso é tema da Sociologia Jurídica, não cabe na Ciência do Direito.

2. *O Direito Tributário da Constituição*

2.1 *A constitucionalização do Direito Tributário brasileiro*

Os países europeus de tradição jurídica romano-germânica, a que pertencemos pela filiação lusa, trazem em suas Constituições alguns princípios tributários, sempre poucos. Os que são Estados Federais colocam nas Cartas Políticas outros tantos princípios relativos à repartição das competências, inclusive tributárias. A Inglaterra, matriz do *Common Law*, em seus documentos históricos, os quais em conjunto formam a Constituição inglesa, igualmente, mas de maneira esparsa, agasalha alguns princípios sobre o exercício do poder de tributar. Os EUA, que nos inspiraram a República, o Presidencialismo, o sistema difuso de controle de constitucionalidade e a Federação (certo que imprimimos à Federação a nossa feição centralizante), tampouco são um país que se demora em cuidados justributários no corpo da Constituição.

O Brasil, ao contrário, inundou a Constituição com princípios e regras atinentes ao Direito Tributário. Somos, indubitavelmente, o país cuja Constituição é a mais extensa e minuciosa em tema de tributação. Este cariz, tão nosso, nos conduz a três importantes conclusões:

Primus – os fundamentos do Direito Tributário brasileiro estão enraizados na Constituição, de onde se projetam altaneiros sobre as ordens jurídicas parciais da União, dos estados e dos municípios;

Secundus – o Direito Tributário posto na Constituição deve, antes de tudo, merecer as primícias dos juristas e dos operadores do Direito, porquanto é o texto fundante da ordem jurídico-tributária;

Tertius – as doutrinas forâneas devem ser recebidas com cautela, tendo em vista as diversidades constitucionais.

2.2 *O Direito Tributário da Constituição. Os subsistemas tributários*

Podemos estudar a Constituição Tributária em três grupos temáticos:

a) o da repartição das competências tributárias entre a União, os Estados e os Municípios;

b) o dos *princípios tributários* e das *limitações* ao poder de tributar;

c) o da partilha direta e indireta do produto da arrecadação dos impostos entre as pessoas políticas da Federação (participação de uns na arrecadação de outros).

Nestes três grupos estarão inseridos, induvidosamente, os regramentos constitucionais, como veremos.

Ante o exposto, devemos comentar a Constituição Tributária por partes, enfrentando por primeiro a questão da repartição das competências tributárias. Neste segmento há que se falar logo no que somos: *uma República Presidencialista e Federal*. Por outro lado, ao tratarmos dos impostos da União, dos Estados-Membros e os dos seus Municípios, cuidaremos, também, dos princípios constitucionais e das vedações ao poder de tributar que lhes são próprios.

2.3 Conceito de República. República e igualdade. República e representação popular

A República funda-se na igualdade de todos os cidadãos perante a lei. Os Poderes são constituídos pelo povo. Os detentores dos Poderes (legislatura e governo) são eleitos para mandatos transitórios, e os juízes são nomeados, exceto os do Supremo Tribunal Federal, no caso do Brasil, após concursos de provas e títulos, com as garantias da vitaliciedade, inamovibilidade e irredutibilidade de vencimentos, para aplicarem a lei com segurança e independência.

Algumas características da República são também encontradiças nas Monarquias Parlamentaristas, com nuanças próprias, mormente naquelas em que o rei reina, mas não governa; ou governa limitadamente. Na Espanha, por exemplo, o rei é o chefe de Estado. O chefe de governo é o primeiro-ministro, que ali está por ter encabeçado um programa partidário submetido à votação popular. Em princípio tem mandato, foi eleito pelo *povo*. A duração do mesmo, assim como dos mandatos parlamentares, irá depender do êxito ou do fracasso político do governo que estiver a chefiar.

O que distingue, todavia, a República da Monarquia é que nesta última uma única pessoa reina e passa seu cetro por sucessão familiar (dinastia). Na República todo poder emana do povo e em seu nome será exercido. Todo cidadão nacional é eleito e elegível para qualquer cargo eletivo (art. 1º, da Constituição, a consagrar a democracia republicana representativa). R. A. Carrazza traceja com mestria as características da *República* e a sua projeção no campo tributário, extraindo preciosas conclusões, especialmente para nós que já vivemos sob a Monarquia Imperial, a República Elitista (1ª República), a Ditadura de Vargas e o Autoritarismo Militar iniciado em 1964. Somos neófitos em República, Democracia e Federação.[16]

"Na clássica definição de Cícero, *Republica est res populi* (*De Republica*). Neste regime político, os governantes não são *donos da coisa pública*, mas seus gestores.(11)[17] O próprio étimo da palavra 'República' contém a idéia de gestão da coisa pública (coisa alheia, pois), que em nenhum momento deve ser perdida de vista.

"E o mesmo era o pensamento de João Barbalho, quando estadeava que o regime republicano é aquele 'em que o governo é exercido por mandatários, representantes escolhidos pelo povo soberano e em nome dele'.(12)[18]

"O Governo deve, numa República, ser *representativo* de todos os segmentos do povo. E deve buscar, acima de tudo, seu bem-estar, conforme, aliás, a máxima da antiga Roma *salus populi suprema lex esto* ('que o bem-estar do povo seja lei suprema').

"Assim, não se compadece com a noção de República o favorecimento de apenas alguns setores da sociedade. Ao contrário, como o poder procede de todo o povo – já que, como pregoa Black, o governo republicano se baseia na igualdade política dos homens –, os agentes governamentais devem, *semper et ad semper*, zelar pelos interesses da coletividade, e não de pessoas ou classes dominantes. Isto vale especialmente para o Poder Legislativo, uma vez que o Executivo, em rigor, limita-se a aplicar a lei.

"Sobre a correlação entre o princípio republicano e o Poder Legislativo, Thomas Cooley brindou-nos com luminoso comentário: 'Toda a corporação legislativa deve legislar tendo em vista o bem público, e não o proveito individual de quem quer que seja, e o ato deve ser inspirado pela luz dos princípios gerais que constituem o fundamento natural das instituições representativas. Aqui, entretanto, atingimos a

16. Roque Antonio Carrazza, *Curso de Direito Constitucional Tributário*, 20ª ed., São Paulo, Malheiros Editores, 2004, pp. 57-58, 70-71.

17. *Nota 11 do original citado:* "A própria *ação popular*, que qualquer cidadão pode propor, visando 'a anular ato lesivo ao patrimônio público ou de entidade de que o Estado participe, à moralidade administrativa, ao meio ambiente e ao patrimônio histórico e cultural (...)' (art. 5º, LXXIII, da CF), consona com o postulado segundo o qual, sendo este País uma República, os bens públicos não pertencem a um grupo de ungidos ou de cabeças coroadas, mas a todo o povo. Assim, qualquer do povo, desde que esteja no gozo de seus direitos políticos, tem assegurada, pela própria Carta Magna, a faculdade de, por meio da ação popular: I – velar para que o patrimônio público ou de entidade de que o Estado participe sejam bem administrados; e II – tornar efetiva a preservação da moralidade administrativa, do meio ambiente e do patrimônio histórico e cultural. O cidadão tem iniciativa, pois, para pugnar pela anulação de qualquer ato governamental que considere detrimentoso a estes bens e valores, que, afinal de contas, existem para seu bem-estar. Os governantes não podem agir para si (*pro domo sua*), mas em nome e por conta do povo, a quem devem constante satisfação. São gestores da coisa pública."

18. *Nota 12 do original citado:* "*Constituição Federal Brasileira – Comentários*, Rio de Janeiro, F. Briguiet & Cia. Editores, 1924, p. 407."

esfera da discrição legislativa. O que for para o bem público, e é o que exigem os princípios em que se apóia o governo representativo, compete à legislatura o decidir, sob a responsabilidade dos seus membros para com os eleitores.'(13)[19]

"(...).

"(...) diante do princípio republicano, é proibida a concessão de vantagens tributárias fundadas em privilégios de pessoas ou categorias de pessoas. Deveras, com o advento da República, foi-se o tempo, entre nós, em que as normas tributárias podiam ser editadas em proveito das classes dominantes, até porque, nela, extintos os títulos nobiliárquicos, os privilégios de nascimento e os foros de nobreza, 'todos são iguais perante a lei' (CF, art. 5º). Atentemos, a propósito, para este primor de relanço de João Barbalho: 'Não há, perante a lei republicana, grandes nem pequenos, senhores nem vassalos, patrícios nem plebeus, ricos nem pobres, fortes nem fracos, porque a todos irmana e nivela o direito.'(33)[20]

"(...).

"Não é porque o Estado, para sobreviver, precisa de meios pecuniários (dinheiro) que os contribuintes podem ter seus direitos atropelados.(34)[21]

"Constitucionalmente, pois, um tributo não pode ter outro escopo que o de instrumentar o Estado a alcançar o bem comum. A nosso ver, qualquer exação que não persiga esta finalidade é inconstitucional. Tal se dá com o tributo preordenado a objetivos de ordem privada, como, *e.g.*, o que beneficia uma empresa comercial (que visa, precipuamente, ao lucro de seus acionistas)."

2.4 República, democracia, representação popular e repartição de Poderes. O controle da Constituição pelo Poder Judiciário

A democracia representativa, tal como proposta pela República Francesa, em certo sentido perdeu vitalidade. Nas modernas sociedades de massa do mundo ocidental, de cuja cultura política e jurídica fazemos parte, a representação política sofre os tremendos poderes do "esterco do diabo" (o dinheiro), do egoísmo social e da mídia.

Assim sendo, não se pode dizer que as pessoas se fazem fielmente representar nos governos e nos parlamentos.

Entendemos que nas Repúblicas Parlamentaristas e nas Monarquias Parlamentares o fenômeno é menos acentuado, pela própria dinâmica do regime parlamentar. Nas Repúblicas Presidencialistas a questão é mais

19. *Nota 13 do original citado:* "*Princípios Gerais de Direito Constitucional dos Estados Unidos da América do Norte*, 2ª ed., trad. de Alcides Cruz, São Paulo, Ed. RT, 1982, p. 117."

20. *Nota 33 do original citado:* "Ob. cit., p. 407 (atualizamos a grafia)."

21. *Nota 34 do original citado:* "Leia-se, sobre este interessante assunto, a obra de Celso Antônio Bandeira de Mello, *Ato Administrativo e Direitos dos Administrados*, São Paulo, Ed. RT, 1981."

grave. Seja lá como for, os Poderes Executivo e Legislativo, enquanto poderes eleitos, tendem para a defesa das maiorias em prejuízo das minorias. São poderes partidários, que confrontam posições políticas minoritárias, às vezes severamente tratadas.

Neste panorama, os direitos fundamentais da pessoa humana costumam ser feridos vitandamente pela própria lei gestada nos parlamentos (legalidade formal). De nossos dias, a lei americana sancionada, e portanto não vetada pelo presidente, cortando os benefícios previdenciários dos imigrantes e de suas famílias, ainda que já legalizados, e permitindo a deportação de pais de filhos americanos se em estado de ilegalidade formal. Estas minorias, tão necessárias ao conforto dos norte-americanos bem postos, sofreram restrições poderosas. A lei feriu profundamente direitos fundamentais da pessoa humana. A Constituição estadunidense prevê igual proteção a todos os seus residentes. Todavia, o povo americano (maioria) aprovou a lei.

Quer nos parecer que a República hoje depende muito de um Poder não eleito pelas maiorias, mas com jurisdição sobre elas e sobre seus representantes eleitos, capaz de zelar pelos princípios, direitos e garantias constitucionais. Este Poder é o Judiciário, irredutível em seus vencimentos, vitalício e inamovível, capaz de declarar a lei inconstitucional e o ato administrativo ilegal em prol da pessoa humana e em defesa das minorias. A República democrática e a supremacia do Judiciário são hoje inseparáveis contra o ressurgimento das tiranias da lei. Por outro lado, as Constituições modernas são axiológicas e dirigentes reforçando o papel do Judiciário.

Não estamos sós. Ao nosso lado está Geraldo Ataliba, republicano e federalista.

> "De nada vale fazer uma Constituição, se ela não for obedecida. Não adianta haver lei para tudo, se não for respeitada. Daí a importância do Poder Judiciário. Este merece especial cuidado dos Constituintes, porque é a chave de todas as instituições. Elas só funcionam com o virtual ou atual controle do Judiciário, como demonstra o sábio Seabra Fagundes.
>
> "Na nossa sociedade tão deformada, involuída e subdesenvolvida, o Judiciário é mais importante do que nos países adiantados (que, aliás, o são, porque têm boas instituições judiciais).
>
> "É que os fracos, os pobres, os destituídos, os desamparados, bem como as minorias (raciais, religiosas, econômicas, políticas, étnicas etc.) só têm por arma de defesa o direito. E direito só existe onde haja juízes que obriguem o seu cumprimento.
>
> "Na democracia, governam as maiorias. Elas fazem a lei, elas escolhem os governantes. Estes são comprometidos com as maiorias que os elegeram e a elas devem agradar. As minorias não têm força. Não fazem leis nem designam agentes públicos, políticos ou administrativos.

"Sua única proteção está no Judiciário. Este não tem compromisso com a maioria. Não precisa agradá-la, nem cortejá-la. Os membros do Judiciário não são eleitos pelo povo. Não são transitórios, não são periódicos. Sua investidura é vitalícia. Os magistrados não representam a maioria. São a expressão da consciência jurídica nacional. Seu único compromisso é com o direito, com a Constituição e as leis; com os princípios gerais do direito, que são universais. São dotados de condições objetivas da independência, para serem imparciais; quer dizer: para não serem levados a decidir a favor da parte mais forte, num determinado litígio.

"Assim é em todos os países democráticos, que podem ser qualificados como Estados de Direito."[22]

Misabel Derzi pensa do mesmo modo:[23]

"Como registrou Donald P. Kommers, já citado acima, em estudo comparativo sobre a igualdade entre a jurisprudência da Corte Constitucional norte-americana e alemã, a democracia não é mais apenas representativa, pois a maioria parlamentar pode legislar de forma tão arbitrária quanto a minoria. Ela se tornou uma democracia constitucional, na qual a atuação das Cortes Constitucionais é de suma relevância para garantir as minorias. Esclarece Ronald Dworkin: 'A teoria constitucional na qual nosso governo se apóia é uma simples Teoria majoritária. A Constituição e, particularmente, os direitos fundamentais são feitos para proteger cidadãos individuais e grupos contra certas decisões que a maioria dos cidadãos pode querer tomar, mesmo quando essa maioria age em nome daquilo que é considerado o geral ou o interesse comum'."

2.5 República, Constituição dirigente e supremacia do Judiciário

O controle do poder de tributar tem a sua história entrelaçada com o evolver das experiências jurídicas.

Na Inglaterra, a primeira manifestação deu-se em 1215, com a *Magna Charta*, em frase mil vezes repetida: no *taxation without autorization*. Na Inglaterra, a criação de tributos é matéria sob reserva de autorização parlamentar. Nos EUA que são, com as diferenças anotadas, uma "extensão do *Common Law*", dá-se o mesmo. Mas a Constituição Americana não se demora em controles sobre o poder de tributar. Que é matéria sob reserva de lei não se discute. Todavia, o tema por lá não oferta relevo especial, como no caso do Brasil. É por ocasião dos orçamentos que se materializa o controle. Na Inglaterra, cada ano o Parlamento vota o *Financial Act*, documento volumoso contendo diretrizes. Nos EUA, o orçamento vem acompanhado de uma tabela com o rol das receitas e as comparações com o ano anterior. Na Europa

22. Geraldo Ataliba, "Justiça para Todos", in *Revista da Associação dos Juízes Federais do Brasil*, n. 19, ano 6, out. 1987.

23. Baleeiro, Aliomar. *Limitações Constitucionais ao Poder de Tributar*, atualizado por Misabel Abreu Machado Derzi, 7ª ed., Rio de Janeiro, Forense, 1997, p. 37.

continental, igualmente, tanto na França, com a sua glorificação da lei, como nos países restantes, retirou-se do governante para depositar nos governados, nos parlamentos, o poder de tributar. Inobstante isto, ou seja, a pouca superfície constitucional do controle ao poder de tributar, nos EUA e na Europa existem severos limitativos às potestades fiscais com espeque nos grandes princípios justributários incorporados à cultura jurídica daqueles povos: nos anglo-saxões, o *due process of law*, o *taxation with representation*, a *legem terrae*; nos europeus, o princípio da igualdade, o da capacidade contributiva e o da proporção. Operativos como são estes princípios, expandem-se na voz dos juízes e submetem legisladores e administradores aos imperativos constitucionais escritos ou costumeiros. No Brasil ocorreu uma intensa constitucionalização dos princípios e vedações inerentes ao poder de tributar, mormente a partir da Constituição de 1946, tendência esta reforçada com a Emenda n. 18 à Constituição de 1946, com as Constituições outorgadas do período castrense (Constituição de 1967 e Emenda n. 1 de 1969) e, finalmente, com a Constituição Democrática de 1988, certamente a que mais espaço dedica ao tema *in examen*. Precisamente este grande desenvolvimento do tema na Constituição brasileira de 1988, madrinha da democratização definitiva da sociedade brasileira, sugere uma descrição pormenorizada das normas principiológicas e técnicas de contenção ao poder de tributar a cargo da Suprema Corte do País.

A Inglaterra, neste quadro, tanto como a França, não escaparão de uma aproximação maior com os modelos decalcados no primitivo sistema austríaco submetendo os seus parlamentos soberanos. A Inglaterra sempre primou pelo culto de sua – é preciso dizê-lo – superficial excentricidade: seus pesos e medidas, as estranhas repartições e nomes de suas moedas, certos costumes, a forma de organizar o tráfego (mão inglesa) e finalmente o seu Direito (*law of the land*). Na verdade o Direito inglês, iniciado com a invasão normanda em 1060 d.C., desenvolveu-se espontaneamente à base de fórmulas, como o Direito primitivo dos romanos, esteado em "direitos naturais" que a lei positiva não deveria desconhecer. Jusnaturalismo, portanto, de base medieval, em que esteve presente a influência dos doutores. Além disso, costumes seculares próprios da ilha, escrupulosamente observados pelos pretores locais, e mais os princípios importantíssimos plasmados nos *documentos históricos* fixadores de direitos, dentre eles aquele que viria a se tornar universal: *no taxation without representation*, do tempo da *Magna Charta*. Impedidos, por circunstâncias históricas, de fazer aflorar o controle jurisdicional institucionalizado das leis ante a supremacia do Parlamento, construída nos diversos lances de sua evolução jurídica, os juízes ingleses involucraram nos seus "precedentes" um difuso sistema de controle das leis com o assentimento geral da sociedade. Ocorre que, no final do milênio, a Inglaterra já não é senhora dos mares nem o centro de um orgulhoso império. Ancorada no litoral do Continente europeu, não tem como resistir à sua atração. Acostumada a liderar, a ilha resiste, estertoricamente, a ser uma mera partícipe dos Estados Unidos da Europa, onde não será, decerto, a parte mais vigorosa. Mas para esta integração – cuja marca mais evidente é o túnel sob o Canal da Mancha, unindo o Reino à República Francesa[24] – será preciso mudar o seu Direito, o seu aparato judicial, o seu sistema de controle de constitucionalidade das leis. Haverá um dia um Parlamento europeu muito diverso do britânico, leis escritas comunitárias, outra processualística. A tendência para a codificação e a adoção de uma Constituição escrita e formal parece ser uma tendência definitiva. A propósito, ver as palavras de Lord Scarman, um depoente insuspeito. Existisse já na Inglaterra uma Corte Constitucional, e a Sra. Thatcher não conseguiria cobrar aquele odioso imposto por morador, absolutamente divorciado dos grandes princípios justributários.

A França, igualmente, passará por mudanças. Aliás, o *Conseil Constitutionnel* vem forcejando no sentido de tornar-se, realmente, uma Corte Constitucional capaz de controlar efetivamente as leis a partir da Constituição. Por outro lado, foi exatamente por inexistir em França uma verdadeira Corte Constitucional que o *Conseil D'Etat* desenvolveu até a exaustão a teoria do *Détournement du pouvoir* e a análise minuciosa do ato administrativo, em busca de controlá-lo ao infinito, com o mesmo pendor de um cientista estudando o átomo. O ato administrativo tornou-se em França a *partícula mais importante* do universo jurispublicista...

A notável experiência, tão plena de potencialidades em prol das liberdades e da defesa dos interesses das coletividades, exercida pelas cortes constitucionais em expansão pela Europa moderna, vencerá a supremacia dos parlamentos inglês e francês, porque será a vitória do novo sobre o velho, do presente sobre o passado, como é comum na dialética da história (mais em sentido heraclitiano do que marxista). De há muito, as Constituições modernas deixaram de resumir as duas matérias clássicas do liberalismo: organização dos Poderes do Estado, eventualmente do federalismo, e enunciação dos direitos e garantias individuais, como

24. A princípio resistiu-se ao túnel e houve quem dissesse: é loucura. "Loucura" por estreitar uma distância que sempre fora considerada, pelos ingleses, muito curta. São os ecos da história...

queria Black. Agora incursionam a fundo no econômico e no social, na ecologia, na proteção do meio ambiente, na defesa do consumidor, na preservação e uso das tecnologias, no resguardo dos minerais, na proteção do débil, na organização, enfim, da vida coletiva em prol da pessoa humana.

Nesse quadro, o controle da Constituição e das leis é um controle total e totalizante.

Uma supervisão do *programa constitucional*.

Os EUA aparentemente não se abalarão mantendo o seu tradicional sistema difuso de controle da constitucionalidade das leis. Todavia: a) codificarão certamente o seu Direito, já tão profuso e difuso, retirando dos Estados-Membros algumas atribuições legislativas, que a marcha para o centralismo é fenômeno denunciado por inúmeros estudiosos do federalismo, dentre eles o conspícuo Raul Machado Horta; e b) farão evoluir o papel da Suprema Corte. Do recato inicial – e são tantas as questões de princípio envolvendo penetrantes interesses coletivos – a Suprema Corte terá necessariamente que evoluir para envolver-se com as diretivas da ação governamental e da ação legislativa. Não deverá ter grandes impedimentos graças ao conceito que já conseguiu granjear, muito embora os juízes norte-americanos sejam extremamente conservadores.

Na América de extração ibérica, afinados com o modelo norte-americano, a tendência, ao que parece, será para o sistema misto, mantendo a supremacia do Judiciário, como já ocorre no Brasil, pois o método de controle concentrado é justamente o que mais permite a defesa pronta das liberdades e a supervisão dos programas constitucionais, numa época em que os países da América Latina procuram lançar-se como economias em desenvolvimento para recuperar o atraso histórico, sob a égide de Constituições que, em certos pontos, são intensamente programáticas. Especialmente, é este o caso do Brasil, a partir basicamente da Constituição de 1988. Se, a partir da República, a Constituição norte-americana exerceu grande fascínio sobre as Constituições latino-americanas, no hodierno o estudo meditado e maduro do que está ocorrendo na Europa parece acrisolar o constitucionalismo dos países americanos de extração ibérica.

OBRIGAÇÃO TRIBUTÁRIA ACESSÓRIA E LIMITES DE IMPOSIÇÃO: RAZOABILIDADE E NEUTRALIDADE CONCORRENCIAL DO ESTADO

TÉRCIO SAMPAIO FERRAZ JÚNIOR

1. As obrigações tributárias acessórias: legalidade. 2. Submissão ao princípio da razoabilidade. 3. Evasão fiscal, obrigações tributárias acessórias, concorrência e o princípio da neutralidade concorrencial do Estado.

1. As obrigações tributárias acessórias: legalidade

O CTN define a obrigação acessória como a que "*decorre da legislação tributária e tem por objeto as prestações, positivas ou negativas, nela previstas no interesse da arrecadação ou da fiscalização dos tributos*" (art. 113, § 2º). Trata-se, na verdade, como tem anotado a doutrina,[1] de prescrições de fazer e não fazer, diretamente estatuídas em lei, no interesse da Fazenda Pública, mais propri amente, no interesse da arrecadação ou da fiscalização.

Entende Sacha Calmon haver uma certa impropriedade no tratamento dado pelo CTN às obrigações acessórias, que lhes disciplina até mesmo um suposto "fato gerador" como "qualquer situação que, na forma da legislação aplicável, impõe a prática ou a abstenção de ato que não configure obrigação patrimonial" (art. 115). A doutrina, a propósito dessa exigência de "fato gerador", ressalta que, com isso, o entendimento da norma aponta, na verdade, positivamente, para a necessidade de contorno *legal* da situação que engendra a prescrição de fazer ou não fazer e, negativamente, para uma delimitação: não há de confundir-se com fato gerador de obrigação principal.[2] Luciano Amaro esclarece,

1. Cf., dentre outros, Sacha Calmon Navarro Coelho, *Curso de Direito Tributário Brasileiro*, Rio de Janeiro, 1999, p. 580.

2. Cf. Aliomar Baleeiro, *Direito Tributário Brasileiro*, Rio de Janeiro, 1999, p. 709; e, também, Arnaldo Borges, "Obrigação Tributária Acessória", *RDT*, n. 4, ano II, abril/junho 1978, p. 85.

assim, que o conceito de *fato gerador* da obrigação tributária acessória "é dado por exclusão".[3]

A exigência de um *contorno legal* levanta a questão da legalidade. Com efeito, quando na lei se estabelece o fato gerador da obrigação tributária acessória com a finalidade de arrecadação e fiscalização, faz sentido perguntar se a função de determinar forma, condições, meios necessários ao exercício da fiscalização, pode ser atribuída – como, de fato, tem acontecido – a órgão do Poder Executivo, nomeadamente, à Secretaria da Receita Federal. E que esta, no interior de sua própria organização, designe, eventualmente, agente especializado para definir, no detalhe técnico, aquelas formas e condições.

A formulação do CTN parece indicar que se trata de um *tipo aberto*, uma *situação* que pode estar, às vezes, implícita em certo contexto. Há, assim, juristas insignes, como Hugo de Brito Machado,[4] que admitem a criação de obrigação acessória por outros atos normativos, além da lei, limitada ao que seja estritamente necessário para viabilizar o controle do cumprimento de obrigação principal. Entende Brito Machado que o art. 97, inc. III, do CTN, ao definir o âmbito da legalidade estrita, refere-se apenas ao fato gerador da obrigação principal, não podendo ser estendido para o da obrigação acessória, pois, no art. 113, § 2º e no art. 115, fala-se em *legislação* tributária, o que indicaria uma *primazia* da lei, mas não excluiria outras possibilidades.

Em que pese a opinião de outros juristas, como Misabel Derzi, que exigem previsão legal em estrito senso, ou seja, lei em sentido formal e material, Hugo de Brito Machado argumenta que, se o princípio da legalidade tivesse alcance absoluto, "seriam totalmente inúteis todas as prescrições normativas infralegais de tal sorte que poderiam ser rasgadas e atiradas na cesta de lixo todos os regulamentos, portarias, e tantos outros atos normativos, sem que isto qualquer falta fizesse ao ordenamento jurídico".[5]

A exigência de lei – legalidade estrita – revelaria ausência de adequada compreensão da obrigação tributária acessória, cuja acessoriedade deve ser entendida como instrumentalidade "que apenas indiretamente decorre de lei".

3. *Direito Tributário Brasileiro*, São Paulo, 1999, p. 240.

4. "Fato gerador da obrigação acessória", *Revista Dialética de Direito Tributário*, n. 96, p. 32.

5. "Obrigação tributária acessória e abuso do poder-dever de fiscalizar", *Revista Dialética de Direito Tributário*, n. 24, p. 62.

Ora, adotando-se essa linha de raciocínio, de um lado, se há exigência de lei para instituir a obrigação de pagar, por exemplo, imposto de renda, nada obsta, de outro, que, por regulamento, se estabeleça, por exemplo, a obrigação de declarar os rendimentos auferidos, em forma e prazos apropriados. Mas, se a própria exigência de obrigação tributária acessória pode ser estabelecida por regulamento, há de se indagar se a regulamentação pode também ser *transferida*. Isto implicaria o reconhecimento de que tal regulamentação teria o sentido de um regulamento de administração.

O entendimento da questão, por envolver delegação, remete a uma consideração mais detida.

Na doutrina nacional, Pontes de Miranda assim se expressou: "o princípio prático que corresponde à vedação das delegações legislativas pode ser enunciado do seguinte modo: há delegação legislativa sempre que a função outorgada ao Poder Executivo permite que, sem ônus de afirmar e provar se terem dado as circunstâncias que permitem variações, varia de resolução dentro da mesma classe de atos administrativos. Quando a delegação é proibida, também o é a extradelegação (= delegação do Poder Executivo a comissões, entidades paraestatais, carteiras, diretorias, etc.)".[6] Ou seja, se o Executivo, para editar normas com conteúdo diverso e até oposto, estiver agindo com base apenas no seu exclusivo critério, sendo seu o ônus de determinar as circunstâncias que autorizam as variações, então houve delegação legislativa vedada. Nesse sentido, já o antigo Tribunal Federal de Recursos havia reconhecido que não podia a lei atribuir, ao Executivo, aptidões que implicassem criar, modificar ou extinguir direitos, pois isso seria admitir que um ato sem a força vinculante da vontade popular veiculasse disciplina própria de lei, mediante delegação não admitida pela Constituição.[7]

A questão, porém, está em saber se, em face da disciplina constitucional, poder-se-ia atribuir, ao Poder Executivo, e, por decorrência, à Secretaria da Receita Federal, uma função regulamentadora. A questão, em princípio, tem a ver com o poder regulamentar, atribuído, na Constituição Federal (art. 84, IV), de plano, privativamente, ao chefe de governo para a fiel execução das leis formais (e também para a complementação de leis que contêm princípios e diretrizes gerais – as *lois-cadres* dos publicistas franceses ou as *Massnahmengesetze* dos alemães). Mas a Constituição conhece também, numa forma mais independente,

6. *Comentários à Constituição de 1967*, t. I, p. 575.

7. V. TFR, AC 88.500-RJ, publicado no *DJ* de 23.5.1985, p. 7.882.

a competência, delegável (CF, art. 84, parágrafo único), para a regulamentação normativa autônoma da consecução de serviços públicos e do exercício regular do poder de polícia (art. 84, VI, alíneas "a" e "b"). Na dicção constitucional referente à *organização e ao funcionamento da administração federal*, a doutrina reconhece a expedição de normas sobre a própria organização ou sobre as relações entre particulares que estejam em submissão especial ao Estado, por diferentes razões – regulamento administrativo ou de organização.[8]

A admitir-se que, nessa última possibilidade de regulamentação que, em princípio, cabe ao Presidente da República, enquadra-se a possibilidade de disciplinar função de arrecadar ou fiscalizar tributo (CTN, art. 7º, *caput*), nada impediria que aquele, por ato próprio, viesse, não a delegar uma competência, mas a transferir, organicamente, uma atribuição inerente à função de fiscalizar e arrecadar, a correspondente disciplina de uma obrigação acessória, ao órgão específico, ou seja, à Secretaria da Receita Federal.[9] E, admitida essa transferência, admitir-se-ia também que, no interior do órgão mesmo, pudesse ocorrer nova transferência. É nesse sentido, aliás, o entendimento do Supremo Tribunal Federal, que validou o art. 66, da Lei n. 7.450/1988, que outorgou ao Ministro de Estado da Fazenda o poder de fixar os prazos de recolhimento do IPI.[10]

Para além dessa discussão, importante é a percepção de que, no referente à obrigação tributária acessória, não se trata apenas de um dever imposto pela lei, mas de um "dever instrumental, que nenhuma finalidade pode ter, além daquela de viabilizar o controle do adimplemento da obrigação principal".[11]

Como esclarece Souto Maior Borges, como "a obrigação acessória dependeria da obrigação principal, não surgindo a obrigação principal, seria inviável o surgimento da obrigação acessória. E, como as obrigações tributárias acessórias independem, muitas vezes, da obrigação tributária principal, *e.g.*, as hipóteses de imunidade e isenção, a obrigação acessória não é senão um dever jurídico (administrativo), porque só é obrigação num sentido tecnicamente impróprio".[12] A tese, contudo,

8. Cf. Zanella di Pietro, *Direito Administrativo*, São Paulo, 1993, p. 88.

9. Ver, para essa linha de argumentação – legitimidade da delegação de atribuições –, o RE 158.208-1 Rio Grande do Norte, rel. Min. Marco Aurélio, redator para o acórdão, Min. Maurício Corrêa.

10. RE 140.669, rel. Min. Ilmar Galvão.

11. Cf. Hugo de Brito Machado, "Obrigação tributária acessória e abuso do poder-dever de fiscalizar", *Revista Dialética de Direito Tributário*, n. 24, p. 61 e ss.

12. *Obrigação Tributária*, 2ª ed., São Paulo, Malheiros Editores, 1999, p. 45.

como assevera o autor, não procede. Porque tal obrigação existe, vale, é vigente e aplicável. Afinal, conclui ele, nenhum impedimento existe para que a construção jurídico-positiva das obrigações, no campo do Direito Tributário, venha a obedecer a outros pressupostos.[13]

Sua acessoriedade não tem, como à primeira vista poderia parecer, o sentido de ligação a uma *específica* obrigação principal, da qual dependa. Na verdade, ela subsiste ainda quando a principal (à qual se liga ou parece ligar-se) seja inexistente em face de alguma imunidade, isenção ou não incidência. A marca de sua acessoriedade está, antes, na instrumentalidade para controle de cumprimento, sendo, pois, uma imposição de fazer ou não fazer de caráter finalístico. E, em face desse caráter, sujeita-se à relação meio/fim, o que é nuclear, isto sim, para o exame da sua consistência jurídica.

2. *Submissão ao princípio da razoabilidade*

Tratando-se de uma relação finalista, é óbvia sua submissão à *razoabilidade*, donde a necessidade, a adequação e a proporcionalidade da prestação exigida em face da finalidade visada.

Razoabilidade é termo que admite várias acepções:[14]

a) no âmbito da *técnica* (enunciados técnicos: se queres A, faz B) fala-se de meios razoáveis para obter certo fim (razoabilidade técnica);

b) na *axiologia jurídica* (enunciados valorativos: vale B se a situação A é justa), diz-se que determinadas imposições são razoáveis em relação a certas situações, elas próprias com carga valorativa (cooperação, ordem, paz, segurança etc.), portanto quando se fundam na justiça, enquanto valor fundante e abarcante dos demais (razoabilidade axiológica);

c) na *ciência do direito* (enunciados dogmáticos de busca de razão suficiente para uma conduta: a conduta A tem por fundamento a lei Y), a razoabilidade significa uma adequada subsunção: a imposição é adequada *essencialmente* quando se dá em face de uma norma jurídica, ou é adequada *existencialmente*, quando se dá em face de um *standard* comportamental jurídico, e adequada *verdadeiramente*, quando se dá em face de critério principiológico acolhido pelo ordenamento (razoabilidade jurídica).

13. Idem, ibidem, p. 46.

14. Cf. Juan Francisco Linares, *Razonabilidad de las leyes*, Buenos Aires, 1989, pp. 114 e ss.

Quando se fala da razoabilidade, num sentido lato, de um ato administrativo, de uma lei, de uma sentença, pensa-se, em geral, na razoabilidade jurídica nas suas três formas de adequação. Num sentido estrito, pensa-se na adequação verdadeira ou de justiça, enquanto valor fundante da ordem jurídica.

A razoabilidade jurídica admite duas espécies: a de seleção e a de ponderação.

A razoabilidade de seleção tem a ver com o princípio da igualdade perante a lei. Trata-se, no estabelecimento da norma (legal, judicial, administrativa), da determinação de quais os conteúdos dogmáticos que integram o fato antecedente, que ou compõem ou ficam de fora da sua extensão. Aqui, a razoabilidade se refere não à imputação, mas ao *imputado*. Por exemplo, na imputação subjetiva do cometimento de um ato criminoso, se os imputados de 16 anos devem ter o mesmo tratamento dos de idade superior. Ou seja, cada vez que o emissor de uma norma a estabelece, deve efetuar uma valoração de razoabilidade, ao selecionar o alcance do fato antecedente. A valoração da razoabilidade eletiva exige a comparação de pelo menos duas normas distintas e do modo como nelas, a certos fatos, são imputadas certas conseqüências e a outros não.

Por sua vez, admitindo-se que normas jurídicas (gerais – norma legal – ou individuais – norma administrativa, sentença judicial, norma contratual) são constituídas de um antecedente e um conseqüente (se ocorrer o fato gerador, segue o tributo; se ocorrer inadimplência, segue a sanção; dada a entrega do bem, segue o pagamento do preço etc.), fala-se em razoabilidade de ponderação que, nos EUA, é conhecida como *balance of convenience rule*. Trata-se da razoabilidade da *imputação*. Em termos de justiça, está em questão o equilíbrio comutativo entre o fato e a conseqüência. A valoração da razoabilidade em termos ponderativos se dá pela comparação, em uma dada norma, do fato antecedente e a prestação da conseqüência prevista.

A razoabilidade, nesses termos, aparece, na jurisprudência do STF, como um corretor da violação de equivalências, em termos de proporção *adequada*. Moreira Alves afirma a propósito de norma instituidora de taxa judiciária: "O que é certo, porém, é que não pode taxa dessa natureza ultrapassar a equivalência razoável entre o custo real dos serviços e o montante a que pode ser compelido o contribuinte a pagar, tendo em vista a base de cálculo estabelecida pela Lei estadual e o quantum da alíquota por esta fixado".[15]

15. Rp 1.077, *RTJ* 112/34 (58-59).

Essa equivalência razoável tem a ver, contudo, não só com o balanceamento de medidas objetivamente dadas (equilíbrio estrutural), mas também com o equilíbrio na relação *meio/fim* (equilíbrio finalístico), donde o seu funcionamento como um corretor dos desvios de poder. Veja-se, a propósito, a ementa "Concurso público": "O princípio da razoabilidade é conducente a presumir-se, como objeto de concurso, o preenchimento de vagas existentes. Exsurge configurador de desvio de poder, ato da Administração Pública que implique a nomeação parcial de candidatos, indeferimento da prorrogação de prazo do concurso sem justificativa socialmente aceitável e publicação de novo edital com idêntica finalidade".[16] Entende-se, nesse passo, que o objetivo do inciso IV do art. 37 da CF tem o objetivo manifesto (fim) de resguardar precedências na seqüência dos concursos, donde ser inadequado o procedimento administrativo (meio) de deixar escoar deliberadamente o período de validade de concurso anterior para nomear os aprovados em certames subseqüentes.

É possível, por todos esses motivos, sustentar-se a possibilidade de violação do *devido processo legal substantivo* em termos de irrazoabilidade da relação meio/fim, ao arrepio do disposto no inciso LIV do art. 5º da Constituição Federal. E, para essa sustentação, é possível valer-se do amálgama entre o *due process of law* e o princípio da razoabilidade. O que se afirma, em síntese, é que o princípio da razoabilidade (necessidade, adequação, proporcionalidade), como postulado constitucional autônomo, teria sua sede material no dispositivo constitucional sobre o devido processo legal.[17]

Assinale-se, ainda, que o princípio da razoabilidade vem muitas vezes chamado de princípio da proporcionalidade, como ocorre, por exemplo, na literatura alemã. Em conseqüência, os autores que assim se expressam distinguem entre *proporcionalidade lato sensu* (nome do princípio) e *proporcionalidade stricto sensu* (um dos seus requisitos, ao lado da necessidade e da adequação).

Nessa última acepção, em termos de razoabilidade ponderativa, para apreciar a imposição de uma obrigação tributária acessória, é preciso entender, pois, como nela atua uma valoração técnico-social ou política, que dá suporte à valoração jurídica. Trata-se da apreciação da

16. RE 192.568-0-PI.

17. Ver, para essa interpretação, Gilmar Ferreira Mendes, "O princípio da proporcionalidade na jurisprudência do Supremo Tribunal Federal: novas leituras", *Repertório IOB de Jurisprudência*, n. 14/2000, Caderno I.

norma enquanto técnica social, na qual se utilizam certos meios para obter certos fins.

Para tal apreciação, faz mister examinar os requisitos ponderativos da razoabilidade (necessidade, adequação, proporcionalidade).

Hugo de Brito Machado fala-nos do *indispensável* caráter instrumental da obrigação tributária acessória.[18] Embora ela não se ligue necessariamente a uma específica obrigação tributária principal, o dever administrativo imposto pela lei a título de obrigação acessória há de ser *indispensável* (isto é, condição *necessária*) ao controle de obrigação tributária principal. Essa *indispensabilidade* (necessidade) pode ser considerada, então, o primeiro atributo de sua razoabilidade.

Por exemplo, em um setor marcado pela sonegação de tributos, a imposição de instrumentos de controle em termos de aproveitamento de técnicas modernas, capazes de facilitar a fiscalização e a arrecadação, é uma exigência indispensável, mormente quando se comprova que os meios usuais não conseguem sustar a evasão. Tal aperfeiçoamento técnico é conhecido em certas áreas, como é o caso do ICMS, em que alguns Estados instituíram a obrigatoriedade de os contribuintes adquirirem o Emissor de Cupom Fiscal (ECF), em substituição às notas fiscais manuscritas (que podem continuar sendo emitidas e fornecidas aos consumidores, mas não substituem as fitas magnéticas entregues periodicamente ao fisco). Tal obrigação de fazer, consistente na instalação dos equipamentos, revela um aperfeiçoamento que atende, ademais, os requisitos do princípio constitucional de eficiência na medida em que este obriga o agente público a "realizar suas atribuições com presteza, perfeição e rendimento funcional".[19]

Além de indispensável (necessária), a obrigação tributária acessória deve ser *adequada*. Hugo de Brito Machado argumenta, nesse sentido, que, por exemplo, a exigência de nota fiscal como documento hábil para comprovar a ocorrência de operação relativa à circulação de mercadorias (ICMS) viabiliza um possível controle do estoque de mercadorias em cada estabelecimento, prestando-se também para acompanhar a mercadoria em seu trajeto desde onde saiu até o estabelecimento a que se destina. Mas pode-se duvidar de sua adequação a situações, como serviços,

18. "Fato gerador da obrigação acessória", *Revista Dialética de Direito Tributário*, n. 96, p. 32.

19. Hely Lopes Meirelles, *Direito Administrativo Brasileiro*, 21ª ed., atualizada por Eurico de Andrade Azevedo, Délcio Balestero Aleixo, José Emmanuel Burle Filho, São Paulo, Malheiros Editores, 1996, p. 90.

em que não podem ser objeto de controle físico, não formam estoques, nem circulam fisicamente.

Tal adequação pode ser apreciada no confronto do poder-dever de fiscalizar e do dever de prestar as informações que conduzem ao cumprimento da obrigação principal. A relação entre aquele poder-dever e aquele dever exige periodicidade e generalidade, ou seja, consistência no tempo e universalização da exigência.

Por fim, deve ser *proporcional*. Ocorre, por esse critério, uma proibição de excesso, devendo a prestação necessária limitar-se ao suficiente para atingir os fins colimados. Com base no interesse arrecadatório e fiscalizatório, a prestação deve, por exemplo, manter um equilíbrio em face da capacidade contributiva do destinatário.

Mas a proporcionalidade tem a ver, também, com a razoabilidade eletiva, ou seja, com o princípio da igualdade perante a lei. Trata-se, no estabelecimento da norma (legal e administrativa), do dever de efetuar uma valoração de razoabilidade, quando se seleciona o alcance do fato antecedente da imposição normativa, exigindo-se, aí, que se valore, convenientemente, como a certos fatos são imputadas certas conseqüências e a outros não. A razoabilidade eletiva nos remete ao princípio da neutralidade concorrencial do Estado.

3. *Evasão fiscal, obrigações tributárias acessórias, concorrência e o princípio da neutralidade concorrencial do Estado*

A questão que se põe, primeiramente, está em saber se medidas que estabeleçam obrigações tributárias acessórias podem ser impostas, sem constituir uma indevida restrição à livre iniciativa. Em segundo lugar, admitida a imposição, que limites deve ela guardar, tendo em vista o princípio da neutralidade concorrencial do Estado.

Um ponto decisivo está, inicialmente, na distinção entre livre iniciativa e livre concorrência.

Com efeito, livre iniciativa e livre concorrência, esta como princípio do chamado livre mercado, não coincidem necessariamente. Ou seja, livre concorrência nem sempre conduz à livre iniciativa e vice-versa.[20]

Nesse sentido, convém distinguir entre *concorrência*, como regra do jogo de mercado, nas suas múltiplas possibilidades reais, e *concor-*

20. Cf. Saes, Azevedo e Farina, *Competitividade: Mercado, Estado e Organizações*, São Paulo, 1997, cap. IV.

rencialidade, isto é, grau de competitividade existente num dado mercado. A concorrência é um pressuposto fenomênico, que admite vários graus de competitividade, mas que não se elimina como estrutura mesmo quando é baixa a concorrencialidade.[21]

A partir dessa distinção, o *princípio da livre concorrência* passa a ser entendido normativamente em função da competitividade inerente à livre iniciativa enquanto um direito fundamental de concorrer, isto é, de atuar criativamente no jogo do mercado livre. Isto exige, de um ponto de vista jurídico, que o chamado livre mercado seja pressuposto como uma estrutura de alternativas dinâmicas, da qual não deriva que todos os seus agentes sejam igualmente e efetivamente livres. Ou seja, uma determinada estrutura pode encorajar ou desestimular a potencialidade de livre iniciativa individual. Donde se conclui que a liberdade econômica pode estar sujeita a importantes restrições que podem tornar-se verdadeiros impedimentos.

Assim, o *princípio da livre concorrência* significa, *prima facie*, que a potencialidade deve ser *aberta*, em sentido normativo, *a todos*. Em si, o mercado é cego em face dos indivíduos, sendo, ao revés, um instrumento a serviço da coletividade. Por meio do mercado a sociedade impõe uma ordem à livre iniciativa. O *princípio da livre concorrência*, por seu lado, garante, em nome dessa coletividade, o exercício da livre iniciativa a qual exige, como qualquer direito fundamental, o estabelecimento de seus limites que não só devem ser buscados na livre iniciativa *dos outros agentes*, mas também no exercício de outras liberdades, como a de consumir, a de ter acesso aos benefícios da propriedade e da produção, inclusive de respeitar o princípio constitucional da soberania.[22]

Nesse sentido, a Constituição (art. 170, incisos I até IX) elenca o *princípio da livre concorrência* ao lado de outros e submete a ordem econômica aos ditames da justiça social. E nestes termos deve ser entendido o poder econômico, enquanto um poder jurídico (tolerância), base do direito de concorrer, como um poder constitucionalmente legítimo, mas cujo abuso é proscrito quando produz determinados efeitos (eliminação de concorrência, dominação de mercados, aumento arbitrário de lucros).

Daí a necessária presença do Estado regulador e fiscalizador, capaz de regular o livre mercado para fomentar a competitividade enquanto

21. Cf. G. Sartori, *Democrazia cosa è*, Milão, 1994, p. 221.

22. Cf. Raffaella Niro, *Profili Constituzionali della Disciplina Antitrust*, Pádua, 1994, p. 122.

fator relevante na formação de preços, no dinamismo tecnológico, no uso adequado de economia de escala etc., impedindo, assim, que a competitividade, num mercado livre que a desvirtua, se torne instrumento de restrição estratégica à livre iniciativa dos concorrentes. Ou seja, se a livre iniciativa pode manifestar-se como poder econômico no âmbito do mercado livre, é preciso coibir o seu abuso (condutas abusivas) tanto quanto é necessário também coibir que o livre mercado venha a produzir estruturas impeditivas da livre iniciativa (estruturas abusivas). É, pois, nesse hiato entre a livre concorrência e a livre iniciativa que entra o Estado como agente regulador, para, na forma da lei, reprimir o abuso do poder econômico (livre iniciativa no contexto estrutural do mercado livre).

Se, portanto, o chamado mercado livre implica, em princípio, ausência de uma interferência determinante, externa, do Estado, na sua estrutura e no funcionamento que dela decorre, essa ausência de interferência, contudo, não significa alheamento radical do Estado, mas admite graus de interferência, em face de outros direitos e valores consagrados pela própria ordem constitucional. Pode-se entender, nestes termos, que a própria Constituição Federal reconheça, para certos mercados, regulações ostensivas, tendo em vista o interesse público relevante, aliado às dificuldades de pleno funcionamento do princípio do livre mercado. É o caso, por exemplo, do mercado relativo a combustíveis (CF, art. 177), a transporte (art. 178), a serviços públicos sob regime de concessão ou permissão. Mas também na produção e comercialização de certos bens que, por sua natureza, podem afetar direitos fundamentais e, em conseqüência, exigir cuidados especiais, o princípio do livre mercado admite, constitucionalmente, uma disciplina peculiar.

Esse é o caso da produção e comercialização, por exemplo, de bebidas alcoólicas, tabaco ou qualquer outra utilidade, cujo consumo se reputa menos aconselhável à saúde pública, a exigir o estabelecimento de meios legais que garantam à pessoa e à família a possibilidade de se defenderem da propaganda comercial (art. 220, § 3º, II e § 4º), o que deve ser lido em consonância com o dever da família, da sociedade e do Estado de assegurar à criança e ao adolescente, com absoluta prioridade, entre outros, o direito à saúde (art. 227).

De modo geral, fala-se do monitoramento de mercados, quer de forma direta quer de forma indireta. Neste último caso, por exemplo, por meio de medidas tributárias chamadas excessivas, com função desestimuladora do consumo (altas alíquotas de IPI, exigência de selos e de número de unidades de venda para facilitar e tornar eficiente o controle fiscal). Neste sentido, como observa Sampaio Dória,[23] tributações altamente onerosas são admitidas como legítimas no caso de produção de utilidades nocivas à saúde, como sucedâneo da regulamentação direta permitida.[24]

Mas não só nesses termos o interesse da sociedade se superpõe ao interesse individual de exercer a atividade reputada nociva, mas também quanto à necessidade de o Estado fiscalizar a atividade, coibindo a produção desvinculada de padrões regulamentares e até a comercialização de produtos de origem duvidosa, por exemplo, contrabandeados. Nessas condições, cede lugar a livre concorrência às exigências mais urgentes e prioritárias do *poder de polícia*, termo que condensa "toda a gama de motivações de natureza econômica e principalmente social (preservação da saúde e segurança públicas, bons costumes, etc.) sob cuja inspiração se poderiam legitimamente restringir ou suprimir direitos *fundamentais*".[25]

Tenha-se em vista, nesse sentido, a promulgação da EC n. 42/2003, que incluiu, no corpo constitucional federal, o art. 146-A. Esse artigo mostra a preocupação do constituinte derivado com a tributação e as distorções em mercados concorrenciais, atribuindo competência à lei complementar para instituir critérios tributários capazes de fazer frente àquelas distorções. A menção à lei complementar, entretanto, não exclui, até expressamente inclui previsão de a União estabelecer, por lei (ordinária), critérios especiais de tributação, com o objetivo de prevenir desequilíbrios da concorrência. De qualquer modo, a preocupação do constituinte derivado com o tema, num dispositivo específico, autoriza a elaboração de políticas especiais em vista do assunto tematizado, com preocupação nucleada em critérios especiais de tributação, mas, sem dúvida, acompanhada de medidas administrativas que, estabelecidas em lei, devem compor um programa coordenado de ações estatais.

Ora, nessas condições, a imposição de obrigações tributárias acessórias com a finalidade de coibir a evasão fiscal pode ser, efetivamente, um importante instrumento a serviço da livre concorrência, enquanto condição da livre iniciativa.

Em termos de defesa da concorrência contra abuso de poder econômico (CF, art. 173, § 4º), deste deve ocupar-se a autoridade, sobretudo

23. *Princípios Constitucionais Tributários e a Cláusula "due process of law"*, São Paulo, 1964, pp. 238 e ss.

24. Idem, ibidem, p. 256.

25. Idem, ibidem, p. 253.

quando o abuso ocorre por força de práticas ilícitas – *concorrência proibida* (por exemplo, a combinação de preços em licitação pública).

Conforme a Lei n. 8.884/1994, a ilicitude concorrencial está na conjugação de prática econômica (ainda que lícita) com o efeito, independentemente da intenção do agente (o *caput* do art. 20 fala em "independentemente de culpa", assinalando, destarte, a infração como um desvio de finalidade no uso – mesmo por práticas normais – do poder econômico). No caso de *concorrência proibida*, porém, a prática é ilícita, por força de outras normas, e por conduzir a um efeito anticompetitivo, configurando igualmente abuso de poder econômico. E, na regulamentação legal do abuso, a deslealdade está presente no inciso I, do art. 20, da Lei n. 8.884/1994: "limitar, *falsear* ou de qualquer forma prejudicar a livre concorrência ou a livre iniciativa" (destacamos).

Ora, nesse contorno constitucional e legal da livre concorrência, da livre iniciativa e do abuso de poder econômico, a evasão fiscal ganha um sentido anticoncorrencial próprio e ostensivo.

Pode-se entender positivamente, nesse sentido, as obrigações tributárias acessórias.

Em primeiro lugar, no pressuposto de que, por exemplo, se trate de setor em que a evasão fiscal tem levado a distorções na concorrência, a imposição de obrigações acessórias ganha uma significativa adequação à necessidade de evitá-las, decorrente do melhor controle da produção e dos respectivos estoques. As medidas estabelecidas contribuiriam para um efetivo controle prévio da evasão fiscal, o que atende ao controle dos riscos concorrenciais de sua utilização. Isto porque a prática ilícita aposta no fator tempo, ou seja, na eventual dificuldade de detecção do ilícito tributário e no ganho temporal aí implícito.

A defesa da concorrência, em face de um tipo de abuso em que o fator tempo é fundamental, preocupa-se seriamente com a dinâmica concorrencial, capaz de produzir efeitos irreversíveis em pouquíssimo tempo, donde a necessidade da atuação pronta e decidida da autoridade judicial ou administrativa: o mercado não espera e um desvio estrutural muitas vezes se torna irreparável.

Tenha-se, por exemplo, o caso em que um agente econômico, podendo suportar o custo de ações judiciais e até custos irrecuperáveis (*sunk costs*), busque a obtenção de medidas de amparo judicial, fiando-se na morosidade da Justiça, para obter uma vantagem competitiva sobre outros concorrentes que, nos seus cálculos prospectivos, não têm como suportá-los ou que, cientes da provisoriedade das medidas judiciais (irremediavelmente cassadas em tribunais superiores), deixam de propô-las. O efeito cumulativo desta vantagem pode levá-los a retirar-se do mercado ou a perderem drasticamente eficiência competitiva quando, por exemplo, o custo de aquisição de uma máquina ou sua adaptação para produzir e comercializar um bem, por meio de atos de caracterizada ilicitude, é para eles excessivo.[26] E mesmo para grandes competidores, ainda que, para o consumidor, seja relativamente pequena a diferença de custo, mas sendo grande o desgaste referente à reputação da empresa concorrente (uso da concorrência proibida) que por isso não compete, o efeito para o mercado, afetando, por exemplo, a lealdade aos produtos, pode ser extremamente prejudicial.

A imposição de obrigações tributárias acessórias com o efeito de prevenir distorções na concorrência deve guardar-se, porém, de, elas próprias, se tornarem desequilibradoras da concorrência. Para o Poder Público atuar harmonicamente na relação entre livre mercado e livre iniciativa, um princípio básico é o da *neutralidade do Estado perante a livre concorrência* ou *neutralidade concorrencial do Estado.*

Da livre concorrência decorre, assim, a exigência de imparcialidade dos atos impositivos (soberanos) do Estado em face dos concorrentes. Nesses termos, fala-nos Eros Grau da "neutralidade do Estado diante do fenômeno concorrencial, em igualdade de condições dos concorrentes – liberdade pública", como um dos caracteres que conferem sentido ao princípio da livre concorrência.[27] Em matéria tributária, como já mencionado, o constituinte reformador vem, inclusive, de inserir na Carta Federal regra que consagra a possibilidade de criação de regimes tributários especiais exatamente *com o objetivo de prevenir desequilíbrios da concorrência* (art. 146-A, introduzido pela Emenda Constitucional n. 42, de 2003).

Aquele princípio define-se, em primeiro lugar, pela atuação imparcial do interesse comum em face dos agentes concorrentes com seus interesses privados num mercado livre ou pela não interferência estatal, no sentido de que não deve ser criadora de privilégios na concorrência entre participantes de um mercado relevante. O Estado, como agente normativo e regulador, atua em nome do interesse comum, nunca em nome de interesses privados e, ao fazê-lo, deve guardar a imparcialidade própria do interesse comum.

26. Cf. Hovenkamp, Federal Antitrust Policy, *The Law of Competition and its Practice*, St. Paul, 1994, p. 472.

27. *A ordem econômica na Constituição de 1988*, 9ª ed., revista e atualizada, São Paulo, Malheiros Editores, 2004, p. 188.

O princípio da neutralidade concorrencial deriva diretamente da liberdade de iniciativa, seja no sentido de liberdade de acesso ao mercado, seja no de livre conformação e disposição da atividade econômica. Ele inibe, assim, a interferência estatal que impossibilite, juridicamente ou de fato, a criação ou continuidade de empresas dedicadas a atividades lícitas. O fundamento constitucional daquele princípio não é o princípio da livre concorrência, mas a livre iniciativa. Significa, pois, a neutralidade do Estado perante concorrentes que atuem, em igualdade de condições, no livre mercado. Em nome da finalidade de "assegurar a todos existência digna, conforme os ditames da justiça social" (CF, art. 170, *caput*), o Estado é obrigado a não privilegiar concorrentes, desequilibrando a igualdade concorrencial, princípio de justiça aplicado à concorrência. Em suma, significa que o Estado, ao regular o mercado livre (livre concorrência) deve abster-se de medidas que, ao privilegiar concorrentes em igualdade de condições, venham a prejudicar consumidores ou a criar desigualdades regionais ou a desfavorecer pequenas empresas ou a proteger o meio ambiente, de um lado, para desprotegê-lo, de outro etc.

A neutralidade concorrencial garante, pois, a igualdade de chances para os agentes econômicos. E, nesse sentido, vale de modo superior (absoluto) em face da regra hermenêutica da proporcionalidade, pois é a livre iniciativa, conforme os ditames da justiça social, que dá sentido à proporcionalidade na interpretação dos princípios da Ordem Econômica, e não o contrário. Ou seja, a harmonia entre os princípios da Ordem Econômica (ver os incisos do art. 170 da CF) deve partir da proteção à livre iniciativa e não ao contrário.[28]

Como o princípio da livre concorrência se coloca – harmonicamente – num rol de princípios, sem que se possa falar em prevalência de uns sobre outros, sendo todos subordinados à livre iniciativa, essa subordinação exige, para seu entendimento, algumas premissas. O princípio da neutralidade do Estado perante a livre concorrência tem, pois, as características a seguir elencadas.

A primeira (1) está em que a livre iniciativa, se afetada por uma medida legal, não pode ter seu sentido esvaziado, ou seja, o exercício da atividade econômica pode ser *dificultado* pela lei, mas tem de permanecer *possível*.[29] Ou seja, ao interferir na atividade econômica em um mercado livre, admite-se que a lei exija, por exemplo, certas prestações

28. Schönbächler, *Wettbewerbsneutralität*, Zurique, 1998, p. 51.

29. Idem, ibidem, p. 148.

de um grupo em face de outro, mas fundada na equalização de chances entre partes desiguais, evitando que tais prestações inviabilizem a atividade econômica do grupo atingido ou, se generalizadas, inviabilizem a atividade de grupos em face de outros.

Uma segunda premissa (2) refere-se, assim, ao sentido daquele *possível*. Se a medida legal interfere na relação entre concorrentes, mesmo argüindo motivos relevantes (diferenças quanto ao poder de mercado ou quanto ao poder econômico em geral ou outros princípios, como o interesse público da fiscalização etc.), ela não pode vir a prejudicar certos concorrentes contra outros, afastando-os do mercado ou retirando-lhes ou enfraquecendo-lhes a possibilidade de competir.

Assim, o princípio da neutralidade estatal em face da concorrência será ferido se ficar demonstrado que, por lei, as relações competitivas entre empresas concorrentes em igualdade de condições venham a ser restringidas por uma medida (legal) que efetivamente crie para elas uma diferença que passe a existir apenas em virtude da própria medida.

Uma tal interferência desigualadora das chances concorrenciais pode ser direta (patente) ou indireta (oculta). No primeiro caso, a prevalência da neutralidade é indiscutível, supondo-se visíveis concretamente quais são os grupos ou quais os sujeitos econômicos ostensivamente atingidos, isto é, privilegiados e desprivilegiados. No segundo, é preciso verificar se uma atividade econômica foi atingida por uma medida legal *aparentemente geral*, mas que, de fato, a dificulta para uns em benefício de outros, e se essa dificuldade chega a inviabilizar a capacidade concorrencial de uns em face de outros.[30]

Em outras palavras, tanto diretamente quanto indiretamente, de forma aberta ou camuflada, a neutralidade é ferida não porque a lei estabelece normas gerais sentidas de modo diferente pelos agentes (por exemplo, a imposição de uma obrigação tributária acessória, pela condição econômica de cada um, pode ser mais pesada para uns do que para outros), mas porque ela própria instaura desigualdades de fato entre eles.

Ou seja, nada impede que haja uma medida geral que afete, de forma diferente, os concorrentes em igualdade de condições, pois qualquer medida geral sempre repercute na capacidade concorrencial, podendo, para uns, ter um peso maior do que para outros (quem já tem posição econômica dominante talvez sinta menos a exigência, devendo, por isso,

30. Idem, ibidem.

tomar mais cuidado no exercício da concorrência, isto é, precaver-se de não usar essa vantagem de modo a prejudicar a capacidade competitiva de outros agentes). Trata-se de uma afecção abstrata, que não fere a neutralidade concorrencial do Estado. A afecção se diz *abstrata* porque o peso diferente que a medida tem para os concorrentes decorre da condição econômica de cada um (ter ou não ter posição dominante, ser líder de mercado, ser uma pequena empresa etc.) e não da própria medida, caso em que ela mesma cria uma diferença entre concorrentes (por exemplo, inviabiliza, parcial ou total, direta ou indiretamente, certo grupo de empresas de atuar em certos setores). Caso a diferença dela decorra, a afecção é dita *concreta* e a neutralidade concorrencial pode estar sendo atingida (por exemplo, isso ocorreria se a legislação proibisse, num determinado mercado de agentes que atuam, em princípio, com igualdade de chances, para alguns, o funcionamento num certo horário e o facultasse para outros: a regra consta do RE 182.976-1, São Paulo, rel. Min. Carlos Velloso, *DJ* 27.2.1998).

Contudo, mesmo se uma medida contém um fator discriminante, este é aceitável em termos de neutralidade concorrencial, desde que a razão do *discrimen* se localize ou na diversidade do objeto (o mercado, pelo produto, não é o mesmo) ou na do sujeito (embora atuando no mesmo mercado, uns são produtores, outro consumidores) ou na da proporção entre ambos (as diferenças fáticas entre as capacidades competitivas dos concorrentes são de tal monta que faz sentido eximir alguns de um ônus que lhes será, proporcionalmente, excessivo).

Ora, por fim e em conclusão, é que se tem de admitir, nesse quadro, que a imposição de obrigações tributárias acessórias, para ser enquadrada como medida *abstrata* e, em termos de neutralidade concorrencial, como legítima, deve ter uma repercussão equânime entre os concorrentes, podendo constituir, para uns, um ônus maior, mas resultante de sua capacidade competitiva de fato. Ou, mesmo que ela traga um fator discriminante, esse fator deve encontrar na própria situação do mercado atingido sua razão de ser (por exemplo, obrigação genérica para todo um grupo, mas não para todos os grupos econômicos, ou, mesmo dentro de um grupo, obrigação para todos os agentes, mas isenção para alguns, incapacitados de assumir o ônus).

AS OBRIGAÇÕES TRIBUTÁRIAS COMO UNIDADE

WAGNER BALERA

1. Introdução. 2. A obrigação.

1. Introdução

Da geração de juristas tributários com quem tive a ventura de aprender (pouco) do muito que ensinaram destaca-se, como expoente, o eminente Souto Maior Borges.

Ainda que guardando a distância respeitosa entre o aluno e o Mestre, convivo com esse jurista há já mais de trinta anos, desde que Geraldo Ataliba, de inolvidável memória, então Reitor da PUC de São Paulo, passou a convidá-lo para participar dos célebres cursos de especialização que abriram, sem favor nenhum, nova etapa no pensamento e no debate jurídico nacionais em torno dos temas fundamentais do direito tributário.

Já observava, então, essa figura irriquieta e instigante, sempre inconformado com a mesmice daquela que, ironicamente, ele e outros denominavam doutrina bem comportada.

De fato, tanto Ataliba como Souto e Paulo de Barros Carvalho propunham aos seus coetâneos novos modos de pensar juridicamente.

Pode-se dizer, deles, que pertencem à época da razão jurídica, com a qual constituíram suas teorias, apegando-se ao novo pensar cientifico que, desde Vico, dita os rumos dos estudos teóricos.

Observo que não é por acaso que o pensamento problemático vai encontrar substância nas lições sobre a Tópica ministradas por Vico. Assim como a *scienza nouva* inspiraria, a seu tempo, a magistral obra da Vieweg, a que faz menção em seus estudos o nosso homenageado.

Cada tema se apresenta, mais propriamente, como problema (tópico) para o pensamento problemático.

E, no direito, há problemas cuja problematicidade não se esgota nunca.

Parece ter sido esse o consciente compromisso firmado por Souto Maior Borges e pelo organizador desta obra coletiva quando da escolha do eixo temático ao redor do qual deveriam ser desenvolvidos estes estudos.

Aceitaram que o problema da obrigação tributária é daqueles que jamais poderão ser dados por resolvidos.

Mas, para Souto Maior Borges interessa, sobretudo, romper com a tradição imobilista de estudos que, em expressiva maioria, seguem revestidos de irritante superficialidade.

Com efeito, a obra fundamental que será analisada neste estudo – *Obrigação Tributária (uma introdução metodológica)* –, que nosso homenageado deu à estampa há vinte anos, conquanto tenha sido, desde então, referência obrigatória para a doutrina, não teve por esta aceito o desafio que então lançou.

Os estudos tributários seguiram, em sua grande maioria, sendo guiados pelos casuísmos; os preconceitos teóricos alicerçados em velhos dogmas não foram vencidos e disso tudo resulta o caótico quadro da tributação no Brasil: derrubam os tribunais as leis inconstitucionais e modifica-se, sem cerimônia, o próprio texto da Norma Fundamental para que siga aumentando sem cessar a carga tributária já sufocante.

É bem verdade que se escudam nas propostas de reforma tributária que, creio, circulam desde bem antes da promulgação da vigente Constituição. O primeiro evento tributário internacional de que participei – há exatos vinte e cinco anos – cuidava de propor uma estrutura tributária para o Brasil.

Está faltando, a nós todos, discípulos de Souto Maior Borges, o que lhe sobra nos escritos: coragem para a tomada de posições coerentes.

De sua obra se pode dizer que vem cumprindo, à risca, a responsabilidade que cabe a todos os juristas, consoante pensa Calamandrei: é luta contra o arbítrio; luta por saber qual é o direito e não por pretender criá-lo. Tudo o que o jurista escreve contém em si um incitamento à ação futura.[1]

Quanto aos demais, bem comportados, seguem integrando as diversas "corporações de elogios mútuos",[2] certos de estarem contribuindo para o progresso dos estudos tributários.

1. "La certezza del diritto e la responsabilità della dottrina", in *Opere giuridiche*, vol. I, pp. 511-513.

2. *Ciência feliz*, 2ª ed., São Paulo, Max Limonad, 2000, p. 28.

2. *A obrigação*

Se quisesse responder, de pronto, à pergunta "por que tenho que pagar tributo", quase que intuitivamente daria dois argumentos: porque tenho capacidade contributiva e porque a legislação assim o determina.

A primeira parte da resposta estabelece o liame pessoal entre o Estado cobrador e o cidadão que é cobrado.

De certo modo, ao exigir que os tributos tenham caráter pessoal (entendo ser essa a correta exegese do comando constitucional, vale dizer, aplicável a todos os tributos e não apenas aos impostos), a Lei Suprema explicita a primeira das características com que, desde sempre, é identificado o fenômeno jurídico da obrigação: a pessoalidade.

Obrigação é a "relação jurídica por virtude da qual uma (ou mais) pessoa pode exigir de outra (ou outras) a realização de uma prestação", afirma com inteira exatidão Antunes Varela.[3]

A primeira indagação que caberia fazer é, portanto, se aquele a quem está sendo imposta e exigência fiscal revela capacidade contributiva para suportá-la. Destarte, o agente capaz, a que se refere o direito privado, é olhado – em perspectiva tributária – como aquela pessoa detentora da capacidade para pagar o tributo. Ao dado subjetivo da obrigação civil é acrescentado o dado econômico na órbita fiscal.

A partir de que limite se torna insuportável a carga tributária?

Eis um tópico em aberto na imensidão dos assuntos a que a doutrina tributária não tem dado a devida atenção.

Pois bem, no Estudo Tributário n. 11, p. 14, a Coordenação Geral de Política Tributária, órgão da Receita Federal, demonstra que enquanto no ano de 1998 a carga tributária foi de 29,74% do PIB, em 2002 passou para 35,86% do PIB.

Entretanto, considerando o ano de 2003, cujos dados ainda não se encontram disponíveis no sítio da Receita Federal, a carga tributária já chegou aos 42,15% do PIB, conforme levantamentos do Instituto Brasileiro de Planejamento Tributário.[4]

Alguém já poderia dizer que estou saindo do terreno jurídico. Garanto que não. Para a doutrina do direito privado, o obrigado pode alegar a *onerosidade excessiva* quando a obrigação provocar o rompimento da sua base econômica.

3. *Das Obrigações em Geral*, 10ª ed., Coimbra, Almedina, 2000, p. 62.

4. "Brasil tem a segunda maior carga tributária sobre salários do mundo", reportagem de Fabiana Futema, publicada na *Folha de São Paulo* de 18.3.2004.

Essa construção doutrinária permitiu que fosse estampado, no Código Civil de 2002, o art. 478, que pode ensejar a resolução do contrato ou, na melhor das hipóteses, consoante a regra do art. 479 do mesmo Códex, na modificação eqüitativa das condições do contrato.

A escola bem comportada do Direito Tributário não tratou nem mesmo de construir qualquer teoria consistente sobre o conceito de confisco.

Essa omissão é injustificável, especialmente à luz do texto fundamental escrito há quarenta anos por Antonio Roberto Sampaio Dória, a respeito do tema denominado, em conformidade com o título atual da sua magistral obra: *Direito Constitucional Tributário e Due Process of Law*,[5] que está a merecer oportuna reedição, notadamente à luz das importantes inovações introduzidas no ordenamento jurídico pela Constituição de 1988, com ênfase na explicitação do devido processo legal no catálogo das garantias fundamentais arroladas no art. 5º da Lei Suprema.

Sampaio Dória afirma que os impostos, sobre servirem à arrecadação fiscal, também cumprem fins econômicos e financeiros, denominados extrafiscais. Como esse aspecto é parte integrante da Política Fiscal, toda a tributação está sujeita aos limitadores constitucionais.

Em sua percuciente análise, o saudoso Titular da Faculdade de Direito da USP trata de estudar os impostos excessivos, proibitivos e confiscatórios. Entende, em visão pioneira, que se tais tributos afrontarem as limitações constitucionais ao poder de tributar, poderia ser objeto de corrigenda judicial.

Como assinala esse autor, o limite máximo para a cobrança dos impostos pode ser, pelo menos em tese, a totalidade do produto nacional. Adverte que, se algum dia chegássemos a esse ponto, o Estado seria o responsável pelo provimento de todas as necessidades vitais dos cidadãos.

Porém, o devido processo legal não permite que o nível de tributação seja de ordem a absorver algo que comprometa a capacidade de subsistência do indivíduo.

Recordando o célebre aforismo do Justice Holmes, nosso autor adverte: "the power to tax is not the power to destroy".

Sem embargo do inovador conteúdo do seu escrito, Sampaio Dória entende que o Judiciário só poderia julgar nos limites máximos da situa-

5. A primeira edição do livro foi estampada em 1964, com a designação: *Princípios Constitucionais Tributários e Cláusula "Due Process of Law"*. A atual edição, da Forense, é de 1986.

ção, quando houvesse a completa destruição, pelo agir fiscal do Estado, da capacidade contributiva, pois, pelo seu entendimento, o excesso de tributação estaria situado no campo das decisões políticas.

Permito-me divergir quanto a este último aspecto por entender que, ao engastar, no Código dos Códigos, a cláusula do devido processo legal, o constituinte reconheceu a dimensão especificamente jurídica do procedimento mediante o qual os poderes do Estado atuam em favor da comunidade.

Entendida a função judicial em sentido positivo, essa passou a estar vinculada pelo conteúdo e pela forma.

O princípio em comento acaba por determinar encadeamento rigoroso ao exercício da função judicante. O exame de qualquer questão, destarte, fica submetido aos rigores formais de certo devido processo e aos limites materiais da norma. Toda e qualquer norma é, por si mesma, manifestação do cânon do devido processo legal. O atributo de constitucionalidade pende da observância desse itinerário já antes prefixado.[6]

Para refletirmos mais sobre a regra em questão, cumpre verificar que seu ideário, tanto sob a perspectiva histórica como no que tange ao conteúdo vigente, sofreu adaptações e ampliações.

Com efeito, surge o princípio no bojo da luta política que os barões feudais travaram contra o arbítrio tributário real. Forçado a admitir que os direitos relativos à vida, à liberdade e à propriedade do baronato somente poderiam ser suprimidos pela lei da terra (*law of the land*), o Rei João Sem Terra decidiu outorgar, em 1215, a Magna Carta. Como anota Sampaio Dória, no citado livro, somente no ano de 1354 é que aparece a expressão inda em voga: *due process of law*.[7]

Sobre o conteúdo vigente da máxima, cumpre atentar para dois termos de referência, como faz Carlos Roberto de Siqueira Castro.

De um lado, fala-se em *substantive due process*. Mas, é ainda necessário mencionar o *procedural due process*.

Examinando a aplicação da regra, à luz de inúmeros casos julgados pela Suprema Corte norte-americana, o citado autor reflete sobre a respectiva evolução. Para além da sua concepção original, situada no terreno do processo penal, a garantia transitou, rapidamente, para a esfera do

6. Roger Bonnard, *Précis de droit administratif*, p. 101, citado por Caio Tácito, *Direito Administrativo*, p. 59.

7. Antônio Roberto Sampaio Dória, *Direito Constitucional Tributário e "Due Process of Law"*, pp. 9-11.

processo civil e, hodiernamente, está a se manifestar também no campo do direito material.[8]

Donde poder afirmar que, hoje em dia, é ela o "princípio vetor das manifestações do Estado contemporâneo e das relações de toda ordem entre o Poder Público, de um lado, e a sociedade e os indivíduos, de outro".[9]

Aliás, é um fato que se nota, esse do evolver das garantias constitucionais, no âmbito norte-americano.

Ninguém pode se colocar em desacordo com a doutrina do grande Justice Willian Douglas quando afirma que: "os princípios da Carta de Direitos são partes da estrutura diária das nossas vidas em uma proporção muito maior do que a maioria de nós reconhece".[10]

Os comandos da "Carta Viva" exercem influência sobre todo o arcabouço jurídico por serem – os preceitos constitucionais – também influenciados pela vida jurídica e por estarem em permanente mutação.

Estabelecido o perfil atual, que se ajusta à perspectiva histórica da regra, força reconhecer que, particularmente na esfera do direito tributário, cumpre tê-la como supedâneo e critério de ação dos Poderes Públicos.

Sendo inerente ao agir do Estado, o princípio é corretamente identificado com a garantia da legalidade.[11]

Acrescento, de minha parte, que o devido processo também deve ser entendido como expressão da igualdade, da equidade e da capacidade contributiva.

A verdade é que nos achamos, aqui, em face de um daqueles princípios cujo sentido normativo consiste em funcionar como ponto de referência exegético para todo o sistema jurídico.

Donde ser descabido, mediante evocação tardia dos primórdios históricos da regra, insistir-se na limitação do respectivo conteúdo, ao mero "caráter processual".[12]

8. Carlos Roberto de Siqueira Castro, *O Devido Processo Legal e a Razoabilidade das Leis na Nova Constituição do Brasil*, pp. 34-78.

9. Idem, ibidem, p. 41.

10. William O. Douglas, *Uma Carta Viva de Direitos*, p. 71.

11. É o pensamento de Carlos Roberto de Siqueira Castro, no já citado *O Devido Processo...*, p. 49.

12. Assim entendeu Sampaio Dória, no citado livro *Direito Constitucional Tributário...*, p. 12.

Tudo vai do que se entenda por caráter processual.

É claro que, na esfera específica do processo, como predica Nelson Nery Júnior, em notável trabalho, a regra em comento deve ser considerada como: "o gênero do qual todos os demais princípios constitucionais do processo são espécies".[13]

O devido processo legal, inda que não detenha o primado dentre os princípios, dá as devidas dimensões à garantia da legalidade que, dessa perspectiva, pode ser assim considerada: a legalidade consiste na rigorosa observância do devido processo de produção das normas jurídicas, em conformidade com os preceitos da *Lex Major*.

Sem ele não se pode falar em igualdade. A Lei das Leis vigente permite situar a legalidade em segundo lugar, na hierarquia dos princípios aplicáveis ao fenômeno da tributação. A primazia cabe ao princípio da *isonomia* que, como afirma nosso homenageado, "penetra, como uma linfa, os demais direitos e garantias constitucionais, perpassando-lhes o conteúdo normativo".[14]

Dentre as funções que a tributação é chamada a desempenhar no Estado de Direito não se pode descurar a da instauração da isonomia, não apenas entre os contribuintes como relativamente ao conjunto dos atores sociais. Porque é fundamento da República a redução das desigualdades, acentua o art. 3º, III, da Constituição.

O fenômeno processual vive em busca da isonomia, que nele (processo) acaba por ganhar expressão superior, por estar dotada de sentido formal quase absoluto.

Em um de seus sempre magistrais escritos, Souto Maior Borges explica que: "A legalidade é apenas instrumento de manifestação da isonomia". Também o devido processo, no cortejo dos princípios constitucionais, deriva da isonomia.

Observando a hierarquia substancial dos princípios, José Frederico Marques apreendeu com finura que o devido processo deflui do próprio sistema jurídico e, pelo menos no direito brasileiro, poderia ser arrolado dentre os princípios implícitos a que faz referência o Estatuto Fundamental.[15]

13. Nelson Nery Júnior, *Princípios do Processo Civil na Constituição Federal*, p. 25.

14. José Souto Maior Borges, "Princípio da Isonomia e sua Significação na Constituição de 1988", in *Revista de Direito Público*, n. 93, pp. 34-40.

15. José Frederico Marques, *Manual de Direito Processual Civil*, 1º vol., São Paulo, Saraiva, 1974, p. 366.

Deveras, o devido processo está agora explicitado na Superlei, conforme comando estampado no art. 5º, inciso LIV, que assim descreve a afamada cláusula: ninguém será privado da liberdade ou de seus bens sem o devido processo legal.

Mas se é verdade que tal comando, inscrito entre as garantias fundamentais, está revestido de conteúdo substancial, além da mera perspectiva formal com que vinha sendo apreciado, seu efeito é muito amplo. Será conforme com o devido processo de produção jurídica somente a norma geral (lei, em sentido lato) ou a norma individual (sentença do juiz) que, como em uma reportagem, contemplar os dois aspectos do devido processo, neles envolvendo as questões relacionadas com a legalidade, a isonomia e, na esfera tributária, a capacidade contributiva e a equidade.

E, voltando ao tema do confisco, que me parece bulir diretamente com a estrutura da obrigação tributária e de eventual correção dos seus termos, opera o efeito confiscatório o saque de parcela de patrimônio do sujeito passivo que não corresponda, com equidade, ao conjunto de utilidades sociais que o Estado, mediante o emprego das receitas fiscais, coloca à disposição do cidadão convocado a custear as atividades públicas.

De novo, vale a pena reproduzir o magistério de Sampaio Dória: "Quando o Estado toma de um indivíduo ou de uma classe além do que lhes dá em troco, verifica-se exatamente o desvirtuamento do imposto em confisco, por ultrapassada a tênue linha divisória entre as desapropriações, a serem justa e equivalentemente indenizadas, e a cobrança de impostos que não implica em idêntica contraprestação econômica".[16]

Entendo que não divirjo da essência do pensamento do saudoso mestre se acrescento minha própria concepção do efeito confiscatório, segundo a qual esse efeito deve ser considerado presente sempre que a totalidade da tributação a que fica submetido o contribuinte ultrapasse os limites da sua igualdade em relação aos demais sujeitos passivos de tributos e da legal (jurídica e justa, é dizer, consoante com o devido processo de produção normativa) conformidade dos fatos tributários com as situações subjetivas reveladoras da individual capacidade contributiva.

O Supremo Tribunal Federal já tem se dado conta dessa verdade: é a totalidade da carga tributária que pode provocar efeito confiscatório. É o que demonstra a decisão liminar que apreciou o pleito contido na ADI

16. Antonio Roberto Sampaio Dória, ob. cit. , p. 195.

2.010-2, interposta pelo Conselho Federal da Ordem dos Advogados do Brasil, que teve como relator o Min. Celso de Mello, onde se lê: "O Tribunal também considerou relevante a tese de ofensa ao princípio que veda a utilização de qualquer tributo com efeito de confisco (CF, art. 150, IV) salientando que o exame da questão do efeito confiscatório deve ser feito *em função da totalidade do sistema tributário* e não em função de cada tributo isoladamente" (grifei).[17]

Esse julgado identifica as obrigações tributárias como totalidade, vale dizer, a somatória de todos os tributos que o contribuinte deve a todos os entes tributantes.

Distingue Ives Gandra da Silva Martins: "um tributo confiscatório e um sistema fiscal confiscatório decorrencial. (...) Se a soma dos diversos tributos incidentes representa carga que impeça o pagador de tributos de viver e se desenvolver, estar-se-á perante carga geral confiscatória (...)".

Quer dizer que a tributação pode ser considerada como o conjunto da carga fiscal que somos chamados a suportar a fim de que o Estado possa cumprir o respectivo papel.

Em realidade, a proteção conferida pela ordem jurídica aos contribuintes pode ser definida como o conjunto de princípios e normas que impedem o trato fiscal contrário ao ideal de justiça a que fazem jus todos quantos se integrem ao mundo social.

É, pois, enquanto *standard* de justiça, como anota Carlos Roberto de Siqueira Castro, que cumpre aos interessados a invocação do devido processo legal, em seu sentido substantivo, até por ter ela se convertido: "de garantia processual em princípio de 'justiça' nas relações entre o Estado e indivíduo e entre o Estado e a sociedade (...)".[18]

Em interpretação que segue a linha desse pensamento, o Ministro José Delgado sublinha: "A proibição de confisco existente no art. 150, IV, por assumir a categoria de direito fundamental do contribuinte, não pode receber interpretação restritiva. Os contornos previstos pelo constituinte para considerar a referida vedação deverão ser vistos com largueza, considerando-se os propósitos postos na Carta Magna em proteger o cidadão e que a Nação alcance um potencial de desenvolvimento

17. Cf. *Informativo STF* 164, www.stf.gov.br. O feito em questão não chegou a ser apreciado em definitivo tendo em vista a promulgação da Emenda Constitucional n. 41, de 2003, que alterou a cláusula de parâmetro invocada para o ajuizamento da demanda.

18. Carlos Roberto de Siqueira Castro, *O Devido Processo Legal...*, cit., p. 58.

econômico, social, ambiental, de pleno emprego, de saúde, de educação, de respeito às liberdades públicas, de proteção à infância, à juventude e à velhice, garantidor dos anseios e das necessidades das atuais e das futuras gerações".[19]

Qual será o efeito da tributação confiscatória sobre determinada obrigação?

Considero que, por intermédio de esquema processual judicial anteriormente prefixado (e, por isso, devido), o Estado-juiz definirá a fórmula de modificação ou de extinção de direitos decorrentes desse estado de coisas.

Esse pensamento coincide com a melhor decisão de que se tem notícia a respeito do vero compromisso da função judicial de efetivo implemento dos princípios constitucionais aqui referidos.

Trata-se da conhecida decisão proferida pelo grande Orosimbo Nonato que assim se expressou, em linha com o pensamento do já citado Justice Holmes: "O poder de taxar não pode chegar à desmedida do poder de destruir, uma vez que aquele somente pode ser exercido dentro dos limites que o tornem compatível com a liberdade de trabalho, comércio e da indústria e com o direito de propriedade. É um poder cujo exercício não deve ir até o abuso, o excesso, o desvio, sendo aplicável, ainda aqui, a doutrina fecunda do *détournement de pouvoir*. Não há que estranhar a invocação dessa doutrina ao propósito da inconstitucionalidade, quando os julgados têm proclamado que o conflito entre a norma comum e o preceito da Lei Maior pode se acender não somente considerando a letra do texto, como também, e principalmente, o espírito do dispositivo invocado".[20]

O desvio de poder, cumpre sublinhar, se apresenta nesse caso, já constituída a obrigação tributária pelo lançamento, como afronta ao devido processo de apuração do débito fiscal que descurou dos dados subjetivos relacionados com a capacidade contributiva do sujeito passivo em face de quem o Fisco quer cobrar o seu crédito.

Como afirmei alhures, o efeito de confisco não permite o ingresso da lei tributária contaminada com esse vício na ordem jurídica, porque o legislador ignorou o princípio da capacidade contributiva.

19. José Augusto Delgado, in *Pesquisas Tributárias*, nova série 6, Direitos Fundamentais do Contribuinte, Coordenação de Ives Gandra Martins, São Paulo, Ed. RT, 2000, p. 98.

20. RE 18.331, STF, rel. Min. Orozimbo Nonato, *RTJ* 145/164 e ss.

Mas se, *de direito*, a norma nem mesmo poderia ser aplicada, *de fato* a mesma pode produzir o efeito de constituição ilícita da obrigação tributária que, assim formatada, estará sendo o mais cabal exemplo da injustiça fiscal.

Que tal se pensássemos que as obrigações tributárias, no seu todo consideradas, constituem uma unidade? Que, não importa muito, ou não importa nada, ao contribuinte, saber que existe certa divisão político-administrativa no Estado mediante a qual a ele compete pagar tributos a múltiplos entes a quem a Constituição e as leis conferiram a capacidade tributária ativa?

Enrico de Mitta percebeu, com claridade, que deve existir coerência entre as múltiplas hipóteses de incidência previstas nas leis tributárias e o pressuposto econômico eleito como causa da tributação.[21]

Com efeito. Formulemos um tópico (topoi). Se existe um parâmetro para a concessão de pensão alimentícia, por exemplo, e esse parâmetro, por todos aceito, estabelece que aquele que deve a pensão deve pagar até um terço do seu rendimento ao beneficiário da pensão, é lícito supor que, consigo próprio, o sujeito passivo da obrigação tributária há de gastar pelo menos um terço do seu rendimento. O terço restante expressará o total da capacidade contributiva dessa pessoa. Se a soma dos tributos que lhe cumpre verter exceder a esse terço, é evidente que alguma ou algumas das obrigações fiscais não poderá ser satisfeita.

Será que a ordem jurídica não dá resposta a essa questão tão simples? Entendo que há resposta. O juiz poderá ajustar a totalidade das obrigações tributárias a que se submete o cidadão a fim de que sejam proporcionalmente cumpridas, na conformidade da capacidade contributiva demonstrada.

É evidente que os procedimentos práticos para a efetivação dessa proposta não são simples. Mas, a mim não me cabe, em formulação teórica, buscar a viabilidade prática da proposta.

O concurso de credores não é a única saída para um caso como esse. Outras medidas poderão ser engendradas a partir da idéia da instrumentalidade do processo a que, com tanta ênfase, têm se dedicado os estudiosos do direito processual.

Essa idéia de que a partir de certo limite a tributação carrega consigo o efeito confiscatório vedado pelo ordenamento jurídico – com

21. In *Interesse fiscale e tutela del contribuinte – Le garanzie costituzionale*, 3ª ed., Milão, Giuffrè, 1995, p. 43.

evidente reflexo na dinâmica das obrigações tributárias – mereceu resposta precisa da Suprema Corte Argentina para quem 33% é o limite de validade constitucional dos tributos.[22]

O Direito brasileiro chega a definir, ainda que indiretamente, o conceito da renda per capita familiar, ao tratar da proteção devida pela assistência social aos idosos e a pessoas portadoras de deficiência, consoante os termos da Lei n. 8.742, de 1993. Essa lei organiza a renda familiar em quatro partes, quase que afirmando ser uma quarta parte do total da renda o mínimo indispensável à subsistência de cada uma das pessoas da família.

Alguém poderia então argumentar que para uma família de duas pessoas, considerada a parte de cada um como sendo de 25%, restaria para ser oferecida à tributação o montante de 50%.

Revelando o tamanho da boca do leão, o Projeto de Lei Complementar, que o então Senador Fernando Henrique Cardoso apresentou, assinalava que além de 50% a tributação seria confiscatória.

Mas propunha, igualmente, a consideração conjunta das obrigações tributárias ao prever, na justificação do projeto, o seguinte: "Talvez a solução esteja na criação de um rito processual posto à disposição dos contribuintes, de modo que cada um, julgando-se atingido por confisco em virtude da tributação por um ou vários impostos que tenha de suportar, possa ter como ajustar a carga tributária que entende confiscatória".[23]

No devido processo de ajuste da carga tributária haverá, decerto, sem número de problemas de ordem prática, notadamente se os momentos relativos a cada lançamento estiverem em fases distintas. Mas, é fora de dúvida, alguém que conduza seus negócios com prudência saberá, com a devida antecedência, que a carga fiscal a que está sujeito não mais pode ser suportada.

A partir de que momento em que discorro sobre os princípios da igualdade, da capacidade contributiva, da vedação do efeito de confisco e do devido processo legal, estou situando minhas proposições dentro dos estritos limites do direito positivo, tal como exige nosso homenageado que, taxativamente, afirma: "O direito positivo funciona, pois,

22. Cf. C. M. Giuliani Fonrouge, *Conceitos de Direito Tributário*, trad. de Geraldo Ataliba e Marco Aurélio Greco, São Paulo, LAEL, 1973, p. 59.

23. O texto do Projeto e da justificação é transcrito por Ives Gandra Martins e Celso Bastos nos *Comentários à Constituição do Brasil*, vol. 6º, São Paulo, Saraiva, 1990, pp. 162-163.

em face das proposições de ciência jurídica, como um marco referencial empírico, necessário e suficiente".[24]

A textura aberta dos princípios, porém, permite ao estudioso, data vênia do homenageado, valer-se de tópicos cuja formulação ainda não foi testada nem nas normas nem na vida.

Preocupa-me, porém – e creio comungar com o grande paladino da liberdade e do direito que estamos homenageando nessa preocupação – a voracidade fiscal impressionante com que o Estado tem feito incidir o caudal imenso de tributos sobre a comunidade social.

Participo do desabafo com que encerra seu voto, no já citado julgamento da ADI 2.010-DF, o Ministro Marco Aurélio: "(...) Sr. Presidente, somemos o Imposto de Renda, da ordem de 27,5%, com a percentagem concernente à contribuição – não vamos partir para o argumento teratológico, e não sei se seria teratológico, dizendo-se do percentual relativo à contribuição na ordem de 25%, porque a gradação resulta ao fim em 22%. Chega-se, praticamente, a 50%. Vamos exigir mais para concluir pela configuração do confisco; vamos exigir 100%? Só se for para deixar totalmente à míngua os servidores".[25]

Concluo, portanto, que sem a consideração de todas as obrigações tributárias como unidade de débito do contribuinte perante os diversos sujeitos ativos, não será possível a aferição do respeito (ou da ofensa) ao princípio da capacidade contributiva.

Concluo, também, que o devido processo de aferição desse efeito é garantia constitucional que respalda os contribuintes na sua legítima pretensão ao tratamento igualitário e justo defronte ao Fisco.

24. José Souto Maior Borges, *Obrigação Tributária (uma introdução metodológica)*, 2ª ed., São Paulo, Malheiros Editores, 1999, p. 91.

25. Cf. *Informativo STF* 164, www.stf.gov.br.

ALGUMAS QUESTÕES A RESPEITO DA OBRIGAÇÃO TRIBUTÁRIA ACESSÓRIA

HUGO DE BRITO MACHADO

1. Introdução. 2. Ausência de conteúdo patrimonial. 3. Outras questões a respeito da obrigação acessória: 3.1 Caráter acessório; 3.2 Obrigação acessória e regulamento; 3.3 Obrigação acessória e abuso do poder-dever de fiscalizar; 3.4 Obrigação acessória e direito ao silêncio; 3.5 Conseqüência do inadimplemento da obrigação acessória. 4. Conclusões.

1. Introdução

Aceitamos com imensa alegria o convite do Professor Heleno Taveira Tôrres para participarmos deste livro abordando a *Teoria Geral da Obrigação Tributária*, em homenagem ao Mestre José Souto Maior Borges. Primeiro porque Souto Borges é, sem dúvida, um dos maiores expoentes do Direito Tributário brasileiro, que tem prestado valiosa contribuição à teoria do Direito Tributário brasileiro e, em especial, à teoria da obrigação tributária. Segundo, por ser Souto Borges, além de Mestre, um grande amigo nosso há muitos anos.

Alegrou-me, também, o honroso convite, porque vindo de outro grande amigo, o Professor Heleno Taveira Tôrres. Assim, não obstante premido por compromissos profissionais, resolvi escrever este pequeno estudo para abordar algumas questões a respeito da obrigação tributária acessória, tema no qual a doutrina conta com valiosa contribuição de Souto Maior Borges.

A primeira dessas questões reside em saber se realmente é inadequada a terminologia utilizada pelo Código Tributário Nacional, posto que, como sustentam alguns, a obrigação tributária acessória seria um simples dever administrativo, sem conteúdo patrimonial e, portanto, não abrangido pelo conceito jurídico de obrigação.

Cuidaremos, também, de outras questões como as de saber: a) se é inadequada a qualificação *acessória*, posto que também alguns eminentes doutrinadores se insurgem contra o seu uso pelo Código; b) se é válida a instituição de uma obrigação tributária acessória mediante regulamento; c) se pode a Administração Tributária exigir prestações que a eximam do dever de fiscalizar; d) se o dever de informar pode superar o direito ao silêncio; e, ainda, e) qual a interpretação adequada do § 3º, do art. 113, do Código Tributário Nacional.

Finalmente, enunciaremos em síntese as nossas conclusões a respeito das referidas questões.

2. *Ausência de conteúdo patrimonial*

Obrigação tributária acessória, na verdade, é um dever jurídico de fazer, de não fazer ou de tolerar alguma coisa, previsto na *legislação tributária* no interesse da arrecadação dos tributos. Dever jurídico que se caracteriza por sua natureza instrumental e seu conteúdo não-patrimonial. E, por isso mesmo, relativamente à obrigação de levar dinheiro aos cofres públicos caracteriza-se como acessória.

Sobre o tema, já escrevemos:

"Muitos autores, influenciados pela doutrina civilista, criticam o emprego da expressão *obrigação acessória* no CTN, sustentando que as impropriamente denominadas obrigações acessórias são simplesmente *deveres administrativos*, e não *obrigações* em sentido rigorosamente jurídico, porque, segundo afirmam, toda *obrigação* tem conteúdo patrimonial. Além disto, não seriam *acessórias*, porque podem existir independentemente da obrigação principal.

"Essa crítica não é procedente. É fruto de uma visão privatista, inteiramente inadmissível em face do Código Tributário Nacional, em cujo contexto o adjetivo *acessória*, que qualifica essas obrigações, tem sentido inteiramente distinto daquele do Direito privado. Por outro lado, no plano da Ciência do Direito não se pode negar a existência de obrigações acessórias sem conteúdo patrimonial.

"O ser acessória, em Direito Privado, significa estar ligada a uma outra *determinada* obrigação. O caráter de acessoriedade manifesta-se entre uma determinada obrigação, dita principal, e uma outra, também determinada, dita acessória. No Direito Tributário não é assim, mas o caráter de acessoriedade não deixa de existir, embora sob outro aspecto.

"Realmente, em Direito Tributário as obrigações acessórias não precisariam existir se não existissem as obrigações principais. São acessórias, pois, neste sentido. Só existem em função das principais, embora não exista necessariamente um liame entre determinada obrigação principal e determinada obrigação acessória. Todo o conjunto de obrigações acessórias existe para viabilizar o cumprimento das obrigações principais.

"Um comerciante, ao vender determinada mercadoria isenta de ICMS, é obrigado a emitir nota fiscal. A operação de venda, no caso, não gera a obrigação de pagar o ICMS. Inexiste, portanto, a específica obrigação tributária à qual diretamente esteja ligada a obrigação acessória de emitir a nota fiscal. Não obstante, a emissão da nota fiscal lhe é exigida porque se presta para controlar sua receita, elemento formador da base de cálculo do imposto de renda. Presta-se, ainda, para o controle dos custos ou despesas do adquirente, ou pelo menos para o controle da circulação das mercadorias.

"A obrigação acessória, portanto, tem o objetivo de viabilizar o controle dos fatos relevantes para o surgimento de obrigações principais. Justifica-se, assim, sejam qualificadas como acessórias, posto que somente existem em razão de outras obrigações, ditas principais."[1]

Admitirmos a natureza obrigacional das obrigações tributárias acessórias, aliás, significa a tomada de posição a respeito do próprio conceito de obrigação, rejeitando ser de sua essência o conteúdo patrimonial.

Obrigação deriva do latim *obligatio*, do verbo *obligare*, (atar, ligar, vincular), que literalmente exprime a ação de se mostrar atado, ligado ou vinculado a alguma coisa.[2] Em sentido amplo, a palavra *obrigação* é empregada em Direito para designar o vínculo jurídico que liga dois sujeitos de direitos e obrigações.

Na definição de Clóvis Beviláqua, obrigação é "relação transitória de direito que nos constrange a dar, fazer ou não fazer alguma coisa economicamente apreciável, em proveito de alguém que, por ato nosso, de alguém conosco juridicamente relacionado ou em virtude de lei, adquiriu o direito de exigir de nós essa ação ou omissão."[3]

Na definição de Clóvis, como na de muitos outros autores, vê-se a referência ao conteúdo econômico da obrigação. O objeto da obrigação seria sempre algo economicamente apreciável. E nisto se apóiam alguns tributaristas para dizer que as obrigações tributárias acessórias não são a rigor obrigações, mas simples deveres administrativos.

Preferimos admitir que existam *obrigações* com objeto desprovido de valor econômico, ou, por outras palavras, *obrigações* cujo objeto não é economicamente apreciável. Preferimos aceitar, portanto, a terminologia adotada pelo Código Tributário Nacional, segundo a qual a obrigação tributária é principal ou acessória, incluindo assim no conceito jurídico de *obrigação* o vínculo jurídico desprovido de conteúdo patrimonial. Adotamos o entendimento segundo o qual o conceito de obrigação há de ser entendido à luz do nosso direito positivo, colhendo a lição de Souto Borges, que ensina: "Em face do direito positivo brasileiro, não

1. Hugo de Brito Machado, *Curso de Direito Tributário*, 26ª ed., revista, atualizada e ampliada, São Paulo, Malheiros Editores, 2005, pp. 135-136.

2. De Plácido e Silva, *Vocabulário Jurídico*, vol. III, Rio de Janeiro, Forense, 1987, p. 268.

3. Maria Helena Diniz, *Dicionário Jurídico*, vol. 3, São Paulo, Saraiva, 1998, p. 407.

há como extrair a conclusão pela patrimonialidade genérica da obrigação tributária, precisamente porque ele distingue – inauguralmente no CTN – entre obrigação tributária principal, suscetível de avaliação econômica (art. 113, § 1º), e obrigação tributária acessória, insuscetível de valoração econômica (art. 113, § 2º). (...) Assim sendo, tanto as prestações de cunho patrimonial, quanto as prestações que não o têm, são, pelo direito positivo brasileiro, caracterizadas como obrigacionais".[4]

Souto Borges invoca, em apoio de sua opinião, a doutrina de Pontes de Miranda, segundo a qual mesmo no âmbito do Direito Privado não se deve sustentar que a natureza patrimonial seja da essência da obrigação. E na verdade Pontes de Miranda afirma: "Longe vai o tempo em que se não atendia ao interesse somente moral da prestação, em que se dizia que a prestação tinha de ser patrimonial. O que se deve pode não ter qualquer valor material, como se A obtém de B que o acompanhe ao teatro por ser B de alta família. Nem o interesse é patrimonial, nem a prestação é de valor patrimonial, nem há ilicitude na promessa. Diz-se que é preciso ser suscetível de valoração econômica o que se presta. Se foi estabelecida pena convencional, nem por isso se deu valor econômico à prestação: estipulou-se pena para o caso de inadimplemento. No direito brasileiro, não há regra jurídica que exija às prestações prometidas o serem avaliáveis em dinheiro".[5]

O uso de terminologia adequada é de fundamental importância na doutrina jurídica, mas não nos parece que possa haver qualquer prejuízo em admitir-se o termo *obrigação* para designar o vínculo jurídico desprovido de conteúdo patrimonial. Por isto escrevemos:

> "Na obrigação tributária existe o *dever* do sujeito passivo de pagar o tributo, ou a penalidade pecuniária (obrigação principal) ou, ainda, de fazer, de não fazer ou de tolerar tudo aquilo que a legislação tributária estabelece no interesse da arrecadação ou da fiscalização dos tributos. Essas prestações, todavia, não são desde logo exigíveis pelo sujeito ativo. Tem este apenas o direito de fazer contra o sujeito passivo um lançamento, criando, assim, um crédito. O crédito, este sim, é exigível.
>
> "Com estes esclarecimentos, podemos tentar definir a obrigação tributária. Diríamos que ela é a *relação jurídica em virtude da qual o particular* (sujeito passivo) *tem o dever de prestar dinheiro ao Estado* (sujeito ativo), *ou de fazer, não fazer ou tolerar algo no interesse da arrecadação ou da fiscalização dos tributos, e o Estado tem o direito de constituir contra o particular um crédito.*"[6]

4. José Souto Maior Borges, *Obrigação Tributária (uma introdução metodológica)*, 2ª ed., São Paulo, Malheiros Editores, 1999, p. 81.

5. Pontes de Miranda, *Tratado de Direito Privado*, vol. 22, 3ª ed., Rio de Janeiro, Borsoi, 1971, p. 40.

6. Hugo de Brito Machado, *Curso de Direito Tributário*, cit., p. 134.

O conteúdo patrimonial, portanto, não é da essência da *obrigação tributária*, conceito no qual se incluem as obrigações tributárias acessórias que são obrigações de fazer, de não fazer ou de tolerar, sem conteúdo patrimonial.

3. *Outras questões a respeito da obrigação acessória*

3.1 *Caráter acessório*

Há quem afirme ser imprópria a denominação *obrigação acessória* e prefira a expressão *deveres administrativos*. Pode parecer que se trata de simples preferência por palavras diferentes para designar a mesma realidade jurídica. Não é assim, porém. A visão privatista, o hábito de manejar conceitos de Direito privado tem levado a tal insatisfação com a expressão usada pelo Código Tributário Nacional. Todavia, é importante insistir em que a obrigação tributária *acessória* não é apenas um dever que a Administração impõe ao sujeito passivo da obrigação tributária principal. É essencialmente um dever de natureza instrumental, que nenhuma finalidade pode ter, além daquela de viabilizar o controle do adimplemento da obrigação principal. Esse caráter de acessoriedade, nem sempre bem compreendido, é fundamental para a adequada compreensão dessa espécie de obrigação jurídica.

Não se trata de acessoriedade no sentido de ligação a uma determinada obrigação outra, da qual dependa. Por isto mesmo, a obrigação acessória subsiste ainda quando a obrigação principal à qual se liga, ou parece ligar-se imediatamente, é inexistente em face de imunidade, não incidência ou de isenção tributária.[7] O caráter de acessoriedade há de ser entendido no sentido próprio que tem a obrigação no campo do Direito Tributário. Uma acessoriedade em relação à obrigação de pagar tributo, vista globalmente. Não em relação à obrigação de pagar determinado tributo, exigível em razão de um determinado e específico fato tipo, que realiza uma hipótese de incidência em determinada situação isolada. Acessoriedade no sentido de ser uma obrigação instrumento da outra, que só existe para instrumentalizar a outra. Que não teria sentido de existir, sem a outra.

De fato, não teria sentido algum obrigar o comerciante, ou o industrial, a manter escrituração de todas as compras, e de todas as vendas,

7. É certo que, em se tratando de imunidade subjetiva, como acontece com as pessoas jurídicas de Direito Público, por exemplo, inexistirá também a obrigação acessória.

em livros especificamente a este fim destinados, e a emitir notas fiscais, nem a manter registros contábeis de todos os fatos relativos a seus patrimônios, se não existissem tributos incidentes sobre a produção e a circulação de mercadorias, e sobre a renda de tais pessoas.

Os registros de compras, e de vendas, a emissão de notas fiscais e a contabilização de todos os fatos patrimoniais são instrumentos de controle do cumprimento da obrigação das Pessoas Jurídicas e, somente por isto, com tal finalidade, são exigidos pela legislação tributária.

Luciano Amaro esclarece: "A acessoriedade da obrigação dita 'acessória' não significa (como se poderia supor, à vista do princípio geral de que o acessória segue o principal) que a obrigação tributária assim qualificada dependa da existência de uma obrigação principal à qual necessariamente se subordine. As obrigações tributárias acessórias (ou formais ou, ainda, instrumentais) objetivam dar meios à fiscalização tributária para que esta investigue e controle o recolhimento de tributos (obrigação principal) a que o próprio sujeito passivo da obrigação acessória, ou outra pessoa, esteja, ou possa estar, submetido. Compreendem as obrigações de emitir documentos fiscais, de escriturar livros, de entregar declarações, de não embaraçar a fiscalização etc.".[8]

Na teoria das obrigações tributárias, a obrigação tributária acessória classifica-se como uma obrigação de fazer. São obrigações acessórias, por exemplo, a inscrição no cadastro de contribuintes, a escrituração de livros, a emissão de documentos, a prestação de informações ao fisco.

3.2 Obrigação acessória e regulamento

Há quem sustente que as obrigações acessórias "deverão decorrer de previsões legais em estrito senso, ou seja, de leis em sentido formal e material, até porque ninguém está obrigado a fazer ou deixar de fazer senão em virtude de lei, a teor da Constituição da República."[9] Tal assertiva, porém, é evidente exagero e revela compreensão inteiramente diversa do que seja uma obrigação tributária acessória.

Exagero porque, se o *ninguém está obrigado a fazer ou deixar de fazer senão em virtude de lei* tivesse alcance absoluto, seriam totalmente inúteis todas as prescrições normativas infralegais de tal sorte que poderiam ser atirados na cesta de lixo todos os regulamentos, portarias,

8. Luciano Amaro, *Direito Tributário*, 4ª ed., São Paulo, Saraiva, 1999, p. 235.

9. Sacha Calmon Navarro Coelho, *Comentários ao Código Tributário Nacional*, Coord. Carlos Valder do Nascimento, Rio de Janeiro, Forense, 1997, p. 260.

e tantos outros atos normativos, sem que isto qualquer falta fizesse ao ordenamento jurídico.

Revela diversa compreensão do que seja a obrigação tributária acessória, porque deixa de colocá-la como dever de natureza meramente instrumental, que apenas indiretamente decorre da lei. A acessoriedade, repita-se, no sentido de ser instrumental, que não tem sentido de existir sem a existência da obrigação tributária principal.

É certo que muitas obrigações tributárias acessórias estão hoje previstas em lei, mas isto não quer dizer que uma obrigação tributária acessória deva estar, necessariamente, prevista em lei no sentido estrito. A Constituição atribui ao Presidente da República competência para "sancionar, promulgar e fazer publicar as leis, bem como expedir decretos e regulamentos para sua fiel execução".[10] O decreto e o regulamento certamente criam, validamente, algum tipo de obrigação, pois a não ser assim não teriam sentido nenhum. Criam obrigações instrumentais, cuja finalidade, cuja razão de ser, é exatamente tornar a lei exeqüível.

A lei institui a obrigação de pagar imposto de renda, para quem auferir rendimentos superiores a certo montante durante o ano. É evidente que o regulamento pode estabelecer para tais pessoas a obrigação de declarar os rendimentos auferidos. Essa obrigação de declarar é instrumental. Sem ela não haveria como tornar efetiva a obrigação de pagar o imposto. É instituída *para fiel execução da lei.*

Por isto é que se diz que "ao contrário da obrigação principal, que só pode ser prevista em lei (CTN, art. 3º, 97, I), as obrigações acessórias podem ser instituídas pela legislação tributária, com o largo alcance que lhe dá o art. 96 do CTN".[11]

A ausência de adequada compreensão desse aspecto da fenomenologia jurídica tem levado juristas eminentes a posições opostas igualmente equivocadas. Uma, sustentando que somente a lei, em sentido estrito, pode instituir obrigações tributárias acessórias. Outra, sustentando que todos os deveres impostos ao contribuinte configuram obrigações acessórias e, por isto, independem de lei. Demonstrado acima o equívoco da primeira, vejamos o equívoco da segunda.

É necessário, pois, distinguirmos as obrigações tributárias acessórias de outros deveres administrativos instituídos por lei no interesse

10. CF, art. 84, inc. IV.

11. Celso Cordeiro Machado, *Tratado de Direito Tributário*, vol. VI, Rio de Janeiro, Forense, p. 181.

da Administração Tributária, porque estes somente por lei podem ser instituídos. Embora aquelas, como estes, sejam instituídas no interesse da arrecadação ou da fiscalização do pagamento de tributos,[12] existe uma distinção em face da qual se admite sejam as típicas obrigações tributárias acessórias instituídas pela *legislação*, como diz o art. 113, § 2º, do Código, e não apenas por lei. Só em face dessa distinção é que se admite que o inciso III, do art. 97, refira-se somente ao fato gerador da obrigação tributária *principal*.

Na verdade, nem todos os deveres administrativos impostos a contribuintes e a terceiros no interesse da Administração Tributária configuram obrigações tributárias acessórias. Estas, porque acessórias, instrumentais, necessárias para viabilizar o cumprimento da obrigação principal, podem ser instituídas por normas de natureza simplesmente regulamentar. Não os outros deveres administrativos que, embora possam ser úteis no controle do cumprimento de obrigações tributárias, não são inerentes a estas e assim não se caracterizam como obrigações tributárias acessórias.

É da maior importância a delimitação da obrigação tributária acessória, conceito do qual devem ser excluídos os deveres administrativos impostos aos contribuintes por simples comodismo fiscal. Só são obrigações tributárias acessórias – tenha-se isto sempre presente – as prestações sem as quais não seria viável o controle do cumprimento das obrigações tributárias principais. Por isto é que sustentamos que as obrigações tributárias podem ser instituídas por regulamentos, eis que estes se destinam precisamente a viabilizar a fiel execução da lei, nos termos do art. 84, inciso IV, da vigente Constituição Federal. Qualquer excesso no exercício do poder regulamentar enseja a invalidade da instituição de deveres administrativos que evidentemente só por lei podem ser instituídos.

Finalmente, é de se ressaltar que o legislador está sempre submetido às limitações constitucionais, de sorte que ao instituir deveres administrativos no interesse da fiscalização e da arrecadação de tributos não pode, sob pena de invalidade da norma que edita, instituir deveres que não sejam razoáveis e proporcionais. Assim, mesmo quando instituídos por lei, esses deveres administrativos somente são exigíveis nos limites da razoabilidade e da proporcionalidade, princípios constitucionais que limitam a liberdade do legislador.

12. CTN, art. 113, § 2º.

3.3 Obrigação acessória e abuso do poder-dever de fiscalizar

Outra questão interessante, concernente à delimitação do que se deve entender como obrigação tributária acessória, é a de identificar a fronteira entre os deveres impostos ao contribuinte e o poder-dever da Administração Tributária, de fiscalizar as atividades do contribuinte para verificar o cumprimento de suas obrigações tributárias.

A cobrança do tributo é ato de *poder-dever*. Poder, do Estado. Dever, da autoridade da Administração Tributária que corporifica ou presenta o Estado. Como observa Oliveira Rocha, com inteira propriedade, "a Administração está obrigada a cobrar o tributo criado".[13] As autoridades que compõem a Administração Tributária não são titulares de *poder*, no exato sentido do termo. A elas a lei atribui o *dever* de cobrar o tributo que tenha sido, por lei, instituído. O *poder* de criar o tributo, este quem tem é o Estado. Poder que se expressa em dois níveis, primeiro como verdadeira expressão de poder, através da Constituição, e, segundo, já delimitado e por isto mesmo mais adequadamente denominado competência, através da lei, que é forma de manifestação do poder estatal.

À falta de expressão mais adequada, diz-se que a autoridade administrativa exerce um poder-dever, quando cobra o tributo. E assim também quando fiscaliza os atos do sujeito passivo de obrigações tributárias.

A lei atribui às autoridades da Administração Tributária o dever de fiscalizar os atos dos sujeitos passivos de obrigações tributárias. Para que possam cumprir esse dever, as autoridades recebem da legislação tributária a necessária competência, que lhes é atribuída em caráter geral ou especificamente em relação a cada tributo.[14]

No exercício de suas atividades, as autoridades da Administração Tributária exercitam *poder*, que é inerente à competência a elas atribuída. E como quem exercita poder tende a dele abusar, é importante que se estabeleça um critério para a delimitação do que se deve entender como regular exercício da competência, e como abuso do poder de fiscalizar. Essa delimitação tem tudo a ver com a adequada compreensão do que seja uma *obrigação tributária acessória*, e de como pode ser esta validamente instituída.

Por isto Cordeiro Machado doutrina, com propriedade:

13. Valdir de Oliveira Rocha, "Determinação do Montante do Tributo", *Dialética*, São Paulo, p. 49.

14. CTN, art. 194.

"Observados os limites territoriais, ainda no plano horizontal, impõe-se o delineamento de círculos próprios de atuação das autoridades, em cada uma das áreas de inserção dos tributos.

"No plano vertical, será necessário atentar na linha hierárquica das várias autoridades e nas atribuições outorgadas a cada uma delas.

"No que toca aos princípios informativos do sistema, é preciso indagar, previamente, se a competência ou o poder, dados a uma autoridade, não conflitam, por exemplo, com as normas gerais do sistema impositivo ou com as garantias e os direitos dos contribuintes."[15]

Embora possa parecer difícil em certas situações a determinação da fronteira entre o que constitui objeto das obrigações acessórias e o que consubstancia cumprimento do dever de fiscalizar, é importante o estabelecimento de um critério que, pelo menos em princípio, permita identificar os abusos no exercício da competência atribuída às autoridades da Administração Tributária.

Existem abusos contra o contribuinte, consubstanciados em exigências previstas na legislação, que se caracterizam por evidentes desvios de finalidade, dos quais é exemplo a exigência de certidão de quitação das Fazendas Públicas como condição para a concessão do "habite-se" de um imóvel. Ao conceder o "habite-se", a Administração Pública apenas afirma que o imóvel está em condições de ser habitado. Exerce o seu poder de polícia, nessa área. Nada mais. Só é válida, pois, a denegação do "habite-se" no caso em que inexistam tais condições.

Tais abusos estão muitas vezes autorizados em lei, cuja inconstitucionalidade, portanto, é evidente. Não é deles, porém, que estamos cuidando aqui. Interessa-nos especialmente o abuso cometido pelo agente fiscal no específico exercício da fiscalização, relacionado com as obrigações acessórias.

Tem se tornado comum, especialmente no âmbito da fiscalização federal, a intimação de contribuintes para que forneçam aos fiscais demonstrativos os mais diversos, verdadeiros relatórios de certas atividades, para que os fiscais não tenham o trabalho de extrair dos livros e documentos mantidos pelo contribuinte, por exigência legal, as informações que desejam.

Os contribuintes estariam obrigados a atender tais exigências, porque estariam cumprindo obrigação acessória, ou o dever de informar. Importa, pois, determinar-se o que constitui objeto de uma obrigação acessória, e o que configura abuso do poder-dever de fiscalizar.

15. Celso Cordeiro Machado, *Tratado de Direito Tributário*, vol. VI, Rio de Janeiro, Forense, pp. 174-175.

Obrigação tributária acessória é aquela prevista na legislação tributária. A escrituração de livros e a emissão de documentos, por exemplo. Inexistem obrigações acessórias instituídas caso a caso pelos agentes fiscais. Resta a obrigação acessória consistente no dever de informar, ou de prestar esclarecimentos, e nesta é que se concentra a questão de saber até onde vai a obrigação tributária acessória e onde começa o dever de fiscalizar, certo de que "o sistema de fiscalização dos tributos repousa, fundamentalmente, na tessitura das obrigações acessórias".[16]

É comum a solicitação, por parte de agentes do fisco federal, de verdadeiros relatórios de certas atividades, ao argumento de que o contribuinte tem o dever de prestar informações e, portanto, tem o dever de lhes fornecer os dados dos quais necessitam para o desempenho da tarefa de fiscalização.

Evidente, porém, que o dever de prestar informações, que configura obrigação tributária acessória, é diverso de um suposto dever, absolutamente inexistente, de fornecer ao agente do fisco as informações que este normalmente pode obter com o exame dos livros e documentos que o contribuinte é obrigado a manter à disposição das autoridades da Administração Tributária. "O regime geral de fiscalização é o que se exercita através dos dados e das informações obtidas no documentário fiscal, tomada essa expressão como o repositório de tudo o que deflui do cumprimento das obrigações acessórias, impostas ao contribuinte, de um modo geral, ou, em particular, a contribuintes de determinados tributos: posse e escrituração de certos livros, emissão de notas fiscais, prestação periódica de informações aos agentes fazendários, etc."[17]

A prestação de informações que configura obrigação acessória é aquela que a legislação tributária estabelece para ser ordinariamente cumprida pelo sujeito passivo, periodicamente. Exemplo, a declaração de rendimentos que as pessoas naturais, ou físicas, e as pessoas jurídicas em geral são obrigadas a fazer anualmente.

A obrigação acessória de prestar informações é sempre prevista normativamente, em caráter geral, exigível de todos os contribuintes que se encontrem na mesma situação fática. Não pode resultar de determinação do agente fiscal, em cada caso, até porque o tributo há de ser cobrado mediante atividade administrativa plenamente vinculada.[18]

16. Idem, ibidem, p. 181.
17. Idem, ibidem, p. 185.
18. CTN, art. 3º.

O documentário fiscal existe exatamente para que nele os agentes do fisco colham as informações das quais necessitam. Exigir do sujeito passivo da obrigação tributária que as colham e organizem, segundo a conveniência dos agentes do fisco, é puro abuso do poder-dever de fiscalizar. Cabe ao agente fiscal colher no documentário fiscal as informações das quais necessita para o desempenho de suas tarefas. Para isto é que existe e percebe remuneração, que afinal é paga pelo contribuinte, não sendo razoável, pois, onerá-lo duplamente.

Por outro lado, se o fisco pudesse exigir do contribuinte verdadeiros e extensos relatórios, demonstrativos de contas diversas, ter-se-ia instituído, por simples manifestação do agente fiscal em cada caso, verdadeiros documentos, cuja elaboração a lei não impõe ao sujeito passivo.

Em síntese, tem-se como critério para a distinção entre o objeto da obrigação tributária de prestar informações, e o objeto do cumprimento do dever de fiscalizar, a generalidade e a periodicidade constantes da previsão normativa. As obrigações acessórias são somente aquelas normativamente estabelecidas, de observância periódica e para os sujeitos passivos em geral.

A lei atribui ao agente público o dever de fiscalizar, e ao contribuinte o de tolerar tal fiscalização, mesmo invadindo a sua privacidade, examinando mercadorias, livros e documentos.[19] E estabelece que "os livros obrigatórios de escrituração comercial e fiscal e os comprovantes dos lançamentos neles efetuados serão conservados até que ocorra a prescrição dos créditos tributários decorrentes das operações a que se refiram".[20]

Não pode a norma infralegal atribuir ao contribuinte os deveres que a lei atribuiu aos agentes fiscais. Ninguém de bom senso admite que uma norma inferior modifique uma lei. Desprovida, pois, de validade, é a norma inferior que, a pretexto de instituir obrigação acessória, atribui ao contribuinte o dever de oferecer ao agente fiscal dados que ele pode obter examinando a escrituração, ou os documentos que lhe servem de base. Mais evidente, ainda, é a invalidade do ato do agente fiscal que, sem norma alguma que o autorize, exige do contribuinte aqueles dados, que por comodismo não busca obter na escrituração ou nos documentos que este tem o dever de lhe exibir.

19. CTN, art. 195.

20. CTN, art. 195, parágrafo único.

3.4 Obrigação acessória e direito ao silêncio

É relevante notarmos que uma das conseqüências da definição como crime de condutas inerentes à relação tributária consiste na necessidade de ser assegurado ao contribuinte o direito de se recusar a prestar informações ao fisco, capazes de constituir prova contra ele em eventual processo por crime contra a ordem tributária. Assim, se a obrigação de prestar declarações ao fisco não oferece nenhum problema, o mesmo não ocorre nas situações em que o fisco suscita dúvidas sobre informações já prestadas, ou sobre registros feitos em livros ou documentos fiscais. Em tais situações, se a prestação de informações solicitadas pelo fisco puder implicar prova contra o contribuinte eventualmente incurso em crime contra a ordem tributária, o dever de prestá-las está evidentemente excluído pelo direito ao silêncio.

Em quase todas as questões jurídicas que albergam conflito entre o indivíduo e a autoridade geralmente surgem os plantonistas do arbítrio, sempre prontos para elaborar teses em defesa do poder. Também no que diz respeito à implicação do direito ao silêncio, constitucionalmente assegurado, no terreno das denominadas obrigações tributárias acessórias, existem juristas eminentes que adotam tese autoritária. Seixas Filho, por exemplo, sustenta:

> "O dispositivo constitucional permite ao preso não se auto-acusar, permanecendo calado, é verdade. Porém esse direito é concedido à pessoa que já está submetida à prisão e perante as autoridades criminais, não sendo esta situação jurídica idêntica, ou até mesmo semelhante, à do contribuinte que deve prestar informações à autoridade fiscal.
>
> "Mesmo no caso de contribuinte submetido ao regime prisional, o seu silêncio, para não se auto-incriminar, poderá ser prejudicial à sua defesa, pois, convenhamos, se já está preso, é porque no inquérito policial existem provas que convenceram a autoridade judicial a decretar a sua prisão.
>
> "Nestas condições, o seu silêncio, isto é, a sua recusa de oferecer contraprovas, servirá para demonstrar que o contribuinte-preso está omitindo informações, está se recusando a prestar declarações que foram sonegadas, sendo uma confissão tácita da prática dos delitos previstos nos arts. 1º e 2º da Lei n. 8.137/90."[21]

Essa tese, porém, *data máxima vênia*, não tem a menor consistência. No texto constitucional em questão, à palavra *preso* não se pode atribuir um sentido literal, até porque o direito ao silêncio, como ali colocado, não aproveita àqueles que estejam presos porque já condenados. O direito ao silêncio faz parte do conjunto de meios integrantes do que se

21. Aurélio Pitanga Seixas Filho, *Comentários ao Código Tributário Nacional*, Coord. Carlos Valder do Nascimento, Rio de Janeiro, Forense, 1997, p. 492.

costuma chamar ampla defesa, constitucionalmente assegurada a todos quantos sejam acusados de algum ilícito, seja em processo judicial, ou administrativo.

Se por *autoridades criminais* entendermos as autoridades policiais, é evidente a similitude que há entre a ação destas, nos crimes em geral, e a das autoridades da Administração Tributária, em se tratando de crimes contra a ordem tributária. Toda vez que é instaurada ação fiscal contra determinado contribuinte, ele é colocado na mesma situação em que se coloca o suspeito do cometimento de crime em geral, no inquérito policial. Toda vez que o fiscal de tributos vai ao domicílio do contribuinte, fiscalizá-lo, está buscando elementos para incriminá-lo, ainda que essa verdade possa ser dissimulada com eufemismos vários.

Admitir-se que o contribuinte, mesmo preso, ainda assim não tem direito ao silêncio, é ainda mais absurdo. É negar a este um direito que o Mundo Civilizado reconhece em favor do mais hediondo dos criminosos.

Em matéria criminal, exatamente em razão do direito ao silêncio, não se pode falar em confissão tácita. O calar jamais poderá ser interpretado em prejuízo da defesa. Por isto mesmo tem-se como inconstitucional o dispositivo do Código de Processo Penal que, ao cuidar do interrogatório do acusado, diz que o Juiz deve advertir o depoente de que o seu silêncio poderá ser interpretado em prejuízo de sua própria defesa. Dispositivo que é fruto da ditadura Vargas, e não foi recepcionado pelas constituições posteriores, especialmente pela de 1988.

3.5 Conseqüência do inadimplemento da obrigação acessória

A conseqüência do inadimplemento das obrigações é a sanção. O inadimplemento das obrigações tributárias em geral tem como conseqüência a sanção pecuniária, a multa que, uma vez definitivamente aplicada, faz nascer o crédito a favor da Fazenda Pública.

Não obstante severamente criticado, como já nestes comentários se mostrou, certo é que o Código Tributário Nacional inseriu o crédito da Fazenda Pública, decorrente da imposição de multas previstas na legislação tributária, na categoria de obrigação tributária principal, ou, mais exatamente, na categoria de crédito tributário, posto que a inserção se dá exatamente no momento do lançamento.

Seja como for, certo é que em razão do inadimplemento da obrigação tributária surge para a Fazenda Pública o poder-dever, ou direito potestativo, de constituir um crédito tributário cujo conteúdo é a penalidade pecuniária correspondente. Sobre isto já escrevemos: "A obrigação acessória é instituída pela *legislação*, que é lei em sentido amplo (art. 96). Sempre no interesse da arrecadação ou fiscalização dos tributos (art. 113, § 2º). Não implica para o sujeito ativo (fisco) o direito de exigir um comportamento do sujeito passivo, mas o poder jurídico de criar contra ele um crédito, correspondente à penalidade pecuniária. Por isto diz o Código que 'a obrigação acessória, pelo simples fato de sua inobservância, converte-se em obrigação principal relativamente à penalidade pecuniária' (art. 113, § 3º). Na verdade o inadimplemento de uma obrigação acessória não a converte em obrigação principal. Ele faz nascer para o fisco o direito de constituir um crédito tributário contra o inadimplente, cujo conteúdo é precisamente a penalidade pecuniária, vale dizer, a multa correspondente".[22]

Há, como facilmente se vê, impropriedade terminológica no § 3º, do art. 113, do Código Tributário Nacional. Impropriedade que em nada prejudica sua compreensão e que pode ser facilmente superada pelo intérprete. Tal impropriedade foi observada por Souto Borges, que depois de registrar que a norma em questão não é tecnicamente precisa, assevera:

"O art. 113, § 3º, apenas significa que, se descumprida a obrigação acessória, que tem por objeto prestações positivas ou negativas (art. 113, § 2º), instaura-se uma outra relação, que tem por objeto o pagamento da penalidade pecuniária. As obrigações acessórias, tais como as de prestar informações e esclarecimentos ao fisco, emitir notas fiscais, manter livros fiscais, desde que sejam descumpridas, persistem sendo obrigações dessa mesma espécie, ou seja, obrigações decorrentes de atos ilícitos.

"O que se dá, na hipótese, é a instauração de uma relação jurídica diversa, porque decorrente de ato ilícito. Essa nova relação corresponde ao conceito de obrigação tributária principal."[23]

4. Conclusões

Em face de tudo o que foi exposto, podemos formular sobre as questões examinadas as seguintes conclusões:

1. O conceito de obrigação no Direito Positivo brasileiro inclui deveres sem conteúdo patrimonial, não havendo nenhum prejuízo para

22. Hugo de Brito Machado, *Curso de Direito Tributário*, cit., p. 135.

23. José Souto Maior Borges, *Tratado de Direito Tributário Brasileiro*, vol. 4: "Lançamento Tributário", Rio de Janeiro, Forense, 1981, p. 234.

a Ciência do Direito na inclusão de deveres administrativos na categoria de obrigação tributária.

2. A obrigação tributária *acessória* não está necessariamente ligada a uma determinada obrigação principal. Nem depende de uma específica obrigação principal. O caráter de *acessoriedade* há de ser entendido no sentido próprio que tem a obrigação no campo do Direito Tributário. Uma acessoriedade em relação à obrigação de pagar tributo, vista globalmente. Não em relação à obrigação de pagar determinado tributo, exigível em razão de um determinado e específico fato tipo, que realiza uma hipótese de incidência em determinada situação isolada. A obrigação tributária é acessória no sentido de ser uma obrigação instrumento da outra, que só existe para instrumentalizar a outra. Que não teria sentido de existir, sem a outra.

3. A obrigação tributária acessória pode ser instituída por regulamento porque ela existe apenas para fiel execução de obrigações tributárias principais que são instituídas por lei. Tem por finalidade, portanto, viabilizar a fiel execução da lei. É da maior importância, porém, não confundir a obrigação tributária acessória com os deveres administrativos que a rigor não são necessários, embora possam ser úteis, ao controle do cumprimento de obrigações tributárias principais. Esses deveres administrativos, que não são indispensáveis à fiel execução da lei tributária, somente por lei podem ser estabelecidos. E mesmo quando instituídos por lei, esses deveres administrativos somente são exigíveis nos limites da razoabilidade da proporcionalidade, princípios constitucionais que limitam a liberdade do legislador.

4. Existem abusos contra o contribuinte, consubstanciados em exigências previstas na legislação, que se caracterizam por evidentes desvios de finalidade, dos quais é exemplo a exigência de certidão de quitação das Fazendas Públicas como condição para a concessão do "habite-se" de um imóvel. Ao conceder o "habite-se", a Administração Pública apenas afirma que o imóvel está em condições de ser habitado. Exerce o seu poder de polícia, nessa área. Nada mais. Só é válida, pois, a denegação do "habite-se" no caso em que inexistam tais condições. Tais abusos estão muita vez autorizados em lei, cuja inconstitucionalidade, portanto, é evidente. Não é deles, porém, que estamos cuidando aqui. Interessa-nos especialmente o abuso cometido pelo agente fiscal no específico exercício da fiscalização, relacionado com as obrigações acessórias. Em síntese, tem-se como critério para a distinção entre o objeto da obrigação tributária de prestar informações, e o objeto do cumprimento do dever de fiscalizar, a generalidade e a periodicidade

constantes da previsão normativa. As obrigações acessórias são somente aquelas normativamente estabelecidas, de observância periódica e para os sujeitos passivos em geral.

5. Em decorrência do fato de haver o legislador definido como crime o ilícito tributário, deve ser assegurado ao contribuinte o direito ao silêncio, que afasta o seu dever de prestar informações e fornecer documentos que possam consubstanciar prova contra ele próprio.

6. O inadimplemento de uma obrigação tributária acessória não opera a conversão desta em obrigação principal, mas faz surgir uma obrigação principal que tem como objeto a penalidade pecuniária respectiva.

O CARÁTER PATRIMONIAL DAS OBRIGAÇÕES TRIBUTÁRIAS ACESSÓRIAS

PAULO SOUTO BORGES

1. Prólogo – Thomas Kuhn e a estrutura das revoluções científicas: a ciência em benefício da sociedade. 2. A estrutura das revoluções científicas. 3. Para além do apenas dogmático. 4. Apologia à dogmática jurídica e crítica à sua aplicação equivocada: os valores juridicamente positivados. 5. Sistema da Ciência do Direito e sistema de direito positivo. 6. O "tributo" como conceito aglutinante no sistema de direito positivo. 7. O "tributo" como conceito aglutinante no sistema da Ciência do Direito. 8. O tributo e a obrigação tributária: contraposição conceptual. 9. O gênero "obrigação tributária" e as espécies "obrigação tributária principal" e "obrigação tributária acessória". 10. O tributo como objeto da obrigação tributária principal (CTN, art. 113, § 1º). 11. O tributo como objeto da obrigação tributária acessória. 12. O serviço militar como obrigação tributária (prestação "in labore"). 13. O trabalho em mesas eleitorais como obrigação tributária. 14. A participação nos júris criminais como espécie de obrigação tributária. 15. Demonstração do caráter patrimonial da obrigação tributária acessória no âmbito sintático da linguagem do ordenamento. 16. Distinção entre as hipóteses de interpretação: adimplemento e inadimplemento da obrigação tributária acessória. 17. Demonstração do caráter patrimonial da obrigação tributária acessória no âmbito semântico da linguagem do ordenamento (a análise terminológica da linguagem): 17.1 A problemática quanto ao uso da expressão "deveres instrumentais"; 17.2 A problemática quanto ao uso da expressão "deveres de contorno". 18. Demonstração do caráter patrimonial da obrigação tributária acessória no âmbito pragmático da linguagem do ordenamento. 19. A jurisprudência como fonte positivadora de normas jurídicas e o tratamento das obrigações tributárias acessórias. 20. Das tentativas de refutação prévia à presente teoria: 20.1 O argumento do tratamento econômico (extrajurídico) no âmbito da dogmática jurídica; 20.2 O argumento da diferenciação quanto ao objeto da obrigação tributária principal e o objeto da obrigação tributária acessória. 21. Bibliografia.

1. Prólogo – Thomas Kuhn e a estrutura das revoluções científicas: a ciência em benefício da sociedade

Um dos momentos de maior efervescência na história da atividade científica contemporânea foi, indubitavelmente, o Círculo de Viena. Vários filósofos e pensadores se encontravam periodicamente em torno de uma "*Stammtisch*" (mesa de debates em bares e cafés, muito comum na Alemanha, Áustria etc.) para refletir sobre em que bases se dava o desenvolvimento da atividade científica e para traçar os rumos daquilo que consideravam o melhor modo de pensar cientificamente.

O Círculo de Viena é antecedente longínquo, informa boa parte da doutrina nacional em Direito Tributário, que, pela sua formação lógico-filosófica, tem no pensamento de seus representantes (Gottlob Frege, Moritz Schlick, Ludwig Wittgenstein – este, apesar de não ter participado, exerceu grande influência; e até mesmo o próprio Kelsen teria participado de alguns debates) o principal fundamento doutrinário para a atual Escola de Direito Tributário, particularmente, a Escola Analítica.

Esse mesmo movimento, tido como informador da atual doutrina do Direito Tributário, teve o seu ápice na publicação do manifesto *O ponto de vista científico do Círculo de Viena*, publicado em congresso na cidade de Praga, onde restou afirmado como premissa maior a todas as demais *a colocação da ciência em benefício da humanidade.*[1] A validade da atividade científica condicionada ao direcionamento de seus resultados para o incremento da vida humana.

Situação difícil a que decorre dessa premissa, e de outra maneira não poderia ser, advinda de tão competentes pensadores: como criticar uma doutrina que se encastela sob o manto de tão digna pretensão para com a sociedade?

Ocorre que, do originariamente pensado e querido ao efetivamente praticado, podem ocorrer distorções, bem como, desvirtuações da "essência" de um pensamento. A esse tipo de equívoco qualquer um de nós está sujeito, sobretudo quando da reprodução do pensamento alheio. Essa vicissitude é mais sensível nas traduções de obras alheias: "tradutor, traidor" – denuncia a velha parêmia.

2. *A estrutura das revoluções científicas*

Thomas Kuhn[2] desencadeou, com a publicação do seu *A estrutura das revoluções científicas*, uma nova reflexão por parte dos filósofos sobre as bases do desenvolvimento da atividade científica.

Diferentemente do ministrado por Karl Popper – que acreditava que o desenvolvimento científico se daria de forma linear, com a superação

1. Paulo de Barros Carvalho, "O neopositivismo lógico e o Círculo de Viena", in *Apostila de Lógica da disciplina de Filosofia do Direito – Lógica Jurídica*, ministrada no curso de Mestrado em Direito Tributário da Pontifícia Universidade Católica de São Paulo.

2. Thomas Kuhn, *A estrutura das revoluções científicas*, São Paulo, Perspectiva, 2001.

de uma tese por outra que a abrangesse, ou a contradissesse em seus pontos cruciais –, Thomas Kuhn defendia uma outra dinâmica referente à atividade científica: o conhecimento se desenvolvia quando um *paradigma* (modelo teórico) fosse acometido por *anomalias* (vícios resultantes da aplicação do paradigma), a tal ponto que resultaria numa ou em várias *crises* (momentos de reflexão do paradigma), que normalmente desembocariam na consecução de um novo paradigma, através de uma ruptura para com o modelo anterior (a *revolução* propriamente dita).

Mas por que esse intróito que tanto se alonga?

3. Para além do apenas dogmático

A posição da doutrina dita dogmática é uma posição de equívoco, quando evita enfrentar vários problemas científicos por uma questão de exclusivo "corte epistemológico". Ressalte-se que tal anomalia somente ocorre por uma desvirtuação da dogmática no seu sentido mais apropriado (a nosso ver, pelo menos, e que será objeto do próximo ponto).

Sabemos que a ciência precisa desenvolver-se em bases sólidas, conforme salientado pelo Círculo de Viena em seu manifesto, com os seus limites bem demarcados, sob pena de ingressarmos no labirinto do caos de sensações kantiano.

Sabemos também que se faz necessário direcionar a ciência para a sua melhor utilização pragmática, nível em que ela se torna mais rente à realidade social. A teoria da linguagem aplicada ao direito nos ensina que três são os níveis de linguagem: a sintaxe, a semântica e a pragmática. Esses são, portanto, os níveis a serem considerados para efeitos de qualquer estudo jurídico-filosófico, centrado na linguagem.

Reconhecemos um *valor* ínsito a qualquer atividade científica num contexto espaço-temporal: *o benefício da humanidade*, conforme publicado no mesmo manifesto. E não há como alcançá-lo sem a análise dessa eterna esquecida, a pragmática, que em seu âmago comporta a mais saliente interação com o social (a regulação da conduta como fim maior do direito).[3]

O grande desafio consiste em como exercer uma ciência, reconhecendo sua permeabilidade aos valores, sem, com isso, retirar-lhe o rigor científico e sem desconhecer suas necessárias limitações epistemológicas e metodológicas. Um doutrinador costuma dizer: o fato de um pro-

3. O direito como "ordem normativa da conduta humana" (ver Hans Kelsen, *Teoria Pura do Direito*, São Paulo, Martins Fontes, 2003, p. 5).

blema ser difícil só constitui mais um motivo para que seja de imediato enfrentado (José Souto Maior Borges).

4. *Apologia à dogmática jurídica e crítica à sua aplicação equivocada: os valores juridicamente positivados*

A pureza da teoria é necessária à configuração do Direito como ciência, e essa determinação muito bem cumpriu o seu dever, visto que, nos dias atuais, não mais há discussão sobre o caráter científico do Direito, restando ultrapassadas as concepções em contrário, que chegaram a vislumbrar o Direito como um capítulo da Sociologia.[4]

Todavia, a necessidade de uma análise asséptica em razão do caráter científico do Direito, como toda atividade de ruptura, levou a exageros que somente dificultam uma correta operação do jurídico e seus instrumentos de atuação (as normas jurídicas).

Lourival Vilanova já pregava, em sua obra,[5] que o *mundo dos fatos ingressa no jurídico através da porteira aberta da hipótese normativa, e sua descrição fática*. A hipótese normativa é um *descritor* deôntico. A conseqüência normativa é um *prescritor* (estrutura bimembre da norma, como ensinou, ao longo de sua obra, Vilanova).

Ou seja, o principal expositor nacional da doutrina acatada pela Escola Paulista de Direito Tributário prega uma consideração valorativa feita pelo jurídico. O Direito leva necessariamente em conta a realidade, e, portanto, toda a sua gama valorativa, principalmente pela utilização da análise pragmática.

Diversamente do colocado pela doutrina dogmática, a análise valorativa não só é possível, como indispensável a uma correta aplicação do Direito que seja comprometida com o benefício da humanidade.

Podemos começar exemplificando pela Constituição Federal de 1988, que inicia seu texto assegurando "o exercício dos direitos sociais e individuais, a liberdade, a segurança, o bem-estar, o desenvolvimento, a igualdade e a justiça *como valores* supremos de uma sociedade fraterna, pluralista e sem preconceitos, fundada na harmonia social (...)". Sem contar que seu preâmbulo é finalizado com a invocação "sob a proteção de Deus (...)".[6]

4. Vide Augusto Comte, *Curso de filosofia positiva*, São Paulo, Nova Cultural, 1973.

5. Lourival Vilanova, *Estruturas lógicas e o sistema do direito positivo*, São Paulo, EDUC/Ed. RT, 1977.

6. Constituição Federal, Preâmbulo.

Sem desconhecer aqueles que negam força normativa ao preâmbulo, colocamos a seguinte ponderação: apesar de contidas no preâmbulo, essas prerrogativas encontram-se positivadas ao longo de boa e importante parte do texto constitucional.[7]

Não pretendemos, aqui, ingressar na já ultrapassada polêmica Jusnaturalismo *versus* Positivismo, mas, sim, colocar uma nova proposta de aplicação da Dogmática Jurídica, com total consideração dos valores que tão intimamente a ela estão ligados (ressalve-se que a própria escolha pela ausência de valores constitui-se numa valoração implícita). Tarefa que, como dito anteriormente, apesar de difícil, é viável.

5. *Sistema da Ciência do Direito e sistema de direito positivo*

Existem duas maneiras de se intentar um trabalho jurídico: um primeiro caminho seria analisar o objeto do conhecimento da sua partícula mínima, que é a norma jurídica (obviamente desconsideradas as suas partes constitutivas – as proposições normativas, equivocadamente chamadas de fragmentos de normas), visando à análise do seu conjunto que é o sistema de direito positivo. Ou vice-versa, rumar do sistema de direito positivo como esfera maior do Direito e, a depender da acepção em que tomado o termo, confundindo-se inclusive com este, à norma jurídica. Este o caminho que escolhemos como mais acertado para a análise normativa. Partamos, então, do sistema de direito positivo para os textos jurídico-normativos instituidores da obrigação tributária acessória, uma opção temática como qualquer outra.

Achamos por bem iniciar conceituando o sistema de direito positivo como o conjunto de textos legais introdutores de normas juridicamente válidas num determinado espaço-tempo. Numa acepção de base (acepção primeira, inicial), seria um "objeto formado de porções que se vinculam debaixo de um princípio unitário ou como a composição de partes orientadas por um vetor comum".[8] Tércio Sampaio Ferraz Jr. utiliza-se dos termos "estrutura" para designar o complexo de relações existentes entre os entes aglutinados, e "repertório" para designar o conjunto de elementos constitutivos do sistema (*in casu*, as normas jurídicas). O sistema é a "forma das formas" no dizer de Husserl. A estrutura mais elaborada dentre as formas lógicas.

7. Vide, exemplificativamente, CF, arts. 5º, 6º, 8º, 12, 14, 17 etc.

8. Paulo de Barros Carvalho, *Curso de Direito Tributário*, 15ª ed., São Paulo, Saraiva, 2003, p. 131.

Conforme demonstrado pela melhor teoria, temos uma linguagem-objeto, constitutiva do sistema de direito positivo, e uma metalinguagem da Ciência do Direito. O sistema de direito positivo funciona, pois, como linguagem-objeto dos estudos empreendidos pela Ciência do Direito, que atua como metalinguagem descritiva desse sistema (*meta* por se colocar além, como que em paralelo).

Pergunta que não quer calar: existe sistema tanto na Ciência do Direito quanto no direito positivo? Alguns negam o caráter de sistema ao direito positivo, o que não constitui o entendimento da melhor doutrina,[9] que acredita haver a necessidade de um mínimo de organização (talvez daí o termo sinônimo *ordenamento*) para que os destinatários das normas jurídicas possam compreender, por exemplo, a subordinação de uma norma-regra a uma norma-princípio.[10]

Sempre que utilizada a expressão sistema de direito positivo, o faremos como sinônimo de ordenamento jurídico posto. Sempre que nos referirmos à Ciência do Direito, utilizaremos sistema da Ciência do Direito.

6. O "tributo" como conceito aglutinante no sistema de direito positivo

Partimos da premissa de que o sistema é um conjunto de elementos agrupados sob um princípio (ou conceito) aglutinante, no âmbito jurídico. Assim como temos, em plano maior de abstração, o conceito de direito como condicionante da Ciência do Direito, dá-se o conceito de tributo, como conceito aglutinante do sistema do direito tributário positivo, a partir da Constituição Federal e passando pelo Código Tributário Nacional e leis tributárias materiais.

Todas as normas jurídicas componentes do sistema de direito tributário positivo hão de estar agrupadas sob a norma jurídica definitória do tributo. Como defensores arraigados da constitucionalização do direito positivo (o direito positivo não pode ir de encontro àquilo preceituado na Constituição Federal), não consideramos exclusivamente a noção de tributo colocada pelo Código Tributário Nacional (art. 3º), mas necessariamente confrontamo-la com as normas jurídicas instituídas pela Carta Magna, que servem inclusive de fundamento de validade para o conceito estabelecido pelo mencionado art. 3º do CTN.

9. Idem, ibidem.

10. J. J. Gomes Canotilho, *Direito constitucional*, Coimbra, Almedina, 1993.

"Tributo", conforme estabelecido por esse dispositivo, é "toda prestação pecuniária compulsória, em moeda ou cujo valor nela se possa exprimir, que não constitua sanção de ato ilícito, instituída em lei e cobrada mediante administrativa plenamente vinculada".

Combinado tal dispositivo com os diversos preceitos constitucionais atinentes à matéria: arts. 5º, *caput* (legalidade), 145, § 1º (pessoalidade e capacidade contributiva), 150, I, (legalidade transposta ao campo tributário) etc., como instrumentos normativos delineadores (normas-princípios) da sua composição, temos o "tributo" no sistema de direito positivo. A sua definição é, porém, já aí, obtida ao nível da Ciência do Direito, atenta a essa função aglutinadora do conceito que, essa sim, é efeito das normas jurídicas respectivas.

7. O "tributo" como conceito aglutinante no sistema da Ciência do Direito

Assim como no sistema de direito tributário positivo nós temos o "tributo" como norma jurídica informadora das demais normas jurídicas tributárias, na ciência descritiva do ordenamento Juspositivo não poderia se dar de forma diversa: a análise do texto instituidor da norma jurídica "tributo" vincula todas as demais prescrições do ordenamento jurídico em matéria tributária.

Toda e qualquer inferência a respeito das normas jurídicas tributárias deve ter em conta a definição de tributo conforme estabelecida no tópico anterior: a noção resultante da combinação do art. 3º do Código Tributário Nacional, com as normas jurídicas presentes na Constituição Federal delineadoras do mesmo conceito. E que funcionam como o fundamento de validade do art. 3º do CTN.

Avancemos rumo ao nosso objeto de estudo (a obrigação tributária acessória), já que se encontra prefixado e demarcado o nosso ponto de partida (a definição de tributo).

8. O tributo e a obrigação tributária: contraposição conceptual

Além da definição do termo "tributo", obtida quando da combinação do art. 3º do Código Tributário Nacional com os dispositivos constitucionais e infraconstitucionais delineadores da sua abrangência, a doutrina visualiza no ordenamento a utilização de seis diferentes acepções para o vocábulo:

a) "tributo" como quantia em dinheiro;

b) "tributo" como prestação correspondente ao dever jurídico do sujeito passivo;

c) "tributo" como direito subjetivo de que é titular o sujeito ativo;

d) "tributo" como sinônimo de relação jurídica tributária;

e) "tributo" como norma jurídica tributária; e

f) "tributo" como norma, fato e relação jurídica tributária.

Sabe-se que o legislador muitas vezes opta pela utilização de termos atécnicos para designar os fenômenos jurídicos. No caso, temos presentes ao longo do ordenamento jurídico todas as acepções apontadas, restando ao cientista a identificação da acepção que melhor descreva o fenômeno. Tudo depende do contexto em que este esteja inserido.

Após acaloradas discussões com André Milchteim, que iluminou o nosso caminho no início do Mestrado, do ponto de vista dogmático, não há como desconhecer a natureza de *norma jurídica atribuível* ao "tributo", não só por ser este um ente constitutivo do sistema de direito positivo, cujas partes componentes são justamente as normas jurídicas, mas, também, porque o conceito de norma jurídica é mais abrangente que as demais acepções, pois o direito subjetivo do credor está contido na relação jurídica (obrigação tributária), que tem por objeto a prestação de determinado valor, e se encontra no conseqüente normativo, e tem como antecedente a previsão do fato jurídico tributário ("fato gerador"). Mas o conceito de tributo não é um conceito "atômico". Várias normas – e não apenas uma só – convergem para a tipificação do regime tributário a partir desse conceito fundamental.

Diferentemente do intentado por parte de certa doutrina do direito tributário, não vemos cabimento na adoção do conceito civilista de obrigação aplicado ao Direito Tributário. O próprio ordenamento jurídico positivo estabelece, mediante disposição constante do art. 113 do Código Tributário Nacional, a conceituação jurídico-positiva de obrigação tributária, *verbis*:

"Art. 113. A obrigação tributária é principal ou acessória.

"§ 1º. A obrigação principal surge com a ocorrência do fato gerador, tem por objeto o pagamento de tributo ou penalidade pecuniária e extingue-se juntamente com o crédito dela decorrente.

"§ 2º. A obrigação acessória decorre da legislação tributária e tem por objeto as prestações, positivas ou negativas, nela previstas no interesse da arrecadação ou da fiscalização dos tributos.

"§ 3º. A obrigação acessória, pelo simples fato da sua inobservância, converte-se em obrigação principal relativamente à penalidade pecuniária."

Aplicando-se a premissa sobre a qual nos baseamos do tributo como norma jurídica aglutinante do sistema de direito tributário positivo, não constitui exagero estabelecer que "obrigação tributária" seria aquela que tivesse necessariamente como objeto *a prestação de tributo*. Em outros termos, toda obrigação tributária teria como objeto a prestação de tributo.

9. O gênero "obrigação tributária" e as espécies "obrigação tributária principal" e "obrigação tributária acessória"

Desta forma, teríamos a "obrigação tributária" como gênero constituído pelas espécies "obrigação tributária principal" e "obrigação tributária acessória" (art. 113, *caput*, do CTN), salientando-se que ambas teriam como objeto a prestação de tributo. De outra forma, obrigações tributárias não seriam.

Sendo tributo *toda prestação pecuniária compulsória, em moeda ou cujo valor nela se possa exprimir, que não constitua sanção de ato ilícito, instituída em lei e cobrada mediante atividade administrativa plenamente vinculada*, como diferençar a obrigação tributária das demais obrigações jurídicas (civis, trabalhistas, etc.)?

A diferença específica, quem irá nos fornecer, é um critério material, ou seja, a própria definição constante do art. 3º, do CTN: além de ter como objeto a prestação de pecúnia ao Estado ou algo em valor de moeda exprimível, o tributo não pode constituir sanção por ilícito.

10. O tributo como objeto da obrigação tributária principal (CTN, art. 113, § 1º)

A prestação de tributo como objeto da obrigação tributária principal é facilmente perceptível, tendo em vista que decorre até da literalidade do texto legal (art. 113, § 1º, CTN). E, sendo em obrigação tributária, não poderia ter objeto diferente que não a prestação de tributo.

Basta identificar a ocorrência no mundo fenomênico do evento constante da previsão do "fato gerador" (na linguagem legal do art. 114, CTN), ou a ocorrência do descrito no antecedente da hipótese de incidência normativa, e será devida a prestação objeto da obrigação tributária (tributo).

11. O tributo como objeto da obrigação tributária acessória

Conforme estabelecido em item anterior, toda a obrigação tributária tem como objeto a prestação de tributos. O art. 113, *caput*, do Código Tributário Nacional estabelece, como visto, que a obrigação tributária é principal e acessória.

Destarte, não há como existir objeto diverso da prestação de tributos para caracterizar a obrigação tributária acessória. Caso contrário, a obrigação tributária acessória sequer como obrigação tributária poderia ser analisada, visto que foi estabelecida como critério distintivo da obrigação tributária para com as demais obrigações jurídicas a prestação de tributo.

Em momento posterior (item 15) tentaremos demonstrar o entrelaçamento sintático-normativo do art. 113 do CTN com o art. 3º desse mesmo diploma, e as disposições constitucionais delineadoras da compositura do instituto "tributo".

12. O serviço militar como obrigação tributária (prestação "in labore")

Como utilizamos como critério de identificação da obrigação tributária a prestação ou não de tributos, identificamos também a natureza do objeto da prestação como tributo ou não, mediante a adequação dos elementos constitutivos da conduta à qual está obrigado o devedor, vinculado aos critérios constantes do conceito previsto no art. 3º (obviamente que combinado com as disposições constitucionais delineadoras do tributo).

Portanto, prestação tributária não seria exclusivamente o valor em pecúnia a ser recolhido aos cofres públicos para o custeio das necessidades estatais, mas, também, "toda prestação pecuniária compulsória, *em moeda ou cujo valor nela se possa exprimir*, que não constitua sanção de ato ilícito, instituída em lei e cobrada mediante administrativa plenamente vinculada".

"Tempo é dinheiro" diz a sabedoria popular. Vivemos hoje num mundo capitalista, onde, pragmaticamente falando, a grande maioria das atividades/bens é mensurável em moeda. Advogados, consultores, oficinas de automóveis etc., trabalham no sistema de *time sheeting*, ou de remuneração por horas de trabalho.

O tempo exigido, pelo poder público, aos seus cidadãos, de exercício do serviço militar obrigatório é tempo a menor que o mesmo tem para captação dos recursos necessários à sua subsistência. Tome-se como exemplo a tão comum convocação de médicos para ingressar no corpo militar: cada hora trabalhada pelo mesmo durante o serviço obrigatório corresponde a uma hora a menos trabalhada em consultório médico próprio, onde serão cobradas consultas por hora (e com isso já estamos adiantado a demonstração, no âmbito pragmático, do caráter patrimonial da obrigação tributária principal). Razões pelas quais há quem sustente a natureza tributária do serviço militar obrigatório.[11]

13. O trabalho em mesas eleitorais como obrigação tributária

A mesma argumentação utilizada para fundamentar a prestação de serviço militar obrigatório como prestação tributária serve para sustentar o caráter tributário da prestação de serviços em mesas eleitorais.

A total adequação dos elementos constitutivos da conduta requerida com os elementos constitutivos do tributo constantes da definição do art. 3º, do Código Tributário Nacional o confirma.

A prestação é compulsória, como o são todas as obrigações jurídicas decorrentes de lei (CF, art. 5º, II), cujo valor é exprimível em moeda, não constitui sanção por ato ilícito e, ainda, é cobrada mediante atividade administrativa plenamente vinculada, como toda obrigação *ex lege* o é.

14. A participação nos júris criminais como espécie de obrigação tributária

Temos, além disso, como uma outra espécie de tributo *in labore*, conforme assinalado por Alfredo Augusto Becker,[12] a participação nos júris criminais, que, pelos mesmos motivos utilizados para os exemplos anteriores, permite também concluir pela natureza de tributo para com o objeto dessa prestação e, por via de conseqüência, pela natureza tributária da obrigação devida.

15. Demonstração do caráter patrimonial da obrigação tributária acessória no âmbito sintático da linguagem do ordenamento

Já vimos que a aplicação da dogmática jurídica conforme a doutrina atual não corresponde às aspirações de uma correta aplicação da Ciência do Direito.

11. Alfredo Augusto Becker, *Teoria geral do direito tributário*, 3ª ed., São Paulo, Lejus, 2002.

12. Idem, ibidem.

O tratamento "hermético" do sistema de direito positivo, com sua análise asséptica do ordenamento, se por um lado preservou o caráter científico do Direito em épocas conturbadas, por outro, afastou a aplicação do Direito dos seus ideais de regulação da conduta humana com vistas ao fim maior da Justiça, norte inspirador de toda atividade jurídica, desde a época dos romanos – *suum cuique tribuere* (dar a cada um o que é seu).

É comportamento criticável do cientista do direito o negar-se a uma análise do ordenamento com desconsideração dos valores que permeiam o mesmo – sobretudo o valor Justiça. Uma justiça *imanente* (CF, art. 5º, *caput*, e inc. I) e não *transcendente* ao ordenamento jurídico.

Sempre bom lembrar e retomar a lição do mestre Lourival Vilanova, para quem a facticidade ingressa no jurídico por intermédio da porteira aberta que é o antecedente normativo.

O sistema de direito positivo leva necessariamente em conta o factual, na medida em que dele necessita, para operacionalizar a sua atuação, o funcionamento da imputação normativa (previsão do fato jurídico no antecedente normativo resultar na relação jurídica prescrita no conseqüente normativo).

1) Vimos que a obrigação tributária pode ser principal ou acessória (art. 113, do CTN);

2) vimos também que a obrigação tributária tem como objeto a prestação de tributo;

3) vimos ainda que a definição de "tributo" quem nos fornece é o art. 3º do CTN combinado com as delimitações impostas pelo próprio texto constitucional;

4) e, ainda, vimos que tributo é toda prestação pecuniária compulsória, *em moeda ou cujo valor nela se possa exprimir*, que não constitua sanção de ato ilícito, instituída em lei, e cobrada mediante atividade administrativa plenamente vinculada (*ex vi legis*).

Alguns doutrinadores[13] sustentaram a patrimonialidade de todas as obrigações tributárias, com base no interesse patrimonial que teria o Estado na consecução dos meios necessários (recursos) à sua atuação.

Tal concepção foi criticada por José Souto Maior Borges[14] que, citando Kelsen, afirma só importar ao Direito a proteção normativa do

13. Arnaldo Borges, *Problemas em torno da obrigação tributária acessória*. Teses do IV Encontro dos Advogados de Pernambuco, 1977, pp. 174-176.

14. José Souto Maior Borges, *Obrigação tributária – uma introdução metodológica*, 2ª ed., São Paulo, Malheiros Editores, 1999.

interesse do credor, e não esse interesse em si. Além disso, analisar o interesse patrimonial do Estado na arrecadação dos recursos não autorizaria a conclusão pela patrimonialidade da obrigação tributária acessória.

Pretende-se com o presente trabalho chegar aos mesmos fins outrora refutados, embora se empreenda a demonstração por outros meios.

16. Distinção entre as hipóteses de interpretação: adimplemento e inadimplemento da obrigação tributária acessória

Podemos analisar o caráter patrimonial da obrigação tributária acessória ao bipartir suas hipóteses de adimplemento/inadimplemento.

Na hipótese de inadimplemento da obrigação tributária acessória, esta, no dizer do CTN, converter-se-á em obrigação tributária principal relativamente à penalidade pecuniária. Todavia, como o conceito de tributo estabelecido pelo art. 3º implica a impossibilidade de caracterizar-se sob a forma de sanção por ato ilícito, neste caso, não se terá uma obrigação tributária, mas sim, uma relação administrativa sancionatória, embora sua patrimonialidade permaneça intocada.

Já nos casos de adimplemento da obrigação tributária acessória, a demonstração do seu caráter patrimonial é um pouco mais laboriosa: somente se obtém pelo desenvolvimento do raciocínio a partir do "tributo" como objeto de todas as obrigações de ordem jurídico-tributária e a combinação do conceito insculpido no art. 3º (delineado pelos limites constitucionais à instituição de tributos). Tem-se, então, a patrimonialidade diretamente obtida na captação, no mundo dos fatos, pelo antecedente normativo.

17. Demonstração do caráter patrimonial da obrigação tributária acessória no âmbito semântico da linguagem do ordenamento (a análise terminológica da linguagem)

Para uma demonstração do caráter patrimonial da obrigação tributária no âmbito semântico da linguagem, necessário primeiramente irmos ao vernáculo para identificar se a terminologia utilizada pelo legislador é a melhor a ser empregada na caracterização do fenômeno.

Temos que o termo "obrigação" corresponde ao dever jurídico de cumprir com determinada conduta; "jurídica" não só porque o dever jurídico deve estar previsto no sistema de direito positivo, mas a sua normatividade decorre do mesmo; "tributário" porque inserido dentro do subsistema jurídico positivo tributário (conceito aglutinante de tributo); obrigação "acessória" porque não tem por objeto a prestação de quantia em decorrência do fato previsto na hipótese de incidência da norma-padrão de incidência tributária (ou da obrigação principal), mas, sim, de atividade relativa à persecução da obrigação tributária principal.

17.1 A problemática quanto ao uso da expressão "deveres instrumentais"

A utilização do termo "obrigação acessória" é muito criticada por alguns doutrinadores pelo fato de não caber falar em "obrigação" quando as prestações são de cunho não-patrimonial; e "acessoriedade" quando não existiria, por muitas vezes, uma obrigação tributária principal, mas tão-somente a necessidade do cumprimento do objeto da obrigação "acessória".

Problemas vemos quando da utilização "deveres instrumentais ou formais". A utilização do termo "deveres" é em muito suplantada pelo termo "obrigação", pois este não se refere a um único pólo componente da relação jurídica (qual seja o do devedor, que tem o dever de cumprir com a prestação), mas sim, a relação como um todo.

Infelizes ainda os termos escolhidos na adjetivação: "instrumentais" consiste num recurso à metáfora desnecessária, quando podemos utilizar termo tão apropriado quanto o termo "acessório"; além disso, o termo "formal" não atende a uma correta descrição do fenômeno, visto que a obrigação em tese assume características de conteúdo equivalentes às da obrigação tributária dita principal.

Ora, se nós nos esforçamos para demonstrar o caráter patrimonial de toda e qualquer obrigação tributária, pela necessidade do "tributo" como objeto de toda e qualquer obrigação, e do caráter pecuniário do conceito, como nos pronunciarmos pela não-patrimonialidade da obrigação?

Ademais, quando da inexistência da obrigação tributária dita "principal", a obrigação tributária acessória, nas hipóteses de seu inadimplemento, constituir-se-á em sanção por ato ilícito, embora a sua patrimonialidade permaneça intacta. Bem como, quando adimplida a prestação, a sua acessoriedade residirá no fato justamente da existência da obrigação principal, à qual tão bem serviu na consecução do fim maior da atividade tributária (arrecadação de fundos para o custeio da máquina estatal).

17.2 A problemática quanto ao uso da expressão "deveres de contorno"

Os chamados "deveres de contorno" na realidade correspondem a uma equivocada importação de terminologia estrangeira aplicada ao direito positivo brasileiro sem o menor cabimento.

Foi Renato Alessi[15] quem utilizou tal nomenclatura, que no italiano significa, sim, "dever", porém quanto ao termo "contorno", tem significação que, apesar de similar, não coincide com a significação utilizada na língua portuguesa.

Em italiano,[16] temos por "contorno": "1. contorno; 2. silhueta; 3. acompanhamento (de verduras ou legumes); 4. margem, borda". Todavia, quando equivocadamente importado para o nosso idioma, o termo dá margem a interpretações impróprias, denunciada nas teorias que refutam a sua utilização, sobretudo pelo seu caráter fortemente metafísico.

18. Demonstração do caráter patrimonial da obrigação tributária acessória no âmbito pragmático da linguagem do ordenamento

É no âmbito pragmático da linguagem que o Direito se torna mais rente ao social. Através da sua análise verificamos a eficácia social (aplicabilidade pela sociedade e poderes constituídos) das normas jurídicas e a efetiva obediência aos seus preceitos.

As normas jurídicas que estabelecem as obrigações tributárias acessórias têm sido alvo, atualmente, das mais intensas críticas por parte dos contribuintes.

A legislação tributária, como forma de diminuir os gastos com a máquina arrecadatória, a cada dia tem conferido mais e maiores atribuições relativas à perquirição do *quantum debeatur* aos contribuintes. E daí advém mais um fundamento de ordem pragmática pela patrimonialidade dessas espécies de obrigação tributária. Os gastos que o fisco não realiza ao delegar tais atividades ao contribuinte, obviamente, a este são repassados.

A pragmática é rica em exemplos: os contribuintes hoje se desdobram no intuito de dar cumprimento às obrigações tributárias acessórias. As grandes empresas têm número considerável de empregados (estrutura de pessoal) lotados em boa parte de seus espaços (estrutura física) única

15. Renato Alessi, *Instituizione di diritto tributario*, Turim, UTET, p. 40.

16. Dicionário Michaelis Web (disponível no site Universo on-line – UOL).

e exclusivamente para o cumprimento das obrigações tributárias acessórias. Uma burocratização destemperada na atividade de quantificação e pagamento dos deveres que incumbem aos contribuintes (obrigações acessórias).

Algo a ser tido por comum pelo tamanho das empresas? Em absoluto. Suas matrizes em países de primeiro mundo com ordenamento jurídico positivo bem menos intrincado em matéria tributária destinam cerca de 1% da estrutura de pessoal desviado no Brasil, em virtude das necessidades estabelecidas por lei quanto ao cumprimento das obrigações acessórias,[17] o que, do ponto de vista da política tributária consiste num despautério, afugentando recursos do nosso país.

Sem falar que o próprio sistema de direito positivo compele à conclusão pela patrimonialidade das obrigações tributárias acessórias ao instituir, por exemplo, previsão de multa de R$ 8.000,00 por lançamento equivocado relativo ao recolhimento da COFINS, conforme recentemente publicado através de ato normativo.

19. A jurisprudência como fonte positivadora de normas jurídicas e o tratamento das obrigações tributárias acessórias

A título meramente demonstrativo, selecionamos jurisprudência revelando o tratamento jurisprudencial dos tribunais superiores às obrigações tributárias acessórias:

"Tributário – ICMS – Obrigação acessória: Legalidade. 1. Legalidade da legislação estadual, que passou a exigir informações selecionadas do ICM. 2. Autorização legal que levou, por via de conseqüência, à mudança de equipamento. 3. Recurso improvido. RMS 8.254-RJ; RO em MS 1997/0008411-6 (Ministra Eliana Calmon)."

"Tributário. ICMS. Obrigação acessória. A lei pode impor obrigações acessórias às empresas, ainda que não sejam contribuintes do tributo. Recurso especial não conhecido (REsp 89.967-RJ). Recurso Especial 1996/0014769-8 (Ministro Ari Pargendler)."

"Tributário. IRPF. Declaração de rendimento. Atraso na entrega. Multa. Legitimidade. Precedentes. 1. Acórdão recorrido em desacordo com a jurisprudência desta Corte sobre o cabimento da aplicação de multa pelo atraso na entrega da declaração de rendimentos. 2. Recurso especial conhecido e provido (REsp 285.710-PR; Recurso Especial 2000/0112484-6)."

"Tributário. Entrega com atraso da Declaração de Contribuições e Tributos Federais – DCTF. Multa moratória. Cabimento. 1. É assente no STJ que a entidade

17. Exemplo (retirado do site www.valoronline.com.br) de empresa do setor automotivo (a sueca Scania), com cerca de 200 empregados no Brasil que trabalham exclusivamente no cumprimento de obrigações tributárias acessórias e três empregados na matriz sueca para tanto.

'denúncia espontânea' não alberga a prática de ato puramente formal do contribuinte de entregar, com atraso, a Declaração de Contribuições e Tributos Federais – DCTF. As responsabilidades acessórias autônomas, sem qualquer vínculo direto com a existência do fato gerador do tributo, não estão alcançadas pelo art. 138, do CTN. 2. É cabível a aplicação de multa pelo atraso ou falta de apresentação da DCTF, uma vez que se trata de obrigação acessória autônoma, sem qualquer laço com os efeitos de possível fato gerador de tributo, exercendo a Administração Pública, nesses casos, o poder de polícia que lhe é atribuído. 3. A entrega da DCTF fora do prazo previsto em lei constitui infração formal, não podendo ser considerada como infração de natureza tributária. Do contrário, estar-se-ia admitindo e incentivando o não-pagamento de tributos no prazo determinado, já que ausente qualquer punição pecuniária para o contribuinte faltoso. 4. Agravo regimental desprovido (AGA 490.441-PR; Agravo Regimental no Agravo de Instrumento 2003/0008788-0)."

20. Das tentativas de refutação prévia à presente teoria

Contamos com a ajuda dos colegas de Mestrado Leonardo da Matta e Gustavo Ventura na tentativa de refutação prévia deste trabalho, o que nos possibilitou, de certa forma, antecipar os argumentos que viriam em oposição à tese ora sustentada. Tais argumentos, sólidos que são pelas mentes das quais advieram, nos foram de difícil "contorno", e são ora reconstituídos para o leitor.

20.1 O argumento do tratamento econômico (extrajurídico) no âmbito da dogmática jurídica

Conforme demonstramos em tópico anterior (item 4), o Direito, ao construir suas realidades, pode fazê-lo da maneira como bem o entender. Todavia, necessariamente levará em conta um mínimo de facticidade exigido inclusive para fazer-se inteligível, como linguagem que é. Necessário comunicar aos destinatários da regulação as condutas pelo ordenamento desejadas. Tanto procedem essas ponderações, que o Direito só regula as condutas (a) contingentes, que podem ser enquanto tais realizadas concretamente ou não – porém descabe (é inviável) à ordem jurídica disciplinar condutas (b) necessárias ou (c) impossíveis.

Justamente por esses motivos o Direito não pode desconsiderar conceitos como o de "tributo", positivado pelo art. 3º do Código Tributário Nacional, a "pecúnia" ou "o valor em moeda exprimível". Não há como interpretar tais disposições sem avaliar o conteúdo econômico dos termos pela ordem jurídica utilizados. Aliás, é impossível fazê-lo sob quaisquer aspectos em matéria tributária. O suporte fáctico dessas normas recai sobre fatos econômicos juridicizados, como ensinava Alfredo Augusto Becker.

20.2 O argumento da diferenciação quanto ao objeto da obrigação tributária principal e o objeto da obrigação tributária acessória

Apesar da instigante colocação do colega Leonardo da Matta, achamos ter superado o problema da distinção entre o objeto da obrigação tributária acessória e o objeto da sua prestação, ao estabelecermos que toda e qualquer obrigação tributária tem por objeto a prestação de tributo. Solução ao menos metodologicamente correta, visto que unificadora de hipóteses exegéticas alternativas.

21. Bibliografia

ALESSI, Renato. *Instituizione di diritto tributário*. Turim, UTET.

BECKER, Alfredo Augusto. *Teoria geral do direito tributário*. 3ª ed., São Paulo, Lejus, 2002.

BORGES, Arnaldo. *Problemas em torno da obrigação tributária acessória*. Teses do IV Encontro dos Advogados de Pernambuco, 1977.

BORGES, José Souto Maior. *Obrigação tributária (uma introdução metodológica)*. 2ª ed., São Paulo, Malheiros Editores, 1999.

CANOTILHO, J. J. Gomes. *Direito constitucional*. Coimbra, Almedina, 1993.

CARVALHO, Paulo de Barros. *Curso de Direito Tributário*. 15ª ed., São Paulo, Saraiva, 2003.

__________. "O neopositivismo lógico e o círculo de Viena", in *Apostila da disciplina de Filosofia do Direito – Lógica Jurídica*, ministrada no Mestrado em Direito da PUC-SP.

COMTE, Augusto. *Curso de filosofia positiva*. São Paulo, Nova Cultural, 1973.

Constituição Federal.

FIORIN, José Luís. *As astúcias da enunciação*. São Paulo, Ática, 2001.

GUITTON, Jean. *A nova arte do pensar*. São Paulo, Paulinas, 1964.

KELSEN, Hans. *Teoria Pura do Direito*. São Paulo, Martins Fontes, 2003.

KUHN, Thomas. *A estrutura das revoluções científicas*. São Paulo, Perspectiva, 2001.

VILANOVA, Lourival. *Estruturas lógicas e o sistema do direito positivo*. São Paulo, EDUC – Ed. RT, 1977.

www.valoronline.com.br, website do jornal *Valor Econômico*.

OBRIGAÇÃO TRIBUTÁRIA E DEVIDO PROCESSO LEGAL SUBSTANTIVO

Roberto Rosas

1. Andava-se pelo ano de 1970, quando assisti num debate no Supremo Tribunal Federal, a manifestação do Ministro Aliomar Baleeiro, em torno da Súmula 544 do STF ("Isenções tributárias, sob condição onerosa, não podem ser livremente suprimidas"). Ali, Baleeiro, após longa digressão sobre o tema, invocou várias opiniões, inclusive de José Souto Maior Borges, então, jovem jurista – ao qual não me ligava –, ele nos seu verdes trinta e poucos anos. Impressionou-me a citação e, daí, a especulação sobre esse revelado tributarista, quando, por informação do saudoso Geraldo Ataliba, revelou-se essa figura humana extraordinária, e singular como jurista. Não lhe larguei os passos e sua obra, culminada na 3ª edição da Teoria Geral da Isenção Tributária e no volume IV do Tratado de Direito Tributário (Lançamento Tributário).

Para homenageá-lo, trago tema relevante, hoje bem incursionado no Direito Tributário, e inserido no contexto do *Tratado* (vol. IV), sobre lançamento tributário: o devido processo legal, lembrado, inicialmente, por José Frederico Marques ("A garantia do *due process of law* no Direito Tributário", *Revista de Direito Público* 5/28), e incrementado por Antônio Roberto Sampaio Dória (*Direito Constitucional Tributário e Due Process of Law*, 2ª ed., Forense, 1986).

Nada melhor para homenageá-lo, do que voltar a um antigo princípio, nascido nas entranhas da disputa entre a nobreza e o direito em geral, nos direitos oriundos da Magna Carta, em 1215. Ali, a renhida luta entre os direitos feudais e os barões redundou na defesa de princípios imorredouros – como *legale judicium parium suorum* (garantia do juiz competente) e o juízo *per legem terrae* (a garantia da lei preexistente). Tudo isso firma-se, em 1354, sob o reinado de Eduardo III, não mais como *per legem terrae*, mas sim como *due process of law*, e, definitivamente, na Emenda 14ª à Constituição americana.

Neste trabalho, mais especialmente, trataremos do princípio de devido processo legal no Direito Tributário (Lúcia Valle Figueiredo, *Es-*

tudos de Direito Tributário, Malheiros Editores, 1996, p. 91; Helenilson Cunha Pontes, *O Princípio da proporcionalidade e o Direito Tributário*, Dialética, 2000; Paulo Roberto Lyrio Pimenta, "A Razoabilidade das Leis Tributárias", in *Tributos e Direitos Fundamentais*, Dialética, 2004, p. 295; Heleno Taveira Tôrres, "Garantias Constitucionais aplicadas ao Controle de Preços de Transferência", idem, p. 122; e Ricardo Aziz Cretton, *Os princípios da proporcionalidade e razoabilidade e sua aplicação no Direito Tributário*, Lúmen Júris). Neste segmento jurídico, é importante a distinção entre devido processo legal substantivo e devido processo legal processual. Trataremos do primeiro.

2. O devido processo legal tem dois princípios enformadores essenciais para sua aplicação: a proporcionalidade e a razoabilidade – da lei, do ato, da atitude, da ação etc. São princípios necessários para o entendimento desse instituto, e da sua importância, passando a reserva legal: de natureza constitucional (ninguém é obrigado a fazer se não em virtude de lei), para a proporcionalidade dos atos em geral, não existente na Constituição, a não ser no art. 5º, § 2º, dentre os princípios democráticos. Há distinção entre proporcionalidade e razoabilidade. Apenas, apresentam-se com mais intensidade, esta nos Estados Unidos, e aquela na Europa. Veja-se na doutrina brasileira que há distância entre os termos, ainda que possa se subsumir a proporcionalidade como elemento da razoabilidade (Celso Antônio Bandeira de Mello, *Curso de Direito Administrativo*, 18ª ed., Malheiros Editores, 2005, pp. 101-102).

Examinemos, na linguagem jurídica americana, o significado de *reasonable*, como adequado, plausível, considerável, imparcial, justificável e *reasonableness*, como senso comum, eqüidade, justiça, moderação, probabilidade (William C. Burton, *Legal Thesaurus*, 2ª ed., p. 883); já no Ballentine's, *reasonable* apresenta-se como racional, não arbitrário ou caprichoso.

3. O razoável está relacionado com a razão (*ratio*) e com o verbo *reri* (crer, julgar, pensar). O homem é animal razoável com meios e fins. A razão pode ser matemática ou filosófica, nesta há faculdades orientadoras do conhecimento da verdade. A razão é bom senso, prudência (Ferrater Mora, *Dicionário de Filosofia*).

Aristóteles desenvolveu o conceito de razão e defendeu a reta razão, com a justiça no meio termo (*Ética a Nicômaco*). A reta razão desdobra-se na proporcionalidade, igualdade e eqüidade. O julgamento é razoável quando se empregam critérios de discernimento, eqüidade, inteligência (Aristóteles, *Ética a Nicômaco*, p. 109). Já Santo Tomás de Aquino pregou a reta razão como a síntese das virtudes morais – a temperança, a prudência, a força, a justiça. Da razão chega-se à justiça e, acima de tudo, à virtude (*Suma Teológica*). Mais recentemente, Perelman estuda a reta razão, partindo da multiplicidade de soluções, mas, no caso concreto, a melhor solução é razoável, no equilíbrio entre o absoluto e o mínimo. Exemplifica: "A cada vez que o juiz deve decidir se houve falta, negligência, imprudência, quando cabe precisar um padrão (agir como bom pai de família), determinar as conseqüências prejudiciais de um ato faltoso, encontra-se regularmente nos acórdãos o recurso à idéia daquilo que é ou não é razoável" (*Ética e Direito*, Martins Fontes, p. 431).

Portanto, estamos diante de idéias apropriadas pelo jurista para chegar à justiça. A liberdade para o exame da razoabilidade da lei ou de uma decisão (pública ou privada) não pode tomar o rumo daquilo que Robert Bork chamou de sedução política do Direito (*The Tempting of America*), ou, como acentuou Perelman, há limite à tolerância, e é o desarrazoado que não é aceitável (*Ética e Direito*, p. 432).

4. O princípio da proporcionalidade, também conhecido como princípio da proibição do excesso, pode ser entendido como princípio do estado de direito, ou direito fundamental, que vai desdobrar-se em vários aspectos ou até requisitos. A solução adotada para a efetivação do ato ou medida deve ser adequada a seu fim ou fins. Deve ser conforme nos fins que justificam a sua adoção. É o meio e o fim. Pode ser invocado no exame do ato discricionário ou do ato vinculado, com a clássica oposição doutrinária de impedimento das razões desses atos. Também pode ser invocado no exame da finalidade das leis, com impugnação de regra de liberdade do legislador.

Como o cidadão deve ser protegido pelos atos estatais, as vantagens para ele são as mais amplas, claro superado pelo interesse público ou coletivo. Para fugir a essa proteção, a ação deve estar apoiada na impossibilidade de outra ação ou meio a não atingir o cidadão. A necessidade material será invocada para justificar o ato. Na dimensão temporal justifica-se num espaço a ação examinada. A ação circunscreve-se às pessoas ou grupos, não podendo ter a abrangência total ou ilimitada. Em outras palavras, a ação poderia efetuar-se por outro meio mais eficaz?

Pergunta-se ainda, se o fim atingido com a ação é proporcional ao seu conteúdo? Se há proporção entre meio e fim (Celso Bastos, *Hermenêutica e Interpretação Constitucional*, p. 175). Aplica-se na natureza extrafiscal, em razão da conjuntura econômica, e na contribuição de melhoria a proporcionalidade entre valorização do imóvel e custo da obra.

É importante a explicação dos elementos integradores da proporcionalidade. São fundamentais na medida da obediência a eles, fugindo ao arbitrário, ao gosto do intérprete ou ao arbítrio interpretativo, tão necessários na aplicação do art. 145, § 1º, da CF, quais sejam, a pessoalidade e a gradação da capacidade econômica do tributário na exigência de impostos.

O elemento adequação entre meio e fim do ato (legislativo ou administrativo) significa a comprovação da medida pertinente ou apta para o fim pretendido ou estabelecido, o essencial ao objetivo escolhido. Então pergunta-se por quê? E para quê? Nessa conjugação de razão e fim, e meio de utilização para chegar-se ao fim, há a proporção necessária à prática. Veja-se, num exemplo de um ato exigente da exposição de todos os indivíduos, diante da polícia, à revista, com mãos para o alto. O pretexto é a segurança pública, mas não há adequação entre o meio e o fim.

Outro elemento é a necessidade decorrente da exigência indispensável ao direito fundamental. O meio deve ser necessário para os objetivos pretendidos no ato. Não se examina a forma adotada, e sim como se ativará essa forma, a adoção do meio mais suave, e menos oneroso.

Existe relação entre custo e benefício de um ato: há vantagem e desvantagem com a utilização do meio usado? Quais os danos? Quais os resultados? Ainda que drástico, prejudicial, o benefício pode ser ótimo. Pode-se, também, cotejar entre dois direitos fundamentais, a ponderação entre eles, para a admissão do melhor, mais conveniente (ex. a liberdade e o interesse público; a liberdade e a proteção individual. Ver exemplo da Suprema Corte Americana em 1971, no caso Watergate, sobre a possibilidade da imprensa divulgar notícias que o governo considerava lesivos à segurança nacional: sigilo da informação e o dever da imprensa de informar).

A inconstitucionalidade ocorre com a perda da proporção entre os fins programáticos e as demais regras constitucionais (Paulo Bonavides, *Curso de Direito Constitucional*, 16ª ed., Malheiros Editores, 2004, p., 389).

Como expõe Konrad Hesse, para o direito alemão, a proporcionalidade expressa uma relação de duas grandezas variáveis. Não devem ir mais além do que é necessário para produzir a concordância de ambos os bens jurídicos, e insiste na relação entre concessões e restrições de liberdade, sendo determinada no sentido de uma presunção inicial a favor da liberdade (Konrad Hesse, *Elementos de Direito Constitucional da República Federal da Alemanha*, Sérgio Fabris, 1998, p. 67).

5. O critério da razoabilidade limita o poder normativo do Estado. Se a lei faz diferenças ou classificações arbitrárias ou tendenciosas infringe o devido processo legal (Santiago Dantas, *Problemas*, p. 37), porque reside na necessidade de proteção dos direitos e liberdades contra a legislação opressiva e, por isso, o Estado não pode legislar sem limites. O STF, ao examinar o aumento de taxas judiciais, delimitou a equivalência razoável entre o custo real dos serviços e o montante, como razoável ou proporcional (Repr 1.077, *RTJ* 112/34). A razoabilidade parte da discricionariedade legislativa ao separar os objetos e as pessoas tributáveis (A. R. Sampaio Dória, *Direito Constitucional Tributário e due process of law*, p. 140). As contribuições de intervenção no domínio econômico devem ter razoabilidade, não basta a finalidade (Marco Aurélio Greco, *Contribuição de Intervenção no Domínio Econômico*, Dialética, 2001, pp. 20 e 30).

6. Para o Direito Tributário, há fonte preciosa de devido processo legal substantivo, isto é, volvendo às palavras acima, o sentido da proporcionalidade e da razoabilidade, na doutrina norte-americana. Invoca-se, então, a orientação de Thomas Cooley: "Nas questões sobre impostos, o sistema geral estabelecido neste país para a avaliação e cobrança deles é processo devido" (*Princípios Gerais de Direito Constitucional dos Estados Unidos da América do Norte*, RT, p. 5).

Aplicou-se a proporcionalidade à hipótese na fixação de prazo para a desconstituição judicial da exigência fiscal. Fixou-se o prazo de cento e oitenta dias, considerado inconstitucional pelo STF, exíguo para o exercício do direito de ação (ADI 1.922 e 1.976).

Inexiste direito do contribuinte à contraprestação direta pela cobrança de impostos, mas cabível na taxa e na contribuição de melhoria.

A receita tributária tem destinação pública (Alberto Nogueira, *O Devido Processo Legal Tributário*, Renovar, p. 107).

Os contribuintes têm a igualdade, possível, perante os tributos (Ricardo Lobo Torres, *Tratado de Direito Constitucional Financeiro e Tributário*, vol. III, Renovar, pp. 325 e 339).

É vedada a instituição de tributos impeditivos de finalidades lícitas, mas as sanções devem ser proporcionais ao valor do tributo. A razoabilidade dessas sanções está na linha do interesse público, mas o Estado tem o ônus da prova, se acionado, ou provocado. Lembrem-se, precedentes importantes da Suprema Corte americana favorável ao contribuinte quando o tributo violente uma proibição constitucional, como a imunidade (A. R. Sampaio Dória, *Direito Constitucional Tributário e "due process of law"*, p. 44). Exigiu-se pagamento antecipado de tributo, autêntica sanção política bloqueadora da atividade profissional lícita do contribuinte (RE 76.455). A taxa deve submeter-se a um limite, pautado pelo custo da atividade estatal, isto é, equivalência razoável entre esses custos e o valor da taxa (STF, ADI 2.551-1). Há forma oblíqua de cobrança de tributo, se a execução for política, tiver caráter punitivo (ERE 115.452), ou a inscrição da devedora em cadastro negativo sem obediência a prazo (STF, AC 266, 27.5.2004).

São proibidos tributos confiscatórios. Como assinalou Oliver Holmes, o poder de tributar não é o poder de destruir, e sim o poder de conservar. A exacerbação na cobrança muitas vezes delira da razoabilidade, e até excesso, na superposição da exigência tributária. Não há razoabilidade na cobrança de imposto sobre imposto. Certa lei estadual integrou na base de cálculo do ICMS, o montante do próprio imposto (STF, RE 212.209, 23. 6.1999, Ricardo Lobo Torres, ob. cit., p. 128; Carlos Roberto de Siqueira Castro, *O devido processo legal e razoabilidade das leis na nova Constituição do Brasil*, 1989, p. 199).

O poder de taxar não pode ser desmedido, não pode asfixiar a própria atividade. Cita-se notável julgado do STF, quando a Corte considerou inconstitucional a cobrança de tributo pela instalação de cabines, para mudança de roupa, em praia de Santos, São Paulo. O valor era tão grande, superior ao serviço, que o tornava inviável. O poder de tributar tinha limites compatíveis com a liberdade de comércio e com o direito de propriedade (STF, RE 19.331, *RF* 145/164).

A razoabilidade do tributo também se estende a outras categorias assemelhadas, como a tarifa (Caio Tácito, *Temas de Direito Público*, Renovar, 1/248).

7. O princípio da reserva legal impõe um quadro constitucional ao Direito Tributário, para a instituição de tributo ou majoração. Essa reserva tem contornos importantes porque não basta o enunciado legal, porém, a razão de sua existência, e então cairemos na razoabilidade e na proporcionalidade. Portanto, o tributo não existirá estanque, e sim com outros componentes indispensáveis, o fato gerador, a base de cálculo e a alíquota (Carlos Roberto de Siqueira Castro, *O devido processo legal e a razoabilidade das leis na nova Constituição do Brasil*, cit., p. 100).

8. A taxa judiciária, que tem a natureza tributária, muitas vezes tem sido discutida, porque fixada de modo excessivo. Observou o Min. Moreira Alves, em voto relevante sobre a matéria, que "como tais taxas dizem respeito à remuneração da prestação jurisdicional pelo Estado, podem elas, se excessivas, criar obstáculos, que resultam da lei que determina a fixação de obtenção dessa prestação (...)" (Repr 1.077, *RTJ*

112/54). A elevação desmedida de valores da taxa judiciária inconstitucional. A taxa não pode ultrapassar uma equivalência entre o custo real dos serviços e o montante a ser pago. Ela deve ser proporcional ao custo da atividade do Estado a que se inviabiliza. O excesso inviabiliza o acesso à Justiça (STF, ADI 948, *RTJ* 172/778). O ingresso em juízo não deve acarretar sacrifícios maiores para o postulante, e os seus valores devem ser razoáveis (STF, ADI 1.530, *RTJ* 169/35). A taxa deve ter limite, se não inviabiliza o acesso à Justiça (STF, ADI 1.772, *RTJ* 175/35). Ela deve ser proporcional ao custo da atividade estatal à disposição do contribuinte (STF, ADI 948, *RTJ* 172/778; ADI 1.926-4). A taxa judiciária pode tomar por base o valor da causa, sendo assim razoável (ADI 2.040-4).

9. A multa tributária tem sido o largo campo para desmedida na sua fixação, muitas vezes, em atentado à proporcionalidade e à razoabilidade, como impediam as Súmulas ns. 70, 323 e 547 do STF, multas obstativas das atividades, como sanção.

As multas desproporcionais à infração têm caráter confiscatório, no caso, em decorrência do não recolhimento de tributos, superiores ao valor (STF, ADI 551, *RT* 815/155).

A multa administrativa pode ser reduzida pelo juiz, se não observada a razoabilidade, se a multa onerou excessivamente a empresa contratada (STJ, REsp 330.677, rel. Min. José Delgado). A multa moratória de 20% do valor do imposto devido é razoável, porque não ofende o princípio da vedação ao confisco (RE 239.964-4).

10. Não basta a obediência ao princípio da legalidade. Há uma pauta limitativa ao legislador tributário. Por isso, cita-se importante decisão do STF (AgRg RE 200.844, rel. Min. Celso de Mello): "O Estado não pode legislar abusivamente, eis que todas as normas emanadas do Poder Público – tratando-se, ou não, de matéria tributária – devem ajustar-se à cláusula que consagra, em sua dimensão material, o princípio do '*substantive due process of law*' (CF, art. 5º, LIV). O postulado da proporcionalidade qualifica-se como parâmetro de aferição da própria constitucionalidade material dos atos estatais. Hipótese em que a legislação tributária reveste-se do necessário coeficiente de razoabilidade".

11. Vê-se nesse contexto acima, que a proporcionalidade e a razoabilidade presidem a obrigação tributária. Ela só pode ocorrer dentro daqueles limites no devido processo legal substantivo.

O DESTINATÁRIO LEGAL TRIBUTÁRIO DA OBRIGAÇÃO TRIBUTÁRIA SUBSTANCIAL

ÂNGELA MARIA DA MOTTA PACHECO

1. Construção do Direito

Antes de adentrarmos no conceito de pessoa para o Direito, é relevante relembrar que o Direito é construído pelo homem para servi-lo, cuidando das relações entre eles e criando, com racionalidade e ponderação, normas de obrigação, normas de proibição e normas indutoras de conduta para proporcionar-lhes paz. Paradoxalmente, é a força do Direito, como ordem de coerção e coação, que pode proporcionar a paz.

No contexto do ordenamento jurídico aparecem as relações entre os homens, sujeitos de direito que irão agir, no campo das atividades permitidas ou obrigadas pelo direito ou, deixar de agir, nos campos das atividades proibidas.

Nicolai Hartmann,[1] citado por Garcia Maynes, diz: "Somente em virtude da aparição dos valores como poderes determinantes na esfera dos atos, se converte o sujeito no que moralmente é, quer dizer, em pessoa. Um ser pessoa unicamente é possível no limite que separa a determinação ideal da determinação real, ou seja, no cenário de seus conflitos, oposição e reconciliação, como ponto de enlace dos dois mundos, o ontológico e o axiológico. Sua posição intermédia é não estar reduzido a um deles, o mesmo que sua participação em ambos, condicionando sua personalidade".

1. Nicolai Hartmann, apud Eduardo Garcia Maynes, *Filosofia del Derecho*, 6ª ed., México, Editorial Porrua, 1989, p. 43.

Interessa ao Direito as relações intersubjetivas, entre pessoas. A conduta normal será sempre: fazer ou omitir. Conseqüentemente, as normas serão sempre normas de obrigação ou normas de proibição (além das permissivas de conduta). As primeiras: de obrigação, exigem a realização de uma ação no mundo; já as normas de proibição são normas paralisantes de conduta: nada deve acontecer no mundo.

Para o Direito, o ser "pessoa" significa ser sujeito de direitos.

"Ser pessoa é fato jurídico. Com o nascimento, o ser humano entra no mundo jurídico."[2]

O Direito só pode existir como conseqüência da existência do homem. Assim, o homem será sempre o sujeito de direitos e obrigações e aquele que terá o direito de agir e praticar atos jurídicos permitidos e obrigados por lei, e a obrigação de não praticar os atos proibidos por lei.

Não só. O Direito vai conduzir e ordenar o agir. Assim, só pode existir como conseqüência da existência do homem livre. A liberdade e o querer humano são o suposto do Direito. Este não existe sem aqueles. Ser livre é ser responsável. É poder ser sujeito de uma sanção pelo descumprimento do que foi ordenado ou proibido.

Nem sempre foi assim. Data de dois séculos o reconhecimento aos homens de seus direitos fundamentais. O Constitucionalismo Moderno organiza o poder, limitando-o, ao mesmo tempo em que expressa a igualdade entre os homens e destes perante a lei. A Constituição é a lei maior. As normas constitucionais escritas são superiores às demais, invalidando as de hierarquia inferior que as vierem contrariar.

Apesar de pessoa, o ser humano já foi escravo e era utilizado por seu senhor que sobre ele tinha o direito de vida e morte. O devedor insolvente tornava-se escravo de seu credor. O vencido na guerra, escravo do vencedor.

E, havia a morte civil, condenação que tudo tirava do homem, impedindo-o de exercer os atos da vida civil.

Como se vê: o Direito cria seus próprios conceitos. Estes deverão, porém, estar próximos e adequados à realidade, sob pena de, não o fazendo, enfraquecer o ordenamento jurídico, desautorizando-o e tornando-o inservível à sua função.

2. Pontes de Miranda, *Tratado de Direito Privado*, t. I: Parte Geral, Introdução, Pessoa Física e Jurídica, Campinas, Bookseller, 2000, pp. 207 e s.

Sem dúvida, como já dito, o Direito trará para o seu Universo aspectos do real, com o intento de reger a conduta do homem na manutenção, criação e extinção de bens e direitos, condutas ligadas a fatos significativos de riqueza, se falamos das relações jurídicas tributárias entre cidadão/contribuinte/sujeito passivo e Estado/Fisco/sujeito ativo. Exemplificativamente: conduta: adquirir renda (signo de riqueza); conduta: realizar operação de circulação de mercadorias (sinal de riqueza como conseqüência de negócio jurídico, por exemplo, de compra e venda).

Na escolha do fato presuntivo de riqueza repousa o princípio da capacidade contributiva. Esta é a causa da escolha do fato. São fatos diferentes, mas que apresentam, aqui, a mesma propriedade, aquela propriedade que faz com que todos sejam próprios para ensejar a cobrança de tributos: a revelação de uma possível ou provável capacidade de contribuir para os cofres do Estado.

O legislador, ao criar as leis, tem que mirar o valor da capacidade contributiva e agir nos estreitos limites demarcados pela Constituição.

A atuação do legislador terá em conta a forma prescrita para a criação do direito tributário com a finalidade de realizar a justiça e a segurança jurídica. O ordenamento jurídico inteiro é criado para realizar a justiça dando o devido peso às inúmeras e incontáveis relações jurídicas que se estabelecem entre os cidadãos.

Com certeza, todo cuidado será pouco para a criação de normas jurídicas tributárias que darão nascimento às relações jurídicas, desde que se realize no mundo a conduta e o fato tipificado, tais como prescritos no critério material da hipótese normativa.

Retenha-se: não basta que o processo de positivação do Direito obedeça à legalidade formal, realizada mediante ação do órgão competente e em obediência ao procedimento legislativo determinado na Constituição. *A legalidade material é imprescindível ao cumprimento dos princípios e das normas constitucionais*, pois, é a materialidade, conteúdo, essência normativa que limita o poder, proporcionando o equilíbrio das relações entre Estado e contribuinte.

Perfeitas, a propósito, as palavras de Heleno Tôrres ao falar dos princípios da certeza e igualdade com a finalidade de alcançar a justiça e a segurança jurídica: "Na função certeza o valor predominante é da previsibilidade, como requisito de determinação prévia dos efeitos que o ordenamento jurídico atribui aos comportamentos, na regulação normativa da ação-tipo; e na igualdade, o respeito que todos os órgãos de produção de normas devem ter para com a garantia de cumprimento das leis de modo imparcial e não-discriminatório, no processo de positivação do direito, resguardando, assim, a referida previsibilidade da função certeza. São valores que acompanham a legalidade formal desde a formação do Estado liberal – igualdade e certeza, como meios de justiça e segurança. *E da legalidade num sentido formal, passa-se à legalidade material, pois é a legalidade substantiva que condiciona o poder, põe-no dentro de limites*, circunscrevendo seu campo de ação material, quanto a uma dada matéria, como meio de assegurar valores constitucionais específicos. Todo problema de tipicidade resolve-se numa questão de disciplina dos poderes públicos (ou privados)".[3]

Neste passo faz-se imprescindível conhecer o sistema tributário, tal como inserido na Constituição, que adotou o regime federativo, a livre iniciativa e a livre concorrência e que prevê: os princípios informadores do direito tributário, normas de competência dirigidas aos entes tributantes relativas à criação dos impostos (tal como a discriminação de rendas e a sua distribuição pelos entes tributantes); a existência de norma complementar de natureza nacional para definição dos tributos e suas espécies, inclusive para evitar conflitos de competência, em virtude da vedação de invasão de competências. Normas de incompetência: imunidades, limitações constitucionais ao poder de tributar.

A necessidade é tanto maior quando se conscientiza de que, dos fatos e condutas previstas nas normas de legislação ordinária, nascerão as obrigações tributárias. Isto significa que os tipos, criados e compreendidos nas normas ordinárias, devam estar conforme aqueles previstos nas normas constitucionais a fim de guardarem congruência com o ordenamento jurídico. A coerência lhes garante validade e pertinência.

Nota-se que a vontade do legislador, criador do tributo, legitima-se pelo princípio da representatividade. Neste átimo, apaga-se a vontade do cidadão e ganha vida a vontade do legislador, seu representante. Paralisa-se a liberdade do cidadão.

Após a lei criada, porém, apaga-se também a vontade do legislador e o seu produto – a lei – segue solitária e soberana o seu destino.

O legislador terá criado uma lei que interferirá na esfera do contribuinte atingindo dois valores básicos: liberdade e propriedade.

Há aí um deslocamento (ou apagamento) da vontade direta do cidadão. Conseqüentemente brota a responsabilidade do legislador no cumprimento da lei maior e no cumprimento da Lei Complementar – Código

3. *Direito Tributário e Direito Privado*, São Paulo, Ed. RT, 2003, p. 58.

Tributário Nacional – e outras referidas, particularmente, aos impostos e que virão à luz posteriormente.

2. *Conceito de pessoa*

O sentido originário de *persona* foi o de máscara, que sugeria a idéia de algo sobreposto à individualidade. A máscara cobria a face do ator durante a representação e destinava-se a dar eco, fazer ressoar a voz de uma pessoa – *personare*. "Por uma curiosa transformação no sentido, o vocábulo passou a significar o papel que cada ator representava."[4] "Neste sentido de máscara é que foi introduzido pelo estoicismo para indicar as funções representadas pelo homem na vida. Diz Epíteto: 'Lembra-te de que tu não és aqui senão um ator de um drama, o qual será breve ou longo conforme a vontade do poeta. E se lhe agradar que tu representes a pessoa de um mendigo, esforça-te para representá-la devidamente (...)'."[5] Depois passou a significar o próprio ator mascarado, o personagem. Desta passou-se a designar "*persona*" a quem exercia, não mais um personagem no teatro, mas um papel, uma função: posição, função, qualidade.

Mais um passo e passou a designar o próprio homem.

Existe uma identidade em cada um, identidade provinda da consciência que reconhece a individualidade de si próprio e a distingue dos demais.

Homem, o único dos animais que caminha ereto e o único que olha de frente (*prosōthem opōpe*) e emite sua voz para a frente (*prosō, opa*).[6] Segundo Kant, "pessoas são os seres racionais porque a sua natureza as distingue já como fins em si mesmas, quer dizer, como algo que não pode ser empregado como simples meio e que, por conseguinte, limita nessa medida todo o arbítrio".[7]

Em quais dos sentidos de "pessoa" se encontra a "pessoa" do ponto de vista jurídico? "Sem dúvida, embora alguns digam que no Direito

4. Washington de Barros Monteiro, *Curso de Direito Civil*, Parte Geral, São Paulo, Saraiva, 1958, pp. 62 e s.

5. N. Abbagnano, *Dicionário de Filosofia*, São Paulo, Mestre Jou, 1962, pp. 151 e s.

6. Aristóteles, *De partibus animalium*, 662b, 17-23, apud Garcia Maynes, ob. cit., p. 141.

7. Kant, *Fundamentação de Metafísica dos Costumes*, Portugal, Porto Editora, 1995, p. 65.

Romano o termo 'pessoa' nunca teve um sentido jurídico", (Schlossmann), Ferrara entende que a expressão *personam non habere* significa não ter capacidade. Assim *persona* denota abstratamente a subjetividade jurídica.[8]

2.1 Conceito de pessoa física

Kant entende por pessoa a consciência que o homem tem da identidade de sua substância como ser pensante, aquilo que permanece, embora haja as mutações de estado, próprias da vida.[9]

O conceito de personalidade, em sentido ético, é expresso por Schiller, em *Gracia y Dignidad*, de 1793: "Entre todos os seres que conhecemos só o homem possui, como pessoa, o privilégio de introduzir-se, mediante seu querer, no círculo da necessidade que grandes seres naturais são incapazes de destruir, dando início em si mesmo a uma fresca sucessão de manifestações. O ato pelo qual produz tal efeito se chama, preferentemente, ação, e os resultados que desta procedem são chamados, de modo exclusivo, atos. Só por meio destes pode o homem provar que é pessoa".[10]

"A personalidade se funda na unidade de consciência, no reconhecimento, na reflexão".[11] Pessoa é o ser que realiza o seu fim moral e exerce os atos de forma consciente.

A origem do sentido jurídico de pessoa deve ser buscada no Direito Canônico.

Segundo Savigny, "as pessoas são sujeitos nas relações jurídicas. A idéia de sujeito de direito se confunde com a de homem: cada indivíduo e, somente o indivíduo, tem capacidade jurídica".[12] Onde há direito, haverá necessariamente o sujeito a quem este é reconhecido ou aquele que efetivamente o exerce.

O Direito pode restringir ou ampliar a idéia de pessoa. É possível negar a capacidade jurídica a certos indivíduos. É possível igualmente ampliá-la criando de modo artificial uma pessoa jurídica.

8. Ferrara, *Teoría de las Personas Jurídicas*, trad. de Eduardo Ovejero y Maury, Madri, Editorial Reus, 1929, p. 313, apud Garcia Maynes, ob. cit., p. 141.

9. Apud Garcia Maynes, ob. cit., p. 143.

10. Idem, ibidem.

11. Herbart, apud Garcia Maynes, ob. cit., p. 144.

12. Savigny, *Traité de Droit Romain*, t. II, trad. do alemão por Ch. Guenoux, Paris, Firmin Didot, 1841, p. 1, apud Garcia Maynes, p. 147.

O Direito reconhece a existência da pessoa natural (ou física) – o ser humano – e a pessoa jurídica constituída em vista de um interesse comum.[13]

A teoria da natureza da pessoa jurídica como ficção (Savigny, G. F. Puchta e B. Windscheid) partia da noção de que só o homem era pessoa, verdadeiramente.[14]

Em sua teoria de personificação, Savigny diz haver a necessidade de fingir que na pessoa coletiva há um sujeito de direito. A capacidade jurídica estende-se artificialmente aos seres fictícios. São seres dotados de patrimônio, criados artificialmente.

Segundo juristas que o sucederam, Savigny equivocara-se ao considerar a capacidade jurídica resultado da vontade. Isto porque menores e loucos têm direitos. Apenas não têm o exercício desses direitos que é realizado por seus representantes.

A idéia predominante era a de que as pessoas jurídicas são criadas artificialmente e o são para relações patrimoniais.

Pode-se concluir que pessoa, para o Direito, é o ser humano na sua identidade, individualidade com capacidade reconhecida pelo direito para ser sujeito de direitos, obrigações e para realizar atos da vida civil. É o ser capaz de direitos.

2.2 Conceito de pessoa jurídica – Como criação do Direito e não como ficção

À teoria da pessoa jurídica como ficção, contrapõem-se as realistas. As pessoas jurídicas, sejam públicas, sejam privadas são tão reais como as pessoas jurídicas individuais.

Na verdade, as pessoas jurídicas são criação do direito. As associações e sociedades sempre existiram no mundo das realidades como expressão da natureza social e política do ser humano.[15]

O Direito as reconhece e lhes dá personalidade jurídica, tecendo esta personalidade. Estas passam a existir no mundo jurídico, são titulares de direito, de um patrimônio independente do de seus sócios ou associados e praticam atos da vida civil.

13. Washington de Barros Monteiro, ob. cit., p. 63.

14. Pontes de Miranda, *Tratado de Direito Privado*, t. I: Parte Geral, cit., p. 382.

15. Otto von Gierke, *A essência das Associações Humanas*, apud Garcia Maynes, ob. cit., p. 151.

"Na verdade nada se finge, a regra jurídica incide em elementos fáticos. Nem há ser vivo como suporte fático: pode havê-lo ou havê-los, como elementos do suporte fático."[16]

Teixeira de Freitas, conforme citação de Pontes de Miranda, de pronto insurgiu-se contra a teoria da ficção: "(...) quase todos os escritores reputam essas pessoas como fictícias, qualificação que deve ser rejeitada. (...) Há nisto uma preocupação, para alguns porque supõem que não há realidade senão na matéria, ou só naquilo que se mostra acessível à ação dos sentidos, e para outros, por causa das ficções do direito romano com as quais o Pretor ia reformando o direito existente e atendendo às necessidades novas, simulando porém que o não alterava. O Estado é a primeira das pessoas de existência ideal, é a pessoa fundamental do direito público, à sombra da qual existem todas as outras e quem ousará dizer que o Estado é uma ficção? (*Esboço*, I, 181)".[17]

O Estado e as associações são organismos sociais de acordo com a concepção organicista. Esta teoria afirma a existência de organismos totais sobre os individuais, sobre os homens que constituem suas partes.

As pessoas jurídicas resultam de um ato criador dos indivíduos. Este ato é o "contrato social" ou "estatuto", mas que, na realidade, é mais do que isto. É um contrato onde os sócios têm deveres e direitos recíprocos uns em relação aos outros, mas que têm igualmente direitos e deveres para com a sociedade e esta para com estes. E, após criada, a entidade passará a realizar atos jurídicos com terceiros e responderá perante estes com seu patrimônio, no caso de inadimplência de suas obrigações.

O conceito de órgão (aquele que realiza a *presença* da entidade no mundo) não deve ser confundido com a figura do representante no direito privado. Através desse órgão se manifesta a invisível pessoa social como unidade que percebe, julga, quer e atua. A que existe não é um ser incapaz que precisa de um representante, mas aquele ser que, tendo uma atividade, entra no mundo jurídico. Quem pratica seus atos é o órgão. Este *presenta* a sociedade.

A representação só é admissível quando existem dois sujeitos de direito: um representante e outro representado. No caso da pessoa jurídica, a sua presença no mundo é feita por um órgão específico que se apresenta. Aí existe um só titular de direitos. E este titular é a própria pessoa jurídica.

16. Pontes de Miranda, ob. cit., p. 383.

17. Teixeira de Freitas, apud Pontes de Miranda, ob. cit., p. 383.

Quem pode ser sujeito de direitos, por ter os requisitos para isso e havê-los satisfeito, tem capacidade de direito. Portanto, é pessoa e tem direito a ser tratado como tal. O nascimento da pessoa física e a atribuição de personalidade jurídica são, pois, suportes fáticos sobre que incidem regra jurídica, tornando-se fatos jurídicos. A responsabilidade da pessoa jurídica e do Estado como tal, por ato de órgão seu, é já momento histórico significativo de evolução técnica do direito. O ato ilícito de pessoa jurídica é aquele por ela praticado contra o direito.[18]

O contrato social é parte do Direito das Obrigações, campo "em que a vontade e suas manifestações encontram fértil área de aplicação".[19]

A autonomia privada é o fundamento da autonomia contratual. Outra área do Direito, como a da Família e Sucessões, exige normas para a defesa das relações provindas do vínculo familiar e da morte. O mesmo acontece com o Direito das Coisas que trata do direito de propriedade. Este é garantido pela Constituição, mas deverá atender à sua função social (CF, art. 5º, incisos XXII e XXIII).

Parece, pois, que é no Direito das Obrigações que permanece maior poder à vontade, vontade de contratar. E, no direito societário, embora haja leis específicas tratando das várias formas de sociedade, só se saberá a sua real natureza e suas particularidades conhecendo-se o espírito de seu contrato social ou estatuto.

Isto porque há os contratos típicos, aqueles nominados, que têm regras específicas. O conjunto de normas está direcionado à identificação destes contratos. Os contratantes podem, porém, introduzir outras cláusulas que, ou reforçarão o reconhecimento de determinado tipo contratual, tal como determinado em lei, ou, pelo contrário, o descaracterizarão, a ponto inclusive de vir a ser considerado um contrato atípico.

Os homens se associam para obter o que sós não poderiam conseguir. É a união de forças para um fim comum. "Haverá sociedade, na mais ampla acepção, onde houver estes três componentes: conjunção, cooperação, fim comum. O elemento material da sociedade, segundo ensinou Cathrein, é a pluralidade de homens. Considerada como agrupamento tal pluralidade, é a conjunção. A cooperação designa-lhe o elemento formal. (...) Cooperação significa operação (ação) conjunta." A ação é ordenada a um fim. "Enquanto ordenada a um fim, coloca-se no plano ético e corresponde a um ato de capacidade volitiva."[20]

18. E. Löning, apud Pontes de Miranda, ob. cit., p. 349.

19. Raquel Sztajn, *Contrato de Sociedade e Formas Societárias*, São Paulo, Saraiva, 1989, p. 3.

20. Walter Moraes, *Sociedade Civil Estrita*, São Paulo, Ed. RT, 1987, p. 12.

Todos os sócios envidarão esforços quanto à obrigação assumida reciprocamente de perseguir o fim comum para o qual constituíram a sociedade. "A causa final da sociedade é o *bonum commune*, ou seja, simplesmente, o benefício comum: aquilo que cada um dos associados quer e não pode alcançar por si mesmo, e pelo que se reúne aos outros."[21]

O contrato de sociedade é plurilateral, consensual e oneroso. A idéia de sociedade unipessoal só é concebível em determinadas circunstâncias, uma vez que investe contra a própria natureza da sociedade: reunião de esforços de duas ou mais pessoas para obtenção de um bem comum. Fábio Konder Comparato explica-o: a sociedade dotada de personalidade tem uma expressão interna e outra externa; centralizada em torno da autonomia patrimonial, a supressão de pluralidade de sócios lhe extingue as relações sociais internas, mas não necessariamente o patrimônio autônomo; e este deve bastar para sustentar-lhe a expressão externa.[22] E é o que ocorre, pelo menos por um determinado tempo permitido pela lei, até que se recomponha a sociedade com a entrada de novo sócio.

Embora no contrato de sociedade não exista propriamente o conflito resultante de interesses contrapostos como na maior parte dos contratos, mesmo que estes sejam, aqui, paralelos, sempre haverá conflitos que devem ser resolvidos, como o fato do quanto aportará cada sócio ao capital social, quem vai administrar a sociedade, quais são os sócios majoritários cuja vontade prevalecerá e a sua responsabilidade.

Estes têm o dever de integralizar o capital social, o que lhes dará o direito de participar dos lucros. Pertencerá à sociedade o dinheiro investido para esta formação, bem como todos os bens adquiridos na constância de sua atividade, que constituirão o patrimônio social.

A determinação do objeto social é de fundamental importância, pois é este que dará o caráter à sociedade e determinará o tipo de responsabilidade, inclusive as tributárias.

Os sócios deverão estar unidos pela *affectio societatis*, aquela ligação psicológica que fará a distinção entre sociedade e parceria, por exemplo. Veja-se, este vínculo psicológico não significa, apenas, o desejo de cooperar, "é mais alguma coisa, o sentimento de que o trabalho de um, dentro da sociedade, reverterá em proveito de todos".[23]

Há aí um fator de suma importância.

21. Walter Moraes, ob. cit., p. 15.

22. Apud Walter Moraes, ob. cit., p. 40.

23. Orlando Gomes, *Contratos*, Rio de Janeiro, Forense, 1984, p. 444.

As sociedades são chamadas sociedades de pessoas e sociedade de capitais. Todas, porém, são constituídas de pessoas – os sócios – e de capital. De fato, quando as pessoas se associam têm em vista a competência do sócio, sua responsabilidade e capacidade de contribuir com capital e trabalho para o bom resultado do empreendimento.

Nas chamadas sociedades de capital, o que acontece com a maior parte das sociedades anônimas e algumas sociedades de responsabilidade limitada, o que atrai é o capital, embora não seja desprezado, muitas vezes, o grupo empresarial que as lidera.

"Ninguém pode negar que o que caracteriza a sociedade de pessoas é a predominância do *intuitu personae* no seu funcionamento."[24] Aqui a *affectio societatis* é o *granus salis* que lhe dá a consistência.

A confiança mútua, a experiência negocial, a dignidade, lealdade e honradez são o alicerce dessas sociedades.

Assim, quando a lei fala em "sociedade de pessoas" está se referindo às sociedades constituídas com base na confiança e *affectio societatis*. Normalmente, neste caso, os próprios sócios dirigem a sociedade. Como a personalidade de cada um foi o que determinou a sua escolha, existem várias regras para a cessão de quotas. Para que um novo sócio possa entrar na sociedade, seja na falta de um, seja por outro motivo, em regra, este deverá ser aprovado por todos os demais. É esta característica que deve ser avaliada e esta avaliação só pode tomar como ponto de partida o contrato social ou o estatuto. Sim, porque embora as sociedades anônimas, conceitualmente, sejam sociedades de capital, podem muito bem ter sido criadas *intuitu personae*. Apenas os sócios decidiram dar-lhe a forma de sociedade anônima.

Até este momento, levou-se em conta a expressão interna da sociedade: a relação recíproca dos sócios.

Há ainda a considerar a expressão externa: a relação da sociedade com terceiros. Nas sociedades *intuitu personae* prevalece a gerência por um ou mais de um sócio; nas sociedades ditas de capital, o dirigente será ou não um dos acionistas. Não há também restrição à cessão das ações.

É relevante, ainda, compreender que a administração da sociedade é um órgão desta. Isto terá efeito quanto à determinação do responsável tributário na dissolução de "sociedade de pessoas" (CTN, art. 134, VII) e quando o dirigente da sociedade tiver agido contra o contrato social e a lei, (CTN, art. 135, III).

24. Antonio Carlos Diniz Murta, *Responsabilidade Tributária dos Sócios – Sociedades por quotas de responsabilidade limitada*, Belo Horizonte, Del Rey, 2001, p. 33.

É o que ensina, mais uma vez, Pontes de Miranda:

"Quem pratica os seus atos é o órgão, ou são os órgãos, se em caso de distribuição de funções; porque os órgãos são parte dela, como o braço, a boca, o ouvido, são órgãos da pessoa física (O. von Gierke (...). Para se saber se o sistema jurídico chegou à altura científica da concepção de pessoa jurídica dotada de órgãos, tem de verificar se há regras jurídicas que correspondem a essa concepção e seriam repelidas por teorias repressivas."[25]

"O órgão não representa; *presenta*, pois é órgão. Tal a concepção do Código Civil Brasileiro, de fonte germânica. As pessoas jurídicas não são incapazes de obrar, pois que têm órgão; o que o filho sob o pátrio poder, o tutelado não têm: a esses alguém representa ou assiste."[26]

Órgãos necessários à existência das pessoas jurídicas são a diretoria e assembléia geral (para as S/A), e a administração nas demais. O contrato social ou o estatuto determinará a forma de sua constituição e competência.

Não há, pois, como dar-lhes direito de representação, o que exige a existência de duas pessoas como acima dito.

A compreensão da natureza da pessoa jurídica, sua constituição, sua presença no mundo jurídico, realizada pelo órgão que a dirige, são conceitos fundamentais para apreensão de sua própria responsabilidade em face de atos com terceiros e da responsabilidade individual e isolada de seus dirigentes em determinados casos.

3. *Os destinatários legais tributários[27] da obrigação tributária substancial: sujeito passivo típico, o contribuinte e sujeito passivo, atípico, o responsável*

Na relação jurídica tributária, sujeito passivo é aquele obrigado ao pagamento de uma prestação ao Estado, a título de tributo, como resultado de ter realizado, no mundo, o critério material da hipótese da Norma Matriz de Incidência Tributária.

"Sujeito passivo é aquele que provoca, desencadeia ou produz a materialidade da hipótese de incidência de um tributo."[28] "É a pessoa – sujeito de direitos – física ou jurídica, privada ou pública de quem se exige o cumprimento da prestação: pecuniária, nos nexos obrigacionais;

25. Pontes de Miranda, *Tratado de Direito Privado*, 2ª ed., t. I: Parte Geral, atualizado por Vilson Rodrigues Alves, cit., p. 347.

26. Idem, ibidem, p. 351.

27. Expressão utilizada por Hector Villegas, *Revista de Direito Público* 30/242.

28. Geraldo Ataliba e Aires Fernandino Barreto, "Substituição e Responsabilidade Tributária", *Rev. de Dir. Trib.* 49/73 e s.

e insuscetível de avaliação patrimonial, nas relações que veiculam meros deveres instrumentais ou formais."[29]

É aquele que realiza o verbo e o complemento que compõem o critério material da hipótese de incidência da norma.

Esta é a sujeição passiva "típica", a que decorre da prática do *fato/tipo* previsto na norma jurídica tributária como desencadeadora do tributo.

Com relação aos impostos, como estes vêm discriminados na Constituição, o sujeito passivo já está automaticamente indicado, como o único possível para realização daquele fato. Foi assim que Geraldo Ataliba, adotando a expressão de Hector Villegas, disse ser o contribuinte no Direito Positivo Brasileiro, o "destinatário constitucional tributário".

Chamando a atenção para a peculiaridade do Sistema Tributário Nacional, ou seja, do Sistema Constitucional Tributário, deixa claro que o legislador infraconstitucional, seja o legislador complementar, seja o ordinário, não poderá deslocar para terceiros estranhos à realização do fato jurídico tributário, a obrigação do pagamento do tributo.

Será contribuinte do imposto sobre a renda, aquele que auferir renda; do imposto sobre operação de circulação de mercadorias, aquele que realizar a operação, negócio jurídico que implicará na transferência de titularidade desse bem, já com a característica de mercadoria, circulando-a; será contribuinte do imposto sobre serviços, aquele que os prestar; será contribuinte de imposto sobre propriedade predial urbana, aquele que é proprietário de bem imóvel urbano.

O Estado não pode, porém, com referência à obrigação tributária, ficar sem garantidor.

Na vida privada há, para cada tipo de contrato, um terceiro que assume a responsabilidade pelo cumprimento da prestação, quase sempre o pagamento se o devedor originário não cumpri-lo.

O mesmo deve ficar previsto aqui, no universo tributário.

É com o fim de assegurar o pagamento que o legislador coloca, ao lado do *sujeito passivo típico – o contribuinte* – outros, *os sujeitos passivos atípicos – os responsáveis* –, que deverão cumprir a obrigação se o primeiro não o fizer, ou por ter desaparecido do mundo ou por uma circunstância que o impediu de realizar o pagamento.

É lógico que esta escolha não se faz a esmo. Existe um critério condutor. Este deve recair em alguém que tenha algum vínculo com o fato

29. Paulo de Barros Carvalho, *Curso de Direito Tributário*, 15ª ed., Saraiva, 2003, p. 300.

jurídico tributário realizado pelo contribuinte, ou vínculo com o próprio contribuinte.

E, também este, o responsável, só aparecerá no cenário, pois caso contrário continuará nos bastidores, *se, e somente se, ocorrerem dois fatos*: a) o inadimplemento da prestação pelo contribuinte (o contribuinte não tiver dado extinção à prestação, pelo pagamento), b) a realização do fato previsto em lei e dirigido a este responsável.

Vê-se, passo a passo, que em matéria tributária, como a obrigação nasce, não da vontade das partes, mas, diretamente da lei (é *ex lege)*, todas as circunstâncias relativas à obrigação, tais como, garantias, garantidores, sanções, nascem igualmente da lei.

O fundamento da responsabilidade tributária que tem por objeto o cumprimento da obrigação substancial – de dar – é a garantia do pagamento do tributo ao Estado credor.

Faz-se, necessário, neste ponto, uma digressão a respeito da substituição tributária. Esta refere-se à obrigação acessória. É técnica de arrecadação. O Fisco, para garantia do cumprimento da obrigação pelo contribuinte, coloca um terceiro, por exemplo, a fonte pagadora, exigindo desta que retenha o valor do tributo devido pelo contribuinte e o recolha aos cofres públicos. O substituto não paga com dinheiro próprio.

Para que nasça a obrigação do substituto é necessário que tenha nascido a obrigação tributária principal para o verdadeiro contribuinte, por exemplo, do imposto de renda. Tanto isto é mais verdade que o substituto leva para o Estado, com a sua mão, o que deveria ser feito com a mão do verdadeiro contribuinte. O ônus do tributo continua a ser sempre deste contribuinte e não daquele, o substituto. É o contribuinte que suporta o pagamento do tributo, deixando com a fonte pagadora parte de seu salário correspondente ao valor do imposto de renda devido, como antecipação. A relação jurídica do substituto com o Estado é um *posterior* quanto à relação jurídica tributária do contribuinte (ou deveria sê-lo).

Lapatza, referindo-se ao artigo 32 da Lei Geral Tributária Espanhola, diz:

> "Deste artigo depreende-se claramente, e em primeiro lugar, que o nascimento da obrigação do substituto requer a realização de dois pressupostos de fato diferentes: o fato imponível do qual nasce a obrigação tributária a cargo do contribuinte e outro pressuposto de fato que engloba o fato imponível e do qual nasce a obrigação do substituto de pagar a Administração financeira as quotas do imposto."[30]

30. José Juan Ferreiro Lapatza, *Curso de Derecho Financiero Espanol*, 14ª ed., Madri, Marcial Pons, 1992, p. 374.

"Está claro que tanto no IRPF como no imposto sobre sociedades, o *substituto não é, em geral, sujeito passivo de uma obrigação tributária principal e sim de uma obrigação acessória dela*. Não substitui o contribuinte no pagamento de uma obrigação tributária principal."[31]

Apenas antecipa, em face do rendimento existente, o recolhimento a título de imposto de renda na fonte.

Segundo Geraldo Ataliba e Aires Barreto, "o substituto paga tributo que não é próprio: paga em substituição a alguém. Paga tributo alheio, paga tributo do substituído."[32] E citam o caso do imposto de renda na fonte, da contribuição à previdência.

Já na responsabilidade tributária, o pagamento que não for feito pelo contribuinte originário o será pelo responsável. Mas para que este apareça, será necessária *a ocorrência de um segundo fato*.

Sonsoles Mazorra Manrique de Lara, com perfeição, detecta o problema: "quando o fato previsto na norma se realiza, nasce, como examinaremos mais adiante, a obrigação do responsável. Com ele o que queremos colocar em evidência, junto com a unanimidade dos autores de Direito Tributário é que a *obrigação do responsável não deriva do fato imponível* e sim da realização por aquele de um pressuposto de fato diferente do fato imponível; embora conexo com ele (...)".[33]

O fato que desencadeia a responsabilidade é um fato novo, que não o fato jurídico tributário, mas com ele conexo. Relevante é também o momento em que este ocorre, pois, a partir deste é que nasce a obrigação do responsável.

O responsável tributário arca com o ônus do tributo. São, pois, destinatários legais tributários tanto o contribuinte como o responsável. A eles se aplica o princípio da capacidade contributiva.

4. O Código Tributário Nacional e o destinatário legal tributário

O entendimento até aqui descrito tem supedâneo no próprio Código Tributário Nacional. Este trata do Sujeito Passivo, no Capítulo IV. São considerados sujeitos passivos: o contribuinte e o responsável, pois são apenas estes que sofrem o ônus do pagamento do tributo, em nome pró-

31. José Juan Ferreiro Lapatza, ob. cit., p. 378.

32. Geraldo Ataliba e Aires Fernandino Barreto, "Substituição e Responsabilidade Tributária", cit., pp. 75 e s.

33. *Los responsables tributarios*, Madri, Instituto de Estudios Fiscales, Marcial Pons, 1994, p. 27.

prio – o contribuinte (art. 121, I); em nome próprio, mas por realização de fato jurídico tributário por outrem – o responsável (art. 121, II).

Para Alfredo Augusto Becker, o responsável sempre é devedor de débito próprio. Entendia esta segunda relação jurídica, ocupada pelo responsável legal tributário, não como relação tributária, mas de outra natureza. "Esta segunda relação jurídica não é de natureza tributária, mas de natureza fiduciária. O responsável legal tributário não é contribuinte *de jure*. Ele é sujeito passivo de uma relação jurídica de natureza fiduciária."[34]

De qualquer forma, a relação jurídica do responsável foi detectada por Augusto Becker como uma segunda relação, distinta da primeira relação jurídica tributária, esta nascida pela configuração do fato jurídico tributário realizado pelo contribuinte.

E esta segunda relação, acrescentamos nós, que entendemos ser também de natureza tributária, nasce de um segundo fato ligado ao contribuinte que, por algum motivo, não pagou o tributo, fato este que desencadeará a cobrança do crédito tributário na pessoa do responsável.

A "substituição tributária" não está mencionada neste capítulo. Isto corrobora que a *"responsabilidade" utilizada no seu conceito técnico, refere-se a ônus tributário, diretamente conectado com a capacidade contributiva*, e que, por isto mesmo, *só pode recair no contribuinte*, aquele que realiza o fato jurídico tributário ou, em caso de não se ter por ele realizado o pagamento, *no responsável*, a partir de um fato novo descrito na lei.

4.1 Sujeição passiva típica e atípica

É necessário, para compreensão da matéria, discernir os casos de sujeição passiva típica, quando o tributo é devido pelo contribuinte, e os casos de sujeição passiva atípica, quando o tributo é devido pelo responsável.

Assim, quando já há no direito privado a propriedade condominial, o fato de o fisco cobrar o tributo de quaisquer dos condôminos não é caso da responsabilidade tributária. Não existe aí um fato novo, ensejador do aparecimento do responsável. O sujeito passivo é o típico, aquele que realiza o fato descrito na norma. No caso, o ser proprietário do imóvel (CTN, art. 124, I: "São solidariamente obrigadas: I – as pessoas

34. *Teoria Geral de Direito Tributário*, São Paulo, Saraiva, 1963, p. 511.

que tenham interesse comum na situação que constitua o fato gerador da obrigação principal").

A solidariedade é colhida diretamente do direito privado.

No nosso entender, a responsabilidade tributária (CTN, arts. 121, II e 124, II) aparece sempre (logicamente, considerando a inadimplência do tributo pelo contribuinte) quando se realizam no mundo os fatos novos ensejadores do aparecimento do responsável. São eles:

1. Desaparecimento do contribuinte pela:

1.1 morte do sujeito passivo, quando pessoa física (CTN, art. 131, II e III) responsável: sucessor a qualquer título e o cônjuge meeiro, pelos tributos devidos pelo *de cujus* até a data da partilha ou adjudicação, limitada a responsabilidade do montante do quinhão; ou espólio até a data da abertura da sucessão;

1.2 fusão, transformação, incorporação, cisão de pessoa jurídica, aquisição de fundo de comércio ou estabelecimento comercial do qual continue a exploração sob a mesma ou outra razão social, quando pessoa jurídica (CTN, arts. 132 e 133); responsável: a pessoa jurídica sucessora nos diversos casos.

2. No caso de representação do contribuinte: solidariedade do representante com o sujeito passivo vivo, o representado, quando não há possibilidade do cumprimento das exigências pelo contribuinte, nos atos em que intervierem ou pelas omissões de que foram responsáveis:

2.1 menor, por seus pais, tutores;

2.2 curatelado, por seu curadores;

2.3 espólio, por seu inventariante;

2.4 massa falida, pelo síndico;

2.5 concordatário, pelo comissário;

2.6 na administração de bens do contribuinte, pelos administradores de bens de terceiros.

3. No caso do órgão que *presenta* a pessoa jurídica (responsabilidade por infração):

3.1 em liquidação de sociedade de pessoas (art. 134, VII): por seus sócios;

3.2 em atos praticados com excesso de poderes ou infração de lei, contrato social ou estatutos: por diretores, gerentes ou representantes de pessoas jurídicas de direito privado (CTN, art. 135, III).

No primeiro caso, com o desaparecimento do contribuinte, seja pessoa física ou jurídica, a obrigação recai nos sucessores.

No segundo caso, 2.1 e 2.2, estamos em face de responsabilidade do representante por tributos devidos pelos representados. Na impossibilidade de o Fisco vir a cobrar desses, que não são pessoas com capacidade para agir, cobrará daqueles, nos atos em que intervierem ou no caso de omissões de que sejam responsáveis. Temos aí um caso de solidariedade por representação.

Quanto às situações referidas nos itens 2.3 a 2.4., não há, propriamente dizendo em linguagem jurídica, pessoas físicas ou jurídicas, como capazes de direitos e obrigações. São universalidades de bens (espólio, massa falida) que carecem de personalidade jurídica, mas que aí foram colocadas, não por terem personalidade jurídica, mas por terem capacidade contributiva e, como tais poderem ser tratadas como se tivessem personalidade jurídica. (Quanto ao 2.5, a pessoa jurídica permanece: o concordatário, bem como seu representante, o comissário.)

José Juan Ferrero Lapazza,[35] ao tratar do art. 33, da LGT, que considera como sujeitos passivos, nas leis tributárias, a herança jacente, comunidade de bens e demais utilidades que, carentes de personalidade jurídica, constituem uma unidade econômica ou um patrimônio separado, suscetível de imposição, diz que a lei está se referindo aos verdadeiros sujeitos da obrigação tributária, que revelam uma especial capacidade contributiva.

Apenas não temos a representação no caso do art. 134, inciso VI, que se refere à responsabilidade dos tabeliães pelos tributos devidos sobre os atos praticados por eles, ou perante eles em razão de seu ofício. A responsabilidade aí é pela omissão de exigir o tributo incidente sobre os atos por eles praticados nos Tabelionatos.

No terceiro caso, de órgão que *presenta* a sociedade, não há substância para representação (CTN, arts. 134, VII e 135, III). Não há aí o representante e o representado: dois titulares de direito.

No primeiro caso, CTN, art. 134, VII, há apenas uma pessoa jurídica que não foi liquidada regularmente. Ora, o fato de paralisar a atividade não justifica a liquidação irregular da sociedade, sem atendimento dos terceiros com quem a sociedade negociou e assumiu obrigações. Inclusive com o Fisco. Não é possível tratar apenas do aspecto interno, obrigações específicas recíprocas entre os sócios e desconhecer as obrigações externas.

Quando o art. 134, inciso VII, refere-se a "sociedade de pessoas", está se referindo àquelas constituídas com base no *intuitu personae* e *affectio societatis*, pois, como vimos, todas as sociedades são de pessoas e capital. O critério distintivo é a escolha pelos sócios, de seus sócios. A menção a esta característica é necessária, pois, neste caso, todos os sócios deveriam estar cientes da liquidação irregular e das responsabilidades que daí lhes adviriam, desde, logicamente, que as obrigações

35. Lapazza, ob. cit., pp. 386 e ss.

não tivessem sido cumpridas a seu tempo. Assim, mesmo na dissolução irregular não responderiam se nada houvesse para ser cumprido. Se os tributos foram pagos, embora a sociedade não tenha sido liquidada formalmente, em relação à obrigação principal devida ao Fisco, estariam regulares.

De qualquer forma, para haver a subsunção do fato à norma do art. 134, é necessário que o Fisco examine o contrato social para aferir da preponderância do aspecto pessoal sobre o capital. Entendemos que a prova de que a sociedade é *intuitu personae* é suficiente para aplicar o artigo. Não há necessidade da prova do dolo.

Caso contrário, terão de responsabilizar somente o sócio dirigente da sociedade que é o seu órgão diretor.

O mesmo se diga, quanto ao segundo caso, CTN, art. 135, III, da responsabilidade pessoal do diretor por atos praticados contra o contrato social ou a lei. Para que o diretor, como órgão da sociedade, deixe a sombra e apareça à luz, com a sua própria personalidade, é necessária a realização conjunta dos seguintes fatos: 1) a empresa não ter mais condições de pagar os tributos; e 2) sua responsabilidade subjetiva dolosa, devidamente configurada e aprovada. Neste caso, a pessoa física do diretor se destaca da personalidade jurídica e aparece em primeiro plano.

A simples inadimplência da empresa, porém, não faz aparecer automaticamente a responsabilidade de sócio, subsumindo-o à regra do art. 135 do CTN. Será necessário que este tenha agido dolosamente contra o contrato ou contra a lei e que os fatos fiquem devidamente provados para que este seja responsabilizado.

5. *Conclusão*

1. O ser “pessoa”, para o Direito, significa ser sujeito de direitos e obrigações.

2. O Direito cria seus próprios conceitos e traz para o seu universo aspectos do real para reger a conduta do homem.

3. A pessoa será então considerada nas suas inúmeras funções e adquirirá a qualidade com que irá exercê-las. Será o empregador, o empregado, o comerciante, o prestador de serviços, o administrador, o administrado, o credor, o devedor, o proprietário, o possuidor.

4. As pessoas jurídicas são as sociedades dotadas de personalidade.

5. Todas as sociedades têm um órgão que as *presenta* no mundo jurídico. Aqui não se trata de representação que exige a existência de duas pessoas (no sentido jurídico), a representante e a representada. Trata-se da própria pessoa jurídica que atua no mundo jurídico através de um órgão seu.

6. As sociedades são qualificadas de sociedades de pessoas e sociedades de capital. Na verdade, porém, todas são compostas de pessoas e de capital. Assim, quando o ordenamento se refere à "sociedade de pessoas", está se referindo àquelas em que se destaca a *affectio societatis* e o *intuitu personae*, quando os sócios escolhem os demais, mirando a competência, comportamento ético e lealdade em razão do próprio objeto social. Logicamente este fato terá relevância quanto à responsabilidade.

7. No Direito Tributário, o que determina a qualidade da pessoa, como contribuinte, é a capacidade contributiva, manifestada em face de um fato "*signo de riqueza*", este, escolhido pelo Direito, como desencadeador da obrigação tributária.

8. Destinatários legais tributários são o contribuinte e o responsável, sujeitos passivos na relação jurídica tributária, em que a prestação é "dar" dinheiro ao Estado, credor, a título de tributo. Arcam com o ônus do tributo.

8.1 Contribuinte é o sujeito passivo típico, aquele que realiza, no mundo, o critério material – o tipo –, previsto na hipótese de incidência da norma. É o que adquire renda, o que presta serviço, o que é proprietário de bem imóvel, por exemplo.

8.2 Responsável é o sujeito passivo atípico, aquele que, sem ser o contribuinte, aparece para pagar o tributo, como conseqüência: a) do inadimplemento do tributo, pelo contribuinte; e b) de um novo fato acontecido no mundo, também previsto na norma. Por exemplo: a morte da pessoa física; a fusão, incorporação da pessoa jurídica.

8.3 O responsável é o garantidor do pagamento do tributo quando este não é realizado pelo contribuinte. Esta responsabilidade surge quando não mais é possível cobrar o tributo do contribuinte.

8.4 O pagamento do tributo pelo responsável é ônus seu, diretamente conectado com a capacidade contributiva.

9. A responsabilidade tributária surge com um fato novo:

9.1 o desaparecimento do contribuinte: morte da pessoa física ou fusão ou incorporação da pessoa jurídica;

9.2 a representação;

9.3 a infração: pelo órgão que *presenta* a sociedade:

9.3.1 por seus sócios no caso de liquidação irregular de sociedades de pessoas (necessidade de provar o caráter *intuitu personae* da sociedade);

9.3.2 por seus diretores, gerentes ou representantes, no caso de terem agido com excesso de poderes ou infração de lei, contrato social ou estatuto (necessidade de provar o dolo do órgão que *presenta* a sociedade no mundo).

LOS ACTOS ILÍCITOS EN EL PROCESO FORMATIVO DE LA OBLIGACIÓN TRIBUTARIA DEL IMPUESTO A LA RENTA

JORGE BRAVO CUCCI[1]

1. Sistema de referencia

No es posible hacer ciencia sin un sistema de referencia. Pretender hacerlo es hundirse en el desconocimiento, es tantear en un mar de confusión sin saber a donde ir. Sin sistema de referencia el conocimiento se vuelve en desconocimiento.[2] Comenzamos el presente trabajo con tales reflexiones, con las cuáles queremos dejar en evidencia la importancia de manejar un adecuado sistema conceptual de referencia que nos permita explicar o describir de la mejor manera posible los objetos o fenómenos jurídicos, entre ellos los que tienen relación con lo tributario, de una manera consistente, evitando incurrir en contradicciones y en absurdidades.

Desde luego, adentrarse en el análisis del tema que en esta oportunidad es materia de nuestras meditaciones, es desde ya una muestra de

1. Agradezco la importante colaboración de la Profesora Nuria Puebla Agramunt, de la Universidad Antonio de Nebrija, la cual ha sido muy valiosa para la elaboración del presente trabajo.

2. Goffredo da Silva Telles, *Direito Quântico*, Max Limonad, p. 289.

osadía intelectual en la que concientemente nos embarcamos[3] dada la cantidad de armadillas conceptuales por operar que la labor conlleva, siendo importante diferenciar entre conceptos lógico-jurídicos y conceptos jurídicos-positivos.[4] Se trata de una materia que exige el dominio de las categorías jurídicas y el conocimiento de la fenomenología de la norma tributaria y su acaecimiento en el mundo fenoménico con sus consabidos efectos.

El sistema de referencia con el que operaremos se asienta en nuestra concepción de tributo como fenómeno normativo. El fenómeno tributario, que es el proceso formativo de la obligación tributaria, puede ser mostrado en la siguiente secuencia:

a) Creación de la norma tributaria "x". Aquél que detenta la potestad tributaria, diseña la norma de incidencia tributaria, la cual se encuentra compuesta por *(i)* una hipótesis de incidencia y *(ii)* una consecuencia normativa (p→q), en respeto a los principios constitucionales. La norma "x" dispone que ocurrido un hecho "a" debe ser que el sujeto que lo realice se encuentre obligado a pagar una suma de dinero a un determinado acreedor tributario.

b) La norma tributaria es insertada en el ordenamiento jurídico a través del dispositivo legal pertinente.

c) Entrada en vigencia de la norma "x".

d) Realización de un hecho "a" en el plano concreto durante la vigencia de la norma "x".

e) Subsunción del hecho "a" en la hipótesis de incidencia de la norma tributaria "x".

f) Implicación de la consecuencia normativa de la norma tributaria "x" en el hecho "a".

g) El hecho "a" es juridizado por la incidencia de la norma tributaria "x" y se torna en un hecho imponible "x".

h) El hecho imponible "x" genera una obligación tributaria.

i) Una vez efectuada la determinación tributaria (por acto del contribuyente o de la Administración Tributaria), se declara la existencia del hecho imponible "x" y la obligación tributaria se individualiza y se

3. José Souto Maior Borges, *Ciência Feliz*, Max Limonad, 2000, pp. 20-21.

4. José Souto Maior Borges, *Lançamento Tributário*, Malheiros Editores, 1999, pp. 94-95.

torna en cierta, liquida y exigible, y se extingue por alguno de los medios previstos para tal fin.[5]

Sobre la base de ese marco conceptual es que elaboramos las siguientes meditaciones con respecto a la relación entre los actos ilícitos y el concepto de renta, las cuales plasmamos en el presente trabajo. A los efectos de abordar el tema en cuestión, creemos conveniente desarrollar de forma resumida, las diferentes posturas teóricas que se pronuncian sobre la tributación de los actos ilícitos, para luego analizar si es posible gravar con el Impuesto a la Renta los fondos provenientes de actividades ilícitas.

2. *El problema: posturas doctrinales*

La tributación de los actos ilícitos es un problema relativamente moderno para la Ciencia del Derecho, respecto del cual no puede afirmarse que exista una visión consensuada por parte de la comunidad científica, más aun cuando, en cierto aspecto, es objeto de preocupaciones tanto de estudiosos del Derecho Tributario como del Derecho Penal. Las principales aportaciones científicas al tema en cuestión han venido siendo efectuadas, fundamentalmente, por doctrinarios Italianos[6] y Españoles,[7] sin perjuicio de algunos aportes relevantes provenientes de la

5. "La obligación que surge del hecho jurídico tributario es la obligación de carácter general, por eso mismo que, en cierto sentido, ella no se distingue de la norma que la establece. (...) Esa obligación sólo es individualizada y concretizada por la determinación. (...) Y si eficacia es, es en cierto sentido, producción de efecto jurídico, no hay como negar efecto constitutivo de la obligación tributaria general (principal) al hecho jurídico tributario, y de la obligación tributaria individual y concreta a la determinación" (José Souto Maior Borges, *Lançamento Tributário*, cit., p. 428).

6. F. Angelillo, *Trattato della Imposta di Ricchezza Mobile*, Bologna, 1936; F. Bellini, "Fatto illecito e imposizione tributaria", *Bolletino Tributario* 14, 1985; A. Berliri, *Principi di diritto tributario*, vol. II, t. I, Giuffrè, 1957; G. Bersani, "Tassazione e redditi derivanti da attivitá illecita", *Rassegna Tributaria*, 1990; P. Boria, "La tassazione e redditi derivanti da attivitá illecite", *Riv. Dir. Trib.* 7-8, 1991; A. D. Gianinni, *Istituzioni di Diritto Tributario*, Milano, 1956; Alessandro Giovannini, *Provento illecito e presupposto dell'Imposta personale*, Giuffrè, 2000; S. Golino, "Provente da attivitá illecita. Confisca o tassazione?", *Il Fisco*, 1994; A. Luini, "L'obbligazione tributaria e i provente da attivitá illecita. Il caso dei chiromanti e degli occultisti", *Revista Penale* 1, 1992; G. Falsitta, "Le plusvalenze nel sistema dell'imposta mobiliare", Giuffrè, 1986; F. Forte, "Sul trattamento fiscale delle attivitá illecita", *Riv. Dir. Fin. e Sc.* 1952; P. Peruggia, "Imposizione e provente da attivitá illecita", *Diritto e Pratica Tributaria*, vol. II, 1987.

7. José Aparicio Perez, "El tratamiento fiscal de actividades ilícitas y fondos de origen ilegal", *Crónica Tributaria* 76, 1995; Silvina Bacigalupo, "Delito fiscal y tributación de las ganancias ilícitamente obtenidas", *La Ley*, t. 6, 2001; Pablo Chico de la Camara, "La tributación de los actos ilícitos: aplicabilidad de las soluciones adoptadas en el de-

doctrina Alemana.[8] En Latinoamérica han sido fundamentalmente los doctrinarios Brasileños[9] y Argentinos[10] quienes se han preocupado por investigar en la materia.[11]

Pero ¿en qué consiste el problema de la tributación de los actos ilícitos? ¿Cuáles son las interrogantes por despejar? En un esfuerzo sintético, puede afirmarse que las cuestiones por abordar son las siguientes: ¿Puede un acto ilícito ser tipificado como un hecho gravable? ¿Puede un tributo gravar el producto de un acto ilícito? De las preguntas anteriores es posible desgajar algunas cuestiones más específicas ¿Una norma tributaria puede prever en su hipótesis de incidencia la descripción hipotética de un acto ilícito? ¿Puede gravarse un acto en principio lícito pero realizado ilícitamente? ¿De una actividad ilícita puede obtenerse una renta?

Antes de plantear las premisas desde las cuales partimos para tentar dar respuesta a tales interrogantes, mostramos de modo resumido cuáles son las posturas doctrinales más relevantes en torno al tema de la tributación de los actos ilícitos:

recho italiano al caso español", *Revista Estudios Financieros* 163, 1996; Ramón Falcon y Tella, "La posibilidad de gravar los hechos constitutivos de delitos: SAP Madrid 24 de enero 1998", *Quincena Fiscal* 11, 1999; Pedro Herrera Molina, *Fiscalidad de los actos ilícitos (La antijuridicidad en los supuestos de hecho de la obligación tributaria)*, Instituto de Estudios Fiscales, 2003; Clara Jimenez, "Tributación de los rendimientos ilícitos: STS 21/12/1999, una nueva lectura del artículo 31 de la Constitución. Pronunciamiento sobre una cuestión pendiente de desarrollo en la Jurisprudencia y Doctrina Españolas", *Revista de Contabilidad y Tributación* 204, 2000; Aurora Ribes Ribes, "La tributación de las actividades ilícitas en el IVA: Jurisprudencia del TJCE", *Quincena Fiscal* 20, 1999; Eduardo Ruiz de Erenchun Arteche, "Ganancias de origen (ilícito) Delictivo y fraude fiscal", *Revista de Derecho Financiero y de Hacienda Pública* 265, 2002; M. Teresa Soler Roch, "La tributación de actividades ilícitas", *Revista de Derecho Financiero* 85, 1995.

8. H. W. Kruse, *Unwirksame Rechtsgeschäfte*, 1996; Rauer, "Die steuerliche und steuerstrafrechtliche Verfassung der Prostituierten", *MDR* 1982, K. Tipke, J. Lang, *Steuerrecht*, Köln, Otto Scmidt, 2002.

9. Alfredo Becker, *Teoria Geral do Direito Tributário*, 3ª ed., Lejus, 1998; Amílcar de Araújo Falcão, *Fato gerador da obrigação tributária*, Forense, 1999; Rubens Gomes de Sousa, *Compêndio de Legislação Tributária*, Rio de Janeiro, 1954; Sacha Calmon Navarro Coelho, "A obrigação tributária", in *Tratado de Derecho Tributario*, Palestra, 2003.

10. César Galarza, "¿Existen trabas éticas o morales para la tributación de los actos ilícitos?", *La Ley Periódico Económico Tributario* 298, 2004; Héctor Villegas, *Curso de Finanzas, Derecho Financiero y Tributario*, 8ª ed., Astrea, 2002.

11. Respecto de la doctrina peruana pueden consultarse los siguientes trabajos elaborados por el autor del presente trabajo: Jorge Bravo Cucci, *Fundamentos de Derecho Tributario*, Palestra Editores, 2003, pp. 280-289; e "¿Pueden los actos ilícitos ser tipificados como hechos gravables?", *Revista Análisis Tributario* 186, 2003, pp. 34-36.

a) Posturas a favor

a.1) *Tesis de la sujeción en virtud del principio de capacidad económica (contributiva)* – Para quienes sostienen esta teoría, es suficiente advertir la existencia de una manifestación de riqueza que evidencia capacidad contributiva, para que ella pueda ser sometida a tributación.[12] La licitud o ilicitud de la actividad que genera la riqueza sería ajena al Derecho Tributario, pues el incremento de ella sería simplemente un dato económico, no jurídico.[13-14]

a.2) *Tesis de la sujeción en virtud del principio de igualdad*[15] – Sostiene que vulneraría el principio de igualdad, si solamente se gravaran los beneficios producidos por actos lícitos, pues ello supondría una exención respecto de aquellos provenientes de actos ilícitos.

Como lo advierte Chico de la Camara, dicha posición "(...) ha sido formulada por la doctrina administrativa italiana al estimar que se llegaría a un absurdo si se obligara a pagar al ciudadano honesto el impuesto relativo, mientras que se estaría premiando desde el punto de vista tributario la deshonestidad si el ciudadano deshonesto poseedor cuantitativamente del mismo rendimiento no pagase nada".[16]

a.3) *Tesis de la autonomía del legislador tributario e irrelevancia de la licitud o ilicitud del negocio jurídico frente al nacimiento de la obligación tributaria*[17] – Según la cual, el legislador tributario puede optar por considerar como gravables actos que, para otras áreas del ordenamiento jurídico califican como actos ilícitos, en merito a la autonomía del Derecho Tributario. En ese esquema, la licitud o ilicitud del negocio jurídico es irrelevante para la constitución del hecho imponible y el surgimiento de la obligación tributaria.

12. "La capacidad contributiva significa riqueza, con independencia del origen y por ello la ilicitud no supone, para los sujetos que obtienen aquélla, la exclusión del deber de contribuir" (M. Teresa Soler Roch, ob. cit., p. 19).

13. "Por último, puesto que el aumento de riqueza que constituye la renta no es, como ya se ha indicado, un dato jurídico, sino meramente económico, cualquier consideración que se refiera al carácter lícito o ilícito de la actividad que produce la renta, o en general a la validez o invalidez de las relaciones jurídicas sobre cuya base se ha conseguido de hecho una ventaja económica, es extraña al Derecho Tributario" (A. D. Giannini, ob. cit., p. 381).

14. "Es evidente que quien como consecuencia de la comisión de un ilícito obtiene una mejora en su patrimonio, está incrementando su capacidad contributiva, y en la medida de ese incremento debe tributar, como lo hacen quienes incrementan su capacidad contributiva conforme a derecho" Clara Jimenez, ob. cit., p. 140.

15. P. Boria, ob. cit.

16. Pablo Chico de la Camara, ob. cit., p. 11.

17. M. Teresa Soler Roch, ob. cit., p. 18.

b) Posturas en contra

b.1) *Tesis del Estado cómplice o amparador del ilícito*[18] – Según esta argumentación, de cuño eminentemente moralista, si el Estado cobra impuestos respecto de rendimientos provenientes de actos delictivos, estaría amparando tal proceder y convirtiéndose en cómplice al estar recibiendo beneficios derivados del ilícito, configurándose una suerte de receptación, colocándose en el mismo nivel que aquél que cometió el acto ilícito.[19]

b.2) *Tesis de la coherencia del ordenamiento jurídico y rechazo de las contradicciones internas*[20] – Se sustenta en que si a un hecho, un sector del ordenamiento jurídico le priva de todo efecto (un acto jurídico con causa ilícita no produce efectos jurídicos), no resulta coherente que otro sector lo instituya como fuente de derechos y obligaciones, pues ello atentaría contra la coherencia del ordenamiento jurídico.

b.3) *Tesis de la incompatibilidad entre las medidas represivas – sancionadoras y penales – y las tributarias* – Según la cual, conforme al principio del *non bis in idem*, la sanción penal o contravencional, según sea el caso, excluirían de plano la posibilidad del nacimiento de la obligación tributaria.[21] Para esta tesis, gravar el producto de un acto ilícito sería en rigor una medida represiva (sanción impropia)[22] en contra del que lo cometió.

c) Postura intermedia

Las recientes investigaciones en la materia han decantado en una postura distinta a las anteriores, cuyas premisas son las siguientes:

– El problema de la tributación de los actos ilícitos no admite una solución general aplicable a todos y cada uno de los supuestos, ya que existe un amplio espectro de matices.[23]

– El carácter ilícito de un acto no excluye por sí mismo que deba someterse a tributación, siempre que muestre la misma capacidad económica que otros actos no contrarios a derecho.[24]

18. César Galarza, ob. cit.

19. F. Bellini, ob. cit., p. 1.116.

20. Clara Jimenez, ob. cit., p. 132.

21. Pablo Chico de la Camara, ob. cit., p. 14.

22. Alejandro Altamirano, "Sanciones anómalas o impropias en el Derecho Tributario", en AAVV, *Tratado de Derecho Tributario*, Palestra Editores 2003, pp. 257-278. "Las sanciones anómalas – también denominadas sanciones impropias o indirectas o atípicas. Encuentran su construcción doctrinaria en función de los efectos que derivan de ciertas situaciones previstas en el ordenamiento tributario que, sin encontrarse definidas como tales, representan verdaderas sanciones."

23. Eduardo Ruiz de Erenchun Arteche, ob. cit., p. 637.

24. Pedro Herrera Molina, ob. cit., p. 37.

– No existe el deber de tributar sobre ganancias, ingresos o beneficios que proceden de una actividad de carácter ilícito para la que el ordenamiento jurídico dispone la aplicación de una consecuencia jurídica que determine la ausencia de capacidad contributiva.[25]

Para esta corriente de opinión, en principio, el producto de un acto ilícito no debe someterse a tributación, salvo que, el ordenamiento jurídico no haya dispuesto una consecuencia jurídica que evidencie la falta de capacidad contributiva (el decomiso o restitución). Lo que quiere decirse con ello, es que si el legislador dispone como consecuencia jurídica que producto de la comisión de un acto ilícito, procederá el decomiso o restitución del dinero o bienes obtenidos a través de él, no habrá una capacidad contributiva verificable en el patrimonio del sujeto que lo cometió, por lo tanto no procederá aplicar impuesto alguno. Si por el contrario, el ordenamiento jurídico no establece el decomiso o restitución del producto del acto ilícito, habría una capacidad contributiva exteriorizada que debería gravarse.

3. *Punto de partida: el plano de la norma tributaria*

3.1 El tributo como norma jurídica: la norma tributaria y los actos ilícitos

En una moderna concepción científica, el tributo es un fenómeno normativo.[26] Como norma jurídica, el tributo debe ser creado en respeto a los principios tributarios que implícita o explícitamente se encuentran sedimentados a nivel constitucional. En tal concepción, el tributo puede ser identificado con la norma primaria, norma tributaria en sentido estricto o regla matriz de incidencia tributaria.[27] Como bien lo asevera el Profesor Souto Maior Borges, la norma tributaria, y sus elementos: la hipótesis de incidencia y la consecuencia normativa, son conceptos lógico jurídicos, que constituyen presupuestos fundamentales para la ciencia jurídica.[28]

Pues bien, es de generalizado recibo en la doctrina y en el propio derecho positivo de varios ordenamientos jurídicos, que una de las notas típicas del tributo es que no constituye sanción por acto ilícito.[29] ¿Qué

25. Eduardo Ruiz de Erenchun Arteche, ob. cit., p. 612.

26. Paulo de Barros Carvalho, *Curso de Direito Tributário*, 15ª ed., p. 23.

27. Paulo de Barros Carvalho, ob. cit., p. 238.

28. José Souto Maior Borges, *Lançamento Tributário*, p. 94.

29. Rafael Calvo Ortega, *Curso de Derecho Financiero – Derecho Tributario (Parte General)*, Civitas, p. 181.

significa ello? Que la norma tributaria en sentido estricto (el tributo) no es una norma que prevea en su antecedente que ante la ocurrencia de un hecho ilícito se desencadene una sanción, característica típica de una norma penal o represivo contravencional. El propósito de la norma tributaria es prever la ocurrencia de hechos lícitos, con relevancia económica, y regular el efecto jurídico que se desencadenará ante ella en el plano fáctico: el hecho imponible y la obligación tributaria. La norma tributaria no tiene como propósito establecer sanciones, sino disponer prestaciones pecuniarias a los particulares con el objeto de cumplir los fines del Estado. Y esto no significa vulnerar el principio de igualdad, favoreciendo al ciudadano deshonesto: simplemente que la norma tributaria se proyectará sobre aquellas capacidades contributivas en el estricto sentido del término, mientras que la norma penal reprimirá al delincuente, disponiendo entre otras penas, el decomiso del producto de la actividad ilícita, y de ser el caso, dispondrá la restitución de lo decomisado a su legitimo propietario.

Por tales consideraciones, resulta evidentemente contradictorio que si un segmento del ordenamiento jurídico tipifica a cierta actividad como antijurídica (un delito), conducta ilícita sancionada con una pena, otro segmento del mismo en total disonancia considere a tal conducta como un hecho imponible, y prevea la generación de consecuencias jurídicas derivadas del mismo. Académicos de gran prestigio como Falcon y Tella, no esconden su perplejidad ante sentencias que condenan por un delito tributario en un supuesto en el que la propia sentencia considera acreditado el origen delictivo de los fondos, hasta el punto que la condena por el delito tributario es superior al de los delitos que originaron tales "rentas".[30]

Si bien es cierto, en los últimos tiempos se habla de una finalidad extrafiscal del tributo, la que persiguen en parte los denominados tributos ecológicos, ello no significa que el supuesto de hecho de tales especies tributarias prevea la realización de una actividad ilícita. Los tributos ecológicos o con finalidad extrafiscal no son sanciones sino exacciones legítimas, constituidas sobre actos lícitos, no prohibidos por el ordenamiento jurídico, fundadas en el principio de capacidad contributiva, aun

30. Comentando la SAP Madrid del 24 de febrero de 1998, Falcon y Tella señala que si bien es cierto que "(...) repugnaría al principio de igualdad que se diera un tratamiento más favorable a los fondos obtenidos ilegalmente, pero no es éste en lo absoluto el caso, ya que si bien tales fondos quedan excluidos de tributación, sin embargo deben ser objeto de decomiso (además de las penas, incluso privativas de la libertad que procedan)" (Ramón Falcon y Tella, ob. cit, p. 7).

cuando su finalidad no es recaudar sino disuadir de ciertos comportamientos, que aunque no sean ilegales, el Estado quiere encausar.

En similar esquema conceptual, creemos importante traer a colación las meditaciones de Alfredo Becker, quien es categórico al sostener que la licitud es uno de los elementos del concepto de tributo, no siendo posible que exista una hipótesis de incidencia tributaria que comprenda un hecho ilícito. Para justificar esta posición, se basa en una distinción que efectúa entre la naturaleza jurídica de la sanción y la de un tributo extrafiscal. Como es de advertirse, la elección efectuada por Becker respecto del tributo extrafiscal a los efectos de la comparación propuesta, fue realizada con un propósito concreto, toda vez que tanto en él como en la sanción coexisten las finalidades fiscal y extrafiscal. No tendría sentido lógico utilizar como comparación la sanción o el tributo puramente fiscal, pues clara está la distinción entre esas dos figuras. De allí la utilización del tributo extrafiscal, pues como se verá a continuación, es él el que fundamentará la imposibilidad de que la ilicitud sea susceptible de figurar en la hipótesis de incidencia de un tributo.

En ese sentido, Becker sostiene que:

> "Sanción es el deber preestablecido por una regla jurídica que el Estado utiliza como instrumento jurídico para impedir o desincentivar, directamente, un acto o hecho que el orden jurídico prohíbe.
>
> "Tributo extrafiscal prohibitivo es el deber preestablecido por una regla jurídica que el Estado utiliza como instrumento jurídico para impedir o desincentivar, indirectamente, un acto o hecho que el orden jurídico permite.
>
> "Lo ilícito, como elemento integrante de la hipótesis de incidencia, es el único elemento que distingue, en el plano jurídico, a la sanción del tributo extrafiscal prohibitivo."[31]

En el supuesto negado que fuese posible la tributación de los actos ilícitos, carecería de sentido la institución de la sanción, empleando aquí el término "sanción" en su sentido genérico y no limitado únicamente al ámbito contravencional, vale decir como mera reacción ante el incumplimiento de un deber formal. En efecto, si la norma tributaria previera gravar actos ilícitos, se comportaría como una norma punitiva, no siendo esa su naturaleza.

A diferencia del tributo, el decomiso y la incautación del producto de actividades ilícitas, son sanciones propias del Derecho Penal, que vendrían a ser consecuencias jurídicas dispuestas en el elemento prescriptor de la norma penal.

31. Alfredo Augusto Becker, *Teoria Geral do Direito Tributário*, pp. 609-610.

La imposibilidad de tributación de los actos ilícitos no presupone una exención tributaria como lo sostiene cierto sector de la doctrina (no se advierte cuál sería en este caso, la norma exoneratoria), sino la imposibilidad de configurar una hipótesis de incidencia tributaria que prevea gravar un hecho ilícito, existiendo normas penales de reacción ante tales riquezas mal habidas que disponen el decomiso de los bienes involucrados. Es claro que tal imposibilidad no se sustenta en consideraciones morales o de tipo ético (Tesis del Estado inmoral), sino en consideraciones de tipo jurídico.

Y aquí llamamos la atención respecto a aquella tentación de ver al aspecto económico como el único integrante del presupuesto de hecho y a sostener que el principio de capacidad contributiva puede ser analizado con prescindencia a la licitud del acto que se pretende gravar con el tributo. La capacidad contributiva no debe ser vista como un mero dato económico, sino como una exigencia de carácter jurídico proyectada a nivel de Principio del Derecho.[32]

Por lo tanto, nos parece que existe imposibilidad jurídica en prever en una norma tributaria la gravabilidad de un acto ilícito, sin perjuicio de las consideraciones éticas o morales, las cuales no son pertinentes ni relevantes para estos propósitos.

3.2 Los ingresos obtenidos como producto de actividades ilícitas y el Impuesto a la Renta

Doctrinalmente se reconocen tres teorías que desarrollan el concepto de renta: la teoría de la renta-producto, la teoría del flujo de riqueza y la teoría del consumo más incremento patrimonial. ¿Es posible que al amparo de alguna de las concepciones de renta antes mencionadas se pueda considerar al producto de una actividad ilícita como renta gravable?

3.2.1 Teoría de la renta-producto

También conocida como la teoría de la fuente,[33] establece una acepción restringida (económica) del concepto de renta, al requerir que

32. "El mayor equívoco en el Derecho Tributario es la contaminación entre principios y conceptos jurídicos y principios y conceptos prejurídicos (económicos, financieros, políticos, sociales, etc.). Esta contaminación prostituye la actitud mental jurídica, haciendo que el juez, la autoridad pública, el abogado y el contribuyente (sin que esto perciban) desenvuelvan un raciocinio pseudo-jurídico" (Alfredo Augusto Becker, ob. cit., p. 40).

33. Se atribuye a Quarta, la primera formulación del concepto de renta-producto (*Commento alla legge sulla imposta di reccheza mobile*, vol. 3, Milano, 1905, pp. 140 y ss.).

se trate de un ingreso o riqueza nueva que califique como un producto que provenga de una fuente durable y susceptible de generar ingresos periódicos.

En términos generales, la renta: a) debe ser producto de una fuente productora; b) debe ser un producto periódico; c) tiene que provenir de una fuente que se mantenga en el tiempo; d) deja de producirse si se extingue la fuente que la genera.

El concepto de fuente productora comprende a los bienes tangibles o intangibles, o actividades humanas, que explotadas lícitamente generan un rendimiento legítimo y que puede diferenciarse de la fuente que lo produce. Tal rendimiento es una clara evidencia de capacidad contributiva en tanto proviene de una actividad que el ordenamiento jurídico permite. Por lo tanto, creemos que puede sostenerse con toda contundencia, que una actividad ilícita no puede ser calificada como una fuente productora de rentas.

3.2.2 Teoría del flujo de riqueza

Por su parte, la teoría del flujo de riqueza considera que es renta la ganancia, beneficio o enriquecimiento que obtenga un sujeto un ejercicio determinado, como producto de sus operaciones o transacciones con terceros (incluido el Estado actuando como empresario o en virtud de su poder de imperio) y que implique un incremento de su patrimonio; vale decir es renta como la propia designación de ésta teoría lo denota "(...) el total del flujo de riqueza que desde los terceros fluye hacia el contribuyente en un periodo dado",[34] sin ser relevante la naturaleza del acto que origina el enriquecimiento (un contrato, un acto jurídico unilateral, un dispositivo legal, etc.).[35] La renta para ésta teoría vendría a ser aquella riqueza que fluye hacia el patrimonio del sujeto.

Apréciese que para esta concepción, el alcance del término renta no se restringe a aquella que proviene de una fuente durable y susceptible

34. Juan Roque Garcia Mullin, *Manual de Impuesto a la Renta*, Documento CIET, p. 20.

35. Existe en el Perú una interesante controversia respecto a si el concepto de renta como flujo de riqueza ha sido incorporado total o parcialmente en la legislación peruana respecto de las rentas de las empresas. Tal controversia se ve reflejada en el criterio del Tribunal Fiscal, el cual muestra en las RTF 616-4-99 y 601-5-2003, en las que se pronuncian sobre lo que vendría a ser un acogimiento parcial del flujo de riqueza (sólo es renta la ganancia o beneficio proveniente de operaciones con terceros) mientras que en la RTF 1760-5-2003, se advierte un acogimiento total del flujo de riqueza (renta es toda riqueza que desde terceros, incluido el Estado, fluye al contribuyente en un periodo determinado).

de generar ingresos periódicos (renta producto), sino que engloba a otros ingresos, como aquellos que provienen de la enajenación de la propia fuente productora, de la realización de actividades accidentales, de ingresos extraordinarios o eventuales o percibidos a título gratuito.

Sin perjuicio de ello, debe advertirse que el producto de una actividad ilícita – desde una perspectiva jurídica – no incrementa el patrimonio de aquél que la realiza, atendiendo a su origen ilícito, el cual excluye de plano la existencia de un derecho del delincuente respecto del mismo. Para que el patrimonio se incremente tiene que haber un título jurídico y no una mera posesión de los bienes. En efecto, sostener que a través de un acto ilícito un sujeto puede incrementar su patrimonio, significaría reconocer que el delito es un acto lícito y permitido por el ordenamiento jurídico, y que las normas tributarias preverían que el producto de un ilícito es una riqueza que fluye al patrimonio del delincuente, lo que es un evidente contrasentido. Quien delinque no es titular del producto de su ilegal actuar, razón por la cual no podría sostenerse que incrementó su patrimonio, y que por ende muestra una capacidad contributiva susceptible de tributación.[36]

3.2.3 Teoría del consumo más incremento patrimonial

Por último la teoría del consumo más incremento patrimonial dentro de su más amplia acepción, considera como renta a cualquier variación patrimonial que experimente un sujeto en un determinado ejercicio, considerándose inclusive como renta a los consumos de bienes adquiridos y/o producidos por el sujeto en un ejercicio gravable. En términos sencillos, será renta toda aquella diferencia resultante entre lo que se tenga al cierre del ejercicio anterior y lo que se posea al cierre del presente ejercicio. En efecto, se explicaba en párrafo anterior, que para esta teoría no sólo es renta el cúmulo de variaciones patrimoniales que puedan experimentarse en un ejercicio, sino también la *generalidad de consumos* que pueden presentarse en el mismo. La explicación de ello es la siguiente; al consumir se ejercitan derechos destruyendo bienes económicos, motivo por el cual el valor de los consumos debe ser sumado a las acumulaciones patrimoniales.

36. En semejante línea argumentativa, sostiene Falcon y Tella: "El hecho de manejar fondos ilegalmente obtenidos, pese a la apariencia de propiedad que ello puede generar, no puede identificarse con un derecho subjetivo reconocido y protegido por el ordenamiento sobre dichos fondos; lo que es tanto como afirma que (...) en estos casos ni existe capacidad contributiva ni puede entenderse realizado el hecho imponible, consistente en la obtención – pero la obtención en sentido jurídico, y no meramente material- de renta" (ob. cit., p. 7).

Consideramos que por la misma razón expuesta al comentar la teoría del flujo de riqueza, el producto de una actividad ilícita tampoco califica como renta para la teoría del consumo más incremento patrimonial, toda vez que producto de un acto ilícito no se produciría un incremento o variación en el patrimonio del delincuente.

3.2.4 Concepto legalista de renta

Sin perjuicio de las concepciones teóricas de lo que debe entenderse por renta, que pertenecen al plano lógico jurídico, las legislaciones nacionales optan por establecer un concepto jurídico positivo de renta, que muchas veces se apartan de las concepciones antes esbozadas, y al cual se le denomina en doctrina como el concepto legalista de renta.

Por lo tanto, corresponde preguntarse si el hecho de que una norma tributaria que estableciera el gravamen de la renta, incorpore expresamente la gravabilidad de rendimientos provenientes de actividades ilícitas, implicaría que éstas efectivamente se encuentran sometidas a tributación, haciendo gala de la denominada autonomía del Derecho Tributario. En tales supuestos, correspondería efectuar un análisis constitucional, pues al afectar con tributos al producto de actividades ilícitas se estaría vulnerando el principio de capacidad contributiva y, en su caso, el principio del *non bis in idem*, cuando el Estado ya decomisó los rendimientos ilícitos y encima pretende la recaudación "tributaria" respecto de esos mismos montos, sin perjuicio de las severas contradicciones internas que se generarían en el ordenamiento jurídico.

De otra parte, hay legislaciones – como es el caso de la argentina – que disponen expresamente que los gastos y quebrantos provenientes de actividades ilícitas no son deducibles para determinar la renta imponible, lo que implica una afectación indirecta a tales rendimientos.

En el caso del Impuesto a la Renta peruano, existen diversas opiniones respecto al concepto de renta que ha sido recogido en su texto. Así, es materia de arduo debate, si el concepto de renta aplicable al régimen de los sujetos que realizan actividad empresarial es el de renta como flujo de riqueza o es un concepto legalista, que tomando como base el flujo de riqueza, excluye de la calificación de renta a aquellos rendimientos que no provengan de actividades comerciales con otros sujetos, en las que los intervinientes participan en igualdad de condiciones y consienten el nacimiento de obligaciones.

En el caso del régimen aplicable a las personas naturales, es más evidente que a partir del ejercicio 2004, se ha producido un abandono al concepto de renta producto en su estricta dimensión, al haberse considerado como rentas gravables a determinadas ganancias de capital. Pero, sin perjuicio de la conclusión a la cual se arribe, no se advierte que el concepto de renta acogido por el legislador peruano haya considerado como tales a los fondos provenientes de actividades ilícitas.

3.3 Los incrementos patrimoniales no justificados como mecanismos para gravar ingresos provenientes de actividades ilícitas

Mucho se ha discutido si la técnica de los incrementos patrimoniales no justificados es un mecanismo de determinación tributaria sobre base presunta, o si por el contrario se trata de una ficción legal. Pues bien, sin ánimo de ingresar en tan interesante debate, creemos que si se ha demostrado a través de las vías jurisdiccionales pertinentes, que el "incremento patrimonial" tiene un origen ilícito, entonces es evidente que éste se encuentra justificado, no procediendo la aplicación del mecanismo del incremento patrimonial no justificado.[37] Si por el contrario, el origen de tales fondos no es comprobable (justificable), ni existe sentencia firme que acredite la naturaleza ilícita de tales rendimientos ilícitos, entonces consideramos que procederá la aplicación de tal técnica determinativa.

Pues bien, al menos la legislación peruana en la materia, se aparta de tales razonamientos lógicos. En efecto, el artículo 52º de la Ley del Impuesto a la Renta, dispone expresamente que los incrementos patrimoniales no podrán ser justificados con "utilidades" derivadas de actividades ilícitas. Creemos que el tenor del referido artículo es desafortunado, y en rigor incorpora una ficción legal que en lugar de comportarse como un mecanismo tributario, lo hace como una sanción punitiva. Es cierto que el Estado puede disponer sanciones a aquellos que comenten actos ilícitos, pero las normas tributarias no son la vía para ello. No desconocemos que el Estado tiene la potestad de establecer el concepto de renta inclusive a través de ficciones legales, en tanto que el Derecho crea sus propias realidades, pero tal potestad se encuentra enmarcada por los principios constitucionales (explícitos o implícitos), entre ellos el de capacidad contributiva.

Pudiera ocurrir en alguna hipótesis, que el producto de la actividad ilícita haya sido decomisado en aplicación de las normas penales, y que, paralelamente, la Administración Tributaria pretenda aplicar el

37. En sentido similar se pronuncia Pedro Herrera Molina, ob. cit., p. 119.

mecanismo del incremento patrimonial no justificado. Como puede advertirse del supuesto planteado, la aplicación de tal ficción legal vulneraría flagrantemente el principio de capacidad contributiva, pues luego del decomiso el incremento patrimonial ya no existe. La ficción legal se comportaría en este caso como una sanción, vulnerándose el principio del *non bis in idem*.

Desde el año pasado, el Tribunal Fiscal se ha venido pronunciando a través de diversas Resoluciones, en las que ha aplicado rigurosamente la regla del incremento patrimonial no justificado a casos que vienen siendo materia de proceso penal, producto de las denuncias por corrupción, que han recaído en diversos funcionarios del gobierno pasado, así como en testaferros y personas relacionadas a ellos. Entre las numerosas Resoluciones existentes hasta la fecha, pueden citarse las siguientes: RTF 04914-4-2003, 5375-2-2003,5233-4-2003, 5229-4-2003, 2171-1-2003, 12-3-2004 y 126-3-2004.

Creemos que el mecanismo del incremento patrimonial no justificado debería ser utilizado en forma residual, y sólo en aquellos casos en los que el origen ilícito de los fondos no ha sido probado.

3.4 El argumento de la ausencia de capacidad contributiva cuando se produce el decomiso o restitución del producto de la actividad ilícita

Como ha sido dicho precedentemente en el presente trabajo, uno de los argumentos que sirven para sostener la no gravabilidad del producto de actividades ilícitas, es que habiéndose producido su decomiso, o produciéndose la restitución de los bienes a su legítimo titular, en aplicación de las normas penales que así lo disponen, sería inviable la aplicación de un impuesto ante la ausencia de capacidad contributiva en el sujeto que incurrió en el ilícito. En cambio, en caso que no haya operado ni el decomiso ni la restitución, la capacidad contributiva estaría latente, y en consecuencia no habría óbice para gravar dichos enriquecimientos.

Al respecto, queremos hacer notar que este argumento no nos parece del todo riguroso ni sustentable (salvo en el supuesto comentado en el tercer párrafo punto anterior), toda vez que si se trata de un acto ilícito, que ha sido declarado por los órganos jurisdiccionales como tal, este nunca será gravable, pues como lo venimos exponiendo, una norma tributaria no puede prever la gravabilidad de un acto ilícito, existiendo otros mecanismos jurídicos represivos a través de los cuales el Estado incauta el producto del ilícito. En efecto, el decomiso es una pena pecuniaria a través de la cual el Estado priva de ciertos bienes a aquél que resulte imputado como autor de determinado delito, el cual diverge del tributo en su origen, estructura y finalidad. Debe tenerse en cuenta que quien comete un delito no incrementa su patrimonio, por lo que no exhibe una capacidad contributiva susceptible de tributación. Sostener la tesis de la gravabilidad de las actividades ilícitas implicaría desconocer lo anteriormente expresado, así como participar del peculiar entendimiento consistente en que cualquier manifestación económica, inclusive proveniente de actos ilícitos, es reveladora de capacidad contributiva.

3.5 El problema de los ingresos lícitos obtenidos mediante fondos provenientes de actividades ilícitas

Al margen de los problemas de tipificación legal que existen en los casos de utilización de fondos ilícitos para la realización de actividades lícitas (lavado de dinero o receptación), corresponde analizar si como producto de tal situación puede engendrarse un hecho imponible respecto del Impuesto a la Renta. Para quienes sostienen la tesis de la gravabilidad de los ingresos provenientes de actividades ilícitas no habrá la menor duda respecto a que todo rendimiento originado por fondos ilícitos calificará como renta gravable.[38]

Para quienes no participamos de tal entendimiento, el asunto reviste un matiz distinto. Aún cuando se trata de un tema altamente discutible, creemos que en este escenario, es posible concluir que aquél que realiza una actividad lícita, pero valiéndose de fondos o bienes obtenidos de actividades ilícitas, podría obtener renta y por lo tanto ser sometido a imposición. Justificamos lo dicho a través del siguiente razonamiento: a diferencia de que las actividades ilícitas no pueden ser previstas como hechos posibles de ser considerados como imponibles en una norma jurídica, las actividades lícitas (obviamente) sí lo serán, sin perjuicio de que sean efectuadas con fondos ilícitos.

Pero debemos ser precisos, si tal actividad en principio lícita (por ejemplo un negocio inmobiliario), tipifica en un delito (receptación o lavado de dinero), de ninguna manera podrá concluirse que ella genera un hecho imponible. Ello porque la ocurrencia ilícita de un hecho lícito, no genera la incidencia de la norma tributaria, la cual requiere la perfecta

38. Ver en ese sentido la Sentencia del Tribunal Supremo de España del 21.12.1999.

adecuación entre el presupuesto de hecho (hipótesis de incidencia) y el hecho acaecido en el plano factual.[39]

4. Conclusiones

4.1 Las normas tributarias no tienen como finalidad establecer sanciones ante actos ilícitos. La doctrina jurídica en materia tributaria ha sido enfática en resaltar que el tributo no constituye sanción por acto ilícito.

4.2 Los fondos provenientes de actividades ilícitas no califican dentro del concepto doctrinal de renta. Sin perjuicio del concepto doctrinal acogido por la Ley del Impuesto a la Renta, no se advierte que el mismo los incluya como rentas.

No obstante ello, la Ley del Impuesto a la Renta considera que los incrementos patrimoniales no justificados no pueden justificarse como provenientes de actividades ilícitas, circunstancia que de haberse producido el decomiso de los fondos ilícitos, implicaría gravar allí donde ya no existe una capacidad contributiva.

4.3 El rendimiento proveniente de actividades lícitas, realizadas empleando fondos ilícitos, calificará como renta gravable. Sin embargo, si la Ley penal dispone que tales actividades en principio lícitas, tipifican como un delito (receptación o lavado de dinero), los fondos obtenidos por tales actividades no serán susceptibles de imposición, pues respecto de ellos corresponderá aplicar las normas penales sobre decomiso e incautación.

39. "La ocurrencia ilícita de un hecho jurídico no realiza la hipótesis de incidencia tributaria que esté integrada con aquél hecho jurídico porque la regla jurídica tributaria cuando realiza la elección para la composición de su hipótesis de un hecho jurídico, refiérese implícitamente a un hecho jurídico licito" (Alfredo Augusto Becker, op. cit., p. 615).

LANÇAMENTO, ESSA FORMALIDADE!

LUCIANO AMARO

1. A questão sob análise. 2. Crédito tributário e lançamento no CTN. 3. Modalidades de lançamento no CTN. 4. A necessidade do lançamento. 5. Fiscalidade responsável e garantia do contribuinte. 6. Declaração de fatos não é lançamento. 7. Inscrição da dívida não é lançamento. 8. Efeitos do lançamento. 9. A jurisprudência. 10. O direito positivo e as soluções de "lege ferenda".

1. A questão sob análise

Décadas após a edição do Código Tributário Nacional, há, ainda, questões ligadas ao chamado direito tributário formal que continuam mal resolvidas. Uma delas é a relativa aos *prazos* de que o Fisco dispõe para formalizar o lançamento de ofício, nos casos (que configuram imensa maioria) em que haja previsão legal para a consecução do lançamento por homologação e este, por alguma razão, não se efetive. Nesse tema, a jurisprudência tem naufragado num mar de contradições.[1]

Outra é a questão – objeto destas notas – atinente à própria necessidade de a Fazenda Pública realizar o lançamento do tributo, também em hipóteses legalmente sujeitas ao lançamento por homologação, se o contribuinte, ao cumprir obrigação acessória, registra, em documento fiscal, os fatos que dariam ensejo à incidência do tributo e deixa de antecipar o pagamento deste.

A jurisprudência tem entendido não ser necessária, nessas situações, a prática da atividade administrativa que o Código (art. 142, parágrafo único), diz (pleonasticamente) ser "vinculada e obrigatória". De acordo com o entendimento pretoriano, a atividade que a lei qualifica como *obrigatória* seria *desnecessária*...

Ignorando a exigência legal, sustenta-se "inexistir razão" para a autoridade praticar o lançamento, se o contribuinte já reconheceu a exis-

1. Cf. Luciano Amaro, *Ainda o problema dos prazos nos tributos lançáveis por homologação*, in Condorcet Rezende (Coord.), *Estudos tributários*, Rio de Janeiro, Renovar, 1999.

tência do fato gerador. Algo equivalente a dizer: "se o réu já confessou os fatos, o processo penal é desnecessário; basta metê-lo na prisão".

Antes de examinar essa jurisprudência, vamos traçar um quadro geral da sistemática de lançamento prevista pelo Código Tributário Nacional. Para um exame mais profundo dessa disciplina legal, há excelentes monografias na doutrina pátria, entre as quais os inexcedíveis trabalhos de José Souto Maior Borges[2] e Alberto Xavier.[3] Sobre o tema específico deste comentário, argutas observações foram feitas por Alberto Xavier,[4] com o endosso de Lucia Valle Figueiredo.[5]

2. *Crédito tributário e lançamento no CTN*

O CTN disciplina os diferentes estágios por que pode passar a obrigação tributária desde seu nascimento, que se dá com a ocorrência do fato gerador (arts. 113 e 114). O crédito tributário constitui-se com o lançamento (art. 142), ato privativo da autoridade administrativa, "vinculado e obrigatório" (consoante diz o parágrafo único do citado art. 142). Não efetuado o pagamento do tributo lançado, a administração efetua sua inscrição como dívida ativa tributária (art. 201). Assim, no primeiro estágio (fato gerador) temos a *obrigação* tributária, que, no segundo estágio (lançamento) passa a chamar-se *crédito* tributário, e, no terceiro (inscrição), vira *dívida ativa* tributária.

3. *Modalidades de lançamento no CTN*

O CTN define três modalidades de lançamento:

1ª) o lançamento *por declaração* (art. 147), que é efetuado (pela autoridade administrativa) com base em declaração apresentada pelo contribuinte;

2ª) o lançamento *por homologação* (art. 150), que é realizado (também pela autoridade administrativa) nos casos em que a lei obriga

2. *Lançamento tributário*, Rio de Janeiro, Forense, 1981; 2ª ed., São Paulo, Malheiros Editores, 1999.

3. *Do lançamento – teoria geral do ato, do procedimento e do processo tributário*, São Paulo, Forense, 1997.

4. "A execução fiscal nos tributos de lançamento por homologação", in *Revista Dialética de Direito Tributário* 25/7.

5. "A inscrição da dívida como ato de controle do lançamento", in *Revista Dialética de Direito Tributário* 36/83.

o contribuinte a efetuar o pagamento do tributo *antecipadamente* (isto é, antes de a autoridade lançar);

3ª) o lançamento *de ofício* (art. 149), realizado (igualmente pela autoridade administrativa) em situações nas quais:

a) a lei não preveja a declaração de fatos como suporte para o lançamento nem exija o pagamento *antecipado*, ou

b) haja omissão ou inexatidão do contribuinte no que respeita ao seu dever de declarar (quando, obviamente, este seja definido pela lei) ou no que se atém ao seu dever de pagar antecipadamente (também aqui, é evidente, nas situações em que isso seja previsto pela lei).

Isso resume toda a sistemática de lançamento no CTN. É sempre um *ato da autoridade*, que ora é praticado de ofício (e notificado ao contribuinte), ora é realizado com base em declaração sobre matéria de fato apresentada pelo contribuinte (sendo a este igualmente notificado), ora é efetuado à vista do pagamento efetuado pelo contribuinte (devendo, também aqui, ser objeto de notificação ao contribuinte). Nesta última hipótese, a omissão da autoridade, durante certo lapso de tempo, implica a homologação tácita (art. 150, § 4º).

Realizado o lançamento, pode caber sua revisão por iniciativa do contribuinte ou da autoridade (CTN, art. 145).

4. A necessidade do lançamento

A necessidade de realização do lançamento decorre do próprio texto expresso do Código Tributário Nacional, que, como se sabe, tem eficácia de lei complementar e contempla normas gerais que não podem ser ignoradas nem pelo legislador ordinário nem pelo intérprete nem pelo aplicador da lei.

O Código Tributário Nacional (art. 142) estrutura a disciplina do lançamento a partir de duas premissas:

1ª) o ato (ou atividade) de lançamento tem natureza *administrativa*, ou seja, é tarefa da autoridade administrativa; ademais, diz o CTN que o lançamento, sobre ser ato administrativo, é *privativo* da autoridade; por isso, o que o sujeito passivo fizer, instado pela lei ou pelo Fisco (informações, declarações, emissão de notas e quaisquer outros documentos, depoimentos, confissões, juramentos etc.) não configura lançamento;

2ª) o lançamento é ato *obrigatório*, vale dizer, não pode deixar de ser praticado sob nenhum pretexto.

Da primeira premissa decorrem algumas conseqüências. Sendo ato privativo da autoridade administrativa, o lançamento não se aperfeiçoa com atos de conteúdo fiscal que possam ser praticados *pelo sujeito passivo*. Ou seja, não existe o chamado "autolançamento". O que o sujeito passivo fizer (por exemplo, uma declaração de rendimentos, por mais informações e dados e cálculos etc. que contenha) é apenas um ato do indivíduo – ainda que possa servir de suporte para o "lançamento por declaração" a ser efetuado *pela autoridade fiscal*. O lançamento, nessa hipótese, conter-se-á *no ato da autoridade* (que deve desse ato notificar o sujeito passivo) e *não na declaração do sujeito passivo*.[6]

Como o lançamento – ato da autoridade administrativa – é condição de exigibilidade do tributo, enquanto ele não é praticado, corre o prazo de decadência, ainda que o sujeito passivo tenha escriturado operações, emitido notas, prestado informações ao Fisco ou mesmo apresentado declarações à autoridade fiscal. Nada disso substitui o ato de lançamento, dado que este é, por definição e exigência legal, um ato (ou atividade) *privativo da autoridade administrativa*. Só com a prática desse ato (e sua notificação ao sujeito passivo) tem-se por "constituído o crédito tributário" (linguagem com a qual o Código confere *exigibilidade* à obrigação tributária nascida com o fato gerador). É o crédito tributário assim "constituído" que, se não satisfeito, será objeto de inscrição, assumindo aí, como vimos, a condição de "dívida ativa tributária", com o que a obrigação tributária adquire *executoriedade*, isto é, aptidão para instrumentar-se como título executivo e ser objeto de ação de execução.

Da segunda premissa também defluem algumas conseqüências. Sendo *ato obrigatório*, a omissão da autoridade administrativa que, vinculadamente, tinha a obrigação de praticá-lo, implica (quando a essa inércia associar-se certo lapso de tempo) a caducidade do direito do Fisco, cabendo – consoante a expressa previsão do parágrafo único do art. 142 do Código – a apuração de eventual responsabilidade funcional da autoridade omissa.

Ademais, sendo obrigatório o lançamento, o Fisco não pode passar para a etapa seguinte (a da inscrição da dívida) sem antes efetuar o lançamento e notificá-lo ao contribuinte.

É tão forte para o Código a idéia de que o lançamento é atividade administrativa *necessária* que o diploma fez uma obra de engenharia

6. Tendo nossa atual legislação do imposto de renda exigido que o sujeito passivo pague o tributo sobre sua renda anual antes e independentemente de notificação do Fisco – esse imposto assumiu a feição de tributo lançado por homologação.

sofisticada para conceber o lançamento por homologação, o qual compreende algo muito além do mero cumprimento de obrigações acessórias por parte do contribuinte: este não só deve identificar-se como sujeito passivo da obrigação – sem provocação da autoridade fiscal – mas também efetuar o próprio pagamento do tributo. E, mesmo com tudo isso, o lançamento só advém quando a autoridade toma conhecimento do que fez o sujeito passivo e expressamente homologa essa atuação do devedor.

Observe-se que o *pagamento do tributo* não é bastante para dispensar o ato administrativo de lançamento. Mesmo pago corretamente o tributo, o Código *exige o lançamento* (que se opera – diz o art. 150 – pelo ato de homologação praticado pela autoridade fiscal). E o Código não se dá por vencido nem mesmo diante da omissão da autoridade, já que a inércia desta implica – *ex vi legis* – a realização ficta do lançamento pela homologação tacitamente realizada pela autoridade administrativa (art. 150, § 4º).

5. *Fiscalidade responsável e garantia do contribuinte*

Certa vez, conversando com o saudoso Gilberto de Ulhôa Canto, indaguei das razões pelas quais a Comissão que preparou o anteprojeto do CTN (de que ele foi um dos lúcidos membros) optou por levar a tais extremos a disciplina do lançamento. Gilberto respondeu: "A prática obrigatória do lançamento pela autoridade é uma garantia do contribuinte".

E, num bate-papo informal (nessas ocasiões em que mais sobressaía a imensa cultura do jurista), aprendi que o nosso Código se preocupara com a fiscalidade *responsável*, ou seja, de um lado, ele dotou a autoridade fiscal dos poderes necessários ao exercício de suas funções (a par de guarnecer o direito do Estado de privilégios e garantias que garantissem sua efetividade), e, de outro lado, pôs, sob a responsabilidade da autoridade fiscal, *o ônus de, com rigorosa pertinência, aplicar a lei aos fatos* (coisa em que, em última análise, se traduz a atividade de lançamento), e mais: catalogou essa atividade como *vinculada* (vale dizer, *não discricionária*, e sim *regrada*, pautada pela lei, atenta à forma legal, obrigatória), impondo a conseqüência da eventual desídia do Fisco, ao dizer que o lançamento é vinculado e (redundantemente) obrigatório, *sob pena de responsabilidade funcional.*

Nessa mesma ordem de idéias é que o art. 147, § 2º, do CTN, ao cuidar do lançamento por declaração, prevê a revisão dos dados declarados pelo contribuinte e sua retificação pela autoridade lançadora (a favor ou contra o contribuinte, não importa), dando o § 1º do mesmo artigo a prerrogativa do próprio declarante de também retificar os dados que demonstre estarem equivocados. Isso tudo, obviamente, *antes* da consecução do lançamento, dado que, *após* a realização desse ato administrativo vinculado, as providências cabíveis para sua eventual alteração são a revisão de ofício pela autoridade ou sua modificação por iniciativa do contribuinte (CTN, art. 149, incisos I a III).

Nas entrelinhas dessas disposições, percebe-se o respeito ao direito de defesa do contribuinte e a natureza vinculada do ato administrativo de lançamento, a par do caráter *ex lege* da obrigação tributária.

Ainda ousei ponderar ao Gilberto que o chamado *lançamento por homologação* (por pressupor o pagamento do tributo) seria desnecessário, pois, sendo posterior ao pagamento, nada acrescentaria ao conteúdo da relação tributária, já extinta pela integral satisfação do direito do Fisco. E insisti: somente no caso de *omissão ou inexatidão* do sujeito passivo é que se faria necessário o lançamento (já agora na modalidade *de ofício*, como, aliás, prevê o art. 149, V, do Código). Tanto assim é – acrescentei – que, na prática, sempre que o pagamento é efetuado corretamente, a autoridade não se preocupa em realizar o ato de homologação. O Código, aliás, sabendo que isso iria ocorrer, decretou a tal da homologação tácita, com o decurso do prazo, que a doutrina veio a catalogar como um prazo decadencial.

(Essa construção legal – homologação tácita – talvez tenha sido uma espécie de "defesa" do Código contra a alegação de alguém que pudesse pleitear a restituição do tributo, alegando que, não realizada a homologação expressa, teria deixado de ser constituído o crédito tributário e, por isso, o pagamento se revelaria indevido).

Minha crítica, portanto, dirigia-se à figura do lançamento por homologação, no suposto de que *o pagamento tivesse sido feito de modo acurado*, uma vez que, na *falta* ou *insuficiência de pagamento*, a solução, adequadamente prevista pelo Código, era o lançamento *de ofício* (art. 149, V).

Aliás, é aí que se insere a discussão doutrinária sobre os tributos *sem lançamento*, ou seja, tributos cuja arrecadação, *em regra*, prescindiria de um ato formal da autoridade.[7] Se imaginarmos a esmagadora maioria dos tributos que se recolhem sem ato prévio da autoridade, a conclusão

7. Nessa linha, o sumário registro de Aliomar Baleeiro: "Há tributos, e técnicas tributárias, que não comportam lançamento" (*Direito Tributário Brasileiro*, 11ª ed., Rio de Janeiro, Forense, 1999, p. 781).

é inexorável no sentido de que só o rigor formal do Código é que levou à construção do chamado *lançamento por homologação*, cuja desnecessidade é concretamente demonstrada na prática: a autoridade nunca realiza o lançamento por homologação (expressa, como requer o art. 150 do CTN) e, como vimos, o próprio Código sanciona essa omissão ao dispor, no citado § 4º do mesmo art. 150, sobre a homologação pelo mero decurso do prazo. Ou seja, na prática, o pagamento é efetuado pelo contribuinte e a autoridade nada faz, advindo a homologação tácita, que é sinônimo de falta de exercício (comissivo) da atividade administrativa de lançamento. Na verdade, a autoridade só age diante da omissão do contribuinte, ou da insuficiência do pagamento, mas, nesses casos, sua atuação se dá no contexto do lançamento de ofício (CTN, art. 149, V).

Em suma, como acima já assinalamos, o Código não quis abrir exceção à premissa que fixou sobre a necessidade do lançamento e sua natureza de ato privativo da autoridade. Daí, a caracterização do pagamento como "antecipação" em relação ao lançamento (que se traduziria no ato de "homologação"). Premido pela força dos fatos (ou seja, a inviabilidade de todo e qualquer pagamento "antecipado" ser objeto de ato expresso de homologação pela autoridade), o Código deu mais um passo e criou a homologação pelo mero decurso do prazo.

Obviamente, essas considerações não se aplicam diante da omissão do contribuinte; se este não efetua o pagamento, ou se o recolhe em valor insuficiente, o CTN prescreve o lançamento *de ofício*. Com efeito, este é – repetindo o que dissemos páginas atrás – o modo de efetuar o lançamento (a) quando ele é previsto pela lei como a *modalidade ordinária* de lançamento do tributo – art. 149, I (p. ex., o IPTU); b) quando o contribuinte *deixa de apresentar declaração* prevista em lei, com base na qual a autoridade efetuaria o chamado lançamento por declaração – art. 149, II a IV (é o que ocorria com o imposto de renda anual, antes de a legislação passar a exigir o pagamento antecipado); c) quando o contribuinte *não pague ou pague de modo insuficiente* o *tributo cuja lei o obrigue a antecipar o pagamento* – art. 149, V (é precisamente a hipótese que estamos examinando neste estudo).

Vê-se, claramente, que, nas modalidades de lançamento *por declaração* e *por homologação*, é sempre uma *omissão* do contribuinte[8] que desencadeia a atuação da autoridade no sentido de lançar *de ofício*. Ou

8. Estamos, por simplificação, falando em *contribuinte*, quando, na verdade, às vezes é um terceiro (que não o contribuinte) a pessoa obrigada a apresentar a declaração ou a efetuar o pagamento antecipado do tributo.

seja, à *omissão* do contribuinte corresponde um dever de *ação* do Fisco (no sentido de praticar o lançamento *de ofício*). Se, por outro lado, o contribuinte praticar a *ação* querida pela lei (declarar, na primeira hipótese; pagar acuradamente, na segunda), nem por isso o Código dispensa a *ação da autoridade*, a quem incumbe a prática do lançamento (por declaração, na primeira hipótese; por homologação, na segunda), embora, neste último caso, a lei se conforme com a homologação tácita.

Pois foi exatamente para os casos de *não-pagamento* do tributo a ser "antecipado" (única situação em que, em rigor, o lançamento do tributo seria *necessário*, já que, se efetuado corretamente o pagamento, seria indiferente a autoridade praticar ou não o ato expresso de homologação), foi exatamente nesses casos, repetimos, que a jurisprudência, adiante analisada, veio a dizer que o lançamento (obrigatório na letra do Código), é *desnecessário*. Ou seja, ficou letra morta a previsão expressa no citado art. 149, inciso V, no sentido de que o Fisco *deve lançar de ofício*, quando verificar omissão do obrigado no que respeita ao cumprimento do dever de *pagar*.

6. Declaração de fatos não é lançamento

Se o Código não dispensa o lançamento nem à vista do acurado pagamento do tributo, não se poderá supor que vá dispensá-lo em face do mero registro de um fato gerador em documento produzido pelo contribuinte.

O lançamento por declaração é a primeira das modalidades reguladas no Código (art. 147). Está claro que a mera apresentação de declaração (ato do contribuinte) não configura lançamento. O nome lançamento *por declaração* não significa que a declaração seja o lançamento, mas sim que o lançamento (ato da autoridade) é realizado à vista dos fatos declarados pelo contribuinte, como, aliás, está expresso no Código.

Ademais, na declaração, por mais completa que seja, inexiste "confissão" que dispense o lançamento. O lançamento por declaração só se aperfeiçoa (como sempre aprendemos) com a prática do *ato da autoridade* e sua conseqüente *notificação* ao contribuinte.

Ele pressupõe, portanto, que o contribuinte declare todos os fatos pertinentes à apuração do tributo (ou seja, que declare, de modo preciso, a *realização do fato gerador da obrigação tributária*). Embora declarado o fato gerador pelo contribuinte, o Código engendrou a figura do lançamento por declaração – ato *administrativo*, *vinculado*, e, portanto, *necessário*, da autoridade administrativa.

Assim como a declaração da realização do fato gerador – na estrutura do lançamento por declaração – não configura lançamento (atividade atribuída à autoridade), quaisquer guias ou documentos fiscais em que o contribuinte declare a realização do fato gerador – de tributo sujeito à sistemática do lançamento por homologação – também não constitui lançamento. Numa como noutra hipótese, urge que a autoridade exercite seu poder e seu dever de praticar o ato vinculado do lançamento: a) no primeiro caso, lançando e notificando o contribuinte para que este, no prazo assinalado, realize o pagamento do tributo (lançado *por declaração*); b) no segundo caso, aguardando o pagamento no prazo legal para praticar o lançamento *por homologação* ou, se houver omissão ou inexatidão do contribuinte, o lançamento *de ofício* (art. 149, V).

Repetindo: a) ou é hipótese de lançamento por declaração e a autoridade deve, à vista da declaração, lançar e notificar o contribuinte, ou b) é hipótese de lançamento por homologação e a autoridade deve, se houver o pagamento correto, lançar por homologação (ainda que tácita), ou – se não ocorrer tal pagamento – lançar de ofício.

Nada há, na disciplina legal do Código, que permita à autoridade, quando houver documento do contribuinte em que se registre fato gerador de tributo sujeito a lançamento por homologação, fugir à sua responsabilidade legal de praticar o ato vinculado de lançamento e notificar o contribuinte. O lançamento de ofício, na hipótese de omissão ou inexatidão do dever de "antecipar" o tributo, já se faz em regra acompanhar de multa. Notificado o contribuinte e não realizado o pagamento, cabe, aí sim, a inscrição do crédito tributário como dívida ativa e a conseqüente execução.

7. *Inscrição da dívida não é lançamento*

A inscrição como dívida ativa não é lançamento, não se insere na estrutura do lançamento, não configura "homologação", nem é ato da competência da autoridade lançadora – perdoe-nos o leitor dizermos mais essas obviedades. Em suma, nada tem a ver com o instituto do lançamento, exceto na circunstância de que ela *pressupõe* a existência de lançamento (válido e eficaz, e notificado ao contribuinte, sem que este tenha, no prazo assinalado na notificação, efetuado o pagamento). Na dicção do Código (art. 201), o que se inscreve é *crédito* e não *obrigação* tributária (ou melhor, é obrigação tributária já formalizada pelo lançamento, obrigação que já se formalizou como *crédito tributário* e que, com a inscrição, assume a feição de *dívida ativa*).

Em suma, a inscrição da dívida é ato de *controle de legalidade* do lançamento, e não ato *de lançamento*.

8. *Efeitos do lançamento*

Não se diga que o lançamento de ofício pela autoridade competente, nos termos do art. 149, V, do CTN, seria formalidade inútil.

Em primeiro lugar, a autoridade deve praticá-lo não porque o contribuinte tenha "confessado" ser devedor do Fisco, mas porque, tratando-se de ato vinculado, é dela, autoridade, o dever e o ônus de aplicar a lei e formalizar ("constituir", na dicção do art. 142 do Código), o crédito tributário – não o que o contribuinte queira, mas o que *a lei* quer (que pode ser maior ou menor do que o "confessado" pelo contribuinte). A responsabilidade pelo ato de lançamento é da autoridade (que não pode prevaricar nem abusar do seu poder – art. 142, parágrafo único).

A prática do lançamento gera importantes efeitos, no plano dos prazos extintivos (decadência e prescrição), para cuja análise não há espaço neste breve estudo. Com o lançamento do tributo, a autoridade aplica as multas, geralmente previstas pela lei para as hipóteses em que o contribuinte descumpra seu dever legal de antecipar o pagamento (ou de declarar, na hipótese do art. 147).

E dá início ao prazo para o contribuinte pagar ou apresentar razões, de fato ou de direito, para insurgir-se contra o pagamento: por exemplo, a invalidade formal do ato de lançamento; a eventual ocorrência da decadência; a ocorrência de alguma outra causa extintiva da obrigação tributária (pagamento, compensação, remissão etc.).

Essa atuação ("vinculada e obrigatória", como diz pleonasticamente o art. 142, parágrafo único, do Código) não pode ser suprimida, sem ofensa ao procedimento legal e sem grave dano para a própria legitimidade, certeza e liquidez da dívida ativa inscrita.

9. *A jurisprudência*

Vejamos, agora, o terreno pantanoso em que se apóiam os alicerces da construção pretoriana elaborada sobre a questão em análise.

Acórdão de 1973 do 1º Tribunal de Alçada Civil de São Paulo foi assim ementado: "Executivo fiscal – Débito reconhecido pelo contribuinte – Processo administrativo dispensável – Dívida inscrita regularmente."[9]

Essa ementa merece ser cotejada com a fundamentação do acórdão, cuja leitura mostra uma alongada discussão de *matéria processual*, dada a circunstância de que um agente putativo, segundo lição de Marcelo

9. Acórdão 195.621, j. 18.7.1973, rel. Geraldo Arruda (*RT* 456/150).

Caetano que o acórdão transcreve, teria efetuado as diligências de citação e de penhora no lugar do oficial de justiça. Encerrada a rica análise da matéria processual, são dedicadas à questão de fundo as seguintes linhas, *verbis*: "No mérito, regular foi a inscrição da dívida. Dispensável o processo administrativo quando o débito do imposto já foi reconhecido pelo contribuinte, que o declarou em sua escrita fiscal. A lei o dispensa e sua falta não sacrifica o direito de defesa, que poderia ser exercido na fase administrativa através de recurso hierárquico, além da oportunidade reaberta no executivo fiscal."

A leitura do acórdão deixa a impressão de que o grande problema a ser resolvido no processo era o próprio processo (ou melhor, a questão processual da legitimidade do agente putativo).

O problema tributário parece ter sido mero detalhe, ao qual foram dedicadas modestas linhas. Pior: essas sumárias razões de mérito são um poço de contradições.

Diz o aresto que o *processo administrativo* seria dispensável, dado que a lei o dispensa... Sua falta não sacrificaria o direito de defesa, pois esse direito poderia ser exercido na *fase administrativa...*

Ou seja, embora o contribuinte não tenha o direito de ser notificado do lançamento (que – recorde-se – o CTN qualifica como procedimento administrativo vinculado), e não tenha acesso ao processo administrativo (já que a lei o dispensa...), ele, ainda assim, poderia exercer seu direito de defesa *na fase administrativa...* De um processo inexistente.

Para tanto, usaria um tal de *recurso hierárquico*. Vale dizer, embora a autoridade omita o lançamento, sonegue o processo administrativo, negue a defesa administrativa, restaria o recurso, talvez contra a decisão administrativa que não houve... Haveria, ainda, um pequeno problema formal: em que processo veicular o tal recurso, se o processo administrativo foi negado ao contribuinte?

É ininteligível o acórdão, pois ele parte do pressuposto de que o contribuinte poderia ter exercido exatamente o direito que lhe foi negado.

Ademais, há uma sutil insinuação de que o processo administrativo seria dispensável à vista da oportunidade de "defesa" que seria "reaberta" com o executivo fiscal. Se bastasse a existência dos embargos à execução para que o Fisco fosse autorizado a cobrar qualquer coisa, ruiria por terra todo o arcabouço normativo que o Código estruturou para dar ao crédito do Fisco a presunção (relativa) de liquidez e certeza, que começa com a definição da obrigação tributária, nascida com o fato gerador, a qual demanda a prática do lançamento pela autoridade, para que esta fique habilitada a exercer atos de cobrança, após os quais, se infrutíferos tais atos, se realiza a inscrição do crédito tributário (ou seja, da obrigação tributária *lançada*) como dívida ativa, com um rol de formalidades essenciais, que dão *executoriedade* à pretensão do Fisco.

O acórdão é tão dissonante dessa disciplina legal e dos princípios que a informam que, certamente, talvez não pudesse ocupar mais do que o rodapé de obra que se dedicasse ao exame do lançamento tributário.

O problema, porém, assume gravidade ímpar na medida em que o acórdão fez escola e corporificou-se como *leading case* a inspirar, sem maiores reflexões, julgados posteriores.

Em 1977, a questão foi apreciada pelo Supremo Tribunal Federal.[10] O acórdão recorrido embasara-se expressamente no precedente do TAC paulista, dizendo que, "na espécie, houve declaração do contribuinte, pelo que dispensável era o processo administrativo", concluindo, de modo lapidar: "Assim, o lançamento não é nulo". Que lançamento?

O STF manteve a decisão, com sumária fundamentação que reproduziu parecer da Procuradoria-Geral da República, o qual, em síntese, afirmou que:

a) a cobrança do ICM decorre do lançamento por homologação, não se confundindo, por isso, com a declaração do art. 147 (querendo desse modo dizer que o lançamento – previsto no art. 147 – não seria necessário, e evitando a análise do art. 149, V, segundo o qual, na hipótese, seria necessário o lançamento *de ofício*);

b) no lançamento por homologação é desnecessária a intervenção *prévia* da autoridade (sem que se tenha dito em que momento *posterior* ocorreria tal intervenção);

c) o art. 201 do CTN teria sido atendido, pois o crédito da Fazenda foi inscrito (olvidando-se, na fundamentação, o fato de que o "crédito" a que se refere o art. 201 é o crédito tributário, que, nos termos do art. 142 do CTN, se constitui pelo lançamento).

Essa tortuosa fundamentação conclui com a assertiva de que o art. 147 não foi violado. É verdade; realmente, o art. 147 não foi violado. Violados foram o art. 142 e o art. 149, V, do CTN.

Sem maiores discussões, o arrazoado foi repetido, na mesma época, em outros acórdãos do STF.[11]

Em 1978, o RE 87.241-SP,[12] singelamente, reitera o entendimento. No caso, merecem referência, por sua originalidade, alguns trechos do

10. RE 84.995-SP, j. 25.3.1977, rel. Min. Bilac Pinto (*DJ* 25.4.1977).

11. Cf. RE 87.229-SP, j. 15.12.1977, rel. Min. Cordeiro Guerra (*DJ* 31.3.1978), que refere outros precedentes.

12. RE 87.241-SP, j. 14.11.1978, rel. Min. Soares Muñoz (*DJ* 11.12.1978).

arrazoado adotado pelo acórdão paulista recorrido, para evidenciar a errática fundamentação da questionada tese:

a) "o art. 147 do CTN permite o lançamento feito com base na declaração do sujeito passivo, sendo esse precisamente o caso dos autos" (*sic*);

b) se o crédito "se origina da própria declaração do contribuinte (...), nenhuma defesa administrativa caberia";

c) "se a declaração do contribuinte (...) é feita para fins de lançamento do imposto, como está escrito com todas as letras no art. 147 do CTN (...), o imposto considera-se simultaneamente lançado e notificado pela própria vontade do contribuinte" (sic);

d) "o lançamento por homologação a que alude o recorrente nada tem a ver com a modalidade de que se trata, prevista em lei federal";

e) "o caso *sub judice* insere-se na definição de autolançamento".

Observe-se que o fundamento "legal" da desnecessidade de lançamento estaria no art. 147, que prevê, como todos sabem, o lançamento feito com base na declaração do contribuinte... Bem, se assim fosse, teria faltado fazer esse lançamento... O problema aí, visivelmente, foi a confusão que se fez a respeito do conceito de lançamento por declaração. Entendeu-se que basta fazer a declaração, sendo desnecessário o lançamento. O curioso é que parece terem sido lidas "todas as letras" do art. 147 (pelo menos isso está expresso no texto transcrito), mas, na verdade, só se levaram em conta as letras que falam da *declaração* e não as que tratam do *lançamento*. Ademais, o art. 147 não cuida de "autolançamento" e o confuso arrazoado atesta que o caso, apesar de estar na letra do art. 147, "insere-se na definição de auto-lançamento"...

Há um acórdão de 1979,[13] em que o art. 147 e o art. 150 – inconfundíveis e mutuamente excludentes – são concomitantemente acolhidos para fundamentar a desnecessidade de lançamento... O relatório começa pela citação do despacho que, de início, inadmitira o recurso (e que, em resumo, afirmava tratar-se de lançamento por declaração, com base no art. 147 do CTN), a seguir transcreve parecer da Procuradoria Geral da República (o qual refuta a aplicação do art. 147 e proclama o enquadramento no art. 150 do CTN). O acórdão, afinal, acolhe os fundamentos de *ambos* os arrazoados.

Novos recursos continuam a receber decisões que simplesmente invocam os precedentes. No RE 93.036,[14] aparece uma novidade. A ementa diz que "a homologação do débito declarado pelo contribuinte é válida

13. RE 85.552-SP, j. 20.3.1979, rel. Min. Thompson Flores (*DJ* 27.4.1979).

14. RE 93.036-SP, j. 30.9.1980, rel. Min. Rafael Mayer (*DJ* 17.10.1980).

e eficaz, legitimando sua cobrança". No acórdão recorrido já se dissera: "a homologação do declarado pelo contribuinte, *refletida na inscrição da dívida*, legitima a sua cobrança." (grifamos). Parece que a inscrição da dívida (ato interno da administração, que pressupõe lançamento notificado e não satisfeito) se travestiu de modalidade de lançamento.

No RE 93.039,[15] aparece o conceito de que crédito definitivo é o *conhecido do contribuinte*: "É evidente a desnecessidade de notificação, nas circunstâncias do caso, quando os contribuintes sabiam do montante do débito e do momento do seu pagamento. O *crédito tornou-se definitivo*, independentemente do procedimento administrativo" (grifamos).

Nos RE 82.763,[16] RE102.059,[17] RE 107.741-SP,[18] RE 108.930-SP,[19] RE 113.798-SP[20] reitera-se a jurisprudência.

No AI 144.609-SP,[21] a questão jurídica é examinada com um pouco mais de vagar, associada que estava ao fato de que o contribuinte sustentava que as informações que fornecera ao Fisco estavam equivocadas e, por isso, o Fisco não poderia ter, pura e simplesmente, cobrado o tributo que decorria daquelas informações. Vejamos o trecho do voto do relator, em que se analisam esses aspectos, com referências ao "autolançamento" e ao art. 147 (lançamento por declaração):

> "A decisão proferida tem seu fundamento no sentido de que, em se tratando de *autolançamento*, desnecessária é a instauração de procedimento administrativo para a inscrição e posterior cobrança do débito fiscal, declarado e não pago. Ora, o sujeito passivo, de acordo com a legislação tributária, *prestou à autoridade administrativa informações* sobre matéria de fato, *indispensáveis à efetivação do lançamento*. Se erro havia na sua declaração, cumpria ao recorrente, por iniciativa própria, retificá-la, o que somente seria admissível mediante comprovação do erro em que se funde, e antes de notificado do lançamento (art. 147, 1º, CTN)."

Observe-se que o "autolançamento" se confunde, aí, com a mera prestação de informações sobre matéria de fato, indispensáveis à efetivação do lançamento. Se isso fosse verdade, no caso, teria faltado justamente... *a efetivação do lançamento*. O contribuinte teria dado os fatos e a autoridade teria que ter dito o direito (ou seja, teria que ter efetivado o lançamento, notificando o contribuinte).

15. RE 93.039-SP, j. 19.3.1982, rel. Min. Djaci Falcão (*DJ* 12.4.1982)
16. RE 82.763-SP, j. 19.6.1983, rel. Min. Aldir Passarinho.
17. RE 102.059-SP, j. 1.3.1985, rel. Min. Sidney Sanches.
18. RE 107.741-SP, j. 28.2.1986, rel. Min. Francisco Rezek (*DJ* 4.4.1986).
19. RE 108.930-SP, j. 6.5.1986, rel. Min. Octavio Gallotti (*DJ* 30.5.1986).
20. RE 113.798-SP, j. 8.9.1987, rel. Min. Djaci Falcão (*DJ* 18.12.1987).
21. AI 144.609-SP, j. 11.4.1995, rel. Min. Maurício Correa (*DJ* 1.9.1995).

Mas o arrazoado prossegue: se houvesse erro, o contribuinte precisaria tê-lo demonstrado antes de ser notificado do lançamento. Ora, mas o que se discute, nessa questão, é exatamente a propalada desnecessidade de procedimento administrativo para lançar e notificar o contribuinte. Aliás, se, no caso, o Fisco deixou de lançar e notificar o contribuinte, sempre seria tempo de demonstrar o erro...

É evidente que a discussão aí enveredou por caminho também totalmente equivocado. Nem se trata de "autolançamento", figura desconhecida pelo CTN, nem se aplica o art. 147, que cuida de outra modalidade de lançamento (o lançamento por declaração, em que o crédito tributário se constitui pelo lançamento efetivado *pela autoridade* com base nas informações fornecidas pelo contribuinte). O tema é de lançamento *por homologação*, que, não aperfeiçoado, ensejaria o lançamento *de ofício*, nos claros e expressos termos do art. 149, V, do CTN.

O RE 167.503-SP[22] também cuidou da questão dos fatos, pois o contribuinte pretendera, nos embargos à execução, discutir a matéria fática. A decisão do STF, porém, averbou: "O autolançamento implica verdadeira confissão por parte do contribuinte".

Causa estranheza que a jurisprudência do STF, até onde a examinamos, nunca tenha tido a oportunidade de manifestar-se sobre o inciso V do art. 149 do CTN, que dá a solução legal para a questão jurídica. O debate sempre foi dirigido a aspectos periféricos. Foram, alternada ou conjuntamente, aplicados os arts. 147 (lançamento por declaração) e 150 (lançamento por homologação), sem atentar para a dinâmica legal de cada um deles. Ressuscitou-se o *autolançamento* do direito pré-codificado. Criou-se o lançamento *por confissão*.

Mesmo a idéia da *desnecessidade de lançamento* não aparece sustentada com segurança. Ora se diz que o lançamento teria ocorrido com base da declaração de fatos (art. 147), ora que teria havido homologação (art. 150), ora que a hipótese é de autolançamento, que não se confundiria com as outras modalidades etc. Ou seja, nenhuma coerência.

É curioso ver como a discussão pretoriana sempre girou em torno do lançamento por declaração, do lançamento por homologação, do "autolançamento", para dizer que, de algum modo, uma dessas figuras (ou mais de uma delas), teria estado presente. Só não se cuidou do velho e bom *lançamento de ofício*, previsto, ele sim, com todas as letras no CTN (art. 149, V).

22. RE 167.503-SP, j. 12.3.1996, rel. Min. Marco Aurélio (*DJ* 26.4.1996).

É ainda digno de nota que os fundamentos utilizados nessas repetidas decisões (cuja inconsistência salta aos olhos, quando são comparados com a disciplina prevista no CTN) nunca foram trabalhados numa postura de *confronto*. Sempre se procurou, de algum modo, dizer que o Código estava sendo obedecido, por mais que a interpretação violentasse a letra do Código (no que se refere ao disposto nos art. 147 e 150) ou simplesmente a *ignorasse* (o art. 149, V).

No Superior Tribunal de Justiça, o tema continuou sendo versado, na linha da jurisprudência firmada pelo STF.[23]

Diríamos que, não obstante o ostracismo a que essa jurisprudência reiterada (embora contraditória nos seus fundamentos) relegou o lançamento *de ofício* (expressamente previsto para os casos de falta ou insuficiência de pagamento de tributo sujeito a lançamento por homologação, art. 149, V), essa modalidade de formalização do crédito tributário parece que continuou mantendo prestígio no País inteiro: a jurisprudência acima comentada, com efeito, cuidou da questão suscitada *num único Estado da Federação, o de São Paulo*.

Não obstante, o endosso pretoriano para a prática contrária ao CTN acabou atraindo a atenção da União, de modo que a Declaração de Contribuições e Tributos Federais passou a ocupar o palco. O Tribunal Regional Federal da 3ª Região,[24] com fundamentação inovadora, embora ainda refira a anacrônica figura do autolançamento, visualiza duas situações: ou o contribuinte declarou o valor correto do tributo ou declarou valor a menor.[25] "Em ambos os casos – diz o Tribunal – *haverá lançamento de ofício*" (!!!). Porém, arremata: "Na primeira hipótese, a constituição do crédito, em sua totalidade, poderá ser feita pela *imediata inscrição em dívida ativa*, independentemente de qualquer procedimento administrativo ou notificação".[26] Ou seja, a inscrição da dívida (que, pelo art. 201 do CTN, pressupõe crédito tributário, constituído pelo lançamento) virou *lançamento de ofício*... Praticado, aliás, por *autoridade incompetente* (a quem caberia executar o controle de legalidade do lançamento, e não o próprio lançamento). De quebra, a autoridade, sobre ser incompetente para a prática do ato de lançar, deixa de *notificar*

23. Cf., p. ex., REsp. 71.959-SP, j. 7.5.1998, rel. Min. Demócrito Reinaldo, *DJ* 11.6.1998.

24. AC 468.852, j. 18.8.1999, rel. Juiz Manoel Álvares, *Revista Dialética de Direito Tributário* 53/172, fevereiro de 2000.

25. Não se aventou a possibilidade de o contribuinte ter apurado valor *maior* que o devido.

26. Os grifos nas transcrições são nossos.

o contribuinte, quando todos sabemos que o lançamento do tributo só é eficaz com a notificação.

10. O direito positivo e as soluções de "lege ferenda"

Que o Código, em matéria de lançamento – e na correlata questão dos prazos decadenciais – não é um modelo de simplicidade concordamos todos. Na primeira ocasião em que ousamos fazer uma incursão pela matéria (quando o Código tinha ainda poucos anos de vida), sofremos com o espinhoso trabalho de decifrar a disciplina legal do lançamento por homologação e dos prazos extintivos a ele correlatos, e averbamos que o estatuto não tinha positivado a melhor disciplina.[27]

Porém, não é menos certo que o Código Tributário Nacional teve um papel importantíssimo na construção do direito tributário no nosso País. No campo tributário, a segurança e a certeza do direito aplicável – quesitos indispensáveis do Estado de Direito – devem muito a esse diploma.

Se o lançamento é uma formalidade legal definida como necessária (ato administrativo vinculado), essa formalidade precisa ser cumprida, no contexto da fiscalidade responsável. Além da responsabilidade funcional para a autoridade omissa, há uma pesada sanção para o Estado: a não realização oportuna do lançamento acarreta a decadência do seu direito; o lançamento é, como se sabe, a peça-chave na disciplina legal da decadência e da prescrição.

Não há dúvida de que o Código pode ser aperfeiçoado. A disciplina do lançamento pode ser modificada. A sistemática da decadência e da prescrição deve ser simplificada. Porém, não podemos ignorar a lei, nem usar o pretexto de não gostar das soluções dadas pela lei, para fazer o direito que julgarmos mais conveniente – sob pena de perdermos o referencial (a *lei*) que deve pautar o trabalho do aplicador do Direito.

27. "Lançamento por homologação e decadência", *Resenha Tributária*, Seção 1.3, São Paulo, 1975; *CEFIR*, n. 101, São Paulo, 1975; *Decadência e Prescrição*, coletânea, São Paulo, Resenha Tributária, 1976, 2 vols.

PRESCRIPCIÓN, INTANGIBILIDAD DE LA DETERMINACIÓN IMPOSITIVA Y FISCALIZACIÓN

HUMBERTO MEDRANO CORNEJO

El simple enunciado del mandato legal no significa que, necesariamente, será cumplido por los destinatarios de la norma. Cuando la determinación de la obligación tributaria debe ser efectuada directamente por el propio deudor (como ocurre en la mayoría de los impuestos significativos), la Administración tiene que estar facultada para comprobar que, en efecto, el tributo ha sido satisfecho en la oportunidad y forma previstas en el ordenamiento. El conjunto de actos que integran el procedimiento para llevar a cabo tal comprobación es lo que denominamos "fiscalización".

En el ejercicio de sus atribuciones, la Administración puede exigir a contribuyentes o terceros la presentación de sus libros, registros y documentación sustentatoria. Los adelantos técnicos de los últimos años han hecho que la fiscalización comprenda también el derecho de solicitar y revisar los elementos de cómputo en los que constan las operaciones del administrado, exigir copia de los soportes magnéticos, programas fuente, diseño y programación utilizados, entre otras múltiples facultades. Estas atribuciones se ejercen en forma discrecional.

Sin embargo, la fiscalización no puede implicar el desconocimiento de los derechos de los administrados consagrados en la Constitución. En algunos casos tales derechos incluyen el secreto bancario, el secreto profesional, la inviolabilidad de la correspondencia y el derecho al debido proceso, entre otros.

Las normas tributarias deben establecer que los requerimientos del Fisco y las respuestas del contribuyente tienen que ser expresados por escrito, a fin de que la resolución de determinación se emita con base en lo actuado. El contribuyente debe estar autorizado para presentar en cualquier momento las pruebas que respaldan su posición, por lo que no cabría aplicar ningún recorte a este derecho esencial. La Ley tiene que prever que cumplido el proceso de fiscalización, la Administración resulta obligada a emitir una resolución de determinación, inclusive en aquellos casos en que no haya lugar al giro de una suma adicional. Esta exigencia es fundamental por razones de seguridad jurídica. Es necesario que el contribuyente tenga la forma de acreditar la conformidad del Fisco.

Por lo tanto, consideramos que la fiscalización debería tener un procedimiento reglado, donde se precise cómo y cuándo se inicia, la forma en que ello debe comunicarse al interesado, la duración máxima del procedimiento y los derechos del obligado, incluyendo su facultad de oponerse a la intervención de la Administración. Esto es importante porque, de un lado, resulta indispensable otorgar seguridad jurídica al contribuyente, a quien no debe mantener en zozobra la posibilidad de nuevas fiscalizaciones y de modificación de las resoluciones de determinación ya cursadas.

Al respecto, los sujetos pasivos deben tener la certeza que debido al transcurso del tiempo, a la falta de cuestionamiento por la Administración y a la intangibilidad de las resoluciones determinativas notificadas, su situación tributaria ha quedado firme y que no existe posibilidad de que, repentinamente, sean considerados como deudores.

Por otra parte, debe respetarse el principio de legalidad, en cuya virtud ese mismo contribuyente está obligado a cumplir con la prestación tributaria exactamente en la forma establecida por la Ley.

Dentro de ese marco nos proponemos destacar algunos casos en los cuales la legislación consultada no es muy precisa respecto de la facultad de fiscalización de la Administración y del derecho de los contribuyentes a oponerse a la intervención de las autoridades competentes, aspectos que deberían ser precisados.

1. Fiscalización y ejercicios prescritos

¿Es jurídicamente admisible que la Administración requiera a los contribuyentes información y documentación relativa a ejercicios prescritos para fiscalizar ejercicios no prescritos? El tema tiene trascendencia en el caso específico del Impuesto a la Renta y de otros tributos de periodicidad anual, donde los hechos producidos en un determinado periodo pueden proyectarse en el tiempo e incidir en el cálculo del tributo correspondiente a ejercicios del futuro, como ocurre en los supuestos que señalamos a continuación.

1.1 La depreciación de los bienes del activo fijo

En circunstancias normales, la adquisición de estos bienes tiene naturaleza de inversión, de modo que sólo incide en los resultados el porcentaje que la norma permite deducir a raíz de la pérdida de valor que sufre el activo como consecuencia de su uso y desgaste.

La deducción por depreciación se inicia en el ejercicio en que los bienes se destinan a la producción y se prolonga por varios años, dependiendo de la naturaleza del activo. Si, por ejemplo, el costo computable de un activo (100) quedó configurado en un cierto ejercicio (1), es depreciable en diez años y el plazo de prescripción es de cuatro años, ello significa que la depreciación continuará afectando diversos periodos (5 al 10) que exceden del término prescriptorio respecto de (1). Dentro de ese escenario podría ocurrir que en el ejercicio (5) y siguientes, el Fisco considere que es excesiva la depreciación anual que se viene aplicando por cuanto en (1) el costo computable del bien era inferior al monto (100) considerado por el contribuyente. La Administración podría sostener que la única manera de establecer si la amortización es correcta en (5) y años siguientes es fiscalizar el ejercicio (1), aun cuando con relación a él ya hubiera transcurrido todo el plazo de prescripción.

¿Habiendo prescrito ese remoto año (1) puede éste fiscalizarse para cuantificar la depreciación en el ejercicio (5) y posteriores? ¿Está el Fisco impedido de solicitar documentación correspondiente a periodos prescritos aun cuando ello tenga la finalidad de establecer su incidencia en los que aún están abiertos? O por el contrario, en esa hipótesis, ¿el contribuyente puede deducir prescripción y oponerse a tal revisión?

La cuestión puede resultar aún más ardua en aquellos países cuya legislación autoriza a los contribuyentes para destruir la documentación relativa a ejercicios prescritos. Dentro de este supuesto es claro que la Administración no podría obligar a exhibir documentos que el sujeto estaba facultado a eliminar, pues ello conduciría a la insalvable contradicción de exigir la presentación de elementos que, conforme a Ley, podían haber desaparecido. En ese caso, la actuación del Fisco dependería de que el contribuyente hubiera o no hecho uso de su derecho, con lo cual se llegaría a la inadmisible tesis de que en iguales circunstancias unas empresas pudieran ser fiscalizadas y otras no.

1.2 La compensación de pérdidas

Una circunstancia similar se presenta tratándose de la compensación ("arrastre") de pérdidas. Como se sabe, en materia del Impuesto a la Renta, cada ejercicio constituye un compartimento estanco y, de ordinario, se exige el impuesto por los beneficios devengados entre el inicio y el fin del periodo establecido por la Ley. Sin embargo, existen algunas excepciones donde lo que se plantea es, más bien, la existencia de "vasos comunicantes" entre diversos ejercicios, cuando el legislador permite que los hechos acontecidos en un periodo incidan en otro u otros del futuro.

Este es el caso de las pérdidas (100) sufridas en un determinado ejercicio (1), que eliminan o reducen la renta gravable de los periodos fiscales siguientes, lo cual es particularmente importante en los países cuya legislación permite que la compensación de pérdidas se efectúe sin límite de tiempo.

En tal escenario, las pérdidas sufridas y declaradas en (1) pueden continuar incidiendo en los resultados de, por ejemplo, el ejercicio (5), por no haber sido plenamente compensadas.

Si el plazo de prescripción fuera cuatro años y el Fisco sostuviera que la pérdida que se ha ido aplicando no tenía la cuantía declarada por el contribuyente sino que era de un monto menor y que, por lo tanto, la compensación sólo podía haberse efectuado, por ejemplo, hasta el ejercicio (4) en que debió considerarse recuperada la pérdida. ¿Podría la Administración fiscalizar un ejercicio prescrito argumentando que no determinará obligación alguna por ese periodo sino que ello sólo tendrá el propósito de establecer si la obligación ha sido correctamente establecida en los ejercicios no prescritos?

1.3 La repetición por el contribuyente y su incidencia en la fiscalización

Si el contribuyente sostiene que en un ejercicio (5) ha pagado en exceso un impuesto de periodicidad anual y solicita su devolución, basándose en la declaración jurada y documentación sustentatoria correspondiente a ese ejercicio, podría ocurrir que los resultados de ese específico periodo estén incididos por hechos ocurridos en años anteriores que ya han prescrito.

Así, es frecuente que las leyes de Impuesto a la Renta permitan u obliguen a "amortizar" determinados gastos. Esto es, que no obstante que el egreso se ha "devengado" en un cierto periodo, su importe no afecta los resultados de ese lapso sino los sucesivos, con arreglo a principios contables que la legislación recoge. En otros casos son los ingresos los que deben atribuirse a más de un ejercicio, como sucede cuando se enajenan bienes (generalmente inmuebles), mediante contratos en los que se ha pactado largos plazos para el pago.

En tales circunstancias lo acontecido en un periodo continúa influyendo en los posteriores. Por lo tanto, cuando el contribuyente presenta una solicitud de repetición, ¿podría el Fisco argumentar que el eventual derecho del sujeto sólo puede determinarse con precisión si se revisan los años remotos en que puede encontrarse el origen del presunto pago en exceso?

Se plantea si, en ese supuesto, el contribuyente podría oponer prescripción y exigir que el Fisco proceda a la devolución sin necesidad de fiscalizar los ejercicios ya prescritos, entendiendo que los resultados declarados en los periodos abiertos se basan en cifras originadas en los anteriores que no fueron cuestionados en su oportunidad y que, por lo tanto, son inmodificables.

2. *Consideraciones sobre los extremos mencionados*

Si respecto del ejercicio (1) ha prescrito el derecho de la Administración a fiscalizar al contribuyente, puede considerarse que ella no está facultada para solicitar la documentación referida al mismo, aun cuando se afirme que sólo se pretende analizar un periodo que todavía se encuentra abierto.

La razón para ello es obvia: La Administración Tributaria contó con el tiempo necesario, previsto en la Ley, para revisar y eventualmente impugnar aquellas operaciones realizadas por la empresa durante el año (1). Si no se efectuó la fiscalización o, habiéndose realizado no dio lugar a reparos, debe asumirse que quedó firme el derecho del contribuyente a considerar inmodificable tanto la renta declarada en dicho ejercicio como los factores que sirvieron para determinarla, incluyendo la deducción de los gastos contabilizados. Lo contrario significaría violentar la seguridad jurídica, pues por vía indirecta, la Administración estaría atribuyéndose la facultad de impugnar hechos que son legalmente irrevisables en razón del transcurso del tiempo.

En eso consiste precisamente la prescripción en todos los ámbitos del Derecho, como señala Ferreiro Lapatza:[1] "La prescripción en la

1. José Juan Ferreiro Lapatza, *Curso de derecho financiero español*, 14ª ed., Madrid, Marcial Pons, 1992, p. 419.

obligación tributaria responde al mismo fundamento y sirve al mismo principio (el de seguridad en las relaciones jurídicas) que la prescripción en general (...)".

Para Giuliani Fonrouge,[2] la prescripción es una "(...) contribución a la certeza del derecho, y aunque no puede ser declarada de oficio, se produce de pleno derecho por el simple transcurso del tiempo (...)".

Del mismo modo, Belaunde Guinassi[3] precisa que: "El fundamento jurídico para admitir la prescripción (...) se encuentra en que las obligaciones están condicionadas por el tiempo y si no se ejecutó en un lapso determinado por el titular del derecho, se debe presumir que hay abandono de éste, y como no es posible mantener la incertidumbre frente a un derecho no exigido, frente a la inacción se aceptó la prescripción (...)".

En consecuencia, si de acuerdo con el ordenamiento legal el término prescriptorio es de cuatro años, la Administración se encuentra impedida de exigir en el ejercicio (5) y siguientes la presentación de la documentación relativa al año (1), por tratarse de un periodo respecto al cual ha perdido su facultad para determinar la obligación y exigir el pago, de tal manera que sus atribuciones sólo pueden ejercerse respecto de los años que aún no han prescrito. Es con relación a éstos que puede solicitar y analizar la documentación, libros y registros correspondientes, entendiendo que los saldos que provienen de ejercicios anteriores son correctos por no haber sido cuestionados y, además, irrevisables.

Si bien es cierto que la fiscalización tiene por objeto establecer si el contribuyente ha cumplido o no con el mandato legal, también es verdad que para ello existe un plazo específico fijado por la Ley, sólo dentro del cual puede efectuarse la intervención de la Administración, el Fisco, en principio, no tendría razón habilitante para investigar y analizar el periodo de que se trate. Aun más, si la autoridad correspondiente dentro del plazo legal fiscalizó el ejercicio (1) de un contribuyente y no objetó el costo computable que éste atribuyó al activo fijo adquirido en ese periodo o una suma cargada al gasto o, simplemente, no revisó estos extremos, no es posible advertir por qué razón podría tener derecho a efectuar tal revisión muchos años después, para pretender alterar un valor que se configuró en un ejercicio no reparado.

2. Carlos M. Giuliani Fonrouge, *Derecho Financiero*, vol. I, 4ª ed., Buenos Aires, Depalma, 1987, p. 609.

3. Manuel Belaunde Guinassi, *Código Tributario concordado y comentado*, Lima, Editorial Desarrollo, p. 595.

Dicho de otro modo, si hasta el momento en que caduca el derecho de la Administración a fiscalizar al contribuyente aquélla no ha efectuado el reparo, puede concluirse que, por razones de seguridad jurídica, todos los elementos que legalmente confluyen para establecer la base imponible y el tributo, han quedado definitivamente fijados, incluyendo el costo computable de los bienes del activo, las sumas cargadas a gasto, el importe de las inversiones realizadas o el monto de las pérdidas declaradas. Sostener lo contrario podría llevar a la permanente inseguridad jurídica, pues los sujetos obligados no sabrían si pueden o no utilizar en determinado ejercicio los valores referenciales originados en periodos prescritos y, además, estarían imposibilitados de destruir declaraciones, formularios y documentos de décadas anteriores, por el temor de que en algún momento ellos pudieran ser solicitados por la Administración.

Podría analizarse la conveniencia de argumentar que además de la prescripción, el contribuyente podría invocar el "silencio administrativo positivo", si esta figura se encuentra recogida en el ordenamiento legal, de tal manera que allí donde no exista cuestionamiento, el administrado pueda considerar que ello implica la conformidad del Fisco. Como se sabe, el "silencio administrativo" sólo opera, de ordinario, en los procedimientos de evaluación previa.

No obstante, frente a esa posición podría argumentarse que lo importante es que la obligación se cumpla en la forma prevista en la ley y que no puede objetarse la revisión de años prescritos si ello tiene por único propósito establecer si el tributo correspondiente a periodos no prescritos ha sido o no pagado en la forma prevista por el legislador. Al respecto podría sostenerse que no existe "prescripción" de hechos y situaciones, ya que tal institución constituye un medio de defensa para oponerse a una pretensión de la Administración, como consecuencia de la inacción de ésta. La seguridad jurídica busca garantizar que no sea indefinida la posibilidad de exigir la obligación tributaria, sino que ello debe ocurrir dentro de determinado periodo.

La posibilidad de destruir los libros, registros y documentación contable no debe entenderse como la aptitud para desaparecer en forma automática todos los elementos correspondientes a situaciones anteriores pero que guarden una relación "directa, lógica y temporal" con la determinación de la obligación tributaria no prescrita. La prescripción como mecanismo de defensa sólo implica la imposibilidad de fijar el monto de la deuda tributaria del ejercicio prescrito, sin que ello suponga validar los efectos tributarios de las operaciones realizadas. Este temperamento es el que ha asumido la Administración en el Perú, aun cuando no existe todavía pronunciamiento judicial sobre la materia.

3. *Intangibilidad de las resoluciones de determinación notificadas*

Al hacer uso de sus atribuciones, la Administración puede revisar las declaraciones juradas, libros y documentación relativos a un ejercicio determinado (1) y establecer la existencia de ciertos reparos (A y B) por los cuales emite la correspondiente resolución de determinación. Ahora bien, si en tal fiscalización no se percató de que existían otros reparos (C y D), los que, posteriormente, son detectados, cabe preguntarse si la Administración está facultada para volver a fiscalizar al mismo contribuyente por el mismo periodo, con el propósito de confirmar que existe mérito para ampliar la resolución de determinación original.

En nuestra opinión, las resoluciones determinativas de la obligación tributaria una vez notificadas deben ser intangibles, de modo que no puede volver a fiscalizarse un ejercicio que ya fue revisado (con la excepción de la hipótesis de delito tributario). Por ello, en ese supuesto, el contribuyente tiene derecho a oponerse al propósito de la Administración, sosteniendo que un mismo ejercicio no puede inspeccionarse más de una vez con relación al mismo tributo.

Es importante precisar que si durante la fiscalización la entidad administradora no formula determinados reparos (C y D), ello no impide que el término prescriptorio siga corriendo respecto del mayor tributo que podría derivarse de éstos. En efecto, si bien es cierto que la resolución determinativa interrumpe el término prescriptorio, ello es así única y exclusivamente respecto del tributo generado por los específicos cuestionamientos (A y B) contenidos en dicha resolución, pero no del que pudiera derivarse de demás cuestionamientos que pudieran existir pero que no han sido materia de determinación por el Fisco.

La situación adquiere algunos matices diferentes si el contribuyente impugna la resolución notificada por la entidad acotadora ya que, en tal hipótesis, la Administración está facultada para reexaminar todos los aspectos del asunto controvertido, lo que puede dar lugar a una exigencia mayor que la prevista inicialmente.

En cambio, la resolución de determinación original es inmodificable si el contribuyente expresa su conformidad con ella y cumple con pagar el monto establecido por la Administración o si tal resolución se limita a confirmar que no existe ninguna exigencia adicional, pues el sujeto ha satisfecho escrupulosamente el mandato legal.

Permitir que se otorgue validez jurídica a las eventuales nuevas resoluciones de determinación giradas en razón de reparos que no se hicieron dentro del plazo prescriptorio sería violatorio del principio de legalidad y atentaría contra la seguridad jurídica. Si prosperara esa insostenible tesis, los contribuyentes nunca podrían tener certeza respecto del cumplimiento de sus obligaciones y significaría que la notificación de la deuda tributaria (por cualquier monto o concepto) por un ejercicio, sería suficiente para considerar interrumpido el curso de la prescripción con relación al impuesto total que pudiera corresponder a ese periodo, aun cuando la notificación sólo comprendiera algunos pequeños reparos específicos.

Según este planteamiento bastaría que la Administración cada cierto tiempo atribuyera al contribuyente cualquier deuda, por diminuta que sea, para conseguir que no caduque nunca su derecho a seguir fiscalizando a ese sujeto y a continuar exigiéndole sucesivas prestaciones, sin que pueda tenerse nunca la certeza de que la obligación ha sido cumplida satisfactoriamente.

No es necesario mayor esfuerzo de imaginación para comprender de inmediato la conclusión que surgiría de esa tesis. Se trataría de un medio indirecto para impedir al contribuyente invocar prescripción, conculcando uno de los derechos esenciales de cualquier persona: la seguridad de que no tiene prestaciones pendientes frente al Fisco respecto de un determinado periodo y tributo.

La resolución de determinación tiene que ser única, integral y definitiva. Una vez notificada, sin que el contribuyente interponga recursos impugnatorios, la misma ya no puede ser modificada, pues como sostiene Villegas, "(…) los efectos de la resolución determinativa deben ser diferentes para el fisco que para el sujeto pasivo, debiendo quedar el primero ligado en mayor medida que el segundo a dicha resolución (...). Mientras los derechos impugnativos del sujeto pasivo son amplios y sólo se encuentran limitados por el principio de legitimidad del acto determinado, la administración queda vinculada al resultado arribado, y si el acto fue notificado al determinado y reunió las condiciones esenciales para su validez (forma y competencia), la decisión determinativa tendrá efectos preclusivos para la administración en cuanto a su evaluación de los elementos para ella conocidos al momento de determinar".[4]

Por su parte, Lago Montero señala que: "Como todos los actos administrativos – refiriéndose a las liquidaciones definitivas – se be-

4. Héctor Villegas, *Curso de Finanzas, Derecho Financiero y Tributario*, Buenos Aires, Depalma, 1997, p. 346.

neficia de la presunción de legalidad, así como de los caracteres que ésta acarrea: es ejecutivo y ejecutorio, vincula a sus destinatarios a su cumplimiento (...)".[5]

De la Garza enseña que: "Dictada y notificada la liquidación esta no puede modificarse en perjuicio del contribuyente, por aplicación del principio de 'irrevocabilidad' de las resoluciones administrativas".[6]

Por tales razones, nosotros consideramos que no deben admitirse las resoluciones "provisionales", que permiten la fiscalización una y otra vez del mismo periodo con relación al mismo tributo; es decir que la Administración no puede cursar nuevas resoluciones de determinación por periodos que ya dieron lugar a previas resoluciones de esa clase, cuyo contenido fue aceptado por el contribuyente. Para ello debe entenderse que la fiscalización tiene que abarcar todos los extremos contemplados en la ley, lo que significa que notificados los resultados, éstos son definitivos y ese mismo periodo ya no puede ser materia de nueva revisión.

Lo contrario implicaría ingresar en el reino de la inseguridad y la indefensión, ya que al no garantizarse este derecho, se iniciaría un círculo de reiteradas exigencias que podrían prolongarse hasta el infinito, sin que el obligado tuviera la posibilidad de reclamar, generando inseguridad jurídica y eliminando cualquier viso de certeza respecto del cumplimiento de las obligaciones impositivas. Se trata de un planteamiento inaceptable que otorgaría a la Administración la facultad de dejar sin efecto las notificaciones previamente cursadas para modificarlas cuantas veces considere conveniente.

Esta posibilidad debe recusarse y, por lo tanto, consideramos que el sujeto puede oponerse a una nueva fiscalización por periodos y tributos que ya fueron objeto de análisis dando lugar a la emisión de resoluciones de determinación aceptadas por el contribuyente.

Si la Administración ha dispuesto del tiempo adecuado para proceder a la fiscalización del contribuyente y ha tenido ocasión de revisar libros, registros y documentación, emitiendo al final la pertinente resolución de determinación, sería contrario a la seguridad jurídica que se permitiera una nueva fiscalización respecto del mismo tributo y periodo, porque en ese supuesto el contribuyente no podría tener nunca la certeza del cumplimiento de sus obligaciones tributarias. La fiscalización realizada tiene que dar al contribuyente la seguridad de que el monto

5. José María Lago Montero, *El Procedimiento de Liquidación. Tratado de Derecho Tributario*, t. II, Bogotá, Editorial Temis, 2001, pp. 399 y 411.

6. Sergio de la Garza, *Derecho Financiero Mexicano*, p. 750.

del adeudo notificado constituye el importe definitivo de la obligación que le atribuye el Fisco, salvo que interponga los respectivos recursos impugnatorios, de manera que – con la excepción indicada – una vez recibida la resolución determinativa por un cierto tributo y ejercicio, la Administración ya no puede volver a fiscalizar ese mismo periodo.

AINDA SOBRE PRESCRIÇÃO E DECADÊNCIA NO DIREITO TRIBUTÁRIO

José Carlos Moreira Alves

Apesar das opiniões em contrário, persisto no entendimento de que, no período de tempo que vai da notificação fiscal até a decisão final do recurso administrativo, não pode, por estar a exigibilidade do crédito fiscal suspensa, fluir prazo de decadência nem prazo de prescrição.

Essa posição é a única que me parece sustentável em face da natureza da decadência e da prescrição, natureza essa que não é alterada pelo CTN.

Com efeito, na realidade, a relação obrigacional tributária nasce, como não poderia deixar de ser, por sua própria natureza, com a ocorrência do fato gerador. E, a partir desse momento, surge, também para o Fisco, o direito potestativo de lançamento a ser exercido dentro de prazo determinado que, por ser prazo de exercício de direito potestativo, é prazo de decadência.

As objeções que eminentes tributaristas nacionais e estrangeiros – assim, entre nós, Barros Carvalho[1] – fazem à tese de que o poder de lançar é direito potestativo se me afiguram improcedentes. Alega-se que não há direito potestativo, porque o funcionário a quem incumbe efetuar o lançamento tem o poder-dever de lançar, uma vez que, se não o exercer, será responsabilizado. Essa objeção não procede, pois o direito potestativo existente tem como titular o Estado (e não seu funcionário) e se contrapõe ao contribuinte que a ele está sujeito; já o poder-dever do funcionário, enquanto poder, se dirige – por exercê-lo em nome do Estado – contra o contribuinte, mas, enquanto dever, o é em face do Estado, e não do contribuinte. É, aliás, o que ocorre com qualquer direito potestativo de que seja titular, mesmo no terreno do direito privado, uma pessoa jurídica, que pode responsabilizar seu servidor por deixar de exercer o direito potestativo a ela pertencente e, nem pelo fato de esse servidor ter

1. *Decadência e Prescrição*, São Paulo, 1976, pp. 69-70.

esse dever para com a pessoa jurídica de direito privado, deixa o direito potestativo desta de ser direito potestativo para caracterizar-se como poder-dever. Poder-dever existe, propriamente, quando o titular dele exerce o poder sobre alguém para cumprir um dever para com esse mesmo alguém, como sucede com o tutor, que tem poderes sobre o tutelado para cumprir os deveres para com o próprio tutelado. Não se apresenta, porém, a figura do poder-dever, quando o poder, decorrente de uma relação jurídica, se dirige contra uma pessoa para que se cumpra o dever para com outra resultante de relação jurídica diversa, como ocorre com o funcionário que tem o poder de efetuar o lançamento contra o contribuinte, para cumprir o dever que ele, lançador, tem para com o Estado, sob pena de responsabilidade.

Pretende-se, ainda, que o lançamento não configure exercício de direito potestativo, porque – e a objeção é de Giannini[2] – do lançamento não decorreria qualquer modificação jurídica, e os direitos potestativos ou criam, ou modificam, ou extinguem direitos subjetivos ou situações jurídicas. Também essa objeção se me afigura falha. O lançamento, em última análise, torna líquida a obrigação tributária que até então é ilíquida, o que implica dizer que há modificação em situação jurídica preexistente, e os direitos potestativos – como observa Messina[3] – são "poderes em virtude dos quais seu titular pode influir sobre situações jurídicas preexistentes modificando-as, extinguindo-as ou criando-as novas mediante uma atividade própria unilateral". Trata-se, pois, à semelhança do poder de opção nas obrigações alternativas (um dos exemplos de *Änderungsrechte*[4] dados por Seckel, um dos grandes teóricos dessa categoria de direitos,[5] no artigo intitulado "Die Gestaltungsrechte des Bürgerlichen Rechts"[6]), de um *direito potestativo modificativo*.

2. *Istituzioni di Diritto Tributário*, 9ª ed., reimp., n. 53, Milão, 1974, p. 184.

3. *Diritti Potestativi*, in *Scritti Giuridici*, vol. V, Milão, 1948, p. 4[illegible].

4. "Direitos modificativos", ou seja, uma das três categorias em que se divide o direito potestativo.

5. A ele, como salienta Messina (*Sui Cosiddetti Diritti Potestativi*, in *Scritti Giuridici*, vol. V, Milão, 1948, p. 4), se deve a tentativa mais orgânica de sistematização do direito potestativo.

6. *Festgabe der juristischen Gesellschaft zu Berlin zum 50 jährigen Dienstjubiläum iheres Vorsitzenden des wirklichen Geheimen Rats Dr. Richard Koch*, Berlim, 1903, p. 212, nota 2. Nesse mesmo artigo, Seckel, à p. 210, já sustentava que o conceito de direito formativo (denominação germânica de direito potestativo) não se limitava apenas ao direito privado, mas desempenhava também um papel no direito público, talvez mais significativo do que no direito civil ("Dass der Begriff des Gestaltungsrecht nicht auf das Privatrecht beschränkt ist, sondern im öffentlichen Recht eine Rolle – und zwar vielleicht eine noch bedeutendere als im Zivilrecht – zu spielen hat, soll nur nebenbei angedeutet werden").

O exercício desse direito ocorre – como se vê dos termos do art. 145, do CTN –, com o lançamento (e o auto de infração é modalidade de lançamento) regularmente notificado, até porque, como acentua Alberto Xavier,[7] "a notificação configura-se como requisito de perfeição do lançamento, o qual deve, portanto, considerar-se como um ato receptício". Até aí flui o prazo de decadência.

Segue-se o prazo para o pagamento, ou, se houver impugnação pelo sujeito passivo, o lapso de tempo da tramitação do recurso administrativo até decisão final. Num ou noutro desses períodos não flui, evidentemente, prazo de decadência, pois não há mais direito potestativo a ser exercido. E não flui, também, prazo de prescrição, pois este só começa a correr quando se viola o direito subjetivo de crédito do Fisco, o que só pode ocorrer a partir do momento em que, sendo ele exigível, não é satisfeito pelo sujeito passivo. E isso só se dá quando termina o prazo para pagamento, sem que o débito seja solvido, ou quando há a inexecução da decisão final denegatória da impugnação. Nesse momento, dá-se a violação do direito subjetivo de crédito do Fisco, nascendo-lhe – em conformidade com a orientação seguida pelo novo Código Civil brasileiro (art. 187: "Violado o direito subjetivo, nasce para o titular a pretensão, a qual se extingue pela prescrição (...)") – a pretensão, que se extingue no término do prazo de prescrição, sem que se intente a ação judicial cabível.

Foi o que procurei sintetizar na ementa do RE 91.019 de que fui relator quando judicava no Supremo Tribunal Federal: "Com a lavratura do auto de infração, consuma-se o lançamento do crédito tributário (art. 142 do CTN). Por outro lado, a decadência só é admissível no período anterior a essa lavratura; depois, entre a ocorrência dela e até que flua o prazo para a interposição do recurso administrativo, ou enquanto não for decidido o recurso dessa natureza de que se tenha valido o contribuinte, não mais corre prazo para decadência, e ainda não se iniciou a fluência de prazo para prescrição; decorrido o prazo para interposição do recurso administrativo interposto pelo contribuinte, há a constituição definitiva do crédito tributário, a que alude o artigo 174, começando a fluir, daí, o prazo de prescrição da pretensão do Fisco".

A crítica que se tem feito a essa orientação, pela circunstância de que a própria Administração poderia, já que não sujeita a qualquer espécie de prazo extintivo durante a tramitação do recurso administrativo,

7. *Do Lançamento no Direito Tributário Brasileiro*, n. 53, São Paulo, 1972, p. 184.

procrastinar sua decisão final, não procede, pois, além de argumentar com o patológico e não com o normal, deixa de levar em conta a circunstância de que o recurso existe em favor do contribuinte, e não da Administração, e é direito daquele e não imposição desta. Ademais, se se quisesse criar prazo extintivo para coibir essa procrastinação, mister seria que a lei (que poderia, também, estabelecer que, após certo período de tempo, não fluiriam juros e correção monetária em favor da Fazenda) se socorresse de outra modalidade de prazo que não o de decadência ou de prescrição, pois a natureza de ambos não se amolda a esse fim.

DA INCONSTITUCIONALIDADE DA EXIGÊNCIA DE GARANTIA COMO CONDIÇÃO DE ADMISSIBILIDADE DE RECURSOS NO PROCESSO ADMINISTRATIVO EM GERAL E NO PROCESSO ADMINISTRATIVO FISCAL EM PARTICULAR

(PARECER)

ALBERTO XAVIER

1. A evolução legislativa: 1.1 Tributos federais em geral; 1.2 Contribuições de seguridade social administradas pelo INSS. 2. As ADIs ns. 1.922-9 e 1.976-7 e os precedentes do Supremo Tribunal Federal. 3. Os conceitos fundamentais do art. 5º, inciso LV, da Constituição: 3.1 Processo administrativo; 3.2 Ampla defesa: 3.2.1 Devido processo legal; 3.2.2 Direito de audiência; 3.2.3 Contraditório; 3.2.4 Recurso. 4. O direito ao recurso e ao duplo grau no processo administrativo como garantia individual submetida a "reserva de Constituição originária": 4.1 A "reserva de Constituição" em geral; 4.2 Reserva de Constituição originária; 4.3 Reserva absoluta e reserva relativa de lei constitucional; 4.4 Corolários da reserva absoluta de lei constitucional originária: insuscetibilidade de restrição, por lei infraconstitucional, da garantia do art. 5º, inciso LV, da Constituição. 5. Apreciação crítica da orientação que sustenta a compatibilidade da exigência de garantia de instância com o inciso LV do art. 5º da Constituição. 6. Especificidade da matéria tributária: a reserva de lei complementar em matéria de "crédito tributário" e, portanto, do art. 151, III do CTN. 7. Conclusões.

1. A evolução legislativa

1.1 Tributos federais em geral

A imposição ao recurso voluntário ao Conselho de Contribuintes de uma condição de admissibilidade consistente na prestação de garantias encontra-se hoje consagrada no art. 32 da Lei n. 10.522, de 19.7.2002, que deu nova redação ao art. 33 do Decreto n. 70.235, de 6.3.1972, que dispõe sobre o processo administrativo fiscal (doravante designado PAF), o qual passou a vigorar com os seguintes parágrafos:

"Art. 33. (...)

"§ 1º. No caso de provimento a recurso de ofício, o prazo para interposição de recurso voluntário começará a fluir da ciência, pelo sujeito passivo, da decisão proferida no julgamento do recurso de ofício.

"§ 2º. Em qualquer caso, o recurso voluntário somente terá seguimento se o recorrente arrolar bens e direitos de valor equivalente a 30% (trinta por cento) da exigência fiscal definida na decisão, limitado o arrolamento, sem prejuízo do seguimento do recurso, ao total do ativo permanente se pessoa jurídica ou ao patrimônio se pessoa física.

"§ 3º. O arrolamento de que trata o § 2º será realizado preferencialmente sobre bens imóveis.

"§ 4º. O Poder Executivo editará as normas regulamentares necessárias à operacionalização do arrolamento previsto no § 2º."[1]

O dispositivo atualmente em vigor foi fruto de conturbada evolução legislativa cujo conhecimento é relevante para a plena compreensão dos problemas que suscita.[2]

1. O arrolamento em causa encontra-se regulamentado pelo Decreto n. 4.523, de 17.12. 2002.

2. Objeto, entre nós, de copiosa bibliografia: cf. Hugo de Brito Machado, "O arrolamento de bens do contribuinte", in Valdir de Oliveira Rocha (Org.), *Processo administrativo fiscal*, vol. 3, São Paulo, 1998, p. 63; James Marins, "As microrreformas do processo tributário, o arrolamento administrativo e a medida cautelar fiscal", in idem, ibidem, p. 91; José Antonio Minatel, "O depósito compulsório como requisito para recurso administrativo e o prazo para pleitear judicialmente desconstituição de exigência fiscal definida pela primeira instância administrativa", in idem, ibidem, p. 105; Paulo Celso Bergstrom Bonilha, "Arrolamento de bens do sujeito passivo pela autoridade fiscal", in idem, ibidem, p. 193; Ricardo Mariz de Oliveira, "Processo administrativo fiscal federal – Alterações introduzidas pela Medida Provisória n. 1.621-30 e 31", in idem, ibidem, p. 203; Celso Alves Feitosa, "Da possibilidade dos tribunais administrativos, que julgam matéria fiscal, decidirem sobre exação com fundamento em norma considerada ilegítima em oposição à Constituição Federal", in Valdir de Oliveira Rocha (Org.), ob. cit., 1995, p. 15; Edvaldo Brito, "Ampla defesa e competência dos órgãos julgadores administrativos para conhecer de argumentos de inconstitucionalidade e/ou ilegalidade de atos em que se fundamentem autuações", in idem, ibidem, p. 37; Ricardo Mariz de Oliveira e João Francisco Bianco, "A questão da apreciação da Constitucionalidade de Lei pelos Conselhos Federais de Contribuintes", in Valdir de Oliveira Rocha (Org.), ob. cit., vol. 2, São Paulo, 1997, p. 117; Edison Pereira Rodrigues, "A exigência de depósito como requisito de admissibilidade para a interposição de recurso administrativo", in Valdir de Oliveira Rocha (Org.), ob. cit., vol. 4, São Paulo, 1999, p. 19; Aroldo Gomes de Mattos, "Depósito compulsório como pressuposto de admissibilidade de recurso administrativo", *RDDT* 32/7 e ss. (1998); Marçal Justen Filho, "Considerações sobre o 'processo administrativo fiscal'", *RDDT* 33/108 e ss. (1998); José Rubens Hernandez, "INSS – a exigência (indevida) de depósito recursal", *RDDT* 36/71 e ss. (1998); Ricardo Perlingeiro Mendes da Silva, "As restrições legais ao direito de recurso na esfera administrativa e o princípio da ampla defesa", *RDDT* 38/97 e ss. (1998); Gabriel Lacerda Troianelli, "O depósito recursal e o pacto de São José da Costa Rica", *RDDT* 51/48 (1999); Igor Mauler Santiago, "Inexigibilidade de depósito para a admissão de recurso ao Conselho de Contribuintes Federal – Inaplicabilidade dos precedentes do STF na matéria", *Revista da Associação Brasileira de Direito Tributário*

Com efeito, ele veio ressuscitar um sistema adotado pela legislação do início do século passado e posteriormente abolido, passados mais de trinta anos, em 1969.

O art. 127 do Regulamento do Imposto sobre a Renda aprovado pelo Decreto n. 17.390, de 26.7.1926, estabeleceu no seu parágrafo único que "os recursos não têm efeito suspensivo, prosseguindo o processo de cobrança, salvo quando for depositada a importância de imposto que constar do lançamento, inclusive as multas (Dec. n. 16.838)".

O Decreto n. 20.350, de 31.8.1931, que instituiu o Conselho de Contribuintes, como órgão judicante de composição paritária, estabeleceu no seu art. 7º que "recurso algum será encaminhado ao Conselho sem o prévio depósito da importância exigida", acrescentando o parágrafo único: "quando esta importância for superior a cinco contos de réis (5:000$0), as autoridades recorridas poderão permitir o seguimento do recurso mediante termo de responsabilidade, exigindo, se assim o entenderem, a garantia de fiador reconhecidamente idôneo".

Mais tarde, o Decreto n. 24.036, de 26.3.1934 – que reorganizou os serviços da administração geral da Fazenda Nacional –, após estabelecer que o processo administrativo fiscal se desdobra em duas instâncias, uma singular e outra coletiva, dispôs no art. 159 que "nenhum recurso será encaminhado sem o prévio depósito das quantias exigidas ou da fiança idô-

3/263 (mai./ago. 1999); Laura Apocalypse da Silva Fernandes, "Inconstitucionalidade do prévio depósito recursal para garantia da via administrativa", in Ernestina Rodrigues Pinto, João Troncoso y Troncoso e Viviane Corrêa (Orgs.), *Coletânea de Estudos Jurídicos*, Rio de Janeiro, 1999, p. 187; José Augusto Delgado, "Depósitos para garantir a instância recursal e o CTN. Extinção prática da 2ª instância administrativa pela exigência de depósito recursal e o princípio da isonomia, para lá do devido processo legal", *Revista da Associação Brasileira de Direito Tributário* 5-6/61 (jan./ago. 2000); Sérgio Mourão Corrêa Lima e Rafhael Frattari, "As massas falidas e o prévio depósito recursal para admissibilidade do recurso voluntário ao Conselho de Contribuintes Federal", *Revista da Associação Brasileira de Direito Tributário* (set./dez. 2000), p. 389; Pedro Guilherme Accorsi Lunardelli, "O depósito administrativo fiscal e a violação aos princípios da razoabilidade e da proporcionalidade", *RDDT* 58/75 (2000); Oswaldo Othon de Pontes Saraiva Filho, "Depósito recursal no processo administrativo fiscal", *Revista da Associação Brasileira de Direito Tributário* 7/139 (set./dez. 2000); Sérgio André Rocha Gomes da Silva, "Inconstitucionalidade da exigência do depósito de 30% do valor do tributo questionado para que se possa interpor recurso na esfera administrativa fiscal", *RDDT* 57/115 (2000); Itamar Peixoto de Melo, "A competência dos órgãos julgadores administrativos para apreciar a inconstitucionalidade e a ilegalidade de lei, decreto ou ato normativo", *Revista da Associação Brasileira de Direito Tributário* 8/103 (jan./fev. 2001); Carlos André Ribas de Mello, "O depósito recursal – Constitucionalidade condicionada à sua adequada aplicação à luz dos princípios constitucionais da isonomia e do devido processo legal – por uma defesa de interpretação conforme", *RDDT* 85/16 e ss. (2002).

nea, quando prestada em seu lugar. A fiança é somente permitida quando a importância total em litígio exceda de cinco contos de réis (5.000$00)".

A Lei n. 5.172, de 25.10.1966 – Código Tributário Nacional – estabeleceu no seu art. 151, inciso III, que suspendem a exigibilidade do crédito tributário, "as reclamações e os recursos, nos termos das leis reguladoras do processo tributário administrativo", sem se pronunciar expressamente sobre a questão da garantia.

A garantia de instância viria a ser abolida pelo art. 1º do Decreto-lei n. 822, de 5.9.1969 (curiosamente de autoria de Junta Militar, em pleno regime autoritário), segundo o qual "independe de garantia de instância a interposição de recurso no processo administrativo fiscal de determinação e exigência de créditos tributários", acrescentando o § 1º que "nos processos não definitivamente decididos pela administração fica extinta a fiança, e, a requerimento do interessado, será liberado o depósito".

De harmonia com a exposição de motivos do diploma atrás referido "a supressão da garantia de instância é inovação que se justifica por seu alcance. Freqüentemente a exigência resultava, na prática, em impossibilitar ao contribuinte o exercício de seu direito de defesa e constituía, por outro lado, fator de emperramento na marcha dos processos, protelando a sua decisão. A cobrança executiva dos débitos e a sua correção monetária bem como o rápido andamento e decisão dos processos resguardam os interesses da Fazenda Nacional".

O art. 2º do Decreto-lei n. 822/1969 dispôs que "o Poder Executivo regulará o processo administrativo de determinação e exigência de créditos tributários federais, penalidades, empréstimos compulsórios e o de consulta".

O Decreto n. 70.235, de 6.3.1972 (PAF), editado ao abrigo do art. 2º do Decreto-lei n. 922/1969, atrás citado, dispôs no seu art. 33 que "da decisão caberá recurso voluntário, total ou parcial, com efeito suspensivo, dentro dos trinta dias seguintes à ciência da decisão".

A restauração do sistema de garantia patrimonial como condição de admissibilidade do recurso voluntário ao Conselho de Contribuintes, mediante depósito recursal parcial, foi uma das providências preconizadas pela Procuradoria Geral da Fazenda Nacional, no Parecer PGFN/CAT n. 2.078, de 11.12.97, subscrito pelo Procurador da Fazenda Nacional Aldemário Araújo Castro, parecer este aprovado pelo Procurador Geral da Fazenda Nacional e pelo Ministro da Fazenda.[3]

3. Vejam-se os termos singularmente herméticos do despacho de aprovação do Ministro Pedro Malan: "Despacho – Aprovo o Parecer PGFN/CAT n. 2.078/97, de 11.12.97.

O objetivo prático da medida está, segundo o próprio parecer, em que "a exigência de depósito total ou parcial do valor reclamado do contribuinte como condição para admissão de recurso contra a decisão de primeira instância administrativa possibilitaria, de um lado, a agilização na realização dos valores em disputa, por inibir as irresignações meramente protelatórias, e de outro lado, fixaria considerável segurança quanto aos ingressos destes recursos nos cofres públicos, nos casos de manutenção da exigência fiscal (...). Em suma, a medida afasta manobras protelatórias em favor do ingresso de recursos nos cofres públicos. Tudo em consonância com a realização da justiça social preconizada na Constituição Federal, dadas as destinações de interesse público dos valores a serem arrecadados".

A sugestão formulada pelo mencionado parecer foi acolhida pela Medida Provisória n. 1.621-30 de 12.12.1997, que deu nova redação aos arts. 33 e 43 do PAF nos seguintes termos:

"Art. 33 (...)

"§ 1º. No caso em que for dado provimento a recurso de ofício, o prazo para a interposição de recurso voluntário começará a fluir da ciência, pelo sujeito passivo, da decisão proferida no julgamento do recurso de ofício.

"§ 2º. Em qualquer caso, o recurso voluntário somente terá seguimento se o recorrente o instruir com prova do depósito de valor correspondente a, no mínimo, trinta por cento da exigência fiscal definida na decisão.

"Art. 43. (...)

"§ 3º. Após a decisão final no processo administrativo fiscal, o valor depositado para fins de seguimento do recurso voluntário será:

"a) devolvido ao depositante, se aquela lhe for favorável;

"b) convertido em renda, devidamente deduzido do valor da exigência, se a decisão for contrária ao sujeito passivo e este não houver interposto ação judicial contra a exigência no prazo previsto na legislação.

"§ 4º. Na hipótese de ter sido efetuado o depósito, ocorrendo a posterior propositura de ação judicial contra a exigência, a autoridade administrativa transferirá para conta à ordem do juiz da causa, mediante requisição deste, os valores depositados, que poderão ser complementados para efeito de suspensão da exigibilidade do crédito tributário (NR)."

Posteriormente, a Medida Provisória n. 1.973-63, de 29.6.2000, voltou a dar nova redação ao art. 33, de modo a permitir a prestação de garantias ou arrolamento de bens *em alternativa ao depósito*.

Os instrumentos propostos, de juridicidade bem delineada, contribuirão no esforço de racionalizar a administração tributária, sobretudo num momento que reclama do Estado iniciativas firmes e decisivas de caráter permanente, reduzindo a freqüência e intensidade de medidas emergenciais, com intuito de enfrentar conjunturas adversas, gravosas para a sociedade como um todo".

"Art. 33. (...)

"§ 1º. No caso em que for dado provimento a recurso de ofício, o prazo para a interposição de recurso voluntário começará a fluir da ciência, pelo sujeito passivo, da decisão proferida no julgamento do recurso de ofício.

"§ 2º. Em qualquer caso, o recurso voluntário somente terá seguimento se o recorrente o instruir com prova do depósito de valor correspondente a, no mínimo, trinta por cento da exigência fiscal definida na decisão.

"§ 3º. Alternativamente ao depósito referido no parágrafo anterior, o recorrente poderá prestar garantias ou arrolar, por sua iniciativa, bens e direitos de valor igual ou superior à exigência fiscal definida na decisão, limitados ao ativo permanente se pessoa jurídica ou ao patrimônio se pessoa física.

"§ 4º. A prestação de garantias e o arrolamento de que trata o parágrafo anterior serão realizados preferencialmente sobre bens imóveis.

"§ 5º. O Poder Executivo editará as normas regulamentares necessárias à operacionalização do depósito, da prestação de garantias e do arrolamento referidos nos parágrafos anteriores (NR)."

O art. 43 do PAF manteve-se inalterado.

A redação atrás referida foi mantida até à Medida Provisória n. 2.176-79, de 23.8.2001, a qual foi convalidada pela Lei n. 10.522, de 19.7.2002.

A verdade é que o projeto de lei de conversão alterou o texto original, de tal modo que o art. 32 da Lei n. 10.522/2002 veio dar nova redação ao art. 33 do PAF, já transcrito no início deste estudo, a qual abandonou a exigência do depósito, para se contentar com o arrolamento de bens e direitos e estabelecendo limites quantitativos anteriormente inexistentes (trinta por cento da exigência fiscal). Precisamente por se ter abandonado a figura do depósito, o art. 43 do PAF perdeu o seu objeto.

Verifica-se, assim, que a garantia do recurso administrativo passou por um processo de suavização progressiva: numa primeira fase exigiu-se o *depósito de trinta por cento da exigência fiscal*; numa segunda fase, passou a exigir-se, *em alternativa*, o depósito de trinta por cento de exigência fiscal *ou* a prestação de *garantias ou arrolamento de bens* de *valor igual ou superior à exigência* fiscal definida na decisão (limitados ao ativo permanente, se pessoa jurídica, ou ao patrimônio, se pessoa física); numa última fase, desaparece a exigência de depósito e apenas se exige o *arrolamento de bens ou direitos*, já não sobre o total da exigência fiscal, mas de trinta por cento da mesma (mantendo-se os limites referentes ao ativo permanente e ao patrimônio).[4]

4. Sobre o arrolamento, em si mesmo considerado, veja-se Rogério Pires da Silva, "Arrolamento fiscal: algumas reflexões sobre a Lei n. 9.532/97", *RDDT* 73/116 e ss. (2001); Gustava Martini de Matos, "O arrolamento de bens e direitos como requisito de admissibilidade do recurso voluntário", *RDDT* 88/29 e ss. (2003).

1.2 Contribuições de seguridade social administradas pelo INSS

Em matéria de contribuições para a seguridade social administradas pelo INSS, a exigência de garantia como condição de admissibilidade de recurso administrativo foi instituída pela nova redação do art. 93 da Lei n. 8.212/1991 – que dispõe sobre a organização da Seguridade Social – dada pela Lei n. 8.870, de 15.4.1994, que passou a vigorar com o seguinte teor: "o recurso contra a decisão do INSS que aplicar multa por infração a dispositivo da legislação previdenciária só terá seguimento se o interessado o instruir com a prova do depósito da multa atualizada monetariamente, a partir da data da lavratura".

Por sua vez, o art. 126 da Lei n. 8.213, de 24.7.1991 – que dispõe sobre os Planos de Benefícios de Previdência Social –, previa, em sua redação original, que "das decisões administrativas relativas à matéria tratada nesta lei, caberá recurso para o Conselho de Recursos do Trabalho e da Previdência Social (CRTPS), conforme dispuser o regulamento".

Referido artigo foi alterado pela Medida Provisória n. 1.596-14, de 10.11.1997 (posteriormente convertida na Lei n. 9.528 de 10.12.1997), passando a vigorar com a seguinte redação: "Das decisões do Instituto Nacional do Seguro Social nos processos de interesse dos beneficiários e dos contribuintes da Seguridade Social caberá recurso para o Conselho de Recursos da Previdência Social, conforme dispuser o Regulamento".

A obrigação de garantia de recurso viria a ser instituída na nova redação dada ao art. 126 da Lei n. 8.213/1991 pela Medida Provisória n. 1.608-12, de 5.3.1998 (a qual sofreu mais duas reedições, sendo que a Medida Provisória n. 1.608-14, de 28.4.1998 foi convertida na Lei n. 9.639, de 25.5.1998). Referida lei revogou o *caput* do art. 93 da Lei n. 8.212/1991, e acrescentou os seguintes parágrafos ao art. 126 da Lei n. 8.213/1991.

"Art. 126. (...)

"§ 1º. Em se tratando de processo que tenha por objeto a discussão de crédito previdenciário, o recurso de que trata este artigo somente terá seguimento se o recorrente, pessoa jurídica, instruí-lo com prova de depósito, em favor do Instituto do Seguro Social – INSS, de valor correspondente a 30% (trinta por cento) da exigência fiscal definida na decisão.

"§ 2º. Após a decisão final no processo administrativo fiscal, o valor depositado para fins de seguimento do recurso voluntário será:

"I – devolvido ao depositante, se aquela lhe for favorável;

"II – convertido em pagamento, devidamente deduzido do valor da exigência, se a decisão for contrária ao sujeito passivo."

Verifica-se assim que, em matéria de contribuições previdenciárias a lei consagra rigidamente o sistema de depósito, não tendo acolhido as flexibilizações que conduziram no processo administrativo fiscal em geral à aceitação do arrolamento de bens e direitos.[5]

2. *As ADIs ns. 1.922-9 e 1.976-7 e os precedentes do Supremo Tribunal Federal*

A ilegitimidade constitucional da chamada garantia recursal foi argüida, desde a sua instituição, em sede de controle difuso, dando origem a uma jurisprudência contraditória.[6]

As Ações Diretas de Inconstitucionalidade ns. 1.922-9 e 1.976-7 foram propostas, respectivamente, pelo Conselho Federal da Ordem dos Advogados do Brasil e pela Confederação Nacional da Indústria, tendo como um de seus objetivos declarar a inconstitucionalidade da nova redação dada ao § 2º do art. 33 do PAF pelo art. 32 da Medida Provisória n. 1.699-41, de 27.10.1998, com fundamento nas violações dos arts. 62 e 5º, XXXIV, XXXV, LIV e LV da Constituição Federal.

O Acórdão de 6.10.1999, de que foi relator o Ministro Moreira Alves, indeferiu por maioria (vencido o Ministro Marco Aurélio), a suspensão cautelar do § 2º, do art. 33, do citado diploma que, à época da decisão e na evolução legislativa que atrás se descreveu, consagrava ainda o sistema mais duro de exigência de depósito em dinheiro de trinta por cento da exigência fiscal.

O certo é que os precedentes julgados pelo Supremo Tribunal Federal foram determinantes para a decisão provisória adotada no âmbito das ADIs atrás referidas.

5. Veja-se a defesa da constitucionalidade deste sistema no Parecer da Consultoria Jurídica do Ministério da Previdência e Assistência Social, de 11 de maio de 1998, in *RDDT* 34/141 e ss.

6. Assim, por exemplo, pronunciaram-se pela incompatibilidade da exigência de garantia com o art. 5º, LV da CF: 3ª T. do TRF da 1ª R. (*RDDT* 33/237); 4ª T. do TRF da 1ª R. (*RDDT* 34/221; *RDDT* 42/221); 2ª T. do TRF da 5ª R. (*RDDT* 37/224); 2ª T. do TRF da 4ª R. (*RDDT* 38/177); 1ª T. do TRF da 2ª R. (*RDDT* 52/237; *RDDT* 70/238); 5ª T. do TRF da 2ª R. (*RDDT* 67/234); 5ª T. do TRF da 3ª R. (*RDDT* 67/234); 1ª T. do TRF da 2ª R. (*RDDT* 91/238). Em sentido contrário veja-se: 1ª T. do TRF da 4ª R. (*RDDT* 39/153); *RDDT* 42/179; *RDDT* 42/220; *RDDT* 48/238; *RDDT* 48/197; 2ª T. do TRF da 4ª R. (*RDDT* 40/146; *RDDT* 42/181; *RDDT* 44/235); 3ª T. do TRF da 3ª R. (*RDDT* 57/221); 4ª T. do TRF da 3ª R. (*RDDT* 43/232; *RDDT* 45/222); 3ª T. do TRF da 1ª R. (*RDDT* 50/235); 1ª T. do TRF da 1ª R. (*RDDT* 53/222).

Mesmo antes de se pronunciar sobre o caso específico do processo administrativo fiscal, em matéria de tributos federais, o Supremo Tribunal Federal já examinara casos análogos em que os particulares recorreram hierarquicamente da imposição de multas por autoridades administrativas, em razão de infrações a leis de diversa natureza, tributária (incluindo contribuições previdenciárias) ou não (trabalhista, ambiental).

O precedente mais relevante consistiu na discussão sobre a questão de saber se seria compatível com o princípio constitucional da ampla defesa o art. 93 da Lei n. 8.212/1991, na redação dada pela Lei n. 8.870/1994, que dispõe o seguinte: "O recurso contra a decisão do INSS que aplicar multa por infração a dispositivo da legislação previdenciária só terá seguimento se o interessado o instruir com a prova do depósito da multa atualizada monetariamente, a partir da ata da lavratura".

Para a melhor compreensão do problema, torna-se necessário descrever os trâmites essenciais do processo administrativo em matéria de multas previdenciárias. Constatada a falta de recolhimento de qualquer contribuição, a fiscalização lavra Notificação Fiscal de Lançamento de Débito (NFLD). Contra este ato, cabe a apresentação de defesa, no prazo de 15 (quinze) dias, cujo julgamento compete ao INSS. Da decisão por este proferida cabe recurso para uma das Câmaras de Julgamento do Conselho de Recursos da Previdência Social (art. 126, da Lei n. 8.213/1991; arts. 243 e 303, § 1º, II e 305 do Decreto n. 3.048/1999).

Trata-se de modelo similar ao processo administrativo relativo a tributos federais em geral, em que também após a lavratura de auto de infração (correspondente à NFLD) cabe uma impugnação para a Delegacia da Receita Federal de Julgamento (similar à defesa perante o INSS), cabendo da decisão de indeferimento recurso para o Conselho de Contribuintes (similar ao recurso para o CRPS).[7]

A matéria foi julgada na ADI n. 1.049-2 (Cautelar), tendo como requerente a Confederação Nacional dos Trabalhadores Metalúrgicos, de que foi relator o Ministro Carlos Velloso, e na qual foi indeferida por maioria de votos a medida cautelar de suspensão de eficácia, vencidos o próprio relator e o Ministro Marco Aurélio.

Assim votou o Ministro Carlos Velloso: "O devido processo legal, com as suas implicações – e a maior delas é o princípio da ampla defesa – aplica-se também ao processo administrativo: CF, art. 5º, LV. Ora,

7. Cf. José Rubens Hernandez, "INSS – A exigência (indevida) de depósito recursal", *RDDT* 36/72 e ss. (1998).

condicionar o seguimento do recurso administrativo ao depósito do *quantum* discutido, atualizado monetariamente, é estabelecer óbice ao direito de defesa, o que é repelido pelo *due process of law* consagrado na Constituição, assegurador do direito de defesa com os meios e recursos a ela inerentes".

A verdade, porém, é que a maioria se formou em sentido contrário a partir da observação do Ministro Néri da Silveira, que preconizou a manutenção da orientação que o Plenário já tinha adotado no que respeita a outros processos administrativos.

Assim votou o Ministro Néri da Silveira: "Penso que a matéria se põe no mesmo plano da decisão anterior, em que se discutia a necessidade do depósito da multa, de natureza administrativa, para a interposição do recurso, e, no caso, em se tratando de processo administrativo perante o CADE. Na linha desse precedente, é de manter-se a orientação que o Plenário já adotou e, assim, indeferir a cautela".

O precedente invocado pelo Ministro Néri da Silveira parece ter sido o Acórdão do Supremo Tribunal Federal de 21.9.1995, proferido na ADI n. 1.094-8 DF, de que foi requerente a Confederação Nacional da Indústria e que indeferiu o pedido liminar de suspensão de diversas disposições da Lei n. 8.884, de 11.6.1994, referente a infrações de ordem econômica e ao CADE, entre elas os arts. 65 e 66, que dispõem o seguinte:

"Art. 65. O oferecimento de embargos ou o ajuizamento de qualquer outra ação que vise a desconstituição do título executivo não suspenderá a execução, se não for garantido o juízo no valor das multas aplicadas, assim como de prestação de caução, a ser fixada pelo juízo, que garanta o cumprimento da decisão final proferida nos autos, inclusive no que tange a multas diárias.

"Art. 66. Em razão da gravidade da infração da ordem econômica, e havendo fundado receio de dano irreparável ou de difícil reparação, ainda que tenha havido o depósito das multas e prestação de caução, poderá o Juiz determinar a adoção imediata, no todo ou em parte, das providências contidas no título executivo."

Nesse julgamento assim se pronunciou o relator, Ministro Carlos Velloso:

"Sustenta-se que tais dispositivos legais causam lesão à garantia constitucional de acesso ao Poder Judiciário (CF, art. 5º, XXXV).

"No que concerne ao art. 65, não é procedente a argüição. O depósito, no caso, visa, apenas, a impedir o ajuizamento da execução, não impedindo o andamento da causa e a discussão dos temas propostos. Trata-se de regra velha, inscrita no Código de Processo Civil, art. 585, § 1º.

"Também quanto ao art. 66 não vejo relevância na argüição. É que o citado dispositivo legal institui medida cautelar, vale dizer, confere ao juiz a faculdade de determinar a adoção, no todo ou em parte, das providências contidas no título executivo, em razão da gravidade da infração da ordem econômica e havendo fundado receio de dano irreparável ou de difícil reparação. A questão, pois, será decidida pelo juiz, que deferirá, ou não, a medida cautelar."

Caso seja este o precedente invocado no voto do Ministro Néri da Silveira (o que tudo indica que seja), o equívoco é gravíssimo. É que, enquanto na ADI n. 1.049-2 referente à multa previdenciária (base das ADIs ns. 1.922-9 e 1.976-7, tendo por objeto a garantia recursal no recurso ao Conselho de Contribuintes) se discutia se tal garantia restringia ou não o direito de ampla defesa, tal como assegurado no art. 5º, inciso LV da Constituição, *antes da formação do título executivo*, no caso do CADE se trata de mera garantia da execução em face de um título executivo *já constituído*.

Não existe, na verdade, a menor analogia entre o fenômeno da garantia da execução (que manifestamente não é incompatível com o direito de ampla defesa) e o fenômeno de restrição do direito de recurso no processo administrativo, pela exigência da prestação de garantia patrimonial (o que é *prima facie* uma gravíssima limitação ao direito de ampla defesa).

Não é idêntica a situação jurídica do particular na impugnação em processo administrativo e nos embargos à execução, pois nestes a execução já se iniciou com base em título executivo já constituído, que declara a existência de dívida certa e líquida, o que justifica a exigência de prestação de garantias para que a execução se suspenda, enquanto na impugnação administrativa se visa apenas discutir a legalidade do lançamento tributário, independentemente de uma execução em curso ou a instaurar, pelo que não se justifica subordinar a própria discussão a caução prévia.

A invocação do caso do CADE como precedente relevante para efeitos da discussão sobre a legitimidade de restrições ao recurso administrativo é de ordem a afetar seriamente a ponderação das razões que conduziram ao indeferimento da suspensão cautelar, seja na ADI n. 1.049-2, referente à multa previdenciária, seja conseqüencialmente, nas ADIs ns. 1.922-9 e 1.976-7, referentes ao processo administrativo fiscal.

Questão similar respeita às multas por infração à legislação trabalhista, em relação às quais o art. 636 *caput* e § 1º da CLT dispõem:

"Os recursos devem ser interpostos no prazo de 10 (dez) dias, contados do recebimento da notificação, perante a autoridade que houver imposto a multa, a qual, depois de os informar, encaminhá-los-á à autoridade de instância superior.

"§ 1º. O recurso só terá seguimento se o interessado o instruir com a prova do depósito da multa."

No Acórdão do Tribunal Pleno proferido em 12.11.1997 no Recurso Extraordinário n. 210.246-6-GO, de que foi relator o Ministro Nelson Jobim, declarou-se a compatiblidade do art. 636 da CLT com o art. 5º, LV, da CF/88, porém por escassa maioria de votos e vencidos os Ministros Ilmar Galvão, Maurício Corrêa, Marco Aurélio, Carlos Velloso e Néri da Silveira.

Idêntico entendimento já vinha sendo adotado em decisões anteriores, como é o caso do Acórdão da 2ª Turma, de 3.11.1997, proferido no Recurso Extraordinário n. 210.235-1-MG, de que foi relator o Ministro Maurício Corrêa e cuja ementa assim reza:

> "Violação ao art. 5º, LV, CF. Inexistência. Em processo administrativo regular, a legislação pertinente assegurou ao interessado o contraditório e a ampla defesa. A sua instrução com a prova do depósito prévio da multa imposta não constitui óbice ao exercício do direito constitucional do art. 5º, LV, por se tratar de pressuposto de admissibilidade e garantia recursal, visto que a responsabilidade do recorrente, representada pelo auto de infração, está aferida em decisão fundamentada".[8]

Tenha-se presente que o processo administrativo em matéria trabalhista se desdobre nas seguintes fases. Lavrado o auto de infração pelo Auditor Fiscal do Trabalho, o infrator terá o prazo de dez dias para apresentação de defesa para o Delegado Regional do Trabalho, único órgão competente para decidir pela aplicação da multa. Da decisão deste órgão cabe então, no prazo de dez dias, recurso à Secretaria de Relações do Trabalho (art. 635 da CLT).

É fundamental ter-se presente a especificidade do processo administrativo trabalhista atrás descrito relativamente ao processo administrativo fiscal, quer geral, quer previdenciário. É que, enquanto nestes últimos a autoridade fiscalizadora (auditor fiscal da Receita Federal e do INSS) já tem competência própria para a aplicação de penalidade, cabendo desta

8. Veja-se no mesmo sentido o RE 250.744-0 SP, rel. Min. Moreira Alves, assim ementado: "Multa. Exigência de depósito prévio de valor relativo à multa para a admissão de recurso administrativo. Esta Primeira Turma (assim nos RREE 169.077 e 225.295, exemplificativamente) tem decidido, com base em precedentes desta Corte (ADI 1.049 e RE 210.146), que, exercida defesa prévia à homologação do auto de infração, não viola a atual Constituição (art. 5º, XXXV, LIV e LV) o diploma legal que exige o depósito prévio do valor da multa como condição ao uso do recurso administrativo, pois não há, nessa Carta Magna, garantia do duplo grau de jurisdição administrativa. Igualmente não há violação ao artigo 5º, XXXIV, 'a', da Carta Magna, uma vez que, além de não haver exigência do pagamento de taxa que não o é esse depósito, também não se pode pretender que do direito de petição decorra a garantia a esse duplo grau". Veja-se ainda: RE 235.357-AL, de 3.11.1998, rel. Min. Ilmar Galvão; RE 283.815-SP, de 13.2.2001, rel. Min. Marco Aurélio; RE 215.979-4-RS, de 28.11.1997, rel. Min. Maurício Corrêa; RE 231.320-1-SE, rel. Min. Maurício Corrêa; RE 230.994-8-TO, de 28.8.1998, rel. Min. Maurício Corrêa; AI 344.702-SC, de 26. 3.2002, rel. Min. Maurício Corrêa.

uma defesa para órgão de julgamento de primeira instância (Delegacia de Julgamento da Receita Federal, INSS) e da decisão por este proferida um recurso para órgão de julgamento de segunda instância (Conselho de Contribuintes, CRPS), no processo administrativo trabalhista a defesa é anterior à imposição da multa e do ato que a aplicar cabe apenas uma instância de recurso.

Um outro precedente (Acórdão proferido em 5.12.1997 no Recurso Extraordinário n. 169.077-1-MG, de que foi relator o Ministro Octavio Gallotti) respeita à imposição de multa por degradação do meio ambiente, em relação à qual o art. 111 do Decreto do Município de Belo Horizonte n. 5.893, de 13.3.1988, estabelece a exigência de depósito prévio como requisito de admissibilidade de recurso administrativo ao Conselho Municipal do Meio Ambiente. É a seguinte a Ementa deste Acórdão:

> "Ementa. Multa por degradação do meio ambiente.
>
> "Exercida defesa prévia à homologação do auto de infração, não padece de vício de inconstitucionalidade a legislação municipal que exige o depósito prévio do valor da multa como condição ao uso de recurso administrativo, pois não se insere, na Carta de 1988, garantia do duplo grau de jurisdição administrativa. Precedentes: ADI 1.049, sessão de 18.5.95, RE 210.246, 12.11.97.
>
> "Contrariedade não configurada, do disposto nos incisos XXXV, LIV e LV do art. 5º da Constituição."

É importante referir que posição diferente fora adotada também, no mesmo ano de 1997, pelo Superior Tribunal de Justiça, num caso em que foi imposta multa por agente da Defesa Florestal do IBAMA, por violação de leis ambientais. O particular apresentou defesa administrativa perante o Superintendente do IBAMA, tendo o pedido sido indeferido. O recurso da decisão de indeferimento para o presidente do IBAMA estava sujeito a depósito prévio nos termos da Lei n. 8.005/1990 e da Portaria Normativa n. 42/1992.

A 1ª Seção do STJ, por unanimidade, concedeu Mandado de Segurança n. 4.652 (96.047542-3-DF), em 10 de setembro de 1997, de que foi relator o Ministro Adhemar Maciel, com a seguinte ementa: "Os recursos administrativos *lato sensu* visam ao reexame dos atos da Administração, no controle interno da legitimidade de suas ações. A exigência de garantia de instância para possibilitar o conhecimento de recurso hierárquico viola a garantia constitucional do direito de petição e da ampla defesa dos administrados (art. 5º, incisos XXXIV e LV, da CF)".[9]

9. Nesse mesmo Acórdão cita-se, como precedente, o REsp. 111.463-RS, de que foi relator o Ministro José Delgado (*DJU* de 31.3.1997): "O cidadão, face ao princípio da ampla defesa, não está condicionado ao pagamento de multa aplicada pela Administração, para que só então lance mão de recurso administrativo".

São os seguintes os argumentos invocados pela corrente vencedora do Supremo Tribunal Federal, tanto nos precedentes atrás invocados quanto na decisão de indeferimento da suspensão cautelar proferida nas ADIs atrás citadas, argumentos estes que se extraem principalmente dos votos dos Ministros Moreira Alves e Sepúlveda Pertence:

– Se não há nenhum princípio segundo o qual haja constitucionalmente a necessidade de duplo grau de jurisdição, com maior razão não há constitucionalmente duplo grau em processo administrativo. Assim, é possível, até por lei, acabar-se com o duplo grau, pura e simplesmente.

– O devido processo legal não impõe sequer o direito à existência do recurso administrativo (duplo grau de jurisdição administrativa), pelo que o condicionamento do seu exercício a depósito não restringe aquela garantia. Não há imperativo algum em dar-se sucessivas instâncias, na órbita administrativa, à defesa ou à tentativa de desconstituição de mera punição administrativa, cuja imposição a lei fez preceder do exercício da defesa. Não se pode ler o art. 5º, LV, como criando a suscetibilidade de tantos recursos quanto a imaginação do interessado conseguir criar.

– Só existiria ofensa à Constituição se se exigisse o depósito para a garantia da defesa prévia à decisão da autoridade administrativa, mas não assim quanto a um recurso administrativo, uma vez já proferida referida decisão.

– A tese de que a outorga do direito a recurso implica a vedação de exigência de garantia de execução é um estímulo à chicana e envolve a inadmissível eliminação de toda a forma de execução provisória.

– Existiria ofensa à Constituição se a exaustão da instância administrativa fosse condição de acesso à jurisdição do Poder Judiciário.

– A eventual dificuldade gerada ao recurso administrativo tem como único efeito precipitar a abertura da via jurisdicional.

– Só haveria inconstitucionalidade se o depósito exigido fosse abusivo ou desrazoável.

Uma apreciação da tese atrás referida envolve uma exegese aprofundada do inciso LV do art. 5º da Constituição Federal, o que se fará de seguida.

3. Os conceitos fundamentais do art. 5º, inciso LV, da Constituição

3.1 Processo administrativo

O art. 5º, inciso LV, da Constituição Federal estabelece que "aos litigantes, em processo judicial ou administrativo, e aos acusados em geral são assegurados o contraditório e ampla defesa, com os meios e recursos a ela inerentes".

Examinaremos, pois, os conceitos fundamentais compreendidos nesta regra, a saber, os conceitos de (i) processo administrativo; (ii) ampla defesa; (iii) contraditório; e (iv) recursos.

O conceito de processo administrativo exprime a idéia de que os mecanismos de controle da legalidade dos atos administrativos devem obedecer a um princípio de jurisdicionalização, ou seja, ao modelo de processo que se desenvolve nos tribunais, ressalvadas as especificidades decorrentes, seja da natureza indisponível dos direitos em presença, seja da natureza não independente do órgão de julgamento, integrado na Administração.

A esta jurisdicionalização alude implicitamente a Constituição Federal, no inciso LV, do art. 5º, ao qualificar como "processo administrativo" o procedimento de revisão dos atos administrativos de iniciativa dos administrados ou os procedimentos sancionatários que lhes respeitam, assegurando aos particulares, tal como nos processos judiciais, "o contraditório e a ampla defesa, com os meios e recursos a ela inerentes".

Não caberia nos limites deste estudo uma exposição exaustiva das diversas posições da doutrina a respeito da distinção entre procedimento e processo, sobre a qual, aliás, já nos pronunciamos amplamente.

Entendemos que a questão, mais de terminologia do que de substância, se encontra superada no nosso direito positivo, pois a própria Constituição Federal consagra o conceito de "processo", identificando-o pelo critério do *litígio*, como resulta da referência a "litigantes", constante do citado inciso LV, do art. 5º.[10]

Como bem observa Odete Medauar, "a exigência de processo administrativo abrange, portanto, situações em que dois ou mais adminis-

10. Cf. Alberto Xavier, *Do procedimento administrativo*, São Paulo, 1976, *passim*; Silva Cabral, *Processo administrativo fiscal*, São Paulo, 1993, pp. 6 e 22. No mesmo, sentido Lucia Valle Figueiredo sustenta que a expressão "processo", tal como hoje usada na Constituição, pressupõe litigância e acusação, reportando-se aos procedimentos de segundo grau, na terminologia de Giannini, *Curso de Direito Administrativo* (5ª ed.), São Paulo, 2001, pp. 410 e ss. Cf., ainda, o brilhante ensaio de Odete Medauar, *A processualidade no Direito Administrativo*, São Paulo, 1993, pp. 29 e ss. Veja-se a amplíssima abordagem que recentemente fez do tema, em Portugal, Vasco Pereira da Silva, *Em busca do ato administrativo perdido*, Coimbra, 1996, pp. 301 e ss.; João Carlos Simões Gonçalves Loureiro, *O procedimento administrativo entre a eficiência e a garantia dos particulares* (algumas considerações), Coimbra, 1995. O mesmo critério (do litígio) é consagrado pela Constituição portuguesa para a qual o objeto do processo administrativo é "dirimir os litígios emergentes das relações jurídicas administrativas e fiscais" (art. 212, 3).

trados apresentam-se em posição de controvérsia entre si, perante uma decisão a respeito que deva ser tomada pela Administração, p. ex., as situações de licitações, concursos públicos, licenciamento ambiental. E também os casos de controvérsia entre administrados (particulares ou servidores) e a Administração; p. ex.: licenças em geral, recursos administrativos em geral, reexame de lançamento – processo administrativo tributário".[11]

Processo é, pois, o procedimento que tem por objeto a solução de um *litígio*, caracterizado, na clássica visão de Carnelutti, pelo conflito de interesses (elemento material) e pelo binômio pretensão-resistência (elemento formal). *Processo administrativo* é aquele cujo julgamento compete à própria Administração.

3.2 Ampla defesa

3.2.1 Devido processo legal

Os princípios da ampla defesa e do contraditório encontram-se consagrados no inciso LV, do art. 5º, da Constituição Federal, o qual estabelece que "aos litigantes, em processo judicial ou administrativo, e aos acusados em geral são assegurados o contraditório e a ampla defesa, com os meios e recursos a ela inerentes".

A Constituição anterior estabelecia no seu artigo 153, § 15º, que "a lei assegurará aos acusados ampla defesa, com os recursos a ela inerentes", acrescentando logo após que "não haverá foro privilegiado nem tribunais de exceção".[12] Verifica-se, assim, que o novo texto constitucional

11. Ob. cit., p. 78.

12. Cf. Odete Medauar, ob. cit., p. 112. O princípio de ampla defesa (ou da plena defesa) teve a sua origem no processo criminal, tendo daí alastrado para o processo administrativo disciplinar e só posteriormente para o processo civil e o processo administrativo não punitivo. A Constituição de 1891 dispunha, no seu art. 72, § 16: "aos acusados se assegurará na lei a mais plena defesa, com todos os recursos e meios essenciais a ela, desde a nota de culpa, entregue em vinte e quatro horas ao preso e assinada pela autoridade competente com os nomes do acusador e das testemunhas". A Constituição de 1937, no art. 122, inciso 11, afirmava que "a instrução criminal será contraditória, asseguradas antes e depois da formação da culpa as necessárias garantias de defesa". O art. 141, § 25, da Constituição de 1946, dispôs: "É assegurado aos acusados plena defesa, com todos os meios e recursos essenciais a ela, desde a nota de culpa, que, assinada pela autoridade competente, com os nomes de acusados e das testemunhas, será entregue ao preso dentro em vinte e quatro horas. A instrução criminal será contraditória". Por sua vez, a Constituição de 1967 e a de 1969 (art. 153, § 15) estabeleceram que "a lei assegurará aos acusados ampla defesa, com os recursos a ela inerentes. Não haverá foro privilegiado nem tribunais de exceção".

concedeu expressamente o direito de ampla defesa, não apenas aos "acusados em geral", mas também aos "litigantes", seja em processo judicial, seja em processo administrativo. Por sua vez, arvorou o "contraditório" em princípio autônomo do de ampla defesa.[13]

Direito de defesa e contraditório são, por seu turno, manifestações do princípio mais amplo do "devido processo legal" (*due process of law*), consagrado no XIV aditamento à Constituição dos Estados Unidos da América, cuja seção 1ª, 2ª frase assegura que ninguém pode ser "privado de sua vida, liberdade ou propriedade sem um processo justo e disciplinado por lei". Como diz Pedro Machete, "o significado imediato deste direito constitucionalmente reconhecido (e, portanto, vinculativo para todos os Estados) é a exigência de que o exercício do poder jurídico-público se faça nos termos de um procedimento justo (*fair procedure*). Tal implica para o particular afetado, em princípio, o direito de conhecer os fatos e o direito invocado pela autoridade, o direito de ser ouvido pessoalmente e de apresentar provas e, ainda, de confrontar as posições dos adversários (*confrontation and cross-examination*)".[14]

3.2.2 Direito de audiência

O direito de ampla defesa reveste hoje a natureza de um direito de audiência (*audi alteram partem*), nos termos do qual nenhum ato administrativo suscetível de produzir conseqüências desfavoráveis para o administrado poderá ser praticado de modo definitivo sem que a este tenha sido dada a oportunidade de apresentar as razões (fatos e provas) que achar convenientes à defesa dos seus interesses.

A expressão "defesa" resulta de o princípio se ter consolidado historicamente nos procedimentos e processos administrativos de tipo

13. A verdade é que a interpretação teleológica deste preceito já tinha conduzido a sua aplicação ao "processo administrativo" pelo Supremo Tribunal Federal: cf. Paulo Bonilha, *Da prova no processo administrativo tributário*, São Paulo, 1992, p. 65. Todavia, Marco Aurélio Greco sustentava que, em matéria tributária, a ampla defesa apenas se aplicava aos atos tributários cominadores de sanções, em que o particular assumia a posição de "acusado": cf. *Dívidas fiscais* – I *(Procedimento administrativo)*, São Paulo, 1977, p. 33.

14. Cf. Pedro Machete, *A audiência dos interessados no procedimento administrativo*, Lisboa, 1996, pp. 147-148. Mas também na França o direito de defesa – de início só reconhecido em processo disciplinar – foi considerado pelo Conselho de Estado como "princípio geral de Direito": cf. Pedro Machete, ob. cit., pp. 264 e ss. Veja-se também Carlos Roberto de Siqueira Castro, *O devido processo legal e a razoabilidade das leis na nova Constituição do Brasil*, Rio de Janeiro, 1989, *passim*; Agustin Gordillo, *Procedimiento y recursos administrativos*, 2ª ed., Buenos Aires, 1971, pp. 72 e ss.; Benvenuti, "Contradittorio (diritto amministrativo)", *Enc. del Dir.* IX, p. 738.

acusatório, como os sancionadores – de que o paradigma é o processo disciplinar. Mas daí evoluiu para os procedimentos administrativos de tipo ablatório, tendentes a restringir, por qualquer forma, a liberdade ou a propriedade do cidadão, em relação aos quais não se verifica uma acusação prévia, pelo que a intervenção do particular não visa uma "defesa", em sentido próprio, mas uma audiência das suas razões.

O direito de defesa ou direito de audiência é um direito de participação procedimental, que pressupõe a atribuição ao particular do estatuto jurídico de "parte" no procedimento administrativo, com vista à defesa de interesses próprios. Todavia, nem todo o direito de participação procedimental visa à finalidade garantística da defesa, podendo também desempenhar a função cívica de colaboração democrática dos cidadãos, individualmente ou associados, na própria formação das decisões administrativas, segundo um modelo de "administração participada": a primeira é uma participação defensiva ou garantística; a segunda, uma participação informativa ou democrática.

Na concisa e elegante frase de Odete Medauar, o devido processo legal, sob o ângulo do poder público, consiste na "obrigatoriedade de atuar mediante processo em determinadas situações".[15] E acrescenta a referida autora: "a combinação dos incisos LIV e LV do art. 5º resulta na imposição de processo administrativo que ofereça aos sujeitos oportunidade de apresentar sua defesa, suas provas, de contrapor seus argumentos a outros, enfim, a possibilidade de influir na formação do ato final. O devido processo legal desdobra-se, sobretudo, nas garantias do contraditório e ampla defesa, aplicadas ao processo administrativo".

O direito de ampla defesa tem, como reflexo, no campo do procedimento administrativo, um direito de audição dos interessados, não no sentido de uma obrigação de iniciativa administrativa de suscitar a audição prévia, mas no sentido de que essa audição não pode ser recusada, uma vez solicitada. Com este conteúdo, o direito de audiência se contentaria com o direito à oportunidade de ser ouvido (*opportunity to be heard*).

Com efeito, o próprio direito norte-americano, que levou às conseqüências mais avançadas o princípio do *due process of law*, apenas reconhece a necessidade de "audiência prévia" nos casos em que exista uma controvérsia sobre fatos e a discussão contraditória seja o método racional para o seu esclarecimento. Um exemplo de casos em que se considera que a discussão contraditória seria desnecessária é constituído

15. Ob. cit., p. 83.

pelas decisões baseadas numa aplicação mecânica de cálculos matemáticos, como o lançamento de tributos.[16]

Dificilmente se concebe, na verdade, que o lançamento tributário deva ser precedido de uma necessária audiência prévia dos interessados. Duas razões desaconselham tal audiência: em primeiro lugar, o caráter estritamente vinculado do lançamento quanto ao seu conteúdo torna menos relevante a prévia ponderação de razões e interesses apresentados pelo particular do que nos atos discricionários; em segundo lugar, o fato de se tratar de um "procedimento de massas", dirigido a um amplo universo de destinatários e baseado em processos tecnológicos informáticos, tornaria praticamente inviável o desempenho da função, se submetida ao rito da prévia audiência individual.

No que concerne a atos deste tipo, a garantia de ampla defesa não atua necessariamente pela via do direito de audiência prévia à prática do ato primário (*pretermination hearing*), mas no "direito de impugnação" deste mesmo ato, pelo qual o particular toma a iniciativa da instauração de um processo administrativo em que o seu direito de audiência assumirá força plena (*posttermination hearing*).

Assim, a audiência, apesar de não ser "prévia" à prática do ato primário (lançamento), ainda é "prévia" no que respeita à decisão final da Administração fiscal tomada pelo órgão de julgamento no processo administrativo.

O caráter "amplo" (ou "pleno", como se referia as Constituições de 1891 e 1946) do direito de defesa tem dois corolários: *o princípio da ampla instrução probatória, que exige que o direito à prova seja assegurado* na máxima extensão possível, no que se refere à oportunidade do seu exercício e às alegações e provas a serem produzidas (os "meios" a ela inerentes); o *princípio da apreciação plena* ou *da ampla competência decisória*, pelo qual nenhuma questão relevante para a defesa deve ser subtraída aos poderes de cognição e decisão dos órgãos de julgamento, em razão de matéria ou de qualquer outro critério.[17]

3.2.3 Contraditório

O princípio do contraditório encontra-se relacionado com o princípio da ampla defesa por um vínculo instrumental:[18] enquanto o princípio

16. Cf. Pedro Machete, ob. cit., p. 149.

17. Cf. James Marins, *Direito Processual Tributário brasileiro (Administrativo e Judicial)*, 2ª ed., São Paulo, 2002, pp. 192-193.

18. Veja-se, sobre a interconexão dos dois princípios, Odete Medauar, ob. cit., p. 102.

da ampla defesa afirma a *existência* de um direito de audiência do particular, o princípio do contraditório reporta-se ao *modo do seu exercício*. Esse modo de exercício, por sua vez, caracteriza-se por dois traços distintos: a *paridade* das posições jurídicas das partes no procedimento ou no processo, de tal modo que ambas tenham a possibilidade de influir, por igual, na decisão ("principio da igualdade de armas"); e o caráter *dialético* dos métodos de investigação e de tomada de decisão, de tal modo que a cada uma das partes seja dada a oportunidade de contradizer os fatos alegados e as provas apresentadas pela outra.

O fato de ser assegurada a existência de um direito à defesa e à audiência não envolve necessariamente um modo contraditório do seu exercício, podendo a Administração limitar-se a considerar as razões apresentadas pelo administrado, sem, contudo, se envolver num diálogo procedimental paritário. E daí a extrema relevância de o inciso LV, do artigo 5º, da Constituição Federal, assegurar cumulativamente a dupla garantia da ampla defesa e do contraditório.

3.2.4 Recurso

Importa agora examinar o conceito de recurso, considerado "inerente" à ampla defesa (ou "essencial", como diziam as Constituições de 1891 e 1946).

Recorde-se que só na Constituição de 1988 esta garantia foi declarada expressamente aplicável aos "litigantes, em processo judicial ou administrativo, e aos acusados em geral", pois as Constituições anteriores apenas se referiam aos acusados em matéria criminal.

Em processo judicial civil (não criminal), a expressão "recurso" tem o significado de impugnação de uma sentença proferida num processo instaurado entre "litigantes" por um julgador (*a quo*), tendo por objeto o seu reexame por um outro julgador (*ad quem*).[19]

Elemento essencial do conceito de recurso é que através dele não se instaura uma nova relação processual, um novo processo, operando-se tão-somente um *mero prosseguimento da relação processual já existente*. E daí ele se distinguir dos meios autônomos de impugnação, que configuram sempre o exercício de uma *nova ação* dando vida a uma diversa relação jurídica processual.[20]

19. Cf. Franco Cordopatri, "Ricorso (dir. proc. civ.)", *Enc. del Dir.* XL (1989), pp. 731 e ss.

20. Cfr. Ada Pellegrini Grinover, *O processo em evolução*, 2ª ed., São Paulo, 1998, pp. 64 e ss., espec. p. 69. Veja-se também a lição de José Carlos Barbosa Moreira, *O novo*

O recurso pressupõe, pois, uma primeira decisão proferida no próprio processo em que é deduzido, pelo que a sua simples existência envolve automaticamente um *duplo grau de jurisdição*, ou seja, a possibilidade de obter o reexame de uma decisão jurisdicional, em sede de mérito, por um outro juiz pertencente a um grau de jurisdição superior (instância de segundo grau).

É deveras surpreendente o fato de diversos autores afirmarem que a Constituição brasileira não assegura, em processo judicial, o duplo grau de jurisdição, pelo simples fato de o não afirmar de modo direto (como na Constituição Imperial),[21] quando a verdade é que o "duplo grau" é decorrência automática de se assegurar o direito de recurso aos "litigantes" em "processo judicial".[22]

Se o que acaba de afirmar-se é verdadeiro no que concerne ao processo judicial, também o é no que respeita ao processo administrativo, seja

processo civil brasileiro, 22ª ed., Rio de Janeiro, 2002, p. 114: "O exercício do direito de impugnação pode atuar de dois modos diferentes. No comum dos casos, ele tem como conseqüência fazer prosseguir o processo que até então vinha correndo, em geral com deslocamento da competência: do órgão que proferiu a decisão (órgão *a quo*) passa o feito àquele a que incumbe o reexame (órgão *ad quem*). Chamam-se recursos os meios de impugnação que assim atuam. Como, entretanto, o processo deve necessariamente terminar mais cedo ou mais tarde, são limitadas as possibilidades de impugnação por essa via. A lei trata de circunscrever o número de recursos utilizáveis, subordinando-os, ademais, a determinados requisitos de admissibilidade. A título excepcional, em hipóteses taxativamente previstas, admite o ordenamento que se impugnem decisões por outros meios. Aqui, porém, o oferecimento da impugnação não fará prosseguir o mesmo processo em que se proferira a decisão impugnada; dará lugar à instauração de *outro* processo, capaz, embora, conforme o seu resultado, de influir no do primeiro. Os meios de impugnação dividem-se, pois, em duas grandes classes: a dos *recursos* – assim chamados os que se podem exercitar *dentro* do processo em que surgiu a decisão impugnada – e o das *ações impugnativas autônomas*, cujo exercício, em regra, pressupõe a irrecorribilidade da decisão. No direito brasileiro, protótipo da segunda classe é a ação rescisória, eventualmente cabível para impugnar sentenças (de mérito) já transitadas em julgado (art. 485, *caput*)". Veja-se ainda Sérgio André Rocha Gomes da Silva, "Inconstitucionalidade da exigência de depósito de 30% do valor questionado para que se possa interpor recurso na esfera administrativa federal", *RDDT* 5/115 (2000).

21. Cf. art. 158, da Constituição de 1824: "Para julgar as causas em segunda e última instância haverá nas Províncias do Império as Relações que forem necessárias para comodidade dos Povos".

22. Ada Pellegrini Grinover, no seu magistral ensaio sobre a teoria geral dos recursos, considera o duplo grau princípio implícito, pelo que reputa inconstitucionais as leis que consagram o "juízo único". Pode-se afirmar, assim, que a garantia do duplo grau, embora só implicitamente assegurada pela Constituição brasileira, é princípio constitucional autônomo, decorrente da própria Lei Maior, que estrutura os órgãos da chamada *jurisdição superior*. Em outro enfoque, que negue tal postura, a garantia pode ser extraída do princípio constitucional da igualdade, pelo qual todos os litigantes, em

este processo do tipo punitivo (em que o particular figura como "acusado") ou do tipo não punitivo (em que o particular figura como "litigante").[23]

A razão das ambigüidades e equívocos que se geraram em derredor do problema reside, sem dúvida, em não se ter definido com clareza se o "direito de recurso", garantido pelo art. 5º, inciso LV, tem por objeto *atos administrativos primários* praticados por órgãos da *administração ativa*, isto é, aqueles que versam pela primeira vez sobre uma determinada situação da vida, sejam eles atos impositivos (de comando, punitivos, ablativos) ou atos permissivos (como as autorizações, licenças, concessões, subvenções) ou se, ao invés, têm por objeto os *atos administrativos secundários* – aqueles que se reportam a um ato primário preexistente e, portanto, são já *atos de julgamento*, proferidos num litígio, num processo já instaurado.[24]

É essencial ter-se presente que, somente nesta segunda hipótese, o direito ao recurso em processo administrativo seria rigorosamente simétrico do direito ao recurso em processo judicial, simetria esta que é exigida pela própria formulação gramatical do texto constitucional. É que somente se o recurso no processo administrativo tiver por objeto um ato de segundo grau, revestindo a natureza de um julgamento proferido

paridade de condições, devem poder usufruir ao menos de um recurso para a revisão das decisões, não sendo admissível que venha ele previsto para algumas e não para outras. Uma terceira colocação retira o princípio do duplo grau daquele da necessária revisão dos atos estatais, como forma de controle da legalidade e da justiça das decisões de todos os órgãos do Poder Público. Seja como for, um sistema de juízo único fere o devido processo legal, que é garantia inerente às instituições político-constitucionais de qualquer regime democrático. E a partir de 1992, pela ratificação da Convenção Americana sobre Direitos Humanos, o princípio do duplo grau integra o direito positivo brasileiro, em nível supralegal, mediante a norma do art. 8º, n. 2-h do Pacto, que assegura o direito de recorrer da sentença para juiz ou tribunal superior. Hierarquicamente, os dispositivos da Convenção Americana colocam-se no mesmo nível das regras constitucionais, por força do disposto no art. 5º, § 2º, da CF ("Os direitos e garantias expressos nesta Constituição não excluem outros decorrentes dos princípios por ela adotados, ou dos tratados internacionais em que a República Federativa seja parte"). Cf. *O processo em evolução*, cit., p. 66. Ver também p. 77, onde a autora considera o duplo grau de jurisdição princípio inerente ao Estado de Direito, enquadrável no "devido processo legal". Também para Nelson Nery Junior o duplo grau é corolário do devido processo legal (*Princípios fundamentais – teoria geral dos recursos*, 3ª ed., São Paulo, 1996, p. 43). Cf., ainda, J. J. Calmon de Passos, "O devido processo e o duplo grau de jurisdição", *RF* 277/1 e ss. (1982).

23. Cf., sobre esta distinção, Ada Pellegrini Grinover, ob. cit., pp. 34 e ss. Veja-se, sobre o problema, Carmen Lúcia Antunes Rocha, "Princípios constitucionais do processo administrativo no Direito brasileiro", *RDA* 209/212 (1997).

24. Sobre a distinção entre atos primários ou de primeiro grau e atos secundários ou de segundo grau, cf. Alberto Xavier, *Do lançamento: teoria geral do ato, do procedimento e do processo tributário*, 2ª ed., Rio de Janeiro, 1997, p. 107.

sobre um litígio já instaurado, se obtém o mesmo efeito que no processo judicial – *uma dupla apreciação do litígio no mesmo processo*, o que é da essência mesma do conceito de recurso.

A concepção para a qual já se poderia falar de "recurso" quanto à impugnação do ato administrativo primário praticado por órgão da administração ativa é reflexo da velha concepção do contencioso administrativo de tipo francês bonapartista, para a qual o recurso nada mais era do que o "processo feito a um ato".[25] Nesta concepção, a impugnação do ato administrativo primário já era vista como "recurso" porque se partia de uma concepção unitária entre procedimento e processo administrativo, para a qual o ato administrativo primário representaria uma *primeira definição do direito* e o recurso um meio para o seu *reexame* no mesmo processo.[26]

Não pode, porém, confundir-se *definição* unilateral do direito pelas autoridades administrativas da Administração ativa, no exercício de autotutela declarativa, com *julgamento* do processo administrativo, ou seja, de um litígio já instaurado, pois só em relação a esta última se pode falar em *recurso* em sentido técnico.

Nem pode também confundir-se a necessidade de decisão administrativa prévia, como pressuposto da instauração de processo administrativo (*règle de la décision préalable*) com a natureza "judicante" de tal decisão, que é ainda um ato primário da administração ativa, "defensável" ou "impugnável", mas não "recorrível" (se à expressão recurso se quiser dar o sentido técnico que tem no direito brasileiro e não o sentido arcaico e afrancesado próprio dos sistemas de contencioso administrativo europeu).

Aliás, a legislação reguladora dos processos administrativos que estiveram na base dos precedentes invocados pela jurisprudência do Supremo Tribunal Federal adota uma terminologia que se ajusta como uma luva à concepção aqui definida.

Com efeito, em matéria previdenciária, qualifica-se como "defesa" a reação contra o ato administrativo primário (NFLD) e como "recurso" a reação, dirigida ao CRPS, contra um primeiro ato de julgamento do INSS.

O mesmo se diga em matéria trabalhista, em que a lei caracteriza também como "defesa" a primeira reação contra o ato administrativo

25. Cf. Alberto Xavier, ob. cit., p. 277.

26. Cf., sobre a concepção unitária, Alberto Xavier, ob. cit., pp. 303 e ss.

primário em que o auto de infração consiste, falando em "recurso" a respeito da reação para a Secretaria de Relações do Trabalho contra a decisão do Delegado Regional do Trabalho.

O ato de reação ou impugnação contra o ato administrativo primário é, sem dúvida, uma *defesa* do administrado. Não uma defesa *prévia* em relação a tal ato, mas exercida *a posteriori* (*posttermination hearing*), seja porque a defesa prévia não teve êxito, seja porque o caráter prévio é incompatível com a própria natureza do ato administrativo em causa (caso típico do lançamento tributário). Mas se tal ato é inegavelmente uma "defesa", não lhe cabe, no mesmo sistema jurídico, a qualificação de "recurso" em sentido técnico, eis que não visa ao reexame de um prévio ato de julgamento (ato secundário) no âmbito do mesmo processo administrativo.

O ato, de iniciativa do administrado, que instaura o próprio litígio e que é o ato propulsor do "processo administrativo", é um ato de reação contra o ato administrativo primário, praticado ao abrigo da garantia do direito de petição aos Poderes Públicos *em defesa de direitos* ou *contra ilegalidade ou abuso de poder* – garantia esta que a Constituição não qualifica como "recurso" e que tem assento no art. 5º, inciso XXXIV, alínea "a" e não no art. 5º, inciso LV, da Constituição.[27]

Não se vislumbra, na verdade, a utilidade de autonomizar o direito de petição contra a ilegalidade de atos do Poder Público (*maxime* de atos administrativos primários) se esta garantia já estivesse assegurada no direito de recurso contemplado no inciso LV, do art. 5º.[28] Esta última garantia representa um *plus*, algo mais em relação à primeira. Enquanto esta concede ao administrado o direito de reagir contra ato do Poder Público, instaurando um litígio, a segunda pressupõe um litígio já instaurado, pelo exercício do direito de petição, assegurando ao administrado, agora já na qualidade de "litigante", o direito ao recurso inerente à ampla defesa, recurso este que versa necessariamente sobre um *primeiro julgamento*, proferido no bojo do processo administrativo instaurado.

27. Cf. Vieira de Andrade, *A justiça administrativa (lições)*, 3ª ed., Coimbra, 2002, pp. 98 e ss.

28. Tenha-se presente que, no direito brasileiro, o *direito de petição* tem um conteúdo mais forte do que noutros países, como em Portugal, onde se traduz na faculdade reconhecida a indivíduo ou grupo de indivíduos de se dirigir a quaisquer autoridades públicas apresentando petições, representações, reclamações ou queixas destinadas à defesa dos seus direitos, de constituição, de leis ou de interesse geral. Cf. Gomes Canotilho, *Direito Constitucional e Teoria da Constituição*, 6ª ed., Coimbra, p. 507.

Em suma: no processo administrativo não basta a existência de um *ato decisório* e de um *ato de julgamento*; é necessária a existência de *dois atos de julgamento*.

E daí que o direito ao recurso, no processo administrativo, tal como no processo judicial, pelo fato de ter por objeto ato administrativo secundário de julgamento e não ato administrativo primário da Administração ativa, comporte a *garantia de duplo grau* ou de *dupla instância*.

4. *O direito ao recurso e ao duplo grau no processo administrativo como garantia individual submetida a "reserva de Constituição originária"*

4.1 A "reserva de Constituição" em geral

Vimos atrás que o "direito de recurso" reconhecido aos "litigantes" em processo judicial ou administrativo pelo inciso LV, do art. 5º, da Constituição Federal, comporta, como corolário lógico, a garantia do duplo grau.

A questão de saber se podem ser estabelecidas restrições aos direitos e garantias fundamentais (como o "direito de recurso administrativo") e, caso afirmativo, quais as fontes de produção jurídica competentes para o efeito, deve ser examinada à luz da moderna teoria da "reserva de Constituição", que visa a definir o papel respectivo das leis constitucionais e das leis infraconstitucionais no domínio dos referidos direitos e garantias.

Com efeito, enquanto o conceito clássico de "reserva de lei" (*Vorbehalt des Gesetzes*) tinha em vista a proteção do cidadão contra as interferências dos órgãos de aplicação do Direito – o Poder Executivo e o Poder Judiciário – na sua esfera de liberdade e propriedade, o conceito moderno de "reserva de Constituição" ou "reserva de lei constitucional" (*Verfassungsvorbehalt*) está centrado sobre a proteção do cidadão contra a interferência dos próprios órgãos de produção do Direito – o Poder Legislativo – na esfera do seu centro de interesses vitais, os chamados direitos e garantias fundamentais.

A "reserva de Constituição" significa que o poder constituinte se auto-reservou certas matérias, que apenas podem ser objeto de leis constitucionais – normas primárias de produção jurídica – às quais compete exclusivamente a sua regulamentação.[29]

29. Manuel Afonso Vaz, *Lei e reserva de lei*, Porto, 1992, pp. 285 e ss.; Jorge Miranda, *Manual de Direito Constitucional*, vol. IV, 2ª ed., Coimbra, 1998, p. 291.

4.2 Reserva de Constituição originária

Em determinadas matérias, a "reserva de Constituição" é de tal modo forte que vai ao ponto de impedir que elas sejam objeto de normas constitucionais supervenientes, produzidas no exercício de um poder constituinte derivado ou de segundo grau, através de emendas à Constituição.

Pode então dizer-se que há uma "reserva de Constituição originária", pela qual o Poder constituinte originário se auto-reservou a competência sobre as matérias em causa, retirando-as do poder de reforma do constituinte derivado, de modo a dotar a respectiva disciplina de um grau máximo de estabilidade, rigidez e intangibilidade, que estão na origem da expressão "cláusulas pétreas".

Tal "reserva de Constituição originária" representa, pois, um *limite material absoluto ao poder constituinte derivado*, de modo que a sua preterição torna inconstitucionais as normas constitucionais supervenientes, objeto de emenda, por contrariarem "normas superconstitucionais".

A "reserva de Constituição originária" encontra-se formulada no § 4º, do art. 60, da Constituição Federal, segundo o qual "não será objeto de deliberação a proposta de emenda tendente a abolir: I – a forma federativa de Estado; II – o voto direto, secreto, universal e periódico; III – a separação dos Poderes; IV – *os direitos e garantias individuais*".

Como se vê, a matéria dos direitos e garantias individuais – e, portanto, o direito de recurso administrativo, inerente à ampla defesa, consagrado no inciso LV, do art. 5º – inclui-se entre os limites materiais ao poder de emenda constitucional, de tal modo que nem sequer por verdadeiras normas constitucionais (conquanto supervenientes, derivadas, ou de segundo grau) podem ser objeto de disciplina restritiva.

Para que eles possam ser atingidos terá de haver, não mera emenda constitucional, mas verdadeira "novação da Constituição".

Qualquer limitação ou restrição de qualquer das faculdades inerentes a uma garantia constitucional e não estabelecida na própria Constituição originária tem o significado de uma *abolição parcial*.[30]

4.3 Reserva absoluta e reserva relativa de lei constitucional

Em matéria de direitos e garantias fundamentais, a "reserva de Constituição" pode ser absoluta ou relativa: a reserva diz-se *absoluta*

30. Cf. José Afonso da Silva, *Curso de Direito Constitucional Positivo*, 24ª ed., São Paulo, Malheiros Editores, 2005, p. 67.

quando tanto o núcleo ou conteúdo essencial do direito ou garantia, quanto as suas eventuais restrições são de competência exclusiva da norma constitucional originária; a reserva diz-se *relativa* quando a mesma norma constitucional originária *autoriza* as fontes infraconstitucionais a estabelecer restrições, desde que obedecidos os limites da própria Constituição.

Em boa verdade, no que concerne aos direitos e garantias fundamentais, o seu conteúdo ou núcleo essencial é sempre objeto de uma reserva absoluta, inatingível por emenda constitucional ou por lei infraconstitucional, de tal modo que a relevância prática da distinção entre reserva absoluta e relativa respeita exclusivamente, não aos direitos e garantias em si mesmos considerados, mas às suas restrições.

Casos há em que as restrições a direitos e garantias fundamentais encontram-se expressamente formuladas pela própria Constituição: é o que se passa, por exemplo, com os direitos e garantias constantes dos seguintes incisos do art. 5º:

"VIII – ninguém será privado de direitos por motivo de crença religiosa ou de convicção filosófica ou política, salvo se as invocar para eximir-se de obrigação legal a todos imposta e recusar-se a cumprir prestação alternativa, fixada em lei;

"XII – é inviolável o sigilo da correspondência e das comunicações telegráficas, de dados e das comunicações telefônicas, salvo, no último caso, por ordem judicial, nas hipóteses e na forma que a lei estabelecer, para fins de investigação criminal ou instrução processual penal;

"XVI – todos podem reunir-se pacificamente, sem armas, em locais abertos ao público, independentemente de autorização, desde que não frustem outra reunião anteriormente convocada para o mesmo local, sendo apenas exigido prévio aviso à autoridade competente;

"XVII – é plena a liberdade de associação para fins lícitos, vedada a de caráter paramilitar;

"LXI – ninguém será preso senão em flagrante delito ou por ordem escrita e fundamentada de autoridade judiciária competente, salvo nos casos de transgressão militar ou crime propriamente militar, definidos em lei;

"LXVII – não haverá prisão civil por dívida, salvo a do responsável pelo inadimplemento voluntário e inescusável de obrigação alimentícia e a do depositário infiel."

Nestes casos, as restrições, sendo formuladas pela própria Constituição originária, são restrições *intrínsecas* ou *imediatas*, enquanto as restrições não formuladas pela Constituição, mas eventualmente permitidas à lei infraconstitucional, nas hipóteses de reserva relativa, são restrições *extrínsecas* ou *mediatas*.[31]

31. Cfr. Konrad Hesse, *Grundzüge des Verfassungsrechts der Bundesrepublik Deutschland*, Heidelberg, 1988, pp. 126 e ss.; Jorge Miranda, *Manual de Direito Constitucional*, vol. IV, cit., p. 297.

Em diversos incisos do art. 5º da Constituição, esta procede a remissões para a lei infraconstitucional, utilizando expressões tais como "na forma da lei", "nos termos da lei", "a lei regulará", "a lei assegurará".

Todavia, se bem se reparar, na sua grande maioria, tais remissões não têm o significado e alcance de reservas relativas permissivas de leis restritivas, antes constituem o apelo à lei infraconstitucional para desempenhar outras funções totalmente distintas da restrição de direitos e que são plenamente compatíveis com uma reserva absoluta de Constituição.

Uma primeira função é a de *concretização* ou *conformação*, assim entendida a necessária interposição da lei infraconstitucional para efetivar um direito ou garantia não auto-exeqüível.

Constituem exemplos os seguintes incisos do art. 5º:

> "XXIX – a lei assegurará aos autores de inventos industriais privilégio temporário para sua utilização, bem como proteção às criações industriais, à propriedade das marcas, aos nomes de empresas e a outros signos distintivos, tendo em vista o interesse social e o desenvolvimento tecnológico e econômico do País;
>
> "XXXII – o Estado promoverá, na forma da lei, a defesa do consumidor."

Uma segunda função é a de *regulação*, assim entendida a atividade do legislador infraconstitucional tendente a qualificar, pormenorizar, detalhar, esclarecer as condições e o modo de exercício dos direitos e garantias individuais, sem que dos preceitos em causa se possa entrever qualquer intenção restritiva.

São exemplos:

> "VI – é inviolável a liberdade de consciência e de crença, sendo assegurado o livre exercício dos cultos religiosos e garantida, na forma da lei, a proteção aos locais de culto e a suas liturgias;
>
> "VII – é assegurada, nos termos da lei, a prestação de assistência religiosa nas entidades civis e militares de internação coletiva;
>
> "XVIII – a criação de associações e, na forma da lei, a de cooperativas independem de autorização, sendo vedada a interferência estatal em seu funcionamento".

Só em raros casos vislumbramos na Constituição hipóteses de verdadeiras cláusulas de reserva relativa atributivas de competência restritiva à lei infraconstitucional:

> "XIII – é livre o exercício de qualquer trabalho, ofício ou profissão, *atendidas as qualificações profissionais que a lei estabelecer*;
>
> "LVIII – o civilmente identificado não será submetido a identificação criminal, *salvo nas hipóteses previstas em lei*;
>
> "LX – *a lei só poderá restringir* a publicidade dos atos processuais quando a defesa da intimidade ou o interesse social o exigirem."

Na sua esmagadora maioria os direitos e garantias consagrados no art. 5º da Constituição não só não contêm qualquer restrição intrínseca, como prescindem em absoluto de qualquer interferência da lei infraconstitucional, seja no sentido da concretização, da regulação ou da restrição:

"I – homens e mulheres são iguais em direitos e obrigações, nos termos desta Constituição;

"II – ninguém será obrigado a fazer ou deixar de fazer alguma coisa senão em virtude de lei;

"III – ninguém será submetido a tortura nem a tratamento desumano ou degradante;

"IV – é livre a manifestação do pensamento, sendo vedado o anonimato;

"V – é assegurado o direito de resposta, proporcional ao agravo, além da indenização por dano material, moral ou à imagem;

"XIV – é assegurado a todos o acesso a informação e resguardado o sigilo da fonte, quando necessário ao exercício profissional;

"XXXVI – a lei não prejudicará o direito adquirido, o ato jurídico perfeito e a coisa julgada;

"XXXVII – não haverá juízo ou tribunal de exceção."

É este precisamente o caso do direito de recurso, inerente à ampla defesa, assegurado aos litigantes em processo administrativo, pelo inciso LV, do art. 5º: "Aos litigantes, em processo judicial ou administrativo, e aos acusados em geral são assegurados o contraditório e ampla defesa, com os meios e recursos a ela inerentes".

4.4 Corolários da reserva absoluta de lei constitucional originária: insuscetibilidade de restrição, por lei infraconstitucional, da garantia do art. 5º, inciso LV, da Constituição

Da "reserva absoluta de Constituição" em matéria de direitos e garantias individuais resultam os seguintes três corolários: a vedação de outras fontes de produção jurídica, a aplicabilidade imediata e o caráter definitivo do direito.

A *vedação de outras fontes de produção jurídica*, ou seja, de leis constitucionais supervenientes (emendas à Constituição) e de leis infraconstitucionais, resulta da "auto-reserva" efetuada pelo Poder constituinte originário no sentido da competência exclusiva da lei constitucional originária, razão pela qual a doutrina alemã designa a "função excludente" das reservas em causa como "normas de competência negativa" (*negative Kompetenznormen*).[32]

32. Cf. Alexy, *Theorie der Grundrechte*, cit., p. 222.

Deste corolário resultaria, por si só, a inconstitucionalidade de norma que, por Emenda Constitucional ou lei complementar, tentasse introduzir mecanismos que restringissem, limitassem ou por qualquer forma criassem obstáculos ao direito de recurso administrativo inerente à ampla defesa, como a exigência da prestação de garantias patrimoniais como condição de admissibilidade do recurso.

A *aplicabilidade imediata* encontra-se expressamente afirmada no § 1º, do art. 5º, da Constituição: "as normas definidoras dos direitos e garantias fundamentais têm aplicação imediata". Significa isto que os direitos e garantias fundamentais podem ser imediatamente invocados, ainda que haja falta ou insuficiência da lei. O reconhecimento de direito ou garantia fundamental não carece de uma "mediatização" ou "interposição" do legislador infraconstitucional. Como diz Jorge Miranda, "a regulamentação legislativa, se se der, nada acrescentará de essencial: apenas pode ser útil (ou, porventura, necessária), pela certeza e segurança que criar quanto às condições de exercício dos direitos ou quanto à delimitação frente a outros direitos".[33]

O *caráter definitivo do direito*, para usar a expressão de Alexy, é mera conseqüência lógica das duas características atrás apontadas. Se estiver vedada a interferência de fontes infraconstitucionais (e até de emendas constitucionais) e se a norma consagradora do direito ou garantia fundamental for aplicável imediatamente, o direito torna-se *definitivo*, isto é, o seu conteúdo é, desde a origem, insuscetível de qualquer modificação.[34]

Destes atributos ou corolários resulta que as normas constitucionais submetidas a reserva absoluta de Constituição são "normas de aplicabilidade imediata e eficácia plena", para usar a terminologia de José Afonso da Silva.[35]

Aplicando as considerações precedentes à garantia do direito ao recurso, pode concluir-se que esta se encontra ao abrigo de uma *reserva absoluta e irrestrita de Constituição originária*.

E isto é assim porque o conteúdo essencial das garantias em causa se encontra perfeita e integralmente definido na norma constitucional, porque esta não contém qualquer restrição intrínseca expressa, porque não autoriza qualquer restrição pela legislação constitucional superve-

33. Cf. Jorge Miranda, *Manual de Direito Constitucional*, cit., p. 277.

34. Cf. Alexy, *Theorie der Grundrechte*, cit., p. 91; Gomes Canotilho, ob. cit., p. 544.

35. Cf. José Afonso da Silva, *Curso*, cit., pp. 268-269.

niente e menos ainda por legislação infraconstitucional (como sucederia se de reserva relativa se tratasse) e porque, enfim, nem sequer considera necessária uma remissão para uma atividade concretizadora ou reguladora da lei.

Aplicam-se, assim, na sua máxima plenitude a estas garantias os corolários da "reserva de Constituição", a que atrás se aludiu: a vedação de outras fontes de produção jurídica, a aplicabilidade imediata e o caráter definitivo do direito em que se traduzem.

5. Apreciação crítica da orientação que sustenta a compatibilidade da exigência de garantia de instância com o inciso IV do art. 5º da Constituição

A análise dos conceitos fundamentais constantes do inciso LV, do art. 5º, da Constituição conduzem-nos a conclusões bem diversas daquelas que estiveram na base do indeferimento, pelo Supremo Tribunal Federal, da suspensão cautelar do § 2º do art. 33 do PAF, na redação dada pela (então vigente) Medida Provisória n. 1.863-53 de 24.1999, bem como do indeferimento da suspensão cautelar do art. 93, da Lei n. 8.212/1991, na redação dada pela Lei n. 8.870/1994.

Com efeito, vimos que a premissa em que assenta a tese subjacente ao Acórdão citado é a inexistência da garantia constitucional de duplo grau, tanto no processo judicial quanto, por paridade ou maioria de razão, no processo administrativo. Se não há, de acordo com esta premissa, sequer a obrigatoriedade de o Estado facultar um recurso, se seria até legítimo à lei ordinária suprimir a segunda instância administrativa e extinguir os seus órgãos judicantes – no caso, os Conselhos de Contribuintes (como explicitamente afirma a tese em causa) – então nenhum obstáculo constitucional contrapor-se-ia à exigência de garantia recursal.

Se, porém, se provar – como se provou – que a exigência do duplo grau no processo judicial é corolário lógico ou decorrência automática de se garantir aos litigantes os recursos inerentes à ampla defesa, recursos que pressupõem um ato de julgamento de primeira instância; se, por outro lado, razões de simetria lógica conduzem a que no processo administrativo o duplo grau seja também conseqüência necessária de um direito ao recurso; se o recurso administrativo não é um favor gracioso ofertado pela legislação ordinária, mas um direito ou garantia constitucional outorgado ao particular (e, portanto, um dever imposto ao legislador ordinário pela Constituição) de que uma decisão da administração ativa (ato primário) seja objeto de apreciação pelo menos por dois atos de julgamento (atos secundários), então já não se pode afirmar que a lei ordinária pode eliminar o segundo grau de apreciação, nem os órgãos a quem ele compete.

A Constituição exige que a lei assegure no mínimo um recurso ou, que o mesmo é dizer-se, o duplo grau.

Por outro lado, se o recurso administrativo reveste, no contexto do art. 5º, inciso LV, a natureza de um direito e garantia fundamental, ele está submetido à reserva de Constituição originária, pelo que nem emenda constitucional nem leis infraconstitucionais podem introduzir restrições ao núcleo essencial daquele direito, que limite o seu exercício por qualquer forma, como é o caso (até de modo paradigmático) da exigência de prestação de garantia como condição de sua admissibilidade.

Não se diga que só existiria ofensa à Constituição se se exigisse o depósito para garantia da primeira reação contra o ato primário da administração ativa, a título de "defesa" ou "impugnação". É certo que nas legislações que regulam o processo administrativo fiscal geral, previdenciário e trabalhista, não se exige garantia para a apresentação de impugnação ou defesa contra autos de infração lavrados por auditores fiscais da Receita Federal, contra NFLDs lavrados pelos auditores fiscais do INSS, ou contra o auto de infração lavrado pelos auditores fiscais do trabalho.

Mas os princípios constitucionais do art. 5º, LV não se contentam em que não sejam impostas restrições ao direito de petição, antes exigem, em nome da ampla defesa, que tais restrições não sejam também impostas na fase dos "recursos" interpostos contra os atos de julgamento de primeira instância que eventualmente indeferirem as defesas ou impugnações apontadas em primeira instância.

Não se exigir o rigor máximo das garantias na primeira instância administrativa e admitir-se que a segunda, por alegadamente nem sequer ser obrigatória, é suscetível de drásticas restrições, significa esvaziar de parte apreciável do seu conteúdo o inciso LV do art. 5º da Constituição, precisamente a parte inovadora pela qual a Constituição pretendeu "jurisdicionalizar" o processo administrativo.

Não se nos afigura também correta a afirmação segundo a qual a alegada inconstitucionalidade de exigência de garantia recursal no processo administrativo conduziria também, por reflexo, à inconstitucionalidade de qualquer forma de execução provisória.

O equívoco deste argumento reside em comparar a segurança jurídica de uma execução provisória no bojo de um processo judicial, conduzido por órgãos imparciais e independentes e em que nenhuma limitação se estabelece à ampla defesa, com a execução provisória no bojo de um processo administrativo, em que ao particular se pretende seja apenas facultada, livre de garantia recursal, uma singela defesa ou impugnação dirigida a um órgão de primeira instância, via de regra singular, não paritário e subordinado a vínculo hierárquico.

A lógica do sistema preconizado pela tese que criticamos conduziria então a exigir um substancial robustecimento de garantia da ampla defesa na primeira instância administrativa o que, mesmo assim, seria insuficiente para assegurar o direito à ampla defesa na sua plenitude que, como se viu, pressupõe o duplo grau.

A afirmação segundo a qual as restrições ao direito de recurso no processo administrativo não têm gravidade maior, pois se limitam a acelerar o acesso ao Poder Judiciário, tende a apequenar o papel que inovatoriamente a Constituição de 1988 pretendeu confiar ao processo administrativo como meio autônomo da reapreciação da legalidade dos atos administrativos pelo próprio Poder Executivo com garantias afins ou similares às do processo judicial.

Não equivale tudo isto a reconhecer a inutilidade ou a irrelevância do processo administrativo?

Não é esta a nossa opinião.

Pelo contrário, o exame do inciso LV, do art. 5º da Constituição conduz-nos às seguintes conclusões:

a) o Estado tem o dever de assegurar, através de lei, que, em matéria administrativa, os litígios sejam dirimidos através de um processo "jurisdicionalizado";

b) o referido processo deverá assegurar aos litigantes a ampla defesa e obedecer ao princípio do contraditório;

c) em caso de litígio a defesa não é prévia à prática do ato administrativo primário, mas exerce-se *a posteriori* pela "impugnação" ou "defesa" que instauram o processo administrativo, e são praticadas ao abrigo do direito de petição previsto no inciso XXXIV, alínea "a", do art. 5º da Constituição;

d) aos litigantes, no processo administrativo, como no judicial, é assegurado o direito de recurso, a ser exercido no mesmo processo administrativo já instaurado, o que significa o duplo exame do mérito por órgãos de julgamento distintos;

e) no processo administrativo não basta a existência de um ato decisório primário, praticado pela administração ativa e de um subseqüente ato de julgamento; é necessária a existência, pelo menos, de dois atos de julgamento.

6. Especificidade da matéria tributária: a reserva de lei complementar em matéria de "crédito tributário" e, portanto, do art. 151, III do CTN

Toda a nossa argumentação conduziu à conclusão de que o art. 5º, inciso LV, da Constituição assegura o direito ao recurso e o duplo grau tanto no processo judicial quanto no processo administrativo. Concluímos também que, por se tratar de matéria relativa a direitos e garantias fundamentais, está submetida a reserva de Constituição originária, pelo que nem emenda constitucional nem lei infraconstitucional podem estabelecer restrições àquele direito, não previstas na própria Constituição, como seria a exigência da garantia patrimonial (depósito ou arrolamento de bens) como condição de admissibilidade do recurso.

Estas conclusões aplicam-se a todos os tipos de atos e processos administrativos, notadamente àqueles de natureza sancionatória (previdenciária, trabalhista e ambiental), que estiveram na base dos precedentes que conduziram à formação de uma corrente jurisprudencial de sentido contrário.

Importa, finalmente, examinar se os termos da questão se alteram na hipótese de os atos e do processo administrativo versarem sobre matéria tributária, em relação à qual a lei exige garantia recursal.

Quando falamos em matéria tributária queremos referir-nos não apenas aos tributos federais em geral, quanto aos quais a lei exige garantia na forma de arrolamento de bens e direitos, mas também às contribuições para a seguridade social administradas pelo INSS, em que a garantia recursal reveste a forma de depósito.

Tenha-se, com efeito, presente que as contribuições para seguridade social em causa (as contribuições sociais contempladas no art. 195 da Constituição) têm hoje pacificamente natureza tributária, sendo-lhes aplicáveis *ex vi* do art. 149 da Constituição grandes princípios constitucionais tributários consagrados nos arts. 146, III (reserva de lei complementar), 151, I (legalidade) e 150, III (anterioridade e não retroatividade).

Uma especificidade do problema da garantia recursal em matéria tributária resulta do fato de a Constituição submeter a *reserva de lei complementar*, nos termos do art. 146, III, "b" o estabelecimento de normas gerais em matéria de "obrigação, lançamento, *crédito*, prescrição e decadência tributária". Ora, no que concerne ao "crédito", inegavelmente a matéria mais relevante é a relativa à *suspensão da sua exigibilidade*, versada pelo art. 151 do CTN, cujos incisos II e III determinam, respectivamente, que suspendem a exigibilidade do crédito tributário "o depósito do seu montante integral" e "as reclamações e os recursos, nos termos das leis reguladoras do processo tributário administrativo".

Não escapou à perspicácia jurídica do Ministro Marco Aurélio, no voto proferido nas ADIs ns. 1.922-9 e 1.976-7, o "contra-senso" em se admitir com a mão direita, em matéria fiscal, os recursos administrativos como causas suspensivas de exigibilidade, a par dos depósitos, e, simultaneamente, se impor, com a mão esquerda, a efetivação do depósito como condição de admissibilidade do recurso.

Talvez até porque o "contra-senso" era demasiado notório, assemelhando-se a um tortuoso e malsão malabarismo lógico, o legislador evoluiu no sentido de abandonar a exigência do depósito em dinheiro para suavizar as suas pretensões, de modo a reclamar o arrolamento de bens e direitos, primeiro como alternativa para o depósito, mas pelo valor integral da exigência e, depois, como a única garantia exigível, limitada a trinta por cento do valor da referida exigência.

Ora – dir-se-á – se o inciso III do art. 151 remete para a lei ordinária reguladora do processo tributário administrativo (matéria não submetida a reserva de lei complementar) *os termos* em que as reclamações e os recursos produzem a suspensão da exigibilidade do crédito tributário, nada parece *prima facie* constituir obstáculo a que a lei ordinária submeta o recurso administrativo à condição de admissibilidade, não de um depósito em dinheiro (um "contra-senso", face ao inciso II do mesmo artigo 151), mas a um outro tipo de garantia, notadamente o arrolamento de bens e direitos.

A verdade, porém, é que um obstáculo constitucional intransponível impede esta solução.

Tal obstáculo reside em que, tendo a Constituição de 1988 submetido a reserva de lei complementar à matéria relativa ao "crédito tributário" (e, portanto, a concernente à suspensão de sua exigibilidade, *ex vi* do art. 146, III, "b"), isso significa que a única fonte competente para regular a matéria é a lei complementar, vedada a possibilidade de remissão ou reenvio para fontes, como as leis ordinárias, que não obedeçam aos requisitos constitucionais de lei complementar.

A competência para legislar sobre "crédito tributário" é *reservada* e *indelegável*. Só a lei complementar pode versar sobre essa matéria e deve versá-la de modo exaustivo e integral, vedada a delegação a outras fontes de direito diferenciadas em função do princípio da hierarquia ou da competência, como são as leis ordinárias.

Do princípio da indisponibilidade de competências deriva o caráter *reservado* e *indelegável* da competência da lei complementar, do que resulta a inconstitucionalidade das *remissões* ou *reenvios* para outras fontes de produção jurídica para o fim de que estas se ocupem, a título substitutivo, de pormenores da sua concretização e aplicação. Tais remissões ou reenvios subvertem o esquema de repartição constitucional de competência das fontes, pois redundam em atribuir à fonte reenviada ou remetida um "poder paraconstitucional e apócrifo",[36] para usar a feliz expressão de Gomes Canotilho.[37] Ocorreria, nas relações entre lei complementar e lei ordinária, fenômeno similar ao que nas relações entre lei ordinária e regulamento é denominado de "deslegalização" e "degradação do grau hierárquico".[38]

É certo que, à época em que foi publicado o Código Tributário Nacional, a Constituição então vigente não continha uma reserva de lei complementar nos termos que a atual Constituição consagra no art. 146. Porém, sobrevinda a Constituição de 1988, a remissão ou reenvio operado pelo art. 151, inciso III, do Código Tributário Nacional para as "leis reguladoras do processo tributário administrativo" devem ser interpretadas de acordo com o princípio da interpretação das leis em conformidade com a Constituição.

De harmonia com esta interpretação e tendo em vista que a matéria do crédito tributário deve ser, na sua máxima amplitude (incluindo sempre, repita-se, a suspensão de sua exigibilidade) regulada por lei complementar, vedadas remissões ou reenvios, a expressão "nos termos das leis reguladoras do processo tributário administrativo" não pode ser interpretada no sentido de permitir restrições substanciais à eficácia suspensiva das reclamações e recursos.

A remissão para os "termos das leis reguladoras do processo tributário administrativo" só pode ser interpretada no sentido de uma remissão

36. Cf. Gomes Canotilho, *Direito Constitucional e Teoria da Constituição*, 6ª ed., Coimbra, 2002, p. 732. Sobre o fenômeno de incompetência negativa do legislador e da degradação do grau hierárquico, cf. ob. cit., p. 837.

37. Gomes Canotilho, ob. cit., p. 1.212.

38. Este argumento foi suscitado pelo Acórdão da 1ª T. do TRF da 2ª R., Apelação e Remessa em Mandado de Segurança n. 025.255 de 5.10.1999, rel. Juiz Ricardo Regueira, *RDDT* 52/237e ss. Ver também Aroldo Gomes de Matos, "Depósito compulsório como pressuposto de admissibilidade de recurso administrativo", *RDDT* 32/11 e ss. (1998).

para regras instrumentais, processuais ou adjetivas respeitantes a prazos, fundamentos ou matéria similar, que não contenda com o núcleo essencial da garantia concedida pelo art. 151, III do CTN: a suspensão da exigibilidade do crédito tributário.

Importa nunca perder de vista que a lei complementar é categórica no sentido de que os fatos suspensivos da exigibilidade dos créditos são as reclamações e os recursos, *por si próprios* ou *em si mesmo considerados*. Nenhuma outra lei, que não uma lei complementar (e, ainda assim, desde que respeitasse a garantia do art. 5º, LV, da Constituição) poderia estabelecer condições limitativas ou restritivas à eficácia suspensiva das reclamações e dos recursos *qua tale*.

Ora, foi precisamente de um "poder paraconstitucional e apócrifo" que se arrogou lei ordinária (Lei n. 10.532/2002, no que concerne aos tributos federais em geral e a Lei n. 9.639/1998, no que concerne às contribuições previdenciárias) ao introduzirem entre essas condições limitativas ou restritivas o arrolamento de bens e direitos ou o depósito, insidiosamente transformados em condições de admissibilidade do recurso: tal como resulta atualmente do sistema estabelecido pela lei ordinária, o que suspende a exigibilidade do crédito não é apenas a reclamação ou o recurso (como quer a lei complementar) mas *a garantia* oferecida por ocasião da reclamação e do recurso.

A inconstitucionalidade é evidente.

Assim, ainda que não procedessem os argumentos relativos à incompatibilidade da exigência de garantia recursal com a garantia fundamental do inciso LV, do art. 5º, da Constituição Federal, nos processos administrativos em geral, a verdade é que tal garantia é inadmissível em matéria tributária, por a matéria versada pelo art. 151, inciso III, do CTN, ser matéria de competência exclusiva de lei complementar, *ex vi* do art. 146, III, "b", da Consituição Federal, pelo que lei ordinária (como as Leis ns. 10.532/2002 e 9.639/1998) não pode estabelecer restrições à eficácia suspensiva dos recursos administrativos, como a imposição de garantia patrimonial a título da condição de sua admissibilidade.[39]

39. Diversos autores têm invocado o princípio da isonomia como fundamento autônomo de inconstitucionalidade da garantia de instância. Afigurou-se-nos desnecessário aprofundar, neste estudo, a ponderável argumentação baseada em referido princípio, por considerarmos que os argumentos referidos no texto constituem questão prejudicial, sendo suficientes para a conclusão de inconstitucionalidade. Merece referência especial o enfoque de Gabriel Lacerda Troianelli, que sustenta a inconstitucionalidade do depósito recursal com fundamento em violação do art. 1º da Convenção Americana sobre Direitos Humanos (Pacto de São José da Costa Rica), o qual teria *status* de norma constitucional

7. *Conclusões*

Em face das considerações precedentes, pode concluir-se pela inconstitucionalidade da exigência de garantia patrimonial como condição de admissibilidade de recurso no processo administrativo em geral e no processo administrativo tributário em especial:

i) no que respeita à matéria tributária (incluindo previdenciária) tal inconstitucionalidade tem como fundamento específico a violação do princípio da reserva de lei complementar (art. 146, III, "b" da Constituição) a que está submetida a matéria do "crédito tributário" (incluindo a suspensão da sua exigibilidade, nos precisos termos do art. 151, III do CTN), pelo que leis ordinárias (como as Leis ns. 10.532/2002 e 9.639/1998) não podem estabelecer restrições à eficácia suspensiva dos recursos administrativos, como é o caso da exigência de garantia patrimonial como condição de sua admissibilidade;

ii) no que respeita aos processos administrativos em geral (incluindo o processo administrativo fiscal), a inconstitucionalidade tem como fundamento a violação do art. 5º, LV, da Constituição, eis que o direito ao recurso, inerente ao princípio da ampla defesa, significa, tanto no processo judicial quanto no processo administrativo, o direito a que as decisões administrativas primárias sejam objeto de um duplo ato de julgamento, direito esse que, tratando-se de direito e garantia fundamental, é objeto de reserva de Constituição originária, sendo insuscetível de restrição por emenda constitucional ou por legislação infraconstitucional,

ex vi do § 2º do art. 5º da Constituição. O depósito representaria *uma discriminação em função da posição econômica*, expressamente vedada pelo art. 1º daquela Convenção, segundo o qual "os Estados-Partes nesta Convenção comprometem-se a respeitar os direitos e liberdades nela reconhecidos e garantir seu livre e pleno exercício a toda a pessoa que esteja à sua jurisdição, sem discriminação alguma por motivo de raça, cor, sexo, idioma, religião, opiniões políticas ou de qualquer outra natureza, origem nacional ou social, posição econômica, nascimento ou qualquer outra condição social". Troianelli sustenta a aplicabilidade desta Convenção à matéria tributária por três razões: a tributação afeta a propriedade, que se inclui nos direitos humanos; os tratados sobre direitos humanos devem ser interpretados extensivamente; a matéria fiscal é expressamente referida numa das disposições do tratado (art. 8º). Cf. "O depósito recursal e o Pacto de São José da Costa Rica", *RDDT* 51/48 e ss. (1999). Uma variante desta doutrina é sustentada por Carlos André Ribas de Mello para o qual a garantia, em si mesma constitucional, pode ser dispensada em caso de impossibilidade material de pagamento. Cf. "O depósito recursal – constitucionalidade condicionada à sua adequada aplicação à luz dos princípios constitucionais da isonomia e do devido processo legal – por uma defesa da interpretação conforme", *RDDT* 85/16 e ss. (2002). Veja-se, neste sentido, o Acórdão da 2ª T. do TRF da 5ª R., que dispensou a exigência do depósito, excepcionalmente, em razão do valor exorbitante (*RDDT* 54/169).

restrição essa que é paradigmaticamente o caso da exigência de garantia como condição de admissibilidade do recurso.

Estas as razões pelas quais entendemos deva ser revista a decisão provisoriamente tomada nas ADIs ns. 1049-2, 1922-9 e 1967-7 no sentido de declarar, respectivamente, a inconstitucionalidade do art. 93 da Lei n. 8.212/1991, na redação dada pela Lei n. 8.870/1994, em matéria de INSS, bem como do § 2º do art. 33 do Decreto n. 70.235 de 6.3.1972, com a redação que lhe foi dada pelo art. 32 da Lei n. 10.522/2002, hoje em vigor.

REQUERIMIENTO Y USO DE LA INFORMACIÓN EN MATERIA TRIBUTARIA

EUSEBIO GONZÁLEZ GARCÍA

1. Planteamiento del problema. 2. Breve referencia a los hechos que enmarcan la proliferación de deberes de información e intento de sistematización. 3. Breve referencia a los principios constitucionales en conflicto. 4. Los deberes tributarios en el marco del deber general de contribución a los gastos públicos. 5. Los deberes tributarios en los ordenamientos español y latinoamericanos más representativos.

1. Planteamiento del problema

Este trabajo pretende analizar un hecho relativamente nuevo, al menos en las proporciones adquiridas, dentro del Derecho Tributario. La potestad administrativa de recabar información de sus ciudadanos y el correlativo deber de éstos de proporcionarla, ha generado en los últimos tiempos múltiples problemas, que van desde la posible violación en su regulación y ejercicio de principios fundamentales constitucionalizados (derecho a la intimidad, secreto profesional, derecho a no declarar contra sí mismo, principio de solidaridad y deber de contribuir, entre otros), hasta cuestiones mucho más concretas, tales como el modo de facilitar la información, los requisitos que deben acompañar al acto mediante el cual se requiere, la legitimación para impugnar ese acto o la posibilidad de solicitar la suspensión de su ejecución.

La simple enumeración de algunos de los problemas planteados, debe servir de advertencia al lector para prevenirle de la imposibilidad de abordar adecuadamente en este lugar el tema de trabajo propuesto. Sin embargo, como contrapartida a esta manifiesta insuficiencia, debo declarar a renglón seguido, que existe una impresionante relación doctrinal y jurisprudencial, en número y calidad, sobre el tema, que utilizada convenientemente, puede suplir de forma satisfactoria la insuficiencia señalada.

A partir de estos datos, el trabajo se estructura en cuatro grandes bloques temáticos. En el primero se enumeran los hechos más destacados que enmarcan y dan vida al tema objeto de estudio. En el segundo se pasa revista de forma sucinta a los grandes principios constitucionales (derecho a la intimidad, secreto profesional, no autoincriminación, solidaridad y deber de contribuir) habitualmente presentes en la jurisprudencia que se ha ocupado del tema. En el tercero se analizan las normas jurídicas, fundamentalmente españolas, que regulan la materia. Y en el cuarto se hará una breve referencia a las normas reguladoras de la custodia, acceso y utilización de los datos aportados por los contribuyentes y terceros ajenos a la relación jurídica tributaria obligacional, en cumplimiento del expresado deber de colaboración.

2. *Breve referencia a los hechos que enmarcan la proliferación de deberes de información e intento de sistematización*

En Derecho siempre es conveniente hacer una breve referencia a los hechos que enmarcan o dan vida al tema objeto de estudio. Esa conveniencia general adquiere en nuestro caso visos de autentica exigencia, pues la actual proliferación de requerimientos de información a los ciudadanos por parte de las autoridades tributarias, carecería de sentido si la desconectamos del tránsito de la relación jurídico tributaria obligacional, que, en el caso español, estuvo vigente hasta fines de los años setenta, a una nueva concepción de las relaciones tributarias, basadas fundamentalmente en las autoliquidaciones, retenciones y facultades inquisitivas de la Administración tributaria (STC español de 26 abril 1990), que han transformado, por así decir, lo que era un acto administrativo de aplicación singular de la norma tributaria al caso concreto, en un acto administrativo informatizado, por grandes contingentes o de masas, que ha alterado profundamente el régimen anteriormente existente de aplicación de los tributos. En este contexto es en el que conviene situar el deber de facilitar información que nos ocupa.

Respecto a los hechos sobre los que existe una amplia coincidencia en cuanto a su influencia en los actuales esquemas aplicativos de la imposición, nos pronunciamos en el marco de las Jornadas del ILADT en Lisboa (1998), y desde entonces no ha hecho más que incrementar su importancia la línea de investigación apuntada. De los hechos reseñados en aquella ocasión, podemos fijarnos en los siguientes:

a) El tránsito desde los sistemas de imposición real o de producto a los impuestos personales sobre la renta. Esta evolución, que aparentemente sólo significa pasar de evaluar "rentas" a evaluar "la renta" del contribuyente (Einaudi), ha ejercido una influencia extraordinaria en el

Derecho Tributario, no sólo indirecta, que es la más llamativa, a través del incremento de la recaudación y el consiguiente fortalecimiento del Estado del Bienestar, sino también directa, al personalizar la imposición y forzar la subjetivación de los métodos de determinación de la base imponible. Entre los que, naturalmente, juegan un papel decisivo los mecanismos dirigidos a obtener información con trascendencia tributaria propia o de terceros.

b) Prepotencia y debilidad de la Administración tributaria. Resulta sorprendente la coexistencia de signos, que ponen simultáneamente de relieve la prepotencia y debilidad de la Administración tributaria contemporánea. Asi, junto a claros signos de prepotencia constitucionalmente reconocidos (recuérdese el concepto de "potentior persona", atribuido al Estado por la STC de 26 abril 1990), tales como la proliferación de controles, la exigencia de deberes impropios del contribuyente (autoliquidaciones, ingresos a cuenta, retenciones) o un constante legislar administrativo, que pone en peligro la reserva de ley (Decretos-Leyes, Decretos legislativos, Decretos, Ordenes Ministeriales, Circulares). Pueden apreciarse también signos de debilidad, tales como los desproporcionados incrementos de las sanciones, los constantes requerimientos a la colaboración ciudadana o la multiplicación de los deberes de información.

c) Nuevas relaciones entre la Administración tributaria y los administrados. La transformación de las relaciones entre la Administración tributaria y los administrados ha convertido el acto tributario en un acto de los denominados "actos en masa", sometido a un creciente proceso de informatización. En consecuencia, la rígida separación de funciones que durante decenios había caracterizado a nuestras Administraciones tributarias ha quebrado. Estamos en una fase, todavía no bien delimitada, en la que la tendencia es que "todos pueden hacer todo". La Inspección puede iniciar el procedimiento, calificar, liquidar y sancionar; las oficinas gestoras también comprueban e investigan. El particular puede prácticamente recorrer él solo todo el procedimiento administrativo de gestión, sin tropezarse con ninguna instancia o autoridad administrativa.

d) Durante los años sesenta, la irrupción de los esquemas de estudio dinámicos del fenómeno tributario (Alessi, Micheli, Maffezzoni) forzó el traslado del centro de gravedad de nuestra disciplina desde el hecho imponible al procedimiento liquidatorio. Pues bien, en los años que corren de la presente década estamos asistiendo a un fenómeno semejante, pero esta vez desde el procedimiento liquidatorio hacia la recaudación. Las consecuencias de este proceso se han puesto de manifiesto en la proliferación de mecanismos tendentes a facilitar la recaudación, tales como las autoliquidaciones o las anticipaciones de ingreso, o a garantizar el pago, papel que cumplen los sustitutos, retenedores y multitud de responsables superpuestos (notarios, registradores, fabricantes, empresarios etc.), frecuentemente ligados con vínculo de solidaridad.

e) El énfasis puesto en la recaudación tiene una cláusula de cierre, que podría sintetizarse asi: "donde la Administración tributaria no llega o lo hace mal, lo mejor es atemorizar al contribuyente mediante un sistema apropiado de sanciones". Estas sanciones, que sumadas a los intereses y recargos a veces llegan a cifras alarmantes, han producido tres efectos fundamentales: 1º un incremento de la litigiosidad como nunca había sido conocido hasta ahora; 2º la multiplicación de mecanismos más o menos ingeniosos de ingeniería financiera (primas únicas, *lease-back*, paseo de acciones etc.); 3º el nacimiento de una fuerte corriente doctrinal y jurisprudencial, seriamente preocupada por la oportunidad de que a través de un procedimiento administrativo (el procedimiento liquidatorio), que carece de las garantías exigidas en el orden penal, puedan imponerse sanciones de tal gravedad.[1]

1. La citada corriente de opinión ha cristalizado recientemente (1998) en el art. 34 de la Ley de Derechos y Garantías de los Contribuyente, que textualmente dice: "1. La imposición de sanciones tributarias se realizará mediante un expediente distinto o independiente del instruido para la comprobación e investigación de la situación tributaria del sujeto infractor, en el que se dará en todo caso audiencia al interesado. 2. Cuando en el procedimiento sancionador vayan a ser tenidos en cuenta datos, pruebas o circunstancias que obren o hayan sido obtenidos en el expediente instruido en las actuaciones de comprobación o investigación de la situación tributaria del sujeto infractor o responsable, aquéllos deberán incorporarse formalmente al expediente sancionador antes del trámite de audiencia correspondiente a este último. 3. El plazo máximo de resolución del expediente sancionador será de seis meses. 4. El acto de imposición de sanción podrá ser objeto de recurso o reclamación independiente, si bien, en el supuesto de que el contribuyente impugne también la cuota tributaria, se acumularán ambos recursos o reclamaciones". Vid. STEDH de 25 febrero 1993 (caso Funke), 24 febrero 1994 (caso Bendenoun) y 17 diciembre 1996 (caso Saunders); BFH (alemán) de 13 septiembre 1991; STC (español) de 26 abril 1990 y STS (español) de 23 octubre 1990 y 29 octubre 1997; STSJ Cataluña de 17 abril 1997; y SCC (colombiana) de 29 abril 1998. En la doctrina, J. F. Pont, "Separación en via de comprobación e investigación por la Inspección Tributaria del procedimiento de liquidación respecto del procedimiento sancionador", *RTT*, 1994; E. Eseverri, "Procedimiento de liquidación tributaria y procedimiento sancionador tributario", *RTT*, 1995; M. T. Soler, "Deberes tributarios y Derechos humanos", *RTT*, 1995; R. Falcón, "Un giro trascendental en la jurisprudencia del Tribunal de Estrasburgo con incidencia inmediata en el procedimiento inspector: el derecho a no declarar", *QF*, 1995; S. N. Frommel, "El TEDH y el derecho del acusado a no declarar", *RDF*, 1995; C. Palao, "Lo blando y lo duro del Proyecto de Ley de derechos y garantías de los contribuyentes", *Rev. Cont. Trib.*, 1997; R. Falcón, "El carácter reservado de la información tributaria: la sentencia Saunders y sus consecuencias sobre el ordenamiento interno", *QF*, 1997; J. M. Lago, "Procedimiento

Las consecuencias del cuadro descrito en el plano de los hechos, pueden reducirse a dos: 1º un fuerte incremento de la presión fiscal directa (particularmente sobre las rentas de trabajo) e indirecta mediante la atribución de nuevas y mayores responsabilidades, tanto al contribuyente como a terceros ajenos a la relación jurídica tributaria; 2º la invasión en los sistemas tributarios contemporáneos de un sibilino instrumento de presión fiscal indirecta sobre terceros, introducido a través de la proliferación de solicitudes de información, tanto por vía legal (por suministro), como mediante requerimiento administrativo (por captación).

Pero si de la relación de los hechos pasamos a su valoración crítica e intento de sistematizar sus consecuencias, las primeras reflexiones han de dirigirse a asimilar el impresionante cuadro de poderes (posición) y potestades (situación jurídica subjetiva) de que actualmente se encuentra revestida la Administración tributaria, derivados en buena parte de la concepción propia del Estado constitucional y democrático de Derecho, pero también de la desmesurada extensión que la jurisprudencia constitucional ha dado al deber de contribuir al sostenimiento de los gastos públicos, forzada, precisamente, por la desmesurada extensión alcanzada por el Estado del Bienestar.

La contrapartida inevitable de la situación reseñada es que los poderes y potestades no crecen solos en un hipotético huerto hermafrodita, exigen por su propia naturaleza la existencia de situaciones jurídicas subjetivas pasivas consistentes, fundamentalmente, en deberes de hacer y soportar. Esta es la clave para entender el amplio movimiento procedimentalista que desde finales de los años sesenta invade la doctrina del Derecho Tributario, porque esas situaciones jurídicas subjetivas, de importancia creciente en nuestros días como seguidamente comprobaremos, vienen caracterizadas, negativamente, por no consistir en obligaciones y, positivamente, porque pueden ser titulares de las mismas tanto el sujeto pasivo de la obligación tributaria (deuda tributaria), como terceros ajenos a dicha relación jurídica.

A partir de preceptos como el art. 30 LGT o el art. 25 MCTAL, donde se habla del cumplimiento de prestaciones materiales y formales, la mayor parte de la doctrina está de acuerdo en que resulta muy difícil reconducir todas estas "prestaciones materiales y formales" a una sola relación jurídica de carácter complejo (A. D. Giannini). Por ello junto

sancionador separado del procedimiento de liquidación tributario: reflexiones sobre el derecho a no autoinculparse", *Rev. "Impuestos"*, 1999; y E. Simón, "Derechos humanos y tributación", *Jornadas ILADT*, Bahía, 2000.

al sujeto pasivo de la obligación tributaria material, es decir, aquél que viene obligado al pago de la deuda tributaria, cada vez resulta más frecuente encontrarse con este mismo sujeto, u otros, que son sujetos pasivos de prestaciones (deberes) diferentes, en unos casos accesorias y en otros no de la principal, y de naturaleza formal, es decir, deberes de hacer declaraciones, llevar libros y registros, expedir facturas, presentar documentos, etc., o simples deberes de no hacer, de soportar la actividad administrativa, etc. De donde deriva la conveniente distinción, entre el sujeto pasivo de la potestad de imposición, prácticamente cualquier ciudadano, y el sujeto pasivo de la prestación tributaria material o deuda tributaria, sólo quien posea capacidad contributiva. Pero se acepte o no la distinción propuesta, es necesario tener bien diferenciadas la sujeción pasiva en calidad de deudor tributario y en calidad de obligado al cumplimiento de deberes tributarios. Pudiendo, obviamente, coincidir o no ambas situaciones en un mismo sujeto pasivo.

Como consecuencia lógica de este planteamiento, al abordar el tratamiento del sujeto pasivo de la potestad de imposición, es necesario tener presente que la situación del administrado llamado a colaborar con la Administración para atender al sostenimiento de las cargas públicas y, en su caso, obligado a realizar una prestación pecuniaria a título de impuesto, no es única, sino varia. Esa variedad de situaciones subjetivas puede consistir en la realización de deberes que no constituyen una obligación y en obligaciones en sentido estricto. Los primeros, que constituyen el marco teórico dentro del que se desenvuelve este trabajo, debido a su gran variedad, vienen sólo definidos por la nota negativa de no constituir una obligación, siendo consiguientemente harto dificultosa su exposición sistemática.[2] En cualquier caso, sea cual fuere la posición doctrinal de la que se parta, resulta difícil poner en duda que siendo el tributo una institución jurídica, su aplicación se resuelve en unos deberes jurídicos a cargo de un sujeto, que adquiere con ello la consideración técnica de sujeto pasivo de la potestad de imposición, concepto a todas luces más amplio que el de sujeto pasivo de la obligación tributaria.

2. Sobre esta cuestión, vid. la rica producción de G. A. Micheli, F. Maffezzoni, A. Fantozzi y A. Fedele, en la doctrina italiana; y J. L. Pérez de Ayala, E. González, E. Eseverri y M. T. Soler, en la española. Puntos de vista interesantes sobre el tema, pueden también encontrarse en U. D'Alessio, *La efficacia del vincolo solidale nel diritto tributario*, Nápoles, 1968, cap. II. Para un agudo y original análisis de las diversas situaciones jurídicas subjetivas, vid. el estudio de R. Acosta sobre los arts. 30 a 41 LGT, en la obra colectiva *Comentarios a las leyes tributarias y financieras*, Edersa, 1983, vol. I, p. 257 a 363; y J. M. Lago, *La sujeción a los diversos deberes y obligaciones tributarios*, M. Pons, 1998.

Si se parte de estas premisas, resulta claro que la teoría de la subjetividad tributaria debe ampliarse para comprender tanto al contribuyente, como a los otros sujetos titulares de las diversas situaciones jurídicas pasivas, sustanciales e instrumentales, que surgen en la aplicación del tributo a través del procedimiento regulado al efecto por la ley. De entre esas situaciones jurídicas subjetivas, en la presente ocasión vamos a fijarnos en aquellas que giran en torno a la ampliación de las relaciones intersubjetivas que tienen por objeto requerir y prestar la colaboración ciudadana con ocasión de la aplicación de los tributos, porque han tenido dentro del ámbito objeto de nuestro estudio un doble efecto.

En primer lugar, la constelación de deberes no obligacionales surgidos tanto a cargo del sujeto pasivo de la relación jurídica tributaria como frente a terceros, pone cada vez más de manifiesto que no puede agotarse el estudio de las situaciones subjetivas pasivas tributarias en la consideración del sujeto pasivo de la obligación tributaria material (deudor), porque ni éste es el único sujeto pasivo interviniente, ni sus obligaciones quedan circunscritas al pago de la deuda tributaria. En segundo término, y como consecuencia de lo anterior, durante los últimos treinta años se ha ido abriendo una sima cada vez más profunda entre la realidad pluriforme, derivada del procedimiento de aplicación de los impuestos, y el esquema dogmático de la relación jurídica tributaria obligacional, que al pretender explicarlo todo, ha terminado por no servir para explicar casi nada.[3]

De suerte que si la base de partida ha sido correctamente establecida, nuestro esfuerzo ha de centrarse en los puntos siguientes:

1º. Dentro de la relación jurídica tributaria no sólo importa el estudio de la obligación tributaria, también interesa considerar la existencia de numerosos e importantes deberes tributarios; es más, a veces sólo existen estos deberes, bien porque la obligación tributaria no llega a surgir, bien porque los sujetos pasivos de los deberes en cuestión son terceros ajenos a la obligación tributaria.

3. Desde los primitivos escritos de E. Allorio y A. Berliri a nuestros días, la doctrina italiana ha recorrido un largo camino, prácticamente unánime en este punto, jalonado por los nombres de Basciu, Capaccioli, Falsitta, Fantozzi, Fedele, Maffezzoni, Micheli, Russo, etc.; y J. L. Pérez de Ayala, E. González, M. T. Soler, E. Eseverri, C. Bollo y J. M. Lago, en la doctrina española. Vid. la excelente exposición y revisión crítica del tema llevada a cabo por Sainz de Bufanda, *Sistema de Derecho Financiero*, Madrid, 1985, vol. I, p. 68 ss. y 140 ss. Pese al enorme interés conceptual y dogmático de las cuestiones planteadas, no parece ser éste el momento adecuado para su tratamiento en profundidad. El lector interesado en el tema puede ver mis trabajos anteriores: "Los esquemas fundamentales del Derecho Tributario", *Rev. Der. Fin.*, 1974 (reproducido en *Rev. Direito Tributario*, 1977) y "Derecho Tributario material y formal", *Hda. Pub. Esp.*, 1985 (reproducido en *Rev. Trib. Fisc. Fed. Mex.*, 1989).

2º. El número y heterogeneidad de esos deberes hace difícil, por el momento, reducir a unidad el estudio de los mismos

3º. De entre los deberes de terceros ajenos a la obligación tributaria material, han adquirido especial relevancia en nuestros dias los relativos al deber de facilitar información con trascendencia tributaria, referida a sujetos pasivos efectivos o potenciales de la obligación tributaria material.

Es decir, exigencias de operatividad y eficacia en la aplicación de los tributos llevan a definir en la ley no sólo al sujeto pasivo de la obligación tributaria, sino también a otros titulares de situaciones jurídicas pasivas, que pueden ser sustanciales (de pagar) o instrumentales (deberes de hacer, de no hacer o de soportar). Situaciones jurídicas cuya identificación se concreta, para cada caso particular, en el desarrollo del procedimiento liquidatorio o de determinación de la deuda, como forma de aplicación del tributo.[4]

Como dijimos antes, esas titularidades de situaciones jurídicas subjetivas son de contenido y naturaleza muy variada, y por más que se haya generalizado, por su comodidad, el uso del término "obligados tributarios" (art. 35 LGT 2003), unas son titularidades de obligaciones y otras de deberes no obligacionales y, lo que es más confuso, unas son de carácter pasivo y otras de carácter activo. Por esta razón, creemos que no es posible comprender a los titulares de estas situaciones jurídicas bajo el rótulo común y genérico de "obligados",[5] porque ni la situación de los titulares es la misma, ni sólo puede hablarse de obligaciones. Con todo, no puede perderse de vista, de una parte, la importancia nuclear que a todos los efectos asume en el Derecho Tributario fijar la nómina de personas relacionadas con la Hacienda Pública, ya sea en calidad de deudores, de responsables o de obligados al cumplimiento de determinadas prestaciones formales, por la trascendencia que dicha relación adquiere de cara al conocimiento y efectiva realización de los créditos tributarios

4. Vid. Pérez de Ayala "La soggettivitá tributaria" en *Trattato* de Amatucci, vol. II, p. 373 (existe traducción española de la Ed. Temis, Bogotá); A. Fedele "Diritto Tributario e Diritto Civile nella disciplina dei rapporti interni tra soggetti passivi del tributo", *Riv. Dir. Fin.*, 1965. En parecidos términos, M. T. Soler, "Notas sobre la configuración de las obligaciones y deberes tributarios, con especial referencia al IRPF", *REDF*, 1980; E. Eseverri, "Las posiciones subjetivas derivadas de la aplicación del tributo", *Est. Hom. Albiñana*, vol. II, p. 842; F. Gaffuri, *Lezioni di Diritto Tributario*, Cedam, 1989, p. 59; A. Fantozzi, *Diritto Tributario*, Utet, 1991, pp. 25 y 207.

5. Vid. excelente nota de C. Palao a la traducción española AO (art. 33). También A. Fantozzi *La solidarietá nel Diritto Tributario*, Utet, 1968, Cap. I y III; C. Lavagna, "Teoria dei soggetti e Diritto Tributario", *Riv. Dir. Fin.*, 1961; y J. Ferreiro, "Los sujetos pasivos de la obligación tributaria", *Rev. Esp. Der. Fin.*, 1991.

(no es casualidad que la expresión "obligados tributarios" proceda de los Reglamentos de Inspección y Recaudación españoles); de otra parte, tampoco es ventaja despreciable, si ello fuera posible, encontrar un término que cubra simultáneamente las expresiones contribuyente, responsable, retenedor y sujeto activo y pasivo de determinadas prestaciones materiales y formales.

Desde el punto de vista del sujeto activo de la relación tributaria, el principio de suficiencia de los recursos mira esencialmente a la certeza de la recaudación, es decir, a que todas las cantidades, que está legalmente previsto recaudar, sean efectivamente satisfechas. Pero la experiencia confirma que este deseo, debido a causas muy diversas, no siempre es alcanzable. Entran entonces en juego, desde el lado pasivo de la relación tributaria, una serie de mecanismos de muy variada naturaleza, de Derecho material unos, de Derecho formal o administrativo otros y de Derecho sancionador los últimos, pero todos ellos dirigidos a un mismo y único propósito: conocer la riqueza gravable, primero, y hacer efectivo después el cobro íntegro y puntual de la deuda tributaria.

Por lo que se refiere a los instrumentos jurídicos de Derecho administrativo o formal, los denominados deberes tributarios u obligaciones formales, su configuración tiene por objeto facilitar el cumplimiento de la deuda tributaria de modo completo y puntual. Entre estos deberes son bien conocidos desde antiguo los que pesan sobre los distintos sujetos pasivos de la relación tributaria, dirigidos a través del correspondiente despliegue de poderes y facultades administrativos, a la aplicación en cada caso de las normas tributarias; lo que no siempre trae como consecuencia, como es obvio, la determinación de una deuda y deudor tributarios, pues muchas veces, como la experiencia confirma a cada paso, el resultado de ese proceso aplicativo consiste justamente en decir "usted no debe nada". Pero junto a estos deberes tradicionales, que recaen sobre los sujetos pasivos de la relación tributaria, conviene recordar la existencia de un conjunto importante de deberes, que pesan sobre terceros, sujetos ajenos a la relación tributaria, consistentes fundamentalmente en facilitar información, ya sea por suministro (derivada directamente de la ley) o por captación (requerida de modo singular). Estos últimos son el objeto de nuestro estudio.

3. *Breve referencia a los principios constitucionales en conflicto*

Teórica y prácticamente todos los principios constitucionales pueden entrar en conflicto llegada la hora de configurar o exigir el cumplimiento del deber de colaboración con las autoridades legalmente establecidas, y más específicamente del deber de facilitar información a la Administración tributaria. Pero dentro del propósito que preside esta parte de la exposición, creemos suficiente hacer una breve referencia a los cuatro o cinco principios que de un modo más importante, permanente e incisivo son traidos habitualmente a colación por la jurisprudencia y la doctrina, llegada la hora de enfrentarse con los problemas que en la práctica diaria suscita el inevitable choque entre derechos de la comunidad y derechos del individuo o, si se prefiere, entre interés público e interés privado, con ocasión de la aplicación de cualquier norma tributaria, en nuestro caso, con ocasión de la aplicación de las normas que regulan el deber de colaboración ciudadana con la Administración tributaria, y más específicamente, con el deber de facilitar información con trascendencia tributaria a esa misma Autoridad.

a) Derecho a la intimidad, secreto profesional y secreto bancario – No es nuestro propósito en esta ocasión intentar trazar la discutida línea divisoria que separa el concepto, fundamento y relaciones entre estos derechos constitucionales (arts. 18 y 24 CE), que en el caso de los dos últimos son también deberes. Pero a título meramente aproximativo, suele generalmente aceptarse el carácter personal (lo que excluye su invocación por las personas jurídicas) y ámbito de aplicación más amplio del primero, que sirve de fundamento a los otros dos, y la dudosa consideración del secreto bancario, dada la moderna configuración de la relación banco-cliente, como una especificación del secreto profesional.[6] A los efectos de este trabajo es suficiente dejar constancia de su existencia, como límites o contrapesos a la potestad de información tributaria de la Administración derivada del deber ciudadano de contribuir al

6. Vid. M. Iglesias, *El derecho a la intimidad*, Oviedo, 1970; L. M. Cazorla, *El secreto bancario*, Madrid, 1978; J. M. Cabra de Luna, "Derecho a la intimidad y funciones investigadoras de la Administración tributaria", *Impuestos*, 1985; A. Santamaría, "Sobre derecho a la intimidad, secretos y otras cuestiones innombrables", *Rev. Esp. Der. Const.*, 1985; N. Nogueroles, "La intimidad económica en la doctrina del Tribunal Constitucional", *Rev. Esp. Der. Adm.*, 1986; J. M. Perulles, "El secreto bancario en el ámbito tributario", *Impuestos*, 1986; Michavila Nuñez, "El art. 24 de la Constitución y el derecho al secreto profesional: una visión unitaria de la institución", *Rev. Esp. Der. Adm.*, 1987; C. Checa e I. Merino, "El derecho a la intimidad como límite a las funciones investigadoras de la Administración tributaria", *Impuestos*, 1988; J. R. Ruiz, "Secreto bancario y Hacienda Pública", Madrid, 1988; A. Vergara "Sobre el fundamento del secreto bancario", *Rev. Der. Fin.*, 1988; L. M. Alonso, "Información tributaria versus intimidad personal y secreto profesional", Tecnos, 1992; J. Martínez Pisón, *El derecho a la intimidad en la jurisprudencia constitucional*, Madrid, 1993. La doctrina en lengua portuguesa (Leite, Gandra, etc.) es, en general, más favorable a la admisión del secreto bancario.

sostenimiento de los gastos públicos, tal y como pone de manifiesto una reiterada jurisprudencia sobre el ámbito de aplicación de estos principios dentro del tema que nos ocupa.[7]

En efecto, el derecho a la intimidad, recogido en los arts. 18.1 y 4 CE, en relación a las posibles injerencias abusivas de la Administración en la vida privada de los contribuyentes, quedó delimitado en las SSTC de 26 noviembre 1984 (RTC 110) y 26 abril 1990 (RTC 76), por las notas siguientes: 1º es un derecho que protege la intimidad personal y familiar, alcanza, por tanto, sólo a las personas físicas; 2º tanto el secreto profesional como el bancario tienen como fundamento la protección del derecho a la intimidad del cliente, pues en nuestros días una cuenta corriente constituye una "biografía personal en números"; 3º el derecho a la intimidad no es un valor absoluto, por lo que debe ceder ante otros derechos superiores; 4º la investigación de las cuentas corrientes de los contribuyentes y de la contabilidad de los profesionales como requisitos para comprobar el fiel cumplimiento de las obligaciones tributarias, es lícito de acuerdo con la Constitución; 5º la Constitución sólo impide las injerencias arbitrarias, ilegales o abusivas.

La doctrina tributaria, antes de producirse esa jurisprudencia, y el Tribunal Supremo con posterioridad, han coincidido en señalar que la Ley 50/1977, de 14 de noviembre, sobre Medidas Urgentes de Reforma Fiscal, terminó con el llamado "secreto bancario", que constituyó durante lustros uno de los mayores obstáculos en las tareas comprobadoras e investigadoras de la Hacienda. Esta Ley, en su art. 41, dispuso: "Quedan plenamente sujetos al deber de colaboración a que se refiere el apartado 1, del artículo 111 de la Ley General Tributaria, 230/1963, de 28 de diciembre, los Bancos, Cajas de Ahorro, Cooperativas de Crédito y cuantas personas físicas o jurídicas se dediquen al tráfico bancario o crediticio, sin que puedan exonerarse de dicha obligación al amparo de lo dispuesto en los párrafos b) (secreto profesional) y c) (operaciones exceptuadas de la investigación tributaria por ley, o sea el art. 62 de la Ley de 16 de diciembre de 1940) del apartado 2, del citado artículo, en el artículo 49 del Código de Comercio o en cualquier otra disposición". En desarrollo de este precepto, la Orden Ministerial de 14 de enero de 1978, por la que se reguló la obligación de colaborar de los Bancos, Cajas de

7. Cf., entre otras, las SSTC de 26 nov. 1984 (RTC 110), 6 marzo 1989, 26 abril 1990 (RTC 76) y 28 junio 1994; SSTS de 29 julio 1983 (RJ 4.005), 9 febrero 1993, 30 octubre, 11 y 12 dic. 1996 (RJ 8.608, 9.208 y 9.290), 9 nov. 1998, 27 febrero (RJ 2.511), 6 y 29 marzo 1999 (RJ 2.513 y 3.573), 29 julio 2000, 3 febrero y 10 octubre 2001 (RJ 252 y 8.940) y 28 abril, 7 junio (RJ 4014) y 1 julio 2003.

Ahorro y demás Entidades de Crédito con la Administración Tributaria, precisó en su art. 2º que: "La obligación de colaborar con la Administración se extiende a cuantas operaciones activas, pasivas o de depósito realicen con todos los residentes en España, las personas y Entidades a que se refiere el artículo anterior (Bancos, Cajas de Ahorro, etc.)".

Pero si importante es el art. 41, no lo fue menos el art. 42, antecedente inmediato del art. 111.3 LGT 1963 (art. 93.3 LGT 2003, vigente desde julio 2004), que completó el "levantamiento del velo" del art. 41, con la introducción de un procedimiento garantista en la investigación de las cuentas y operaciones activas y pasivas de las entidades financieras, al disponer que: "1. La investigación tributaria de las cuentas y operaciones activas y pasivas requerirá la previa autorización del Director General de Inspección Tributaria, (...) o Delegados de Hacienda competentes, por razón del territorio, en la que se precisarán las cuentas y operaciones que han de ser investigadas, los sujetos pasivos interesados, la fecha en que la actuación deba practicarse y el alcance de la investigación. 2. La investigación se llevará a cabo bien mediante certificaciones de la Entidad, bien en la oficina bancaria o de crédito en que esté abierta la cuenta o constituido el depósito de que se trate, en presencia de su Director, Jefe o quien haga sus veces y con la previa citación del interesado".

De suerte que a partir de la Ley 50/1977, de 14 de noviembre, de un lado, se introdujo en el ordenamiento español la posibilidad de investigar las cuentas y demás operaciones activas y pasivas de los sujetos pasivos de la potestad de imposición; pero, simultáneamente, quedaron establecidas un conjunto de garantías, que pretendían salvaguardar la intimidad de las personas y evitar un uso abusivo, arbitrario o no proporcional de las potestades recién concedidas a la Administración tributaria, por considerar, sin duda con acierto, que los movimientos de las cuentas y operaciones activas y pasivas de los ciudadanos reflejan una parte importante de su vida íntima y afectan, por tanto, a la privacidad de las personas, pues como se ha dicho con frase feliz, una cuenta corriente es una especie de biografía o radiografía económica de sus vidas.

La Ley 10/1985, de 26 de abril, de modificación parcial de la Ley General Tributaria, dió nueva redacción al art. 111 LGT, refundiendo en sus cinco números, con ligeras variantes, los artículos 41 y 42 de la Ley 50/1977, de 14 de noviembre. En lo que ahora nos interesa, el art. 111.1, reproduce el deber general de colaboración, disponiendo que "toda persona natural o jurídica, pública o privada, estará obligada a proporcionar a la Administración Tributaria toda clase de datos, informes o antecedentes con trascendencia tributaria, deducidos de sus relaciones económicas, profesionales o financieras con otras personas"; a continuación, el número 2 prescribe que "las obligaciones a las que se refiere el apartado anterior deberán cumplirse, bien con carácter general, bien a requerimiento individualizado de los órganos competentes"; finalmente, el apartado 3 ordena que "el incumplimiento de las obligaciones establecidas en este artículo no podrá ampararse en el secreto bancario", y que "los requerimientos individualizados relativos a los movimientos de cuentas corrientes (...) se efectuarán previa autorización del Director del Departamento competente (...) y deberán precisar los datos identificativos del cheque (...) las operaciones objeto de investigación, los obligados tributarios afectados y el periodo de tiempo a que se refieren".

Del conjunto de disposiciones citadas, claramente se deduce que no todos los datos relativos a las operaciones activas y pasivas de las entidades de crédito quedan sometidos al procedimiento garantista del art. 111.3 LGT, pues unos son objeto de información por suministro periódico, otros pueden ser conocidos por captación ocasional, y sólo, residualmente los movimientos de dichas operaciones son los afectados por dicho procedimiento. Por lo que la jurisprudencia española ha llegado a la conclusión de que el art. 111.3 LGT sólo garantiza los datos que afectan a la intimidad o privacidad de las personas, es decir, aquéllos que los sujetos pasivos de la potestad de imposición no están obligados a incluir en sus declaraciones y que, en justa correspondencia, las entidades de crédito deben facilitar a la Administración Tributaria, previo cumplimiento por ésta de los requisitos y garantías establecidos por el art.111.3 LGT (STS 1 julio 2003).

La investigación prevista por el art. 111.3 LGT es un medio eficaz para comprobar los ingresos de los profesionales, de las empresas y, en general, de los sujetos pasivos, cuando la Administración tributaria duda razonablemente de la veracidad de los datos aportados por un contribuyente concreto, pero no es eficaz, por ejemplo, para investigar a los millones de declarantes del Impuesto sobre la Renta. En este caso, el medio técnico idóneo para investigar determinadas operaciones financieras, es el suministro de la información generalizada facilitada por las entidades de crédito, de acuerdo con lo previsto en los apartados 1 y 2 del art. 111 LGT.

b) El derecho a no declarar contra sí mismo – La inmensa mayoría de los textos jurídicos fundamentales, ya sea de forma expresa (Quinta Enmienda de la Constitución de los Estados Unidos) o tácitamente (art.6 de la Convención Europea de los Derechos Humanos), recogen el principio de que "nadie está obligado a declarar contra sí mismo", principio de general aceptación en el constitucionalismo contemporáneo, fruto del tránsito en los Derechos procesales europeos del modelo inquisitivo al sistema acusatorio. De análogo grado de generalidad y aceptación goza el principio de colaboración personal con las autoridades administrativas de cada país, en orden a la cobranza de los tributos (cf., por ejemplo, arts. 132 y 139 MCTAL). Y ambos principios, que responden a tradiciones y necesidades muy diferentes (tutela judicial efectiva, en un caso, solidaridad social en el otro) convergen y se entrecruzan en aquellos ordenamientos donde las sanciones, también de modo incomprensible, forman parte de la deuda tributaria. Porque, obsérvese bien, el problema no está en negar o entorpecer la potestad administrativa del Estado dirigida al cobro de los tributos ni, por tanto, en poner en duda el deber ciudadano de colaborar con la Administración tributaria en las tareas encaminadas a ese propósito, el problema reside en la posibilidad de utilizar los datos así obtenidos para imponer sanciones a quien cumple con su deber de colaboración. Problema que, naturalmente, no existe si tal posibilidad de utilización no llega a producirse.[8]

En este contexto, no es fácil encontrarse con disposiciones anteriores a 1995 que prevean la hipótesis de lo que deba hacerse en caso de enfrentamiento o choque entre los dos principios citados. Circunstancia que normalmente se producirá siempre que un funcionario de la Administración tributaria, con base en el principio de colaboración, pretenda obtener informaciones adicionales sobre el estado de los negocios de un ciudadano concreto, y ese ciudadano estime, llegados a un cierto punto, que la información facilitada se puede volver en su contra en un proceso penal, con el consiguiente quebranto de sus garantías constitucionales. Pero en ausencia de preceptos que expresamente contemplen el supuesto mencionado, los Tribunales de Justicia han ido aplicando criterios o principios, que paulatinamente nos han aproximado a soluciones cada vez más certeras y deseables.

Entre esas soluciones, cabe citar la propiciada en 1981 por el Tribunal Constitucional español. En efecto, en su sentencia de 8 de junio de 1981 el citado Tribunal estableció que: "Los principios inspiradores del orden penal son de aplicación, con ciertos matices, al derecho administrativo sancionador, dado que ambos son manifestaciones del ordenamiento punitivo del Estado, tal y como refleja la propia Constitución (artículo

8. Vid. A. Aguallo y F. García, "Deber de colaborar con la Administración tributaria y derecho a no autoincriminarse: un conflicto aparente", *XX Jornadas ILADT*, vol. I, Bahía, 2000.

25, principio de legalidad), y una muy reiterada jurisprudencia de nuestro Tribunal Supremo (Sentencias de la Sala Cuarta de 29 de septiembre, 4 y 10 de noviembre de 1980, entre las más recientes), hasta el punto de que un mismo bien jurídico puede ser protegido por técnicas administrativas o penales, si bien en el primer caso con el límite que establece el propio artículo 25, en su número 3º, al señalar que la Administración Civil no podrá imponer penas que directa o subsidiariamente impliquen privación de libertad (...). Las consideraciones expuestas en relación al ordenamiento punitivo, y la interpretación finalista de la Norma Fundamental, nos lleva a la idea de que los principios esenciales reflejados en el artículo 24 de la Constitución en materia de procedimiento han de ser aplicables a la actividad sancionadora de la Administración, en la medida necesaria para preservar los valores esenciales que se encuentran en la base del precepto, y la seguridad jurídica que garantiza el artículo 9 de la Constitución (...). Siguiendo en la misma línea de razonamiento, debemos afirmar ahora que tales valores no quedarían salvaguardados si se admitiera que la Administración, por razones de orden público, puede incidir en la esfera jurídica de los ciudadanos imponiéndoles una sanción sin observar procedimiento alguno, y, por tanto, sin posibilidad de defensa previa a la toma de la decisión, con la consiguiente carga de recurrir para evitar que tal acto se consolide y haga firme. Por el contrario, la garantía del orden constitucional exige que el acuerdo se adopte a través de un procedimiento en el que el presunto inculpado tenga oportunidad de aportar y proponer las pruebas que estime pertinentes y alegar lo que a su derecho convenga".

En ejecución de estas ideas, primero con carácter general en 1992, a través de la Ley de Régimen Jurídico de las Administraciones Públicas y del Procedimiento Administrativo Común (art.134), y de modo específico en 1998, mediante la Ley de Derechos y Garantias del Contribuyente (art.34), trató de solucionarse el problema procesal, al ordenarse la separación del procedimiento administrativo dirigido a la imposición de sanciones del instruido para la comprobación e investigación de la situación tributaria del sujeto infractor.

Con esta medida quedaba solucionado, al menos en teoría, el problema procedimental. Pero la cuestión de fondo subsiste, es decir: ¿hasta dónde puede llegar legítimamente el funcionario tributario en su exigencia de colaboración (petición de datos) al contribuyente, sin lesionar el principio de no autoinculpación? ¿La información así obtenida puede utilizarse para imponer una sanción al sujeto que cumple su deber de colaboración? Al enfrentarse a estas preguntas, los distintos Tribunales han dado respuestas diferentes.

Uno de los pronunciamientos más favorables en esta materia al punto de vista de la Hacienda viene dado por la sentencia del Tribunal Constitucional español de 26 abril 1990. Sentencia tan relevante por la contundencia de sus términos como por oponer su criterio al sostenido por el Tribunal Supremo. Permítasenos, por su importancia, reproducir gran parte de su Fundamento Jurídico 10º, que dice así: "10. El último de los motivos de inconstitucionalidad aducidos consiste en la presunta vulneración del art. 24.2 de la Constitución por el art. 83.3, f) de la LGT, según la redacción dada al mismo por el artículo 4 de la Ley 10/1985. Conforme a este artículo, se prevé una sanción de multa por 'la falta de aportación de pruebas y documentos contables o la negativa a su exhibición'. La Sala Tercera del Tribunal Supremo considera que no es posible traer a colación en este caso el deber de colaboración de los contribuyentes con la Administración; porque, si bien ha de admitirse la amplitud de dicho deber respecto de la conducta de terceros no contribuyentes y 'a excepción de cuando venga cubierto por el secreto profesional', para la Sala es indudable que, en el caso de los propios contribuyentes, aquel deber 'no ha de rebasar el umbral donde comienza el derecho del ciudadano a no autoinculparse como un elemento de protección de su presunción de inocencia'. Por consiguiente, la Sala no discute la presencia de un genérico deber de colaboración del contribuyente con la Administración tributaria, pero encuentra un límite de ese deber en el derecho del contribuyente a no 'autoinculparse'.

"Son dos, por tanto, los derechos fundamentales que la Sala considera afectados e íntimamente unidos en esta cuestión: el derecho a no confesarse culpable y el derecho a la presunción de inocencia, derechos que el art. 24.2 de la Constitución enuncia y garantiza, como es notorio, de forma separada. De la conexión entre ambos, la Sala deduce lo que podría considerarse como un genérico derecho del contribuyente a la reserva de sus datos económicos frente a la Administración tributaria.

"Pero esta construcción argumental no puede ser acogida, y así lo ha señalado este Tribunal en diversos pronunciamientos. En la Sentencia del Tribunal Constitucional 110/1984 tuvimos ya la oportunidad de declarar que la Inspección de los Tributos tiene por finalidad verificar la conducta fiscal del contribuyente y comprobar la veracidad de sus declaraciones a la Hacienda pública. Esta actividad investigadora puede conducir, en efecto, a la obtención de elementos probatorios de que el contribuyente ha defraudado al Fisco, pero es evidente que con ello no se está exigiendo a aquél la difícil prueba de su inocencia, ya que lo único que se le impone es el 'deber de aportar los datos que puedan ayudar a la investigación'. Se comprende, por lo demás, que sin la colaboración del contribuyente y la aportación por éste de datos personales de alcance económico la labor inspectora resultaría prácticamente imposible cuando no fuera factible solicitar los mismos datos de terceras personas. Todavía con mayor rotundidad, en el ATC 642/1986 (fundamento jurídico 2º) se afirmó que no puede haber duda de 'que la Administración está habilitada también desde el plano constitucional para exigir determinados datos relativos a la situación económica del contribuyente' y que esta exigencia es predicable 'de todos y cada uno de los ciudadanos en cuanto recaiga en ellos la cualidad de sujetos pasivos del impuesto' y no sólo de terceros como son las Entidades intermediarias en el área económica y las crediticias; doctrina en parte reiterada también en el ATC 982/1986. Y si en la Sentencia arriba citada sostuvimos que el derecho a la intimidad personal (art. 18.1 de la Constitución) no puede entenderse de tal modo que constituya un obstáculo que haga imposible o dificulte el cumplimiento del deber declarado en el art. 31 de la Constitución, otro tanto cabe decir cuando se invoca con pareja finalidad el art. 24.2 de la norma suprema, como ahora ocurre, pues es una misma la razón de decidir allí y aquí.

"En efecto, no existe un derecho absoluto e incondicionado a la reserva de los datos económicos del contribuyente con relevancia fiscal y esgrimible frente a la Administración tributaria. Tal pretendido derecho haría virtualmente imposible la labor de comprobación de la veracidad de las declaraciones de los contribuyentes a la Hacienda Pública y, en consecuencia, dejaría desprovisto de toda garantía y eficacia el deber tributario que el art. 31.1 de la Constitución consagra; lo que impediría una distribución equitativa del sostenimiento de los gastos públicos en cuanto bien constitucionalmente protegido."

Distinta del punto de vista sostenido por el Tribunal Constitucional español, es la línea seguida por el Tribunal Europeo de Derechos Humanos, que interpretando la expresión "derecho a un juicio equitativo" del art. 6 de la Convención Europea de Derechos Humanos, ha llegado a la conclusión que con base en dicho precepto el derecho a no declarar contra sí mismo puede ser invocado en cualquier procedimiento, penal o administrativo, susceptible de desembocar en una sanción, impidiendo, por la misma razón, que las pruebas obtenidas sin las debidas garantías en un procedimiento administrativo, puedan ser utilizadas en el proceso penal. En efecto, a lo largo de varias sentencias sucesivas de 25 febrero 1993 (caso Funke), 24 febrero 1994 (caso Bendenoum), 17 diciembre 1996 (caso Saunders) y 3 mayo 2000 (caso J. B.), que han dado la vuelta al mundo, el Tribunal Europeo de Derechos Humanos ha consagrado una interpretación del art. 6 de la Convención Europea de Derechos Humanos, difícilmente conciliable con la concepción del Estado como *potentior persona* mantenida en la sentencia del Tribunal Constitucional español de 26 abril 1990, previamente citada.[9]

9. Vid, entre otros, los comentarios a estas sentencias de S. Frommel (*Dir. Prat. Trib.*, 1993), M. T. Soler (*Rev.Tec.Trib.*, 1995), G. Kohlmann (*Festgabe Tipke*, 1995), R. Falcón (*QF*, 1995 y 1997), P. Herrera (*Impuestos*, 1997), J. M. Lago y A. López ("Comunicaciones ILADT",1998) y E. Simón ("Ponencia ILADT", 2000). Una posición más matizada, aunque se desenvuelve fundamentalmente en el ámbito penal, es la sostenida por J. Goyena, "Los derechos a no declarar contra sí mismo y a no confesarse culpable", *Act. Jur. Ar.*, marzo 2001. Esta posición, que sustancialmente consiste en poder valorar negativamente el silencio del acusado (casos Murray y Serves), ha sido acogida en Argentina por S. Navarrine, "El derecho constitucional a no declarar contra sí mismo en el Derecho Penal Tributario", *La Ley*, junio 2001.

c) Principio de solidaridad, deberes de colaboración y contribución al sostenimiento de los gastos públicos – Hemos hecho referencia en páginas anteriores a la Ley 10/1985, de 26 de abril, de Modificación Parcial de la Ley General Tributaria, que redactó de nuevo el art. 111, refundiendo en él con ligeras variantes, los arts. 41 y 42 de la Ley 50/1977, de 14 de noviembre. El apartado primero de ese precepto (hoy art. 93), reprodujo el deber general de colaboración, disponiendo que "toda persona natural o jurídica, pública o privada, estará obligada a proporcionar a la Administración Tributaria toda clase de datos, informes o antecedentes con trascendencia tributaria, deducidos de sus relaciones económicas, profesionales o financieras con otras personas". Completaba esta idea el apartado quinto del propio precepto, al manifestarse en contra de la eficacia absoluta del secreto profesional e imponer, como deber general, la colaboración con la Administración Tributaria bajo ciertos límites, derivados, fundamentalmente, del derecho a la intimidad personal (STC 21 diciembre 1984, RTC 1984/110).

También hemos visto como el Tribunal Constitucional en su Sentencia 76/1990, de 26 de abril (RTC 1990/76), dejó perfectamente claro que la Administración Tributaria puede investigar los movimientos de las cuentas corrientes, cuentas de ahorro, etc., como corolario del deber primordial establecido en el artículo 31 de la Constitución de contribuir al sostenimiento de los gastos públicos, que, según esa concepción, debe prevalecer sobre el derecho a la intimidad de las personas, el secreto profesional y el secreto bancario, que no son derechos absolutos.

Sin embargo, es bien sabido que las normas tributarias no tienen por objeto la restricción de derechos individuales, sino que responden al principio de solidaridad entre todos los españoles, plasmado en la contribución al sostenimiento de los gastos públicos de acuerdo con su capacidad económica (art. 31.1 CE). Es decir, las leyes fiscales tienen un fundamento autónomo, que hinca sus raíces en el principio de solidaridad, siendo su consecuencia práctica más visible el deber de contribuir al mantenimiento del Estado de acuerdo con patrones de justicia generalmente aceptados (SAN 27 mayo 1999, JT 1518). En nuestros días, esos patrones de justicia giran en torno al principio de la capacidad económica de los llamados a satisfacer los tributos, principio que goza de la doble cualidad de servir de fundamento y medida de la imposición, pero que desde el punto de vista constitucional, no exige agotar las capacidades contributivas contempladas, ni siquiera gravar todos los signos de riqueza, aunque justo es reconocer que desde la perspectiva del principio de igualdad, repugna la coexistencia de capacidades contributivas superexplotadas por su fácil exacción (rentas del trabajo y consumos), junto a otras prácticamente inexploradas o vírgenes (beneficios societarios, rentas profesionales, grandes fortunas).[10]

El punto débil de la anterior argumentación es excluir el fundamento democrático en el reparto de los tributos, esto es, el viejo principio del consentimiento de los impuestos por los súbditos recogido en el principio de legalidad, del régimen general tributario, que hasta ahora, al menos teóricamente, constituía un valladar infranqueable para la omnipotencia administrativa. A superar esta objeción van dirigidos buena parte de los fundamentos jurídicos de la STS de 29 marzo 1999 (RJ 3.573) previamente comentada. Su construcción técnico formal nos parece impecable; pero, en cualquier caso, no estará de más recordar que el tributo, como instrumento jurídico multisecular destinado a la cobertura de los gastos públicos por parte de los ciudadanos, está rodeado desde antiguo de toda una serie de cautelas y garantías, sustancialmente recogidas por el constitucionalismo moderno a través de los principios de legalidad y de capacidad contributiva.

El hecho de que el art. 31 de la Constitución española haya situado los goznes de la imposición en dos apartados distintos, no debe hacernos olvidar la íntima y fundamental relación existente entre uno y otro principios, cuyo fin inmediato es la justa distribución de los impuestos, pero su razón de ser y finalidad última reside en el principio de solidaridad entre todos los españoles, entendido como afirmación positiva de la condición de ciudadano, frente a la idea meramente negativa de la injerencia del Estado en los patrimonios privados. Esta fundamentación de la imposición en el principio de solidaridad, no excluye la necesaria intervención de la Administración en la comprobación e investigación de los hechos gravados, pero, desde luego, impide cualquier equiparación del contribuyente con un reo llegada la hora de aplicar las normas tributarias.

4. *Los deberes tributarios en el marco del deber general de contribución a los gastos públicos*

Si tuviéramos que resumir lo dicho hasta aquí en breves ideas, quizá estas serían: a) el amplio desarrollo de las facultades administrativas en el proceso de aplicación de los impuestos, b) un paralelo crecimiento de los deberes a cargo del contribuyente y de terceros ajenos a la relación

10. Vid, a título de ejemplo, desde perspectivas metodológicas distintas, J. L. Pérez de Ayala "Las cargas públicas: Principios para su distribución", *Hda. Pub. Esp.*, 1979; y F. Escribano, *La configuración jurídica del deber de contribuir*, Madrid, 1988

jurídico tributaria.[11] A partir de la tradicional división germánica entre "la relación jurídica tributaria abstracta" y "la actividad administrativa dirigida a concretar la prestación", nuevas construcciones dogmáticas han desembocado, a nivel general, en el estudio de la potestad administrativa de comprobación y en el deber ciudadano de colaboración con la Administración; y a un nivel más específico, en la consideración de la potestad administrativa de obtención de información y en el correlativo deber de prestarla. Dentro del esquema procedimental, el estudio de las situaciones jurídicas subjetivas de poder y deber encuentra su campo de aplicación propio.

Dicho esto, y a la espera de poder ofrecer una relación más articulada de los deberes objeto de estudio, creemos que en el momento presente su ubicación dentro del Derecho Tributario formal o administrativo, reporta más ventajas que inconvenientes, pues, cuando menos, dota de un mínimo de unidad a ese conjunto heterogéneo de deberes, al poder ser caracterizados por las notas siguientes:

– Tienen su fundamento mediato o inmediato en la ley.[12]

– Su nacimiento y extinción no va necesariamente ligado a la obligación tributaria.

– En su desenvolvimiento puede darse cierta desigualdad en la posición de los sujetos intervinientes, que deberá limitarse acudiendo en cada caso a los principios generales que sean de aplicación (seguridad jurídica, respeto a la intimidad, proporcionalidad, etc.)

– En la aplicación de sus normas reguladoras cabe apreciar la existencia de un mayor grado de discrecionalidad por parte de la Administración.

– Las relaciones establecidas con ocasión del cumplimiento de los deberes tributarios, responden a su razón de ser en la medida que forman parte de un procedimiento dirigido a la aplicación del impuesto. Lo que justifica la exigencia legalmente establecida de que los datos requeridos y proporcionados sean de trascendencia tributaria.

11. Palao, L. Sánchez, J. R. Ruiz, L. Alonso, J. López y P. Herrera. Con todo, la mayoria se inclina por su inclusión dentro de la reserva relativa de ley.

12. Vid. L. Sánchez, "Comentario al art.111 LGT", en *Comentarios*, Edersa, 1983 y 1985; A. Mantero, *Procedimiento de la Inspección Tributaria*, Madrid, 1987; C. Palao, "La potestad de obtención de información de la Administración tributaria y sus límites", *Gac. Fisc.*, 1987; J. R. Ruiz, *Secreto bancario y Hacienda Pública*, Civitas, 1988; J. López, *Los deberes de información tributaria*, M. Pons, 1992; y P. M. Herrera, "La potestad de información tributaria sobre terceros", *La Ley*, 1993.

– Esas relaciones, en cuanto tienen por objeto tanto facilitar el cumplimiento de la obligación tributaria como evitar futuros incumplimientos, suelen generar situaciones de sujeción pasiva más estables y duraderas que la relación crédito-deuda.

Entre las precisiones conceptuales necesarias, desde el lado pasivo, esto es, de los deberes y obligaciones, conviene recordar que al deber general de contribuir al sostenimiento de los gastos públicos, que en abstracto concierne a todo residente de un Estado, se corresponde el poder-deber, también abstracto, de la Administración de aplicar la ley en cada caso. Aquel deber genérico se actúa, es decir se singulariza o especifica, cada vez que un sujeto se sitúa en el supuesto de hecho concreto previsto por la norma; supuesto de hecho, que si es revelador de capacidad contributiva, es decir, apto para contribuir al sostenimiento de los gastos públicos, se denomina hecho imponible, y podrá dar lugar, en su caso, al nacimiento de una relación obligacional. Pero si el supuesto de hecho consiste en una prestación de hacer, por ejemplo, expedir facturas, es evidente, primero, que del cumplimiento de ese deber jamás podrá surgir una relación crédito-deuda, y segundo, que tanto en uno como en otro caso, frente al deber especifico consistente en prestaciones de dar o hacer, existe una situación subjetiva activa de la Administración, que conocemos con el nombre de potestad de imposición (Micheli, Fantozzi, Fedele), dirigida a determinar en cada caso la existencia y el grado de realización del supuesto de hecho de que se trate. Dando por supuesta la vigencia generalizada del principio de legalidad sobre toda la actividad administrativa, parece innecesario recordar que en el primer caso, es decir, cuando la relación surgida es de naturaleza obligacional, junto a dicho principio desempeña una función relevante el principio de capacidad contributiva; en tanto que en las relaciones potestad-deber, ese papel es cumplido por el principio de igualdad.

Si trasladamos el esquema anterior al ámbito concreto que nos ocupa, tenemos que frente al deber genérico de colaborar con la Administración en la aplicación de las normas tributarias, que corresponde a todo administrado, existe un poder-deber también genérico de la Administración, de aplicar correctamente la ley en cada caso. Aquel deber genérico se concreta en múltiples deberes específicos de hacer (llevar registros, expedir facturas, conservar documentos, facilitar informaciones), no hacer (no obstaculizar la acción inspectora de la Administración) y soportar (la vigilancia administrativa o el establecimiento de controles), frente a los que existen las correspondientes potestades administrativas tendentes a verificar su grado de cumplimiento.

De esos deberes y potestades, en el momento presente nos interesan los relacionados con el requerimiento y acopio de datos por parte de la Administración. Actividad cuya importancia no necesita ser resaltada en un mundo caracterizado por el tráfico en masa, la imposición sobre cifras globales de renta, ventas y patrimonio, y el consiguiente predominio de los medios informáticos. Es más, visto el fenómeno desde una perspectiva estrictamente jurídica, resulta difícil mantener en nuestros días la vigencia de principios tributarios constitucionalizados, que están en la base del Estado social de Derecho, tales como los principios de capacidad contributiva e igualdad o la lucha contra el fraude y la evasión, haciendo abstracción o al margen de una Administración tributaria bien informada. Todo ello sin perjuicio del principio inquisitivo o de investigación de oficio, que como sabemos preside el desenvolvimiento del procedimiento administrativo de gestión tributaria en la búsqueda de la verdad material.

En el ámbito concreto de los deberes de facilitar información, conviene hacer dos precisiones importantes. En el plano constitucional, ya hemos visto como las instancias jurisdiccionales españolas, ante el choque o fricción entre dos principios protegidos (la cobertura del gasto público en base a la capacidad contributiva y el derecho a la intimidad personal), han decidido dar preeminencia al de mayor portada social, pero sin que ello signifique el total abandono o desconocimiento del segundo. En el ámbito que nos ocupa, esta situación suele resolverse a partir de la preeminencia del deber de contribuir y, por tanto, de suministrar información, matizando su aceptación por los principios de subsidiariedad o subordinación, y su ejercicio mediante el establecimiento de límites objetivos, subjetivos y procedimentales (STC español de 26 noviembre 1984, 26 abril 1990 y 28 junio 1994).

Desde el punto de vista de la legislación ordinaria, no tienen la misma consideración los deberes de facilitar información que pesan sobre el propio contribuyente, que análogos deberes recayendo sobre terceros ajenos a la relación tributaria. En el primer caso, el deber de facilitar información relevante a efectos fiscales, es mera continuidad y complemento del deber fundamental de presentar declaraciones, como acto inicial del procedimiento de determinación tributaria, y no tiene más límites que los derivados de una posible reserva de no autoinculpación ante la inminencia de una sanción administrativa o penal (vid. *supra*); a este deber de proporcionar información se contrapone la potestad administrativa de comprobación e investigación. En el segundo caso, el deber de facilitar información tributaria relevante respecto a terceros, puede derivar directamente de oportunas prescripciones legales al efecto (la denominada información por suministro), o de actos administrativos de averiguación o requerimiento expresos (la denominada información por captación). Las potestades administrativas oponibles en este segundo supuesto son varias. Quienes piensan (C. Palao) que no existe en el Derecho español una reserva de ley respecto a la imposición de deberes de información sobre terceros, es lógico que conecten el nacimiento de dichos deberes al ejercicio de la potestad reglamentaria. Por otra parte, frente al deber de facilitar la obtención directa de datos con trascendencia tributaria respecto a terceros, está la potestad inspectora; finalmente, frente al deber de proporcionar esos datos previo el oportuno requerimiento administrativo, nos encontramos esa misma potestad inspectora ejerciendo funciones de comprobación (la denominada por P. M. Herrera "potestad tributaria de información en sentido estricto").

5. Los deberes tributarios en los ordenamientos español y latinoamericanos más representativos

La Ley General Tributaria española de 1963, firmemente anclada en el esquema de la relación jurídica tributaria de contenido complejo, donde el hecho imponible y la relación obligacional constituyen el centro del sistema, no concedió, como era de prever, excesiva importancia a los deberes tributarios. Unos pocos artículos, el 35, el 104, el 110 y el 111, y escasas referencias en otros (el 30, 32 y 102) cierran la regulación legislativa de una materia que, en último término, no pasaba de ser accesoria o complementaria, en el decir de A. D. Giannini. Sólo con posterioridad (1985 y 1995) los arts. 111 a 113 LGT (arts. 93 a 95 LGT 2003) pasaron a ofrecer, esta vez quizá en exceso, una regulación pormenorizada y extensa del deber de "las personas físicas o jurídicas" de proporcionar a la Administración tributaria "toda clase de datos, informes, antecedentes y justificantes con trascendencia tributaria relacionados con el cumplimiento de sus propias obligaciones tributarias o deducidos de sus relaciones económicas, profesionales o financieras con otras personas".

Con el pie forzado de estos antecedentes, la doctrina española durante muchos años se limitó a ofrecer un cuadro resumen de los deberes que han de cumplir los obligados principales y terceras personas (sujetos pasivos de prestaciones formales, en la terminología más clásica de J. M. Lago). Sobre los primeros pesan deberes de hacer, no hacer y soportar, con especial referencia al deber de proporcionar datos propios y ajenos con trascendencia tributaria. Sobre los segundos recaen estos mismos deberes, particularmente dirigidos a la conservación de datos y a poner en conocimiento de la Administración tributaria la información periódicamente exigida o la especialmente requerida en cada caso.[13]

Dentro del panorama latinoamericano, es conveniente comenzar por el examen del Modelo de Código Tributario para América Latina (1967), no sólo por la bondad intrínseca del texto, sino por la indudable influencia que él mismo ha ejercido en todos los códigos tributarios del continente. El MCTAL después de aludir en el art. 22 a unas genéricas "prestaciones tributarias" del sujeto pasivo, en las que bien puede entenderse están incluidas las materiales y las formales, y en el art. 27 a unas más imprecisas "obligaciones" del contribuyente, asumidas por el responsable, aborda en los arts. 130 y 139 el tema que nos ocupa.

El art. 130, con ocasión de regular las facultades de fiscalización e investigación de la Administración tributaria, establece a cargo de contribuyentes, responsables y terceros una serie de deberes de hacer, que en el caso de estos últimos se concretan fundamentalmente en facilitar informaciones relacionadas con la tributación.

El art. 139, referido tan solo a contribuyentes y responsables, es fiel reflejo, con lupa de aumento y visto desde el lado del sujeto pasivo, de los deberes de hacer, no hacer y soportar más sintéticamente relacionados en el art. 130.

Pocas novedades aportan los ordenamientos argentino, brasileño, colombiano y uruguayo al esquema elaborado por los redactores del MCTAL en materia de sujetos pasivos de los distintos deberes tributarios reseñados.

El Derecho argentino señala entre los sujetos pasivos de deberes formales a los contribuyentes, responsables y terceros. Los dos primeros vienen caracterizados por realizar deberes de identificación, declaración, información, inscripción registral y presentación, expedición y custodia de documentos. Sobre los segundos pesan fundamentalmente deberes de información, facilitados bien mediante suministro o por captación, pudiendo ser en ambos casos de carácter general o particular. Pero la

13. En la doctrina española más reciente puede verse con fruto, J. R. Ruiz, *Secreto bancario y Hacienda Pública*, Civitas, 1988; L. Alonso, *Información tributaria versus intimidad personal y secreto profesional*, Tecnos, 1992; J. López, *Los deberes de información tributaria*, M. Pons, 1992; P. Herrera, "La potestad de información tributaria sobre terceros", *La Ley*, 1993; J. M. Alvárez-Cienfuegos, "La confidencialidad de los datos tributarios y el derecho de acceso de los contribuyentes", *Act. Jur. Ar.*, dic. 1995; B. Sesma, *La obtención de información tributaria*, Aranzadi, 2001; C. Ruiz y J. Aneiros, "La obtención de información bancaria en el procedimiento de apremio", *QF*, mayo 2003.

eficacia de la prohibición del art.18 CNA ("Nadie puede ser obligado a declarar contra sí mismo...") se circunscribe al ámbito de las declaraciones verbales realizadas en la condición de imputado, en el entendimiento de que la negativa a facilitar información no convierte al imputado en culpable, aunque tal conducta puede ser interpretada en su contra, en el sentido de que si la información requerida fuera favorable a sus intereses, sin duda la habría facilitado.[14]

El Derecho brasileño reconduce, en opción no exenta de crítica por la doctrina, los sujetos pasivos de deberes tributarios a los sujetos pasivos de obligaciones accesorias (art. 122, CTN). Acto seguido caracteriza esos deberes, que no siempre presentan la nota de accesoriedad respecto a la obligación principal, por carecer de contenido patrimonial y por su complejidad. Finalmente los clasifica en deberes de hacer, tales como presentar declaraciones, emitir documentos, llevar libros, etc., y deberes de informar, que pueden ser de carácter general, como los que pesan sobre el sustituto, o de carácter especial, generalmente obtenidos mediante requerimiento, que recaen de modo preferente sobre terceros.[15] Sin embargo, las posiciones frente al secreto bancario, su conexión con el derecho a la intimidad protegido por el art. 5, X, CFB y el desarrollo realizado por la Ley Complementaria 105/2001 son muy controvertidas, hasta el punto de que amplios sectores doctrinales proclaman sin más su inconstitucionalidad.[16]

En el Derecho positivo colombiano el tratamiento más completo de los deberes tributarios se encuentra en la regulación del IRPF, donde existen numerosas obligaciones formales a cargo tanto de los sujetos pasivos (presentar declaraciones, llevar libros y otras, entre las que se incluye la de retener), como de terceros. Análogas situaciones pueden encontrarse en las regulaciones del IVA y del Impuesto de Industria y Comercio, este último especialmente pródigo en ofrecer ejemplos de esos deberes. Sin embargo, es en el análisis de la jurisprudencia de la Corte Constitucional sobre los arts. 15 ("derecho a la intimidad") y 29

14. Vid. S. Navarrine "El derecho constitucional a no declarar contra sí mismo en el Derecho Penal Tributario", cit, donde la autora remite expresamente el trabajo de J. Goyena, previamente citado.

15. Un buen resumen y sistematización de estos deberes, con interesantes referencias jurisprudenciales, puede verse en la Comunicación presentada por H. Brito a las XVII Jornadas Latinoamericanas de Derecho Tributario, Cartagena de Indias, 1995.

16. Cf., a titulo de ejemplo, las posiciones mantenidas por I. Gandra, "Norma antielisão e sigilo bancário", en *Direito Tributário e reforma do sistema*, São Paulo, 2003; y A. Terrigno, "O sigilo bancário e a necessidade de ponderação de interesses", en *Temas de interpretação do Direito Tributário*, Rio, 2003.

CC ("debido proceso") donde el interprete puede encontrar el mejor filón de estudio sobre esta materia, debido, entre otras razones, a la loable práctica de dicho Tribunal de solicitar, primero, e incorporar después a sus sentencias, para seguir o rechazar, el parecer solicitado al Instituto Colombiano de Derecho Tributario.

En este sentido, es muy ilustrativo comprobar como la jurisprudencia constitucional colombiana ha ido incorporando a su buen hacer conceptos procedentes de las jurisprudencias constitucionales alemana, española e italiana, particularmente en lo relativo: a) a la aplicación de las normas del Derecho Penal a las actuaciones administrativas sancionatorias "con algunas atenuaciones"; b) al intento de hacer compatibles las exigencias derivadas del principio del "debido proceso" con el deber de contribuir consagrado en el art. 95.9 CC; y c) a los esfuerzos realizados para conciliar las facultades fiscalizadoras concedidas por el Estatuto a las autoridades tributarias (art. 779.1 ET) con el derecho a la intimidad.[17]

Finalmente, el Derecho uruguayo señala a los contribuyentes, responsables y terceros como sujetos pasivos de diferentes deberes formales, de hacer unos y de no hacer otros (arts. 14 y 61 CTU). Disposición que se completa con lo establecido por el art. 70 CTU respecto al principio general de colaboración en las tareas de determinación, investigación y fiscalización que realice la Administración tributaria. Esa colaboración, en lo que a los terceros concierne, se concreta en el deber de facilitar información (art. 68 CTU), que en el ordenamiento uruguayo viene muy matizado por la existencia de una rigurosa regulación del secreto bancario.

17. Un excelente resumen valorativo de esa jurisprudencia puede encontrarse en A. Lewin, *Principios constitucionales del Derecho Tributario*, Bogotá, 2002, sobre todo, Caps. VI y VII.

PRINCÍPIOS QUE NORTEIAM A CONSTITUIÇÃO E O CONTROLE ADMINISTRATIVO DO CRÉDITO TRIBUTÁRIO

MARY ELBE QUEIROZ

1. Fundamentos. 2. Princípio da legalidade. 3. Princípio do devido processo legal. 4. Princípio do contraditório e da ampla defesa. 5. Princípio da verdade material. 6. Princípio da inquisitoriedade. 7. Princípio da oficialidade. 8. Princípio da segurança jurídica. 9. Conclusão.

1. Fundamentos

Os princípios são diretrizes ou regras fundamentais e o substrato de todo o sistema jurídico. São preceitos dotados de força vinculante, que fixam o sentido e o direcionamento da ordem jurídica, quando ela juridiciza os valores que a consciência ético-moral da sociedade consagra, devendo ser respeitados com vista a um perfeito funcionamento e orientação global desse sistema. Os valores que impregnam o ordenamento jurídico juridicizam-se sob a forma de princípios que são o alicerce e os pressupostos inafastáveis que influenciam e regem todo o sistema.[1]

Os princípios encerram valores que pairam acima das próprias normas que condicionam toda atividade ligada à incidência de tributos e à expropriação de bens dos particulares, quer no âmbito do Legislativo, quer no âmbito do Executivo, quer no âmbito do Judiciário. Todos aqueles que fazem ou executam as leis tributárias ou julgam a sua aplicação devem estar sob a égide dos mandamentos constitucionais, tendo por fim a justiça, no caso, a justiça fiscal, pois, como no dizer de Karl Larenz, nos "'fines últimos' del Derecho, se encuentra la consecución y el mantenimiento de la paz jurídica y la realización de la 'justicia'".[2]

1. Mary Elbe Queiroz, *O Imposto sobre a Renda e Proventos de Qualquer Natureza*, São Paulo, Manole, 2003, p. 1.

2. Karl Larenz, *Derecho Justo – Fundamentos de Ética Jurídica*, Madrid, Editorial Civitas, 1993, pp. 42-43.

O sistema jurídico, portanto, aparece como um conjunto de normas que guardam relação entre si, agrupando-se de forma harmônica e ordenada, atraídas por outras normas, os princípios, que sobre elas exercem poder de atração.

O vocábulo princípio deriva do latim *principium* (*principii*) e significa: origem, começo, base, alicerce, causa, raiz, tronco, lançar alicerce. Portanto, dentro de um sistema normativo, o princípio é a primeira pedra ou o fundamento que instaura e dá suporte ao nascimento de todas as demais normas dele integrantes.[3]

Por se considerar a ordem jurídica como um sistema harmônico, a autoridade administrativo-tributária, no exercício das suas atividades, deverá estar submetida à força impositiva imanente dos princípios, por esses se colocarem como fundamento e base para qualquer ação. Para que não haja qualquer afronta ou violação a esses princípios os agentes públicos deverão nortear as suas ações e interpretar e aplicar a lei de forma a conciliar o interesse da Fazenda Pública com o interesse coletivo da sociedade pela preservação e garantia dos direitos fundamentais dos cidadãos-contribuintes, como forma de assegurar a certeza e a segurança jurídica.

A Administração Tributária, ao realizar a atividade de constituir o crédito tributário, cobrar e arrecadar tributos, inclusive nas fases de lançamento e controle, deverá cumprir as suas funções de modo eficaz para o Estado e está fundada na segurança do contribuinte e, por decorrência, da própria ordem jurídica. Para tanto, faz-se mister que as ações e procedimentos administrativos encontrem-se respaldados em um conhecimento exato dos valores sociais, éticos, jurídicos e econômicos envolvidos no processo tributário, tendo em vista que aquelas atividades, além de outras coisas, visam descobrir riquezas ocultas, exigir o cumprimento de obrigações fiscais e impor sanções e penalidades àqueles que infringem ou violam as leis fiscais.[4]

A atividade administrativa, e especialmente no tocante à atividade tributária, tem por fundamento a supremacia do interesse público sobre o privado e o princípio da indisponibilidade do interesse público, nesse inserida a irrenunciabilidade ou indisponibilidade dos créditos tributários.[5] Porém, a observância desses princípios e o dever-poder concedido à

3. Mary Elbe Queiroz, *O Imposto sobre a Renda e Proventos de Qualquer Natureza*, cit., p. 1.

4. Nesse sentido, ver Fernando Sainz de Bujanda, *Hacienda y Derecho*, Madri, Institutos de Estudios Políticos, 1955, pp. 458-459.

5. Cf. Eurico Marcos Diniz de Santi, *Lançamento Tributário*, 2ª ed., São Paulo, Max Limonad, 1999, p. 83; Luciano Amaro, *Direito Tributário Brasileiro*, São Paulo, Saraiva,

Administração Tributária para aferir a capacidade contributiva jamais poderão sobrepujar-se e admitir a violação dos princípios constitucionais.

A proteção aos direitos e garantias individuais assegurados ao cidadão tem por fundamento e finalidade procurar estabelecer, o máximo possível, o equilíbrio da relação jurídico-tributária, para que a força e o poder do Estado, no intuito de atingir os seus objetivos, não ultrapassem os limites da segurança necessária e pretendida pela ordem jurídica e para que o exercício da atividade administrativa esteja consentâneo com os postulados de um Estado Democrático de Direito.

Como corolário dos princípios esculpidos no art. 5º do Texto Constitucional, inclusive no seu § 2º, que alcança todos os demais princípios abrigados pela ordem jurídica, a Administração Pública deverá obedecer, especialmente, aos princípios gerais previstos no art. 37 da Magna Carta como a legalidade, a impessoalidade, a moralidade, a publicidade e a eficiência.

A exigência da obediência aos princípios que regem e norteiam o exercício da atividade pública, e em especial a administrativo-tributária, decorre da própria essência da função desempenhada que necessita de freios. Os princípios são colocados como limites para coibir os impulsos à adoção de critérios empíricos, discricionários, abusivos ou arbitrários por aqueles que se encontram vinculados à formalização e ao controle do ato de lançamento tributário, para que a Administração Pública possa, como no dizer de Sainz de Bujanda, satisfazer aos postulados de justiça social que se constitui na idéia central da política econômica do Estado.[6]

A observância dos princípios é obrigatória, sobrepondo-se, inclusive, à aplicação das próprias regras inseridas nas leis, pois como nos ensina Celso Antonio Bandeira de Mello, "violar um princípio é muito mais grave que transgredir uma norma qualquer. A desatenção ao princípio implica ofensa não apenas a um específico mandamento obrigatório, mas a todo o sistema de comandos. É a mais grave forma de ilegalidade ou inconstitucionalidade, conforme o escalão do princípio atingido, porque representa insurgência contra todo o sistema, subversão de seus valores fundamentais, contumélia irremissível a seu arcabouço lógico e corrosão de sua estrutura mestra."[7]

1997, pp. 26 e 319; e Alberto Xavier, *Do Lançamento no Direito Tributário Brasileiro*, São Paulo, Resenha Tributária, 1977, p. 272.

6. Nesse sentido, ver Fernando Sainz de Bujanda, *Hacienda y Derecho*, cit., pp. 103, 106-107.

7. Celso Antônio Bandeira de Mello, *Curso de Direito Administrativo*, 19ª ed., São Paulo, Malheiros Editores, 2005, p. 889.

A aplicação dos princípios, porém, demanda cuidado para evitar abusos no seu manejo. Não raro, nos casos concretos, emergem conflitos quando se apresenta mais de um princípio a tutelar os interesses em litígios, como o interesse coletivo ínsito ao crédito tributário, a necessidade do Estado de arrecadar e a proteção aos direitos fundamentais, como a propriedade, a liberdade, a autonomia da vontade, o devido processo legal, o contraditório e a ampla defesa.

Diante da tensão de princípios, a melhor decisão é aquela defendida por Dworkin e Alexy, no sentido de, em cada caso concreto, serem sopesados os princípios envolvidos para ser acolhido aquele que se apresente com maior força, sem que isso represente desprestígio dos demais.

Não cabe ao agente público, porém, exacerbar a supremacia dos seus deveres e poderes no sentido de acolher ou expedir normas que visem restringir ou limitar as garantias e direitos assegurados aos administrados. Na hipótese de conflito entre as regras estabelecidas em lei ou regulamentos e os princípios constitucionais, estes deverão sempre prevalecer.[8]

Tendo em vista a natureza pública dos interesses em causa e por atingir direitos fundamentais dos administrados, relacionados aos direitos de propriedade e de liberdade, e para que seja protegida a esfera privada contra os arbítrios de poder, as normas tributárias são rígidas, mister se fazendo, para proceder ao lançamento, que as investigações sejam regidas pelo princípio inquisitório e a valoração dos fatos se submeta ao princípio da verdade material (esse considerado como corolário da legalidade). Porém, a inquisitoriedade não poderá afrontar o contraditório e a ampla defesa. Com vista ao cumprimento desses princípios, portanto, é imprescindível que o contribuinte sempre seja cientificado de todos os atos, procedimentos, elementos probatórios, fundamento legal e possíveis apurações de irregularidades, para que possa opor-se por meio de defesa, recursos e exibição de provas em contrário.

O nosso ordenamento jurídico não acolhe acusações absolutas, sem lei, provas e, especialmente, sem que o pretenso acusado seja cientificado e lhe seja dado prazo e a oportunidade de produzir e apresentar provas em seu favor que possam contrariar a acusação.

Durante muito tempo predominou uma visão mais fiscalista (pró-Fisco) das autoridades administrativo-tributárias, que tinham como único fim a arrecadação. Entretanto, nos últimos tempos, há uma tendência

8. Nesse sentido, ver Geraldo Ataliba, "Princípios Informativos do Contencioso Administrativo Tributário Federal", *Revista de Informação Legislativa*, Brasília, n. 58, a. 15, abr./jun., 1978, pp. 124 e 135.

crescente que deve ser reconhecida como uma evolução e um extremo avanço, no sentido de se reconhecer e privilegiar os princípios constitucionais na interpretação e na aplicação das leis tributárias.

Deve ser observado, também, pelas características que lhe são peculiares, que se pode identificar certa analogia entre os princípios que norteiam a constituição e o controle do crédito tributário e aqueles que regem o direito penal ou o direito processual penal. Importa considerar que o CTN contempla normas transpostas do campo do Direito Penal Tributário, no seu art. 97, VI, quando impõe a reserva de lei na cominação de penalidades; no art. 106, ao admitir a retroatividade da norma interpretativa; ou no art. 112, ao possibilitar a retroatividade benigna da norma que defina infração ou comine penalidade.[9]

Nesse sentido é o entendimento de Paulo de Barros Carvalho, para quem os princípios aplicáveis ao direito tributário guardam semelhança com as formulações do processo penal, destacando-se, para ele, o "seu caráter oficial, instrutório que irradiam a chamada impulsão de ofício e a verdade material, como dado prioritário".[10]

O professor José Souto Maior Borges, igualmente, enxerga semelhanças na transposição para o direito tributário de princípios amplamente consagrados no direito penal, porém, não de normas de Direito Penal substantivo, mas de normas tais como: legalidade, retroatividade da lei mais benigna e o *in dubio pro reo*, sem descuidar-se, entretanto, da autonomia recíproca existente entre o processo criminal e o processo tributário, este instaurado na esfera administrativa para apuração do ilícito tributário independentemente de apuração do ilícito criminal.[11]

A aproximação entre a lei penal e a lei tributária tornou-se relevante, após a edição da Lei n. 9.249/1995, art. 34, a qual estabeleceu a

9. No que se refere às infrações e sanções tributárias e sua correlação com o Direito Penal, Sainz de Bujanda, *Hacienda y Derecho*, cit., p. 460 e Alfredo Augusto Becker, *Teoria Geral do Direito Tributário*, São Paulo, Saraiva, 1972, pp. 551-552, entendem que esta parte do Direito Tributário se enquadra como Direito Penal Tributário, entretanto, colocando-se como uma parte do Direito punitivo em geral. Para eles, a separação entre as infrações penais e tributárias é apenas do tipo formal e atendem exclusivamente a valorações político-sociais. Ao Código Penal seriam incorporadas as infrações de maior gravidade e à legislação administrativa seriam submetidas aquelas reputadas de menor gravidade para o corpo social.

10. Paulo de Barros Carvalho, *Processo Administrativo Tributário*, Trabalho apresentado ao I Congresso Internacional de Estudos Tributários, p. 180.

11. José Souto Maior Borges, *O Lançamento Tributário*, Palestra proferida no Encontro de Advogados de Pernambuco, Garanhuns-PE, 1974, p. 45; e *Lançamento Tributário*, 2ª ed., revista e atualizada, São Paulo, Malheiros Editores, 1999, p. 159.

hipótese em que se extingue a punibilidade dos crimes previstos nas Leis n. 8.137/1990 e n. 4.729/1965,[12] quando o agente promover o pagamento de tributo ou de contribuição social antes do recebimento da denúncia. Bem assim, com a Lei n. 9.430/1996, art. 83, que condicionou o encaminhamento da representação fiscal para fins penais pela Administração Tributária ao Ministério Público, relativamente aos crimes contra a ordem tributária previstos na citada Lei n. 8.137, de 27.12.1990, que somente poderá dar-se posteriormente à decisão final na esfera administrativa.

Nesse mesmo sentido, com a edição da Lei n. 10.684/2003, igualmente, foi admitida a suspensão da pretensão punitiva do Estado e do respectivo prazo prescricional dos crimes previstos nos arts. 1º e 2º da Lei n. 8.137/1990 e nos arts. 168-A e 337-A do Decreto-lei n. 2.848, de 7.12.1940 – Código Penal, durante o prazo do parcelamento especial do chamado PAES e a extinção da punibilidade com o respectivo pagamento.

A certeza do direito e a segurança jurídica são pressupostos dos demais princípios que estão acima de todo e qualquer primado, regendo o conjunto da ordem jurídica. A certeza do direito é algo que se situa na própria raiz do dever-ser, pois, como ensina Paulo de Barros Carvalho, tal princípio encontra-se "substanciando a necessidade premente de segurança do indivíduo, o sistema empírico do direito elege a certeza como postulado indispensável para a convivência social organizada. O princípio da certeza jurídica é implícito, mas todas as magnas diretrizes do ordenamento operam no sentido de realizá-lo".[13]

Na observância dos preceitos constitucionais faz-se preciso conciliar os interesses do Fisco com os interesses dos contribuintes, os quais somente se realizam por meio da harmonização dos princípios que cada um deles tem subjacente, devendo-se pensar como Sainz de Bujanda, para quem, "el Derecho Financiero de nuestro tiempo ha de esforzarse por encontrar un punto de equilibrio entre la soberanía fiscal del Estado y los derechos sagrados e irrenunciables de la persona humana".[14]

A atividade administrativo-tributária, por conseqüência, deverá desenvolver-se por meio da obediência e conjugação dos princípios da

12. A Lei n. 8.137/1990 definiu os crimes contra a ordem tributária, econômica e contra as relações de consumo, inclusive com relação às fraudes, tendo revogado os dispositivos da Lei n. 4.729/1965, que definia os crimes de sonegação, fraude e conluio, no que lhe contrariar.

13. Paulo de Barros Carvalho, *Curso de Direito Tributário*, 6ª ed., São Paulo, Saraiva, 1993, p. 91.

14. Fernando Sainz de Bujanda, *Hacienda y Derecho*, cit., p. 462.

legalidade, devido processo legal, contraditório e ampla defesa, verdade material, inquisitoridade, oficialidade com vista à segurança jurídica.

2. *Princípio da legalidade*

O princípio da legalidade é um dos fundamentos do Estado de Direito. Ele domina todo o texto constitucional que foi pródigo ao privilegiar tal princípio, tanto em caráter geral, assegurado como um direito e garantia fundamental do cidadão, art. 5º, II ("Ninguém será obrigado a fazer ou deixar de fazer alguma coisa senão em virtude de lei") e, especificamente, como uma imposição e limitação para o exercício da atividade administrativa, art. 37 ("A administração pública direta, indireta ou fundamental, de qualquer dos Poderes da União, dos Estados, do Distrito Federal e dos Municípios, obedecerá aos princípios da legalidade (...)"). No campo tributário, especificamente, encontra-se no art. 150, I ("É vedado à União, Estados, ao Distrito Federal e aos Municípios: I – exigir ou aumentar tributo sem lei que o estabeleça").

Em matéria tributária, a legalidade apresenta-se como um princípio basilar de que não poderá ser imposto qualquer sacrifício que afete o patrimônio dos particulares sem que haja previamente uma lei. Nesse âmbito, a legalidade requer mais, exige um *plus* que caracteriza a tipicidade, que "é a adequação, o ajustamento que o fato imponível deve ter com a hipótese de incidência, em todos os seus aspectos, para que o efeito jurídico se produza".[15]

Sem que haja o perfeito enquadramento do fato do mundo real à hipótese de incidência prevista em abstrato na lei não ocorrerá a subsunção do fato à norma e, por conseqüência, não nascerá qualquer obrigação tributária, seja ela principal (pagar tributo ou penalidade) ou acessória (o cumprimento dos deveres formais ou instrumentais).

A legalidade emergiu da necessidade dos súditos de se oporem e colocarem limites à tirania e às prerrogativas absolutistas do rei em matéria financeira, adquirindo dignidade constitucional após a Revolução Francesa e com a independência americana.

A supremacia da legalidade visou consolidar a democracia e o Estado de Direito, mediante a limitação do poder ao império das leis emanadas de representantes do povo, consagrando o brocardo romano "o que afeta a todos por todos deve ser aprovado". O princípio é uma garan-

15. Alberto Xavier, "Legalidade e Tributação", in *Conferências e Debates – Revista de Direito Público*. São Paulo, 1973, p. 334.

tia dos indivíduos contra a arbitrariedade governamental, no sentido de evitar os abusos do Fisco, salvaguardando, ao mesmo tempo, os direitos individuais, patrimoniais e econômicos dos cidadãos.[16]

Deve-se cuidar, contudo, para que a legalidade não seja visualizada de modo exacerbado para se desprestigiarem valores consagrados em outros princípios constitucionais, sob pena de se resvalar para o extremo oposto sintetizado na máxima *summum jus, summa injuria.*

O princípio da legalidade pode ser sintetizado na assertiva de que "o patrimônio dos contribuintes só pode ser atingido nos casos e modos previstos na lei, que deve ser geral, abstrata, igual para todos (art. 5º, I, e art. 150, II, ambos da CF), irretroativa (art. 150, III, "a", da CF), não confiscatória (art. 150, IV, da CF) etc."[17]

No Direito Tributário brasileiro, o significado que melhor representa a legalidade, com vista à garantia da certeza e da segurança jurídica nas relações do particular com o Estado (Fisco), é o entendimento de que o princípio tem por substrato e aplica-se, na sua máxima extensão, a partir do Texto Constitucional. Ele se manifesta sob os aspectos material e formal, para rechaçar qualquer exigência de tributo, imposição de penalidade ou procedimento administrativo, fundado em qualquer outro veículo que não a lei editada pelo poder competente, em total consonância com os preceitos constitucionais.

Quanto ao aspecto material, a legalidade exsurge tanto para exigir que nenhum tributo seja instituído ou aumentado, a não ser por meio de lei, bem assim que o evento da realidade factual se subsuma inteira e integralmente à hipótese de incidência abstrata da lei, como relativamente à aplicação de penalidades e o estabelecimento de obrigações acessórias ou deveres instrumentais. Para que se cumpra o princípio, mister se faz que no mundo real sejam realizados integralmente todos os elementos da regra-matriz de incidência cujo arcabouço encontra-se estabelecido constitucionalmente. Enquanto faltar a concretude de um dos elementos (material, espacial, temporal, pessoal e quantitativo), não se poderá dar por ocorrido o fato jurídico-tributário nem nascerá qualquer obrigação de pagar tributo.

16. Nesse sentido, ver Fernando Sainz de Bujanda, *Hacienda y Derecho*, cit., pp. 247 e 321, e Gian Antonio Michelli, "Los Conceptos Fundamentales del Derecho Tributario", in *Revista de Ciências Juridicas*, n. 24, Universidade de Costa Rica, jun./set., 1974, p. 40.

17. Nesse sentido, ver Roque Antônio Carrazza, *Curso de Direito Constitucional Tributário*, 20ª ed., revista, ampliada e atualizada até a EC n. 44/2004, São Paulo, Malheiros Editores, 2004, p. 233.

No tocante ao aspecto formal, a lei reclama a conformação da atividade administrativa quanto à competência e requisitos essenciais da formalização e exteriorização dos atos administrativos para a apuração da ocorrência do fato gerador tributário ou de infração ou irregularidade fiscal (p. ex., procedimento fiscal, lançamento, controle, julgamento, cobrança, execução etc.). As autoridades que vão interpretar e aplicar as normas tributárias deverão agir e submeterem-se, obrigatoriamente, aos ditames exclusivos da lei, no tocante às exigências a serem feitas aos sujeitos passivos da obrigação tributária, sob pena de afronta à legalidade.

Em prestígio ao princípio, portanto, deve ser rejeitada qualquer exigência de imposto, cumprimento de obrigação acessória (dever instrumental) ou imposição de penalidade com base em simples regulamentos, decretos, portarias, instruções normativas ou quaisquer outros atos emanados da Administração Tributária sem o devido respaldo legal.

Importa esclarecer que os Fiscos, federal, estaduais e municipais, quando realizam procedimentos fiscais ou procedem a lançamentos de créditos tributários, utilizam os regulamentos que, geralmente, são aprovados por decreto. Tal instrumento normativo somente poderá ser acolhido se as respectivas disposições, no tocante à instituição de obrigações a serem exigidas dos particulares, encontrarem-se baseadas em matriz-legal.

Os regulamentos funcionam como uma forma de compilação dos textos legais que regem a exação, podendo conter prescrições relativas a procedimentos fiscais ou explicitar as regras legais, meramente com fins interpretativos. Esses regulamentos, contudo, jamais poderão criar novas obrigações, aumentar ou restringir as hipóteses que se encontrem expressamente previstas na lei, bem assim dar interpretação extensiva ou restritiva às obrigações fixadas em lei, sob pena de grave afronta ao princípio constitucional da estrita legalidade exigida em matéria tributária.

Mesmo quando esses atos normativos infralegais forem utilizados como veículo introdutor de normas procedimentais expedidas por superiores hierárquicos, ainda assim, deverão ater-se aos estritos termos da lei não podendo implicar em imposição de obrigações ou restrição de direitos dos particulares constitucionalmente assegurados.

A legalidade constitui-se, por decorrência, em um óbice intransponível para a Administração Tributária, pois, enquanto ao contribuinte/administrado é lícito fazer o que não é vedado pela lei, aos agentes do Fisco somente caberá agir nos termos e dentro dos limites que estão prescritos na lei. Ao Fisco não é dada a liberdade de agir de acordo com a própria vontade, pois, a discricionariedade da vontade da autoridade administrativa está inteira e estritamente vinculada à lei.

Quando o legislador constitucional, em atendimento aos interesses públicos, quis possibilitar exceções ou ressalvas à legalidade, ele expressamente colocou as respectivas hipóteses na própria Constituição Federal, como, por exemplo, quando, no intuito de dar liberdade ao estabelecimento de políticas tributárias, permite que alguns impostos (Imposto de Importação, Imposto de Exportação, Imposto sobre Produtos Industrializados, Imposto sobre Operações Financeiras e Câmbio) possam ser alterados não só por lei, mas, dentro dos limites legais, também, por ato do Poder Executivo.

A relação jurídico-tributária, por sua própria natureza, é sempre *ex lege*, quer seja exteriorizada como conseqüência de uma atividade administrativa quer pelo particular, estando submetida à ordem jurídica e subordinada ao princípio da legalidade, pois somente terá existência jurídica se houver como antecedente um texto de lei autorizando-a. Daí expressamente o art. 142, parágrafo único, do CTN, impor o caráter de atividade vinculada (à lei) e obrigatória (*ex officio* e imperativa), quando proveniente de ação do Fisco, não comportando discricionariedade para se optar pela sua execução ou não, inexistindo, portanto, liberdade para o agente público inovar no âmbito das providências estabelecidas legalmente.[18]

No campo tributário, muito mais do que a legalidade, exige-se um *plus*[19] que caracteriza a tipicidade, que "é a adequação, o ajustamento que o fato imponível deve ter com a hipótese de incidência, em todos os seus aspectos, para que o efeito jurídico se produza".[20]

O princípio da legalidade tem seu substrato e se aplica, sob diversos aspectos, tanto para exigir que nenhum tributo seja instituído, nem aumentado, a não ser por meio da lei, como requer que haja conformação da atividade administrativa com os ditames da lei, para que seja garantida a segurança jurídica nas relações do particular com o Estado (Fisco).

A atividade administrativa deverá ser exercida segundo a orientação, dentro dos limites e instaurada com base e para a preservação da

18. Nesse sentido, ver Ruy Barbosa Nogueira, *Teoria do Lançamento Tributário*, São Paulo, Resenha Tributária, 1973, p. 22. Esse autor reconhece que as normas gerais de direito financeiro (hoje consagradas no CTN) são o "Estatuto do Contribuinte", pois, para ele, por meio delas foram estabelecidos direitos e garantias do contribuinte que deverão ser tão respeitados quanto os da Fazenda Pública.

19. Paulo de Barros Carvalho, *Curso de Direito Tributário*, cit., p. 98.

20. Alberto Xavier, "Legalidade e Tributação", cit., p. 334.

lei, pois será considerada como injurídico qualquer ato administrativo praticado com excesso ou sem que lei o estabeleça *a priori*.

Consoante Hely Lopes Meirelles, a legalidade como princípio da Administração traduz que o administrador público, no desempenho das suas funções, está submisso aos mandamentos da lei e às exigências do bem comum, deles não podendo distanciar-se sob pena de invalidar a prática do ato administrativo e submeter-se à responsabilidade disciplinar, civil e criminal, conforme o caso: "Na Administração Pública não há liberdade nem vontade pessoal. Enquanto na administração particular é lícito fazer tudo que a lei não proíbe, na Administração Pública só é permitido fazer o que a lei autoriza".[21]

O caráter de legalidade se consubstancia quer pela natureza da matéria (plenamente vinculada), quer pelo princípio da legalidade que rege a Administração como decorrência dos postulados do Estado de Direito,[22] seja com relação ao seu conteúdo e quanto à sua forma. Tanto para a exigência do tributo como para a sua cobrança, exige-se a prévia existência de lei, bem como que seja resultado de atividade administrativa plenamente vinculada (arts. 3º, 142 e seu parágrafo único, do CTN).

Podem-se visualizar diferentes condições de legalidade que se impõem aos atos administrativos, podendo ser identificadas ilegalidades sob vários aspectos relacionadas com os elementos que compõem os atos administrativos em geral e que podem viciá-los com relação à manifestação de vontade, motivo, forma, objeto (lícito e não defeso em lei) e fim,[23] podendo ainda ser sintetizada como uma das qualidades que se encontram inseridas em todos os elementos e no seu conteúdo.

A atividade administrativa é o que caracteriza o Poder Executivo que tem como função atuar a lei em busca do interesse público e é a perseguição da legalidade que deve nortear todo o exercício desta função, pois, quando na relação jurídico-tributária a Administração cobra um tributo, não o faz utilizando-se de uma faculdade de querer cobrar, mas porque está obrigada a cobrar.

21. Hely Lopes Meirelles, *Direito Administrativo Brasileiro*, 30ª ed., atualizada por Eurico de Andrade Azevedo, Délcio Balestero Aleixo e José Emmanuel Burle Filho, São Paulo, Malheiros Editores, 2005, p. 88.

22. Cf. Paulo Celso Bergstrom Bonilha, *Da Prova no Processo Administrativo Tributário*, São Paulo, LTr, 1992, p. 67.

23. José Cretella Júnior, "Anulação do Ato Administrativo por 'Desvio do Poder'", in *Revista de Direito Administrativo*, vol. 91, Fundação Getúlio Vargas, jan./mar. 1968, pp. 37-38.

A legalidade impõe-se à autoridade administrativa não só com relação à apuração dos fatos jurídicos tributáveis, mas, também, especialmente no que se refere à aplicação de penalidades, prevalecendo as máximas, *nullum tributum sine lege proevia e nulla poena sine lege*.

Segundo Geraldo Ataliba, a autoridade administrativa deverá "sempre curvar-se aos mandamentos legais, sendo até de seu dever ignorar quaisquer disposições regulamentares a respeito de punições. Constitui, efetivamente, abuso de poder regulamentar o estabelecimento de qualquer tipo de punição, em normas contidas em decretos ou em atos administrativos inferiores. Ao legislador é reservada, com exclusividade, a faculdade de prescrever todo e qualquer tipo de punição".[24]

A atividade administrativa de controle do crédito tributário é o momento especial colocado pela lei com o objetivo de aferir e analisar a conformação do ato administrativo com os mandamentos legais e os princípios e garantias asseguradas ao cidadão. A verdadeira finalidade a que se destina o controle é a restauração da ordem jurídica violada, e não apenas a salvaguarda do direito subjetivo da Fazenda Pública.

A função do julgador administrativo é verificar se ocorreu, ou não, a tipicidade, isto é, se há, ou não, a subsunção do fato da vida real à norma tributária para preservar a ordem pública. Compete à autoridade que exerce o controle do ato de constituição do crédito tributário aferir se o lançamento obedeceu aos ditames legais quer no seu aspecto material quer no tocante ao seu aspecto formal, não podendo acolher quaisquer violações sob tais aspectos. O processo administrativo tributário "não existe para expressar a vontade da Administração, mas para a solução de uma controvérsia pela Administração, pouco importa a vontade da Administração. Esta deve submeter-se à vontade da lei".[25]

Portanto, a autoridade fiscal ao proceder ao ato de lançamento, o julgador administrativo ou as autoridades superiores hierárquicas, no exercício de suas funções, antes de buscarem atingir o fim da arrecadação devem procurar cumprir a vontade e o que determina a lei e os princípios constitucionais para manter ou anular um lançamento tributário, pois a eles competirão, sempre, perquirir, fora ou dentro do processo administrativo tributário, se houve, ou não, a ocorrência e em que medida se deu o fato jurídico-tributário.

24. Geraldo Ataliba, "Recurso em Matéria Tributária", in *Revista de Informação Legislativa*, n. 97, Brasília, jan./mar., 1988, a. 25, p. 130.

25. Cf. Antonio da Silva Cabral, *Processo Administrativo Fiscal*, São Paulo, Saraiva, 1993, pp. 20, 22-23.

3. Princípio do devido processo legal

O Devido Processo Legal (*due process of law*) encontra-se consagrado no art. 5º, LIV, da Constituição Federal, como um princípio aplicável a todo tipo de processo em que se discuta a privação da liberdade ou a expropriação de bens.

A pouca adesão social ao cumprimento espontâneo das obrigações tributárias e a ânsia crescente do Estado em sempre arrecadar mais terminam por provocar conflitos de interesses entre o Fisco e os contribuintes.[26] Para resolver tais conflitos, exsurgem os mecanismos de controle, criados pelo próprio Estado, com vista à busca do equilíbrio da relação jurídico-tributária e à preservação tanto do crédito tributário, na busca da isonomia e da justiça fiscal, como uma das garantias individuais dos cidadãos, como forma de recompor os direitos violados.

Para que se possa aferir a conformação do ato administrativo com a lei, o atendimento dos seus requisitos legais e torne-se efetiva a submissão da Administração Pública à ordem jurídica, existem os mecanismos de controle que tanto podem ser interorgânicos (controle mútuo e recíproco dos poderes Executivo, Legislativo e Judiciário) como intra-orgânicos (controle efetuado dentro da estrutura do próprio órgão).

No Estado de Direito, os governantes devem submeter-se ao império da lei, considerada essa na sua extensão máxima para alcançar toda a sua amplitude, como no pensamento de García de Enterría,[27] o império da lei e do Direito.

A atividade administrativa vinculada diretamente às exações tributárias especialmente no tocante à fiscalização, formalização do lançamento do crédito tributário, apreciação e controle dos litígios tributários, cobrança, arrecadação, inscrição em Dívida Ativa e execução fiscal, deve ser exercida, sempre, nos estritos limites da legalidade. Tais atividades deverão obedecer à legalidade, inclusive e especialmente, no que diz respeito aos direitos e garantias fundamentais dos indivíduos, sob pena de eivarem-se de ilegalidade e ilegitimidade os respectivos atos administrativos e instalar-se a insegurança na relação Fisco *versus* contribuinte.

26. Para Francesco Carnelutti: "il fenomeno tributario presenta un conflitto di interessi" que se revela como "il bacillo del diritto" ("Introduzione allo Studio del Diritto Processuale Tributário", in *Rivista di Diritto Processuale Civile*, n. 2, Pádua, Cedam, 1932, pp. 105-120).

27. Eduardo García de Enterría e Tomáz-Ramon Fernández, *Democracia, Jueces y Control de La Administración*, trad. de Arnaldo Setti, São Paulo, Ed. RT, 1990, p. 126.

O controle deverá ser exercido, primeiramente, em sede do processo administrativo-tributário por meio do exame e apreciação dos litígios por órgãos administrativo-julgadores imparciais, independentes e autônomos.

Ressalte-se que, após a Carta Magna de 1988, nada mais há que ser oposto, sendo imprescindível mesmo que se reconheça o *status* constitucional do processo administrativo-tributário, com vista a assegurar às exigências tributárias a aplicação dos princípios e garantias constitucionais, como o devido processo legal, o contraditório e a ampla defesa. Impende salientar, contudo, que, no Brasil, a tutela tributária não se exaure no âmbito da via administrativa, pois prevalecerá, sempre, o direito do cidadão à busca do socorro judicial (*una juridctio*).

O respeito ao devido processo legal, no campo administrativo-tributário, traduz-se na efetivação de um processo justo: que seja regido inteiramente pela legalidade e no qual se assegure a estrita observância das leis formal, material e de cunho administrativo-sancionatório; em que haja equilíbrio entre as partes; que esteja submetido a um julgamento isento, imparcial e em que sejam respeitados o contraditório e a ampla defesa. Exige-se, também, que haja garantias para as partes, para que elas possam sustentar suas razões e produzir provas a seu favor, com vista a influir na formação do livre convencimento do julgador.

A realização do devido processo legal reclama, ainda, que não haja a cobrança de tributo, imposição de penalidade ou acusação de prática de infrações sem a devida prova, cujo ônus será sempre do Fisco, salvo no caso das presunções legais, consideradas essas como de caráter *juris tantum*, e que se garanta, em qualquer hipótese, o direito de o contribuinte insurgir-se e produzir provas em contrário a seu favor.

A garantia do devido processo legal em sede administrativa é imprescindível e importante, tanto para o próprio Fisco, na pretensão de atender à legalidade, corrigindo eventuais imprecisões e inadequações e agilizando a cobrança dos créditos tributários, como para o contribuinte que, igualmente, se beneficiará também da agilidade das soluções administrativas, da apreciação do litígio em âmbito de maior especialização técnica dos órgãos encarregados do controle, de maior informalidade e se resguardará dos embates de um processo judicial. Ressalte-se que ambos, Fisco e contribuintes, são favorecidos quando a solução, para o caso concreto, é encontrada, ainda, na própria via administrativa, pois, evitam-se delongas, querelas indevidas e o ônus de custas, encargos moratórios e de sucumbências judiciais.

A necessidade do devido processo legal administrativo decorre do fato de que, apesar de a atividade administrativa trazer ínsita a presunção (*juris tantum*) de legitimidade, nem sempre ela se reveste da imprescindível legalidade. Decorre dessa constatação ser indispensável desfazer a atividade ilegal, uma vez que cabe ao Fisco apurar a adequação dos fatos, do *quantum* do tributo e dos termos da sua exigibilidade aos critérios estabelecidos na lei. Quando perpetrada uma ilegalidade, fatalmente ela irá também atingir os interesses ou direitos de terceiros, fazendo-se preciso restabelecer os valores afrontados.

Quanto ao alcance do controle em sede do processo administrativo, esse é extenso e encontra respaldo na legalidade, na isonomia, na ampla defesa do sujeito passivo, na oficialidade, na inquisitoriedade, na busca da verdade material, na moralidade, na eficiência e no livre convencimento que devem nortear a ação do julgador, mesmo na via administrativa.

A amplitude do julgamento administrativo compreende, até mesmo, a possibilidade de, no caso concreto, ser confrontada a lei com os desígnios constitucionais, e os atos infralegais com as disposições legais, para se deixar de aplicar um ou outro, quando a norma inferior contrariar a norma superior em que deverá buscar a sua validade e o seu fundamento.[28]

No tocante à apreciação da inconstitucionalidade de lei, é despiciendo colocar que compete ao Supremo Tribunal Federal, como guardião da Magna Carta, reconhecer e declarar o desajuste e a afronta da lei ao Texto Constitucional. Porém, o julgador administrativo não poderá furtar-se a sobrepor os princípios aos atos administrativos violadores dos desígnios constitucionais. Não poderá ele acolher e convalidar atos que não estejam ajustados aos comandos constitucionais que fixam as regras-matrizes de incidência tributária ou que asseguram o contraditório e a ampla defesa também nesse campo.

Para se preservar a ordem jurídica, contudo, nesse caso, a fim de que seja garantido, igualmente, o crédito tributário e o direito da Fazenda Pública, mister se faz, tal qual existe no Poder Judiciário, que após o julgamento da esfera administrativa exista um recurso especial, a ser interposto de ofício, para suscitar a apreciação da matéria diretamente ao Supremo Tribunal Federal, a fim de que aquele se manifeste em definitivo acerca da constitucionalidade, ou não, da lei.

28. Nesse mesmo sentido: Mary Elbe Queiroz Maia, *Do Lançamento Tributário – execução e controle*, São Paulo, Dialética, 1999; e James Marins, *Direito Processual Tributário Brasileiro (Administrativo e Judicial)*, São Paulo, Dialética, 2001, p. 300.

Justifica-se a necessidade da amplidão do controle dos órgãos administrativo-julgadores sob o aspecto de que de erro, vício, omissão ou até mesmo negligência da autoridade administrativa, jamais poderá resultar prejuízo, locupletação indevida de valores ou enriquecimento ilícito, quer para o contribuinte quer para a Fazenda Pública, fazendo-se necessário estabelecer a correta apuração da matéria tributável, do *quantum* do tributo devido ou da penalidade imposta.

A nulidade absoluta ou de pleno direito de um ato maculado por vício ou a sua inadequação às prescrições legais ou constitucionais deverá ser, sempre, declarada de ofício, a qualquer tempo ou em qualquer instância, no âmbito da própria Administração, independentemente de requerimento ou impugnação do sujeito passivo. A invalidade do ato é intrínseca e o torna carecedor, *ab initio*, de efeitos jurídicos, o que, por decorrência, caracteriza o ato como de ineficácia imediata e geral (*erga omnes*).

4. Princípio do contraditório e da ampla defesa

O contraditório, como previsto no art. 5º, LV, da Carta Magna, exige que o sujeito passivo seja cientificado e ouvido sobre todos os atos, provas, documentos e ocorrências, praticados tanto na fase do procedimento fiscal (fiscalização) como no curso do processo administrativo-tributário (após a ciência regular do lançamento do crédito tributário e a formação do litígio). Não se pode esquecer que a fase de fiscalização, pela sua própria natureza, é regida pela inquisitoriedade, com vista à apuração da ocorrência do fato gerador de tributo ou da prática de infração, e a fase processual é regida integralmente pelo contraditório e a ampla defesa.

Revela-se o contraditório pela obrigatoriedade de que o sujeito passivo da relação jurídico-tributária tome conhecimento de todos os atos procedimentais e processuais e possa reagir e manifestar-se contra eles. Não constitui afronta ao princípio se a ciência regular de todos os atos e provas somente se der ao final do procedimento fiscal ou da imposição de penalidade, por exemplo, com a intimação ou notificação da lavratura do auto de infração. Contudo, nesse momento o contribuinte deverá, obrigatoriamente, tomar ciência de todos os acontecimentos, documentos e elementos probatórios etc. havidos no curso procedimental e que dão suporte à acusação, para que ele possa exercer o seu direito de ampla defesa, sob pena de nulidade da autuação ou do lançamento tributário.

O respeito ao princípio requer, também, que todos os atos (de fiscalização, de lançamento ou de julgamento) sejam motivados e justificados, a fim de possibilitar o conhecimento integral sobre os fatos e provas em que se fundamentam a acusação da prática de irregularidade, o procedimento fiscal e o processo administrativo, com vista, igualmente, ao exercício da ampla defesa por parte do contribuinte.

O contraditório pressupõe, ainda, certo grau de imparcialidade na solução do litígio, em que Administração e administrado coloquem-se em situação de equilíbrio e seja prolatada a decisão desprovida de interesses institucionais ou meramente arrecadatórios.

No tocante à ampla defesa, igualmente esculpida no art. 5º, LV, da *Lex Mater*, significa que o sujeito passivo poderá valer-se e utilizar quaisquer recursos ou meios de prova na defesa irrestrita dos seus direitos.

A ampla defesa é corolário do princípio do contraditório. A possibilidade de o contribuinte ser cientificado, poder falar e se opor às acusações da Administração Tributária somente realizará o primado constitucional se estiver abrigada pelo direito de defesa adotado de modo amplo, mediante a utilização e manejo de todos os meios e recursos lícitos e admitidos pela ordem jurídica. O contribuinte tem o direito de apresentar defesa e provas contra quaisquer acusações de prática de irregularidade ou infração à lei fiscal. Inclusive, por meio da apresentação de recursos para que um órgão julgador de segunda instância, de composição colegiada e paritária possa reapreciar a acusação, a matéria e as provas do processo de modo isento e imparcial.

O ordenamento jurídico não acolhe acusações absolutas, nem que se faça exigência de tributo ou se impute penalidade, sem que seja dada a oportunidade de o contribuinte poder opor-se e defender-se, do modo mais extenso e amplo possível. Nesse sentido, é garantido o direito de o contribuinte poder rebater todas as acusações e interpretações contra ele levantadas, podendo contrapor-se com todas as provas que possam elidir a imputação.

É ínsito ao princípio, ainda, que todos os pontos, provas e matérias alegadas pelo contribuinte em sua defesa sejam apreciados pela autoridade julgadora administrativo-tributária sob pena de afronta ao direito e às garantias do cidadão constitucionalmente asseguradas. Configura desprestígio ao comando do Texto Maior a recusa pelo órgão julgador em examinar quaisquer dos pontos, provas ou motivos da defesa, mesmo que se refiram à ilegalidade ou inconstitucionalidade de norma tributária quer sob o aspecto material quer sob o aspecto formal do litígio tributário.[29]

29. Nesse mesmo sentido, James Marins, *Direito Processual Tributário Brasileiro (Administrativo e Judicial)*, 2ª ed., São Paulo, Dialética, 2002, p. 192.

5. *Princípio da verdade material*

Os atos administrativos devem fundar-se em motivos reais e verdadeiros, pois, do contrário, serão atos ilegítimos, uma vez que, consoante as lições de Juan P. Cajarville Peluffo, "a Administração está obrigada a ajustar-se à verdade material dos fatos, sem que a obriguem os acordos dos interessados acerca de tais fatos nem a eximam de investigá-los, conhecê-los e ajustar-se a eles, a circunstância de não haverem sido alegados ou provados pelas partes".[30]

Por este princípio, a autoridade lançadora e a autoridade julgadora têm liberdade para colher as provas que entenderem necessárias à demonstração e comprovação da ocorrência, ou não, do fato jurídico-tributário.

No caso da autoridade julgadora, caso sejam obtidas novas provas no curso da fase de julgamento, por meio de diligências realizadas por sua determinação, essas provas deverão ser transladadas para o processo, não prevalecendo no âmbito administrativo-tributário a verdade formal do processo civil, para restringir o julgador a se valer apenas das provas constantes do processo. Entretanto, na hipótese de serem carreadas para os autos novas provas, deve ser assegurado, ao sujeito passivo, o contraditório e a ampla defesa.[31]

A subsunção do fato concreto à lei deverá ter por substrato a verdade material sobrepondo-se este aos outros princípios no sentido de que somente poderá ser lançado ou exigido tributo quando efetivamente se configure fato jurídico tributário e na medida da sua ocorrência. Isto é, o fato da vida real pode adequar-se em tudo e estão realizados todos os elementos previstos na hipótese abstrata da lei.

Na investigação inquisitória, com vista ao lançamento tributário e porque se tende à verdade material, não se admitem, *a priori*, tão-somente, as chamadas "provas plenas" ou "provas legais", quando elaboradas pelo sujeito passivo (por exemplo, as declarações dos contribuintes apresentadas para o imposto de renda e para os demais tributos, etc., que não

30. Juan P. Cajarville Peluffo, *Procedimento Administrativo – En el Decreto 500/991*, Montevidéu, Ediciones Idea, 1992, pp. 23-24, para ele: "Por esa regla sustancial, 'la Administración está obrigada a ajustarse a la verdad material de los hechos, sin que la obliguem los acuerdos entre os interesados acerca de tales hechos ni la exima de investigarlos, conocerlos y ajustarse a ellos, la circunstancia de no haber sido alegados o probados por las partes'".

31. Sobre o poder instrutório das autoridades julgadoras, ver: Enrico Allorio, *Diritto Processuale Tributário*, 4ª ed., Turim, Unione Tipografico – Ed. Torinese, 1963, p. 321.

poderão ser consideradas como confissões irretratáveis, como a DCTF – Declaração de Débitos e Crédios Tributários Federais).

Por isso mesmo, poder-se-á até desconsiderar a prova pré-constituída da contabilidade do contribuinte, por não constituir esta limite às investigações, podendo tanto a autoridade lançadora como a julgadora se socorrerem de quaisquer outros meios (diligências, perícias etc.) ou elementos necessários para que se possa assegurar a efetiva ocorrência do fato jurídico tributário, seu respectivo montante e sua conformação com as formalidades exigidas pela lei.

A prova da ocorrência dos fatos e a averiguação da verdade material para a Administração Fiscal, muito mais do que um ônus, constituem-se em um dever jurídico, como ensina Alberto Xavier, do qual ela somente estará exonerada na hipótese da existência de normas excepcionais que invertam o ônus da prova, quando se tratar "das presunções legais relativas".[32]

Daí decorre, ainda segundo aquele mestre, que face aos princípios da legalidade e quando a verdade material do surgimento da obrigação tributária não for alcançada é que surge o verdadeiro fundamento teórico da máxima *in dubio contra fiscum*.[33]

Especialmente, com relação à fase de julgamento do processo fiscal deverá prevalecer, sempre, o interesse substancial da justiça e não o interesse formal ou financeiro que domina a atividade tributária.

Ainda, para Alberto Xavier:

> "Verifica-se que as diligências instrutórias promovidas pela Administração financeira não têm como fim exclusivo a prova dos factos constitutivos da obrigação tributária ou dos factos que se traduzem na ampliação do seu quantitativo, antes – *nobile officium* – se dirigem indistintamente a estes e aos atos que tenham carácter impeditivo daquela obrigação ou determinam uma diminuição do seu quantitativo. E é tal a relevância que a verdade material objectivamente apurada no processo chega mesmo a superar a eficácia preclusiva do lançamento, de tal modo que mesmo decorrido o prazo para a sua impugnação jurisdicional, a Administração fiscal pode ordenar a restituição do imposto quando o considere indevidamente cobrado".[34]

32. Alberto Xavier, *Do Lançamento no Direito Tributário Brasileiro*, São Paulo, Resenha Tributária, 1977, pp. 116, 119, 157-161 e 169 e *Do Lançamento: Teoria Geral do Ato, do Procedimento e do Processo Tributário*, 1997, pp. 156-157.

33. Alberto Xavier, *Do Lançamento no Direito Tributário Brasileiro*, cit., pp. 116, 119, 157-161 e 169 e *Do Lançamento: Teoria Geral do Ato, do Procedimento e do Processo Tributário*, cit., pp. 156-157.

34. Alberto Xavier, *Do Lançamento no Direito Tributário Brasileiro*, cit., pp. 170-171.

É exatamente da necessidade de se perseguir a verdade material que decorre a concessão de meios instrutórios vastíssimos à Administração fiscal, quer em fase de fiscalização/lançamento, ou em fase de julgamento/controle, para que se possa formar a convicção da existência e do conteúdo do fato tributário.

Sobre a atuação do Fisco, entende José Souto Maior Borges que ela tem que ser imparcial, haja vista que ele deve perseguir a verdade material, sendo indiferente ao objeto do processo serem os fatos apurados "favoráveis", ao se constatar a existência de débito tributário, ou "desfavoráveis" ao Fisco, caso se verifique a inexistência de débito.[35]

A liberdade do julgador na colheita de novas provas deve ter como substrato apenas a legalidade e a verdade material, o qual, dotado de imparcialidade, pode, desde que fundamentado o seu entendimento, rejeitar ou determinar, *ex officio* ou a pedido do sujeito passivo, as diligências, perícias, juntada de documentos, etc., que entender necessárias à formação do seu livre convencimento, quer seja para provar a ocorrência, ou não, do fato gerador quer seja para provar o direito do Fisco ou do sujeito passivo.

No processo administrativo-tributário federal, essa liberdade é ampla com relação aos julgadores de primeira instância, encontrando-se expressa no art. 29, do Decreto n. 70.235/1972 e alterações, e para os julgadores de segunda instância está implícita na essência do exercício da sua atividade, como decorrência da legalidade e da verdade material, que induz a que só se mantenha ou anule lançamento tributário quando estiverem suficientemente comprovados os respectivos fatos.

A adoção da verdade material no processo administrativo tributário, à semelhança do processo penal, justifica-se porque: "a partir do último quartel do século XIX, os poderes do juiz foram paulatinamente aumentados: passando de espectador inerte à posição ativa, coube-lhe não só impulsionar o andamento da causa, mas também determinar provas, conhecer *ex officio* de circunstâncias que até então dependiam da alegação das partes (...)".[36]

Na persecução da verdade material como decorrência do predomínio da livre convicção do julgador, deve ele procurar evitar interpretações de cunho meramente axiológico, bem assim, cuidar para que não

35. José Souto Maior Borges, *Lançamento Tributário*, Forense, 1981, p. 108; 2ª ed., revista e atualizada, São Paulo, Malheiros Editores, 1999, p. 122.

36. Ada Pellegrini Grinover, Antonio Carlos de Araújo Cintra e Cândido R. Dinamarco, *Teoria Geral do Processo*, 21ª ed., São Paulo, Malheiros Editores, 2005, p. 66.

haja manipulação da prova (através de influências de caráter pessoal, ideológico, funcional, etc.) com vista à manutenção da exigência tributária ou exoneração favorável ao sujeito passivo, posto que tal fato iria de encontro à necessária imparcialidade que é exigida do julgador.

Apesar de o ilustre Professo Bonilha entender que não cabe ao julgador "substituir as partes ou suprir a prova"[37] que não foi tempestiva e regularmente produzida pelo Fisco ou pelo sujeito passivo, mas tão-somente complementar os elementos do processo, deve-se entender que o julgador detém poderes, escoimado na legalidade, inquisitoriedade e verdade material, de ir em busca da prova, visando à manutenção ou desconstituição da exigência tributária na busca da restauração do equilíbrio da relação jurídico-tributária e da realização da justiça fiscal.

Deverá sempre prevalecer o entendimento de que, se houve a ocorrência do fato jurídico tributário, o tributo é devido ou, de igual modo, se inexiste o fato jurídico tributário, jamais deverá permanecer a exigência apenas com fundamento no fato de que as provas não foram carreadas ao processo. A verdade material deve se sobrepor à verdade formal, desde que sempre garantido o contraditório e a ampla defesa, podendo manifestar-se o sujeito passivo na hipótese de ser trazido ao processo elemento novo que ainda não seja por ele conhecido no momento da impugnação.

Segundo Paulo de Barros Carvalho, a verdade material é corolário da oficialidade, pois, para ele, diferentemente do que prepondera em relação ao processo judicial, onde prevalece a verdade formal, estando o juiz, no processo civil, jungido às provas trazidas ao processo, no processo administrativo "há de sobrepor-se a verdade material, a autenticidade fática, mesmo em detrimento de requisitos formais que as provas requeridas ou produzidas venham a revestir", considerando, por decorrência, como ilógicas as decisões que não decretem a prescrição que não foi suscitada pela parte.[38]

Deve-se ter como regra basilar que o ônus da prova, visto muito mais como um dever de provar, no ato de lançamento tributário, é de competência exclusiva do Fisco. A ele cabe demonstrar e, por meio de elementos obtidos de modo lícito, provar a ocorrência do fato gerador ou da infração que quer imputar ao sujeito passivo. Somente há inversão do ônus da prova, para transferi-lo ao contribuinte, na hipótese de haver dis-

37. Paulo Celso Bergstrom Bonilha, *Da Prova no Processo Administrativo Tributário*, cit., pp. 95-96.

38. Paulo de Barros Carvalho, *Processo Administrativo Tributário*, trabalho cit., p. 184.

posição expressa da norma legal. No dizer do mestre Bonilha: "A presumida legitimidade do ato permite à Administração aparelhar e exercitar, diretamente, sua pretensão e de forma executória, mas este atributo não a exime de provar o fundamento e a legitimidade de sua pretensão".[39]

A síntese da verdade material manifesta-se em que não deve a Administração se satisfazer, dentro do processo tributário apenas com as provas e versões fornecidas pelas partes, tendo o dever de trazer para o processo todo e qualquer elemento, dados, documentos ou informações, desde que obtidos por meios lícitos (consoante o art. 5º, LVI, da Constituição), a fim de encontrar, ou não, a verdade real da ocorrência da obrigação tributária, seja pró ou contra o Fisco, seja pró ou contra o contribuinte.

O próprio CTN consagra implicitamente o respeito à busca da verdade material na esfera administrativa, ao condicionar a exigibilidade do crédito tributário a que não haja mais discussão acerca da materialidade da ocorrência do fato jurídico tributário e da legitimidade do crédito tributário, quando, no seu artigo 151, III, prevê a possibilidade da suspensão da exigibilidade do crédito tributário enquanto se encontrarem em discussão as reclamações e os recursos administrativos.

6. Princípio da inquisitoriedade

O significado que o princípio encerra é de que a ocorrência do fato tributário será apurada *ex officio*, devendo a autoridade administrativa presidir a determinação do modo e a extensão dessa apuração, não estando adstrita, apenas, às alegações e provas produzidas pelas partes.

Caracteriza-se por conceder mais liberdade na direção e disciplina no ato de lançamento e no processo tributário e tem como objetivo a averiguação oficiosa dos fatos fiscalmente relevantes.[40]

A adoção de tal princípio se justifica tendo em vista que, de acordo com José Luis Saldanha Sanches, "existe um interesse público na obtenção de uma sentença que seja materialmente correcta, repondo a legalidade violada pela actividade da Administração".[41]

39. Paulo Celso Bergstrom Bonilha, *Da Prova no Processo Administrativo Tributário*, cit., p. 93.

40. Cf. Soares Martinez, *Direito Fiscal*, 9ª ed., Coimbra, Almedina, 1997, p. 428 e José Luis Saldanha Sanches, *Princípios do Contencioso Tributário*, Lisboa, Editorial Fragmentos, 1987, p. 63. Igualmente, Enrico Allorio, *Diritto Processuale Tributario*, cit., pp. 9, 49, 54, 320 e 323, reconhece o caráter eminentemente inquisitório do processo tributário.

41. José Luis Saldanha Sanches, *Princípios do Contencioso Tributário*, cit., p. 63.

Tal assertiva é aplicável tanto na fase preparatória do lançamento, em que as provas são pré-constituídas pelo Fisco (autoridade lançadora), como na fase de controle por meio da autoridade julgadora. Contudo, mesmo na fase procedimental de investigação da ocorrência, ou não, de irregularidade ou infração à lei tributária, ainda assim, deverão ser respeitados os direitos e garantias fundamentais do contribuinte. Na fase processual, após a ciência do contribuinte, a inquisitoriedade resta inteiramente atenuada pelo contraditório, a ampla defesa e os princípios do devido processo legal, imparcialidade e da igualdade das partes dentro do processo fiscal.

Entretanto a inquisitoriedade conferida à autoridade administrativa, como ensina Ruy Barbosa Nogueira, deverá se pautar por uma investigação revestida de cautela, prudência, profundidade e objetividade. Aquele que investiga tem que pensar com muita consciência sobre aquilo que apura na sua atividade, bem assim deverá "procurar resolver contradições aparentes e chegar com grande insistência a ter certeza sobre aquilo que deve ser apurado".[42]

É exatamente este caráter inquisitório que diferencia o processo tributário do processo civil[43] e, por analogia, aproxima-o do processo penal, cujos procedimentos se assemelham ao processo tributário, face à defesa dos bens e interesses públicos que ambos visam assegurar e à magnitude dos direitos que buscam garantir com relação à propriedade e à liberdade dos sujeitos passivos. Pode-se mesmo visualizar a fase procedimental para a constituição do crédito tributário pelo lançamento praticado pela fiscalização, como similar ao inquérito policial, por isso mesmo inquisitória, e a fase contenciosa como similar à fase jurisdicional em que o juiz detém, igualmente, amplos poderes de instrução probatória.

Semelhante ilação constata-se nas lições de Alberto Xavier, para quem o princípio da segurança jurídica impõe limites no sentido de proteger o título de lançamento, que está intimamente ligado à verdade material no que se refere ao poder da Administração para executar a revisão de ofício, considerando que esta somente está autorizada na hipótese de surgirem fatos novos ou novas provas (art. 149, do CTN).[44]

42. Ruy Barbosa Nogueira, *Teoria do Lançamento Tributário*, São Paulo, Resenha Tributária, 1973, p. 64.

43. Cf. Paulo Celso Bergstrom Bonilha, *Da Prova no Processo Administrativo Tributário*, cit., p. 95.

44. Alberto Xavier, *Do Lançamento no Direito Tributário Brasileiro*, cit., p. 335.

Entende aquele mestre que, igualmente ao que ocorre "no âmbito do processo penal, os limites da coisa julgada estão intimamente relacionados com o poder de cognição do juiz, posto que a extinção da possibilidade de apreciação jurisdicional dos fatos está a serviço de um ideal de segurança jurídica, de garantia do cidadão e de economia processual" e que, prossegue ainda Xavier, "análogas exigências se verificam, como se sabe, no campo do procedimento administrativo de lançamento, através do qual se procura acautelar a esfera de propriedade dos particulares da Atividade da Administração fiscal e no qual, à semelhança do primeiro, se comete à Administração o encargo da prova, munindo-a de amplos poderes de investigação".[45]

Para Enrico Allorio, as relações do direito processual tributário com o direito processual civil ou o direito processual comum são exceções à regra, tendo em vista que este é governado pelo princípio dispositivo e o direito processual tributário, tal qual o processo administrativo ou o processo penal é regido pelo caráter inquisitório e oficioso. É essa característica que diferencia o processo tributário do processo civil.[46]

Por na sua essência o processo administrativo-tributário ser dotado de caráter inquisitório, a própria autoridade julgadora deverá considerar qualquer circunstância relevante na hipótese concreta, quer seja favorável ou contra o contribuinte ou o próprio Fisco.

Por conseguinte, reconhecendo-se a inquisitoriedade como ínsita à atividade administrativo-tributária, as normas que regulamentam o processo administrativo fiscal concederam, expressamente, à autoridade julgadora de primeira instância o poder de ir buscar novas provas, determinando, a pedido do sujeito passivo ou de ofício, a realização de perícias ou diligências que entender necessárias à formação do seu livre convencimento, consoante o art. 18, do Decreto n. 70.235/1972, com as alterações da Lei n. 8.748/1993, cujo poder para a segunda instância julgadora decorre da natureza da própria atividade exercida.

7. *Princípio da oficialidade*

A oficialidade, também chamada de impulso oficial ou impulsão de ofício,[47] resume-se na obrigatoriedade da própria Administração, sob

45. Idem, ibidem.

46. Enrico Allorio, *Diritto Processuale Tributario*, cit., pp. 49, 54, 320 e 323.

47. Odete Medauar, *Processualidade no Direito Administrativo*, São Paulo, Ed. RT, 1993, p. 120.

pena de responsabilização dos seus agentes, de ter que executar de ofício todos os atos que estejam dentro de sua competência, independentemente de provocação do sujeito passivo ou de qualquer ato ou ordem superior.

Exsurge a oficialidade do fato de que as autoridades encarregadas do lançamento e do julgamento administrativo do lançamento "agem no exercício de um de ofício, que é função de direito público a elas atribuída". Daí deriva que as autoridades administrativas exercem o controle de "todas as pessoas que participam do lançamento para verificar se desempenham suas incumbências de conformidade com a lei, intervindo contra qualquer violação dessas obrigações, por meios disciplinares, que lhes são atribuídos pela lei (prazos peremptórios, sanções disciplinares etc.)"[48]

Este princípio deverá, especialmente, reger e impulsionar o processo administrativo tributário, mesmo que este seja instaurado por provocação do sujeito passivo. No campo tributário, a oficialidade decorre dos princípios da moralidade e eficiência como forma de as autoridades administrativas cumprirem o seu dever de aferir a capacidade contributiva, constituir o crédito tributário e agilizar os respectivos procedimentos com vista à apuração dos fatos e exigências dos créditos tributários.

O princípio da oficialidade vai determinar, ainda, "quem tem poderes para dar início ao processo, para regular a sua marcha e o seu conteúdo".[49] Como conseqüência deste princípio, tem-se que "a instância não se exaure, nem o processo se extingue pela passagem do tempo, senão quando haja expressa disposição de lei".[50]

Segundo Paulo de Barros Carvalho, deflui deste princípio a instrutoriedade que deve nortear o procedimento administrativo com vista à produção de provas e à tomada das providências necessárias à averiguação dos fatos subjacentes, que tanto cabem ao Poder Público como à parte interessada. De acordo com aquele mestre, é esta a fórmula encontrada pelo Direito para o esclarecimento dos fatos e o subseqüente controle

48. Cf. Ruy Barbosa Nogueira, *Teoria do Lançamento Tributário*, p. 71. Para este autor: "Às pessoas que são parte no lançamento cabe, como colaboração, a faculdade de argüição". Aqui foi estendida a definição da oficialidade colocada por Nogueira também à fase de controle do lançamento, tendo em vista que aquele autor inclui as fases de execução e controle, neste trabalho, consideradas como distintas, como sendo duas fases do próprio lançamento.

49. José Luis Saldanha Sanches, *Princípios do Contencioso Tributário*, cit., p. 65 (nota 3).

50. Paulo Celso Bergstrom Bonilha, *Da Prova no Processo Administrativo Tributário*, cit., p. 77.

da legalidade dos atos. Justifica-se a preponderância e a intensidade da aplicação deste princípio no campo tributário pelo fato de que, com ele, foi conferida à Administração a marcha procedimental no sentido de afastar qualquer hipótese de sucessão que pudesse obstar o controle da legalidade.[51]

Decorre também deste princípio que não há necessidade de as partes requererem ao julgador administrativo-tributário que seja aplicada a legislação, decretada a decadência e a prescrição do direito de crédito do Fisco ou que seja determinada a busca de outras provas com vista à formação do seu convencimento. Como ensina Ataliba, como corolário da oficialidade "deve prevalecer soberanamente o princípio da busca da verdade material por parte do julgador, ainda que a despeito da incúria ou inércia das partes, principalmente do acusado".[52]

Como conseqüência deste princípio, a Administração deve agir em caráter abrangente, não se limitando aos aspectos e medidas suscitados pelas partes. Deverão ser obtidas de ofício, além das requeridas pelo sujeito passivo, outras provas visando ao esclarecimento dos fatos e situações. A inércia dos sujeitos (funcionários, servidores, órgãos públicos e sujeito passivo) não deve implicar a paralisação do processo. Se a Administração retarda ou se desinteressa pelas providências que lhe são competentes no processo, infringe a oficialidade, estando passíveis os seus agentes de serem responsabilizados pela correspondente omissão.

8. Princípio da segurança jurídica

A segurança jurídica é um princípio universal que informa todo o ordenamento jurídico. Exsurge da visualização conjunta e integrada do influxo de outros princípios e estará sempre presente onde houver Direito. O princípio revela-se como uma das idéias básicas do Direito, sendo percebida como dotada de forte carga axiológica.

Apesar de não se encontrar positivado, o princípio da segurança jurídica resulta e ganha concreção pela aplicação harmônica e interpretação sistemática de todos os outros princípios, quando visa assegurar os direitos fundamentais dos cidadãos a fim de garantir a paz social.

Em matéria tributária, a segurança jurídica realiza-se por meio da junção, dentre outros, dos princípios da igualdade, legalidade (tipicida-

51. Paulo de Barros Carvalho, *Processo Administrativo Tributário*, trabalho cit., pp. 183-184.

52. Geraldo Ataliba, "Recurso em Matéria Tributária", cit., p. 132.

de), isonomia, unicidade de jurisdição, capacidade contributiva, pessoalidade, anterioridade, irretroatividade, vedação ao confisco etc.

Já no campo do procedimento e do processo administrativo-tributário, o princípio se concretiza pela observância harmônica, conjunta e integrada dos diversos princípios que informam a apuração, a constituição, o controle e a execução do crédito tributário como a legalidade, o devido processo, o contraditório e a ampla defesa, a verdade material, a inquisitoriedade e a oficialidade abrangendo, inclusive, a moralidade e eficiência que são inerentes ao dever de agir das autoridades administrativas.

Nas lições de Paulo de Barros Carvalho, a segurança jurídica é um sobreprincípio que ocupa posição privilegiada nos patamares do ordenamento jurídico, e que somente se realizará por meio da certificação sintático-semântico-pragmática da existência dos outros princípios.[53]

A Constituição assegura a concretude dos direitos fundamentais. Portanto, a violação de quaisquer desses direitos deve acionar os mecanismos de controle previstos no ordenamento jurídico, a fim de que sejam recompostos e restabelecidos os interesses violados. E é exatamente a segurança jurídica que promove a efetividade dos preceitos constitucionais, na busca do equilíbrio das relações jurídicas e da paz social.

Especificamente no âmbito da interpretação e aplicação das normas pela Administração Tributária, a segurança jurídica somente se materializa mediante a observância dos princípios que devem reger a imposição tributária e as ações do próprio Fisco.

Para Alberto Xavier, a segurança jurídica, no plano da criação normativa dos tributos, em linha reta, aponta para os princípios da legalidade e da tipicidade, entretanto, no plano da aplicação do direito e sua subseqüente realização, a segurança é alcançada pela certeza do direito contida na configuração do lançamento, como causa removedora das incertezas que se revelam pela preclusão. Para aquele mestre: "o princípio da segurança jurídica se encontra na base da prevalência da situação tributária abstrata e que, ao invés, o princípio da verdade material se mostra favorável ao predomínio da situação subjacente", o que gera, segundo ele, uma "tensão latente de princípios".[54]

53. Nesse sentido, a segurança jurídica se apresenta como um sobreprincípio, resultante da "coalescência de diretrizes como a da legalidade, da igualdade, da irretroatividade, da universalidade da jurisdição, da anterioridade etc." (Paulo de Barros Carvalho, "O Princípio da Segurança Jurídica em Matéria Tributária, Home sobre o TRF – acesso RENPAC – sites jurídicos – guestbook", *Curso de Direito Tributário*, cit.).

54. Alberto Xavier, *Do Lançamento: Teoria Geral do Ato, do Procedimento e do Processo Tributário*, cit., pp. 581-582.

Ainda, segundo Alberto Xavier, o procedimento administrativo, o lançamento e a obrigação tributária têm influências recíprocas dentro de um sistema de regras flexíveis que buscam a cada instante o equilíbrio entre a verdade material e a certeza do direito. Contudo não se pode descuidar que o sistema tributário é um sistema racional e harmônico de princípios, cuja origem encontra-se inserida entre princípios antagônicos da segurança e da justiça, uma vez que, no "cerne do regime jurídico do lançamento, encontram-se, pois, organicamente inseridas duas ordens distintas, de um lado, capacidade contributiva, igualdade tributária, reserva de lei formal, inquisitoriedade, verdade material, dever de investigação, ampla defesa, imparcialidade, objetividade, vinculação e invocabilidade da causa; do outro lado, reserva absoluta de lei, tipicidade, inderrogabilidade, certeza, verdade formal, preclusão e abstração".[55]

Na busca de realizar a segurança jurídica, o exercício do dever-poder de fiscalizar, lançar e arrecadar os créditos tributários deverá reger-se de modo a procurar o equilíbrio da relação jurídico-tributária com vista a conciliar o interesse do Fisco na arrecadação e o respeito aos direitos individuais.

A atividade administrativa deve ater-se e ser exercida, sempre, nos estritos limites da legalidade, inclusive, no tocante ao respeito aos direitos e garantias fundamentais dos contribuintes. Não se deve confundir o interesse público (o bem comum em geral) com o interesse da Administração Pública (a forma como os órgãos governamentais vêem o interesse público).

Mister se faz, em conseqüência, que sejam rigorosamente observados os princípios que se encontram assegurados constitucionalmente e devem direcionar cada momento da cadeia tributária, desde a edição das leis até o *iter* das ações dos agentes do Fisco, seja na fase do procedimento fiscal, seja em sede do processo administrativo-tributário, sob pena de subversão do sistema jurídico e de eivar-se de ilegalidade e ilegitimidade os respectivos atos administrativos e instalando-se a insegurança na relação Fisco *versus* contribuinte.

9. *Conclusão*

A autoridade administrativa está intrínseca e visceralmente vinculada e subordinada à legalidade, somente poderá agir na forma e na extensão dos limites impostos pela lei, entendendo-se esta não só em sentido

55. Idem, ibidem, pp. 587, 591-592.

estrito como a lei ordinária, mas no seu conceito amplo que alcança também a norma constitucional.

A atividade da Administração Tributária, seja em fase procedimental seja em fase processual, além da legalidade, deverá nortear-se e, até mesmo antes da lei, seguir os princípios constitucionais uma vez que eles têm valor normativo autônomo e são aplicáveis não só nos casos de lacuna de lei, mas encontram-se inseridos dentro de cada norma.

Como ensina A. Calsamiglia: "Os princípios – afinal – informam as normas jurídicas concretas de tal forma que a literalidade da norma pode ser desatendida pelo juiz quando viola um princípio que no caso específico se considera importante".[56]

Deste modo, em relação à atividade administrativo-tributária, os princípios constitucionais são o fundamento e o norte a serem seguidos e considerados pelas autoridades administrativas, que deles não poderão afastar-se sob pena da total invalidade ou nulidade dos seus atos.

Deve-se considerar que é exatamente a força imanente de que se encontra revestido o lançamento como decorrência dos princípios da legalidade, inquisitoriedade, contraditório, ampla defesa e certeza da verdade material, que transmuda o título unilateralmente constituído pela Fazenda Nacional em título executivo extrajudicial, como um dos privilégios de que goza o crédito tributário, de ser dotado do mesmo poder e se equiparar aos títulos executivos judiciais.[57]

Os princípios são o substrato e dão fundamento a todo o sistema de normas, haja vista que eles direcionam quer de modo explícito, quando se encontram expressos, por exemplo, no Texto Constitucional, quer de modo implícito quando resultam da própria integração do sentido contido em todas as normas do sistema jurídico. De tal assertiva pode-se concluir que a violação desses princípios resultará, também, em violação da própria ordem jurídica.

A relação jurídico-tributária deve ser revestida de ética, na qual se reconhece a existência de direitos e deveres para ambas as partes: Fisco e contribuinte, sem que uma possa se sobrepor à outra. É exatamente a obediência e o atendimento dos princípios consagrados pela ordem jurídica que garantem o equilíbrio da relação tributária necessário à realização da segurança jurídica.

56. A. Calsamiglia, prólogo à obra *Los Derechos en Serio*, de Ronaldo Dworkin, trad., p. 9: "Los principios – además – informan las normas jurídicas concretas de tal forma que la literalidad de la norma puede ser desatendida por el juez cuando viola un principio que en esse caso específico se considera importante".

57. Alberto Xavier, *Do Lançamento: Teoria Geral do Ato, do Procedimento e do Processo Tributário*, cit., p. 400.

LA PRUEBA EN EL PROCEDIMIENTO DE GESTIÓN TRIBUTARIA

José Pedro Montero Traibel

1. Introducción. 2. Objeto de la prueba. 3. Carga de la prueba. 4. Momento de ofrecimiento de la prueba. 5. Periodo de prueba. 6. Medios de prueba: 6.1 Prueba pericial; 6.2 Prueba testimonial; 6.3 Confesión fiscal; 6.4 Prueba por presunciones; 6.5 Inspecciones oculares. 7. Valoración de la prueba.

1. Introducción

Acaecida la hipótesis de incidencia en el mundo fenoménico, la Administración, según nos enseña nuestro Maestro José Souto Mayor Borges, debe verificar la ocurrencia del hecho jurídico tributario, para poder determinar la deuda e identificar el sujeto pasivo.[1] Para ello, contará con todos los medios que la legislación ponga a su alcance, y entre ellos, producir y valorar la prueba de estos hechos.

El período probatorio dentro del procedimiento de gestión tributaria, es sin lugar a dudas, uno de los aspectos más importantes de toda la tramitación, porque será el que establecerá los límites y condiciones en que se valorarán los elementos de la hipótesis de incidencia acaecida y demás datos y detalles que surgen del expediente. Esta importancia, fue resaltada por Alberto Ramón Real, cuando sostuvo que "el derecho del interesado a producir prueba en el procedimiento administrativo, es un límite muy serio a la arbitrariedad de la Administración y puede permitir documentar elementos de juicio preciosos, en los cuales basar la acción anulatoria ulterior, si la Administración llevare adelante una actitud contraria a Derecho".[2]

A pesar que nadie niega esta importancia, la doctrina y como consecuencia la bibliografía tributarias son muy escasa al respecto, mantenien-

1. *Lançamento Tributário*, Rio de Janeiro, Forense, 1981, p. 130; 2ª ed., revista e atualizada, São Paulo, Malheiros Editores, 1999, p. 139

2. *Estudios sobre Derecho Administrativo*, t. III, Montevideo, F.C.U., 1968, p. 72.

do de esta forma una ausencia de tratamiento de la prueba en el procedimiento de gestión, y ello probablemente se deba, a que en esta materia "no hay normas legales que rijan el procedimiento administrativo y por analogía se aplican las normas que rigen el procedimiento civil".[3] Es decir, que también las legislaciones comparadas son renuentes a legislar sobre este tema y especialmente los Códigos Tributarios latinoamericanos, que se limitan en general, a aceptar todos los medios de prueba y a veces se regulan los plazos para el ofrecimiento y diligenciamiento de la prueba, estableciendo en algunos casos, algún medio de prueba referida específicamente a la materia tributaria.

En ese sentido, en algunas legislaciones a texto expreso y en otras por aplicación de principios como el de la analogía, se aplican al procedimiento de gestión tributaria las normas que rigen los trámites administrativos comunes y en su defecto, se recurre a las del procedimiento contencioso administrativo.[4]

Sin embargo, a pesar de la parquedad con que se legisla esta etapa del procedimiento, se admite, en base a los principios que rigen la materia, que la Administración puede ejercer amplias facultades probatorias, y en consecuencia, podrá disponer de oficio de todas las diligencias que estime necesarias para el esclarecimiento de los hechos. Tan es así, que Dino Jarach sostiene que "(...) la administración tributaria en general, en el procedimiento de determinación, tiene la facultad de valorar la prueba, pero al mismo tiempo tiene la obligación de buscar las pruebas necesarias para determinados aspectos de las obligación tributaria supliendo las deficiencias de las pruebas aportadas por los interesados".[5] Esto se debe a que la Administración tiene el deber-derecho de averiguar libremente, sin limitación ninguna, las circunstancias que den nacimiento a su crédito fiscal.

Asimismo, y como contrapartida, "el determinado tiene la posibilidad de ofrecer y producir prueba en apoyo de los hechos invocados (...)",[6] pues, por aplicación de los principios generales, como lo veremos más adelante, se permite que el interesado utilice todos los medios de

3. Rafael Noboa, *Análisis del Código Tributario* (obra colectiva), Montevideo, F.C.U., 1975, p. 82.

4. Cf. Ramón Valdés Cota y Nelly Valdés, en "Uso de las presunciones en Derecho Tributario", *Rev. Tributaria*, n. 67, Montevideo, 1985, p. 287.

5. *Curso Superior de Derecho Tributario*, Buenos Aires, Liceo CIMA, 1969, pp. 419-420.

6. Catalina García Vizcaíno, *Derecho Tributario*, t. II, Buenos Aires, Depalma, 1997, p. 44.

prueba admitidos por el Derecho. Esto es así, no sólo por aplicación del principio de igualdad de las partes, sino porque debe aceptase todo tipo de prueba no prohibida por una regla de derecho.

De modo entonces que tanto la Administración en cualquier momento, o el interesado al presentar su escrito introductorio o cuando evacua la vista previa a una resolución, puede solicitar un período probatorio articulando la que considere necesaria.

En consecuencia, según manifiestan Valdés Costa y Nelly Valdés, rigen en el derecho tributario algunos principios generales, tales como la "las amplias posibilidades del contribuyente de producir prueba, tanto en vía administrativa como jurisdiccional y su correlativo deber de iniciativa y colaboración con la Administración" y como reverso de la medalla "las facultades inquisitivas de la Administración, impulsión de oficio de los procedimientos y obligación de proporcionar todos los antecedentes administrativos que obran en su poder".[7]

2. *Objeto de la prueba*

Las facultades de investigación con que cuenta la Administración, tienden a detectar los hechos y demás elementos necesarios para una correcta determinación del tributo y esa tarea fiscalizadora, se complementa con la calificación jurídica de esos mismos hechos. "Por lo tanto, en relación con el sistema probatorio, lo que se debe probar es el hecho económico generador de la obligación tributaria", como dice Alejandro Ramírez Cardona.[8] Por otra parte, el propio organismo recaudador puede disponer el tipo de prueba que considere necesario para el esclarecimiento de los hechos acerca de los cuales debe dictar resolución,

De lo dicho, surge que el objeto de la prueba en el procedimiento de gestión tributaria, es la existencia de los hechos económicos argumentados o acaecidos que configuran el tributo. Como ese hecho económico es consecuencia de actos o hechos jurídicos con contenido económico, es que puede o no preconstituirse la prueba, como es el caso de la declaración jurada, sin cuya existencia, muchas veces le sería prácticamente imposible a la Administración conocer la situación financiera del contribuyente.

Sin embargo, no es necesario probar todos los hechos, pues existen algunos cuya existencia la ley los presume realizados cuando ocurran determinadas circunstancias. Estos son los que la legislación y la doctrina

7. Ob. cit., p. 286.
8. *El Proceso Tributario*, 2ª ed., Bogotá, Temis, 1967, p. 195.

conocen como presunciones legales, que son creadas por el derecho para facilitar la tarea investigadora de la Administración y cuyo cometido es justamente evitar la tarea probatoria.

Tampoco pueden ser objeto de prueba, pues ni siquiera son objeto de discusión, los conocidos como hechos de pública notoriedad, es decir los hechos notorios y todos aquellos hechos que el contribuyente reconoce como realmente ocurridos, sea en el acta de inspección o sea en un acuerdo tributario. Luego que el contribuyente presta su conformidad, sea al acta o al acuerdo, no podrá desconocer esas circunstancias salvo que aparezcan elementos contradictorios nuevos, lo que simplifica el procedimiento y asegura su certeza, al impedir ser controvertido el acto de determinación.[9] Es decir, que esos hechos que el particular reconoce como verdaderos y que servirán para la liquidación y determinación de la deuda tributaria, no deben ser objeto de prueba.

3. *Carga de la prueba*

Determinados cuales son los elementos y hechos que deben probarse, corresponde el análisis de a cual de las partes corresponde probar esos elementos y hechos. Es decir, que en este aspecto se plantea el tema de la carga de la prueba.

El procedimiento de gestión tributaria relaciona al contribuyente y a la Administración, para determinar correctamente la deuda a cargo del administrado y a favor del Fisco. Por ello, cada uno por su lado, pretenderán obtener la verdad material que consideran correspondiente a su derecho, utilizando argumentos que prueben sus verdades y es este justamente el punto en que debe establecerse a quien corresponde cada una de las pruebas.

Pero si bien, el contribuyente pretenderá con su prueba demostrar que no debe nada o que debe lo que él considera ajustado a derecho, la Administración deberá demostrar que el contribuyente si está obligado a pagar el tributo, ya sea por la suma declarada por aquel o por una superior. Pero lo que si debe tenerse en cuenta, es que la actuación de la Administración no es consecuencia de un procedimiento contradictorio, ya que ella está obligada a aplicar las normas legales en forma correcta

9. Cf. Sayagués Laso, *Tratado de Derecho Administrativo*, t. I, Montevideo, 1963, pp. 393 y ss.; A. D. Giannini, *Instituciones de D. Tributario*, Madrid, Ed. Derecho Financiero, 1957, p. 298; Ramón Valdés Costa, "Los acuerdos entre la Administración y los contribuyentes frente al Principio de Legalidad", *Rev. del Instituto Peruano de D. Tributario*, vol. II, Diciembre de 1986, p.132 y en *Código Tributario Anotado*, Montevideo, F.C.U., 2002, p. 425.

y no arbitraria, de ahí que se diga que tiene el "deber-derecho" de cobrar lo que establece la legislación, ni más ni menos.

En ese sentido, la oficina recaudadora correspondiente podrá disponer los medios de prueba que considere necesarios para el esclarecimiento de los hechos, pero "no deberá requerir pruebas imposibles a quienes se les desplace la carga de la misma, y la Administración tendrá que probar en todos los casos el hecho inferente de la presunción" como dice la Recomendación 7ª del Tema III – "El uso de ficciones y presunciones en el derecho tributario", de las XII Jornadas Latinoamericanas de D. Tributario celebradas en Bogotá, 1985. Es decir, que en caso de las presunciones al operar la inversión de la carga de la prueba no debe exigírsele al particular que deba probar que la presunción no lo alcanza por medios exorbitantes y de difícil demostración.

Cuando el sujeto pasivo solicita un período probatorio para demostrar su situación frente al Fisco, la carga de la prueba será de quien la ha impetrado, pues, "tanto la negación de un hecho como su afirmación, debe probarse por quien alega"[10] y como afirma a Jarach, "incumbe al declarante la prueba de la veracidad de su declaración jurada e incumbe a la Dirección la demostración de la inexactitud de las declaraciones juradas, si los funcionarios impugnan los elementos probatorios o constatan la inexistencia de estos".[11]

Pese a tan preclaras afirmaciones, Souto Mayor, entiende que el "fisco tiene el deber – no la carga – de verificar la ocurrencia de la situación jurídica tributaria conforme ella se realiza en el mundo fáctico (...)". Y continúa: "Cosa diversa sería afirmar que el fisco tiene no el deber, sino la carga de la prueba".[12] Y ello se debe a que el procedimiento administrativo tributario es indisponible y por lo tanto, en él, no cabe la categoría jurídica en que consiste la carga de la prueba. Para Souto, la carga de la prueba se define como una conducta no obligatoria que es apenas un requisito necesario para la obtención de un determinado efecto útil. Y concluye que la carga, es por definición disponible, lo que es contradictorio con las facultades de la Administración.

4. *Momento de ofrecimiento de la prueba*

En lo que tiene que ver con el momento de presentar los elementos probatorios, el procedimiento de gestión presenta ciertas peculiaridades

10. Ramírez Cardona, ob. cit., p. 201.
11. *Curso Superior...*, p. 41.
12. Ob. cit., p. 121 da 2ª ed..

que lo diferencian en algo del procedimiento administrativo en general. En este sentido sostiene Daniel H. Martins que "en realidad, esta etapa puede darse antes o después de la vista al interesado",[13] por cuanto la Administración podrá disponer de oficio las diligencias probatorias que estime necesarias, pues en este aspecto, si no hay norma expresa, la Administración tiene facultades discrecionales para abrir o no un período de prueba y en caso que así lo haga, queda a su arbitrio fijar el plazo del término y cuales pruebas considera pertinentes.

Pero si el interesado quiere presentar probanzas que avalen sus afirmaciones, puede hacerlo en distintos momentos. Lo más común y corriente, es que lo haga en el momento en que el organismo recaudador le concede una vista antes de dictar resolución, en función del principio del debido proceso, por el cual nadie puede ser pasible de una carga tributaria, sin antes oír sus descargos.

Asimismo, puede ofrecerlas cuando incoa el procedimiento de gestión tributaria presentando la declaración jurada o un petitorio, momento en los cuales deberá alegar todos los hechos de prueba conocidos, para que de esta manera no se induzca a error a la Administración. En efecto, el principio de buena fe que debe regular todo procedimiento, implica que el interesado no debe ocultar los hechos, pues si lo hace, incurre en una infracción tributaria, pues tal actitud, será considerada como una "omisión activa", pues como muy bien dice Federico Berro, esta "(...) no es sólo olvido de mostrar sino la acción de esconder, de tapar o disfrazar una situación".[14]

En cambio, en lo que tiene que ver con la prueba que fuere a solicitar la Administración, no hay un momento determinado, ya que la facultad que esta tiene le permite solicitar las diligencias probatorias que considere oportunas, cada vez que lo requiera el esclarecimiento de los hechos y le sea necesario para el dictado de la resolución correspondiente.

Decretado un período de prueba en esta forma, es necesario comunicárselo al administrado para que este pueda en su caso, controlar la producción de la misma, ya que de las resultas de la prueba se dictará el acto de determinación.

Esta solución para los casos en que la prueba se produce de oficio, consideramos que también es aplicable cuando la prueba la solicita el interesado, pues aquí también se hace imprescindible la notificación personal, por cuanto el expediente administrativo, muchas veces es de

13. *Procedimiento Administrativo*, Montevideo, Acali, 1977, p. 64.

14. *Los ilícitos tributarios y sus sanciones*, 2ª ed., Montevideo, F.C.U., 1995, p. 79.

difícil localización, por encontrarse no sólo en reparticiones de una misma oficina, sino incluso en otras localidades del país.

5. *Periodo de prueba*

Otro aspecto a destacar dentro del análisis de la prueba en el procedimiento de gestión, es establecer cual es el plazo de ese período probatorio, para que durante su transcurso se diligencia la prueba solicitada.

En este punto hay que distinguir, primero la prueba ofrecida por el contribuyente y la que promueve de oficio la Administración, y en segundo lugar, debe tenerse en cuenta la distinción entre el plazo para el ofrecimiento de la prueba y el plazo para el diligenciamiento de la misma.

La primera situación, es normalmente resuelta a texto expreso por las legislaciones comparadas, estableciéndose un plazo no muy extenso, que normalmente no supera los treinta días, cuando se trata de la prueba impetrada por el contribuyente y un plazo prudencial no superior a diez días, en cambio, cuando la prueba se solicita en el momento de evacuar una vista previa a una resolución. En cuanto al período de la prueba de oficio, como puede ser solicitada en cualquier momento del procedimiento, no es posible establecer un plazo predeterminado, quedando obligada la Administración, como se dijo, a notificar de tal diligencia al contribuyente, para que este pueda vigilar su realización.

En cuanto al segundo aspecto, esto es a los plazos de ofrecimiento de la prueba, generalmente, la solución adoptada, es la que se manifiesta en plazos breves que normalmente corresponde a un tercio o la mitad del período de diligenciamiento.

6. *Medios de prueba*

Como en el procedimiento de gestión rige también el principio de la verdad material que obliga a la Administración a ajustarse a veracidad de los hechos debe concluirse que en principio, todos los medios de prueba son aceptados. "La idoneidad en materia de prueba en Derecho Tributario, depende en primer término de las exigencias que para establecer determinados hechos consagren las leyes sobre impuestos o las leyes generales en cuanto no se opongan a las normas especiales, y a falta de unas y otras, se debe calificar la idoneidad de la prueba, de acuerdo con las reglas de la sana crítica", como sostiene Ramírez Cardona.[15]

15. Ob. cit., p. 204.

Los Códigos Tributarios, cuerpo legal al que forzosamente tenemos que dirigirnos en primer lugar, normalmente no contienen una enumeración detallada de los medios de prueba a los que se pueda recurrir, pues solamente establecen a texto expreso, algunos de ellos. Eso se debe a que en la materia se aplican los principios generales, limitándose los Códigos, a regular especialmente algunos medio probatorios adaptados a la materia tributaria. De ahí que en este aspecto, rija el principio general que los hechos relevantes para la decisión de un procedimiento, podrán acreditarse por cualquier medio de prueba no prohibido por la ley.

En consecuencia, los medios de prueba admitidos son, de acuerdo a los principios generales del derecho, la pericia, la prueba testimonial, la confesión fiscal, las presunciones y la inspección ocular. En lo que tiene que ver con la prueba específicamente tributaria, tenemos que admitir, los asientos contables y comprobantes, los libros de comercio, etc. Veremos algunos de ellos.

6.1 Prueba pericial

Esta prueba, tiene un alcance y una valoración diferente en este procedimiento de gestión tributaria, que la que tiene normalmente en la vía contenciosa. En efecto, si bien se acepta este medio de prueba, la misma no adquiere la dimensión que tiene en el contencioso, en donde "(...) los peritos actúan como auxiliares de los jueces, terceros 'super partes' característica esta extraña a los procedimientos administrativos", establecen Valdés, Blengio y Sayagués,[16] por lo que esta prueba puede ser aportada sin inconvenientes por el interesado, pero será valorada en su oportunidad no obligando sus conclusiones a la Administración.

Esto se debe, a que como muy bien dice Noboa, "a la administración no se le pueden imponer peritaje, ella tiene sus técnicos en todas las materias que pueden producir los informes pertinentes".[17] Sin embargo, y en base al principio que todo medio de prueba no contrario a la ley es apto para acreditar el acaecimiento de los hechos determinantes del tributo, el informe pericial aportado por el interesado, es aceptado, pero únicamente como un argumento más del interesado, que, repetimos, en nada obliga a la Administración.

Así la persona que quiera servirse de un peritaje, puede requerirlo a la persona indicada, para que se expida sobre el punto en cuestión y

16. *Código*..., p. 397.
17. Ob. cit., p. 82.

ese peritaje, dictado en el ámbito netamente privado del propio interesado, puede ser presentado en el procedimiento de gestión, como un argumento más o como una prueba en su caso. Pero lo que hay que dejar bien aclarado, es que esta prueba que puede abarcar todas las materias imaginables, es producido a cuenta y riesgo del particular y no obliga a la Administración más que cualquier otra opinión.

Pero lo que no puede hacer la Administración es rechazarlo, salvo que el mismo sea impertinente, pues si así lo hiciera, el contribuyente podrá recurrir por los medios habilitados por su legislación, dicho acto negatorio, pues el mismo lesionaría su legítimo derecho a producir prueba no contraria a la ley.

6.2 Prueba testimonial

La prueba testimonial supone la deposición de un tercero ajeno al asunto que se desarrolla, sin interés por razones de parentesco ni económicos, que no se encuentre legalmente impedido, es decir que sea capaz de declarar civil y administrativamente y que conozca los hechos que se discuten.[18]

En la prueba testimonial, es donde se puede apreciar claramente la facultad inquisitoria de la Administración, debido fundamentalmente a que en esta etapa, es donde existen mayores posibilidades de desfigurar la realidad, es decir, donde la prueba puede ser falsada más impunemente, ya que no es extraño que el testigo declare cosas falsas y que la Administración no pueda demostrarlo.

El interesado tiene la carga de hacer comparece al testigo ofrecido y presentar el interrogatorio el que debe versar sobre los hechos cuestionados, de lo contrario, la Administración puede rechazar esa prueba por inconducente. El interrogatorio lo lleva adelante la Administración, efectuando las preguntas propuestas por el interesado pudiendo ella a su vez interrogar a los testigos en la forma que crea conveniente.

A nuestro juicio, debe autorizarse a la Administración no sólo a leerle al testigo las preguntas presentadas por el interesado, sino que debe conferírsele al órgano recaudador, la facultad de articular sus propias preguntas, pues con ello, se "(...) tiende a facilitar la fiscalización de las declaraciones de los testigos presentados por los contribuyentes".[19] Esas tareas las realizará un funcionario dependiente del órgano recaudador,

18. Cf. Ramírez Cardona, ob. cit., p. 245.

19. Valdés, Blengio y Sayagués, *Código...*, p. 398.

quien no sólo leerá y formulará las preguntas a nombre de la Administración, sino que consignará en actas las deposiciones de los testigos, actas estas que una vez finalizadas deberán ser firmadas por los testigos y las partes.

Es evidente que durante el interrogatorio, las partes o sus abogados, podrán cuestionar las preguntas impertinentes o inadecuadas, asimismo están facultados para repreguntar, solicitar las rectificaciones o ratificaciones necesarias, siendo el funcionario público quien tenga el control de la audiencia, pudiendo rechazar las preguntas inconducentes.

Si las declaraciones de varios testigos resultaran contradictorias, deberá realizarse careos a efectos de determinar la verdad material de los hechos pero si las deposiciones son falsas y eso puede comprobarse, el deponente quedará sin ninguna duda incurso en el delito de falso testimonio.

Se plantea una situación especial, cuando el interesado propone como testigo a un funcionario público dependiente del órgano recaudador y que haya intervenido de alguna manera en la tramitación del asunto y tenga conocimiento, por ejemplo, de algún hecho que no surja de la documentación agregada al expediente. En estas situaciones concordamos totalmente con el hecho que: "El principio de que las partes no están obligadas a producir prueba en su contra, no rige frente a la administración pública. Esto es lógico, porque la administración actúa para cumplir fines públicos conforme a derecho (...)".[20]

6.3 Confesión fiscal

Vinculada con la deposición testimonial, podemos mencionar la confesión fiscal, es decir, que efectos tiene como prueba, que el contribuyente, interrogado por la Administración o ante un acuerdo tributario, confiesa o reconoce determinados hechos que lo perjudica.

Podemos definir la confesión, como la manifestación de voluntad del sujeto pasivo, efectuada dentro del procedimiento de gestión tributaria, sobre determinados hechos afirmados por la otra parte que lo perjudican, reconociendo que son ciertos.

La circunstancia que sea la parte interesada la deponente, diferencia la confesión de la prueba testimonial que emana de un tercero y además, se requiere que esa declaración perjudique a la parte interesada, ya que si no es así, no habría confesión.

20. Sayagués Laso, ob. cit., t. II, p. 591.

Además como explicita Ramírez Cardona[21] la confesión debe ser en primer lugar voluntaria, además, al igual que la testimonial debe ser realizada por una persona capaz civil y administrativamente y no viciada por un error de hecho. El error de hecho puede darse cuando se considera cierta una situación que perjudicaría al contribuyente cuando en realidad está demostrado o se tiene la prueba que le es favorable. Por su parte, el error de derecho se refiere al desconocimiento de la ley, pero ello no hace caer la confesión, por el principio universalmente admitido que la ignorancia de las leyes no sirve de excusa.

A su vez, la confesión puede ser pura y simple cuando se declara como cierto el hecho que lo perjudica sin ninguna reserva, pero si la declaración se hace con salvedades referidas al hecho principal que se confiesa, estamos ante una confesión calificada, integrada por el hecho en si y por las salvedades, ambos indivisibles, y por último, cuando el confesante declara cierto un hecho que lo perjudica pero expresando una salvedad referida a otro hecho distintos y ajeno. En este caso, la confesión puede dividirse, aceptándose como tal la que lo perjudica y debiendo probar la otra.

Por último, podemos ver que la confesión puede ser expresa o presunta. La primera, ocurre cuando el confesante declara expresamente en el procedimiento de gestión, la veracidad de un hecho que lo perjudica y presunta, cuando requerido el interesado a manifestar la veracidad de un hecho, no comparece a la citación, contesta con evasivas o mantiene silencio, admitiéndose en estos casos, la prueba en contrario.

Atento a la naturaleza inquisitoria del procedimiento de gestión, sin perjuicio del principio de igualdad de las partes, es evidente que este medio de prueba obliga al declarante, pero no ata a la Administración, la cual puede, en la búsqueda de la verdad material, desecharla, si la misma no está corroborada por los hechos, siendo concluyente Jarach cuando afirma que: "no rige el principio de que la confesión releva al fisco de la prueba, en cuanto a él la incumba".[22]

6.4 Prueba por presunciones

En primer lugar, podemos decir, que la presunción es una prueba indirecta, por cuanto probará un hecho no por su existencia real sino por medio de un antecedente conocido, que permite por medio de un razonamiento, llegar al hecho presumido.

21. Ob. cit., pp. 216 y ss.
22. *Curso Superior...*, p. 420.

De este modo, Alfredo Augusto Becker las define como "el resultado de un proceso lógico mediante el cual el hecho conocido cuya existencia es cierta se infiere un hecho desconocido cuja existencia es probable",[23] o como dice Ramírez Cardona: "El hecho que se presume requiere de ciertas circunstancia por las cuales se considera cierto y probado (...) La cuantía, la naturaleza y procedencia de un ingreso, por ejemplo, hace presumir que tal ingreso es real y que efectivamente fue realizado por el contribuyente (...)".[24]

Esto diferencia la presunción de la ficción, pues mientras esta carece de un sustento fáctico, la presunción es una tergiversación de la realidad efectuada por el legislador, quien subordina la verdad material manifestada en la perfección técnica de la norma a la comodidad de su aplicación.

Es importante destacar, que las presunciones en Derecho Tributario, deben ser siempre creadas por un acto legislativo, careciendo de esa potestad la Administración. Esa solución está en concordancia con lo que se sostuvo en la Recomendación 5ª del Tema III referido a "El uso de las presunciones y ficciones en Derecho Tributario" de las XII Jornadas Latinoamericanas de Derecho Tributario, celebradas en Bogotá, en 1985.[25]

El derecho conoce dos tipos de presunciones, la absoluta y la relativa. La primera, no sólo dispensa de probar a quien alega esa circunstancia, sino que incluso impide que se articule prueba en contrario, en cambio, la presunción relativa, si bien dispensa de la prueba a quien la alega, permite que la contraparte presente prueba en contrario en su caso. "Con tal modalidad presuncional se tutela debidamente el crédito fiscal sin afectar el principio de igualdad de los contribuyentes ante la ley (...)", dicen Alberto Faget y Alfonso Varela, quienes continúan afirmando al estudiar la estimación de oficio que "(...) establecer una presunción absoluta en esa materia implica realmente crear un nuevo tributo, diverso de aquel que se aparenta estimar (...)".[26]

Coincidiendo con esta posición, la Recomendación 4ª de las ya mencionadas XII Jornadas, dice que sólo "(...) excepcionalmente o con carácter subsidiario el legislador podrá hacer uso de ficciones o presun-

23. *Teoria Geral do Direito Tributário*, São Paulo, Saraiva, 1963, p. 482.

24. Ob. cit., p. 210.

25. "Bajo ningún supuesto la Administración podrá efectuar la determinación del tributo creando ella misma presunciones. Estas deberán establecerse siempre por el Legislador".

26. "La prueba del contribuyente en contra de la determinación sobre base presunta", *Rev. Tributaria*, n. 69, Año 1985, p. 474.

ciones absolutas para establecer los elementos esenciales de la obligación tributaria (...)".

Las ficciones y presunciones en Derecho Tributario, pueden estar referidas a los elementos que componen el hecho imponible como a los supuestos que aportan los sujetos pasivos y aún debe admitirse, que esas presunciones pueden aplicarse cuando se pretende establecer la base imponible del tributo. Pérez de Ayala justifica su existencia al sostener que "(...) sirven a una simplificación o aceleración de la gestión, liquidación y recaudación tributaria".[27] Y agrega, que aún reconociendo que aunque la realidad pre-jurídica contenida en la norma tributaria no ofrezca ninguna "dificultad de aprehensión conceptual", el derecho igual confiere a la Administración la facultad de servirse de determinadas ficciones para el cumplimiento de su labor.

Todos los derechos comparados, establecen para la liquidación y pago de sus tributos, la presentación por parte del obligado de una declaración jurada. Y es el contenido de esa declaración, la que a nuestro criterio, posee la cualidad de una presunción simple de veracidad. En efecto, lo manifestado por el contribuyente en su declaración jurada o en sus anexos, adquiere en el procedimiento de gestión el carácter de una presunción relativa, que exonera al particular, de probar su contenido, debiéndolo hacer la Administración.

6.5 Inspecciones oculares

La inspección ocular, es un medio de prueba reconocido por el derecho. En consecuencia, de conformidad con el principio general que rige el Derecho Formal Tributario, es perfectamente viable en esta materia, ya que, emanando de un funcionario competente, mediante el conocimiento personal y directo de las cosas y hechos litigiosos, permitirá llegar a la verdad material del asunto en cuestión. Su finalidad "es conseguir los datos y pruebas sobre los hechos imponibles realizados por los contribuyentes necesarios para asegurar la aplicación de los tributos en los términos queridos por la ley" como lo destaca José Juan Ferreiro Lapatza.[28]

Dentro del Derecho Tributario, pueden reconocerse dos tipos de inspecciones oculares, la practicada en bienes muebles o inmuebles

27. *Las ficciones en el derecho tributario*, Madrid, Ed. D. Financiero, 1970, p. 32.

28. *Curso de Derecho Financiero Español*, 14ª ed., Madrid, Marcial Pons, 1992, p. 498.

detentados por los contribuyentes y la que se realiza en documentos del sujeto pasivo, incautados con motivos de la primera y que presenta dos modalidades, una es la inspección contable y la otra es la revisión contable.

Si la inspección ocular se realiza en el domicilio particular del contribuyente, se requerirá autorización judicial o sea una orden de allanamiento, puesto que de acuerdo con los derechos individuales, el hogar es inviolable, salvo causas de interés general. En cambio, cuando la inspección se realiza en el domicilio fiscal o comercial del contribuyente, ese requisito previo no es necesario, aunque en ambos casos, las inspecciones no pueden diligenciarse durante la noche.

La inspección ocular hace plena prueba en cuanto a los hechos y circunstancias observados por el funcionario comisionado para realizarla, como dice Ramírez Cardona,[29] teniendo la particularidad que concomitantemente a ella puede haber otro tipo de prueba, como por ejemplo, la documental caso en que se presenten documentos en el acto de la diligencia o la pericial cuando acompaña a la inspección ocular.

Pese a que las Constituciones reconocen la inviolabilidad de los papeles y de la correspondencia de cualquier especie, este derecho cesa ante una ley de interés general. Tal es lo que sucede con la inspección contables realizadas en inmuebles detentados por los sujetos pasivos, cuando estas tienen por objeto obtener datos del contribuyente, en forma directa por el funcionario competente.

La diligencia de inspección ocular, como se dijo, no queda limitada a la comprobación de un inmueble, sino que puede referirse tanto a una inspección contable conjuntamente con la del inmueble o por medio de una revisión contable.

La inspección contable hace plena prueba, cuando la contabilidad está asentada de acuerdo con las disposiciones legales, y concuerda con los documentos externos existentes. En consecuencia, no existiendo una prueba en contrario suficiente, esos datos obtenidos directamente de los libros de los contribuyentes tienen el valor probatorio de permitir la determinación del tributo sin dificultades.

La revisión contable, por su parte, supone revisar todos los aspectos contables del contribuyente, a fin de determinar si han existido omisiones, errores u ocultamiento de datos, que tengan como consecuencia un menor monto del tributo que el que debía pagar.

29. Ob. cit., p. 258.

Realizada la inspección contable, deberá consignarse todo en un acta que debe ser firmada por el interesado so pena de nulidad, como garantía de lo realizado durante la diligencia. Luego de esto, el funcionario competente deberá realizar una calificación de la situación documental, los descargos realizados por el interesado en el momento de la revisión y confrontado todo esto, presentará su informe con las conclusiones a que haya arribado, al jerarca del servicio.

7. *Valoración de la prueba*

Finalizado el término probatorio y puesto el expediente para resolución, el jerarca decisor, deberá valor las distintas pruebas producidas en caso que se hayan presentado.

En primer lugar y en esto recordando al Maestro Eduardo Couture, lo que no está en el expediente no existe para el mundo. De modo que los únicos elementos que deben tenerse en cuenta, son las pruebas existentes en el expediente administrativo. Ello no quiere decir, que por el sólo hecho de estar consignadas en él, se les considere que prueban el hecho alegado, sino que para ello, deberá realizarse un ejercicio hermenéutico a cargo del órgano que dictará la resolución.

Como primer paso, deberá tenerse en cuanta lo que dispongan las distintas leyes tributarias sobre la forma de probar los hechos económicos que conforman las estructuras de los distintos impuestos. Así por ejemplo, en el Impuesto a la Renta se permite deducir las donaciones a entes públicos, los sueldos de dueños, socios o directores y se establece que son ingresos y que son costos, que son activos y que son pasivos. Igual ocurre con el IVA cuyo el hecho generador se configura cuando se entrega la mercadería, de modo que para valorar esos hechos, deben constatarse que efectivamente, encuadran dentro de las previsiones legales, para que de esta forma el órgano decisor los puede aceptar.

Cuando esas normas generales, no se puedan aplicar con claridad, debe recurrirse a los principios generales de la prueba y resolver esos casos utilizando el principio de la sana crítica, que se base en los principios de interpretación generales y sobretodo, de los criterios adoptados por los funcionarios de los organismos recaudadores.

Pero a pesar de lo dicho, puede ocurrir que el contribuyente no esté obligado a producir prueba sobre determinados hechos de conformidad con lo establecido por las leyes y que aún, no sea posible establecer el derecho aplicable, produciéndose entonces lo que se llama un vacío probatorio.

"El vacío probatorio no se compagina con los principios generales del derecho y en especial con la teoría de 'la plenitud del ordenamiento jurídico' basada en el postulado de que todo lo que no está jurídicamente prohibido está jurídicamente permitido, sentado por Kelsen y analizado magistralmente por Carlos Cossio".[30] Esta teoría, recogida reconoce al ordenamiento jurídico como un algo que nada escapa de él. Por eso, cuando aparece un caso que no está regulado por una norma aplicable directa o indirectamente, se concluye que se trata de un caso en que no existe obligación tributaria. Esto es diferente al vacío legal, pues cuando en materia tributaria, ninguna norma puede aplicarse a un hecho económico, debe concluirse que el Derecho Tributario no considera ese hecho como generador de una obligación y por lo tanto no existe el impuesto.

Para terminar debemos tener en cuenta que en toda la tramitación de la prueba, pero en especial en este momento la actuación de la Administración es imparcial como muy bien dice Souto Mayor,[31] "porque en él el fisco persigue, como se dice , el descubrimiento de la verdad material; es entonces diferente al objeto del proceso que los hechos analizados sean 'favorables', por ejemplo, la constatación del débito tributario o 'desfavorables' al fisco, tal como sucede con la verificación administrativa de la inexistencia del débito o la ocurrencia de presupuestos legales para el disfrute de una exención tributaria" y agrega "Imparcial, porque su actuación está desvinculada de los intereses que se contravierten en el proceso, sin consideración de los intereses parciales de cualquier orden".

Montevideo, agosto de 2004

30. Ramírez Cardona, ob. cit., p. 206.

31. Ob. cit., p. 122 da 2ª edição.

A OBRIGAÇÃO AO ICMS E O PASSIVO FICTÍCIO

José Eduardo Soares de Melo

1. Sistema constitucional tributário. Premissas básicas. 2. Obrigação tributária. 3. ICMS – Estrutura normativa. 4. O passivo fictício não tipifica operações mercantis: 4.1 As presunções, indícios e ficções como figuras estranhas à tipicidade tributária; 4.2 O ônus da prova compete à fiscalização.

1. Sistema constitucional tributário. Premissas básicas

O exame da obrigação do Imposto sobre Operações Relativas à Circulação de Mercadorias (ICMS), como de qualquer outra espécie tributária, obriga à obediência às normas constitucionais, como fonte inaugural do ordenamento jurídico, que contém conceitos dogmáticos, compreendendo verdades normativas que devem ser rigorosamente observadas por todos seus destinatários (administrador público, contribuinte, magistrado etc.), e perseguidas até suas últimas conseqüências.

Os fundamentos jurídicos, que permitem estabelecer os direitos e as obrigações do Poder Público e dos sujeitos passivos, têm origem na Constituição Federal dispondo sobre a estrutura básica do Estado Federal e a sistemática tributária, estabelecendo as competências das pessoas jurídicas de direito público para promover a sua instituição de conformidade com determinadas materialidades; e contemplando os princípios para a criação e aplicação das normas tributárias.

O Direito Tributário possui *status* constitucional devido ao significativo, peculiar e minucioso tratamento que lhe foi conferido pelo constituinte, o que revela sua considerável importância no ordenamento jurídico; pela circunstância especial de, por um lado, representar fonte de receita para o governo decorrente da ingerência no patrimônio dos particulares e, de outro, conferir direitos e garantias individuais aos contribuintes e responsáveis.

União, Estados, Distrito Federal e Municípios não podem instituir e exigir tributos movidos por meros interesses pessoais, arbitrários, arrecadatórios, segundo procedimento que lhes parecer mais conveniente, uma vez que devem obediência aos superiores postulados constitucionais.

As normas e os princípios contidos na Constituição Federal (inclusive aqueles que interessam ao direito tributário) constituem *cláusulas pétreas*, insuscetíveis de sofrerem modificação por parte do legislador ordinário e dos Poderes Públicos (Legislativo, Executivo e Judiciário), que devem submeter-se às diretrizes constitucionais, não podendo proceder a nenhuma modificação no âmbito tributário.

Os princípios contêm indiscutível preeminência, representam as linhas mestras e as diretrizes magnas do sistema jurídico e devem ser observados por todos os destinatários das normas, razão pela qual "é por definição, mandamento nuclear de um sistema, verdadeiro alicerce dele, disposição fundamental que se irradia sobre diferentes normas compondo-lhes o espírito e servindo de critério para sua exata compreensão e inteligência exatamente por definir a lógica e a racionalidade do sistema normativo, no que lhe confere a tônica e lhe dá sentido harmônico. É o conhecimento dos princípios que preside a intelecção das diferentes partes componentes do todo unitário que há por nome sistema jurídico positivo".[1]

Dogmaticamente pode-se afirmar: "Violar um princípio é muito mais grave que transgredir uma norma qualquer. A desatenção ao princípio implica ofensa não apenas a um específico mandamento obrigatório mas a todo sistema de comandos. É a mais grave forma de ilegalidade ou inconstitucionalidade, conforme o escalão do princípio atingido, porque representa insurgência contra todo o sistema, subversão de seus valores fundamentais, contumélia irremissível a seu arcabouço lógico e corrosão de sua estrutura mestra".[2]

Os postulados constitucionais têm a virtude de plasmar o *princípio da tipicidade tributária*, que apresenta como corolários o *princípio da seleção* (impedimento de cláusula geral abrangendo todo o quadro de situações tributáveis), *numerus clausus* (taxatividade), *exclusivismo* (aspectos suficientes), e *determinação* (elementos precisos), na temática de Alberto Xavier.[3]

O jurista esclarece que a tipicidade tem por objetivo a proteção da segurança jurídica e a garantia da separação dos poderes, traduzida na

1. Celso Antonio Bandeira de Mello, *Curso de Direito Administrativo*, 18ª ed., revista e atualizada até a Emenda Constitucional 45, de 8.12.2004, São Paulo, Malheiros Editores, 2005, pp. 882-883.

2. Idem, ibidem, p. 883.

3. *Tipicidade da Tributação, Simulação e Norma Antielisiva*, Dialética, 2001, pp. 18-19.

imposição de comando ao legislador para que formule as leis tributárias: "*(i)* de um modo casuístico e seletivo, com a conseqüente proibição de cláusulas gerais (*lex stricta*); (*ii*) de modo completo e exclusivo, com a conseqüente proibição de normas de reenvio (*lex completa*); (*iii*) de modo claro e preciso, com a conseqüente proibição de conceitos indeterminados (*lex certa*); (*iv*) de modo expresso, com a conseqüente proibição da analogia (*lex stricta*)".[4]

A tipicidade conforma-se pelas materialidades tributárias, atreladas aos titulares das competências, permitindo configurar o desenho nuclear das espécies fiscais, compreendendo os aspectos da norma impositiva.

O *aspecto material* consiste em determinados negócios, estados e situações jurídicas, serviços, obras públicas (conforme dispostos na Constituição), que representam o fenômeno revelador da riqueza (aspecto econômico), e sejam praticados e/ou pertinentes ao próprio contribuinte, ou exercidos pelo poder público.

Enquadram-se nesta situação as prestações de serviços, as *operações mercantis*, as importações e as exportações, os negócios financeiros, as propriedades de bens imóveis e de veículos automotores, as licenças governamentais concedidas aos particulares, as obras públicas com valorização imobiliária etc.

O *aspecto quantitativo* constitui a dimensão da obrigação pecuniária, positivando o *quantum* devido pelo contribuinte, ou seja, o efetivo valor a ser recolhido aos cofres públicos, compreendendo a base de cálculo (*valor da operação*, por exemplo), vinculada à alíquota, que representa um determinado percentual que lhe é aplicável.

A materialidade de cada tributo é suficiente para medir o valor tributário devido, uma vez que os fatos, atos, operações, serviços etc. contêm ínsitas grandezas econômicas.

O *aspecto pessoal* compreende as pessoas envolvidas na relação jurídica de conteúdo patrimonial e que se vinculam à obrigação tributária, isto é, os titulares da competência (pessoas jurídicas de direito público interno), denominados sujeitos ativos, e os contribuintes e responsáveis (pessoas que mantêm relação com a materialidade), denominados sujeitos passivos (industriais, comerciantes, prestadores de serviços etc.).

O *aspecto temporal* consiste na fixação de um momento em que se considera acontecida a materialidade do tributo, tendo em vista que a norma deve conter a circunstância de tempo, certo e determinado.

4. Idem, ibidem, p. 29.

Embora a materialidade possa ser composta e integrada por diversos acontecimentos, tem que ser considerada una e incindível.

A incidência tributária ataca basicamente o resultado da materialidade, que – enquanto não verificada –, não faz eclodir o tributo, de forma a desencadear os efeitos que lhes são pertinentes. Representa um determinado dia, período mensal, anual, ou um fato (prestação etc.).

O *aspecto espacial* significa que, por uma situação natural, os fatos tributários acontecem em um preciso lugar, e cumpre ao legislador estabelecer o local em que, uma vez verificada a materialidade tributária, se repute devida a obrigação, como é o caso do estabelecimento, território estadual, sede.

Entretanto, como a Constituição não cria tributos, torna-se imprescindível a edição de legislação infraconstitucional para efetivar sua instituição, sem o que as pessoas políticas competentes não terão condição básica de exigi-los dos particulares.

Importa considerar o *princípio da hierarquia normativa*, configurando o ordenamento constitucional como um edifício jurídico, onde os preceitos possuem importância e validade diferenciadas, situação em que as normas inferiores devem retirar seu fundamento de validade das normas superiores, até atingirem a norma básica (Constituição Federal). É imprescindível que o ordenamento seja considerado de forma harmônica e coerente, obedecendo hierarquia e competências exclusivas.

O *princípio da legalidade* constitui uma das garantias do Estado de Direito, desempenhando uma função de proteção aos direitos dos cidadãos, insculpido como autêntico dogma jurídico, pela circunstância especial da Constituição haver estabelecido que "ninguém será obrigado a fazer ou deixar de fazer alguma coisa senão em virtude de lei" (art. 5º, II). Mediante a expedição de normas editadas pelos representantes do próprio povo é que os direitos e obrigações têm nascimento, modificação e extinção (princípio do consentimento), com expressa obediência da Administração Pública (art. 37).

O ordenamento consagra a reserva formal da lei, mediante a fixação precisa do órgão titular competente para sua expedição, e a reserva material da lei, com a característica da ordem abstrata geral e impessoal.

A instituição, majoração e liquidação dos tributos (art. 150, I, III, "a" e "b", da CF), as desonerações dos impostos (art. 150, VI, da CF) e as atribuições das responsabilidades de terceiros (art. 150, §§ 6º e 7º, da CF) devem estar sempre previstas em lei, compreendida como espécie normativa editada pelo poder competente, contendo preceitos vinculantes.

Observa-se que "a *legalidade* consubstancia os valores de *certeza* e *segurança*, sendo o vetor dos vetores, princípio constitucional carregado de carga valorativa, de transcendental importância do Estado de Direito, e atina, também e sobretudo, à imunização dos administrados contra as próprias leis, coarta a discricionariedade do legislador".[5]

Em situações específicas previstas na Constituição, torna-se necessária a edição de *lei complementar* segundo estipulado no art. 146, para (a) dispor sobre conflitos de competência; (b) regular as limitações constitucionais ao poder de tributar; e (c) estabelecer normas gerais em matéria de legislação tributária.

Para se precisar a função e a finalidade da lei complementar, deve se atentar para a classificação científica das normas constitucionais (segundo sua eficácia e aplicabilidade), a saber:

"(1) normas de eficácia plena e aplicabilidade direta, imediata e integral;

"(2) normas de eficácia contida e aplicabilidade direta e imediata, mas possivelmente não integral;

"(3) normas de eficácia limitada (*a*) declaratórias de princípios institutivos e organizativos, e (*b*) declaratórias de princípio programático."[6]

As *leis complementares* da Constituição (art. 59, II), que prevêem a necessidade de quorum qualificado (maioria absoluta, art. 69), têm essencialmente a função e a finalidade de integrar a eficácia das normas constitucionais referentes à estrutura do Estado, à formação dos Poderes e suas relações, revestindo a natureza formal de lei nacional, produto do Estado total (global), que inspira, fundamenta e determina a edição de normas federais, estaduais, distritais e municipais (ordens parciais do Estado). No que concerne aos impostos, revelam caráter harmonizador de competências tributárias.

A Constituição também estabelece que os impostos terão caráter pessoal e serão graduados segundo a capacidade econômica do contribuinte (art. 145, § 1º), configurando o *princípio da capacidade contributiva*, representando um dos fundamentos basilares da tributação, como corolário da isonomia, sinônimo da justiça fiscal. Constitui o elemento básico de onde defluem as garantias materiais diretas, de âmbito constitucional, como a generalidade, igualdade e proporcionalidade.

5. Lúcia Valle Figueiredo, "Princípio da Proteção ao Contribuinte, Princípio da Segurança Jurídica", *RDT* 47/561.

6. José Afonso da Silva, *Aplicabilidade das Normas Constitucionais*, 6ª ed., 3ª tir., São Paulo, Malheiros Editores, 2004, p. 86.

Considerando que a tributação interfere no patrimônio das pessoas, com o escopo de subtrair parcela de seus bens, não há dúvida que será inconstitucional a imposição de ônus sem vinculação ou superior às forças desse patrimônio, uma vez que os direitos individuais compreendem o absoluto respeito à garantia de sobrevivência de quaisquer categorias de contribuintes.

A capacidade econômica deve ser o limite de tributação, um imperativo para os destinatários das normas, consistindo na aptidão que determinada pessoa tem para arcar com o fenômeno revelador da riqueza, devendo haver especial proporcionalidade entre a base de cálculo e a materialidade do tributo.

O *princípio da vedação de confisco* no âmbito tributário (art. 150, IV, da CF) está atrelado à capacidade contributiva e positiva-se sempre que o tributo absorva expressiva parcela da propriedade ou da produção dos contribuintes, sendo constatado principalmente pelo exame da base de cálculo, da alíquota, e da singularidade dos negócios e atividades realizadas.

Oportuna a lição de que "o poder de taxar é o poder de manter, e não o poder de destruir";[7] e que "o tributo que absorvesse todo o valor do patrimônio, destruísse a empresa ou paralisasse a atividade não se afinaria pela capacidade econômica, nem se ajustaria à proibição de confisco".[8]

A obrigação tributária somente pode ser atribuída aos particulares em face da efetiva realização do respectivo fato gerador, concretizado com a ocorrência real de todos os aspectos previstos na lei, em virtude do fenômeno da subsunção.

A constituição do crédito pelo lançamento somente poderá irradiar os respectivos efeitos jurídicos se estiver plenamente caracterizada a materialidade tributária, atrelada aos demais elementos da hipótese de incidência; não se aceita a exigência louvada em simples conjecturas, desprovidas de efetiva comprovação.

Para que o lançamento tributário (como se qualifica o auto de infração) revista-se de legitimidade, é imprescindível a observância dos princípios norteadores da Administração Pública, especialmente a legalidade, impessoalidade, moralidade (art. 37 da CF); finalidade, motivação,

7. Bilac Pinto, *RF* 82/553.

8. Aliomar Baleeiro, *Limitações Constitucionais ao Poder de Tributar*, 7ª ed., atualizada por Misabel Derzi, Forense, 1997, p. 566.

razoabilidade, proporcionalidade, ampla defesa, segurança jurídica, e interesse público (Lei federal n. 9.784 de 29.1.1999, art. 2º).

2. *Obrigação tributária*

O Direito Tributário tem por objetivo regrar o comportamento das pessoas jurídicas de direito público e das pessoas privadas (naturais e jurídicas), relativamente à prestação pecuniária compulsória, necessária para satisfazer os interesses da coletividade.

As normas tributárias objetivam estabelecer um vínculo entre pessoas e têm por objeto central a arrecadação de valores dos patrimônios dos particulares, que ficam compelidos a entregar dinheiro aos cofres públicos em razão de serem realizados os denominados fatos geradores previstos na legislação.

Esta situação implica o estabelecimento de um verdadeiro vínculo que une duas (ou mais) pessoas, em pólos nitidamente opostos: de um lado, o credor (pessoa pública) desses valores, e de outro o respectivo devedor (pessoa privada), envolvendo uma obrigação de dar, de cunho nitidamente patrimonial. Não se cogita de nenhuma espécie de obrigação política ou moral, que pudesse ser vislumbrada na participação meramente solidária dos particulares com o Governo, objetivando atender os superiores valores constitucionais e os interesses arrecadatórios.

Trata-se de relação jurídica tributária, que não se diferencia conceitualmente das demais relações de direito obrigacional comum e tem, como nota característica, a participação do poder público – em seu pólo ativo –, com a essência de disponibilidade de seus créditos. A divergência com as obrigações privadas não reside propriamente no fato de decorrer de "lei" – uma vez que estas (embora corporificadas em contratos), também têm como fonte a norma jurídica –, mas porque no âmbito público não se considera o princípio da autonomia da vontade.

A *obrigação principal* surge com a ocorrência do fato gerador, tem por objeto o pagamento do tributo ou penalidade pecuniária e se extingue juntamente com o crédito dela decorrente (§ 1º, do art. 113, do CTN), em razão do que o vínculo jurídico, unindo o poder público e os particulares, nasce em razão das atividades/situações tipificadas legalmente como tributos e implicam o recolhimento do respectivo valor pecuniário.

A objeção que se possa fazer à consideração de penalidade como obrigação principal – em razão de enquadrar-se como sanção (estranha ao conceito de tributo, art. 3º, do CTN) – não tem efeito prático, em razão de compreender o recolhimento de valores ao Erário, podendo ser considerada como obrigação de dar.

A *obrigação acessória* decorre da legislação tributária e tem por objeto as prestações, positivas ou negativas, nela previstas no interesse da arrecadação ou da fiscalização dos tributos, com a natureza da obrigação de fazer, não fazer, ou mesmo de tolerar, desprovida do timbre de patrimonialidade.

Consiste na atribuição de deveres aos administrados (contribuintes, responsáveis etc.), relativos à emissão de notas fiscais, escrituração de livros, prestação de informações e não causar embaraço à fiscalização, com o objetivo fundamental de serem registrados e documentados fatos que tenham, ou possam ter, implicação tributária.

A legislação ordinária deve estabelecer as penalidades para o descumprimento desses deveres que, apropriadamente, nem poderiam ser rotulados de acessórios, porque nem sempre têm efetiva conexão com uma obrigação principal (não-incidências, isenções, imunidades etc.). A importância dessa mera acessoriedade é patente na medida em que a infringência aos termos legais pode nem mesmo tipificar crime contra a ordem tributária, e até mesmo possibilitar relevação de penalidade pelo órgão julgador, diante da inexistência de efetivo dano ao Erário.

Embora seja inaceitável a proposição legal (§ 3º, do art. 113, do CTN) de que a sua simples inobservância converte-se em obrigação principal, relativamente à penalidade pecuniária, em termos práticos isso não tem maior efeito, em razão de o infrator ficar compelido (legalmente) a também recolher dinheiro aos cofres públicos.

3. ICMS – Estrutura normativa

A análise do ICMS demanda o exame da Constituição Federal, que estabelece o seguinte:

> "Art. 155. Compete aos Estados, e ao Distrito Federal instituir impostos sobre:
>
> "(...)
>
> "II – operações relativas à circulação de mercadorias e sobre prestações de serviços de transporte interestadual e intermunicipal e de comunicação, ainda que as operações e as prestações se iniciem no exterior."

A Constituição é pródiga na fixação dos elementos estruturadores do ICMS uma vez que, além da competência e da materialidade (negócios mercantis, prestações de serviços de transporte interestadual e intermunicipal, e de comunicação), dispõe também sobre bases de cálculo, limites de alíquotas, imunidades, prevendo a edição de lei complementar para específicas matérias, sistemática própria para as desonerações tributárias e a observância de princípios específicos (não-cumulatividade e seletividade).

A estrutura do tributo pode ser conformada da forma seguinte:

1. Aspecto Pessoal

Compreende os *sujeitos ativos* (Estados e Distrito Federal) e os *sujeitos passivos* (produtores, industriais, comerciantes), na qualidade de contribuintes, e responsáveis.

2. Aspecto material

Significa a realização de "*operações relativas à circulação de mercadorias*", sendo delineados os "negócios mercantis", na forma seguinte:

a) Operações

O ICMS incide sobre "*operações*"– negócio jurídico mercantil – e não sobre simples mercadoria ou quaisquer espécies de circulação, desde a antiga sistemática constitucional (art, 23, II, da CF/1967). *Operações* configuram o verdadeiro sentido do fato juridicizado, ou seja, a realização de ato jurídico pertinente à transmissão de um direito (posse ou propriedade) relativo à mercadoria, impulsionando-a da fonte da produção até o consumo.

Embora o significado de "operações" também possa ser compreendido nos sentidos econômico e físico, ao destinatário do imposto só interessa o sentido jurídico uma vez que "operações são atos jurídicos; atos regulados pelo Direito como produtores de determinada eficácia jurídica; são atos *juridicamente relevantes; circulação e mercadorias* são, nesse sentido, adjetivos que restringem o conceito substantivo de operações".[9]

De modo perspicaz fora compreendido que "operações, no contexto, exprime o sentido de atos ou negócios hábeis para provocar a circulação de mercadorias. Adquire, neste momento, a acepção de toda e qualquer atividade, regulada pelo Direito, e que tenha a virtude de realizar aquele evento", acrescentando que "(...) soa estranho, por isso mesmo, que muitos continuem a negar ao vocábulo 'operações'a largueza semântica peculiar das 'operações jurídicas' para entendê-lo como qualquer ato material que anime a circulação de mercadorias. Eis aqui o

9. Geraldo Ataliba e Cléber Giardino, "Núcleo da definição constitucional do ICM", *RDT* 25-26/105.

efeito jurídico sem a correspondente causa jurídica, a eficácia do Direito desvinculada de algo investido na juridicidade".[10]

Desde a instituição do antigo ICM já fora anotado que "o imposto sobre circulação a que alude o art. 23, n. II da Constituição Federal de 1967, pode incidir sobre quaisquer negócios jurídicos de compra e venda ou outro negócio de circulação, qualquer que seja o objeto do negócio jurídico".[11]

Na modalidade de operações (mercantis) enquadram-se aquelas que têm por objeto a venda, troca e consignação. Não estão abrangidas as atividades desprovidas de substância jurídica negocial (transferências, remessas para industrialização etc.), ou negócios relativos à prestação de serviços de competência municipal.

b) Circulação

O vocábulo "*circulação*" representa a passagem das mercadorias de uma pessoa para outra, sob determinado título jurídico, evidenciando mutação patrimonial, conforme as seguintes lições precisas:

> "*Circulação* é a expressão que deve ser entendida juridicamente. Do ponto de vista econômico, o termo é vago e impreciso; é, pois, imprestável para assegurar a objetividade e segurança específicas do direito.
>
> "(...)
>
> "*Circular* significa para o Direito *mudar de titular*. Se um bem ou uma mercadoria mudam de titular, *circula* para efeitos jurídicos. Convenciona-se designar por *titularidade de uma mercadoria*, à circunstância de alguém deter poderes jurídicos de disposição sobre a mesma, *sendo ou não seu proprietário* (disponibilidade jurídica)."[12]

No conceito de circulação constata-se que "as mercadorias passando por diversos intermediários no seu percurso entre os produtores e consumidores, constituem objeto de variados e sucessivos contratos. Na cadeia dessas transações dá-se uma série continuada de transferência de propriedade ou posse das mercadorias. Eis o que se diz circulação de mercadorias".[13]

10. Paulo de Barros Carvalho, *Regra matriz do ICM*. Tese apresentada para a obtenção do Título de Livre Docente da Faculdade de Direito da PUC-SP, inédita, 1981, p. 170.

11. Pontes de Miranda, *Comentários à Constituição Federal de 1967, com a Emenda n. 1 de 1969*, t. II, Forense, 1970, p. 507.

12. Geraldo Ataliba e Cléber Giardino, ob. cit., pp. 109 e 111.

13. Carvalho de Mendonça, *Tratado de Direito Comercial Brasileiro*, Parte I, Freitas Bastos.

c) Mercadorias

Representam basicamente bens corpóreos da atividade mercantil do produtor, industrial ou comerciante, tendo por objeto a distribuição para consumo, compreendendo-se no estoque da empresa, distinguindo-se das coisas que tenham qualificação diversa, segundo a ciência contábil.

Pertinente a afirmativa de que "no Brasil, o conceito de mercadoria é de caráter legal e vinculado à finalidade de compra e venda, como se infere do art. 191 do Código Comercial quando estatui que é unicamente considerada mercantil a compra e venda de efeitos móveis ou semoventes para os revender por grosso ou a retalho, na mesma espécie ou manufaturados, etc.".[14]

Este conceito sofreu ampliação constitucional ao submeter o fornecimento de energia elétrica (coisa incorpórea) ao âmbito de incidência do ICMS, enquadrando-o no espectro mercantil (art. 155, § 3º).

Claramente demonstrou-se o seguinte:

> "As coisas móveis, consideradas como objeto de circulação comercial, tomaram o nome específico de *mercadorias*.
>
> "A mercadoria está, portanto, para a coisa, como a espécie para o gênero. Todas as mercadorias são necessariamente coisas, nem todas as coisas, porém, são mercadorias. Não há, como se vê, diferença de substância entre coisa e mercadoria; a diferença é a destinação.
>
> "Tudo o que pode ser objeto de comércio, vendido ou locado é mercadoria. Mercadoria é a coisa comercial por excelência, na frase de Vidari. Nesse sentido, fala-se de mercar, isto é, comprar e vender, especular, e de mercância, significando mercadoria".
>
> "(...)
>
> "A cousa, enquanto se acha na disponibilidade do industrial, que a produz, chama-se 'producto', 'manufacto' ou 'artefacto'; passa a ser 'mercadoria' logo que é objeto de commércio do productor ou do comerciante por grosso ou a retalho, que a adquire para revender a outro comerciante ou ao consumidor; deixa de ser 'mercadoria' logo que sae da circulação comercial e se acha no poder ou propriedade do consumidor".[15]

d) Operações – Circulação – Mercadorias

Os fundamentos apontados demonstram a íntima e indispensável conexão (vinculação) do aludido trinômio operações/circulação/mercadorias para tipificar a materialidade do ICMS. Resta demonstrado que os efetivos fatos geradores devem ser captados da dicção constitucional,

14. Aliomar Baleeiro, "ICM sobre importação de bens de capital para uso do importador", *RF* 250/143.

15. Carvalho Mendonça, ob. cit., vol. V, Parte I, itens 5 e 24.

de conformidade com os institutos e conceitos de direito privado, sendo injurídicas as regras veiculadas pela legislação infraconstitucional (lei complementar, lei ordinária, regulamento etc.), que não guardem adequação com a Constituição.

É imprescindível (a) a realização de *operações* (negócios jurídicos pertinentes à transmissão da propriedade, ou da posse, das mercadorias); (b) a *circulação* jurídica (mutação patrimonial); e (c) a existência de *mercadoria* (bem compreendido no efetivo ato de comércio).

Coroando essas assertivas, resta o entendimento de que "é a operação – e apenas esta – o fato tributado pelo ICMS. A circulação e a mercadoria são conseqüências e meros aspectos adjetivos da operação tributada. Prestam-se, tão-só, a qualificar – dentro do universo possível das operações mercantis realizáveis – aquelas que ficam sujeitas ao tributo, *ex vi* de uma eficaz qualificação legislativa. Não é qualquer operação realizada que se sujeita ao ICMS. Destas, apenas poderão ser tributadas as que digam respeito à circulação atinente a uma especial categoria de bens: as mercadorias".[16]

3. Aspecto quantitativo

Normalmente é configurado pelo preço (no caso de venda), ou o valor contábil (situações em que não haja remuneração pela transferência da mercadoria), sobre os quais se aplica uma alíquota.

4. Aspectos espacial e temporal

Basicamente são representados pelo estabelecimento que realiza os negócios mercantis (em razão do princípio de sua autonomia para fins fiscais); e significam a saída, entrada, ou o fornecimento de mercadorias.

4. O passivo fictício não tipifica operações mercantis

4.1 As presunções, indícios e ficções como figuras estranhas à tipicidade tributária

A exigência do ICMS não pode assentar-se em singelos levantamentos fiscais, indicando diferenças apuradas em contas do contribuinte, tais como "financiamentos e contas correntes de empresas coligadas e controladas", apresentadas no Exigível a Longo Prazo dos Balanços Patrimoniais; ou duplicatas que teriam sido quitadas, sob a assertiva de falta documental.

16. Geraldo Ataliba, "ICMS. Incorporação ao Ativo – Empresa que local, oferece em 'leasing' seus produtos – Descabimento do ICMS", *RDT* 52/74.

A configuração de passivo fictício, por si só, não pode caracterizar a presunção de saídas omitidas à tributação pelo ICMS.

A obrigação tributária nasce com a concreta ocorrência do fato gerador previsto na legislação ordinária, em razão de efetivas operações mercantis (vendas de mercadorias). Os contribuintes somente estarão compelidos a efetuar o recolhimento do ICMS, se a fiscalização tiver lançado o tributo (de ofício) em decorrência da ampla apuração das operações realizadas, inclusive procedendo a levantamento específico das movimentações das mercadorias, matérias-primas, produtos intermediários, materiais de embalagem etc., decorrentes de efetivos negócios realizados pelo contribuinte.

Considerando os princípios da tipicidade cerrada e da legalidade, somente se pode cogitar da existência do fato gerador tributário quando ocorridos todos os aspectos previstos na norma de incidência, uma vez que as relações jurídicas (Fisco e Contribuinte) devem pautar-se pelos critérios de segurança e certeza, não se aceitando lançamentos tributários louvados em singelas presunções, indícios e ficções.

Antes de tudo é necessário refletir se a lei tributária pode valer-se de presunções ou ficções ao compor a norma de incidência, como argutamente assinalado: "Essa questão 'se põe em face dos valores da certeza do direito aplicável e da segurança jurídica, em confronto com o interesse ou conveniência da arrecadação, que, por razões de comodidade ou para reprimir a sonegação, faz que a lei procure, com as questionadas técnicas da presunção e da ficção, mecanismos que simplifiquem o modelo de incidência, dispensem provas pelo Fisco ou, virtualmente, não acolham provas do contribuinte'".[17]

O jurista esclarece o seguinte: "José Luiz Perez de Ayala, em monografia sobre o tema das ficções no direito tributário, recomenda parcimônia na utilização dessa técnica legislativa e adverte para os riscos que seu emprego pode acarretar para os princípios tributários".[18]

A *presunção* é o resultado de um processo lógico, mediante o qual, do fato conhecido, cuja existência é certa, infere-se o fato desconhecido ou duvidoso, cuja existência é provável. A presunção legal (*juris et de jure*) procura estabelecer uma verdade jurídica, ao passo que a presunção relativa (*juris tantum*) constitui mera conjectura.

17. Luciano Amaro, *Direito Tributário Brasileiro*, 9ª ed., São Paulo, Saraiva, 2003, p. 266.

18. *Las ficciones en el derecho tributário*, Madri, Editorial de Derecho Financiero, 1970, apud Luciano Amaro, ob. cit., p. 267, nota de rodapé n. 41.

De um modo geral, as presunções estão inseridas no âmbito processual das provas e objetivam caracterizar atos, fatos, e situações que se encaixem às molduras jurídicas. Supor que um fato tenha acontecido ou que a materialidade tenha sido efetivada não é o mesmo que tornar concreta sua existência, de modo a conferir legitimidade a qualquer tipo de exigência tributária. Não pode a presunção manter atinência intrínseca aos aspectos estruturadores da norma de incidência, mas apenas referir-se a circunstâncias que, agregadas a outros elementos pertinentes, possam conduzir à tipificação tributária.

Não se ignora que a realidade da vida demonstra que nem sempre os fatos geradores encontram-se devidamente documentados, de modo a conferir-se segurança para a Fazenda e para os contribuintes, no tocante à sua regularidade e exigibilidade. Nem sempre tais fatos encontram-se devidamente registrados, em razão de revelar-se imprecisa ou dificultosa a sua configuração diante da infindável pletora de atos normativos, ou mesmo em decorrência da própria omissão tributária.

Uma coisa é o Fisco constatar a existência de toda uma documentação perfeita, regular, criteriosa, em plena consonância com os ditames legais; outra situação é encontrar documentos imperfeitos (rasuras, controles paralelos, adulterações, falta de livros fiscais etc.), o que leva a proceder levantamentos das atividades e negócios do contribuinte, que podem concluir (ou presumir) pela falta de lançamento de tributos.

O *indício* é uma circunstância conhecida, um meio, dado ou elemento que tem relação com o fato e constitui caminho para a apuração da verdade. Esses elementos devem ser graves (verossímeis), precisos (determinados), definidos e concordantes (relação de interdependência entre os indícios e o fato a provar). Insere-se nesta categoria a declaração unilateral de alguém de que adquira mercadorias sem nota fiscal.

A *ficção* jurídica é a instrumentalização (criação legal) de uma situação inverídica (falsa) de forma a impor uma certeza jurídica, consagrando uma realidade, ainda que não guarde consonância com a natureza das coisas, ou mesmo, que altere títulos ou categorias do direito, como é caso do preceito normativo que confere personalidade tributária a cada unidade (estabelecimento) empresarial.

A presunção e o indício somente podem ser considerados na seara tributária com extrema cautela, em situações excepcionais e que, de algum modo, possam implicar na dogmática asserção de ocorrência de fato gerador tributário. Tais figuras representam simples meios para a apuração dos estados, fatos, negócios e situações tributárias, constituindo o quadro probatório.

Assim é que, "para se apurar se, num caso concreto, há uma prova por indícios ou uma presunção, basta examinar se a autoridade fiscal teve a preocupação em não apenas provar a ocorrência dos indícios, mas também em demonstrar a relação de causalidade entre os indícios e o fato presumido, em decorrência do qual surge a certeza da ocorrência do fato presumido".[19]

Ainda que a presunção esteja contemplada em ato normativo e relacione-se com o tipo tributário, continuará traduzindo mera suposição, não havendo suporte jurídico para conceber a sua existência inserida na tipicidade tributária, conforme pontificado: "A razão porque não cabe o emprego de presunções simples em lugar das provas é imediata: estando o sistema tributário brasileiro submetido à rigidez do princípio da legalidade, a subsunção dos fatos à hipótese de incidência tributária é mandatória para que se dê o nascimento da obrigação do contribuinte. Admitir que o mero raciocínio de probabilidade por parte do aplicador da lei substitua a prova é conceber a possibilidade – ainda que remota diante da altíssima probabilidade que motivou a ação fiscal – de que se possa exigir um tributo sem que necessariamente tenha ocorrido o fato gerador".[20]

Precisas as considerações seguintes:

> "Nem sempre, porém, as presunções estão corretas, já que se baseiam em inferências tiradas da relação entre causa e efeito, mas que nem sempre correspondem à realidade.
>
> "Os juristas não se mostram muitas vezes favoráveis ao uso indiscriminado das presunções por que estas sempre supõem se sacrifique o que menos acontece em favor do que mais acontece. É por isso, aliás, que elas admitem, por princípio, prova em contrário. A presunção é uma arma e como toda arma há de ser manejada com cuidado, a fim de se evitar injustiça. Deve o fiscal não confundir presunção com mera suposição de que tal ou qual infração foi cometida".[21]

O passivo fictício é uma figura pertinente à ciência contábil, caracterizada pela permanência, entre os débitos arrolados no balanço do exercício social, de compromissos resgatados no decorrer do exercício. É o valor indevidamente acrescido ou diminuído a créditos de terceiros, geralmente nas contas de fornecedores, duplicatas a pagar, contas-correntes e outras de mesma natureza.

19. Luís Eduardo Schoueri, "Presunções Simples e Indícios no Procedimento Administrativo Fiscal", in Valdir de Oliveira Rocha (Coord.), *Processo Administrativo Fiscal*, vol. 2, São Paulo, Dialética, 1997, p. 84.

20. Luís Eduardo Schoueri, ob. cit., pp. 85-86.

21. Antonio da Silva Cabral, *Processo Administrativo Fiscal*, Saraiva, 1993, pp. 314-315.

Implica na elevação ou diminuição irreal, de dividas da sociedade, acarretando a sub-avaliação ou superavaliação ativa. As dívidas inexistentes podem constituir parcelas de capital próprio.

Essa situação gráfica nem sempre representa fraude contábil, nem gera necessariamente conclusão segura de sonegação ou de receitas omitidas, uma vez que podem defluir de simples irregularidades de escrituração sem qualquer reflexo no âmbito tributário, em especial no ICMS.

Pode ocorrer que o pagamento dos débitos, no exercício anterior, tenha sido efetuado com recursos pessoais dos sócios e que apenas esse ingresso de numerário na empresa não tenha sido contabilizado.

Desta forma, não estaria retratado o passivo fictício, pois o débito da sociedade seria real, verificando-se, apenas, substituição do credor original, pois não representaria, em verdade, o fornecedor de mercadorias ou serviços, mas o sócio ou terceiro, fornecedor dos recursos utilizados no pagamento do débito. Nesta hipótese, não há que se cogitar de omissão de receitas, vendas clandestinas etc.

Do mesmo modo, pode tratar-se de mero engano – permanência de débito saldado na conta dos fornecedores – devido a lapso contábil referente à falta de baixa do título quitado. Se as receitas contabilizadas e os saldos de caixa existentes no dia do pagamento forem suficientes para o saque da importância, não há como se conceber a existência de receita omitida e a sonegação do tributo estadual.

Os indicadores fiscais constantes de levantamento podem gerar meras suspeitas de irregularidades, que, todavia, não podem ser acolhidas, simplesmente, por se tratar de acusação de fraude que não se presume e nem se supõe, mas que deve ser plenamente demonstrada.

É certo que o legislador não estabeleceu a presunção legal de que o passivo fictício caracteriza fato gerador do ICMS, como fora positivado nos lindes do Imposto de Renda, conforme consta das respectivas legislações, a saber:

"ICMS (Lei Complementar n. 87 de 13.9.1996)

"Art. 2º. O Imposto sobre Operações Relativas à Circulação de Mercadorias e sobre Prestações de Serviços de Transporte Interestadual e Intermunicipal e de Comunicações (ICMS) incide sobre:

"I – operações relativas à circulação de mercadorias, inclusive o fornecimento de alimentação, bebidas e outras mercadorias em qualquer estabelecimento."

"Imposto de Renda (Lei federal n. 9.430 de 27.12.1996)

"Art. 40. A falta de escrituração de pagamentos efetuados pela pessoa jurídica, assim como a manutenção, no passivo, de obrigações cuja exigibilidade não seja comprovada, caracterizam, também, omissão de receita."

Nessa trilha jurídica aponta-se precisa lição doutrinária:

"A legislação do imposto de renda autoriza a presunção de omissão de receitas na contabilidade das pessoas jurídicas, pela existência de obrigações ainda contabilizadas como a pagar mas já pagas.

"Todavia, a omissão de um tal preceito na legislação do ICM exclui a extensão da presunção para determinação do fato gerador desse tributo.

"Ademais, há uma correlação lógica entre o passivo fictício e o fato gerador e a base de cálculo do imposto de renda, cuja correlação não é necessariamente existente quanto ao fato gerador do ICM. É que para o imposto de renda qualquer receita omitida representa exclusão do fato gerador ou redução de sua base de cálculo, ao passo que para o ICM apenas as omissões de valores relativos às saídas de mercadorias dizem respeito ao seu fato gerador e respectiva base de cálculo. Ora, o passivo fictício pode ser originado de outras receitas que não a de venda de mercadorias, receitas que seriam tributáveis pelo imposto de renda, mas não tributáveis pelo ICM."[22]

A ficção somente poderia ter cabimento para situações de desoneração tributária (isenção, redução de base de cálculo, crédito-prêmio etc.), balizadas por regime jurídico dos incentivo fiscais em que o Poder Público necessita a colaboração dos particulares, para atender superiores interesses de natureza pública. Entretanto, como o Direito Tributário é dogmático e regido pelos princípios da segurança e certeza, não há como aceitar artificialismos jurídicos, forrados de mitos dissociados da positividade jurídica.

Justifica-se a argumentação seguinte: "Em Direito Tributário, especificamente no que tange à criação de obrigações tributárias, são inconstitucionais já que têm como fato jurídico tributário fato que diante da realidade faticamente sabiamente não o é, o que viola os princípios constitucionais da legalidade, da tipicidade e discriminação constitucional de competências".[23]

Há vinte anos já fora demonstrado o repúdio do Supremo Tribunal Federal à exigência tributária calcada na referida situação contábil:

"A existência de passivo fictício é relevante para o Imposto de Renda, mas não funciona em relação ao Imposto de Circulação de Mercadorias (ICM), que demanda a prova de uma operação mercantil com seu fato gerador próprio; (...)

"Simples suprimentos de caixa não acarretam circulação de mercadorias e, por isso mesmo, não são tributáveis, tanto mais em relação a eles não se pode falar de valor agregado. Não havendo prova cabal da saída de mercadorias; (...)." E concluindo:

22. Ricardo Mariz de Oliveira, "Presunções no Direito Tributário", *Caderno de Pesquisas Tributárias*, n. 9, Coord. Ives Gandra da Silva Martins, São Paulo, Co-Edição do Centro de Estudos de Extensão Universitária e Editora Resenha Tributária, 1984.

23. Maria Rita Ferragut, *Presunções no Direito Tributário*, São Paulo, Dialética, 2001, p.159, conclusão n. 21.

"'A solução melhor será sempre a de que nenhum imposto é devido, não permitindo qualquer interpretação distinta a exegese máxima do STF'."[24]

Para respaldar ação fiscal forrada de presunção, também não pode ser considerado o denominado "fato gerador presumido", consignado em preceito constitucional (art. 150, § 7º, acrescentado pela Emenda n. 3 de 17.3.1993), do teor seguinte: "A lei poderá atribuir a sujeito passivo da obrigação tributária a condição de responsável pelo pagamento ou contribuição, cujo fato gerador deva ocorrer posteriormente, assegurada a imediata e preferencial restituição da quantia paga, caso não se realize o fato gerador presumido".

Esta presunção, com *status* constitucional, trata de distinta e peculiar situação porque não concerne propriamente à materialidade da hipótese de incidência, mas refere-se especificamente à consideração do sujeito passivo de obrigação tributária, aplicável a situações ocorridas num ciclo operacional.

Embora o Supremo Tribunal Federal (RE 202.715-4-SP, 1ª T., rel. Min. Ilmar Galvão, j. 26.10.1999, *DJU* de 17.12.1999) tenha acolhido a legitimidade do "fato gerador presumido" (em operações afetas à distribuição de veículos automotores e às operações com petróleo) – apesar dos vícios de inconstitucionalidade (violação aos princípios da tipicidade, capacidade contributiva, segurança e certeza, entre outros) –, não haveria cabal fundamento para a sua consideração em razão da inexistência de similaridade nas situações examinadas.

Precisas, incisivas e ponderadas as assertivas seguintes: "Presunções tributárias, ficções legais, pautas fiscais, arbitramentos tributários, substituições 'para frente' e outros expedientes de semelhante jaez, quanto utilizados desnecessariamente, operando como autêntico 'atalho' ao dever de investigação, conculcam o primado da verdade material, e, muitas vezes, sequer satisfazem a verdade formal".[25]

Positiva-se a precariedade da presunção para fundamentar lançamento tributário contido no Auto de Infração, não só porque é inaceitável a total desconsideração dos compromissos assumidos pelo contribuinte, mas também por ser frágil a assertiva de que as aventadas receitas omitidas decorreriam de venda de mercadorias, no caso do Fisco não apresentar nenhuma prova documental comprovando tal vinculação.

24. RE 80.695, apud Ives Gandra da Silva Martins, *Caderno de Pesquisas Tributárias*, n. 9, cit.

25. James Marins, *Direito Processual Tributário Brasileiro Administrativo e Judicial*, São Paulo, Dialética, p. 177.

A exigência de ICMS sem a ocorrência de operações mercantis viola o princípio da capacidade contributiva, em razão da inexistência de direito e efetivo recebimento do preço, caracterizando confisco tributário pelo fato de comprometer e desfalcar o patrimônio da Consulente, fundado em mera presunção de natureza contábil.

4.2 O ônus da prova compete à fiscalização

No âmbito do processo tributário, deve ser ponderado que a presunção de legitimidade dos atos da Administração não é absoluta de modo a se impor a aceitação de todas as suposições e ilações que pode engendrar, sem respaldo convincente, e nem se opor ao natural entendimento que o contribuinte pauta seus negócios pelo princípios da boa-fé e da autonomia da vontade, como é o caso da faculdade (liberdade empresarial) para conceder empréstimos a empresas coligadas e controladas.

Considerando que o lançamento tributário corresponde a um ato administrativo "não decorre a inversão do ônus da prova no processo administrativo tributário. Na verdade, cabe à Administração sempre comprovar a ocorrência do fato jurídico tributário, por meio de provas hábeis, na conformidade da lei".[26]

Exame dessa temática demonstra "como regra basilar que o ônus da prova, visto muito mais como um dever, na execução do lançamento tributário é de competência exclusiva do Fisco. A ele cabe provar a ocorrência do fato gerador ou da infração que quer imputar ao sujeito passivo. Somente há inversão do ônus da prova, para transferi-lo ao contribuinte, na hipótese de haver disposição expressa da norma legal".[27]

Despiciendo tecer considerações adicionais, uma vez que o Código de Processo Civil (diploma aplicado subsidiariamente no processo administrativo) determina o seguinte:

"Art. 333. O ônus da prova incumbe:

"I – ao autor, quanto ao fato constitutivo do seu direito."

Corretas as considerações seguintes:

"(...) não há, portanto, em decorrência da presunção da legitimidade do ato de lançamento, qualquer relação direta com a repartição do ônus da prova na relação processual tributária. Não se pode pretender que a carga probatória venha a ser atribuída em função da posição processual de que está na contingência de agir. O

26. Susy Gomes Hoffmann, *Teoria da Prova no Direito Tributário*, Copola Editora, 1999, p. 184.

27. Mary Elbe Queiroz Maia, *Do Lançamento Tributário – Execução e Controle*, São Paulo, Dialética, 1999, p. 111.

que importa é perquirir sobre os fatos relacionados com a situação material a que se refere a relação processual e deduzir a quem cabe o ônus da prova.

"Sob essa perspectiva, a pretensão da Fazenda funda-se na ocorrência do fato gerador, cujos elementos configuradores supõem-se presentes e comprovados, atestando a identidade de sua matéria fática com o tipo legal. Se um desses elementos se ressentir de certeza, ante o contraste da impugnação, cabe à Fazenda o ônus de comprovar a sua existência".[28]

Legitimando essa significativa assertiva, a Lei Complementar n. 939 de 3.4.2002, que institui o Código de Direitos, Garantias e Obrigações do Contribuinte no Estado de São Paulo, estabeleceu o seguinte:

"Art. 5º. São garantias do contribuinte:

"(...)

"III – a presunção relativa da verdade nos lançamentos contidos em seus livros e documentos contábeis ou fiscais, quando fundamentados em documentação hábil."

Não se aceita a presunção de legitimidade, por "caber à fiscalização a prova do fato constitutivo do seu próprio direito"; e porque "em muitos casos, pretender que o contribuinte prove que não ocorreu o fato gerador é exigir-lhe uma prova negativa, ou mesmo impossível. Ao fisco sim é que cabe provar sua ocorrência, a teor do art. 142 e 113, § 1º do CTN".[29]

Assevera-se, ainda, que "a presunção de legitimidade dos atos administrativos também não libera o Estado de demonstrar os fatos que fundamentam a tributação. O uso de presunções simples pelo agente administrativo independe de expressa autorização legal. Isso não significa que sua atividade vinculada transforme-se em discricionária, pois continua preso à pesquisa, mesmo que indireta dos fatos previstos no tipo tributário".[30]

Positiva-se a circunstância de que a presunção pode até constituir um dado que possibilite inferir vendas omitidas, mas necessariamente deve ser corroborada por provas e elementos concludentes e concretos para caracterizar a fraude fiscal. É insustentável o entendimento de que a acusação da fraude no processo administrativo fiscal possa ser caracterizada por simples suspeitas, indícios e presunções, mesmo porque a

28. Paulo Celso Bergstrom Bonilha, *Da prova no processo administrativo tributário*, 2ª ed., São Paulo, Dialética, 1997.

29. Marco Aurélio Greco, "Do Lançamento", *Caderno de Pesquisas Tributárias*, n. 12, cit., 1987, pp. 167-168.

30. Leonardo Sperb de Paola, *Presunções e Ficções no Direito Tributário*, Belo Horizonte, Del Rey, 1997, p. 267.

presunção de liquidez e certeza do crédito tributário deve decorrer de procedimento administrativo (lançamento) rigorosamente fundamentado.

Candente a ponderação seguinte: "Com a evolução da doutrina, nos dias de hoje, não se acredita mais na inversão da prova por força da presunção de legitimidade dos atos administrativos e tampouco se pensa que esse atributo exonera a administração de provar as ocorrências que se afirma terem existido. Na própria configuração oficial do lançamento, a lei institui a necessidade de que o ato jurídico administrativo seja devidamente fundamentado, o que significa dizer que o fisco tem que oferecer prova concludente de que o evento ocorreu na estrita conformidade da previsão genérica da hipótese de incidência".[31]

Em realidade, o simples fato de uma conta do "exigível a longo prazo" apresentar saldo credor face à existência de financiamentos e contas correntes de empresas coligadas e controladas, de nenhum modo, permite inferir (com absoluta segurança) a configuração de passivo fictício, ou omissão de receita.

Trata-se de arbitramento, "que não confere à autoridade lançadora uma carta em branco para tributar o que quer que seja, hipótese na qual teria caráter punitivo. O administrador continua vinculado à busca da verdade material, devendo apresentar resultados tão aproximados da verdade quanto possível. Para tanto, há que considerar, conjuntamente, uma variada gama de indícios, que deve buscar na própria empresa (dados do exercício considerado para tributação e dos exercícios anteriores, estes para fins de comparação) e no setor onde esta atua (para fazer uma análise comparativa)", segundo elucida abalisada doutrina.[32]

Os valores consignados na rubrica "financiamentos e contas correntes de coligadas e controladas" são totalmente estranhos à "vendas de mercadorias". Inexiste relação de causalidade entre o negócio jurídico "mútuo", e o negócio jurídico "mercantil". A realidade jurídica "empréstimo" não tem a mínima vinculação ou conexão com a pretendida "venda de mercadoria".

Em obediência ao princípio da verdade material, ao fisco compete provar as efetivas vendas realizadas, os destinatários das mercadorias, o real preço pactuado pelo pseudovendedor, os transportes realizados com a entrega aos compradores, e até mesmo o recebimento preço. Somente com a plena comprovação de todos esses imprescindíveis elementos é que haverá segurança e certeza na exigibilidade do ICMS.

31. Paulo de Barros Carvalho, "A prova no procedimento administrativo tributário", *Revista Dialética de Direito Tributário* 34/107-108.

32. Leonardo Sperb de Paola, ob. cit., pp. 250-252.

O CONCURSO INTERNACIONAL DE PRETENSÕES FISCAIS E O SEU CONTROLE PELO MÉTODO DE ISENÇÃO

RICARDO SOUTO BORGES

1. Ocorrência de concurso de pretensões fiscais: âmbito de aplicação do método de isenção

1.1 A dupla tributação internacional no sentido jurídico

1.1.1 Uma abordagem conceitual

Não são poucas as críticas doutrinárias à imprecisão terminológica da expressão "dupla tributação". Primeiro, porque não é a única expressão utilizada para referência ao fenômeno. Segundo, porque nem sempre se está diante de um fenômeno que, sob a ótica terminológica, seja correto identificá-lo como tal. Deveras, em alguns casos, concorrem mais de duas pretensões tributárias, i. é, o fato tributável ("fato gerador da obrigação tributária") apresenta conexão com mais de dois ordenamentos jurídicos. E, ainda, essa expressão não significa pagar em dobro, mas pagar repetidamente o imposto devido.

Neste sentido, faz-se referência à terminologia utilizada por Niboyet:[1] dupla tributação não significa pagamento duplicado de imposto, mas uma tributação repetida. Ora, se há uma tributação repetida, é mais correto falar em pagamento repetido e não, a rigor, pagamento feito duas vezes, para se evitar outro equívoco terminológico. Mas a tributação, enquanto exercício de competência fiscal, não ocorre, necessariamente, vinculada ao efetivo pagamento ou recolhimento do tributo lançado e, portanto, devido.[2]

A dupla tributação internacional encontra causa no concurso de ordenamentos tributários pertencentes a Estados soberanos distintos. É em geral conseqüência da diversidade de normas jurídico-tributárias dos Estados e dos respectivos exercícios de competência tributária.[3]

Manuel Pires refere-se à classificação, em função da natureza desse fenômeno, proposta por Griziotti, observando um caráter bivalente na dupla tributação. Por um lado, a convergência de leis ocorre quando da inexistência de convenções Internacionais e da adoção de princípios inconciliáveis, que resulta em excesso de tributação. Por outro lado, o concurso de leis pode decorrer da existência de ordenamentos jurídicos orientados por princípios harmônicos do ponto de vista da tributação ou de convenções Internacionais, o que resulta numa tributação proporcional à capacidade contributiva do sujeito passivo.[4]

Existe concurso de normas quando um fato é submetido à previsão (hipótese-de-incidência) de duas ou mais normas diferentes. Em Direito Tributário, a dupla tributação se verifica diante da pretensão de dois ou mais ordenamentos jurídicos distintos submeterem o mesmo fato às hipóteses de incidência tributária neles descritas, impondo, desta forma, duas ou mais obrigações tributárias.[5]

A origem da dupla tributação internacional está na utilização de diferentes elementos de conexão por parte dos diversos ordenamentos jurídicos que conferem soberania fiscal aos respectivos Estados.[6]

1. Apud Manuel Pires, *Da Dupla Tributação Jurídica Internacional sobre o Rendimento*, p. 22, nota 9.

2. Antônio de Moura Borges também se pronuncia sobre essa imprecisão terminológica (*Convenções sobre Dupla Tributação Internacional*, p. 61).

3. Saldanha Sanches, *Manual de Direito Fiscal*, Coimbra, p. 70.

4. Manuel Pires, ob. cit., p. 77; idem, *Conflito de normas como espécie do gênero convergência de normas*, p. 78.

5. Alberto Xavier, *Direito Tributário Internacional*, p. 31.

6. Idem, ibidem, p. 198.

Os conceitos diferentes utilizados pelos Estados para o mesmo critério delimitador da competência tributária também são causa da dupla tributação. Pelo critério da nacionalidade, p. ex., uma mesma pessoa física pode ser entendida como nacional de dois Estados simultaneamente, porque nasceu em dado território (*ius soli*) ou porque é filho de nacionais de outro Estado (*ius sanguinis*). Uma pessoa jurídica pode também ser considerada nacional de dois Estados. Quando da determinação da nacionalidade, um Estado adota a teoria da sede da administração e o outro adota a teoria da constituição.[7]

Não obstante as críticas à expressão "dupla tributação" serem pertinentes, não se deve negar que o emprego dessa expressão remete ao concurso de duas imposições fiscais exercidas por ordenamentos jurídicos de Estados diversos. Assim, a dupla tributação seria apenas uma espécie do gênero pluritributação. Esta última seria utilizada sempre por uma questão de comodidade didática, na ocorrência de mais que duas imposições fiscais, sem exclusão do emprego da expressão "dupla tributação", espécie da pluritributação que configura a reunião dos elementos mínimos para formulação do conceito, vinculada à convergência de pretensões fiscais simultâneas (no mesmo período fiscal).

Mas seria a expressão "pluritributação" a mais correta no âmbito das convenções que seguem o Modelo OCDE? Não parece que assim o seja. A denominação de "pluritributação", emprestada ao fenômeno do concurso de pretensões fiscais, é equivocada. Mesmo em se tratando de um tratado multilateral, quando muito ela pode ser empregada para designar a concorrência de pretensão fiscal de vários Estados, porque, estando o conflito de residência resolvido e o Estado da residência determinado ou individualizado, resta apenas resolver, não um conflito de competências fiscais concorrentes, mas um conflito formado pelo concurso de pretensões fiscais do Estado da fonte e do Estado da residência individualmente considerado como aquele que guarde relação mais estreita com o agente econômico.

Ora, se no âmbito de um concurso de pretensões fiscais se tem, de um lado, o Estado da residência impondo sua pretensão fiscal e, de outro, o Estado da fonte, reconhecidamente legitimado, a impor sua pretensão fiscal, como resolver essa convergência de pretensões fiscais? Mesmo que o Estado da fonte não exerça a sua pretensão fiscal, o concurso de pretensões fiscais não estaria resolvido porque restaria o concurso formado pela divergência de fixação do critério da residência, ainda não

7. Antônio de Moura Borges, ob. cit., p. 82.

resolvido. Portanto, é necessário que, primeiro, se tenha por resolvido o concurso de pretensões fiscais formado pelo critério da residência, através de elementos que conectem o agente econômico com o Estado da residência, que será individualizado em decorrência de vínculos mais estreitos com o seu território.

Não será pertinente o uso da expressão "pluritributação" quando, nas situações previstas em convenção bilateral, se tenha formado um concurso de pretensões fiscais e as normas fiscais dos respectivos Estados, da residência e da fonte incidam cumulativamente.

Ainda se apresenta esse problema como questão de ordem secundária porque, além de se resolver o concurso de pretensões fiscais entre o Estado da residência e o Estado da fonte e, portanto, existindo apenas dois Estados a participar do concurso de pretensões fiscais, a denominação dupla tributação se afigura como a mais apropriada, por reunir os elementos mínimos para conceituação do fenômeno no âmbito convencional do Modelo OCDE.

1.1.2 Conceito de dupla tributação jurídica internacional

A dupla tributação jurídica internacional[8] é o fenômeno pelo qual dois Estados tributam o mesmo fato relativamente ao mesmo sujeito passivo da respectiva obrigação tributária e no curso do mesmo exercício fiscal.[9] Uma questão que de logo se afigura é a da determinação de alcance desse controle, ou seja, o método de isenção evita ou apenas atenua os efeitos desse fenômeno? É o que será visto mais adiante.

1.1.3 A estrutura do fenômeno dupla tributação: a regra das quatro identidades

A regra das quatro identidades é indispensável para construção do conceito de dupla tributação.[10] Neste ponto, o critério quantitativo de identidade, para reconhecer-se a dupla tributação, não corresponde à simples enunciação numérica dos pressupostos para caracterização do fenômeno. É preciso que se tenha em conta apenas o objeto da relação e o sujeito (observe-se: sujeito passivo da obrigação tributária), o período

8. Para Griziotti, a dupla tributação resulta de uma imposição ilegítima (apud Carlo Garbarino, "La Tassazione del Reddito Transnacionale", p. 410).

9. Louis Cartou, *Droit Fiscal International et Européen*, p. 19. Graham Airs, sem fazer referência ao mesmo exercício fiscal, "UK Adheres to Arm's Length Approach", p. 31.

10. Alberto Xavier, ob. cit., p. 33.

tributário e o tributo legalmente instituído, em relação de identidade, em face das várias pretensões tributárias, para identificação do fato como submetido à dupla tributação.

Mas esta regra tem sofrido críticas da doutrina e o discurso teórico assenta em torno da identidade do imposto e da identidade do sujeito passivo da obrigação tributária.

A identidade do imposto conduz a duas ordens de problemas.

A primeira ordem se relaciona com a idéia da própria identidade. A diversidade de ordenamentos jurídicos – às vezes fundamentados por princípios diversos – impossibilita uma identidade absoluta dos tributos instituídos por ordenamentos jurídicos distintos. A solução passa necessariamente pela determinação da natureza material do tributo. Há quem preconize o recurso à analogia para equacionar o problema das diferenças materiais do tributo.[11]

A segunda ordem coloca em suspeita a sua necessidade para definição da dupla tributação. A doutrina[12] afirma, considerando os diferentes sistemas tributários, que a identidade dos impostos é inadmissível e observa que nem mesmo são eles semelhantes. Daí ser indiferente tê-los como idênticos ou semelhantes.

Para verificação da dupla tributação e dessa forma legitimar o procedimento isentivo pelo Estado da residência, é prudente se considerar as obrigações tributárias impostas por Estados diversos recaindo em apenas um contribuinte, daí falar-se em identidade para sujeição passiva e identidade do fato tributável, p. ex., auferir renda, e considerar os outros elementos apenas como semelhantes na formulação do conceito de dupla tributação.

1.1.4 Hipóteses de ocorrência da dupla tributação

Os casos de dupla tributação jurídica[13] ocorrem, de regra, nas seguintes hipóteses:

11. Idem, ibidem, p. 34.

12. Manuel Pires, ob. cit., pp. 61 e ss.

13. Conforme os comentários ao *Modelo de Convenção Fiscal de Dupla Tributação* – OCDE, que também fazem referência à dupla tributação econômica (quando dois sujeitos passivos são tributados a título do mesmo rendimento) como um fenômeno que deve ser resolvido bilateralmente pelos Estados envolvidos. Os dispositivos se referem aos métodos de controle da dupla tributação jurídica e a isenção é um deles. Ver os Comentários ao modelo acima referido, p. 224.

a) quando cada Estado contratante impõe, ao mesmo sujeito passivo, imposto incidente sobre a sua renda universal (*word-wide-income*): é o que se entende por obrigação fiscal integral concorrente;[14]

b) quando o sujeito passivo é residente no Estado contratante auferindo renda em outro Estado contratante da fonte dessa renda, e sofre imposição fiscal de ambos os Estados contratantes;

c) quando cada Estado impõe ao mesmo sujeito passivo, que não é residente de um Estado contratante, obrigação tributária relativa a imposto incidente sobre a sua renda proveniente de um outro Estado contratante, p. ex., o não residente que aufere renda em outro Estado contratante, a partir de um estabelecimento estável ou uma instalação fixa num Estado contratante[15] – é o que se entende por obrigação fiscal parcial concorrente.[16]

Conforme os comentários ao modelo OCDE, os métodos de controle da dupla tributação indicados se destinam aos residentes dos Estados contratantes. A terceira hipótese, indicada acima, diz respeito ao não residente, por isso não é alcançada pela convenção.

Entretanto, ocorrida uma das hipóteses descritas, o Estado contratante da residência utiliza, convenientemente,[17] o método de isenção para controle da dupla tributação jurídica.

1.2 Natureza jurídica

1.2.1 Neutralização da sujeição passiva

Na verdade, ao falarmos, no campo interestatal, em método de isenção, estamos diante de norma convencional que se propõe a neutralizar a sujeição passiva ao concurso de duas ou mais pretensões fiscais. Essa

14. Obrigação tributária é *integral* porque considera a totalidade dos rendimentos auferidos pelo residente em um ou em cada Estado contratante. É *concorrente*, porque sobre o sujeito passivo recaem duas pretensões de Estados diferentes que incidem sobre o mesmo fato gerador.

15. Esta hipótese não é contemplada pelas Convenções que seguem o Modelo OCDE, conforme o art. 1º, somente aplicável aos residentes de um ou de ambos os Estados. Neste caso, deve-se recorrer ao procedimento amigável. *Modelo de Convenção Fiscal de Dupla Tributação* – OCDE, p. 227.

16. Concorrente pelos motivos expostos (nota 14 *supra*). Parcial porque a obrigação fiscal recai apenas sobre a parcela dos rendimentos produzidos pelo não residente no Estado contratante.

17. Em última análise, a opção pelo método da isenção, para controle da dupla tributação, é de ordem da política econômica.

neutralização tem sua origem no comando da norma convencional e se estende desde a sua incidência, como norma isentiva convencional, até a sua aplicação no plano interno do Estado da residência, através do instrumento normativo que for peculiar ao ordenamento jurídico desse Estado.

1.2.2 Solução de concurso de competências fiscais

As convenções que seguem o Modelo OCDE, quando indicam a isenção como método para o controle da dupla tributação, estão resolvendo um concurso internacional de competências. Portanto, será melhor falar, ao tratar da natureza jurídica da norma convencional isentiva, em solução de concurso de competências fiscais.

Eis a natureza do método de isenção que, na modalidade integral, resolve o concurso de pretensões fiscais. Como a competência tributária é atribuição do ordenamento jurídico interno e os vários Estados têm, por via convencional, sua competência tributária reconhecida – porque só pelo concurso de competência tributária há que falar em isenção como método recomendado em convenção contra dupla tributação –, resta ao método de isenção a qualidade de norma de solução de conflitos de competência fiscal.

A expressão "controle" é mais apropriada porque a aplicação do método de isenção não só evita (modalidade da exoneração integral), como apenas atenua (modalidade da exoneração parcial), os efeitos econômicos não indicados da dupla tributação internacional.

Quando a convenção dispõe no sentido de atribuir competência tributária exclusiva a determinado Estado, não resolve necessariamente a dupla tributação. O Estado havido como incompetente para impor a sua pretensão fiscal é previamente excluído. Portanto, não há concurso de competências fiscais. Não havendo concurso de competências fiscais, não há conflito de ordem administrativa ou jurisdicional entre os Estados contratantes, não há recurso ao método de isenção.

Ainda que, no plano das discussões doutrinárias, a natureza jurídica da isenção tributária não tenha entendimento consolidado, por ser uma construção dogmática do ordenamento jurídico de cada Estado (categoria jurídico-positiva), no contexto das convenções inspiradas no Modelo OCDE, o método de isenção sempre será um procedimento de solução de concurso de competências fiscais. Enquanto no plano interno do Estado da residência, sua natureza depende sempre de sua formulação legal, no plano convencional, nos padrões do Modelo OCDE, a isenção adota o critério de universalidade e sempre se apresentará como norma de solução de concurso de competências fiscais.

Ainda nos casos de incidência de norma isentiva, na modalidade com cláusula de progressividade, a dupla tributação jurídica persiste com o agravamento da imposição ao sujeito passivo. O concurso de pretensões fiscais se resolve pela incidência da norma isentiva convencional, na modalidade integral.

Assim entendido, o método de isenção ou, mais sinteticamente, a isenção, reveste a qualidade de uma *sobrenorma*, norma que incide diretamente sobre outras normas e só indiretamente sobre determinados sujeitos passivos (residentes) caracterizados por elementos de conexão que os submetem simultaneamente a ordenamentos jurídicos distintos. Dispõe sobre a aplicabilidade de outras normas garantidoras, no plano jurídico interno do Estado de residência, da exoneração do contribuinte à tributação de seus rendimentos de fonte externa.

1.2.3 Conflito internacional de competência fiscal

Esse tipo de conflito de competência fiscal também se enquadra, no âmbito do Direito Internacional Privado, mais precisamente, no direito de conflitos.[18] Essa é uma conclusão de capital importância, porque atenta para a inovação do método de isenção convencional. É Direito Internacional privado oriundo de fonte não-estatal, o tratado ou a convenção.

Não é a norma convencional que determina a isenção no plano intra-estatal. A norma convencional isentante apenas indica o Estado incompetente – conseqüentemente indica as normas exoneratórias aplicáveis ao caso específico[19] – para impor a sua pretensão fiscal relativamente aos rendimentos auferidos por um sujeito passivo, em um dos Estados (geralmente o da residência) envolvidos no concurso de pretensões fiscais.

1.2.4 Repartição de receitas entre os Estados contratantes

Como determinar a natureza do método de isenção quando aplicado com o recurso à progressividade das alíquotas?

18. Luis de Lima Pinheiro, *Direito Internacional Privado*, vol. 1, pp. 40, 42, 279 e ss. Para este autor, a questão controversa é a possibilidade de aplicação de normas de Direito Público por recurso a norma de conflitos de Direito internacional Privado. Alberto Xavier entende terem o Direito Internacional Privado e o Direito Internacional Público a mesma natureza de Direito de conflitos (ob. cit., p. 12).

19. Jacob Dolinger, *Direito Internacional Privado*, Parte Geral, pp. 25, 47-48.

A progressividade das alíquotas, emprestada ao método de isenção, somente deve ser empregada entre os Estados contratantes, quando se pretenda evitar a fuga de capitais e, conseqüentemente, a evasão fiscal. O objetivo dessa medida, neste caso, é o da razoável (proporcional) repartição de receitas, convencionalmente pactuada entre os Estados.

O método de isenção, indicado em convenção internacional na modalidade com recurso à progressividade das alíquotas, para além do controle da dupla tributação jurídica, tem a natureza jurídica de repartição de receitas entre os Estados contratantes.

2. *Método de isenção ("exemption method")*

2.1 Noção

2.1.1 Conceito

Importa, no corpo deste trabalho, fixar a noção da medida fiscal exoneratória, convencionalmente denominada "método de isenção". Embora haja algumas divergências quanto à caracterização jurídica da isenção, existe um *quantum* de convergência nesse sentido, o que permite uma pré-compreensão da categoria da isenção, enquanto técnica de exoneração tributária.[20]

Tanto o método de imputação quanto o método de isenção do imposto relativo ao rendimento de fonte externa são hoje considerados as principais medidas bilaterais de controle da dupla tributação.

2.1.2 O Estado da residência: Estado convencionalmente legitimado a conceder exoneração fiscal

Cabe, via de regra, ao Estado da residência o ônus da aplicação do método de isenção.

A norma de isenção é norma de limitação de competência cuja aplicação pressupõe um concurso de pretensões fiscais dos Estados contratantes. Exercem essas normas jurídicas, a função de eliminar ou atenuar os efeitos desse concurso.[21]

Na verdade, o concurso de pretensões fiscais só se resolve definitivamente pelo método de isenção integral. Este método aplicado com

20. Para uma abordagem ampla sobre o conceito de isenção no modelo jurídico brasileiro, consultar: José Souto Maior Borges, *Teoria Geral da Isenção Tributária*.

21. Alberto Xavier, ob. cit., p. 501.

recurso à progressividade das alíquotas, resolve parcialmente o concurso de pretensões fiscais, porque, por ele, o Estado da residência tem a sua competência fiscal parcialmente assegurada, pela suplementariedade convencionalmente admitida.

A isenção é entendida como o princípio pelo qual o Estado da residência não tributa os rendimentos que de acordo com os dispositivos convencionais são auferidos no Estado da fonte e devem ser, por este Estado, tributados.[22] Quanto a esse aspecto não restam dúvidas, principalmente se o tema for submetido a uma análise econômica.[23]

A crescente internacionalização das atividades dos agentes econômicos, que atuam para além das fronteiras do Estado que são residentes, proporciona um aumento significativo do fluxo de capital, pessoas e tecnologia perante a "comunidade" internacional.[24]

A noção do método de isenção, enquanto medida empreendida para o controle da dupla tributação, assume feições diversas em função de seus efeitos, conforme será visto mais adiante.

Este método é utilizado para exonerar os agentes econômicos, no Estado da residência que auferem rendimentos, em decorrência de suas atividades transnacionais, no Estado da fonte.

A denominação utilizada para esse método é passível de críticas, mas é preferível a terminologia "isenção" a "atribuição" uma vez que as convenções celebradas com objetivo de controlar a dupla tributação não conferem, mas apenas reconhecem a competência tributária de um Estado contratante.[25]

E não basta, para a aplicação desse método, o reconhecimento da competência fiscal exclusiva a um dos Estados contratantes. É necessário que esta competência fiscal esteja em relação de cumulação com a competência fiscal do outro Estado contratante.

Para aplicação do método de isenção, como medida para controle de concurso de pretensões fiscais, há de existir, portanto, um conflito de pretensões fiscais já formado para que a sobrenorma de limitação ou suspensão de competência possa incidir.

Essa limitação de competência é relativa à competência fiscal do Estado da residência, o Estado contratante geralmente legitimado para

22. Klaus Vogel, *On Double Taxation Conventions*, pp. 962-963.

23. Barry Bracewell-Milnes, *The Economics of International Tax Avoidance*, p. 30.

24. Sérgio Vasques, "Globalização e Igualdade Tributária", pp. 431-432.

25. Manuel Pires, ob. cit., p. 338.

conceder a exoneração dos rendimentos de fonte em outro Estado contratante.

A aplicação do método da isenção pelo Estado da residência, a fonte, para efeito do exercício de competência fiscal, apresenta-se como prioritária, porque os rendimentos provenientes do Estado onde esta se situe, ou não são considerados no Estado da residência ou são considerados apenas para o efeito de fixação da alíquota do imposto a aplicar aos rendimentos não isentos.[26]

As convenções bilaterais que seguem o Modelo da OCDE apenas indicam os métodos para controle da dupla tributação, porém não disciplinam as regras de repartição de competência entre os Estados contratantes.[27] Assim, a norma que expressa o método de isenção é uma norma que dispõe sobre a aplicação de outras normas. É uma sobrenorma.

2.1.3 Exoneração concedida pelo Estado da fonte

Pode haver norma de limitação de competência tributária direcionada ao Estado da fonte.[28]

O Estado da fonte dos rendimentos, convencionalmente, também sofre limitação de competência tributária pelo método da isenção nos casos em que os juros pagos da dívida pública ao outro Estado contratante ou a uma de suas unidades políticas ou a qualquer de suas agências, inclusive as financeiras, são tributados exclusivamente no Estado credor.

Mas, excluindo esses casos, a exoneração dos rendimentos pelo Estado da fonte pode trazer sérias conseqüências de ordem econômico-financeira, para os agentes econômicos e para os Estados respectivamente.[29]

Não é a isenção que é progressiva, mas as alíquotas aplicáveis ao montante do tributo devido no Estado da residência. Nesta modalidade, o entendimento predominante é no sentido de a isenção atender melhor ao princípio da isonomia, porque não impõe desvantagem aos contribuintes que apenas executam operações internas,[30] aqueles que estão submetidos apenas ao ordenamento jurídico do Estado da residência.

26. Idem, ibidem, pp. 332-333.

27. Louis Cartou, *Droit International et Européen – Pratique Française*, p. 136.

28. Alberto Xavier, ob. cit., pp. 477-478.

29. Heleno Torres, *Pluritributação Internacional sobre as Rendas das Empresas*, pp. 436-437.

30. Alberto Xavier, ob. cit., p. 505.

Este método implica na possibilidade de uma tributação mais onerosa ao residente que tenha rendimentos no Estado da fonte do que ao residente com rendas exclusivamente auferidas no Estado da residência e por isso sujeito à competência tributária do Estado da residência.[31]

Não significa que o método da isenção aplicado com recurso à progressividade das alíquotas alcance os rendimentos produzidos no Estado da fonte. Ao contrário, é nesse Estado que eles são tributados. A exoneração, nesta modalidade, é concedida no Estado da residência aos rendimentos auferidos no Estado da fonte, que são considerados para efeito da determinação da alíquota aplicável exclusivamente aos rendimentos auferidos no Estado da residência.[32]

Entende-se que a aplicação de isenção, com recurso à progressividade das alíquotas, não enseja dupla tributação.[33] A tributação na modalidade da alíquota progressiva relativa à totalidade dos rendimentos é um método utilizado na persecução do princípio da capacidade contributiva,[34] que é, numa óptica tributária, a expressão do princípio da isonomia.

A aplicação do método da isenção, na modalidade do recurso à progressividade das alíquotas, pode trazer uma série de problemas tanto para o contribuinte quanto para a administração fiscal do Estado da residência.[35]

2.2 Principais modalidades do método de isenção

2.2.1 Exoneração integral

O método de isenção na modalidade da exoneração integral corresponde à medida destinada a exonerar integralmente, do imposto devido, no Estado da residência,[36] os rendimentos de fonte externa, no interesse de eliminar o concurso de pretensões fiscais,[37] conforme a disciplina do

31. Manuel Pires, ob. cit., p. 355.

32. Francesc Barnadas Molins e Juan Francisco Corona, *Tributición de no Residentes y Fiscalidad Internacional*, p. 51.

33. Manuel Pires, ob. cit., p. 355.

34. Para Manuel Pires, a utilização da isenção progressiva atende ao princípio da isonomia tributária (ob. cit., pp. 359-360).

35. Gilbert Tixier e Jean Kerogues, *Droit Fiscal International – Pratique Française*, pp. 132-133.

36. Klaus Vogel, ob. cit., p. 962.

37. Manuel Pires, "O método da isenção e o método da imputação como medidas que visam a eliminação da dupla tributação", ob. cit., p. 17.

artigo 23-A, do Modelo da Organização de Cooperação para o Desenvolvimento Econômico – OCDE.[38]

Não havendo necessidade de aplicação da exoneração com recurso à progressividade das alíquotas, o Estado da residência, por uma questão de política fiscal, adota convencionalmente o método de isenção, concedendo a exoneração integral aos rendimentos auferidos no Estado da fonte.

A denominação desta medida como "método da exoneração integral" atende melhor a uma cognição mais próxima dos efeitos de sua aplicação. A finalidade do recurso a esse método é, desta forma, mais aparente. Pela exoneração integral concedida pelo Estado da residência aos rendimentos auferidos no Estado da fonte, o fluxo de capital, pessoas e tecnologia é incentivado, favorecendo os negócios transnacionais.

2.2.2 Exoneração parcial (recurso à progressividade das alíquotas)

Mas não só para eliminar o concurso de pretensões o método de isenção pode ser adotado pelo Estado da residência.

Existem casos em que o Estado da residência adota o recurso à progressividade das alíquotas como cláusula qualificadora do método de isenção integral, reduzindo a exoneração, em atenção à repartição de receitas mais justa entre os Estados contratantes, evitando a evasão fiscal.

A aplicação do método de isenção com o recurso à progressividade das alíquotas é facultada ao Estado da residência quando a necessidade de controle da evasão fiscal for imperiosa. Neste caso, pela progressividade das alíquotas, se restaura a competência fiscal do Estado da residência, convencionalmente suspensa, e se privilegia a eqüidade na repartição da receita tributária oriunda dos Estados contratantes (residência e fonte).

A aplicação do recurso da progressividade das alíquotas, pelo Estado da residência, apenas resulta em uma atenuação dos efeitos da dupla tributação.

A denominação desta medida como "método de exoneração parcial pelo recurso à progressividade das alíquotas", do mesmo modo que o método da exoneração integral, atende melhor a uma cognição mais próxima dos efeitos de sua aplicação.

38. *Modelo de Convenção de Dupla Tributação sobre o Rendimento e o Patrimônio*, pp. 53-54.

A finalidade do recurso a esse método é, em virtude dessa denominação, mais clara. Na exoneração parcial, concedida pelo Estado da residência aos rendimentos auferidos no Estado da fonte, além de o fluxo de capitais, pessoas e tecnologia ser incentivado, embora não na mesma proporção da exoneração integral, também se tem como objetivo evitar a fuga de capital e a conseqüente evasão fiscal, favorecendo assim a repartição de receitas tributárias ingressas nos Estados contratantes pelos negócios transnacionais.

A progressividade das alíquotas corresponde ao exercício efetivo da competência fiscal do Estado da residência e, embora limitado, esse exercício minimiza os efeitos da dupla tributação e equivale à reserva convencionalmente imposta pelo Estado da residência.

2.3 O método de isenção na modalidade da exoneração integral

2.3.1 Eliminação dos efeitos da dupla tributação

Embora seja uma medida utilizada com pouca freqüência, o método de isenção integral pode ser analisado sob vários ângulos. Trate-se do que se apresenta como o mais importante deles: a eliminação da dupla tributação.

O concurso de pretensões fiscais do Estado da residência e do Estado da fonte, como visto, impõe uma incidência cumulativa de normas fiscais de reconhecimento de competências a ambos os Estados.

O conflito emergente desse concurso é a tributação, imposta por ambos os Estados contratantes, dos rendimentos auferidos em um dos Estados por um agente econômico residente no outro Estado.

A medida exoneratória, por excelência, adotada para eliminação da dupla tributação é a isenção na sua modalidade integral. É integral porque à exoneração os rendimentos auferidos no Estado da fonte não são considerados para nenhum efeito pelo Estado da residência, que via de regra, está vinculado a conceder a isenção.[39] A exoneração é integral porque o montante não tributado pelo Estado da residência não sofre redução. Esta medida é também chamada de método da "isenção pura",[40] porque não é aplicada com o recurso de nenhuma outra medida ou artifício.

39. Manuel Pires, ob. cit., p. 339.

40. Heleno Torres, ob. cit., p. 433.

Como a concessão da exoneração pelo Estado da residência, dos rendimentos auferidos em decorrência de atividades exercidas por um seu residente no Estado da fonte, pressupõe a incidência cumulativa das respectivas competências fiscais dos Estados contratantes, conclui-se que a adoção do método de isenção integral não as evita, porque, se assim fosse, estar-se-ia diante de um método expresso em norma de reconhecimento de competência exclusiva, e estas incidem antes mesmo da formação do concurso de competência fiscais. E se essas normas impedem a formação do concurso, evitam a dupla tributação efetiva.

Portanto, é mais prudente falar em eliminação, termo que pressupõe a incidência cumulativa de pretensões fiscais. Uma vez instalado o concurso de competências fiscais, o método de isenção é aplicado pelo Estado da residência, para eliminar o conflito já instalado.

2.3.2 Risco de fuga de capital e de evasão fiscal

O Estado da residência, ao adotar este método, deve avaliar previamente as tendências econômicas do outro Estado que pretende convencionalmente pactuar cláusulas de controle de dupla tributação e, no desenrolar das negociações, estabelecer medidas que não só controlem o concurso de pretensões fiscais, mas também evitem a fuga de capital e conseqüente evasão fiscal.

A fuga de capital deve ser um foco de preocupação do Estado da residência, porque incentiva, em certas circunstâncias, a evasão fiscal e conseqüente diminuição de sua receita tributária.

2.4 O método de isenção na modalidade da exoneração parcial

2.4.1 Atenuação ou eliminação dos efeitos da dupla tributação?

No contexto da dupla tributação jurídica, é necessária, para a sua ocorrência, a imposição simultânea de duas ou mais normas obrigacionais de natureza fiscal. Em face das relações fiscais, entre os vários Estados contratantes e seus residentes, serem reguladas por convenção, a aplicação do método de isenção só é pertinente quando ocorra o concurso de pretensões fiscais de Estados contratantes distintos.

Verificado o concurso de pretensões fiscais para determinação da dupla tributação jurídica, caberá, por conveniência do Estado da residência, a isenção como método para o seu controle. Optando-se pelo controle via método da isenção, resta saber se tal método, aplicado com recurso à progressividade das alíquotas, é tecnicamente uma isenção no contexto do controle do concurso de pretensões fiscais internacionais.

Para que se dê a dupla tributação, é necessário, como visto, que seja observada a regra das quatro identidades. E a utilização do método de isenção só é tecnicamente correta na ocorrência simultânea de dois ou mais concursos de pretensões fiscais.[41] No método de isenção com recurso à progressividade das alíquotas, o concurso de pretensões existe, é simultâneo e recai sobre o mesmo sujeito passivo da obrigação fiscal emergente do fato jurídico-tributário.

Mas ocorre, em um segundo momento, uma restauração da competência fiscal do Estado da residência, suspensa pela convenção, para elevação da alíquota incidente sobre os rendimentos auferidos no Estado da fonte. Os rendimentos de fonte externa são considerados para efeito de fixação dessa alíquota no Estado da residência. Sobre esse ponto não há oposições. A fixação da alíquota no Estado da residência se processa considerando os rendimentos auferidos no Estado da fonte. A incidência da alíquota no Estado da residência considera, exclusivamente, os rendimentos auferidos neste Estado.

O Estado contratante da fonte dos rendimentos, ao tributar os rendimentos de um não residente,[42] o faz para que eles sejam exonerados pelo Estado da residência do sujeito passivo da respectiva obrigação tributária.

Quando o Estado da residência fixa a alíquota incidente sobre os rendimentos nele auferidos em nível mais elevado, procede necessariamente alargando a base de cálculo sobre a qual ela incidirá. Esta base de cálculo não sofreu acréscimo em decorrência de rendimentos auferidos exclusivamente no Estado da residência. Ao contrário, o que elevou a alíquota foi o rendimento auferido no Estado da fonte, vale dizer rendimento já tributado. É o mesmo que cobrar novamente, não pela totalidade dos rendimentos de fonte interna e externa, mas por uma parcela desses rendimentos,[43] os de fonte externa.

Está caracterizada, portanto, a isenção com reserva de progressividade como sendo, em um segundo momento, um artifício convencional concedido ao Estado da residência para alcançar os rendimentos auferidos no Estado da fonte, impondo ao sujeito passivo uma obrigação mais onerosa do que efetivamente teria e tanto mais onerosa quanto mais ele-

41. Alberto Xavier, ob. cit., p. 504.

42. O não-residente no Estado da fonte dos rendimentos é lá tributado em decorrência do princípio da territorialidade.

43. Lois Cartou, ob. cit., pp. 152-153.

vadas forem as alíquotas praticadas no Estado da fonte[44] relativamente aos seus rendimentos auferidos no Estado da residência.

2.4.2 Competência fiscal convencional do Estado da Residência

Existe uma suplementariedade, quando do exercício da competência fiscal pelo Estado da residência, relativamente à obrigação tributária que recai sobre um seu residente que tem os rendimentos auferidos no Estado da fonte e estes rendimentos são submetidos à aplicação do método de isenção na modalidade da exoneração parcial (recurso à progressividade das alíquotas).

O residente é submetido a uma relação jurídica complexa, posto que está ligado a mais de um ordenamento jurídico pertencente a Estados distintos. As obrigações fiscais se instauram em decorrência de elementos de conexão que ligam esse residente a diversos ordenamentos jurídicos em conseqüência das operações econômicas, por ele, realizadas no plano internacional.

Resolvida a dupla tributação e conseqüentemente reconhecida a legitimidade do Estado da fonte relativamente ao exercício de sua competência fiscal, o Estado da residência poderá adotar, mediante reserva, a isenção com progressividade das alíquotas, quando a convenção assim dispuser, ou seja, para tanto o autorizar.

Sempre que o Estado da residência adotar o método de isenção com recurso à progressividade das alíquotas ocorre uma devolução parcial de sua competência fiscal, antes limitada ou até mesmo suspensa pela convenção, já que cabe ao Estado da residência conceder a exoneração dos rendimentos auferidos no Estado da fonte.

A progressividade das alíquotas é o que podemos chamar de efeito da obrigação fiscal suplementar. A convenção concede a faculdade ao Estado da residência, não de conceder a isenção, porque a isto está obrigado, mas de, pela aplicação do método de isenção, recorrer à reserva convencional da progressividade das alíquotas.

2.4.3 Exclusividade na aplicação método da isenção com recurso à progressividade das alíquotas

As convenções que adotam o Modelo da OCDE dispõem no sentido de facultar ao Estado da residência a aplicação do método de isenção com cláusula de progressividade.

44. Heleno Tôrres, ob. cit., p. 296.

O Estado da residência não poderá empregar o método isenção com recurso à progressividade das alíquotas quando o fluxo de capital para o Estado da fonte indique diminuição de receita pela fuga de capital ou evasão fiscal. Quando no Estado da fonte dos rendimentos sejam praticadas alíquotas iguais ou mais elevadas, o Estado da residência não se legitima para aplicação do método da isenção na modalidade da exoneração parcial.

No Brasil, p. ex., a tributação confiscatória é constitucionalmente vedada.[45] A propósito, na Argentina há decisão do Tribunal Superior determinando que as alíquotas que ultrapassem os 33% (trinta e três por cento) são alíquotas confiscatórias, relativamente ao Imposto de Transmissão Gratuita de Bens.[46]

Portanto, o Estado da residência só poderá utilizar-se convencionalmente da reserva quando o Estado da fonte, com o qual convencionou acordo para controle da dupla tributação, praticar alíquotas mais baixas.

A aplicação do método de isenção na modalidade da exoneração parcial se justifica pela necessidade que têm os Estados de evitar a fuga de capital. Não havendo norma de controle da evasão fiscal, os residentes passam a investir em Estados que detêm uma tributação privilegiada em relação ao Estado da sua residência. Como as convenções que adotam o Modelo OCDE têm como objetivo também o controle da evasão fiscal, o método de isenção aplicado com a cláusula de progressividade das alíquotas passa a ser um instrumento decisivo no combate à fuga de capital do Estado da residência.

2.4.4 Obrigação fiscal suplementar

A obrigação tributária convencional, instalada pela progressividade das alíquotas, imposta pelo Estado da residência ao agente econômico que pratica operações transnacionais, é uma obrigação convencional suplementar, relativamente aos rendimentos auferidos no Estado da fonte, porque vem em auxílio do Estado da residência, convencionalmente o Estado obrigado a conceder a isenção.

Na obrigação fiscal suplementar decorrente do emprego do método de isenção na modalidade com cláusula de progressividade, ocorre necessariamente um agravamento da carga fiscal suportada pelo contribuinte no Estado da residência. Esse entendimento não pode ser afasta-

45. Constituição da República Federativa do Brasil, art. 150, IV.

46. Dino Jarach, *Curso Superior de Derecho Tributario*, t. I, pp. 190-191.

do, em decorrência de justificativa a favor de contribuintes que tenham rendimentos exclusivamente auferidos no Estado da residência. Estes são contribuintes de categoria distinta daqueles que realizam operações transnacionais e, por isso, vinculados ao Estado da fonte dos rendimentos auferidos e, mais uma vez, lá tributados.

O Estado da residência exercendo, mesmo parcialmente, sua competência fiscal, impõe, ao seu residente, que tenha auferido rendimentos no Estado da fonte e nesse Estado tenha cumprido a sua obrigação fiscal relativamente a esse rendimento, uma obrigação fiscal suplementar, relativamente àquele rendimento auferido no Estado da fonte e, insista-se, já tributado, ou seja, o residente mesmo que tenha seus rendimentos tributados no Estado da fonte, porque lá foram auferidos, suportará o ônus de uma obrigação fiscal subjacente no Estado da residência que suplementa a obrigação fiscal convencional originada no Estado da fonte.

3. Bibliografia

AIRS, Graham. "UK Adheres to Arm's Length Approach", *International Tax Review – Transfer Princing*, fev. 1994.

BORGES, Antônio de Moura. *Convenções sobre Dupla Tributação Internacional*. Teresina, Editora da Universidade Federal do Piauí – Instituto Brasileiro de Direito Tributário, 1992.

BORGES, José Souto Maior. *Teoria Geral da Isenção Tributária*. 3ª ed., São Paulo, Malheiros Editores, 2001.

BRACEWELL-MILNES, Barry. *The Economics of International Tax Avoidance – Political Power versus Economic Law*. Deventer, Holanda, Kluwer, 1980.

CARTOU, Louis. *Droit Fiscal International et Européen – Pratique Française*, 10ª ed. Paris, Dalloz, 1986.

DOLINGUER, Jacob. *Direito Internacional Privado*, Parte Geral. 5ª ed., Rio de Janeiro, Renovar, 1997.

GABARDINO, Carlos. "La Tassazione del Reddito Transnazionale", in Victor Uckmar (Coord.), *Diritto Tributario*. Pádua, Dott. Antonio Milani, 1990.

JARACH, Dino. *Curso Superior de Derecho Tributario*. Buenos Aires, CIMA, 1957.

"MODELO de Convenção Fiscal sobre o Rendimento e o Patrimônio", *Cadernos de Ciência e Técnica Fiscal*, n. 172, trad. de Teresa Curvelo e Salomé Rebelo. Lisboa, Ministério das Finanças, Centro de Estudos Fiscais, 1995.

MOLINS, Francesc Barnadas e CORONA, Juan Francisco. *Tributación de no Residentes y Fiscalidad International*. Barcelona, Gestión, 2000.

PINHEIRO, Luis de Lima. *Direito Internacional Privado*, vol. I: Introdução e Direito de Conflitos – Parte Geral. Coimbra, Almedina, 2001.

PIRES, Manuel. *Da Dupla Tributação Jurídica Internacional sobre o Rendimento*. Lisboa, Ministério das Finanças, Centro de Estudos Fiscais. Imprensa Nacional – Casa da Moeda, 1984.

TIXIER, Gilbert e KEROGUES, Jean. *Droit Fiscal International – Pratique Française*. Paris, Berger-Levrault, 1974.

TÔRRES, Heleno Taveira. *Pluritributação Internacional sobre as Rendas de Empresas*, 2ª ed., São Paulo, Ed. RT, 2001.

VASQUES, Sérgio. "Globalização e Igualdade Tributária", *Colóquio: Os Efeitos da Globalização na Tributação do Rendimento e da Despesa*. Lisboa, Administração Geral Tributária, 2000.

VOGEL, Klaus. *On Double Taxation Conventions*. Deventer, Holanda, Kluwer Law and Taxation Publishers, 1991.

XAVIER, Alberto. *Direito Tributário Internacional*. Coimbra, Almedina, 1997.

III – SISTEMA CONSTITUCIONAL E SEGURANÇA JURÍDICA NA CONSTITUIÇÃO DAS OBRIGAÇÕES TRIBUTÁRIAS

O CONCEITO CONSTITUCIONAL DE TRIBUTO

RICARDO LOBO TORRES

1. Generalidades

O tributo, noção nuclear do Direito Constitucional Tributário, é a categoria básica sobre a qual se edificam os sistemas constitucionais tributários (do nacional ao federado e ao internacional)[1] e a partir da qual se formam as diferenças para com as figuras próximas do preço público e da multa, integrantes do fenômeno da quase-fiscalidade, e das contribuições econômicas e sociais, nos ordenamentos que cuidam da extrafiscalidade e da parafiscalidade. O termo tributo aparece inúmeras vezes na Constituição Tributária, sem qualquer definição: o art. 150, I, veda a exigência ou o aumento do tributo sem lei que o estabeleça; o art. 151, I, proíbe a instituição de tributo que não seja uniforme em todo o território nacional; o art. 150, III, dispõe sobre a irretroatividade e a anualidade dos tributos; o art. 150, IV, veda a utilização de tributo com efeito de confisco. De rara complexidade pelas inúmeras funções que

1. C. Starck ("Überlegungen zum verfassungsrechtlichen Steuerbegriff", in *Festschrift für Gerhard Wacke*, p. 194) observa que, na Constituição Alemã, o conceito de imposto (*Steuer*) serve para discriminar a competência dos diversos entes públicos, para regulamentar o orçamento e para proteger os direitos dos cidadãos. Cf. tb. Karl-Georg Loritz, "Das Grundgesetz und die Grenzen der Besteuerung", *NJW* 39 (1/2)/2.

exerce no seio da Constituição Tributária, o conceito de tributo há que ser entendido de modo unitário, através de definição que lhe abarque todas as características.[2]

O conceito de tributo deve ser buscado não só no discurso da Constituição, do Código Tributário Nacional e da doutrina (sistemas tributários objetivos e científicos), como também na riquíssima jurisprudência, que forneceu o balizamento para a compreensão das suas diversas espécies. O trabalho do Supremo Tribunal Federal no Brasil e dos Tribunais Constitucionais em países como a Alemanha, a Áustria, a Espanha e a Itália contribuiu decisivamente para a edificação do conceito de tributo, antecipando-se às definições legais, interpretando-as ou, nos ordenamentos que as omitem, oferecendo a pauta para a sua normatividade.[3]

2. Definição constitucional de tributo?

Enquanto a Constituição não define o tributo, o Código Tributário Nacional oferece a seguinte definição, no art. 3º: "Tributo é toda prestação pecuniária compulsória em moeda ou cujo valor nela se possa exprimir, que não constitua sanção de ato ilícito, instituída em lei e cobrada mediante atividade administrativa plenamente vinculada". A situação no direito germânico é bastante parecida; enquanto a minuciosa Constituição não define o imposto (*Steuer*), noção que os alemães usam com mais freqüência que tributo (*Abgabe*), o Código Tributário (AO 77) estampa esta definição: "Impostos são prestações pecuniárias que não configurem uma contraprestação por um serviço especial, exigidas por uma entidade de direito público, para a obtenção de receitas, de todos os que realizarem o fato ao qual a lei vincula o dever de prestação; a obtenção de receita poderá ser finalidade acessória. Direitos aduaneiros e direitos compensatórios são impostos no sentido desta lei".[4]

2. Cf. Rubens Gomes de Souza, "Direito Financeiro. Normas Gerais: Conceituação Genérica de Tributo", *RDA* 26/365; C. Starck, "Überlegungen...", cit., p. 207.

3. Cf. Ricardo Lobo Torres, "A Interação entre a Lei e a Jurisprudência em Matéria Tributária", *RT-CDTFP* 3/7-20; Marco Antonio Ferreira Macedo, *O Conceito de Tributo e a Jurisprudência do Supremo Tribunal Federal*; Paul Kirchhof, "Finanzgewalt und Verfassungsgerichts", in Klaus Stern (Ed.), *40 Jahre Grundgesetz*, p. 127; Hans Georg Ruppe, "Bemerkungen zur Judikatur des österreichischen Verfassungsgerichtshofes in Abgabensachen", *StuW* 67 (4)/355; Luis Manuel Alonso Gonzalez, *Jurisprudencia Constitucional Tributaria*, p. 107; Gianni Marongiu, *I Fondamenti Costituzionali dell'Imposizione Tributaria*, p. 93.

4. Tradução de Alfred J. Schmid e outros, *Novo Código Tributário Alemão*.

A questão que se coloca, por conseguinte, é esta: a Constituição adotou a definição do Código Tributário Nacional, isto é, *constitucionalizou-se a definição codificada*?

Parece-nos que sim. A complexidade das Constituições modernas levou a se reconhecer, ao lado da legalização dos conceitos constitucionais, a constitucionalização dos conceitos legais, pois a lei fundamental aproveita e incorpora os conceitos e as definições já constantes da legislação ordinária, especialmente os de conteúdo técnico.[5] Demais disso, a Constituição de 1988, bem com a de 1967, tanto na redação original quanto na emenda de 1969, já encontraram a definição do Código Tributário, pelo que não seria razoável concluir-se que não a tenham adotado; aliás, a própria Comissão que elaborou o anteprojeto do Código declarava a definição "indispensável à vista das referências ao conceito, contidas na própria Constituição, e mesmo como premissa à ulterior definição das figuras específicas de imposto, de taxa e de contribuição de melhoria".[6] A doutrina alemã, na sua maioria esmagadora[7] – no que foi acompanhada pelo Judiciário – concluiu que a definição de imposto estampada no Código adquiriu grau constitucional (*Verfassungsrang*).

Aceita a constitucionalização da definição do CTN, duas outras perguntas se colocam:

a) pode ser modificada a definição legal?

b) pode ser complementada?

A definição de tributo oferecida pelo Código Tributário Nacional, por servir de base ao entendimento do conceito constitucional, não pode ser objeto de modificação pela legislação infraconstitucional, pois isso implicaria em se modificar o próprio conceito constitucional. Aliás, seria muito remota a possibilidade de redefinição do conceito de tributo, pois a própria Constituição se encarregou de definir a taxa e a contribuição de melhoria, e de estabelecer o rol minucioso dos impostos pertencentes

5. Cf. Walter Leisner, *Von der Verfassungsmässigkeit der Gesetze zur gesetzmässigkeit der Verfassung*, p. 35.

6. *Trabalhos da Comissão Especial do Código Tributário Nacional*, Rio de Janeiro, IBGE, 1954, p. 115.

7. Cf. Georg Strickrodt, *Finanzrecht. Grundriss und System*, p. 132; Gerhard Wacke, *Das Finanzwesen der Bundesrepublik*, p. 64: "O conceito de imposto só pode ser entendido no sentido da legislação preexistente"; Karl Heinrich Friauf, *Verfassungsrechtliche Grenzen der Wirtschaftslenkung und Sozialgestaltung durch Steuergesetze*, p. 13; H. Spanner, "Die Steuer als Instrument der Wirtschaftslenkung", *Steuer und Wirtschaft* 1970/378; Klaus Müller, "Der Steuerbegriff des Grundgesetz", *Der Betriebs-Berater* 1970/1.105; Gerhard Mattern, "Der Begriff der Steuer und das Grundgesetz", *Der Betriebs-Berater* 1970/1.406.

aos diversos entes públicos. De qualquer modo, só se admitiria a modificação simplesmente redacional da definição codificada, sem alterações substanciais.[8] Na Alemanha, o Código Tributário de 1977 modificou a redação de 1919, mas tal modificação foi recebida como simplesmente redacional ou, na parte em que se estendeu aos aspectos materiais, como adaptação à jurisprudência firmada pela Corte Constitucional.[9]

Se a definição codificada não pode ser objeto de alterações substanciais, nem por isso se poderá considerá-la imune a complementações. A grande utilidade da definição consiste justamente em servir de pauta de interpretação para o conceito constitucional, pelo que necessita ela própria de interpretações[10] e de contacto com outras definições e conceitos tributários.[11] Ademais, a definição do nosso Código Tributário tem origem doutrinária, pois se baseou fundamentalmente em conceitos positivistas, inteiramente superados. E, ainda mais, apresenta o defeito imenso de se apegar ao critério de definir segundo o gênero próximo, sem atentar para as diferenças específicas: os elementos da compulsoriedade e da atividade vinculada, por exemplo, embora sejam essenciais à noção de tributo, pertencem também a outras categorias de entrada, como os preços públicos e as multas.

3. *O conceito de tributo*

Tributo é o conceito básico da Constituição Tributária e do Estado Fiscal. A sua instituição coincide com o início do Estado Liberal e do Estado de Direito, ou seja, com a constitucionalização do Estado moderno. Antes, na Idade Antiga e na Idade Média, havia, além dos rendimentos dominicais do príncipe, algumas prestações públicas, que tributo não eram, pois resultavam de mera relação de vassalagem.[12] No Estado So-

8. Mattern (ob. cit., p. 1.406) entendia que qualquer modificação substancial do conceito de tributo definido no Código Tributário exigia a maioria de 2/3 prevista na Constituição para as emendas constitucionais. C. Starck (ob. cit., p. 195) aceitava a modificação independentemente de maioria qualificada, argumentando que não há direito constitucional formal fora da Constituição.

9. Cf. Theodor Maunz, in Maunz, Dürig, Herzog, Scholz, *Grundgesetz. Kommentar*, art. 105, Rdnr. 2; Tipke e Kruse, *Abgabenordnung, Finanzgerichtsordnung*, art. 3º, Tz. 4.

10. Cf. Starck, ob. cit., p. 197.

11. Cf. K. Müller, ob. cit., p. 1.107.

12. Cf. Rudolf Weber-Fas, "Finanzgerichtsbarkeit im freiheitlichen Rechtsstaat", in Midhi Tohidipur (Coord.), *Der bürgerliche Rechtsstaat*, vol. 2, p. 548: "Assim como

cialista, que não passava de uma estrutura social, política e econômica de cunho neopatrimonialista, o tributo, meramente residual, tinha acentuada característica de ingresso industrial.[13] Por isso examinaremos a seguir as principais concepções de tributo formuladas a partir da perspectiva do Estado de Direito, em suas diferentes configurações ao longo da história moderna (Estado Liberal Clássico, Estado Social de Direito e Estado Democrático de Direito).

3.1 O liberalismo clássico e o Estado Fiscal

O tributo surge com a eliminação dos privilégios da nobreza e do clero.[14] O Estado moderno representa a passagem da concepção patrimonial, fundada nas finanças dominicais e no patrimônio do príncipe, para a economia em que preponderam os impostos.[15] O Estado Liberal Clássico, ou Estado Guarda-Noturno, necessita da receita tributária para atender às suas finalidades essenciais, menos escassas que anteriormente. O conceito jurídico de tributo se cristaliza a partir de algumas idéias fundamentais: a liberdade do cidadão, a legalidade estrita, a destinação pública do ingresso e a igualdade.

3.2 O positivismo e o Estado Social Fiscal

Com o desenvolvimento do Estado de Bem-Estar Social (ou Estado Intervencionista) no séc. XX, com a ampliação de suas necessidades e com o predomínio das idéias positivistas, transformou-se o conceito jurídico de tributo. A relação essencial com a liberdade, por exemplo, foi relegada a um segundo plano, substituída pelos aspectos econômicos da incidência tributária. Modificou-se substancialmente também a compreensão dos princípios da legalidade e da igualdade. O problema do valor passou a ser considerado extrajurídico. Diluiu-se a finalidade ínsita no tributo, de ser uma prestação destinada a atender às necessidades públicas. Enfatizaram-se, em contrapartida, o vínculo obrigacional existente no tributo e a forma de sua arrecadação.

o Estado Moderno é um fenômeno dos novos tempos (*Neuzeit*), também a tributação de hoje não pode ter em comum com a dos tempos antigos senão o nome".

13. Cf. H. W. Kruse, "Über Pflichtabführungen und Steuern der DDR", *StuW* 62 (4)/357.

14. Cf. Günter Schmölders, *Teoría General del Impuesto*, p. 16.

15. Cf. A. Wagner, *Traité de la Science des Finances*, p. 366; G. Ardant, *Histoire de L'Impôt*, vol. 1, p. 11: "L'Impôt est une technique liberale".

3.3 O pluralismo e o Estado Democrático Fiscal

Para a visão pluralista e finalista do Direito Constitucional Tributário, o conceito de tributo é de rara complexidade.[16] Sendo a categoria fundamental da Constituição Tributária, é um dos pontos cardeais da Constituição em sua globalidade, posto que aquela integra e determina a totalidade desta. Paralelamente, torna-se uma das noções fundamentais do Estado Democrático de Direito, que não sobrevive sem a sua configuração de Estado Fiscal. O conceito de tributo, conseguintemente, deve ser buscado a partir da abordagem constitucional e sob a perspectiva do Estado Democrático de Direito, que justifica a sua existência e que lhe marca o contorno jurídico dentro do qual opera, e que, de modo dialético, dele necessita financeiramente e dele depende para a sua própria conceituação como Estado Democrático Fiscal. A identidade do tributo e as suas diferenças para com os demais ingressos constituem um dos problemas capitais para a própria identidade do Estado Democrático,[17] que se afirma a partir dos anos 80 do século XX, aproximadamente. A definição de tributo para o liberalismo pluralista se converte em problema de Direito Constitucional Tributário e de Teoria Geral do Estado. Ao mesmo tempo, é o ponto nuclear de todo o Direito Tributário, embora constantemente negligenciado,[18] até mesmo pelas suas implicações filosóficas e políticas;[19] a noção de tributo está para o Direito Tributário como a de crime para o Direito Penal ou a de célula para a Biologia. Nessa perspectiva, o conceito de tributo se desenha no relacionamento

16. Cf. Starck, ob. cit., p. 207: "as idéias fundamentais que impregnam o conceito de tributo são complexas e não podem se reduzir a um só princípio".

17. Joseph Isensee, "Steuerstaat als Staatsform", in *Festschrift für Hans Peter Ipsen*, p. 428: "A pergunta sobre o significado que a Constituição Financeira atribui aos ingressos não-tributários (*den nichtsteuerlichen Abgaben*) contém uma dimensão federalista, uma democrática e outra ligada aos direito fundamentais"; Paul Kirchhof, "Die Finanzierung des Leistungsstaates", *JURA* 1983/506, observa que "o tributo é a forma por excelência do financiamento do Estado de Prestações".

18. Matias Cortés Domíngues e José Maria Martins Delgado, *Ordenamiento Tributario Español*, p. 147: "Paradójicamente, una rama tan estudiada y tan elaborada como el Derecho Tributario ha descuidado profundamente el análisis del concepto que le sirve de plataforma".

19. Cf. Klaus Vogel, "Rechtfertigung der Steuern: eine vergessene Vorfrage", *Der Staat* 25 (4)/481: "É tempo de renovar a pergunta sobre a justificativa jurídica do tributo. A Ciência do Direito, a Ciência das Finanças e a Filosofia Política do nosso século consideraram-na desinteressante". Em outro trabalho fundamental K. Vogel ("Der Finanz und Steuerstaat", in Joseph Isensee e Paul Kirchhof (Ed.), *Handbuch des Staatsrechts der Bundesrepublik Deutschland*, vol. 1, p. 1.178) distingue entre o conceito de tributo do direito constitucional (*Verfassungsrecht*), do direito tributário (*Steuerrecht*) e da Teoria do Estado (*Staatstheorie*).

com a liberdade, os direitos fundamentais e os princípios constitucionais vinculados às idéias de segurança (legalidade) e justiça (capacidade contributiva, custo/benefício e solidariedade), bem como na recuperação da importância da sua destinação pública.

4. A definição do art. 3º do CTN

A Lógica ensina, desde os gregos, que a definição deve se fazer por dois elementos distintos e complementares: o gênero próximo e a diferença específica – *definitio fit per genus proximum et differentiam specificam*. Inclui-se o ente ou o nome a ser definido na classe a que pertence (gênero próximo) e se estabelecem as diferenças específicas para com os outros entes ou nomes pertencentes à mesma classe. Na definição de homem como animal racional, a classe animal é o gênero próximo e a racionalidade a diferença específica que estrema o homem dos outros animais. Por outro lado, como ensina Ferrater Mora,[20] "é necessário que em toda definição se esgotem as notas consideradas essenciais do ente definido, pois se falta alguma delas o objeto não fica propriamente situado e pode facilmente confundir-se com outro".

A definição de tributo deve obedecer aos mesmos princípios lógicos. O CTN ateve-se à definição pelo gênero próximo, denotando a influência positivista. Procura o liberalismo pluralista construir o conceito constitucional de tributo segundo as diferenças específicas, ao fito de permitir que se mantenha a própria integridade do Estado Fiscal.

De feito, o CTN procedeu à definição levando em conta o gênero próximo, isto é, incluindo o tributo nas classes a que pertence, sem estremá-lo de outros fenômenos que igualmente se incluem naquelas classes. Todos os elementos da definição do art. 3º são essenciais à noção de tributo, mas insuficientes. Realmente, tributo "é toda prestação pecuniária compulsória, em moeda ou cujo valor nela se possa exprimir, que não constitua sanção de ato ilícito, instituída em lei e cobrada mediante atividade administrativa plenamente vinculada" (art. 3º, do CTN). Mas não é só isso. *Prestação pecuniária em moeda ou cujo valor nela se possa exprimir* é gênero que abrange outros ingressos, como o preço público e as custas. A mesma afirmativa aplica-se à *compulsoriedade*, que é característica de inúmeras entradas públicas, como sejam as tarifas, as custas e as multas. *Instituída em lei* não é apenas a prestação tributária, mas qualquer outra que provenha da economia dos cidadãos.

20. José Ferrater Mora, *Diccionario de Filosofía*, p. 325.

O lançamento vinculado, embora também seja característica essencial dos tributos, que desnatura as prestações que lhe sejam refratárias (*v.g.* deveres *in labore*), não lhe pertence privativamente, eis que a ele também se submetem outras exações, como as multas e os preços públicos. Para diminuir a imprecisão, o CTN fez a ressalva de que a definição não abrange a prestação "que não constitua sanção de ato ilícito", com o que excluiu as multas, mas não os preços e as custas.

5. O conceito constitucional de tributo

5.1. Característica: as diferenças específicas

Se a definição do art. 3º do CTN se faz apenas pelo gênero próximo, as *características diferenciais devem ser buscadas na própria Constituição*, daí resultando que o tributo: é um dever fundamental, ao lado dos deveres militares e do serviço do júri; limita-se pelos direitos fundamentais, através das imunidades e das proibições de tratamento desigual previstas no art. 150, posto que nasce no espaço aberto pela autolimitação da liberdade; obedece aos princípios da capacidade contributiva (art. 145, § 1º) ou do custo-benefício (art. 145, II e III) – aquele informa principalmente os impostos e este, as taxas e as contribuições de melhoria –, sendo-lhe a rigor estranhos princípios como os da solidariedade social ou econômica; destina-se a suportar os gastos essenciais do Estado ou as despesas relacionadas com as atividades específicas do Estado de Direito, vedado o seu emprego para suprir necessidade ou cobrir déficit de empresas, fundações ou fundos (art. 167, VIII, CF) e excluída do seu conceito a finalidade puramente extrafiscal; emana do poder específico de legislar sobre tributo no marco do poder distribuído pela Constituição (arts. 145, 148, 149, 150, I e § 6º, 153, 154, 155 e 156), inconfundível com o poder genérico de legislar (arts. 5º, II e 48).

Todas essas diferenças extraídas da CF são essenciais ao conceito de tributo, não se podendo como tal considerar o ingresso que deles careça; os elementos constantes da definição do art. 3º do CTN, constitucionalizada, são igualmente essenciais ao tributo, mas inespecíficos, de modo que nem todo ingresso (= preço público, custas e emolumentos) que os incorpore terá verdadeiramente natureza tributária. Sucede que o art. 149, da CF, estendeu demasiadamente a noção de tributo, ao nela incluir as contribuições econômicas e sociais, o que torna necessário que se considerem alguns elementos que estariam melhor fora do sistema tributário, como sejam o princípio da solidariedade social ou econômica e a finalidade não essencialmente pública: mas, desde que o constituinte, afinado com as idéias estatizantes e de ampliação do papel do Estado, em voga em 1988, colocou topograficamente aquelas contribuições especiais no bojo do sistema fiscal, não resta outra solução ao intérprete que dilargar o conceito de tributo, que, mesmo amplíssimo, não chega a desestruturar o Estado Fiscal, embora o torne obeso e ineficiente.

5.2 Dever fundamental

Tributo é o dever fundamental estabelecido pela Constituição no espaço aberto pela reserva da liberdade e pela declaração dos direitos fundamentais. Transcende o conceito de mera obrigação prevista em lei, posto que assume dimensão constitucional. O dever não é pré-constitucional, como a liberdade, mas se apresenta como obra eminentemente constitucional.[21] O dever fundamental, portanto, como o de pagar tributos, é correspectivo à liberdade e aos direitos fundamentais:[22] é por eles limitado e ao mesmo tempo lhes serve de garantia, sendo por isso o *preço da liberdade*.[23] Mas direitos e deveres fundamentais não se confundem, em absoluto, pois a liberdade que se transforma em dever perde o seu *status negativus*.[24] O dever fundamental, por outro lado, integra a estrutura bilateral e correlativa do fenômeno jurídico: gera o direito de o Estado cobrar tributos e, também, o dever de prestar serviços públicos; para o contribuinte cria o direito de exigir os ditos serviços públicos.[25]

21. Hasso Hoffmann, "Grundpflichten als verfassungsrechtliche Dimension", *VVDStRL* 41/85.

22. Cf. Herbert Bethge, "Grundpflichten als Verfassungsrechtliche Dimension", *NJW* 1982/2.145: "A dimensão constitucional dos deveres fundamentais transforma-se em um problema de direitos fundamentais de primeira ordem"; Volkmar Götz, "Grundpflichten als verfassungsrechtliche Dimension", *VVDStRL* 41/41: "As limitações constitucionais da tributação determinam-se pelo confronto entre o direito fundamental de propriedade e o dever constitucional fundamental de pagar tributos".

23. Cf. Josef Isensee, "Die verdrängten Grundpflichten der Bürgers", DÖV 1982/617: "Para o cidadão, o imposto é o preço para a sua liberdade econômica" ("Für den Bürger ist die Steuer (...) der Preis für seine wirtschaftliche Freiheit"); Gabriel Ardant, ob. cit., p. 431: "L'État devenait plus exterieur à l'individu"; Adam Smith, *Inquérito sobre a Natureza e as Causas da Riqueza das Nações*, vol. 2, p. 536: "Todo imposto, contudo, é para quem o paga, não um sinal de escravidão, mas de liberdade. Denota que está sujeito ao governo, mas que, como tem alguma propriedade, não pode ser propriedade de um senhor".

24. Hasso Hofmann ("Grundpflichten als verfassungsrechtliche Dimension", *VVDStRL* 41/84) fala na assimetria entre direitos e deveres fundamentais.

25. Cf. Gunnar Folke Schuppert, "Über Grundpflichten des Bürgers und die Funktionen des Verwaltungsverfahrens", *AÖR* 107/621.

Entre os deveres fundamentais no Estado de Direito encontram-se, além do dever de contribuir para as despesas públicas, os de prestar o serviço militar, compor o júri, servir à Justiça Eleitoral etc. O que marca a diferença entre o tributo e esses outros deveres é que o tributo consiste em uma prestação pecuniária ou em um valor que se possa transformar em dinheiro, como já vimos.[26]

5.3 Limitação pelas liberdades fundamentais

A liberdade é o fundamento precípuo do tributo para o liberalismo. O Estado, de origem contratual, constitui-se no espaço aberto pelo acordo entre as vontades individuais; nesse espaço constitui-se também o tributo, que tem por objetivo a garantia das liberdades fundamentais. Montesquieu já afirmava: "on peut lever des tributs plus forts à proportion de la liberté des sujts et l'on est forcé de les modérer à mesure que la servitude augmente".[27] O contrato social, portanto, em que o cidadão abria mão de uma parcela de sua liberdade, fundamentava a instituição do tributo, que tinha por escopo justamente financiar as atividades estatais garantidoras da liberdade reservada e substitutivas de outras prestações individuais.[28] Era em nome da liberdade – conservada no pacto social – que o tributo ganhava estatura constitucional, pois nascia limitado pelas imunidades e privilégios constitucionais, sob pena de o poder de impô-lo se transformar no poder de destruir.[29]

O tributo, como dever fundamental, repetimos, surge no espaço aberto pelas liberdades fundamentais, o que significa que é totalmente limitado por essas liberdades. Às vezes tem até a função de garantir a liberdade,[30] mercê da posição frontal e da correspectividade que, embora assimétrica, informa as duas dimensões jurídicas – a dos direitos e a dos deveres fundamentais. Mas o aspecto principal da liberdade, o de ser negativa ou de erigir o *status negativus*, é que marca verdadeiramente o

26. Vide item 2.

27. *L'Esprit des Lois*, Livro XIII, Cap. XII, p. 200.

28. Cf. Ardant, ob. cit., vol. 1, p. 431: "Assim que o imposto nascia de modo relativamente espontâneo, no meio de um povo independente, ele representava a transformação de outras obrigações, do serviço militar, da armada, das prestações *in natura*, ele liberava o homem da constrição de caráter feudal ou comunitário, ele lhe restituía a disposição de seu tempo e de seu trabalho".

29. Marshall, "The power to tax involves the power to destroy" (*McCulloch v. Maryland* – 1819).

30. Cf. Isensee, "Steuerstaat als Staatsform", cit., p. 417: "O tributo não é apenas um peso, mas também uma garantia da liberdade econômica e da liberdade de profissão".

tributo; a expansão do conceito de liberdade, para abranger a liberdade "para" e a eficácia contra terceiros dos direitos fundamentais, ou para transformá-la em dever, elimina o próprio conceito de tributo. Assim sendo, no Estado de Direito o tributo já nasce limitado pelas liberdades ou pelos direitos fundamentais declarados na Constituição; não existe a autolimitação do poder estatal relativamente à imposição de tributos, senão que o poder já nasce limitado no espaço aberto pela autolimitação da liberdade.[31] A "constituição" do tributo pela Constituição Tributária encontra no nascedouro os limites traçados em caráter "declarativo" pela Declaração de Direitos incluída no documento fundamental;[32] ou melhor, a verdadeira sede do poder de tributar se encontra na Declaração dos Direitos Fundamentais (art. 5º, do texto de 1988) e no seu contraponto fiscal que é a Declaração dos Direitos do Contribuinte e de suas garantias (arts. 150 a 152); com maior precisão, o poder de tributar finca suas raízes nos incisos XXII e XXIII do art. 5º, que proclamam o direito de propriedade e a liberdade de iniciativa, fornecendo o substrato econômico por excelência para a imposição fiscal.[33] O tributo não pode jamais limitar a liberdade, senão que pela liberdade se limita;[34] tributo que limita ou ofende a liberdade não é tributo, mas prestação inconstitucional, violência ou roubo.[35] As liberdades religiosa, política, educacional, de manifestação de pensamento, de comércio, de exercício de profissão etc., algumas absolutas e outras relativas, são protegidas, implícita ou explicitamente pelos mecanismos constitucionais das imunidades e dos privilégios, cujos limites não podem ser ultrapassados pelos tributos. Em síntese, a definição do tributo como prestação pecuniária decorrente de um dever constitucional tem como pressuposto a limitação traçada pelos direitos fundamentais do cidadão.

31. James M. Buchanan (*The Limits of Liberty*, p. 112) fala em *liberty tax*, para significar que o tributo implica sempre na perda de uma parcela de liberdade ("one degree of freedom is lost").

32. Cf. Starck, ob. cit., p. 206; Rudolf Weber-Fas, *Institutionen der Finanzgerichtsbarkeit im deutschen und amerikanischen Recht*, p. 13.

33. Friedrich August Freihen von der Heydte ("Grundgesetz und konfiskatorische Steuer: Randnotizen zum Problem der offenen Flanke der Eigentumsgarantie", *Festschrift für Heinz Paulick*, pp. 267 e ss.) diz que a propriedade privada não só funda (*begründet*) o imposto, como o limita (*begrenzt*).

34. É importante considerar o esforço dos autores que adotam premissas positivistas para superá-las e demonstrar que o tributo não limita a liberdade. Ezio Vanoni (*Natureza e Interpretação das Leis Tributárias*, p. 142) chega a dizer que o tributo não limita a liberdade porque não restringe a propriedade, já que é obrigação pessoal.

35. Segundo V. Linares Quintana, *El Poder Impositivo y la Libertad Individual*, p. 28: "Pero lo que debe diferenciarse, según el sistema político, es el impuesto jurídico o constitucional del impuesto antijurídico o inconstitucional". Vide n. 43.

O positivismo é que se afastou da idéia de liberdade, ao visualizar um poder tributário ilimitado ou ao proclamar a existência de uma reserva constitucional – escrita ou não – de poder tributário,[36] não condicionado pelos direitos fundamentais. Nesse contexto o tributo é fruto do exercício de um poder de tributar autolimitado, cuja sede normativa se encontra na própria Constituição Tributária, do que decorre a liberdade do legislador para criar impostos, que não encontram limitações prévias.[37]

Conclui-se, assim, que não é tributo o que se não limita pelos direitos da liberdade ou o que não nasça dentro da esfera dos direitos fundamentais por ato fundado na liberdade individual e na autonomia da vontade: as prestações contratuais (preços públicos) e, a rigor, as que se entregam em benefício do próprio grupo, como sejam as contribuições parafiscais e extrafiscais;[38] por isso mesmo, quem exclui os direitos fundamentais da definição do tributo ou transforma a liberdade em liberdade positiva ou liberdade "para"[39] acaba por confundir aquelas prestações. Da mesma forma, não é tributo a prestação referente à sanção de ato ilícito, que, apesar de limitada pela liberdade individual, não constitui dever fundamental do cidadão. De notar, finalmente, que a falta de referência à liberdade e aos direitos individuais na definição do CTN não tem maior alcance, pois a CF cuida minuciosamente dos privilégios e das imunidades, pelo que o conceito de tributo não pode ser buscado longe da perspectiva constitucional.

5.4 Os princípios constitucionais vinculados à idéia de justiça

O CTN, até mesmo pela influência do positivismo, afastou da definição do tributo os princípios vinculados à justiça, preocupando-se apenas com os ligados à segurança jurídica. Mas a Constituição de 1988, retomando antiga orientação liberal, voltou a se referir expressamente à capacidade contributiva como justificativa para a criação do tributo (art. 145, parágrafo único). Deixou transparecer, por outro lado, que o

36. Cf. Friedrich Klein, "Eigentumsgarantie und Besteuerung", *StuW* 43 (1)/481.

37. Para a ampla notícia sobre as controvérsias no constitucionalismo alemão: Cf. Hans-Jürgen Papier, *Die finanzrechtlichen Gesetzesvorbehalte und das grundgesetzliche Demokratieprinzip*, p. 54; Dieter G. Bodenheim, *Der Zweck der Steuer. Verfassungsrechtliche Untersuchung zur dichotomischen Zweckformel Fiskalisch – nichtfiskalisch*, p. 194.

38. Cf. Spanner, ob. cit., p. 383.

39. Cf. Konrad Löw, "Fiskalgeltung der Grundrechte?", *DÖV* 1957/881.

custo/benefício e a solidariedade são princípios que também informam o conceito de tributo.

5.4.1 Os primórdios do constitucionalismo

Uma característica fundamental do constitucionalismo liberal consistia em que o tributo tinha que ser exigido de acordo com o princípio da igualdade, medido pela capacidade econômica do contribuinte. A Declaração de Direitos do Homem e do Cidadão enfatizava que a contribuição comum "doit être également répartie entre tous les citoyens, en raison de leurs facultés".

O princípio da capacidade contributiva se consolida no pensamento ocidental através da obra de Adam Smith,[40] eis que até o advento do Estado Fiscal os tributos eram cobrados com fundamento na necessidade do príncipe e na Razão de Estado. Aquele princípio, apoiado na idéia de *benefício*, indicava que os impostos deveriam corresponder, no plano ideal, ao benefício que cada qual receberia do Estado com a sua contribuição, o que dava relevo ao subprincípio da *proporcionalidade*.

5.4.2 A ausência dos valores e o positivismo causalista

Os positivistas se afastaram da fundamentação axiológica do tributo. A igualdade e a justiça deixaram de ser essenciais para a definição do fenômeno tributário. Apenas a lei e o respectivo princípio da legalidade serviam de fundamento ao tributo.[41] Só na corrente do positivismo causalista e utilitarista, que se apoiava nos dados da Ciência das Finanças e desenvolvia a idéia de uma legalidade de cunho biológico ou naturalista, é que os valores jurídicos apareciam metamorfoseados no conceito de causa ou de utilidade.

Na linha do liberalismo utilitarista, Stuart Mill[42] defendia que a capacidade contributiva se baseava na idéia de *igual sacrifício*, medida pela utilidade marginal do capital (quanto maior a riqueza individual menor a sua utilidade para o detentor do capital), conduzindo à afirma-

40. Ob. cit., p. 485.

41. Cf. W. Flume, "Steuerwesen und Rechtsordnung", in *Festschrift für Rudolf Smend*, p. 60: "A legislação tributária é inteiramente positivista (Die steuerlich Gesetzgebung ist ganz und gar positivistisch). A percepção do tributo (*Abgaben*) não leva diretamente à realização de um valor jurídico (*der Verwirklichung eines Rechtswerts*)".

42. *Princípios de Economia Política*, p. 290: "A igualdade de tributação, portanto, como máxima de política, significa igualdade de sacrifício".

ção do subprincípio da *progressividade*, que chegou ao paroxismo nas décadas de 60 e 70 do século XX.

Na vertente do positivismo causalista, Vanoni explicava assim as características essenciais do tributo: "é cobrado de todos que, pertencendo por um laço pessoal ou econômico à esfera de ação do Estado, encontrem-se em condições de retirar um benefício da atividade deste, muito embora não exista necessariamente uma correspondência quantitativa e imediata entre a utilidade retirada pelo indivíduo da atividade pública e o tributo pago".[43] Griziotti, de início, indicava como causa dos tributos o benefício e como causa das entradas extrafiscais a proteção e a redistribuição;[44] depois, em face das críticas que se basearam na contradição de haver atribuído ao imposto a característica contraprestacional, passou a incluir também a capacidade contributiva como elemento político da definição de imposto.[45] Jarach diz que a causa do imposto é a capacidade contributiva, a da taxa é a contraprestação de um serviço administrativo e a da contribuição é a vantagem econômica que o particular recebe de um gasto ou uma obra pública.[46] Todas essas explicações pecam pela insuficiência básica do causalismo: não separam adequadamente o Direito Tributário da Ciência das Finanças, pois projetam para o campo jurídico algumas idéias obtidas pela observação dita científica do fenômeno financeiro; não distinguem entre a causa como princípio geral da tributação e a causa como elemento da obrigação tributária abstrata ou da obrigação concreta; dão à causa jurídica o sentido positivista de causa natural, aceitando os valores e os princípios como resultados de uma realidade sócio-econômica.

5.4.3 Os princípios constitucionais da capacidade contributiva e do custo/benefício

A dimensão axiológica, apesar de tudo o que em contrário possam dizer os positivistas, é absolutamente indispensável na construção do conceito de tributo.[47] Sendo um dever fundamental, limitado pelas liber-

43. Ob. cit., p. 125.

44. Benvenuto Griziotti, *Saggi sul Rinnovamento dello Studio della Scienza delle Finanze e del Diritto Finanziario*, p. 309.

45. Griziotti, *Primi Elementi di Scienza delle Finanze*, p. 104.

46. Dino Jarach, *El Hecho Imponible*, p. 102.

47. Ylves José de Miranda Guimarães (*O Tributo. Análise Ontológica à Luz do Direito Natural e do Direito Positivo*, p. 49), que desenvolve uma abordagem axiológica e valorativa do fenômeno tributo, oferece a seguinte definição: "uma prestação (pecuniária ou em espécie), preordenada ao bem comum, coercitiva e factualmente exigível, em decorrência da convivência social e política, fruto da justiça distributiva".

dades, o tributo, em sua normatividade, isto é, em sua complementação na via legislativa ordinária e judicial, vai se afirmar de acordo com os princípios, as diretivas e os programas ínsitos na Constituição.[48] Os princípios constitucionais, portanto, informam e vinculam a idéia de tributo.[49] Qualquer prestação exigida pelo Estado em desconformidade com os princípios constitucionais da irretroatividade, da boa-fé, da anualidade, da territorialidade etc., não será tributo, mas ingresso inconstitucional, violência, despojo.[50] Mas, além desses princípios constitucionais gerais, dois outros se aplicam exclusivamente ao tributo, pelo que se não pode edificar-lhe o conceito sem o exame deles, que são o da *capacidade contributiva* e o do *custo/benefício*. Enquanto os outros princípios constitucionais que regem a tributação se aplicam a diversos campos de conduta humana, os princípios da capacidade contributiva e do custo/benefício são específicos e exclusivos da idéia de tributo, servindo para diferençar entre as categorias tributárias.

A *capacidade contributiva* é o princípio da justiça distributiva característico do imposto, que deve ser cobrado de acordo com as condições pessoais de riqueza do cidadão. Ultrapassada a visão causalista, a capacidade contributiva volta a se aproximar da idéia de *benefício*,[51] o que levou ao refluxo da progressividade na maior parte dos países ocidentais, inclusive no Brasil. A capacidade contributiva continua a ser o princípio mais importante de justiça tributária, podado, entretanto, nos seus excessos, o que conduz ao equilíbrio no plano político entre o tributo e as prestações entregues pelo Estado, ou seja, o aspecto tributário passa a ser visualizado em conjunto com a questão da despesa pública e do tamanho do Estado.

O *custo/benefício*, significando que a prestação deve equivaler ao custo do serviço e ao benefício auferido pelo contribuinte, é o princípio

48. H. Hofmann (ob. cit., p. 86) anota que os deveres fundamentais pertencem à dimensão programática da Constituição (*der Dimension konstitutioneller Programmatik*).

49. Cf. H. Spanner, ob. cit., p. 386; Isensee, "Steuerstaat als Staatsform", cit., p. 429.

50. Há uma decisão muito sugestiva da Suprema Corte da Argentina, recolhida por Linares Quintana (ob. cit., p. 29), que diz: "el poder de crear impuestos está sujeto al controlo de ciertos principios que se encuentran en su base misma; debe ejercerse de buena fe, para objetos públicos, y los impuestos deben establecerse con arreglo a un sistema de imparcialidad y uniformidad. Toda imposición que se apoye en otras razones e o responda a otros propósitos, no sería impuesto sino despojo".

51. Importante é obra de James Buchanan, que, a partir da visão contratualista, entende que o tributo deve corresponder a uma oferta/demanda de bens e serviços públicos em igualdade com a de bens e serviços privados, cf. ob. cit., p. 98: "The outcome that defines the amount of publicly provided goods and services and the means of sharing their cost are themselves contracts, and, as such, these, too, require enforcement".

de justiça comutativa que vincula a cobrança das taxas e de algumas contribuições.[52]

A distinção é de tal forma importante que a própria classificação dos tributos pode obedecer ao critério redistributivo (imposto) e comutativo (taxas e contribuições). Daí não se segue, entretanto, que sejam incomunicáveis os dois princípios, posto que a disciplina das taxas e das contribuições, especialmente para efeito de exoneração fiscal, também sofre a influência do princípio da capacidade contributiva.[53] Uma outra averbação é a de que inexiste tributo na ausência daqueles princípios,[54] embora não se exclua a possibilidade de que eles entrem apenas subsidiariamente na equação tributária: às vezes, principalmente nos tributos com justificativa extrafiscal, a capacidade contributiva e o custo/benefício cedem a primazia para princípios como o do desenvolvimento econômico, por exemplo.[55] De qualquer forma, só existirá tributo se a prestação, ainda que subsidiariamente, se apoiar em um daqueles dois princípios. Apoiando-se em outros princípios constitucionais, e eclipsando a noção de capacidade contributiva e de custo/benefício, a prestação perderá a natureza tributária: tratar-se-á de preço público quando se fundar na idéia de lucro a ser auferido na concorrência com as empresas

52. Cf. Isensee ("Steuerstaat als Staatsform", cit., p. 429), para quem o imposto (*Steuer*) difere das taxas (*Gebühren*) porque enquanto aquele se apóia na capacidade contributiva, estas são devidas segundo o princípio do benefício (*Äquivalenzgrundsatz*).

53. Cf. Gabriel Casado Ollero, "El Principio de Capacidad y el Control Constitucional de la Imposición Indireta", *CIVITAS* 34/233; Ernesto Lejeune Valcárcel, "Questionamento do Conceito de Tributo", *RDT* 23-24/23; Sainz de Bujanda (*Hacienda y Derecho*, vol. III, p. 261) averba que foi a extrapolação da disciplina dos preços públicos para a das taxas que levou alguns juristas a recusar injustificadamente que a taxa também encontra justificativa na capacidade contributiva.

54. Defendem a idéia de que o princípio da capacidade contributiva é indispensável para a conceituação do tributo, entre outros: Tipke e Lang, *Steuerrecht*, p. 46; Klaus Stern, *Das Staatsrecht der Bundesrepublik Deutschland*, vol. 2, p. 1.094; Heinz Haller, *Die Steuern*, p. 330; os autores italianos, influenciados pelo art. 53 da Constituição Italiana: Enrico Potito, *L'Ordinamento Tributario Italiano*, p. 18; Gian Antonio Micheli, *Curso de Direito Tributário*, p. 67; Augusto Fantozzi, *Diritto Tributario*, p. 44; Ignazio Manzoni, *Il Principio della Capacità Contributiva nell'Ordinamento Costituzionale Italiano*, p. 14; Antonio Berliri, *Corso Istituzionale di Diritto Tributário*, vol. 1, p. 57 (modificando ponto de vista anterior); Ernesto Lejeune Valcárcel, ob. cit., p. 21. A. A. Becker (*Teoria Geral do Direito Tributário*, p. 235) só admite a importância da capacidade contributiva para conceituar os tributos nos países cujas constituições agasalhem explicitamente o princípio; José Marcos Domingues de Oliveira, "Espécies de Tributos", *RDA* 183/46.

55. Cf. Casado Ollero, ob. cit., p. 233; Potito, ob. cit., p. 21; Tipke e Lang, ob. cit., p. 66.

privadas; se tiver por fundamento a necessidade de repressão ou o desestímulo ao ilícito, será multa ou penalidade fiscal.[56]

5.4.4 A questão do princípio da solidariedade

O princípio da solidariedade, a rigor, não informa a idéia de tributo, posto que se vincula aos ingressos parafiscais. O cidadão deve pagar a contribuição social porque pertence ao grupo que terá a defesa de seus direitos sociais patrocinada pelo Estado mediante o financiamento representado por aquele ingresso. Não seria justo cobrir as despesas com a defesa dos direitos sociais de certos grupos através da arrecadação de tributos e, especialmente, dos impostos gerais.

Sucede que a Constituição de 1988, deixando se sensibilizar pelo discurso positivista que, exacerbando a necessidade de fortalecimento dos princípios de segurança jurídica, postulava a correção do rumo adotado pelo Supremo Tribunal Federal,[57] trouxe novamente para o corpo da Constituição Tributária as contribuições sociais (art. 149), dando-lhes inequívoca natureza tributária, embora extremamente frágil, por se apoiar sobretudo no argumento topográfico.

Impõe-se, portanto, trasladar o princípio da solidariedade do domínio da parafiscalidade em direção ao da fiscalidade, para justificar as tais contribuições sociais de natureza tributária, exceto as que servem ao financiamento da saúde, que, repercutindo sobre a sociedade em geral,[58] encontram a sua justificativa na capacidade contributiva, típica do imposto, figura com a qual acabam por se confundir. Nada obsta que passe ele a compor o quadro tributário, eis que, como observa K.

56. Isensee ("Steuerstaat als Staatsform", cit., pp. 429-430) observa que os ingressos não fiscais (*nichtsteuerlichen Abgaben*) subordinam-se a diferentes valores: as contribuições sociais (*Sozialversicherungsbeitrag*) ao princípio da solidariedade do grupo social (*den Prinzip der Gruppensolidarität*); as contribuições econômicas (*korporative Beitrag*) à participação em associações públicas.

57. Cf. RE 86.595-BA, Ac. do Pleno de 7.6.1978, rel. Min. Xavier de Albuquerque, *RTJ* 87/271, no qual o Min. Moreira Alves afirmou: "Por isso mesmo, e para retirar delas o caráter de tributo, a Emenda Constitucional n. 8/77 alterou a redação desse inciso (...) o que indica, sem qualquer dúvida, que essas contribuições não se enquadram entre os tributos, aos quais já aludia, e continua aludindo, o inciso I desse mesmo art. 34"; RE 100.325-CE, Ac. da 1ª T., de 28.6.1983, rel. Min. Soares Muñoz, *DJ* de 12.8.1983.

58. Cf. RE 150.764, Ac. do Pleno, de 16.12.1992, rel. Min. Marco Aurélio, *RTJ* 147/124: "A teor do disposto no art. 195 da Constituição Federal, incumbe à sociedade, como um todo, financiar, de forma direta e indireta, nos termos da lei, a seguridade social, atribuindo-se aos empregadores a participação mediante bases de incidência próprias – folha de salários, o faturamento e o lucro".

Vogel,[59] não desnatura nem desequilibra o Estado Fiscal, embora o torne mais obeso, de tendência marcantemente intervencionista nos domínios social e econômico e menos apto ao cumprimento dos deveres essenciais da democracia moderna, a absorção dos ingressos não-tributários.

Coube a Morselli realçar como característica essencial da parafiscalidade o "princípio da *solidarietà*" ou o "princípio *altruistico*".[60] Muito para notar que a solidariedade, como salienta a doutrina germânica, cria o sinalagma não apenas ente o Estado e o indivíduo que paga a contribuição, mas entre o Estado e o grupo social a que o contribuinte pertence, considerado este às vezes em função do trabalho e da profissão e outras vezes em razão de situações existenciais (velhice, doença, gravidez, morte etc.).[61]

Observe-se que a doutrina positivista, que tanto insistira na redefinição tributária das contribuições sociais, recusa-lhes o fundamento da solidariedade, preferindo assimilá-las em parte aos impostos (cota dos empregadores) e em parte às taxas (cotas dos empregados), tendo em vista que apenas estes receberiam benefícios dos Estados.[62]

A atual problemática do Estado Democrático Fiscal está essencialmente ligada ao princípio da solidariedade.[63] Como já examinamos antes, o impasse a que foi levado o Estado de Bem-Estar Social fez com que se procurasse novo equilíbrio entre as receitas e as despesas públicas. E, nesse contexto, surge a solidariedade como um dos princípios básicos, até porque o *Welfare State* falhou justamente na questão do financiamento das políticas sociais. Alguns autores, como Habermas,[64]

59. "Der Finanz und Steuerstaat", cit., p. 1.178. No mesmo sentido: Ramón Valdés Costa, *Curso de Derecho Tributario*, p. 215.

60. Emanuele Morselli, "Il Punto de Vista Teorico della Parafiscalità", *Archivio Finanziario* 9/227. G. Ingrosso (*I Contributi nel Sistema Tributario Italiano*, p. 320) preferiu diluir o princípio da solidariedade no da capacidade contributiva; alguns cantões suíços estabelecem, ao lado da generalidade e da capacidade contributiva, o princípio da solidariedade – cf. Ernst Höhn, "Verfassungsgrundsätze über die Besteuerung", in *Festschrift für Otto Kaufmann*, p. 136.

61. Cf. Detlef Merten, "Sozialrecht, Sozialpolitik", in Benda, Maihofer e Vogel, *Handbuch des Verfassungsrechts*, p. 784; Rupert Scholz, *Sozialstaat zwischen Wachstums- und Rezessionsgesellschaft*, p. 46; Eike von Hippel, *Der Schutz des Schwächeren*, p. 176; Patzig, "Steuern, Gebühren, Beiträge und Sonderabgaben", *DÖV* 1981/736.

62. Cf. Geraldo Ataliba, "Regime Constitucional da Parafiscalidade", *RDA* 86/25; Marco Aurélio Greco, "A Chamada Contribuição Previdenciária", *RDP* 19/385; Hector B. Villegas, *Curso de Finanzas, Derecho Financiero y Tributario*, p. 121.

63. Cf. Josef Hoffmann, "Ethische Grundlagen der Sozialstaatlichkeit", *ARSP* 75 (1)/42.

64. *Faktizität und Geltung. Beiträge zur Diskurstheorie de Rechts und des demokratischen Rechtsstaat*, p. 525.

chegam a falar em uma nova dimensão estatal, a do Estado de Segurança (*Sicherheitsstaat*), fundado no princípio da solidariedade (*Solidarität*); o filosófo alemão expõe a convicção de que o mundo vital (*Lebenswelt*) – das instituições jurídicas e da comunicação intersubjetiva – pode se compatibilizar com a esfera da ação administrativa e com a do dinheiro por intermédio da afirmação do princípio da solidariedade, com o que ficará superada a "colonização" do *Lebenswelt* operada pelo paternalismo financeiro e burocrático observado no Estado Social de Direito.[65]

5.5 *A destinação pública*

O conceito de tributo se forma também à consideração da destinação pública. O liberalismo, antigo e atual, enfatizou esse aspecto, embora os positivismos não lhe tenham dado muita atenção, como ocorreu na elaboração do Código Tributário Nacional.

5.5.1 O pensamento liberal clássico

No início do liberalismo afirmava-se que o tributo deveria ter por finalidade atender às necessidades estatais típicas. No Estado Minimalista ou no Estado Guarda-Noturno, sem incumbências no plano econômico e social, as despesas públicas se cifravam principalmente na manutenção das forças armadas e na administração da justiça. Hobbes[66] já havia observado que a igualdade na imposição do tributo dependia "not on the equality of riches, but on the equality of the debt that every man owed to the commonwealth for his defense". A Declaração de Direitos do Homem e do Cidadão também previa que "pour l'entretien de la force publique, et pour les dépenses d'administration, une contribution commune est indispensable". O mesmo princípio era proclamado nos Estados Unidos[67] e, mais tarde, na Alemanha.[68] Foi ainda, como manifestação tardia do liberalismo, especialmente através da obra de Enno Becker,[69]

65. *Theorie des kommunikativen Handelns*, vol. 2, p. 534.

66. *Leviathan*, p. 226.

67. Hamilton afirmava, no *Federalista* (n. 30), que "the necessities of a nation, in every stage of its existence, will be found at least equal to its resources".

68. A dogmática alemã do séc. XIX, segundo informa Weber-Fas (*Grundzüge des allgemeinen Steuerrechts der Bundesrepublik Deutschland*, p. 2), definia o tributo como "contribuição de cada um para a satisfação das necessidades comuns do Estado" (Pözl). Também a Ciência das Finanças fornecia definição equivalente, como por exemplo, na voz de L. v. Stein, que acentuava ser o tributo destinado às "necessidades do Estado" (apud Starck, ob. cit, p. 199).

69. Para a influência do liberalismo sobre o pensamento de E. Becker, principalmente no que concerne à definição de tributo, cf. Starck, ob. cit., p. 200.

que o Código Tributário Alemão de 1919 (*Reichsabgabenordnung*) adotou, no art. 1º, a definição de tributo que previa a sua destinação pública, sendo o imposto exigido "para a obtenção de receita" (*zur Erzielung von Einkünften*).[70]

5.5.2 A visão positivista e o art. 4º do CTN

A destinação pública do tributo, característica essencial para o liberalismo, transmudou-se radicalmente durante o predomínio das idéias positivistas. A finalidade de "obtenção de receita" (*zur Erzielung von Einkünften*), estampada no Código de 1919 por influência de E. Becker, sofreu diversas interpretações, perdendo de logo a sua natureza teleológica. Hensel[71] considerou-a destinada unicamente a servir de delimitação entre imposto (recorde-se que o Código Alemão definia o imposto – *Steuer* – e não o tributo – *Abgabe*), taxa, contribuição, impostos especiais, entrada econômica privada, pena pecuniária e preços de monopólio, o que era um exagero por parte do grande jurista, pois os demais tributos como as taxas e as contribuições também se destinam à "obtenção de receita".[72] Nawiasky[73] se opôs vigorosamente à definição legal, oferecendo a sua própria, em que a expressão "para a obtenção de receita" (*zur Erzielung von Einkünften*) era substituída pelas palavras "em favor da Administração Pública" (*zugunsten der öffentlichen Verwaltung*), sob o argumento de que o tributo não se destinava exclusivamente a carrear recursos, mas também tinha a finalidade político-comercial, como nos impostos aduaneiros, e político-social, como no imposto sobre mercadorias.

Essas idéias desenvolvidas pelos juristas alemães transmigraram imediatamente para a Itália. A. D. Giannini, por exemplo, demonstrou certa indecisão, pois indicava como elemento da definição de tributo a "sua destinazione a sopperire ai bisogni dello Stato" para logo a seguir declarar que o tributo também se presta a cumprir "scopi non fiscali";[74] preocupou-se, ademais, em esclarecer que a "particolare destinazione"

70. A definição do Código Alemão de 1919 influenciou a do Modelo de Código para América Latina: "Tributos são as prestações em dinheiro que o Estado, no exercício de seu poder de império, exige com o objetivo de obter recursos para realização de seus fins".

71. Albert Hensel, *Diritto Tributario*, p. 2.

72. Cf. Mattern, ob. cit., p. 1.409.

73. "Einiges über steuerrechtliche Grundfragen", *Vierteljahresschrift für Steuer und Finanzrecht* 1928/444.

74. *I Concetti Fondamentali del Diritto Tributario*, pp. 58-59.

do tributo não lhe modifica a estrutura jurídica.[75] Berliri foi muito mais radical: partiu do pressuposto de que o "fim pelo qual o legislador dita uma determinada lei é juridicamente irrelevante",[76] concluindo que o imposto pode ser utilizado pelo legislador "para um fim distinto do financiamento, através dos particulares, do gasto público que não logrou financiar mediante preços ou taxas".[77] Para evitar que a falta de referência às necessidades financeiras do Estado na definição do tributo levasse a confundi-lo com as penalidades, acrescentou Berliri que "o imposto não constitui sanção de um ato ilícito".[78]

No Brasil seguiu-se a mesma teoria. Rubens Gomes de Souza, de início, incluía na definição de tributo a finalidade "de custear as atividades, gerais ou especiais, exercidas pelo Estado em seu caráter de entidade soberana de direito público", mas advertia que "este elemento da definição é incluído para distinguir os tributos dos preços públicos";[79] depois, abreviou a definição, mas continuou a declarar que o tributo "se destina ao custeio das atividades próprias do Estado", esclarecendo que "as finalidades impróprias do Estado são aquelas que o Estado exerce por conveniência, mas que poderiam ser igualmente exercidas por qualquer particular";[80] mais tarde repudiou a vinculação às finalidades do Estado.[81] Na redação primitiva do Anteprojeto do Código Tributário

75. *Istituzioni di Diritto Tributario*, p. 49. Francesco Forte ("Note sulla Nozione di Tributo nell'Ordinamento Finanziario Italiano e sul Significato dell'art. 23 della Costituzione", *Rivista di Diritto Finanziario e Scienza delle Finanze* 1956/268) entendia derrogável a finalidade de atender à despesa pública.

76. *Principios de Derecho Tributario*, vol. 1, p. 334.

77. Idem, ibidem, p. 333.

78. Idem ibidem, p. 359. É interessante observar que, em obra posterior, Berliri abandonou inteiramente a ressalva de que o imposto "não constitui sanção de ato ilícito", eis que incluiu na definição de tributo "lo scopo di far concorrere alle spese pubbliche" e passou a dar relevo à "funzione dell'imposta" (*Corso Istituzionale di Diritto Tributário*, cit., vol. 1, p. 49).

79. "Direito Financeiro. Normas Gerais: Conceituação Genérica de Tributo", p. 366. Eis a definição completa oferecida por Rubens Gomes de Souza: "tributo é a receita criada pelo poder público, e obtida do patrimônio particular, mediante o exercício do seu poder de império em matéria financeira, nos termos previstos em lei, a fim de custear as atividades gerais ou especiais, exercidas pelo Estado em seu caráter de entidade soberana de direito público, compreendendo os impostos, as taxas e as contribuições".

80. Rubens Gomes de Souza, *Compêndio de Legislação Tributária*, p. 134.

81. *Comentários ao Código Tributário Nacional: Parte Geral*, p. 37: "O Estado não pode procurar receitas, sejam compulsórias, sejam contratuais, a não ser para atendimento de seus fins próprios, de maneira que nada esclarece a referência aos fins próprios do Estado, frase que por si só não tem conteúdo muito definido e varia segundo a filosofia que num determinado momento oriente a política daquele Estado".

Nacional (art. 23), por influência de Rubens Gomes de Souza, o tributo se definia como a prestação destinada ao "custeio da atividade gerais ou especiais de sua competência ou atribuição em seu caráter de pessoa jurídica de direito público interno"; após a revisão, o Projeto do Código deixou de fazer referência à finalidade pública como elemento característico do tributo, esclarecendo a Comissão que o destino da arrecadação "é necessariamente posterior à sua conceituação e não elemento integrante desta" e que lhe parecera necessário, no tocante às exações extrafiscais ou parafiscais, "observar a neutralidade quanto às orientações sociais ou econômicas do sistema tributário";[82] na versão definitiva do CTN, a definição abandonou toda e qualquer referência à destinação pública ou à finalidade, mas fez a ressalva, inspirada em Berliri, de que o tributo não constitui "sanção de ato ilícito", ao fito de estremá-lo das multas, e o caracterizou como prestação "compulsória" para diferençá-lo do preço público.[83] Abandonando a exigência da destinação pública, o Código Tributário Nacional ainda adotou a regra de que "a natureza jurídica específica do tributo é determinada pelo fato gerador da respectiva obrigação, sendo irrelevante para qualificá-la a destinação legal do produto de sua arrecadação" (art. 4º, II), coisa que objetivava desvincular o conceito de tributo da destinação especial a este ou àquele órgão público, que por alguns foi entendida como declaração de desimportância da destinação financeira ou extrafiscal para a caracterização do tributo.[84] A ausência de vinculação da idéia de tributo às finalidades essenciais do Estado e à destinação pública do produto arrecadado, bem como a confusão entre *destinação pública e destinação específica a órgãos, fundos ou despesas*, teve o demérito de permitir que se confundissem com os tributos as exações parafiscais e extrafiscais, consolidando-se a concepção neutra e formalista da categoria básica do Estado Fiscal.[85] No caso da definição do CTN, deve ser observado ainda que a subserviência cultural que

82. *Trabalhos da Comissão Especial do Código Tributário Nacional*, cit., p. 116.

83. Para as explicações sobre como a compulsoriedade, embora não privativa dos tributos, pode estremá-los dos preços públicos ou das obrigações contratuais, cf. Berliri, *Principios de Derecho Tributario*, cit., vol. 1, p. 348; Rubens Gomes de Souza, *Comentários ao Código Tributário Nacional: Parte Geral*, cit., p. 38; *Trabalhos da Comissão Especial do Código Tributário Nacional*, cit., p. 116.

84. Cf. A. A. Becker, ob. cit., p. 260.

85. Sacha Calmon Navarro Coelho, que defendia teses normativistas (*Teoria Geral do Tributo e da Exoneração Tributária*, p. 111), afirmava que o conceito de tributo do CTN abarca "quaisquer exigências pecuniárias que os governos da federação façam a seus jurisdicionados, baseadas em fatos lícitos unilateralmente descritos em lei e cobradas administrativamente, até mesmo pelas instrumentalidades desses governos, independentemente dos fins alardeados pelos governantes".

levou a se copiar a lição de Berliri conduziu à contradição de se manter hoje em dia a ressalva ("que não constitua sanção de ato ilícito") de que o próprio mestre italiano se deslembrou em obras posteriores.[86]

5.5.3 O retorno à destinação pública e o problema da destinação constitucional

A abordagem pluralista do conceito de tributo é teleológica e recupera a necessidade da destinação pública do ingresso. Só é tributo a prestação pecuniária que se destine a suportar os gastos essenciais do Estado ou as despesas relacionadas com as atividades específicas do Estado de Direito.[87] Claro que o Estado Democrático já não é o Estado Guarda-Noturno, em que as despesas públicas se restringem à manutenção das forças armadas e à administração da justiça; inúmeras outras despesas passaram a se incluir entre os objetivos do Estado de Direito, como sejam aquelas destinadas a atender a certos serviços públicos, a intervir no campo das relações econômicas e a auxiliar classes menos favorecidas pela fortuna; logo, certas finalidades extrafiscais ou parafiscais devem ser admitidas como incorporadas aos objetivos do Estado Democrático de Direito. O conceito jurídico de tributo, por conseguinte, se constituirá com a referência à destinação pública do ingresso, que poderá até ser subsidiária[88] quando aparecer uma finalidade extrafiscal preponderante: mas a destinação pública terá que existir, sob pena de perecer o próprio conceito de tributo, que é categoria básica do Estado Democrático Fiscal. A doutrina alemã de índole não-positivista iniciou severa crítica à vaguidade do texto do Código de 1919, que, sob a inspiração de Becker, exigira a destinação pública do ingresso para a conceituação do tributo; a crítica fez-se forte no distinguir entre a finalidade fiscal preponderante (*Hauptzweck*) e a finalidade subsidiária (*Nebenzweck*), com o fito de ressalvar o conceito de tributo mesmo quando lhe faltasse a finalidade

86. Vide nota 78.

87. Cf. Isensee, "Steuerstaat als Staatsform", cit., p. 430: "A Constituição coloca o imposto (*Steuer*) como o paradigma dos tributos (*Abgaben*). O fundamento financeiro normal e constitucionalmente adequado ao bem comum garantido pelo Estado é carga comum (*Gemeinlast*)". Potito (ob. cit., p. 13) vincula a idéia de tributo a um "sistema típico de direito público"; Thomas M. Cooley, *A Treatise on the Constitutional Limitations*, p. 696: "(...) taxation having for its legitimate object the raising of money for public purpose"; Antonio Roberto Sampaio Dória (*Princípios Constitucionais Tributários e a Cláusula Due Process of Law*, p. 90) faz ampla resenha da importância do fim público no direito americano; Valcárcel, ob. cit., p. 23: "la propia noción de tributo es inseparable de la idea finalista de financiar el gasto público"; K. Stern, ob. cit, vol. 2, p. 1.100.

88. Cf. Potito (ob. cit., p. 17), que observa que no tributo a função fiscal é "prevalente e caratterizzante", embora "non esclusiva".

fiscal preponderante, mas desde que nele se vislumbrasse a fiscalidade acessória;[89] o Código de 1977, afinal, adotou esse ponto de vista no art. 3º, definindo os impostos como as prestações pecuniárias "exigidas por uma entidade de direito público, para a obtenção de receitas" ("von einem öffentlichrechtlichen Gemeinwesen zur Erzielung von Einnahmen allen auferlegt werden") e declarando que "a obtenção de receita poderá ser finalidade acessória" ("die Erzielung von Einnahmen kann Nebenzweck sein"). Do conceito de tributo se estremam, com clareza, todos os ingressos que não tenham finalidade fiscal, ainda que acessória: o preço público remunera serviço que não é essencialmente estatal; as multas não se destinam a financiar as despesas do Estado. As contribuições econômicas e outros ingressos extrafiscais, que revertem em benefício exclusivo de grupos econômicos ou associações,[90] e as contribuições sociais e demais ingressos parafiscais, que atendem a interesse de grupos sociais, inconfundível com o interesse público geral, refogem ao conceito de tributo. De notar, finalmente, que o requisito da destinação pública, embora de difícil compreensão,[91] sendo essencial

89. Cf. Starck, ob. cit., p. 205: "Só existe imposto (*Steuer*) no sentido da Constituição quando o ingresso (*Abgabe*) tem finalidade fiscal; outras finalidades do ingresso não excluem a finalidade fiscal"; e adverte: "A finalidade é um estado de espírito, que não pode ser quantificada"; Mattern afirma que "o imposto (*Steuer*) tem natureza jurídica econômico-financeira, e não natureza jurídica político-econômica. O imposto destina-se à obtenção de meios para as necessidades financeiras gerais do Estado" (ob. cit., p. 1.408). Conclui que o ingresso que tenha "exclusivamente natureza econômica ou político-conjuntural não é imposto" (p. 1.409). K. Vogel, "Der Finanz und Steuerstaat", cit., p. 1.177; D. Birk, "Steuergerechtigkeit und Transfergerechtigkeit", *ZRP* 12 (9)/222; Spanner, ob. cit., p. 379.

90. Na Alemanha, o Tribunal Constitucional tem invalidado as contribuições econômicas que não revertam em benefício do grupo: *BVerfGE* 37, I (16). Contribuição pró-vinho (*Weinwirtschaftsabgabe*): "Não se destina à obtenção de meios para as necessidades gerais do Estado (*allgemeinen Staatsbedarf*), mas exclusivamente ao financiamento de fundos de estabilização e à função de transferência de fundos para regular o mercado de vinho"; *BVerfGE* 55, 274: "Os tributos especiais (*Sonderabgaben*) não podem ser cobrados para a formação de receita destinadas às necessidades gerais financeiras de uma comunidade pública e o seu produto não pode ser empregado para financiar incumbências gerais do Estado".

91. Tipke e Lang (ob. cit., p. 94) observam que as normas de finalidade social (*Sozialzwecknormen*) carecem de justificativa (*Rechtsfertigung*); Cooley, ob. cit., p. 698; Klaus Vogel, "Tributos Regulatórios e Garantia da Propriedade no Direito Constitucional da República Federal da Alemanha", in Brandão Machado (Coord.), *Direito Tributário. Estudos em Homenagem ao Prof. Ruy Barbosa Nogueira*, p. 548; H. G. Ruppe ("Bemerkungen zur Judikatur des österreichischen Verfassungsgerichtshofes in Abgabensachen", p. 355) diz que, na ausência de definição constitucional, a Corte Constitucional entende por "tributo" (*Abgaben*) as prestações que os entes territoriais (*Gebietskörperschaften*) cobram com fundamento na soberania para cobrir as necessidades financeiras (*Finanzbedarf*); Laurence H. Tribe, *American Constitucional Law*, p. 843.

para a conceituação do tributo, é também absolutamente indispensável para a sobrevivência do Estado de Direito: a absorção dos fenômenos da extrafiscalidade, da parafiscalidade e da não-fiscalidade no conceito de tributo conduz à própria transformação do Estado Democrático Fiscal em Estado Intervencionista, em Estado Previdenciário e em Estado Empresarial.[92] Esse conceito de tributo, que não prescinde da destinação pública, mesmo acessória, serve também para separar a Constituição Tributária da Econômica, da Política e da Social, que se subordinam a princípios como os da subsidiariedade da intervenção econômica e o da solidariedade social, os quais, embora possam dar lugar à cobrança de ingressos quando amalgamados ao princípio tipicamente tributário da necessidade financeira do Estado, não devem, de modo autônomo, se transformar em fiscalidade.[93]

No Brasil, a CF/1988 criou e consolidou a anomalia de atribuir natureza tributária às contribuições sociais e às de intervenção no domínio econômico, com incluí-las no bojo da Constituição Tributária (art. 149). Quer dizer: a própria CF trouxe para o campo da fiscalidade a parafiscalidade (contribuições sociais) e a extrafiscalidade (contribuições de intervenção no domínio econômico). Em outras palavras: contribuições que se cobram de determinados grupos sociais ou econômicos e que se destinam circularmente a tais grupos ganharam natureza fiscal, mesmo sem se destinarem às despesas essenciais do Estado de Direito, mas às atividades do parafisco e da política econômica intervencionista. Para que fosse possível tal distorção jurídico-política nas finalidades do Estado Democrático de Direito, criou-se o conceito de *destinação constitucional do tributo*, que se não confunde com o de *destinação pública*.

Com efeito, a CF complementou a regra do art. 149, que autorizava a União a cobrar contribuições sociais e econômicas, com regras de destinação específica de tais cobranças: a) à seguridade social – art. 195, que autorizou a criação de contribuições previdenciárias, sobre a receita ou o faturamento (COFINS), sobre o lucro das empresas (CSLL), sobre a receita de concursos de prognósticos e sobre a importação de bens ou

92. Weber-Faz, *Institutionen der Finanzgerichtsbarkeit...*, cit., p. 13) afirma que a tendência moderna para a expansão do Estado torna necessária a delimitação constitucional do tributo, a fim de que se separem os domínios dos sistemas tributários, econômico e social, pois o "Estado através dos tributos" (*der Staat durch Steuern*) pode chegar à destruição da liberdade do Estado Constitucional; afirmam Tipke e Lang (ob. cit., p. 49): "as leis que atribuem às imposições econômicas a etiqueta de impostos (*Steuern*) não são, na realidade, leis tributárias, mas leis econômicas (ingressos não fiscais – *nichtfiskalische Abgaben*)".

93. Cf. Starck, ob. cit., p. 205; Tipke e Lang, ob. cit., p. 95.

serviços do exterior (COFINS-importação); b) ao ensino fundamental público – art. 212, § 5º (salário-educação); c) Programa de Integração Social (PIS) e ao Programa de Formação do Patrimônio do Servidor Público (PASEP) – art. 239; d) às entidades privadas de serviço social e de formação profissional vinculados ao sistema sindical (SESI, SESC, SENAI) – art. 240; e) à intervenção no domínio econômico relativa às atividades de importação ou comercialização de petróleo e seus derivados, gás natural e seus derivados e álcool combustível arrecadados e destinados ao pagamento de subsídios a preços ou transporte de álcool combustível, gás natural e seus derivados de petróleo, ao financiamento de projetos ambientais relacionados com a indústria do petróleo e do gás e ao financiamento de programas de infra-estrutura de transportes – art. 177, § 4º, acrescentado pela EC 33/2001, que autorizou a criação da CIDE do petróleo. A *destinação constitucional* das contribuições sociais e econômicas, reconhecida inclusive pelo Supremo Tribunal Federal,[94] tornou-se conceito substitutivo da *destinação pública*, legitimando a entrega de recursos arrecadados a grupos sociais e econômicos e justificando a permanência de traços intervencionistas no Estado Democrático Fiscal. Por outro lado, o conceito de destinação constitucional não obscurece, senão até que reforça, a característica contraprestacional e finalística das normas relativas às contribuições sociais e econômicas.[95] Destinação constitucional e natureza tributária topograficamente assegurada, por conseguinte, tornaram-se duas noções complementares no sistema brasileiro.

94. Voto do Min. Moreira Alves no RE 146.733, Ac. do Pleno, de 29.6.1992, *RTJ* 143/691: "Assim, é da essência do regime jurídico específico da contribuição para a seguridade social a sua destinação constitucional. Não a destinação legal do produto de sua arrecadação, mas a destinação constitucional, vale dizer, o vínculo estabelecido pela própria Constituição entre a Constituição e o sistema de seguridade social, como instrumento de seu financiamento direto pela sociedade, vale dizer, pelos contribuintes". Cf. tb. ADC 8 MC-DF, Ac. do Pleno, de 13.10.1999, rel. Min. Celso de Mello, *DJ* 4.4.2003: "A contribuição social possui destinação constitucional específica. A contribuição de seguridade social não só se qualifica como modalidade autônoma de tributo (*RTJ* 143/684), como também representa espécie tributária essencialmente vinculada ao financiamento da seguridade social, em função de específica destinação constitucional". No mesmo sentido: ADI MC-DF 2.010, Ac. do Pleno, de 12.4.2002, rel. Min. Celso de Mello, *DJ* 12. 4.2002; RE 157.482, Ac. da 1ª T., de 17.8.1993, rel. Min. Celso de Mello, *DJ* 3.9.1993; RE 140.703, Ac. da 1ª T., rel. Min. Celso de Mello, *DJ* 18.12.1992.

95. Cf. Ricardo Lobo Torres, "Contribuições Sociais Gerais", in *Grandes Questões Atuais do Direito Tributário* 6/382; Marco Aurélio Greco, "A Destinação dos Recursos decorrentes da Contribuição de Intervenção no Domínio Econômico. CIDE sobre Combustíveis", *Revista Dialética de Direito Tributário* 104/122-140.

É interessante observar que se alegou que a falta de referibilidade entre o pagamento das contribuições sociais (FINSOCIAL e contribuição sobre o lucro) e a contraprestação estatal, por um lado, e o recolhimento do tributo à Receita Federal e não ao INSS, de outra parte, conspurcavam a integridade do conceito de contribuição, que passava a se confundir com o de imposto, tornando-a inconstitucional.[96] Não creio que assim fosse: o absurdo consistia em transmudar a natureza do ingresso – de contribuição parafiscal para tributo; mas, em sendo tributo, pouco importa se será recolhido ao Fisco (Receita Federal) ou ao Parafisco (INSS), se ambos têm responsabilidade no campo da seguridade social, máxime no da saúde pública, mercê do intervencionismo adotado pelo texto de 1988. O Supremo Tribunal Federal deu pela constitucionalidade da cobrança com apoio no argumento da *destinação constitucional da contribuição*.[97]

De modo que a destinação pública do tributo, que o caracteriza no Estado Democrático Fiscal fortalecido no estrangeiro nos últimos anos, ganha no Brasil a característica de destinação constitucional, mercê da inclusão no texto Constitucional Tributária de 1988, tipicamente intervencionista, de inúmeros impostos com destinação especial (contribuição social sobre o lucro, COFINS, CPMF) e contribuições econômicas destinadas a grupos específicos. Em outro giro, a noção brasileira de tributo abrange também a parafiscalidade e a extrafiscalidade, já que ancorada na *destinação constitucional* que as reformas dos anos 90 do século XX não modificaram e até aprofundaram. Tal anomalia não descaracteriza o Estado Fiscal, embora o torne obeso e intervencionista.[98]

De notar que o art. 4º, II, do CTN deve ser lido em conformidade com a destinação constitucional da contribuição: a destinação legal do produto da sua arrecadação é irrelevante para qualificar a sua natureza tributária na medida em que não destorça nem altere a destinação prevista na Constituição.

96. Gilberto de Ulhôa Canto (*Direito Tributário Aplicado*, p. 344) afirmava que embora fosse irrelevante a destinação, adquiria importância no FINSOCIAL, pois demonstrava a falta de referibilidade entre a contraprestação estatal e o fato gerador.

97. RE 138.284-8, Ac. do Pleno, de 1.7.1991, rel. Min. Carlos Velloso, *RTJ* 143/313: "IV – Irrelevância do fato de a receita integrar o orçamento fiscal da União. O que importa é que ela se destina ao financiamento da seguridade social (Lei 7.689/88)."

98. Cf. K. Vogel, "Der Finanz und Stuerstaat", cit., p. 1.178; Werner Heun, "Die Entwicklung des Steuerstaatskonzept in theoretischer und Tatsächlicher Hinsicht", in Ute Sacksofsky e Joachim Wieland (Coord.), *Vom Steuerstaat zum Gebührenstaat*, p. 21.

5.6 O poder específico de legislar

Já deixamos registrado que não basta à definição de tributo a referência à instituição por lei, como faz o art. 3º, do CTN, senão que se torna indispensável a consideração da lei derivada do poder específico de legislar, segundo proclama o princípio da legalidade enunciado no art. 150, I, da CF, minudenciado nos arts. 145, 148, 149, 153, 154, 155 e 156, que se não confunde com a lei baixada em razão do poder genérico de legislar (arts. 5º, II e 48).

O ser exigido de quem tenha realizado o fato descrito em lei é a dimensão fática do tributo. O positivismo normativista examinou percucientemente tais aspectos. O tributo consiste na prestação abstratamente prevista em lei, isto é, o fato gerador da obrigação tributária vem definido na lei que institui o tributo. Mas para que surja a obrigação concreta e individual, é necessário que ocorra na realidade social o fato que se possa subsumir na definição abstrata de lei. Esse, aliás, é o esquema para a atuação de qualquer lei.[99] Há, por conseguinte, o tributo como figura abstrata (a definição legal) e como fato concreto. Embora a definição de tributo estampada no art. 3º, do CTN, careça dessa distinção, ela está presente na definição de fato gerador e de obrigação tributária (arts. 113 e 114). O Código Tributário Alemão estabelece o discrime na própria definição de tributo, que é exigido "de quem realiza o fato gerador" (*bei denen der Tatbestand zutrift*) ao qual a lei vincula o dever público.

A doutrina mais moderna e mais influente, todavia, estuda a obrigação tributária e a relação jurídica correspondente a partir do enfoque constitucional e sob a perspectiva do Estado de Direito, estremando-as das relações jurídicas do direito privado: a sua definição depende da própria conceituação do Estado. Assim pensam, entre outros, K. Tipke/J. Lang[100] e Birk[101] na Alemanha, e F. Escribano[102] na Espanha. Claro que, apesar da abordagem constitucional do problema, a relação jurídica tributária continua a se definir como obrigação *ex lege*. Só que não se esgota na lei formal, senão que deve buscar o seu fundamento na idéia de justiça e nos princípios constitucionais dela derivados, máxime os da capacidade contributiva e do custo/benefício, que, por seu turno, estão intimamente ligados ao princípio da legalidade. Os tributaristas alemães K. Tipke e J. Lang dizem que na relação jurídica tributária se desenvol-

99. Cf. Karl Larenz, *Methodenlehre der Rechtswissenschaft*, p. 271.

100. *Steuerrecht*, cit., p. 70.

101. *Steuerrecht*, vol. 1, p. 79.

102. *La Configuración Jurídica del Deber de Contribuir*, p. 156.

vem os direitos fundamentais como defesa do cidadão contra o Estado e como princípios fundamentais de justiça e que os poderes tributários do Estado (Legislativo, Administração e Judiciário) se vinculam "à lei e ao direito" (*Gesetz und Recht*).[103]

Conseguintemente, para compor a idéia de tributo é necessário que o dever seja imposto por lei elaborada de acordo com a competência traçada pela Constituição. Não é qualquer lei baixada pelo Congresso Nacional ou pelas Assembléias Estaduais que tem a aptidão de instituir tributo. Torna-se indispensável que seja lei emanada do poder específico traçado pela Constituição, vale dizer, *emanada do poder de tributar*. De feito, o poder tributário, como qualquer outro poder material do Estado, se divide em poder de legislar, de administrar e de julgar: o poder tributário também se sujeita à regra democrática da divisão.[104] Assim sendo, só do poder de legislar sobre a matéria tributária é que pode resultar um tributo. A Constituição brasileira distingue com clareza entre o poder genérico de legislar (arts. 22 e 24) e o poder de legislar sobre tributos (arts. 145, 148, 149, 150, I, 153, 154, 155, 156). Segue-se daí que apenas é tributo o dever instituído de acordo com aqueles artigos, não tendo natureza tributária as prestações correspondentes às penalidades, às custas judiciais e aos preços públicos, que se instituem com base nos arts. 22, I, 24, IV e 175, parágrafo único, III, da Constituição, respectivamente. Esse problema está intimamente ligado ao próprio princípio da legalidade, que sobrepaira genericamente com relação a qualquer ingresso em benefício do Estado, de natureza contratual ou patrimonial, mas que só no tocante à matéria tributária apresenta-se como legalidade estrita e específica.[105]

A doutrina alemã vem insistindo, para o efeito de definir o tributo, na distinção entre a competência legislativa tributária (*Steuergesetzgebungkompetenz*), exercida com apoio no art. 105 da Constituição germânica, e a competência legislativa genérica (*allgemeine Gesetzgebungkompetenz*), fundada no art. 70 e seguintes da Constituição.[106]

103. *Steuerrecht*, cit., p. 70.

104. Vide R. L. Torres, *Sistemas Constitucionais Tributários*, p. 456.

105. Ramón Falcón y Tella, "La Finalidad Financiera en la Gestión del Patrimonio", *CIVITAS* 35/385; A. Fantozzi, ob. cit., p. 42. F. Forte ("Note sulla Nozione di Tributo...", cit., p. 260) observa, com apoio no art. 23 da Constituição Italiana, que qualquer "limitação da propriedade e da iniciativa privada não pode ser realizada fora do confinamento da lei"; Isensee, "Steuerstaat als Staatsform", cit., p. 430; Kurt Eichenberger, "Gesetzgebung in Rechtsstaat", *VVDStRL* 40/9.

106. Starck ("Überlegungen...", cit., p. 207) afirma que "o conceito de tributo deriva dos dispositivos constitucionais sobre a competência (*verfassungsrechtlichen Kompe-*

Com base nessa distinção é que o Tribunal Constitucional recusou às contribuições econômicas (*Sonderabgaben*) a natureza de tributo, pois derivam do exercício da competência legislativa genérica do art. 70.[107]

Muito para notar que o critério da especificidade do poder tributário de legislar pode conduzir a manipulações, eis que basta ao legislador invocar um dispositivo da competência legislativa genérica para modificar a natureza tributária da prestação. Entre nós até o próprio constituinte produz lá as suas estripulias: incluiu no art. 21, § 1º, pela Emenda Constitucional n. 1/1969, as contribuições econômicas e sociais, com o que lhes atribuiu natureza tributária, não obstante a sua visceral incompatibilidade com essa categoria de ingressos; retirou daquele dispositivo, pela Emenda n. 8/1977, as contribuições sociais, cassando-lhes o *status* de tributo que infundadamente lhes havia concedido anteriormente (Emenda n. 1/1969); voltou a incluir topograficamente na Constituição Tributária (art. 149) as contribuições sociais, dando-lhes novamente a natureza de tributo, fato que causou enorme prejuízo à organicidade e à lógica do sistema. Surge aqui, como em toda a problemática do tributo, uma certa dificuldade conceptual, que impede a exata distinção entre a competência legislativa genérica e a especificamente tributária, da mesma forma que inexiste segurança para a separação entre a finalidade financeira principal ou acessória; por isso mesmo Starck[108] recomenda que se adote o princípio da proibição de abuso (*Mißbrauchsverbot*), a fim de que se evite a manipulação das categorias da finalidade principal ou acessória para o efeito de obviar a competência legislativa.

6. A definição proposta

Somando à conceituação pelo gênero próximo estampada no art. 3º, do CTN, as diferenças específicas trazidas pela Constituição de 1988, propomos a seguinte definição: *Tributo é o dever fundamental, consistente em prestação pecuniária, que, limitado pelas liberdades fundamentais, sob a diretiva dos princípios constitucionais da capacidade contributiva, do custo/benefício ou da solidariedade e com a finalidade*

tenzvorschriften), das normas constitucionais sobre o direito orçamentário material e do princípio do Estado Social"; Spanner, "Die Steuer...", cit., p. 380; Friauf, *Verfassungsrechtliche Grenze...*, cit., p. 14; Kirchhof (*Besteuerungsgewalt und Grundgesetz*, p. 72) afasta da noção de tributo os deveres impostos pelo Direito Econômico (*Recht der Wirtschaft* – art. 74, n. 11) e pelo Direito Assistencial (*Recht der Fürsorge* – art. 74, n. 7).

107. Cf. Tipke e Lang, ob. cit., p. 49.

108. "Überlegungen...", cit., p. 210.

principal ou acessória de obtenção de receita para as necessidades públicas ou para atividades protegidas pelo Estado, é exigido de quem tenha realizado o fato descrito em lei elaborada de acordo com a competência específica outorgada pela Constituição.

7. *Bibliografia*

ALONSO GONZALEZ, Luis Manuel. *Jurisprudencia Constitucional Tributaria*. Madri, Instituto de Estudios Fiscales – Marcial Pons, 1993.

ARDANT, Gabriel. *Histoire de l'impôt*. Paris, Fayard, 1971.

ATALIBA, Geraldo. "Regime Constitucional da Parafiscalidade". *Revista de Direito Administrativo* 86/16-33, 1966.

BECKER, Alfredo Augusto. *Teoria Geral do Direito Tributário*. São Paulo, Saraiva, 1972.

BERLIRI, Antonio. *Principios de Derecho Tributario*. Madri, Editorial de Derecho Financiero, 1964.

________. *Corso Istituzionale di Diritto Tributario*. Milão, Giuffrè, 1980.

BETHGE, Herbert. "Grundpflichten als Verfassungsrechtliche Dimension", *Neue Juristische Wochenschrift* 1982/2.145-2.150.

BIRK, Dieter. "Steuergerechtigkeit und Transfergerechtigkeit", *Zeitschrift für Rechtspolitik* 12 (9)/221-227, 1979.

________. *Steuerrecht*, vol. 1. Munique, C. H. Beck, 1988.

BODENHEIM, Dieter G. *Der Zweck der Steuer. Verfassungsrechtliche Untersuchung zur dichotomischen Zweckformel Fiskalisch – nichtfiskalisch*. Baden-Baden, Nomos, 1979.

BUCHANAN, James M. *The Limits of Liberty*. Chicago, The University of Chicago Press, 1975.

CASADO OLLERO, Gabriel. "El Principio de Capacidad y el Control Constitucional de la Imposición Indirecta", *CIVITAS* 34/185-235, 1982.

COELHO, Sacha Calmon Navarro. *Teoria Geral do Tributo e da Exoneração Tributária*. São Paulo, Ed. RT, 1982.

COOLEY, Thomas M. *A Treatise on the Constitutional Limitations*. Boston, Little Brown & Company, 1903.

CORTÉS DOMÍNGUES, Matias e MARTINS DELGADO, José Maria. *Ordenamiento Tributario Español*. Madri, Civitas, 1977.

EICHENBERGER, Kurt. "Gesetzgebung in Rechtsstaat", *Veröffentlichugen der Vereininung der Deutschen Staatsrechtslehrer* 40/7-36, 1982.

ESCRIBANO, F. *La Configuración Jurídica del Deber de Contribuir*. Madri, Civitas, 1988.

FALCÓN Y TELLA, Ramón. "La Finalidad Financiera en la Gestión del Patrimonio", *CIVITAS* 35/349-397, 1982.

FANTOZZI, Augusto. *Diritto Tributario*. Turim, UTET, 1991.

FERRATER MORA, José. *Diccionario de Filosofía*. Buenos Aires, Ed. Sulamericana, 1958.

FLUME, Werner. "Steuerwesen und Rechtsordnung", in *Festschrift für Rudolf Smend*, 1952, pp. 59-101.

FORTE, Francesco. "Note sulla Nozione di Tributo nell'Ordinamento Finanziario Italiano e sul Significato dell'art. 23 della Costituzione", *Rivista di Diritto Finanziario e Scienza delle Finanze* 1956/248-280.

FRIAUF, Karl Heinrich. *Verfassungsrechtliche Grenzen der Wirtschaftslenkung und Sozialgestaltung durch Steuergesetze*. Tübingen, J. C. B. Mohr, 1966.

GIANNINI, Achille Donato. *Istituzioni di Diritto Tributario*. Milão, Giuffrè, 1948.

_________. *I Concetti Fondamentali del Diritto Tributario*. Turim, UTET, 1956.

GÖTZ, Volkmar. "Grundpflichten als verfassungsrechtliche Dimension", *Veröffentlichugen der Vereinigung der Deutschen Staatsrechtsleherer* 41/7-41, 1983.

GRECO, Marco Aurélio. "A Chamada Contribuição Previdenciária", *Revista de Direito Público* 19/385-391, 1972.

_________. "A Destinação dos Recursos decorrentes da Contribuição de Intervenção no Domínio Econômico. CIDE sobre Combustíveis", *Revista Dialética de Direito Tributário* 104/122-140, 2004.

GRIZIOTTI, Benvenuto. *Saggi sul Rinnovamento dello Studio della Scienza delle Finanze e del Diritto Finanziario*. Milão, Giuffrè, 1953.

_________. *Primi Elementi di Scienza delle Finanze*. Milão, Giuffrè, 1962.

GUIMARÃES, Ylves José de Miranda. *O Tributo. Análise Ontológica à Luz do Direito Natural e do Direito Positivo*. São Paulo, Max Limonad, 1983.

HABERMAS, Jürgen. *Theorie des kommunikativen Handelns*, vol. 2. Frankfurt, Suhrkamp, 1988.

_________. *Faktizität und Geltung. Beiträge zur Diskurstheorie des Rechts und des demokratischen Rechtsstaat*. Frankfurt, Suhrkmap, 1992.

HALLER, Heinz. *Die Steuern*. Tübingen, Mohr, 1964.

HAMILTON, JAY & MADISON. *The Federalist*, n. 30. Nova York, Random House, s/d.

HENSEL, Albert. *Diritto Tributario*. Milão, Giuffrè, 1956.

HEUN, Werner. "Die Entwicklung des Steuerstaatskonzepts in theoritischer und tatsächlicher Hinsicht", in Ute SACKSOFSKY & Joachim WIELAND (Coord.), *Vom Steuerstaat zum Gebührenstaat*. Baden-Baden, Nomos, 2000, pp. 10-21.

HEYDTE, Freidrich August Freihen von der. "Grundgesetz und konfiskatorische Steuer: Randnotizen zum Problem der offenen Flanke der Eigentumsgarantie", *Festschrift für Heinz Paulick*, 1973, pp. 267-276.

HIPPEL, Eike von. *Der Schutz des Schwächeren*. Tübingen, J. C. B. Mohr, 1979.

HOBBES, Thomas. *Leviathan*. Oxford, Basil Blackwell, 1946.

HOFFMANN, Josef. "Ethische Grundlagen der Sozialstaatlichkeit", *Archiv für Rechts- und Sozialphilosophie* 75 (1)/27-43, 1989.

_________. "Grundpflichten als verfassungsrechtliche Dimension". *VVDStRL* 41/85, 1983.

HOFMANN, Hasso. "Grundpflichten als verfassungsrechtliche Dimension", *Veröffentlichungen der Vereinigung der Deutschen Staatsrechtslehrer* 41/42-86, 1983.

HÖHN, Ernst. "Verfassungsgrundsätze über die Besteuerung", in *Festschrift für Otto Kaufmann*, pp. 125-138.

INGROSSO, G. *I Contributi nel Sistema Tributario Italiano*. Nápoles, CEDEJ, 1964.

ISENSEE, Josef. "Steuerstaat als Staatsform", in *Festschrift für Hans Peter Ipsen*. Hamburgo, 1977, pp. 409-436.

__________. "Die verdrängten Grundpflichten der Bürgers", *Die öffentliche Verwaltung*, 1982/609-618.

JARACH, Dino. *El Hecho Imponible*. Buenos Aires, Abeledo-Perrot, 1971.

KIRCHHOF, Paul. *Besteuerungsgewalt und Grundgesetz*. Frankfurt, Athenäum, 1973.

__________. "Die Finanzierung des Leistungsstaates", *JURA* 1983, pp. 505-516.

__________. "Finanzgewalt und Verfassungsgerichtsbarkeit", in Klaus Stern (Ed.). *40 Jahre Grundgesetz*. Munique, C. H. Beck, 1990, pp. 119-132.

KLEIN, Friedrich. "Eigentumsgarantie und Besteuerung", *Steuer und Wirtschaft* 43 (1)/433-486, 1966.

KRUSE, H. W. "Über Pflichtabführungen und Steuern der DDR", *Steuer und Wirtschaft* 62 (4)/356-368, 1985.

LARENZ, Karl. *Methodenlehre der Rechtswissenschaft*. 6ª ed., Berlim, Springer Verlag, 1991.

LEISNER, Walter. *Von der Verfassungsmässigkeit der Gesetze zur gesetzmässigkeit der Verfassung*. Tübingen, J. C. B. Mohr, 1964.

LINARES QUINTANA, Segundo V. *El Poder Impositivo y la Libertad Individual*. Buenos Aires, Ed. Alfa, 1951.

LORITZ, Karl-Georg. "Das Grundgesetz und die Grenzen der Besteuerung", *Neue Juristische Wochenschrift* 39 (1/2)/1-10, 1986.

LÖW, Konrad. "Fiskalgeltung der Grundrechte?", *Die öffentliche Verwaltung* 1957/879-881.

MACEDO, Marco Antonio Ferreira. *O Conceito de Tributo e a Jurisprudência do Supremo Tribunal Federal*. Rio de Janeiro, mim. (PUC), 1996.

MANZONI, Ignazio. *Il Principio della Capacità Contributiva nell'Ordinamento Costituzionale Italiano*. Turim, Giappichelli, 1965.

MARONGIU, Gianni. *I Fondamenti Costituzionali dell'Imposizione Tributaria*. Turim, Giappichelli, 1991.

MATTERN, Gerhard. "Der Begriff der Steuer und das Grundgesetz", *Der Betriebs-Berater* 1970/1.405-1.412.

MAUNZ, Theodor, in MAUNZ, DÜRIG, HERZOG, SCHOLZ, *Grundgesetz. Kommentar*. Munique, C. H. Beck, 1980.

MERTEN, Detlef. "Sozialrecht, Sozialpolitik", in E. BENDA, W. MAIHOFER & H. J. VOGEL, *Handbuch des Verfassungsrechts*. Berlim, Walter de Gruyter, 1983, pp. 765-804.

MICHELI, Gian Antonio. *Curso de Direito Tributário*. São Paulo, Ed. RT, 1978.

MILL, Stuart. *Princípios de Economia Política*. São Paulo, Abril Cultural, 1983.

MONTESQUIEU. *De l'Esprit des Lois*. Paris, Garnier, 1871.

MORSELLI, Emanuele. "Il Punto de Vista Teorico della Parafiscalità", *Archivio Finanziario* 9/215-228, 1960.

MÜLLER, Klaus. "Der Steuerbegriff des Grundgesetz", *Der Betriebs-Berater* 1970/1.105-1.109.

NAWIASKY, Hans. "Einiges über steuerrechtliche Grundfragen", *Vierteljahresschrift für Steuer und Finanzrecht* 1928/442-452.

OLIVEIRA, José Marcos Domingues de. "Espécies de Tributos", *Revista de Direito Administrativo* 183/46, 1991.

PAPIER, Hans-Jürgen. *Die finanzrechtlichen Gesetzesvorbehalte und das grundgesetzliche Demokratieprinzip*. Berlim, Duncker & Humblot, 1973.

PATZIG, Werner. "Steuern, Gebühren, Beiträge und Sonderabgaben", in *Die öffentliche Verwaltung*, 1981, pp. 729-747.

POTITO, Enrico. *L'Ordinamento Tributario Italiano*. Milão, Giuffrè, 1978.

RUPPE, Hans Georg. "Bemerkungen zur Judikatur des österreichischen Verfassungsgerichtshofes in Abgabensachen", *Steuer und Wirtschaft* 67 (4)/349-355, 1990.

SAINZ DE BUJANDA, Fernando. *Hacienda y Derecho*, vol. III. Madri, Instituto de Estudios Políticos, 1963.

SAMPAIO DÓRIA, Antonio Roberto. *Princípios Constitucionais Tributários e a Cláusula Due Process of Law*. São Paulo, Ed. RT, 1964.

SCHMID, Alfred J. e outros. *Novo Código Tributário Alemão*. Rio de Janeiro/São Paulo, Forense/IBDT, 1978.

SCHMÖLDERS, Günter. *Teoría General del Impuesto*. Madri, Ed. Derecho Financiero, 1962.

SCHOLZ, Rupert. *Sozialstaat zwischen Wachstums- und Rezessionsgesellschaft*. Heidelberg, Müller Juristischer Verlag, 1981.

SCHUPPERT, Gunnar Folke. "Über Grundpflichten des Bürgers und die Funktionen des Verwaltungsverfahrens", *Archiv des öffentlichen Rechts* 107/614-629, 1982.

SMITH, Adam. *Inquérito sobre a Natureza e as Causas da Riqueza das Nações*, vol. 2. Lisboa, C. Gulbenkian, 1983.

SOUZA, Rubens Gomes de. "Direito Financeiro. Normas Gerais: Conceituação Genérica de Tributo", *Revista de Direito Administrativo* 26/363-372, 1951.

__________. *Compêndio de Legislação Tributária*. Rio de Janeiro, Ed. Financeiras, s/d.

__________. *Comentários ao Código Tributário Nacional: Parte Geral*. São Paulo, Ed. RT/EDUC, 1975.

SPANNER, Hans. "Die Steuer als Instrument der Wirtschaftslenkung", *Steuer und Wirtschaft* 1970/377-392.

STARCK, Christian. "Überlegungen zum verfassungsrechtlichen Steuerbegriff", in *Festschrift für Gerhard Wacke*. Colônia, 1972, pp. 193-210.

STERN, Klaus. *Das Staatsrecht der Bundesrepublik Deutschland*. Munique, C. H. Beck, 1980.

STRICKRODT, Georg. *Finanzrecht. Grundriss und System*. Berlim, Erich Schmidt Verlag, 1975.

TIPKE, Klaus e KRUSE, H. W. *Abgabenordnung, Finanzgerichtsordnung*. Colônia, O. Schmidt, 1978.

TIPKE, Klaus e LANG, Joachim. *Steuerrecht*. Colônia, O. Schmidt, 2002.

TORRES, Ricardo Lobo. *Sistemas Constitucionais Tributários*. Rio de Janeiro, Forense, 1986.

__________. "A Interação entre a Lei e a Jurisprudência em Matéria Tributária", *RT – Caderno de Direito Tributário e Finanças Públicas* 3/7-20, 1993.

__________. "Contribuições Sociais Gerais", in *Grandes Questões Atuais do Direito Tributário* 6/375-390, 2002.

TRIBE, Laurence H. *American Constitutional Law*, vol. 1. 3ª ed., Nova York, The Foundation Press, 2000.

ULHÔA CANTO, Gilberto. *Direito Tributário Aplicado*. Rio de Janeiro, Forense Universitária, 1992.

VALCÁRCEL, Ernesto Lejeune. "Questionamento do Conceito de Tributo", *Revista de Direito Tributário* 23-24/18-25, 1983.

VALDÉS COSTA, Ramón. *Curso de Derecho Tributario*. Buenos Aires, Depalma, 1996.

VANONI, Ezio. *Natureza e Interpretação das Leis Tributárias*. Rio de Janeiro, Ed. Financeiras, s/d.

VILLEGAS, Hector B. *Curso de Finanzas, Derecho Financiero y Tributario*. Buenos Aires, Depalma, 1975.

VOGEL, Klaus. "Tributos Regulatórios e Garantia da Propriedade no Direito Constitucional da República Federal da Alemanha", in BRANDÃO MACHADO (Coord.), *Direito Tributário. Estudos em Homenagem ao Prof. Ruy Barbosa Nogueira*. São Paulo, Saraiva, 1984, pp. 543-554.

__________. "Rechtfertigung der Steuern: eine vergessene Vorfrage", *Der Staat* 25 (4)/481-519, 1986.

__________. "Der Finanz und Steuerstaat", in Joseph ISENSEE & Paul KIRCHHOF (Ed.), *Handbuch des Staatsrechts der Bundesrepublik Deutschland*, vol. 1. Heidelberg, C. F. Müller, 1987, pp. 1.151-1.185.

WACKE, Gerhard. *Das Finanzwesen der Bundesrepublik*. Tübingen, J. C. B. Mohr, 1950.

WAGNER, A. *Traité de la Science des Finances*. Paris, V. Giard & E. Brière, 1909.

WEBER-FAS, Rudolf. "Finanzgerichtsbarkeit im freiheitlichen Rechtsstaat", in Midhi TOHIDIPUR (Coord.). *Der bürgerliche Rechtsstaat*, vol. II. Frankfurt, Suhrkamp, 1978, pp. 548-564.

__________. *Grundzüge des allgemeinen Steuerrechts der Bundesrepublik Deutschland*. Tübingen, Mohr, 1979.

__________. *Institutionen der Finanzgerichtsbarkeit im deutschen und amerikanischen Recht*. Heidelberg, Verlagsgesellschaft Recht und Wirtschaft, 1979.

Rio de Janeiro, novembro de 2004.

E, AFINAL, A CONSTITUIÇÃO CRIA TRIBUTOS!

José Roberto Vieira

1. Mestres Francisco de Sales e José Souto Maior Borges. 2. Motivo da seleção do tema. 3. Direito Constitucional Tributário. 4. "Poder" ou "Potestade" Tributária. 5. Competência tributária. 6. Criação infraconstitucional de tributos: panorama doutrinário. 7. Criação constitucional do tributo: reflexões. 8. Mestre Souto.

1. Mestres Francisco de Sales e José Souto Maior Borges

Nascido em 21 de agosto de 1567, no Castelo de Sales, na Savóia francesa, Francisco de Sales, depois de estudar em Paris e em Pádua, optou pelo sacerdócio, recebendo o título de Bispo de Genebra em 1602, aos 35 anos de idade, e vindo a falecer em Lyon, em 28 de dezembro de 1622, aos 55 anos. Foi canonizado em 1655 pelo Papa Alexandre VII, tornando-se, então, *São Francisco de Sales*; declarado, ainda, mais tarde, em 1923, doutor da Igreja e protetor dos jornalistas. É lembrado e celebrado pelos cristãos em 24 de janeiro, dia em que seu corpo foi levado à sepultura definitiva em Annecy.[1] René Champagne, jesuíta e ex-professor de filosofia, um de seus biógrafos, apresenta-o como "(...) um dos maiores mestres espirituais do Ocidente"![2]

E porque essa introdução ao presente trabalho, até aqui consagrada a São Francisco de Sales, no bojo de uma obra em homenagem a José Souto Maior Borges? Ela encontra sua razão de ser, e aliás muito sólida e consistente, como mostraremos e demonstraremos, nos numerosos *pontos de identidade* que pessoalmente diagnosticamos entre essas *duas figuras humanas únicas e grandiosas*, ambos mestres rematados, o primeiro de espiritualidade, o segundo de Direito, de Filosofia e de humanidade.

1. P. Eliécer Sálesman, *Vidas de Santos*, vol. 1, 5ª ed., Bogotá, Don Bosco, 2002, pp. 104 e 110; Mario Sgarbossa, *Os Santos e os Beatos da Igreja do Ocidente e do Oriente*, trad. Armando Braio Ara, São Paulo, Paulinas, 2003, p. 55; Mario Sgarbossa e Luigi Giovannini, *Um Santo para Cada Dia*, trad. Onofre José Ribeiro, 11ª ed., São Paulo, Paulus, 1983, p. 30; Angela Cerinotti, *Santos e Beatos de Ontem e de Hoje*, trad. Esníder Pizzo e Maria Margherita de Luca, São Paulo, Globo, 2004, p. 266.

2. René Champagne, *Francisco de Sales: A Paixão pelo Outro*, trad. João Paixão Netto, São Paulo, Paulinas, 2003 (Testemunhas), p. 6.

Francisco de Sales esteve próximo do Direito, em certa parte de sua vida. Depois de estudar por mais de dez anos Filosofia, Literatura, Gramática e Teologia, no Colégio de Clermont, da Companhia de Jesus, em Paris, foi para a Universidade de Pádua, na Itália, para dedicar-se ao Direito. E embora também freqüentasse extra-oficialmente as aulas de Teologia, logrou obter, em 1592, aos 24 anos, um duplo doutorado, em Direito Civil e em Direito Canônico. Recebeu de presente de seu pai uma biblioteca inteira de obras jurídicas, antes de, aos 26 anos, decidir entregar-se ao sacerdócio, esta sim a sua opção de vida. E durante três décadas foi amigo íntimo de Antônio Favre, juiz, depois senador e presidente do senado, um jurista respeitado em sua época; tendo, inclusive, Francisco de Sales, colaborado com Favre na redação do seu *Código Fabriano*, um comentário do direito local que lhe granjeou notoriedade nos meios jurídicos europeus.[3]

Também José Souto Maior Borges esteve e continua próximo do Direito, não apenas em certa, mas na maior parte de sua vida. Seja como Procurador da Prefeitura do Recife, que por tantos anos foi, seja como advogado e consultor, que segue sendo, pois o Direito foi e é sua opção profissional. Especialmente na carreira acadêmica, que paralelamente desenvolveu, foi intensa a sua convivência com o jurídico, inclusive como diretor da Faculdade de Direito da Universidade Federal de Pernambuco ou como coordenador da sua pós-graduação, em certos momentos; mas, sobretudo, como professor de Direito Tributário, no mestrado e doutorado, e como professor de Filosofia do Direito, na graduação, daquela tradicional casa de ensino jurídico, além da experiência na Pontifícia Universidade Católica de São Paulo, da qual detém o título de Professor Honorário. E conquanto predominantemente dedicado ao Direito Tributário, não se trata, em absoluto, de alguém que se deixe confinar num canto qualquer do mundo do Direito, como testemunha Geraldo Ataliba: "(...) Souto Maior Borges – que, além de conhecer em amplitude e profundidade o nosso direito constitucional, maneja com mestria as categorias da teoria geral do direito, senhor que é de sólidos conhecimentos também da filosofia do direito".[4] Aliás, tal o seu desassossego e agitação intelectual que nem o Direito todo lograria encarcerá-

3. R. Champagne, ob. cit., pp. 11, 16 e 33; P. E. Sálesman, ob. cit., p. 107; Valeriano Ordoñez, *Los Santos: Noticia Diária*, 6ª ed., Barcelona, Herder, 1996, p. 44; Miguel Ángel Requena, *Los Santos: Um Amigo para Cada Dia*, Madri, EDIBESA, 2003, p. 50; M. Sgarbossa, *Os Santos...*, cit., p. 55.

4. Prefácio, in José Souto Maior Borges, *Lei Complementar Tributária*, São Paulo, Ed. RT/EDUC, 1975, p. XI.

lo, de tão larga amplitude e universalidade a sua visão de mundo que era inevitável o seu encontro com a Filosofia. É Paulo de Barros Carvalho quem nos dá notícia do seu "(...) quase compulsivo interesse pela Filosofia, de tal sorte que os grandes pensadores desfilaram pelo seu espírito, 'impregnando-o'. Ora um, ora outro, mas sempre andou de mãos dadas: aqui com Popper, ali com Heidegger (...)".[5] E mais: tão rica e poderosa a sua intuição e tão sutil e aguçada a sua sensibilidade que era impossível não desaguar na poesia, "(...) com que tanto têm a apreender os juristas (...)", como o reconhece o próprio Souto.[6] Pois justamente o enveredar fecundo pela Filosofia e pela Poesia é que lhe permitiu retornar ao Direito com novos horizontes e mais vastas perspectivas, convertendo-o, "(...) sem favor algum (...)", em "(...) uma das mais expressivas figuras do nosso mundo jurídico" (Ataliba).[7]

FRANCISCO DE SALES foi um escritor profícuo. Seu livro mais afamado, tanto que "(...) ha sido traducido a todos los idiomas importantes del mundo (...)" (P. Eliécer Sálesman),[8] é a *Introdução à Vida Devota*, escrito em forma de diálogos com Filotéia, a partir de cartas originalmente endereçadas à Senhora Louise de Charmoisy, em que fala aos cristãos como companheiros de viagem. Célebre também é o *Tratado do Amor de Deus*, igualmente em forma de diálogos, desta vez com Teótimo, que tem caráter teológico e valeu ao autor o título de "Doutor da Igreja". Suas *Controvérsias*, nascidas dos textos que escrevia para distribuição ao povo, motivaram-lhe a concessão, por parte de Pio XI, do título de Patrono dos Jornalistas. Seus *Colóquios Espirituais* constituem as palestras que costumava fazer, quando das visitas às religiosas da sua Ordem da Visitação, cuidadosamente anotadas por elas. E *A Arte de Aproveitar nossas Faltas* é composta por textos extraídos de suas centenas de cartas, endereçadas àqueles a quem proporcionava direção espiritual por correspondência. Há, ainda, uma publicação, em quatro volumes, dos seus sermões; e parte da sua vastíssima correspondência está publicada em onze volumes.[9]

5. Palavras de Apresentação da 2ª Edição, in *Ciência Feliz*, 2ª ed., São Paulo, Max Limonad, 2000, p. 10.

6. Prefácio à 3ª ed., *Teoria Geral da Isenção Tributária*, São Paulo, Malheiros Editores, 2001, p. 14.

7. Prefácio, in J. S. M. Borges, *Lei*..., cit., p. XII.

8. *Vidas*..., cit., p. 109.

9. Idem, ibidem, e vol. 3, 4ª ed., pp. 197-198; R. Champagne, *Francisco*..., cit., pp. 4, 32 e 133-134; V. Ordoñez, *Los Santos*..., cit., p. 45; Omer Englebert, *Lives of the Saints*, trad. Christopher e Anne Fremantle, New York, Barnes & Noble, 1994, p. 40; A. Cerinotti, *Santos*..., cit., p. 267.

Igualmente *pródigo no escrever, José Souto Maior Borges* muito e bem produziu.[10] A *Iniciação ao Direito Financeiro* (1966), já exibindo uma demarcação perfeita do seu objeto como o estritamente jurídico, foi, em suas próprias palavras, "(...) a primeira obra que o autor ousou publicar".[11] Seguiu-se-lhe *A Reforma do Sistema Tributário Nacional (Emenda Constitucional n. 18)* (1967), comentando a reforma constitucional que dividiu os impostos de conformidade com suas bases econômicas.[12] E, dois anos depois, sua obra de maior sucesso editorial, as *Isenções Tributárias* (1969), em que refuta vigorosa e brilhantemente a tese em vigor da isenção como dispensa legal do pagamento do tributo.[13] Meia dúzia de anos mais tarde, dá à luz a *Lei Complementar Tributária* (1975), trabalho decisivo para a doutrina, não só tributária, mas constitucional, propalando seus reflexos por todo o ordenamento.[14] Mais um interregno de seis anos, e vem a lume o *Lançamento Tributário* (1981), que constituiu, na apreciação de Arnaldo Borges, "(...) a maior e melhor aplicação da Teoria Pura do Direito a um ramo do Direito Positivo, não só no Brasil como no exterior (...)",[15] julgamento que obteve a aprovação parcial de Souto, ressalvando-lhe apenas a generosidade: "Arnaldo Borges (...) soube, com o seu peculiar talento, apreender-lhe

10. Limitar-nos-emos, aqui, aos seus livros apenas. Souto escreveu também dezenas e dezenas de artigos para revistas e coletâneas. Só para ilustrar, registrem-se os 8 trabalhos publicados na antiga *Revista de Direito Público*, da Ed. RT, entre 1967 e 1991; os 13 publicados na antiga *Revista de Direito Tributário*, na época editada pela da Ed. RT, 1977 e 1991, além dos 10 publicados na atual *Revista de Direito Tributário*, entre 1991 e 2003, pela Malheiros Editores; os 15 publicados na *Revista Dialética de Direito Tributário*, da Dialética, a partir de 1995; e os 3 publicados pela *Revista Trimestral de Direito Público*, da Malheiros Editores.

11. *Iniciação ao Direito Financeiro*, Recife, Imprensa Universitária/UFPE, 1966; reeditado como *Introdução ao Direito Financeiro*, 2ª ed., São Paulo, Max Limonad, 1998.

12. *A Reforma...*, Recife, Imprensa Universitária/UFPE e Centro Regional de Administração Municipal/CRAM, 1967.

13. *Isenções...*, São Paulo, Sugestões Literárias, 1969; reeditada em 1980. E com uma 3ª edição, totalmente revista, atualizada, e rebatizada: *Teoria Geral da Isenção Tributária*, São Paulo, Malheiros Editores, 2001 – em que, além de redimensionar o tema, faz contribuição inovadora para a teoria da interpretação jurídica com a proposta da sua hermenêutica histórica.

14. *Lei Complementar...*, cit., São Paulo, Ed. RT/EDUC, 1975. Infelizmente a sua única edição. Do mesmo ano, há referências isoladas à publicação da obra *Imposto sobre Serviços*, que desconhecemos.

15. *Lançamento...*, Rio de Janeiro, Forense, 1981 (Tratado de Direito Tributário Brasileiro, IV); livro posteriormente reeditado numa 2ª ed., totalmente revista e atualizada, São Paulo, Malheiros Editores, 1999. Arnaldo Borges, Apresentação da 2ª ed., *Lançamento...*, cit., p. 14

esse desiderato (...)".[16] Reduzindo à metade o intervalo habitual, vê a luz a *Obrigação Tributária (Uma introdução metodológica)* (1984),[17] em que, nas palavras do próprio autor, "(...) a obrigação tributária é, aí, mero pretexto para a introdução, no direito pátrio, das categorias epistemológicas que preconiza (...)".[18] Após uma década, o autor entrega-nos uma obra de profunda e singular inspiração, versando o Direito sim, mas também e especialmente outros domínios – *Ciência Feliz (Sobre o Mundo Jurídico e Outros Mundos)* (1994) – propondo que nos deixemos "impregnar" destemidamente pelo valor científico dos "erros", assumindo-os e aprendendo com eles, atitude imprescindível para fazer do nosso caminho científico um "caminho do coração", única via a ser trilhada para a conversão da nossa ciência numa "ciência feliz".[19] Mais dois anos e um livro surpreendente – *O Contraditório no Processo Judicial (uma visão dialética)* (1996) – uma mudança de paradigma, substituindo-se o modelo teórico normativista e sistemático dominante por uma concepção dialética, por isso desembocando no processo, num admirável exercício filosófico e científico, típico dos filósofos e juristas de altos vôos, como Souto.[20] E hoje estamos no aguardo ansioso do seu *Direito Comunitário*, que se encontra no prelo.

Tanto Francisco, como festejado e insigne pregador que foi, quanto Souto, como celebrado e notável conferencista que é, *ambos se singularizam pelo veemente domínio da palavra*. Em relação a Francisco de Sales, tomemos o testemunho de P. Eliécer Sálesman: "En Paris fue considerado como un predicador que transformaba a los oyentes. En esa capital tuvo que predicar 180 sermones en tres meses".[21] No que diz respeito a Souto Maior Borges, fiquemos com o depoimento de Geraldo Ataliba, que, já em 1975, há três décadas atrás, apontava-o como expositor de "(...) presença obrigatória (...)" nos eventos científicos nacionais e latino-americanos.[22] Hoje, afastado do quotidiano das salas de aula da

16. *O Contraditório no Processo Judicial (uma visão dialética)*, São Paulo, Malheiros Editores, 1996, p. 12.

17. *Obrigação...*, São Paulo, Saraiva, 1984; reeditada há alguns anos, também em edição atualizada e refundida, em 2ª ed., São Paulo, Malheiros Editores, 1999.

18. *O Contraditório...*, cit., p. 12.

19. *Ciência Feliz...*, Recife, Fundação de Cultura Cidade do Recife, 1994; livro depois renomeado, perdendo o subtítulo, e rearranjado, suprimindo-se todos os estudos jurídicos e ampliando-se os extrajurídicos, em prol da sua unidade: *Ciência Feliz*, 2ª ed., São Paulo, Max Limonad, 2000.

20. *O Contraditório...*, cit., *passim*.

21. *Vidas...*, cit., vol. 1, p. 110.

22. Prefácio, in J. S. M. Borges, *Lei...*, cit., p. XII.

UFPE, prossegue sendo quase diariamente convocado para a maioria dos congressos, seminários e cursos jurídicos do país e do exterior: constrangido forçosamente a selecioná-los muito bem e a recusar a participação na maior parte deles, sob pena de tornar-se um nômade do Direito e um visitante do Recife, do seu escritório e do seu próprio lar.

Como orientador espiritual, Francisco de Sales foi um modelo notável. Não hesitava em dedicar horas e mais horas às missivas dirigidas aos seus numerosos filhos espirituais. Santa Luísa de Marillac (1591-1660), por exemplo, a padroeira dos assistentes sociais, encontrou nele um conselheiro de superior importância. Mas fiquemos restritos à menção de dois dos seus mais conhecidos orientandos. O primeiro, São Vicente de Paulo (1581-1660), o valente e arrojado advogado e porta-voz dos pobres e oprimidos do seu tempo, a ponto de, em sua defesa, gritar publicamente com o Cardeal Richelieu, o poderoso primeiro ministro de Luís XIII, e também com o Cardeal Mazzarino, seu sucessor; mas principalmente aquele que deu a vida pelos infelizes e desventurados a quem defendia e representava, seja como Ministro da Caridade da França, seja como o líder espiritual preocupado em pôr em obras concretas a filosofia que imprimiu aos lazaristas ou vicentinos: "Amemos Deus (...) com a fadiga de nossos braços, com o suor de nosso rosto".[23] O segundo nome, dentre os de seus mais ilustres orientandos, foi o de Santa Joana Francisca de Chantal (1572-1641), "(...) una de las almas más santas que haya habido sobre la tierra" (São Vicente de Paulo),[24] de quem Francisco de Sales, além de guia espiritual, foi fiel correspondente e profundo amigo por quase vinte anos; com ela fundando, em 1610, em Annecy, a Congregação das Irmãs da Visitação, que Santa Joana governou por dezenove anos, fundando, nesse período, 87 monastérios, e visitando 65 conventos da sua ordem em diversos países.[25]

Nas paragens da ciência, *Souto Maior Borges é igualmente um orientador reverenciado*, precisamente por não lhe bastarem os acanhados cancelos da ciência jurídica, pugnando por ensinar o caminho do coração, que faz de qualquer ciência uma ciência feliz, mas que exige radicalmente o dom da amizade. Assim como: "Não havia em Francisco nenhuma direção espiritual que não se tornasse amizade"

23. A. Cerinotti, *Santos...*, cit., pp. 269-271; M. Sgarbossa, *Os Santos...*, cit., pp. 547-548.

24. Apud P. Eliécer Sálesman, *Vidas...*, cit., 4ª ed., vol. 3, p. 199.

25. R. Champagne, *Francisco...*, cit., pp. 91-132; P. E. Sálesman, *Vidas...*, cit., 4ª ed., vol. 3, pp. 194-200; A. Cerinotti, *Santos...*, cit., pp. 268-269; M. A. Requena, *Los Santos...*, cit., p. 376.

(René Champagne),[26] também Souto transforma sempre em amigos seus orientandos. Tal ocorreu, por exemplo, com Heleno Taveira Tôrres, hoje acatado professor livre-docente de Direito Tributário da USP e professor de Direito Tributário Internacional da PUC-SP, que cursou sob a sua direção científica o mestrado na UFPE, aí obtendo – como o reconhece expressamente, "(...) a base científica rigorosa (...)"[27] – pressuposto imprescindível para fruir das lições de Augusto Fantozzi, na especialização da I Università di Roma "La Sapienza", para usufruir da orientação de Raffaello Lupi, na II Universitá di Roma "Tor Vergata" e para desfrutar da orientação de Paulo de Barros Carvalho no doutorado da PUC-SP; mas obtendo ainda mais – a "(...) rica formação de origem"[28] – a que não satisfaz o mero esclarecimento intelectual, porque necessita "(...) amizade e ensinamentos exemplares de como vivenciar uma 'ciência feliz'";[29] gratidão de Heleno Tôrres que encontra eco nas palavras do seu primeiro orientador, em cujo prefácio de sua obra inicial, sublinha, ao lado do "(...) seu talento e seriedade de estudioso (...)", "(...) a cordialidade (...) traço marcante do seu caráter (...)" e a amizade que se solidificou entre eles.[30] Similar é o que se deu com Humberto Bergmann Ávila, hoje respeitado professor de Direito Tributário, Financeiro e Econômico da UFRGS e professor visitante da UERJ, que se colocou sob a batuta científica de Souto, como orientando à distância, em seu mestrado na UFRGS, preparando-se adequadamente para seus estudos profundos de Metodologia da Ciência do Direito, sob orientação de Claus-Wilhelm Canaris, e de seu doutorado, sob orientação de Klaus Vogel, ambos na Ludwig-Maximilians-Universität de Munique (Alemanha); que se mostra penhorado a Souto pelo seu "(...) apoio científico (...)", é claro;[31] mas também por muito mais, é claríssimo: "(...) pela compreensão do conceito de ciência feliz como aquela que tem o caminho do coração como meta, a ousadia teórica como virtude, a linguagem como instrumento e os inevitáveis erros como bênçãos";[32] e a quem trata como "(...) meu

26. *Francisco...*, cit., p. 105.

27. Agradecimentos e Reconhecimentos, in *Pluritributação Internacional sobre as Rendas de Empresas*, São Paulo, Ed. RT, 1997, p. 7.

28. Introdução, in *Direito Tributário e Direito Privado: Autonomia Privada, Simulação, Elusão Tributária*, São Paulo, Ed. RT, 2003, p. 19.

29. Agradecimentos e Reconhecimentos..., ob. cit., p. 7.

30. Prefácio, in Heleno Taveira Tôrres, *Pluritributação...*, cit., p. 10.

31. Nota à edição brasileira, in *Sistema Constitucional Tributário*, São Paulo, Saraiva, 2004, p. X.

32. Agradecimentos, in *Medida Provisória na Constituição de 1988*, Porto Alegre, Fabris, 1997, p. 7.

amigo e Mestre (...)";[33] reconhecimento de Humberto Ávila que descobre ressonância nas palavras de seu orientador dos começos: "É curioso como as minhas relações afetivas com seu pai, René Izoldi Ávila (...) se prolongaram na pessoa do seu filho. E se consolidaram naturalmente 'com a espontaneidade das coisas preestabelecidas', como diria Rubens Gomes de Souza (...)".[34]

Preocupamo-nos, até aqui, com o indicar dos *pontos de aproximação* entre Francisco de Sales e José Souto Maior Borges, no que concerne a "o que" fez um e faz o outro. Deitemos olhos, agora, ao "como" um fez e o outro faz.

Pouco tempo depois da sua ordenação sacerdotal, *Francisco* foi designado para uma missão tão árdua que evidenciou a *autenticidade da sua vocação religiosa, marcada pela fidelidade e pela criatividade.* Tratava-se de levar a sua mensagem à região do Chablais, parte da diocese de Genebra sob o domínio quase absoluto dos calvinistas: não mais do que 100 católicos entre 25.000 habitantes, numa ínfima proporção de 0,4% de possíveis seguidores. Era uma região particularmente difícil para os católicos, tanto que os vigários a ela anteriormente destinados haviam sido dali expulsos pelos calvinistas. Francisco lá permaneceu por quatro anos, de 1594 a 1598, arrostando os numerosos obstáculos e mantendo-se fiel à sua incumbência; fidelidade patenteada quando, por influência do seu amigo Antônio Favre, foi nomeado senador pelo duque Charles-Emmanuel, e recusou, alegando que "(...) ninguém poderia servir bem a dois senhores". E só obteve sucesso graças à sua criatividade: impedido de pregar ao povo, pela sua ausência, imprimia folhas com as suas mensagens, distribuindo-as, ele mesmo, por debaixo das portas das casas e afixando-as aos muros, numa técnica inusitada, que Angela Cerinotti designou de "panfletagem".[35]

Também *Souto* exibiu sempre *uma irrecusável vocação jurídica, igualmente assinalada pela fidelidade e pela criatividade.* Sustentando teses então inesperadas e surpreendentes – exemplificativamente: a isenção como hipótese de não incidência legalmente qualificada, a lei complementar em posição hierárquica não necessariamente acima da lei ordinária, a obrigação tributária nem sempre caracterizada pela patrimo-

33. Agradecimentos, in *Teoria dos Princípios: da definição à aplicação dos princípios jurídicos*, 4ª ed., 2ª tir., São Paulo, Malheiros Editores, 2003, p. 3.

34. Prefácio, in Humberto Bergmann Ávila, *Medida Provisória...*, cit., p. 16.

35. R. Champagne, *Francisco...*, cit., pp. 21-23 e 25-28; P. E. Sálesman, *Vidas...*, cit., vol. 1, 5ª ed., pp. 108-109; A. Cerinotti, *Santos...*, cit., p. 266; M. Sgarbossa, *Os Santos...*, cit., p. 55.

nialidade, a criação de tributos iniciada já na constituição – o autor teve o ensejo, aqui e acolá, de exercer sua criatividade. E o fez, quando, por exemplo, em defesa de sua tese das isenções, construiu e propôs o método interpretativo da hermenêutica histórica, inconfundível com o método histórico-evolutivo tradicional, pregando "(...) a atitude retrospectiva, o passo atrás, a volta à origem (...) revisitar as circunstâncias em que a teoria jurídica foi originariamente concebida".[36] Mas, advogando essas idéias, o autor, sobretudo, navegou freqüentemente contra a correnteza da doutrina preponderante. "A atitude do homem do conhecimento, ao contradizer a 'reputação sólida', é vista como 'desonrosa', ao passo que a petrificação das opiniões tem o monopólio das honras – sob o sortilégio de tais valores temos que viver ainda hoje!" (Friedrich Nietzsche).[37] Desapegado das honras humanas, porém, Souto sempre foi indiferente a esse sortilégio, prestando contas exclusivamente diante do altar de sua própria consciência científica, e podendo, assim, manter-se plenamente fiel ao caminho do seu coração e ao experimento de felicidade que constitui a sua entrega à ciência.

Francisco conservou-se sempre atento em relação às próprias idéias e tolerante relativamente às demais, como talvez o ilustre a iniciativa ecumênica dos seus três encontros, em 1597, com Teodoro de Bèze, o velho teólogo calvinista, autor de trabalhos importantes, e que substituiu Calvino, com a sua morte, em 1564, como reitor da Academia de Genebra e como presidente da Companhia dos Pastores, assumindo a posição de líder das Igrejas Reformadas. Do mesmo modo, *Souto manteve-se igualmente vigilante quanto às convicções próprias e aberto quanto às alheias*, preconizando o sempre "Desconfiar das hipóteses teóricas (...) recusar-se numa atitude intelectualmente sadia (...) à anestesia do senso crítico";[38] esquivando-se do comportamento infelizmente muito comum de proteger as próprias idéias com a armadura do imobilismo teórico, imunizando-a contra o incômodo das críticas, mas simultaneamente atalhando o passo adiante da ciência na direção da verdade. Souto pauta-se, no particular, pelo método cartesiano da dúvida sistemática, pois sabe como ninguém que atitude diversa implicaria o desinteresse pela verdade e o retrocesso à condição de "bárbaro intelectual" (José Ortega y Gasset).[39]

36. *Teoria Geral...*, cit., pp. 133-147.

37. *A Gaia Ciência*, trad. Paulo César de Souza, São Paulo, Companhia das Letras, 2001, p. 201, n. 296.

38. *Ciência Feliz...*, cit., p. 25.

39. *A Rebelião das Massas*, trad. Herrera Filho, Rio de Janeiro, Ibero-Americano, 1959, p. 116, nota 50.

O zelo constante, no que concerne à procedência ou improcedência das idéias e convicções, conduz naturalmente à *admissão da possibilidade dos erros e à sua assimilação*. Sabia-o Francisco de Sales, tanto que de sua pena fluiu um conjunto de textos, oriundos de missivas que enviou a seus orientandos espirituais, enfeixados em livro sob o título de *A Arte de Aproveitar nossas Faltas*, recomendando o procedimento modesto de aceitá-las, extrair delas a aprendizagem possível e, a partir daí, redirecionar as suas condutas. Sabe-o José Souto Maior Borges, porque conhece muito bem a tradição dos gregos, para quem há um saber seguro – *epistéme* – que pertence aos deuses, e um saber humano – *doxa* – que não passa de "opiniões". Admirável o pensamento desse povo com quem a Filosofia ensaiou efetivamente os seus primeiros passos, pois não é muito diversa a reflexão recente de Karl Raymund Popper, provavelmente o maior filósofo da ciência do século XX, de quem Souto é conhecedor privilegiado: em face dos problemas que enfrentamos, empreendemos tentativas de soluções – simples opiniões, singelos palpites, meras conjecturas – que devem ser submetidos ao rigoroso teste crítico das tentativas de refutação; sendo que aquelas conjecturas que sobreviverem constituem, temporariamente, a melhor aproximação da verdade.[40] Esse arranjo de tentativas e erros é o método popperiano da evolução pelas conjecturas e refutações, constituindo a chamada Teoria Evolutiva do Conhecimento, uma projeção da Teoria Evolutiva Darwiniana para o campo da Epistemologia.[41] É fundamental aqui o papel desempenhado pelo erro, logo, nada mais oportuno do que o texto com que Souto abre a sua *Ciência Feliz*: *A Apologia do Erro*.[42] Afinal, à indagação "Quais são (...) as verdades do homem?", respondemos serenamente com Friedrich Nietzsche: "São os erros irrefutáveis do homem".[43]

E num paralelo derradeiro, mas quiçá, paradoxalmente, trazendo à tona *aquele dado que mais nos impressiona e abala, em ambas as figuras: a humildade!* Desde sua ordenação, Francisco de Sales assumiu compromisso pessoal com essa virtude (Miguel Ángel Requena),[44] que sempre lhe pareceu tão elevada que poderia até explicar sua reticência

40. *Conjecturas e Refutações (O Progresso do Conhecimento Científico)*, trad. Sérgio Bath, Brasília, UnB, 1980, p. 17.

41. Karl R. Popper, *La Responsabilidad de Vivir: Escritos sobre Política, Historia y Conocimiento*, Barcelona, Paidós, 1995, pp. 18-19 e 111-114 (Paidós Estado y Sociedad, 31); Renan Springer de Freitas, *Sociologia do Conhecimento: Pragmatismo e Pensamento Evolutivo*, Bauru/SP, EDUSC/ANPOCS, 2003, pp. 114 e 132.

42. *Ciência Feliz...*, cit., pp. 19-22; e na 2ª ed., pp. 19-23.

43. *A Gaia...*, cit., p. 185, n. 265.

44. *Los Santos...*, cit., p. 50.

em apoiar explicitamente as pretensões de Madre Angélica Arnaud, a abadessa do Mosteiro de Port-Royal, de deixá-lo para unir-se à Ordem da Visitação, mesmo em se tratando de mais do que uma simples orientanda, uma verdadeira amiga, com quem manteve, por três anos, de 1619 a 1622, intensa relação epistolar, quando não pessoal; além de que ela possuía, de Santa Joana Francisca de Chantal, superiora dessa congregação, a sua irrestrita anuência. É que Madre Angélica caracterizava-se pelo orgulho, sendo freqüente, nas cartas de Francisco a exortação ao caminho que a ela competia trilhar... o da humildade.[45] Tal cuidado de Francisco com essa virtude talvez se explique com o fato de que ele estudou muito a Santo Agostinho, como informa P. Eliécer Sálesmann;[46] e provavelmente se deparou com este ensinamento decisivo: "Pensas em construir um edifício de grandeza? Pensa primeiro nos alicerces da humildade".[47] José Souto Maior Borges cedo percebeu que a convivência necessária com o erro implica forçosamente a audição atenta e contrita do "sermão da humildade".[48] Trata-se de lógica elementar, que o raciocínio apurado de Karl Popper tornou cristalina: "E como nunca podemos saber com certeza, não podemos também adotar uma atitude (...) pretensiosa ou orgulhosa em relação ao que sabemos".[49] Num mundo de tantas arrogâncias e vaidades – talvez nenhum outro rivalize nisso com o Direito – Souto encarna espontaneamente e com naturalidade essa virtude salesiana. Identifico-o aqui com a imagem que de si mesmo desenha um outro José, o Saramago: "(...) roço os prédios, humilde" (...) "Segui rente aos prédios, que é o meu modo de me tornar invisível (...)".[50] Assim também Souto, jurista soberbo e altivo, que caminha sobranceiro pelas vias centrais e iluminadas da doutrina, dominando-a, e usualmente determinando para que lado ela haverá de pender; contudo, pessoa simples e despretensiosa, que busca se ocultar modestamente nos pouco visíveis caminhos laterais, aqueles que, à sombra dos prédios, escapam às luzes e refletores, na tentativa de fundir-se e confundir-se com a paisagem, passando ignorado e despercebido, em sua sincera e profunda humildade. Ele mesmo registrou, um dia, certamente com o pensamento posto em

45. René Champagne, *Francisco...*, cit., pp. 175-220.

46. *Vidas...*, cit., vol. 1, p. 106.

47. Arthur Vieira de Rezende e Silva, *Frases e Curiosidades Latinas*, Belo Horizonte, Garnier, 2001, p. 92. No original latino: "*Cogitas magnam construere fabricam celsitudinis? De fundamento priús cogita humilitatis*".

48. *Ciência Feliz...*, cit., p. 22; na 2ª ed., p. 23.

49. *Conjecturas...*, cit., p. 17.

50. *A Bagagem do Viajante: Crônicas*, São Paulo, Companhia das Letras, 1996, pp. 76 e 37.

qualquer outro, menos em si, que a humildade do cientista, "(...) no seu grau mais elevado, beira a santidade".[51] É exatamente o que – mirando-o – também pensamos.

Há alguns meses atrás, em texto destinado a uma obra em homenagem a Paulo de Barros Carvalho, escrevíamos: "*Há apenas duas pessoas vivas a quem chamamos, natural e intuitivamente, de 'mestre'*. E mesmo assumindo o risco do pecado evangélico que mereceu a censura dirigida aos escribas e fariseus – 'Vós, porém, não sereis chamados mestres, porque um só é vosso Mestre (...)' (Mt. 23, 8); e sabemos bem a quem aludia Jesus... 'Vós me chamais o Mestre (...) e dizeis bem; porque eu o sou' (Jô:13, 13) – nunca deixamos de nos referir a Paulo de Barros Carvalho, desde aqueles dias reveladores de julho de 1987, senão como *'mestre Paulo'*" (grifamos).[52]

A outra pessoa viva a quem chamamos, natural e intuitivamente, de "mestre", é José Souto Maior Borges. E – repetimos – "(...) o fazemos, a modo do Zaratustra nietzscheano, na convicção serena das verdades perenes e inabaláveis, como a enunciada por aquele pai – do romance *Coração* (1866), de Edmondo de Amicis, o popular escritor italiano – que, em carta a seu filho, falava de gratidão, orientando e sentenciando: 'E pronuncia sempre com reverência este nome – *mestre* – que *depois daquele de pai é o mais nobre, o mais doce nome que possa dar um homem a um outro homem*' (grifamos)".[53]

2. *Motivo da seleção do tema*

Em agosto de 1993, lançávamos, pela Editora Juruá, de Curitiba-PR, nosso livro acerca do IPI, fruto de nossa dissertação de mestrado – *A Regra-Matriz de Incidência do IPI: Texto e Contexto* – em que, entre tantas outras idéias, *defendíamos*, contra o entendimento de mestre Souto, a tese doutrinária corrente e recorrente de *que a Constituição não cria tributos*, restringindo-se à outorga de competências.[54]

51. Preâmbulo, in *Lançamento...*, cit., XIII.

52. Crédito de IPI relativo a Operações Anteriores Beneficiadas: Maiô Completo ou Completa Nudez?, in Eurico Marcos Diniz de Santi (Coord.), *Curso de Especialização em Direito Tributário: Estudos Analíticos em Homenagem a Paulo de Barros Carvalho*, Rio de Janeiro, Forense, 2005, p. 713.

53. Idem, ibidem. Quanto à citação do romance de E. de Amicis: *Cuore*, Cernusco sul Naviglio, Garzanti, 1948, p. 71. No original italiano: "E pronuncia sempre con riverenza questo nome – maestro – che dopo quello di padre è il più nobile, il più dolce nome che possa dare un uomo a un altr'uomo".

54. Curitiba, Juruá, 1993, pp. 43-46.

Tendo *enviado um exemplar* para as suas mãos, dele recebemos *carta, datada de 24.9.1993*, registrando: "Não é preciso muito esforço de penetração e avanço na leitura para constatar que o seu livro, além de oportuno pela temática, é o resultado de um esforço profundo de adensamento teórico. Produto de um trabalho intelectual sério (...)". Palavras que, oriundas de alguém com o rigor científico de Souto, proporcionaram-nos intensa alegria.

Passados dois meses, recebemos *uma segunda missiva, essa datada de 22.11.1993*, em que o mestre nos comunicava: "A leitura, que já vai avançada, do seu 'IPI – A Regra-Matriz de Incidência', confirma a expectativa inicial. É obra da melhor qualidade. Uma contribuição efetiva para o progresso dos estudos jurídicos relativos ao IPI. Por isso você só merece o nosso aplauso entusiástico (...)". E então *a carta começava a mudar de direção*: "Há um ponto, porém, em relação ao qual não posso furtar-me ao dever de ponderar (...). Não há dúvida de que sou, como você acertadamente reconhece, uma voz solitária no sentido de que a criação do tributo começa na Constituição Federal. Não me parece, contudo (...) que a minha argumentação possa incidir na *reductio ad absurdum*. E muito menos que haja uma 'distância intransponível' entre a fundamentação de validade da norma tributária na CF e a criação do tributo". Segue o mestre, sublinhando que a sua proposta "(...) somente pode ser entendida num paradigma científico bem determinado: o modelo kelseniano"; e prossegue, desfilando sólidos argumentos, por mais três extensas páginas e meia.

A esta carta, demoramos muitos meses para responder. E quando o fizemos foi para *nos curvarmos diante da rica e bem posta argumentação do mestre*. No entanto, o fizemos em documento epistolar, de alcance exclusivamente privado e pessoal, ao passo que a tentativa de refutação da sua tese tinha sido publicada. É justo que a nossa retratação e o recuo do nosso posicionamento científico inicial sejam igualmente tornados públicos, conquanto com o atraso de uma longa dúzia de anos. Esse o nosso desiderato no presente trabalho.

3. Direito Constitucional Tributário

O tema que faz aqui nosso primordial interesse – a criação constitucional de tributos – reclama o prévio exame de outros *temas preliminares*, tais como o da competência tributária, seja na visão da nossa doutrina, seja na da forasteira, bem como o da própria instituição de tributos, quer do ponto de vista constitucional, quer do infraconstitucional. Antes, porém, cumpre localizar a maior parte desses temas na específica *seara jurídica a que pertencem*, o Direito Constitucional Tributário.

Victor Uckmar, o respeitado professor italiano, que é autor de uma das mais conhecidas e admiradas obras de direito comparado nesse campo, principia seu trabalho noticiando a carência de estudos sistemáticos de setores específicos do Direito Constitucional, em seu país, para de pronto declarar: "Um ramo do Direito Constitucional que, sem dúvida, merece tratamento autônomo é o concernente à exigência dos tributos".[55]

Cá entre nós, antes disso, em 1951, Aliomar Baleeiro já referia a iniciativa de alguns juristas de tratar como "(...) ramo dogmaticamente autônomo – o Direito Tributário Constitucional",[56] que Segundo V. Linares Quintana, o jurista argentino, no mesmo ano, batizava de Direito Constitucional Fiscal.[57] Mais de uma década depois, Antônio Roberto Sampaio Dória, embora julgando prematura a atitude de tratá-lo como ramo jurídico autônomo, registrava nada obstar o estudo apartado e sistemático das normas tributárias da Lei Mãe, que para ele constituíam o *Direito Constitucional Tributário*.[58]

A despeito de algumas dissensões, que ilustramos pela menção de Ramón Valdés Costa, o professor uruguaio da Universidad de la República – "No hay, pues, un D. T. constitucional, sino preceptos y normas aplicables obligatoriamente al D. T. contenidos en la Constitución (...)"[59] – é inevitável reconhecer que o maior ou menor interesse pela *investigação específica das normas constitucionais tributárias* varia de direito positivo para direito positivo. Diagnosticou-o bem Dino Jarach, o jurista ítalo-argentino, consignando que tal interesse "(...) tiene particular importancia en los países de constitución rígida y con contralor de

55. *Princípios Comuns de Direito Constitucional Tributário*, 2ª ed., trad. Marco Aurelio Greco, São Paulo, Malheiros Editores, 1999, p. 13 (a edição italiana original é de 1959).

56. *Limitações Constitucionais ao Poder de Tributar*, 7ª ed., atualiz. Misabel de Abreu Machado Derzi, Rio de Janeiro, Forense, 1997, p. 43 (a primeira edição é de 1951).

57. *El Poder Impositivo y la Libertad Individual*, Buenos Aires, Alfa, 1951, pp. 11 e 22.

58. *Princípios Constitucionais Tributários e a Cláusula "Due Process of Law"*, São Paulo, Ed. RT, 1964, p. 15; obra reeditada como *Direito Constitucional Tributário e "Due Process of Law": Ensaio sobre o Controle Judicial da Razoabilidade das Leis*, Rio de Janeiro, Forense, 1986, p. 4.

59. *Instituciones de Derecho Tributario*, Buenos Aires, Depalma, 1992, p. 5.

constitucionalidad de las leyes por parte de los órganos jurisdiccionales, y además en los Estados federales (...)".[60]

Não obstante exemplificando com outros estados, a observação de Jarach cabe como luva para o nosso; pela rigidez constitucional, pelo controle de constitucionalidade e pela federação sim, mas também e, sobretudo, porque o nosso Direito Tributário é um direito eminentemente constitucional. "O *Sistema Constitucional Tributário Brasileiro* mostra-se peculiar em relação aos demais, porque trata a matéria tributária de modo singular, analítica e exaustivamente (...)".[61]

Há muito tempo, a perspicácia jurídica de Baleeiro já percebera essa peculiaridade, registrando que nossa Lei Maior constituía "(...) a primeira e uma das mais opulentas fontes (...)" do nosso Direito Tributário.[62] Mas coube à pena singular de Geraldo Ataliba demonstrá-lo de forma irrefutável e definitiva, com seu precioso *Sistema Constitucional Tributário Brasileiro*, de 1966; no qual, por vezes, suas conclusões raiam pela *hipérbole*: "*Em matéria tributária tudo foi feito pelo constituinte*, que afeiçoou integralmente o sistema, entregando-o pronto e acabado ao legislador ordinário, a quem cabe somente obedecê-lo, em nada podendo contribuir para plasmá-lo" (*sic*) (grifamos).[63]

Não é diversa a *doutrina brasileira hodierna*. Às vezes ponderada, como nas palavras de Sacha Calmon Navarro Coêlho, o destacado professor da UFMG: "O Brasil (...) inundou a Constituição com princípios e regras atinentes ao Direito Tributário".[64] Às vezes vigorosa, como na expressão de Eduardo Marcial Ferreira Jardim, o ilustre jurista da Universidade Mackenzie: "A exaustividade decorre da circunstância de a Constituição Federal hospedar, aproximadamente, uma centena de comandos de índole tributária (...)".[65] Às vezes novamente hiperbólica,

60. *El Hecho Imponible: Teoría General Del Derecho Tributario Sustantivo*, 3ª ed., Buenos Aires, Abeledo-Perrot, 1982, p. 17. Há uma tradução para o português: *O Fato Imponível: Teoria Geral do Direito Tributário Substantivo*, trad. da Dejalma de Campos, São Paulo, Ed. RT, 1989, p. 47 (Textos de Direito Tributário, 15).

61. Trata-se de uma das conclusões dos *Seminários de Direito Constitucional Tributário Comparado – Brasil e Espanha*, realizados em 1995, no Mestrado em Direito da UFPR, que coordenamos em conjunto com Diego Marín-Barnuevo Fabo, professor da Universidade Carlos III de Madri – Direito Constitucional Tributário Comparado: Brasil e Espanha, *Revista de Direito Tributário* 68/96, São Paulo, Malheiros Editores, 1997.

62. *Limitações...*, cit., p. 43.

63. *Sistema Constitucional Tributário Brasileiro*, São Paulo, Ed. RT, 1966, p. 21.

64. *Comentários à Constituição de 1988 – Sistema Tributário*, 8ª ed., Rio de Janeiro, Forense, 1999, p. 1.

65. *Manual de Direito Financeiro e Tributário*, 5ª ed., São Paulo, Saraiva, 2000, p. 148.

como na voz de Marçal Justen Filho, o brilhante publicista da UFPR: "No Brasil (...) a Constituição contempla centenas (ou milhares) de dispositivos tributários".[66]

Prova incontestável da autonomia didática – evidente que não científica, pelo inquestionável axioma da unidade do Direito – desse ramo jurídico, no Brasil, é o *número apreciável de grandes obras* produzidas no seu âmbito.

Percorrendo inicialmente a bibliografia de uma geração mais antiga de juristas, responsável por *trabalhos que já lograram espaço na estante dos nossos "clássicos"*, principiemos por referir as *Limitações Constitucionais ao Poder de Tributar*, de 1951, de Aliomar Baleeiro, antigo professor da Universidade da Bahia, da UERJ e da Universidade Federal de Brasília, além de ex-ministro de nossa corte suprema,[67] que também publicou *O Direito Tributário da Constituição*, de 1959, a partir de uma série de conferências promovidas pelo Instituto Brasileiro de Direito Financeiro.[68] Os anos sessenta do século passado foram pródigos em belas obras dessa área: desde os *Princípios Constitucionais Tributários e a Cláusula "Due Process of Law"*, de 1964, de Antônio Roberto Sampaio Dória, o ex-professor da USP;[69] passando pelo *Sistema Tributário Brasileiro: Discriminação de Rendas*, de 1965, de Amílcar de Araújo Falcão, o jovem e lúcido professor da Universidade do Estado da Guanabara e da Universidade Federal do Rio de Janeiro;[70] até o *Sistema Constitucional Tributário Brasileiro*, de 1966, de Geraldo Ataliba, o magnífico jurista da USP e da PUC-SP.[71]

66. "Sistema Constitucional Tributário: uma Aproximação Ideológica", *Revista da Faculdade de Direito da UFPR* 30/217, Curitiba, UFPR, 1998.

67. *Limitações...*, cit. Ao lado do livro de Linares Quintana, essa obra de Baleeiro mereceu de Victor Uckmar o destaque como uma das duas monografias estrangeiras específicas sobre o Direito Constitucional Tributário – *Princípios...*, cit., 1ª ed., p. 2.

68. Rio de Janeiro, Financeiras, 1959.

69. *Princípios...*, cit.; reeditados como *Direito Constitucional...*, cit. Esse livro fez jus ao realce de Roque Antonio Carrazza, *Princípios Constitucionais Tributários e Competência Tributária*, São Paulo, Ed. RT, 1986, p. 3; hoje *Curso de Direito Constitucional Tributário*, 20ª ed., São Paulo, Malheiros Editores, 2004, p. 26; bem como ao grifo de Marco Aurelio Greco, "Notas ao Direito Brasileiro", in Victor Uckmar, *Princípios...*, cit., 2ª ed., p. 131.

70. *Sistema Tributário Brasileiro: Discriminação de Rendas*, Rio de Janeiro, Financeiras, 1965. Obra distinguida por Roque A. Carrazza, *Princípios...*, cit., p. 3; hoje, *Curso...*, cit., p. 26.

71. *Sistema...*, cit. Livro que ganhou relevo internacional na segunda edição do trabalho de Victor Uckmar, *Princípios...*, cit., 2ª ed., p. 13; bem como evidência nos comentários de Roque A. Carrazza, *Princípios...*, cit., p. 3; hoje, *Curso...*, cit., p. 26.

Agora voltados para a nossa *doutrina constitucional tributária mais recente*, identificamos obras que, se talvez não possam ainda ser chamadas de "clássicas", por sua tenra idade, certamente configuram *modelos* a serem seguidos pelos estudiosos, estabelecendo os padrões e as diretrizes da reflexão jurídica nesse recinto da Ciência do Direito. Há alguns trabalhos que são mais amplos ou que constituem atualizações de outros.[72] E há os específicos. De 1986, os *Princípios Constitucionais Tributários e Competência Tributária*, de Roque Antonio Carrazza, o notável mestre da PUC-SP, hoje rebatizado de *Curso de Direito Constitucional Tributário* e constantemente reeditado.[73] De 1990, os *Comentários à Constituição de 1988 – Sistema Tributário*, de Sacha Calmon Navarro Coêlho, o exímio jurista da UFMG.[74] E por último, uma obra recentíssima, de 2004, o *Sistema Constitucional Tributário*, de Humberto Bergmann Ávila, o jovem e extraordinário professor da UFRGS.[75]

4. "Poder" ou "Potestade" Tributária

A possibilidade de instituir e exigir tributos tem sido assim denominada pela doutrina internacional.

E "La generalidad de la doctrina considera que *el fundamento* (...)" *desse "poder" ou dessa "potestade"*, como informam Juan José Bayona de Perogordo e María Teresa Soler Roch, "(...) *reside en la noción de soberanía*" (grifamos).[76] Doutrina essa cuja generalidade – confirmada

72. Entre os mais amplos, Souto Maior Borges inclui o *Curso de Direito Tributário*, de 1984, de Paulo de Barros Carvalho, muitas vezes reeditado, pondo em destaque sua fidelidade à *Teoria Geral do Direito*, Prefácio, cit., p. XXXVII. Entre as atualizações, Souto menciona as "*Notas de Atualização*", de 1997, de Misabel de Abreu Machado Derzi, às *Limitações...*, de Baleeiro, dizendo-as preciosas (Prefácio, ob. cit., p. XLIII).

73. *Princípios...*, cit.; hoje *Curso...*, cit. Trabalhos esses sublinhados por Marco Aurelio Greco (Notas..., ob. cit., p. 131); e por José Souto Maior Borges (Prefácio, in Humberto Bergmann Ávila, *Sistema Constitucional Tributário*, São Paulo, Saraiva, 2004, p. XXXVII).

74. *Comentários...*, cit. Obra essa que, além de frisada por Marco Aurelio Greco (Notas..., ob. cit., p. 131) foi positivamente apreciada por Souto Maior Borges, que, referindo-se a ela e à obra de Roque Carrazza, afirmou-as marcadas "(...) pela sua excelência teórica" (Prefácio..., ob. cit., p. XXXVII).

75. *Sistema...*, cit. Trata-se de obra de fôlego que alcançou de Souto Maior apreciações invejáveis, tais como: "Este trabalho ocupa o seu espaço próprio por direito de conquista (...) Este livro vai além da exposição dogmática do direito constitucional tributário, no estágio em que a encontrou (...) Doravante não será lícito à doutrina de direito público ignorar algumas das conclusões deste estudo (...)" (Prefácio..., ob. cit., pp. XXXVII, XLIV e XXXVI).

76. *Materiales de Derecho Financiero*, Alicante, COMPAS, 1999, p. 83.

por Arturo de la Cueva: "Generalmente se liga al poder tributario con la soberanía del Estado, como fundamento de la imposición (...)"[77] – projeta-se para o passado, como informa Ramón Falcón y Tella: "Históricamente, la noción de poder financiero ha estado estrechamente ligada a la idea misma de soberanía (...)"[78] – e aparece e reaparece com persistência e obstinação, como testemunha Alvaro Rodríguez Bereijo: "La noción de soberanía aplicada al ámbito de la imposición de los tributos es una idea que se viene repitiendo con una admirable tenacidad por la doctrina (...)".[79]

Para mera *ilustração dessa doutrina internacional*, invoque-se a citação de Fernando Sáinz de Bujanda, o professor espanhol da Universidade Complutense de Madri, da "soberanía (...) financiera";[80] a referência de Ernesto Flores Zavala, o professor mexicano da UNAM, e de Ana Paula Dourado, a professora portuguesa da Universidade de Lisboa, à "(...) soberania tributária (...)";[81] a menção de Heinrich Wilhelm Kruse, o professor alemão da Universidade de Bochum, à "(...) soberanía impositiva (...)";[82] e a alusão dos professores lusitanos José Luís Saldanha Sanches, da Faculdade de Direito de Lisboa, e Pedro Soares Martínez, da mesma instituição e da Universidade Católica, à "(...) soberania fiscal

77. *Derecho Fiscal*, México, Porrúa, 1999, p. 46.

78. *Introducción al Derecho Financiero y Tributario de las Comunidades Europeas*, Madri, Civitas, 1988, p. 105.

79. *Introducción al Estudio del Derecho Financiero: un ensayo sobre los fundamentos teóricos del Derecho Financiero*, Madri, Instituto de Estudios Fiscales, 1976, p. 234 (Estudios de Hacienda Pública). Interessante a construção de Moris Lehner, professor da Universidade de Munique, que, ao invés de tratar da soberania como sustentáculo do "poder" de tributar, apresenta este como alicerce daquela: "O especial significado do poder de tributar é que a autoridade governamental é inconcebível sem os fundos públicos. Portanto, o poder de tributar não é um fim em si mesmo: ele assegura a soberania do estado (...)" (no original inglês: "The special significance of the power of taxation is that governmental authority is inconceivable without public funds. Hence the power of taxation is not an end in itself: it ensures the sovereignty of the state (...)", *The National Power of Taxation and the Fundamental Freedoms and Non-Discrimination Clauses of the EC Treaty* (*O Poder Nacional de Tributar e as Liberdades Fundamentais e as Cláusulas de Não-Discriminação do Tratado da Comunidade Européia*), in Paulo de Barros Carvalho (Coord.), *Tratado de Derecho Tributario*, Lima, Palestra, 2003, p. 599.

80. *Lecciones de Derecho Financiero*, 10ª ed., Madri, Universidad Complutense, 1993, p. 75.

81. E. F. Zavala, *Finanzas Públicas Mexicanas*, México, Porrúa, 1998, p. 55. A. P. Dourado, *A Tributação dos Rendimentos de Capitais: A Harmonização na Comunidade Européia*, Lisboa, Centro de Estudos Fiscais/Ministério das Finanças, 1996, pp. 13-14 e n. 12 (Cadernos de Ciência e Técnica Fiscal, 175).

82. *Derecho Tributario – Parte General*, 3ª ed., trad. Perfecto Yebra Martul-Ortega, Madri, Reunidas, 1978, p. 88.

(...)".[83] No mesmo sentido, a assertiva do professor paraguaio Carlos A. Mersán, das Universidades Nacional e Católica: "O Poder Tributário se fundamenta nos conceitos de soberania (...)" (*sic*).[84] Em igual rota, a afirmação do professor peruano Jorge Bravo Cucci, da Pontifícia Universidade Católica de Lima: "(...) la potestad tributaria, o (...) la competencia legislativa en materia tributaria (...) siendo tal competencia una consecuencia lógica de la soberanía del Estado".[85] Na mesma direção, as declarações do profesor argentino Segundo V. Linares Quintana, das Universidades de Buenos Aires e de La Plata, do "(...) poder impositivo como incidente a la soberanía";[86] e dos professores espanhóis José Juan Ferreiro Lapatza, da Universidade de Barcelona: "El poder financiero no es más que una manifestación del poder soberano";[87] e Matías Cortés Domínguez, da Universidade Autônoma de Madri: "(...) el poder tributario (...) la fundamentación de este poder se suele unir por la doctrina a la noción de soberanía política, o más precisamente, al concepto de la soberanía jurídica del Estado".[88]

E em idêntico rumo, as afirmativas do *braço nacional dessa doutrina*, reunindo bons nomes desde meados do século passado: como o do ex-professor de Direito Financeiro da USP, Antônio Roberto Sampaio Dória – "A competência tributária do Estado, um dos atributos da soberania (...)";[89] como os dos professores Aires Fernandino Barreto e Paulo Ayres Barreto, do Instituto Internacional Geraldo Ataliba de Direito Público e Empresarial (IDEPE) – "O poder tributário – enquanto atributo da soberania de que dotado o Estado (...)";[90] e como os das professoras Regina Helena Costa, da PUC-SP – "O poder tributário (...) manifestação da soberania estatal (...)"[91] – e Betina Treiger Grupenmacher, da

83. J. L. Saldanha Sanches, *Manual de Direito Fiscal*, Lisboa, Lex, 1998, p. 68; Pedro M. Soares Martínez, *Direito Fiscal*, 7ª ed., Coimbra, Almedina, 1993, p. 69, e *Da Personalidade Tributária*, 2ª ed., Lisboa, Centro de Estudos Fiscais/Ministério das Finanças, 1969, pp. 231-285 (Cadernos de Ciência e Técnica Fiscal, 81).

84. *Direito Tributário*, 2ª ed., trad. Dejalma de Campos, São Paulo, Ed. RT, 1988, p. 56.

85. *Fundamentos de Derecho Tributario*, Lima, Palestra, 2003, p. 99.

86. *El Poder Impositivo...*, cit., p. 39.

87. *Curso de Derecho Financiero Español*, 14ª ed., Madri, Marcial Pons, 1992, p. 81.

88. *Ordenamiento Tributario Español*, vol. I, Madri, Civitas, 1985, p. 15.

89. *Princípios Constitucionais...*, cit., p. 113; obra reeditada como *Direito Constitucional...*, cit., p. 93.

90. *Imunidades Tributárias: Limitações Constitucionais ao Poder de Tributar*, São Paulo, Dialética, 1999, p. 9.

91. *Imunidades Tributárias: Teoria e Análise da Jurisprudência do STF*, São Paulo, Malheiros Editores, 2001, p. 56.

UFPR – "A soberania geral do Estado alberga portanto a soberania fiscal ou tributária (...)".[92]

Contudo, apesar dessa generalização, há muito já se estabeleceu a *doutrina contrária a essa conexão entre o "poder" ou a "potestade" tributária e a idéia de soberania.* E sublinhe-se a contribuição dos espanhóis para tal tendência, a começar por Alvaro Rodríguez Bereijo, o catedrático da Universidade Autônoma de Madri e presidente do Tribunal Constitucional Espanhol, que, já na década de setenta do século passado, questionava: "(...) respecto del llamado Poder tributario parece fuera de lugar invocar el concepto de soberanía".[93] E seguiram-lhe as pegadas os bons juristas espanhóis que deram seqüência a essa doutrina, como Ramón Falcón y Tella – "(...) como há puesto de relieve A. Rodríguez Bereijo en relación con el poder tributario, el concepto de soberanía, adecuado a la problemática jurídico-política de la monarquía absoluta, es un concepto carente de sentido en el moderno Estado constitucional (...)"[94] – e como Juan Martín Queralt, Carmelo Lozano Serrano, Gabriel Casado Ollero e José Manuel Tejerizo López, que, invocando também o apoio de A. Rodríguez Bereijo e de Juan Ramallo Massanet, repetem quase literalmente a Falcón y Tella: "(...) el poder financiero se ha *desvinculado definitivamente de la idea de soberanía*, concepto éste que, adecuado a la problemática jurídico-política de la Monarquía absoluta, carece de sentido en el moderno Estado constitucional (...)".[95]

Pondere-se a observação do nosso Alfredo Augusto Becker, que, ao expor o que chamou de "Sistema dos Fundamentos Óbvios", lançou *uma sugestiva advertência*: "Nesta perigosa atitude mental, incorrem muitos daqueles que põem o fundamento do tributo (e conseqüentemente do Direito Tributário) na Soberania do Estado...".[96]

Recorrer à idéia de soberania para explicar o "poder" tributário é uma providência que "(...) induce a confusión (...)", avisa Rodríguez Bereijo, pois implica trazer para o âmbito da segunda noção um conceito "(...) tan discutido y difícil de concretar (...)" quanto o da primeira delas, explica Matías Cortés;[97] conceito esse, aliás, combatido como

92. *Tratados Internacionais em Matéria Tributária e Ordem Interna*, São Paulo, Dialética, 1999, p. 22.

93. *Introducción al Estudio...*, cit., p. 217.

94. *Introducción al Derecho...*, cit., p. 106.

95. *Curso de Derecho Financiero y Tributario*, 12ª ed., Madri, Tecnos, 2001, p. 208.

96. *Teoria Geral do Direito Tributário*, 2ª ed., São Paulo, Saraiva, 1972, p. 11.

97. A. Rodríguez Bereijo, *Introducción al Estudio...*, cit., pp. 234 e 233; Matías Cortés Dominguez, *Ordenamiento...*, cit., p. 15.

fundamento do "poder" tributário por Rafael Bielsa, uma vez que "(...) la soberanía es política, antes que jurídica";[98] sincretismo com o qual se põe de acordo Heleno Taveira Tôrres, que, ao referir à "(...) dificuldade da sua compreensão (...)", registra que as contribuições científicas a seu respeito vêm "(...) sempre permeadas de elementos de várias ordens: sociológica, política, histórica etc.";[99] por isso afirmava Raymond Carré de Malberg, há mais de oito décadas, que "(...) la palabra soberanía (...) es de uso delicado";[100] desde que é conceito que suscita "(...) arduos problemas (...)" (Carlos M. Giuliani Fonrouge);[101] constituindo "(...) um dos mais obscuros e controvertidos (...)" (Santi Romano),[102] um "(...) dos mais espinhosos do direito público" (Georges Burdeau),[103] "(...) um dos mais fugidios da enciclopédia jurídica" (Soares Martínez).[104]

E não é outra a motivação de José Souto Maior Borges, entre nós:

> "O enfoque do problema da tributação sob o prisma da soberania, longe de representar um progresso valioso para a construção da teoria jurídico-tributária, introduz nessa matéria todas as dificuldades que revestem a elaboração do conceito de soberania (...)"; razão pela qual Souto ensina: "Deve ser evitado o emprego da expressão 'soberania tributária' ou 'soberania fiscal' (...) para designar o poder tributário (...)".[105]

Mesmo removido o estorvo que traria o recurso à idéia de soberania – como o faz Mauricio Alfredo Plazas Vega, o professor colombiano, que, declarando-se apartado do ponto de vista tomado em conta por Rodríguez Bereijo, esclarece que não alude ao "poder" tributário com o velho critério de uma relação de poder entre o contribuinte-súdito e o estado-soberano[106] – ainda assim restam muitos outros obstáculos específicos do próprio conceito de "poder" tributário. Bayona de Perogordo

98. *Estudios de Derecho Público II – Derecho Fiscal*, Buenos Aires, Depalma, 1951, pp. 54-56.

99. *Pluritributação Internacional sobre as Rendas de Empresas*, 2ª ed., São Paulo, Ed. RT, 2001, p. 62.

100. *Teoría General del Estado*, 2ª ed., México, Fondo de Cultura Económica/ UNAM, 1998, pp. 89-90.

101. *Derecho Financiero*, vol. I, 6ª ed., atualiz. Susana Camila Navarrine e Rubén Oscar Asorey, Buenos Aires, Depalma, 1997, p. 328.

102. *Princípios de Direito Constitucional Geral*, trad. Maria Helena Diniz, São Paulo, Ed. RT, 1977, p. 86 (Textos Fundamentais de Direito Público).

103. *O Estado*, trad. Cascais Franco, Póvoa de Varzim, Europa-América, [197?] ou [198?], p. 70 (Saber, 157).

104. *Direito...*, cit., p. 70.

105. *Teoria Geral...*, cit., pp. 29 e 28.

106. *Potestad, Competencia y Función Tributarias: Una apreciación crítica sobre la "dinámica de los tributos"*, in Paulo de Barros Carvalho (Coord.), *Tratado...*, cit., p. 179.

e Soler Roch principiam por apontar-lhe "(...) una cierta imprecisión en el contenido teórico (...)";[107] cujas raízes já são antigas, como se pode avaliar pela observação de Antonio Berliri, o professor italiano da Universidade de Bolonha, da metade do século passado: "(...) la potestad tributaria, en cuanto potestad jurídica, se exterioriza en actos jurídicos que pueden ser muy diversos, tanto por su naturaleza (legislativos y administrativos) como por su contenido (...)".[108] Trata-se do problema, que vem sendo progressivamente reconhecido, da "(...) *heterogeneidad del contenido del poder financiero*, como conjunto de competencias y potestades proyectadas sobre la actividad financiera o sobre la Hacienda Pública" (Martín Queralt, Lozano Serrano, Casado Ollero e Tejerizo López),[109] como "(...) una simple fórmula abreviada para designar un conjunto heterogéneo de potestades, funciones, derechos y situaciones de muy diversa índole" (Falcón y Tella).[110]

Essa heterogeneidade da expressão "poder" tributário aponta para a *atitude cientificamente condenável* – pela inexatidão manifesta – *de admitir a convivência de diferentes funções e competências dentro da mesma categoria conceptual*; algo que, no caso, tem inegáveis vínculos históricos com certas construções doutrinárias francamente ultrapassadas. Confirma-o, competentemente, outra vez, Alvaro Rodríguez Bereijo:

"Esta concepción, que considera de modo unitario funciones estatales distintas, constituye el residuo de viejas doctrinas anteriores a la teoría de la división de los poderes y puede decirse hoy superada".[111] E segue, recordando o papel relevante desempenhado pelos autores italianos, no rejeitar dessa concepção unitária: "La doctrina más reciente, sobre todo la italiana, ha rechazado esta construcción del Poder de imposición como una categoría unitaria".[112] Rejeição que se justifica plenamente,

107. *Materiales...*, cit., p. 85.

108. *Principios de Derecho Tributario*, vol. I, trad. Fernando Vicente-Arche Domingo, Madri, Derecho Financiero, 1964, p. 177.

109. *Curso...*, cit., p. 208.

110. *Introducción al Estudio...*, cit., p. 108. No mesmo caminho, entre tantos outros, Francisco Cárdenas Elizondo, *Introducción al Estudio del Derecho Fiscal*, 3ª ed., México, Porrúa, 1999, p. 348; e Rafael Calvo Ortega, *Curso de Derecho Financiero – Derecho Tributario (Parte General)*, vol. I, 5ª ed., Madri, Civitas, 2001, p. 123.

111. *Introducción al Estudio...*, cit., p. 201.

112. Idem, p. 227. Da aludida doutrina italiana, Rodríguez Bereijo invoca os nomes respeitáveis de Franco Gaetano Scoca, Gian Antonio Micheli, Luigi Rastello, Renato Alessi, Massimo Severo Giannini e Antonio Berliri, além de Albert Hensel, digno representante da doutrina alemã.

na óptica de Luis María Cazorla Prieto, tanto por incorrer no pecado evidente da imprecisão científica quanto pela nociva potencialidade de indução ao erro, abarrotando de obstáculos o caminho científico, já por natureza suficientemente árduo. E conclui: "Todo esto entorpece, a la postre, que desaparezca definitivamente la tradicional confusión reinante sobre la materia".[113]

Santi Romano – tido, ao lado de Vittório Emmanuele Orlando, como um dos fundadores do moderno direito público italiano[114] – "(...) fue (...) quien se ocupó de la tarea de racionalizar y *ordenar desde una perspectiva jurídica el fenómeno del poder*", informa Cazorla Prieto, sublinhando a necessidade de que, a exemplo de outros publicistas que lhe seguiram os passos, também nós nos lancemos na senda aberta por Santi Romano, avançando no intuito de aprofundar a dimensão jurídica da disciplina do poder.[115] Especificamente em matéria tributária, os primeiros passos são geralmente atribuídos ao jurista italiano Renato Alessi, responsável pela separação entre dois momentos diversos da atividade estatal, indevidamente reunidos sob a generalidade da expressão "poder" ou "potestade" tributária: num primeiro plano, abstrato ou primário, potestade tributária equivale à atividade de expedir normas jurídicas para o estabelecimento de tributos, que Alessi denomina de *Potestade Tributária Primária*; num segundo plano, concreto ou complementar, potestade tributária corresponde à aplicação concreta da norma que estabeleceu abstratamente o tributo, ou seja, uma atividade de caráter administrativo, que Alessi designa como *potestade tributária complementar*.[116]

Conquanto tendo feito essa distinção, Alessi continuou trabalhando com a idéia de função tributária como uma categoria unitária, abrangendo as funções legislativa e administrativa. Um passo adiante coube a Gian Antonio Micheli, o catedrático da Universidade de Roma, tratando,

113. *Poder Tributario y Estado Contemporaneo*, Madri, Instituto de Estudios Fiscales, 1981, pp. 105-106.

114. Paolo Biscaretti di Ruffia, "A Contribuição de Santi Romano para a Moderna Ciência Juspublicística Italiana", in Santi Romano, *Princípios...*, cit., p. IX.

115. *Poder Tributario...*, cit., pp. 106-107.

116. "La Funzione Tributaria in Generale", in Renato Alessi e Gaetano Stammatti, *Istituzioni di Diritto Tributario*, Turim, UTET, 1965, p. 29. José Luis Pérez de Ayala, o jurista espanhol, também descreve a reflexão de Alessi ("Poder, Potestade e Função Tributária", in Geraldo Ataliba e Paulo de Barros Carvalho (Coord.), *VI Curso de Especialização em Direito Tributário*, vol. I, São Paulo, Resenha Tributária, 1978, p. 157). Ao comentar essa mesma teorização, Rodríguez Bereijo revela a existência de intuições anteriores semelhantes, apesar de menos elaboradas, como as de Aldo M. Sandulli, Massimo Severo Giannini e Benedetto Cocivera, *Introducción al Estudio...*, cit., pp. 229-230, nota 240.

de um lado, da possibilidade do estado editar normas jurídicas tributárias, criando e disciplinando tais prestações (atividade legislativa), que ele chama de *Potestade Normativa Tributária* e, de outro, da possibilidade do estado aplicar as normas jurídicas tributárias antes editadas, em busca daquelas prestações (atividade administrativa), a que Micheli dá o nome de *potestade de imposição*.[117] No mesmo e exato caminho vão os espanhóis, José Luis Pérez de Ayala e Eusebio González García;[118] bem como, com pequena variação, Cazorla Prieto, que utiliza terminologia um pouco diversa: "poder" tributário para a atividade legislativa e "potestade" de imposição para a atividade administrativa;[119] Bayona de Perogordo e Soler Roch mencionam a classificação, optando, respectivamente, por "poder" ou "potestade" tributária e por "potestade" de imposição;[120] similar ainda a visão de M. A. Plazas Vega, o jurista colombiano, para quem existe o "poder" tributário, quanto à criação do tributo, e, quanto à sua regulamentação e aplicação, o que os demais chamam de "potestade" de imposição, que esse jurista divide em "potestade", competência e função tributárias.[121]

Mencione-se ainda a *alternativa oferecida por Antonio Berliri*, o jurista italiano: "potestade" tributária para a atividade legislativa e "potestade" regulamentar da administração pública em matéria tributária para a atividade administrativa.[122] Ilustrando a complexidade da matéria, Giuliani Fonrouge, o antigo e respeitado jurista argentino, recorda a mudança empreendida por Berliri na segunda edição de sua obra, substituindo "potestade" tributária por direito de supremacia tributária.[123]

E registre-se também a *sugestão apresentada por Albert Hensel*, o professor alemão: "poder" tributário para a possibilidade legislativa de gravar abstratamente com tributos e competência tributária para a possibilidade administrativa de exercício material da exigência;[124] opção

117. *Curso de Derecho Tributario*, trad. Julio Banacloche, Madri, EDERSA, 1975, pp. 141-142 e 167-168. Há uma tradução para o português: *Curso de Direito Tributário*, trad. Marco Aurélio Greco e Pedro Luciano Marrey Jr., São Paulo, Ed. RT, 1978, pp. 58-59 e 113 (Textos Fundamentais de Direito Público). Consulte-se, ainda, a respeito, A. Rodríguez Bereijo, *Introducción al Estudio...*, pp. 231-232 e 297.

118. *Curso de Derecho Tributario*, t. I, 6ª ed., Madri, EDERSA, 1991, pp. 141-142.

119. *Poder Tributario...*, cit., pp. 108 e 111-112.

120. *Materiales...*, cit., p. 85.

121. *Potestad, Competencia...*, cit., p. 181.

122. *Principios...*, cit., pp. 168-177.

123. *Derecho...*, cit., p. 325.

124. Apud C. M. Giuliani Fonrouge, idem, p. 337.

fartamente seguida pela doutrina.[125] A título ilustrativo, informe-se que é o caso, entre os autores espanhóis, de Matías Cortés Domínguez e de Fernando Pérez Royo;[126] entre os mexicanos, de Francisco Cárdenas Elizondo, de Sergio Francisco de la Garza e de Luis Humberto Delgadillo Gutiérrez;[127] entre os portugueses, de José Casalta Nabais;[128] e entre os latino-americanos, do uruguaio José Pedro Montero Traibel e do paraguaio Carlos A. Mersán.[129]

Por fim, faça-se referência à grande *variação terminológica* apresentada pela doutrina internacional, no tema, da qual tivemos oportunidade de dar aqui pequena notícia, mas que encontra vasta e extensa recensão em A. Rodríguez Bereijo, em L. M. Cazorla Prieto e em C. M. Giuliani Fonrouge.[130]

5. *Competência tributária*

Não obstante formalmente equivocado, quanto à terminologia, Plazas Vega acerta materialmente, registrando, no mérito: "(...) aun en nuestros días es pertinente e indispensable la reflexión sobre el 'poder tributario'".[131] E comecemos a reflexão justamente pelo equívoco terminológico.

125. De passagem, cite-se outra proposta classificatória alemã que também é atribuída a A. Hensel, ao menos na sua concepção inicial, muito embora lance mão de terminologia que já aqui examinamos, condenamos e abandonamos. Trata-se da divisão entre soberania do objeto (atividade legislativa tributária) e soberania da receita (titularidade da arrecadação tributária), à qual a doutrina alemã adicionou a soberania administrativa (atividade administrativa de gestão tributária) – J. Casalta Nabais, *O Dever Fundamental de Pagar Impostos: Contributo para a compreensão constitucional do estado fiscal contemporâneo*, Coimbra, Almedina, 1998, pp. 274-275 (Teses); R. Falcón y Tella, *Introducción al Derecho*..., cit., p. 108; H. W. Kruse, *Derecho*..., cit., p. 123; e J. J. Bayona de Perogordo e M. T. Soler Roch, *Materiales*..., cit., p. 85.

126. Matías Cortés D., *Ordenamiento*..., cit., p. 17; F. Pérez Royo, *Derecho Financiero y Tributario – Parte General*, 3ª ed., Madri, Civitas, 1993, pp. 133-134.

127. F. Cárdenas Elizondo, *Introducción*..., cit., pp. 351-352; Sergio F. de la Garza, *Derecho Financiero Mexicano*, 18ª ed., México, Porrúa, 2000, pp. 209-210; L. H. Delgadillo Gutiérrez, *Principios de Derecho Tributario*, 3ª ed., México, Limusa-Noriega, 1999, pp. 45-48.

128. *O Dever*..., cit., pp. 269-270; e *Direito Fiscal*, Coimbra, Almedina, 2002, p. 210.

129. J. P. Montero Traibel, *Derecho Tributario Moderno – Derecho Tributario Material*, vol. I, Montevideo, Fundación de Cultura Universitaria, 1977, pp. 63-65; Carlos A. Mersán, *Direito*..., cit., p. 56.

130. A. Rodríguez Bereijo, *Introducción al Estudio*..., cit., p. 231; L. M. Cazorla Prieto, *Poder*..., cit., pp. 97-98 e 112; e C. M. Guiliani Fonrouge, *Derecho*..., cit., p. 325.

131. *Potestad, Competencia*..., cit., pp. 180-181.

Entre nós, José Souto Maior Borges avisa: "Os conceitos de poder tributário e competência tributária não coincidem".[132] E não coincidem porque o primeiro – "(...) incontrastável, absoluto (...)" – constitui "(...) manifestação do *jus imperium* do estado (...)"; enquanto a segunda – "(...) regrada, disciplinada (...)" – corresponde à "(...) manifestação da autonomia da pessoa política (...)" (Roque Antonio Carrazza).[133]

Conquanto "(...) a expressão 'poder de tributar' não seja das mais felizes (...)", observa Regina Helena Costa, pode-se partir dela para concluir que "(...) a *competência tributária* (...) se traduz no *poder tributário juridicamente delimitado*" (grifamos).[134] Das Minas Gerais, atesta-o Sacha Calmon Navarro Coêlho: "Todos recebem diretamente da Constituição (...) as suas respectivas parcelas de competência (...) O poder de tributar originariamente *uno* (...) é dividido entre as pessoas políticas que formam a Federação".[135] Do Ceará, certifica-o Hugo de Brito Machado: "Ao poder tributário juridicamente delimitado e, sendo o caso, dividido dá-se o nome de *competência tributária*".[136] De Pernambuco, confirma-o José Souto Maior Borges: "A repartição do poder tributário caracteriza o *princípio da competência tributária*".[137] De um passado mais distante e de um passado mais recente, porém sempre cheios de atualidade, como sói acontecer com a melhor doutrina, ratificam-no Alfredo Augusto Becker – "(...) uma *parcela* de Poder: aquela que foi delimitada pelas regras jurídicas (...) Esta parcela de Poder é a *competência*"[138] – e Geraldo Ataliba – "Que é, então, *competência tributária*? É aquela porção, fatia ou pedaço de poder tributário, que a Constituição lhes atribuiu (...)" (grifamos).[139]

Leciona com autoridade Roque Antonio Carrazza: "Em boa técnica, não se deve dizer que as pessoas políticas têm, no Brasil, *poder tribu-*

132. *Teoria Geral...*, cit., p. 30.

133. *Curso...*, cit., p. 447.

134. *Imunidades Tributárias...*, cit., pp. 57 e 56.

135. *Comentários...*, cit., p. 27; *Manual de Direito Tributário*, 2ª ed., Rio de Janeiro, Forense, 2003, pp. 4-5; *Curso de Direito Tributário Brasileiro*, 6ª ed., Rio de Janeiro, Forense, 2002, p. 67.

136. *Curso de Direito Tributário*, 26ª ed., revista, atualizada e ampliada, São Paulo, Malheiros Editores, 2005, p. 50.

137. *Teoria Geral...*, cit., p. 30.

138. *Teoria Geral...*, cit., p. 192.

139. "Hermenêutica e Sistema Constitucional Tributário", in Geraldo Ataliba (Coord.), *Interpretação no Direito Tributário*, São Paulo, Saraiva/EDUC, 1975, p. 17; "Sistema Constitucional Tributário", in Geraldo Ataliba (Coord.), *Conferências sobre Temas Tributários*, São Paulo, Resenha Tributária, 1979, p. 175.

tário. *Poder tributário* tinha a Assembléia Nacional Constituinte, que era soberana".[140] E leciona hoje a lição que ontem aprendemos todos com Geraldo Ataliba: "Poder tributário só o poder constituinte tem. Só o Estado brasileiro, como um todo, tem. Mas nenhuma daquelas pessoas políticas, criadas pela Constituição, recebeu poder. Todas receberam meras competências, simples parcelas de poder; em matéria tributária, portanto, União, Estados e Municípios só têm competência tributária".[141]

Ensina com reputação e prestígio outra vez Roque Antonio Carraza: "(...) *competência tributária* é a possibilidade de criar, *in abstracto*, tributos, descrevendo, legislativamente, suas hipóteses de incidência, seus sujeitos ativos, seus sujeitos passivos, suas bases de cálculo e suas alíquotas" (grifamos).[142] E ensina hoje a expansão do preceito de que ontem nos abeberamos todos em Amílcar de Araújo Falcão: "(...) da norma constitucional que regula a competência decorre uma potencialidade, uma virtualidade – a possibilidade mesma de criação do tributo, por lei de determinada unidade federada".[143]

A *norma de competência tributária*, constitucional por sua natureza, quando confere a uma das esferas de governo a faculdade inerente ao estabelecimento de tributos, quando outorga a habilitação para assentá-los em nossa realidade de direito, quando atribui a aptidão para fixá-los em nosso mundo jurídico, termina necessariamente por *oferecer dados essenciais da norma jurídica de incidência dos respectivos tributos*, como registra Roque Antonio Carrazza. Aliás, há muito já rejeitava Amílcar de Araújo Falcão a possibilidade de que nosso rol constitucional dos tributos fosse apenas nominalista, sustentando que nossa Lei Maior, muito além de tão-somente referir o *nomen juris* da maioria dos tributos, nele inclui implicitamente a indicação de sua hipótese de incidência.[144] No mesmo sentido, a teorização de Geraldo Ataliba, que, já na década de sessenta do século passado, pontificava: "A menção que lhes faz a Lei Magna é bastante para identificação rigorosa dos impostos, de tal forma que o legislador ordinário possa saber quais os fatos geradores de que pode dispor";[145] bem como a de Roque Carrazza, na esteira de Amílcar

140. *Curso*..., cit., p. 448.

141. "Hermenêutica...", cit., p. 16; "Sistema...", cit., p. 175.

142. *Curso*..., cit., p. 449.

143. *Sistema*..., cit., p. 38.

144. Idem, pp. 25 e 40.

145. Idem, pp. 120. Sublinhe-se aqui que tanto Ataliba quanto Amílcar foram legítimos representantes da chamada Escola de Glorificação do "Fato Gerador" ou da Hipótese

e de Ataliba, afirmando acerca do rol constitucional dos tributos: "(...) longe de ser apenas *nominal*, é *conceitual* (...)".[146]

Nessa linha a assertiva de Roque Carrazza, de que "A Constituição, ao discriminar as competências tributárias, estabeleceu (...) a *norma-padrão de incidência* (o *arquétipo*, a *regra-matriz*) de cada exação (...)".[147] Trata-se de afirmação que envolve algum risco, pois se pode entendê-la ingenuamente na sua literalidade, como se o Texto Magno já tivesse esgotado todas as possibilidades de esculpir e edificar a regra-matriz de incidência tributária, nada restando ao legislador infraconstitucional, o que decididamente não corresponde à nossa realidade jurídico-tributária. Certamente, Carrazza, do alto de sua reconhecida condição de um dos expoentes maiores do nosso Direito Constitucional Tributário, não pretende mais do que apenas destacar que o núcleo da norma de incidência já se encontra ali, que a sua essência já foi explícita ou implicitamente veiculada pela Lei Mãe.

Constituindo uma forma de competência legislativa – "(...) regra que outorga, ao ente legislativo (...) a possibilidade de editar veículos introdutores de enunciados prescritivos", na expressão de Eurico Marcos Diniz de Santi[148] – a *competência tributária* consiste na aptidão das pessoas políticas para expedir regras jurídicas acerca dos tributos e de sua incidência, de modo a inovar a ordem jurídica, no magistério confiável de Paulo de Barros Carvalho;[149] sendo *sempre exercida legislativamente*, por óbvio; como, aliás, ocorre habitualmente com as competências que as constituições federais repartem e distribuem: "(...) são essencialmente legislativas" (Geraldo Ataliba).[150] Inclusive seus destinatários, em se tratando de competências tributárias, são necessariamente entes estatais dotados da função legislativa, para que possam exercê-las legislativamente (Hugo de Brito Machado).[151] Por isso correta Cristiane Mendonça, quando versa o tema como Competência Legislativo-Tributária, em obra recente, cuja avaliação de "(...)

de Incidência, de modo que suas alusões ao fato ou à hipótese podem ser perfeitamente tomadas como referências a toda compostura da norma jurídica de incidência, incluindo tanto a hipótese quanto a conseqüência normativas.

146. *Curso...*, cit., p. 454.

147. Idem, p. 440.

148. *Decadência e Prescrição no Direito Tributário*, São Paulo, Max Limonad, 2000, p. 79.

149. *Curso de Direito Tributário*, 15ª ed., São Paulo, Saraiva, 2003, p. 213.

150. *Sistema...*, cit., p. 119.

151. *Curso...*, cit., p. 38.

excelente qualidade (...)" tem o peso da assinatura de Paulo de Barros Carvalho.[152]

Em atenção ao panorama da doutrina internacional acerca do tema, objeto do item anterior, e na linha da distinção proposta por Alessi entre "potestade tributária primária" e "potestade tributária complementar", ou da proposta por Micheli entre "potestade normativa tributária" e "potestade de imposição", sempre contemplando, respectivamente, a atividade legislativa do primeiro momento e a administrativa do subseqüente, cogitemos aqui da *Capacidade Tributária Ativa*. E o façamos a partir da advertência preliminar de Paulo de Barros: "Uma coisa é poder legislar, desenhando o perfil jurídico de um gravame ou regulando os expedientes necessários à sua funcionalidade; outra é reunir credenciais para integrar a relação jurídica no tópico de sujeito ativo".[153] A competência tributária situa-se no plano constitucional, "(...) lógica e cronologicamente anterior ao nascimento do tributo", para Roque Carrazza, cujo exercício constitui um *prius* em relação a ele, que seria um *posterius*, e que desaparece quando exercida, cedendo vez à capacidade tributária ativa. Já essa capacidade situa-se no plano do exercício das competências, envolvendo o desempenho de atividades administrativas.[154] Voltaremos ao subtema adiante, no item relativo à criação de tributos no âmbito da Constituição, alma deste trabalho.

Finalizando o presente item, uma breve palavra quanto às *características da competência tributária*. Ninguém, em nossa doutrina, tratou do tema tanto e tão bem quanto Roque Carrazza, que a ele dedicou extensas e admiráveis considerações. Mas são ricas e motivadoras as observações de Paulo de Barros Carvalho, que justificam nossa reflexão, mesmo que às rápidas. Tal como Paulo de Barros, acatamos, sem quaisquer disceptações, a *indelegabilidade* e a *irrenunciabilidade*, esta como impossibilidade de abdicação em caráter definitivo.

152. Cristiane Mendonça, *Competência Tributária*, São Paulo, Quartier Latin, 2004, *passim*. Paulo de Barros Carvalho, Prefácio, in Cristiane Mendonça, ob. cit., p. 16.

153. *Curso*..., cit., p. 215.

154. Idem, ibidem. Roque A. Carrazza, *Curso*..., cit., pp. 451-453. No mesmo sentido – e curiosamente, porque essa visão é singular entre os autores estrangeiros – Jorge Bravo Cucci, o professor peruano – *Fundamentos*..., cit., pp. 99-100. Em sentido diverso – e também curiosamente, porque constitui posicionamento isolado em nossa doutrina – Cristiano Rosa de Carvalho, o professor da UNISINOS-RS, que, em vez de capacidade tributária ativa, prefere reportar-se à competência tributária administrativa, designando a competência tributária propriamente dita como competência tributária legislativa – "Sistema, Competência e Princípios", in Eurico Marcos Diniz de Santi (Coord.), *Curso de Especialização*..., cit., pp. 864-865.

Quanto à *incaducabilidade*, mesmo considerando a existência de tributos com prazo de vida constitucionalmente prefixado – IPMF e CPMF[155] – tratar-se-ão sempre de novos tributos, eventualmente acrescentados à faixa de competência de uma esfera de governo; preservando-se duradouramente incaducável a competência tributária originalmente estabelecida, sob pena de fustigar a autonomia da União, dos estados-membros ou dos municípios, acutilando o Princípio da Federação, cláusula constitucional intangível (art. 60, § 4º, I), ou golpeando o da Autonomia Municipal, princípio constitucional cuja superior envergadura chega até mesmo a justificar a intervenção federal nos estados que não o observarem (art. 34, VII, "c"); providências que, dessarte, parecem-nos juridicamente intoleráveis. De sorte que seguimos sustentando a incaducabilidade das competências tributárias originalmente estabelecidas pela nossa Lei das Leis, a despeito da discordância de Cristiane Mendonça.[156]

Quanto à *inalterabilidade*, parece-nos possível mantê-la também, desde que pondo grifo em sua relatividade, uma vez que inalterável do ponto de vista da pessoa política destinatária, mas não do ângulo do exercício da competência reformadora constitucional. Esclareça-se ainda que a impossibilidade de alteração por parte da esfera governamental outorgada refere-se ao desenho traçado na Constituição da República. Assim, a objeção de que as Constituições Estaduais e as Leis Orgânicas dos Municípios, mediante a concessão de garantias adicionais aos contribuintes dos seus tributos, podem restringir suas competências, alterando-as – argumento a que recorre Cristiane Mendonça para rejeitar essa característica[157] – não procede. Trata-se, aqui, nitidamente de autolimitação, perfeitamente admissível em face da característica da facultatividade da competência tributária, seja ela exercida pelas Assembléias Constituintes estaduais, pelas Assembléias Legislativas estaduais, pela Câmara Legislativa do Distrito Federal ou pelas Câmaras Municipais, via Constituições Estaduais, Leis Orgânicas do Distrito Federal ou dos Municípios, ou leis complementares e ordinárias, desde que formal e materialmente compatíveis com a disciplina aplicável, constituindo manifestação regular da vontade dos representantes legítimos do seu respectivo povo.

155. Emendas Constitucionais ns. 3/1993, 12/1996, 21/1999, 37/2002 e 42/2003; e arts. 74, 75, 84 e 90 do Ato das Disposições Constitucionais Transitórias – ADCT.

156. *Competência...*, cit., pp. 283-285.

157. Idem, p. 287-289.

No que tange à *privatividade*, entendemos irrepreensível a lógica poderosa de Paulo de Barros, que conclui pela sua insustentabilidade, em face da competência chamada extraordinária, do art. 154, II, da Constituição, hipótese em que se admite a incursão federal no recinto das competências tributárias estaduais, distritais e municipais; e aduziríamos ainda a cumulatividade de competências possibilitada pelo art. 147, como uma segunda válvula no sentido de restringir a privatividade apenas à competência tributária federal.[158]

Já no que concerne à *facultatividade* (permissão bilateral), Paulo de Barros argumenta com a única exceção do ICMS, cuja vocação nacional é evidente, apesar da competência estadual e distrital; ao que Roque Carrazza replica de modo convincente e persuasivo, obtemperando que, diante de um estado que não tenha estabelecido o ICMS em seu território, restaria aos demais buscar judicialmente o ressarcimento dos prejuízos, nunca se cogitando de que coubesse ao Judiciário legislar ou determinar ao estado omisso que o fizesse quanto a esse imposto. Lamentamos, pois, que Carrazza, mesmo bem desenvolvendo esse argumento, termine afirmando: "Pensamos que a única exceção a esta facultatividade – e, ainda assim, em termos – é a que toca ao (...) (ICMS) (...)". De nossa parte, entendemos que é tão enérgica e intensamente "em termos" que persistimos encarando a competência tributária como facultativa.[159]

6. Criação infraconstitucional de tributos: panorama doutrinário

Subtema estreitamente ligado ao da competência tributária, e que constitui nossa motivação para as considerações que teceremos na seqüência, é o da *criação ou não de tributos pelo próprio texto constitucional.*

Ninguém nega a *possibilidade do legislador constitucional*, querendo, fazê-lo expressamente.

De fora, o apoio de José Casalta Nabais, o professor da Universidade de Coimbra, que reflete: "(...) ao contrário do que freqüentemente é afirmado, o poder tributário não tem obrigatoriamente de ser uma manifestação do poder legislativo (...) *pode a sua disciplina constitucional*

158. É convergente aqui o pensamento de Cristiane Mendonça, idem, p. 292-293.

159. Roque A. Carrazza, *Curso...*, cit., p. 617, 612 e ss. Paulo de Barros Carvalho, *Curso...*, cit., pp. 217-225. De acordo com Roque Carrazza e conosco: Cristiane Mendonça, *Competência...*, cit., pp. 282-283; e Cristiano Rosa de Carvalho, *Sistema...*, cit., pp. 866-867.

assumir uma tal configuração que permita prescindir da intervenção legislativa formal para o seu desenvolvimento ou complementação (...)" (grifamos).[160]

Daqui, Roque Antonio Carrazza, conquanto afirmando não ter ocorrido, acrescenta: "Poderia, é certo, tê-lo feito, já que *o poder constituinte* é soberano";[161] raciocínio no qual, porém, foi antecedido por Elizabeth Nazar Carrazza: "A Constituição distribuiu as competências tributárias (...) sem criar tributos. Poderia criá-los se o desejasse, vez que o poder constituinte é o poder maior de onde deflui todo o ordenamento jurídico do Estado. Entretanto, não o fez".[162]

Analisando a possibilidade disso já ter acontecido com o diploma constitucional vigente, Paulo de Barros Carvalho observa que "(...) o texto constitucional não é o núcleo jurídico adequado para a criação de tributos (...)", mas adita: "*Essa providência esdrúxula, entretanto, acabou acontecendo*, pelo que se lê do art. 8º, IV, da Constituição Federal (...)". Volta, porém, a indagar: "Teria o legislador constitucional criado um tributo, com a figura dessa *contribuição confederativa*? *Impossibilidade jurídica ou lógica não há* (...)" E conclui: "(...) entre as interpretações jurídicas possíveis, uma delas há de reconhecer que, nesta hipótese, *a Constituição de 1988 instituiu diretamente um tributo* (...)".[163] Em edição posterior, contudo, agrega: "Outra, quem sabe mais consistente, entenderá que *o constituinte outorgou competência aos sindicatos* para instituir o tributo, completando sua regra-matriz ao estabelecer a base de cálculo e a alíquota aplicável" (grifamos).[164]

Não tendo, porém, o legislador constitucional, tomado a providência de criar um tributo clara e explicitamente, os estudiosos em geral, à vista do Texto Magno em vigor, negarão quase em uníssono tal possibilidade. É como diagnostica também Aires Fernandino Barreto: "Tem a doutrina como incontroverso que *a Constituição Federal não cria tributos, limitando-se tão-só à outorga de competência*, através da qual o ente político se investe das condições para instituí-lo" (grifamos).[165]

160. *O Dever...*, cit., p. 302.

161. *Curso...*, cit., p. 456. E embora essa edição de sua obra seja recente (2004), desde a primeira edição (1986) já defende tal idéia: *Princípios...*, cit., p. 150.

162. "Sistema Constitucional Tributário Brasileiro", *Revista de Direito Público* 25/209, São Paulo, Ed. RT, jul./set. 1973.

163. *Curso...*, 4ª ed., 1991, pp. 45-46.

164. Ibidem, 15ª ed., 2003, p. 59.

165. "Arts. 77 a 80 (Taxas)", in Ives Gandra da Silva Martins (Coord.), *Comentários ao Código Tributário Nacional*, vol. 1, São Paulo, Saraiva, 1998, p. 537.

É antiga essa tese. Já a defendia Amílcar de Araújo Falcão, o antigo professor da Universidade Federal do Rio de Janeiro e da Universidade do Estado da Guanabara, desde a década de sessenta do século passado: "*A Constituição não cria tributos* (...). Ela define, apenas, a competência para criá-los. Dessa forma, o tributo somente existirá quando decretado por lei. Na Constituição encontra-se não mais do que a legitimação para que o legislador crie o tributo considerado. Há, pois, dois momentos distintos: a) o da definição constitucional da competência (...); b) o da criação do tributo (...)". E mais adiante: "(...) da norma constitucional que regula a competência decorre uma potencialidade, uma virtualidade – a possibilidade mesma de criação do tributo, por lei de determinada unidade federada" (*sic*) (grifamos).[166]

Na mesma época, Geraldo Ataliba, da USP e da PUC-SP, também ensinava: "*A Constituição não cria impostos, mas a competência para instituí-los* (...) Coerente, portanto, em matéria tributária, que também não crie a Constituição qualquer tributo (...) O nosso diploma constitucional, embora minucioso, extenso, abrangedor e quase que exaustivo, simplesmente limitou-se a conferir competências legislativas para que o Congresso Nacional, ou as Assembléias Legislativas dos Estados ou Câmaras Municipais criem os diversos tributos. (...) *a Constituição não cria tributos*, mas, simplesmente, diz que tem competência para criá-los" (grifamos, por último).[167]

Alguns anos mais tarde, Paulo de Barros Carvalho, na PUC-SP, seguia o mesmo caminho: "*A Constituição não cria tributos*, limitando-se a adjudicar competência às pessoas políticas de Direito Constitucional interno – União, Estados e Municípios – que, pelo exercício regular de suas atividades legislativas, editam normas gerais e abstratas, debuxando a integralidade existencial dos gravames" (grifamos).[168]

Sacha Calmon Navarro Coêlho, da UFMG, mais recentemente, afirma: "Em princípio, *a Constituição não cria tributos*, simplesmente atribui competências às pessoas políticas para instituí-los através de lei (...)";[169] "Como é sabido, a Constituição não cria tributos senão que dá competência às pessoas políticas para instituí-los e alterá-los" (grifamos).[170]

166. *Sistema...*, cit., p. 38.

167. *Sistema...*, cit., pp. 118, 120 e 123.

168. *A Regra Matriz do ICM*, São Paulo, 1981, Tese (Livre Docência em Direito Tributário), Pontifícia Universidade Católica de São Paulo, p. 16.

169. *Comentários...*, cit., p. 28; *Manual...*, cit., p. 5; *Curso...*, cit., p. 68.

170. *Comentários...*, cit., p. 195; *Manual...*, cit., p. 100; *Curso...*, cit., p. 202.

Em Hugo de Brito Machado, o professor da Universidade Federal do Ceará, encontramos: "Como é sabido, *a Constituição não institui tributos*. Apenas atribui competência à União, aos Estados e aos Municípios, para fazê-lo" (grifamos).[171]

Celso Ribeiro Bastos, o constitucionalista da PUC-SP, lavrou: "*A norma de competência inserida na Constituição não cria, por si mesma, o tributo* (...) limita-se a dar algumas características que permitam individuá-lo (...)" (grifamos).[172]

São de Luciano da Silva Amaro, o professor da Universidade Mackenzie, as palavras: "A Constituição não cria tributos; ela outorga *competência tributária*, ou seja, atribui *aptidão para criar tributos*. Obviamente, ainda que referidas na Constituição as notas que permitem identificar o perfil genérico do tributo (...) *a efetiva criação de tributo* (...) *depende de a competência atribuída a este ou àquele ente político ser exercitada* (...)" (grifamos).[173]

Também Bernardo Ribeiro de Moraes, igualmente da Universidade Mackenzie, declara: "(...) *a Constituição não cria tributos*, mas apenas distribui competências tributárias para as entidades da Federação criarem os respectivos tributos através de leis ordinárias" (grifamos).[174]

Não é diferente a posição de José Eduardo Soares de Melo, o professor da PUC-SP: "Infere-se que *a Constituição não cria tributos*, mas outorga competências às pessoas jurídicas de direito público (...)" (grifamos).[175]

Na mesma direção de todos, Eduardo Marcial Ferreira Jardim, outro professor da Universidade Mackenzie: "No tangente à instituição de tributos, vale lembrar a lição de Roberto Vernengo ao consignar que *a Constituição não cria tributos, mas estabelece competências* para que os entes tributantes possam fazê-lo (...) o exercício da competência tributária se opera, no mais das vezes, no patamar legislativo ordinário (...)"; "A Constituição Federal não cria tributos, mas apenas estabelece competências para que as pessoas políticas possam instituí-los"; "Por

171. "O Sistema Tributário na Constituição de 1988", in *Temas de Direito Tributário II*, São Paulo, Ed. RT, 1994, p. 13.

172. *Curso de Direito Financeiro e de Direito Tributário*, 3ª ed., São Paulo, Saraiva, 1995, p. 123.

173. *Direito Tributário Brasileiro*, 10ª ed., São Paulo, Saraiva, 2004, p. 99.

174. *Compêndio de Direito Tributário*, vol. 2, 2ª ed., Rio de Janeiro, Forense, 1994, p. 19.

175. *Curso de Direito Tributário*, 2ª ed., São Paulo, Dialética, 2001, p. 40.

intermédio do exercício da competência tributária é que são instituídos os tributos, originalmente previstos na *Constituição*, a qual *não realiza o processo de criação*, pois *se cinge a estabelecer o título competencial*" (grifamos).[176]

Da Universidade Federal do Paraná, desde há muito, a voz forte de Marçal Justen Filho: "Ainda que *a Constituição não institua tributo* (...)" (grifamos).[177]

Da mesma instituição universitária, mais recentemente, o discurso de Betina Treiger Grupenmacher: "*A Constituição não cria tributos*, ela apenas atribui e distribui competências tributárias, fixando também limites ao seu exercício" (grifamos).[178]

Reginaldo Ferreira Lima, da PUC-SP, registra: "(...) *a Constituição não cria tributos*, ela dá competência para os entes políticos criarem tributos (...)" (grifamos).[179]

Das Minas Gerais a asserção de Werther Botelho Spagnol, o professor da UFMG: "*A Constituição Federal não cria tributos*, mas outorga competência para a União, Estados, Distrito Federal e Municípios fazê-lo" (grifamos).[180]

Outra vez da Universidade Federal do Ceará, o abono de Denise Lucena Rodrigues: "(...) a Constituição (...) ela se limita a conceder competência à União, aos Estados e Distrito Federal, e aos Municípios para criá-los (...) *a Constituição não cria tributos* (...)" (grifamos).[181]

E outra vez de São Paulo, o aval de Paulo Lucena de Menezes: "(...) *a Constituição Federal não cria tributos*, mas tão-somente outorga tal aptidão a entes públicos especificados (...)" (grifamos).[182]

E para encerrar essa coleção de excertos da doutrina tributária, a contribuição de Vicente Kleber de Melo Oliveira, da Escola de Adminis-

176. *Manual de Direito Financeiro e Tributário*, 5ª ed., São Paulo, Saraiva, 2000, pp. 130 e 282; *Dicionário Jurídico Tributário*, São Paulo, Saraiva, 1995, p. 19.

177. *O Imposto Sobre Serviços na Constituição*, São Paulo, Ed. RT, 1985, p. 59 (Textos de Direito Tributário, 10).

178. *Tratados*..., cit., p. 36.

179. "O Adequado Tratamento Tributário do Ato Cooperativo – A Função da Lei Complementar", in Betina Treiger Grupenmacher (Coord.), *Cooperativas e Tributação*, Curitiba, Juruá, 2001, p. 123.

180. *Curso de Direito Tributário*, Belo Horizonte, Del Rey, 2004, p. 89.

181. *A Imunidade como Limitação à Competência Impositiva*, São Paulo, Malheiros Editores, 1995, p. 37.

182. "Arts. 6º a 8º", in Ives Gandra da Silva Martins (Coord), vol. 1, *Comentários ao Código Tributário Nacional*, São Paulo, Saraiva, 1998, p. 38.

tração Fazendária – ESAF: "(...) *a Constituição não cria tributos*, quem cria é a pessoa jurídica de Direito Público interno, titular da competência" (grifamos).[183]

E essa incansável repetição, seguida, sucessiva, fastidiosa e enfadonha, tem em vista precisamente sublinhar a monotonia decorrente da insipidez do mesmo, o aborrecimento conseqüente à reiteração perseverante do invariável. Tudo para frisar e pôr em destaque que *essa reafirmação persistente e contumaz – a constituição não cria tributos, só distribui as competências!* – pode tranqüila e sossegadamente ser incluída naquele conjunto das afirmativas renovadas tão excessivamente pela nossa doutrina, repisadas tão ao exagero pelos nossos estudiosos, que, a partir de determinado momento, independentemente da consistência da sua substância, desvinculadamente da solidez do seu conteúdo, *principiam a assumir ares de legítimas*, começam a exibir visos de verdadeiras; e então – não é desprezível o perigo – já não mais se pensa em questioná-las, já não mais se cogita de discuti-las, *já não mais se cuida de controvertê-las*.

Quando, em ciência, a situação é essa: todos caminham juntos na mesma direção, observando um passo equivalente, perseguindo um ritmo coletivo, lançando mão do mesmo palavrório padronizado, arengando sempre no mesmo tom, sem quaisquer disputas ou dissidências, sem polêmicas ou contestações, sem discordâncias ou disceptações, há que se acautelar sobremaneira, há que se precaver sobremodo, há que se prevenir sobejamente. Tudo porque, indubitavelmente, *estamos diante de um daqueles "fundamentos óbvios" que tanto amedrontaram e aterraram a Alfredo Augusto Becker*.[184]

Atente-se para a grandiosa lição do saudoso jurista que sacudiu e revolucionou a Ciência do Direito Tributário no Brasil, especialmente no que diz respeito às teses cansativamente reiteradas, que, pelo argumento falacioso da mera familiaridade repetitiva ganham ares de "verdadeiras", de forma absolutamente acrítica e complacente, contribuindo diretamente para a deplorável edificação do "sistema de fundamentos óbvios", a um só tempo, conseqüência e causa do torpor indiferente e da letargia

183. *Direito Tributário – Sistema Tributário Nacional – Teoria e Prática*, Belo Horizonte, Del Rey, 2001, p. 139.

184. No mesmo sentido, José Souto Maior Borges, "Aspectos Fundamentais da Competência Municipal para Instituir o ISS (do Decreto-lei n. 406/68 à LC n. 116/2003) (à memória de Geraldo Ataliba)", in Heleno Taveira Tôrres (Coord.), *Imposto sobre Serviços – ISS na Lei Complementar n. 116/03 e na Constituição*, Barueri-SP, Manole, 2004, p. 5 (Barão de Ramalho, Direito Tributário, 2).

entorpecida, que se alimentam reciprocamente, e que se opõem de modo frontal à postura de inquietude insatisfeita e de incessante vigilância que caracterizam a boa ciência: "O Direito Tributário está em desgraça e a razão deve buscar-se (...) precisamente naqueles seus *fundamentos que costumam ser aceitos como demasiado 'óbvios' para merecerem a análise crítica*" (grifamos).[185]

Desprezar tão sábio preceito significa assumir irresponsavelmente o *risco* trágico de dar lugar e oportunidade às "(...) *cacofonias doutrinárias* que dilaceram os tímpanos do jurista".[186]

7. *Criação constitucional do tributo: reflexões*

Debruçados sobre esse tema, há mais de uma década atrás, afirmávamos: "É cediço o falar-se que *o Diploma Excelso não cria tributos*, cingindo-se à outorga de competências para fazê-lo; verdade que os juristas proclamam em uníssono, desde Amílcar de Araújo Falcão".[187]

Mas consignávamos uma argumentação isolada em sentido contrário: "Faça-se o registro, contudo, de que àquele falar que dissemos cediço *contrapõe-se a voz solitária, mas sempre plena de autoridade, de José Souto Maior Borges*, para quem '(...) o processo de instituição (criação) do tributo, iniciado com a outorga constitucional da competência tributária, se integra com a superveniência das leis complementares, ordinárias e eventualmente outros atos normativos'; o que o leva a afirmar que: 'O insuficiente não é, em tal caso, equiparável ao inexistente' e que a tese tradicional se caracteriza, pois, pela precariedade e insuficiência teórica".[188]

E acrescentávamos: "Crítica que foi logo renovada pelo brilhante professor do Recife: 'Uma vez posta a Constituição, norma fundamental em sentido jurídico-positivo, é iniciada a criação do tributo (...). Cada norma é criada de acordo com o que prescreve outra norma (...). A criação do direito consiste no estabelecimento de normas progressivamente mais individualizadas (...). Norma constitucional sobre competência tributária é norma de criação de tributo'".[189]

185. *Teoria Geral...*, cit., p. 10.

186. Idem, p. 14.

187. *A Regra-Matriz...*, cit., pp. 43-44.

188. Idem, p. 44 – e indicávamos como fonte: José Souto Maior Borges, *A Fixação em Lei Complementar das Alíquotas Máximas do Imposto sobre Serviços*, São Paulo, Resenha Tributária, 1975, p. 4.

189. *A Regra-Matriz...*, cit., p. 44 – e acrescentávamos nova fonte: José Souto Maior Borges, "ISS e Serviços de Vigilância Prestados por Empresa Privada", *Revista de Direito Tributário* 2/64-65, São Paulo, Ed. RT, out./dez. 1977.

Comentávamos, então: "É indubitável que toda regra jurídica deve encontrar seu suporte de validade em degrau superior da escala das normas, perspectiva kelseniana que, já foi frisado, também abraçamos".[190] Contudo, pensávamos: "Daí a sustentar-se, no entanto, que tributo estabelecido pela lei ordinária, por ter seu fundamento derradeiro na Constituição, ali começou a ser criado, vai distância intransponível".[191]

E recorríamos à lógica dedutiva de *Paulo de Barros Carvalho*, que, valendo-se do argumento da *reductio ad absurdum*, tão caro aos diálogos de Platão e às demonstrações matemáticas, *tentou refutar a tese de Souto*, alegando que também a validade de uma sentença judicial ou de um ato administrativo específico depende de sua conformidade com a Lei Mãe, donde não se pode inferir, porém, que o legislador constitucional cria a sentença ou o ato administrativo.[192] Convencia-nos o discurso lógica e juridicamente bem urdido, como o fez também com Roque Antonio Carrazza.[193]

Hoje, é outro o nosso pensar.

Se a indagação tem em vista a criação ou não de tributo no Estado Maior, *focalizemos nossa atenção no verbo "criar" e no substantivo "criação"*, do latim "*creare*" e "*creatio*", respectivamente. Nossos *léxicos* referem como equivalentes, com poucas variações, os verbos gerar, formar, produzir, inventar, instituir, e os substantivos correspondentes. Mencionam também, no entanto, dois significados que julgamos conveniente enfatizar: "*dar existência a*", como prefere Antonio Geraldo da Cunha;[194] e "*tirar do nada*", como privilegia Napoleão Mendes de Almeida;[195] ou ambos, como o faz a maioria dos nossos dicionaristas.[196]

190. *A Regra-Matriz...*, cit., p. 44.

191. Idem, ibidem.

192. *A Regra...*, cit., pp. 16-21.

193. *Curso...*, cit., pp. 436-439.

194. *Dicionário Etimológico Nova Fronteira da Língua Portuguesa*, 2ª ed., Rio de Janeiro, Nova Fronteira, 1996, p. 227.

195. *Dicionário de Questões Vernáculas*, 2ª ed., São Paulo, LCTE, 1994, p. 126.

196. A título exemplificativo, citamos: Adalberto Prado e Silva *et al.* (Coord.), *Dicionário Barsa da Língua Portuguesa*, vol. 1, Rio de Janeiro-São Paulo, Encyclopaedia Britannica, 1980, p. 318; Antenor Nascentes, *Dicionário da Língua Portuguesa da Academia Brasileira de Letras*, Rio de Janeiro, Bloch, 1988, p. 174; Aurélio Buarque de Holanda Ferreira, *Novo Aurélio Século XXI: o Dicionário da Língua Portuguesa*, 3ª ed., Rio de Janeiro, Nova Fronteira, 1999, p. 578; Caldas Aulete, *Dicionário Contemporâneo da Língua Portuguesa*, vol. II, Rio de Janeiro, Delta, 1964, pp. 1.000-1.001; Cândido de Figueiredo, *Dicionário da Língua Portuguesa*, vol. I, 12ª ed., Lisboa-Rio de Janeiro, Bertrand-Jackson, 1949, pp. 757-758; Francisco Fernandes, *Dicionário Brasileiro Con-*

Se percorrermos os *dicionários de filosofia*, veremos confirmadas essas duas acepções a que demos destaque. Hilton Japiassú e Danilo Marcondes de Souza Filho informam que: "A idéia de criação está ligada à de (...) uma novidade".[197] Assim também Nicola Abbagnano: "Esse sentido da palavra que sublinha as novidades e a imprevisibilidade do resultado de um processo é o implícito nos usos dessa palavra sempre que a referem a atividades humanas (...)".[198] André Lalande retoma a idéia, melhor explicitando-a, porém: "Produção de uma coisa qualquer, em particular se ela é nova na sua forma, mas por intermédio de elementos preexistentes (...)".[199] Todos eles estão a cogitar, até aqui, de criação no sentido de *dar existência a* algo novo, a partir de elementos ou dados anteriores, especialmente em se tratando de frutos da atividade do homem. Não é outra a visão de José Ferrater Mora, que a amplia, contudo: "(1) Producción humana de algo a partir de alguna realidad preexistente (...); (2) producción natural de algo a partir de algo preexistente (...); (3) producción divina de algo a partir de una realidad preexistente (...); (4) producción divina de algo a partir de la nada (...)".[200] Além da noção do *dar existência a algo novo desde realidades precedentes*, Ferrater Mora, como o faz também Lalande, num segundo momento, cogita de criação no outro sentido invocado: *tirar do nada*, ou seja, a *creatio ex nihilo*, restrita ao âmbito do divino. O primeiro sentido, essencialmente ligado à atividade humana, e amplamente consentâneo com a tradição grega, é freqüentemente referido como *produção*. O segundo sentido, estritamente relacionado com a atividade divina, e absolutamente central na tradição hebraico-cristã, é sempre aludido como *criação* propriamente dita.

Ora, o Direito é, na terminologia husserliana, um objeto cultural, resultado de construção do homem. Logo, não se irá além do primeiro significado na esfera do jurídico. Assim, vê-se criar ou criação, no mundo do Direito, segundo o relato dos *dicionários jurídicos*, como: "dar existência a" (Pedro Nunes),[201] "dar existência a algo" (Humberto Pira-

temporâneo, vol. I, 2ª ed., Porto Alegre, Globo e Melhoramentos, 1966, p. 337; Laudelino Freire, *Grande e Novíssimo Dicionário da Língua Portuguesa*, vol. II, 2ª ed., Rio de Janeiro, José Olympio, 1954, pp. 1.637-1.638.

197. *Dicionário Básico de Filosofia*, 2ª ed., Rio de Janeiro, Zahar, 1993, p. 61.

198. *Dicionário de Filosofia*, 2ª ed., trad. Alfredo Bosi *et. al.*, São Paulo, Mestre Jou, 1982, p. 206-207.

199. *Vocabulário Técnico e Crítico da Filosofia*, 3ª ed., trad. Fátima Sá Correia *et al.*, São Paulo, Martins Fontes, 1999, p. 220.

200. *Diccionario de Filosofía*, t. I, 7ª ed., Barcelona, Ariel, 1999, p. 714.

201. *Dicionário de Tecnologia Jurídica*, 12ª ed., Rio de Janeiro, Freitas Bastos, 1993, p. 269.

gibe Magalhães e Christóvão Piragibe Tostes Malta),[202] "(...) ato de (...) dar o ser a alguma coisa (...) na técnica jurídica (...) a instituição de coisa nova (...)" (De Plácido e Silva),[203] "(...) fundar una cosa, darle vida" (Guillermo Cabanellas),[204] "criar um documento (título, diploma, licença, carta) é fazer um inteiramente novo (...)" (John Bouvier),[205] "criar um documento ou uma sociedade é fazer um(a) que nunca existiu antes (...)" (Henry Campbell Black).[206] Trata-se, pois, de *criação, no jurídico, como produção, conseqüência do desempenho humano, que redunda em algo novo a começar de recursos que o antecedem*. E muito embora se fale em algo que nunca teria existido antes, marcado pela originalidade, frise-se que *o grau de novidade será sempre relativo*, seja em virtude do fato de que uma instituição jurídica nova se caracteriza como tal somente no recinto bem delimitado de um certo ordenamento, cujo âmbito de validade se encerra em fronteiras precisas, tanto espaciais quanto temporais, seja em função dos próprios limites inerentes à condição humana.

Nesse sentido, *encontramos a criação do Direito em todos os níveis da hierarquia das leis*, desde a constituição até os atos administrativos ou judiciais. Não obstante prefiram os juristas sempre falar, aqui, de aplicação do Direito, inegavelmente é concomitante a idéia de sua produção. Bem o advertiu Hans Kelsen: "*A aplicação do Direito é simultaneamente produção do Direito. Estes dois conceitos não representam*, como pensa a teoria tradicional, uma oposição absoluta. É errado distinguir entre atos de criação e atos de aplicação do Direito. Com efeito (...) todo ato jurídico é simultaneamente aplicação de uma norma superior e produção, regulada por esta norma, de uma norma inferior".[207]

Essa é a perspectiva de Souto Maior Borges, no paradigma kelseniano em que se coloca: "(...) toda norma jurídica inserta no sistema representa, ao mesmo tempo, ato de criação e de aplicação do direito".[208]

202. *Dicionário Jurídico*, vol. I, 4ª ed., Rio de Janeiro, Trabalhistas, [19–?], p. 254.

203. *Vocabulário Jurídico*, vol. I, 3ª ed., Rio de Janeiro, Forense, 1993, p. 585.

204. *Diccionario de Derecho Usual*, t. I, Buenos Aires, Arayú, 1953, p. 545.

205. *Bouvier's Law Dictionary and Concise Encyclopedia*, vol. I, 8ª ed., Kansas City-St. Paul, Vernon Law-West, 1914, p. 725. No original ingles: "To create a charter is to make an entirely new one...".

206. *Black's Law Dictionary*, 4ª ed., St. Paul, West, 1968, p. 440. No original ingles: "To *create* a charter or a corporation is to make one wich never existed before...".

207. *Teoria Pura do Direito*, 2ª ed., trad. João Baptista Machado, São Paulo, Martins Fontes, 1987, pp. 252-253 (Ensino Superior). A advertência foi quase literalmente repetida na *Teoria Geral do Direito e do Estado*, trad. Luís Carlos Borges, São Paulo-Brasília, Martins Fontes-UnB, 1990, p. 137 (Ensino Superior).

208. "Aspectos Fundamentais...", cit., p. 6.

A lei ordinária e seus institutos constituem aplicação da norma que lhes é superior, a constituição; *mas igualmente constituem criação*, também nos termos e parâmetros constitucionais. Do mesmo modo, em todos os outros patamares da ordem jurídica. É o que afirmam Enrique R. Aftalión e José Vilanova: "Creación y aplicación del derecho son, pues, términos correlativos".[209] É o que reafirma Norberto Bobbio, referindo-se à aplicação como execução e à criação como produção: "(...) los términos *ejecución y producción* son relativos, porque la misma norma puede ser considerada, al mismo tiempo, *ejecutiva y productiva*: ejecutiva respecto de la norma superior, y productiva respecto de la norma infeiror".[210] É o que confirma Eduardo García Máynez, referindo-se à criação como normatividade: "El orden jurídico es una larga jerarquía de preceptos, cada uno de los cuales desempeña un papel doble: en relación con los que le están subordinados, tiene carácter normativo; en relación con los supraordinados, es acto de aplicación".[211]

Em qualquer ponto do ordenamento em que nos coloquemos, o olhar científico revelará fatalmente *aspectos de aplicação* (execução) ou *aspectos de criação* (produção, normatividade) das entidades jurídicas à nossa volta, dependendo apenas da direção para a qual voltemos nosso mirar. Daí a metáfora de García Máynez: "Todas las normas (generales o individualizadas, abstractas o concretas), poseen dos caras, como la testa de Jano. Si se las examina desde arriba, aparecen ante nosotros como actos de aplicación; si desde abajo, como normas".[212] Daí a consideração de Bobbio: "Normalmente representa-se a estrutura hierárquica de um ordenamento através de uma *pirâmide* (...) Se a olharmos de cima para baixo, veremos uma *série de processos de produção jurídica*; se a olharmos de baixo para cima veremos, ao contrário, uma *série de processos de execução jurídica*".[213]

209. *Introducción al Derecho*, 13ª ed., Buenos Aires, Abeledo-Perrot, 1988, p. 537.

210. *Teoría General del Derecho*, trad. Eduardo Rozo Acuña, Bogotá, Temis, 1987, p. 163; *Teoria do Ordenamento Jurídico*, trad. Cláudio de Cicco e Maria Celeste C. J. Santos, São Paulo-Brasília, Polis-UnB, 1989, pp. 50-51.

211. *Algunos Aspectos de la Doctrina Kelseniana – Exposición y Crítica*, México, Porrúa, 1978, pp. 146-147.

212. Idem, ibidem, p. 147. A imagem já fora antes formulada pelo autor: *Introducción a la Lógica Jurídica*, México, Fondo de Cultura Econômica, 1951, p. 51.

213. *Teoria do Ordenamento...*, cit., p. 51. *Teoría General...*, cit., p. 163. Ali, Bobbio também se exprime assim sobre a questão: "Este doble proceso ascendente y descendente puede ser aclarado aún más con otras dos nociones características del lenguaje jurídico: *poder* y *deber*. Mientras que la producción jurídica es la expresión de un *poder* (originario o derivado), la ejecución revela el cumplimiento de un *deber*".

Eis que pertinente, pois, a admoestação de Souto: "Não cabe (...) estabelecer, como o faz tradicionalmente a doutrina do direito tributário, uma distinção absoluta entre o momento da outorga de competência tributária, pela Constituição, e a disciplina integrativa do tributo, pela lei tributária material".[214]

Só não será assim quando nos pusermos nos pontos limites de uma dada ordem jurídica. "El ordenamiento (...) tiene un límite superior y otro inferior. El primero denominase norma fundamental; el segundo está integrado por los actos finales de ejecución (...)" (García Máynez).[215] "Todas las fases de un ordenamiento son en conjunto ejecutivas y productivas, con excepción de la que está en el grado más alto y de la que está en el grado más bajo. El grado más bajo está compuesto por actos ejecutivos, razón por la cual estos actos son ejecutivos y no productivos. El grado más alto está constituido por la *norma* fundamental (...) que, por lo tanto, es productiva y no ejecutiva" (Bobbio).[216] Semelhantemente, Aftalión e Vilanova.[217]

Firmado o entendimento de que em todos os patamares intermediários do direito posto temos criação jurídica, voltemos agora aos *argumentos de Paulo de Barros Carvalho, que se opõe à idéia da instituição de tributo ocorrida no plano da Lei Maior*, principiando por uma primeira assertiva que lhe provoca a questão: "(...) não parece correto afirmar-se que toda a ordenação jurídico-positiva esteja contida no Texto Supremo (...)".[218]

Estamos, até aqui, de integral acordo com o mestre. Aliás, se é verdade que uma norma superior pode determinar tanto o órgão e o processo de criação da norma inferior quanto o seu conteúdo (Kelsen),[219] não é menos verdade que tal não ocorre de forma exaustiva. Não disse outra coisa José Souto Maior Borges, ao defender a tese da instituição de tributo já no Alto Diploma: "Deve-se insistir pois que *a lei superior* (...) *só determina até certo ponto o conteúdo da norma inferior* (...)" (grifamos).[220]

Considere-se que, por mais meticuloso que seja o texto superior, ele é sempre e inevitavelmente caracterizado pela abstração típica desses

214. "Aspectos Fundamentais...", cit., p. 7.

215. *Algunos...*, cit., p. 147.

216. *Teoría General...*, cit., p. 163; *Teoria do Ordenamento*, cit., p. 51.

217. *Introducción...*, cit., pp. 537-538.

218. *A Regra...*, cit., p. 20.

219. *Teoria Geral do Direito...*, pp. 137-138.

220. "ISS e Serviços...", cit., p. 65.

altos pisos da ordem jurídica positiva. Com efeito, *as normas dos patamares superiores primam pelo caráter abstrato, as que descansam nas bases pela índole concreta*. Dessarte, do Código Magno até os mais simples atos administrativos, perpassando toda a pirâmide normativa, temos invariavelmente *a regressividade de um abstracionismo decrescente e a progressividade de uma crescente concretitude*. A idéia é já de tempos remotos. Encontramo-la, por exemplo, mais de trezentos anos antes de Cristo, na *Ética a Nicômaco*, de Aristóteles, como informa Francisco Campos.[221] Voltamos a depará-la já neste século, com maior amplitude, em Adolf Merkl,[222] Karl Engish,[223] Karl Larenz[224] e em tantos outros.

Ninguém, todavia, foi mais feliz no exprimi-la do que o jusfilósofo de Viena, a quem transferimos a palavra:

"A determinação dos graus inferiores pelos superiores nunca pode ser completa. *Haverá sempre oportunidade para as normas inferiores de imputar às superiores um conteúdo que lhes falta* (...)" (grifamos).[225]

"A norma do escalão superior não pode vincular em todas as direções (sob todos os aspectos) o ato através do qual é aplicada. Tem sempre de ficar uma margem, ora maior ora menor, de livre apreciação, de tal forma que *a norma do escalão superior tem sempre, em relação ao ato de produção normativa* (...) *o caráter de um quadro ou moldura a preencher*. (...) Mesmo uma ordem o mais pormenorizada possível tem de deixar àquele que a cumpre ou executa uma pluralidade de determinações a fazer" (grifamos).[226]

Debruçado sobre as reflexões de Kelsen, Lourival Vilanova, seu conhecedor e intérprete privilegiado, explica que "(...) a partir da norma originária, passando pela Constituição até os últimos graus da concreção normativa, verifica-se sempre um aditivo novo – acrescentamos – ao conteúdo normativo precedente (...)", e conclui peremptório: "*Mas ninguém dirá que toda a legislação é uma especificação do conteúdo constitucional positivo*".[227]

221. *Direito Administrativo*, vol. I, Rio de Janeiro, Freitas Bastos, 1958, pp. 20-22.

222. Apud Francisco Campos, idem, pp. 22-23.

223. *La Idea de Concreción en el Derecho y en la Ciencia Jurídica Actuales*, trad. Juan José Gil Cremades, Pamplona, Universidad de Navarra, 1968, p. 176 e *passim*.

224. *Metodologia da Ciência do Direito*, 2ª ed., trad. José Lamego, Lisboa, Calouste Gulbenkian, 1989, pp. 127, 251, 264, 350 e seq., 412, e 577 e seq.

225. Apud Francisco Campos, *Direito...*, cit., p. 20.

226. *Teoria Pura...*, cit., p. 364. Em sentido semelhante, também de Kelsen: *Teoria Geral do Direito...*, cit., p. 149.

227. "Teoria da Norma Fundamental (Comentários à margem de Kelsen)", in Teófilo Cavalcanti Filho (Org.), *Estudos em Homenagem a Miguel Reale*, São Paulo, Ed.

Para os que têm reservas quanto à caracterização das normas como abstratas ou concretas – como é, exemplificativamente, o caso de Norberto Bobbio[228] – podem-se aplicar os últimos raciocínios às normas gerais e individuais, do ponto de vista da identificação dos seus destinatários. Do que não se duvida é da *possibilidade de os legisladores das diversas etapas da estrutura normativa colaborarem para a sua edificação, adicionando-lhe conteúdos novos* em relação aos degraus que se lhe situam antes e acima.

Voltemos, então, uma vez mais, à análise de outra das asserções que compõem a rica *argumentação de Paulo de Barros*, esta fundamental, *na sua objeção à ocorrência efetiva do nascimento do tributo na região da Lei Suprema*: "(...) a sentença judicial só será válida se mantiver consonância com um ou mais dos supernos mandamentos inscritos na Constituição. Isso não justificaria asseverar que é o legislador constitucional que cria a sentença. De modo idêntico (...) o ato jurídico-administativo (...)".[229]

Evidente o fato de que tanto a sentença judicial quanto o ato administrativo contêm muito além daquilo que se encerra nos breves e sintéticos, por vezes mesmo lacônicos, dispositivos constitucionais. Todavia, para serem ditos consonantes com a Carta Magna, sentença e ato inexoravelmente devem portar um miolo de significação já contido nos superiores ditames que habitam o ápice normativo. Isso é mais do que evidente. Donde resulta claro que a sentença e o ato, na sua integralidade adulta, não vieram à luz num berço constitucional; mas donde resulta ainda, com igual nitidez, que sentença e ato, na sua essencialidade infantil, já encontravam abrigo no regaço da Lei Mãe. Em poucas palavras: *como entidades jurídicas acabadas, sentença e ato não foram criados na constituição; como mínimo essencial daquelas entidades jurídicas, sentença e ato começaram a ser criados na constituição sim.*

Em nenhum momento da sua brilhante advocacia da tese, José Souto Maior Borges declarou plenamente instituído o tributo no Código

RT e EDUSP, 1977, p. 22; e in *Escritos Jurídicos e Filosóficos*, vol. 1, São Paulo, Axis Mundi e IBET, 2003, p. 316.

228. "Para una Clasificación de las Normas Jurídicas", in Alfonso Ruiz Miguel (Org.), *Contribución a la Teoría del Derecho*, 2ª ed., Madri, Debate, 1990, p. 283: "(...) los tratados usuales de teoría general del Derecho han permanecido estancados durante mucho tiempo en los llamados requisitos de la generalidad y la abstracción (...) esta caracterización era imprevista e insuficiente". Bobbio propõe uma ampla classificação das normas jurídicas, dividindo-as em prescrições abstratas (normas), que se referem a uma ação-tipo, e prescrições concretas (ordens ou mandatos), que se referem a uma ação determinada (pp. 288-291).

229. *A Regra...*, cit., pp. 20-21.

Maior. Teve sempre a cautela e a sutileza próprias da precisão científica, que reconhecidamente o caracteriza, para dizer "iniciado" o processo com a promulgação constitucional, para afirmar *"iniciada" a criação do tributo com a outorga de competência. Algo insuficiente, admite, mas que já é "algo"*; pois insuficiente não equivale a inexistente.

Quando Karl Larenz versa o tema dos princípios constitucionais, por exemplo, descreve-os como "(...) um Direito directamente vigente, mas que não está, ou só o está parcialmente, formulado em normas jurídicas (...)".[230] Ora, de uma normatividade apenas em parte formulada só se podem esperar entidades jurídicas parcialmente construídas. Por isso o asserto de Kelsen, ao tratar das normas consuetudinárias: "Os estatutos e as leis (...) são, por assim dizer, apenas produtos semimanufaturados, acabados apenas através de decisão judicial e da sua execução".[231] Também as instituições jurídicas, tal como *o tributo, que, no Estatuto Máximo, bem pode ser referido como um produto semi-elaborado*. Um produto sim, e irrecusavelmente, porque em todas as plataformas intermediárias da hierarquia das leis, como já dito, deparamos criação ou produção normativa, inclusive na plataforma constitucional. E um produto semi-elaborado, porque aí o surpreendemos apenas em sua polpa significativa. Adequada, pois, a analogia, aludindo-se aos produtos que antes excepcionavam a imunidade do ICMS – art. 155, § 2º, X, "a", até a Emenda Constitucional n. 42/2003 – que, não obstante incompletos, inequivocamente existem em sua materialidade essencial. É o caso do tributo na lei constitucional.

Já alcança a condição de verdade trivial a afirmação de que, ao discriminar as competências tributárias, *o legislador da Carta Magna não se restringiu a mencionar o "nomem juris" dos tributos, mas já estabeleceu algo de sua hipótese de incidência*, pelo menos do núcleo do seu critério material. Foi assim com os impostos (arts. 153, 155 e 156), com as taxas (art. 145, II) e com a contribuição de melhoria (art. 145, III), em suma, com as grandes espécies tributárias;[232] ficando as exceções por conta dos empréstimos compulsórios (art. 148), das contribuições especiais (art. 149), dos impostos residuais (art. 154, I) e dos extraordinários (art. 154, II). É claro que tais regras, por visarem a partilha das

230. *Metodologia...*, cit., p. 412.

231. *Teoria Geral do Direito...*, cit., p. 139.

232. Para um panorama doutrinário competente das diversas visões quanto às espécies tributárias, entre nós, confira-se, de Octavio Campos Fischer, "As Espécies Tributárias no Ordenamento Jurídico Brasileiro", *Revista da Faculdade de Direito da UFPR* 28/227-248 Curitiba, UFPR, 1994-1995.

competências tributárias, não podem ferir imediatamente as condutas individuais; não antes de que os seus destinatários, os legisladores das três esferas de governo, as exercitem, editando a lei específica do respectivo tributo. Motivo pelo qual o que já chamamos de norma matriz constitucional de um tributo, composta pelos seus guias constitucionais básicos, é corretamente classificada como regra de estrutura, não de comportamento.[233]

Diante da atribuição constitucional de competência tributária, já dispomos de norma que desenha o perfil mínimo de um tributo, outorgando-lhe, no menor grau possível, uma inquestionável identidade. Impensável ignorar a existência de tal norma, aliás, de eficácia plena na classificação de Maria Helena Diniz,[234] ou de eficácia plena e aplicabilidade direta e imediata, na proposta já clássica de José Afonso da Silva.[235] Ora, *se tributo é norma*, como já reconhecemos, em companhia de larga e respeitável doutrina,[236] perante tal norma constitucional, é inevitável concluir: *a constituição criou tributo*.

Retomando categorias da filosofia aristotélica e escolástica, *o tributo na constituição não é um "ser em potência"*, um ser em estado virtual, um devir; *o tributo na constituição é um "ser em ato"*, já realizado, incompleto mas realizado no seu mínimo existencial. Não é a planta que repousa latente na semente ainda não plantada; é a planta real e tangível, conquanto não suficientemente desabrochada, não revelada na plenitude da sua natureza exuberante, ainda em estado mínimo. Não é a escultura que descansa oculta no mármore ainda não trabalhado, grávido dela; é a escultura concreta e palpável, embora de feições não o bastante esculpidas, apenas debuxadas, somente esboçadas, numa versão ainda mínima.

Com esses raciocínios, *revemos e retificamos a posição anteriormente assumida. Inclusive para admitir o estudo científico-jurídico de um tributo na esfera exclusivamente constitucional.* Não mais pensamos, pois, seja um despropósito ou um disparate o exame do Imposto sobre Grandes Fortunas (Constituição, art. 153, VII), mesmo não o tendo contemplado ainda o legislador infraconstitucional competente. Na mesma linha, acatamos, em relação a qualquer tributo, a possibilidade científica

233. *A Regra-Matriz...*, cit., p. 43.

234. *Norma Constitucional e seus Efeitos*, 2ª ed., São Paulo, Saraiva, 1992, p. 100.

235. *Aplicabilidade das Normas Constitucionais*, 6ª ed., 3ª tir., São Paulo, Malheiros Editores, 2004, p. 88-89 e 101.

236. *A Regra...*, cit., p. 70.

da óptica daqueles que se limitaram à investigação unicamente constitucional, como, para ilustrar, foi a opção, quanto ao IPI, de José Eduardo Soares de Melo, bem como a de Antônio Maurício da Cruz, que dela também se aproxima.[237]

Entretanto, a admissão desta última possibilidade – a análise exclusivamente constitucional de um tributo – não implica o abono da referida opção, que, embora factível, segue parecendo-nos cientificamente desaconselhável. Tudo conduz irrecusavelmente à conclusão de que a pesquisa jurídica de um tributo qualquer, não se contenta com a necessária mas insuficiente análise constitucional, como, aliás, mostra a doutrina dominante. Por isso *o caminho recomendável para tal empreendimento é o constitucional aliado ao infraconstitucional.*

A Lei das Leis aponta, na visão de Roque Antonio Carrazza, "(...) *a hipótese de incidência possível, o sujeito ativo possível, o sujeito passivo possível, a base de cálculo possível e a alíquota possível* (...)".[238] Por isso já cogitamos, em face de um estudo só constitucional de um tributo, do exame de um *tributo possível*, não *real*.[239] Hoje, convencidos de que a promulgação da norma constitucional de competência tributária outorga cidadania jurídica ao tributo, confere-lhe uma existência mínima, produz-lhe a essência, julgamos mais adequado asseverar que *a Lei Maior indica "o tributo mínimo"*. Portanto, o mais acurado estudo de um gravame qualquer – constitucional e infraconstitucional – conduz-nos ao conhecimento do *"tributo inteiro"*, enquanto sua investigação tão-somente constitucional, conquanto não suficiente, já nos revela *"o tributo mínimo"*, que, em sua substancialidade nuclear, foi *objeto de criação no seio da própria Lei Magna!*

Eis que, afinal, razão seja dada a José Souto Maior Borges: *A Constituição cria tributos mesmo!*

Não somos os primeiros discípulos a abraçar a tese pioneira de Souto. Há sete anos atrás, já o fez corajosamente Aires Fernandino Barreto, o presidente do Instituto Geraldo Ataliba de Direito Público e Empresarial – IDEPE, declarando: "No plano normativo (...) o processo de instituição de tributo tem início na Constituição mesma (...). Razão

237. J. E. Soares de Melo, *O Imposto sobre Produtos Industrializados (IPI) na Constituição de 1988*, São Paulo, Ed. RT, 1991 (Textos de Direito Tributário, 17). A. Maurício da Cruz, *O IPI: Limites Constitucionais*, São Paulo, Ed. RT, 1984 (Textos de Direito Tributário, 5).

238. *Curso...*, cit., p. 460.

239. *A Regra...*, cit., p. 46.

assiste a Souto Maior Borges (...). A estruturação parcial de tributo na própria Constituição pode ser vista quer em se tratando de impostos, quer diante de taxas, quer em face de contribuições".[240]

De nossa parte, e por tudo que aduzimos, *adscrevemos nosso apoio*, miúdo e irrelevante, mas resoluto e decidido, à tese de mestre Souto.

8. Mestre Souto

Quando Francisco de Sales estudava Direito, na Universidade de Pádua, foi cercado, certa feita, por um numeroso grupo de estudantes, que pretendiam humilhá-lo, em virtude de sua já dedicada atuação religiosa. *Embora só, Francisco, como autêntico mestre*, que aprendera e treinara muito bem a arte da esgrima em Paris, *desembainhou sua espada e desarmou a seus oponentes*, dizendo-lhes: "Y agradezcan que soy creyente y por eso no los hiero ni les hago mal".[241]

A despeito de solitário na defesa de sua tese, por tantos e tantos anos, e sempre aberto a eventuais refutações consistentes, *Souto esgrimiu sempre com denodo*, mantendo-se absolutamente leal à sua própria consciência, sem quaisquer concessões de cirscunstâncias, *numa atitude de legítimo mestre*, mantendo sua tentativa de solução como a melhor aproximação da verdade científico-jurídica. E pode fazer hoje coro, merecidamente, com o apóstolo Paulo: "Combati o bom combate (...)" (2 Tm 4, 7).

Se do *mestre São Francisco de Sales* pode-se afirmar hoje, com René Champagne, que "Do alto de seu pensamento, de sua rica personalidade, Francisco de Sales domina o continente da espiritualidade cristã",[242] também do *mestre José Souto Maior Borges* pode-se asseverar, sem qualquer hesitação, que, do alto do seu pensamento, de sua rica personalidade e de sua profunda humildade, ele domina o continente do Direito, da Filosofia e boa parte da arte de "ser nietzscheanamente humano, demasiado humano".

240. "Arts. 77 a 80", in Ives Gandra da Silva Martins (Coord.), *Comentários ao Código Tributário Nacional*, vol. 1, São Paulo, Saraiva, 1998, pp. 537-538. Lamentavelmente, Aires F. Barreto parece ter reconsiderado sua adesão a esse entendimento, pois, em obra posterior – *O ISS na Constituição e na Lei*, São Paulo, Dialética, 2003, p. 239 – retomou a visão tradicional: "É sabido que a Constituição não cria impostos, limitando-se a estabelecer as competências para que as pessoas políticas (...) mediante lei, os criem"!

241. P. E. Sálesman, *Vidas...*, cit., vol. 1, p. 107.

242. *Francisco...*, cit., pp. 6-7.

Satisfaz-nos, diante do mestre, a atitude do reconhecidamente discípulo que, reverentemente, dá seqüência às suas lições. E invocamos, para concluir, os agradecimentos de Demetrius Nichele Macei, ex-aluno, em obra recentemente lançada: "(...) parafraseando Alfredo Augusto Becker, agradeço a José Souto Maior Borges por ter ensinado a José Roberto Vieira, que ensinou a mim".[243]

Curitiba, 24 de janeiro (Dia de São Francisco de Sales) de 2005

243. Agradecimentos, in *Tributação & Ato Cooperativo: O Adequado Tratamento Tributário do Ato Cooperativo*, Curitiba, Juruá, 2005, p. 10.

ESTUDO SOBRE O PEDÁGIO

Eduardo Marcial Ferreira Jardim

1. Introdução. 2. O pedágio no direito positivo brasileiro: 2.1 Plano constitucional; 2.2 Patamar infraconstitucional: 2.1.1 Seara federal; 2.1.2 Esfera estadual paulista. 3. Tarifa, preço ou taxa? 3.1 Aspectos terminológicos que circundam as expressões tarifa e preço; 3.2 Pedágio com feição de tarifa ou preço: óptica doutrinal; 3.3 Pedágio com fisionomia de taxa: prisma doutrinário: 3.3.1 Visão do pedágio como taxa de uso ou de utilização de bem público; 3.3.2 O pedágio como taxa de serviço público específico e divisível; 3.3.3 O pedágio como taxa de polícia; 3.3.4 Outras posições; 3.3.5 Observações finais sobre o problema objeto do presente tópico. 4. Natureza jurídica do pedágio: posição professada neste estudo: 4.1 Natureza jurídica do pedágio. Avaliação crítica das posições existentes e postura adotada à luz da base de cálculo. 5. Posição do Pretório Excelso. 6. Contraste de constitucionalidade da taxa de pedágio federal. 7. Pedágio cobrado nas rodovias do Estado de São Paulo: 7.1 Precedente do Tribunal de Justiça do Estado de São Paulo confrontado com julgado do Supremo Tribunal Federal; 7.2 Pedágio cobrado nas marginais da SP 280 – Rodovia Castelo Branco. 8. Conclusões.

1. Introdução

Ao consoar do autorizado lexicógrafo Laudelino Freire, a expressão pedágio origina-se do vocábulo latino *pedaticum*, o qual abriga a carga semântica de tributo exigido para passar por uma ponte (*Grande e Novíssimo Dicionário da Língua Portuguesa*, 3ª ed., José Olympio, 1957, p. 3.873). A exemplo de tantas outras dições, o termo tematizado compreende mais do que uma acepção, desde aquela retromencionada, bem como com o sentido de taxa ou preço, conforme a corrente doutrinal, além de denominar também o próprio posto situado nas estradas e destinado à cobrança da aludida prestação. Sobremais, não se pode olvidar que a palavra *pedágio* alberga ainda um substrato coloquial, enquanto alude ao pagamento efetuado à sombra da lei com o objetivo de encobrir atividades ilícitas, conforme bem lembrado por Maria Helena Diniz, que assim se manifestou em seu *Dicionário Jurídico* (Saraiva, 1998, p. 549).

As reflexões a seguir urdidas ocupar-se-ão com o sentido original da locução esquadrinhada, equipole dizer, versarão sobre o pedágio com as cores de prestação exigível pelo Estado ou por quem lhe fizer as vezes em virtude do uso de estradas.

O assunto sob exame encontra-se positivado em nosso direito com o *nomen juris* de *pedágio*, comportando outrossim, no seio doutrinal, a denominação de *rodágio*, como quer o abalizado magistério do saudoso Aliomar Baleeiro, acompanhado nesse ponto por Sacha Calmon Navarro Coelho. Em verdade, o pedágio simboliza um instituto dos mais vetustos ao longo da história da humanidade. Segundo Kal Machado, a história nos revela que no século IV a.C. o pedágio já era cobrado nas vias que ligavam a Síria à Babilônia. No direito romano havia o *portorium*, o qual incidia sobre o valor das mercadorias que transitavam pelas estradas, prestação sobremodo distinta das vestes atuais do pedágio, mas que, por sem dúvida, tem o condão de marcar a sua trajetória ao longo do tempo ("Concessões de rodovias: mito e realidade", apud *Um livro a favor do pedágio*, por Neuto Gonçalves, in www.ntc.org.br/Kal_Machado.htm, p.1).

Consoante interessante comento de Sacha Calmon Navarro Coelho, o pedágio traduzia um *direito de passagem* e com essa feição remonta aos impérios do passado, desde Roma à Idade Média, culminando por declinar com o surgimento dos Estados Nacionais (*Comentários à Constituição de 1988 – Sistema Tributário*, Forense, 1990, pp. 68 e ss.).

Na Idade Média, os senhores feudais exigiam-no em estradas ou rios, quer o passante estivesse a pé, a cavalo ou de barco (barcagem) ou de veículo (rodágio). Em sua roupagem de antanho, o direito brasileiro permitia a cobrança do pedágio para construir e conservar estradas, diferentemente do regime atual, semelhante ao modelo adotado alhures, onde estradas e pontes foram construídas com recursos advindos desse gravame, a exemplo da ponte sobre o Rio Mersey na Inglaterra, bem como a ponte sobre o Rio Sena na França, ou ainda a ponte sobre o Rio Tejo em Portugal, assim como as estradas de Esterel na Costa Azul Francesa e Rodovia do Sol na Itália.

Na mesma trilha caminha a lição de Aliomar Baleeiro ao revelar que o pedágio já era conhecido pelos romanos, perpassou a Idade Média e desfrutou de inegável importância até o segundo quartel do século XIX, quando o advento e o incremento do transporte ferroviário culminaram por comprometer a arrecadação do aludido gravame, o qual restou prejudicado em termos de instrumento de provimento de receitas, bem assim de política governamental (*Direito Tributário Brasileiro*, Forense, 1972, pp. 294 e ss.).

Observa o Mestre que o pedágio reconquistou importância à época que antecedeu a Segunda Grande Guerra, uma vez que a Itália e os Estados Unidos, em particular, redescobriram as potencialidades do instituto no sentido de otimizar as políticas públicas no concernente à construção e à conservação de estradas, sejam as auto-estradas, a exemplo do modelo adotado pelo Estado da Pensilvânia, sejam os pequenos trechos destinados ao turismo, a teor do quanto abraçado pela França (ob. cit., pp. 294 e ss.). No direito norte-americano, ao propósito, o instituto é fartamente utilizado, tanto ao ensejo do uso de estradas, pontes, ferrovias ou coisas de natureza pública, conforme consignado no *Law Dictionary* que, ao enfocar o verbete em apreço denominado "tool" no idioma inglês, assim atremou, *in verbis*: "Term that refers to the consideration given for the use of roads, bridges, ferries, or similar things of a public nature" (*Barrons's Educational Series*, Inc., 3ª ed. por Steven H. Gifis, 1991, p. 493).

Já no Estado Moderno, o pedágio perdeu a roupagem autoritária de contrapartida de mero desfrute de bem público, ganhando uma fisionomia fulcrada na fruição de um *plus* em prol do utente da estrada, transcendendo, assim, a configuração em tempos de outrora. Em veras, no direito contemporâneo, quer aqui, quer alhures, a cobrança do pedágio pressupõe como requisito inexorável a presença de uma atividade estatal, a qual, entre nós, consiste na conservação das estradas, enquanto no direito comparado jaz substanciada não só na conservação, mas também na própria construção das rodovias.

O presente estudo preordena-se a examinar o instituto do pedágio ao lume do direito positivo brasileiro, buscando aquilatar sua conformidade ou desconformidade com o Texto Magno, independentemente de quaisquer aspectos exógenos que possam permear a matéria, quer de natureza comparada, quer econômica, quer política, quer sociológica. Em suma, quer-se saber se o figurino constitucional autoriza ou não a cobrança do pedágio, consoante os termos da legislação de regência. A bem ver, esse é o desígnio ora acalentado e que, por certo, haverá de exsurgir nos desdobres das reflexões a seguir empreendidas.

No Brasil a figura é sobremodo conhecida de toda a sociedade, uma vez que largamente empregada nas rodovias federais e estaduais em todo o país, tanto públicas como privatizadas, a exemplo, dentre outras, da BR 101, da BR 113 e da Nova Dutra, no âmbito federal, ou da Bandeirantes, Imigrantes ou Anhanguera, na ambitude do Estado de São Paulo.

2. *O pedágio no direito positivo brasileiro*

2.1 *Plano constitucional*

Preambularmente, impende observar que o pedágio foi interserto em nosso direito por intermédio do Diploma Excelso de 1946, o qual, em seu art. 27, assim averbou: "É vedado à União, aos Estados, ao Distrito Federal e aos Municípios, estabelecer limitações ao tráfego de qualquer natureza por meio de tributos interestaduais ou intermunicipais, ressalvada a cobrança de taxas, inclusive pedágio, destinadas exclusivamente à indenização das despesas de construção, conservação e melhoramento de estradas".

Com efeito, o Texto de antanho qualificou o pedágio com a fisionomia jurídica de tributo da espécie taxa, cabendo observar que à época as receitas provenientes de sua arrecadação encontravam-se afetadas às despesas de construção, conservação e melhoramento de estradas.

A Carta outorgada em 1967, de seu turno, dispôs de modo diverso, senão vejamos:

> "Art. 20: É vedado à União, aos Estados, ao Distrito Federal e aos Municípios: II – estabelecer limitações ao tráfego, no território nacional, de pessoas ou mercadorias, por meio de tributos interestaduais ou intermunicipais, exceto o pedágio para atender ao custo de vias de transporte".

Como se vê, o Estatuto Político editado em 1967 manteve a vedação no concernente à tributação interterritorial, em homenagem e cumprimento ao pacto federativo, mantendo, é bem de ver, o pedágio com os contornos anteriores, embora vertido numa linguagem concisa e vaga, máxime porque omitiu a expressão *taxa*, senão também aludiu apenas ao custeio das rodovias, deixando de explicitar qual seria a exata dimensão desse dispêndio, a exemplo do quanto corretamente constara da Ordem precedente, a qual esmiudou a destinação, tanto que gizou como epíteto o campo da construção, conservação e melhoramento das estradas.

A Emenda n. 1/1969 que reformulou substancialmente a Constituição de 1967, tornou a dar nova redação ao assunto, tanto que em seu art. 19, inciso II, assim dispôs:

> "É vedado à União, aos Estados, ao Distrito Federal e aos Municípios estabelecer limitações ao tráfego de pessoas ou mercadorias, por meio de tributos interestaduais ou intermunicipais".

O mandamento em apreço silenciou em relação ao pedágio, tanto que deixou de fazer a ressalva constante nos Textos pretéritos, os quais excetuavam a taxa de pedágio do âmbito da proibição relativa à instituição de tributos interterritoriais. De conseguinte, o mandamento *in casu* deu abrangência plena à referida vedação, donde, afigura-se lídimo dessumir que a cobrança do pedágio, se compreendido como tributo da espécie taxa, ressentiu-se de lastro constitucional a partir de então, sendo restabelecido somente ao depois do advento da Constituição de 1988, consoante será examinado em seguida.

Por outro lado, a Constituição promulgada em outubro de 1988 cuidou do assunto por intermédio do art. 150, inciso V, que assim normatizou:

> "Sem prejuízo de outras garantias asseguradas ao contribuinte, é vedado à União, aos Estados, ao Distrito Federal e aos Municípios estabelecer limitações ao tráfego de pessoas ou bens, por meio de tributos interestaduais ou intermunicipais, ressalvada a cobrança de pedágio pela utilização de vias conservadas pelo Poder Público".

Dessarte, a *Lex Legum* a viger restabeleceu o título competencial alusivo ao pedágio, condicionando sua receita à conservação de vias, as quais devem ser consideradas mais do que simples vias, mas estradas, máxime porque a tessitura do comando alude ao tráfego entre territórios das unidades federadas, daí tratar-se de rodovias.

Importa notar que a Lei Fundamental promulgada em outubro de 1988 estatuiu modificações substantivas em relação ao pedágio, pois, enquanto o Texto de 1946 condicionava a destinação de suas receitas à construção e conservação de estradas, a nova ordem restringiu o gravame tão-somente ao campo de conservação das apontadas rodovias.

Em breve resumo, vimos de ver que, no plano constitucional, o pedágio foi introduzido no Direito Pátrio por meio do Diploma de 1946, sendo mantido na Carta de 1967 e afastado ao lanço da Emenda n. 1/1969, culminando, outrossim, pelo restabelecimento por intermédio da Constituição de 1988, merecendo obtemperadas as sutis nuances que contradistinguem os referidos períodos, especialmente os seguintes: a) no período compreendido entre 18 de setembro de 1946 até 16 de outubro de 1969, o regime jurídico constitucional do pedágio afetava as suas receitas à construção e à conservação das Estradas; b) a contar de 17 de janeiro de 1969, se admitida a natureza de tributo da espécie taxa, o pedágio não foi recepcionado pela Emenda Constitucional n. 1/1969, a qual se cingiu a proibir a instituição de tributos interestaduais e intermunicipais, não estabelecendo qualquer exceção que autorizasse a criação da aludida prestação; e c) a Constituição de 1988, de seu turno, manteve a vedação acerca da criação de tributos interestaduais e intermunicipais, mas restabeleceu a ressalva no tocante à instituição de pedágios, circunscrevendo a afetação dos recursos provenientes de sua arrecadação apenas à conservação de estradas, vedando, pois, ainda que implicitamente, a aplicação de suas receitas à construção de rodovias, modificando, nesse ponto, o disposto nas Cartas de 1946 e de 1967.

Verdade seja, para efeito de direito aplicado, o assunto se restringe ao lapso temporal empós o advento da Constituição de 1988, tudo com o desígnio de sopesar acerca da validade ou invalidade da cobrança do pedágio, máxime porque o período anterior estaria alcançado pela decadência para fins de eventual questionamento, restando prestante apenas como instrumento exegético de conteúdo histórico evolutivo.

2.2 Patamar infraconstitucional

2.1.1 Seara federal

À guisa de informação histórica, Bernardo Pereira de Vasconcelos, citado por Baleeiro, nos dá notícia que uma lei de 1835 instituíra uma *taxa itinerária* com fisionomia semelhante à do atual pedágio (ob. cit., p. 296). Outrossim, durante o período colonial e durante o século XIX alguns municípios cobravam um tributo denominado *imposto de portagem*, cujo pressuposto consistia na utilização de pontes e obras municipais de trânsito. Ao depois, a União instituiu a cobrança do pedágio nas rodovias federais, fazendo-o por meio do Decreto-lei n. 791, de 27.8.1969, tendo sua cobrança iniciada no ano de 1970.

Em sua concepção moderna, o pedágio federal foi criado pela Lei n. 7.712, de 22.12.1988, já sob a égide da ordem constitucional de 1988, observando que seu preâmbulo alude à cobrança de pedágio nas rodovias federais, sobre estipular outras providências. O aludido texto estabelece a criação do pedágio descrevendo seus contornos genéricos, delegando ao Poder Executivo, outrossim, a incumbência de disciplinar o *modus faciendi* de sua cobrança. Obviamente, a referida delegação somente seria possível se admitido que o gravame tivesse natureza jurídica tarifária, jamais tributária, convindo ponderar que esse aspecto será analisado com detença em tópicos subseqüentes.

Com efeito, o texto a viger merece breves comentos, na medida em que os seus comandos realçam o perfil do pedágio federal, propiciando exaltar sua fisionomia jurídica.

Em seu art. 1º, o diploma *in casu* disciplina a cobrança de pedágio em face da utilização de rodovias federais, pontes e obras de arte especiais que as integram. A bem ver, o diploma de regência qualifica como hipótese de incidência do gravame a utilização dos apontados bens públicos de uso comum do povo, segundo a linguagem do art. 99, inciso I, do Código Civil, cujo texto encampa a redação da codificação de antanho, senão também disposições de outros diplomas que versam o assunto. A premissa vem reafirmada no art. 2º que, ao identificar o sujeito passivo, diz que o contribuinte do pedágio é o usuário da rodovia federal. Embora o mandamento seja silente, ressalta à evidência que o pólo passivo também enlaça o usuário de pontes ou aquele que fruir as obras artísticas integrantes daqueles bens.

Já o art. 3º tem o condão de estabelecer o limite de sua quantificação, sobre confirmar sua finalidade consubstanciada na manutenção da qualidade das estradas, tanto que o mencionado preceito estipula que a arrecadação não pode exceder o valor necessário para conservar as rodovias federais, levando em conta o desgaste causado pelos veículos automotores. O parágrafo único, de seu turno, aprova uma tabela de valores do pedágio, firmando, outrossim, o respectivo ajuste anual por meio da lei orçamentária.

O art. 4º, por sua vez, estipulou que a cobrança seria efetivada por ato do Poder Executivo, nos termos do art. 84, inciso IV, da Carta da República, o que foi realizado por meio do Regulamento anexo ao Decreto n. 97.532, de 17.2.1989.

O referido Regulamento, sobre esmiudar a legislação então vigente, criou o chamado selo-pedágio, bem assim estabeleceu uma tabela de valores em consonância com a descrição e a categoria dos veículos, firmando, ainda, que os valores relativos aos exercícios futuros seriam ajustados por meio de Instruções Conjuntas da Secretaria da Receita Federal com o Departamento Nacional de Estradas de Rodagem, respeitados os parâmetros da legislação orçamentária.

Dessarte, os indigitados ajustes, diga-se de passo, majorações, foram efetivados por intermédio de atos administrativos, não as apontadas Instruções, mas Portarias exaradas pelo Ministério dos Transportes, até o advento da Lei n. 10.233, de 5.6.2001, a qual deu poderes à Agência Nacional de Transportes Terrestres para dispor sobre o pedágio, no caso tratado com o *nomen juris* de tarifa.

Torna-se de mister esclarecer que a Lei n. 7.712, de 22.12.1988 foi revogada expressamente pela Lei n. 8.075, de 16.8.1990, a qual determinou que, no prazo de até 120 (cento e vinte) dias, o Poder Executivo haveria de apresentar um Projeto de Lei com a finalidade de dispor sobre o restabelecimento de um mecanismo de financiamento para a construção e manutenção de rodovias.

Importa ressaltar que até a época da feitura deste Estudo não havia lei tratando do assunto, salvo legislações específicas, a exemplo da Lei n. 9.277, de 10.5.1996, que trata da delegação concernente à administração e exploração de rodovias e portos federais, bem assim da Lei n. 10.209, de 23.3.2001, que instituiu o Vale-Pedágio obrigatório sobre transporte rodoviário de carga, ou da Lei n. 10.233, de 5.6.2001, que cuida da reestruturação dos transportes aquaviário e rodoviário, além de criar o Conselho Nacional de Transportes, a Agência Nacional de Transportes Terrestres, a Agência Nacional de Transportes Aquaviários e o Departamento Nacional de Infra-Estrutura de Transportes.

Neste atempo, cogita-se apenas retratar o pedágio ao lume de sua positivação federal no direito brasileiro, cumprindo ponderar que o contraste de validade será efetuado nos desdobres deste Estudo.

2.1.2 Esfera estadual paulista

No Estado de São Paulo, a Lei n. 784, de 30.8.1950, modificada pela Lei n. 2.481, de 31.12.1953, criou o gravame com a denominação de *taxa de pedágio*, tendo por finalidade a obtenção de recursos financeiros para a construção e pavimentação de estradas. Os valores da aludida taxa foram estampados numa Tabela anexa ao diploma normativo em apreço, o qual, por sua vez, delegou poderes ao Departamento Estadual de Estradas de Rodagem para promover o respectivo ajuste periodicamente.

Em sua trajetória normativa, o pedágio foi objeto de legislação superveniente, no caso o Decreto-lei n. 5, de 6.3.1969, o qual rotulou o gravame com o nome de *tarifa*, sobre destinar os recursos de sua arrecadação à construção, ampliação e melhoramento de rodovias. Ademais, cuidou da constituição de uma sociedade por ações sob a denominação de DERSA-Desenvolvimento Rodoviário S/A, a qual ficou incumbida da administração do pedágio no Estado de São Paulo, especialmente a Via Anchieta e a Rodovia dos Imigrantes. No tocante à quantificação do pedágio, o diploma *in casu* delegou poderes ao Executivo que, por decreto poderia estabelecer os ajustes da chamada tarifa, tudo após proposta da DERSA ao Secretário dos Transportes, com base nos custos do empreendimento e do serviço, levando em conta ainda o tipo do veículo e o trecho da remuneração, em conformidade com os padrões internacionais adotados em auto-estradas semelhantes.

De seguida, o Governo do Estado modificou o referido decreto-lei, editando a Lei n. 95, de 29.12.1972, convindo ponderar que as alterações são de índole meramente administrativa, não refletindo substancialmente no gravame ora examinado.

A contar do ano de 1984, o Governador do Estado de São Paulo exarou o Decreto n. 22.419, datado de 2 de julho daquele exercício, cujo teor delegou competência ao Secretário dos Transportes para fixar as chamadas tarifas de pedágio nas estradas estaduais. Dessarte, a partir de então até os dias atuais, o pedágio paulista assujeita-se a ajustes por intermédio de ato administrativo da lavra do Secretário dos Transportes, tema que será objeto de contraste de juridicidade nas dobras deste trabalho.

3. *Tarifa, preço ou taxa?*

3.1 Aspectos terminológicos que circundam as expressões tarifa e preço

Num sentido lato a palavra preço diz respeito ao valor relativo à compra de mercadorias ou bens, senão também ao desfrute de serviços. É com essa acepção que a dição é empregada na linguagem coloquial, bem como no discurso jurídico, enquanto concebida em sua generalidade.

Outrossim, no plano da Ciência das Finanças, o preço mereceu, dentre outras, uma sistematização em três patamares, quais sejam: preço privado, preço político e preço público. O primeiro corresponde ao significado genérico retromencionado, enquanto o segundo consiste na prestação destinada a remunerar o serviço estatal por importância inferior ao custo, ao passo que o derradeiro exprime a contraprestação que remunera o serviço público realizado em regime de concessão ou de permissão.

Força é alembrar que tanto o preço privado, como o político, como também o preço público simbolizam institutos informados por regime jurídico de direito privado, portanto, situados nas províncias da *ex-voluntate*.

A bem ver, no concernente ao preço público, a carga semântica ora estampada é compartilhada pelo autorizado magistério de Marco Aurélio Greco que assim o definiu: "Quantia pecuniária paga voluntariamente por aquele que fruir de um serviço público prestado por um concessionário, de utilização não obrigatória" (in *Dicionário Jurídico* de Maria Helena Diniz, vol. 3, cit., p. 681).

Outro não é o entendimento de Kiyoshi Harada, renomado Professor especializado em Direito do Estado, para quem:

"Tarifa é conhecida como preço público ou simplesmente preço, que nada mais é do que a contraprestação paga pelos serviços solicitados ao Estado ou por bens por ele vendidos. O preço público constitui receita originária do Estado. É uma obrigação ex-voluntate. Seu regime jurídico é de direito privado, informado pelo princípio da autonomia da vontade" (*Dicionário de Direito Público*, São Paulo, Editora Atlas, 1999, p. 181).

O inexcedível Hely Lopes Meirelles reconhece a equivalência entre as aludidas expressões, tanto que ao bordar o assunto relativo à remuneração do concessionário sublinhou que esta dar-se-ia por meio de tarifa, ocasião em que empregou a palavra preço público entre parêntesis (*Direito Administrativo Brasileiro*, 30ª ed., São Paulo, Malheiros Editores, 2005, p. 381).

No campo normativo, o direito positivo brasileiro utiliza o termo *tarifa* na Lei de Licitações, fazendo uso, também, da palavra preço quando alude às condições para a proclamação da proposta vencedora do certame, a exemplo da locução *melhor preço*.

O Diploma Magno, por sua vez, ao constitucionalizar o regime de concessão ou de permissão por meio do comando inserto no art. 175, parágrafo único, inciso II, faz menção à política tarifária, reconhecendo, por óbvio, que a *tarifa* seria a forma adequada de remunerar o prestador do serviço objeto da atividade estatal então delegada.

Em que pese à terminologia contida no figurino constitucional mencionar o termo tarifa, nada impede que o legislador subconstitucional, ou mesmo a doutrina ou a jurisprudência, adotem expressões com unidade monádica semelhante, a teor da palavra *preço*, ora analisada.

Ante os comentos trazidos à colação, afigura-se lídimo dessumir que a palavra tarifa aloja um sentido mais estrito, enquanto o seu substrato alude especificamente à remuneração do serviço público prestado pelo concessionário ou permissionário, enquanto o vocábulo preço, sobre denominar a apontada remuneração, denota também o valor dos equipamentos necessários à manutenção e à expansão dos serviços, como quer, aliás, Hely Lopes Meirelles (ob. cit., p. 381).

3.2 Pedágio com feição de tarifa ou preço: óptica doutrinal

Na raia do Direito Administrativo prospera entendimento segundo o qual o pedágio teria a natureza jurídica de preço público. Nesse sentido é o magistério de Caio Tácito, Hely Lopes Meirelles e Celso Antonio Bandeira de Mello, dentre outros renomados juristas desse segmento do universo normativo. Na seara tributária, ao revés, prevalece opinião em sentido contrário, pois a corrente dominante sustenta a natureza de tributo da espécie taxa, salvo algumas exceções, a exemplo de Luciano Amaro, bem assim de Marçal Justen Filho, este com atuação sobremodo expressiva no Direito Tributário e também no Administrativo, que rejeitam a configuração tributária em relação ao pedágio.

Nessa vereda, por exemplo, é o magistério do eminente Professor Celso Antonio Bandeira de Mello, titular da Faculdade de Direito da Universidade Católica de São Paulo. Em resposta à consulta formulada pela Associação Brasileira de Concessionárias de Rodovias – ABCR, o eminente jurista afirma que o pedágio reveste natureza tarifária. Veementiza que o equilíbrio econômico financeiro do contrato administrativo restaria comprometido, caso submetido ao regime tributário, a teor dos postulados da anterioridade e da estrita legalidade e, por via de conseqüência, culminaria por inviabilizar a concessão do serviço, mercê do obstáculo que representaria a retribuição financeira em prol do concessionário. Aduz que seria um contra-senso o direito prever um dado instituto e erigir óbices que inviabilizassem a sua concreção.

Ao final, o festejado mestre sintetiza o quanto exposto e conclui nos seguintes termos:

> "O pedágio cobrado pelas concessionárias de rodovias tem caráter de tarifa, administrativamente revisível, por ato do próprio executivo, sempre que necessário à preservação do equilíbrio econômico financeiro da concessão. Não se trata de modo algum de um tributo (taxa) sujeito aos princípios constitucionais tributários" (in *Parecer*, p. 18, conclusão n. I).

Outra não é a concepção de Maria Sylvia Zanella Di Pietro, ao atremar que o equilíbrio econômico-financeiro imanente ao conceito de concessão somente poderia ser efetivado por meio de tarifa, máxime porque a sua recomposição exigiria inegável celeridade e seria mister da função administrativa, pois, se dependesse de lei restaria comprometida. Aduz que, se fosse taxa, o Poder Público é que iria pagar ao contratado o valor estipulado na avença e não o usuário, como sói acontecer. Invoca, ao demais, a antiga Súmula do Supremo Tribunal Federal que estabelece como marco divisório entre taxa e preço a obrigatoriedade daquela e a facultatividade desta (*Parcerias na Administração Pública: concessão, permissão, franquia, terceirização e outras formas*, 4ª ed., São Paulo, Atlas, 2002, p. 332). Logo, força é depreender que, no ver da eminente jurista, toda atividade estatal explorada por meio de concessão ou permissão seria remunerada por tarifa e não taxa, dentre elas o pedágio. Cumpre lembrar, *a contrario sensu*, que a ilustre professora reconhece como taxa a exploração de serviço público quando efetuado diretamente pelo Estado (in *Temas Polêmicos sobre Licitações e Contratos*, 5ª ed., revista e ampliada, São Paulo, Malheiros Editores, 2001, p. 366).

Ao versar a remuneração do serviço público objeto de concessão, dentre os quais se inclui o pedágio, Hely Lopes Meirelles afirma que:

> "O serviço concedido deve ser remunerado por tarifa (preço público) e não por taxa (tributo). E a tarifa deve permitir a justa remuneração do capital, o melhoramento e a expansão do serviço, assegurando o equilíbrio econômico e financeiro do contrato. Daí impõe-se a revisão periódica das tarifas, de modo a adequá-las ao custo operacional e ao preço dos equipamentos necessários à manutenção e expansão do serviço, a fim de propiciar a justa remuneração do concessionário, na forma contratada" (*Direito Administrativo Brasileiro*, cit., p. 381).

Outrossim, ao bordar o assunto de forma direta, em Parecer publicado na *Revista dos Tribunais*, ainda ao lume da ordem constitucional de 1969, o saudoso jurista propugnou pela natureza de preço e não de taxa, tudo por entender que a obrigação guardaria caráter facultativo. Dessarte, afirmou não tratar-se de taxa, mercê de não constituir imposição fiscal compulsória, mas preço público, de livre pagamento para quem utilizar o bem público (rodovia) ou o serviço oferecido pelo Estado ou por quem lhe fizer as vezes (*RT* 430/36, 1971).

Em prol da natureza de preço público são as lições de Pontes de Miranda (Parecer, *RDP* 18/323), bem assim de Arnoldo Wald (Parecer, *RDA* 99/401), senão também de Seabra Fagundes (Parecer, *RDP* 18/330) e Orlando Carlos Gandolfo (Parecer, *RDA* 103/295), dentre outros.

Antonio Carlos Cintra do Amaral adota o critério pessoal para efeito de distinguir taxa de preço, pois, a seu ver, o pedágio teria a natureza de taxa se explorado diretamente pelo Poder Público, assumindo a natureza de preço, se explorado por interposta pessoa, mediante concessão (apud *Pedágio Pressupostos Jurídicos*, José Antonio Savaris, Curitiba, Juruá, 2004, p. 91).

Na mesma trilha é a lição de Marçal Justen Filho, para quem o sujeito ativo do liame teria o apanágio de distinguir taxa de preço, pois preconiza que na hipótese de o Estado explorar diretamente o serviço público específico e divisível, de utilização espontânea ou obrigatória, configuraria taxa, ao passo que na hipótese de delegação do serviço por via de concessão ou permissão, seria preço. É dizer, o renomado jurista abraça o critério pessoal para o fim de identificar a natureza jurídica do gravame (in *Concessões de Serviços Públicos*, São Paulo, Dialética, 1997, p. 143).

Por outro lado, alguns doutrinadores negam natureza tributária ao pedágio por entenderem que o figurino constitucional contemplaria tão-somente as taxas de polícia e de serviço público específico e divisível, conforme o texto do art. 145, inciso II da Constituição da República – hipóteses em que o pedágio não se enquadraria, porquanto o seu pressuposto seria o uso do bem público e não o serviço. Nesse rumo é a lição de Luciano Amaro, para quem o fato gerador do pedágio é a utilização da via pública e não a conservação desta, donde, a seu pensar, inexiste previsão constitucional acerca da taxa de uso, daí o abalizado autor não reconhecer a natureza de taxa ao referido gravame (*Direito Tributário Brasileiro*, 4ª ed., São Paulo, Saraiva, 1997, p. 50).

3.3 Pedágio com fisionomia de taxa: prisma doutrinário

Na doutrina tributária prepondera entendimento no sentido em que o pedágio reveste a natureza jurídica de tributo da espécie taxa. Alguns admitem que o gravame possa ter natureza tarifária ou tributária, dependendo do regime jurídico escolhido pelo legislador, a exemplo, dentre outros, do eminente Professor Sacha Calmon Navarro Coelho (*Comentários à Constituição de 1988*, cit., p. 98), de Luiz Emygdio F. da Rosa Júnior (*Manual de Direito Financeiro e Direito Tributário*, vol. I, 4ª ed., Freitas Bastos, 1983, p. 239), bem assim de Vittorio Cassone (*Direito Tributário*, 11ª ed., São Paulo, Atlas, pp. 87-88). Os autores mencionados proclamam que a facultatividade exprime o traço identificador do preço ou tarifa, sublinhando, por outro lado, que a compulsoriedade traduz o característico peculiarizador da taxa.

Dentre os que propugnam pela natureza tributária do pedágio, há um dissentimento em relação à especificidade do gravame, pois enquanto um segmento doutrinal sustenta tratar-se de taxa de uso de bem público, outra corrente defende a feição de taxa de serviço público específico e divisível, sem contar a existência de um artigo propugnando tratar-se de taxa de polícia.

3.3.1 Visão do pedágio como taxa de uso ou de utilização de bem público

Ao bordar o assunto, Bernardo Ribeiro de Moraes reformulou posicionamento anterior e abraçou francamente o ponto de vista segundo o qual, a contar do advento da Constituição promulgada em outubro de 1988, o pedágio assumiu natureza de taxa de uso de bem público, mercê do preceito impresso no art. 150, inciso V, do Texto Excelso, cujo substrato autoriza a cobrança de pedágio e, com isso, excetua o aludido gravame da vedação genérica que impede a instituição de tributos interestaduais ou intermunicipais limitadores do tráfego de pessoas ou bens. São suas palavras:

> "Ao fazer esta ressalva a Constituição admitiu uma nova espécie tributária (de taxa, pois a esta se acha relacionada a atividade estatal), que tem por causa jurídica a utilização de vias conservadas pelo Poder Público (não se dispõe mais com referência a 'despesas de construção, conservação e melhoramento de estradas', como era anteriormente)" (in *Revista Dialética de Direito Tributário* 12/7-13).

Kiyoshi Harada também entrevê no pedágio uma taxa de uso de bem público. É a conclusão que emerge de seus estudos acerca do tema, quer no verbete constante de seu *Dicionário Jurídico* (ob cit., p. 159), quer no trabalho publicado no *Repertório IOB de Jurisprudência* (n. 22/99).

Outro não é o pensar de Sacha Calmon Navarro Coelho que, de forma cintilante, grafou: "Ora, não presta o Estado 'um serviço de estradas', oferece-as a uso" (*Manual de Direito Tributário*, Rio de Janeiro, Forense, 2000, p. 264).

Maria Helena Diniz, professa da mesma opinião, consoante estampa o verbete sob comento em seu *Dicionário Jurídico* que, ao definir pedágio assim averbou: "Taxa paga pelo uso de estradas para satisfazer despesas de conservação realizadas pelo Poder Público" (ob. cit., p. 549). No mesmo sentido é o pensar de Pinto Ferreira, para quem, a partir da nova ordem constitucional, o pedágio ganhou a natureza de taxa de uso ou de utilização de rodovias. Com efeito, em uma de suas obras anotou que o pedágio "é uma taxa que onera todo aquele que utiliza determinada via de transporte" (*Comentários à Constituição Brasileira*, vol. 5, São Paulo, Saraiva, p. 321).

Dessarte, vimos de ver uma breve sinopse acerca de autores de tomo que perfilham do entendimento que entrevê no pedágio uma taxa de uso ou de utilização de bem público.

3.3.2 O pedágio como taxa de serviço público específico e divisível

Outrossim, autores há que admitem tratar-se de tributo da espécie taxa de serviço, tudo em face da conjugação do comando insculpido no art. 150, inciso V, com o art. 145, inciso I, ambos do Texto Excelso. É o caso de Anna Emilia Cordelli Alves que assim afirma: "O pedágio tem natureza de taxa por força do disposto no artigo 150, inciso V, consistindo sua matriz constitucional na atividade estatal de prestação de serviço público específico e divisível concernente à conservação de rodovias" (*Revista de Direito Tributário* 99/37).

Roque Carrazza, com sua pena de ouro, observa que o pedágio não abriga natureza de taxa de uso, conforme sugere a letra do comando inserto no art. 150, inciso V, do Diploma Magno, máxime porque, a seu ver, o art. 145, inciso II, da *Lex Legum*, prevê somente duas espécies de taxas, equipole dizer, as de polícia e as de serviço, donde seria defeso ao legislador instituir qualquer outra taxa, sob pena de transgredir o aludido título competencial ou mesmo incorrer na vedação de criar imposto com nome de taxa, afrontando, nessa hipótese, o § 2º, do art. 145, da Constituição. Ouçamo-lo:

"É portanto, o serviço público de conservação das rodovias que autoriza a instituição do pedágio, verdadeira *taxa de serviço*, inobstante seu *nomen iuris*" (*Curso de Direito Constitucional Tributário*, 20ª ed., São Paulo, Malheiros Editores, 2004, p. 502).

No mesmo diapasão é a lição contida no clássico *Direito Tributário Brasileiro* de Aliomar Baleeiro, em edição complementada pela eminente jurista Misabel Abreu Machado Derzi, que categoriza o pedágio como taxa de serviço. Num breve excerto assim firmou:

"Ora, os pedágios têm, por força do art. 150, V, a natureza de taxa de serviço público de conservação, cuja divisibilidade somente se manifesta no momento da utilização da via pública" (11ª ed., Rio de Janeiro, Editora Forense, 2000, p. 549).

O inexcedível e inesquecível Geraldo Ataliba também admite que o pedágio é um tributo da espécie taxa de serviço, porquanto, a seu pensar, o substrato da hipótese de incidência não é o uso da rodovia em si, mas "a utilização de serviços públicos específicos e divisíveis, prestados ao contribuinte ou postos à sua disposição" (in *Revista de Direito Tributário* 46/90).

Ao consoar do exposto a breve trecho, os doutrinadores citados sobraçam da tese que reconhece no pedágio uma verdadeira taxa de serviço, adotando postura diametralmente oposta em relação à corrente mencionada no tópico precedente.

3.3.3 O pedágio como taxa de polícia

Conquanto os trabalhos acadêmicos não se inclinem por comunicar ao pedágio a natureza de taxa de polícia, cumpre obtemperar que algumas premissas firmadas por determinadas correntes doutrinais poderiam comportar construções deste jaez.

Com efeito, há estudos no rumo em que o pressuposto da incidência da norma relativa ao pedágio não seria o uso da rodovia *per se*, mas a utilização do serviço público propriamente, como quer o abalizado ensinamento de Geraldo Ataliba e de Misabel Abreu Machado Derzi.

Ora, em se considerando essa premissa, teria sentido, por exemplo, suscitar que o pedágio guardaria a natureza de taxa de polícia sob o fundamento de que a sua cobrança seria a utilização do exercício do poder de polícia espraiado ao longo das estradas, o qual, segundo Ives Gandra da Silva Martins, representa um serviço público em sentido largo, conforme suas palavras sempre ilustrativas e incisivas, contidas num estudo versando sobre o tema "Taxa e Preço Público". Nesse diapasão, assim pontuou:

> "O exercício do poder de polícia *lato sensu* é um serviço público prestado pelo ente tributante, a quem é facultado ressarcir-se pela espécie tributária denominada taxa" (*Revista de Direito Tributário* 32/234).

Como se pode notar, o assunto rende ensanchas a inúmeras concepções e construções, a exemplo do tópico tematizado em que autores de tomo assentem em relação à natureza do pedágio com a feição de tributo da espécie taxa, mas dissentem no tangente à modalidade de taxa, porquanto uma vertente afirma tratar-se de taxa de uso, enquanto outra a considera taxa de serviço público específico e divisível, restando, ainda, uma postura derradeira que lhe comunica a fisionomia de taxa de polícia.

3.3.4 Outras posições

Em que pese ao expressivo número de posturas contrapostas no seio da doutrina, exsurge, por vezes, uma nova posição, a teor do entendimento do advogado Márcio Blanc Mendes que propõe uma classificação singular, pois, para ele, o pedágio não seria uma espécie de taxa, mas uma modalidade autônoma de tributo, ao lado do imposto, taxas, contribuições de melhoria e demais contribuições.

Assim, após questionar o assunto em estudo versando sobre o pedágio, conclui com as seguintes palavras:

> "A Constituição Federal não previu tal espécie de taxa, mas apenas as decorrentes de exercício do poder de polícia e de serviço. Portanto, a nosso ver o pedágio constitui-se espécie autônoma de tributo, tendo nomenclatura própria e distinta de tributo ao lado do imposto, taxa, contribuição de melhoria e demais contribuições com a natureza tributária, não sendo correto mencionar a exação como sendo 'tarifa', tampouco 'taxa'" (in www.urbanovitalino.com.br/artigos/artigo 001.pdf, p. 11).

3.3.5 Observações finais sobre o problema objeto do presente tópico

A bem ver, uma vez cravada a premissa, consoante a qual o pedágio teria a natureza de taxa, o subitem sob exame preordenou-se tão-somente a demonstrar as diversas posições doutrinais acerca do assunto, trazendo à baila lições de estudiosos em geral, incluindo posturas de juristas de tomo. Conforme visto, o aspecto controversial desponta com induvidoso vigor, pois cada corrente apresenta uma série de argumentos voltados a comprovar o corretismo de suas convicções.

Por essa forma, a postura a ser abraçada neste trabalho será esmiuçada no item subseqüente, onde serão empreendidas as oportunas meditações em torno da natureza jurídica genérica e específica do pedágio, buscando sustentar se abriga natureza de tributo ou não, bem assim se o gravame tem por antessuposto a utilização de bem público ou o desfrute de alguma espécie de serviço ou qualquer outra hipótese.

4. Natureza jurídica do pedágio: posição professada neste estudo

Na esteira de posição defendida noutros trabalhos, bem assim no *Manual de Direito Financeiro e Tributário* e também no *Dicionário Jurídico Tributário*, o autor deste estudo sustenta que a natureza jurídica do *tributo* consiste numa prestação originalmente pecuniária, instalada compulsoriamente e criada por pessoa constitucional. Tal entendimento exprime a quintessência do *tributo* e independe de aspectos exógenos que devem circundá-lo para efeito de legitimidade, mas que nada dizem em relação ao seu perfil tipológico. Dito de outro modo, a instituição por meio de lei ou a cobrança por ato vinculado representam requisitos inalienáveis no que respeita à legitimidade, mas estranhos ao regime jurídico tipificador do tributo.

Ante essa premissa, sempre que o pedágio compreender o modelo jurídico expresso numa prestação originalmente pecuniária, nascida compulsoriamente e instituída por pessoa constitucional, tributo será. Deveras, no mais das vezes é o que se verifica nas rodovias estaduais e federais, ou seja, é a regra geral. Assim, sempre que o cidadão não tiver alternativa senão pagar o pedágio como forma de alcançar o ponto almejado, o gravame reveste o traço da compulsoriedade, além de abrigar os demais requisitos próprios do gênero tributo.

Por outro lado, nada impede que o pedágio revista a natureza de preço público, a exemplo daquele cobrado no trecho inicial da Rodovia Castelo Branco, também denominada Via Oeste, em que o motorista se depara com uma de duas, ou transita pela pista original sem pagar pedágio no referido ponto, ou opta pela pista especial pedagiada, devendo, neste caso, pagar o pedágio por ato de vontade e não por força da compulsoriedade.

A bem ver e ao contrário do ponto de vista dominante, o pedágio hospeda a natureza de tributo em face de sua tipologia subsumir-se ao regime tributário ao lume da Teoria Geral do Direito e não em virtude do advento da Constituição promulgada em outubro de 1988. Por todas as veras, não é o preceito contido no art. 150, inciso V, do Texto Magno, que teria o apanágio de transformar o pedágio em tributo, mas a circunstância de sua contextura íntima hospedar o modelo jurídico próprio de tributo.

Fixado esse antessuposto, cumpre ressaltar que o pedágio tem por antessuposto uma atividade do Estado ou de quem lhe fizer as vezes, à qual tem por destinatário o utente da rodovia, no caso o contribuinte, donde reverbera a feição de taxa.

Impende obtemperar que a doutrina tradicional entrevê na taxa uma espécie de tributo que abriga por hipótese de incidência uma atividade estatal de serviço ou de polícia, merecendo lembrada a lição de Geraldo Ataliba que classifica os tributos em vinculados a uma atividade do Estado, a teor das taxas e contribuições, ou desvinculados à aludida atividade, caso dos impostos (*Hipótese de Incidência Tributária*, 6ª ed., 6ª tir., São Paulo, Malheiros Editores, 2005, Coleção Estudos de Direito Tributário, pp. 203 e ss.).

De todo o modo, quer se considere como hipótese de incidência da taxa o binômio substanciado numa atividade estatal enlaçada a um dado destinatário, quer se considere tão-somente a atividade do Estado, a conclusão que se impõe será inexoravelmente reconhecer que o pedágio reveste a natureza específica de taxa.

Dessarte, uma vez firmado que o pedágio aloja a fisionomia de tributo da espécie taxa, torna-se de mister examinar a sua natureza específica, o que será objeto de reflexões no tópico subseqüente.

4.1 Natureza jurídica específica do pedágio: Avaliação crítica das posições existentes e postura adotada à luz da base de cálculo

Consoante ensinanças de Paulo de Barros Carvalho, noção paradigmática no orbe do Direito Tributário, a base de cálculo exprime uma grandeza contida na norma jurídica, a qual se preordena a cumprir três funções, vale dizer, “a) medir as proporções reais do fato; b) compor a específica determinação da dívida; e c) confirmar, infirmar ou afirmar o verdadeiro critério material da descrição contida no antecedente da norma” (*Curso de Direito Tributário*, 13ª ed., revista e atualizada, São Paulo, Saraiva, 2000, pp. 324-325).

Com efeito, no tocante ao aspecto quantitativo, a base de cálculo mensura a conduta susceptível de tributação imersa no critério material da regra de incidência e, por conseguinte, traduz o importe sujeito à tributação, ao passo que no tangente à natureza jurídica do tributo, a referida grandeza tende a afirmar ou infirmar a literalidade do critério material, o que, em última análise, tem o condão de identificar a verdadeira natureza do tributo sob exame. Segundo o consagrado jurista, o tributo que abrigar literalmente uma hipótese de incidência de taxa, somente terá aquela natureza jurídica se a base de cálculo guardar integral harmonia com o comportamento contido na aludida hipótese, impropriamente denominada de fato gerador no plano legislativo. Por igual razão, caso a norma contenha hipótese de taxa e base de cálculo de imposto, haverá de prevalecer a natureza submersa na aludida grandeza, ou seja, em despeito do nome de batismo será um imposto e não uma taxa.

Postas em curso essas colocações, passemos ao exame da base de cálculo do pedágio perscrutando qual é a natureza jurídica específica do gravame à luz da legislação, a qual, por seu turno, será contrasteada com a grandeza submersa no Texto Excelso.

Na ambitude federal não se pode olvidar que inexiste diploma com estatura de lei disciplinando a matéria, máxime porque, conforme já visto anteriormente, a Lei n. 7.712, de 22.12.1988, a qual cuidou do assunto após o advento da ordem constitucional instalada em outubro de 1988, foi revogada expressamente pela Lei n. 8.075, de 16.8.1990 e, a partir de então, o tema encontra-se à míngua de lei no referido plano de governo.

Nem se diga, outrossim, que a Lei n. 8.987, de 13.2.1995 e ulteriores modificações, teriam supresso a lacuna legislativa, máxime porque os aludidos diplomas cuidaram de concessão e permissão de serviço público, bem assim de política tarifária. Ora, a fixação de tarifas *in casu* compreende caráter sobremodo genérico e abrangente e afigura-se aplicável, *v.g.*, às prestações de serviço de transporte municipal ou intermunicipal não podendo, sequer por hipótese, aplicar-se ao pedágio e infirmar sua natureza jurídica própria de tributo.

Por todas as veras, configuraria um rematado despropósito supor que o *nomen juris* contido na letra de uma lei qualquer tivesse o apanágio de modificar a natureza jurídica de institutos e categorias jurídicas, cujo perfil deflui do regime jurídico que lhe dá forma e não do nome de batismo ou da vontade do legislador.

De todo o modo, o referido texto contemplava como base de cálculo a utilização das rodovias federais, inclusive pontes e obras de arte que as integrassem. Assim, a lei *in casu*, bem assim os decretos e demais atos administrativos que cuidam da matéria, estabelecem como parâmetro para a quantificação do pedágio uma Tabela de Valores que descreve os veículos por categoria e número de eixos, fixando o importe da taxa em face desses parâmetros.

Dessarte, em despeito do contraste de legalidade, a exigibilidade do pedágio federal abriga por pressuposto uma grandeza relativa à utilização da rodovia, tanto nos termos da lei de origem, como nos atos administrativos que cuidam do assunto. A bem ver, a aludida quantificação guarda harmonia com o paradigma constitucional, uma vez que, ao versar a matéria, a cláusula final do art. 150, inciso V, autoriza "a cobrança de pedágio pela utilização de vias conservadas pelo poder público".

Por outro lado, abalizados autores sufragam da tese em prol da natureza de taxa de serviço, pois, segundo eles, o pressuposto de incidência não seria a utilização ou uso da rodovia propriamente, mas o serviço público de conservação do qual decorre a ulterior utilização. Alguns invocam a existência de apenas duas taxas enumeradas no art. 145, inciso II, da Constituição, pelo que rejeitam um *tertius genus*.

Com o devido acatamento, contudo, a natureza de taxa de serviço não merece prosperar, seja por que nada impede seja firmada uma terceira modalidade de taxa por meio de outro comando constitucional, seja por que a taxa de serviço prevista no art. 145, inciso II, discrepa totalmente do perfil da taxa de pedágio.

Realmente, admitir que existam apenas as taxas contidas no art. 145, inciso II e negar a existência de qualquer outra, seria o mesmo que reconhecer apenas as contribuições sociais de seguridade social, conforme previstas no art. 195, negando, por via de conseqüência, a existência das demais contribuições sociais com natureza específica diversa, a exemplo do SEBRAE, SENAI, SENAC, Salário-educação, SESC e SEST, dentre outras.

Além disso, a taxa de serviço catalogada no art. 145, inciso II, da Constituição não se compagina com o pedágio, máxime porque esse dispositivo diz respeito à taxa de serviço de utilização potencial, ou seja, ao contrário do gravame sob exame, cuja incidência se perfaz mediante a utilização efetiva, jamais potencial. É dizer, diferentemente da taxa de água e esgoto, por exemplo, cuja exigência requer tão-somente a efetivação do serviço público específico e divisível, independentemente de sua utilização, daí a expressão *utilização potencial*, o pedágio, ao revés, somente será exigível se houver efetiva utilização da rodovia. Por esses motivos, é lídimo dessumir que a taxa de serviço afigura-se incompatível com a natureza específica da taxa de pedágio.

Outrossim, o pedágio depara-se igualmente incompatível com a taxa de polícia, pois esta tem por pressuposto a atividade estatal substanciada em atos administrativos de fiscalização, a teor da taxa de vigilância sanitária ou a taxa de localização, dentre outras, enfim, é a atuação do Estado predestinada ao disciplinamento da liberdade e da propriedade em harmonia com o interesse da coletividade, na esteira, aliás, das lições de Jean Rivero (*Direito Administrativo*, trad. Rogério Ehrhardt Soares, Coimbra, Livraria Almedina, 1981, p. 183).

Em veras, embora o poder de polícia seja exercido nas rodovias, a exemplo da fiscalização concernente aos limites de velocidade ou mesmo o exame da regular documentação dos veículos, força é reconhecer que esses atos não representam pressupostos do vínculo obrigacional, máxime porque simbolizam dever do Estado e independem da existência de pedágios.

Por derradeiro, importa refutar a posição sufragada por um dos autores retrocitados, segundo a qual o pedágio seria uma espécie autônoma de tributo, ao lado dos impostos, taxas e demais gravames, o que, pelas razões expendidas, não seria tese benemérita de acolheita. Para tanto, basta lembrar que, por todas as luzes, o regime jurídico peculiarizador do pedágio se subsume integralmente ao modelo das taxas, não merecendo, pois, o reconhecimento como modalidade autônoma de tributo.

5. *Posição do Pretório Excelso*

A bem ver, o Supremo Tribunal Federal já apreciou o tema em algumas oportunidades, seja ao lume da ordem constitucional pretérita, seja sob a égide da Constituição da República promulgada em outubro de 1988. Importa ressaltar que sob a vigência da nova Carta, o Pretório Excelso expendeu julgamentos conflitantes, na medida em que, num primeiro momento, o Pleno reconheceu tratar-se de preço público, ao passo que, ao depois, a 2ª Turma decidiu em prol da natureza jurídica de taxa.

Assim, a primeira decisão sob exame se dera numa Ação Direta de Inconstitucionalidade ajuizada pelo Partido Socialista Brasileiro que se insurgiu contra Decreto da lavra do Governador do Estado do Rio Grande do Sul, o qual instituiu a cobrança de pedágio num trecho da rodovia estadual RS-135, entre Passo Fundo e Erexim (ADI 800-5, Seção de 26.11.1992 e *DJ* 18.12.1992, Ementário n. 1.689-2).

O feito passou ao largo da questão acerca da legislação aplicável à espécie, máxime porque o voto condutor firmou tratar-se de preço público e, por isso, ao desabrigo do primado da estrita legalidade e outros que presidem o universo tributário.

Vejamos a Ementa e o Acórdão, estampados nos seguintes termos:

"Ementa: Ação direta de inconstitucionalidade. Decreto n. 34.417, de 24.7.92, do Governador do Estado do Rio Grande do Sul, que institui e autoriza a cobrança de pedágio em rodovia estadual. Alegada afronta aos princípios da legalidade e da anterioridade."

Tudo está a indicar, entretanto, que se configura, no caso, mero preço público, não sujeito aos princípios invocados, carecendo de plausibilidade, por isso, a tese de inconstitucionalidade.

De outra parte, não há falar-se em *periculum in mora*, já que se risco de dano existe no pagar o pedágio, o mesmo acontece, na frustração de seu recebimento, com a diferença, apenas, de que, na primeira hipótese, não é ele de todo irreparável, como ocorre na segunda.

Cautelar indeferida.

"Acórdão.

"Vistos, relatados e discutidos estes autos, acordam os Ministros do Supremo Tribunal Federal, por seu Tribunal Pleno, na conformidade da ata do julgamento e das notas taquigráficas, por unanimidade, em indeferir a medida cautelar. Votou o Presidente."

Por outro lado, depois de mais de seis anos a contar daquele *decisum*, a 2ª Turma do Supremo Tribunal Federal tornou a apreciar o tema em Seção realizada em 4.5.1999, ao julgar Recurso Extraordinário 181.475-6 e, de conseguinte, decidiu em sentido diametralmente oposto, na dimensão em que qualificou o pedágio com a natureza jurídica de taxa, tudo com fulcro no art. 145, inciso II, combinado com o art. 150, inciso V, do Diploma Magno (*DJ* 25.6.1999).

O aludido pleito teve por objeto uma controvérsia acerca do então vigente selo-pedágio, cujo deslinde rendeu ensanchas à identificação da natureza jurídica do pedágio, independentemente do *modus faciendi* de sua cobrança, seja por meio do aludido selo ou por qualquer outra forma. Ao propósito, o Ministro Carlos Velloso, a quem coube a relatoria, entendeu por bem tratar-se de tributo da espécie taxa, decisão, diga-se de passo, veementizada ao longo do voto, bem assim constante da respectiva Ementa com cores escarlates, tanto que representou a premissa maior do mencionado precedente pretoriano.

Vejamos a Ementa e o respectivo Acórdão, *in verbis*:

"Ementa: Constitucional. Tributário. Pedágio. Lei 7.712, de 22.12.88.

"I – Pedágio: natureza jurídica: taxa: CF, art. 145, II, art.150, V.

"II – Legitimidade constitucional do pedágio instituído pela Lei 7.712, de 1988.

"III – RE não conhecido.

"Acórdão

"Vistos, relatados e discutidos estes autos, acordam os Ministros do Supremo Tribunal Federal, em 2ª Turma, na conformidade da ata do julgamento e das notas taquigráficas, por decisão unânime, não conhecer do recurso.

"Ausentes, justificadamente, neste julgamento, os Senhores Ministros Néri da Silveira e Nelson Jobim."

Diante das posturas antinômicas insertas nos julgamentos examinados, força é depreender que o derradeiro entendimento reformulou postura anterior daquela Corte e, por isso, assume o condão de traduzir a atual orientação pretoriana em torno do tema pedágio.

6. *Contraste de constitucionalidade da taxa de pedágio federal*

Ante os comentos aduzidos à sirga, debalde a existência de abalizadas opiniões dissidentes, força é iterar o entendimento já suscitado anteriormente, em face do qual o pedágio hospeda índole tributária, abrigando a feição específica de taxa de utilização de rodovias, ou seja, trata-se de um *tertius genus* dessa modalidade de gravame, pois, ao lado das taxas de polícia e de serviço específico e divisível, compreende a têmpera de taxa de uso.

De fora parte as testilhas doutrinais, cumpre dizer que em termos de direito aplicado o pedágio é tributo da espécie taxa, máxime porque assim decidiu o Pretório Excelso em sua manifestação derradeira em torno do assunto, conforme, aliás, comentos deduzidos no item precedente (RE 181.475-6, *DJ* 25.6.1999).

Por conseguinte, depara-se oportuno recordar as lições de Herbert Hart, para quem *o direito é o que os tribunais dizem que é*, motivo pelo qual, em respeito à orientação pretoriana, o pedágio retouca fisionomia tributária, da modalidade das taxas, donde, por via de conseqüência, haverá de subalternar-se aos postulados cardeais que presidem a tributação, a exemplo da estrita legalidade e da anterioridade, dentre outros (*O Conceito de Direito*, trad. de A. Ribeiro Mendes, Lisboa, Fundação Calouste Guilbenkian, 1961, p. 155).

Deveras, conquanto seja legítimo questionar o tema e insurgir-se contra a orientação pretoriana, tanto sob o prisma teórico, como judicial, tais posturas não teriam o condão de produzir conseqüências importantes e muito menos definitivas dentro do sistema, na trilha, diga-se de passagem, das ensinanças de Hart.

Dessarte, firmada essa premissa, passemos ao exame do pedágio cobrado nas rodovias federais, contrasteando-o com as exigências constitucionais aplicáveis ao regime tributário.

Assim, por tratar-se de tributo, tanto a sua criação, como a respectiva majoração assujeitam-se ao primado da reserva absoluta de lei formal, parafraseando as palavras de Alberto Xavier ao compulsar o tema atinente ao aludido princípio constitucional. Passemos-lhe a palavra:

"A exigência de lei formal, em matéria tributária, tem a sua origem na regra da necessária votação dos tributos por assembléias representativas, isto é, no princípio da auto-tributação. Em face, porém, dos ideais do Estado de Direito passou a desempenhar uma dupla função de garantia: sua exclusão do *direito consuetudinário*, inseguro e controvertido, traduzindo-se assim na exigência de uma *lex scripta*: a exclusão dos regulamentos, como fontes de criação dos tributos, traduzindo-se assim numa estrita vinculação do poder executivo ao poder legislativo" (*Manual de Direito Fiscal*, Faculdade de Direito de Lisboa, 1981, p. 111).

Com efeito, na estrita conformidade do quanto pré-falado, cumpre dizer que o pedágio federal encontra-se baldo de qualquer lei que lhe dê o inafastável suporte de legalidade e legitimidade. Ao propósito, importa lembrar que empós a promulgação da Carta de 1988, a matéria foi normatizada por meio da Lei n. 7.712, de 22.12.1988, restando revogada ou não recepcionada toda legislação anterior. O aludido diploma, de seu turno, fora revogado pela Lei n. 8.075, de 6.8.1990 e, a partir de então, não há diploma normativo do timbre de lei que verse sobre o pedágio.

Por incredível que possa parecer, sobre carecer de respaldo legal, as sucessivas majorações do pedágio federal são efetivadas por meros atos administrativos, a exemplo de Portarias Ministeriais e atos administrativos expedidos pela Agência Nacional de Transportes Terrestres.

Ante essas ponderações, ressalta evidentíssimo que a cobrança *in casu* antolha-se decididamente inconstitucional em virtude de atritar o primado da estrita legalidade.

Por todas as veras, não demasia recordar que em termos de direito aplicado o pedágio é um tributo da espécie taxa, por força de decisão pretoriana, razão por que a ausência de amparo legal macula de modo contundente e inexorável a sua exigibilidade.

7. *Pedágio cobrado nas rodovias do Estado de São Paulo*

O pedágio estadual paulista foi instituído por intermédio da Lei n. 784, de 30.8.1950, a qual foi modificada pela Lei n. 2.481, de

31.12.1953. Ao criar o mencionado gravame, os aludidos diplomas normativos adotaram a denominação taxa de pedágio, no que, a bem ver, respeitaram a precisão terminológica, pois, independentemente da ordem constitucional a viger, a prestação *in casu* reveste a natureza de conceito jurídico fundamental com a roupagem de tributo da espécie taxa.

Outrossim, diplomas ulteriores trataram do pedágio sob o prisma de política tarifária, a exemplo do Decreto-lei n. 5, de 6.3.1969, bem assim a Lei n. 95, de 29.12.1972, que autorizam o Poder Executivo a constituir o DERSA-Desenvolvimento Rodoviário S/A, com o desígnio de explorar, mediante concessão, o uso das rodovias Anchieta e Imigrantes.

Como visto, verifica-se desde logo uma antinomia entre diplomas legais que versejam sobre o mesmo objeto sob regime jurídico sobremodo diferençado, os primeiros qualificando o pedágio com o *nomen juris* de taxa, já os segundos adotando a natureza de tarifa ou preço público.

Esse descompasso legislativo rende margem a uma reiteração, equipole dizer, a realidade normativa transcende ao nome de batismo e à própria vontade do legislador, porquanto estas se curvam ante a *mens legis* e a lógica do sistema que, a seu turno, abriga conceitos universais cuja unidade monádica é infensa aos caprichos ou mesmo equívocos perpetrados pelo produtor do direito.

Por conseguinte, quer a rodovia seja explorada por meio de concessão, quer seja objeto de privatização, o pedágio de caráter compulsório aloja natureza tributária da modalidade das taxas.

Cravada essa premissa, força é admitir que a legislação de índole tarifária não merece prosperar porque não tem o condão de transformar taxa em preço ou tarifa, restando, assim, questionar o pedágio sob o ângulo da legislação de antanho, ou seja, a Lei n. 2.481, de 31.12.1953.

Nesse passo, o quesito da legalidade não merece melhor sorte do que as impropriedades contidas na legislação tarifária, máxime porque a lei retrocitada não resiste a um exame desse jaez, consoante será demonstrado nos tópicos seguintes.

Deveras, a lei sob estudo instituiu a taxa de pedágio com a finalidade de indenizar as despesas de construção e pavimentação das rodovias, em flagrante desconcerto, pois, com o permissivo constitucional imerso no art. 150, inciso V, o qual prevê a cobrança de pedágio com o objetivo de preservar a conservação das estradas.

Com efeito, importa reiterar que inexiste título competencial no Texto Excelso que autorize a criação da taxa de pedágio com finalidade outra que não a de conservação de rodovias, razão por que a lei em apreço merece ser considerada como não recepcionada pelo figurino constitucional em vigor. Diante disso, torna-se imperioso depreender que os dispositivos relativos à instituição da taxa de pedágio insertos na lei paulista encontram-se expungidos de nosso direito e, por isso, a cobrança do gravame se ressente de lei idônea que a legitime, pelo que sua exigibilidade configura-se decididamente inconstitucional.

7.1 Precedente do Tribunal de Justiça do Estado de São Paulo confrontado com julgado do Supremo Tribunal Federal

Apreciemos um precedente da Corte Paulista que decidiu um *mandamus* impetrado pela Prefeitura Municipal de Diadema contra ato do Secretário Estadual de Transportes e o Presidente da DERSA-Desenvolvimento Rodoviário S/A.

No feito *in casu*, a impetrante insurgiu-se contra a cobrança de pedágio na entrada da cidade de Diadema, entroncada com a Rodovia dos Imigrantes, no sentido São Paulo-Santos. Fê-lo sob dois fundamentos, vale dizer, o primeiro sustentando tratar-se de taxa que teria inobservado os princípios constitucionais tributários, já o segundo invocando o local situado numa distância de 35 quilômetros do marco zero da Capital, ofendendo assim o disposto na Lei estadual n. 2.481, de 31.12.1953. Os comentos trazidos à colação foram extraídos da ementa e do respectivo relatório constante da decisão em apreço da lavra da 4ª Câmara de Direito Público ao decidir a Apelação Cível 059.881-5/4-00-SP.

No problema tematizado, importa apenas o enfoque concernente à natureza jurídica do pedágio e, nesse sentido, a Egrégia Corte decidiu que o pedágio teria a feição de preço público e não de tributo, na esteira, aliás, do entendimento preconizado por Hely Lopes Meirelles, mencionado no voto do relator, Des. Eduardo Braga (*Direito Municipal Brasileiro*, 13ª edição, Malheiros Editores, p. 164).

Em que pese ao *decisum* do Tribunal de Justiça do Estado de São Paulo, abraçar a tese segundo a qual o pedágio teria a natureza de preço público e não de tributo da espécie taxa, força é reconhecer que tal entendimento não haverá de prosperar, máxime porque se trata de matéria passível de Recurso à Suprema Corte e, esta, em momento pretérito, já se manifestou em sentido inverso, equipole dizer, o pedágio é um tributo da espécie taxa, conforme precedente unânime da 2ª Turma, mencionado, a bem ver, em tópicos anteriores (RE 181.475-RS). Não se pode olvidar, outrossim, que a decisão da Corte Paulista ocorrera em fevereiro de

1999, ao passo que o Pretório Excelso julgou o mesmo assunto, noutro feito embora, em data posterior, ou seja, em 4 de maio do mesmo ano.

Em suma, o pedágio estadual paulista ou de qualquer outro Estado somente resistirá a um contraste de juridicidade em caráter definitivo na hipótese de enquadrar-se aos primados constitucionais que norteiam a tributação, em especial os postulados da estrita legalidade e o da anterioridade ano-calendário, sem prejuízo de outros que, conforme o caso, possam aplicar-se ao tributo em contenda.

7.2 Pedágio cobrado nas marginais da SP 280 – Rodovia Castelo Branco

Ao consoar de entendimento adotado neste estudo, o pedágio, enquanto prestação instalada compulsoriamente, guarda a fisionomia jurídica de tributo da modalidade taxa de utilização de bem público, independentemente de ser administrado diretamente pelo estado, ou mediante concessão ou permissão ou mesmo por meio de privatização das rodovias.

Posto isto, convém advertir que a simples presença da compulsoriedade não representa um componente tipificador do regime tributário, até porque toda relação jurídica é compulsória. Deveras, o traço distintivo da compulsoriedade no regime jurídico tributário repousa no momento de sua incidência, a qual se opera no plano do nascimento do vínculo obrigacional.

Portanto, de par com outros característicos, a compulsoriedade exprime o divisor de águas entre o pedágio com a natureza de preço público e o pedágio com natureza de taxa. Assim, na hipótese em que o utente da rodovia puder escolher entre uma pista não pedagiada e outra pedagiada não haverá falar-se em compulsoriedade própria do regime de direito público, em particular tributário, mas manifestação de vontade sob regime de direito privado e, por via de conseqüência, estaremos diante de preço público.

Logo, o pedágio cobrado nas marginais da SP 280 – Rodovia Castelo Branco compreende a natureza jurídica de preço público, não se submetendo, de conseguinte, ao fulgor dos primados constitucionais tributários, a teor da estrita legalidade e da anterioridade ano-calendário, dentre outros.

Entrementes, a localização do posto em que é efetivada a cobrança do referido pedágio desrespeita a distância de 35 quilômetros a contar do marco zero da cidade, conforme exige o disposto no § 8º, do art. 1º, da Lei n. 2.481, de 31.12.1953, mandamento, diga-se, a *vol d'oiseaux*, não rejeitado pela nova ordem constitucional, nem mesmo por normas de direito administrativo, como querem alguns, diferentemente dos dispositivos instituidores da taxa de pedágio de antanho no Estado de São Paulo, os quais jazem decididamente supressos do direito a viger, razão por que a exigência *in casu*, mesmo com a natureza de preço, não se escoima de manifesta ilegalidade.

8. Conclusões

8.1 O pedágio pode revestir a natureza de preço público ou de tributo da espécie taxa, dependendo do regime jurídico escolhido pelo legislador.

8.2 A hipótese de preço, rara vez verificada, ocorre quando o gravame se submete ao regime de direito privado e o utente da rodovia efetua o respectivo pagamento em decorrência da manifestação de sua vontade, a exemplo do pedágio cobrado nas marginais da SP 280 – Rodovia Castelo Branco.

8.3 No mais das vezes, tanto nas rodovias federais, como nas estaduais, quer estatais, quer privatizadas, o pedágio hospeda natureza tributária, da modalidade das taxas de uso de bem público.

8.4 Em face da natureza tributária, o pedágio assujeita-se aos primados cardeais de índole tributária, dentre os quais, o postulado da estrita legalidade, donde a sua instituição ou majoração somente pode ser efetivada por lei, sob pena de acoimar induvidosa inconstitucionalidade que macula de modo contundente a sua validez e conseqüente exigibilidade.

8.5 Por considerar que inexiste diploma com estatura de lei que tenha criado ou majorado a taxa de pedágio no âmbito federal, força é dessumir que a cobrança desse gravame nas rodovias federais depara-se decididamente inconstitucional. Apenas por argumentar, caso não fosse inconstitucional por ausência de lei, as majorações o seriam, porquanto realizadas por atos administrativos, a teor de portarias e resoluções.

8.6 No Estado de São Paulo, por exemplo, os comandos legais que instituíram o pedágio não foram recepcionados pela Constituição de 1988, revelando-se, assim, igualmente inconstitucionais. A exemplo da órbita federal, ainda que houvesse lei, a majoração jamais poderia ser efetuada por ato administrativo como sói acontecer.

8.7 A cobrança do pedágio com natureza de preço, conforme ocorre na marginal da SP 280 – Rodovia Castelo Branco, não se escoima de uma impropriedade vitanda que compromete sua validade, pois encontra-se localizado dentro do raio de 35 quilômetros do marco zero da Capital, contrariando o disposto no § 8º, da Lei n. 2.481, de 31.12.1953, que proíbe a instalação de postos de pedágio situados nessa ambitude espacial.

DE LA "NOUVELLE CONSTITUTION FINANCIERE" FRANÇAISE: LA LOI ORGANIQUE DU 1er AOÛT 2001 RELATIVE AUX LOIS DE FINANCES

FRANCIS QUEROL

1. La "nouvelle Constitution financière" ouverte au droit communautaire: 1.1 La prise en compte budgétaire des impératifs découlant de la monnaie unique européenne; 1.2 L'absence regrettable de référence à la règle de l'interdiction des déficits publics excessifs. 2. La "nouvelle Constitution financière" modernise la gestion publique: 2.1 La modernisation de la gestion publique par la responsabilisation des gestionnaires; 2.1 La modernisation de la gestion publique par la règle de la fongibilité asymétrique des crédits. 3. La "nouvelle Constitution financière" revalorise le contrôle parlementaire sur la gestion publique: 3.1 Une meilleure connaissance parlementaire du contexte budgétaire: la transparence financière comme gage du fonctionnement démocratique des institutions; 3.2 Un accroissement des pouvoirs de vote de l'instance parlementaire; 3.3 Une efficacité renforcée du contrôle parlementaire de l'exécution de la loi de finances.

Ce début de XXIème siècle restera marqué, pour une partie de l'Europe occidentale, par la réforme budgétaire; il est exact que dans cette partie du monde elle constituait une prégnante nécessité. Réforme budgétaire communautaire d'abord: l'Union européenne vient de remplacer le règlement financier du 25 avril 1977 par deux règlements financiers applicables au budget général des Communautés, en date, respectivement, du 25 juin 2002 (n. 1.605/2002, règlement financier général) et du 23 décembre 2002 (n. 2.342/2002, règlement financier d'exécution). Ces deux règlements ont été rendus nécessaires, notamment, en raison du défi que constitue l'élargissement. Mais, également, réforme budgétaire en France, car notre pays s'est doté d'un nouveau cadre budgétaire avec la loi organique du 1er août 2001 relative aux lois de finances (n. 692-2001).[1] C'est, tout naturellement, de ce dernier texte qu'il sera question dans nos propos.[2]

1. Désignée communément en France par l'abréviation LOLF. Nous la qualifieront souvent dans nos propos de "loi organique".

2. Voir aussi la réforme budgétaire britannique de 1998 introduisant le PSA (Public Service Agreements).

A la différence de la Constitution brésilienne qui consacre de nombreux articles à la matière financière, budgétaire et fiscale, la Constitution française du 4 octobre 1958 reste relativement timide sur cette thématique. Ce n'est pratiquement que dans son seul, mais ô combien célèbre, article 34, qu'elle précise, succinctement, que "les lois de finances déterminent les ressources et les charges de l'Etat dans les conditions et sous les réserves prévues par une loi organique". La loi organique en question prit, dans un premier temps, la forme de l'ordonnance du 2 janvier 1959 (n. 59-2) portant loi organique relative aux lois de finances. Tout comme la Constitution, l'ordonnance de 1959 s'inscrivit dans une logique, chère au général De Gaulle et à Michel Debré, de rationalisation du parlementarisme qui consacre la primauté du pouvoir exécutif sur l'instance parlementaire. Comblant le vide laissé par la Constitution en matière budgétaire et intervenant sur invitation de cette dernière, la doctrine, avec beaucoup d'à propos, qualifia l'ordonnance de 1959 de "Constitution financière". L'expression semblait d'autant plus juste que la quasi totalité des lois de finances adoptées par le Parlement étaient déférées au contrôle du Conseil constitutionnel et que celui-ci incluait, dans le bloc de constitutionnalité, l'ordonnance du 2 janvier 1959.[3] Sans entrer dans la polémique de la valeur exacte de l'ordonnance de 1959 (constitutionnelle ou infra constitutionnelle mais supra législative?), il est loisible d'affirmer que le droit budgétaire étatique français se résumait (pratiquement) aux seules solutions consacrées par le texte de 1959. Malgré les critiques de rigidité et d'aliénation des prérogatives du Parlement, qui lui étaient régulièrement adressées,[4] la pratique institutionnelle française montra qu'il était plus facile de modifier la Constitution elle-même que l'ordonnance de 1959,[5] à tel point que d'aucuns purent s'interroger sur "l'étonnante pérennité" de ce texte.[6] Mais après plus

3. Voir notamment, L. Philip, *Les fondements constitutionnels des finances publiques*, Economica, poche, 1995.

4. Et ce depuis le début car l'ordonnance du 2 janvier 1959 intervint sur la base de l'ancien article 92 de la Constitution française, c'est-à-dire qu'elle fut prise durant la période transitoire d'application de la Constitution par le Gouvernement et non par le Parlement, sans que, de surcroît, le Conseil constitutionnel ne put se prononcer sur sa conformité à la Constitution comme cela est normalement prévue pour toutes les lois organiques (article 61).

5. C'est ainsi que l'ordonnance de 1959 n'a été toilettée qu'à deux reprises en 1971 (délais de vote des lois de finances, art. 39) et en 1995 pour tenir compte de l'instauration de la session parlementaire unique par une réforme constitutionnelle du 4 août 1995 (procédures d'urgence applicables en cas de retard de dépôt du projet de loi de finances, article 44). La Constitution dans le même temps fut modifiée près d'une dizaine de fois.

6. Voir, par exemple, F. Carrour, "Les tentatives de réformes avortées de l'ordonnance du 2 janvier 1959 portant loi organique relative aux lois de finances", in *L'ordon-*

de quarante deux ans de bons et loyaux services[7] et presque autant de tentatives de réformes avortées, l'ordonnance de 1959 à été remplacée par la loi organique du 1er août 2001 relative aux lois de finances (n. 692-2001). Une "nouvelle Constitution financière" française s'est substituée à l'ancienne "Constitution financière".

Une question vient immédiatement à l'esprit: comment la réforme, si longtemps reportée, a-t-elle été possible, et aussi facilement, en cette fin de XXème et début de XXIème siècles, alors même que toute tentative antérieure avait été vaine? On pourrait, de prime abord, incriminer l'obsolescence du texte. Le temps assurément avait produit son oeuvre sur l'ordonnance du 2 janvier 1959, mais cette raison n'expliquait pas une réforme d'une telle ampleur. Dès lors, il a fallu chercher ailleurs. Et si finalement, la réponse n'ait pas, à la fois, d'une étonnante simplicité mais, également, d'une redoutable complexité: le temps de la réforme n'était pas encore venu avant cette année 2001. Car l'avènement de la loi organique du 1er août 2001 est le résultat d'un concours de circonstances aussi uniques qu'exceptionnelles.[8] La conjonction de trois éléments cardinaux fut, en effet, nécessaire. Le contexte politique s'y est d'abord prêté. En effet, la France, entre 1999 et 2001, vit une période consensuelle, sur le plan budgétaire tout au moins, puisque les partis de Gouvernement (gauche) comme d'opposition (droite parlementaire) conviennent de la nécessaire réforme de l'ordonnance de 1959 et s'accordent, à peu de choses près, sur son contenu. La réforme budgétaire bénéficie ensuite de la bienveillance de la "citadelle de Bercy"[9] car, il se trouve, que l'un des instigateurs parlementaire de la réforme fut également par la suite ministre de l'économie et des finances.[10] Autrement dit, un même dessein réformateur animait le Parlement français et l'exécutif sans lequel rien ne pouvait se faire et surtout pas contre la volonté de la puissante direction du budget du ministère de l'économie et des finances. Tout

nance du 2 janvier 1959: 40 ans après, dir. V. Dusart et P. Esplugas, Etudes de l'IREDE, Presses de l'Université des Sciences Sociales de Toulouse, p. 56.

7. Encore que cela dépend de quel point de vue on se place!

8. Voir notamment, *Revue française de Finances publiques*, n. 73, 2001; Rapport Lambert, "Doter la France de sa nouvelle constitution financière", *Rapports du Sénat*, n. 37, 2000-2001.

9. Surnom à connotation quelque peu péjorative du ministère de l'économie et des finances en France.

10. Laurent Fabius présida l'Assemblée nationale du 12 juin 1997 au 27 mars 2000, avant de rejoindre le Gouvernement comme ministre de l'économie et des finances le 27 avril 2000. Mais il convient également d'y associer les noms de A. Lambert et de D. Migaud parlementaires qui prirent le relais et menèrent la réforme à bien.

naturellement, majorité et opposition parlementaires travaillèrent de concert[11] pour élaborer et voter une proposition de loi qui, après examen et validation par le Conseil constitutionnel,[12] allait devenir la loi organique du 1er août 2001 relative aux lois de finances. La loi organique de 2001 présente donc la particularité d'avoir été, à l'origine, une proposition de réforme initiée par l'instance parlementaire, à laquelle s'est rallié plus tard le Gouvernement, adoptée consensuellement lors d'une législature de gauche, qui sera appliquée par un Gouvernement de droite lors d'une législature de droite. La chose est suffisamment rare en France pour être soulignée. De fait, la loi organique du 1er août 2001 s'applique progressivement depuis sa promulgation et sera pleinement effective à partir du 1er janvier 2005.[13]

Cette première interrogation en appelle une seconde: quels sont les apports de la réforme budgétaire découlant de la "nouvelle Constitution financière" par rapport au droit antérieur? Il ne faut pas craindre de l'affirmer c'est un réel changement de "Constitution financière" qu'a connu la France en raison des transmutations nombreuses et profondes. Bien plus, par certains aspects, la réforme budgétaire de 2001 s'analyse en une véritable révolution budgétaire, salutaire sur de nombreux points selon nous. La loi organique du 1er août 2001, du moins sur le papier, constitue une oeuvre de grande qualité qui, sans renier la tradition passée, initie l'ère de la modernité budgétaire. Plus précisément, cette modernité budgétaire provient du fait que la loi organique de 2001, d'une part, s'ouvre résolument au droit communautaire (I), d'autre part révolutionne, les règles de la gestion publique (II), enfin, revalorise la fonction de contrôle parlementaire sur cette même gestion publique (III).

1. La "nouvelle Constitution financière" ouverte au droit communautaire

Les rédacteurs de l'ordonnance du 2 janvier 1959 furent guidés par une seule préoccupation qui était de laisser les coudées franches au

11. Cela est suffisamment rare pour être souligné.

12. Décision n. 2001-448 DC du 25 juillet 2001, *Recueil des décisions du Conseil constitutionnel*, p. 99.

13. La loi de finances de 2006 sera donc la première loi de finances à être entièrement préparée en application de la "nouvelle Constitution financière". Cependant, la loi de finances de 2005 fera l'objet d'une présentation classique et d'une présentation conformément aux dispositions de la loi organique du 1er août 2001, et ce à titre de répétition générale en grandeur nature, avant l'application définitive de la réforme.

Gouvernement en matière budgétaire, afin de ne pas reproduire les errements des Républiques précédentes. Naturellement, il ne fut tenu compte d'aucun impératif découlant du droit communautaire, il est exact, par ailleurs, balbutiant à l'époque. Mais la construction européenne est progressivement devenue une réalité incontournable et elle s'est invitée en matière budgétaire, notamment en raison de l'avènement de la monnaie unique européenne. La loi organique du 1er août 2001 intègre naturellement cette donnée. Mais l'intégration nous paraît être une intégration *a minima* et l'on est en droit de se demander si la loi organique n'aurait pas pu davantage prendre en compte les impératifs communautaires découlant de l'instauration de l'euro, notamment parce qu'elle élude la délicate question des déficits publics excessifs.

1.1 La prise en compte budgétaire des impératifs découlant de la monnaie unique européenne

La référence à la monnaie unique européenne, dans le cadre d'un débat sur la réforme budgétaire, pourra, de prime abord, décontenancer. En réalité, il n'en est rien et les deux questions sont consubstantielles. En effet, la monnaie unique européenne repose sur un socle dont l'élément majeur est l'élément budgétaire. Plus précisément, l'élément budgétaire fonde doublement la monnaie unique européenne.

D'abord, il faut se souvenir en effet que, par souci de cohérence, dans la logique des démiurges de la monnaie unique européenne, seuls adopteraient l'euro les pays présentant un niveau de développement homogène appréhendé, concrètement, à partir des célèbres critères de convergence posés par le Traité de Maästricht du 7 février 1992. Ces derniers font notamment la part belle aux critères budgétaires:[14] déficit public national ne pouvant dépasser 3% du produit intérieur brut (PIB) et dette publique nationale ne devant pas excéder 60% du PIB.[15] De fait, dès le sommet historique de Bruxelles des 2 et 3 mai 1998, les chefs d'Etat et de Gouvernement chargés de dresser la liste des pays adoptant l'euro, au 1er janvier 1999, privilégièrent le critère du déficit public.[16]

14. En outre, le Traité de Maästricht prévoyait le respect du critère du taux d'inflation, des taux d'intérêts et la nécessaire appartenance de la monnaie des pays candidats à l'euro au système monétaire européen, depuis au moins deux ans.

15. On entend par public, le déficit et la dette cumulés de l'Etat, des collectivités territoriales et des organismes de sécurité sociale.

16. C'est ainsi que la Belgique ou l'Italie qui ne remplissaient pas le critère de la dette publique furent cependant autorisés à adopter l'euro le 1er janvier 1999.

Ensuite, une fois la monnaie unique européenne adoptée, le Traité de Maästricht oblige les Etats convertis à l'euro[17] à poursuivre une politique budgétaire rigoureuse et à respecter les critères de convergence, notamment, budgétaires. Les Etats ont donc l'obligation de présenter, aux instances communautaires des programmes financiers pluriannuels mettant l'accent sur le respect des critères de convergence. Dans le cas contraire, une procédure de sanction peut être déclenchée.[18]

Cette logique de maîtrise du cadre budgétaire national (déficit et dette) n'a trouvé, comme cela est normal étant donné la chronologie de la construction européenne, aucune expression juridique dans l'ordonnance du 2 janvier 1959. Mais il n'en demeure pas moins que des pratiques se sont développées pour satisfaire aux exigences du droit communautaire. Dans les années 1995, le Premier ministre de l'époque,[19] prit d'abord l'habitude d'organiser au Parlement un débat d'orientation budgétaire, sans vote, durant le mois de mai de l'année précédant celle de l'exercice budgétaire. Son objet était tout autant d'informer le Parlement des mesures (parfois difficiles) que devrait retenir la prochaine loi de finances que de l'associer, aux yeux de l'opinion publique, à la prise de décisions souvent impopulaires. Cette pratique fut respectée jusqu'en 2001 alors même qu'aucun texte ne l'imposait. Par ailleurs à compter de l'adoption de l'euro, la France prit soin de transmettre aux instances communautaires les programmes financiers pluriannuels, mais il est vrai que cela découlait alors de ses engagements européens. La loi organique du 1er août 2001 institutionnalise ces deux pratiques.

Dans son article 50, la loi organique précise que parmi les nombreux documents devant être annexés au projet de loi de finances initiale (de l'année), figure le programme pluriannuel de l'évolution des finances publiques nationales. Ce document, appelé également programme de stabilité dans le jargon communautaire, "présente et explicite les perspectives d'évolution, pour au moins les quatre années qui suivant celle du dépôt du projet de loi de finances, des recettes, des dépenses et du solde de l'ensemble des administrations publiques détaillées par sous-secteurs et exprimées selon les conventions de la comptabilité nationale, au regard des engagements européens de la France". Il ajoute que, le cas échéant, doivent aussi être jointes les recommandations adressées

17. On les qualifie aussi quelquefois d'Etats "in", par opposition aux Etats qui n'ont pas encore adopté l'euro que l'on appelle aussi les Etats "pré-in".

18. Voir infra 1.2.

19. Alain Juppé.

sur "le fondement du traité instituant la Communauté européenne". Nul doute que cette disposition reprend, sur le plan national, la prescription communautaire. La France qui respectait déjà cette obligation continue de d'y soumettre, en déposant auprès des instances communautaires, le rapport pluriannuel de l'évolution des finances publiques, à la fin de chaque année budgétaire.

Dans son article 48 la loi organique oblige le Gouvernement à déposer un rapport sur l'évolution de l'économie nationale et sur les orientations de la politique économique et budgétaire "au regard des engagements européens de la France".[20] Ce rapport "peut donner lieu à un débat à l'Assemblée nationale et au Sénat". Ces dispositions correspondent à la transposition *de jure* de la pratique antérieure du débat d'orientation budgétaire. Comme dans le passé, la loi organique précise bien que le débat n'est qu'éventuel et, n'ajoutant aucune autre précision, illustre parfaitement qu'il ne peut donner lieu à aucun vote. Sur ce point, on peut se demander si la "nouvelle Constitution financière" n'est pas restée en deçà de ce que laissait présager le droit communautaire. Mais d'autres oublis paraissent plus gênants et regrettables.

1.2 L'absence regrettable de référence à la règle de l'interdiction des déficits publics excessifs

Le Traité de Maästricht en tant qu'initiateur de la monnaie unique européenne, fut prolongé par un pacte de stabilité et de croissance. Décidé lors du Conseil européen de Dublin de décembre 1996, puis d'Amsterdam de juin 1997, ledit pacte pris juridiquement la forme de deux règlements en date du 7 juillet 1997 (n. 1.466/97 et 1.467/97). La contrainte pour les Etats ayant adopté l'euro est suffisamment forte pour que l'on y voit l'émergence d'un nouveau concept juridique: la discipline budgétaire. Ces deux règlements de 1997 lui donnent vie en organisent une procédure de contrôle à double détente sur les finances publiques nationales.

Tout d'abord, les Etats composant l'euroland sont soumis à une procédure de surveillance multilatérale portant sur leurs finances publiques nationales qui se caractérise par la transmission automatique de projections économiques et budgétaires. Les prospectives en question sont les programmes de stabilité déjà rencontrés.[21] Nous savons qu'ils

20. Qu'il ne faut pas confondre avec le programme pluriannuel de l'évolution des finances publiques présenté plus haut.

21. Voir supra 1.1.

s'analysent en des projections pluriannuelles de l'évolution des finances publiques nationales et qu'ils mettent l'accent sur les efforts déployés par les Etats en vue d'assurer la maîtrise des finances publiques. Ces dernières doivent, en effet, tendre vers un solde budgétaire équilibré, voire légèrement excédentaire, et si déficit il y a, il n'est toléré que s'il ne dépasse pas la fameuse règle des 3% du PIB. Dans le cas contraire l'Etat fautif se retrouverait en situation de déficit public excessif. Les programmes de stabilité font l'objet d'un contrôle annuel et sourcilleux de la part des institutions communautaires (Commission et Conseil écofin notamment) qui peut se traduire par une demande, émanant de ces dernières, aux Etats en situation de déficit public excessif, de prendre les mesures nécessaires au rétablissement de l'orthodoxie budgétaire. C'est donc un contrôle préventif que les textes communautaires instaurent dans un premier temps; à ce stade de la procédure, il n'est pas question de sanction contre l'Etat fautif, mais simplement de négociation entre ce dernier et les autorités chargées de le contrôler.

Lorsque le contrôle préventif ne porte pas ses fruits vient les temps des éventuelles sanctions. En effet, une procédure de sanction a été instaurée par les normes communautaires[22] à l'égard des Etats fautifs. Sans aller dans le détail de la procédure, relativement complexe au demeurant, on peut se limiter à dire que le Conseil écofin est habilité à prendre des sanctions financières,[23] après un dialogue infructueux, contre les Etats en délicatesse avec la règle des déficits publics excessifs.[24] On a souvent fustigé le pacte de stabilité et de croissance l'accusant de tous les maux et en particulier de manquer de souplesse, ce à quoi nous ne saurions adhérer.[25]

22. Article 104 TCE et règlements (n. 1.466/97 et 1.467/97) du 7 juillet 1997.

23. Il s'agit d'un dépôt auprès de la Banque centrale européenne dont le montant varie en fonction de la gravité de l'irrégularité et qui est calculé sur la base de la différence entre le déficit réalisé et la limite de 3%.

24. Comme cela a pu être le cas en 2003 et 2004 pour des Etats comme l'Allemagne, la France, la Grèce ou le Portugal.

25. Nous pouvons utiliser une métaphore pour restituer notre pensée. Le pacte de stabilité est pour les Etats ce que sont les feux tricolores qui règlent la circulation automobile. Si les déficits publics n'excèdent pas 3%, le pacte n'intervient pas (le feu est vert); si les déficits publics approchent de la barre des 3%, le pacte déclenche la procédure de contrôle préventif (le feu est orange), mais à ce stade, tout comme le véhicule peut décider de freiner et de s'arrêter avant que le feu ne passe au rouge, les Etats membres ont la possibilité de prendre les mesures qui s'imposent; si les déficits excèdent 3% (le feu est rouge) et les Etats membres ont une forte probabilité d'encourir une sanction, encore que là aussi il y ait place pour une négociation, à l'instar de l'automobiliste qui discuterait avec l'agent de police pour lui expliquer pourquoi il ne s'est pas arrêté au feu rouge.

Mais que devient la loi organique dans un tel débat? Précisément, devant l'immense novation juridique que constitue l'émergence de ce concept de discipline budgétaire,[26] on était en droit d'attendre sa prise en compte par un texte aussi important qu'une "nouvelle Constitution financière". Or il n'est est rien et la loi organique se caractérise par un remarquable silence sur la question. Certes, son article 1er, indique que les lois de finances "déterminent (...) l'équilibre budgétaire et financier qui en résulte". Il ne faut pas se méprendre sur le sens du texte. Ces dispositions visent, tout simplement, ce qui fait la spécificité de la loi de finances eu égard aux autres lois: la définition d'un solde budgétaire. En revanche, la loi organique ne précise pas ce que doit être ce dernier dont l'équilibre est arrêté par la loi de finances. Nous le savons bien, un solde budgétaire peut aussi bien traduire un excédent qu'un déficit. L'excédent ne soulève aucune difficulté au regard du droit communautaire: la logique du pacte de stabilité et de croissance est de demander aux Etats d'oeuvrer de façon, à parvenir à une situation budgétaire équilibrée, voire légèrement excédentaire car seule cette voie favorise la croissance économique. En revanche, un important déficit se heurte à la règle prohibant les déficits publics excessifs (supérieurs à 3% du PIB).

Comment expliquer le fait que la loi organique omet de rappeler l'exigence du respect de la règle des déficits publics excessifs? Il est difficile d'y répondre. Il semble cependant que, lors de l'écriture de la loi organique, l'on ait reproché à cette règle d'être trop économique et pas assez juridique. Pour notre part nous ne nous sommes jamais associé à cette critique et avec raison croyons nous. Il est pour le moins paradoxal, qu'à l'heure actuelle où il est question de toiletter le pacte de stabilité, on motive, généralement, la réforme en arguant de son excessif juridisme.[27] Pas assez pour les uns, trop pour les autres on peut se demander où est le juste milieu et s'interroger sur la pertinence de la critique.

Si l'on nous suit dans la voie de l'affirmation de la nécessaire inclusion de la condamnation de la règle du déficit public dans la loi organique du 1er août 2001, se pose la question de savoir dans quel article l'insérer. La solution la plus simple eut été de l'insérer dans l'article 1er de la loi organique qui définit la notion de loi de finances. En effet, cet article aurait pu être complété, avantageusement, par l'indication selon

26. On se contentera de signaler que la loi de finances d'un Etat comme la France a été équilibrée, en près d'un demi-siècle, à une petite dizaine de reprises seulement.

27. Voir notamment P.-A. Delhommais et A. Leparmentier, "La nouvelle souplesse du pacte de stabilité", *Le monde*, 14 septembre 2004.

laquelle "les lois de finances respectent les exigences découlant de la règle interdisant les déficits publics excessifs conformément aux engagements européens de la France". Une formule de ce type, en raison de sa neutralité même, présentait deux avantages. D'une part, elle imposait au législateur financier une discipline financière salutaire, d'autre part, elle ne figeait pas dans le marbre la notion de discipline budgétaire laissant le soin au droit communautaire de la faire évoluer en fonction des circonstances.

2. La "nouvelle Constitution financière" modernise la gestion publique

La loi organique du 1er août 2001 contient de multiples dispositions qui marquent une rupture radicale avec la situation budgétaire précédente en matière de gestion publique. Mais sans aucun doute, les mesures les plus symboliques concernent les ministères dépensiers.[28] En effet, sous l'empire de l'ordonnance du 2 janvier 1959 la philosophie qui prévalait en matière de gestion publique était l'automaticité de l'octroi des crédits: un crédit accordé par le Parlement devenait quasiment pérenne, quand bien même la finalité qui le justifiait disparaissait.

La "nouvelle Constitution financière" traduit une révolution en matière de gestion publique puisqu'elle ancre une "culture managériale" au sein de l'appareil d'Etat et essaie de l'inculquer aux agents intervenant dans la mise en oeuvre de l'opération de dépense. Partant, la loi organique repose sur une double logique: une logique de responsabilisation des gestionnaires et une logique de fongibilité asymétrique des crédits.

2.1 La modernisation de la gestion publique par la responsabilisation des gestionnaires

La loi organique du 1er août 2001 bouleverse les règles de présentation, et par là même de gestion, des crédits inscrits en loi de finances. Alors que l'ordonnance du 2 janvier 1959 s'en tenait à une présentation par nature, la loi organique du 1er août 2001 introduit une présentation plus concrète, par fonction. Ceci est tellement exact que désormais le traditionnel chapitre budgétaire (présentation par nature) sera remplacé,

28. Cette expression vise traditionnellement en France tous les ministres dont l'activité essentielle consiste à consommer des crédits, à l'exception du ministre de l'économie et des finances dont la vocation principale est d'encaisser les ressources publiques.

à partir du 1er janvier 2005, par des missions, des programmes ou des dotations et des actions (présentation fonctionnelle) (article 7 de la loi organique). Le changement s'annonce radical puisqu'aux huit cent quarante-huit chapitres budgétaires actuels succéderont, officiellement, quarante-sept missions et cent cinquante-huit programmes, deux dotations[29] et cinq cent quatre vingts actions.[30] Les missions correspondent de fait à l'expression financière d'une politique publique; elles se caractérisent donc par leur caractère général et le fait qu'elle peuvent associer plusieurs ministères.[31] Le programme et la dotation, quant à eux, correspondent à une sous-division de la mission et traduisent financièrement une intervention ministérielle individualisée prolongeant une mission.[32] Les programmes seront par ailleurs relayés par des actions correspondant à des interventions concrètes.[33] Les programmes deviennent donc le coeur de la réforme et l'unité de base en matière budgétaire étatique. Cette modification va bien au delà d'une modification de pure forme, et ce pour plusieurs raisons.

Le désir de changement s'accompagne, pour les ministres dépensiers, d'une plus grande liberté dans la définition des missions et des programmes que par le passé. Dans la mesure où ils s'engagent sur des objectifs et rendent compte, au premier euro, de leur gestion, ils héritent de la faculté d'élire les actions dont le financement sera retenu en loi de finances.[34] A la différence du passé dans lequel les marges financières étaient largement amputées par le poids des dépenses normales de fonctionnement (services votés) au détriment des dépenses "productives" (les autorisations ou mesures nouvelles),[35] l'obtention des crédits perd son caractère d'automaticité. L'indicateur d'inscription d'un crédit en loi de finances n'est plus son autorisation antérieure par le Parlement dans

29. Celles-ci sont invariablement fixées par l'article 7 de la loi organique du 1er août 2001 et soulèvent moins d'intérêt que les programmes.

30. Voir le site: www.minefi.gouv.fr/moderfie.

31. Par exemple, le projet de loi de finances de 2005 contient une mission intitulée "Recherche et Enseignement supérieur" qui associe deux ministères celui chargé de l'enseignement supérieur et celui chargé de la recherche.

32. La mission "Recherche et enseignement supérieur" comprend plusieurs programmes dont un concerne la "Recherche universitaire".

33. Le programme "Recherche universitaire" se compose de plusieurs actions et notamment d'une action "Recherche universitaire en science de l'homme et de la société".

34. Encore que la définition des missions, programmes et actions a donné lieu à une vaste concertation avec le ministère de l'économie et des finances et les assemblées parlementaires.

35. Avant l'entrée en vigueur de la réforme, les services votés consomment près de 90% des crédits votés par le Parlement.

une loi de finances précédente, mais l'efficacité supposée ou vérifiée de l'action étatique financée. Naturellement, un tel système suppose que soient définis avec précision les indicateurs de performance ou de résultat, ce à quoi se sont, d'ores et déjà, attelés les services du ministère de l'économie et des finances et les services budgétaires des différents ministères dépensiers.[36]

Sur le plan du fonctionnement des services administratifs de l'Etat, les conséquences de la loi organique du 1er août 2001 sont considérables. Trois méritent particulièrement l'attention.

D'une part, la logique de responsabilisation s'accompagne d'un vaste mouvement de déconcentration financière. En effet, si le ministre a toute latitude pour définir les missions et les programmes, leur exécution incombe, nécessairement, à des agents administratifs. C'est ainsi que, au sein de chaque ministère, il est prévu d'affecter un responsable par programme, puis un responsable par action ou par partie d'action. Ce dernier sera destinataire d'un budget opérationnel de programme (BOP) qui correspond à l'enveloppe financière nécessaire pour mener à bien le programme, l'action ou la partie d'action dont il a la charge. Partant, on assiste à l'implication de toute une série d'agents de la chaîne administrative dans la gestion des crédits affectés aux différents programmes ou actions. Naturellement, les responsables en question sont tenus, dans la limite de leur responsabilité, par une obligation de résultat et ils devront rendre des comptes au ministre dont ils relèvent. De telles affirmations suggèrent que la notion de gestionnaire appelle un effort de clarification conceptuel. En effet, la notion de gestionnaire se confondra, certes, souvent avec celle d'ordonnateur, mais les deux notions sont loin d'être synonymes. Car des agents de l'Etat ne pouvant prétendre à la qualité d'ordonnateur pourront néanmoins posséder celle de gestionnaire, il suffira qu'ils aient été nommés responsables de l'exécution d'un programme, d'une action ou d'une partie d'action.

D'autre part, une telle organisation administrative ne peut plus se satisfaire de l'organisation comptable actuelle caractérisée par un traitement comptable par un agent placé organiquement au sein du ministère de l'économie et des finances; il est donc prévu de doter chaque ministère dépensier d'un agent comptable ce qui accélérera les opérations financières. De fait, une application informatique commune à tous les ministères et acteurs de la dépense publique, dont l'objectif est d'améliorer les procédures de dépenses de l'Etat, a été mise en oeuvre, il s'agit

36. Plus de 1.600 indicateurs de performance ont déjà été définis.

du système ACCORD (application coordonnée de comptabilisation, d'ordonnancement et de règlement de la dépense de l'Etat). Toutes ces modifications emporteront une refonte du cadre comptable de l'Etat[37] et la réflexion est déjà bien engagée.

Enfin, la nouvelle opération de dépense remet en cause les procédures classiques de contrôle. Ces dernières se caractérisent par le fait que le contrôle actuel, en France, est principalement un contrôle à priori sur la régularité juridique des actes d'engagement et d'ordonnancement ou de mandatement d'une dépense (contrôle financier). Dès l'instant où le seul indicateur de la gestion réside dans l'efficacité de la dépense, un tel schéma ne se justifie plus. On s'achemine, ici encore, vers une réorganisation du rôle du contrôleur financier qui deviendrait, alors, plutôt le conseiller financier du ministre.

Cette logique de responsabilisation des gestionnaires constitue une réelle nouveauté en matière de gestion publique. Certes dans le passé, dans les années 1960 plus précisément, le droit budgétaire français avait déjà expérimenté des techniques en matière de dépenses privilégiant l'efficacité ou l'efficience comme en atteste la rationalisation des choix budgétaires (RCB). Mais la RCB était restée une technique relativement confidentielle, peu appliquée et surtout vouée à demeurer un coup d'épée dans l'eau en raison de son application en dehors de tout texte et, notamment, de l'ordonnance organique du 2 janvier 1959. Dès lors, elle avait bien rapidement disparu de l'horizon budgétaire français.

2.2 La modernisation de la gestion publique par la règle de la fongibilité asymétrique des crédits

La "nouvelle Constitution financière" introduit la règle de la fongibilité ou de la globalisation des crédits. Aux termes des articles 7 et 8 de la loi organique du 1er août 2001 les crédits sont interchangeables: ils financent aussi bien des actions annuelles de fonctionnement ou d'intervention que des actions pluriannuelles d'investissement.[38] Le gestionnaire, en fonction des résultats à atteindre, est habilité, sous certaines limites, à faire un usage différent des crédits de celui initialement prévu

37. *Recueil des normes comptables de l'Etat*, Moderfie, Ministère de l'économie et des finances, 2004.

38. Cela signifie, par exemple, que si un gestionnaire n'utilise pas des crédits initialement affectés à l'entretien des services publics, il pourra les destiner au financement de la construction d'une infrastructure publique sans aucune contrainte; et vice-versa.

en loi de finances. Cette liberté de gestion, érigée en principe de gestion publique, est inédite en droit financier français et sans équivalent sous l'empire de l'ordonnance du 2 janvier 1959. La portée de cette règle devrait s'en trouver accentuée par le fait qu'elle se fond à merveille dans la logique de responsabilisation des gestionnaires et contribue à en accentuer les conséquences. En effet, les gestionnaires, et en particulier les ministres, non seulement détermineront des objectifs, mais disposeront d'une souplesse de gestion les autorisant à modifier l'affectation initiale des crédits sous leur seule responsabilité. Finalement, les gestionnaires rendront compte de leur gestion lorsqu'il s'agira d'apprécier l'efficience de leur action devant les instances parlementaires (ministres) ou ministérielles (responsables de programmes).

Sur le plan technique, la fongibilité des crédits est rendue possible par le fait que l'article 7 de la loi organique dispose que si les programmes sont présentés selon des titres,[39] "la présentation des crédits par titre est indicative". D'un point de vue formel et concret, les crédits correspondants à un programme sont classés par titre, sans que ce classement ne lie l'autorité destinataire des crédits. Le titre budgétaire est désormais juridiquement diaphane! La différence avec l'ordonnance de 1959 est ici radicale. Le caractère indicatif du titre conduit à s'interroger sur la pertinence de son maintien. Bien que l'explication ne coule pas de source, on peut oser avancer l'affirmation suivante: le titre bien qu'indicatif constitue un repère, un point d'ancrage et peut-être même, inconsciemment, une résurgence de l'ancienne logique budgétaire qui reposait sur un classement des crédits en fonction de leur nature. La réforme bouleverse les habitudes budgétaires, mais elle ne peut cependant faire totalement table rase du passé.

Comme cette règle posée par l'article 7 ne se suffit en elle même pour rendre effective la fongibilité des crédits, l'article 8 de la loi organique ajoute que les crédits sont évalués en autorisations d'engagement et en crédits de paiement. En effet, l'autorisation d'engagement[40] qui se définit comme une enveloppe financière pluriannuelle fixe le montant d'une dépense couvrant plusieurs exercices, et le crédit de paiement en constitue le relais annuel nécessaire dans la mesure où il se définit comme "la limite supérieure des dépenses pouvant être ordonnancées

39. Dont la liste se trouve mentionnée à l'article 5. On rappelle cependant que les programmes sont prolongées par des actions.

40. Anciennement autorisation de programme (article 12 de l'ordonnance du 2 janvier 1959).

ou payées pour la couverture des engagements contractés dans le cadre des autorisations d'engagement" (article 8). Cette solution tranche radicalement avec la situation résultant de l'empire de l'ordonnance du 2 janvier 1959 dans laquelle seules les dépenses d'investissement pluriannuelles étaient dotées de crédits sous la forme d'autorisations de programme et de crédits de paiement. Est-ce à dire que le droit budgétaire étatique français a abandonné le principe de l'annualité budgétaire? Assurément non. Ou plutôt pas aussi ouvertement. En effet, les articles 1er, 6 et 15 de la loi organique précisent bien que le cadre temporel de la loi de finances demeure l'exercice budgétaire lequel coïncide avec l'année civile. En revanche, il est exact que la gestion des crédits peut s'affranchit des rigueurs de l'annualité budgétaire grâce à la technique des autorisations d'engagement et des crédits de paiement. Il ne faut cependant pas perdre de vue que toutes les autorisations sont données annuellement en loi de finances. Partant, si le cadre temporel de l'octroi des crédits demeure bien l'année budgétaire, la gestion, autorisée par le Parlement, peut s'étaler sur une période excédant l'exercice budgétaire.

Mais la fongibilité des crédits n'est pas parfaite, elle demeure asymétrique dans la "nouvelle Constitution financière". En effet, pour éviter les abus, le législateur organique a instauré une solution originale: les dépenses en personnel pourraient certes abonder d'autres catégories de dépenses, mais à l'inverse les autres dépenses ne pourraient compléter les crédits affectés au dépenses en personnel (articles 7 et 8). La fongibilité a donc des limites![41]

3. *La "nouvelle Constitution financière" revalorise le contrôle parlementaire sur la gestion publique*

La revalorisation de la fonction de contrôle résultant de la "nouvelle Constitution financière" repose sur une triple justification: le Parlement est mieux informé du contexte budgétaire et cette transparence financière affermit le fonctionnement démocratique des institutions françaises, il est doté de pouvoirs de vote accrus et il contrôle plus efficacement l'exécution de la loi de finances.

41. Dont les conséquences sont aussi perceptibles lors de la gestion réglementaire des crédits, voir par exemple en matière de reports de crédits l'article 15 de la loi organique.

3.1 *Une meilleure connaissance parlementaire du contexte budgétaire: la transparence financière comme gage du fonctionnement démocratique des institutions*

Traditionnellement, la connaissance parlementaire du contexte budgétaire peut être qualifiée de satisfaisante, du moins si l'on en croit les nombreux documents mis à sa disposition.[42] La loi organique du 1er août 2001, reprend l'existant en la matière,[43] dans la mesure où cela n'est pas incompatible avec la réforme, et, de surcroît, l'enrichit (articles 48 à 56). De ce point de vue, il se dégage de la "nouvelle Constitution financière" l'idée de transparence financière comme gage d'un fonctionnement démocratique des institutions françaises: plus le Parlement connaît l'environnement budgétaire national, plus il vote la loi de finances en connaissance de cause et plus la démocratie en sort renforcée. Parmi les très nombreuses dispositions allant dans ce sens, quatre méritent l'attention.

Les deux premières sont des conséquences des réformes examinées plus haut.

Tout d'abord, la loi organique du 1er août 2001 tirant les conséquences des engagements européens de la France rappelle que le Parlement est également destinataire des programmes de stabilité (article 50). Ces derniers doivent lui être soumis en tant que document annexé au projet de loi de finances de l'année. Le tout doit être déposé sur le bureau des assemblées parlementaires au plus tard le premier mardi d'octobre, date à laquelle le débat budgétaire est susceptible de débuter devant le Parlement. Le lien est ainsi fait entre exigences constitutionnelles et engagements communautaires de la France.

Ensuite, le Parlement doit être saisi des projets de performance qui contribuent à donner corps à la logique de responsabilisation des gestionnaires désormais érigée en culture d'Etat (articles 48 et 51 de la loi organique). En effet, dès l'instant où les gestionnaires s'engagent sur des objectifs et rendent compte des résultats, il est primordial de pouvoir vérifier l'efficacité des actions poursuivies et de refuser pour le Parlement

42. Voir, notamment, pour ce qui concerne les documents mis à la disposition du vote de la loi de finances initiale sous l'empire de l'ordonnance du 2 janvier 1959, Francis Querol, *L'élaboration de la loi de finances*, Economica, Finances publiques poche, 1998.

43. D'une part, elle rappelle que la Cour des comptes assiste le Parlement dans sa fonction de contrôle, mais il est exact que ces dispositions reposent sur une assise constitutionnelle (article 47); d'autre part, nombre d'annexes budgétaires accompagnant la loi de finances, antérieurement exigés, le sont toujours sous l'empire de la loi organique (articles 48 et ss.).

de renouveler l'octroi des crédits. Le rôle du Parlement sera, de ce point de vue crucial, il y jouera sans doute même une partie de sa crédibilité.

Les deux dernières présentent, dans le cadre de cet exposé, un caractère plus novateur.

D'une part, la loi organique du 1er août 2001 institutionnalise, d'une certaine façon, une pratique classique sous la Vème République. Sous l'empire de l'ordonnance du 2 janvier 1959, un dialogue informel s'engageait, traditionnellement, entre le Gouvernement et les six commissions parlementaires (commission des finances et cinq autres commissions) lors de la préparation du projet de loi de finances, avant le début du débat budgétaire.[44] A l'occasion de ce dernier, les ministres exposaient les grandes lignes du budget de leur ministère ou éclairaient les parlementaires des choix retenus dans le prochain projet de loi de finances. Cette pratique acquiert désormais un caractère plus solennel dans la mesure où les commissions des finances des assemblées parlementaires peuvent procéder à toutes "auditions (...) (jugées) utiles"[45] et les personnes concernées n'ont pas le droit de s'y soustraire (article 57). Bien que la loi organique se contente d'évoquer l'audition sur demande des seules commissions des finances des assemblées parlementaires, nous ne pensons pas que la pratique antérieure d'audition des ministres dépensiers par les cinq autres commissions soit remise en cause, encore que sur le terrain du droit aucune obligation ne l'accompagne. L'institutionnalisation de ce dialogue se double de la faculté reconnue à toutes les commissions parlementaires permanentes d'adresser des questionnaires au Gouvernement avant le 10 juillet de chaque année (article 50). Ce dernier a l'obligation d'y répondre avant le premier mardi d'octobre, date à laquelle peut s'ouvrir la discussion budgétaire (article 39). D'aucuns estimeront la mesure superfétatoire sinon redondante en raison de la possibilité d'audition par les commissions. Mais le mérite de cette mesure réside sans le fait que les ministres ne pourront plus refuser de se soustraire aux questionnaires parlementaires alors que dans le passé il est arrivé que d'aucuns pratiquent la politique de la "chaise vide". Cette raison nous convainc que le pouvoir d'interrogation des ministres reconnu aux commissions parlementaires complète parfaitement le pouvoir de demander leur audition devant la commission des finances.

44. Les commissions des finances de l'Assemblée nationale et du Sénat entendaient le ministre de l'économie et des finances et les cinq autres commissions permanentes, les ministres dépensiers puisqu'elles sont chargées d'établir des rapports pour avis sur les ministères qui relèvent de leur sphère de compétence.

45. Y compris selon nous les membres du Gouvernement.

D'autre part, l'article 52 de la "nouvelle Constitution financière" vient utilement et salutairement parfaire les connaissances des parlementaires en matière de contexte budgétaire. En effet, la France, comme tous les pays qui ont isolé le budget de la sécurité sociale en dehors de la loi de finances dans un document autonome et distinct, ne mesurait pas exactement le poids de la pression fiscale lors du seul vote de la loi de finances. Les parlementaires, en quelque sorte, "naviguaient à vue" à partir des seules indications fournies en loi de finances alors que la pression fiscale nationale provient aussi, pour une large part, des différents prélèvements fiscaux de caractère social. En noircissant à peine le trait, on pouvait affirmer que les parlementaires se souciaient uniquement de fiscalité étatique lors du vote des lois de finances et s'intéressaient seulement à la fiscalité sociale lors du vote des lois de financement de la sécurité sociale (article 34, 39 et 47-1 de la Constitution), tant et si bien que les parlementaires ne possédaient pas de vision globale de la fiscalité. Désormais, l'article 52 de la loi organique du 1er août 2001 est commun aux lois de finances et aux lois de financement de la sécurité sociale. Il prévoit que le Parlement doit être saisi, à l'ouverture de la session parlementaire, d'un rapport déposé par le Gouvernement "retraçant l'ensemble des prélèvements obligatoires ainsi que leur évolution". Ce rapport peut, au demeurant, faire l'objet d'un débat. La portée de ces dispositions est évidente: le Parlement doit avoir une vue d'ensemble des prélèvements obligatoires supportés par le contribuable français et d'autoriser la perception des impositions en pleine connaissance de cause. On ne peut qu'acquiescer à cette mesure!

3.2 Un accroissement des pouvoirs de vote de l'instance parlementaire

La "nouvelle Constitution financière" réaménage certes la distribution des pouvoirs entre l'exécutif et le législatif, mais elle ne va pas jusqu'à remettre en cause l'hégémonie du Gouvernement. Le système parlementaire français reste et demeure un système très largement rationalisé et la comparaison se fait, toujours, en défaveur du Parlement:[46] le carcan budgétaire à peine relâché, enserre toujours la bride de l'autorité législative. Cependant, une amélioration de la situation du Parlement, par rapport à ce qui était sous l'empire de l'ordonnance du 2 janvier 1959, peut être envisagée, sous trois angles.

46. On peut se contenter d'évoquer les modalités de vote des articles de la loi de finances ou le cadre temporel de son adoption. Sur tous ces points, voir par exemple, Francis Querol, *Finances publiques*, tout le droit, Ellipses, 2002.

Il convient de saluer assurément l'accroissement du périmètre d'application de la loi de finances, notamment, en vertu des articles 2 et 3 de la loi organique du 1er août 2001. Le Parlement dorénavant aura une compétence accrue sur des pans des finances publiques qui lui échappaient peu ou prou. Le législateur organique présente le mérite d'avoir réussi là ou de très nombreuses tentatives avaient, par le passé, échoué. C'est ainsi que les taxes parafiscales, ces prélèvements obligatoires qui s'étaient développés, avait prospéré en dehors de la loi de finances et qui étaient soustraites très largement à l'autorité des représentants de la Nation, sont désormais fiscalisées.[47] Si l'on a pu, à un moment, craindre les conditions de leur fiscalisation, il semble que la réforme ait finalement emprunté la voie de la sagesse et soit relativement bien acceptée. Par ailleurs, la loi de finances intègre désormais le détail des opérations de trésorerie. Ces opérations qui sont en relation avec la dette de l'Etat étaient les grandes oubliées des lois de finances sous l'empire du droit antérieur. Désormais, non seulement plusieurs articles de la loi organique du 1er août s'y réfèrent (articles 29, 34), mais en outre, un compte de commerce déterminé leur est réservé en loi de finances (article 22).[48]

De même s'agissant du droit de vote des parlementaires la "nouvelle Constitution financière" introduit une mesure intéressante. En effet, l'article 40 de la Constitution de 1958 enferme le pouvoir d'amendement des parlementaire dans un régime extrêmement contraignant. Plus particulièrement, les amendements parlementaires sont prohibés lorsque leur adoption se traduirait par une "baisse des ressources publiques ou la création ou l'aggravation d'une charge publique". Ledit article 40 fut dans le passé prolongé par l'article 42 de l'ordonnance du 2 janvier 1959 dont l'application était quasiment impossible sauf à remettre en cause le droit d'amendement des parlementaires, pourtant constitutionnellement reconnu. Dès lors sur la base de l'article 40 de la Constitution, on avait imaginé une construction juridique qui octroyait le maximum de pouvoirs aux parlementaires, dans la limite de ce que prévoyaient les dispositions constitutionnelles. On considérait, en effet, que les parlementaires pouvaient utiliser, en matière de ressources uniquement, la technique de la compensation ou de l'amendement compensé: il était possible à tout parlementaire de proposer une baisse d'une ressource publique à condi-

47. Auparavant, la création des taxes parafiscales incombait au pouvoir réglementaire et leur autorisation de perception était l'oeuvre de la loi de finances. Avec la loi organique, le Parlement acquiert une compétence entière s'agissant de la parafiscalité.

48. Il s'agit juridiquement d'un compte spécial, antérieurement appelé compte spécial du Trésor.

tion d’en créer une nouvelle ou d’en augmenter une existante pour une montant au moins équivalent.[49] La compensation devait cependant, pour satisfaire aux exigences constitutionnelles répondre à trois conditions: elle devait être réelle, immédiate et bénéficier à la même personne (Conseil constitutionnel n. 76-64 DC du 2 juin 1976, *Recueil des décisions du Conseil constitutionnel*, p. 21). Mais en revanche, comme la Constitution évoquait la prohibition de la création ou de l’aggravation “d’une” charge publique, la compensation était exclue en matière de dépense dans la mesure où cette dernière suppose nécessairement une baisse (autorisée par la Constitution) et une hausse (interdite par ce même texte).[50] Que change la loi organique du 1er août 2001 en la matière? Elle chamboule le droit d’amendement parlementaire, du moins en apparence. Si la “nouvelle Constitution financière” reste sans influence sur le régime de l’amendement compensé en matière de recette puisque sa pratique a montré tout l’intérêt dont pouvaient se prévaloir les parlementaires, elle autorise l’utilisation de la compensation en matière de dépenses. En effet, en précisant que le terme de charge au sens de l’article 40 de la Constitution doit être entendu comme mission, elle bouleverse les règles de la discussion parlementaire (article 47). Désormais, le statut constitutionnel des amendements parlementaires en matière de dépenses s’entend comme interdisant la création ou l’aggravation des crédits affectés à une charge ou à une mission. Mais nous savons que les missions sont prolongées par des programmes. Aussi bien, dans le cadre d’une même mission, il sera possible de doter un programme de crédits supplémentaires à condition d’amputer les crédits d’un autre programme, donc de compenser entre différents programmes d’une même mission. Bien entendu la compensation entre missions différentes est absolument proscrite. Cette nouvelle possibilité offerte par la loi organique du 1er août 2001 a été saluée comme une avancée significative dans la restauration des pouvoirs de l’instance parlementaires. Sans vouloir tenir le rôle de Cassandre, il ne nous semble pas que cette réforme pour nécessaire, intéressante et symbolique qu’elle soit, se traduise par la révolution que d’aucuns ont annoncé. Car encore faudra-t-il en faire usage et, de surcroît, avec la bénédiction du Gouvernement. Or la pratique budgétaire atteste combien il est difficile pour les parlementaires de modifier substantiellement l’équilibre défini par la loi de finances.

49. Naturellement, un amendement parlementaire pouvait toujours prévoir la création ou l’aggravation des ressources publiques.

50. En revanche, il est interdit de compenser les recettes et les dépenses.

La "nouvelle Constitution financière", enfin, agrémente les principes budgétaires français d'un nouveau principe: la sincérité budgétaire. Cet aspect de la réforme découle de la prise en compte des doléances parlementaires qui, depuis une quinzaine d'années, faisaient grief au Gouvernement soit d'omettre certaines dispositions en loi de finances, soit de ne pas présenter des informations rigoureusement exactes. Une jurisprudence constitutionnelle s'était développée qui acceptait de prendre en compte les contestations fondées sur l'absence de sincérité de la loi de finances sans qu'aucune censure n'en résultât.[51] La loi organique du 1er août 2001 dans ses articles 27, 31 à 33 érige le principe de la sincérité budgétaire en sixième principe du droit financier français. Malgré l'incertitude qui prévaut à la lecture des dispositions précédentes quant à ses contours, il nous semble que le principe de la sincérité budgétaire doive s'entendre comme faisant obligation au Gouvernement de mettre à disposition du Parlement les éléments permettant de vérifier soit le bien-fondé, soit l'exactitude du contenu de la loi de finances. Si le Conseil constitutionnel dans la décision du 25 juillet 2001 relative à la loi organique du 1er août 2001 (n. 2001-448 DC, *Recueil des décisions du Conseil constitutionnel*, p. 99) laissait présager une application assez large de ce principe, sa jurisprudence ultérieure aura pu être qualifiée de timide puisqu'aucune censure n'est intervenue. Personnellement, cela ne nous a pas surpris outre mesure car l'appréciation d'une disposition budgétaire, au prisme du principe de la sincérité, revient en fait à démontrer que le Gouvernement a, objectivement, eu l'intention de fausser la connaissance parlementaire de la loi de finances. Nous sommes là dans le domaine de la subjectivité qui se prête mal à un contrôle des dispositions contenues en loi de finances. Pour autant, il ne faut pas conclure à l'inanité du principe de la sincérité budgétaire, bien au contraire. Ce principe, en effet, pourrait être utilisé dans des cas extrêmes de mauvaise fois avérée du Gouvernement, ce qui selon nous est, heureusement, assez peu probable.

3.3 Une efficacité renforcée du contrôle parlementaire de l'exécution de la loi de finances

L'efficacité renforcée du contrôle de l'exécution de la loi de finances est motivée par les nouvelles procédures introduites par la loi orga-

51. Voir par exemple, les décisions n. 94-351 DC du 29 décembre 1994 et n. 93-330 DC du 29 décembre 1993, *Recueil des décisions du Conseil constitutionnel*, pp. 140 (1994) et 572 (1993).

nique tant lors de l'application de la loi de finances, qu'après celle-ci lorsqu'il s'agit de régler les comptes de l'exercice budgétaire.

Lors de l'application de la loi de finances, un certain nombre de procédures de vérifications avaient été prévues sous l'empire du droit existant. Celles-ci sont maintenues comme par l'exemple les missions d'évaluation et de contrôle (MEC) ou la fonction d'assistance de la Cour des comptes à l'égard du Parlement conformément à l'article 47 de la Constitution (article 58 de la loi organique). Mais la "nouvelle Constitution financière" instaure d'autres procédures.

D'abord, il convient de relever un meilleur lien que par le passé entre le vote de la loi de finances et son exécution. En effet, lors du vote de la loi de finances le Parlement est saisi des projets de performance évaluant l'efficacité des missions, des programmes et des dotations (articles 48 et 51). Bien que cela n'ait l'air de rien, ces dispositions autorisent, théoriquement, le Parlement à s'opposer à la reconduite ou à l'octroi de crédits lorsque l'application de la loi de finances n'est pas conforme aux prévisions initiales.[52]

Ensuite, l'article 57 de la loi organique renforce les pouvoirs des commissions des finances des assemblées parlementaires. Leur président, leur rapporteur général et leurs rapporteurs spéciaux sont chargés de contrôler l'exécution de la loi de finances et d'évaluer toute question relative aux finances publiques. Ils sont habilités à user d'un droit d'investigation (sur pièce et sur place), d'un droit d'audition[53] et d'un droit de communication. En cas d'obstacle à l'exercice de ce dernier les présidents des commissions des finances peuvent saisir la juridiction administrative, par la voie du référé pour faire cesser l'atteinte. L'originalité de cette solution ne connaît pas de précédent et son audace doit être saluée car les rapports entre le Gouvernement et le Parlement, notamment dans la fonction législative, relevaient traditionnellement en France de la sphère des actes de Gouvernement qui échappent à tout contrôle juridictionnel.

Enfin, une place bien plus importante que par le passé est laissée à l'instance parlementaire s'agissant de la gestion réglementaire des crédits inscrits en loi de finances. En effet, traditionnellement le Premier ministre et le ministre de l'économie et des finances disposent de prérogatives fort étendues lorsqu'il s'agit de la gestion quotidienne des crédits. De telles prérogatives, qui sont naturellement sauvegardées, se

52. Cf. supra 3.1.

53. Cf. supra 3.1.

doublent, avec la loi organique, de compétences accrues pour le Parlement. C'est ainsi que les actes du Premier ministre reportant des crédits doivent désormais faire l'objet d'une publication au journal officiel avant le 31 mars de l'année au cours de laquelle a eu lieu le report, et ce pour permettre leur régularisation dans la loi de règlement (article 15 de la loi organique du 1er août 2001),[54] ou encore que les annulations de crédits par le Premier ministre sont plafonnées (1,50%), de façon à ne point dénaturer l'autorisation parlementaire, et que les commissions des finances des assemblées parlementaires doivent en être informées (article 14 de la loi organique). Une philosophie identique prévaut d'ailleurs en matière de transferts et de virements de crédits (limite de 2%, information des commissions parlementaires) (article 12 de la loi organique), ainsi qu'en cas de dépassements de crédits (information, avis ou consultation des commissions des finances, éventuellement plafonnement des annulations à 1%) (articles 10 et 13 de la loi organique du 1er août 2001).

Le contrôle après l'exécution de la loi de finances intervient classiquement, en France, avec l'intervention de différents organismes de contrôle (Cour des comptes, Inspection Générale des Fiances...), ainsi qu'avec l'adoption de la loi de règlement. Comme les modalités de contrôle des premiers demeurent invariables, seul le nouveau régime de la loi de règlement mérite l'attention. Cette dernière est une loi de finances d'un type particulier qui dresse le bilan de l'exercice budgétaire. A ce titre, elle arrête le montant définitif des opérations de l'Etat, procède aux régularisations rendues nécessaires et approuve les comptes de l'exercice sur la base d'un rapport de la Cour des comptes qui certifie la régularité, la sincérité et la fidélité des comptes de l'Etat (article 58 de la loi organique). La portée du contrôle de l'exécution de la loi de finances par l'intermédiaire de la loi de règlement appelle, dans son principe, des réserves. En effet, quel serait le sens d'un rejet parlementaire de la loi de règlement alors que les recettes ont été encaissées et les dépenses engagées et payées? La loi de règlement relève donc davantage de la simple technique de régularisation politique d'opérations déjà réalisées que de la décision librement consentie. Sans doute ces critiques persisterontelles après l'intervention de la loi organique, mais l'autorité de la loi de règlement devrait, néanmoins, s'en trouver renforcée. En effet, dans son article 46, la "nouvelle Constitution financière" instaure un "chaînage vertueux" duquel il résulte que le Parlement ne pourra se prononcer sur

54. Nous rappelons cependant que la règle reste en France celle de l'interdiction des reports de crédits.

le projet de loi de finances initiale de l’année n+1, s’il n’a pas au préalable adopté le projet de loi de règlement de l’exercice n-1. Cela sera rendu possible par le fait que le Gouvernement est, désormais, tenu de déposer le projet de loi de règlement devant les assemblées parlementaires avant le 1er juin de l’année qui suit celle de l’exercice auquel il se rapporte. Le législateur organique, en quelque sorte, invite le législateur à solder les comptes du passé avant d’autoriser les opérations qui engagent l’avenir. Cela sera notamment rendu possible en raison du fait que les rapports définitifs de performance seront annexés au projet de loi de règlement (article 54 de la loi organique). La loi de règlement sera donc le lien, sinon la mémoire historique, entre le passé et le futur sur le plan financier.

La loi organique du 1er août 2001 révolutionne, certes, la vie financière française, même si, ici ou là, on peut regretter certaines imperfections. Elle ouvre la voie de la modernité budgétaire en ce sens qu’elle entend donner des marges de manoeuvre à un Etat qui, il faut bien l’avouer, en manquait dangereusement. Connaîtra-t-elle le même succès que sa devancière l’ordonnance du 2 janvier 1959? Il est, bien entendu, trop tôt pour se prononcer. Mais, selon nous, sa grande force réside dans le fait d’avoir su protéger et promouvoir les intérêts de tous (Gouvernement, Parlement). Cela devrait théoriquement lui suffire à vivre une longue vie.

Septembre 2004

LEI COMPLEMENTAR E AS ALÍQUOTAS MÁXIMAS E MÍNIMAS DO ISS

AIRES F. BARRETO

1. O princípio da autonomia municipal. 2. A lei complementar na fixação das alíquotas do ISS: 2.1 A fixação das alíquotas máximas do ISS; 2.2 A fixação das alíquotas mínimas do ISS; 2.3 A Emenda Constitucional n. 37/2002 e sua eficácia.

O presente estudo visa a empreender análise da fenomenologia da fixação das alíquotas máximas e mínimas do ISS, à luz do subsistema constitucional tributário, base principiológica sobre a qual o intérprete do direito deve iniciar o estudo científico do tema. Reflexão epistemológica calcada nessa metodologia reclama, inexoravelmente, debruçar-se sobre as considerações assim sintéticas como profundas, encetadas pelo mestre José Souto Maior Borges, no seu clássico *Lei Complementar Tributária*.

A despeito de tratar-se de obra editada em 1975, ao tempo da Emenda Constitucional n. 1/1969 (Carta outorgada de 1969), suas lições são atuais e precisas, aplicando-se quase que integralmente ao atual sistema.

Seguiremos o estudo versando, inicialmente, a posição de preeminência do princípio da autonomia dos Municípios, cuja observância obrigatória implica barreira intransponível para a fixação, por meio de Lei Complementar, das alíquotas máximas e mínimas do ISS, imposto de competência dos Municípios e do Distrito Federal.

1. O princípio da autonomia municipal

A autonomia municipal, instrumento necessário de expressão concreta do princípio republicano, é noção fundamental básica e estrutural que informa todo o sistema constitucional, notadamente o subsistema tributário. É princípio constitucionalmente consagrado, especialmente diante da rígida discriminação de competências tributárias.

Souto Maior Borges, em capítulo sobre a fixação, em lei complementar, da alíquota-teto do imposto sobre serviços, começa por ressaltar a relevância da autonomia municipal: "(...) em termos constitucionais, a autonomia municipal é assegurada, entre outros aspectos, pela administração própria, no que respeite ao seu peculiar interesse, especialmente quanto à 'decretação' e arrecadação dos tributos de sua competência".[1]

A Constituição Federal, situando o Município dentre as esferas político-administrativas da República Federativa do Brasil, deu-lhe autonomia política, financeira e administrativa. É dizer, conferiu-lhe o autogoverno local.

Autonomia municipal significa a competência conferida pela Constituição à pessoa política Município para – nos limites por ela traçados – editar suas próprias normas legislativas, dispor sobre seu governo e organizar-se administrativamente. É assegurada pelos arts. 29 e 30 da atual Constituição Federal, em toda a sua latitude: autonomia *política* (direito à eleição de prefeito, vice-prefeito e vereadores), *financeira* (competência para instituir e arrecadar os tributos de sua competência, bem como aplicar suas rendas) e *administrativa* (competência para legislar sobre assuntos de interesse local).

A expressão "assuntos de interesse local" denota temas ou questões em que predomina o interesse do Município, ainda que não seja exclusivo ou privativo. Assim, são três as características de quem detém o conceito de autonomia: (i) instituição e arrecadação dos tributos de sua competência; (ii) eleição dos seus governantes; e (iii) organização administrativa de tudo quanto seja, predominantemente, de interesse local.

O Município é pessoa jurídica de direito público interno, dotada, nos termos do Texto Constitucional, de competência legislativa própria e exclusiva. Os fatos e situações ocorridos em seu âmbito só podem ser regulados por meio de leis municipais. Essa diretriz constitucional ocupa posição de preeminência no sistema normativo.

A esta conclusão se chega com lastro nos ensinamentos de Souto Maior Borges, ao ponderar que a autonomia municipal é um princípio basilar do ordenamento constitucional brasileiro. Segundo esse mestre, a Constituição confere aos Municípios autonomia erigida em princípio, com particular ênfase à administração própria no que respeita ao seu peculiar interesse, especialmente quanto à decretação e arrecadação dos tributos de sua competência.[2] Nesse particular, a eficácia do princípio

1. *Lei Complementar Tributária*, São Paulo, Ed. RT, 1975, p. 207.

2. Idem, p. 196.

não pode ser elidida em face da edição de lei complementar, porquanto a autonomia municipal constitui-se em direito público subjetivo dos Municípios, oponível à União e aos Estados.

É do renomado autor, também, importante preleção que considera a noção principiológica da autonomia municipal, vislumbrando-a como um princípio expresso: "(...) os Municípios não têm a sua existência decorrente de uma simples delegação administrativa do Estado-membro, *porque a sua autonomia é alçada à eminência de um princípio constitucional expresso*. Dessa autonomia municipal – cuja observância é obrigatória para a União e para os Estados-membros – resulta a competência no que respeite ao peculiar interesse municipal. No Brasil, o Município coexiste com a União e os Estados-membros numa área de competência exclusiva constitucionalmente fixada. Nesses termos, toda lei federal, estadual ou municipal funda a sua validade na Constituição Federal"[3] (grifamos).

Geraldo Ataliba, para quem a obra de Souto Borges, *Lei Complementar Tributária*, é uma das melhores elaborações de direito constitucional, afirma, com apoio nas lições do autor, que, sendo a autonomia dos Municípios um princípio básico e inderrogável, é assegurada por sanções constitucionais gravíssimas.[4]

A afronta ao princípio da autonomia dos Municípios implica, acarreta intervenção federal no Estado-membro que a desrespeitar. Por isso a Constituição põe a autonomia municipal como um dos princípios fundamentais do sistema. Deveras, estando acima de muitos princípios e, obviamente, de simples regras, configura sobreprincípio.

Hans Kelsen já dizia que a posição hierárquica de uma norma se mede pela importância da sanção que corresponda ao seu descumprimento, é a medida da reação da ordem jurídica em face de sua violação.

A Constituição prescreve, como reação à violação da autonomia municipal, a intervenção federal no Estado-membro, ou seja, a suspensão da autonomia deste. Essa é, pois, a sanção da pessoa política que a desconsidere. Trata-se de reação das mais graves principalmente porque a autonomia dos Estados está posta como a própria essência do regime republicano adotado pela Federação.

Essa é a pesadíssima conseqüência acarretada ao Estado-membro que pretender vulnerar a autonomia municipal. A gravidade da sanção

3. Idem, p. 8.

4. *República e Constituição*, 2ª ed., atualizada, 3ª tir., São Paulo, Malheiros Editores, 2004, p. 45.

pela sua inobservância corrobora a sua importância. E isto porque o princípio, sobre ser regra, é uma diretriz do sistema; o princípio é indicador das trilhas a serem seguidas tanto pelo legislador, como pelo intérprete.

Apontada uma direção pelo princípio, não se pode adotar rumo diverso, pena de chegar a resultado não prestigiado pela Constituição. Normas sobre normas de tributação – leia-se lei complementar – não podem contrastar com o princípio da autonomia municipal, devendo, necessariamente, harmonizar-se com ele.

Considerando que os princípios conferem sentido e alcance às demais normas, a coerência interna do sistema jurídico reclama que não pode haver qualquer solução em detrimento das exigências desse princípio constitucional.[5]

No mesmo sentido, Geraldo Ataliba lecionava que a exegese das regras da Constituição só pode ser procedida com plena observância das diretrizes que estão contidas nos seus princípios. Advertia, ademais, que mesmo a interpretação dos princípios deveria ser feita de modo a respeitar as mais relevantes diretrizes constitucionais. É dizer, a exegese tem que ser feita, sempre, em harmonia com a Federação, em harmonia com a República, em harmonia com a autonomia municipal. Desse critério exegético o intérprete não se pode distanciar, mesmo diante de disposições constitucionais referentes à competência tributária. Também nesse caso é obrigatória a verificação dos rumos apontados pelos princípios federativo, republicano e da autonomia municipal.

Decorrência do princípio da autonomia municipal é a edição, pelo Município, de normas tributárias, no exercício da competência que lhe foi outorgada pela Constituição (poder constituinte originário), sendo afastada a incursão de quaisquer outras. Relembre-se, outrossim, que o Município, em razão de sua autonomia, haure, diretamente da Constituição, suas competências, nela encontrando seu próprio fundamento de validade.

2. *A lei complementar na fixação das alíquotas do ISS*

Inicialmente, necessário se faz relembrar que a Constituição Federal atribuiu competência tributária para cada ente político, segundo um critério material conjugado a um critério territorial. No caso da outorga de competência tributária da União, o critério territorial deve ser entendido,

5. Idem, p. 182.

conforme bem explica Heleno Torres, como a base territorial nacional na qual todo o Estado de direito exerce sua soberania:

"Todo Estado de Direito é dotado de uma base territorial, sobre a qual exerce sua soberania.

"(...)

"Com o termo 'território' a doutrina procura indicar, além do espaço físico, qualquer superfície espacial dentro da qual é consentido a um sujeito exercitar direitos e deveres jurídicos, sob a égide da jurisdição de um certo Estado.

"O território é formado pelo espaço terrestre compreendido em seus confins (fronteiras), o mar territorial – a faixa de mar costeira demarcada como sendo de exclusiva utilização por parte do Estado –, e o espaço aéreo e o subsolo correspondentes aos limites da soma entre as extensões terrestres e marinhas, por uma altura e profundidade estendida até onde seja possível o efetivo exercício soberano, no caso do Brasil, fixado em lei. E neste espaço qualquer fato-evento pode ser considerado para a efetiva imposição tributária, territorialmente."[6]

Bem por isso que, o autor, tratando do território nacional concluiu: "(...) todas as situações jurídicas formadas com a produção de rendimentos, por sujeitos residentes ou nacionais, localizados, total ou parcialmente, fora do território, não geram qualquer obrigação tributária, internamente, ou geram apenas parcialmente; ficando o legislador tolhido quanto à produção de normas tributárias com eficácia (de localização) ultraterritorial. As normas tributárias internas aplicam-se, portanto, com eficácia restrita ao território nacional, pela delimitação do alcance do exercício do Poder de Tributar do Estado aos seus angustos limites".[7]

No caso da outorga de competência tributária ao Distrito Federal, Estados e aos Municípios, a menção ao critério territorial tem outro sentido, qual seja, o de restringir no espaço o âmbito de aplicação da lei de cada qual, em virtude de terem esses entes político-constitucionais competências que, consideradas apenas da perspectiva material, são concorrentes.

A repartição constitucional é rígida e exaustiva. Interpretada sistematicamente com outras regras constitucionais (princípios, imunidade e demais regras de complementação), a repartição de competências implica a delimitação do campo de atuação em que as pessoas políticas podem exercer plenamente a competência tributária que lhes foi atribuída.

A rigor, a competência tributária é a somatória da autorização e limitação, no plano constitucional, para o exercício de funções

6. *Pluritributação Internacional sobre as Rendas de Empresas*, São Paulo, Ed. RT, 1997, pp. 70-71.

7. Idem, p. 71.

tributárias.[8] O seu exercício, repise-se, já nasce constitucionalmente limitado.

Ninguém melhor que Souto Borges expôs o tema, inclusive demonstrando o alcance da lei complementar. Atento, por certo, ao princípio da autonomia municipal, e também ao princípio federativo, concluiu que:

"A lei complementar não pode criar limitações à competência tributária da União, Estados-membros e Municípios. Essas pessoas constitucionais já recebem a sua competência com os limites que são postos pela própria Constituição. A competência tributária já nasce limitada. Mais rigorosamente: a competência tributária é a resultante da autorização e limitação constitucionais para a instituição do tributo.

"(...)

"A lei complementar não pode conseqüentemente estabelecer limitações à competência tributária constitucionalmente estruturada."[9]

Com efeito, nunca é demais frisar que as limitações ao exercício da competência tributária dos Municípios estão fora do alcance das leis complementares. Sua demarcação é feita no plano da Constituição, e nele se exaure.

2.1 *A fixação das alíquotas máximas do ISS*

O legislador constituinte originário conferiu aos Municípios competência para instituir imposto sobre "*serviços de qualquer natureza, não compreendidos no art. 155, II*" e outorgou à lei complementar a fixação das alíquotas máximas desse imposto (art. 156, III, § 3º, I, na redação dada pelo art. 1º da Emenda Constitucional n. 3, de 17.3.1993).

Note-se que o texto constitucional utiliza a expressão "alíquotas máximas", o que evidencia a possibilidade da existência de várias alíquotas máximas, diferentes para serviços distintos, tomando em conta a natureza do serviço, em homenagem à sua essencialidade ou ao prestígio de certos valores que o Estado incentiva ou visa a proteger. Logo, pensamos ser plenamente defensável a assertiva de que cabe à lei complementar a fixação de mais de uma alíquota máxima para os vários serviços.

Compete à lei complementar apenas fixar as alíquotas máximas do ISS. Trata-se, nesse caso, de lei sobre leis de tributação, cabendo-lhe apenas, *regular* as limitações constitucionais ao poder de tributar; jamais *limitar*, *determinar, estabelecer* as alíquotas do imposto.

8. Cf. Souto Maior Borges, "Princípio da segurança jurídica na criação e aplicação do tributo", *Revista de Direito Tributário* 63/206-210.

9. Idem, p. 149.

Bem por isso que o mestre Souto Maior Borges, atento para essa noção inarredável do sistema, ensina:

> "À União incumbe tão-só, mediante lei complementar, fixar as alíquotas máximas para o imposto sobre serviços. Não está dito, na Constituição, que é atribuída à União a faculdade de fixar as alíquotas do imposto sobre serviços.
>
> "(...)
>
> "Não é a lei complementar que irá limitar a competência tributária dos Municípios. Os limites com que é desenhada a competência tributária estão traçados na Constituição Federal."[10]

A Lei Complementar n. 100/1999, embora editada para incluir um novo item à lista de serviços (o de n. 101), veio a fixar a alíquota máxima do imposto em 5% (cinco por cento). A redação da lei ensejou o entendimento de que ela teria fixado a alíquota máxima para todo o imposto e não apenas para aquele item.

Esse quadro, no entanto, encontra-se definitivamente superado, não rendendo mais espaço para eventuais controvérsias. Em face do veto do Presidente da República ao inciso I, do art. 8º, submetido à sanção presidencial, que previa uma alíquota máxima de 10% (dez por cento) para alguns serviços de diversão pública, hoje, de acordo com a Lei Complementar n. 116/2003, a alíquota máxima do ISS é de 5% (cinco por cento). Vale dizer, atualmente, nenhuma atividade pode ser tributada pelo ISS em percentual superior ao indicado.

Esclareça-se que, em sendo um dos elementos que compõem o critério quantitativo da norma tributária em sentido estrito, a alíquota submete-se ao princípio da estrita legalidade, devendo, portanto, estar indicada na lei municipal criadora do ISS. A estrita legalidade requer, para sua realização, que a lei, no sentido orgânico-material, disponha de modo cabal, esgotante, exaustivo, sobre todos os aspectos ou critérios da hipótese tributária. Não se olvide que o princípio da estrita legalidade desdobra-se no princípio da tipicidade. É dizer, além de exigir que a própria lei (e somente ela) descreva todos e cada um dos aspectos da hipótese tributária, requer uma perfeita e integral correspondência entre o tipo normativo e o fato concreto, para que possa haver a incidência da norma jurídica tributária.

Entre nós, com mestria, Alberto Xavier expôs o tema da tipicidade em matéria de tributo, inclusive demonstrando que o alcance desse princípio (que entende não constituir princípio autônomo, mas expressão do

10. Idem, p. 208.

princípio da estrita legalidade tributária) no Direito Tributário é mais rigoroso que no Direito Penal.[11]

A insuficiência (por mínima que seja) da correspondência do fato concreto à previsão normativa, impede se dê a incidência e, pois, o surgimento da obrigação tributária.

Conforme preleciona Paulo de Barros Carvalho: "Seja qual for a natureza do preceito jurídico, sua atuação dinâmica é a mesma: opera-se a concreção do fato previsto na hipótese, propalando-se os efeitos jurídicos previstos na conseqüência. Mas esse quadramento do conceito do fato ao conceito da hipótese normativa tem que ser completo, para que se dê, verdadeiramente, a subsunção. É aquilo que se tem por tipicidade, que no Direito Tributário, assim como no Direito Penal, adquire transcendental importância. Para que seja tido como fato jurídico tributário, a ocorrência da vida real tem de satisfazer a todos os critérios identificadores tipificados na hipótese. Que apenas um não seja reconhecido, e a dinâmica que descrevemos ficará inteiramente comprometida."[12]

Relativamente às leis anteriores à Lei Complementar n. 116/2003, utilizemo-nos das lições de Souto Borges, para quem, sendo o regime jurídico da lei complementar do art. 24, § 4º (atualmente o art. 153, § 3º, I, da CF) o das normas gerais de direito tributário, segue-se que não dispensa, das leis municipais anteriores, a compatibilização das alíquotas do imposto sobre serviços à disciplina da lei complementar.[13]

Vê-se, pois, que o contexto normativo no qual está inserida a previsão de que a alíquota máxima fixada por lei complementar deve ser respeitada pelas leis municipais exige o seguinte exame: podem as leis municipais anteriores à Lei Complementar n. 116/2003 ter estabelecido (i) alíquota excedente ao limite máximo de 5% , (ii) alíquota inferior a 5%.

Verificada a primeira situação, diante da rígida discriminação de competências e do princípio fundamental da autonomia municipal, a solução está em admitir que as leis municipais têm a eficácia paralisada tão-só quanto à parte que exceder o limite fixado para a tributação.

Aqui desponta lapidar elucidação feita em 1975 por Souto Borges que, ao considerar, já à época, essa possibilidade, equacionou brilhantemente a questão:

11. *Os Princípios da Legalidade e da Tipicidade da Tributação*, São Paulo, Ed. RT, 1978, p. 73.

12. *Curso de Direito Tributário*, 2ª ed. revista, São Paulo, Saraiva, 1986, p. 136.

13. Idem, p. 209.

"Ora, a lei complementar superveniente não revogará a lei municipal, mas apenas lhe suspenderá a eficácia no tocante à parte que exceder ao teto fixado para a tributação. A lei municipal preexistente à lei complementar regulatória da limitação constitucional já preenche, por si só, as exigências do princípio de legalidade. Logo, não é necessária a edição de lei municipal posterior reduzindo a alíquota do tributo, para fins de cobrança.

"A legislação municipal antecedente, que excede o teto da lei complementar posteriormente editada, perde a sua eficácia, *na parte excedente*. Não é necessário, para continuidade da cobrança do tributo, a superveniência de lei municipal ajustando as vigentes alíquotas do imposto às alíquotas-teto autorizadas em lei complementar."[14]

No caso das leis municipais que estabeleceram suas alíquotas em percentual inferior a 5%, urge concluir que a regulação consistente na limitação prevista na Lei Complementar n. 116/2003 não tangencia a eficácia dessa legislação. Deveras, conforme orienta o referido autor, apenas condiciona o exercício da competência impositiva em relação às leis municipais que estão por vir.[15]

Impõe-se esclarecer, ainda, quanto à necessidade de observância do limite máximo da alíquota, em face do preceito no art. 82, § 2º, do Ato das Disposições Constitucionais Transitórias – ADCT, que prevê a criação de adicional de até meio ponto percentual (0,5%) na alíquota do ISS, ou do imposto que vier a substituí-lo, sobre serviços supérfluos.

A questão que se põe é: seria possível exceder à alíquota teto de 5%, fixada pela Lei Complementar n. 116/2003? Estamos convencidos que sim, em face da supremacia da Constituição. Não nos parece que o teto (estabelecido pela Lei Complementar n. 116/2003) deva perder eficácia na parte em que, após a aplicação do adicional, supere os 5%.

Cremos, porém, que, a despeito da redação do art. 83, do ADCT, caiba à lei complementar (nacional) e não à lei federal definir o que sejam "serviços supérfluos", respeitados os princípios constitucionais.[16]

2.2 *A fixação das alíquotas mínimas do ISS*

Ao lado da competência para estipular as alíquotas máximas, figura atribuição de competência à lei complementar para a fixação de alíquotas mínimas do ISS. Essa competência foi conferida pela Emenda

14. *Lei Complementar Tributária*, cit., pp. 209-210.

15. Idem, p. 210.

16. O art. 83, do ADCT, dispõe: "Lei federal definirá os produtos e serviços supérfluos a que se referem os arts. 80, inciso II, e 82, §§ 1º e 2º."

Constitucional n. 37, de 12.6.2002 (cf. nova redação conferida ao inciso I, do § 3º, do art. 156).

A aludida Emenda acresceu, ainda, ao Ato das Disposições Constitucionais Transitórias – ADCT o art. 88, dispondo que, enquanto lei complementar não disciplinar o disposto nos incisos I e III do § 3º, do art. 156, da CF, o ISS terá alíquota mínima de 2% (dois por cento), exceto para os serviços a que se referem os itens 32, 33 e 34 da lista de serviços anexa ao Decreto-lei n. 406, de 31.12.1968, vigente à época de sua edição (com a redação da Lei Complementar n. 56/1987). Hoje, esses serviços estão descritos nos itens 7.02, 7.04 e 7.05 da lista anexa à Lei Complementar 116/2003, sendo que os dois últimos com a mesma redação, e o primeiro com redação mais abrangente, que inclui outros serviços.

O mesmo art. 88 dispõe, também, a proibição de concessão de isenções, incentivos e benefícios fiscais que resultem, direta ou indiretamente, na redução da alíquota mínima indicada (2%).

A Lei Complementar n. 116/2003 não previu a alíquota mínima do ISS, tendo fixado apenas a alíquota máxima do imposto.

As Emendas à Constituição expressam o exercício do poder reformador. Este, por sua vez, representa o poder constituinte derivado. É derivado porque decorre daquele que o instituiu (o poder constituinte originário), não gozando, portanto, de primariedade.

O poder constituinte originário é esgotado pela Assembléia Nacional Constituinte. Como se sabe, só esta, detendo a primariedade do Texto Constitucional, possui plenos poderes – sem quaisquer outros limites que não os decorrentes do Direito Natural – para dispor, livremente, sobre todas as matérias, sem quaisquer empeços ou restrições.

Manoel Gonçalves Ferreira Filho, após salientar que o poder constituinte é empunhado por um grupo de representantes do povo, para que, em seu nome, originária ou derivadamente, organize a Constituição, acrescenta:

> "O Poder Constituinte originário apresenta três caracteres principais: é *inicial*, *autônomo* e *incondicionado*. É *inicial* porque não se funda noutro mas é dele que derivam os demais poderes. É *autônomo* porque não está subordinado a nenhum outro. É *incondicionado* porque não está subordinado a nenhuma condição, a nenhuma forma.
>
> "Não é, porém, ilimitado. Ainda que nenhuma regra positiva o possa cercear, tem ele sua extensão naturalmente limitada pelo conteúdo da idéia de direito que o inspira.
>
> "(...)

"Embora grupo constituinte algum cuide de preparar a substituição da idéia de direito que o incita a agir, a experiência o faz prever a necessidade futura de alterações no texto que edita. Por isso é que dispõe sobre a revisão da constituição, atribuindo a um poder constituído o direito de emendá-la. Esse poder *instituído* goza de um poder constituinte *derivado* do originário.

"Caracteriza-se o Poder Constituinte instituído por ser derivado (provém de outro), *subordinado* (está abaixo do originário) e *condicionado* (só pode agir nas condições postas, pelas formas fixadas)."[17]

É notório que a competência conferida pela Emenda Constitucional n. 37/2002 à Lei Complementar para a fixação de alíquotas mínimas do ISS tem por escopo evitar a guerra fiscal entre os Municípios. Nada obstante, é sabido, também, que a atuação do poder constituinte derivado, notadamente em matéria de tributos, não é livre e descompromissada com a ordenação jurídica.

É de ter-se em conta os limites do poder de reforma constitucional. Sobre eles, preleciona o Professor Afonso José da Silva:

"É inquestionavelmente um poder limitado, porque regrado por normas da própria Constituição que lhe impõem procedimento e modo de agir, dos quais não pode arredar sob pena de sua obra sair viciada, ficando mesmo sujeita ao sistema de controle de constitucionalidade. Esse tipo de regramento da atuação do poder de reforma configura *limitações formais*, que podem ser assim sinteticamente enunciadas: *o órgão do poder de reforma* (ou seja: o Congresso Nacional) *há de proceder nos estritos termos expressamente estatuídos na Constituição*."[18]

O legislador constituinte derivado deve integral obediência ao conjunto de regras constitucionais disciplinadoras do seu exercício.

A existência dessas regras – verdadeiros limites que cerceiam o processo de positivação – é corroborada com sucedâneo nos direitos e garantias fundamentais assegurados e, bem assim, pelos princípios que a Constituição, implícita e explicitamente, consagrou.

Bem por isso que a Constituição Federal, a evidenciar sua rigidez, prescreveu, em seu art. 60, maior dificuldade procedimental para a introdução de emendas constitucionais do que para a criação ou alteração das demais regras do ordenamento jurídico. Somente através de processo e solenidade especiais é que se admite a modificação das regras iniciadas na Constituição.[19] A referida alteração é expressamente vedada quanto

17. *Curso de Direito Constitucional*, São Paulo, Saraiva, 1967, pp. 19 e 22.

18. *Curso de Direito Constitucional Positivo*, 24ª ed., revista e atualizada até a EC 45/2004, São Paulo, Malheiros Editores, pp. 65 e ss.

19. Cf. Sahid Maluf, *Direito Constitucional*, São Paulo, Sugestões Literárias, 1968, p. 27.

às cláusulas pétreas dispostas pelo Texto Supremo, como se verifica do § 4º do mencionado art. 60.

As cláusulas pétreas configuram postulados e princípios constitucionais que, por representarem as vigas mestras da estrutura federativa e republicana do nosso sistema e, ainda, a espinha dorsal da segurança jurídica dos cidadãos, remanescem inalteráveis.[20]

O § 4º, do art. 60, da CF é uma regra limitativa do poder reformador. Nele figura, expressamente, o grupo de direitos, garantias e princípios fundamentais intocável pela atuação do poder constituinte derivado.

O Congresso Nacional detém apenas o poder constituinte derivado – subordinado, pois está abaixo do originário – que, de um lado, lhe faculta a introdução de emendas à Constituição Federal, mas, de outro, impõe-lhe manter íntegra a área constituída por cláusulas pétreas. Dentre estas estão, sem dúvida, as regras que garantem a autonomia dos entes políticos, especialmente o princípio da autonomia municipal (CF, arts. 29 e 30), e as regras que garantem aos contribuintes o direito de só serem submetidos a tributo instituído de acordo com a rígida repartição de competências (arts. 153, 154, 155 e 156, da CF).

Nesse contexto deve ser analisada a EC n. 37/2002, de modo que, mesmo em se admitindo o entendimento de que os Municípios não integram a Federação, tal circunstância não conferiria legitimidade à conclusão de que a Emenda seria válida, pois não haveria se falar em eventual abolição da Federação.

Impõe-se não invadir a área dos direitos individuais. A invasão proibida não é apenas a que diretamente afronta, mutila, reduz ou abole expressamente um dos direitos individuais; as emendas não podem adentrar, mesmo indireta ou obliquamente, nesse campo intocável.

Os princípios constitucionais também integram o rol intocável das cláusulas pétreas. A Constituição Federal, em seu art. 60, § 4º, determina que não será objeto de deliberação a proposta de emenda tendente a abolir os direitos e garantias individuais.

O art. 5º, da CF, não se esgota nos seus 77 incisos. Sua abrangência é bem maior. Deveras, o § 2º desse art. 5º determina que "os direitos e garantias expressos nesta Constituição não excluem outros decorrentes do regime e dos princípios por ela adotados". Em outras palavras, os princípios constitucionais integram o rol das cláusulas pétreas, por previsão do próprio art. 5º, § 2º, da CF.

20. Idem, p. 34.

Celso Ribeiro Bastos e Ives Gandra Martins tecem os seguintes comentários a esse respeito:

"Os direitos e garantias individuais conformam uma norma pétrea. Não são eles apenas os que estão no art. 5º, mas, como determina o § 2º do mesmo artigo, incluem outros que se espalham pelo Texto Constitucional e outros que decorrem de implicitude inequívoca. Trata-se, portanto, de um elenco cuja extensão não se encontra em Textos Constitucionais anteriores.

"Tem-se discutido se, via de regra, toda a Constituição não seria um feixe de direitos e garantias individuais, na medida em que o próprio Estado deve assegurá-lo, e sua preservação, em rigor, é um direito e uma garantia individual. Toda a Constituição não faz senão garantir direitos individuais que decorrem, necessariamente, da existência do poder assecuratório (Judiciário), Legislativo (produção de leis), Executivo (executá-las a favor do cidadão).

"Por esta teoria, a Constituição seria imodificável, visto que direta ou indiretamente tudo estaria voltado aos direitos e garantias individuais.

"Tal formulação, todavia, peca pela própria formulação do artigo, visto que se os organismos produtores, executores e assecuratórios do direito representassem forma indireta de permanência dos direitos e garantias individuais, à evidência, todo o resto do art. 60 seria desnecessário em face da imodificabilidade da Lei Suprema. O conflito fala por si só para eliminar a procedência dos argumentos dos que assim pensam.

"Em posição diversa, entendo que os direitos e garantias individuais são aqueles direitos fundamentais plasmados no Texto Constitucional – e apenas nele –, afastando-se, de um lado, da implicitude dos direitos não expressos ou de veiculação infraconstitucional, bem como restringindo, por outro lado, aqueles direitos que são assim considerados pelo próprio Texto e exclusivamente por ele.

"Assim sendo, o art. 150 faz expressa menção a direitos e garantias individuais, como tais conformados no capítulo do sistema tributário. Tal conformação, à evidência, oferta, por este prisma, a certeza de que está ela no elenco complementar do art. 150 e, por outro, que é tida pelo constituinte como fundamental."[21]

No mesmo sentido, o ilustre Ministro Moreira Alves aponta que o Supremo Tribunal Federal: "(...) já discutiu esse tema (o das cláusulas pétreas) quando tratou numa ADIN do problema do IPMF, examinando a questão de saber se o princípio da anterioridade, no caso, seria uma cláusula pétrea, tendo em vista que não era observado pela norma que havia instituído esse tributo. E o Tribunal se dividiu. A maioria considerou que aí se tratava de uma cláusula pétrea porque seria um princípio fundamental ou um direito fundamental do contribuinte (...)".[22]

21. *Comentários à Constituição do Brasil*, vol. 4, t. I, 2ª ed., São Paulo, Saraiva, 1999, pp. 395-396.

22. "Tributação na Internet", *Pesquisas Tributárias*, Nova Série – 7, Coord. Ives Gandra da Silva Martins, São Paulo, Ed. RT, 2001, p. 17.

Ao apreciar a Emenda Constitucional n. 3/1993, concernente ao IPMF, o Excelso Pretório declarou a sua inconstitucionalidade, relativamente à obrigação de as entidades públicas pagarem-no, ressaltando o seguinte:

"A declaração do Supremo Tribunal Federal de inconstitucionalidade apenas considerou que não poderia a norma ter sido veiculada por vedação do art. 60.

"Desta forma, a primeira questão já foi equacionada pelo Pretório Excelso no sentido de que pode ser objeto de deliberação – não se manifestando a Suprema Corte no processo de elaboração legislativa – podendo ser provocado posteriormente. (*omissis*)

"O segundo aspecto diz respeito à expressão 'tendente a abolir'. Muitos vêem na referida expressão apenas um limite máximo (abolição) e não um limite médio (manutenção das cláusulas pétreas ou alteração). Para estes uma alteração conceitual de cláusula pétrea, sem aboli-la, não estaria vedada pela Constituição. Acrescentam, tais intérpretes, a inteligência de que o nível de generalidades a que se referem os quatro incisos do § 4º se interpretados de forma inelástica tornaria toda a Constituição imodificável, o que seria um contra-senso.

"Tenho para mim que a melhor interpretação é aquela pela qual qualquer 'alteração' implica abolição do 'dispositivo' alterado, o que vale dizer, não só cuidou o legislador supremo em 'abolição completa' de qualquer das cláusulas, mas também da abolição parcial por alterações tópicas dos referidos privilégios.

"Desta forma, qualquer alteração implicaria uma abolição parcial."[23]

Os princípios, cláusulas pétreas que são, não podem ser violados pelo constituinte derivado. Nesse sentido, ensina Roque Carrazza:

"Também neste ponto a Emenda Constitucional em pauta era inconstitucional, por ter ferido 'cláusula pétrea', que – como é de conhecimento comum – não pode ser abolida pelo Congresso Nacional, no exercício de seu 'poder constituinte derivado'.

"Melhor explicando, dentre as cláusulas pétreas inscrevem-se os 'direitos e garantias individuais' (art. 60, § 4º, IV, da CF). Ora, o princípio da anterioridade tributária é um direito individual do contribuinte. Tanto que a lei que lhe concede uma vantagem fiscal (*v.g.*, que lhe reduz a carga tributária, ou que lhe confere uma isenção) pode incidir imediatamente ou, até, se for expressa neste sentido, retroagir; não precisa obedecer ao princípio da anterioridade, *que só opera em seu favor*, isto é, quando a lei cria ou aumenta um tributo. Logo, o princípio da anterioridade não poderia ter sido atropelado (como o foi) por uma emenda constitucional.

"Nem se diga que, havendo exceções ao princípio da anterioridade, nada impedia que seu rol fosse ampliado por uma emenda constitucional. É que tais exceções brotaram diretamente do *poder constituinte originário* (de que estava investida a *Assembléia Nacional Constituinte*). O *poder constituinte derivado*, único que resta ao atual Congresso Nacional, não podia criar novas exceções ao princípio.

23. Celso Ribeiro Bastos e Ives Gandra Martins, *Comentários à Constituição do Brasil*, cit., pp. 413-415.

"Entendimento contrário abriga a idéia – que não aceitamos – de que emenda constitucional pode anular princípio radicado na Carta Suprema (no caso, o *princípio da anterioridade*). De fato, admitida a ampliação das exceções, o que impediria que, em um primeiro momento, mais dois ou três tributos fossem, por emenda constitucional, colocados ao largo do *princípio da anterioridade*? O que impediria que, depois, mais alguns tributos fossem, por nova emenda constitucional, apartados do mesmo princípio? O que impediria, enfim, que uma derradeira emenda constitucional acabasse de vez com a *anterioridade tributária*? Neste caso, a golpes de emendas constitucionais, restaria reduzindo a pó o *princípio da anterioridade*, uma das 'vigas mestras' do nosso edifício jurídico."[24]

2.3 A Emenda Constitucional n. 37/2002 e sua eficácia

Conforme visto, os princípios constitucionais integram o rol das cláusulas pétreas. A emenda não pode incursionar em área constitucional intocável, verdadeira couraça protetora, dita pétrea, como se extrai da interpretação sistemática resultante da conjugação do disposto no art. 5º e seu § 2º e no art. 60, § 4º, inciso IV, todos da Constituição.

Assim sendo, ressai, claramente, que, qualquer alteração relativa a cláusulas pétreas implica abolição parcial, sobressaindo a conseqüente inconstitucionalidade da emenda que intente sua modificação.

A inconstitucionalidade da EC n. 37/2002 é patente. A indigitada emenda, na medida em que atribui competência à lei complementar para fixar as alíquotas mínimas do ISS, prevendo sua aplicação imediata, independentemente de lei municipal (art. 88 do ADCT), não só tende a abolir, como diminui, restringe a autonomia dos Municípios (sua capacidade de instituição de tributos, arrecadação e aplicação: autonomia financeira).

O ataque ao princípio da autonomia dos Municípios, um dos núcleos sensíveis da ordenação jurídica, mediante emenda constitucional, implica aniquilamento do cerne da Constituição.

Mister se faz esclarecer, outrossim, que a Constituição não proíbe apenas a emenda tendente a abolir a autonomia dos Municípios; proíbe, também, afrontas ao princípio da segurança jurídica em matéria de tributos. A doutrina é uníssona no sentido de que o princípio da autonomia municipal e, bem assim, os direitos individuais e as garantias que o sustentam estão contidos nas dobras do princípio da segurança jurídica, garantindo-lhe plena eficácia.

24. *Curso de Direito Constitucional Tributário*, 20ª ed., revista, ampliada e atualizada até a EC n. 44/2004, São Paulo, Malheiros Editores, 2004, pp. 188-189.

Souto Maior Borges, considerando que a segurança jurídica é um atributo que convém tanto às normas jurídicas, quanto à conduta humana, fulcrada em normas jurídico-positivas (asseguradoras desse valor), ensina que a mesma, assim considerada, é categoria dogmática. Destarte, esse brilhante jurista oferece interpretação ao princípio da segurança jurídica, inclusive demonstrando que este, em decorrência do entrelaçamento com outros direitos e garantias constitucionais, está plasmado no rol dos direitos fundamentais do art. 5º da CF:

> "No Brasil, categoria constitucional, primordialmente plasmada e inclusa dentre os direitos e garantias fundamentais, individuais ou coletivos, no art. constitucional 5º.
>
> "(...)
>
> "Mas a regra hermenêutica, de técnica interpretativa portanto, que (não sem razão) anatematiza a interpretação literal de um dispositivo isolado, interdita a exegese de um texto, abstraído o seu contexto. E encontra admirável aplicação no âmbito da segurança jurídica. O art. 5º da CF de 1988 é um outro nome normativo da segurança jurídica, todo ele o é. E nenhum dispositivo isolado seu. Mas a segurança é, também ela, um instrumento da justiça."[25]

Ora, vazio e inócuo seria o valor desse princípio constitucional se pudesse ser contornado ou removido por simples emenda constitucional.[26] Os princípios constitucionais existem não para proteger o Estado, mas para a defesa dos contribuintes.

A EC n. 37/2002 implica a abolição dos limites do poder de reforma; derruba as balizas dessa diretriz e afronta o magno princípio da autonomia municipal. Ademais disso, conseqüentemente, aniquila o direito individual dos contribuintes, de serem submetidos a tributos instituídos de acordo com a rígida repartição de competências, plasmada na Constituição.

É flagrante, pois, que a indigitada emenda não tem respaldo no sistema jurídico. Tendo afrontado cláusulas pétreas, está insanavelmente viciada por inconstitucionalidade.

Em se admitindo, por absurdo, a constitucionalidade da EC n. 37/2002 – contrariando a Constituição Federal e os princípios fundamentais que regem o sistema constitucional tributário – faz-se imperiosa a edição de lei municipal que preveja a alíquota a ser aplicada.

25. "Princípio da segurança jurídica na criação e aplicação do tributo", *Revista de Direito Tributário* 63/206-210.

26. Cf. Aires F. Barreto, "IPTU – Progressividade e Diferenciação", *Revista Dialética de Direito Tributário* 76/7, jan. 2002.

A EC n. 37/2002 previu que, enquanto lei complementar não dispor a respeito, a alíquota mínima do ISS será de 2% (dois por cento), "exceto para os serviços a que se referem os itens 32, 33 e 34 da Lista de Serviços anexa ao Decreto-lei 406, de 31 de dezembro de 1968", na redação da Lei Complementar n. 56/1987, atualmente correspondentes aos itens 7.02, 7.04 e 7.05 da lista anexa à Lei Complementar n. 116/2003.

No entanto, essa providência é incapaz de produzir o efeito pretendido. Os diversos Municípios lançarão mão de diversas medidas, desde a redução da base de cálculo, até a concessão de vantagens fiscais de outra ordem, inclusive financiamento para as empresas que vierem a se instalar nos seus limites territoriais. Essa situação ensejará, por certo, a insatisfação dos demais Municípios face à resistência daqueles em editar lei se adequando à nova alíquota, o que evidencia campo propício à instauração de "guerras fiscais".

A nova alíquota mínima de 2% não pode ser aplicada enquanto lei municipal não a previr. Sendo assim, os Municípios, cujas leis já prevêem alíquotas iguais ou superiores a 2%, não precisarão adotar nenhuma medida. Nada obstante, caso determinada lei municipal fixe alíquota de 4%, mas, em virtude da concessão de incentivos, seu percentual se reduz para 1%, o Município deverá elevá-la para 2%. A mesma providência deverá ser tomada pelos Municípios que não concedem incentivos, mas cuja alíquota vigente seja inferior a 2%.

Convém lembrar que a EC n. 37/2002, ao dizer que a alíquota mínima será de 2%, exceto para os serviços referidos nos itens 32, 33 e 34 da lista (que correspondem, hoje, aos 7.02, 7.04 e 7.05 da lista anexa à Lei Complementar 116/2003), deixa margem a dúvidas quanto ao percentual da alíquota nesses casos excepcionados. Deveras, a redação formulada não confere a certeza de que a alíquota mínima para esses serviços não existirá, ou ainda que deverá existir, e, neste caso, se será inferior ou superior a 2%.

Ainda quanto a esses itens excepcionados, caso a alíquota deva ser inferior a 2%, segue-se flagrante subversão do valor que o princípio da igualdade visa preservar, porquanto haverá serviços essenciais (*v.g.*, saúde, educação) que serão tributados a 2%, no mínimo, e, em contrapartida, os de construção civil (itens 7.02, 7.04 e 7.05 da lista anexa à Lei Complementar n. 116/2003) serão tributados em qualquer percentual, certamente, a 0,01%. Flagrante ofensa há à isonomia, portanto.

De toda sorte, com lastro nas percucientes e sempre atuais lições de Souto Borges, segue-se que as alíquotas têm que ser definidas por lei municipal. Não tendo a emenda o condão de suprimir o direito adquirido, nem o ato jurídico perfeito, impõe-se-lhe observar as chamadas isenções condicionadas (aquelas estabelecidas com prazo certo e em função de certas condições). Estas não podem ser atingidas – durante o prazo consignado na lei que as criou – pelos termos de emenda constitucional. O que a EC n. 37/2002 inibe é a concessão de novas isenções.

Merece também especial atenção o fato de a EC n. 37/2002 ter, inadvertidamente, vedado a concessão de isenções, incentivos e benefícios fiscais de que resulte, direta ou indiretamente, a redução da alíquota mínima estabelecida no inciso I, do § 3º, do art. 156, da Constituição Federal. Ora, tem-se aí – afora as reduções na base de cálculo, pois esse empreendimento não configura isenção "parcial" – afronta ao magno princípio da autonomia municipal.

É que quem é competente para instituir também o é para isentar, reduzir, incentivar. E, afirmamos isso com lastro nas lições de Souto Borges, para quem a competência de isentar é conseqüência da de tributar, verdadeira expressão do exercício do direito subjetivo de legislar.[27]

27. *Isenções Tributárias*, 2ª ed., São Paulo, Sugestões Literárias, 1980.

EXENCIONES TRIBUTARIAS Y LIBERTADES ECONÓMICAS EN EL DERECHO COMUNITARIO[1]

PEDRO M. HERRERA

1. Planteamiento. 2. No sujeción de los actos ilícitos. 3. Exención del mínimo vital. 4. Exención con progresividad y medidas para evitar la doble imposición jurídica internacional. 5. Deducciones por doble imposición de dividendos y doble imposición económica internacional. 6. Beneficios fiscales. 7. Conclusiones.

1. Planteamiento

El profesor José Souto Maior Borges cuenta entre sus méritos el haber llevado a cabo una de las construcciones más acabadas – junto a la de Fernando Sainz de Bujanda[2] – sobre la teoría jurídica de la exención tributaria. Quienes han trabajado después sobre esta materia han encontrado resueltas ya las cuestiones clave y se han visto provistos de un excelente instrumental teórico para afrontar los nuevos problemas desde la "teoria geral da isenção tributaria".[3]

Por tanto, en una aportación en homenaje al profesor Borges escrita desde Europa resulta oportuno poner de relieve como sus aportaciones permiten resolver con claridad algunas cuestiones especialmente difíciles que plantean las exenciones en el ámbito del Derecho comunitario.

No se trata de analizar aquí los detalles técnicos de las normas de armonización fiscal en la Unión Europea, sino más bien de examinar la evolución de la jurisprudencia comunitaria en el ámbito de la imposición directa. No obstante, también mencionaremos ciertas sentencias relativas

1. El autor agradece las valiosas observaciones de Víctor M. Sánchez Blázquez, Profesor Asociado de Derecho Financiero y Tributario de la Universidad de las Palmas de Gran Canaria.

2. F. Sainz de Bujanda, "Teoría jurídica de la exención tributaria", en *Hacienda y Derecho*, vol. III, Madrid, Instituto de Estúdios Políticos, 1963, pp. 437 y ss.

3. J. Souto Maior Borges, *Teoria Geral da Isenção Tributária*, 3ª ed., São Paulo, Malheiros Editores, 2001. La primera edición tiene el mérito de remontarse al año 1969.

al Impuesto sobre el Valor Añadido que resultan particularmente útiles para poner de relieve la diferencia entre exención y no sujeción.

2. *No sujeción de los actos ilícitos*

"Ao estabelecer os casos de incidência tributária" – escribe el profesor Borges –, "a lei pode simultaneamente prever hipóteses em que o vínculo obrigacional não surge. São essas precisamente as hipóteses de isenção.

"A não-incidência pode ser:

"I) *pura e simples*, a que se refere a fatos inteiramente estranhos à regra jurídica de tributação, a circunstâncias que se colocam fora da competência do ente tributante;

"II) *qualificada*, dividida em duas subespécies: a) não-incidência por determinação constitucional ou imunidade tributária; b) não-incidência decorrente de lei ordinária – a regra jurídica de isenção (total)."[4]

La jurisprudencia comunitaria parece entender que los actos tipificados como delito en todos los Estados Miembros (*v.g.* el tráfico de drogas) constituyen hipótesis de no incidencia (no sujeción) pura y simple en el ámbito de los tributos aduaneros, los Impuestos Especiales y el Impuesto sobre el Valor Añadido.[5] La explicación está en que las directivas de armonización del impuesto responden a la finalidad de garantizar el mercado interior. Ahora bien, las mercancías radicalmente prohibidas se encuentran "fuera" del mercado y, por tanto, no pueden estar sometidas a tributación; es decir, quedan completamente excluidas de la hipótesis de incidencia aunque ni la Directiva ni las leyes nacionales las declaren exentas.

Entendemos, sin embargo, que esta jurisprudencia es parcialmente incorrecta, por incurrir en un excesivo formalismo, contrario a la lógica del Derecho comunitario. En efecto, el tráfico de drogas y otras "entregas" y "prestaciones de servicios" delictivas (tráfico de seres humanos),

4. Ob. cit., p. 155.

5. Cfr. las SSTJCE de 5 de febrero de 1981, *Joszef Horvath*, As. 50/80, Rec. p. 385; 26 de octubre de 1982, *Wilfried Wolf*, As. 221/81, Rec. p. 3.681; 26 de octubre de 1982, *Senta Einberger*, As. 240/81, Rec. p. 3.699; 28 de febrero de 1984, *Einberger II*, As. 294/82, Rec. p. 1.177; 5 de julio de 1988, *W. J. R. Mol*, As. 269/86, p. 3.627; 5 de julio de 1988, *Happy Family*, As. 289/86, Rec. p. 3.655; 6 de diciembre de 1990, *Maz Witzemann*, As. C-343/89; 28 de mayo de 1998, *John Charlees Goodwin y Edward Thomas Unstead*, As. C-3/97, Rec. p. 3.257; 5 julio de 1998, *Vereniging Happy Family Rustenburgerstraat*, As. 289/86, Rec. p. 3.655; 29 de junio de 1999, *Coffeeshop Siberië*; 29 de junio de 2000, *Kaupo Salumets*, As. C-455/98.

constituyen un lucrativo negocio que canaliza importantes recursos en el ámbito comunitario y en el mundo entero. Naturalmente, nadie pretende que los traficantes de drogas se den de alta en los registros fiscales y presenten declaraciones trimestrales de sus operaciones.[6] La cuestión se plantea, en cambio, cuando la actividad delictiva se ha descubierto y no ha sido posible decomisar la "mercancía". En tales casos resulta un privilegio injustificado prescindir del gravamen. Estamos ante entregas de bienes o prestaciones de servicio que responden a la hipótesis de incidencia prevista en la Directiva y que concurren con actividades lícitas en el mercado interior.

Considerar que se trata de una hipótesis de no incidencia *pura y simple* supone – a mi entender – conceder a las actividades criminales un trato privilegiado frente a las actividades lícitas e introducir una verdadera quiebra en el mercado interior. Otorgar un trato de favor a la criminalidad organizada constituye una curiosa "ayuda de Estado", contraria al Derecho comunitario, que indudablemente distorsiona la competencia. Por tanto, no cabe afirmar que estemos ante un supuesto de no sujeción que responde a la lógica interna del Impuesto sobre el Valor Añadido o que está implícita en las limitaciones al poder de las instituciones comunitarias para dictar normas de armonización fiscal. Naturalmente, esto no supone que el instrumento fiscal sea el más adecuado para luchar contra la delincuencia organizada, y habrá casos en que el impuesto no deba exigirse por operar otras instituciones que hacen desaparecer el objeto imponible (el comiso). Lo que tampoco cabe es otorgar un privilegio a las actividades económicas de carácter delictivo.[7]

6. M. A. Caamaño, J. M. Calderón y A. Martín Jiménez advierten, con buen humor, cómo resulta impracticable someter plenamente al IAE las actividades abiertamente delictivas: "¿Deberán darse de alta [los delincuentes] en varios epígrafes del IAE, quizás, en un imaginario epígrafe 'actividades ilegales' que prevea cuotas nacionales, provinciales y locales en función del ámbito geográfico en el que se desarrolla la actividad ilegal?" ("Comentario a la STJCE de 23 de junio de 1998", *RDFHP*, 251, 1999, p. 300).

7. Así, a juicio de F. Forte: "es obvio que el Estado detrayendo una parte de la riqueza ilícita y deshonestamente obtenida no se hace cómplice de una actividad contraria al Derecho o a la Moral Pública, porque no absorbe tal lucro a título de retribución, ni asume la obligación de suministrar para su proliferación una protección social o un compromiso de no intervenir" ["Sul tratamento fiscale delle attivitá illecite", *RDFSDF*, 1952, vol. II, parte I, p. 121, cita y traducción de P. Chico de la Cámara ("La tributación de los actos ilícitos: aplicabilidad de las soluciones adoptadas en el derecho italiano al caso español", *RFDUC, Estudios de Derecho Financiero y Tributario, homenaje al Profesor Fernando Vicente-Arche Domingo*, Madrid, 1996, nota 27.)]. Suscriben la opinión de Forte, J. Martín Queralt et al., *Curso de Derecho Financiero y Tributario*, 13ª ed., p. 80: "(...) se considera carente de todo sentido que, mientras que una persona que tenga beneficios lícitos, por ocultarlos a Hacienda sea sancionada por un delito fiscal, otra, receptora de beneficios

3. *Exención del mínimo vital*

"A insenção do mínimo vital decorre de uma exigência de justiça tributária. A Constituição Federal de 1967, ao disciplinar o sistema tributário nacional, desviou-se da técnica adotada em 1946. Não fez referência expressa ao mínimo necessário à existência para efeito de isenção. A CF de 1988 não contempla expressamente regra igual ou análoga. Nenhuma referência à isenção do mínimo vital no sistema constitucional tributário em vigor". No obstante: "No sistema tributário da CF de 1988, informado pela dignidade da pessoa humana (art. 1º, III) e pelo direito à vida (art. 5º, *caput*) não será descomedido afirmar que o mínimo vital, mais que isento, *é imune*. E a essa conclusão no será lícito contrapor-se a relativa indeterminação do conceito de 'mínimo vital'."[8]

Pues bien, el Tribunal de Justicia de las Comunidades Europeas también parece reconocer el derecho de las personas físicas residentes en un Estado miembro a la exoneración del mínimo vital, teniendo en cuenta las circunstancias personales y familiares.[9]

No es pacífico dónde encuentra el Tribunal anclaje para sostener este principio. Podría pensarse que se trata de una derivación del derecho a la igualdad,[10] pero – en tanto no se apruebe la futura Constitución Europea – el Tratado de la Unión Europea se limita a prohibir la discriminación *por razón de nacionalidad.* También podría entenderse que se trata de una "tradición constitucional común a los Estados miembros", pero no todas las Constituciones de los Estados miembros reflejan el principio de capacidad contributiva y aunque todas ellas reconozcan de un modo u otro la dignidad de la persona, no es pacífico que en todos los

de ilícita procedencia, no pueda ser castigada por la comisión de dicha figura delictiva. De hecho, el principio de igualdad ante el impuesto prohíbe un tratamiento fiscal más favorable a quien viole el Derecho que a quien lo respete, sin que exista ningún precepto que excluya la tributación de una renta realmente percibida por el sujeto pasivo sobre la base de que la actividad económica que la generó tenga carácter legal o ilegal. Las dificultades que pueda tener el contribuyente para aflorar fiscalmente sus ingresos reales, sin que se desvelen sus actividades ilícitas, únicamente son imputables al sujeto, pero, en todo caso, ello no puede determinar una posición de privilegio que le exima de la obligación de declarar a Hacienda o le haga inmune frente a la responsabilidad penal por delito fiscal" (J. Martín Queralt, C. Lozano Serrano, G. Casado Ollero, J. M. Tejerizo López, *Curso de Derecho Financiero y Tributario*, 13ª ed., Madrid, Tecnos, 2002, p. 80).

8. Ob. cit., p. 55.

9. SSTJCE de 14 de febrero de 1995, *Schumacker*, C-279/93; *Gilly*, C-336/96, de 12 de mayo de 1998; *Gschwind*, C-391/97, 14 de septiembre de 1999; *De Groot*, C-385/00, de 12 de Diciembre de 2002; *Gerritse*, C-234/01, 12 de junio de 2003; *Schilling*, C-209/01, 13 de noviembre 2003; *Wallentin*, C-169/03, 1 de julio de 2004.

10. F. A. García Prats, "La jurisprudencia del TJCE y el artículo 33 de la Ley del Impuesto de la Renta de no Residentes (De la asunción del principio de capacidad económica como principio del ordenamiento comunitario)", *Revista Española de Derecho Financiero*, 117, enero-marzo, 2003, pp. 61 y ss.

ordenamientos constitucionales pueda deducirse de tal principio la necesidad de ajustar la tributación a las circunstancias personales y familiares (pues no se trata sólo de que no tributen quienes carecen de recursos para subsistir, sino de que no se considere renta disponible la necesaria para atender las mínimas necesidades de una persona y su familia).

Si analizamos a fondo la jurisprudencia comunitaria, podemos llegar a la conclusión de que – al menos de momento – los Tratados Constitutivos no garantizan de forma directa la "inmunidad" del mínimo de subsistencia personal y familiar. Sin embargo, todos los Estados miembros tienen en cuenta, en mayor o menor medida, las circunstancias personales y familiares a la hora de modular la tributación de sus residentes, aun cuando esta práctica se limite en ocasiones a la legislación ordinaria y no venga siempre impuesta por preceptos constitucionales.

En cambio, por regla general, tales circunstancias se ignoraban en el supuesto de la obligación real de contribuir. La explicación era sencilla: el estado de la fuente no grava la renta mundial y no puede tener en cuenta la capacidad económica global del contribuyente.

Podía pensarse que este trato diverso entre residentes y no residentes no era discriminatorio por afectar a personas que se encontraban en circunstancias muy diversas. Sin embargo, a partir de la sentencia *Schumacker*, el Tribunal estima que es comparable al residente la situación del no residente que obtiene la mayor parte de su renta en el país de la fuente. Además, es probable que esta persona no obtenga en el país de la fuente rentas sometidas a tributación suficientes para que operen sobre ellas las deducciones personales y familiares. Por esta vía se introduce en el Derecho de los Estados miembros la "exención" del mínimo personal y familiar con unas notas próximas a las de una inmunidad tributaria.[11]

En realidad, no se trata de una auténtica inmunidad pues, probablemente, para eliminar la discriminación en el ámbito comunitario hubiera bastado también con que el Estado en cuestión *suprimiera el mínimo personal y familiar previsto para los residentes, sometidos a la obligación personal de contribuir*. Ahora bien, tal solución resultaría políticamente impracticable y, en aquellos países cuyas constituciones reconocen implícita o explícitamente el principio de capacidad económica – Alemana, Italia, España – resultaría inconstitucional. Para estos

11. En palabras de José Souto Maior Borges, "o ser do mínimo vital é a imunidade; ele tipifica uma *res juridica* imune, para cuja aferição é competente o juiz, no ato de aplicação do direito" (*Teoria*..., cit., p. 56). Como es sabido las inmunidades tributarias, constituyen supuestos de no incidencia tributaria cualificada establecidas directamente por la Constitución.

países se trata de una inmunidad especial nacida de la conexión entre los preceptos constitucionales y el Tratado de la Unión Europea.

Aunque atendiendo a la teoría general del Derecho una norma interna contraria al Derecho internacional puede conservar su validez interna[12] este no es el caso ante el Derecho comunitario europeo, pues éste tiene eficacia directa, es aplicable directamente por los tribunales nacionales con primacía sobre las fuentes meramente internas y se ve respaldado por las decisiones del Tribunal de Justicia de las Comunidades Europeas, que se ha convertido en el más firme defensor de las libertades económicas comunitarias.

Sin embargo, el Tribunal no maneja una sólida doctrina sobre la configuración y el fundamento de las exenciones tributarias, y esta indefinición ocasiona notables equívocos. Así, en el caso *Schilling* (C-209/01, STJCE de 13 de noviembre de 2003) el Tribunal considera como beneficio fiscal la posibilidad de deducir los gastos de empleada del hogar en Alemania, y considera discriminatorio que un matrimonio de funcionarios comunitarios, que por motivos de su trabajo han trasladado su residencia a Luxemburgo no puedan deducir de los rendimientos obtenidos en Alemania los gastos de su nueva empleada de hogar en Luxemburgo, aunque sus privilegios como funcionarios comunitarios les permitan tributar en Alemania por obligación personal de contribuir al tiempo que exoneran de gravamen sus sueldos comunitarios (sometidos tan solo a una reducida contribución en favor de las instituciones europeas).

Al contemplar esta deducción como un beneficio fiscal subordinado al requisito de que la empleada esté dada de alta en la Seguridad Social alemana, el Tribunal considera que el matrimonio *Schilling* está recibiendo un trato discriminatorio que restringe su libertad de circulación, pues se ha visto privada del beneficio como consecuencia de su traslado a Luxemburgo.

En cambio, si se considerase – como hace el Abogado General[13] – que la deducción está relacionada con las circunstancias familiares – o

12. José Souto Maior Borges, *Teoria...*, cit., p. 309, con cita de la *Teoría General del Derecho y del Estado* (p. 302), de Hans Kelsen.

13. El Tribunal rechazó la propuesta del Abogado General, que no consideraba comparable la situación de los esposos Schilling con la de un 'auténtico' residente en Alemania, dado que la mayor parte de su renta – el salario comunitario – no tributaba en Alemania. El Abogado General entendía que la deducción de gastos por empleada del hogar constituía un elemento relacionado con el mínimo familiar, mientras que el Tribunal parece considerarla un beneficio fiscal para incentivar la afiliación a la seguridad social y

incluso con la obtención de rendimientos del trabajo por cónyuges con hijos pequeños – la solución podía haber sido distinta. Los residentes en Alemania tributan por su renta mundial, mientras que el matrimonio *Schilling* sólo tributa en dicho país por los rendimientos que allí obtiene, y, sin embargo, puede disfrutar de todas las deducciones personales y familiares establecidas con carácter general, a lo que se suma la exención de los rendimientos del trabajo. Por consiguiente, resulta artificioso afirmar que se está obstaculizando su traslado a Luxemburgo con obstáculos fiscales. Una adecuada clasificación de las exenciones tributarias – atendiendo a su relación con el principio de capacidad económica – contribuiría a resolver los problemas.

Encontramos otro caso aún más llamativo en la sentencia. En el asunto *Wallentin* (STJCE de 1 de julio de 2004, C-169/03) nos encontramos con un nacional alemán, domiciliado en Alemania, que queribe una beca del Estado alemán de 350 DEM (178,95 €) mensuales para gastos de alojamiento y manutención, además de percibir de sus padres 650 DEM mensuales (es decir, unos 335,41 €). Es decir, según parece deducirse de la Sentencia, percibía en Alemania una renta anual de 6.172,32 €. Estas cantidades "no constituían, por su naturaleza, una renta imputable en virtud del Derecho fiscal alemán" (FJ 3).

Además, durante un período de 21 días realiza una práctica remunerada en Suecia por las que percibe 8.724 SEK (942,14 €). Dicha retribución se somete a una retención liberatoria del 25% en concepto de impuesto sobre la renta por obligación real. El tipo correspondiente al impuesto sobre la renta por obligación personal es del 30%, pero con una reducción general de 8.000 SEK (928,75 €), a la que no tiene derecho *Wallentin*.

El Tribunal considera que Suecia ha quebrantado el art. 39 del Tratado, relativo a la libre circulación de trabajadores. El Estado de la fuente debe concederle la reducción de 8.000 SEK, que según el Tribunal tiene el fin de tener en cuenta "la situación personal y familiar del contribuyente" (FJ 19), dado que "el Estado de residencia [Alemania] no puede tener en cuenta la situación personal y familiar del contribuyente dado que no existe carga fiscal en ese país" (FJ 21) puesto que no ha percibido [en él] "ningún ingreso imponible".

el trabajo de la mujer. Recordemos que en el caso *Schumaker* C-279/93, 14.2.95, el Tribunal entiende que, a efectos de las deducciones por circunstancias personales y familiares la situación del residente es comparable a del no residente que obtiene la mayor parte de su renta en el país de la fuente.

Lo que parece ignorar el Tribunal es que *Wallentin* ha obtenido en Alemania más de seis mil euros, que no se encuentran sometidos a tributación. El que Alemania utilice la técnica de la no sujeción para excluir estos rendimientos, determina que Suecia tenga que exonerar – mediante una reducción de la base – la totalidad de la cuantía que ha obtenido el no residente, quien recibe un trato privilegiado frente a los residentes suecos y los alemanes.

4. *Exención con progresividad y medidas para evitar la doble imposición jurídica internacional*

Como vemos, uno de los principales problemas radica en que el Tribunal tiende a considerar comparables situaciones que no lo son desde la perspectiva del principio de capacidad económica. En la sentencia *Gerritse* (STJCE de 12 de junio de 2003, C-234/01) nos encontramos con el caso de un batería residente en Holanda que celebra una actuación en Alemania, donde queda sometido a la obligación real de contribuir. Esto implica la aplicación de un tipo fijo, la imposibilidad de deducir cualquier gasto y la inaplicación del mínimo existencial. El señor *Gerritse* considera que este régimen lesiona su derecho a la libre prestación de servicios y el Tribunal de Luxemburgo le concede la razón parcialmente.

A juicio del Tribunal, *Gerritse* no tiene derecho al mínimo exento alemán, pues obtiene la mayor parte de sus rentas gravables en Holanda, donde ya disfruta del correspondiente mínimo personal y familiar. En cambio, el Tribunal considera discriminatoria la prohibición de deducir los gastos necesarios y el hecho de que el tipo de gravamen a que se someten los no residentes pueda se mayor que el tipo que pagaría un residente que obtuviese las mismas rentas que el no residente obtiene en Alemania *incrementadas en el importe del mínimo exento* (circunstancia que, al parecer, no concurría en *Gerritse*).

Como puede observarse, esto supone una ventaja para la persona que obtenga su renta en diversos Estados miembros, (pues dicho sujeto podrá fragmentar su base imponible reduciendo la progresividad) y un trato perjudicial para quien obtenga toda su renta en un solo Estado miembro, que soportará todo el peso de la escala progresiva.

Esta consideración podría hacernos pensar que no estamos ante situaciones comparables, pero el Tribunal tiene en cuenta que el Convenio entre Alemania y Holanda contiene un mecanismo equivalente a una exención con progresividad. Simplificando, puede afirmarse que las rentas obtenidas en Alemania no tributan en Holanda, pero se tienen en cuenta para determinar el tipo medio aplicable a las rentas holandesas. A juicio del tribunal, esta garantía de progresividad hace que la situación del residente y el no residente sean comparables.

No compartimos la afirmación del tribunal, pues la exención supone – en palabras de Souto Maior Borges[14] – la renuncia a gravar los rendimientos obtenidos en el otro Estado contratante. El que dichos rendimientos se tengan en cuenta para calcular el tipo de gravamen en el Estado de residencia no supone someterlos al principio de progresividad – tributarán al tipo fijo aplicable en el Estado de la fuente – sino tan sólo garantizar la progresividad de las rentas obtenidas en el Estado de la fuente. Por el contrario, la persona residente en Alemania que sólo obtenga rentas en dicho Estado verá sometida la totalidad de sus renta a la tributación progresiva.

5. *Deducciones por doble imposición de dividendos y doble imposición económica internacional*

El Tribunal considera contrarios a la libre circulación de capitales y a la libre prestación de servicios los mecanismos para evitar la doble imposición económica derivada del reparto de dividendos de una sociedad a sus socios personas físicas cuando tales instrumentos sólo se aplican a los dividendos repartidos por sociedades residentes.

Así, la sentencia *Manninen*[15] – en un sentido semejante al que el Tribunal ya sostuvo en el asunto *Verkojien*[16] – considera que "los artículos 56 y 58 CE [libre circulación de capitales] se oponen a una normativa en virtud de la cual el derecho de una persona sujeta al pago de impuestos en un Estado miembro por obligación personal a que se le conceda el crédito fiscal por los dividendos que percibe de sociedades anónimas queda excluido cuando estas últimas no están establecidas en dicho Estado".

Esto supone claramente que el régimen español para evitar la doble imposición en el IRPF es contrario al Derecho comunitario. Como es conocido, el sistema español parte de una presunción extralegal: la consideración de que el tipo medio efectivo del Impuesto sobre Sociedades – que depende de las deducciones y bonificaciones efectivamente disfrutadas por las empresas – se sitúa en el 28,57%. Esto supondría que

14. Cfr. José Souto Maior Borges, *Teoria...*, cit., p. 158.
15. STJCE de 7 de septiembre de 2004, C-319/02.
16. STJCE de 3 de junio de 2000, C-35/98.

por cada 100 € de dividendos repartidos al contribuyente 40 habrían sido ingresados en el Tesoro en concepto de Impuesto sobre Sociedades. Por tanto – según el mecanismo de imputación estimativa previsto en España – el contribuyente tendría que declarar unos dividendos de 140 € (multiplicando por 1,4 los dividendos percibidos) y tendría derecho a deducir de la cuota un total de 40 € (el 0,4 de los dividendos percibidos).

Como puede calcularse fácilmente, 40 es el 28,57% de 140. De este modo, si el tipo efectivo del Impuesto sobre Sociedades fuese del 28,57% se eliminaría íntegramente la doble imposición. Si el tipo efectivo de una entidad fuese inferior, el contribuyente recibe un trato privilegiado y si fuese más alto – el tipo nominal es del 35% – no se eliminaría por completo la doble imposición. Sin embargo, esta relativa injusticia queda compensada por las ventajas que ofrece la simplicidad del mecanismo.

A nuestro juicio, carecería de sentido aplicar el mismo mecanismo a los dividendos percibidos de sociedades no residentes, puesto que el tipo del impuesto efectivo en el Estado de residencia de la sociedad no tiene por qué aproximarse al 28,57%. En este sentido las situaciones no son totalmente comparables. En ambos casos se da – o puede darse – doble imposición económica, pero *la intensidad* de esta doble imposición dependerá de la normativa del impuesto sobre sociedades aplicable en el Estado de la fuente de los dividendos.

Es más, ¿por qué ha de ser el Estado de residencia de la persona física el que resulte obligado a eliminar la doble imposición y no el Estado de la fuente si tal solución no se pacta en un Convenio de Doble Imposición? En cualquier caso, para evitar esta doble imposición el Estado de residencia debería tener en cuenta la estructura y el tipo efectivo del impuesto sobre sociedades aplicable en cada Estado miembro, o bien establecer una deducción ha tanto alzado que privilegiaría a algunos inversores en otros Estados en perjuicio del mercado único. Por ejemplo, carecería de sentido la deducción prevista en España se aplicar a los dividendos repartidos por Irlanda (12,5%) o Eslovaquia (19%). Paradójicamente, la solución más sencilla para adaptar nuestro derecho a las libertades comunitarias radicaría en establecer un sistema "clásico" de integración entre el IRPF y el IS eliminando la deducción por doble imposición.

6. *Beneficios fiscales*

La jurisprudencia comunitaria considera que los beneficios fiscales previstos en un convenio en favor de las sociedades residentes han de extenderse también los establecimientos permanentes de sociedades residentes en otros Estados miembros (STJCE de 21 de septiembre de 1999, *Saint Gobain*, C-307/97). Se trata de un ejemplo en el que una limitación al poder de tributar establecido convencionalmente ve proyectados sus efectos *de forma directa más allá del Convenio* en virtud de las libertades comunitarias.

Esta doctrina puede tener consecuencias muy graves para los Estados miembros si se aplica a otros ámbitos. Así, el grupo de sentencias *Open Skies* de 5 de noviembre de 2002,[17] relativas a convenios de navegación aérea, considera contrario al Derecho comunitario que los Estados Unidos puedan establecer ciertas limitaciones a las compañías aéreas del otro Estado contratante controladas por no nacionales. En la misma línea cabe mencionar el asunto "D" (C-376/03), relativo a ciertas medidas especialmente favorables para evitar la doble imposición en el ámbito del Impuesto sobre el Patrimonio, limitadas a los residentes en el otro Estado contratante, El Abogado General ha apuntado que tales beneficios deberían aplicarse a los residentes de todos los demás Estados miembros para evitar una restricción discriminatoria de las libertades comunitarias, si bien, "habida cuenta del carácter subsidiario con que se ha planteado esta segunda cuestión prejudicial y de la respuesta avanzada para la primera, sugiero al Tribunal de Justicia que no se pronuncie al respecto" (Conclusiones del Abogado General Ruiz-Jarabo presentadas el 26 de octubre de 2004, n. 106).

Tal "tendencia expansiva" de las exenciones y deducciones dirigidas a evitar la doble imposición internacional podrían volverse en contra de los intereses de los contribuyentes. Si la doctrina *Open Skies* se trasladase al ámbito fiscal y los Estados Miembros no consiguieran negociar de forma conjunta, deberían renunciar unilateralmente a los "privilegios" – medidas para evitar la doble imposición – establecidos para sus propios residentes cuando estos quedasen sometidos a cláusulas de limitación de beneficios en perjuicio de los residentes de otros Estados miembros. Además, podrían verse inducidos a suprimir las cláusulas más ventajosas para evitar la doble imposición establecidas en algún convenio con otro Estado miembro para no verse compelidos a aplicarlas a los residentes de todos los demás Estados miembros (¡o incluso de cualquier tercer Estado si se considera aplicable la libre circulación de capitales frente

17. Sentencias *Open Skies* C-466/98, Comisión-Reino Unido; C-467/98, Comisión-Dinamarca; C-468/98, Comisión-Suecia; C-469/98, Comisión-Finlandia; C-471/98, Comisión Bélgica; C-472/98, Comisión Luxemburgo; C-475/98, Comisión-Austria; y C-476/98, Comisión-Alemania.

a terceros Estados siempre que exista un convenio general o específico que garantice el intercambio de información!).[18]

Si se nos permite el juego de palabras, podría afirmarse que la extensión "indiscriminada" en favor de residentes en otros Estados miembros (o en terceros Estados) de las medidas unilaterales y convencionales previstas para evitar la doble imposición internacional podría provocar auténticos privilegios fiscales, distorsionando la finalidad de tales "exenciones técnicas" o bien provocar una reacción contraria que condujera a generalizar situaciones de doble imposición.

La jurisprudencia comunitaria también se ha aproximado a las exenciones desde la perspectiva de las ayudas de Estado, prohibidas por el art. 87 del Tratado Constitutivo de la Comunidad Europea. Con arreglo al citado precepto:

"1. Salvo que el presente Tratado disponga otra cosa, serán incompatibles con el mercado común, en la medida en que afecten a los intercambios comerciales entre Estados miembros, las ayudas otorgadas por los Estados o mediante fondos estatales, bajo cualquier forma, que falseen o amenacen falsear la competencia, favoreciendo a determinadas empresas o producciones.

"2. Serán compatibles con el mercado común:

"a) las ayudas de carácter social concedidas a los consumidores individuales, siempre que se otorguen sin discriminaciones basadas en el origen de los productos;

"b) las ayudas destinadas a reparar los perjuicios causados por desastres naturales o por otros acontecimientos de carácter excepcional;

"c) las ayudas concedidas con objeto de favorecer la economía de determinadas regiones de la República Federal de Alemania, afectadas por la división de Alemania, en la medida en que sean necesarias para compensar las desventajas económicas que resultan de tal división.

"3. Podrán considerarse compatibles con el mercado común:

"a) las ayudas destinadas a favorecer el desarrollo económico de regiones en las que el nivel de vida sea anormalmente bajo o en las que exista una grave situación de subempleo;

"b) las ayudas para fomentar la realización de un proyecto importante de interés común europeo o destinadas a poner remedio a una grave perturbación en la economía de un Estado miembro;

"c) las ayudas destinadas a facilitar el desarrollo de determinadas actividades o de determinadas regiones económicas, siempre que no alteren las condiciones de los intercambios en forma contraria al interés común;

18. Sobre esta interpretación, cfr. K. Stahl, "Free movement of capital between Member states and third countries", *EC-Tax Review*, pp. 47 y ss. La autora se muestra crítica la posible extensión de la libre circulación de capitales en perjuicio de los intereses recaudatorios de los Estados miembros por parte del Tribunal, pues, a su juicio, se trata de una decisión que debería ser tomada por instancias políticas.

"d) las ayudas destinadas a promover la cultura y la conservación del patrimonio, cuando no alteren las condiciones de los intercambios y de la competencia en la Comunidad en contra del interés común;

"e) las demás categorías de ayudas que determine el Consejo por decisión, tomada por mayoría cualificada, a propuesta de la Comisión."

La Comisión, secundada por la jurisprudencia del Tribunal de Justicia considera que las ayudas de Estado se caracterizan por el uso de fondos públicos destinados a favorecer determinadas empresas o producciones de modo que se produzca una distorsión de la competencia.[19]

El *uso de fondos públicos* se interpreta en un sentido muy amplio, que no sólo abarca las subvenciones, sino cualquier ayuda pública, como créditos privilegiados, prestaciones públicas mediante tarifas reducidas, moratorias fiscales o exenciones. Es indiferente que tales ayudas se concedan directamente por el Estado o por otras entidades o empresas públicas. Uno de los pocos casos en que el Tribunal descarta la existencia de ayudas de Estado por no estar presente fondos públicos se refiere al "sistema de primas" como instrumento para fomentar la producción de energías renovables.[20] Mediante tal instrumento, las empresas distribuidoras de electricidad están obligadas a adquirir un porcentaje de fluido eléctrico a productores de energía de origen renovable a un precio superior al previsto en el mercado de la electricidad. Sin embargo, esta decisión se debe probablemente al deseo de preservar un importante instrumento para la producción de energía "verde" que, de otro modo, no resultaría económicamente viable.

Lo que resulta más relevante de esta jurisprudencia es que todo tipo de exenciones y beneficios fiscales – en el sentido más amplio de la palabra – se considerarán ayudas de Estado, siempre que concurran los demás requisitos. En principio, tales ayudas están prohibidas aunque no existan normas específicas de armonización fiscal.

La segunda nota se refiere al *carácter "específico"* de las ayudas, en el sentido de que solo favorecen a determinadas empresas o producciones. Desde luego, no es preciso que la ayuda favorezca a una sola

19. Vid., por todos, A. J. Martín Jiménez, "El concepto de ayuda de Estado y las normas tributarias: problemas de delimitación del ámbito del art. 87.1 TCE", *Noticias de la Unión Europea*, 196, 2001, pp. 81-116 y M. Villar Ezcurra, "Las ayudas estatales de carácter fiscal y el Derecho Comunitario: Algunas notas sobre su diferencia de los tributos internos discriminatorios y las exacciones de efecto equivalente a propósito del primer Informe sobre el Código de Conducta Fiscal", *Aranzadi Fiscal, Boletín mensual*, 2, 1999, pp. 1 y ss.

20. STJCE de 17 de julio de 1997, *PreussenElektra AG contra Schhleswag AG*, C-379/98.

empresa; es suficiente conque afecte a un sector empresarial o a las empresas situadas en determinada zona geográfica, si bien la Comisión *puede* considerar compatibles con el mercado común, "las ayudas destinadas a favorecer el desarrollo económico de regiones en las que el nivel de vida sea anormalmente bajo o en las que exista una grave situación de subempleo" y " las ayudas destinadas a facilitar el desarrollo de determinadas actividades o de determinadas regiones económicas, siempre que no alteren las condiciones de los intercambios en forma contraria al interés común".

Esta nota se encuentra íntimamente vinculada a los conceptos de exención y de beneficio fiscal, aunque con peculiaridades importantes. Si una medida fiscal "favorable" responde a la estructura general del sistema tributario – por ejemplo, la supresión del gravamen del impuesto sobre sociedades para la parte de beneficios no distribuidos, tal como se ha dispuesto en Estonia[21] – no estaremos ante una ayuda de Estado. Tampoco estaremos ante una ayuda de estado en el caso un impuesto cuya regulación corresponda a los Estados Federados o Regiones – en España a las Comunidades Autónomas – si alguna de ellas establece un tipo de gravamen particularmente reducido o prevé ciertas exenciones aplicables genéricamente en su ámbito territorial, siempre que no exista una regulación general menos beneficiosa de ámbito Federal o Nacional.

Así pues, puede haber exenciones regionales que no se consideren ayudas de Estado, por tener carácter general dentro del impuesto en cuestión – exenciones para energías renovables en el Impuesto extremeño sobre Instalaciones Contaminantes – y medidas que, pese a no considerarse exenciones con arreglo al concepto tradicional, pueden ser ayudas de Estado contrarias al Derecho comunitario (tal podría ser el caso del Impuesto sobre Sociedades regulado por los territorios Históricos del País Vasco y Navarra, si fuera más ventajoso que el regulado por el Estado español en Territorio Común).

Sin embargo, esta doctrina produce ciertas paradojas. Debemos recordar que los impuestos directos – con excepciones de carácter sumamente limitado – no se encuentran mínimamente armonizados en el ámbito de la Unión Europea. La denominada "competencia fiscal" legítima tampoco ha resultado un motor suficiente para conseguir un nivel aceptable de aproximación entre las legislaciones fiscales de los Estados miembros; más bien ha constituido un factor de dispersión. Encontramos

21. Cfr. *European Tax Handbook*, IBDF, Amsterdam, 2004, (formato electrónico) voz "Estonia Taxation of Companies", n. 0.

una buena prueba en el régimen fiscal irlandés, y en el alguno de los Estados que se han incorporado recientemente a la Unión Europea. Es más, algunos de ellos, como Malta y Chipre son considerados aún paraísos fiscales por el Derecho Español.[22]

Pues bien, la paradoja radica en que la existencia de pequeños territorios de baja tributación, que tienen la condición de Estados miembros, no se considera ayuda de estado – por tener un teórico carácter "general" – e incluso se ve amparada por el paraguas de las libertades comunitarias, mientras que los beneficios o exenciones de carácter general adoptados por una región de otros Estados miembros – por ejemplo, el País Vasco – se considerarán fácilmente ayudas de Estado contrarias al Derecho comunitario.

Una segunda paradoja es que la vía para escapar de esta limitación radicaría en fragmentar la soberanía tributaria del Estado miembro en cuestión, de modo que fuese cada una de sus regiones la que fijara la intensidad de la tributación – por ejemplo, el tipo del Impuesto sobre Sociedades – de modo que no existiera un nivel estatal de referencia y que, por tanto, dichas ventajas no pudieran considerarse ya ayudas de Estado.

No es posible descartar completamente que las anunciadas reformas de los Estatutos de Autonomía o incluso una hipotética reforma de la Constitución Española avance en esta línea. Sin embargo, pensamos que no sería una buena solución para España ni para la auténtica construcción del mercado común en el ámbito de la Unión Europea. Los fenómenos de competencia fiscal entre Estados y entre Municipios en Brasil – hasta donde conocemos este fenómeno – son un buen ejemplo de que la "competencia fiscal", aun cuando sea legítima, puede generar más distorsiones que beneficios para el interés general.

22. El vigente Decreto sobre Paraísos Fiscales, basado en una lista cerrada, sigue mencionando a Malta y Chipre, aunque excluye aquellos estados con los que se haya firmado un CDI con cláusula de intercambio de información o un Convenio específico de Intercambio de Información. Tales convenios no existen con Malta ni con Chipre, pero según José Manuel Calderón Carrero y Adolfo J. Martín Jiménez tal requisito resulta equiparable a las obligaciones de intercambio de información derivadas de la aplicación a tales países del acervo jurídico comunitario. Si se acepta esta interpretación, Malta y Chipre habrían dejado de ser paraísos fiscales, conforme a la ley española, tras su incorporación a la Unión Europea. Si no se admitiera esta tesis parece claro que España estaría quebrantando las libertades comunitarias al aplicar las normas antiparaíso a los residentes en dichos Estados (cfr. "Las normas antiparaíso fiscal españolas y su compatibilidad con el derecho comunitario: el caso específico de Malta y Chipre tras la adhesión a la Unión Europea", *Documento de Trabajo* 11/04 del Instituto de Estudios Fiscales, Madrid, 2004).

Por otra parte, el Tribunal entiende que también estamos ante ayudas de Estado en supuestos en que el carácter "selectivo" del beneficio fiscal es mucho más discutible, por afectar a sectores económicos de carácter completamente diverso. Así ha sucedido con las deducciones concedidas por la normativa foral para fomentar la actividad exportadora, que han sido consideradas contrarias al Tratado CECA (Sentencia del Tribunal de Primera Instancia de 6 de marzo de 2002 sobre el régimen fiscal vasco).[23] La deducción a la exportación prevista en el régimen general ha sido denunciada por la Comisión en el ámbito del Tratado CE.[24] Teóricamente resulta muy discutible que un beneficio fiscal de este tipo pueda considerarse "específico", pues pueden disfrutar de él industrias y comercios de carácter muy variado, pero ante la rotundidad con que se ha pronunciado el Tribunal, lo más prudente para España sería desmantelar el beneficio fiscal, negociando con la Comisión que no se exija recuperar las ayudas ya concedidas.[25]

En cuanto a la tercera nota definitoria de las ayudas de Estado, la generación de distorsiones de la competencia que afecten al mercado interior, resulta menos relevante de lo que pudiera parecer, pues el tribunal entiende que esta nota se presume siempre que concurran las otras dos, salvo que se demuestre lo contrario. Es decir, estamos ante lo que técnicamente se denomina como una "verdad interina". Naturalmente, la prueba en contrario – que correspondería al Estado miembro concedente de la ayuda – puede resultar verdaderamente diabólica.

7. *Conclusiones*

La teoría general de la exención tributaria elaborada por el profesor José Souto Maior Borges surge del análisis de problemas tradicionales, pero presenta también gran utilidad para resolver cuestiones más recientes que están surgiendo en el ámbito de la fiscalidad internacional y

23. Sentencia del Tribunal de Primera Instancia de 6 de marzo de 2002, que resuelve los asuntos acumulados T-127/99, T-129/99 y T-148/99 (*Damesa*) y los asuntos acumulados T-92/00 y T-103/00 (*Ramondín*). Cfr. M. Villar Ezcurra y P. M. Herrera Molina, "Ayudas fiscales y Derecho Comunitario: un ejemplo de armonización fiscal negativa", en la obra colectiva *Homenaje al Profesor Calvo Ortega*, Valladolid, Lex Nova, 2005 (en prensa).

24. Decisión de la Comisión de 31 de octubre de 2000 sobre los créditos fiscales para las inversiones extranjeras, previstos en el antiguo art. 34 LIS (modificado posteriormente por la L 13/1996) y por diversas normas forales.

25. En este sentido se pronuncia Adolfo Martín Jiménez en una nota inédita que ha tenido la amabilidad de facilitarme.

particularmente en los procesos regionales de integración como sucede con la Unión Europea y puede suceder también con el Mercosur y otras organizaciones regionales en la medida en que avance el proceso de integración.

La experiencia del Derecho comunitario europeo presenta una nota muy peculiar que, al mismo tiempo, puede aportar perspectivas sobre la posible evolución de otras organizaciones internacionales con aspiraciones de integración regional. Nos referimos a la existencia de un tribunal supranacional con plenos poderes para determinar la correcta aplicación del Derecho comunitario, cuyas sentencias vinculan directamente a las autoridades nacionales y al que pueden tener acceso los particulares, de modo especial a través de la vía indirecta de las cuestiones prejudiciales presentadas por los órganos jurisdiccionales nacionales.

La jurisprudencia comunitaria sobre exenciones y beneficios fiscales de impuestos no armonizados ha generado ciertas contradicciones que no son precisamente modélicas y que conviene evitar con ayuda de una sólida teoría sobre las exenciones tributaria. El Tribunal no se ha preocupado de construir dicha teoría ni de asumirla a partir de las valiosas construcciones ya existentes – entre las que destaca la del profesor Souto Maior Borges – porque no se trata de un órgano especializado en cuestiones fiscales y su objetivo primordial – de carácter no tributario – está en garantizar la construcción del mercado interior.

Sin embargo, la defensa a ultranza de las libertades comunitarias, sin un concepto adecuado de exención, puede provocar efectos indeseables. Por una parte, al intentar garantizar que el mínimo exento personal y familiar no discrimine a los no residentes de otros Estados miembros que se encuentren en situaciones comparables a los residentes, el tribunal comete el error de atribuir ventajas fiscales desproporcionadas a ciertos sujetos. Esto sucede claramente en el caso *Wallentin*. Este error podría superarse si el tribunal manejase el concepto de "hipótesis de no incidencia" elaborado por Souto Maior Borges como término genérico que abarca tanto las exenciones en sentido formal como los supuestos de no sujeción.

En efecto, en este caso lo importante no es la técnica formal utilizada al delimitar el hecho imponible, sino la existencia de mecanismos que garanticen el mínimo vital personal y familiar del contribuyente; es decir, instrumentos que aseguren la inmunidad fiscal de las cantidades que un sujeto necesita para subsistir y mantener a su familia con un mínimo de dignidad.[26] Así, si Alemania garantizaba ya el mínimo existencial de *Wallentin* no sometiendo a tributación – no incidencia en sentido estricto – unos rendimiento claramente suficientes para la subsistencia, no tenía sentido obligar a Suecia a otorgarle el mínimo existencial sobre los rendimientos allí obtenidos. De lo contrario se acumulan materialmente dos mínimos existenciales – aunque no concurran dos "mínimos exentos" en sentido formal, quebrantándose así el fundamento del mínimo de existencia, y generándose una discriminación frente a los residentes en otros Estados con "mínimos exentos formales" que obtengan también rendimientos en Suecia por obligación real (ellos no tendrían derecho al "doble" mínimo vital), por no hablar de la discriminación de los residentes suecos que obtengan rendimientos en Alemania o de los residentes alemanes que no obtengan rendimientos en el extranjero.[27]

También puede producir consecuencias negativas el considerar comparable la situación de una persona cuyas rentas obtenidas en el extranjero se someten a un régimen de exención con progresividad (u otro mecanismo equivalente), al de otro sujeto que obtiene la totalidad de sus rendimientos en el país de residencia y, por tanto, ve tributar la totalidad de su renta a un tipo progresivo. La consecuencia de esta comparación – realizada por el Tribunal en *Gerritse* – es que el no residente no puede tributar en el país de la fuente a un tipo superior al que tributaría un residente que obtuviese en dicho Estado la misma renta.[28] Dicho de otro modo: una persona que consiga obtener su renta fragmentada en diversos Estados con los que exista el oportuno convenio de doble imposición, podría minimizar el tipo de gravamen en el Estado de la fuente – por

26. Disculpe el lector que aparentemente utilicemos como sinónimos los términos de "inmunidad", exención y no sujeción. En el ámbito europeo diversos Estados miembros garantizan constitucionalmente el mínimo vital personal y familiar, lo que nos permitiría hablar de "inmunidad" en sentido estricto. En otros se trata de una mera previsión legal – exención en sentido amplio – que, sin embargo, encuentra un respaldo indirecto en la jurisprudencia comunitaria. Dado que en ambos casos existen ciertos límites supralegales a la configuración del mínimo vital, hemos considerado apropiado utilizar el término de "inmunidad", si bien atribuyéndole un sentido más amplio que el que le atribuye estrictamente la doctrina brasileña.

27. Esta última discriminación podría considerarse irrelevante desde la perspectiva del Derecho Comunitario en cuanto sólo discrimina a los nacionales de un Estado que no ejercen sus libertades comunitarias. Sin embargo, podría pensarse que en cuanto el señor Wallentin ejerciese la libre circulación de trabajadores y trasladase su residencia a Suecia por motivos laborales podría resultar discriminado frente a otro sujeto que obtuviese el mismo volumen de ingresos manteniendo su residencia en Alemania y disfrutando así del "doble beneficio".

28. Aunque incrementada en el importe del mínimo exento.

debajo del tipo previsto a tanto alzado en el país de la fuente – compensando así la progresividad sobre los rendimientos obtenidos en el Estado de residencia.

El Tribunal también parece ignorar la inexistencia de mecanismos que permitan negociar a la Unión Europea en su conjunto Convenios de Doble imposición con terceros Estados. Mientras esta situación no se resuelva resulta incoherente exigir a un Estados miembro que rechace las cláusulas de limitación de beneficios que le impongan terceros Estados – particularmente los Estados Unidos de América – al precio de renunciar a las medidas para evitar la doble imposición en favor de sus propios residentes. Es cierto que el Tribunal aún no ha llegado tan lejos en materias fiscales, pero sí lo ha hecho en el grupo de sentencias *Open Skies* relativas a la navegación aérea. La solución podría facilitarse si se desarrollara – aplicándola a las peculiaridades de la Unión Europea – la doctrina del profesor Souto Maior Borges sobre las exenciones previstas en los Tratados Internacionales[29] y las peculiaridades de las exenciones en Derecho Comunitario.[30]

Desde luego, las consideraciones del profesor Souto Maior Borges sobre el Mercosur no pueden trasladarse automáticamente al ámbito del Derecho Europeo, pero en ambos casos se plantean cuestiones relativas a la limitación de la soberanía. A nuestro juicio la clave está en la incoherencia de un sistema jurídico fragmentario, que es incapaz de armonizarse mínimamente o de adoptar Convenios de Doble Imposición de carácter global – para toda la Unión – al tiempo que pretende eliminar jurisdiccionalmente cualquier tratamiento discriminatorio. Sin una mayor cesión de soberanía al poder legislativo comunitario, los denodados esfuerzos del Tribunal no pueden ofrecer frutos maduros. Teóricamente cabría sostener que los pronunciamientos del Tribunal incentivarán a los Estados miembros a reconsiderar sus posturas y avanzar decididamente por el camino de la armonización fiscal. No obstante, la experiencia ha demostrado que dicho incentivo no funciona. Encontramos una buena muestra de ello en la futura Constitución Europea, que ya no contiene los tímidos intentos de prescindir de la unanimidad para introducir algunas normas armonizadoras dirigidas a luchar contra el fraude fiscal en el ámbito del Impuesto sobre Sociedades.

En materia de ayudas de Estado cabe introducir algunas importantes matizaciones: en este punto las principales competencias para aprobar o

29. Cfr. José Souto Maior Borges, *Teoria...*, cit., pp. 282 y ss.
30. Cfr. José Souto Maior Borges, *Teoria...*, cit., pp. 294 y ss.

rechazar las ayudas están en manos de la Comisión, y esta ha encontrado casi en todo momento el respaldo del Tribunal. Por esta vía sí se está consiguiendo una cierta armonización, y no solo a través de decisiones concretas, sino también de las llamadas "directrices" mediante las que la Comisión expone los criterios que seguirá a la hora de aprobar o rechazar ayudas en ciertos sectores.

Ahora bien, también en este ámbito cabe oponer algunos reparos a la experiencia europea. Por una parte, la Comisión carece de representatividad democrática para adoptar medidas de "armonización colateral" que afectarán a los contribuyentes de los Estados miembros en lo que se refiere a un elemento esencial del Tributo (las exenciones y beneficios fiscales). Es cierto que lo mismo cabría decir de las competencias del Consejo para aprobar normas de armonización fiscal, pero – al menos – en este último caso existe un apoderamiento expreso por parte de los Tratados –ratificados por los Parlamentos nacionales – que dudosamente existe en el uso alternativo de las competencias sobre ayudas de Estado consolidado por la Comisión.

Por otra parte, aunque el concepto de ayudas de Estado abarque también las de carácter fiscal, su ámbito objetivo y subjetivo no resulta adecuado para adoptar medidas de armonización. Por una parte, sólo abarca las medidas que favorezcan a determinadas empresas o producciones; por otro, no incluye las medidas generales adoptadas por un Estado miembro, aunque sus dimensiones sean muy reducidas y pueda suponer por esta vía una auténtica distorsión de la competencia, en sentido material, bajo la engañosa cobertura de las libertades comunitarias.

O PRINCÍPIO DA ISONOMIA EM MATÉRIA TRIBUTÁRIA

HUMBERTO ÁVILA

1. Introdução

O princípio da igualdade é um princípio fundamental na ordem constitucional brasileira pela posição hierárquica que lhe é atribuída, embora abstrata e relativamente, pela Constituição e pela função de suporte axiológico e semântico que exerce em relação aos outros princípios constitucionais sobre os quais atua. Examinar um princípio fundamental é fundamental. Daí a relevância deste estudo, que se inicia com a investigação dos elementos essenciais do princípio da igualdade: relação entre sujeitos; critério diferenciador; finalidade a que serve o critério. O exame da relação entre esses elementos (sujeitos, critério e finalidade) permitirá a compreensão do conteúdo e do alcance do princípio da capacidade contributiva no sistema tributário.

O princípio da igualdade, porém, como princípio que é, pode ser objeto de restrição nos casos em que a tributação tiver por finalidade a realização de um fim diverso do tratamento igualitário. Embora permitida, essa restrição obedece a pressupostos e a limites: se justificada, fundamentada e comprovada, poderá ser feita, desde que, ademais de razoável, seja proporcional e não-excessiva relativamente aos princípios constitucionais. Daí a importância da segunda parte deste estudo, centrada no exame dos controles de razoabilidade, proporcionalidade e não-excessividade na aplicação do princípio da igualdade.

2. *Conteúdo do princípio da isonomia*

2.1 Elementos essenciais

Depois de a Constituição de 1988 estabelecer o princípio geral de igualdade (art. 5º, *caput* e I), exige, expressamente, no Sistema Tributário Nacional:

"Art. 145. A União, os Estados, o Distrito Federal e os Municípios poderão instituir os seguintes tributos: (...)

"§ 1º. Sempre que possível, os impostos terão caráter pessoal e serão graduados segundo a capacidade econômica do contribuinte, facultado à administração tributária, especialmente para conferir efetividade a esses objetivos, identificar, respeitados os direitos individuais e nos termos da lei, o patrimônio, os rendimentos e as atividades econômicas do contribuinte. (...)."

"Art. 150. Sem prejuízo de outras garantias asseguradas ao contribuinte, é vedado à União, aos Estados, ao Distrito Federal e aos Municípios: (...)

"II – instituir tratamento desigual entre contribuintes que se encontrem em situação equivalente, proibida qualquer distinção em razão de ocupação profissional ou função por eles exercida, independentemente da denominação jurídica dos rendimentos, títulos ou direitos; (...)."

O princípio da igualdade exige igualdade de tratamento entre aqueles que se encontram na mesma situação (art. 5º, *caput*). Trata-se de um *direito fundamental* ao tratamento isonômico.

A igualdade implica *generalidade* e *abstração*: nenhum tratamento igual sem normas que se dirijam a um número *indeterminado de pessoas* e a um *número indeterminado de situações*.[1] Nenhuma igualdade sem lei abstrata e geral. Daí a *essencial unidade* entre legalidade e igualdade, bem qualificada por Souto Maior Borges como *legalidade isonômica*.[2] A igualdade por meio da generalidade e da abstração só se viabiliza por meio da regulação dos casos normais. "Regra", aliás, vem do latim *regula*, cujo significado é padrão ou modelo.[3] Assim também "norma", aplicável aos casos "normais".[4] É dizer o mesmo: a norma geral e abstrata pode vir a ser insuficiente para a regulação de casos excepcionais, em cujas hipóteses o *postulado da razoabilidade* irá medir a aplicação por

1. Lerke Osterloh, *Gesetzesbindung und Typisierungsspielräume bei der Anwendung der Steuergesetze*, Baden-Baden, Nomos, 1992.

2. José Souto Borges, "A isonomia tributária na Constituição Federal de 1988", *RDT* 64/8-19, p. 13.

3. José Souto Maior Borges, *O contraditório no processo judicial: uma visão dialética*, São Paulo, Malheiros Editores, 1996, p. 92.

4. Hans Kelsen, *Allgemeine Theorie der Normen*, Viena, Manz Verlag, 1990, p. 3.

meio da análise de elementos concreto-individuais.[5] Ora, a aplicação da regra geral deve manter-se dentro dos casos padrões, não se orientando àqueles atípicos.[6]

A pretensão de eficácia do princípio da igualdade exige que todas as manifestações relevantes dos contribuintes sejam atingidas. Daí a exigência de *universalidade*.

Para entender o funcionamento do princípio da igualdade, é preciso verificar que ele depende do critério-medida objeto de diferenciação. Isso porque o princípio da igualdade, ele próprio, nada diz quanto aos bens ou aos fins de que se serve a igualdade para diferenciar ou igualar as pessoas. As pessoas ou situações são iguais ou desiguais em função de um critério diferenciador. Por exemplo, duas pessoas são formalmente iguais ou diferentes em razão da idade, do sexo ou da capacidade econômica. Essa diferenciação somente adquire relevo *material* na medida em que se lhe agrega uma finalidade, de tal sorte que as pessoas passam a ser iguais ou diferentes de acordo com um mesmo critério, dependendo da finalidade a que ele serve. Duas pessoas podem ser iguais ou diferentes segundo o *critério da idade*: deverão ser tratadas de modo diferente para votar em alguma eleição, se uma delas tiver atingido a maioridade não alcançada pela outra; deverão ser tratadas igualmente para o efeito de pagar impostos, porque a concretização dessa finalidade é indiferente à idade. Duas pessoas podem ser consideradas iguais ou diferentes segundo o *critério do sexo*: deverão ser havidas como diferentes para obter licença maternidade, se somente uma delas for do sexo feminino; deverão ser tratadas igualmente para votar ou pagar impostos, porque a concretização dessas finalidades é indiferente ao sexo. Do mesmo modo, duas pessoas podem ser compreendidas como iguais ou diferentes segundo o *critério da capacidade econômica*: deverão ser vistas como diferentes para pagar impostos, se uma delas tiver maior capacidade contributiva; deverão ser tratadas igualmente para votar e para a obtenção de licença maternidade, porque a capacidade econômica é neutra relativamente à concretização dessas finalidades.[7]

5. Humberto Bergmann Ávila, "A distinção entre princípios e regras e a redefinição do dever de proporcionalidade", *RDA* 215/151-179, Rio de Janeiro, Renovar, jan./mar., 1999, p. 173; Idem, *Teoria dos Princípios*, 4ª ed., São Paulo, Malheiros Editores, 2004, pp. 102 e ss.

6. Lerke Osterloh, *Gesetzesbindung und Typisierungsspielräume bei der Anwendung der Steuergesetze*, cit., p. 80.

7. Paul Kirchhof, *Die Verschiedenheit der Menschen und die Gleichheit vor dem Gesetz*, Munique, Siemens Stiftung, 1996, pp. 8 e ss.

Tudo isso quer dizer que a aplicação da igualdade depende de um *critério diferenciador* e de um *fim* a ser alcançado. Dessa constatação surge uma conclusão tão importante quanto menosprezada: fins diversos levam à utilização de critérios distintos, pela singela razão de que alguns critérios são adequados à realização de determinados fins; outros, não. Mais do que isso: fins diversos – como será demonstrado – conduzem a medidas diferentes de controle. Há fins e fins no Direito.[8]

Em razão da necessária correspondência entre o critério e a finalidade que ele visa a promover surge, por implicação lógica, a exigência de razoabilidade. O critério eleito pelo legislador, ademais de existente, deve ser congruente com a finalidade que ele visa a realizar. A razoabilidade exige, em primeiro lugar, a recorrência a um suporte empírico existente na adoção de qualquer medida estatal.[9] Alguns exemplos o comprovam.

Uma lei estadual instituiu um adicional de férias de um terço para os inativos. Levada a questão a julgamento, considerou-se indevido o referido adicional por traduzir uma vantagem *destituída de causa* e do necessário coeficiente de razoabilidade, na medida em que só deve ter adicional de férias quem tem férias. Como conseqüência disso, a instituição do adicional foi anulada em razão de violar o princípio do devido processo legal, que atua como decisivo obstáculo à edição de atos legislativos de conteúdo arbitrário ou irrazoável.[10]

Uma lei estadual determinou que os estabelecimentos de ensino expedissem os certificados de conclusão do curso e do histórico escolar aos alunos da terceira série de Ensino Médio que comprovassem aprovação em vestibular para ingresso em curso de nível superior, independentemente do número de aulas freqüentado pelo aluno, expedição essa a ser providenciada em tempo hábil de modo que o aluno pudesse matricular-se no curso superior para o qual foi habilitado. O Supremo Tribunal Federal entendeu caracterizada a relevância jurídica da argüição de

8. Vogel/Waldhoff, *Bonner Kommentar zum Grundgesetz*, 81 Lfg, 1997, p. 388; Dieter Birk, *Steuerrecht I, Allgemeines Steuerrecht*, 2ª ed., Munique, Beck, 1994, pp. 10-11; Stefan Huster, *Rechte und Ziele: Zur Dogmatik des allgemeinen Gleichheitssatzes*, Berlim, Duncker und Humblot, 1993, pp. 149, 166-7, 210.

9. Weida Zancaner, "Razoabilidade e moralidade: princípios concretizadores do perfil constitucional do Estado Social e Democrático de Direito", *Revista Diálogo Jurídico*, Salvador CAJ – Centro de Atualização Jurídica, n. 9, ano I, dezembro, 2001, p. 4. Disponível em www.direitopublico.com.br; Humberto Ávila, *Teoria dos Princípios*, cit., pp. 102 e ss.

10. ADI, Medida Liminar, pleno, rel. Ministro Celso de Mello, *DJ* 26.5.1995.

inconstitucionalidade sustentada pela autora da ação, uma vez que a lei impugnada, à primeira vista, revela-se destituída de razoabilidade, pois *inverteu a ordem natural* acadêmica para atribuir aos estudantes, independentemente da freqüência, o direito à expedição da conclusão do Ensino Médio, desde que aprovados em vestibular.[11]

Uma norma constante de Constituição Estadual determinava que o pagamento dos servidores do Estado fosse feito, impreterivelmente, até o 10º (décimo) dia útil de cada mês. O Supremo Tribunal Federal considerou ser irrazoável que a norma impugnada, para evitar o atraso no pagamento dos servidores estaduais, estabelecesse uma antecipação de pagamento de *serviços que ainda não haviam sido prestados*.[12]

Nesses casos, o legislador elege uma causa inexistente ou insuficiente para a atuação estatal. Ao fazê-lo, viola a exigência de vinculação à realidade.[13] A interpretação das normas exige o confronto com parâmetros externos a elas. Daí falar-se em dever de congruência e de fundamentação na natureza das coisas (*Natur der Sache*). Os princípios constitucionais do Estado de Direito (art. 1º) e do devido processo legal (art. 5º, LIV) impedem a utilização de razões arbitrárias e a subversão dos procedimentos institucionais utilizados. Desvincular-se da realidade é violar os princípios do Estado de Direito e do devido processo legal.

Em segundo lugar, a razoabilidade exige uma relação congruente entre o critério de diferenciação escolhido e a medida adotada.[14] O exame de alguns casos comprova isso.

O Poder Executivo editou medida provisória com a finalidade de ampliação do prazo de decadência, de dois para cinco anos, para a propositura de ação rescisória pela União, Estados ou Municípios. No julgamento, foi asseverado que o Poder Público possui algumas prerrogativas que devem, porém, ser suportadas por diferenças reais entre as partes e não apenas servir de agravamento da satisfação do direito do particular. Somente uma razão de ser plausível e aceitável justifica a distinção. Em decorrência disso e de outros fundamentos, a medida provisória foi declarada inconstitucional em razão de a instituição de discriminação arbitrária violar o princípio da igualdade e do devido processo legal.[15]

11. ADI 2.667-DF, MC, rel. Min. Celso de Mello, 19.6.2002.

12. ADI 247-RJ, rel. Min. Ilmar Galvão, 17.6.2002.

13. Diogo de Figueiredo Moreira Neto, "Moralidade administrativa: do conceito à efetivação", *RDA* 190/13, Rio de Janeiro, Renovar, 1992.

14. Weida Zancaner, "Razoabilidade e moralidade: princípios concretizadores do perfil constitucional do Estado Social e Democrático de Direito", cit., p. 4.

15. ADI 1.753-2, pleno, rel. Ministro Sepúlveda Pertence, *DJ* 12.6.1998.

Uma lei estadual determinou que o período de trabalho de secretários de Estado deveria contar em dobro para efeitos de aposentadoria. Levada a questão a julgamento, afirmou-se que não há razoabilidade em se considerar que o tempo de serviço de um secretário de Estado deva valer o dobro que o dos demais servidores. Trata-se de discriminação arbitrária ou aleatória. Em virtude disso, a distinção foi considerada inválida, pois a instituição de distinção sem causa concreta viola o princípio da igualdade.[16]

Uma lei vinculou o número de candidatos por partido ao número de vagas destinadas ao povo do Estado, na Câmara de Deputados. O número de candidatos foi escolhido como critério de discriminação eleitoral. Os partidos insurgiram-se contra a medida alegando ser ela irrazoável. No julgamento, porém, considerou-se haver congruência entre o critério de distinção e a medida adotada, pois a vinculação das vagas ao número de candidatos levaria à melhor representatividade populacional.[17]

Nos casos acima referidos, o postulado da razoabilidade exigiu uma correlação entre o critério distintivo utilizado pela norma e a medida por ela adotada. Não se está, aqui, analisando a relação entre meio e fim, mas entre critério e medida. À eficácia dos princípios constitucionais do Estado de Direito (art. 1º) e do devido processo legal (art. 5º, LIV) soma-se à eficácia do princípio da igualdade (art. 5º, *caput*), que impede a utilização de critérios distintivos inadequados. Diferenciar sem razão é violar o princípio da igualdade.

O Supremo Tribunal Federal tem utilizado a razoabilidade como uma espécie de parâmetro interno de controle da aplicação do princípio da igualdade. Nesse sentido, o Tribunal afasta a utilização de distinções arbitrárias, sem base em motivos e finalidades objetivos. Uma diferenciação dos contribuintes feita com base em motivos meramente subjetivos e sem fundamento numa finalidade objetivamente verificável e constitucionalmente aferível é uma diferenciação irrazoável.[18]

Sendo assim, pode-se chegar a algumas exigências decorrentes da razoabilidade, como parâmetro de aplicação do princípio da igualdade. Em primeiro lugar, é preciso registrar que uma diferenciação entre os contribuintes só é considerada válida se for fundada em uma *diferenciação factual existente* entre os sujeitos envolvidos e estiver *suportada por uma finalidade constitucional*. Isso significa que será arbitrária aquela

16. ADI, Medida Liminar, pleno, rel. Ministro Sepúlveda Pertence, *DJ* 22.11.1991.

17. ADI 1.813-5, pleno, rel. Marco Aurélio, *DJ* 6.6.1998.

18. ADI 1.643-1, pleno, rel. Ministro Maurício Corrêa, *DJ* 5.12.2002.

diferenciação feita entre os contribuintes em razão de características que os contribuintes não possuem ou em razão de qualidades que, embora possuam, não são constitucionalmente relevantes para o tratamento da matéria em questão.

Em segundo lugar, é necessário dizer que uma diferenciação entre os contribuintes só é considerada válida se *o Poder Público tiver uma justificação razoável* para a distinção. Isso significa que é o Poder Público que deve encontrar a justificativa para diferenciar e não o contribuinte que deve encontrar um motivo para igualar. O ônus de justificação, de fundamentação e de comprovação da diferenciação é do Poder Público e, não, do cidadão.

Em terceiro lugar, é preciso enfatizar que uma diferenciação entre os contribuintes só é considerada válida se a utilização do critério de distinção *não for constitucionalmente vedada.* A proibição de utilização de determinados critérios de distinção pode ser feita expressa ou implicitamente pela Constituição. Expressamente quando a Constituição tem dispositivo que veda sua utilização, como é o caso da proibição de distinção com base na origem, raça, sexo, cor, idade ou atividade profissional. Implicitamente quando a Constituição protege a realização de determinadas finalidades por meio da instituição de determinados princípios, como é o caso do princípio da liberdade de exercício de atividade econômica. Esses critérios não poderão ser utilizados pelo Poder Público para diferenciar os contribuintes.

É preciso lembrar, no entanto, que uma finalidade extrafiscal poderá justificar a utilização de um critério cujo uso é *prima facie* vedado pela Constituição. Nesse caso, porém, o ônus de fundamentação para a utilização desse critério é muito maior do que aquele exigido para os outros casos. Deverá ser evidente que a diferenciação produzirá efeitos que contribuirão para a promoção da finalidade extrafiscal.

2.2 Igualdade formal e material

O artigo 5º da Constituição Federal prevê o princípio da igualdade. Todas as pessoas têm direito ao tratamento isonômico. Isso significa que a lei tributária deverá ser *uniformemente aplicada.* Trata-se, como se vê, de uma igualdade na aplicação ou, como se costuma dizer, uma igualdade perante a lei. É a igualdade formal.

De acordo com a jurisprudência do Supremo Tribunal Federal, para a aplicação do princípio da igualdade, é especialmente importante que a diferenciação normativa dos sujeitos que se encontrem em situação idêntica seja feita de modo uniforme, sem a introdução de exceções ou privilégios para determinadas pessoas. A isenção do Imposto sobre a Propriedade de Veículos Automotores (IPVA) foi – provisoriamente – declarada nula, porque a isenção foi prevista apenas para um grupo de proprietários de veículos coletivos. Outros sujeitos passivos, apesar de estarem na mesma situação, deveriam pagar o tributo.[19]

A própria lei, porém, pode conter uma diferenciação injustificável, não sendo suficiente que ela seja igualmente aplicada. Ao princípio da igualdade não basta a aplicação isonômica de norma discriminatória: ele exige aplicação igual de lei igual. Daí a necessária complementação: o princípio da igualdade, além de demandar igualdade na aplicação da lei ou perante a lei, exige igualdade na elaboração da lei ou na lei. É a igualdade material, como prevista no inciso I, do art. 5º, da Constituição Federal.

Isso significa que o princípio da igualdade exige não apenas a generalidade das normas (proibição de *leges ad personae*), mas também proíbe a escolha de critérios arbitrários para a diferenciação de tratamento, objeto de análise no postulado da razoabilidade-congruência.[20]

2.3 Finalidade da tributação e seu controle

2.3.1 Finalidade fiscal e capacidade contributiva

As normas tributárias dirigem-se à concretização de diversos fins. E, ao fazê-lo, restringem bens jurídicos distintos. Lembre-se: não se está aqui a falar na *causa* extrajurídica que levou o legislador a instituir esse ou aquele tributo. Não. Ao contrário: investiga-se o fundamento de validade ou justificativa jurídica utilizada para a distinção entre os sujeitos e a finalidade que a distinção busca alcançar. Lá uma questão metajurídica; aqui, um problema eminentemente jurídico, apesar de relegado pela doutrina ao oblívio.

Quando os impostos possuírem uma justificação e uma finalidade fiscal, enquanto instituídos com o fim preponderante de obter receitas dos particulares, e o ordenamento constitucional permitir a eleição deste critério, será o *princípio da capacidade contributiva* a medida de dife-

19. ADI 1.655, MC, rel. Ministro Maurício Corrêa, *DJ* 24.10.1997, p. 54.156. Ver, especialmente, o voto do Ministro Maurício Corrêa, p. 4.

20. ADI 1.355-6, rel. Ministro Ilmar Galvão, *Informativo STF*, n. 20.

renciação entre os contribuintes.[21] O § 1º, do art. 145, da Constituição, determina que os impostos "*terão caráter pessoal e serão graduados segundo a capacidade econômica do contribuinte*". Importa dizer: o critério de aplicação da igualdade entre os contribuintes com a finalidade de pagar impostos é a sua própria capacidade econômica. Como a distinção entre os contribuintes é feita com base em elementos residentes neles próprios e a finalidade da tributação é a própria distribuição igualitária da carga tributária, critério e finalidade, antes de se afastarem, aproximam-se, para consubstanciar uma só equação: *a imposição deve corresponder à capacidade contributiva*. Fala-se, por isso, em *fim interno*.[22]

O dever de observância da capacidade contributiva traz duas conseqüências. Primeira: se os impostos deverão ser graduados segundo a *capacidade econômica*, é porque o *substrato econômico* na hipótese de cada imposto é *pressuposto* pela própria Constituição. Só podem ser tributadas as atividades relacionadas à renda, patrimônio ou consumo, que sejam indicativas de expressão econômica. A capacidade produtiva não deve ser tributada, mas somente a riqueza efetivamente percebida. Nesse sentido, afastam-se tanto a tributação de rendimentos meramente nominais decorrentes da inflação quanto a tributação de riquezas meramente prováveis por meio de ficções e presunções absolutas.

O decisivo é que o poder de tributar é limitado pelo princípio da capacidade contributiva: a instituição de impostos "pessoais" é inconstitucional quando não obedecer à capacidade econômica dos contribuintes.

2.3.2 Finalidade extrafiscal e proporcionalidade

Quando os impostos tiverem uma justificação e uma finalidade extrafiscal, enquanto instituídos com o propósito prevalente de atingir fins econômicos ou sociais, já não mais será o princípio da capacidade contributiva a medida de diferenciação entre os contribuintes. Recorde-se: justificações diversas levam à utilização de critérios distintos. Ora bem: ao Estado cumpre não só garantir e estimular a realização dos princípios fundamentais (arts. 1º a 5º) ou gerais da tributação (arts. 145 a 149); ao Estado incumbe também estimular e realizar os princípios gerais da atividade econômica (arts. 170 e ss.), bem como zelar pela concretização de outros tantos fins, como a manutenção do Estado Federativo (art. 18), a preserva-

21. Pedro M. Herrera Molina, *Capacidad Económica y Sistema Fiscal*, Madri, Marcial Pons, 1998, p. 73; F. Moschetti, "La capacità contributiva", *Tratatto di Diritto Tributário*, vol. I, t. 1, Pádua, CEDAM, 1994, p. 230.

22. Stefan Huster, *Rechte und Ziele...*, cit., p. 149.

ção da eficiência administrativa (art. 37), a garantia da segurança pública (art. 144), a implementação da política urbana (arts. 182 e 183), a garantia da função social da propriedade (arts. 184 a 191), a preservação da ordem social (arts. 193 a 231), a evolução da ciência e da tecnologia (arts. 218 a 224), a proteção do meio ambiente (art. 225) e da família (arts. 231 e 232), a fiscalização e o controle sobre o comércio exterior (art. 237).

O que importa é que todos esses fins (ou tarefas) podem justificar o modo de instituição de impostos. E – eis o decisivo – ao justificar a instituição de um imposto em algum fim estatal o legislador afastar-se-á do direito fundamental à igualdade segundo a capacidade econômica dos contribuintes. Quando o Poder Legislativo estabelece limites à dedução de despesas com educação ou saúde, ou cria ficções ou presunções legais, ele se afasta da capacidade contributiva individual em nome da eficiência administrativa. Quando o Poder Legislativo ou Executivo estabelece alíquotas diferenciadas do imposto de importação ou de exportação, ele se distancia da capacidade econômica do particular porque tem a finalidade de fiscalizar e controlar o comércio exterior.

Nesses exemplos, o direito fundamental à igualdade segundo a capacidade contributiva (arts. 5º e 145, § 1º), justamente porque deixa tanto de ser a medida de repartição da carga tributária quanto de constituir a finalidade da tributação, é restringido em função de um fim estatal estranho às características pessoais dos contribuintes (arts. 37 e 239). Importa dizer: o critério de aplicação da igualdade entre os contribuintes com a finalidade de pagar impostos deixa de ser sua própria capacidade contributiva. Como a distinção entre os contribuintes é feita com base em elementos a eles exteriores, e a tributação baseia-se numa finalidade estranha à própria distribuição igualitária da carga tributária, critério e finalidade afastam-se para consubstanciar duas realidades empiricamente discerníveis. Fala-se, por isso, em *fim externo*. Como tal, o fim externo é aquele perceptível fora do âmbito jurídico.[23]

O Supremo Tribunal Federal reconheceu determinados fundamentos justificadores para um tratamento constitucional diferenciado. A alegação de que a proibição, decorrente de Portaria Ministerial para importar automóveis usados seria inconstitucional por proibir os contribuintes com menor capacidade contributiva de importar automóveis foi negada. Além de decidir que inexistia qualquer discriminação, o Tribunal ainda decidiu que a introdução de uma distinção entre automóveis novos e usa-

23. Klaus Vogel, "Die Abschichtung von Rechtsfolgen im Steuerrecht", in *Der offene Finanz- und Steuerstaat*, Heidelberg, Müller, p. 542.

dos situava-se na competência do Ministério da Economia, ao fiscalizar e controlar o comércio exterior (art. 237).[24] Assim uma das decisões referidas:[25] "Bem registrou o voto condutor do acórdão no RE 157.228-1-SP: 'A isenção decorre do implemento da política fiscal e econômica, pelo Estado, tendo em vista determinado interesse social; envolve, assim, um juízo de conveniência e oportunidade do Poder Executivo. Portanto, é ato discricionário que escapa ao controle do Judiciário'".

De acordo com as decisões do Supremo Tribunal Federal, o princípio da igualdade não é violado, quando: (a) a norma tratar igualmente os contribuintes que se encontram na mesma situação; (b) o tratamento diferenciado não violar nenhum direito fundamental; (c) nenhuma pretensão decorrer do igual tratamento; (d) o tratamento diferenciado possuir um fundamento constitucional justificador.[26]

O fundamento justificativo decorre normalmente de um interesse público. O critério de diferenciação deve possuir um fundamento constitucional. Ele deve ser adequado, impessoal e objetivo.[27] Deve haver, sobretudo, controle a respeito do critério de discriminação, que deve ser objetivo: o tamanho diminuto de um homem pode ser eleito como critério de discriminação para o preenchimento do cargo de agente de polícia, porque é razoável (congruente) para garantir o cumprimento da função administrativa.[28]

Ainda que o Poder Legislativo – ou, excepcionalmente, o Poder Executivo – erija outra finalidade como justificativa da medida adotada, ainda assim permanece o dever de preservar, ao máximo, a capacidade contributiva dos cidadãos. Se assim o é, o único meio de preservar ambas as finalidades ao máximo é atender ao postulado da proporcionalidade.

24. RE 215.485, rel. Ministro Moreira Alves. RE 199.090-PE, rel. Ministro Carlos Velloso, *DJ* 7.3.1997, p. 5.421. RE 185.802-SP, rel. Ministro Neri da Silveira, *DJ* 4.8.1995, p. 22.660. RE 213.373-CE, rel. Ministro Sydney Sanches, *DJ* desconhecido. RE 184.957-SP, rel. Ministro Neri da Silveira, *DJ* 4.8.1995, p. 22.654. RE 185.993-SP, rel. Ministro Francisco Resek, *DJ* 18.8.1995, p. 25.010. Ver, também: RE 203.308-CE, rel. Ministro Maurício Corrêa, *DJ* 14.3.1997, p. 6.910. Também: RE 229.619-CE, rel. Ministro Maurício Corrêa, sem data.

25. RE 185.802-SP, rel. Ministro Neri da Silveira, DJ 4.8.1995, p. 22.660.

26. Ementa e voto do Ministro Neri da Silveira, RE 203.954, rel. Ministro Ilmar Galvão, *DJ* 7.2.1997, p. 1.365 (decisão unânime de mérito). Ver, também: RE 236.931-8-SP, rel. Ministro Ilmar Galvão, *DJ* 10.8.1999.

27. Voto do Ministro Celso de Mello, RE 203.954-3-CE, rel. Ministro Ilmar Galvão, *DJ* 7.2.1997. Ver, também: ADI 1.326-SC, rel. Ministro Carlos Velloso, *DJ* 14.8.1997.

28. RE 148.095, rel. Ministro Marco Aurélio, *DJ* 3.4.1998. RMS 21.046-RJ, rel. Ministro Sepúlveda Pertence, *Informativo STF* 51. RE 176.479-RS, rel. Ministro Moreira Alves, *DJ* 26.11.1996. RE 184.635-MT, rel. Ministro Carlos Velloso, *DJ* 26.11.1996.

Com efeito, o poder de tributar deixa de centrar-se no princípio da capacidade contributiva para ser confinado por meio do postulado na proporcionalidade: a medida adotada deverá ser *adequada* à consecução do fim justificativo da tributação; *necessária*, pois deve ser a menos restritiva dentre as igualmente adequadas para atingir o fim; e *proporcional* se as vantagens forem proporcionais às desvantagens advindas da adoção da medida. Nessa última hipótese, a finalidade de tratar os contribuintes segundo sua capacidade contributiva deverá ser harmonicamente superada pela coordenação com a finalidade extrafiscal erigida como justificadora da medida. E justamente porque o legislador irá afastar-se do princípio geral da igualdade segundo a capacidade contributiva, o fim justificador deverá ficar perfeitamente delimitado, sob pena de arbítrio. Além do mais, o grau de distanciamento do direito fundamental de igualdade não poderá ser incompatível com a sua hierarquia sintática na Constituição vigente.

O Supremo Tribunal Federal vem aplicando, desde há muito, o postulado da proporcionalidade, que exige que as medidas adotadas pelo legislador ou pela administração sejam adequadas, necessárias e proporcionais.

Uma medida é *adequada* quando se revela apta a alcançar o resultado desejado. Na Representação n. 930, o Supremo Tribunal Federal decidiu que é inconstitucional uma lei que exige a demonstração de condições de capacidade para o exercício de uma profissão que não as pressupõe.[29] Nesse caso, a medida foi declarada inconstitucional, porque inadequada para atingir o fim visado.

Uma medida é *necessária*, quando, dentre todas as medidas disponíveis e igualmente adequadas para atingir um fim, é a menos gravosa em relação aos direitos atingidos. No Habeas Corpus n. 76.060, o Supremo Tribunal Federal decidiu que não se pode, a pretexto de garantir um direito fundamental, exigir que se produza uma prova complementar quando já foi produzida outra suficiente.[30] Na Ação Declaratória de Inconstitucionalidade n. 855-2, o Supremo Tribunal Federal declarou inconstitucional a lei que previa a obrigatoriedade de pesagem de botijão de gás à vista do consumidor, não só por impor um ônus excessivo às companhias, que teriam de dispor de uma balança para cada veículo, mas também porque a proteção dos consumidores poderia ser preservada

29. Repr 930-DF, rel. Ministro Rodrigues Alckmin, *DJU* 2.9.1977, especialmente as páginas 18 e 19 do voto do relator.

30. HC 76.060-SC, rel. Ministro Sepúlveda Pertence, *DJ* 15.5.1998, p. 44.

de outra forma, menos restritiva.[31] Nesses casos, a medida foi declarada inconstitucional, porque existiam outras medidas menos restritivas aos direitos fundamentais atingidos.

Uma medida é *proporcional em sentido estrito ou correspondente*, quando não houver proporção entre as vantagens decorrentes da adoção da medida e as desvantagens advindas da sua adoção.[32]

Tudo isso quer dizer que o exame de proporcionalidade aplica-se sempre que houver uma *medida concreta* destinada a realizar uma *finalidade externa*. Nesse caso, deverá ser analisado se a medida produz efeitos que contribuem para a realização gradual da finalidade (exame da adequação), se a medida é a menos restritiva aos direitos envolvidos dentre aquelas que poderiam ter sido utilizadas para atingir a finalidade (exame da necessidade), e se não é desproporcional relativamente ao fim buscado (exame da correspondência).

Importa notar que o dever de observância da capacidade contributiva ainda permanece, não mais como finalidade da repartição do encargo, mas como *ponto de referência* da ponderação a ser feita: a realização da finalidade extrafiscal não poderá restringir de forma excessiva o direito fundamental à igualdade segundo a capacidade contributiva. O princípio da capacidade contributiva deixa de ser finalidade para ser *contraponto* e *parâmetro* do processo de ponderação entre finalidades e bens dialeticamente implicados. Mesmo havendo outra finalidade, a igualdade ainda funcionará como instrumento de controle da realização isonômica daquela finalidade.

Da ponderação entre o dever de observância da capacidade contributiva e a finalidade extrafiscal resultam alguns deveres abstratos mínimos: a finalidade extrafiscal só justifica o tratamento desigual se atingir casos excepcionais ou muitos casos, mas com intensidade mínima.

Há instrumentos utilizados pelo legislador que se afastam do dever constitucional de consideração da capacidade contributiva efetiva dos contribuintes. Esse fenômeno por meio do qual alguns elementos da realidade são escolhidos em detrimento de outros é o que se denomina de tipificação. Tipificação é avaliação limitada da realidade; é avaliação defeituosa da situação de fato.[33] Em decorrência dela, a aplicação não

31. ADI 855-2, rel. Ministro Sepúlveda Pertence, *DJU* 1.10.1993.

32. Humberto Ávila, *Sistema Constitucional Tributário*, São Paulo, Saraiva, 2004, p. 399.

33. Lerke Osterloh, *Gesetzesbindung und Typisierungsspielräume bei der Anwendung der Steuergesetze*, cit., p. 56.

se efetiva de acordo com as circunstâncias individuais do caso. Ao contrário, apenas alguns dados reais passam a ser relevantes, sendo outros desconsiderados. No caso de *tipificação material ou categórica*, a aplicação opera com uma ficção de uma situação de fato não concretizada, independente de prova em contrário. Ocorrida a situação tida como típica, deve ser dada a conseqüência. Na hipótese de *tipificação formal ou hipotética*, a aplicação trabalha com dados de fato, cuja ocorrência ou não-ocorrência pode ser demonstrada.[34] Sendo assim, as ficções transformam-se em questões constitucionais: elas restringem bens jurídicos protegidos por princípios *prima facie*. É preciso, então, descobrir em que medida é permitido afastar-se do dever de consideração da capacidade contributiva e quais circunstâncias devem ser consideradas como essenciais.

As ficções e presunções legais afastam-se do dever constitucional de observância da igualdade segundo a capacidade contributiva em função de uma finalidade extrafiscal qualquer, normalmente econômica ou social. Abstém-se da busca dos efetivos elementos de fato em face da dificuldade de fazê-lo. Esse afastamento dá-se de várias formas. Não podendo verificar concretamente a situação individual dos contribuintes com a finalidade de descobrir a sua capacidade contributiva efetiva, o legislador cria determinadas verdades jurídicas. De um lado, mediante a *assunção* de determinadas realidades, porventura inexistentes, por meio de ficções ou presunções absolutas.[35] De outro lado, mediante a criação de *padrões legais*, que espelhariam os casos normais.

O importante é que, em ambos os casos, o legislador afasta-se da capacidade contributiva *efetiva* em razão de uma finalidade extrafiscal: em função da eficiência administrativa, inatingível acaso necessária a verificação individual das despesas dos contribuintes, o legislador arbitra o limite de dedução por considerá-lo adequado para mensurar o mínimo indispensável ao desenvolvimento de uma vida digna e familiar; com a mesma finalidade, também arbitra o limite mínimo a partir do qual os contribuintes apresentam capacidade contributiva. Ao fazê-lo, o legislador (ou administrador, em alguns casos) distancia-se do princípio fundamental da igualdade. Essa atividade deve, no entanto, ser controlada de três formas.

Em primeiro lugar, por meio de um *controle argumentativo*, já que um distanciamento do dever de observância ao direito fundamental à

34. Idem, ibidem, p. 27.

35. Alfredo Augusto Becker, *Teoria Geral do Direito Tributário*, São Paulo, Saraiva, 1963, p. 464.

igualdade exige a demonstração e fundamentação das razões justificadoras (ônus de argumentação).[36]

Em segundo lugar, mediante um *controle externo à medida*, em razão do qual deverá ser demonstrado que a medida escolhida é adequada, necessária e proporcional à sua finalidade justificativa (postulado da proporcionalidade).

Em terceiro lugar, por meio de um *controle interno à medida*, que deverá obedecer aos critérios da gravidade, precisão e concordância.[37]

Como visto, as normas constitucionais anteriormente referidas estabelecem os limites normativos fora dos quais a tributação da renda é inconstitucional. A zona dentro da qual é permitida a tributação situa-se entre o limite inferior (garantia de existência mínima) e o limite superior (proibição de confisco). Nesse espaço, a tributação obedece a limites decorrentes do princípio da igualdade segundo a capacidade contributiva, caso tenha por finalidade prevalente a obtenção de receita dos particulares, ou decorrentes do postulado da proporcionalidade, na hipótese de finalidade preponderantemente extrafiscal.[38]

3. *Aplicação do princípio da isonomia*

3.1 Isonomia e as espécies tributárias

3.1.1 Generalidades

De acordo com o § 1º, do art. 145, os impostos, "sempre que possível", devem ter caráter pessoal e ser graduados segundo a capacidade econômica do contribuinte. A expressão "*sempre que possível*" significa "sempre que a hipótese material de incidência permitir a consideração de elementos pessoais".[39]

Quando a norma tributária referir-se a elementos pessoais do contribuinte, deve ser observada, até o fim, a pessoalidade na tributação. Isso

36. Sobre o assunto, importante: Robert Alexy, "Individuelle Rechte und kollektive Güter", in *Recht, Vernunft, Diskurs*, Frankfurt/Main, Suhrkamp, 1995, p. 261.

37. Leonardo Sperb de Paola, *Presunções e ficções no Direito Tributário*, Belo Horizonte, Del Rey, 1997, pp. 73 e ss.

38. Humberto Ávila, *Sistema Constitucional Tributário*, cit., p. 86.

39. Regina Helena Costa, *Princípio da capacidade contributiva*, 3ª ed., atualizada, revista e ampliada, São Paulo, Malheiros Editores, 2003, pp. 91-92; Hamilton Dias de Souza, "Os tributos federais", in *A Constituição Brasileira de 1988*, Rio de Janeiro, Forense Universitária, 1988, p. 318. Sobre o critério material da hipótese de incidência: Paulo de Barros Carvalho, *Curso de Direito Tributário*, 13ª ed., São Paulo, Saraiva, 2000, pp. 249 e ss.

suscita a questão de saber se os impostos reais e os impostos indiretos podem (e, portanto, devem) ser graduados segundo aspectos pessoais dos contribuintes.

O essencial é que a expressão não traduz uma permissão, mas um dever cujo significado depende da possibilidade, jurídica e ontológica, da graduação de acordo com a capacidade econômica do contribuinte.[40] De outro lado, a expressão "*sempre que possível*" abre expressamente a possibilidade de instituição de tributos extrafiscais.[41]

3.1.2 Isonomia e imposto sobre a renda

O imposto sobre a renda e proventos de qualquer natureza deve obedecer ao princípio da capacidade contributiva.[42] Para concretizar este objetivo, a renda e os rendimentos devem ser progressivamente tributados. A progressividade decorre do princípio da capacidade contributiva (art. 145, § 1º). A Constituição determinou expressamente que o imposto sobre a renda deve ser instituído de acordo com os critérios da generalidade, da universalidade e da progressividade (art. 153, § 2º). A própria Constituição, portanto, estabeleceu a progressividade desse imposto.

Dos princípios da capacidade contributiva e da progressividade pode ser deduzido que o imposto sobre a renda deve possuir mais alíquotas progressivas. Dos deveres de proteção da dignidade, da família e da educação, pode-se inferir a obrigatoriedade de dedução dos gastos necessários à realização mínima desses bens e valores.[43] O postulado da coerência substancial o exige. Somente aquela parte dos rendimentos que esteja disponível para o sujeito passivo é que pode ser tributada. Despesas inevitáveis, que sejam necessárias para a manutenção da dignidade humana e da família, devem ficar de fora do âmbito da tributação. Do contrário, esse imposto não mais iria atingir a renda, mas qualquer

40. Mizabel de Abreu Machado Derzi, "Notas", in Aliomar Baleeiro, *Limitações Constitucionais ao poder de tributar*, Rio de Janeiro, Forense, 1997, p. 694.

41. Luciano Amaro, *Direito Tributário Brasileiro*, São Paulo, Saraiva, 1997, p. 134; Regina Helena Costa, *Princípio da capacidade contributiva*, cit., pp. 96-97.

42. Sobre o assunto, em pormenor: Humberto Bergmann Ávila, "Hipótese de incidência do imposto sobre a renda", *Revista de Direito Tributário* 78/103-119, São Paulo, Malheiros Editores, 2000.

43. Roque Antonio Carrazza, *Curso de Direito Constitucional Tributário*, 20ª ed., revista, ampliada e atualizada até a EC n. 44/2004, São Paulo, Malheiros Editores, 2004, p. 101.

receita. O imposto sobre a renda é um imposto sobre a renda líquida pessoal, isto é, sobre a renda economicamente disponível.[44]

3.1.3 Isonomia e impostos reais

O princípio da capacidade não possui um importante significado para o Imposto sobre a Propriedade Territorial Urbana – IPTU – (art. 156, I), porque ele se caracteriza por ser um imposto real, que abrange o imóvel sem relação com características pessoais do sujeito passivo. No caso do IPTU, são pertinentes as qualidades dos imóveis e, não, as do sujeito passivo. Já que o princípio da capacidade contributiva é um princípio geral da tributação (art. 145, § 1º), ele poderia ser concretizado por meio de alíquotas progressivas. Seria a progressão chamada "fiscal" (graduada de acordo com a capacidade econômica).[45] O § 1º do art. 156, vinculado ao § 2º do art. 182, estabelecia, antes da Emenda Constitucional n. 29/2000, a chamada progressividade extrafiscal do IPTU (graduada de acordo com a função social da propriedade), da seguinte forma: "O imposto previsto no inciso I poderá ser progressivo, nos termos de lei municipal, de forma a assegurar o cumprimento da função social da propriedade".

O Supremo Tribunal Federal foi chamado a decidir sobre a constitucionalidade de uma lei que estabeleceu a progressividade do IPTU conforme o valor de venda do imóvel e a zona de sua localização. De acordo com a decisão do Tribunal, a progressividade fiscal do IPTU não seria constitucionalmente permitida, por ser o IPTU um imposto real, que abrange o imóvel independentemente de características pessoais do sujeito passivo.[46]

A Emenda Constitucional n. 29/2000 alterou toda essa discussão, na medida em que modificou precisamente o art. 156 da Constituição Federal, cuja redação passou a ser a seguinte:

> "§ 1º. Sem prejuízo da progressividade no tempo a que se refere o art. 182, § 4º, inciso II, o imposto previsto no inciso I poderá:

44. Roque Antonio Carrazza, *Curso de Direito Constitucional Tributário*, cit., p. 107; Mizabel de Abreu Machado Derzi, "Notas", in Aliomar Baleeiro, ob. cit., p. 693. Sobre o assunto, no Direito alemão: Tipke/Lang, *Steuerrecht*, 16ª ed., Colônia, Otto Schmidt, 1998.

45. Roque Antonio Carrazza, *Curso de Direito Constitucional Tributário*, cit., p. 101.

46. RE 153.771-0 MG, rel. Ministro Mário Velloso, in *Revista de Jurisprudência do STF* 162/727 e ss., vol. 2.

"I – ser progressivo em razão do valor do imóvel; e

"II – ter alíquotas diferentes de acordo com a localização e o uso do imóvel."

Como se pode perceber, a progressividade pode, desde a Emenda Constitucional, ser estabelecida em razão do valor do imóvel, da localização e do uso. Esses critérios normalmente são presunções de capacidade contributiva: imóveis de maior valor revelam maior capacidade contributiva do proprietário, e imóveis localizados em zonas nobres da cidade indicam maior capacidade contributiva do proprietário. Exatamente em razão disso é que foi necessária a alteração da Constituição, pois, do contrário, teríamos uma progressividade inconstitucional, porquanto estabelecida com base na capacidade contributiva do sujeito, critério expressamente vedado pelo Supremo Tribunal Federal para os impostos reais.

As mesmas considerações feitas a respeito do IPTU valem para o IPVA. Sendo o imposto cuja hipótese material de incidência diz respeito apenas à propriedade de veículos automotores, circunstâncias atinentes aos proprietários são impertinentes. Por esse motivo, o Supremo Tribunal Federal considerou inconstitucional a majoração das alíquotas do IPVA pelo simples fato de o veículo ser importado e, presumidamente, o seu proprietário possuir maior capacidade econômica.

Tudo quanto foi dito a respeito do IPVA foi alterado pela Emenda Constitucional n. 42/2003, da seguinte forma:

"§ 6º. O imposto previsto no inciso III:

"I – terá alíquotas mínimas fixadas pelo Senado Federal;

"II – poderá ter *alíquotas diferenciadas em função do tipo e utilização*."

As alíquotas podem variar em razão do tipo de automóvel e de sua utilização. Aquilo que antes não poderia ser feito, com a Emenda Constitucional n. 42/2003 passou a ser possível: cobrar mais apenas porque o automóvel é importado ou porque é destinado ao transporte e não ao lazer, por exemplo. Novamente, esses critérios normalmente ou são presunções de capacidade contributiva ou servem para atingir uma finalidade extrafiscal, fundamentos havidos anteriormente pelo Supremo Tribunal Federal como insuficientes para o tratamento desigual. Por isso mesmo foi necessária a alteração da Constituição, a exemplo do que ocorreu com o já analisado IPTU.

Da mesma forma, o ITR não poderia ser progressivo em razão da capacidade contributiva porque a hipótese constitucional de incidência atrelou a progressividade do imposto apenas a razões extrafiscais de desestímulo à manutenção de propriedades improdutivas. A progressividade deveria, pois, atender a finalidades extrafiscais (produtividade) e, não, fiscais (capacidade contributiva), conforme determinava o texto constitucional: "§ 4º. O imposto previsto no inciso VI terá suas alíquotas fixadas de forma a desestimular a manutenção de propriedades improdutivas e não incidirá sobre pequenas glebas rurais, definidas em lei, quando as explore, só ou com sua família, o proprietário que não possua outro imóvel".

Essa situação é alterada com a Emenda Constitucional n. 42/2003, que modificou o texto constitucional da seguinte forma:

> "§ 4º. O imposto previsto no inciso VI do *caput*:
>
> "I – será progressivo e terá suas alíquotas fixadas de forma a desestimular a manutenção de propriedades improdutivas;
>
> "II – não incidirá sobre pequenas glebas rurais, definidas em lei, quando as explore o proprietário que não possua outro imóvel;
>
> "III – será fiscalizado e cobrado pelos Municípios que assim optarem, na forma da lei, desde que não implique redução do imposto ou qualquer outra forma de renúncia fiscal."

Após a Emenda Constitucional, a progressividade extrafiscal para estimular a produtividade da propriedade rural (ou desestimular a manutenção de propriedades improdutivas) permanece, podendo, porém, ser conjugada com a progressividade fiscal. A essa conclusão se pode chegar por meio da leitura do novo texto constitucional, que utiliza a expressão "será progressivo e terá suas alíquotas fixadas de forma a desestimular a manutenção de propriedades improdutivas". Vale dizer: enquanto antes só se admitia a graduação de alíquotas vinculada à produtividade, com a Emenda Constitucional n. 42/2003 o ITR pode ser progressivo, sem que essa progressividade precise necessariamente estar vinculada à produtividade, podendo sê-lo, por exemplo, em razão do valor da terra.

3.1.4 Isonomia e impostos indiretos

Uma interessante questão é a de saber se o princípio da capacidade contributiva se aplica aos impostos indiretos, isto é, àqueles impostos cujo ônus econômico é repassado pelo sujeito passivo a um terceiro (Imposto sobre Circulação de Mercadorias e Serviços e Imposto sobre Produtos Industrializados).

A opinião dominante é no sentido de que a consideração dos aspectos pessoais, nos casos dos impostos que não levam em conta, na sua hipótese material, aspectos pessoais, deve ser feita por outros instrumentos como a progressividade baseada na essencialidade dos produtos ou serviços, por exemplo.[47]

A Constituição Brasileira estabelece que alguns produtos ou serviços, em virtude de sua essencialidade, devem ser desonerados (art. 153, § 3º, I; art. 155, § 2º, III). Essa desoneração não decorre da capacidade econômica do sujeito passivo, que apenas conduziria a uma alíquota proporcional, mas de outras normas constitucionais.

Nesse quadro, pode-se afirmar que a progressividade, como técnica geral da tributação, não decorre do princípio da capacidade contributiva, mas do princípio da solidariedade social. A Constituição Brasileira exige, porém, a progressividade para o IR (art. 153, § 2º, I) e para o IPTU (art. 156, § 1º).[48]

A técnica da seletividade significa que o IPI e o ICMS devem ser seletivos em função da essencialidade dos produtos e das mercadorias e serviços (art. 153, § 3º, I e art. 155, § 2º, III). Quanto mais essencial for o produto, a mercadoria ou o serviço, menor deverá ser a alíquota. "Essencial" significa que algo é de importância decisiva. Decisiva para quê? A essencialidade só pode ser vista na perspectiva da garantia e do desenvolvimento das decisões valorativas constitucionais, isto é, aquilo que for essencial para a dignidade humana, para a vida ou para a saúde do homem. Isso significa que a tributação de alimentos e de remédios deve ser regressiva.

3.1.5 Isonomia e taxas

O § 1º, do art. 145, da Constituição, estabelece que "*os impostos terão caráter pessoal e serão graduados segundo a capacidade econômica do contribuinte* (...)". A expressão, como se vê, refere-se a "impostos" em vez de "tributos". Em razão disso, surge a dúvida relativamente a saber se apenas os impostos devem possuir caráter pessoal. Essa questão é pertinente, na medida em que os tributos não possuem as mesmas características, como é o caso das taxas, que se diferenciam dos impostos pelo seu caráter retributivo, e das contribuições sociais, que se qualificam pela sua finalidade social.

Isso significa que os tributos com caráter retributivo não têm relação direta com a capacidade econômica do sujeito passivo. Eles se referem

47. Regina Helena Costa, *Princípio da capacidade contributiva*, cit., p. 55.

48. Ver esse assunto, no Direito alemão: Dieter Birk, *Das Leistungsfähigkeit als Maßstab der Steuernormen*, Colônia, Peter Deubner, 1983, p. 142.

a uma prestação já efetivada ou colocada à disposição do Estado, relativamente ao particular (taxas, art. 145, II), a uma melhoria decorrente de uma atividade estatal (contribuições de melhoria, art. 145, III) ou a uma atividade estatal relacionada a finalidades públicas constitucionalmente delimitadas (contribuições sociais, arts. 149 e 195).[49]

Há duas correntes relativamente à aplicação do princípio da capacidade contributiva aos tributos ditos vinculados. Uma entende que a hipótese de incidência das taxas, que é um fato do Estado, não possui qualquer vinculação com a capacidade contributiva.[50] As taxas são tributos que podem ser cobrados em razão de serviços prestados ou colocados à disposição do contribuinte ou do exercício do poder de polícia (art. 145, II). A definição constitucional e doutrinariamente estabelecida demonstra que o aspecto material da hipótese de incidência pressupõe uma relação entre serviço e sujeito passivo. Daí dizer-se que as taxas representam uma contraprestação pela vantagem que o contribuinte recebeu do Estado e, por isso mesmo, tem relação com a atuação estatal e não com os índices de capacidade econômica do contribuinte (renda, patrimônio e consumo). O Supremo Tribunal Federal decidiu que a hipótese de incidência das taxas não possui qualquer relação com o patrimônio, a renda ou outras eventuais bases de cálculo próprias de impostos, mas apenas com o serviço ou com a atividade de polícia exercida relativamente ao contribuinte.[51] E mesmo em julgado mais recente, no qual a aplicabilidade do princípio da capacidade contributiva às taxas foi posta em questão, o Supremo Tribunal Federal entendeu constitucional a cobrança de taxa de polícia pela Comissão de Valores Mobiliários, tendo por base o patrimônio líquido das empresas fiscalizadas, não porque o patrimônio líquido é indicador de capacidade contributiva, mas, em vez disso, porque faz presumir uma maior exigência de fiscalização por parte da referida Comissão. Nesse caso, o fato pertinente continua sendo a atividade estatal e não a atividade do contribuinte. O Tribunal Pleno entendeu, a rigor, que, havendo patrimônio líquido maior, maior deverá ser a atividade de fiscalização e, por conseguinte, maior deverá ser a taxa a ser paga. Assim entendeu o Tribunal: "A sua variação, em

49. Roque Antonio Carrazza, *Curso de Direito Constitucional Tributário*, cit., pp. 531 e ss.

50. Gilberto de Ulhôa Canto, "Capacidade contributiva", *Cadernos de pesquisas tributárias*, vol. 14, São Paulo, Resenha Tributária, 1989, p. 12; Regina Helena Costa, *Princípio da capacidade contributiva*, cit., pp. 56-57.

51. RE 100.201-SP, 2ª T., rel. Ministro Carlos Madeira, 29.10.1985, in *Revista de Jurisprudência do STF* 116/647-651. Também RE 69.957-ES, in *Revista de Jurisprudência do STF* 59/799.

função do patrimônio líquido da empresa, não significa seja dito patrimônio a sua base de cálculo, mesmo porque tem-se, no caso, um tributo fixo".[52]

A questão central, nesse julgado, passa a ser outra: saber se há uma razoável vinculação entre o patrimônio líquido e a atividade de fiscalização. Embora o Tribunal tenha admitido sua vinculação, ela é deveras questionável, na medida em que uma grande e complexa empresa, com patrimônio líquido pequeno, pagará uma taxa iníqua.

Em outros julgamentos, o Supremo Tribunal Federal tem feito referências à possibilidade de as taxas serem graduadas de acordo com a capacidade contributiva do contribuinte, como demonstra a seguinte decisão: "A taxa de fiscalização da CVM, instituída pela Lei n. 7.940/89, qualifica-se como espécie tributária cujo fato gerador reside no exercício do Poder de polícia legalmente atribuído à Comissão de Valores Mobiliários. A base de cálculo dessa típica taxa de polícia não se identifica com o patrimônio líquido das empresas, inocorrendo, em conseqüência, qualquer situação de ofensa à cláusula vedatória inscrita no art. 145, § 2º, da Constituição da República. *O critério adotado pelo legislador para a cobrança dessa taxa de polícia busca realizar o princípio constitucional da capacidade contributiva, também aplicável a essa modalidade de tributo, notadamente quando a taxa tem, como fato gerador, o exercício do poder de polícia*. Precedentes".[53]

O interessante é que o precedente citado é o que julgou a taxa da Comissão de Valores Mobiliários. Como foi examinado, esse precedente não decidiu que as taxas podem ser graduadas segundo a capacidade contributiva porque a taxa declarada constitucional tinha por referência o patrimônio líquido da empresa fiscalizada. Decidiu, em vez disso, que alguns elementos relacionados ao contribuinte – como o patrimônio líquido – podem ser presuntivos de uma maior atuação estatal. O essencial, para a cobrança das taxas, continua sendo a atividade estatal.

A outra corrente doutrinária entende que a capacidade econômica também deve ser observada no caso das taxas e das contribuições. Carrazza entende, porém, que a observância do princípio da capacidade contributiva, nesses casos, não é uma imposição constitucional, apesar de a Constituição – como lembra Amaro – proibir a instituição de taxas quando não existe capacidade contributiva (por exemplo, art. 5º, LXXIV: assistência judicial gratuita aos que comprovarem insuficiência de

52. RE 177.835, pleno, rel. Ministro Carlos Velloso, *DJ* 25.5.2001.

53. AgRg no RE 216.259, 2ª T., rel. Ministro Celso de Mello, *DJ* 19.5.2000.

recursos; art. 5º, LXXVI: gratuidade, para os reconhecidamente pobres, o registro civil de nascimento e a certidão de óbito).[54] Essa posição é sustentada também por um dos Ministros do Supremo Tribunal Federal, quando afirma:

"O que a lei procura realizar, com a variação do valor das taxas, em função do patrimônio líquido da empresa, é o princípio da capacidade contributiva – CF, art. 145, § 1º. *Esse dispositivo constitucional diz respeito aos impostos, é certo. Não há impedimento, entretanto, na tentativa de aplicá-lo relativamente às taxas, principalmente quando se tem taxa de polícia, isto é, taxa que tem como fato gerador o poder de polícia*".[55]

Tendo em vista ser o fato gerador das taxas uma atividade estatal, o critério de controle da sua constitucionalidade não pode dizer respeito a uma característica residente no sujeito passivo. Em razão disso, os limites para a imposição de taxas são outros. Em primeiro lugar, deve haver uma relação de *congruência externa* entre a atuação estatal e o elemento utilizado como presunção dessa atuação. Não havendo, viola-se (em sentido elíptico) o postulado da razoabilidade-congruência.

Em segundo lugar, deve haver *equivalência* entre a atuação estatal e o valor que é pago como taxa. O valor da taxa deve equivaler ao serviço ou à atividade de polícia. Não havendo, viola-se o postulado da razoabilidade-equivalência.

Em terceiro lugar, deve ser preservado o *núcleo dos direitos fundamentais* afetados. O valor da taxa não poderá ser tão alto a ponto de comprometer a eficácia mínima dos direitos fundamentais.[56] Aqui, aplica-se o postulado da proibição de excesso.

O Supremo Tribunal Federal já decidiu a respeito da excessividade na instituição de taxas. A instituição de uma taxa fixa de 2% do valor da causa foi declarada inconstitucional, por excessiva. Essa decisão apresenta um duplo significado: o valor das taxas deve ser equivalente aos custos da atividade estatal (razoabilidade-equivalência); o valor da taxas não pode ser tão alto a ponto de comprometer a eficácia mínima de um direito fundamental (postulado da proibição material de excesso). Assim a decisão: "Se a taxa judiciária, por excessiva, criar obstáculo capaz de impossibilitar a muitos a obtenção de prestação jurisdicional, é ela in-

54. Roque Antonio Carrazza, *Curso de Direito Constitucional Tributário*, cit., pp. 88 e ss.; Luciano Amaro, *Direito Tributário* Brasileiro, cit., p. 137.

55. RE 177.835, pleno, rel. Ministro Carlos Velloso, *DJ* 25.5.2001.

56. Sobre essa discussão, no Direito alemão: Tipke/Lang, *Steuerrecht*, cit., p. 51; Dieter Birk, *Steuerrecht I, Allgemeines Steuerrecht*, cit., p. 31.

constitucional, por ofensa ao disposto na parte inicial do par. 4º do artigo 153 da Constituição”.[57]

3.1.6 Isonomia e contribuições

O princípio da isonomia aplica-se às contribuições. O que não se aplica às contribuições, necessariamente, é o princípio da isonomia de acordo com o critério da capacidade contributiva. E isso, por dois motivos.

Primeiro, porque a Constituição Federal é clara: a capacidade contributiva é critério para realização do princípio da capacidade contributiva no caso dos impostos. Não, porém, no caso de todos os impostos, mas, apenas, no caso daqueles cuja hipótese material de incidência permita a valorização de elementos pessoais e cuja instituição não esteja sendo orientada por finalidades extrafiscais.

Segundo, porque as contribuições se caracterizam, precisamente, pela finalidade que visam a promover. Por esse motivo, devem ser pagas por aqueles que compõem o grupo a ser atingido. Os sujeitos passivos devem manter uma relação de pertinência ao grupo que será beneficiado com a instituição das contribuições: grupo de pessoas beneficiado por ações que digam respeito a finalidades ínsitas à seguridade social, no caso das contribuições sociais; grupo de pessoas beneficiado por ações que digam respeito a finalidades ínsitas aos princípios da atividade econômica; grupo de pessoas beneficiado por ações relativas ao controle do exercício de atividade profissional. E isso também porque o que caracteriza as contribuições, relativamente aos outros tributos, é a idéia de retribuição.

Sendo assim, a instituição de contribuições deve atender a outra finalidade que não a de distribuir a carga de forma isonômica. Isso não quer dizer, porém, que, depois de definido o grupo a ser atingido e sobre o qual a realização daquela finalidade irá reverter, não possa o legislador estabelecer tratamento isonômico entre os sujeitos passivos com base na sua capacidade contributiva.

57. Repr 1.077, 28.3.1984, rel. Ministro Moreira Alves, *Revista Trimestral de Jurisprudência* 112/34 e ss. A norma instituidora da taxa foi declarada inconstitucional, porque excessiva (o núcleo essencial do direito à universalidade da jurisdição não mais poderia ser garantido) e porque o princípio da igualdade teria sido violado (os cidadãos, que não dispunham de recursos, seriam discriminados). Ver, especialmente, a página 5 do relatório do Ministro Moreira Alves.

3.2 Isonomia e capacidade contributiva concreta

Como geralmente aceito e expressamente previsto pela Constituição Brasileira, o imposto alcança a capacidade contributiva presente, não a capacidade contributiva futura.[58] A capacidade contributiva deve ser concreta. Isso não quer dizer que não possa essa concretude ser presumida. É o que ocorre nos casos em que o legislador toma determinados elementos fáticos como indicativos de maior ou menor capacidade contributiva do contribuinte, como é o caso do consumo de determinados bens havidos como supérfluos e, portanto, presuntivos de maior capacidade contributiva. Outro exemplo é o fornecido pela modificação introduzida pela Emenda Constitucional n. 42/2003, que permite tratamento favorecido para as microempresas e para as empresas de pequeno porte, na presunção de que essas empresas indicam menor capacidade contributiva. Nesse último caso, abre-se a possibilidade de o Estado perseguir uma finalidade extrafiscal com a desoneração tributária, como é o caso de promover o desenvolvimento das empresas de menor porte.

Também neste contexto deve ser compreendido o § 7º, do art. 150, da Constituição, introduzido pela Emenda Constitucional n. 3/1993: "§ 7º. A lei poderá atribuir a sujeito passivo de obrigação tributária a condição de responsável pelo pagamento de impostos ou contribuição, cujo fato gerador deva ocorrer posteriormente, assegurada a imediata e preferencial restituição da quantia paga, caso não se realize o fato gerador presumido".

Grande parte da doutrina sustentou a inconstitucionalidade da Emenda Constitucional n. 3/1993, porque a Constituição Brasileira só aceitaria a tributação da capacidade concreta e efetiva do contribuinte (art. 145, § 1º).[59] De modo diverso, o Supremo Tribunal Federal não atribuiu o requerido significado ao princípio da capacidade contributiva, declarando a constitucionalidade da Emenda Constitucional n. 3/1993:

> "A EC n. 03/93, ao introduzir no art. 150 da CF/88 o § 7º, aperfeiçoou o instituto, já previsto em nosso sistema jurídico-tributário, ao delinear a figura do fato gerador presumido e ao estabelecer a garantia de reembolso preferencial e imediato do tributo pago quando não verificado o mesmo fato a final. A circunstância de ser presumido o fato gerador não constitui óbice à exigência antecipada do tributo, dado

58. Sobre o assunto, no Direito alemão: Paul Kirchhof, "Verfassung und steuerliche Leistungsfähigkeit", *StuW* 4/325, 1985. No Direito brasileiro, Roque Antônio Carrazza, *Curso de Direito Constitucional Tributário*, cit., pp. 418 e ss.

59. Roque Antônio Carrazza, *Curso de Direito Constitucional Tributário*, cit., pp. 420-421; Sacha Calmon Navarro Coêlho, *Curso de Direito Tributário Brasileiro*, 2ª ed., Rio de Janeiro, Forense, 1999, p. 616.

tratar-se de sistema instituído pela própria Constituição, encontrando-se regulamentado por lei complementar que, para definir-lhe a base de cálculo, se valeu de critério de estimativa que a aproxima o mais possível da realidade. A lei complementar, por igual, definiu o aspecto temporal do fato gerador presumido como sendo a saída da mercadoria do estabelecimento do contribuinte substituto, não deixando margem para cogitar-se de momento diverso, no futuro, na conformidade, aliás, do previsto no art. 114 do CTN, que tem o fato gerador da obrigação principal como a situação definida em lei como necessária e suficiente à sua ocorrência. *O fato gerador presumido, por isso mesmo, não é provisório, mas definitivo, não dando ensejo a restituição ou complementação do imposto pago, senão, no primeiro caso, na hipótese de sua não-realização final.* Admitir o contrário valeria por despojar-se o instituto das vantagens que determinaram a sua concepção e adoção, como a redução, a um só tempo, da máquina-fiscal e da evasão fiscal a dimensões mínimas, propiciando, portanto, maior comodidade, economia, eficiência e celeridade às atividades de tributação e arrecadação. Ação conhecida apenas em parte e, nessa parte, julgada improcedente".[60]

O essencial, sobre esse aspecto, é que a substituição, enquanto mecanismo de simplificação fiscal, foi julgada compatível com a Constituição Federal, no controle concentrado de constitucionalidade.[61] Para o Supremo Tribunal Federal, a substituição tributária para frente restringe a capacidade contributiva concreta, mas é justificada pela finalidade extrafiscal de garantir praticabilidade administrativa. É preciso, porém, registrar que não houve pronunciamento do Tribunal a respeito da aplicação concreta do mecanismo, especialmente sobre a fixação de preços por antecipação. Vale dizer, se a substituição tributária para frente é *aplicada de modo constitucional* é outra história. O controle difuso de constitucionalidade da concretização legal da substituição tributária para frente está aberto.

3.3 Isonomia e autorização constitucional para tratamento diferenciado

Em algumas situações, a própria Constituição já autoriza expressamente a justificação de tratamentos diferenciados com base em princípios cuja realização depende da participação estatal. A esse respeito basta citar a autorização para estabelecer critérios especiais de tributação com o objetivo de prevenir desequilíbrios da concorrência (art. 146-A) e a competência para defender o meio ambiente por meio da criação de tratamento diferenciado conforme o impacto ambiental dos produtos e

60. ADI 1.851, pleno, rel. Ministro Ilmar Galvão, *DJ* 22.11.2002.

61. ADI 1851, pleno, rel. Ministro Ilmar Galvão, *DJ* 13.12.2002 (republicação).

serviços e de seus processos de elaboração e prestação (art. 170, VI), ambas as regras introduzidas pela Emenda Constitucional n. 42/2003.

Em virtude do princípio da igualdade, previsto no artigo 150, II, da Constituição Federal, nenhum contribuinte pode ser tratado de forma diferente *sem uma justificativa razoável*; e em virtude do princípio da liberdade de exercício de atividade econômica, nenhum contribuinte pode ser obrigado a pagar mais tributos *só porque escolheu essa ou aquela profissão*. O princípio da liberdade de exercício de atividade econômica pressupõe liberdade de escolha da profissão e do seu exercício. Como todo princípio, ele pode ser objeto de restrição em razão da aplicação de outro princípio constitucional. Resta saber, porém, em quais casos e em que medida pode ser feita essa restrição.

Essa indagação cresce em importância com a introdução de duas normas constitucionais autorizadoras de diferenciações por razões relacionadas a princípios da atividade econômica. De um lado, a Emenda Constitucional n. 42 introduziu a permissão para a lei complementar estabelecer critérios especiais de tributação em razão de possíveis "desequilíbrios da concorrência", da seguinte forma: "Art. 146-A. Lei complementar poderá estabelecer *critérios especiais de tributação*, com o objetivo de prevenir desequilíbrios da concorrência, sem prejuízo da competência de a União, por lei, estabelecer normas de igual objetivo".

De outro lado, a Emenda Constitucional n. 20/1998 introduziu um novo parágrafo ao art. 195 da Constituição, da seguinte forma: "§ 9º. As contribuições sociais previstas no inciso I deste artigo *poderão ter alíquotas ou bases de cálculo diferenciadas, em razão da atividade econômica ou da utilização intensiva de mão-de-obra*".

Nesse sentido, é preciso saber se essas diferenciações feitas em razão da atividade econômica e do desequilíbrio da concorrência são compatíveis com os princípios constitucionais da igualdade e – o que interessa mais de perto aqui – da liberdade de exercício de atividade econômica. Considerando que os princípios constitucionais se caracterizam justamente pela sua restringibilidade em razão de outros princípios, a resposta é positiva: é permitida a diferenciação que cause restrição ao princípio da liberdade de exercício de atividade econômica. Há, porém, limites.

A diferenciação não poderá restringir o *núcleo do princípio do livre exercício de atividade econômica*. No caso dos critérios especiais de tributação, embora o princípio da liberdade de concorrência sirva de justificativa para a restrição ao princípio do livre exercício de atividade econômica, a restrição deverá observar os limites impostos pela igualdade, razoabilidade e proporcionalidade: a regra diferenciada deverá ser estabelecida para garantir desequilíbrios de concorrência sem que os elementos mínimos de eficácia das escolhas profissionais sejam restringidos; deverá haver um motivo razoável (concreto, existente e constitucionalmente fundado) para a desigualdade de tratamento; à medida que instituir o critério especial deverá ser adequada, necessária e proporcional à realização do objetivo de prevenir os desequilíbrios da concorrência.

É preciso enfatizar que a diferenciação não poderá ser fundada no exercício de atividade econômica. Esse exercício poderá ser, porém, restringido, dentro dos limites acima mencionados. Mas como a liberdade de exercício de atividade econômica é um princípio constitucional da atividade econômica (art. 170) e, portanto, um dever constitucional, qualquer medida que atinja o seu âmbito de proteção exigirá um controle mais estrito (*eine genauere Prüfung*).[62] Com efeito, se a liberdade econômica deve ser promovida, em vez de restringida, qualquer restrição que a utilize como ponto de referência (*Anknüpfungspunkt*), mesmo que justificada pela realização de outro princípio, deverá requerer uma justificativa ainda maior. Nesse sentido, mesmo com a Emenda Constitucional n. 42/2003, não há autorização constitucional nem para estabelecer critério especial apenas por causa da profissão ou atividade econômica, nem para instituir tratamento desigual que atinja a liberdade de exercício de atividade econômica sem uma justificativa à altura da dimensão normativa que essa liberdade recebeu da Constituição. Isso significa dizer que além da exigência de razoabilidade da distinção há um dever de justificação maior por parte do Estado. Inexistindo uma finalidade extrafiscal perceptível, devidamente fundamentada e valorizada constitucionalmente, não poderá haver critério especial de tributação.

No caso da permissão para diferenciação em razão da atividade econômica ou utilização intensiva de mão-de-obra, é preciso atentar para a preservação tanto do princípio da igualdade quanto da liberdade de exercício de atividade econômica. Isso porque, sendo o princípio da liberdade de exercício de atividade econômica princípio fundamental, o legislador não poderá estabelecer diferenciação "simplesmente porque" o contribuinte escolheu essa ou aquela atividade. Com efeito, o princípio da igualdade exige a existência de uma causa justificativa para o trata-

62. Hans Jarass e Bodo Pieroth, *Grundgesetz für die Bundesrepublik Deutschland*, 4ª ed., Munique, Beck, 1997, p. 97.

mento diferenciado e uma correlação entre o critério de diferenciação e a diferenciação propriamente dita. O poder público até pode estabelecer tratamento diferenciado para determinado contribuinte, desde que (a) exista um motivo real e razoável para a diferenciação e (b) esse motivo esteja relacionado com o objetivo da diferenciação. O princípio da igualdade praticamente não funciona sem essas duas condições, até mesmo porque ele só permite uma diferenciação *concretamente condicionada* à razoabilidade do critério e à congruência do critério com a finalidade. Uma diferenciação concretamente incondicionada é uma diferenciação arbitrária.

A modificação introduzida pela Emenda Constitucional n. 20/1998 no art. 195 não pode levar ao entendimento – incompatível com os princípios constitucionais da igualdade e da liberdade de exercício de atividade econômica – de que o contribuinte possa ser diferenciado em razão da atividade econômica, independentemente de a atividade econômica justificar concretamente a diferenciação e de ser compatível com o objetivo da diferenciação. A interpretação desse dispositivo não pode *tornar incondicional* a aplicação do princípio da igualdade, por permitir a diferenciação em razão da atividade econômica, mesmo que ela seja injustificável ou incongruente. A Constituição Federal não tolera diferenciações feitas unicamente em razão de um princípio fundamental que deve ser, em vez de restringido, realizado ao máximo (o princípio do livre exercício de atividade econômica), independentemente de qualquer outra condição; não admite diferenciação sem justificação. Isso significa que o contribuinte até pode ser tratado de forma diferente em razão da sua atividade econômica, contanto que a utilização desse critério – exercício de determinada atividade econômica – mantenha relação de pertinência com a finalidade concreta da norma, não restrinja o núcleo do princípio do livre exercício de atividade econômica e seja compatível com o postulado da proporcionalidade. Só porque o contribuinte escolheu o exercício da atividade bancária ele não poderá ser obrigado a pagar mais contribuições sociais. Nesse caso, haverá violação do princípio da igualdade em conexão material com o princípio do livre exercício de atividade econômica: determinados contribuintes serão tratados de forma diferente apesar de não existir entre eles uma diferença substancial justificadora da distinção. Tratar-se-ía de uma *diferenciação personificada*, na medida em que um grupo de contribuintes (uma minoria) seria restringido de forma mais gravosa do que outros contribuintes sem que houvesse uma justificativa de igual importância. Nesses casos, é preciso atentar para a importância indireta do princípio da liberdade de exercício de profissão para a tributação: quanto maior for a desvantagem criada pela tributação, tanto mais limitada deverá ser a atividade do legislador no que se refere à justificação, fundamentação e controle.[63] A só escolha profissional não pode conduzir a uma restrição desigual. É preciso que a diferença de atividade profissional ou econômica seja relevante e razoável.

É preciso registrar que a Emenda Constitucional n. 20/1995, ao promover a alteração do art. 195, § 9º, permitiu a utilização de determinado critério para a diferenciação com relação à base de cálculo e à alíquota: o critério da atividade econômica. É preciso enfatizar, porém, que a permissão constitucional, de um lado, não indicou a qual finalidade o critério deverá servir e, de outro, não preestabeleceu a relação de razoabilidade que deve existir entre o critério eleito e a finalidade a ser escolhida. Isso significa, em outras palavras, que, embora a Constituição tenha expressamente permitido a utilização do critério da atividade econômica, nada disse com relação à finalidade e à razoabilidade da relação entre o critério e a finalidade. Caberá ao Poder Judiciário controlar a razoabilidade dessa relação. Além disso, como se trata de uma diferenciação, ela deverá, além de ser razoável, ser proporcional, cabendo ao Poder Judiciário verificar se a distinção de alíquota e base de cálculo é adequada, necessária e proporcional relativamente aos princípios fundamentais envolvidos.

A Emenda Constitucional n. 42/2003, ao promover a alteração do art. 146-A, permitiu a utilização de determinada finalidade para a diferenciação dos contribuintes: prevenir desequilíbrios de concorrência. Em vez de permitir a utilização de um critério, a alteração constitucional fixou a finalidade, deixando aberta a escolha do critério. Isso significa que, embora a Constituição tenha expressamente permitido a utilização da livre concorrência como finalidade justificadora do tratamento diferenciado, nada disse com relação ao critério e à razoabilidade da relação entre o critério a ser escolhido e a finalidade a que ele deverá servir. Nesse sentido, caberá ao Poder Judiciário controlar a razoabilidade dessa relação. Do mesmo modo, como se trata de uma diferenciação entre os contribuintes, ela deverá, além de ser razoável, ser proporcional, cabendo ao Poder Judiciário verificar se a distinção feita para evitar desequilíbrios de concorrência é adequada, necessária e proporcional relativamente aos princípios fundamentais envolvidos.

63. Rolf Eckhoff, *Rechtsanwendungsgleichheit im Steuerrecht. Die Verantwortung des Gesetzgebers für einen gleichmässigen Vollzug des Eikommensteuerrechts*, Colônia, Otto Schmidt, 1999, p. 183.

Por último, é necessário salientar que a Emenda Constitucional n. 42/2003, ao promover a alteração do art. 146, III, letra "d", permitiu o tratamento diferenciado e favorecido para microempresas e empresas de pequeno porte. Nesse caso, a alteração constitucional, ainda que implicitamente, determinou, de um lado, o critério (porte econômico da empresa) e, de outro, a finalidade a que ele deve servir (desenvolvimento econômico de setores). Apesar dessa dupla determinação, caberá ao Poder Judiciário controlar a razoabilidade dessa relação. E como se trata de uma diferenciação entre os contribuintes, além da razoabilidade, deverá haver controle de proporcionalidade.

Todas essas ponderações visam a demonstrar que as alterações constitucionais não permitem uma diferenciação arbitrária, como se bastasse ao Poder Público fundamentar a distinção entre os contribuintes nas alterações constitucionais sem que tivesse o dever de justificar, fundamentar e comprovar a necessidade da diferenciação ou se submeter aos parâmetros de razoabilidade e proporcionalidade dos atos estatais.

4. *Conclusões*

O princípio da igualdade é um princípio de capital importância na ordem constitucional. Todos os outros princípios substanciais devem ser realizados de forma isonômica. Seu entendimento, porém, é complexo, pois depende de uma relação razoável entre critérios diferenciadores e finalidades da diferenciação. Como o Direito Tributário serve à concretização de várias finalidades, é preciso compreender bem a funcionalidade do princípio da igualdade, sem o que não se saberá bem aplicá-lo.

A aplicação do princípio da igualdade cresce hoje em importância. Numa sociedade hipercomplexa, o Poder Público sente-se obrigado a estabelecer uma série infindável de diferenciações. Nesse quadro, os operadores do Direito deverão estar cada vez mais atentos para a necessidade de controle da aplicação da igualdade, notadamente no que se refere à razoabilidade e à proporcionalidade das diferenciações, sem o que, a pretexto de estabelecer um estado de igualdade, o Poder Público terminará instituindo um estado de arbitrariedade.

A IMUNIDADE TRIBUTÁRIA DAS FUNDAÇÕES DE DIREITO PRIVADO, SEM FINS LUCRATIVOS, VOLTADAS AO APOIO AO ENSINO, À PESQUISA E À PRESTAÇÃO DE SERVIÇOS À COMUNIDADE

ROQUE ANTONIO CARRAZZA

1. Introdução. 2. As imunidades tributárias: 2.1 Generalidades; 2.2 As "instituições de educação, sem fins lucrativos" e o art. 150, VI, "c", da CF; 2.3 As "instituições de assistência social, sem fins lucrativos" e o art. 150, VI, "c", da CF: 2.3.1 Noção de "instituição de assistência social, sem fins lucrativos", ao lume do art. 203, da CF; 2.4 O alcance do tópico "atendidos os requisitos da lei" (art. 150, VI, "c", "in fine", da CF). 3. A natureza jurídica das fundações de Direito Privado, sem fins lucrativos, voltadas ao apoio ao ensino, à pesquisa e à prestação de serviços à Comunidade. 4. A intributabilidade das entidades em foco, por meio de "imposto sobre a renda e de contribuição social sobre o lucro líquido". Sua tributabilidade por meio de COFINS e de contribuição para o PIS/PASEP. 5. A intributabilidade das entidades em foco por meio de IPTU. 6. A intributabilidade das entidades em foco, por meio de ISS: 6.1 Os "serviços definidos em lei complementar"; 6.2 Da impossibilidade de as entidades em foco serem alcançadas pelo ISS. 7. As entidades em foco e a Lei n. 9.532/1997. 8. As entidades em foco e a "isenção" do art. 195, § 7º, da CF: 8.1 A natureza e o alcance da "lei" a que alude o art. 195, § 7º, "in fine", da CF; 8.2 As inconstitucionalidades da Lei n. 9.732/1998.

1. Introdução

Associo-me, com satisfação, a esta merecida homenagem ao eminente Professor José Souto Maior Borges, que se distingue de seus pares, não só por seu proverbial e enciclopédico saber jurídico, como pelo singular calor de convencimento de suas aulas e escritos. De fato, melhor que ninguém, o mestre sabe imprimir, a seus trabalhos, o senso da verdade, fruto de um raciocínio lógico invencível, marcado pela incessante busca da perfeição.

Inspirado no modelo de vida deste homem privilegiado, submeto à apreciação dos leitores este artigo, no qual procurarei demonstrar que as fundações de Direito Privado, sem fins lucrativos, voltadas ao apoio ao ensino, à pesquisa e à prestação de serviços à comunidade, gozam da imunidade tributária de que trata o art. 150, VI, "c", da Constituição Federal.

Para tanto tecerei, num primeiro momento, algumas considerações sobre as imunidades tributárias em geral e, especificamente, a prevista no art. 150, VI, "c", da Constituição Federal, indicando o modo pelo qual alcança as instituições assistenciais e educacionais, sem fins lucrativos.

Ato contínuo, e já ingressando no tema central, examinarei a natureza jurídica das fundações de Direito Privado, sem fins lucrativos, tudo de modo a comprovar que, enquanto levam avante suas atividades típicas, são imunes aos impostos.

2. *As imunidades tributárias*

2.1 *Generalidades*

I – A Constituição Federal deu, às pessoas políticas, competências tributárias, ou seja, faculdades jurídicas para que, querendo, criem *in abstracto* tributos.

O exercício das competências tributárias implica edição de lei que aponte a hipótese de incidência, o sujeito ativo, o sujeito passivo, a base de cálculo e a alíquota da figura exacional que está sendo instituída. Isso, no entanto, há de ser feito observada uma série de limitações, como as erigidas pelas normas constitucionais que tratam das *imunidades tributárias*.

Tais normas fixam, por assim dizer, a *não-competência* (***incompetência***) estatal para tributar certas pessoas, seja em face de sua natureza jurídica, seja porque coligadas a determinados fatos, bens ou situações.

Como é fácil perceber, as regras de imunidade inibem a ação legislativa, conferindo a certas pessoas o direito constitucional subjetivo de, em determinadas circunstâncias, não serem tributadas.[1]

II – Muito bem, o art. 150, VI, "c", da Constituição Federal declara imunes aos impostos o patrimônio, a renda e os serviços "(...) das instituições de educação e de assistência social, sem fins lucrativos, atendidos os requisitos da lei".

Por uma questão de metodologia, cuidarei, pela ordem, das instituições de educação e de assistência social, sem fins lucrativos, deixando,

1. Assim, por exemplo, em razão da regra imunizante contida no art. 150, VI, "d", da Carta Suprema, os comerciantes não poderão ser validamente compelidos a recolher ICMS quando venderem livros, jornais e periódicos.

para momento posterior, a análise jurídica do tópico "atendidos os requisitos da lei".

2.2 *As "instituições de educação, sem fins lucrativos" e o art. 150, VI, "c", da CF*

I – Tendo presente que a Nação só se desenvolverá quando o povo tiver real acesso à educação, o Constituinte inseriu, no art. 205, da Magna Carta, a seguinte proclamação: "Art. 205. A educação, direito de todos e dever do Estado e da família, será promovida e incentivada com a colaboração da sociedade, visando ao pleno desenvolvimento da pessoa, seu preparo para o exercício da cidadania e sua qualificação para o trabalho."

Trata-se de norma que, embora de *eficácia limitada*, não pode ser ignorada pelos Poderes Públicos, já que cuida de interesse social relevantíssimo. A lei, os atos administrativos e o labor exegético estão sujeitos às linhas diretoras traçadas no precitado versículo constitucional.

E nem poderia ser de outro modo. Sendo a educação um "direito de todos" e um "dever do Estado" carece de diuturno incentivo, de modo a proporcionar o pleno desenvolvimento das pessoas. Afinal, sem educação, o povo não tem como progredir e o próprio Estado deixa de aprimorar-se.

Assim, em face da relevância da educação, e cônscio das deficiências do Estado no setor, o Constituinte houve por bem autorizar fosse o ensino proporcionado também por meio de instituições privadas. Com efeito, o art. 209 da Carta Fundamental declara textualmente ser o ensino "livre à iniciativa privada", bastando que ela cumpra as "normas gerais da educação nacional" (inc. I) e tenha "autorização e avaliação de qualidade pelo Poder Público" (inc. II).

Para favorecer esta cooperação com o Estado, auxiliando-o a promover o desenvolvimento das pessoas, dando-lhes os meios intelectuais para o pleno exercício da cidadania, é que o art. 150, VI, "c", da Constituição, estabelece serem imunes a impostos (e a tributos que revistam esta qualidade) "as instituições[2] de educação, sem fins lucrativos, atendidos os requisitos de lei".

2. O termo "instituições", a meu ver, foi utilizado, nesta passagem constitucional, na acepção técnica de pessoas jurídicas criadas com o escopo de servir ao bem comum, perseguindo finalidades públicas.

O próprio legislador constituinte já indicou o requisito básico para o desfrute da imunidade em tela: a ausência de fins lucrativos.[3] Sobremais, o benefício está restrito às finalidades essenciais da instituição educacional (cf. art. 150, § 4º, da CF).[4]

São instituições (do latim *instituere*: fixar, construir, ensinar), para os fins aqui considerados, as entidades (associações, fundações ou sociedades), de caráter permanente, que, além de atuarem no campo educacional, preenchem os requisitos da lei, que, como adiante se verá, são os apontados no art. 14, do Código Tributário Nacional.

Portanto, é instituição de educação imune a impostos, aquela que, *sem finalidade de lucro*, secunda o Estado no atingimento dos objetivos arrolados no art. 205 da Constituição Federal. Aliás, a imunidade em tela decorre logicamente da ausência de *capacidade contributiva*.[5]

Adianto que, quando escrevo "sem finalidade de lucro", absolutamente não estou sustentando que a gratuidade na prestação do serviço em tela seja essencial ao desfrute da benesse.

De fato, a só circunstância de uma escola cobrar mensalidades de seus alunos não inviabiliza seu direito à imunidade. Pelo contrário, se, com o produto da arrecadação de tais mensalidades, limitar-se a remunerar, de acordo com as leis de mercado, funcionários e professores, bem como a investir em equipamentos e materiais, continua a ter pleno direito ao benefício constitucional.

Caso a gratuidade fosse *conditio sine qua non* ao desfrute da imunidade, praticamente restaria esvaziada, em relação às escolas, a norma contida nesta alínea "c", do inciso VI, do art. 150, da Constituição Federal. Deveras, as escolas públicas (obrigatoriamente gratuitas, por força do disposto no art. 206, IV, da CF), por prestarem *serviço público*, esta-

3. A ausência de fins lucrativos pressupõe que os *superávits* obtidos não reverterão em benefício dos dirigentes ou administradores da instituição. Também é necessário que o destino do patrimônio líquido, em caso de dissolução, incorporação, fusão, cisão ou término das atividades da instituição de educação (bem como da instituição de assistência social), não reverta em benefício dos mesmos dirigentes ou administradores, mas, pelo contrário, se destine a uma pessoa política, a uma autarquia ou a uma outra instituição que atenda às condições do art. 14, do CTN, para o gozo da imunidade.

4. Constituição Federal: "Art. 150 (*omissis*); § 4º. As vedações expressas no inciso VI, alíneas 'b' e 'c', compreendem somente o patrimônio, a renda e os serviços, relacionados com as *finalidades essenciais* das entidades nelas mencionadas" (grifei).

5. A instituição de educação, não tendo finalidades lucrativas, não poderia, mesmo, ser tributada por meio de impostos, *ex vi* do disposto no art. 145, § 1º, 1ª parte, da Constituição Federal, que veicula o *princípio da capacidade contributiva*.

riam alcançadas pela alínea "a", do mesmo inciso, que proclama imunes a impostos os serviços prestados por pessoas políticas. Assim, apenas alguns poucos educandários, mantidos por entidades filantrópicas ou por beneméritos, teriam direito ao favor constitucional.

Não me parece, porém, seja esta a melhor interpretação do texto constitucional.

A meu sentir, mesmo as instituições de educação privadas, que cobram mensalidades de seus alunos, são abrangidas pela imunidade. Basta que, sem fins lucrativos, se associem ao Estado na consecução dos objetivos contemplados no art. 205 da Carta Suprema e, é claro, cumpram os requisitos da lei (art. 14, do CTN).

Tal também o entendimento de Elizabeth Nazar Carrazza, *verbis*:

> "O legislador constituinte, fazendo uso da palavra 'instituições', quis imunizar as entidades formadas com o propósito de servir à coletividade, colaborando com o Estado ao suprir suas deficiências, no setor educacional. Se, apenas para argumentar, as entidades particulares não gozassem da imunidade, pela só circunstância de não serem gratuitos os seus serviços, jamais este sentido da norma constitucional poderia ser alcançado".[6]

Registro, de logo, que apenas as *características intrínsecas* das instituições de educação, reveladoras da ausência de fins lucrativos, podem ser levadas em conta pela *lei* que fixa os *requisitos* (art. 150, VI, "c", *in fine*, da CF) à fruição desta imunidade. Não, as *características extrínsecas*, vale dizer, estranhas à comprovação da ausência de fins lucrativos.

2.3 As "instituições de assistência social, sem fins lucrativos" e o art. 150, VI, "c", da CF

I – Nos termos da alínea "c", do inc. VI, do art. 150, da Constituição Federal, as "instituições de assistência social, sem fins lucrativos", são imunes à tributação por meio de impostos.

Mas, que é uma *instituição de assistência social*?

É a pessoa jurídica que secunda a atividade do Estado, buscando, sem finalidade lucrativa, atender aos direitos sociais, tais como enumerados no art. 6º, da Constituição Federal, *verbis*: "Art. 6º. São direitos sociais a educação, a saúde, o trabalho, a moradia, o lazer, a segurança, a previdência social, a proteção à maternidade e à infância, a assistência aos desamparados, na forma desta Constituição".

6. "Imunidade tributária das instituições de educação", *Revista de Direito Tributário* 3/170.

Infelizmente, o Estado não tem condições de, sozinho, prestar os serviços que implementariam a fruição de todos estes direitos sociais. Daí precisar valer-se de entidades não-governamentais, com finalidades de assistência social beneficente.[7]

Tais entidades são justamente as instituições de assistência social, sem fins lucrativos, declaradas, pela Constituição, imunes a impostos, porque secundam o Estado na realização do bem comum. Melhor dizendo, avocam atribuições típicas do Estado (é o que fazem, por exemplo, as *Santas Casas de Misericórdia*, que dão assistência médico-hospitalar gratuita a pessoas carentes). Assim, é altamente louvável usufruam de certos benefícios, como o de não serem obrigadas a recolher impostos (IR, ISS, IPTU, imposto sobre a importação etc.).

Desnecessário, à mantença da imunidade, que a instituição assistencial sem fins lucrativos esteja aberta a qualquer pessoa que dela queira beneficiar-se. Dito de outro modo, mais técnico, é dispensável, para os fins do art. 150, VI, "c", da Constituição Federal, o atributo da *generalidade do acesso* dos beneficiários. Basta que tal acesso seja marcado pela *impessoalidade*, é dizer, que todas as pessoas que preencham determinados requisitos ou pressupostos (como, por exemplo, que sejam servidores de uma dada autarquia) possam colocar-se sob o pálio da instituição assistencial.

Daí não perder o benefício, a instituição de assistência social, sem fins lucrativos, cujo raio de atuação seja restrito a uma comunidade, a uma classe de pessoas, de empregados, de servidores públicos etc. O que não se admite é a *particularização*, isto é, que os favorecidos estejam antecipadamente individualizados, sendo vedado o ingresso de outras pessoas na instituição, ainda que preencham idênticos requisitos (*v.g.*, sejam também servidores da mesma fundação de Direito Privado).

Nunca é demais proclamar que o ideal é que as instituições assistenciais sem fins lucrativos se multipliquem, já que notórias as deficiências do Poder Público, no setor. Mais um motivo para que se afastem interpretações restritivas, que conflitam com a *intentio constitutionis*.

II – A instituição assistencial sem fins lucrativos não perde suas características – e, por via de conseqüência, o direito à imunidade – ainda que se dedique a atividades lucrativas, capazes de torná-la, sempre

7. Vem ao encontro desta idéia, o inciso II, do art. 204, da Constituição Federal: "II – participação da população, por meio de organizações representativas, na formulação das políticas e no controle das ações (governamentais na área da assistência social) em todos os níveis" (esclareci no parêntese).

mais, patrimonialmente próspera. Portanto, suas receitas não precisam ser negativas; tampouco limitar-se aos *custos operacionais*. Pode, perfeitamente, ter sobras financeiras, até para evitar que, a médio ou longo prazo, feneça.

E nem se alegue que o § 4º, do art. 150, da Constituição Federal, impede tal entendimento, ao estabelecer que "as vedações expressas no inciso VI, alíneas 'b' e 'c', compreendem somente o patrimônio, a renda e os serviços relacionados com as finalidades essenciais das entidades nelas mencionadas".

Segundo penso, não decorre deste dispositivo que as instituições assistenciais sem fins lucrativos perdem o direito à imunidade se exercerem atividades econômicas. Também a imunidade não cai por terra se, de tais atividades econômicas, resultar *superávit*. Basta que "o patrimônio, a renda e os serviços" sejam relacionados às suas "finalidades essenciais".

O que não pode haver – isto sim – é a distribuição do *superávit* aos fundadores, dirigentes ou administradores. Noutros termos, não pode haver *apropriação particular* dos resultados positivos, ou seja, *animus distribuendi*.

Todavia, se as preditas atividades econômicas forem exploradas como simples *meios* à consecução dos objetivos públicos da instituição, assegurando-lhe a sobrevivência e a consecução de seus objetivos estatutários, o direito à imunidade permanecerá íntegro.

Portanto, também são abrangidas pela imunidade as *atividades-meio* das instituições assistenciais, vale dizer, as medidas, inclusive financeiras, que tenham por escopo carrear-lhes novos recursos, para o melhor atingimento de seus fins. Afinal, graças a tais *atividades-meio*, as entidades não se estiolarão.

Com efeito, é deveras temerário depender, para continuar existindo, da sempre incerta caridade, seja ela oficial, seja particular. Por isso, cabe ao bom administrador tomar as medidas necessárias a que os eventuais resultados positivos venham reinvestidos e, assim, multiplicados.

Tais reinvestimentos, justamente porque preordenados ao atendimento das *finalidades essenciais* de tais pessoas jurídicas, estão a salvo do IOF, do IR, da COFINS e de outros tributos que nascem de aplicações financeiras. Realmente, estas exações, acaso exigidas, acabariam, por suas repercussões econômicas, desfalcando o patrimônio das instituições assistenciais, afastando-as, sempre mais, dos objetivos que nortearam sua criação.

III – Mesmo as instituições assistenciais que obtêm *sobras financeiras*, desde que as reinvistam no atingimento de seus fins, são abrigadas pela imunidade em tela. Basta – torno a escrever – se associem ao Poder Público, suprindo suas deficiências, na consecução dos valores contemplados especialmente no art. 203, da Lei Maior.

Afinal, é para favorecer esta cooperação com o Estado, auxiliando-o a promover o pleno desenvolvimento das pessoas, que o art. 150, VI, "c", da Constituição Federal, concede às *instituições assistenciais, sem fins lucrativos*, o atributo da imunidade tributária.

Desnecessário, pois, que a instituição assistencial nada cobre por seus serviços (até, porque, quando tal se dá, nenhum imposto haverá a pagar, por ausência de base de cálculo). Tampouco, que tal cobrança apenas baste para afastar o *déficit*, vale dizer, para manter o equilíbrio de suas contas. É suficiente que seus administradores, membros ou gestores não participem de eventuais resultados econômicos positivos.

Depois, o próprio art. 14, do Código Tributário Nacional, não veda a possibilidade de uma instituição assistencial sem fins lucrativos apresentar sobras financeiras; apenas proíbe sejam, a qualquer título, distribuídas.

Em suma, continua a ser *sem fins lucrativos* a instituição assistencial que utiliza seus resultados econômicos positivos para, com a ampliação patrimonial, melhor alcançar seus elevados objetivos.

IV – Calha referir, ainda, que, para uma instituição assistencial, seu patrimônio[8] é algo que não deve ser descurado. Por isso, haverá de ser não só mantido, como multiplicado, por meio de aplicações financeiras e investimentos de toda ordem. De fato, sem ele – ou, mesmo, com sua redução – fica mais difícil, quando não impossível, alcançar os fins sociais da entidade.

Mais uma razão para que se afaste da instituição assistencial sem fins lucrativos os impostos que a Economia rotula de "sobre o patrimônio" (ITR, ITBI, IPVA, IPTU etc.). Com tal cautela estar-se-á, por sem dúvida, protegendo a própria pessoa jurídica e, por extensão, a sociedade em geral.

V – Reafirmo, dando fecho a este item, que os serviços prestados pelas instituições assistenciais, sem fins lucrativos, complementam as

8. Estou tomando a palavra "patrimônio" no sentido de "conjunto de direitos de conteúdo econômico", abrangendo, destarte, a propriedade, a posse, os direitos obrigacionais, os direitos a prestações pecuniárias, enfim, todos os direitos cujo objeto tenha *valor de uso* ou *de troca*.

atividades essenciais do Estado, inclusive no campo do ensino e da pesquisa, como melhor se perceberá na análise do art. 203, da Constituição Federal.

2.3.1 Noção de "instituição de assistência social, sem fins lucrativos", ao lume do art. 203, da CF

Prescreve o art. 203, da Constituição Federal:

"Art. 203. A assistência social será prestada a quem dela necessitar, independentemente de contribuição à seguridade social, e tem por objetivos:

"I – a proteção à família, à maternidade, à infância, à adolescência e à velhice;

"II – o amparo às crianças e adolescentes carentes;

"III – a promoção da integração ao mercado de trabalho;

"IV – a habilitação e reabilitação das pessoas portadoras de deficiência e a promoção de sua integração à vida comunitária;

"V – a garantia de um salário mínimo de benefício mensal à pessoa portadora de deficiência e ao idoso que comprovem não possuir meios de prover à própria manutenção ou de tê-la provida por sua família, conforme dispuser a lei."

Portanto, nos termos da Constituição Federal, a assistência social abrange a proteção e o amparo à família, à maternidade, à infância, à adolescência e à velhice, máxime quando estas medidas favorecem aos economicamente mais fracos. Compreende, por igual modo, a habilitação e reabilitação das pessoas portadoras de deficiência física, bem como, a promoção da integração ao mercado de trabalho.

Como facilmente se nota, a assistência social tem um sentido sobremodo amplo, que vai muito além da *previdência social*, tal como definida nos arts. 149 e 194 da Carta Magna. Pelo contrário, abarca as medidas protetivas aos hipossuficientes, pouco importando se estes são indivíduos, grupos, classes, categorias profissionais, microempresas etc. A idéia é que ela deva estar voltada à redução – quando não à eliminação – de desigualdades, carências e injustiças.

Convém também destacar que a assistência social vai além da *oficial*, isto é, da prestada pelo Poder Público, mas engloba a caridade, a benemerência, a filantropia e outros valores do mesmo tope, que, por sua nobreza, podem perfeitamente ser buscados por particulares e pessoas jurídicas de Direito Privado.

É bom que se diga, ainda, que a assistência social tanto pode ser prestada pelo Estado, como, complementarmente, por entidades filantrópicas.[9] Estas, quando realmente cumprem seus objetivos institucionais, vale dizer, provêem, sem finalidade de lucro, o atendimento às necessidades básicas das pessoas (saúde, educação, integração ao mercado de trabalho etc.), devem ser, de todas as formas, amparadas e incentivadas.

Tais entidades coadjuvam o Poder Público no atendimento aos interesses coletivos. Melhor dizendo, avocam atribuições típicas do Estado.

É o que – já adiantando as conclusões – fazem as fundações de Direito Privado, sem fins lucrativos, voltadas ao apoio ao ensino, à pesquisa e à prestação de serviços à comunidade, que realizam, ou, quando pouco, ajudam a realizar, os programas de ação previstos nos já citados arts. 203, 205 e 206, da Constituição Federal, sem prejuízo de fomentarem, sem fins lucrativos, a ciência e a tecnologia, na esteira do art. 218, do mesmo Diploma Magno.[10]

Constitui um equívoco supor que só são entidades de assistência social, as que amparam pessoas físicas. Pelo contrário, também revestem esta condição as pessoas jurídicas que, sem fins lucrativos, apóiam o ensino, a pesquisa e a prestação de serviços à Comunidade.

As finalidades perseguidas por estas pessoas revestem-se, indubitavelmente, de elevados objetivos de ordem pública, podendo, pois, ser qualificadas como instituições benemerentes de assistência social. É que as metas fundamentais destas entidades vêm ao encontro de relevantes

9. É o que, diga-se de passagem, estatui o art. 204, I, *in fine*, da Constituição Federal: "Art. 204. As ações governamentais na área da assistência social serão realizadas com recursos do orçamento da seguridade social, previstos no art. 195, além de outras fontes, e organizadas com base nas seguintes diretrizes: I – descentralização político-administrativa, cabendo a coordenação e as normas gerais à esfera federal e a coordenação e a execução dos respectivos programas às esferas estadual e municipal, bem como a *entidades* beneficentes e *de assistência social*" (grifei).

10. Constituição Federal: "Art. 218. O Estado promoverá e incentivará o desenvolvimento científico, a pesquisa e a capacitação tecnológicas. § 1º. A pesquisa científica básica receberá tratamento prioritário do Estado, tendo em vista o bem público e o progresso das ciências. § 2º. A pesquisa tecnológica voltar-se-á preponderantemente para a solução dos problemas brasileiros e para o desenvolvimento do sistema produtivo nacional e regional. § 3º. O Estado apoiará a formação de recursos humanos nas áreas de ciência, pesquisa e tecnologia, e concederá aos que delas se ocupem meios e condições especiais de trabalho. § 4º. A lei apoiará e estimulará as empresas que invistam em pesquisa, criação de tecnologia adequada ao País, formação e aperfeiçoamento de seus recursos humanos e que pratiquem sistemas de remuneração que assegurem ao empregado, desvinculada do salário, participação nos ganhos econômicos resultantes da produtividade de seu trabalho. § 5º. É facultado aos Estados e ao Distrito Federal vincular parcela de sua receita orçamentária a entidades públicas de fomento ao ensino e à pesquisa científica e tecnológica".

princípios e programas eleitos, pela Constituição Federal, no campo da educação, da cultura e da assistência social.

Como se vê, no que pertine a seus objetivos e atuações, as fundações de Direito Privado, sem fins lucrativos, voltadas ao apoio ao ensino, à pesquisa e à prestação de serviços à comunidade materializam importante instrumento de auxílio à consecução do ideário consagrado no art. 203, III, da Constituição Federal. Daí poderem ser reconhecidas também como entidades de assistência social.

Por outro lado, nem se diga que estas tarefas são exclusivas do Poder Público. A própria Constituição, quando define os objetivos da assistência social, em nenhum momento declara que ela só será prestada pelo Estado.

Admitir o contrário importaria reconhecer, ao arrepio de qualquer critério de razoabilidade, que as funções de apoio à educação, à tecnologia e à cultura somente se revestiriam de relevância institucional, suficientes para torná-las imunes aos impostos, se exercidas diretamente pelo Estado.

Aliás, os próprios arts. 150, VI, "c", e 195, § 7º, da Carta Magna, ao concederem imunidades às entidades de assistência social, deixam implícito que elas só podem ser pessoas jurídicas de Direito Privado. Com efeito, o Estado já é imune aos impostos, por força seja dos princípios federativos e da isonomia das pessoas políticas, seja do disposto no art. 150, VI, "a", da Lei Maior.

Volto a insistir que a gratuidade na prestação dos serviços assistenciais não é requisito essencial para o desfrute da imunidade em apreço.

De fato, a só circunstância de a instituição assistencial cobrar por estes serviços não ilide seu direito à imunidade. Pelo contrário, se com o que cobra limita-se a remunerar seus quadros de acordo com as leis de mercado, bem como a investir em equipamentos e materiais, continua a ter pleno direito ao favor constitucional.

Note-se que, acaso a gratuidade fosse *conditio sine qua non* ao gozo do benefício, praticamente estaria esvaziada a norma contida no art. 150, VI, "c", da Constituição Federal. Apenas algumas poucas entidades, mantidas por beneméritos ou por verbas públicas, nela se enquadrariam.

Positivamente não nos parece seja esta a melhor interpretação do Texto Constitucional. É que ela desatende à *lógica da prudência*, conatural à Ciência do Direito (jurisprudência).

Posto isto, vou, finalmente, voltar as atenções para o disposto na parte final, da alínea "c", do inciso VI, do art. 150, da Constituição Federal ("atendidos os requisitos da lei").

2.4 O alcance do tópico "atendidos os requisitos da lei" (art. 150, VI, c, "in fine", da CF)

I – A Constituição Federal determina, em seu art. 150, VI, "c", *in fine*, que as instituições de educação e de assistência social, sem fins lucrativos, devem atender aos requisitos da *lei*.

A referida *lei* só pode ser *complementar* (nunca *ordinária*), justamente porque vai regular uma *imunidade tributária*, que é uma "*limitação constitucional ao poder de tributar*". Ora, as limitações constitucionais ao poder de tributar, nos termos do art. 146, II, da Constituição Federal,[11] só podem vir reguladas por meio de lei complementar.

Ao argumento de que a Carta Suprema não empregou, em seu art. 150, VI, "c", *in fine*, a expressão "lei complementar", pode ser contraposto o de que ela também não utilizou a expressão "lei ordinária". Antes, limitou-se a fazer uma referência genérica à *lei*, deixando aos doutrinadores a tarefa de dilucidar de qual tipo. Em suma, a Hermenêutica Jurídica revela que tal lei *só pode ser* uma *lei complementar nacional* (editada, pois, pelo Congresso Nacional).

Ora bem, a lei complementar deve, no caso, cuidar apenas de *aspectos formais*, isto é, limitar-se a apontar medidas aptas a assegurar a eficácia do mandamento constitucional em discussão. Não lhe é dado restringi-lo, deturpá-lo ou anulá-lo.

O próprio legislador constituinte já indicou o requisito básico ao desfrute da imunidade: a ausência de fins lucrativos. Sobremais, o benefício está restrito às finalidades essenciais da instituição de educação ou de assistência social (art. 150, § 4º, da CF).[12]

De fato, a Constituição absolutamente não atribuiu, ao legislador complementar, competência para abrir ou fechar as portas da tributação das instituições de educação ou de assistência social. Pelo contrário, apenas permitiu *detalhar* os requisitos e limites pertinentes e adequados à fruição da imunidade em tela, sem, no entanto, frustrá-la.

11. Constituição Federal: "Art. 146. Cabe à lei complementar: (...) II – regular as limitações constitucionais ao poder de tributar".

12. Constituição Federal: "Art. 150. (...) § 4º. As vedações expressas no inciso VI, alíneas 'b' e 'c', compreendem somente o patrimônio, a renda e os serviços, relacionados com as finalidades essenciais das entidades nelas mencionadas".

II – Ademais, a lei complementar em questão apenas especificará as *condições* para o gozo da imunidade. Não lhe é dado alterar os conceitos de *instituição de educação ou de assistência social sem fins lucrativos*, que se encontra traçado na própria Constituição Federal.

Com sua decantada didática, Geraldo Ataliba auxilia o presente estudo:

"A Constituição não pôs requisitos outros, além de tratar-se de instituição que cuide de matéria de educação ou assistência social e não ter fins lucrativos. Só poderá o Congresso Nacional cuidar de algumas outras características essenciais que decorram de outros princípios constitucionais, ou desse mesmo preceito deduzir explicitamente desdobramentos ou implicações que nele já se contenham.

"Parece visível que esta lei complementar específica está para a Constituição, assim como o regulamento está para a lei. O que, além, é da teoria da lei complementar, dispensando, pelo menos por enquanto, a necessidade de maior esforço de demonstração (J. Afonso, Souto Maior, Manoel Gonçalves).

"Parece evidentemente ser melhor interpretação a que não dá à lei complementar o poder de alterar substancialmente a materialidade da norma contida na Constituição. Se se admitir essa possibilidade, corre-se o risco seja de anulação do desígnio máximo, por obra do Congresso, seja de ampliação desmedida do mesmo, contra o objetivo constitucional.

"O que o art. 150, VI, 'c', quer é a colaboração destas entidades – particulares por natureza – com o Estado. Quer a Constituição não só incentivar pessoas privadas a que criem instituições de educação e assistência suprindo as deficiências da ação estatal, aperfeiçoando-a ou melhorando-a, como ainda visa assegurar que essas entidades existam desembaraçadamente, inclusive quanto a encargos tributários."[13]

E, mais adiante, o mesmo mestre:

"Daí que, se a Constituição menciona, como o faz, lei complementar, só pode ser para cuidar de aspectos formais, porque os aspectos substanciais da normatividade já estão esgotados no próprio texto constitucional, sem necessidade de maiores esforços de demonstração, dado que se trata de preceito negativo ou proibitivo. Admitir o contrário (admitir que a lei complementar pode tratar desse conteúdo, ampliando-o ou reduzindo-o) é consentir que o legislador complementar possa anular, reduzir ou mesmo aniquilar o preceito constitucional".[14]

Portanto, a própria Constituição estabelece as condições da imunidade em estudo. Não pode a lei complementar, sob pena de irremissível inconstitucionalidade, erigir outras. É que ela tem caráter estritamente regulamentar e, nesta medida, deve, apenas, dar execução ao preceito do art. 150, VI, "c", do Diploma Magno.

13. "Imunidade de Instituições de Educação e Assistência", *Revista de Direito Tributário* 55/139.

14. Idem, ibidem, pp. 141-142.

III – Faz as vezes de tal lei complementar o art. 14 do Código Tributário Nacional,[15] *verbis*:

"Art. 14. O disposto na alínea c do inciso IV do art. 9º[16] é subordinado à observância dos seguintes requisitos pelas entidades nele referidas:

"I – não distribuírem qualquer parcela de seu patrimônio ou de suas rendas, a qualquer título;

"II – aplicarem integralmente, no País, os seus recursos na manutenção dos seus objetivos institucionais.

"III – manterem escrituração de suas receitas e despesas em livros revestidos de formalidades capazes de assegurar sua exatidão."

Indo ao ponto, este artigo prevê, em síntese, que as instituições de educação e de assistência social, para terem jus ao benefício da imunidade do art. 150, VI, "c", da CF, devem: a) aplicar integralmente no País seus rendimentos, *na manutenção dos seus objetivos institucionais* (isto é, não efetuar, sob nenhum pretexto, remessa de divisas para o exterior); b) remunerar seus quadros de acordo com as condições usuais de mercado (ou seja, não fazer, por meio de remuneração excessiva dos próprios dirigentes e funcionários, *distribuição disfarçada de lucros*); e, c) manter, em livros próprios, a escrituração adequada de suas receitas e despesas.

IIIa – Melhor elucidando, as instituições de educação ou de assistência social, para continuarem tributariamente imunes, não devem ter fins lucrativos. A ausência de fins lucrativos exige tanto a não-distribuição de seu patrimônio ou de suas rendas, como o investimento, na própria entidade, dos resultados econômicos positivos obtidos.[17]

Isto não significa, porém, como já afirmei, que os serviços de educação ou de assistência social prestados devam ser necessariamente

15. A doutrina, em geral, entende que o art. 14, do CTN, é uma lei complementar em sentido material e, nesta medida, aponta as condições, necessárias e suficientes, à fruição da imunidade que o art. 150, VI, "c", da CF, concedeu às instituições educacionais e assistenciais.

16. O art. 9º, IV, "c", do Código Tributário Nacional estabelece: "Art. 9º. É vedado à União, aos Estados, ao Distrito Federal e aos Municípios: (...) IV – cobrar imposto sobre: (...) c) o patrimônio, a renda ou os serviços de partidos políticos e de instituições de educação ou de assistência social, observados os requisitos fixados na Seção II deste Capítulo".

17. No mesmo sentido, a lição de Aires Barreto e Paulo Ayres Barreto: "(...) é instituição sem fins lucrativos toda entidade que não tenha por objetivo distribuir os seus resultados, nem o de fazer retornar seu patrimônio às pessoas que a instituíram. Para que sejam classificadas como 'sem fins lucrativos', é mister que as instituições preencham dois requisitos: a) não distribuam lucros (mais correto seria dizer seus superávits); e b) não revertam seu patrimônio às pessoas que as criaram. Preenchidos esses pressupostos, tem-se instituição sem fins lucrativos" (*Imunidades tributárias: Limitações Constitucionais ao Poder de Tributar*, São Paulo, Dialética, p. 23).

gratuitos. Deveras, a só circunstância de cobrar por eles, dos que podem pagar, não desnatura as instituições em tela. Muito menos para os fins do art. 150, VI, "c", da Constituição Federal.

Nada impede, portanto, que as instituições educacionais ou assistenciais obtenham receitas positivas, exatamente para reinvesti-las na consecução de seus elevados objetivos. Afinal, auferindo receitas e, em razão disso, fazendo crescer seu patrimônio, tais entidades disporão de maiores e melhores meios materiais para atingir os fins que lhes nortearam a criação.

IIIb – Por outro lado, não afasta a imunidade a remuneração dos funcionários e administradores. O que afasta o benefício constitucional é a remuneração exorbitante ou sem causa, que mal consegue esconder a distribuição do patrimônio ou das rendas da instituição.

IIIc – De seu turno, a necessidade de *aplicação dos recursos no País* impede haja remessa de divisas ao exterior ou, mesmo, que a instituição auxilie financeiramente congêneres, localizadas no estrangeiro. Não arreda, porém, o direito à imunidade, a concessão, a seus funcionários, de *bolsas de estudo*, para o exterior. Conquanto os recursos não sejam despendidos no País, a entidade acabará beneficiada com o retorno de um funcionário profissionalmente melhor qualificado.

IIId – Finalmente, a exigência de escrituração, em livros próprios, das receitas da instituição educacional ou assistencial, fornece ao Fisco instrumentos aptos à averiguação do cumprimento dos demais requisitos. Trata-se de um dever instrumental tributário (*obrigação acessória*), que deve ser cumprido pela entidade interessada, sob pena de não poder desfrutar da imunidade.

Esta escrituração, no entanto, não precisa atender a todas as regras da boa técnica contábil. Basta seja suficiente para comprovar o preenchimento dos requisitos apontados nos incs. I e II, do art. 14, do CTN. Tal linha de pensamento, diga-se de passagem, foi sufragada pelo Primeiro Conselho de Contribuintes do Ministério da Fazenda, quando decidiu ser desnecessária "a adoção de escrituração comercial, segundo a boa técnica contábil, e com observância das normas constantes da legislação tributária, nos moldes em que é exigida das demais empresas submetidas ao regime de tributação, com base no lucro real ou presumido. A escrituração exigida objetiva, tão-somente, a verificação pela Fiscalização do cumprimento dos requisitos contidos nos incisos I e II do art. 14 da Lei n. 5.172, de 1966".[18]

18. Processo 10283.001362/96-68 – Acórdão 103-19.567, de 20.8.1998 – rel. Cons. Edson Vianna de Brito.

IV – Em suma, o art. 14, I a III, do Código Tributário Nacional, dá plena eficácia e total aplicabilidade ao art. 150, VI, "c", da Constituição Federal. A instituição, educacional ou assistencial, que atender aos requisitos destes incisos I a III, tem, *só por isso*, o inafastável direito de não ser alcançada por meio de tributos que revistam as características de imposto. Embora possa ser sancionada de outra forma (*v.g.*, com multas), não perde, nem tem suspensa a imunidade, se descumprir o disposto no art. 9º, § 1º, do CTN (por exemplo, se deixar de reter na fonte o IR devido por pagamentos efetuados a terceiros).

V – Aos atos fiscalizatórios é dado, apenas e tão-somente, aferir a existência dos requisitos aqui analisados.

Neste sentido, diga-se de passagem, mais uma vez vale colacionar a posição do Primeiro Conselho de Contribuintes do Ministério da Fazenda, que deixou assentado: "(...) a imunidade, por ser de ordem constitucional está vinculada tão-somente aos requisitos previstos em lei complementar, independendo, portanto, de qualquer ato de reconhecimento por parte da Administração Tributária".[19]

Insista-se: apenas o comprovado descumprimento dos requisitos apontados no art. 14, do CTN, pode levar à eventual suspensão do benefício em análise.

Aliás, estes preceitos apenas explicitam os requisitos, postos na Constituição, para que as instituições educacionais e assistenciais usufruam da imunidade tributária em estudo: ausência de fins lucrativos e perseguição de suas finalidades essenciais.

O mesmo é o entendimento de Misabel Abreu Machado Derzi:

> "Note-se que os requisitos alinhados pelo CTN praticamente reproduzem os fundamentos essenciais dessa imunidade: não aproveitar a interesses privados (distribuição de lucros); aplicar as rendas no País; manter os meios adequados à comprovação do cumprimento desses requisitos (escrituração regular). A Constituição de 1988 refere-se expressamente à inexistência de fins lucrativos como *ratio essendi* da imunidade dessas atividades. Limita também a imunidade a suas finalidades essenciais, ou seja, (...) das instituições de educação e de assistência social, incorporando uma restrição, apenas implícita no Texto Magno anterior, mas já determinada expressamente pelo Código Tributário Nacional (art. 14)".[20]

A lei ordinária não pode – sob pena de irremissível inconstitucionalidade – criar outros requisitos, além dos apontados no art. 14 do CTN,

19. Idem, ibidem.

20. "A Imunidade das Instituições de Educação ou de Assistência Social", in *Imposto de Renda – Alterações Fundamentais*, vol. 2, São Paulo, Dialética, 1998, pp. 146-147.

para o pleno desfrute desta imunidade. De fato, ela não é o instrumento próprio para veicular regras que condicionem a fruição do benefício em tela.[21]

É que, evidentemente, a lei ordinária não pode cuidar de matéria *sob reserva de lei complementar*.

Novamente Misabel Derzi vem em abono de tais idéias:

> "Não cabe ao (...) legislador ordinário criar outros requisitos não previstos em lei complementar, tais como a declaração legal de utilidade pública; a exigência da constituição de fundação como único veículo formal ao desenvolvimento das atividades educacionais e assistenciais; a gratuidade dos serviços prestados por seus diretores e administradores, etc.".[22]

Uma coisa, porém, é certa: a Constituição concedeu imunidade tributária às instituições de educação e de assistência social, sem fins lucrativos, observados os requisitos de lei (complementar). Tal lei pode, apenas, *regulamentar* o benefício. Ao fazê-lo, apenas apontará os requisitos estruturais a que estas entidades devem atender, ou seja, os que se referem diretamente à ausência de fins lucrativos.

Apenas o descumprimento destes requisitos acarretará a perda ou a suspensão da imunidade. Outros, que não se refiram à demonstração da ausência de fins lucrativos, podem, quando muito, ensejar sanções de natureza diversa, como, por exemplo, o pagamento de multas; nunca, porém, a retirada, ainda que temporária, do benefício constitucional, que visa, em última análise, resguardar e promover a formação cultural e social do povo.

VI – Em face do exposto, fica claro, portanto, que os requisitos do art. 9º, § 1º, do Código Tributário Nacional[23] (*v.g.*, a retenção, na fonte, do IR devido por pagamentos efetuados a terceiros), justamente por não se referirem à demonstração da ausência de fins lucrativos, não têm força jurídica para ensejar a perda ou a suspensão da imunidade de que aqui se cogita.

Os comandos contidos no art. 9º, § 1º, do CTN, não podem ser considerados *requisitos inafastáveis* à fruição da imunidade das instituições

21. *A fortiori*, também não se prestam para isso, o regulamento, a portaria, o parecer normativo, a ordem de serviço etc. Tampouco, o labor exegético, se por mais não fosse, em razão do que estipula o art. 108, § 1º, do Código Tributário Nacional.

22. Ob. cit, pp. 146-147.

23. Código Tributário Nacional: "Art. 9º (*omissis*). § 1º. O disposto no inciso IV não exclui a atribuição, por lei, às entidades nele referidas, da condição de responsáveis pelos tributos que lhes caiba reter na fonte, e não as dispensa da prática de atos, previstos em lei, assecuratórios do cumprimento de obrigações tributárias por terceiros".

de educação e de assistência social, já que não levam à comprovação da ausência de fins lucrativos. Inexiste qualquer vínculo entre este dispositivo e o art. 150, VI, "c", *in fine*, da Constituição Federal.

Note-se, ademais, que, por uma questão de isonomia, não se pode condicionar a imunidade ora em estudo ao cumprimento de *obrigações acessórias* a que todos os contribuintes devem atender, como, por exemplo, a de reter o IR na fonte, por pagamentos feitos a terceiros.[24] Realmente, se uma empresa comercial não efetua tal retenção ficará sujeita, tão-só ao pagamento das multas previstas na legislação. Ora, as instituições de educação e de assistência social, sem fins lucrativos, não podem, incorrendo na mesma falta, sofrer, além desta punição, a perda do benefício constitucional da imunidade. A dupla sanção absolutamente não se justifica, ainda mais se considerarmos que alcançará pessoas que, com objetivos altruístas, associam-se ao Estado na consecução do bem comum, que Renato Alessi chama, com propriedade, de *interesse público primário*.

VII – Retomando a idéia central, o descumprimento de qualquer dos requisitos do art. 9º, § 1º, do Código Tributário Nacional, não guarda relação direta com as instituições de educação e de assistência social, sem fins lucrativos.

Ora, a perda ou suspensão da imunidade em estudo só pode ser determinada por infrações capazes de revelar que tais entidades deixaram de ser educacionais ou assistenciais ou passaram a ter fins lucrativos.

Logo, caso não seja levado em conta o disposto no art. 9º, § 1º, do Código Tributário Nacional, haverão de ser aplicadas apenas as penalidades administrativas concernentes à responsabilidade tributária; nunca a perda ou a suspensão da imunidade do art. 150, VI, "c", da Constituição Federal.

Reitero que o art. 9º, § 1º, do Código Tributário Nacional, não fixa – e nem poderia ter fixado – requisitos adicionais à fruição da imunidade em pauta; simplesmente faculta à lei de cada entidade tributante impor, às instituições assistenciais e educacionais, sem fins lucrativos, a função de *fontes retentoras* ou o dever de praticar atos assecuratórios do correto e adequado recolhimento de tributos, por parte de terceiros.

24. Acentue-se, ademais, que o dever de reter o IR na fonte é uma "obrigação acessória" ("dever instrumental tributário"), na acepção do art. 113, § 2º, do CTN ("A obrigação acessória decorre da legislação tributária e tem por objeto das prestações, positivas ou negativas, nela previstas no interesse da arrecadação ou da fiscalização dos tributos") e seu descumprimento gera responsabilidade de cunho administrativo, que não interfere nas características intrínsecas da pessoa imune.

Finalmente e, por muito maior razão, têm *pleno direito* ao desfrute da imunidade em questão, as instituições educacionais e assistenciais, sem fins lucrativos, que atendem ao disposto no art. 14, do Código Tributário Nacional (isto é, que não fazem distribuição disfarçada de lucros, aplicam integralmente no País seus recursos e mantêm escrituração idônea a comprovar o preenchimento dos dois requisitos anteriores) e, ainda por cima, cumprem os requisitos do art. 9º, § 1º, do mesmo diploma normativo.

Assim agremiado, passo ao estudo da natureza jurídica das fundações de Direito Privado, sem fins lucrativos, voltadas ao apoio ao ensino, à pesquisa e à prestação de serviços à Comunidade.

3. A natureza jurídica das fundações de Direito Privado, sem fins lucrativos, voltadas ao apoio ao ensino, à pesquisa e à prestação de serviços à Comunidade

As *fundações de Direito Privado*,[25] que apóiam, sem *animus lucrandi*, o ensino, a pesquisa, a cultura e a assistência social são verdadeiras entidades *paraestatais*.[26] Quando observam os requisitos, acima estudados, do art. 14, do Código Tributário Nacional, passam ao largo dos impostos.

De fato, tais entidades, iluminadas pelo mesmo espírito que informa o agir do Estado, podem ser havidas, em tudo e por tudo, como *institui-*

25. Como é de comum sabença, fundação é a atribuição de personalidade jurídica a um patrimônio, feita por uma pessoa (física ou jurídica), para uma finalidade especial (*v.g.*, amparar, sem espírito de ganho, o ensino e a pesquisa). Pode ser pública ou privada. Esta última é uma sociedade civil, que se caracteriza por originar-se da vontade de um particular, manifestada em instrumento lavrado em Tabelião de Notas. Sobremais, a escritura pública da fundação privada deve ser registrada em cartório (Cartório de Registro das Pessoas Jurídicas), sob a supervisão do Ministério Público do Estado.

No mais das vezes, as fundações de direito privado visam atingir, sem finalidade de lucro, objetivos altruísticos, como a benemerência, o apoio à cultura, às atividades científicas, à educação etc.

26. Observa Hely Lopes Meirelles que o próprio étimo da palavra "paraestatal" está indicando que se trata de "pessoas jurídicas de Direito Privado *dispostas paralelamente* ao Estado, *ao lado* do Estado, para executar cometimentos de interesse do Estado, mas não privativos do Estado" (*Direito Administrativo Brasileiro*, 30ª ed., São Paulo, Malheiros Editores, 2005, p. 366). No mesmo sentido, José Cretella Júnior leciona que *paraestatal* ou *parestatal* "é vocábulo híbrido formado de dois elementos, a saber, a partícula grega 'pará', que significa 'ao lado de', 'lado a lado', e 'estatal', adjetivo formado sobre o nome latino 'status', que tem o sentido de Estado. À letra, paraestatal é algo que não se confunde com o Estado, porque caminha lado a lado, paralelamente ao Estado" (*Administração Indireta Brasileira*, Rio de Janeiro, Forense, 1986, p. 140).

ções educacionais e assistenciais, sem fins lucrativos, gozando, destarte, da imunidade prevista no art. 150, VI, "c", da Constituição Federal, em relação aos impostos – e outros tributos que revistam esta característica – incidentes sobre a renda (IR, IOF, grandes fortunas etc.), o patrimônio (ITR, IPVA, IPTU, ITBI etc.) ou os serviços (ISS), relacionados com suas atividades essenciais. Sustentável, ainda, que, enquanto perseguem seus objetivos institucionais, não são alcançáveis pelo ICMS-importação, pelo Imposto sobre a Importação, pelo IPI e pelas "*contribuições*" a que aludem os arts. 149, § 2º[27] e, 195, § 7º,[28] da Constituição Federal.

Mesmo as que se limitam a desenvolver atividades educacionais *lato sensu*,[29] podem ser havidas por *entidades beneficentes de assistência social*, nos termos do art. 195, § 7º, da Constituição Federal.[30] Deveras, a atividade educacional integra a assistência social. Afinal, é por meio da educação que se promove a cultura e, por via de conseqüência, eleva-se o nível social das pessoas. Vem em abono da assertiva o próprio art. 203, III, da Constituição Federal, quando estabelece que a assistência social abrange a "promoção da integração ao mercado de trabalho", o que, evidentemente, só é possível mediante prévia educação.

Para não ficar no plano das simples alegações, estas idéias serão mais bem desenvolvidas.

4. A intributabilidade das entidades em foco, por meio de "imposto sobre a renda e de contribuição social sobre o lucro líquido". Sua tributabilidade por meio de COFINS e de contribuição para o PIS/PASEP

As entidades em foco, no exercício de suas funções típicas, estão a salvo da tributação, quer por meio de *imposto sobre a renda da pessoa jurídica* (IRPJ), quer de *contribuição social sobre o lucro* (CSLL).

27. As *contribuições sociais* e *de intervenção no domínio econômico* que incidem sobre as receitas decorrentes de exportação são figuras exacionais recondutíveis à espécie *imposto*.

28. As *contribuições para a seguridade social*, recolhidas pelas *entidades beneficentes de assistência social*, têm natureza jurídica de *imposto*.

29. Sobre as atividades educacionais *lato sensu* escrevi: "O benefício (da imunidade das instituições educacionais, sem fins lucrativos) também alcança o museu, o centro de pesquisas, as academias de letras, artes e ciência e outras entidades congêneres, que, embora não tenham objetivos estritamente didáticos, também contribuem para a educação" (*Curso de Direito Constitucional Tributário*, 20ª ed., São Paulo, Malheiros Editores, 2004, p. 704; esclareci no parêntese).

30. V., *infra*, subitem 8.2-VIII.

I – Por força do disposto no art. 153, III, da Lei Magna, a União tem competência para tributar, por meio de imposto, a "renda e os proventos de qualquer natureza".

"Renda e proventos de qualquer natureza" são disponibilidades de riqueza nova, vale dizer, acréscimos patrimoniais experimentados, pelo contribuinte, num dado período de tempo (em geral, um ano).

Ao contrário do que alguns supõem, o legislador federal não possui total liberdade para tratar do assunto. É que o conceito "renda e proventos de qualquer natureza" há de necessariamente levar em conta a *capacidade contributiva* do sujeito passivo, se por mais não fosse, porque este é o princípio informador dos impostos (cf. art. 145, § 1º, 1ª parte, da CF).

Ora, o princípio da capacidade contributiva somente será prestigiado se o imposto em exame incidir sobre os *ganhos efetivos* havidos pelo contribuinte (pessoa física o jurídica), durante certo lapso temporal; nunca sobre o patrimônio, as indenizações recebidas, os *superávits* experimentados etc.

Portanto, a *hipótese de incidência possível* do imposto sobre a renda – inclusive das pessoas jurídicas (IRPJ) – é *auferir, durante um lapso de tempo, legislativamente determinado, riqueza nova.*

Já a base de cálculo da exação é uma *medida* desta *riqueza nova*, como, de resto, acertadamente proclama o art. 44, do Código Tributário Nacional ("a base de cálculo do imposto é o montante real, arbitrado ou presumido, da renda ou dos proventos tributáveis").

Segue nesta trilha, o art. 219, do Regulamento do Imposto sobre a Renda e Proventos de Qualquer Natureza (Decreto n. 3.000/1999), quando estipula que "a base de cálculo do imposto, determinada segundo a lei vigente na data de ocorrência do fato gerador, é o lucro real, presumido ou arbitrado, correspondente ao período de apuração".

Em suma, a *base de cálculo possível* do IR é o *montante da renda líquida efetivamente obtida, durante certo lapso de tempo* (em geral, o *exercício financeiro*). Se sua base de cálculo levar em conta elementos estranhos à *renda líquida* – que, no caso da pessoa jurídica, é designada *lucro* – descaracterizar-se-á o perfil constitucional do tributo.

Deixando de lado detalhes, que não vêm para aqui, *lucro* é o *resultado positivo* experimentado pela pessoa jurídica, num dado período de apuração, abatidos os valores empregados para obtê-lo. O lucro enseja um acréscimo na capacidade econômica do contribuinte ou, se preferirmos, revela disponibilidade de riqueza nova.

Pois bem, como as entidades em foco, no exercício de suas funções típicas, não experimentam, juridicamente falando, *lucro* (mas, apenas, como adiante se verá, *superávit*), escapam à tributação por meio de IRPJ.

II – No que concerne à *contribuição social sobre o lucro líquido* (CSLL), a Constituição Federal trata do assunto em seu art. 195, I, "c", *verbis*:

"Art. 195. A seguridade social será financiada por toda a sociedade, de forma direta e indireta, nos termos da lei, mediante recursos provenientes dos orçamentos da União, dos Estados, do Distrito Federal e dos Municípios, *e das seguintes contribuições sociais*:

"I – do empregador, *da empresa* e da entidade a ela equiparada na forma da lei, *incidentes sobre*:

"(...)

"c) *o lucro*; (...)" (grifei).

Portanto, uma das contribuições voltadas à mantença da Seguridade Social é, sem dúvida, a *contribuição social sobre o lucro líquido* (CSLL). Sua *regra-matriz constitucional* agrega, de modo indissociável, a idéia de *destinação*.[31] Quero sublinhar, com tal assertiva, que, por imperativo da Lei Maior, os ingressos advindos da arrecadação deste tributo devem necessariamente destinar-se à Seguridade Social.

Muito bem, tal *contribuição social* foi instituída pela Lei n. 7.689, de 15.12.1988.

É interessante notar que, tanto a *contribuição social sobre o lucro líquido*, quanto o *imposto sobre a renda da pessoa jurídica*, incidem sobre o mesmo fenômeno: o ***lucro*** da pessoa jurídica.

Com efeito, o art. 2º, da Lei n. 7.689/1988, declara que a base de cálculo desta *contribuição* é o "valor do resultado do exercício antes da provisão do imposto de renda". Esta frase há de ser entendida como sinônima de "lucro", até porque é justamente sobre ele, que a Constituição autoriza a criação do tributo em tela. O que a diferencia do imposto sobre a renda é simplesmente a *finalidade* que deve perseguir, qual seja, o custeio da Seguridade Social.

31. Assim, em relação à *contribuição social sobre o lucro*, não vale a restrição contida no art. 167, IV, da Constituição Federal, *verbis*: "São vedados (...) a vinculação de receita de impostos a órgão, fundo ou despesa, ressalvadas a repartição do produto da arrecadação dos impostos a que se referem os arts. 158 e 159, a destinação de recursos para manutenção e desenvolvimento do ensino, como determinado pelo art. 212, e a prestação de garantias às operações de crédito por antecipação de receita, previstas no art. 165, § 8º, bem assim o disposto no § 4º, deste artigo".

A base de cálculo da "contribuição social sobre o lucro" deverá ser apurada do mesmo modo que a do imposto sobre a renda da pessoa jurídica. É o que de resto estabelece o art. 57, da Lei n. 8.981/1995:

> "Art. 57. Aplicam-se à Contribuição Social sobre o Lucro (Lei n. 7.689, de 1988) as mesmas normas de apuração e pagamento estabelecidas para o imposto de renda das pessoas jurídicas, mantidas a base de cálculo e as alíquotas previstas na legislação em vigor, com as alterações introduzidas por esta Lei".

O *quantum debeatur* da CSLL deverá corresponder, pois, a um percentual do *lucro*, como, aliás, estabeleceu a lei de regência.

Logo, as mesmas razões que me levam a sustentar o descabimento de IRPJ sobre os valores recebidos pelas entidades em foco, no exercício de suas funções típicas (vide, *supra*, item I), militam no sentido de que, sobre eles, também não incide a CSLL.

Colocando a idéia de outro modo, as entidades em foco, enquanto praticam atos típicos, não se sujeitam à tributação por meio de CSLL, já que não auferem *lucro*.

III – Relembro que, sem a indispensável presença do *lucro*, *não há* a menor possibilidade de incidência, quer do *imposto sobre a renda da pessoa jurídica*, quer da *contribuição social sobre o lucro líquido*.

Ora, as entidades em foco nunca obtêm lucro, até porque este não é o objetivo para o qual foram criadas. Deveras, na condição de instituições assistenciais e educacionais, sem fins lucrativos, visam amparar, da melhor forma possível, as Universidades e entidades públicas a que estão ligadas. Se, no desempenho de suas funções típicas, logram obter resultados econômicos positivos, estes devem ser juridicamente qualificados, não como *lucro*, mas como *superávit*.

Logo, quando experimentam *superávits* não podem ser validamente compelidas a recolher, nem o *imposto sobre a renda da pessoa jurídica*, nem a *contribuição social sobre o lucro*.

Mas, afinal, por que elas não têm – nem podem vir a ter – lucro?

Simplesmente porque o lucro é o escopo primacial das empresas privadas. Não das entidades em foco, às quais não é dado estatutariamente persegui-lo; muito menos, alcançá-lo. A ocasional diferença, para mais, entre suas receitas e despesas, é *superávit*.

Reiterando o que afirmei na primeira parte deste estudo, o § 4º, do art. 150, da Constituição Federal, está longe de exigir que as instituições assistenciais ou educacionais, sem fins lucrativos, fujam dos resultados econômicos positivos ou, quando muito, se limitem a ajustar suas receitas aos custos operacionais. Pelo contrário, podem ter sobras financeiras, que as levem a melhor atingir seus altos objetivos. O que lhes é vedado é distribuir tais saldos entre seus dirigentes, fundadores, funcionários ou colaboradores.

Aliás, a própria imunidade do art. 150, VI, "c", da Constituição Federal, só se justifica em razão da possibilidade das instituições educacionais e assistenciais virem a obter receitas positivas. Sem elas, a regra imunizante seria inócua, pois, inocorrendo o *fato imponível* seja do imposto sobre a renda, seja da contribuição social sobre o lucro líquido, estes tributos não poderiam ser nem lançados, nem cobrados.

Muito bem, é juridicamente impossível fazer incidir os tributos em estudo sobre o *superávit*. Ou, se preferirmos: o fato "obter *superávit*" não pode suscitar o nascimento, seja do IRPJ, seja da CSLL.

IIIa – Absolutamente não se confunde o *excedente contábil* obtido no exercício de atividade pública e o experimentado no desempenho de atividade econômica capitalista.

Para começo de raciocínio, no caso das empresas capitalistas, o excedente contábil é *lucro*, ao passo que, nas pessoas administrativas, é mero *superávit*.

O *superávit*, nos termos da Constituição e da lei, é *meio* e, não, *fim*. Melhor esclarecendo, é o *meio* que trará, à pessoa administrativa, as receitas necessárias ao custeio das atividades públicas para as quais foi criada.

Nunca é demais lembrar que as instituições assistenciais e educacionais, sem fins lucrativos, são criadas para servir,[32] vale dizer, para atingir, com a *máxima eficácia social possível* (Eros Roberto Grau), determinados objetivos que a ordem jurídica considera relevantes.[33]

Já o excedente contábil das empresas privadas, no desempenho de suas atividades econômicas capitalistas, é – este sim – *lucro*. Elas são preordenadas a obtê-lo,[34] o que, em nosso sistema econômico, é, com algumas limitações (determinadas pelos fins sociais que todas as empresas

32. O lucro, portanto, *não é* a finalidade destas entidades. Sua finalidade é satisfazer aos interesses coletivos, que Renato Alessi, em lição sempre repetida, chama de "interesses públicos primários". Seguindo na trilha do grande administrativista, o *superávit* experimentado pelas instituições assistenciais e educacionais, sem fins lucrativos, insere-se no campo dos "interesses públicos secundários".

33. *V.g.*, favorecer a pesquisa.

34. Modesto Carvalhosa, interpretando o art. 2º, da Lei das Sociedades por Ações, observou que "(...) as companhias estatais visam ao interesse público, *ao passo que as sociedades anônimas privadas, através dos mesmos meios empresariais, objetivam a maximização de lucros, num regime de livre concorrência*" (*Comentários à Lei das Sociedades Anônimas*, São Paulo, Saraiva, 1977, p. 14; grifei).

são constitucionalmente obrigadas a perseguir), normal e legítimo, como se depreende da análise dos arts. 5º, XIII, XXII e XXIII; 43, § 2º, II; 164, § 2º; e, 170 e ss., todos da Constituição Federal.

Reforçando a tese: o excedente contábil – *causa* da atividade privada capitalista – não influi decisivamente na formação dos atos de benemerência das instituições educacionais e assistenciais, sem fins lucrativos.

Sobremais, a tendência do *lucro* é ser distribuído entre os capitalistas, ao passo que o *superávit* sempre será reinvestido, para o melhor desempenho da função pública ou, quando pouco, de interesse público.

IIIb – Nada impede que as instituições assistenciais e educacionais, sem fins lucrativos, obtenham receitas positivas, exatamente para reinvesti-las na consecução de seus elevados objetivos. A existência de *superávit*, além de não-proibida, é sinal inequívoco de boa administração, devendo até ser estimulada. Afinal, auferindo receitas positivas e, em razão disso, fazendo crescer seu patrimônio, a entidade disporá de maiores e melhores meios materiais, para atingir seus elevados fins.

A própria lei de elaboração orçamentária (Lei n. 4.320/1964), em diversas passagens (no art. 7º, § 1º, no art. 11, § 3º e no art. 43, § 1º, I e § 2º), alude ao *superávit* e a seu antônimo, o *déficit*. Estes fenômenos são, pois, corriqueiros, deles já tendo se ocupado a literatura especializada e a jurisprudência.

O resultado financeiro da pessoa administrativa, traduzido num *superávit* ou num *déficit*, não pode ser juridicamente confundido com o *lucro* ou seu oposto, o *prejuízo*.

O lucro, diga-se de passagem, é incompatível com a própria função das instituições assistenciais e educacionais, que, por injunção de seus estatutos, colimam a satisfação do interesse público, com a máxima eficácia social possível. Ora, tal escopo é incompatível com o fito de lucro.

Assim, o balanço de uma verdadeira instituição assistencial e educacional, sem fins lucrativos, pode até apresentar *superávit*; nunca, jamais, *lucro*.

A propósito, quando a Constituição Federal, em seus arts. 172[35] e 173, § 4º,[36] menciona "lucros", ela o faz dentro do contexto das ativi-

35. Constituição Federal: "Art. 172. A lei disciplinará, com base no interesse nacional, os investimentos de capital estrangeiro, incentivará os reinvestimentos e regulará a remessa *de lucros*" (grifei).

36. Constituição Federal: "Art. 173. Ressalvados os casos previstos nesta Constituição, a exploração direta de atividade econômica pelo Estado só será permitida quando

dades econômicas empresariais. Uma interpretação sistemática destes dispositivos revela que só as empresas privadas podem obter "lucros", já que sua finalidade é esta.

As instituições educacionais e assistenciais, sem fins lucrativos, não almejam proveitos econômicos. Antes, sua razão de ser é o atingimento dos objetivos públicos que as fizeram nascer. Se, na perseguição destes mesmos objetivos circunstancialmente surgirem saldos econômicos apropriáveis (*superávits*), tanto melhor: disporão de mais e melhores meios para realizar suas atividades típicas.

Vai daí que as instituições assistenciais e educacionais sem fins lucrativos, podem, quando muito, alcançar saldos de caixa (*superávits*), que não revelam capacidade contributiva, mas se constituem em meros instrumentos para a melhor produção de utilidades públicas.

IIIc – Tudo isto reconduz à idéia inicial: por não obterem *lucros* (na acepção jurídica do termo), as entidades em foco, mesmo quando, em decorrência de seu agir, experimentam *superávits*, não podem ser alvo de tributação por meio de imposto sobre a renda da pessoa jurídica (IRPJ) e de contribuição social sobre o lucro (CSLL).

IV – Todavia, as entidades em foco, no que concerne à COFINS e ao PIS/PASEP, continuam sujeitas às regras insculpidas na Medida Provisória n. 2.158-35, de 24.8.2001.

Recorde-se que a contribuição para o PIS/PASEP foi criada pela Lei Complementar n. 7, de 7.9.1.970, tendo por base de cálculo o *faturamento* (receita bruta) obtido pelas pessoas jurídicas (cf. art. 1º e seu § 1º, da Lei n. 10.637/2002).[37]

Já, a COFINS foi instituída pela Lei Complementar n. 70, de 30.12.1991, incidindo "sobre o faturamento mensal, assim considerado a receita bruta das vendas de mercadorias, de mercadorias e serviços e de serviço de qualquer natureza" (art. 2º). A base de cálculo deste tributo

necessária aos imperativos da segurança nacional ou a relevante interesse coletivo, conforme definidos em lei. (...) § 4º. A lei reprimirá o abuso do poder econômico que vise à dominação dos mercados, à eliminação da concorrência e ao aumento arbitrário dos *lucros*" (grifei).

37. Lei n. 10.637, de 30.12.2002: "Art. 1º. A contribuição para o PIS/PASEP tem como fato gerador o faturamento mensal, assim entendido o total das receitas auferidas pela pessoa jurídica, independentemente de sua denominação ou classificação contábil.

"§ 1º. Para efeitos do disposto neste artigo, o total das receitas compreende a receita bruta da venda de bens e serviços, nas operações em conta própria ou alheia e todas as demais receitas auferidas pela pessoa jurídica".

também é o *faturamento* (mensal) do contribuinte, como reiteram o art. 1º e seu § 1º, da Lei n. 10.833/2003.[38]

Faturamento é a expressão econômica de operações mercantis ou similares, realizadas por empresas que, por imposição legal, sujeitam-se ao recolhimento do PIS/PASEP e da COFINS. Corresponde, em última análise, ao *somatório* dos valores das operações negociais realizadas pelo contribuinte. *Faturar*, em suma, é obter *receita bruta*, proveniente da venda de mercadorias ou, em alguns casos, da prestação de serviços.

Noutras palavras, *faturamento* é a contrapartida econômica, auferida, como *riqueza própria*, pelas empresas, em conseqüência do desempenho de suas atividades típicas.

Após o advento da Emenda Constitucional n. 20, 15.12.1998, houve uma ampliação das *bases de cálculo possíveis* das *contribuições sociais*, dentre as quais se inscrevem o PIS/PASEP e a COFINS.

Em que pese meu entendimento – manifestado até em livro[39] –, no sentido de que, neste ponto, a predita emenda é inconstitucional, por malferir direitos fundamentais dos contribuintes, o fato é que tem prevalecido a idéia, inclusive em nossos Pretórios,[40] de que outras receitas, além do faturamento, estariam incluídas nas *bases de cálculo possíveis* das *contribuições sociais*.

Assim, deixando de lado aspectos acadêmicos, convém que se acate, por motivos de ordem prática, o pensamento predominante, qual seja o de que, no que atina ao PIS/PASEP e à COFINS, compõem o *faturamento* das pessoas jurídicas quaisquer receitas por elas auferidas, na linha – frise-se – do art. 1º e seu § 1º, da Lei n. 10.637/2002 (no caso do PIS) e do art. 1º e seu § 1º, da Lei n. 10.833/2003 (no caso da COFINS).

Registro, ainda, que, para os casos gerais, a alíquota da contribuição para o PIS/PASEP é de 1,65% (arts. 1º e 2º, da Lei n. 10.637/2002) sobre o faturamento mensal e, da COFINS, de 7,6% (arts. 1º e 2º, da Lei n.

38. Lei n. 10.833, de 29.12.2003: "Art. 1º. A Contribuição para o Financiamento da Seguridade Social – COFINS, com incidência não-cumulativa, tem como fato gerador o faturamento mensal, assim entendido o total das receitas auferidas pela pessoa jurídica, independentemente de sua denominação ou classificação contábil.

"§ 1º. Para efeito do disposto neste artigo, o total das receitas compreende a receita bruta de venda de bens e serviços nas operações em conta própria ou alheia e todas as demais receitas auferidas pela pessoa jurídica".

39. *Curso...*, cit., pp. 552 e ss.

40. Dizia Shakespeare, no *Mercador de Veneza*, por meio da astuta personagem Shylock, que mais vale conhecer as opiniões do juiz, que o prescrito na lei.

10.833/2003), sobre a mesma base de cálculo, observado o *princípio da não-cumulatividade*.

No caso, porém, das pessoas jurídicas imunes a impostos, tais tributações ainda se desenvolvem sob a égide da legislação anterior, vale dizer, da Medida Provisória 2.158-35, de 24.8.2001 (*ex vi* do art. 8º, IV, da Lei n. 10.637/2002[41] e do art. 10, IV, da Lei n. 10.833/2003[42]).

Observo, antes de tudo, que a Medida Provisória 2.158-35/2001, embora não tenha sido, até hoje, convolada em lei formal, possui plena vigência, validade e eficácia, em função do que dispõe o art. 2º, da Emenda Constitucional n. 32, de 12.9.2001, *verbis*: "Art. 2º. As medidas provisórias editadas em data anterior à da publicação desta emenda continuam em vigor até que medida provisória ulterior as revogue explicitamente ou até deliberação definitiva do Congresso Nacional".

Assim, retomando o fio do raciocínio, as pessoas jurídicas imunes a impostos continuam pagando o PIS/PASEP e a COFINS no chamado *sistema cumulativo*, sob as alíquotas de, respectivamente, 0,65% e 3% das receitas auferidas.

Todavia, as entidades em foco, porque fundações de Direito Privado, estão, *no mínimo*,[43] isentas da COFINS, a partir de 1º de janeiro de 1999, e devem recolher o PIS/PASEP, com base na folha de salários, debaixo da alíquota de 1% (um por cento).

Com efeito, estipula o art. 14, X, da Medida Provisória 2.158-35/2001:

> "Art. 14. Em relação aos fatos geradores ocorridos a partir de 1º de fevereiro de 1999, são isentas da COFINS as receitas:
>
> "(...)
>
> "X – relativas às atividades próprias das entidades a que se refere o art. 13."

Já, o predito art. 13, em seu *caput* e inc. VIII, reza:

> "Art. 13. A contribuição para o PIS/PASEP será determinada com base na folha de salários, à alíquota de um por cento, pelas seguintes entidades:

41. Estabelece o art. 8º, IV, da Lei n. 10.637, de 30.12.2002: "Art. 8º. Permanecem sujeitas às normas da legislação da contribuição para o PIS/PASEP, vigentes anteriormente a esta Lei, não se aplicando as disposições dos arts. 1º a 6º: (...) IV – as pessoas jurídicas imunes a impostos".

42. Prescreve o art. 10, IV, da Lei n. 10.833/2003: "Art. 10. Permanecem sujeitas às normas da legislação da COFINS, vigentes anteriormente a esta Lei, não se lhes aplicando as disposições dos arts. 1º a 8º: (...) IV – as pessoas jurídicas imunes a impostos".

43. Escrevi "*no mínimo*", porque, como cuidarei de demonstrar no subitem 8.2-VIII, é sustentável, pelo menos em linha de princípio, que as entidades em foco, dada sua condição *também de entidades beneficentes de assistência social*, são imunes às contribuições para a seguridade social e, deste modo, à COFINS e ao PIS/PASEP.

"(...)

"VIII – *fundações de direito privado* e fundações públicas instituídas ou mantidas pelo Poder Público" (grifei).

Deste modo – *desconsiderando a questão da imunidade tributária* –, as entidades em foco, que obtêm receitas apenas para levar avante seus objetivos institucionais (não visam o lucro),[44] permanecem, desde 1º de janeiro de 1999, isentas da tributação por meio de COFINS e precisam recolher o PIS/PASEP à alíquota de 1% (um por cento), sobre a folha de salários.

5. *A intributabilidade das entidades em foco por meio de IPTU*

As entidades em foco também são imunes à tributação por meio de *imposto predial e territorial urbano* (IPTU), enquanto proprietárias ou possuidoras de imóveis urbanos, necessários ao desempenho de suas atividades típicas.

A mesma imunidade se faz sentir sobre os imóveis, de suas propriedades, que locam a terceiros, para atingir seus objetivos institucionais. O fundamental, no caso, é que as receitas obtidas se destinem ao custeio de suas atividades típicas.

Saliento que, quando locam imóveis de sua propriedade, não há falar em *desvio de finalidade*, se as receitas daí provenientes, formando reservas, irão facilitar o pleno atingimento de seus objetivos institucionais.

Nunca é demais lembrar que, para o reconhecimento da imunidade de instituições assistenciais e educacionais, sem fins lucrativos, não é necessário que se abstenham de auferir saldos econômicos apropriáveis, inclusive resultantes da locação de imóveis, mas, apenas, que destinem os respectivos resultados ao custeio de suas funções institucionais. O fundamental, sim, é que tais saldos sejam utilizados como *meio* para o pleno atingimento de seus *fins públicos*.

6. *A intributabilidade das entidades em foco, por meio de ISS*

As entidades em foco, enquanto desempenham suas atividades típicas, não se sujeitam ao *imposto sobre serviços de qualquer natureza*

44. Caso tivessem caráter negocial, as entidades em foco, aí sim, sujeitar-se-iam à COFINS, seja em função do que estabelece a Lei n. 9.718/1998, seja em homenagem ao *princípio da livre concorrência*. Limitam-se, entretanto, a obter recursos para atingir suas finalidades essenciais.

(ISS), cuja *regra-matriz* encontra-se desenhada no art. 156, III, da Constituição Federal, *verbis*:

"Art. 156. Compete aos Municípios instituir impostos sobre:

"(...)

"III – serviços de qualquer natureza, não compreendidos no art. 155, II, definidos em lei complementar."

Percebe-se que o ISS, de competência municipal, incide sobre serviços de qualquer natureza, exceto os de transporte intermunicipal e de comunicação, que, compreendidos no art. 155, II, da Constituição Federal, são tributáveis pelos Estados-membros, por meio de ICMS.

Na realidade, o ISS não alcança simplesmente os serviços de qualquer natureza, mas as *prestações onerosas de serviços de qualquer natureza*. Os serviços de qualquer natureza só ganham relevância jurídica, para fins de ISS, quando decorrem de contratos onerosos de prestação de serviços.

Em linguagem mais técnica, a *hipótese de incidência possível*, nos termos da Constituição Federal, do ISS é prestar, a terceiros, em caráter negocial, serviços de qualquer natureza. A onerosidade, no caso, é essencial, já que qualquer imposto (e o ISS é um imposto) só pode nascer de fatos econômicos, vale dizer, apreciáveis em pecúnia.[45]

Portanto, o tributo ora em estudo surge do fato de uma pessoa prestar, a terceiro, mediante contraprestação econômica, serviços de qualquer natureza.

Mas não apenas isto: como leciona Elizabeth Nazar Carrazza,[46] os serviços alcançáveis pelo ISS são só os prestados *sob regime de Direito Privado*. O ISS, para nascer *in concreto*, depende, pois, da existência de um serviço, prestado com autonomia e fito de lucro.

Logo, o serviço sobre o qual pode incidir o ISS é o colocado *in commercium*, sendo submetido, em sua prestação, ao regime de Direito Privado, que se caracteriza pela autonomia das vontades e pela igualdade das partes contratantes.

A idéia é suficientemente lata, de modo a albergar toda e qualquer prestação de utilidade, assim material (*v.g.*, uma obra de engenharia), como imaterial (p. ex., os serviços prestados por profissionais liberais *stricto sensu*), que não tipifique *serviço público*.

45. Esta é uma conseqüência inafastável do princípio da capacidade contributiva.

46. *O ISS na Constituição*, Dissertação de Mestrado, inédita, apresentada na PUC-SP, em 1976.

De fato, o serviço público, isto é, *a prestação de utilidade material, fruível individualmente, sob regime de direito público*,[47] escapa ao ISS, nos expressos termos do art. 150, VI, "a", da Constituição Federal.[48]

Este dispositivo veda que os serviços da alçada do Poder Público (serviços públicos) abram espaço à tributação por meio de *impostos*. O interesse público, no caso, sobrepaira o direito que o Município tem de realizar receitas. Por isso, o serviço público não integra o campo dos serviços tributáveis.

Detalhando o assunto, Aires Fernandino Barreto averba:

> "Será, pois, logicamente aberrante (e inconstitucional) a previsão de 'imposto' recaindo sobre o patrimônio, as rendas e os serviços das pessoas públicas – por isso, inclusive, referidos pela regra imunitória do art. 150, VI, "a", da Constituição Federal.
>
> "(...)
>
> "*Disso resulta evidente e manifesto que a prestação de serviços públicos* – típica e ontológica atividade estatal que é – *não pode consistir em hipótese de incidência de imposto; de nenhum imposto, inclusive do imposto sobre serviços*."[49]

Ademais, os impostos, aí compreendido o ISS, só podem tomar por base de cálculo o valor de fatos regidos pelo Direito Privado; jamais – sob pena de irremissível inconstitucionalidade – o valor econômico de atuações estatais (*v.g.*, a assistência social).

Peço vênia para insistir que os serviços públicos são imunes aos impostos, quer enquanto prestados pelas pessoas políticas que têm competência administrativa para tanto, quer por instituições educacionais e assistenciais, sem fins lucrativos.

Logo, nos termos da Constituição, o ISS *só pode nascer* da prestação, a terceiro, de uma utilidade (material ou imaterial), com conteúdo econômico, sob regime de Direito Privado, mas não trabalhista.

47. Este conceito de serviço público deita raízes nas clássicas lições de Celso Antônio Bandeira de Mello, *verbis*: "Serviço público é toda atividade de oferecimento de utilidade ou comodidade material fruível diretamente pelos administrados, prestada pelo Estado ou por quem lhe faça as vezes, sob um regime de direito público – portanto consagrador de prerrogativas de supremacia e de restrições especiais – instituído pelo Estado em favor dos interesses que houver definido como próprios no sistema normativo" (*Prestação de Serviços Públicos e Administração Indireta*, São Paulo, Ed. RT, 1973, p. 1).

48. Constituição Federal: "Art. 150. Sem prejuízo de outras garantias asseguradas ao contribuinte, é vedado à União, aos Estados, ao Distrito Federal e aos Municípios: (...) VI – instituir impostos sobre: a) patrimônio, renda ou serviços, uns dos outros".

49. *ISS na Constituição e na Lei*, Dialética, São Paulo, 2003, p. 61 (grifei).

6.1 Os "serviços definidos em lei complementar"

I – Sem embargo da opinião em contrário da melhor doutrina (José Souto Maior Borges, Geraldo Ataliba, Aires Barreto, Paulo de Barros Carvalho, Misabel Derzi etc.), tem prevalecido o entendimento de que cabe à lei complementar apontar quais serviços podem ser tributados, pelos Municípios, por meio de ISS e, por exclusão, quais os que escapam à incidência deste tributo.

Noutras palavras, a *Lista de Serviços* é havida por ***taxativa***, de tal sorte que só quem presta os serviços nela referidos pode ser alcançado pelo ISS.

Com supedâneo nesta diretriz – que não discutirei – a Lei Complementar n. 116/2003[50] veicula uma *Lista de Serviços* tributáveis pelos Municípios. Sob esta óptica, somente a pessoa que vier a prestar um dos serviços nela expressamente referidos poderá ser alcançada pelo ISS.

Dito de outro modo, a maioria dos doutrinadores aceita que a *Lista* encerra um *numerus clausus*, de tal sorte que prestações que tipificam serviços podem perfeitamente nela não estar incluídas, inibindo, destarte, a competência tributária dos Municípios. Portanto, para os adeptos desta corrente, o Município não pode, nem mesmo por meio de lei, ampliar o rol de serviços constantes da *Lista*.

Tal linha de pensamento tem encontrado boa acústica em nossos Tribunais, sendo mansa, pacífica e remansosa no Pretório Excelso.[51]

Assim, vou aceitar, *como premissa de trabalho*, que compete à lei complementar apontar os serviços que os Municípios estão credenciados a tributar por meio de ISS. Em contranota, vou igualmente aceitar que, à falta de autorização em lei complementar, não é dado, aos Municípios, tributar qualquer serviço. Ou, em se preferindo, terei presente que os Municípios podem tributar ***apenas*** os serviços de qualquer natureza, que a lei complementar vier a definir.

II – Uma coisa, porém, é certa: fatos que não configuram prestações de serviços privados, ou que estejam no *campo material* de impostos

50. Nos termos de seu art. 10, a Lei Complementar n. 116/03 revogou "os arts. 8º, 10, 11 e 12 do Decreto-lei n. 40, de 31 de dezembro de 1968; os incisos III, IV, V e VII do art. 3º do Decreto-lei n. 834, de 8 de setembro de 1969; a Lei Complementar 22, de 9 de dezembro de 1974; a Lei Complementar n. 56, de 15 de dezembro de 1987; e a Lei Complementar n. 100, de 22 de dezembro de 1999.

51. O Supremo Tribunal Federal decidiu, vezes iterativas, que a *Lista de Serviços* tributáveis pelo Município é *taxativa*. Tudo sinaliza, pois, no sentido de que eventuais afrontas a esta posição cairão por terra, quando forem levadas à apreciação da mais alta Corte do País.

federais ou estaduais,[52] não podem ser tributados por meio de ISS, ainda que uma lei complementar assim o permita. Aliás, lei complementar deste jaez seria inconstitucional, porque estaria ampliando o âmbito de abrangência do ISS e, o que é muito pior, atropelando o direito subjetivo que todos os contribuintes têm, de só serem tributados pela pessoa política competente, observadas as regras-matrizes exacionais, postas no Diploma Magno.

Serviços novos só podem ser inseridos na *Lista* se forem, em tese, tributáveis por meio de ISS. Positivamente, a lei complementar não pode "arrolar" fatos intributáveis pelo ISS (*não-serviços*).

Também a *Lista* não pode criar *serviços tributáveis* por analogia, equiparação, ficção ou presunção. Menos ainda, considerar serviços, para fins de ISS, fatos regidos pelo Direito Público (os serviços públicos).

É que não é dado a nenhuma lei complementar transformar em serviço tributável por meio de ISS, o que não tipifica prestação de serviço privado, por faltar-lhe as características acima apontadas.

III – Logo, a lei complementar definidora de serviços tributáveis, não diz a última palavra, quando dá à estampa a *Lista de Serviços* (ainda que – insista-se – esta "*Lista*" seja havida por taxativa). ***Não***. Mesmo nesta hipótese, a última palavra já está dada pela Constituição Federal. A previsão em lei complementar, por si só, não garante que se está em face de verdadeira prestação de serviço, tributável por meio de ISS.

Detalhando o assunto, pode acontecer de a lei complementar incluir no rol dos serviços tributáveis pelos Municípios, serviços públicos. Neste caso, não há o que discutir: a lei complementar será flagrantemente inconstitucional.[53]

É que, mesmo que a lei complementar a tanto a "autorize", a lei municipal, ao cuidar do ISS, não poderá, por força do *princípio da rigidez das competências tributárias*, ir além do conceito de "serviços tributáveis", constitucionalmente posto.

Com base nestas ponderações, explicarei melhor por que o ISS não pode incidir sobre as entidades em foco, enquanto desempenham suas atividades típicas.

52. Absolutamente não pode a lei complementar submeter ao ISS fato jurídico que a Constituição reservou à tributação dos Estados ou da União. Se o fizer, será inconstitucional, por atentatória ao *princípio da reserva das competências tributárias*.

53. A competência tributária municipal para criar o ISS está delineada na Constituição Federal, não podendo ter suas fronteiras alteradas por meio de lei complementar.

6.2 Da impossibilidade de as entidades em foco serem alcançadas pelo ISS

I – Em face do exposto ao longo deste item, tenho por indisputável que as entidades em foco, enquanto desempenham, sem fins lucrativos, suas atividades típicas, são imunes ao ISS, a elas se aplicando, por inteiro, também neste particular, o precitado art. 150, VI, "c", da Constituição Federal.

E nem se diga que, por eventualmente se remunerarem por tais serviços, perdem o direito à imunidade em tela.

É o caso de invocar-se a clássica lição de Rui Barbosa: "quando o Direito dá os fins, dá também os indispensáveis meios". Assim, tudo o que de algum modo supre as ineficiências do Poder Público, no campo do ensino, da pesquisa e da assistência social, integra as finalidades específicas das entidades em foco.

II – Mas, *quid iuris*, diante dos *subitens 8.02 e 27.01*, da *Lista de Serviços*, veiculada pela Lei Complementar n. 116/2003, que estipula serem tributáveis, por meio de ISS, respectivamente, os serviços "*de instrução, treinamento, orientação pedagógica e educacional, avaliação de conhecimentos de qualquer natureza*" e "*de assistência social*"?

Estou convencido de que tais dispositivos não se aplicam às entidades em foco, que prestam, sem fins lucrativos ou econômicos, serviços de educação e assistência social, inequivocamente *públicos*. É o quanto basta para que não possam ser compelidas a recolher ISS.

Nunca é demais insistir que se um fato tipifica prestação de serviço público (porque obedece ao regime jurídico próprio da espécie), pouco importa, máxime para fins tributários, venha rotulado, pela Lei Complementar n. 116/03, "prestação de serviço", alcançável pelo ISS.

Disto decorre que os serviços educacionais e assistenciais prestados, sem fins lucrativos, pelas entidades em foco, não se transmudam em *prestações de serviços privados*, só porque uma interpretação literal dos dispositivos acima citados pode levar a tal errôneo entendimento.

Remarco que nem mesmo a lei complementar (no caso, a Lei Complementar n. 116/2003) pode quebrar a estrutura constitucional do ISS, muito menos para prejudicar direito subjetivo do contribuinte, qual seja, o de ser tributado na *forma* e nos *limites* permitidos pela Constituição. Vale aqui invocar a clássica lição de Marnoco e Souza: "o valor de uma

Constituição não está tanto no que nela se encontra disposto, como no modo como ela é aplicada".[54]

IIa – Evidentemente, os *subitens 8.02* e *27.01* em foco são constitucionais enquanto prevêem a tributação, por meio de ISS, das empresas que, em caráter negocial, prestam os serviços ali mencionados. É que tais empresas desempenham atividades econômicas e, bem por isso, negociam livremente preço, condições de pagamento, prazos, tudo em ordem a obter o almejado lucro.

Não é o caso das entidades em foco que visam, apenas, o atingimento de seus objetivos estatutários de bem servir à Comunidade. Se, por acaso, suas atividades lhes trazem resultados econômicos positivos, dão-se pressa em investi-los na própria instituição.

Nem se diga que estou reescrevendo os *subitens 8.02* e *27.01*, da *Lista de Serviços*, ou interpretando-os de acordo com minhas idiossincrasias; apenas os estou submetendo a uma interpretação consentânea com a Carta Constitucional.

III – Observo, por fim, que não se aplica, às entidades em foco, o mecanismo de retenção do ISS na fonte, previsto no art. 6º, da Lei Complementar n. 116/2003.[55]

Esclareço que, por meio de tal mecanismo, a pessoa, física ou jurídica, ao receber os valores decorrentes de um serviço de qualquer natureza por ela prestado, vê descontada, pelo tomador, a carga tributária, que será por este recolhida aos cofres públicos. Noutras palavras, recebe o preço do serviço, já abatido o ISS retido na fonte.

Ora, na medida em que as entidades em foco são, enquanto prestam seus serviços típicos, imunes ao ISS, a elas não se aplica a regra em questão. Do contrário, na prática, a imunidade do art. 150, VI, "c", da Constituição Federal, não existiria. Com efeito, recebido, com o desconto na fonte, o preço de seus serviços, ver-se-iam compelidas a entrar com ação de repetição do indébito contra o Município (ou o Distrito Federal), se quisessem fazer valer seu direito constitucional à imunidade.

54. *Constituição Política da República Portuguesa*, Coimbra, F. França Amado, 1913, p. 44.

55. Lei Complementar n. 116/2003: "Art. 6º. Os Municípios e o Distrito Federal, mediante lei, poderão atribuir de modo expresso a responsabilidade pelo crédito tributário a terceira pessoa, vinculada ao fato gerador da respectiva obrigação, excluindo a responsabilidade do contribuinte ou atribuindo-a a este em caráter supletivo do cumprimento total ou parcial da referida obrigação, inclusive no que se refere à multa e aos acréscimos legais".

Enfim, a literalidade do art. 6º, da Lei Complementar n. 116/2003, há de ser afastada, porque leva a conclusões atentatórias à imunidade tributária que beneficia as entidades em foco.

7. As entidades em foco e a Lei n. 9.532/1997

I – Como se viu na primeira parte deste artigo, as instituições assistenciais e educacionais sem fins lucrativos, para usufruírem da imunidade tributária contemplada no art. 150, VI, "c", da Constituição Federal, devem limitar-se a obedecer aos requisitos do art. 14, do Código Tributário Nacional.

Entretanto, na ânsia de coibir eventuais fraudes, a União acabou editando a Lei n. 9.532, de 10.12.1997 (lei ordinária federal), que, em seus arts. 12 e 15,[56] criaram outros requisitos – com repercussões especialmente no campo do imposto sobre a renda – para o pleno desfrute da imunidade em foco, *verbis*:

"Art. 12. Para efeito do disposto no art. 150, inciso VI, alínea 'c', da Constituição, considera-se imune a instituição de educação ou de assistência social que preste os serviços para os quais houver sido instituída e os coloque à disposição da população em geral, em caráter complementar às atividades do Estado, sem fins lucrativos.

"§ 1º. Não estão abrangidos pela imunidade os rendimentos e ganhos de capital auferidos em aplicações financeiras de renda fixa ou de renda variável.

"§ 2º. Para o gozo da imunidade, as instituições a que se refere este artigo, estão obrigadas a atender aos seguintes requisitos:

"a) não remunerar, por qualquer forma, seus dirigentes pelos serviços prestados;

"b) aplicar integralmente seus recursos na manutenção e desenvolvimento dos seus objetivos sociais;

"c) manter escrituração completa de suas receitas e despesas em livros revestidos das formalidades que assegurem a respectiva exatidão;

"d) conservar em boa ordem, pelo prazo de cinco anos, contado da data da emissão, os documentos que comprovem a origem de suas receitas e a efetivação de suas despesas, bem assim a realização de quaisquer outros atos ou operações que venham a modificar sua situação patrimonial.

"e) apresentar, anualmente, Declaração de Rendimentos, em conformidade com o disposto em ato da Secretaria da Receita Federal;

"f) recolher os tributos retidos sobre os rendimentos por eles pagos ou creditados e a contribuição para a seguridade social relativa aos empregados, bem assim cumprir as obrigações acessórias daí decorrentes;

"g) assegurar a destinação de seu patrimônio a outra instituição que atenda às condições para gozo da imunidade, no caso de incorporação, fusão, cisão ou de encerramento de suas atividades, ou a órgão público;

56. A redação destes artigos foi dada pelo art. 10, da Lei n. 9.718, de 27.11.1998.

"h) outros requisitos, estabelecidos em lei específica, relacionados com o funcionamento das entidades a que se refere este artigo.

"§ 3º. Considera-se entidade sem fins lucrativos a que não apresente 'superávit' em suas contas ou, caso o apresente em determinado exercício, destine referido resultado integralmente ao incremento de seu ativo imobilizado.

"(...)

"Art. 15. Consideram-se isentas as instituições de caráter filantrópico, recreativo, cultural e científico e as associações civis que prestem os serviços para os quais houverem sido instituídas e os coloquem à disposição do grupo de pessoas a que se destinam, sem fins lucrativos.

"§ 1º. A isenção a que se refere este artigo aplica-se, exclusivamente, em relação ao imposto de renda da pessoa jurídica e à contribuição social sobre o lucro líquido, observado o disposto no parágrafo subseqüente.

"§ 2º. Não estão abrangidos pela isenção do imposto de renda os rendimentos e ganhos de capital auferidos em aplicações financeiras de renda fixa ou de renda variável".

Ora, mesmo deixando de lado seu conteúdo (teratológico, porquanto desvirtua a eficácia e abrangência do art. 150, VI, "c", da Constituição Federal), os supramencionados arts. 12 e 15, da Lei n. 9.532/1997, nos pontos em que *foram além* do art. 14, do CTN, são inconstitucionais, por vício formal, já que, a pretexto de coibir abusos,[57] cuidam de matéria *sob reserva de lei complementar*.

Realmente, não é dado ao legislador ordinário traçar os limites da expressão "sem fins lucrativos" (art. 150, VI, "c", *in fine*, da CF). Menos ainda, restringi-la ou anulá-la, usurpando o direito subjetivo que as instituições assistenciais e educacionais receberam do Texto Magno, de não serem tributadas, quando se ajustam aos ditames do art. 14, do Código Tributário Nacional.

II – Como procurei demonstrar, as entidades em foco não perdem o direito à imunidade, mesmo quando obtêm resultados econômicos positivos. Basta que patrimônio, renda ou serviços estejam relacionados com suas "finalidades essenciais".

Também as medidas necessárias à multiplicação de tais *resultados econômicos positivos* estão a salvo de IOF, IR, CSLL e outros tributos que nascem de aplicações financeiras. É que tais exações, acaso exigidas, acabariam, por suas repercussões econômicas, desfalcando o patrimônio

57. Não se nega que, se houver comprovado abuso, que leve à fraude e à evasão fiscal, a conduta ilícita das instituições assistenciais e educacionais deve ser sancionada e, naturalmente, a imunidade do art. 150, VI, "c", da Constituição Federal, há de ser afastada. Mas isso somente porque não foram preenchidos os requisitos do art. 14, do CTN; não, pelo descumprimento do disposto nos arts. 12 e 15, da Lei n. 9.532/1997.

destas entidades, afastando-as de seus objetivos institucionais, quando não lhes comprometendo a sobrevivência.

Em suma, as entidades em foco devem ter respeitada a imunidade tributária que as beneficia, quando, por meio de operações financeiras, ampliam seus patrimônios, em ordem a melhor atingir seus elevados fins.

III – Por outro lado, para conservarem o benefício em questão, não precisam deixar de cobrar por seus serviços ou fazê-lo de modo apenas suficiente para afastar *décifits*, isto é, manter o equilíbrio de suas contas. Relembro que o art. 14, I, do *CNT*, não veda a obtenção de resultados econômicos positivos (sobras financeiras), mas, apenas, que sejam distribuídos, a qualquer título.

IV – A despeito do que dispõe o art. 12, § 2º, da Lei n. 9.532/1997, também não retira a imunidade das entidades em foco, a remuneração, por meio de salários, diárias, ajudas de custo etc., feita a seus dirigentes, pelos serviços por eles prestados. Deveras, o que há, no caso, são simples contraprestações econômicas pelo trabalho humano realizado; jamais, distribuição de lucros ou participação nos resultados ou patrimônio destas instituições.

V – Em remate, as entidades em foco, instituições educacionais e assistenciais, sem fins lucrativos, que preenchem os requisitos do art. 14, do CTN, não tiveram afastada, pela Lei n. 9.532/1997, a imunidade tributária do art. 150, VI, "c", da Constituição Federal.

8. As entidades em foco e a "isenção" do art. 195, § 7º, da CF

Estabelece o art. 195, § 7º, da Constituição Federal:

"Art. 195 (*omissis*):

"(...)

"§ 7º. São isentas de contribuição para a seguridade social as entidades beneficentes de assistência social que atendam às exigências estabelecidas em lei."

Neste contexto, a palavra "isentas" está empregada no sentido de "imunes".

Realmente, no caso, está-se diante de uma hipótese constitucional de não-incidência tributária, ou seja, de uma *imunidade*.

Assim, onde o leigo lê *isentas*, deve o jurista interpretar *imunes*. Melhor explicitando, a Constituição, nesta passagem, usa a expressão "são isentas", quando, em boa técnica, deveria ter usado a expressão "são imunes", pois, segundo a unanimidade da doutrina, a imunidade advém da Constituição, ao passo que a isenção deflui da lei.

Portanto, são imunes à tributação por meio de *contribuição para a seguridade social* as "entidades beneficentes de assistência social, que atendam às exigências estabelecidas em lei".

Uma interpretação literal deste dispositivo pode acarretar decisões incompatíveis com os valores sociais protegidos pela Constituição. Ao invés, uma interpretação sistemática vem ao encontro e preserva estes mesmos valores.

Em abono à inteligência que estou dando ao parágrafo em foco, começo por afirmar que o vetusto adágio "a lei quando quis dizer, disse; quando não quis, calou" (*lex, ubi voluit, dixit; ubi noluit tacuit*) e seu conhecidíssimo correspondente "a lei não contém palavras inúteis", estão totalmente superados.

Na verdade, cabe ao intérprete, diante da lei (inclusive e principalmente diante da lei constitucional), tanto afastar termos inúteis ou redundantes, como nela entrever palavras ocultas, suprindo omissões do legislador.

O intérprete tem a missão de corrigir equívocos e colmatar eventuais lacunas do político que, como representante do povo, elabora a lei com atecnias. Deve, pois, substituir o vocábulo impróprio ou acrescentar o vocábulo próprio, sempre que esta for uma exigência do sistema jurídico. Isto, sem dúvida, vale também para a lei constitucional.

Realmente, a linguagem constitucional, veiculadora de diretrizes principiológicas, faz com que as normas contidas na Lei Maior apresentem maior grau de abstração e, de conseguinte, menor densidade jurídica. Isto faz com que o intérprete tenha um considerável espaço de discricionariedade.

Confira-se, nesse sentido, a didática exposição de Luís Roberto Barroso:

> "A interpretação constitucional exige, ainda, a especificação de um outro conceito relevante, que é o de *construção*. Por sua natureza, uma Constituição contém predominantemente normas de princípio ou esquema, com grande caráter de abstração. Destina-se a Lei Maior a alcançar situações que não foram expressamente contempladas ou detalhadas no texto. Enquanto a interpretação, ensina Cooley, é a arte de encontrar o verdadeiro sentido de qualquer expressão, *a construção significa tirar conclusões a respeito de matérias que estão fora e além das expressões contidas no texto e dos fatores nele considerados. São conclusões que se colhem no espírito, embora não na letra da norma.* A interpretação é limitada à exploração do texto, ao passo que a construção vai além e pode recorrer a considerações extrínsecas."[58]

58. *Interpretação e Aplicação da Constituição*, São Paulo, Saraiva, 1996, pp. 97-98 (tirante o primeiro grifo, que é do autor, os demais são meus).

O que não se pode tolerar – muito menos na exegese de dispositivos constitucionais – é a afronta ao pensamento veiculado pela norma (*intentio constitutionis*).

Logo, deve haver entendimento quanto à arrumação lógica dos termos que compõem a mensagem legislativa. Este o ponto de partida das interpretações jurídicas, como, de resto, ensina Alf Ross:

"Toda interpretação do direito legislado começa com um texto, isto é, uma fórmula lingüística escrita. Se as linhas e pontos negros que constituem o aspecto físico do texto da lei são capazes de influir sobre o juiz, isto é assim, evidentemente, em razão de que eles possuem um significado que nada tem a ver com a substância física real. Esse significado é atribuído ao impresso pela pessoa que, mediante a faculdade da visão, tem experiência dos ditos caracteres. Sua função é a mesma de certos símbolos, vale dizer, eles *designam* ou *indicam* coisas distintas de si próprios."[59]

Fulcrado nas palavras do emérito professor da Universidade de Oxford, entendo que o § 7º, do art. 195, da Constituição Federal, veicula regra imunizante, que não pode ser destruída nem pela lei, nem, muito menos, por seu aplicador.

Sim, porque o art. 195, § 7º, da Carta Magna colima, acima de tudo, favorecer as entidades beneficentes de assistência social.

Logo, extraindo, em sua integralidade, a *substância* da comunicação escrita que o constituinte gravou no art. 195, § 7º, da Lei Maior "são imunes de contribuição para a seguridade social as entidades beneficentes de assistência social que atendam às exigências estabelecidas em lei".

Esta inteligência, de resto, foi abonada pelo eminente Min. Celso de Mello, do Supremo Tribunal Federal:

"A cláusula inscrita no art. 195, § 7º, da Carta Política – não obstante referir-se impropriamente à isenção de contribuição para a seguridade social –, contemplou as entidades beneficentes de assistência social com o favor constitucional da imunidade tributária, desde que por elas preenchidos os requisitos fixados em lei".[60]

Posto isto, será interpretado o tópico "que atendam às exigências estabelecidas em lei" e verificado se é constitucional a Lei n. 9.732/1998.

59. *Sobre el Derecho y la Justicia*, trad. de Genaro Carrió, Editorial Universitária de Buenos Aires, 1974, pp. 108-109 (traduzi; os grifos estão no original).

60. RO no MS 22.192-9 – 1ª T., j. 28.11.1995 – *DJ* de 19.12.1996, p. 51.802.

8.1 A natureza e o alcance da "lei" a que alude o art. 195, § 7º, "in fine", da CF

Já se viu que, nos termos do art. 195, § 7º, da Constituição Federal, são imunes de contribuição para a seguridade social, as entidades beneficentes de assistência social que atendam às exigências estabelecidas em lei.

Insisto que a *lei* ali referida só pode ser *complementar*, porque vai regular uma *imunidade tributária*, que é uma "*limitação constitucional ao poder de tributar*". Ora, o art. 146, II, da Constituição Federal determina que as limitações constitucionais ao poder de tributar venham reguladas por meio de lei complementar.

Acrescento, por oportuno, que, *in casu*, a lei complementar limitar-se-á a detalhar como se comprovará a ausência de fins lucrativos, para as entidades beneficentes de assistência social.

Pois bem. Ocupa o lugar de tal *lei complementar*, o art. 14, do Código Tributário Nacional. Assim, as entidades beneficentes de assistência social, para terem direito à imunidade, precisam apenas: a) aplicar integralmente no País seus rendimentos; b) remunerar seus quadros de acordo com as condições usuais de mercado; e, c) manter escrituração regular.

Imperioso asseverar, ainda, que a lei ordinária não pode – sob pena de irremissível inconstitucionalidade – criar outros requisitos, que não os apontados na lei complementar, para o pleno desfrute desta imunidade. De fato, ela não é instrumento próprio para veicular regras que condicionem a fruição da imunidade em pauta,[61] matéria *sob reserva de lei complementar*.

8.2 As inconstitucionalidades da Lei n. 9.732/1998

I – A Lei n. 9.732/1998 (lei ordinária), regulamentada pelo Decreto n. 30.048/1999, estabeleceu uma série de restrições para a fruição da imunidade de que trata o art. 195, § 7º, da Constituição Federal. Tais restrições praticamente inviabilizam o benefício constitucional.

Ora, como se viu, as situações de imunidade não podem ser desconstituídas por meio de *lei*, muito menos *ordinária*.

61. Por muito maior razão, também não se prestam a isso, o regulamento, a portaria, o parecer normativo, a ordem de serviço etc.

II – As entidades beneficentes de assistência social, que, sem fins lucrativos, associam-se ao Estado, levando avante pelo menos uma das atividades arroladas no art. 203, da Constituição Federal, são *imunes* (e, não, *isentas*) à tributação por meio de contribuições sociais para a seguridade social, desde que obedeçam aos requisitos apontados em lei complementar (art. 195, § 7º, da CF).

Acerca desta matéria, qualquer lei ordinária que venha a disciplinar o assunto terá, na melhor das hipóteses, caráter eminentemente declaratório. Se repetir a Constituição e a lei complementar, será inócua; se as restringir, inconstitucional.

É dentro deste contexto que devem ser entendidos o art. 55, da Lei n. 8.212/1991 e os arts. 4º e 7º, da Lei n. 9.732/1998 (leis ordinárias).

Dispõe o art. 55 (com sua nova redação, dada pelo art. 1º, da Lei n. 9.732/1998), da Lei n. 8.212/1991:

"Art. 55. Fica *isenta* das contribuições de que tratam os arts. 22 e 23 desta lei a entidade beneficente de assistência social que atenda aos seguintes requisitos cumulativamente:

"I – seja reconhecida como de utilidade pública federal e estadual ou do Distrito Federal ou municipal;

"II – seja portadora do Certificado e do Registro de Entidade de Fins Filantrópicos, fornecido pelo Conselho Nacional de Assistência Social, renovado a cada três anos;

"III – promova, gratuitamente e em caráter exclusivo, a assistência social beneficente a pessoas carentes, em especial a crianças, adolescentes, idosos, e portadores de deficiência;

"IV – não percebam seus diretores, conselheiros, sócios, instituidores ou benfeitores, remuneração e não usufruam vantagens ou benefícios a qualquer título;

"V – aplique integralmente o eventual resultado operacional na manutenção e desenvolvimento de seus objetivos institucionais apresentando, anualmente, ao órgão do INSS competente, relatório circunstanciado de suas atividades.

"§ 1º. Ressalvados os direitos adquiridos, a isenção de que trata este artigo será requerida ao Instituto Nacional do Seguro Social – INSS, que terá o prazo de 30 (trinta) dias para despachar o pedido.

"§ 2º. A isenção de que trata este artigo não abrange empresa ou entidade que, tendo personalidade jurídica própria, seja mantida por outra que esteja no exercício da isenção.

"§ 3º. Para os fins deste artigo, entende-se por assistência social beneficente a prestação gratuita de benefícios e serviços a quem dela necessitar.

"§ 4º. O Instituto Nacional do Seguro Social – INSS, cancelará a isenção se verificado o descumprimento do disposto neste artigo.

"§ 5º. Considera-se também assistência social beneficente, para os fins deste artigo, a oferta e a efetiva prestação de serviços de pelo menos sessenta por cento ao Sistema Único de Saúde, nos termos do regulamento" (grifei).

De seu turno, prescrevem os arts. 4º e 7º, da Lei n. 9.732/1998:

"Art. 4º. As entidades sem fins lucrativos educacionais e as que atendam ao Sistema Único de Saúde, mas não pratiquem de forma exclusiva e gratuita atendimento a pessoas carentes, gozarão da *isenção* das contribuições de que tratam os arts. 22 e 23 da Lei n. 8.212, de 1991, na proporção do valor das vagas cedidas, integral e gratuitamente, a carentes e do valor do atendimento à saúde de caráter assistencial, desde que satisfaçam os requisitos referidos nos incisos I, II, IV e V do art. 55 da citada Lei, na forma do regulamento".

"(...)

"Art. 7º. *Fica cancelada*, a partir de 1º de abril de 1999, *toda e qualquer isenção* concedida, em caráter geral ou especial, *de contribuição para a Seguridade Social em desconformidade com o art. 55 da Lei n. 8.212, de 1991, na sua nova redação, ou com o art. 4º desta Lei*" (grifei).

Percebe-se, já numa primeira leitura, que estes artigos apresentam-se eivados de inconstitucionalidade, na medida em que tratam como isenção, o que, em boa verdade científica, imunidade é. Induvidoso que nenhuma lei pode submeter a imunidade a uma *capitis deminutio*, transformando-a em mera isenção. De fato, a errônea qualificação legislativa não tem o condão de transmudar um instituto de assento constitucional (imunidade), noutro de fonte meramente legal (isenção).

E a inconstitucionalidade cresce de ponto, pois os precitados artigos da Lei n. 9.732/1998, a pretexto de "isentarem" o que é imune, restringem o alcance da imunidade do art. 195, § 7º, da Constituição Federal, impondo exigências descabidas às entidades beneficentes de assistência social. Ora, já se viu que lei ordinária não pode restringir o alcance desta imunidade tributária; muito menos transformá-la em mera isenção e, o que é pior, em *isenção parcial*, já que, a prevalecerem os novos e draconianos critérios, apenas pouquíssimas entidades beneficentes de assistência social continuariam a ter jus ao benefício em estudo.

Percebe-se que, a pretexto de afastar a imunidade em tela, das *falsas filantrópicas* (instituições *de fachada*, que visam apenas ao enriquecimento de seus fundadores e dirigentes), a Lei n. 9.732/1998 acabou prejudicando, de modo inconstitucional, as verdadeiras filantrópicas, quando, por exemplo, cobram, ainda que em parte e só de alguns (daqueles que podem pagar), pelos serviços que prestam.

III – A Lei n. 9.732/1998 tornou "isento" o que é imune e – o que é pior – alterou substancialmente as condições para o desfrute do favor constitucional. Como se tudo não bastasse, modificou o próprio conceito de entidade beneficente de assistência social, sobrepondo-se, deste modo, à Carta Magna. De fato, a expressão "entidade beneficente de assistência social" tem uma *significação de base*, contida no Diploma

Supremo, que normas infraconstitucionais – mormente quando veiculadas por meio de lei ordinária – não podem alterar. Muito menos para, como no caso ora em estudo, praticamente "esvaziar" a imunidade do art. 195, § 7º, da Constituição Federal.

Falecia competência ao legislador ordinário da União para reduzir o conceito constitucional de *entidade beneficente de assistência social*. Lamentavelmente, foi o que ele fez, por intermédio da Lei n. 9.732/1998, que só considera *entidade beneficente de assistência social* a que presta serviços exclusivamente gratuitos. Ora, a gratuidade não é atributo essencial para que uma pessoa seja havida por entidade privada de beneficência. Houve, pois, também neste ponto, usurpação de competência constitucional.

IV – Mas, os absurdos jurídicos não param por aí. Deveras, a Lei n. 9.732/1998, não satisfeita em "transformar" uma imunidade numa "isenção", criou, ainda por cima, a figura da *isenção proporcional* aos serviços integralmente gratuitos que a entidade preste. Assim procedendo, acabou instituindo um terceiro gênero, que afronta a própria Lógica: a *semi-entidade beneficente de assistência social*, figura híbrida que, a um tempo, *é* e *não é* entidade beneficente de assistência social.[62]

Desenvolvendo o raciocínio, ou uma pessoa jurídica é entidade beneficente de assistência social – e, nesta medida, tem direito à total imunidade às contribuições para a seguridade social – ou não é, estando, agora, *fora* do alcance do art. 195, § 7º, da Constituição Federal. Inaceitável logicamente que uma pessoa seja entidade beneficente de assistência social *apenas em parte*, de modo a só poder gozar de imunidade parcial (ou, na atécnica dicção legal, de "isenção parcial").

Acrescento que a Constituição, em seu art. 195, § 7º, não abre espaço a situações de imunidade parcial, no que andou bem, porque, as imunidades são infracionáveis, não admitindo, com ensina Edgard Neves da Silva, "restrições ou meios-termos".[63]

V – Em suma, falta competência à União, para, por meio de lei ordinária, determinar que entidades beneficentes de assistência social, que cumprem os requisitos do art. 14, do CTN, sofram a incidência de contribuições sociais sobre a seguridade social. Tenho, pois, que os arts. 1º,

62. Pelo *princípio lógico da não-contradição*, uma coisa ou é, ou não é, já que *tertius non datur*. Exemplificando, ou uma conduta é lícita ou é ilícita, já que não é logicamente possível pensar numa conduta que seja as duas coisas, ao mesmo tempo.

63. "Imunidade e isenção", in *Curso de Direito Tributário*, 4ª ed., Belém, CEJUP, p. 247.

4º e 7º, da Lei n. 9.732/1998 são *imediatamente ilegais* e *mediatamente inconstitucionais*. *Imediatamente ilegais*, porque atropelam o art. 14, do Código Tributário Nacional; *mediatamente inconstitucionais*, porque fazem tábua rasa do art. 195, § 7º, da Constituição Federal.

VI – É sempre oportuno ressaltar que as leis isentivas só podem prever hipóteses em que a tributação ocorreria, caso elas não existissem. Nunca se ocupam com hipóteses que estão fora da regra-matriz constitucional do tributo.

Isenção – deixando de lado as inúmeras teorias que se construíram a respeito[64] – é uma limitação legal do âmbito de validade da norma jurídica tributária, que impede que o tributo nasça ou o faz surgir de modo mitigado. Ou, caso se prefira, é a nova configuração que a lei dá à norma jurídica tributária, que passa a ter seu âmbito de abrangência restringido, impedindo, assim, que o tributo surja *in concreto* (naquela hipótese descrita na lei isentiva).

Já a imunidade, como fartamente demonstrado, é uma *hipótese de não-incidência tributária constitucionalmente qualificada*.

Ora, só se pode isentar o que, em princípio, é passível de tributação.[65]

De fato, não faz sentido isentar situação que não figura, nem mesmo em tese, no campo tributável da pessoa política. Reforçando a assertiva, não há como nem por que isentar situação de *imunidade*. *Venia concessa*, tomando por empréstimo a sabedoria popular, é o mesmo que "chover no molhado".

Fica claro, diante desta distinção, que enquanto a isenção depende de lei (*lato sensu*) para validamente surgir, a imunidade decorre da própria Constituição. Ou, se preferirmos, enquanto a isenção deriva da lei, a imunidade deriva da impossibilidade jurídica de se tributar certos fatos, em face da regra-matriz constitucional do tributo a eles não se ajustar.

Neste último caso, lei que manda tributar situação de não-incidência constitucionalmente qualificada é inconstitucional.

64. V. meu *Curso...*, cit., pp. 784 e ss.

65. Nesse sentido a precisa lição de Gilberto de Ulhôa Canto: "Isenção é a expressa, deliberada e taxativa omissão, pelo ente público que tem competência para instaurar determinado tributo, do exercício desta competência, quanto a fatos, atos ou pessoas. A lei que emana do próprio ente público dotado de competência renuncia, em razão de circunstâncias de ordem vária (social, política, econômica) ao respectivo exercício" (*Temas de Direito Tributário*, vol. 3, Rio de Janeiro, Ed. Alba, 1964, p. 190).

VII – Foi o que fez a Lei n. 9.732/1998, quando *praticamente* ***cancelou*** a imunidade do art. 195, § 7º, da Constituição Federal, estabelecendo, como requisito essencial à sua fruição, a absoluta gratuidade das atividades das entidades filantrópicas de assistência social. No caso das entidades filantrópicas que atuam nas áreas da saúde e da educação, o benefício foi reduzido à "proporção do valor das vagas cedidas, integral e gratuitamente, a carentes" (art. 4º, da Lei n. 9.732/1998).

Ora, estes novos requisitos são duplamente inconstitucionais. Inconstitucionais porque anulam – ou, quando pouco, restringem arbitrariamente – uma imunidade constitucional. E, inconstitucionais, porque veiculados por lei ordinária (e, não, por lei complementar).

Enfatize-se, ademais, que a gratuidade, como assinalado na primeira parte deste artigo, não é – nem pode ser – requisito essencial à fruição do benefício em tela. *A uma*, porque este requisito não está contido na Constituição, nem mesmo implicitamente. E, *a duas*, porque a lei complementar (art. 14, do Código Tributário Nacional) a ele não alude.

Uma lei ordinária (como a Lei n. 9.732/1998) não pode estabelecer novas restrições ao desfrute de uma imunidade constitucional.[66] Muito menos, anulá-la, o que, diga-se de passagem, nem mesmo à lei complementar seria dado fazer.

Muito bem, a Lei n. 9.732/1998 padece de inconstitucionalidade *material* e *formal*.[67] *Material*, porque os novos requisitos que impôs às entidades beneficentes de assistência social acabaram por restringir significativamente, a ponto de quase anular, a imunidade tributária do art. 195, § 7º, do Texto Magno. *Formal*, já que, sendo uma lei ordinária, não é veículo adequado para regular o assunto.

66. Valem, a propósito, as percucientes observações de Misabel Derzi: "Não se deve sustentar mais a tese de que lei ordinária possa cumprir o papel de regular as imunidades, porque: a Constituição em vigor é expressa ao exigir a edição de lei complementar, no seu art. 146, supra citado; a imunidade não pode ser regulada por lei ordinária da pessoa estatal competente para tributar, uma vez que os interesses arrecadatórios de tais entes levariam à frustração da própria imunidade" ("Notas" ao livro *Limitações Constitucionais ao Poder de Tributar*, de Aliomar Baleeiro, 7ª ed., Rio de Janeiro, Forense, 1997, p. 316).

67. O descompasso entre uma norma inferior (lei, decreto, portaria, ato administrativo etc.) e a Constituição tem o nome técnico de *inconstitucionalidade*, que, como predica a melhor doutrina, pode ser *material* ou *formal*. *Material*, quando o *conteúdo* da norma inferior é incompatível com regra ou princípio constitucional. E, *formal*, quando a norma inferior é editada por autoridade, órgão ou pessoa incompetente *ou sem a observância dos procedimentos adequados* (nos termos da Constituição).

Em resumo, seja por amesquinhar dispositivo constitucional imunizante,[68] seja porque lei ordinária, a Lei n. 9.732/1998 há que ser posta em oblívio. Não tem eficácia.

Note-se, ademais, que, se a lei ordinária, neste assunto, está tolhida por tão formidáveis peias, por muito maior razão os decretos, as portarias, as instruções, os pareceres normativos, os comunicados etc., que, dentro da "pirâmide jurídica", ocupam posição a ela inferior. Deixo, assim, de comentar o Decreto n. 30.048/1999, que, a pretexto de regulamentar a inconstitucional Lei n. 9.732/1998, adnumerou novos requisitos ao desfrute da imunidade do art. 195, § 7º, da Constituição Federal.[69]

VIII – Por conseguinte, as entidades beneficentes de assistência social, a despeito das recentes inovações legislativas, continuam a ter o direito constitucional subjetivo de não recolherem contribuições sociais para a seguridade social. Basta que atendam aos requisitos do art. 14, do Código Tributário Nacional.

Ora, as entidades em foco – mesmo as que revestem a natureza de instituições de educação, sem fins lucrativos[70] – são, juridicamente falando, *entidades beneficentes de assistência social*. Sobremais, cumprem a preceito os requisitos do art. 14, do Código Tributário Nacional. Logo, são imunes à tributação por meio de contribuições para a seguridade social, aí compreendidos o PIS/PASEP e a COFINS.

VIIIa – Quanto à COFINS, acrescento que a Lei Complementar n. 70/1991, em seu art. 6º, III, "isentou" as entidades beneficentes de assistência social, *verbis*:

"Art. 6º. São isentas da contribuição:

"(...)

"III – as entidades beneficentes de assistência social que atendam às exigências estabelecidas em lei."

68. A Lei n. 9.732/1998, contrariando a Constituição, cristaliza preconceito contra as entidades beneficentes de assistência social *auto-sustentadas*, vale dizer, que não vivem às expensas da caridade alheia ou de verbas públicas.

69. Oportuno e elucidativo (e, *mutatis mutandis*, aplicável ao Decreto n. 30.048/1999) este trecho de Ementa de Recurso Extraordinário: "Tratando-se de imunidade – que decorre, em função de sua natureza mesma, do próprio texto constitucional – revela-se evidente a absoluta impossibilidade jurídica de a autoridade executiva, mediante deliberação de índole administrativa, restringir a eficácia do preceito inscrito no art. 195, § 7º, da Carta Política, para, em função de exegese que claramente distorce a teleologia da prerrogativa fundamental em referência, negar, à entidade beneficente de assistência social que satisfaz os requisitos da lei, o benefício que lhe é assegurado no mais elevado plano normativo" (MS 22.192-DF, *DJU* de 19.12.1996).

70. V., *supra*, item 3.

Apesar de o preceito referir-se à *isenção*, penso que está apenas explicitando uma *hipótese de não-incidência tributária*. De qualquer modo, é útil, porquanto evita, ainda que sob fundamento inadequado (*isenção*, ao invés de *não-incidência*), que as *entidades beneficentes de assistência social* venham alcançadas pela COFINS.

É certo que, em 29.6.1999, foi baixada a Medida Provisória n. 1.858-6, que, em seu art. 23, "revogou" o precitado art. 6º, III, da Lei Complementar n. 70/1991. A mencionada medida provisória, foi seguida pela de n. 1.858-7, ao depois transformada na de n. 2.158-35, de 24.8.2001, ainda em vigor.

Significativo debate jurídico seguiu-se a essa legislação, tendo por centro a discussão sobre se medida provisória poderia alterar lei complementar, quando essa só o fosse em sentido formal, e, não, material.

O Supremo Tribunal Federal considerou, ao julgar a ADC 01-DF, que a Lei Complementar n. 70/1991 possuía *status* de lei ordinária, podendo ser alterada por medida provisória.

De seu turno, o Superior Tribunal de Justiça tem consolidado sua jurisprudência no sentido de que lei ordinária (e, por extensão, medida provisória) não pode revogar lei complementar. Mais: que, no que concerne às cooperativas (*hipótese análoga à ora em exame*), a Lei Complementar n. 70/1991 reveste, material e formalmente, esta característica.

Assim, por exemplo, no Recurso Especial 463.536-RS, reconheceu-se a prevalência da Lei Complementar n. 70, mantendo-se, portanto, a "*isenção*" da COFINS para as sociedades cooperativas. A ementa do v. acórdão está redigida nos seguintes termos:

"Tributário. COFINS. Cooperativas. Isenção. LC n. 70/91. MP 1.858. Revogação.

"1. Medida Provisória, ainda que com força de Lei Ordinária, não pode revogar determinação de Lei Complementar, revelando-se ilegítima a revogação instituída pela MP 1.858-6/99 da isenção conferida pela LC n. 70/91 às sociedades prestadoras de serviços, por colidir com o Princípio da Hierarquia das Leis. (Precedentes da Primeira e Segunda Turma do STJ).

"2. Ressalva do entendimento do Relator, em observância ao novel posicionamento do STF, intérprete maior do texto constitucional, que no julgamento da ADC n. 01/DF, assentou que a LC n. 70/91 possui 'status' de lei ordinária, posto não se enquadrar na previsão do art. 154, I, da Constituição Federal.

"3. Segundo o princípio da 'lex posterius derrogat priori', consagrado no art. 2º, § 1º, da LICC, não padece de ilegalidade o disposto no art. 56, da Lei n. 9.430/96, pelo que, em razão de a lei isencional e a revogadora possuírem o mesmo status de lei ordinária, legítima seria a revogação da isenção anteriormente concedida, pelo que estão obrigados ao pagamento da COFINS as sociedades civis prestadoras de serviços.

"4. A aplicação de norma supralegal, 'in casu', a Lei de Introdução ao Código Civil, torna desnecessária a análise de matéria de índole constitucional. A Primeira e Segunda Turma do STJ, em reiterados julgados, e com fundamento no Princípio da Hierarquia das Leis, têm-se posicionado no sentido de que Lei Ordinária não pode revogar determinação de Lei Complementar, pelo que ilegítima seria a revogação instituída pela Medida Provisória 1.858/99 da isenção conferida pela LC n. 70/91 às cooperativas.

"5. O termo 'a quo' para o cômputo do prazo de 90 dias prevista no art. 195, § 6º, da Constituição Federal é a partir da edição da primeira medida provisória, independentemente de ter sido reeditada ou convertida em lei.

"6. Recurso especial provido com ressalvas".[71]

Esclareço que, *também* em relação às *entidades beneficentes de assistência social*, a Lei Complementar n. 70/1991 reveste, material e formalmente, esta natureza jurídica, a teor do disposto no art. 195, § 7º, *in fine*, da Constituição Federal. Pelo menos enquanto as "isenta" da COFINS, só poderia ter sido alterada por ato normativo de igual hierarquia.

Daí ser inconstitucional a Medida Provisória n. 2.158-35/2001, quando pretendeu "revogar" o art. 6º, III, da Lei Complementar n. 70/91, determinando a incidência da COFINS sobre as *entidades beneficentes de assistência social*, como é o caso das fundações de Direito Privado, sem fins lucrativos, voltadas ao apoio ao ensino, à pesquisa e à prestação de serviços à comunidade.

71. Rel. Ministro Luiz Fux, Cooperativa Regional Triticola Santiaguense Ltda. X Fazenda Nacional, j. 20.3.2003.

IMUNIDADE DE INSTITUIÇÃO DEDICADA A PROMOVER DEFICIENTES FÍSICOS

Ives Gandra da Silva Martins

José Souto Maior Borges tem hoje assegurado seu nome na galeria daqueles juristas que conformaram o direito tributário no Brasil. É nome de referência nacional e internacional, admirado – mesmo por seus adversários – como uma das mais belas inteligências nacionais e operador de direito com fantástica percepção da fenomenologia jurídica e notável capacidade de definir suas relações, normas e institutos, sempre o fazendo com precisão admirável.

Tenho para mim que, entre suas magníficas obras, aquela dedicada às desonerações tributárias, principalmente às isenções, é talvez a que marcou uma fase de intensa e fecunda produção nacional a partir de suas bem colocadas realizações.

Esta é a razão pela qual, em sua homenagem, decidi escrever sobre relação jurídica, em que se discute a existência ou não do fenômeno desonerativo máximo, qual seja a imunidade. Cuidarei de instituição dedicada a deficientes físicos que se entregam à defesa do bom nome nacional, em competições esportivas.

Cuidarei neste estudo dos Comitês Paraolímpicos e a minha visão pessoal de que é uma instituição de educação e assistência social dedicada a educar e preparar o deficiente físico a inserir-se na sociedade.

Algumas questões se põem, todavia, preambularmente.

A primeira delas diz respeito à natureza jurídica do Comitê.

Tenho para mim que se trata de uma instituição de direito privado objetivando a educação de deficientes físicos para que atinjam sua plenitude esportiva, servindo de alavanca para ofertar-lhes auto-estima ao representarem o Brasil, em competições a serem realizadas no exterior.[1]

1. O inciso II, § 1º, do art. 227, da Constituição Federal, assim redigido: "II – criação de programas de prevenção e atendimento especializado para os portadores de deficiência física, sensorial ou mental, bem como de integração social do adolescente

Em outras palavras, mais do que o Comitê Olímpico, as Confederações Esportivas, as Federações, a entidade consulente tem a admirável função de preparar atletas deficientes[2] para representarem o Brasil nas competições paraolímpicas de deficientes, que ocorrem nos dias subseqüentes às competições olímpicas e nos mesmos locais.

Já, sobre a matéria, André Tavares Ramos e eu ofertamos, no passado, à Federação Paulista de Futebol, parecer em que conformávamos

portador de deficiência, mediante o treinamento para o trabalho e a convivência, e a facilitação do acesso aos bens e serviços coletivos, com a eliminação de preconceitos e obstáculos arquitetônicos", foi por mim comentado desta forma: "Outro princípio de conteúdo programático, nada obstante a edição da Lei n. 8.069/90 (arts. 7º e 14), visto que também esse diploma regulamenta em tese a Lei Magna, sem mecanismos de maior eficiência para tornar a Constituição e a própria veiculação ordinária eficazes. A Lei Suprema faz menção a que o Estado providenciará a criação de programas de prevenção e atendimento especializados para os portadores de deficiência física, sensorial ou mental. O princípio é salutar na medida em que, reconhecendo as restrições do deficiente físico e sua menor capacidade – quando adolescente – de competir no mercado de trabalho, impõe ao Estado a obrigação de criar programas tanto de prevenção (como evitar tais problemas, que poderão dar-se no trabalho e na vida privada) como de atendimento especializado para aqueles deficientes de nascença, por acidentes ou doença adquirida, seja em relação ao pleno uso de seus sentidos, seja quando tal deficiência é mental, não só dos que possuem a síndrome de Down como daqueles que assim se tomaram por acidentes traumáticos ou doenças, como a meningite.

"Mais do que isso, o dispositivo impõe ao Estado a obrigação de adotar planos de integração social do adolescente portador de deficiência física, que poderá ser de qualquer natureza, ou seja, treinamento para o trabalho (capacitação profissional) ou para a convivência na famflia e na sociedade (capacitação social). Além disso, o constituinte determina que seja facultado o acesso aos bens e serviços coletivos, seja com a eliminação de preconceitos – tarefa não fácil, visto que a natureza subjetiva do preconceito é de difícil erradicação –, seja com a dos obstáculos arquitetônicos – estes de mais fácil solução.

"Com efeito, o preconceito é mais difícil de erradicar do que os obstáculos arquitetônicos, na medida em que estes podem ser detectados objetivamente e aqueles não.

"Na Índia, a 'lei dos intocáveis', que não permitiu mais a existência de castas, principalmente aquela dos impuros, que, portanto, eram intocáveis (se tocados tornariam impuros os que o fizessem), é de 1935, e as castas perduram até hoje. O certo é que os princípios estatuídos no Texto Supremo e na própria lei da criança e do adolescente – visão parcial daquele que também protege o idoso e o adulto – são mais programáticos que reais, devendo as autoridades ser mais pressionadas pelo cidadão para torná-los, na realidade, eficazes" (*Comentários à Constituição do Brasil*, vol. 8, 2ª ed., atualizada, Saraiva, 2000, pp. 1.054-1.057).

2. Celso Ribeiro Bastos ensina: "É dever do Estado, da família e da sociedade assegurar, com absoluta prioridade, à criança e ao adolescente uma série bastante grande de direitos, todos elencados no art. 227. Ainda, uma atenção especial é dada aos portadores de deficiência física, sensorial ou mental, ao lado de objetivar-se a integração social do adolescente portador destas deficiências. A lei deverá instituir normas de construção de logradouros, edifícios de uso público e de fabricação de veículos de transporte coletivo, a fim de garantir acesso adequado às pessoas portadoras de deficiência" (*Curso de Direito Constitucional*, 18ª ed., Saraiva, 1997, p. 491).

sua atividade como aquela de educação esportiva da juventude, facilitando, pelos meios que oferece, a que jovens sejam desviados do vício e do crime – em especial do narcotráfico – abraçando a sadia competição propiciada pelo esporte.

Neste sentido, escrevemos:

"Com efeito, o art. 3º da Lei n. 8.742/93, registra: 'Art. 3º. Consideram-se entidades e organizações de assistência social aquelas que prestam, sem fins lucrativos, atendimento e assessoramento aos beneficiários abrangidos por esta lei, bem como as que atuam na defesa e garantia de seus direitos'. O conceito de assistência social tem suas linhas básicas apresentadas pela própria Constituição Federal, como não poderia deixar de ser. Inicialmente, cite-se o art. 6º, no que arrola os direitos sociais: 'Art. 6º. São direitos sociais a educação, a saúde, o trabalho, o lazer, a segurança, a previdência social, a proteção à maternidade e à infância, e assistência aos desamparados, na forma desta constituição'.

"Mas não é só. A Constituição ainda estabelece, a seguir: 'Art. 203. A assistência social será prestada a quem dela necessitar, independentemente da contribuição à seguridade social, e tem por objetivos: I – a proteção à família, à maternidade, à infância, à adolescência, à velhice; II – o amparo às crianças e adolescentes; III – a promoção da integração ao mercado de trabalho; IV – a habilitação e reabilitação das pessoas portadoras de deficiência e a promoção de sua integração à vida comunitária; V – a garantia de um salário mínimo de benefício mensal à pessoa portadora de deficiência e ao idoso que comprovem não possuir meios de prover à própria manutenção ou de tê-la provida por sua família, conforme dispuser a lei'. 'Art. 204. As ações governamentais na área da assistência social serão realizadas com recursos do orçamento da seguridade social, previstos no art. 195, além de outras fontes, e organizadas com base nas seguintes diretrizes: (...) II – participação da população, por meio de organizações representativas, na formulação das políticas e no controle das ações em todos os níveis (...)'.

"Que as instituições desportivas sem fins lucrativos que promovam a educação esportiva, física e intelectual, bem como a prática do esporte no fomento do lazer e na integração no mercado de trabalho do desporto, exercem função social relevante é indiscutível. Tratam-se, aliás, de finalidades constantes dos Estatutos de muitas delas. E absolutamente inquestionável que a prática de esportes, no país, é capaz de conceder o desejável 'amparo às crianças e adolescentes carentes' (art. 203, inc. II, da Constituição), fomentando 'a promoção da integração ao mercado de trabalho' (art. 203, inc. III, da Constituição), sem prejuízo de inúmeros outros benefícios. Ademais, ninguém negaria que tais instituições proporcionam o lazer, um direito social contido expressamente em nossa Constituição (art. 6º, transcrito). Isso significa, conseqüentemente, que as entidades que promovem essas atividades são classificadas como de 'assistência social', por força da vontade direta da Carta Magna".[3]

Com muito maior razão, tal inteligência se aplica ao Comitê Paraolímpico, que é entidade sem fins lucrativos dedicada a promover a educação esportiva entre os deficientes, devolvendo-lhes a auto-estima

3. *Revista Dialética de Direito Tributário* 91/64, abril, 2003.

e permitindo que se orgulhem de defender o nome do Brasil, em competições paraolímpicas.[4]

Reitero a lembrança de que o § 1º, inciso II, do art. 227 da Constituição Federal, declara que:

"O Estado promoverá programas de assistência integral à saúde da criança e do adolescente, admitida a participação de entidades não-governamentais e obedecendo os seguintes preceitos: (...) II – criação de programas de prevenção e atendimento especializado para os portadores de deficiência física, sensorial ou mental, bem como de integração social do adolescente portador de deficiência, mediante o treinamento para o trabalho e a convivência, e a facilitação do acesso aos bens e serviços coletivos, com a eliminação de preconceitos e obstáculos arquitetônicos"; e de que o § 2º do mesmo artigo estabelece: "§ 2º. A lei disporá sobre normas de construção dos logradouros e dos edifícios de uso público e de fabricação de veículos de transporte coletivo, a fim de garantir acesso adequado às pessoas portadoras de deficiência".[5]

Como se percebe, é a própria Constituição, no inciso II, do art. 227, que fala em educação, ao mencionar "treinamento para o trabalho" no trecho: "integração social do adolescente e portador de deficiência, mediante treinamento (educação) para o trabalho (...)", sendo o § 2º a conclusão natural da intenção do legislador supremo, ao exigir da sociedade maior atenção para com os deficientes físicos, intentando promover sua inserção no meio social, sem complexos, preconceitos ou discriminações.[6]

4. Pinto Ferreira ensina: "*Habilitação e reabilitação de deficientes*: Outra função precípua da assistência social é a de promover não só a habilitação e reabilitação de deficientes como a sua integração na comunidade. Em muitos casos a medicina proporciona meios para isso, como as cadeiras de rodas, os aparelhos ortopédicos e outros instrumentos que permitem o exercício de trabalhos e ofícios. É importante, sobretudo, que a sociedade aceite e considere o deficiente como pessoa útil" (*Comentários à Constituição Brasileira*, vol. 7, Saraiva, 1995, p. 47).

5. Comentei-o: "A matéria já mereceu tratamento legislativo, hoje sendo comuns nos grandes logradouros, aeroportos, rodoviárias etc. lugares especiais para que os deficientes físicos possam freqüentá-los, possuindo inclusive os banheiros desses estabelecimentos áreas especiais para os deficientes físicos, algo que já vinha do direito anterior.

"À evidência, não são todos os deficientes físicos que necessitam de tais adaptações dos logradouros públicos, e outros, infelizmente, mesmo com as adaptações não poderão deles se utilizar, pelo tipo de deficiência de que são portadores. Todavia, aqueles com dificuldade de locomoção serão os maiores beneficiários de tais adequações" (*Comentários à Constituição do Brasil*, vol. 8, Saraiva, 1998, pp. 987-988).

6. Manoel Gonçalves Ferreira Filho esclarece: "A preocupação em evitar obstáculos que prejudiquem ou impeçam a livre circulação de deficientes volta aqui. Trata-se, entretanto, de norma programática, voltada para a proteção de deficientes, que poderá ser incluída entre os incisos do parágrafo seguinte" (*Comentários à Constituição Brasileira de 1988*, vol. 4, Saraiva, 1995, p. 112).

Objetiva, pois, o Comitê Paraolímpico – de resto presidido por um admirável cidadão brasileiro, portador de deficiência visual, que o dirige com competência e brilhantismo – educar os jovens e selecionar os mais aptos para a representação esportiva do país no exterior e, mais, precisamente, para os jogos paraolímpicos que se avizinham.

Não há, pois, a menor dúvida de que a instituição se enquadra entre as beneficiárias de imunidade de impostos (art. 150, inc. VII, letra "c") e de contribuições sociais (art. 195, § 7º), visto que é, simultaneamente, dedicada à educação, no campo do esporte, e à assistência social, na medida em que propicia aos deficientes físicos meios para sua inserção na sociedade, como forma de crescimento da auto-estima, especialmente outorgando-lhes a honra maior que um brasileiro pode desejar, qual seja, a de representar o seu país em competições internacionais.[7]

Ora, na condição de instituição de educação e assistência social voltada a deficientes físicos, objetivando sua promoção e inserção na sociedade, além da representação esportiva brasileira no exterior, entendo que em relação a ela subsiste vedação absoluta ao poder de tributar, condicionada, exclusivamente, ao preenchimento dos requisitos do art. 14, do CTN.

Está, o referido dispositivo, assim redigido:

"Art. 14. O disposto na alínea 'c' do inciso IV do art. 9º é subordinado à observância dos seguintes requisitos pelas entidades nele referidas:

"I – não distribuírem qualquer parcela de seu patrimônio ou de suas rendas, a título de lucro ou participação no seu resultado;

"II – aplicarem integralmente, no País, os seus recursos na manutenção dos seus objetivos institucionais;

"III – manterem escrituração de suas receitas e despesas em livros revestidos de formalidades capazes de assegurar sua exatidão.

"§ 1º. Na falta de cumprimento do disposto neste artigo, ou no § 1º do art. 9º, a autoridade competente pode suspender a aplicação do benefício.

"§ 2º.Os serviços a que se refere a alínea 'c' do inciso IV do art. 9º são, exclusivamente, os diretamente relacionados com os objetivos institucionais das

7. Os referidos artigos estão assim redigidos: "Art. 150. Sem prejuízo de outras garantias asseguradas ao contribuinte, é vedado à União, aos Estados, ao Distrito Federal e aos Municípios: (...) VI – Instituir impostos sobre: (...) c) patrimônio, renda ou serviços dos partidos políticos, inclusive suas fundações, das entidades sindicais dos trabalhadores, das instituições de educação e de assistência social, sem fins lucrativos, atendidos os requisitos de lei; (...)". "Art. 195. (...) § 7º. São isentas de contribuição para a seguridade social as entidades beneficentes de assistência social que atendam às exigências estabelecidas em lei".

entidades de que trata este artigo, previstos nos respectivos estatutos ou atos constitutivos."[8]

Sobre a aplicabilidade deste dispositivo para gozo da imunidade tanto de impostos como de contribuições, o Ministro Moreira Alves na ADI 2.028 assim se referiu, sinalizando a importância da corrente doutrinária que entende que os requisitos dessa desoneração só podem ser estabelecidos por lei complementar: "Esse conceito mais lato de assistência social – e que é admitido pela Constituição – é o que parece deva ser adotado para a caracterização dessa assistência prestada por entidades beneficentes, tendo em vista o cunho nitidamente social de nossa Constituição. Aliás, esta Corte tem entendido que a entidade beneficente de assistência social, a que alude o § 7º do artigo 195 da Constituição, abarca a entidade beneficente de assistência educacional (assim, no ROMS 22.192, relator Ministro Celso de Mello, no ROMS, 22.360, relator Ministro Ilmar Galvão, e, anteriormente, no MI 232 de que fui relator, os dois primeiros relativos à Associação Paulista da Igreja Adventista do Sétimo Dia que presta assistência educacional, e o último com referência ao Centro de Cultura Prof Luiz Freire).[9]

E, neste mesmo sentido, o *XXIV Simpósio Nacional de Direito Tributário* concluiu:

"2. Como deve ser interpretada a cláusula 'atendidos os requisitos da lei', constante do art. 150, VI, 'c', da CF? (Como significativa necessidade de lei complementar, remetendo, pois, ao art. 14 do CTN ou, pelo contrário, de que mera lei ordinária pode fixar os requisitos, extrapassando, inclusive, aqueles fixados pelo CTN?)"

8. Fábio Fanucchi ensina: "d) Não-distribuição de rendas e patrimônio. A primeira condição, aquela do inciso I do artigo 14, é da própria essência das instituições, que já vimos, são entidades idealísticas e não têm finalidade lucrativa. Quanto à não-distribuição de 'rendas', deve ser entendido a não-distribuição de lucros, porém não o pagamento de honorários a terceiros, mesmo que seus dirigentes.

"Confirma que as instituições imunes sob condição podem pagar honorários a terceiros, não só aquele acórdão do Supremo Tribunal Federal, referido no item 34 deste estudo, como a própria letra do § 12 do artigo 14 aqui analisado, quando estabelece que a imunidade poderá ser suspensa pela autoridade competente, caso não seja retido o imposto devido na fonte, evidentemente também por quem dela aufira rendimentos.

"*Dessa forma, a remuneração de dirigentes não é eficiente para retirar das instituições imunes o direito ao gozo da imunidade*. O impedimento da distribuição do patrimônio é muito menos discutível. Para que nenhuma dúvida possa restar para a autoridade fiscal que deva reconhecer a imunidade, os estatutos dessas instituições deverão dispor que, em caso de dissolução do ente, seu patrimônio reverterá em benefício de entidade com as mesmas finalidades que as suas" (*Comentários ao Código Tributário Nacional*, vol. I, Saraiva, 2002, pp. 144-145, grifos meus).

9. ADIs 2.028-5 e 2.036-6, Medida Liminar, *DJ* 16.6.2000, Ementário 1.995-1, Tribunal Pleno.

Proposta da Comissão de Redação aprovada em Plenário

	A favor	*Contra*
Comissão 1	*74*	*6*
Comissão 2	*62*	
Comissão 3	*26*	
	162	*6*

"A expressão constante do art. 150, VI, 'c', da CF, 'atendidos os requisitos da lei' refere-se àqueles que, necessariamente, devem constar de lei complementar, veículo competente para regular as limitações constitucionais do poder de tributar (CF, art. 146, II, e CTN, art. 14).

"Comissão 1: Decisão por maioria: a favor: 74 votos; contra: 6 votos.

"Sendo a imunidade tributária uma limitação ao poder de tributar, a cláusula 'atendidos os requisitos da lei' constante do art. 150, VI, "c", da CF, deve ser interpretada sistematicamente, exigindo-se, por conseqüência, a estrutura exclusiva de lei complementar, em atenção ao disposto no art. 146, II, da CF e art, 14 do CTN.

"Comissão 2: Decisão unânime: 62 votos.

"Os requisitos subjetivos e objetivos para o gozo de imunidade têm que ser instituídos por lei complementar, por fora do art. 146, II, da CF.

"Comissão 3: Decisão unânime: 26 votos.

"A cláusula 'atendidos os requisitos da lei', constante do art. 150, VI, 'c', da CF/88 deve ser interpretada sistematicamente em consonância com o disposto no art. 146, II, da CF/88, eis que impõe a necessidade de lei complementar para dispor sobre imunidade, que consubstancia limitação constitucional ao poder de tributar e exige uniformidade de critérios. Entende, ainda, a Comissão que a lei complementar vocacionada é o Código Tributário Nacional (art. 14), que foi recepcionado nos termos do § 5º do art. 34 do ADCT da CF/88."[10]

A grande maioria dos autores que escreveu para o livro que serviu de tema ao Simpósio, concluiu de idêntica forma. Escreveram para o livro: Adriana Piraíno, Aires Fernandino Barreto, Angela Maria da Motta Pacheco, Angela Teresa Gobbi Estrella, Antônio José da Costa, Antonio Manoel Gonçalez, Aurélio Pitanga Seixas Filho, Bernardo Ribeiro de Moraes, Carlos Valder do Nascimento, Celso Ribeiro Bastos, Diva Malerbi, Edison Carlos Femandes, Fátima Femandes Rodrigues de Souza, Fernando Facury Scaff, Francisco de Assis Alves, Helenilson Cunha Pontes, Hugo de Brito Machado, Ives Gandra da Silva Martins, João Francisco Bianco, José Augusto Delgado, José Eduardo Soares de Melo, Kiyoshi Harada, Luciano Amaro, Luiz Antonio Caldeira Miretti, Marcello Martins Motta Filho, Márcia Regina M. Melaré, Maria Helena Tavares de Pinho Tinoco Soares, Maria Odete Duque Bertasi, Maria Teresa de Almeida R. Cárcomo Lobo, Marilene Talarico M. Rodrigues, Marco

10. *Pesquisas Tributárias*, Nova Série 5: Processo Administrativo Tributário, 2ª ed. atualizada, CEU/Ed. RT, 2002, pp. 752-753.

Aurélio Greco, Marcos da Costa, Moisés Akselrad, Natascha Machado Fracalanza, Oswaldo Othon de Pontes Saraiva Filho, Pedro Guilherme A. Lunardelli, Plinio José Marafon, Ricardo Lobo Torres, Ricardo Mariz de Oliveira, Roberto Nunes Pereira, Sacha Calmon Navarro Coêlho, Valdir de Oliveira Rocha, Vinicius T. Campanile, Vittorio Cassone, Yonne Dolacio de Oliveira, Yoshiaki Ichihara.[11]

André Tavares e eu, no já citado parecer, também adotamos idêntica interpretação:

"§ 80. Outra situação bastante diversa ocorre quando um dirigente ou diretor também exerce alguma atividade ou diversas atividades, seja por força de seu Estatuto ou não, exercendo-a no âmbito interno da entidade, e que seja reconhecidamente uma atividade essencial ao andamento da entidade, numa situação laborativa habitual. Por ela não poderia deixar de ser remunerado, sob pena de locupletamento injustificado por parte da entidade, em prejuízo do trabalho humano (nossa Constituição impõe a valorização do trabalho humano no art. 170, *caput*). A Federação jamais poderia pretender escorar-se na norma estatutária acima indicada para esquivar-se do justo pagamento àqueles que exercem atividade laboral imprescindível à condução dos negócios e manutenção da existência da entidade.

"§ 81. Essa ocorrência jamais poderia descaracterizar a entidade e sua finalidade não-lucrativa. A prestação de serviços para a mesma é imprescindível, ainda que as pessoas que os realizem exerçam, concomitantemente, cargos de direção.

"§ 82. É nesse sentido a decisão do TRF da 1ª Região, em que figurou como relator o juiz Tourinho Neto: 'diretor da entidade mantida, nessa qualidade, que percebe remuneração, ainda que integre a direção da entidade mantenedora, não descaracteriza a sociedade como filantrópica' (Apelação Cível 93.01.25612-6-MG).

"§ 83. O fundamento último desse entendimento é constitucional. Sim, porque a Constituição garante o exercício de trabalho ou profissão, consoante facilmente se depreende do disposto no art. 5º, XIII, que prescreve: 'é livre o exercício de qualquer trabalho, ofício ou profissão, atendidas as qualificações profissionais que a lei estabelecer'.

"§ 84. Esse mesmo entendimento foi acolhido pelo Ministério da Previdência, consoante o Parecer CJ 639, de 1º de abril de 1996, no qual se lê: '16 – Desse modo, a situação de aparente conflito desses bens jurídicos resolve-se com a exegese de que o disposto no inciso IV do art. 35 restringe apenas a remuneração percebida nas funções de dirigentes da entidade beneficente de assistência social. Logo, não poderá ser cassada ou não concedida a isenção, pelo fato do dirigente exercer, de forma cumulada outras funções, e por essas ser remunerado, sob pena de afronta ao princípio da liberdade constitucional de profissão'."[12]

Ora, entre os requisitos do art. 14 do CTN, para gozo da imunidade não se encontra a não remuneração de diretores, mas, exclusivamente, a não distribuição de lucros.

11. *Pesquisas Tributárias*, Nova Série 4: Imunidades Tributárias, CEU/Ed. RT, 1998.

12. *Revista Dialética de Direito Tributário* 91/64.

É interessante notar que o Ministro Moreira Alves, na ADI 2.028/99 – que foi proposta por meu escritório – manifestou de forma nítida o entendimento de que entidade beneficente não é, necessariamente, entidade filantrópica, mas entidade de fins não lucrativos, que presta serviços a outrem, ainda que mediante remuneração cobrada de quem possa pagar e, gratuitamente, a quem não possa.

Neste sentido seu voto:

"Com efeito, a Constituição, ao conceder imunidade às entidades beneficentes de assistência social, o fez para que fossem a União, os Estados, o Distrito Federal e os Municípios auxiliados nesse terreno de assistência aos carentes por entidades que também dispusessem de recursos para tal atendimento gratuito, estabelecendo que a lei deteminaria as exigências necessárias para que se estabelesessem os requisitos necessários para que as entidades pudessem ser consideradas beneficentes de assistência social. É evidente que tais entidades, para serem beneficentes, teriam de ser filantrópicas (por isso, o inciso II do artigo 55 da Lei 8.212/91, que continua em vigor, exige que a entidade 'seja portadora do Certificado ou do Registro de Entidade de Fins Filantrópicos, fornecido pelo Conselho Nacional de Serviço Social, renovado a cada três anos'), *mas não exclusivamente filantrópica, até porque as que o são não o são para o gozo de benefícios fiscais, e esse benefício concedido pelo § 7º do artigo 195 não o foi para estimular a criação de entidades exclusivamente filantrópicas, mas, sim, das que, também sendo filantrópicas sem o serem integralmente, atendessem às exigências legais para que se impedisse que qualquer entidade que praticasse atos de assistência* filantrópica a carentes, gozasse da imunidade, que é total, de contribuição para a seguridade social, ainda que não fosse reconhecida como de utilidade pública, seus dirigentes tivessem remuneração ou vantagens, ou se destinassem elas a fins lucrativos. Aliás, são essas entidades – que, por não serem exclusivamente filantrópicas, têm melhores condições de atendimento aos carentes a quem o prestam – que devem ter sua criação estimulada para o auxílio ao Estado nesse setor, máxime em época em que, como a atual, são escassas as doações para a manutenção das que se dedicam exclusivamente à filantropia".[13]

Desta forma, não distribuir lucros ou resultados para si, mas prestar serviços a outrem, é que caracteriza a "entidade beneficiente", seja de educação, seja de assistência social.

Ora, o Comitê Paraolímpico não distribui resultados para seus organizadores, apenas remunerando o trabalho executivo de seus diretores, que é admitido, inclusive, por clara jurisprudência dos Tribunais Superiores e por órgãos consultivos da própria Administração:

a) "Tributário e Previdenciário. Entidade filantrópica. Contribuição. Cota patronal. Cobrança em razão do cancelamento da isenção. Diretor e professor. Remuneração.

13. ADIs 2.028-5 e 2.036-6, Medida Liminar, *DJ* 16.6.2000, Ementário 1.995-1, Tribunal Pleno.

"1. Embora a vedação à entidade filantrópica para usufruir da isenção de pagamento da contribuição patronal seja de não remunerar seus diretores e não os professores que ali exercem suas atividades, no caso dos autos, *o diretor também era professor e nesta condição era remunerado. Daí que o favor fiscal não poderia ser revogado. Precedentes deste eg. Tribunal. 2. Remessa oficial a que nega provimento*" (grifos meus).[14]

b) O Supremo Tribunal Federal, ao examinar a questão, no RE 93.463-4-RJ, em harmonia com a norma constitucional, entendeu que a remuneração de profissionais qualificados, que exercem funções em entidades imunes, não descaracteriza a imunidade tributária, estando a ementa, assim redigida:

"Ementa – Imunidade tributária dos estabelecimentos de educação.

"Não perdem a imunidade as instituições de ensino pela remuneração de seus serviços, desde que observem os pressupostos dos incisos I, II e III do art. 14 do CTN.

"Na expressão 'instituições de educação' se incluem os estabelecimentos de ensino, que não proporcionem percentagens, participação em lucros ou comissões a diretores e administradores."

c) Esse mesmo entendimento da Suprema Corte, foi adotado pela Coordenação do Sistema de Tributação, no Parecer Normativo n. 71, de 4.7.1973, estando a sua ementa assim redigida:

"*Ementa – A remuneração atribuída a administradores ou dirigentes de instituições de educação, pela prestação de serviços ou execução de trabalho, não desfigura a imunidade tributária prevista no art. 19, III, 'c' (atual art. 150, VI, 'c') da Constituição Federal.*

"O gozo do benefício, entretanto, condiciona-se ao atendimento das exigências estabelecidas no § 1º do artigo 9º e no artigo 14 e parágrafos da Lei 5.172, de 25.10.1966 (Código Tributário Nacional)" (grifos meus).

"Destaca, a Recorrente, o seguinte trecho do referido Parecer Normativo CST n. 71/73: 'Nada obsta, contudo, que a instituição imune remunere os serviços necessários à manutenção, sobrevivência e funcionamento, como os realizados por administradores, professores e funcionários. Esses pagamentos não desfiguram ou prejudicam o gozo da imunidade, visto não serem vedados por lei, *mas é de se exigir, rigorosamente, que a remuneração seja paga tão-somente como contraprestação pela realização de serviços ou execução de trabalhos, sem dar margem a se traduzir tal pagamento em distribuição de parcela do patrimônio ou das rendas da instituição*'" (grifos meus).

É que a vedação à remuneração de *diretores executivos eleitos* – não os patrocinadores institucionais ou organizadores – não se inclui entre as

14. AC un. da 2ª T. do TRF da 1ª R., REO 1999.01.00.016753-2-MG, rel. Juiz Moacir Ferreira Ramos, Convocado – Partes: Instituto Educacional Cândida de Souza e INSS, *DJU* 2 – 13.11.2003, p. 56, ementa oficial.

condições constantes do art. 14 para o gozo da imunidade, que entendo ser direito do Comitê Paraolímpico.[15]

Por outro lado, a questão de aplicar os seus recursos integralmente no país merece leitura cuidadosa e não apenas literal.

Se fosse literal, jamais uma instituição de educação e assistência social poderia, por exemplo, adquirir um equipamento necessário para suas atividades, no exterior, remunerar professores estrangeiros ou fazer pesquisas com seus técnicos fora do país.

Uma leitura apenas "literal" levaria ao absurdo de o dispositivo, ao invés de incentivar a criação de tais instituições, fundamentais ao desenvolvimento do país, discriminar tais entidades, impossibilitar o seu desenvolvimento. É de se lembrar que elas praticam atividades paralelas às do governo, em áreas em que o Estado deveria atuar – com o nível de impostos que arrecada – mas que não atua. Esta é a razão de ser da imunidade. Deseja, o constituinte, que, em troca da imunidade de tributos, venha a sociedade a colaborar com o Estado, fazendo o que o governo deveria fazer e nem sempre – quase nunca – faz.[16]

15. Sacha Calmon ensina: "Quatro são os requisitos previstos pelo legislador complementar, e somente quatro, a saber: 1. escrituração regular; 2. não distribuição de lucros; 3. proibição de remetê-los ao exterior, devendo ser aplicados na manutenção dos objetivos institucionais; e 4. cumprimento de 'obrigações acessórias'.

"Por fora, a doutrina exige mais dois: 1. que o estatuto da instituição preveja, em caso de extinção, a 'reversão do patrimônio' a fim público; 2. que a instituição não possa, mais à frente, transformar-se em empresa mercantil.

"Desde que os partidos e instituições de educação e assistência social os observem, terão direito subjetivo à imunidade, oponível ao poder tributário que estiver em causa, dependendo do imposto a ser considerado.

"As pessoas políticas não podem instituir outros requisitos além dos previstos na lei complementar da Constituição, que a todos obriga. Tampouco depende o gozo da imunidade de requerimento ou petição. O imune, enquadrando-se na previsão constitucional, observados os requisitos, tem, desde logo, direito. Não pagará imposto, desnecessária autorização, licença ou alvará do ente político cujo exercício da competência está vedado (a imunidade se abre para dois lados: à pessoa jurídica de direito público, titular da competência impositiva, proíbe o exercício, da tributação; ao imune, assegura-lhe o direito de não ser tributado)" (*Pesquisas Tributárias*, Nova Série 4: Imunidades Tributárias, CEU/Ed. RT, 1998, p. 231).

16. Aires Fernandino Barreto escreve: "A lei complementar ao regular as limitações constitucionais ao poder de tributar deve restringir-se a explicitar o que implícito está na Constituição. Não se trata de uma carta em branco. A lei complementar não pode nem desbordar, nem restringir o sentido, conteúdo e alcance do preceito imunitório.

"*Temos por certo que o art. 14 do CTN respeita as balizas postas pela Constituição, o que implica também a conclusão de que, qualquer norma diversa (lei ordinária, decreto, portaria etc. etc.), que venha a estabelecer outros requisitos ou condições, será inconstitucional.*

Ora, seria inadmissível que uma Santa Casa de Misericórdia – instituição inquestionavelmente imune – não pudesse, sob pena de perda da imunidade, adquirir aparelhos hospitalares no exterior, para, mediante o uso de alta tecnologia, atender pacientes brasileiros, por força de interpretação acanhada e canhestra de que tal operação representaria aplicação de dinheiro público no exterior. Fosse esta a interpretação, estaria o constituinte dando com uma mão, e retirando com a outra.

A única interpretação possível é que os recursos dessas entidades devem ser aplicados no Brasil – isto é, para o bem do Brasil e dos brasileiros – mesmo que utilizados para adquirir tecnologia e equipamentos no exterior ou para fazer face às despesas, ainda que incorridas fora do país, para cumprimento de suas finalidades.[17]

Esta é a única exegese possível para que o artigo não seja de fantástica incoerência – para não dizer estupidez –, o que não posso admitir, até em homenagem ao legislador complementar, no caso representado por uma das mais brilhantes equipes de tributaristas que o Brasil já teve: Rubens Gomes de Souza, Aliomar Baleeiro, Carlos da Rocha Guimarães, Tito Rezende, Alcides Jorge Costa etc.

Isto vale dizer que o fato de o Comitê Paraolímpico organizado para levar deficientes brasileiros à Grécia, para participar da Paraolimpíada – ou seja, fora do país – e gastar com seus atletas os recursos necessários para mantê-los no exterior, não impede que a entidade continue se beneficiando da imunidade dos arts. 150, inciso VI, letra "c" e 195, § 7º da CF, nem configura descumprimento das condições previstas no art. 14 do CTN.

É que é inerente à sua finalidade institucional, tal atividade e, na medida em que seus recursos são aplicados inteiramente na manutenção

"Em suma, só a lei complementar, respeitado o espírito e os princípios da Constituição, tem por função estabelecer os requisitos concernentes à imunidade das entidades educacionais e assistenciais" (*Pesquisas Tributárias*, Nova Série 4, cit., p. 174)" (grifos meus).

17. Carlos Maximiliano ensina: "Em conclusão: nunca será demais insistir sobre a crescente desvalia do processo filológico, incomparavelmente inferior ao sistemático e ao que invoca os fatores sociais, ou o Direito Comparado. Sobre o pórtico dos tribunais conviria inscrever o aforismo de Celso Scire, *leges non est verba earum tenere, sed vim ac potestatem*: 'Saber as leis é conhecer-lhes, não as palavras, mas a força e o poder', isto é, o sentido e o alcance respectivos.

"Só ignaros poderiam, ainda, orientar-se pelo suspeito brocardo – *verbis legis tenaciter inhaerendum* – 'apeguemo-nos firmemente às palavras da lei'. Ninguém ousa invocá-lo; nem mesmo quem de fato o pratica" (*Hermenêutica e aplicação do direito*, Forense, 1979, pp. 122-123).

de seus atletas, em terras estrangeiras, a fim de que concorram e enalteçam o nome da pátria, eles estão sendo aplicados no país.[18]

Um outro aspecto diz respeito à ajuda de custo que recebem os atletas, em nível baixo para os padrões internacionais, sendo que os melhores atletas recebem em torno de 1.000 euros mensais para manter sua forma física e se preparar para as disputas, ou seja, em média, 12.000 euros mensais.

A jurisprudência – há súmula neste sentido do STJ – é no sentido de que os magistrados que trabalham nas denominadas "Câmaras de férias" percebem indenização por sacrificarem seu descanso em prol da comunidade. Leia-se a Súmula 136 do STJ, assim redigida: "Licença-prêmio não gozada por necessidade de serviço – O pagamento de licença-prêmio não gozado por necessidade do serviço não está sujeito ao imposto de renda".[19]

Ora, o mesmo princípio deve ser aplicado a tais atletas, que sacrificam outros interesses, outros serviços, outras tarefas, suas férias, seu descanso, para servir à pátria, submetendo-se a rígido treinamento, em que a própria família é duramente sacrificada.

Se tal espécie de sacrifício não merece esta modestíssima indenização – muito menor do que a dos magistrados – não vale a pena o sacrifício do atleta, já que o país não lhe devota qualquer reconhecimento pelo esforço.

Estou absolutamente convencido de que tais ajudas de custo – módicas –, não têm natureza jurídica de salários, subsídios ou vencimentos, e não podem ser tributadas, visto que se equiparam à indenização, à semelhança daquela que é paga aos magistrados, a teor da súmula elaborada pelo Superior Tribunal de Justiça.[20]

18. Rogério Gandra Martins e José Ruben Marone esclarecem a vedação objetiva de que tais instituições promovam o desenvolvimento social de outros países e não do Brasil, aceitando, pois, a interpretação aqui exposta: "O segundo requisito que o art. 14 estabelece para as instituições é a obrigatoriedade de aplicar integralmente no País os recursos para consecução de seus objetivos (art. 14, II). Se a intenção do constituinte, ao conferir a imunidade, foi a de incentivar o desenvolvimento nacional das atividades exercidas pelas entidades mencionadas, é natural que as mesmas apliquem no País os recursos. Por esta limitação, evita-se que, sob o manto da imunidade, instituições promovam desenvolvimento social ou educacional no exterior, em detrimento da atividade que deveria ser realizada no País" (*Comentários ao Código Tributário Nacional*, Forense, 1997, p. 60).

19. *DJU* 16.5.1995, p. 13.549.

20. O fato gerador do imposto sobre a renda só pode ser uma renda e não uma "não renda". Escrevi: "Os arts. 43 a 45 do Código Tributário Nacional aplicam-se, por inteiro, à nova redação do Texto Maior, visto que sua estrutura nuclear não foi alterada, mas apenas o que diz respeito às mordomias.

E, à evidência, o mesmo tratamento devem ter as diárias de todos os que compõem as delegações brasileiras, em tais eventos esportivos. Estas indenizações, pelo fato de se afastarem de seus lares e de seus afazeres, a fim de se dedicarem ao país, justificam-se plenamente. Deixa-se o conforto do lar a bem da pátria e o custo de diárias para tais viagens deve ser suportado pelo governo, através do Comitê Paraolímpico, criado com esta finalidade patriótica. São gastos efetivados, não em benefício do atleta ou do dirigente, mas do país.

É de se lembrar que as diárias que o Presidente da República, os Ministros de Estado, o Secretário da Receita Federal recebem ou que são pagas diretamente a hotéis, companhias aéreas e de transporte e aos restaurantes, jamais entram na base de cálculo do imposto de renda pago por S.Exas. Não são diferentes daquelas diárias ou pagamentos proporcionados aos que se empenham, fisicamente, para defender o esporte nacional em competições internacionais.

São despesas, e não receitas tributáveis, e mesmo que receitas fossem – que não são – mereceriam tratamento idêntico ao das indenizações dos magistrados, que trabalham em Câmaras de Férias, pois sacrificam o seu direito ao lazer, a bem da comunidade, trabalhando. E as indenizações são, de rigor, isentas de tributação, por força da própria legislação de regência, como reconhecido na Súmula e nos vários acórdãos de ações promovidas por magistrados.[21]

"O 11º Simpósio Nacional de Direito Tributário do Centro de Estudos de Extensão Universitária estudou, em profundidade, pelos autores do 11º Caderno de Pesquisas Tributárias, a conformação constitucional e complementar do referido imposto, tendo concluído que, por aquisição de disponibilidade jurídica de renda e proventos, se entende a obtenção de direitos de créditos não sujeitos a condição suspensiva, e por aquisição de disponibilidade econômica, a obtenção da faculdade de usar, gozar ou dispor de dinheiro ou de coisas nele conversíveis, entradas para o patrimônio do adquirente por ato ou fato gerador.

"A conclusão do plenário objetivou conciliar o discurso constitucional com o complementar, na realidade nacional.

"Pela referida conclusão e pelo que esculpido está no Texto Constitucional não se pode criar hipóteses de incidência do imposto sobre a renda concernentes a fato sem densidade econômica de renda. Exemplo de violação ao princípio é a ficção jurídica pela qual o comodato se transforma em locação e, apesar de não gerar renda, a legislação ordinária oferta-lhe tal tratamento. Parece-me ser inconstitucional tal disciplina injurídica de incidência do IR" (*Comentários à Constituição do Brasil*, vol. 6, t. I, 2ª ed., Saraiva, 2001, pp. 284-285).

21. Pensar de forma diferente é ofender o princípio da prevalência da Constituição, por Aliomar assim descrito: "A Constituição não destrói a si mesma. Logo não transige com interpretação que a aniquila" (Aliomar Baleeiro, *Uma introdução à Ciência das Finanças*, vol. I, 2ª ed., Forense, 1958, n. 237, p. 355).

Poder-se-ia, também, dispensar, a esses recursos, o tratamento de doação que tampouco é tributável – a não ser quando disfarça serviço remunerado a outro título. As doações que o Comitê faz aos atletas, objetivando a manutenção de treinamento até as olimpíadas, representam, em verdade, não uma contraprestação pela prestação de serviço em prol da entidade, mas a garantia de condições para que os atletas possam atuar em prol do Brasil, beneficiando o país e o orgulho nacional pela divulgação que a mídia mundial e nacional dará à imagem de nossos atletas e do Brasil. Sempre que um atleta brasileiro vence uma competição internacional, a auto-estima do povo cresce e todos se sentem vencedores. Não é, pois, o atleta que se beneficia das subvenções, mas, ao contrário, todo o país e todos os brasileiros.[22]

Poder-se-ia, portanto, dar à espécie o tratamento de doação, embora eu prefira tratar o fato mencionado como indenização, à luz de jurisprudência pacífica a respeito (Súmula 136 do STJ).

Colocadas tais premissas, concluo que:

1. Entendo, conforme justificativa no corpo deste estudo, que a remuneração de "diretores executivos" – isto é, que trabalham como administradores profissionais – não retira do Comitê a imunidade, já que a vedação ao seu pagamento não está prevista no art. 14 do CTN. Trata-se, a instituição consulente, de entidade de educação esportiva e de fantástica assistência social, ao promover a reabilitação e a inserção de deficientes na sociedade, não havendo dúvidas de que se inclui nas disposições do art. 150, VI, "c", da CF.

22. Escrevi: "O legislador ordinário, todavia, claramente, nas hipóteses sucessórias (herança, doação por adiantamento de legítima ou legado), admitiu que a transferência pelo valor da declaração não acarreta qualquer incidência tributária, com o que, sempre que o bem doado estiver vinculado ao valor comportado pela declaração, a tributação inexiste.

"É de se lembrar que a alteração da Lei 9.532/97 apenas está dirigida ao processo sucessório, não alterando outras formas de doação fora das hipóteses mencionadas no artigo 23, restando intocável, em tais casos, o disposto no artigo 40, inciso XII, do RIR.

"O regime jurídico das doações, portanto, a partir da Lei 9.532/97, passou a ser o seguinte:

"1) isenção das doações em geral, na figura do donatário;

"2) tributação das doações por adiantamento de legítima, na figura do doador, pela diferença entre os valores constantes de sua declaração de bens e aqueles de doação;

"3) nenhuma incidência em doação por adiantamento de legítima na figura do doador, se o valor da doação corresponder ao valor da declaração de bens do doador" (*Revista Dialética de Direito Tributário* 43/159, abril, 1999).

É de se lembrar que o inciso IV, do art. 203, da Seção IV, do Capítulo I, do Título VIII, da Constituição Federal, declara que a assistência social tem por objetivo, entre outros: "IV. A habilitação e a reabilitação das pessoas portadoras de deficiência e a promoção de sua integração à vida comunitária".[23]

Nada preenche tanto o desiderato constitucional, como a atividade da consulente.

Podem, a meu ver, portanto, ser remunerados seus dirigentes executivos, sem perda da imunidade.

2. Entendo ainda que o subsídio, que o Comitê oferta para os atletas, é uma indenização por sacrificarem outras tarefas ou lazeres, em prol do esporte nacional. E entendo que a este tipo de indenização aplica-se a Súmula 136 do STJ, que repito: "Licença-prêmio não gozada por necessidade de serviço – O pagamento de licença-prêmio não gozada por necessidade do serviço não está sujeito ao imposto de renda".

Pode-se, todavia, também, falar-se em "doação", visto que o subsídio é despendido a favor do país e não do atleta, que se sacrifica em diversos treinamentos.

Não são, pois, passíveis de tributação, à luz de qualquer das duas exegeses.

3. Não são passíveis de tributação, como não o são as diárias ou os pagamentos feitos pelo governo a hotéis, companhias de aviação ou restaurantes, além de outras despesas de S.Exas., incorridas pelos Presidente da República, Ministros de Estado, Secretário da Receita Federal etc., quando na representação do Estado brasileiro. Caberia, também, no caso, "indenização" nos moldes da referida súmula, visto que os que acompa-

23. Celso Bastos o comenta: "O constituinte ressaltou neste inciso uma das principais metas da assistência social, que consiste na habilitação e reabilitação das pessoas portadoras de deficiência e a promoção de sua integração à vida comunitária. A assistência social visa a garantir que os deficientes tenham acesso ao exercício de trabalhos e ofícios, dentro das suas possibilidades, e que não sofram qualquer tipo de discriminação.

"A Constituição Federal de 1988 também faz referência ao deficiente físico no § 2º do art. 227, que declara: 'A lei disporá sobre normas de construção dos logradouros e dos edifícios de uso público e de fabricação de veículos de transporte coletivo, a fim de garantir acesso adequado às pessoas portadoras de deficiência'.

"Cabe ao Poder Público assegurar às pessoas portadoras de deficiência o pleno exercício de seus direitos básicos, inclusive dos direitos à educação, à saúde, ao trabalho, ao lazer, à previdência social, ao amparo à infância e à maternidade, como também todos os outros que propiciem seu bem-estar pessoal, social e econômico" (*Comentários à Constituição do Brasil*, vol. 8, Saraiva, 2000, pp. 458-459).

nham a delegação sacrificam o conforto do lar pelo desconforto de hotéis lotados e de tumultuada permanência nos locais das competições.[24]

De uma forma ou de outra, entendo não haver tributação.

Tais modestas conclusões sobre caso específico de desoneração tributária é forma de homenagear admirável jurista nacional de quem tenho o privilégio de ser também amigo.

São Paulo, abril de 2004.

24. "Ajuda de custo – *A ajuda de custo isenta do imposto de renda é a que se reveste de caráter indenizatório*, destinada a atender às despesas com transporte, frete e locomoção do beneficiado e da sua família, em caso de remoção de um município para outro, não estando abrangidas nessa isenção, no entanto, outras vantagens pagas pelo empregador ao empregado sob essa denominação, de maneira continuada ou eventualmente, sem que ocorra a mudança de localidade de residência do empregado, em caráter permanente, para município diferente daquele em que residia – Parecer Normativo COSIT n. 1/94. Sobre o conceito de 'ajuda de custo e diária', v. Parecer Normativo CST n. 36/78" (*Regulamento do Imposto de Renda 2003*, vol. I, Fiscosoft Editora, p. 94, grifos meus).

IMUNIDADES DO IPI E EXTRAFISCALIDADE

EDUARDO DOMINGOS BOTTALLO

1. Considerações gerais. 2. Imunidades e Imposto sobre Produtos Industrializados: 2.1 Imunidade do IPI em favor da exportação de produtos industrializados e extrafiscalidade; 2.2 As imunidades ontológicas e o IPI.

1. Considerações gerais

É cediça a noção segundo a qual o campo de incidência da norma é traçado por meio de um processo de qualificação de fatos. Sob tal perspectiva, torna-se simples deduzir qual será, por oposição, a área da não-incidência. Esta corresponderá ao plano integrado pelo grupo de fatos que – apesar de existentes – não foram alcançados pela disposição normativa.

Especificamente quanto ao Direito Tributário, são, como sempre, muito bem-vindas as lições de Souto Maior Borges:

> "Ocorre a não-incidência quando os requisitos previstos na lei tributária não se verificam concretamente, de modo que não surge, para o contribuinte, a obrigação tributária. Não-incidência é conceito correlacionado com o de incidência. Ocorre a incidência da lei tributária quando determinada pessoa ou coisa se encontra dentro do campo coberto pela tributação; dá-se a não-incidência, diversamente, quando determinada pessoa ou coisa se encontra fora do campo de incidência da regra jurídica da tributação".[1]

Pois bem. Quando a não-incidência decorre de expressa disposição constitucional, que vede ao legislador ordinário alcançar, por meio de tributos, certa situação, realidade, ou pessoa, estamos diante da figura da imunidade. Neste caso, a vedação – por estar contida no próprio texto da Lei Maior – apresenta-se como *limitação constitucional do poder de tributar* de que União, Estados, Distrito Federal e Municípios são titulares.

Este, pois, o campo das imunidades tributárias: hipóteses de não-incidência constitucionalmente qualificadas que, como bem aponta Aires

1. *Isenções Tributárias*, São Paulo, Sugestões Literárias, 1980, pp. 181-182.

Barreto, funcionam como "balizas" opostas ao exercício da competência tributária.[2]

Anote-se, por outro lado, que a compreensão do alcance das imunidades, diferentemente do que ocorre com as isenções, transcende os limites estritos do Direito Tributário, para revelar-se como própria do Direito Constitucional.

Mais uma vez, permitimo-nos invocar o magistério de Souto Maior Borges:

> "Sistematicamente, através da imunidade resguardam-se princípios, idéias-força ou postulados essenciais ao regime político. *Conseqüentemente, pode-se afirmar que as imunidades representam muito mais um problema do direito constitucional do que um problema do direito tributário.*
>
> "Analisada sob o prisma do fim, objetivo ou escopo, a imunidade visa assegurar certos princípios fundamentais ao regime, a incolumidade de valores éticos e culturais consagrados pelo ordenamento constitucional positivo e que se pretende manter livre das interferências ou perturbações da tributação.
>
> "A imunidade, diversamente do que ocorre com a isenção, não se caracteriza como regra excepcional frente ao princípio da generalidade do tributo.
>
> "Sob certo aspecto, a índole da imunidade é essencialmente política."[3]

Como se vê, as normas imunizantes devem ser interpretadas com generosidade (Geraldo Ataliba), posto expressarem a vontade do constituinte – explicitamente manifestada – de preservar da tributação valores e pessoas de particular significado político, social ou econômico.

2. *Imunidades e Imposto sobre Produtos Industrializados*

A partir das idéias gerais acima expostas, cuidaremos agora de tratar de dispositivos constitucionais que, no campo das imunidades, relacionam-se com o IPI.

Tais previsões são: a) a que declara a não-incidência do tributo sobre produtos industrializados destinados ao exterior;[4] b) a que veda à União, aos Estados, ao Distrito Federal e aos Municípios a instituição de impostos sobre o patrimônio, renda ou serviços, uns dos outros.[5]

2. "Contribuições Sociais: Imunidade das Instituições Beneficentes de Assistência Social", in *Grandes Questões Atuais e Direito Tributário* 3, São Paulo, Dialética, 1999, p. 9.

3. *Isenções...*, cit., pp. 184-185, destacamos.

4. CF, art. 153, § 3º, III.

5. CF, art. 150, VI, "a".

A primeira diz respeito especificamente ao IPI; a segunda, é mais ampla. Tanto uma como a outra, suscitam interessantes reflexões.

2.1 Imunidade do IPI em favor da exportação de produtos industrializados e extrafiscalidade

A imunidade a que alude o art. 153, § 3º, III, da CF, alinha-se entre as que expressam a utilização extrafiscal do IPI.

Assim, antes de examinar seus contornos próprios, permitimo-nos desenvolver algumas considerações sobre a figura da extrafiscalidade.

I – No sistema de economia de mercado, os tributos são os mais importantes meios de que as pessoas políticas dispõem para obter os recursos de que necessitam. Esta função arrecadatória é a que se convenciona denominar de fiscalidade.

Plano paralelo ao da fiscalidade é o da extrafiscalidade que consiste no emprego dos instrumentos tributários com finalidades regulatórias.

Na verdade, a tributação constitui um dos mais poderosos instrumentos de intervenção estatal sobre a economia. Portanto, quando adequadamente utilizado, o tributo pode exercer importante função promocional, na medida em que se mostre capaz de estimular a consecução das metas para as quais se volta a Ordem Econômica nos termos dos arts. 170 e seguintes da Constituição.

A propósito, cabem as, como sempre, atiladas, observações de Alfredo Augusto Becker:

> "O Direito Tributário não tem objetivo (imperativo econômico-social) próprio; ou melhor, como todo o Direito Positivo, o Direito Tributário tem natureza instrumental e seu 'objetivo próprio' (razão de existir) é ser um instrumento a serviço de uma Política. Esta (a Política) é que tem os seus próprios e específicos objetivos econômico-sociais. Por isso, cumpre lembrar que a tributação extrafiscal serve tanto para a reforma social, como para impedi-la".[6]

A Constituição contém expressivo número de dispositivos que consubstanciam técnicas extrafiscais.

Para melhor caracterização, estes preceitos podem ser ordenados em função de seus fins, já que, como bem apontou Souto Maior Borges, a extrafiscalidade é, essencialmente, um "problema teleológico".[7]

6. *Teoria Geral do Direito Tributário*, São Paulo, Saraiva, 1963, p. 544.

7. "Princípio da Segurança Jurídica na Criação e Aplicação do Tributo", *Revista de Direito Tributário* 63/210.

Dentro de tal perspectiva, é possível distinguir, desde logo, as seguintes modalidades de normas constitucionais extrafiscais: a) as voltadas à consecução de metas que poderiam ser chamadas de desenvolvimento econômico; b) as que visam à realização de objetivos de justiça social.

O primeiro grupo compreende as seguintes previsões:

a) a que faculta ao Poder Executivo alterar, nas condições e limites estabelecidos em lei, as alíquotas dos impostos sobre importação de produtos estrangeiros, exportação para o exterior de produtos nacionais ou nacionalizados, produtos industrializados e operações de crédito, câmbio e seguro, ou relativas a títulos ou valores mobiliários (art. 153, § 1º);

b) a que declara a não-incidência do imposto sobre transmissão de bens imóveis ou direitos a eles relativos, incorporados ao patrimônio da pessoa jurídica em realização de capital, nem sobre tais atos, quando decorrentes de fusão, incorporação, cisão ou extinção da pessoa jurídica, salvo quando a atividade preponderante do adquirente for a compra e venda destes direitos, locação de bens imóveis ou arrendamento mercantil (art. 156, § 2º, I);

c) as que declaram a não-incidência dos impostos sobre produtos industrializados e sobre operações relativas à circulação de mercadorias e serviços quando se tratem de produtos industrializados destinados ao exterior (arts. 153, § 3º, III e 155, § 2º, X, "a").

No segundo grupo, que compreende normas tributárias extrafiscais voltadas à realização de justiça social, pode-se incluir:

a) a que atribui ao IPI, obrigatoriamente, a característica da seletividade, em função da essencialidade dos produtos, e a que faz idêntica atribuição ao imposto sobre operações relativas à circulação de mercadorias e serviços, porém, em termos facultativos (art. 153, § 3º, I e 155, § 2º, III);

b) a que determina sejam as alíquotas do imposto territorial rural fixadas de forma a desestimular a manutenção de propriedades improdutivas, além de declarar a não-incidência deste tributo sobre pequenas glebas rurais quando as explore, só ou com sua família, o proprietário que não possua outro imóvel (art. 153, § 4º);

c) a que prevê a possibilidade de o imposto predial e territorial urbano ser progressivo em razão do valor do imóvel e ter alíquotas diferentes de acordo com sua localização e uso (art. 156, § 1º);

d) a que dispõe sobre a incidência progressiva no tempo, do imposto sobre a propriedade predial e territorial urbana como forma de desestimular a manutenção de imóveis urbanos sem aproveitamento adequado (art. 182, § 4º, II);

e) a que institui imunidade a impostos e contribuição para seguridade social em favor de instituições de educação e de assistência social sem fins lucrativos (art. 150, VI, "c", e 195, § 7º).

Dependendo do maior aprofundamento que se pretenda dar ao tema, outras relevantes previsões extrafiscais poderiam ser recolhidas. Os preceitos relacionados, todavia, parecem suficientes para destacar a relevante dimensão que a extrafiscalidade assume em nossa Lei Maior, dando aos instrumentos tributários significativa expressão ordinatória.

II – Feita esta breve digressão, podemos agora nos deter especificamente no exame da norma que imuniza do IPI as operações que destinem, ao exterior, produtos industrializados (art. 153, § 3º, III, da CF).

Nela, transparece, com nitidez, que o propósito do constituinte foi o de fomentar as operações de comércio exterior com manufaturados, fazendo com que os produtos cheguem ao mercado internacional com preços competitivos.

Assim, o preceito prestigia o dado objetivo (as exportações) e não o subjetivo (os exportadores).

Este propósito foi muito bem captado por Ives Gandra Martins ao assinalar:

"É consensual que a eliminação dos impostos de circulação, reais ou indiretos, não corresponde a concorrência desleal, de tal forma que todas as nações civilizadas afastam tais imposições para a exportação de seus produtos. (...)

"O § 3º do art. 153, III, portanto, reflete o bom senso do legislador constitucional em tornar imunes todos os produtos industrializados para a exportação do IPI, com o que não obstaculizam a competitividade dos nossos produtos no mercado internacional."[8]

Uma imunidade voltada, portanto, para a realização de metas econômicas do Estado Brasileiro.

No tocante ao conteúdo da expressão "produtos industrializados", são bem elucidativas as reflexões de José Roberto Vieira: "Cumpre assinalar-lhe a condição indefectível de um conceito constitucional. Em função do que lhe fica vedado o manuseio pelo legislador, tanto o complementar quanto o ordinário, se não dentro de sua moldura constitucio-

8. *Comentários à Constituição do Brasil*, vol. 6, t. I, São Paulo, Saraiva, 1990, pp. 305-306.

nal, especialmente porque dele fez uso o Texto Supremo para delimitar competências, matéria intrinsecamente constitucional".[9]

O mesmo autor destaca a *noção de grande largueza* que nossa Suprema Corte acabou adotando para definir produto industrializado, citando, a propósito, relação exposta por Aliomar Baleeiro e Francisco R. S. Calderaro, na qual figuram itens dos mais insólitos como peixes ornamentais (vivos, em água, com oxigênio e tranqüilizantes), camarões cozidos, glândulas de suínos para fins farmacêuticos e carne eqüina.[10]

A amplitude do conceito de produtos industrializados revela que, na sua consideração, inclusive pelo Poder Judiciário, tem prevalecido a tendência de prestigiar os fundamentos econômicos da imunidade, sem rigorosa consideração das características tecno-estruturais dos produtos objeto das operações beneficiadas.

2.2 *As imunidades ontológicas e o IPI*

O estudo da hipótese prevista no art. 150, VI, "a", da Constituição suscita interessante questão que, se não chega a ser exclusiva do IPI, envolve a análise de marcantes características desse imposto.

Como se sabe, o dispositivo constitucional em testilha trata da denominada *imunidade ontológica*, que veda a tributação recíproca, por impostos, do patrimônio, da renda e dos serviços da União, dos Estados, do Distrito Federal e dos Municípios, suas autarquias e as fundações instituídas e mantidas por estas pessoas.

Diante disso, surge a pergunta:

A imunidade estende-se ao IPI, nos casos em que os entes de direito público dela beneficiários figuram como adquirentes de produtos industrializados e, conseqüentemente, contribuintes de fato desse imposto?

O tema foi bastante considerado em nosso estudo sobre a interpretação e o alcance do art. 166 do CTN,[11] já que o fenômeno da repercussão,

9. *IPI – A Regra Matriz de Incidência*, Curitiba, Juruá Editora, 1993, p. 94.

10. Idem, p. 95.

11. "Restituição de Impostos Indiretos", in *Revista de Direito Público* 22/314 e ss. Para nosso orgulho, as idéias contidas neste trabalho mereceram de Souto Maior Borges a seguinte citação, consignada em Relatório sobre repetição do indébito, elaborado para as *VII Jornadas Hispano-Luso-Americanas de Direito Tributário*: "Relativamente ao problema da restituição dos impostos indiretos, adota-se o fundamentado estudo de Eduardo Domingos Bottallo, publicado na *Revista de Direito Público*, vol. 22, pp. 314 e ss., onde foram exaustivamente examinadas, na sua evolução, a doutrina e a jurisprudência predominantes no Brasil".

ou da trasladação, daqueles que são considerados *impostos indiretos* guarda, segundo entendemos, íntima relação com a tarefa de determinar o alcance da imunidade a que alude o art. 150, VI, "a", da Lei Maior.

Em matéria de repetição do indébito, duas das mais antigas súmulas do Supremo Tribunal Federal, as de números 71 e 546,[12] dão grande relevância à figura do contribuinte de fato: é sua existência que, segundo tais enunciados, retiraria do *solvens* a legitimidade *ad causam* para pleitear a restituição.

Já quanto à questão da imunidade constitucional das pessoas de direito público, colocadas na situação de contribuintes de fato, aquela Corte não a reconhecia, por entender que somente ao sujeito passivo da obrigação tributária, e não a outrem, pode dizer respeito a limitação. Para esse efeito nenhum relevo teria a figura do contribuinte de fato.

Não por acaso, Aliomar Baleeiro, então Ministro da Corte, foi um dos que mais se destacou na postura crítica a esta manifesta contradição.

Sacha Calmon Navarro Coelho dedicou acurada atenção ao estudo do alcance da imunidade recíproca (por ele denominada de *imunidade intergovernamental recíproca*) em relação aos impostos *indiretos*, como o IPI.

Em suas observações, destacou a posição crítica de Aliomar Baleeiro para, em seqüência, mostrar a evolução ocorrida na jurisprudência da Suprema Corte sobre a matéria:

> "A jurisprudência da Suprema Corte brasileira atualmente prestigia o entendimento que vimos expor, de Baleeiro, mormente no que tange à extensão da intergovernamental recíproca a impostos outros que não os incidentes sobre os fatos: renda, patrimônio e serviços, conforme a sistemática do Código Tributário Nacional. Especificamente, inclui no âmbito protetor da imunidade os chamados 'impostos indiretos' (terminologia da Ciência das Finanças) admitindo a repercussão tributária sobre pessoa de Direito Público, para atrair a aplicação da regra imunitória (em que pesem algumas esparsas decisões em contrário)."[13]

Na verdade, transparece, com clareza, na atual posição do Supremo Tribunal Federal, a disposição de não reconhecer a imunidade, em relação aos impostos indiretos (como o IPI), do contribuinte de direito, exatamente ao argumento de que tributos com esta característica *repercutem*.

12. Súmula 71: "Embora indevidamente pago, não cabe restituição de imposto indireto". Súmula 546: "Cabe restituição de tributo pago indevidamente, quando reconhecido, por decisão, que o contribuinte *de jure* não recuperou do contribuinte *de facto* o tributo respectivo".

13. *Curso de Direito Tributário Brasileiro*, 4ª ed., Rio de Janeiro, Forense, 1999, p. 262.

Já no tocante à figura do contribuinte de fato, a apreciação é bem diferente, como se pode observar deste precedente:

"Constitucional. Tributário. ICMS. Imunidade tributária. Instituição de educação sem fins lucrativos. Art. 150, VI, 'c'.

"I – Não há invocar, para fins de ser restringida a aplicação da imunidade, critérios de classificação dos impostos adotados por normas infraconstitucionais, mesmo porque não é adequado distinguir entre bens e patrimônio, dado que este se constitui do conjunto daqueles. O que cumpre perquirir, portanto, é se o bem adquirido, no mercado interno ou externo, integra o patrimônio da entidade abrangida pela imunidade.

"II – Precedentes do STF: RE 203.755-ES, RE 87.913-SP, RE 89.173-SP, RE 88.671-RJ, RE 193.969-SP, RE 186.175-SP e RE 225.671 (AgRg)-SP." [14]

A essência do julgamento, expressa na ementa transcrita, revela a sadia orientação da Corte em não acolher a combatida classificação dos impostos em diretos e indiretos. Ainda que, sob óptica estritamente financeira, tal classificação possa mostrar-se útil, o fato é que, sob o ponto de vista jurídico, ela não tem valia.

Por outro lado, embora o julgamento tenha versado especificamente sobre a situação de instituição educacional sem fins lucrativos (art. 150, VI, "c", da CF), não resta a menor dúvida que a diretriz aplica-se com total conforto ao caso da imunidade recíproca prevista na alínea "a" do preceito.

Existem razões – quando menos, econômicas – a fundamentar o não-cabimento da imunidade do IPI se o titular do benefício, como contribuinte de direito, transfere o encargo financeiro para o contribuinte de fato.

Todavia, nos casos em que é este a pessoa imune, o panorama se modifica, não colhendo o argumento de que o adquirente dos produtos industrializados, sendo "terceiro", não integra a relação jurídico-tributária.

Com efeito, a prevalecer a tese contrária, ocorreria a exclusão do IPI do campo de incidência do art. 150, VI, "a", da Constituição, com a conseqüente negativa de vigência do dispositivo, quanto ao imposto em estudo, já que, ao fim e ao cabo, a imunidade a ninguém aproveitaria: nem ao contribuinte de direito nem ao contribuinte de fato, solução que temos por inaceitável.

Embora o texto constitucional refira-se a "patrimônio, renda ou serviços", a imunidade tributária das pessoas de direito público não se cir-

14. RE 210.251, *DJ* 5.2.1999, rel. Min. Carlos Velloso. Observe-se que esta diretriz foi confirmada em decisão de Plenário datada de 26.2.2003.

cunscreve aos impostos que façam referência expressa a estas grandezas em suas respectivas regras-matrizes (como o IPTU, o IR ou o ISS). Por ser direta decorrência do princípio federativo, assentado na igualdade jurídica das pessoas políticas, ainda que a Constituição tivesse silenciado a respeito, elas não poderiam exigir, umas das outras, quaisquer dos impostos de suas respectivas competências.

A este argumento deve ainda ser acrescentado que os entes federativos não são – e nem podem ser – dotados de capacidade contributiva, atributo que a Constituição erige como pressuposto para a cobrança de impostos (art. 145, § 1º).

Mais. A ausência de capacidade contributiva destas pessoas não é questão de fato, mas, sim, de Direito: elas são, por definição, destituídas desta capacidade, por ser estranha às suas estruturas e aos objetivos para cuja consecução foram concebidas. Portanto, sendo beneficiárias de imunidade, não podem ter seu patrimônio afetado negativamente pela incidência do encargo financeiro de impostos que "repercutem", como é o caso do IPI.

Conforme foi visto no início desta exposição, é de tradição do nosso Direito assegurar interpretação ampla às normas constitucionais que tratam da imunidade.

E tão proclamada amplitude justifica que sob seu manto se alberguem as pessoas de Direito Público, pelo reconhecimento de que, mesmo na condição de contribuintes de fato, não se submetem à tributação por meio de IPI.

De resto, e como a doutrina de longa data discerniu, o propósito fundamental do IPI, em que pese o seu *nomen juris*, está estruturado sobre a idéia de consumo de bens e não de sua produção em sentido estrito.

IMUNIDADE TRIBUTÁRIA – REFLEXÕES ACERCA DE SEU CONCEITO E PERFIL CONSTITUCIONAL

Betina Treiger Grupenmacher

1. Considerações preliminares acerca do fenômeno da incidência. 2. As imunidades como normas impeditivas da incidência tributária. 3. Imunidades e direitos fundamentais. 4. Bibliografia.

1. Considerações preliminares acerca do fenômeno da incidência

A Constituição Federal discrimina as competências tributárias atribuindo, às pessoas políticas de direito público, a prerrogativa incaducável, indelegável, irrenunciável e facultativa de, por lei, criar tributos.

Tal prerrogativa está de antemão delineada na Magna Carta, que estabelece todos os elementos necessários para que o legislador crie por lei os tributos previstos no sistema constitucional tributário; e, ao fazê-lo, estabelece, por igual, quais as hipóteses em que mencionada lei não incidirá, ou seja, pré-exclui algumas pessoas e fatos da incidência da norma instituidora dos tributos, muito embora correspondam rigorosamente à descrição constitucional e legislativa.

A incidência opera-se quando a norma que cria o tributo alcança fatos juridicamente relevantes, previstos na Constituição e praticados no mundo fenomênico. Se o fato concretamente realizado pelo sujeito passivo corresponder, rigorosamente, à previsão legislativa, operar-se-á a subsunção, nascendo, em conseqüência, um vínculo jurídico e abstrato entre o ente instituidor do tributo e aquele que praticou o fato tributável. É a chamada relação jurídica tributária.

A incidência é, portanto, um fenômeno jurídico desencadeado pela prática de um fato tributariamente relevante, previsto nas disposições atributivas de competência contidas na Constituição, cujas normas gerais estão descritas na lei complementar, e instituído por lei ordinária, que, para que seja válida e eficaz, deve reproduzir de maneira fidedigna a descrição do fato ou circunstância de fato espelhada no arquétipo constitucional dos tributos.

Quanto ao fato concretamente praticado pelo sujeito passivo e que desencadeia o nascimento da relação jurídica tributária, muitas são as denominações atribuídas a ele. O legislador do Código Tributário Nacional utilizou a expressão *fato gerador*; a doutrina, criticando-o, por entender que tal nomenclatura causaria confusão terminológica, apresentou alternativas. Alfredo Augusto Becker, denominou-o de *hipótese de incidência realizada*;[1] Geraldo Ataliba conferiu ao mesmo a nomenclatura de *fato imponível*,[2] Paulo de Barros Carvalho preferiu chamá-lo de *fato jurídico tributário*.[3]

Muito criticado pela doutrina, em especial por Alfredo Augusto Becker[4] e Geraldo Ataliba,[5] o termo *fato gerador*, demonstrou ser inapto para descrever o propósito pretendido pelo legislador complementar, por ter sido utilizado para descrever distintas realidades. Na esteira da

1. Afirma Alfredo Augusto Becker que: "Filmada a regra jurídica em sua atuação dinâmica, verifica-se que acontece o seguinte: a) realização da hipótese de incidência; isto é, a hipótese de incidência deixa de ser hipótese porque se realizou o acontecimento de todos os fatos nela previsto; b) incidência da regra jurídica sobre a hipótese de incidência. Os efeitos jurídicos (ex: direito e dever) somente passam a existir depois da incidência" (*Teoria Geral do Direito Tributário*, p. 295).

2. Acerca da questão terminológica manifestou-se citado autor: "Tal é a razão pela qual sempre distinguimos estas duas coisas, denominando 'hipótese de incidência' ao conceito legal (descrição legal, hipotética, de um fato, estado de fato ou conjunto de circunstâncias de fato) e 'fato imponível' ao fato efetivamente acontecido, num determinado tempo e lugar, configurando rigorosamente a hipótese da incidência" (*Hipótese de Incidência Tributária*, p. 54).

3. Em acurada análise acerca da terminologia empregada pela doutrina com relação ao fato concreto que se subsume à hipótese normativa, afirmou Paulo de Barros Carvalho: "A respeito do fato que realmente sucede no quadro do relacionamento social, dentro de específicas condições de espaço e de tempo, que podemos captar por meio de nossos órgãos sensoriais e até dele participar fisicamente, preferimos denominar fato jurídico tributário. Fato jurídico porque tem o condão de irradiar efeitos de direito. E tributário pela simples razão de que sua eficácia está diretamente ligada à instituição do tributo" (*Curso de Direito Tributário*, p. 242).

4. Quanto à impropriedade da utilização da expressão fato gerador assim concluiu Alfredo Augusto Becker: "E se o vocábulo ou expressão está sendo utilizado para designar um conceito fundamental, não há uma conclusão errada, mas falsa estará toda a teoria ou doutrina que se desenvolveu com base naquele fundamento. No campo da doutrina do Direito Tributário, a expressão 'fato gerador' é a que mais extensos prejuízos lhe tem causado, a tal ponto que é freqüente encontrarem-se autores que, embora dotados de vigorosa inteligência e brilhante erudição, escrevem – imersos numa atitude mental pseudo-jurídica – capítulos e livros destituídos de valor jurídico, os quais todavia são excelentes no plano pré-jurídico da ciência das Finanças Públicas e da política fiscal" (ob. cit., p. 319).

5. Afirmou o saudoso autor: "A doutrina tradicional, no Brasil, costuma designar por fato gerador tanto aquela figura conceptual e hipotética – consistente no enunciado descritivo do fato, contido na lei – como o próprio fato concreto que, na sua conformidade, se realiza *hic et nunc*, no mundo fenomênico. Ora, não se pode aceitar essa confusão

lição de Ataliba, a terminologia adotada pelo legislador do Código Tributário Nacional é imprópria e de juridicidade questionável, pois foi empregada, indiscriminadamente, no mencionado Diploma Legal, para descrever duas realidades distintas, ora referindo-se ao fato concreto praticado pelo sujeito passivo, ora referindo-se à descrição legislativa do mesmo.

É, portanto, a partir da incidência da norma sobre o fato que nasce o dever jurídico ao sujeito passivo de efetuar o pagamento da respectiva prestação e o correlato direito subjetivo ao sujeito ativo de exigi-la.

A incidência é, assim, o fenômeno jurídico que desencadeia o vínculo abstrato de cunho obrigacional que determina, compulsoriamente, ao sujeito passivo o recolhimento de uma prestação pecuniária ao Estado.

Enquanto fenômeno jurídico, a incidência tem o condão de transformar um fato em um vínculo jurídico abstrato, como dito, ao incidir sobre o fato imponível, a norma jurídica tributária transforma simples fato em uma relação jurídica tributária.

Ao descrever o fenômeno da incidência e inspirando-se em Alfredo Augusto Becker,[6] Geraldo Ataliba[7] equiparou-o à incidência de uma descarga elétrica sobre uma barra de ferro e assim manifestou-se:

> "Com as cautelas que as comparações impõe, é fenômeno parecido com uma descarga elétrica sobre uma barra de ferro. Recebendo a descarga, a barra passa a ter a força de atrair metais. Substancialmente, a barra persistirá sendo de ferro. Por força, entretanto, da descarga, adquirirá a propriedade de ser apta a produzir esse específico efeito de ímã. Incidência é a descarga elétrica".

terminológica, consistente em designar duas realidades tão distintas pelo mesmo nome. Não é possível desenvolver trabalho científico sem o emprego de um vocabulário técnico rigoroso, objetivo e unívoco. Por isso parece errado designar tanto a previsão legal de um fato, quanto ele próprio, pelo mesmo termo (fato gerador)" (G. Ataliba, ob. cit., p. 54).

6. Quanto ao fenômeno da incidência assim se manifestou Alfredo Augusto Becker: "Ora, com o acontecer dos fatos vão se realizando (existindo no presente e no pretérito), um a um, os elementos previstos na composição da hipótese de incidência, quando todos os elementos se realizaram (existem no presente e no pretérito), a hipótese de incidência realizou-se e, então, automaticamente (imediata, instantânea e infalivelmente) aquele instrumento entra em dinâmica e projeta uma descarga (incidência) de energia eletromagnética (juridicidade) sobre a hipótese de incidência realizada. Recebendo esta carga de energia (de juridicidade), a hipótese de incidência fica carregada de energia eletromagnética (juridiciza-se) em estado dinâmico, cujo efeito é a irradiação (pela hipótese de incidência já juridicizada) da eficácia jurídica: a relação jurídica e seu conteúdo jurídico de direito e correlativo dever, de pretensão e correlativa obrigação, de coação e correlativa sujeição" (ob. cit., p. 308).

7. Ob. cit., p. 25.

A incidência é, na esteira de tal entendimento, um fenômeno que ocorre com a prática do fato imponível. Este, no entanto, não alcança todas às pessoas e fatos descritos no núcleo da norma tributária. Alguns fatos e pessoas indicados de maneira expressa em regras constitucionais são imunes à incidência por determinação constitucional.

Não obstante estarem diretamente relacionadas à competência tributária, as normas imunitórias impedem a incidência nas hipóteses que arrolam. É dizer, a competência é exercida em sua plenitude ao ser criado o tributo. O que ocorre é que as normas de imunidade, após instituído o tributo, impedem que a respectiva lei alcance as situações nela previstas. É uma questão cronológica. Primeiramente é criado o tributo e, ao depois, a norma impositiva deixa de incidir por expressa determinação constitucional.

2. As imunidades como normas impeditivas da incidência tributária

As normas que prevêem as imunidades estão insertas em inúmeros dispositivos do sistema constitucional tributário e, ao vedar a incidência nas hipóteses que descrevem, determinam a intributabilidade dos fatos e pessoas nelas descritos.

Há preceitos imunitórios dentre as limitações constitucionais ao poder de tributar, que são designados de imunidades genéricas, pois impedem de maneira generalizada que todos os impostos previstos no sistema incidam sobre os fatos e em relação às pessoas neles referidas. Por outro turno, há também regras de imunidade previstas de maneira disseminada no sistema constitucional tributário, descritas na regulamentação constitucional específica de alguns impostos, que impedem a incidência de cada um deles em hipóteses particulares previstas no bojo de dita regulamentação; são as chamadas imunidades específicas.

As normas que estabelecem imunidades são, no dizer de Souto Maior Borges,[8] regras de não incidência constitucionalmente qualificadas.

Estas proíbem, de maneira definitiva, a incidência da lei instituidora do tributo sobre certos fatos e pessoas, vedam, portanto, a incidência da mesma e, conseqüentemente, ainda que praticados fatos que se subsumam à perfeição à previsão legislativa, não terão a aptidão de desencadear o nascimento da relação jurídica tributária. Ou seja, as regras que prevêem as imunidades tributárias "protegem" certos fatos e pessoas da

8. *Teoria Geral da Isenção Tributária*, p. 218.

incidência da lei instituidora do tributo, impedindo, em conseqüência, o fenômeno da incidência.

Conforme afirma Souto Maior Borges,[9] a imunidade é uma vedação, uma negativa, uma inibição para o exercício da competência tributária. Ao imunizar, a Constituição proíbe que se estenda o âmbito de validez da própria lei tributária sobre as pessoas ou bens imunes.

O que se quer demonstrar com o presente estudo é que, muito embora e, por óbvio, o fenômeno da imunidade esteja intimamente ligado à competência tributária, *não se trata, genuinamente, de uma regra de incompetência, mas de uma regra que impede o fenômeno da incidência.* A título de exemplo, tome-se o disposto no art. 153, § 3º, inciso III, que determina a não incidência da regra do IPI nas exportações. Ao estabelecer tal vedação, o legislador constituinte "protegeu" tal fato da respectiva regra impositiva, impedindo que a mesma alcançasse o suporte fático, que, se não estivesse previamente excepcionado pela Constituição, seria alvo da incidência da mencionada lei, o que, em conseqüência, desencadearia o nascimento da relação jurídica obrigacional nas exportações.

Em relação à tal regra de imunidade, afirma Souto Maior Borges:

> "O IPI não incide sobre o produto imune. Precisamente porque é auto-executório, bastante em si mesmo, auto-aplicável, o art. 153, § 3º, II [*sic*] institui hipótese de imunidade e incide porque a própria norma obrigacional do IPI, editada no exercício de uma competência constitucional, está preexcluída na hipótese imune".[10]

Afirma ainda citado autor:

> "A incidência e não incidência, sua contraparte, são fenômenos. Incidindo as normas se manifestam ao intérprete e aplicador de direito, pela ocorrência do suporte fático (Pontes de Miranda) da regra jurídica, geral e abstrata, de tributação. Mas à incidência da norma não corresponde, sempre, o ato de aplicação, este sim ato humano. Conseqüentemente, norma que incide pode permanecer desaplicada. Como não incidência é fenômeno, não é conduta, e muito menos categoria dogmática, não pode ser disciplinada, *em si mesma*, por norma jurídica: ela está sempre atrelada a uma categoria dogmática (p. ex., imunidade, isenção)".[11]

Assim, em ocorrendo concretamente o fato descrito na Constituição, desencadeador da relação jurídica tributária, a norma necessariamente incidirá. Deixará de incidir, no entanto, nas hipóteses de imunidade e de isenção.

Convém aqui trazer à colação as palavras de Pontes de Miranda acerca do que chamou de "coloração do suporte fático":

9. Idem, p. 219.
10. Idem, p. 345.
11. Idem, ibidem.

"Com a incidência da regra jurídica, o suporte fático, colorido por ela (= juridicizado), entra no mundo jurídico. A técnica do direito tem como um dos seus expedientes fundamentais, e o primeiro de todos, esse, que é o de distinguir, no mundo dos fatos, os fatos que não interessam ao direito e os fatos jurídicos, que formam o mundo jurídico; donde dizer-se que, com a incidência da regra jurídica sobre o suporte fático, esse entra no mundo jurídico".[12]

A Constituição Federal, de antemão, definiu, no dizer de Alfredo Augusto Becker,[13] as "hipóteses de incidência" dos tributos, ou seja, de maneira abstrata, descreveu fatos que, se praticados e quando praticados, ensejam a incidência da regra jurídica, manifestando-se no seguinte sentido:

"Toda a vez que acontecerem os fatos que realizam a hipótese de incidência da regra jurídica de tributação (que prescreve o pagamento do tributo), esta incide sobre a hipótese de incidência realizada e o efeito desta incidência consiste na irradiação da relação jurídica tributária, porque a regra jurídica de tributação está esturuturada com regra juridicizante. A obrigação tributária surge como conteúdo jurídico desta relação jurídica e será satisfeita mediante a prestação jurídica. O objeto desta prestação é o tributo. Na doutrina do Direito Tributário, costuma-se dizer "caso de incidência" para designar que o acontecimento de tal ou tais fatos realizam a hipótese de incidência da regra jurídica de tributação".[14]

A partir de tal concepção que se construiu acerca do fenômeno da incidência, preocupou-se o autor mencionado em estudar as conseqüências do mesmo e o fez a partir da doutrina de Pontes de Miranda, que propõe a existência de três tipos de regras no ordenamento jurídico: as regras "pré-juridicizantes", as regras "juridicizantes" e as regras "desjuridicizantes", esclarecendo que as primeiras estabelecem quais são os suportes fáticos causadores dos "fatos jurídicos", ressaltando que, em regra, estes não bastam em si mesmos para compor a relação jurídica, "incidem sobre o que está composto para repeli-lo do mundo jurídico". Afirma ainda que as regras "pré-juridicizantes" referem-se a fatos repelidos antes de juridicização, sendo "fatos fora da categoria dos fatos jurídicos". Quanto às regras jurídicas "juridicizantes", ensina serem aquelas que atribuem ao suporte fático suficiência para, a partir da incidência da regra jurídica, entrar no mundo jurídico. Nesta hipótese, o suporte fático "juridiciza-se". Por outro turno, relata ainda o citado autor, que, se diante da regra jurídica certo fato vai deixar de ser jurídico, desaparecendo do mundo jurídico, "desjuridiciza-o". "Ali a regra jurídica é juridicizante; aqui é desjuridicizante."[15]

12. *Tratado de Direito Privado*, t. I: Parte Geral, p. 74.

13. Ob. cit., p. 294.

14. Idem, p. 305.

15. Pontes de Miranda, ob. cit., p. 75.

Alfredo Augusto Becker, no que pertine a tal classificação, acresceu a existência de regras "não-juridicizantes" esclarecendo que: "Se a hipótese de incidência já era fato jurídico, a incidência da regra jurídica não o desjuridiciza, nem me acrescenta ou reduz os efeitos jurídicos. A incidência da regra jurídica não-juridicizante tem como única conseqüência deixar bem claro que aquele fato ou fatos, cuja ocorrência realizaram sua hipótese de incidência, nada acrescentaram ou diminuíram ao que já existia no mundo jurídico. A regra jurídica não-juridicizante está estruturada com regra que prescreve: no mundo jurídico "nada de novo".[16]

Adotando tal proposta, fundamenta-se o entendimento de que as regras imunitórias tornam a hipótese de incidência regras não-juridicizantes, sobre as quais nos centramos. Importa demonstrar que, de fora a parte serem regras atinentes à competência tributária, as regras constitucionais de imunidade são normas impeditivas da incidência tributária, alcançando tal desiderato ao determinarem que, em relação às pessoas e fatos por ela alcançados, a hipótese de incidência adquire natureza *não-juridicizantes*, na proposta de Becker, ou *pré-juridicizantes*, na classificação de Pontes de Miranda. As mencionadas regras constitucionais determinam que o suporte fático é *insuficiente* para "atrair" a norma de incidência ou algo se passou que "a desfalcou".

Para Becker, "a incidência da regra jurídica é infalível porém ocorre somente depois de realizada sua hipótese de incidência. A incidência é infalível; o que falha é o respeito às conseqüências da incidência".[17]

Em verdade, a regra imunitória incide sobre os fatos e pessoas por ela previstos para vedar sua entrada no mundo jurídico; são, portanto, regras de não incidência previstas no texto constitucional.

A propósito da lição de Pontes de Miranda, destaque-se: "Já explicamos que essas regras jurídicas são a formulação negativa de regras jurídicas que dariam entrada ao suporte fáctico. A regra jurídica positiva enuncia: A é suporte fáctico suficiente; a regra jurídica negativa enuncia: A-a é insuficiente. Daí se pode tirar, se antes não se enunciou, que A é suficiente".[18]

Aplicando-se as premissas aqui expostas ao tema objeto do presente estudo, qual seja, a investigação acerca do efetivo conceito das imunidades tributárias, é possível afirmar-se que as regras que veiculam imunidades constitucionais imprimem à hipótese de incidência, relativamente

16. Ob. cit., pp. 297-298.

17. Idem, p. 303.

18. Ob. cit., p. 28.

aos fatos e pessoas por ela alcançados, o caráter de regra *não-juridicizante*, pois vedam a incidência nas hipóteses que contemplam.

Tal raciocínio funda-se no fato de que, ao vedar a incidência nas hipóteses contempladas no texto constitucional, as normas imunitórias imprimem às normas impositivas natureza de regras *não-juridicizantes*, pois determinam que naquelas circunstâncias as hipóteses de incidência "são uma formulação negativa de uma regra juridicizante implícita".[19]

O que se quer afirmar é que as imunidades operam, em relação às normas impositivas, a conseqüência da não incidência, ou seja, a ocorrência de um determinado fato, ainda que corresponda rigorosamente à descrição daquele hipoteticamente previsto na lei, não terá a aptidão de desencadear a incidência da norma, pois a regra de imunidade, naquela dada situação, vedou-a expressamente, ou seja, é possível, nas hipóteses de imunidade, que certos fatos se subsumam à hipótese de incidência, e, ainda assim, não desencadeiem o nascimento da relação jurídica tributária por expressa vedação constitucional.

Justifica-se tal entendimento a partir da admissão de que as normas que veiculam imunidades, ao fazê-lo, determinam que o acontecimento de alguns fatos é de todo insuficiente para desencadear o fenômeno da incidência, tal qual descrito anteriormente, por terem sido postos "a salvo" da regra impositiva.

As normas de imunidade são, assim, *normas vedatórias da incidência tributária*, com *status* constitucional.

Consoante já se afirmou, muito embora operem o fenômeno da não incidência, as normas que estabelecem imunidades estão intimamente relacionadas à competência, posto que a competência é, no dizer de Roque Antonio Carrazza,[20] a aptidão genérica para instituir, por lei, tributos. Sendo assim, não há como se afirmar não estarem, as imunidades, intrinsecamente ligadas à competência, pois, sendo certo que as imunidades vedam a incidência, o que figurativamente ocorre é que tais regras constitucionais "protegem" os fatos e pessoas nela previstos do alcance da norma impositiva, *cuja existência é decorrência necessária da competência tributária*, ou seja, as normas impositivas são exteriorizações da competência das pessoas políticas de direito público para instituir tributos. Ao exercê-la, estes entes criam tributos, o que fazem valendo-se de leis ordinárias e complementares. Estas leis, uma vez válidas e eficazes, incidem toda vez que praticados forem os fatos nelas previstos.

19. A. A. Becker, ob. cit., p. 304.

20. *Curso de Direito Constitucional Tributário*, p. 452.

Assim, o que se passa em relação às imunidades é que muitos dos fatos praticados no mundo fenomênico, em decorrência destas normas, são inaptos para desencadear a obrigação tributária, *por serem insuficientes* para tanto, muito embora correspondam rigorosamente à hipótese de incidência.

Ainda em linguagem figurada, as imunidades atuam como "redomas" a proteger fatos e pessoas da incidência das normas impositivas, o que gera a sua intributabilidade em relação aos impostos previstos no sistema.

A doutrina mais abalizada não admite sejam as imunidades hipóteses de não-incidência previstas no texto constitucional, quer por entender ser esta uma definição pela negativa, quer por entender estarem as mesmas relacionadas, exclusivamente, à competência tributária, no sentido de que, ao atribuí-la às pessoas políticas de direito público, o legislador constituinte o fez parcialmente, ou seja, permitiu a instituição dos tributos, afora nas hipóteses de imunidade. Com isso restringiu a competência em relação às situações previstas nas normas imunitórias, o que fez concomitante com a atribuição de competência.

Dentre outros autores, é este o entendimento de Roque Antonio Carrazza, Paulo de Barros Carvalho, Mizabel de Abreu Machado Derzi, que assim definem as imunidades:

Paulo de Barros Carvalho define a imunidade como regra de estrutura que define positiva ou negativamente as competências das pessoas políticas, ao assim dizer: "classe finita e imediatamente determinável de normas jurídicas, contidas no texto da Constituição Federal, e que estabelecem, de modo expresso, a incompetência das pessoas políticas de direito constitucional interno para expedir regras instituidoras de tributos que alcancem situações específicas e suficientemente caracterizadas".[21] É, portanto, na visão do autor, regra de incompetência ao poder de tributar.

Roque Antonio Carrazza, por sua vez, diz que a imunidade auxilia na demarcação da competência. Fixa a incompetência das entidades tributantes para onerar com tributos certas pessoas. Insere-se no plano das regras negativas de competência. Cabe aqui colacionar o seu entendimento: "Sempre que a Constituição estabelece uma imunidade, está, em última análise, indicando a *incompetência* das pessoas políticas para legislarem acerca daquele fato determinado. Impõe-lhes, de conseguinte,

21. Ob. cit., p. 179.

o dever de se absterem de tributar, sob pena de irremissível inconstitucionalidade."[22]

Mizabel Abreu Machado Derzi preleciona que algumas imunidades não estão apenas expressas. São dedutíveis de princípios fundamentais, como a forma federativa, igualdade e capacidade contributiva. Neste sentido, assim se manifesta:

> "a regra expressa na Constituição (ou implicitamente necessária), que estabelece a não-competência das pessoas políticas da Federação para tributar certos fatos e situações, de forma amplamente determinada, delimitando negativamente, por meio de redução parcial, a norma de atribuição de poder tributário".[23]

Sem afastar por completo as preciosas lições aqui transcritas, discordamos em parte do entendimento de que as imunidades veiculam regras de incompetência tributária, mesmo porque, não se admite que o que o constituinte "atribuiu com uma mão, tirou com a outra".

Como se procurou demonstrar, sendo certo estarem as normas, objeto do presente estudo, intrinsecamente relacionadas à competência tributária, tratam-se de *regras vedatórias da incidência.*

Infere-se, das posições dos citados autores aqui reproduzidas, que tais conceitos são fruto da interpretação literal do art. 150, VI, da Constituição Federal, que em seu *caput* prevê ser vedado às pessoas políticas de direito público, "instituir tributos" em relação às pessoas e fatos descritos em suas alíenas "a" a "d".[24]

A leitura do mencionado dispositivo pode, de fato, em um primeiro momento, se feita apressadamente, conduzir à conclusão equivocada de que em relação àquelas hipóteses fica vedado à União, aos Estados, aos Municípios e ao Distrito Federal, criar tributos, o que se traduz em uma regra de incompetência tributária.

No entanto, as imunidades tributárias não estão previstas apenas no art. 150, inciso VI, da Magna Carta, mas também no art. 153, § 3º,

22. Ob. cit., p. 662.

23. In A. Baleeiro, *Limitações Constitucionais ao poder de tributar*, p. 16.

24. "Art. 150. Sem prejuízo de outras garantias asseguradas ao contribuinte, é vedado à União, aos Estados, ao Distrito Federal e aos Municípios: (...)

"VI – instituir impostos sobre:

"a) patrimônio, renda ou serviços, uns dos outros;

"b) templos de qualquer culto;

"c) patrimônio, renda ou serviços dos partidos políticos, inclusive suas fundações, das entidades sindicais dos trabalhadores, das instituições de educação e de assistência social, sem fins lucrativos, atendidos os requisitos da lei;

"d) livros, jornais, periódicos e o papel destinado a sua impressão."

inciso III,[25] no art. 155, § 2º, inciso X, alínea "a",[26] no art. 156, § 2º, inciso I,[27] dentre outros, de cuja redação se denota que as imunidades são efetivamente regras de não incidência, pois é certo que tais normas proíbem-nas ao determinar que os referidos tributos (IPI, ICMS, ITBI) "não incidirão" nas hipóteses que descrevem.

Assim, ao que parece, a terminologia empregada pelo legislador constituinte no art. 150, inciso VI, conduz a equívoco de natureza conceitual, no sentido de que as imunidades são regras de "incompetência", ou "negativas de competência tributária".

Opta-se aqui pela construção de um conceito de imunidades tomando como parâmetro a redação dada às normas que veiculam as chamadas imunidades específicas, as quais justificam o entendimento de que as imunidades tributárias, a par de estarem vinculadas à competência tributária, são, em verdade, normas que vedam a incidência.

Muito embora o fato previsto no arquétipo constitucional do tributo se tenha aperfeiçoado na prática, subsumido-se à hipótese de incidência tributária, nada acresce ou diminui ao mundo jurídico, pois a norma de imunidade determina que, ainda que praticado, não produza efeitos

25. "Art. 153. Compete à União instituir impostos sobre: (...)

"IV – produtos industrializados; (...)

"§ 3º. O imposto previsto no inciso IV:

"III – não incidirá sobre produtos industrializados destinados ao exterior."

26. "Art. 155. Compete aos Estados e ao Distrito Federal instituir impostos sobre: (...)

"II – relativamente a bens móveis, títulos e créditos, compete ao Estado onde se processar o inventário ou arrolamento, ou tiver domicílio o doador, ou ao Distrito Federal; (...)

"§ 2º. O imposto previsto no inciso II atenderá ao seguinte: (...)

"X – não incidirá:

"a) sobre operações que destinem mercadorias para o exterior, nem sobre serviços prestados a destinatários no exterior, assegurada a manutenção e o aproveitamento do montante do imposto cobrado nas operações e prestações anteriores; (...)."

27. "Art. 156. Compete aos Municípios instituir impostos sobre: (...)

"II – transmissão *inter vivos*, a qualquer título, por ato oneroso, de bens imóveis, por natureza ou acessão física, e de direitos reais sobre imóveis, exceto os de garantia, bem como cessão de direitos a sua aquisição; (...)

"§ 2º. O imposto previsto no inciso II:

"I – não incide sobre a transmissão de bens ou direitos incorporados ao patrimônio de pessoa jurídica em realização de capital, nem sobre a transmissão de bens ou direitos decorrente de fusão, incorporação, cisão ou extinção de pessoa jurídica, salvo se, nesses casos, a atividade preponderante do adquirente for a compra e venda desses bens ou direitos, locação de bens imóveis ou arrendamento mercantil; (...)."

jurídicos, quais sejam, aqueles decorrentes do nascimento da relação jurídica tributária.

Não se olvide que, ao atribuir competência às pessoas políticas de direito púbico, estas poderão, em querendo, exercê-la criando legislativamente tributos. Tais leis, as criadoras dos tributos, quando válidas e eficazes, aplicam-se indiscriminadamente aos fatos que a ela se subsumirem e, nestas hipóteses, opera-se o fenômeno da incidência. Ocorre que, por decorrência das regras veiculadoras de preceitos imunitórios, as hipóteses de incidência adquirem, em relação a fatos e pessoas por ela contemplados, natureza *não-juridicizante* e, assim, nada obstante se subsumam às leis instituidoras dos tributos, não desencadeiam o fenômeno da incidência tributária, pois as normas que estabelecem imunidades impedem que tal ocorra. Tais fatos não são jurígenos, ou seja, são juridicamente irrelevantes e, por esta razão, *insuficientes a desencadear efeitos jurídicos de natureza tributária.*

Há quem entenda, como Ricaro Lobo Torres, ser impossível a definição de imunidade,[28] manifestando-se, no entanto, no sentido de que a sua formulação é imprescindível para orientar o aplicador do direito, a fim de a partir do seu reconhecimento diante dos fatos praticados no mundo fenomênico, atribuir eficácia aos direitos fundamentais que veiculam.

Embora pense ser impossível conceituar o que sejam as imunidades, citado autor não abdica da tentativa de fazê-lo e afirma que:

"A imunidade tributária deve ser examinada a partir da metodologia do direito, a ver qual a categoria a que pertence no mundo lógico-jurídico.

"A imunidade tributária, do ponto de vista conceptual, *é uma relação jurídica que instrumentaliza os direitos fundamentais, ou uma qualidade da pessoa que lhe embasa o direito público subjetivo à não-incidência tributária ou uma exteriorização dos direitos da liberdade que provoca a incompetência tributária do ente público.*"[29]

28. Quanto ao conceito de imunidade, afirma Ricardo Lobo Torres: "Da mesma forma que a liberdade é indefinível, também são insuscetíveis de definição os direitos da liberdade e as imunidades que deles emanam, inclusive as imunidades tributárias. Os juristas de índole positivista é que não encontram dificuldade maior para oferecer a definição pronta e acabada dos direitos fundamentais, até porque a reduzem aos aspectos periféricos e superficiais, o que acontece também com as imunidades tributárias. Se é impossível a definição da imunidade nem por isso se deve abdicar da tentativa de conceituá-la e fixar-lhe a natureza e o fundamento, o que postula o exame da historicidade" (*Tratado de Direito Constitucional Financeiro e Tributário*, vol. III: Os Direitos Humanos e a Tributação: Imunidades e Isonomia, pp. 41-42).

29. Idem, ibidem, pp. 44-45.

O conceito de imunidade foi, por longa data, motivo de intensos embates doutrinários, mas é, segundo Ricardo Lobo Torres,

"(...) na vertente normativista que se pode surpreender com maior clareza a teoria da autolimitação da competência tributária. Os juristas que a defenderam criaram explicações formalistas e se torturam no exercício intelectual de saber se o poder tributário se autolimitava no momento de se constituir ou se se constituía ilimitadamente para se autolimitar a seguir? Defenderam a tese da imanência da autolimitação (...)".[30]

Ante as considerações feitas acerca do fenômeno da incidência e bem assim do perfil constitucional das regras veiculadoras das imunidades, discorda-se daqueles que, integrando a corrente normativista, entendem que as imunidades são uma autolimitação da competência tributária. Acompanha-se aqueles para os quais o poder tributário não se limita ao se constituir, mas se constitui para ao depois se limitar.

A propósito, Souto Maior Borges afirmou que:

"Esquematicamente, poder-se-ia exprimir a mesma idéia do modo seguinte: A Constituição faz, originariamente, a distribuição da competência impositiva ou do poder de tributar; ao fazer a outorga dessa competência, condiciona-a, ou melhor, clausula-a, declarando os casos em que ela não poderá ser exercida."[31]

As colocações feitas pelo ilustre mestre trazem em si importantes elementos e aproximam-se da idéia geral que se quer dar no presente estudo para fundamentar o entendimento de que as imunidades são normas que obstam a incidência tributária em decorrência da proibição de juridicização do fato praticado no mundo fenomênico, contida em seu comando, que se não estivesse pré-excluido da incidência, subsumir-se-ia à hipótese dando ensejo ao nascimento da relação jurídica tributária. Ao arrolar as hipóteses de imunidade, a Constituição declarou quando a hipótese de incidência não atuará, ou seja, não incidirá.

O raciocínio que ora se faz em relação ao conceito de imunidade se identifica com a expressão utilizada por Antonio Roberto Sampaio Dória que, ao definir imunidades, afirmou: "Imunidade não é favor. Não é liberação de alguns de um dever coletivo. É salvaguarda constitucional imanente que politicamente estrutura um regime, definindo certas matérias, que reputa de vital relevância, e atraindo-as para sua esfera normativa, exclusiva".[32]

30. Idem, ibidem, p. 56.

31. "Direitos Humanos e Tributação", *Revista Tributária e de Finanças Públicas* 40/209.

32. "Imunidades Tributárias e Impostos de Incidência Plurifásica, não cumulativa", *Revista de Direito Tributário* 5/69-70.

Efetivamente, como já se afirmou anteriormente as imunidades "salvaguardam" da incidência da norma de tributação certos fatos e pessoas "protegendo-os" e com isso impedindo que lhes nasça o dever jurídico de pagar impostos.

É, no entanto, nas palavras de Gilberto de Ulhôa Canto que se vislumbra o maior acerto no propósito de conceituar as imunidades, o qual assim as definiu: "a impossibilidade de incidência que decorre de uma proibição imanente, porque constitucional, impossibilidade de um ente público dotado de poder impositivo, de exercê-lo em relação a certos fatos e pessoas".[33]

Relativamente à polêmica acerca do conceito de imunidade, em recente publicação, concluiu Ricardo Lobo Torres:

> "A conseqüência inevitável da doutrina da autolimitação do poder tributário e do esquecimento da vinculação ditada pelos direitos humanos foi a confusão entre a imunidade e a não-incidência teleológica de nível constitucional, comum aos positivistas brasileiros. O Supremo Tribunal Federal aderiu a esse entendimento e considerou também a imunidade como não-incidência qualificada constitucionalmente forma de autolimitação do poder tributário estendendo-a a qualquer medida conjuntural desvinculada dos direitos humanos".[34]

Concorda-se com tal posição no sentido de que a concepção dos autores positivistas, de que as imunidades são uma autolimitação ao poder de tributar, não lhes reflete a verdadeira natureza.

As imunidades estão, naturalmente, vinculadas ao poder de tributar, mas, no entanto, não o autolimitam, são sim uma forma de não-incidência que, como ressalta o citado jurista, veiculam direitos humanos, razão pela qual geram, em relação aos fatos e pessoas contemplados nas normas que as prevêem, direito subjetivo à intributabilidade.

3. *Imunidades e direitos fundamentais*

Em especial, no que diz respeito às imunidades assim chamadas genéricas, são hoje crescentes os estudos no sentido de caracterizarem-nas como direitos fundamentais fundados em valores essenciais eleitos pelo legislador constituinte, tais como a democracia, a liberdade de expressão, a liberdade de culto, a liberdade de associação sindical, a liberdade de imprensa e o incentivo à supressão, pelos cidadãos, da ineficiência do Poder Público.

33. "Algumas considerações sobre Imunidade Tributária dos Entes Públicos", *Revista de Direito Administrativo* 52/34.

34. Ob. cit, p. 58.

Partindo-se de tal concepção de imunidades como direitos fundamentais, necessário se faz afirmar que as normas que as veiculam não podem ser alteradas por parte do Poder Constituinte Reformador, através de emendas constitucionais, já que por integrar o rol de direitos humanos, de cláusulas pétreas[35] se tratam.

Nesse sentido Ricardo Lobo Torres com a autoridade digna dos grandes mestres afirmou:

"A imunidade, em outras palavras, exorna os direitos da liberdade e limita o poder tributário estatal, não sendo, de modo algum, uma das manifestações de soberania do Estado, nem uma outorga constitucional, nem uma autolimitação do poder fiscal, nem uma simples garantia principiológica como poderia dar a entender o *caput* do art. 150 da CF. Os direitos humanos, em síntese, são inalienáveis, imprescritíveis e intributáveis".[36]

Efetivamente, a imunidade não autolimita o poder de criar tributos, mas, uma vez instituído o tributo, limita o poder do Estado de cobrá-los em relação às pessoas e aos fatos por ela contemplados, já que, incluindo-se no rol dos direitos humanos, as imunidades determinam a sua intributabilidade não sendo, portanto, alcançadas pelas respectivas hipóteses de incidência, em decorrência da salvaguarda que lhes atribui a Constituição.

Tal proposição conduz, inexoravelmente, a uma indagação que se impõe diante da posição adotada. Mas, estando criada a hipótese de inci-

35. "Art. 60. A Constituição poderá ser emendada mediante proposta:

"I – de um terço, no mínimo, dos membros da Câmara dos Deputados ou do Senado Federal;

"II – do Presidente da República;

"III – de mais da metade das Assembléias Legislativas das unidades da Federação, manifestando-se, cada uma delas, pela maioria relativa de seus membros.

"§ 1º. A Constituição não poderá ser emendada na vigência de intervenção federal, de estado de defesa ou de estado de sítio.

"§ 2º. A proposta será discutida e votada em cada Casa do Congresso Nacional, em dois turnos, considerando-se aprovada se obtiver, em ambos, três quintos dos votos dos respectivos membros.

"§ 3º. A emenda à Constituição será promulgada pelas Mesas da Câmara dos Deputados e do Senado Federal, com o respectivo número de ordem.

"§ 4º. Não será objeto de deliberação a proposta de emenda tendente a abolir:

"I – a forma federativa de Estado;

"II – o voto direto, secreto, universal e periódico;

"III – a separação dos Poderes;

"IV – os direitos e garantias individuais.

"§ 5º. A matéria constante de proposta de emenda rejeitada ou havida por prejudicada não pode ser objeto de nova proposta na mesma sessão legislativa."

36. Ob. cit., p. 59.

dência e sendo praticado o fato nela previsto, poderá ela deixar de incidir como forma de proteção aos direitos humanos na esfera tributária? Sim, poderá deixar de incidir, exatamente sob tal fundamento.

As imunidades são normas que dão efetividade aos direitos fundamentais ao impedir que determinados fatos e pessoas sejam alcançados pela hipótese de incidência e com isso passem a ser devedores de prestações de natureza pecuniária ao Estado.

Com o escopo de impedir a inobservância aos direitos fundamentais e reafirmar todas as prerrogativas asseguradas ao cidadão no art. 5º, da Constituição Federal, entendeu por bem o legislador constituinte ordenar a intributabilidade dos mesmos, já que esta poderia ser um forte instrumento de desrespeito. Apenas a título de exemplo, o art. 5º, IX, da Constituição Federal garante a liberdade de imprensa; este, que é um dos direitos fundamentais arrolados no mencionado dispositivo, poderia ser, perfeitamente, desrespeitado, com uma tendenciosa tributação excessiva para impedir a livre manifestação, como, aliás, já ocorreu outrora, sob a direção dos governos ditatoriais de nossa história.

Dentre outras, esta é a razão que levou Gilberto de Ulhôa Canto[37] a afirmar que "a imunidade tributária está comumente ligada a estrutura política do país", ou seja, a opção pela realização do ideal democrático e a efetiva implementação da forma federativa de Estado foram elementos determinantes para a inclusão das imunidades ao rol de direitos e garantias fundamentais. Tanto é verdadeiro o que se afirma que as imunidades estão topograficamente localizadas no chamado "Estatuto do Contribuinte", que estabelece limitações ao poder imperativo do Estado.

Concluindo, as imunidades *protegem fatos e pessoas de efeito juridicizante da hipótese de incidência*. A norma de imunidade atua sobre a hipótese de incidência impedindo-a de alcançá-los, transformando-os em relação jurídica ou, noutro giro lingüístico, a norma de imunidade atua sobre a hipótese de incidência determinando que, ainda que alcance o fato em decorrência da subsunção, tal incidência não leva à conseqüência de transformar aquele fato em relação jurídica. Parafraseado Becker: "A regra jurídica não-juridicizante está estruturada como regra que prescreve: no mundo jurídico 'nada de novo'."

4. *Bibliografia*

ATALIBA, G. *Hipótese de Incidência Tributária*. 6ª ed., 6ª tir., São Paulo, Malheiros Editores, 2005.

37. Ob. cit., p. 35.

BALEEIRO, A. *Limitações Constitucionais ao poder de tributar.* 7ª ed., rev. e compl. à luz da Constituição de 1988 até a Emenda Constitucional n. 10/1996. Atualizada por Mizabel Abreu Machado Derzi. Rio de Janeiro, Forense, 1999.

BECKER, A. A. *Teoria Geral do Direito Tributário.* 3ª ed., São Paulo, Lejus, 1998.

BORGES, J. S. M. "Direitos Humanos e Tributação", *Revista Tributária e de Finanças Públicas*, n. 40, São Paulo, Ed. RT, 2001.

_________. *Teoria Geral da Isenção Tributária.* 3ª ed., revista e atualizada, São Paulo, Malheiros Editores, 2001.

CANTO, G. U. "Algumas considerações sobre Imunidade Tributária dos Entes Públicos", *Revista de Direito Administrativo*, n. 52. Rio de Janeiro, Fundação Getúlio Vargas, 1958.

CARRAZZA, R. A. *Curso de Direito Constitucional Tributário.* 20ª ed., revista, ampliada e atualizada até a EC n. 44/2004, São Paulo, Malheiros Editores, 2004.

CARVALHO, P. de B. *Curso de Direito Tributário.* 13ª ed., São Paulo, Saraiva, 2000.

DÓRIA, A. R. S. "Imunidades Tributárias e Impostos de Incidência Plurifásica, não cumulativa", *Revista de Direito Tributário*, n. 5, São Paulo, Ed. RT, 1978.

MIRANDA, P. de. *Tratado de Direito Privado*, t. I: Parte Geral. 2ª ed., Rio de Janeiro, Borsoi, 1954.

TÔRRES, R. L. *Tratado de Direito Constitucional Financeiro e Tributário*, vol. III: Os Direitos Humanos e a Tributação: Imunidades e Isonomia. 3ª ed., Rio de Janeiro, Renovar, 2005.

ASPECTOS TRIBUTÁRIOS DO COMÉRCIO INTERNACIONAL BRASILEIRO

DEJALMA DE CAMPOS

1. Introdução. 2. O desenvolvimento econômico. 3. Comércio exterior. 4. Investimentos internacionais. 5. Comércio internacional – Aspectos tributários. 6. Planejamento tributário no comércio exterior. 7. Bibliografia.

1. Introdução

O comércio tem servido há muitos séculos como a interligação entre os povos, o ponto de entendimento entre eles.

Nessa medida, a aproximação orgânica e funcional dos órgãos específicos da política de exportação com os serviços diplomáticos surge imperativo lógico, sobretudo numa época em que o crescimento e o desenvolvimento econômicos ditaram novas formas de colaboração internacional e definiram regimes supranacionais de cooperação, com seu direito específico. A partir da realidade econômica, desenham-se ou esboçam-se, cada dia, novos esquemas de realidade política: a economia internacional originará um novo direito constitucional internacional.[1]

O comércio internacional dá excelente campo para o estudo da aplicação e modificação dos princípios gerais das trocas. Os princípios fundamentais que orientam o comércio interno e internacional são os mesmos. Os países, como as pessoas, tendem a especializar-se nas ocupações onde melhor podem usar seus recursos. Produzindo com eficiência, poderão trocar seus excedentes. Depende, portanto, do desenvolvimento econômico de cada país.

2. O desenvolvimento econômico

O desenvolvimento econômico é um fenômeno complexo que depende de uma série de fatores para sua deflagração. Ele corresponde a

1. Ivo Cruz Duarte, verbete: "Exportação II", in *Enciclopédia Saraiva do Direito*, n. 35.

um aumento na eficiência dos métodos usados para a obtenção dos bens necessários a todos.

Com outras palavras, podemos dizer que o desenvolvimento econômico é um processo pelo qual a renda real nacional de uma economia cresce no decurso de um longo período.

Poupar é condição necessária para que existam recursos disponíveis para formação de novo capital e a falta de poupanças disponíveis para investimento é, provavelmente, o mais importante obstáculo ao rápido desenvolvimento econômico.

Portanto, o desenvolvimento econômico de um país está intimamente ligado à problemática do seu comércio exterior.

3. Comércio exterior

Ao estudar-se o comércio exterior dos países em desenvolvimento, cumpre ter em mente que os mercados realmente funcionam a contento se houver empresários suficientes, pessoas dispostas a tirar partido de qualquer oportunidade de obter ganhos em decorrência de diferenças de preços ou novas possibilidades técnicas ou organizacionais. Um dos aspectos mais importantes do subdesenvolvimento está no fato de tais pessoas não existirem em número suficiente; é também por esse motivo que os governos muitas vezes buscam resolver a situação através de expedientes, quer assumindo o papel dos empresários privados, quer procurando tornar as diferenças de preços (e através delas, a lucratividade) mais ostensivas e, portanto, mais atraentes, às vezes a expensas do ganho com o comércio e do crescimento da renda.[2]

A teoria do comércio exterior consiste na aplicação da teoria do preço à situação em que mercadorias são trocadas entre pelo menos dois países com moedas diferentes.

Nesta teoria, distinguem-se três grandes grupos de bens e serviços: os bens internacionais, os bens quase internacionais e os bens internos.

Os bens internacionais são aqueles trocados internacionalmente e de natureza homogênea. Os alimentos estão incluídos neste grupo.

Os bens quase-internacionais, também trocados internacionalmente, mas não são homogêneos. É o caso dos veículos.

2. L. Sirc, *Comércio Internacional*, p. 12, que resume assim a questão: "O comércio internacional ajuda a desenvolver as áreas pobres, mas não pode torná-las ricas como que por encanto".

Os bens internos são aqueles que não podem ser trocados internacionalmente, por serem fixos. Os imóveis são os melhores exemplos. Também estão incluídos neste grupo os serviços pessoais, pelo fato de os executantes não se locomoverem de um país para outro.[3]

Por outro lado, o objetivo primordial do comércio exterior é mostrar que as trocas de bens entre os países levam a um aumento do volume dos bens disponíveis para consumo de todos os países envolvidos.

4. Investimentos internacionais

Consistem os investimentos internacionais na aplicação, juridicamente amparada de bens, numa determinada atividade econômica, na área internacional.

Eles podem ser de ordem pública ou privada. Os investimentos públicos resultam de uma vontade soberana de autoridade pública e têm por objeto a satisfação de uma necessidade de interesse público. Os investimentos privados resultam de uma livre determinação de iniciativa individual e são orientados em direção ao benefício de interesse particular.

Outra divisão dos investimentos internacionais é aquela que se refere à sua destinação. Neste particular os investimentos internacionais podem ser industrial e comercial.

O investimento industrial tem por objeto o aproveitamento do desenvolvimento do aparelho produtor das empresas; o investimento comercial tem por objeto o aproveitamento de criação de vetores multiplicadores das exportações.

Os investimentos internacionais têm seu nascimento pela constituição e seu encerramento pela liquidação.

Denomina-se constituição de investimentos ao conjunto de operações pelas quais o investidor aplica juridicamente, e de modo permanente, determinados bens ao exercício de uma atividade econômica apresentada.

Denomina-se liquidação de investimentos ao conjunto de operações pelas quais o investidor mobiliza juridicamente e de maneira definitiva

3. Idem, ibidem, p. 35, completa: "Os preços dos bens internacionais tendem à igualdade, ao passo que no caso dos bens quase-internacionais existe preferência por tipo ou fabricante, de modo que seus preços podem diferir mais do que sua qualidade. Sem embargo, essa diferença tem limites; uma excessiva divergência de preços causará uma mudança de preferência. Os preços dos bens internos evoluem sem preferência direta aos preços internacionais".

os bens dessa maneira aplicados, tendo em vista sua transferência, em conseqüência do final de sua atividade econômica.

A constituição dos investimentos internacionais pode ser vislumbrada sob três aspectos juridicamente diferentes: ordem jurídica do Estado exportador de capital; ordem jurídica do Estado importador de capital; e ordem jurídica internacional.

Entretanto, os meios jurídicos que norteiam os investimentos internacionais são os regulamentos internacionais que se constituem de toda regra jurídica de caráter obrigatório, originadas de tratados e acordos internacionais.

A raridade dos regulamentos internacionais se opõe à multiplicidade das regulamentações internas. Estas se constituem de toda a regra jurídica de caráter obrigatório, editada e aplicada por um Estado dentro da esfera de competência que lhe reconhece o Direito Internacional, afim de regular os movimentos internacionais de capital.

A liquidação dos investimentos internacionais pode ser vislumbrada, também, sob três aspectos juridicamente diferentes: ordem jurídica do Estado exportador de capital; a ordem jurídica do Estado importador de capital; e ordem jurídica internacional, portanto, ela existe oriunda das regras de Direito Internacional aplicável à matéria.

O Estado exportador pode, com efeito, regulamentar a liquidação dos investimentos constituídos para seus nacionais em território estrangeiro.

O Estado importador de capital pode, da mesma forma, regulamentar a liquidação dos investimentos constituídos para os estrangeiros sobre seu território nacional.

No que se refere às regras do Direito Internacional, dentro da medida onde eles empreenderam a liquidação dos investimentos internacionais, alguém postulará quais deles são superiores aos regulamentos dos Estados exportadores de capital como dos Estados importadores de capital.

5. Comércio internacional – Aspectos tributários

Os meios jurídicos que norteiam o comércio internacional são os regulamentos internacionais que se constituem de toda regra jurídica de caráter obrigatório, originadas de Tratados e Acordos Internacionais.

A função primeira de todo o sistema tributário de um país é a fiscal, ou seja, é proporcionar ao Estado os recursos necessários e indispensáveis para o cumprimento de suas atividades. Obter recursos para o atendimento dos fins do Estado é a finalidade fiscal de todo o imposto, que também é conhecido como imposto financeiro.

Aqueles de finalidades extrafiscais visam fins imediatos diversos do de obtenção de receitas públicas. Além da função fiscal, possuem eles outras, notadamente político-sociais e econômicas.

Portanto, os tributos são extrafiscais quando são objetivados outros interesses e não apenas a obtenção de receitas. A extrafiscalidade desenvolve-se não só por meio das imposições tributárias que vão desestimular certas atividades do setor privado, como por meio de isenções, imunidades e incentivos que vão, pelo contrário estimulá-las, caso sejam de interesse público.

A abordagem do tema, em razão de sua amplitude, cria certas dificuldades, principalmente por envolver a incidência de inúmeros tributos, em mais de uma jurisdição fiscal.

Começando pelo art. 98 do Código Tributário Nacional, verificamos que os cinco tratados e as convenções internacionais revogam ou modificam a legislação tributária interna, e serão observados pela que lhes sobrevenha.

Evidentemente a redação do dispositivo não é feliz. Na verdade, um tratado internacional não revoga nem modifica a legislação interna. O que, de fato, pretende dizer a regra legal é que os tratados e convenções internacionais prevalecem sobre a legislação interna, sejam anterior ou mesmo posterior.[4]

Em seguida, verificamos no art. 84 da Constituição Federal de 1988, inciso VIII, que é da competência privativa do Presidente da República celebrar tratados, convenções e atos internacionais, sujeito ao referendo do Congresso Nacional; e que, decorrência do inciso anterior, determina ser ato exclusivo do Presidente da República manter relações com Estados estrangeiros e creditar seus representantes diplomáticos, já que os tratados, convenções e demais atos internacionais situam-se no âmbito do relacionamento entre Estados e organismos estrangeiros.

É indispensável a participação do Poder Legislativo na celebração de quaisquer tratados ou convenções para que seus termos, que muitas vezes estabelecem direitos e obrigações, sejam aplicados aos seus destinatários. Não gera efeitos a simples assinatura de um tratado se este não for ratificado pelo Congresso Nacional.

4. Hugo de Brito Machado, *Curso de Direito Tributário*.

No que concerne aos tributos, a Constituição do Brasil determina que é da competência da União instituir impostos sobre a importação de produtos estrangeiros, facultado ao Poder Executivo, nas condições e nos limites estabelecidos em Lei, alterar-lhe as alíquotas ou as bases de cálculo.

Além de propiciar à União uma receita essencialmente fiscal, o imposto sobre importação é também um instrumento extrafiscal, por proteger a produção nacional e indiretamente controlar a balança de pagamento e reservas cambiais. A finalidade extrafiscal do tributo faculta ao Poder Executivo alterar suas alíquotas com o objetivo de ajustá-lo à política cambial e de comércio internacional.

O mesmo ocorre com a exportação, para o exterior de produtos nacionais ou nacionalizados, entendendo-se por produtos nacionalizados as mercadorias de procedência estrangeira que ingressaram legalmente no País e foram incorporadas à economia nacional.

A incidência do Imposto Sobre Produtos Industrializados (IPI), na atual Constituição, encontra uma hipótese dos produtos industrializados destinados ao exterior em ressalva, ou seja, a sua não incidência. Tal hipótese dá-se com a finalidade de incentivar a exportação de produtos manufaturados.

Ao que se refere a competência dos Estados e do Distrito Federal de instituir impostos, o art. 155 da nova Carta, determina que o Imposto Sobre Circulação de Mercadorias e Sobre Prestação de Serviços (ICMS) incidirá também "sobre a entrada de mercadoria importada do exterior, ainda quando se tratar de bem destinado a consumo ou ativo fixo do estabelecimento, assim como, sobre serviço prestado no exterior, cabendo o imposto ao Estado onde estiver situado o estabelecimento destinatário da mercadoria ou serviço".

Ao determinar que a cobrança do imposto, nessa operação, é do Estado-membro sede do estabelecimento destinatário da mercadoria, fica resolvido um antigo impasse, segundo o qual as unidades da Federação Portuária se sentiram no direito de cobrar o imposto pelo fato de as mercadorias terem sido desembaraçadas no porto situado no seu território. Por outro lado não incidirá o ICMS "sobre operações que destinem ao exterior produtos industrializados, excluídos os semi-elaborados definidos em lei complementar".

O art. 156, que dá competência aos Municípios para instituir imposto sobre serviços de qualquer natureza (ISS), exclui de sua incidência a exportação de serviços para o exterior, com a finalidade de garantir a imunidade desses serviços, que seriam atingidos pelo ISS, cobrado daqueles que executassem serviços fora do território nacional.[5]

Pode-se observar por essas citações constitucionais, que a incidência desses impostos tem procurado atender não só a função arrecadatória, mas indiretamente os interesses do país no que concerne ao comércio internacional.

6. *Planejamento tributário no comércio exterior*

Importante é a legítima atividade do planejamento tributário no comércio exterior, porque tem o condão de ajudar aqueles empresários que praticam esta atividade viabilizando as operações, como também estar atingindo o interesse nacional.

O Planejamento Tributário consiste no "processo de escolha de ação ou omissão lícita, não simulada, anterior à ocorrência do fato gerador, que vise, direta ou indiretamente, economia de tributos".[6]

Sua aplicação na área interna do país é hoje uma realidade, pois, dentro da lei, as empresas têm conseguido com um pagamento menor do tributo fazer da justiça fiscal um verdadeiro dogma.

No comércio exterior, muito importante é a legítima atividade desse planejamento tributário, porque tem o condão de ajudar aqueles empresários que praticam esta atividade, viabilizando suas oposições e, ao mesmo tempo, indo ao encontro ao interesse nacional.

Parece evidente, que o empresário internacional, no uso do Planejamento Tributário, torna seu investimento muito mais atraente, ao fazê-lo com as vantagens advindas das tributações com alíquotas reduzidas em virtude de incentivos fiscais ou isenções integrais.

Tais benefícios geram, conseqüentemente, os lucros, tão benéficos às empresas praticantes do comércio exterior, quanto o são para o próprio país.

7. *Bibliografia*

CAMPOS, Cândido H. de. *Planejamento Tributário*. São Paulo, Atlas, 1986.

CARREAU, Dominique; JUILLARD, Patrick; FLORY, Thiébaut. *Droit Internacional Economique*. Paris, Libraire Générale de Droit et de Jurisprudence, 1978.

5. Price Waterhouse, *A Constituição do Brasil, Comentada*, 1988.
6. Cândido H. de Campos, *Planejamento Tributário*, p. 23.

CRUZ, Duarte Ivo. "Exportação II", in R. Limongi França (Coord.), *Enciclopédia Saraiva do Direito*, n. 35, São Paulo, Saraiva, 1977.

LOBATO, Wilson Sidney. *Comércio Exterior do Brasil: Dívidas e Dúvidas*. Rio de Janeiro, Civilização Brasileira, 1977.

MACHADO, Hugo de Brito. *Curso de Direito Tributário*. 26ª ed., revista, atualizada e ampliada, São Paulo, Malheiros Editores, 2005.

MONTEIRO DE BARROS, José Eduardo. "Regime do Capital Estrangeiro", in *Curso de Direito Empresarial*, vol. 3. São Paulo, Resenha Tributária, 1976.

PRICE WATERHOUSE. *A Constituição do Brasil, Comentada*, São Paulo, 1988.

SIRC, L. *Comércio Internacional, Fluxos de Bens e Divisão da Produção entre Nações*. Rio de Janeiro, Zahar, 1973.

XAVIER, Alberto e MARTINS, Ives Gandra da Silva. *Estudos Jurídicos sobre Investimento Internacional*. São Paulo, Ed. RT, 1980.

ZERBINI, Victor A. *Câmbio e Comércio Exterior, princípios e prática*. São Paulo, Resenha Universitária, 1975.

* * *